谢建华管理技术文库 · 质量管理实践经典教材④

汽车行业 IATF 16949 最新应用实务

谢建华◎著

全新升级
典藏版

中国经济出版社
CHINA ECONOMIC PUBLISHING HOUSE
· 北 京 ·

图书在版编目（CIP）数据

汽车行业 IATF16949 最新应用实务/谢建华著．
—北京：中国经济出版社，2020.5（2023.3 重印）
ISBN 978-7-5136-5686-3

Ⅰ．①汽…　Ⅱ．①谢…　Ⅲ．①汽车企业—质量管理体系—国际标准　Ⅳ．F407.471.63-65

中国版本图书馆 CIP 数据核字（2020）第 015416 号

策划编辑　崔姜薇
责任编辑　张　博　郭书芳
责任印制　马小宾
封面设计　任燕飞装帧设计工作室

出版发行　中国经济出版社
印 刷 者　北京富泰印刷有限责任公司
经 销 者　各地新华书店
开　　本　880mm×1230mm　1/16
印　　张　50.75
字　　数　1465 千字
版　　次　2020 年 5 月第 1 版
印　　次　2023 年 3 月第 2 次
定　　价　168.00 元
广告经营许可证　京西工商广字第 8179 号

中国经济出版社 **网址** www.economyph.com **社址** 北京市东城区安定门外大街 58 号 **邮编** 100011
本版图书如存在印装质量问题，请与本社销售中心联系调换（联系电话：010-57512564）

序 言

春天的风，吹来夏天的雨，秋天的月，照亮冬天的雪。记不得这句话出自何处了，却恰如这本书的编写历程，经过较长时间的打磨，终于完稿了。站在 20 楼的窗前，我看着凌晨两点依然灯火闪烁的羊城冬夜，空气凉爽，深呼吸了几下，身心顿时放松下来。

早在两年前，就有读者在追问这本书何时能够出版了，除了出于个人工作安排的考虑，更主要的原因是，当时我对新版 IATF 16949 标准也还在实践和探索中，因此不敢草率动笔。通过两年多的实践应用和消化吸收，今天我终于可以给关心和期待这本书的读者们一个交代了，是你们的鞭策给了我压力和动力，在此感谢你们的宽容，以及多年来给予的支持和信任！

众所周知，IATF 16949 标准自 2016 年 10 月 1 日发布后，要求企业在 2018 年的 9 月 14 日前完成新版标准的换版。在不到两年的时间内，要完成全球超过 6.6 万张证书（截至 2016 年 8 月 31 日，全球共有 66033 张证书，其中中国 27769 张）的审核和更换，无论是企业还是审核机构，其工作量可想而知！同时，企业换版的质量和认证机构的审核质量也可想而知！

可以这么说，在进行 IATF 16949 换版时，很多企业对新版标准是一知半解的，稀里糊涂就完成了换版认证，并没有真正理解新版 IATF 16949 标准的目的和意图，也很少能够应用到标准中所提出的理念和方法，以提升组织的质量管理体系绩效。

正如 IATF 16949:2016 标准“前言”中所强调：“本汽车质量管理体系标准，连同适用的汽车顾客特定要求，ISO 9001:2015 要求以及 ISO 9000:2015 一起定义了对汽车生产件及相关服务件组织的基本质量管理体系要求。正因为如此，汽车 QMS 标准不能被视为一部独立的质量管理体系标准，而是必须当作 ISO 9001:2015 的补充进行理解，并与 ISO 9001:2015 结合使用。”也就是说，IATF 16949:2016 的应用必须包含 ISO 9001:2015 的全部要求。

因此，IATF 16949 的升级，首先应是 ISO 9001:2015 的升级。而 ISO 9001:2015 标准融入了组织战略、方针、目标、领导力、过程管理、PDCA、风险管理、知识管理、绩效评价、全面质量管理、创新等现代企业经营管理要素，实际上是一个经营管理系统，而不仅仅是质量管理体系。因此，必须将这些理念和方法融入组织的 IATF 16949 质量管理体系中，方能实现预期结果。

但是，很多企业对汽车质量管理体系标准的认知一直存在误区，仅仅将其当作一个认证体系标准。事实上，IATF 16949 标准综合了全球各大汽车企业（包括宝马集团、戴姆勒汽车集团、菲亚特克莱斯勒汽车公司、福特汽车、通用汽车、标致雪铁龙集团、雷诺汽车、大众汽车集团）的优秀管理经验和技术方法，从组织战略出发，为全球汽车行业指明了管理的思路、框架和方法。

IATF 开发此新版标准的目标是为了进一步发展和完善汽车行业质量管理体系，并为整个汽车供应链提供持续改进、强调缺陷预防，以及减少变差和浪费的质量管理体系。

在实施标准的时候，不要只是为了符合标准的要求，应以顾客为导向，聚焦于满足顾客要求并努力超越顾客的期望，并基于企业的经营、管理、绩效的实际需要去理解条款的思想，结合本企业的产品和过程加以应用；应特别关注过程的有效性和效率，并持续改进过程和质量管理体系的绩效。

为帮助读者，特别是刚进入汽车行业从事质量管理体系的工作者理解和应用标准，本书系统深入地阐述了 ISO 9001:2015 与 IATF 16949:2016 的核心内容和实施方法，将理论和实际应用紧密结合，每一章节都通过图表来描述和说明，全书深入浅出、循序渐进、易学易懂。同时，对质量管理体系实施的重点和难点做了详细的分析，并给出了典型的实施范例和表单，这些范例均来自企业的成功经验，有很强的借鉴价值和实用性。

对于此前已完成 IATF 16949 换版认证的企业来说，通过此书的学习，应该重新审视现有质量管理体系的适宜性、充分性和有效性，并重新进行梳理和优化，关注有效输出，关注顾客的需求和满意，关注整体目标的实现，从而促进实现企业的整体经营绩效。

本书是笔者十余年来对质量管理的理论研究和经营管理实践的总结，期望对高层管理者、质量管理工作者、工程技术人员、企业管理干部和广大读者有一定启发、指导和帮助。本书在编写中参考和引用了很多文献（列于书后），有些信息资料来源于网上，特向这些署名或未署名的作者表示由衷的感谢!

由于篇幅所限，很多相关内容未能详尽，加之笔者专业知识水平和经验有限，书中的偏差和不当之处在所难免，诚恳地希望从事质量管理工作的专家、学者及广大读者批评指正，在此深表感谢!

最后，感谢参与本书编写的全体编委会成员，他们是：刘祖艳、张振江、黄志强、何绍伯、陈英飞、何庆成、熊彩彩、张家勇、刘美义。

谢建华

2019 年 12 月于广州

目 录

第五章 IATF 16949 过程方法、体系策划和建立

第六章 IATF 16949 风险管理

第九章　质量成本管理

第十章　质量手册编写及范例

第十一章　汽车行业内部审核方法及管理评审实施

第十二章　关于 IATF 16949 的认证指南和问题解答

文件范例索引

一、顾客导向过程（COP）文件

二、管理过程（MP）文件

三、支持过程（SP）文件

四、管理办法类

表单索引

图索引

第一章

ISO 9001、IATF 16949标准简介

第一节　ISO 9001 标准的发展历程

本节内容是考虑到有些读者是刚开始接触质量管理体系，以便于他们对 ISO 9001 的发展历程有个全面的了解，对于熟悉质量管理体系的“老司机”，可以略过本节。

ISO 9001 质量管理体系是目前应用范围最广、发证量最多的国际标准体系，自 1987 年问世以来，随后在 1994 年、2000 年、2008 年经历了三次改版，直至现在的 2015 版。其之所以如此被推广应用，还要归功于该标准为各类组织提供了通用的质量管理框架和思路，同时也为组织建立了提供满足顾客和法律法规要求的产品及服务的基本信心。

ISO 9000 系列标准也为其他的管理体系，包括环境、职业健康和安全，信息安全和能源管理等奠定了基础。同时，随着其核心标准 ISO 9001 在诸多特定行业（如汽车、通信、轨道交通、国军标、航空航天、医疗器械等）的深入应用，不论是从深度、广度而言，其影响力都在与日俱增。

一、国际标准化组织（ISO）简介

1.什么是 ISO

国际标准化组织（International Organization for Standardization）简称 ISO。

国际标准化组织是一个全球性的非政府组织，是国际标准化领域中一个十分重要的组织。许多人会注意到，“ISO”与国际标准化组织全称（International Organization for Standardization）的缩写并不相同，为什么不是“IOS”呢？其实，“ISO”并不是其全称首字母的缩写，而是一个词，它来源于希腊语“isos”，意为“相等”，现在有一系列用它作前缀的词，诸如“isometric”（意为“尺寸相等”），“isonomy”（意为“法律平等”）。从“相等”到“标准”，内涵上的联系使“ISO”成为组织的名称。

2.ISO 起源

国际标准化组织的前身是国家标准化协会国际联合会和联合国标准协调委员会。1946 年 10 月，25 个国家标准化机构的代表在伦敦召开大会，决定成立新的国际标准化机构，定名为 ISO。大会起草了 ISO 的第一个章程和议事规则，并认可、通过了该章程草案。

1946 年，伦敦，ISO 的创始者

1947 年 2 月 23 日，国际标准化组织正式成立，是世界上最大的、最有权威的国际标准化组织，总部设在瑞士日内瓦，我国是 ISO 的 25 个创始国之一。

中国是 ISO 的正式成员，代表中国参加 ISO 的国家机构是中国国家技术监督局（CSBTS）。

3.ISO 宗旨

ISO 的宗旨是在全世界范围内促进标准化工作的发展，以便于产品和服务的国际交往，并扩大各成员国在知识、科学、技术和经济方面的合作。从 ISO 几十年的发展看，已经实现了这一宗旨并继续发扬光大。

4.ISO 主要任务

ISO 的主要任务是制定国际标准，协调世界范围内的标准化工作，组织各成员国和技术委员会进行情报交流，并与其他国际机构进行合作，共同研究有关标准化问题，ISO 的技术成果是正式出版的国际标准。

5.ISO 工作领域

ISO 负责除电工、电子领域之外的所有其他领域的标准化活动。电工、电子工程的国际标准化工作由国际电工委员会（IEC）负责。

6.ISO 标准编号

ISO 制定的国际标准除了有规范的名称之外，还有编号，编号的格式是：ISO+标准号+冒号+发布年号，如 ISO 9001:2015、ISO 9000:2015、ISO 14001:2015、ISO 9004:2018 等。

二、什么是 ISO 9000 族标准

质量管理和质量保证的国际化是促进国际贸易和合作、消除技术壁垒的需求。

建立、实施质量管理体系是组织增强市场竞争能力的需求。

建立、实施质量管理体系是组织持续保持提供满足顾客和适用法律法规要求的产品的能力的需要。

基于以上原因制定国际化的质量管理和质量保证标准成为一种迫切需要。

ISO 9000 族标准是国际标准化组织（ISO）在 1994 年提出的概念，是指由 ISO/TC176（国际标准化组织质量管理和质量保证技术委员会）制定的所有国际标准。

ISO 9000 族标准并不是指一个标准，而是关于质量管理的术语、指南和质量体系要求的一系列标准。

ISO 9000 族标准可以帮助组织建立、实施并有效运行质量管理体系，是质量管理体系通用的要求和指南。它不受具体的行业或经济部门的限制，可广泛适用于各种类型和规模的组织，在国内和国际贸易中促进相互理解和相互信任。

三、ISO 9000 系列标准的产生和发布

随着质量管理的迅速发展，各国对质量管理中所用的名词术语及质量保证的要求都制定了相应的国家标准。由于各国的情况不同，因此，在基本概念上、管理方法上以及对质量保证的要求上都存在着较大差别。为了适应国际贸易的需要，亟须统一各国的认识，特别是对质量保证的概念和质量保证要求的内容，需有一个统一的准则。

1979 年 ISO 成立了质量管理和质量保证技术委员会（TC176），负责制定质量管理和质量保证标准。ISO/TC176 的秘书国是加拿大，主要成员有美、英、法、加、德、澳、南非、挪威、瑞士、日本等国。经过各国专家的艰苦工作，用了近 7 年的时间，几经修改，于 1986 年、1987 年相继发布一系列质量管理标准，即 ISO 9000 系列标准第一版，包括以下标准：

ISO 8402:1986《质量管理和质量保证—术语》

ISO 9000:1987《质量管理和质量保证标准—选择和使用指南》

ISO 9001:1987《质量体系—设计、开发、生产、安装和服务的质量保证模式》

ISO 9002:1987《质量体系—生产和安装的质量保证模式》

ISO 9003:1987《质量体系—最终检验和试验的质量保证模式》

ISO 9004:1987《质量管理和质量体系要素指南》

上述标准简称为“一个术语，两个指南，三种质量保证模式”。

ISO 9000 系列标准发布后，很快在工业界得到认可，世界范围内掀起了一股应用 ISO 9000 标准的热潮，并被各国标准化机构等同或等效采用。同时，世界各国根据 ISO 9000 标准开展了第三方质量体系认证和注册服务工作。

四、ISO 9000 族标准的修订和发展

在 1987 版 ISO 9000 系列标准制定的时期，当时世界各国的经济发展中占主导地位的是制造业，因此 1987 版标准突出体现了制造业的特点，但也存在一些有待改进的问题：

- 1987 版标准主要针对制造业编写，难以适应金融、教育、行政和商业服务等其他领域。
- 从内容上看，系列标准适用于大、中型企业，对小型企业则过于烦琐。

- 全面质量管理中的成功经验、现代管理中的先进理念和方法在系列标准中强调得不够。
- 标准数量虽不多，但标准之间以及标准中的一些内容之间的协调性还存在问题。

1.1994 年发布第二版

基于上述问题，1994 年对该标准进行了修订，此次修订称为“有限修订”，修订后的系列标准 ISO/TC176 正式定义为 ISO 9000 族标准。

标准号分别改为:

—ISO 8402:1994　《质量管理和质量保证—术语》
—ISO 9000-1:1994《质量管理和质量保证　第 1 部分：选择和使用指南》
—ISO 9001:1994　《质量体系—设计、开发、生产、安装和服务的质量保证模式》
—ISO 9002:1994　《质量体系—生产和安装的质量保证模式》
—ISO 9003:1994　《质量体系—最终检验和试验的质量保证模式》
—ISO 9004-1:1994《质量管理和质量体系要素指南》

这次修订保留了 1987 版标准的基本结构，只对标准内容做技术性局部修改，从而使 1994 版标准还存在没有解决的问题：

- 虽然强调了体系，但是没有充分体现系统的理念。
- 关注“文件化”和符合性，没有充分强调持续改进和总体绩效提高。
- 标准数量比较多，使“标准家族”过于庞大，给使用者带来困难和不便。

2.2000 年发布第三版

此次修订称为“彻底修订”，是在总体结构和技术内容上进行了全面修改，即 2000 版 ISO 9000 族标准。

2000 版的变更是最为重大的变更，质量管理的理念从原来零散的要素管理变更为系统化的全面质量管理，导入了以顾客为关注焦点、领导作用、全员参与、过程方法、管理的系统方法、持续改进、基于事实的决策方法、与供方互利的关系这八项质量管理原则和 PDCA 管理循环，特别是导入过程方法的应用，强调在策划和实施质量管理体系时应采用过程方法，这些改进体现了与时俱进的现代管理理念和方法。

1994 版之前的标准主要针对制造业编写，难以适应金融、教育、行政和商业服务等其他领域，而 ISO 9001:2000 版标准规定的所有要求是通用的，适用于各种类型、不同规模和提供不同产品和服务的组织，因此在 ISO 9001:2000 版标准发布后，在我国得到了广泛的推广和应用，掀起了质量体系认证的高潮。

2000 版 ISO 9000 族核心标准包括：

ISO 9000:2000　《质量管理体系—基础和术语》
ISO 9001:2000　《质量管理体系—要求》
ISO 9004:2000　《质量管理体系—业绩改进指南》
ISO 19011:2002《质量和（或）环境管理体系审核指南》

3.2008 年发布第四版

此次标准的修订只是一次修正，ISO 9001:2008 标准与 2000 版相比变化不大，总体框架和逻辑结构未变，只是部分条款的要求更加明确、更具适用性，对用户更加有利、更加便于使用。

这次标准修订的特点：

- 总体框架和逻辑结构未变；
- 更规范、更严谨，有利于用户的使用；
- 肯定了 2000 版的成果，充分考虑了与其的连续性；
- 对原条款中一些有争议的或模糊的地方做了文字上的修订，并增加了一些注释说明；
- 有助于各方对标准的理解、转换、实施和改进。

在 ISO 9001:2008 版标准之前，ISO/TC176 对 ISO 9000:2000《质量管理体系—基础和术语》

进行了增补和修订，发布了 ISO 9000:2005；在 ISO 9001:2008 版标准发布后，对 ISO 9004:2000《质量管理体系—业绩改进指南》全面改版为 ISO 9004:2009《追求组织的持续成功—质量管理方法》；并在 2011 年发布了审核管理体系的指南 ISO 19011:2011。

因此，**2008 版 ISO 9000 族核心标准包括：**

ISO 9000:2005 《质量管理体系—基础和术语》

ISO 9001:2008 《质量管理体系—要求》

ISO 9004:2009 《追求组织的持续成功—质量管理方法》

ISO 19011:2011《管理体系审核指南》

4.2015 年发布第五版

标准于 2015 年 9 月 23 日发布。

2015 版 ISO 9000 族核心标准包括：

ISO 9000:2015 《质量管理体系—基础和术语》

ISO 9001:2015 《质量管理体系—要求》

ISO 9004:2018 《质量管理—组织质量—对实现持续成功的指南》

ISO 19011:2011《管理体系审核指南》

下面对上述四个核心标准进行简要说明：

ISO 9000:2015《质量管理体系—基础和术语》

- 该标准为正确理解和实施 ISO 9001:2015 标准提供必要的基础；
- 该标准解释了七项质量管理原则（2000 版及 2008 版是八项原则，现将过程方法和管理的系统方法合并为过程方法，因此变成七项），这些原则是制定和实施 ISO 9001 标准的基础；这些原则本身不作为要求，但构成本标准所规定要求的基础；
- ISO 9000:2015 还规定了应用于本标准的术语、定义和概念。定义了 13 类 138 个术语，特别是新增和修订很多基础术语（如组织的环境、风险、创新、产品、服务等），用较通俗的语言阐明了质量管理领域所用术语的概念。

ISO 9001:2015《质量管理体系—要求》

- 该标准规定了质量管理体系的要求，共 10 个部分的内容；
- 该标准提出的要求是通用的，旨在适用于各种类型、不同规模和提供不同产品和服务的组织；
- 该标准是质量管理体系实施和认证的标准。

ISO 9004:2018《质量管理—组织质量—对实现持续成功的指南》

- 标准的名称由 ISO 9004:2009《追求组织的持续成功—质量管理方法》改为现在的 ISO 9004:2018《质量管理—组织质量—对实现持续成功的指南》；
- ISO 9001:2015 着重于提供对组织的产品和服务的信心，而 ISO 9004:2018 着重于提供对组织实现持续成功的能力的信心。最高管理层将重点放在组织满足顾客和其他相关方的需求和期望的能力上，这提供了实现持续成功的信心；
- ISO 9004:2018 解决组织整体绩效的系统性改进，包括有效、高效的管理系统的规划、实施、分析、评价和改进；
- 通过各级管理者了解并理解组织不断变化的环境，可以增强获得持续成功的能力。改进和创新，也支持持续的成功；
- ISO 9004:2018 促进自我评估，并提供了自我评估工具，用于评审该组织采用该标准的成熟度；
- ISO 9004:2018 的重要思想首先是为“如何通过管理让组织获得持续成功？”这个问题提供指导，而并不是指导组织如何建立质量管理体系；

- 虽然 ISO 9004:2018 可以作为 ISO 9001:2015 的补充，但它可以单独使用。它并不用于第三方认证、监管或用于合同目的，也不是 ISO 9001:2015 的实施指南。

ISO 19011:2011《管理体系审核指南》

- 该标准可以用于任何管理体系的审核指导；
- 该标准提供关于审核方案管理和管理体系审核的策划和实施以及审核员和审核组能力和评价的指南；
- 该标准适用于广泛的潜在使用者，包括审核员、实施管理体系的组织以及由于合同或法定要求需要实施管理体系审核的组织；
- 该标准的指南可以用于自我声明的目的，也适用于从事审核员培训或人员注册的组织。

五、与质量管理体系有关的其他 ISO 标准介绍

除了上述核心标准外，国际标准化组织还制定了以下一些标准，旨在为应用 ISO 9001 标准的组织提供支持信息。组织在实施或寻求改进其质量管理体系、过程或相关活动的过程中，以下标准可为其提供帮助。

ISO 10001（GB/T 19010）——《质量管理—顾客满意—组织行为规范指南》，为组织确定其在满足顾客需求和期望方面的满意程度提供指南。实施该标准可以增强顾客对组织的信心，使组织对顾客的预期更加准确，从而降低误解和抱怨的可能性。

ISO 10002（GB/T 19012）——《质量管理—顾客满意—组织投诉处理指南》，通过确认和理解投诉方的需求和期望，解决接到的投诉，为组织提供投诉处理过程的指南。

ISO 10003（GB/T 19013）——《质量管理—顾客满意—组织外部争议解决指南》，为组织有效解决有关产品投诉的外部争议提供指南。若组织不能在内部对投诉进行补救或纠正，争议解决指南可为其提供解决途径。大多数投诉可以在不形成对抗的条件下在组织内部成功解决。

ISO 10004（GB/Z 27907）——《质量管理—顾客满意—监视和测量指南》，为组织采取增强顾客满意度的措施，并识别顾客所关注的产品、过程和属性的改进机会。这些措施能够增强顾客忠诚，避免顾客流失。

ISO 10005（GB/T 19015）——《质量管理体系—质量计划指南》，为组织制订和实施质量计划，作为满足相关产品、过程、项目或合同的手段，形成支持产品实现的方法和惯例提供指南。制订质量计划的益处在于能够使相关人员增加可以满足质量要求并有效控制相应过程的信心，推动其积极参与。

ISO 10006（GB/T 19016）——《质量管理体系—项目质量管理指南》，可适用于从小到大、从简单到复杂、从单独的项目以及作为项目组合之组成部分的各种项目。既可供项目管理人员使用，亦可供需要确保其组织应用 ISO 质量管理体系相关标准所包含惯例的人员使用。

ISO 10007（GB/T 19017）——《质量管理体系—技术状态管理指南》，帮助组织在整个产品生命周期内应用技术的和行政的手段，对技术状态项目以及有关的技术状态信息进行管理的一种活动。技术状态管理是将产品的技术状态形成文件，并在产品寿命周期内的所有阶段为标识和追溯产品物理的和功能的要求的实现状况及准确获取信息提供途径。

ISO 10008——《质量管理—顾客满意—BtoC 电子商务交易指南》，指导组织如何有效实施 B2C 电子商务交易系统，从而为增加顾客对 B2C 电子商务交易系统的信心奠定基础，提高组织满足顾客要求的能力，以减少投诉和纠纷。

ISO 10012（GB/T 19022）——《测量管理体系—测量过程和测量设备的要求》，为测量过程管理以及支持和证明符合计量要求的测量设备的计量确认提供指南。规定测量管理系统的质量管理要求，以确保满足计量要求。

ISO/TR 10013（GB/T 19023）——《质量管理体系文件指南》，为编制和保持质量管理体系所需的文件提供指南。

ISO 10014（GB/T 19024）——《质量管理—实现财务和经济效益的指南》，专门为最高管理

者制定。为通过应用质量管理原则实现财务和经济效益提供指南，有利于促进组织应用管理原则以及选择持续成功的方法和工具。

ISO 10015（GB/T 19025）——《质量管理—培训指南》，为组织解决相关培训问题提供帮助和指南。可适用于 ISO 质量管理体系相关标准涉及“教育”与“培训”事宜时所需的指南。所描述的“培训”包括所有类型的教育和培训。

ISO/TR 10017（GB/Z 19027）——《ISO 9001:2000 的统计技术指南》，统计技术有助于变异的测量、表述、分析、解释和建模，甚至使用相对有限的数据，也能做到这一点。

对数据进行统计分析有助于更好地理解变异的性质、程度和原因，从而有助于解决甚至预防由这些变异可能引发的问题。

统计技术能使组织更好地利用可获得的数据作出决策，因而有助于组织持续改进产品和过程的质量，以使顾客满意。统计技术适用的活动范围很广，如市场调研、设计、开发、生产、验证、安装和服务等。

本指导性技术文件旨在指导和帮助组织考虑和选择适合该组织需求的统计技术。而确定统计技术需求的准则以及所选择的统计技术是否适宜仍由该组织作出最终决定。

ISO 10018——《质量管理—人员参与和能力指南》，提供影响人员参与和能力方面的指南。质量管理体系取决于称职人员的积极主动参与，以及这些人员的组织管理方式。其对所需知识、技能、行为、工作环境的识别、发展和评价至关重要。

ISO 10019（GB/T 19029）——《质量管理体系咨询师的选择及其服务使用的指南》，指导如何选择质量管理体系咨询师以及使用其服务。该标准为质量管理体系咨询师的能力评价过程提供了指南，帮助组织获得满足其需要和期望的咨询服务。

第二节　欧美汽车工业质量体系标准发展概况

一、欧美汽车工业质量体系标准的兴起

随着 ISO 9000 系列标准在全球的发布和实施，世界各国掀起了质量体系认证的热潮，可以说，ISO 9001 质量体系的认证，极大地促进了全世界质量管理水平的提高。但是，各行各业毕竟存在相互区分的特性，ISO 9001 标准仍然不能满足一些行业质量管理方面的特殊要求。而汽车工业是一门综合性产业，由于汽车产品使用的安全性、排气污染和能源消耗，涉及国家和社会的各方面利益，许多汽车工业发达国家先后制定并实施了相应的质量保证标准。其中，具有代表性的汽车工业质量保证体系当属美国的 QS-9000 和德国的 VDA6 系列、法国的 EAQF 及意大利的 AVSQ 等。

- **美国：QS-9000**
- **德国：VDA 6.1**
- **法国：EAQF**
- **意大利：AVSQ**

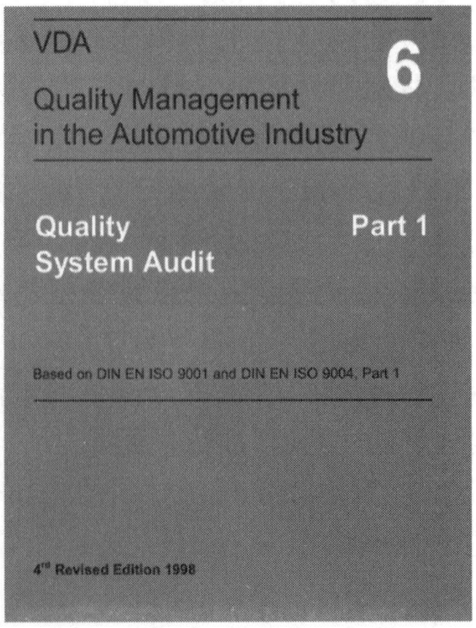

二、欧美汽车工业质量体系标准介绍

1.美国汽车工业质量体系

QS-9000 是美国三大汽车公司通用、福特、克莱斯勒及一些货车制造公司所制定的供应商基本质量体系要求。

QS-9000 是美国克莱斯勒汽车公司《供方质量保证手册》、福特汽车公司《Q-101 质量体系标准》和通用汽车公司《北美创优目标》及货车制造公司基本要求的协调产物。

QS-9000 标准发展的历程：

第一版	1994 年 8 月颁布	1996 年 1 月废止
第二版	1995 年 2 月颁布	1999 年 1 月 1 日废止
第三版	1998 年 3 月颁布	2006 年 12 月 15 日废止

QS-9000 质量体系由两个部分组成：

第一部分：以 ISO 9001（1994 版）为基础要求，全部引用 ISO 9001 标准，QS-9000 针对每一标准条款给出了汽车行业的补充和特别要求，以及为满足要求应采取的方法与手段。

第二部分：顾客的特殊要求，包括克莱斯勒、福特和通用汽车公司的特殊要求以及其他整车厂的特殊要求。

三大汽车公司的特别工作小组共同出版了五大技术参考手册，以配合 QS-9000 质量体系的实施：

- **先期产品质量策划和控制计划（APQP&CP）**
- **潜在失效模式及后果分析（FMEA）**
- **统计过程控制（SPC）**
- **测量系统分析（MSA）**
- **生产件批准程序（PPAP）**

QS-9000 质量体系并非国际标准，是美国三大汽车厂对他们的供应商的质量体系要求。由于该标准规定了更加全面而严格的要求，提供了比较完整的技术和方法，其目标是建立一套能确保企业持续地改进质量，加强缺陷预防和减少供应环节中出现质量变差及浪费的质量管理体系，通过建立和完善质量体系达到这些目标，不仅仅只是对顾客的保障，而且还可以给本企业带来巨大的效益。因此，该标准颁布后在全球范围内得到广泛的实施和应用，很多非汽车供应商的企业也积极推行和认证 QS-9000。

2.德国汽车工业质量体系

德国汽车工业协会（Verband der Automobilindustrie，简称 VDA），也称德国汽车工业联合会，是由德国主要汽车制造商包含奔驰、大众、奥迪、保时捷，及其合作伙伴、供应商和部分拖拉机制造商组成的一个协会性组织。包含 20 个部门和超过 70 名协会职工。加入该协会的有超过 620 家公司。

德国汽车工业协会的主要工作是在德国和国际上努力提高和维护整个德国汽车工业在汽车及相关领域的种种利益，例如维护德国汽车工业在经济、运输、环保政策、技术法规、标准和质量保证方面的利益。

德国汽车工业协会发布的 VDA 6.1 是以 ISO 9001 和 ISO 9004-1 为基础，并参考了其他汽车工业标准，但它也有一些额外的要求，例如企业战略以及财务考虑。

VDA 6.1 标准由两大部分组成：**U 企业领导，P 产品和过程；**企业领导部分有七个要素，产品和过程部分有十六个要素。**因为企业最高管理者及其下属管理层对质量管理的规定、实施与监**

控起决定性影响，所以吸收他们参与是标准的根本要求。

VDA 6.1 标准名称是“质量管理体系审核—批量生产”，该标准是以提问和评分合格率来评价体系符合性的，可用于内部质量体系审核（第一方审核）、顾客/供方审核（第二方审核）和经 VDA 认可的认证机构进行认证审核（第三方审核）。

此外，VDA 还发布了 VDA 6 系列的审核标准：

VDA 6.2：质量管理体系审核—服务

VDA 6.3：过程审核—批量产品/服务

VDA 6.4：质量管理体系审核—生产设备

VDA 6.5：产品审核—有形与无形产品

VDA 6.7：过程审核—生产设备/单件生产

VDA 6.1 历次改版情况如下：

1991：第一版

1992：第二版

1996：第三版

1998：第四版

2010：再版第四次修订

2016：第五版

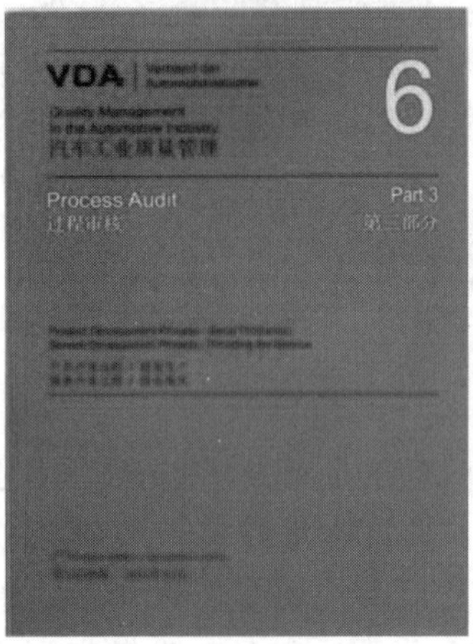

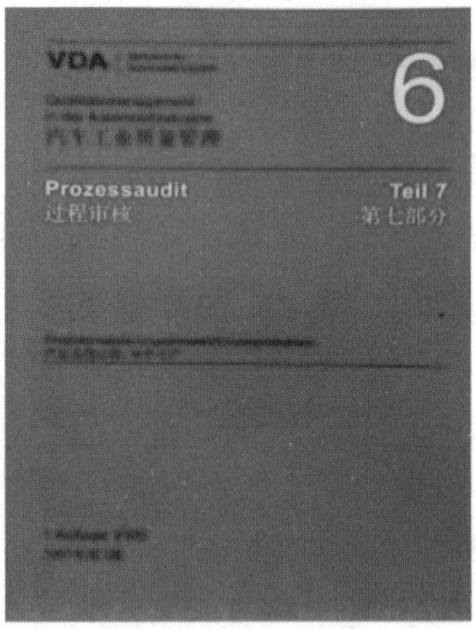

3.法国汽车工业质量体系

法国的汽车工业质量体系是 EAQF，是以 ISO 9001 为基础建立的。主要适用的汽车厂有：标致、雪铁龙、雷诺等。

该标准最终版是 1994 版，是标致雪铁龙集团、雷诺汽车公司及其作为汽车装备工业联合会（FIEV）成员的零部件供方为一方，作为 VDA 成员的德国汽车制造商及其零部件供方为另一方，于 1994 年 3 月签订相互承认协定的基础。

4.意大利汽车工业质量体系

意大利的汽车工业质量体系是以 AVSQ 为代表，是以 1994 年版的 ISO 9001 为基础建立的。主要的车厂有 FIAT（菲亚特）、IVECO（依维柯）等。

第三节　汽车行业 ISO/TS 16949&IATF 16949 标准的发展历程

一、什么是 IATF

为了协调国际汽车质量体系规范，减少汽车供应商不必要的资源浪费，有利于汽车整车厂全球采购战略的实施，由世界上主要的汽车制造商及协会于 1996 年成立了一个专门机构，称为**国际汽车推动小组**（International Automotive Task Force，简称 IATF），也称**国际汽车工作组**。

1.IATF 的成员

包括了国际标准化组织质量管理和质量保证技术委员会（ISO/TC176）及由 9 家整车厂（称为 IATF OEM—原始设备制造商）和 5 家国家协会组成。

9 家整车厂分别是：

BMW Group（宝马集团）；
FCA US LLC（美国菲亚特—克莱斯勒汽车公司）；
Daimler AG（戴姆勒公司）；
FCA Italy Spa（意大利菲亚特—克莱斯勒汽车公司）；
Ford Motor Company（福特汽车公司）；
General Motors（通用汽车公司）；
Groupe PSA–Peugeot Citroen DS（标致雪铁龙）；
Renault Group（雷诺集团）；
Volkswagen Group（大众汽车集团）。

5 家国家协会分别是：

美国汽车工业行动集团（AIAG/USA）；
意大利汽车工业协会（ANFIA/Italy）；
法国车辆设备工业联盟（FIEV/France）；
英国汽车制造商与贸易商协会（SMMT/UK）；
德国汽车工业协会（VDA/Germany）。

IATF:(International Automotive Task Force)国际汽车工作组

2.IATF 的工作网络

为切实可行、有效地贯彻 ISO/TS 16949、IATF 16949 标准，IATF 在全球建立了 5 个地区性的国际汽车监督署（IAOB Internation Automotive Oversight Bureau）。这 5 个监督署分别是：

美国国际汽车监督署（IAOB/USA）；
意大利汽车工业协会（ANFIA/Italy）；
法国车辆设备工业联盟（FIEV/France）；
英国汽车制造商与贸易商协会（SMMT/UK）；
德国汽车工业协会—质量管理中心（VDA-QMC/Germany）。

他们采用相同的程序方法来监督 ISO/TS 16949、IATF 16949 标准的管理、操作和实施。每个监督署的职责包括：

a）代表 IATF，通过相同的程序，贯彻和管理 ISO/TS 16949、IATF 16949 的注册全过程；包括见证审核活动，注册审核员的资格培训和考试，监督认证公司和注册审核员的工作质量；

b）与其他监督署协调，以确保 ISO/TS 16949、IATF 16949 注册计划的全球一致性；

c）贯彻和实施 IATF 的政策和决定；

d）负责 IATF 与全球汽车制造商之间有关标准的协调事宜；

e）建立和维持 IATF 的信息数据库以便于注册管理。

3. IATF 方案管理结构

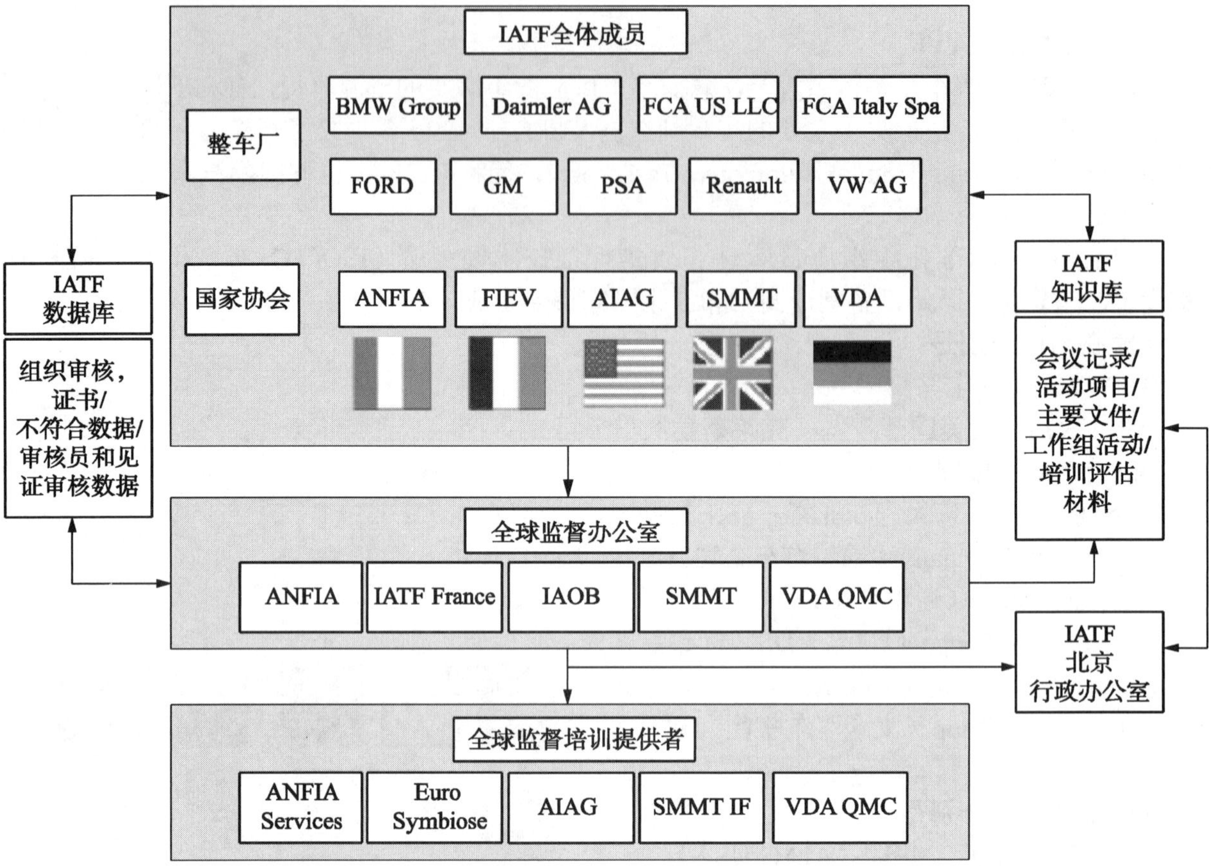

注：登录www. iatf global oversight. org可找到所有关于IATF的公开信息。

4.IATF 各监督署的联系信息

获得并保持IATF认可的规则中规定了根据汽车QMS 标准进行认证的要求。详细情况可从国际汽车推动小组的当地监督办公室处获得：

意大利汽车工业协会（ANFIA）

网址：www.anfia.it　　e-mail: anfia@anfia.it

美国国际汽车监督署（IAOB）

网址：www.iaob.org　　e-mail: iatf16949feedback@iaob.org

IATF 法国

网址：www.iatf-france.com　　e-mail: iatf@iatf-france.com

英国汽车制造商与贸易商协会（SMMT Ltd.）

网址：www.smmtoversight.co.uk　　e-mail: iatf16949@smmt.co.uk

德国汽车工业协会—质量管理中心（VDA QMC）

网址：www.vda-qm.de　　e-mail: info@vda-qm.de

二、ISO/TS 16949:1999（第一版）的产生和应用情况

国际汽车推动小组（IATF）以及 ISO/TC176 质量管理和质量保证委员会及其分委员会的代表在以 ISO 9001:1994 版质量体系标准的基础上结合 QS-9000（美国）、VDA6（德国）、EAQF（法国）和 AVSQ（意大利）等质量体系的要求制定了 ISO/TS 16949 技术规范，并于 1999 年 1 月 1 日颁布第一版。

ISO/TS 16949:1999 第一版的全称是“质量体系—汽车供应商—关于应用 ISO 9001:1994 的特殊要求”。

ISO/TS 16949:1999 被我国等同采用，成为“中国国家标准”，标准代号为“GB/T 18305—2001”，于 2001 年 7 月 1 日实施。

ISO/TS 16949:1999 技术规范由于是以 ISO 9001:1994 版质量体系为基础，而 ISO 9000 系列标准于 2000 年 12 月发布了第三版，即 ISO 9001:2000 版，由于 ISO 9001:2000 版在结构和内容上与 ISO 9001:1994 版相比做了全面的改变，故 ISO/TS 16949:1999 技术规范在发布不久即已过时，并未得到广泛应用。

三、ISO/TS 16949:2002（第二版）的产生和应用情况

ISO 9001:2000 版发布实施后，由国际汽车推动小组（IATF）和日本汽车制造商协会（JAMA）在 ISO/TC176 质量管理和质量保证委员会的支持下对 3 个欧洲标准 VDA6.1（德国）、AVSQ（意大利）、EAQF（法国）和美国 QS-9000 标准进行了协调，在和 ISO 9001:2000 版标准结合的基础上，共同制定了 ISO/TS 16949:2002 这一技术规范。

ISO/TS 16949:2002 以 ISO 9001:2000 为基础架构，增加了汽车行业的特别要求。标准中方框内的文字是 ISO 9001:2000 原文，方框外的部分是汽车行业特别要求，故 ISO/TS 16949:2002 涵盖了 ISO 9001:2000 的全部要求。

ISO/TS 16949:2002 标准的全称是“质量管理体系—汽车生产件及相关维修零件组织应用 ISO 9001:2000 的特别要求”。

ISO/TS 16949:2002 标准增加和补充的特别要求主要是基于美国三大汽车公司的质量体系标准 QS-9000 的要求，同时融合了 VDA6.1（德国）、AVSQ（意大利），EAQF（法国）等标准的成功管理技术和方法。标准发布后，立即受到广大汽车制造商和供应商的欢迎，并得到世界上大多数汽车整车厂的支持和认可。被世界各国等同采用为本国汽车行业质量管理体系标准，我国对应的国家标准为“GB/T 18305—2003”，于 2003 年 6 月 1 日实施。

该标准发布后在全球范围内得到广泛应用，汽车行业掀起 ISO/TS 16949 认证的热潮，获得 TS 证书是诸多制造企业进入汽车供应链的必备条件，同时也是全球汽车行业的一张通行证。

四、ISO/TS 16949:2009（第三版）的改版情况

国际标准化组织（ISO）于 2008 年 11 月 15 日发布了 ISO 9001:2008 标准。IATF 为了跟踪 ISO 9001:2008 标准，反映该标准所发生的变化，于 2009 年 6 月 15 日发布了 ISO/TS 16949:2009 版。

这次改版，在标准的结构上完全没有变化，只是将原来的 ISO 9001:2000 版内容变成 ISO 9001:2008 版内容，对于汽车行业的特别要求内容并没有提出新的和变化的要求。因此，ISO/TS 16949:2002 与 ISO/TS 16949:2009 没有本质变化、差异不大。

五、ISO/TS 16949:2009（第三版）改版为 IATF 16949:2016（第一版）

1.IATF 16949:2016 的发布

国际汽车推动小组（IATF）于 2016 年 10 月 1 日发布了 IATF 16949:2016（第一版），标准号还是 16949，于 2017 年 1 月 1 日生效。

“ISO/TS”代表国际标准技术规范，“IATF”代表汽车行业特定标准，更体现了行业的属性。

IATF 在准备从 ISO/TS 16949:2009（第三版）转换至 IATF 16949:2016 过程中，征求了认证机构、审核员、供应商和 OEM（整车厂）的反馈意见；IATF 16949:2016（第一版）的创建，注销并取代 ISO/TS 16949:2009（第三版）。

IATF 通过延续联络委员会的身份，与国际标准化组织（International Standardization Organization，ISO）保持着强有力的合作，确保持续与 ISO 9001 保持一致。

2.IATF 16949:2016 不能作为一部独立的质量管理体系标准

在 IATF 16949:2016（第一版）的“前言”中强调：

“本汽车质量管理体系标准（本文中简称为‘汽车 QMS 标准’或‘IATF 16949’），连同适用的汽车顾客特定要求，ISO 9001:2015 要求以及 ISO 9000:2015 一起定义了对汽车生产件及相关服务件组织的基本质量管理体系要求。**正因为如此，汽车 QMS 标准不能被视为一部独立的质量管理体系标准，而是必须当作 ISO 9001:2015 的补充进行理解，并与 ISO 9001:2015 结合使用。**”

此前的 ISO/TS 16949 是在 ISO 9001 标准条款的基础上，增加了汽车行业的补充和特别要求，标准中方框内的文字是 ISO 9001 原文，方框外的部分是汽车行业特别要求，故 ISO/TS 16949 涵盖了 ISO 9001 的全部要求，是一部独立完整的标准。

现在的 IATF 16949:2016 标准还是以 ISO 9001 为基础架构，但标准中只有汽车行业的补充和特别要求的条款，引用 ISO 9001 的要求只给出条款号，并注明“见 ISO 9001:2015 的要求”。因此，IATF 16949:2016 标准不能作为一部独立的标准使用，而必须与 ISO 9001:2015 结合使用。

六、ISO/TS 16949、IATF 16949 发展历程图

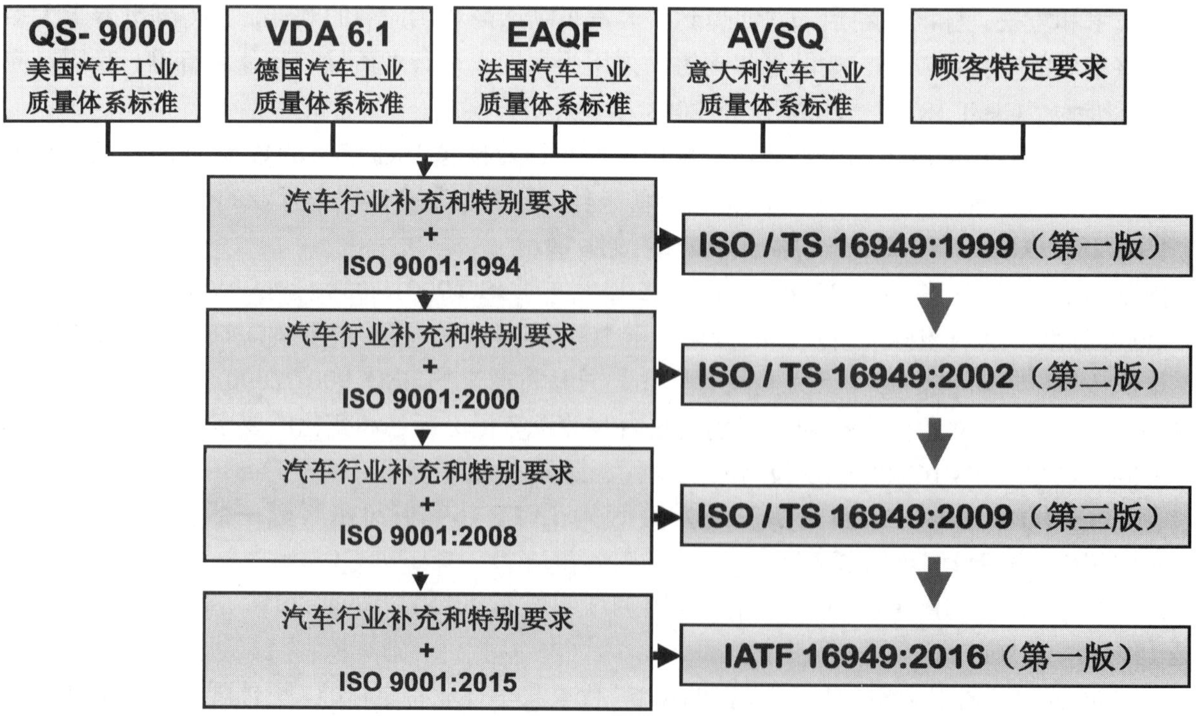

第二章

ISO 9001 & IATF 16949术语和定义理解

第一节　ISO 9001:2015 中所引用的术语和定义

ISO 9001:2015 条款“3 术语和定义”中规定“ISO 9000:2015 界定的术语和定义适用于本文件”。在 ISO 9000:2015 标准“质量管理体系 基础和术语”中，定义了 ISO 9001:2015 所使用的术语，所规定的术语共分 13 类，138 个术语。为方便读者查阅和理解相关术语，以下列出了 ISO 9000:2015 中全部的术语和定义，并与之序号保持一致。（以下术语和定义摘自 GB/T 19000—2016，等同于 ISO 9000:2015）

“3.1 有关人员的术语”6 个：

最高管理者、质量管理体系咨询师、参与、积极参与、技术状态管理机构、调解人。

“3.2 有关组织的术语”9 个：

组织、组织环境、相关方、顾客、供方、外部供方、调解过程提供方、协会、计量职能。

“3.3 有关活动的术语”13 个：

改进、持续改进、管理、质量管理、质量策划、质量保证、质量控制、质量改进、技术状态管理、更改控制、活动、项目管理、技术状态项。

“3.4 有关过程的术语”8 个：

过程、项目、质量管理体系实现、能力获得、程序、外包、合同、设计和开发。

“3.5 有关体系的术语”12 个：

体系（系统）、基础设施、管理体系、质量管理体系、工作环境、计量确认、测量管理体系、方针、质量方针、愿景、使命、战略。

“3.6 有关要求的术语”15 个：

客体、质量、等级、要求、质量要求、法律要求、法规要求、产品技术状态信息、不合格（不符合）、缺陷、合格（符合）、能力、可追溯性、可信性、创新。

“3.7 有关结果的术语”11 个：

目标、质量目标、成功、持续成功、输出、产品、服务、绩效、风险、效率、有效性。

“3.8 有关数据、信息和文件的术语”15 个：

数据、信息、客观证据、信息系统、文件、成文信息、规范、质量手册、质量计划、记录、项目管理计划、验证、确认、技术状态记实、特定情况。

“3.9 有关顾客的术语”6 个：

反馈、顾客满意、投诉、顾客服务、顾客满意行为规范、争议。

“3.10 有关特性的术语”7 个：

特性、质量特性、人为因素、能力、计量特性、技术状态、技术状态基线。

“3.11 有关确定的术语”9 个：

确定、评审、监视、测量、测量过程、测量设备、检验、试验、进展评价。

“3.12 有关措施的术语”10 个：

预防措施、纠正措施、纠正、降级、让步、偏离许可、放行、返工、返修、报废。

“3.13 有关审核的术语”17 个：

审核、多体系审核、联合审核、审核方案、审核范围、审核计划、审核准则、审核证据、审核发现、审核结论、审核委托方、受审核方、向导、审核组、审核员、技术专家、观察员。

需要强调的是，以下术语和定义是针对 ISO 9001 标准的，对于汽车 QMS 来说，有些定义的部分内容是不适用的，比如 ISO 9001 标准中的“服务”与 IATF 16949 补充和特别要求中的“服务”含意是不同的，读者需要从汽车制造业的角度去理解和应用，不要照搬原文。

一、“3.1 有关人员的术语”

3.1.1 最高管理者 top management

在最高层指挥和控制组织的一个人或一组人。

注 1：最高管理者在组织内有授权和提供资源的权力。

注 2：如果管理体系的范围仅涵盖组织的一部分，在这种情况下，最高管理者是指管理和控制组织的这部分的一个人或一组人。

注 3：这是 ISO/IEC 导则，第 1 部分的 ISO 补充规定的附件 SL 中给出的 ISO 管理体系标准中的通用术语及核心定义之一。

3.1.2 质量管理体系咨询师 quality management system consultant

对组织的质量管理体系实现给予帮助、提供建议或信息的人员。

注 1：质量管理体系咨询师也可以在部分质量管理体系的实现方面提供帮助。

注 2：ISO 10019：2005 为识别质量管理体系咨询师是否具备组织所需的能力提供了指南。

3.1.3 参与 involvement

参加活动、事项或介入某个情境。

3.1.4 积极参与 engagement

参与活动并为之做出贡献，以实现共同的目标。

3.1.5 技术状态管理机构 configuration authority；configuration control board；dispositioning authority

被赋予技术状态决策职责和权限的一个人或一组人。

注：在管理机构中，应当有组织内、外的有关相关方的代表。

3.1.6 调解人 dispute resolver

<顾客满意>调解过程提供方指定的帮助相关各方解决争议的人。

示例：工作人员、志愿者、合同人员。

二、“3.2 有关组织的术语”

3.2.1 组织 organization

为实现目标，由职责、权限和相互关系构成自身职能的一个人或一组人。

注 1：组织的概念包括但不限于代理商、公司、集团、商行、企事业单位、政府机构、合营公司、协会、慈善机构或研究机构，或上述组织的部分或组合，无论是否为法人组织、公有的或私有的。

注 2：这是 ISO/IEC 导则，第 1 部分 ISO 补充规定的附件 SL 中给出的 ISO 管理体系标准中的通用术语及核心定义之一。

3.2.2 组织环境 context of the organization

对组织建立和实现目标的方法有影响的内部和外部因素的组合。

注 1：组织的目标可能涉及其产品和服务、投资和对其相关方的行为。

注 2：组织环境的概念，除了适用于营利性组织，还同样能适用于非营利或公共服务组织。

3.2.3 相关方 interested party（stakeholder）

可影响决策或活动、受决策或活动所影响，或自认为受决策或活动影响的个人或组织。

示例：顾客、所有者、组织内的人员、供方、银行、监管者、工会、合作伙伴以及可包括竞争对手或相对独立的社会群体。

注：这是 ISO/IEC 导则，第 1 部分 ISO 补充规定的附件 SL 中给出的 ISO 管理体系标准中的通用术语及核心定义之一。

3.2.4 顾客 customer

能够或实际接受为其提供的或按其要求提供的产品或服务的个人或组织。

示例：消费者、委托人、最终使用者、零售商、内部过程的产品或服务的接收者、受益者和采购方。

注：顾客可以是组织内部的或外部的。

3.2.5 供方 provider（supplier）

提供产品或服务的组织。

示例：产品或服务的制造商、批发商、零售商或商贩。

注 1：供方可以是组织内部的或外部的。

注 2：在合同情况下，供方有时称为“承包方”。

3.2.6 外部供方 external provider/supplier

组织以外的供方。

示例：产品或服务的制造商、批发商、零售商或商贩。

3.2.7 调解过程提供方 DRP-provider；dispute resolution process provider

提供和实施外部争议解决过程的个人或组织。

注 1：通常，调解过程提供方是一个法律实体，独立于组织和投诉者，因此具有独立性和公证性。在某些情况下，组织内部会设立一个独立部门，以处理未解决的投诉。

注 2：调解过程提供方与各方约定调解过程，并对执行情况负责。调解过程提供方安排调解人。调解过程提供方也利用支持人员、行政人员和其他人员提供资金、文秘、日程安排、培训、会议室、监管和类似职能。

注 3：调解过程提供方可以是多种类型，包括非营利、营利和公共事业实体。协会也可作为调解过程提供方。

3.2.8 协会 association

<顾客满意>由成员组织或个人组成的组织。

3.2.9 计量职能 metrological function

负责确定并实施测量管理体系的行政和技术职能。

三、“3.3 有关活动的术语”

3.3.1 改进 improvement

提高绩效的活动。

注：活动可以是循环的或一次性的。

3.3.2 持续改进 continual improvement

提高绩效的循环活动。

注 1：为改进制定目标和寻找机会的过程是一个通过利用审核发现和审核结论、数据分析、管理评审或其他方法的持续过程，通常会产生纠正措施或预防措施。

注 2：这是 ISO/IEC 导则，第 1 部分 ISO 补充规定的附件 SL 中给出的 ISO 管理体系标准中的通用术语及核心定义之一。

3.3.3 管理 management

指挥和控制组织的协调活动。

注 1：管理可包括制定方针和目标，以及实现这些目标的过程。

3.3.4 质量管理 quality management

关于质量的管理。

注：质量管理可包括制定质量方针和质量目标，以及通过质量策划、质量保证、质量控制和质量改进实现这些质量目标的过程。

3.3.5 质量策划 quality planning

质量管理的一部分，致力于制定质量目标并规定必要的运行过程和相关资源以实现质量目标。

3.3.6 质量保证 quality assurance

质量管理的一部分，致力于提供质量要求会得到满足的信任。

3.3.7 质量控制 quality control

质量管理的一部分，致力于满足质量要求。

3.3.8 质量改进 quality improvement

质量管理的一部分，致力于增强满足质量要求的能力。

注：质量要求可以是有关任何方面的，如有效性、效率或可追溯性。

3.3.9 技术状态管理 configuration management

指挥和控制技术状态的协调活动。

注：技术状态管理通常集中在建立和保持某个产品或服务及其产品技术状态信息控制的技术和组织活动的整个产品寿命周期内。

3.3.10 更改控制 change control

<技术状态管理>在输出的产品技术状态信息被正式批准后，对该输出的控制活动。

3.3.11 活动 activity

<项目管理>在项目中识别出的最小的工作项。

3.3.12 项目管理 project management

对项目各方面的策划、组织、监视、控制和报告，并激励所有参与者实现项目目标。

3.3.13 技术状态项 configuration object

满足最终使用功能的某个技术状态内的客体。

四、"3.4 有关过程的术语"

3.4.1 过程 process

利用输入实现预期结果的相互关联或相互作用的一组活动。

注 1：过程的"预期结果"称为输出，还是称为产品或服务，随相关语境而定。

注 2：一个过程的输入通常是其他过程的输出，而一个过程的输出又通常是其他过程的输入。

注 3：两个或两个以上相互关联和相互作用的连续过程也可作为一个过程。

注 4：组织通常对过程进行策划，并使其在受控条件下运行，以增加价值。

注 5：不易或不能经济地确认其输出是否合格的过程，通常称之为"特殊过程"。

注 6：这是 ISO/IEC 导则，第 1 部分 ISO 补充规定的附件 SL 中给出的 ISO 管理体系标准中的通用术语及核心定义之一。

3.4.2 项目 project

由一组有起止日期的、相互协调的受控活动组成的独特过程，该过程要达到符合包括时间、成本和资源的约束条件在内的规定要求的目标。

注 1：单个项目可作为一个较大项目结构中的组成部分，且通常规定开始和结束日期。

注 2：在一些项目中，随着项目的进展，目标和范围被更新，产品或服务特性被逐步确定。

注 3：项目的输出可以是一个或几个产品或服务单元。

注 4：项目组织通常是临时的，是根据项目的生命期而建立的。

注 5：项目活动之间相互作用的复杂性与项目规模没有必然的联系。

3.4.3 质量管理体系实现 quality management system realization

建立、形成文件、实施、保持和持续改进质量管理体系的过程。

3.4.4 能力获得 competence acquisition

获得能力的过程。

3.4.5 程序 procedure

为进行某项活动或过程所规定的途径。

注 1：程序可以形成文件，也可以不形成文件。

3.4.6 外包 outsource

安排外部组织承担组织的部分职能或过程。

注 1：虽然外包的职能或过程在组织的管理体系范围之内，但是外部组织是处在范围之外。

注 2：这是 ISO/IEC 导则，第 1 部分 ISO 补充规定的附件 SL 中给出的 ISO 管理体系标准中的通用术语及核心定义之一。

3.4.7 合同 contract

有约束力的协议。

3.4.8 设计和开发 design and development

将对客体的要求转换为对其更详细的要求的一组过程。

注 1：形成的设计和开发输入的要求，通常是研究的结果，与形成的设计和开发输出的要求相比较，可以用更宽泛和更通用的含意予以表达。通常，这些要求以特性来规定。在一个项目中，可以有多个设计和开发阶段。

注 2：在英语中，单词“design”（设计）和“development”（开发）与术语“design and development”（设计和开发）有时是同义的，有时用于规定整个设计和开发的不同阶段。

注 3：可以使用修饰词表述设计和开发的性质（如：产品设计和开发、服务设计和开发或过程设计和开发）。

五、“3.5 有关体系的术语”

3.5.1 体系（系统）system

相互关联或相互作用的一组要素。

3.5.2 基础设施 infrastructure

组织运行所必需的设施、设备和服务的系统。

3.5.3 管理体系 management system

组织建立方针和目标以及实现这些目标的过程的相互关联或相互作用的一组要素。

注 1：一个管理体系可以针对单一的领域或几个领域，如质量管理、财务管理或环境管理。

注 2：管理体系要素规定了组织的结构、岗位和职责、策划、运行、方针、惯例、规则、理念、目标，以及实现这些目标的过程。

注 3：管理体系的范围可能包括整个组织，组织中可被明确识别的职能或可被明确识别的部门，以及跨组织的单一职能或多个职能。

注 4：这是 ISO/IEC 导则，第 1 部分 ISO 补充规定的附件 SL 中给出的 ISO 管理体系标准中的通用术语及核心定义之一。

3.5.4 质量管理体系 quality management system

管理体系中关于质量的部分。

3.5.5 工作环境 work environment

工作时所处的一组条件。

注：条件包括物理的、社会的、心理的和环境的因素（如温度、光照、表彰方案、职业压力、人因工效和大气成分）。

3.5.6 计量确认 metrological confirmation

为确保测量设备符合预期使用要求所需要的一组操作。

注 1：计量确认通常包括：校准或检定（验证）、各种必要的调整或维修及随后的再校准、与设备预期使用的计量要求相比较，以及所要求的封印和标签。

注 2：只有测量设备已被证实适合于预期使用并形成文件，计量确认才算完成。

注 3：预期使用要求包括：量程、分辨率和最大允许误差。

注 4：计量要求通常与产品要求不同，并且不在产品要求中规定。

3.5.7 测量管理体系 measurement management system

实现计量确认和测量过程控制所必需的相互关联或相互作用的一组要素。

3.5.8 方针 policy

<组织>由最高管理者正式发布的组织的宗旨和方向。

注：这是 ISO/IEC 导则，第 1 部分 ISO 补充规定的附件 SL 中给出的 ISO 管理体系标准中的通用术语及核心定义之一。

3.5.9 质量方针 quality policy

关于质量的方针。

注 1：通常，质量方针与组织的总方针相一致，可以与组织的愿景和使命相一致，并为制定质量目标提供框架。

注 2：本标准中提出的质量管理原则可以作为制定质量方针的基础。

3.5.10 愿景 vision

<组织>由最高管理者发布的对组织的未来展望。

3.5.11 使命 mission

<组织>由最高管理者发布的组织存在的目的。

3.5.12 战略 strategy

实现长期或总目标的计划。

六、“3.6 有关要求的术语”

3.6.1 客体 object（entity，item）

可感知或可想象到的任何事物。

示例：产品、服务、过程、人员、组织、体系、资源。

注：客体可能是物质的（如：一台发动机、一张纸、一颗钻石）、非物质的（如：转换率、一个项目计划）或想象的（如：组织未来的状态）。

3.6.2 质量 quality

客体的一组固有特性满足要求的程度。

注 1：术语“质量”可使用形容词来修饰，如：差、好或优秀。

注 2：“固有”（其对应的是“赋予”）是指存在于客体中。

3.6.3 等级 grade

对功能用途相同的客体按不同要求所做的分类或分级。

示例：飞机的舱级和宾馆的等级分类。

注：在确定质量要求时，等级通常是规定的。

3.6.4 要求 requirement

明示的、通常隐含的或必须履行的需求或期望。

注 1：“通常隐含”是指组织和相关方的惯例或一般做法，所考虑的需求或期望是不言而喻的。

注 2：规定要求是经明示的要求，如：在成文信息中阐明。

注 3：特定要求可使用限定词表示，如：产品要求、质量管理要求、顾客要求、质量要求。

注 4：要求可由不同的相关方或组织自己提出。

注 5：为实现较高的顾客满意，可能有必要满足那些顾客既没有明示、也不是通常隐含或必须履行的期望。

注 6：这是 ISO/IEC 导则，第 1 部分 ISO 补充规定的附件 SL 中给出的 ISO 管理体系标准中的通用术语及核心定义之一。

3.6.5 质量要求 quality requirement

关于质量的要求。

3.6.6 法律要求 statutory requirement

立法机构规定的强制性要求。

3.6.7 法规要求 regulatory requirement

立法机构授权的部门规定的强制性要求。

3.6.8 产品技术状态信息 product configuration information

对产品设计、实现、验证、运行和支持的要求或其他信息。

3.6.9 不合格（不符合）nonconformity

未满足要求。

注：这是 ISO/IEC 导则，第 1 部分 ISO 补充规定的附件 SL 中给出的 ISO 管理体系标准中的通用术语及核心定义之一。

3.6.10 缺陷 defect

与预期或规定用途有关的不合格。

注 1：区分缺陷与不合格的概念是重要的，这是因为其中有法律内涵，特别是与产品和服务责任问题有关的方面。

注 2：顾客希望的预期用途可能受供方所提供的信息的性质影响，如操作或维护说明。

3.6.11 合格（符合）conformity

满足要求。

注 1：在英语中，“conformance”一词与本词是同义的，但不赞成使用。在法语中，“conformance”也是同义的，但不赞成使用。

注 2：这是 ISO/IEC 导则，第 1 部分 ISO 补充规定的附件 SL 中给出的 ISO 管理体系标准中的通用术语及核心定义之一。

3.6.12 能力 capability

客体实现满足要求的输出的本领。

注：ISO 3534-2 中规定了统计学领域中过程能力术语。

3.6.13 可追溯性 traceability

追溯客体的历史、应用情况或所处位置的能力。

注 1：当考虑产品或服务时，可追溯性可涉及：

—— 原材料和零部件的来源；

—— 加工的历史；

—— 产品或服务交付后的分布和所处位置。

3.6.14 可信性 dependability

在需要时完成规定功能的能力。

3.6.15 创新 innovation

实现或重新分配价值的、新的或变化的客体。

注 1：以创新为结果的活动通常需要管理。

注 2：创新通常具有重要影响。

七、“3.7 有关结果的术语”

3.7.1 目标 objective

要实现的结果。

注 1：目标可以是战略的、战术的或操作层面的。

注 2：目标可以涉及不同的领域（例如：财务的、职业健康与安全的和环境的目标），并可应用于不同的层次（如：战略的、组织整体的、项目的、产品和过程的）。

注 3：可以采用其他的方式表述目标，例如：采用预期的结果、活动的目的或运行准则作为质量目标，或使用其他有类似含意的词（如：目的、终点或标的）。

注 4：在质量管理体系环境中，组织制定的质量目标，与质量方针保持一致，以实现特定的结果。

注 5：这是 ISO/IEC 导则，第 1 部分 ISO 补充规定的附件 SL 中给出的 ISO 管理体系标准中的通用术语及核心定义之一。

3.7.2 质量目标 quality objective

关于质量的目标。

注 1：质量目标通常依据组织的质量方针制定。

注 2：通常，在组织的相关职能、层级和过程分别规定质量目标。

3.7.3 成功 success

<组织>目标的实现。

注：组织的成功强调需要在其经济或财务利益与相关方需求之间取得平衡，相关方可包括：顾客、用户、投资者/受益者（所有者）、组织内的人员、供方、合作伙伴、利益团体和社区。

3.7.4 持续成功 sustained success

<组织>在一段时期内自始至终的成功。

注 1：持续成功强调组织的经济利益与社会的和生态环境的需求之间的平衡。

注 2：持续成功涉及组织的相关方，如：顾客、所有者、组织内的人员、供方、银行、协会、合作伙伴或社会。

3.7.5 输出 output

过程的结果。

注：组织的输出是产品还是服务，取决于其主要特性，如：画廊销售的一幅画是产品，而接受委托绘画则是服务。在零售店购买的汉堡是产品，而在饭店里接受点餐并提供汉堡则是服务的一部分。

3.7.6 产品 product

在组织和顾客之间未发生任何交易的情况下，组织能够产生的输出。

注 1：在供方和顾客之间未发生任何必要交易的情况下，可以实现产品的生产。但是，当产品交付给顾客时，通常包含服务因素。

注 2：通常，产品的主要要素是有形的。

注 3：硬件是有形的，其量具有计数的特性（如：轮胎）。流程性材料是有形的，其量具有连续的特性（如：燃料和软饮料）。硬件和流程性材料经常被称为货物。软件由信息组成，无论采用何种介质传递（如：计算机程序、移动电话应用程序、操作手册、字典、音乐作品版权、驾驶执照）。

3.7.7 服务 service

至少有一项活动必须在组织和顾客之间进行的组织的输出。

注 1：通常，服务的主要要素是无形的。

注 2：通常，服务包含与顾客在接触面的活动，除了确定顾客的要求以及提供服务外，可能还包括与顾客建立持续的关系，如：银行、会计师事务所或公共组织（如：学校或医院）等。

注 3：服务的提供可能涉及，例如：

—— 在顾客提供的有形产品（如需要维修的汽车）上所完成的活动；

—— 在顾客提供的无形产品（如为准备纳税申报单所需的损益表）上所完成的活动；

—— 无形产品的交付（如知识传授方面的信息提供）；

—— 为顾客创造氛围（如在宾馆和饭店）。

注 4：通常，服务由顾客体验。

3.7.8 绩效 performance

可测量的结果。

注 1：绩效可能涉及定量的或定性的结果。

注 2：绩效可能涉及活动、过程、产品、服务、体系或组织的管理。

注 3：这是 ISO/IEC 导则，第 1 部分 ISO 补充规定的附件 SL 中给出的 ISO 管理体系标准中的通用术语及核心定义之一。

3.7.9 风险 risk

不确定性的影响。

注 1：影响是指偏离预期，可以是正面的或负面的。

注 2：不确定性是一种对某个事件，或是事件的局部的结果或可能性缺乏理解或知识方面的信息的情形。

注 3：通常，风险是通过有关可能事件和后果或两者的组合来描述其特性的。

注 4：通常，风险是以某个事件的后果（包括情况的变化）及其发生的可能性的组合来表述的。

注 5：“风险”一词有时仅在有负面后果的可能性时使用。

注 6：这是 ISO/IEC 导则，第 1 部分 ISO 补充规定的附件 SL 中给出的 ISO 管理体系标准中的通用术语及核心定义之一。

3.7.10 效率 efficiency

得到的结果与所使用的资源之间的关系。

3.7.11 有效性 effectiveness

完成策划的活动并得到策划结果的程度。

注：这是 ISO/IEC 导则，第 1 部分 ISO 补充规定的附件 SL 中给出的 ISO 管理体系标准中的通用术语及核心定义之一。

八、“3.8 有关数据、信息和文件的术语”

3.8.1 数据 data

关于客体的事实。

3.8.2 信息 information

有意义的数据。

3.8.3 客观证据 objective evidence

支持事物存在或其真实性的数据。

注 1：客观证据可通过观察、测量、试验或其他方法获得。

注 2：通常，用于审核目的的客观证据，是由与审核准则相关的记录、事实陈述或其他信息所组成并可验证。

3.8.4 信息系统 information system

<质量管理体系>组织内部使用的沟通渠道网络。

3.8.5 文件 document

信息及其载体。

示例：记录、规范、程序文件、图样、报告、标准。

注 1：载体可以是纸张，磁性的、电子的、光学的计算机盘片，照片或标准样品，或它们的组合。

注 2：一组文件，如若干个规范和记录，英文中通常被称为“documentation”。

注 3：某些要求（如易读的要求）与所有类型的文件有关，而另外一些对规范（如修订受控的要求）和记录（如可检索的要求）的要求可能有所不同。

3.8.6 成文信息 documented information

组织需要控制和保持的信息及其载体。

注 1：成文信息可以任何格式和载体存在，并可来自任何来源。

注 2：成文信息可涉及：

—— 管理体系，包括相关过程；

—— 为组织运行产生的信息（一组文件）；

—— 结果实现的证据（记录）。

注 3：这是 ISO/IEC 导则，第 1 部分 ISO 补充规定的附件 SL 中给出的 ISO 管理体系标准中的通用术语及核心定义之一。

3.8.7 规范 specification

阐明要求的文件。

示例：质量手册、质量计划、技术图纸、程序文件、作业指导书。

注 1：规范可能与活动有关（如程序文件、过程规范和试验规范）或与产品有关（如产品规范、性能规范和图样）。

注 2：规范可以陈述要求，也可以附带设计和开发实现的结果。因此，在某些情况下，规范也可以作为记录使用。

3.8.8 质量手册 quality manual

组织的质量管理体系的规范。

注：为了适应某个组织的规模和复杂程度，质量手册在其详略程度和编排格式方面可以不同。

3.8.9 质量计划 quality plan

对特定的客体，规定由谁及何时应用程序和相关资源的规范。

注 1：这些程序通常包括所涉及的那些质量管理过程以及产品和服务实现过程。

注 2：通常，质量计划引用质量手册的部分内容或程序文件。

注 3：质量计划通常是质量策划的结果之一。

3.8.10 记录 record

阐明所取得的结果或提供所完成活动的证据的文件。

注 1：记录可用于正式的可追溯性活动，并为验证、预防措施和纠正措施提供证据。

注 2：通常，记录不需要控制版本。

3.8.11 项目管理计划 project management plan

规定满足项目目标所必需的事项的文件。

注 1：项目管理计划应当包括或引用项目质量计划。

注 2：适当时，项目管理计划还包括或引用其他计划，如与组织结构、资源、进度、预算、风险管理、环境管理、健康安全管理以及安保管理有关的计划。

3.8.12 验证 verification

通过提供客观证据对规定要求已得到满足的认定。

注 1：验证所需的客观证据可以是检验结果或其他形式的确定结果，如：变换方法进行计算或文件评审。

注 2：为验证所进行的活动有时被称为鉴定过程。

注 3：“已验证”一词用于表明相应的状态。

3.8.13 确认 validation

通过提供客观证据对特定的预期用途或应用要求已得到满足的认定。

注 1：确认所需的客观证据可以是试验结果或其他形式的确定结果，如：变换方法进行计算或文件评审。

注 2：“已确认”一词用于表明相应的状态。

注 3：确认所使用的条件可以是实际的或是模拟的。

3.8.14 技术状态记实 configuration status accounting

对产品技术状态信息、建议的更改状况和已批准更改的实施状况所做的正式记录和报告。

3.8.15 特定情况 specific case

质量计划的对象。

注 1：使用该术语是为了避免在 ISO 10005：2005 中“过程、产品、项目或合同”重复出现。

九、“3.9 有关顾客的术语”

3.9.1 反馈 feedback

<顾客满意>对产品、服务或投诉处理过程的意见、评价和诉求。

3.9.2 顾客满意 customer satisfaction

顾客对其期望已被满足程度的感受。

注 1：在产品或服务交付之前，组织有可能不了解顾客的期望，甚至顾客也在考虑之中。为了实现较高的顾客满意，可能有必要满足那些顾客既没有明示也不是通常隐含或必须履行的期望。

注 2：投诉是一种满意程度低的最常见的表达方式，但没有投诉并不一定表明顾客很满意。

注 3：即使规定的顾客要求符合顾客的愿望并得到满足，也不一定确保顾客很满意。

3.9.3 投诉 complaint

<顾客满意>就产品、服务或投诉处理过程，表达对组织的不满，无论是否明确地期望得到答复或解决问题。

3.9.4 顾客服务 customer service

在产品或服务的整个寿命周期内，组织与顾客之间的互动。

3.9.5 顾客满意行为规范 customer satisfaction code of conduct

组织为提高顾客满意，就自身行为向顾客作出的承诺及相关规定。

注 1：相关规定可包括：目标、条件、限制、联系信息和投诉处理程序。

3.9.6 争议 dispute

<顾客满意>提交给调解过程提供方的对某一投诉的不同意见。

注：一些组织允许顾客首先向调解过程提供方表示其不满，这种不满意的表示如果反馈给组织就变为投诉；如果在调解过程提供方未进行干预的情况下组织未能解决，这种不满意的表示就变为争议。许多组织都希望顾客在采取外部争议解决之前，首先向组织表达其不满意。

十、“3.10 有关特性的术语”

3.10.1 特性 characteristic

可区分的特征。

注 1：特性可以是固有的或赋予的。

注 2：特性可以是定性的或定量的。

注 3：有各种类别的特性，如：

—— 物理的（如：机械的、电的、化学的或生物学的特性）；

—— 感官的（如：嗅觉、触觉、味觉、视觉、听觉）；

—— 行为的（如：礼貌、诚实、正直）；

—— 时间的（如：准时性、可靠性、可用性、连续性）；

—— 人因工效的（如：生理的特性或有关人身安全的特性）；

—— 功能的（如：飞机的最高速度）。

3.10.2 质量特性 quality characteristic

与要求有关的，客体的固有特性。

注 1：固有意味着本身就存在的，尤其是那种永久的特性。

注 2：赋予客体的特性（如：客体的价格）不是它们的质量特性。

3.10.3 人为因素 human factor

对所考虑的客体有影响的人的特性。

注 1：特性可以是物理的、认知的或社会的。

注 2：人为因素可对管理体系产生重大影响。

3.10.4 能力 competence

应用知识和技能实现预期结果的本领。

注 1：经证实的能力有时是指资格。

注 2：这是 ISO/IEC 导则，第 1 部分 ISO 补充规定的附件 SL 中给出的 ISO 管理体系标准中的通用术语及核心定义之一。

3.10.5 计量特性 metrological characteristic

能影响测量结果的特性。

注 1：测量设备通常有若干个计量特性。

注 2：计量特性可作为校准的对象。

3.10.6 技术状态 configuration

在产品技术状态信息中规定的产品或服务的相互关联的功能特性和物理特性。

3.10.7 技术状态基线 configuration baseline

由在某一时间点确立的，作为产品或服务整个寿命周期内活动参考基准的产品或服务的特性构成的、经批准的产品技术状态信息。

十一、“3.11 有关确定的术语”

3.11.1 确定 determination

查明一个或多个特性及特性值的活动。

3.11.2 评审 review

对客体实现所规定目标的适宜性、充分性或有效性的确定。

示例：管理评审、设计和开发评审、顾客要求评审、纠正措施评审和同行评审。

注：评审也可包括确定效率。

3.11.3 监视 monitoring

确定体系、过程、产品、服务或活动的状态。

注 1：确定状态可能需要检查、监督或密切观察。

注 2：通常，监视是在不同的阶段或不同的时间，对客体状态的确定。

注 3：这是 ISO/IEC 导则，第 1 部分 ISO 补充规定的附件 SL 中给出的 ISO 管理体系标准中的通用术语及核心定义之一。

3.11.4 测量 measurement

确定数值的过程。

注 1：根据 ISO 3534-2，确定的数值通常是量值。

注 2：这是 ISO/IEC 导则，第 1 部分 ISO 补充规定的附件 SL 中给出的 ISO 管理体系标准中的通用术语及核心定义之一。

3.11.5 测量过程 measurement process

确定量值的一组操作。

3.11.6 测量设备 measuring equipment

为实现测量过程所必需的测量仪器、软件、测量标准、标准物质或辅助设备或它们的组合。

3.11.7 检验 inspection

对符合规定要求的确定。

注 1：显示合格的检验结果可用于验证的目的。

注 2：检验的结果可表明合格、不合格或合格的程度。

3.11.8 试验 test

按照要求对特定的预期用途或应用的确定。

注：显示合格的试验结果可用于确认的目的。

3.11.9 进展评价 progress evaluation

<项目管理>针对实现项目目标所做的进展情况的评定。

注 1：评定应当在整个项目过程中，在项目生命周期的适当点，依据项目过程和产品或服务的准则进行。

注 2：进展评价的结果可能导致对项目管理计划的修订。

十二、“3.12 有关措施的术语”

3.12.1 预防措施 preventive action

为消除潜在不合格或其他潜在不期望情况的原因所采取的措施。

注 1：一个潜在不合格可以有若干个原因。

注 2：采取预防措施是为了防止发生，而采取纠正措施是为了防止再发生。

3.12.2 纠正措施 corrective action

为消除不合格的原因并防止再发生所采取的措施。

注 1：一个不合格可以有若干个原因。

注 2：采取纠正措施是为了防止再发生，而采取预防措施是为了防止发生。

注 3：这是 ISO/IEC 导则，第 1 部分 ISO 补充规定的附件 SL 中给出的 ISO 管理体系标准中的通用术语及核心定义之一。

3.12.3 纠正 correction

为消除已发现的不合格所采取的措施。

注 1：纠正可与纠正措施一起实施，或在其之前或之后实施。

注 2：返工或降级可作为纠正的示例。

3.12.4 降级 regrade

为使不合格产品或服务符合不同于原有的要求而对其等级的变更。

3.12.5 让步 concession

对使用或放行不符合规定要求的产品或服务的许可。

注：通常，让步仅限于在规定的时间或数量内及特定的用途，对含有限定的不合格特性的产品和服务的交付。

3.12.6 偏离许可 deviation permit

产品或服务实现前，对偏离原规定要求的许可。

注：偏离许可通常是在限定的产品和服务数量或期限内并针对特定的用途。

3.12.7 放行 release

对进入一个过程的下一阶段或下一过程的许可。

注：在英语中，就软件和文件而论，单词“release”通常是指软件或文件本身的版本。

3.12.8 返工 rework

为使不合格产品或服务符合要求而对其采取的措施。

注：返工可影响或改变不合格的产品或服务的某些部分。

3.12.9 返修 repair

为使不合格产品或服务满足预期用途而对其采取的措施。

注 1：不合格的产品或服务的成功返修未必能使产品符合要求。返修可能需要连同让步。

注 2：返修包括对以前是合格的产品或服务，为重新使用所采取的修复措施，如作为维修的一部分。

注 3：返修可影响或改变不合格的产品或服务的某些部分。

3.12.10 报废 scrap

为避免不合格产品或服务原有的预期使用而对其所采取的措施。

示例：回收、销毁。

注：对不合格服务的情况，通过终止服务来避免其使用。

十三、“3.13 有关审核的术语”

3.13.1 审核 audit

为获得客观证据并对其进行客观的评价，以确定满足审核准则的程度所进行的系统的、独立的并形成文件的过程。

注 1：审核的基本要素包括由对被审核客体不承担责任的人员，按照程序对客体是否合格所做的确定。

注 2：审核可以是内部（第一方）审核，或外部（第二方或第三方）审核，也可以是多体系审核或联合审核。

注 3：内部审核，有时称为第一方审核，由组织自己或以组织的名义进行，用于管理评审和其他内部目的，可作为组织自我合格声明的基础。内部审核可以由与正在被审核的活动无责任关系的人员进行，以证实独立性。

注 4：通常，外部审核包括第二方和第三方审核。第二方审核由组织的相关方，如顾客或由其他人员以相关方的名义进行。第三方审核由外部独立的审核组织进行，如提供合格认证/注册的组织或政府机构。

注 5：这是 ISO/IEC 导则，第 1 部分 ISO 补充规定的附件 SL 中给出的 ISO 管理体系标准中的通用术语及核心定义之一。

3.13.2 多体系审核 combined audit

在一个受审核方，对两个或两个以上管理体系一起实施的审核。

注：被包含在多体系审核中的管理体系的一部分，可通过组织应用的相关管理体系标准、产品标准、服务标准或过程标准来加以识别。

3.13.3 联合审核 joint audit

在一个受审核方，由两个或两个以上审核组织同时实施的审核。

3.13.4 审核方案 audit programme

针对特定时间段所策划并具有特定目标的一组（一次或多次）审核安排。

3.13.5 审核范围 audit scope

审核的内容和界限。

注：审核范围通常包括对实际位置、组织单元、活动和过程的描述。

3.13.6 审核计划 audit plan

对审核活动和安排的描述。

3.13.7 审核准则 audit criteria

用于与客观证据进行比较的一组方针、程序或要求。

3.13.8 审核证据 audit evidence

与审核准则有关并能够证实的记录、事实陈述或其他信息。

3.13.9 审核发现 audit finding

将收集的审核证据对照审核准则进行评价的结果。

注 1：审核发现表明符合或不符合。

注 2：审核发现可导致识别改进的机会或记录良好实践。

注 3：如果审核准则选自法律要求或法规要求，审核发现可被称为合规或不合规。

3.13.10 审核结论 audit conclusion

考虑了审核目标和所有审核发现后得出的审核结果。

3.13.11 审核委托方 audit client

要求审核的组织或个人。

3.13.12 受审核方 auditee

被审核的组织。

3.13.13 向导 guide

由受审核方指定的协助审核组的人员。

3.13.14 审核组 audit team

实施审核的一名或多名人员，需要时，由技术专家提供支持。

注 1：审核组中的一名审核员被指定作为审核组长。

注 2：审核组可包括实习审核员。

3.13.15 审核员 auditor

实施审核的人员。

3.13.16 技术专家 technical expert

<审核>向审核组提供特定知识或专业技术的人员。

注 1：特定知识或专业技术是指与受审核的组织、过程或活动以及语言或文化有关的知识或技术。

注 2：在审核组中，技术专家不作为审核员。

3.13.17 观察员 observer

随同审核组但不作为审核员的人员。

注：观察员可来自受审核方、监管机构或其他见证审核的相关方。

第二节　汽车行业术语和定义理解

以下 41 个术语来自 IATF 16949：2016 条款 “3.1 汽车行业的术语和定义”，为方便读者阅读和检索，按术语顺序进行了编号。

1.配件

标准定义：在交付给最终顾客之前（或之后），与车辆或动力总成以机械或电子方式相连的顾客指定的附加部件（如定制地垫、车厢衬、轮罩、音响系统加强件、天窗、尾翼、增压器等）。

理解和说明：

本标准说的“配件”和我们通常说的“汽车配件”是两个不同的概念。通常说的“汽车配件”是指构成汽车整体的各个单元及服务于汽车的一种产品，汽车配件的种类繁多，如发动机配件、传动系配件、制动系配件、转向系配件、车身配件、燃油系配件等等。

本标准说的“配件”特指顾客指定的附加部件，这些附加部件不是车辆必需的，不是标配是专配（整车厂根据不同的顾客需求进行不同的配置），或者说是个性化定制或选择的，是顾客出于特定目的和用途附加的，除了前面提到的定制地垫、车厢衬、轮罩、音响系统加强件、天窗、尾翼、增压器等，还可包括前后护杠、前后护板、侧踏、车载空气净化器、电动尾门、电动踏板等。

定制地垫

车厢衬

轮罩

天窗

音响系统加强件

尾翼

增压器

2.产品质量先期策划（APQP）

标准定义：对开发某一满足顾客要求的产品或服务提供支持的产品质量策划过程；APQP 对开发过程具有指导意义，并且是组织与顾客之间共享结果的标准方式；APQP 涵盖的项目包括设计稳健性，设计试验和规范符合性，生产过程设计，质量检验标准，过程能力，生产能力，产品包装，产品试验和操作员培训计划。

理解和说明：

产品质量策划是一种结构化的方法，用来确定和制定确保某产品使顾客满意所需的步骤。APQP&CP 是帮助我们从产品概念开始，对产品和制造过程的设计和开发、产品制造直至交付给顾客的各阶段，进行有效的控制，促进对所需更改的早期识别，避免晚期更改，以最低的成本及时提供优质产品。

APQP 是用于产品设计和开发项目管理的一种方法，贯穿整个产品生命周期。

APQP 包括五个阶段的活动，输入和输出有 49 项要求，具体请参考 AIAG 出版手册《产品质量先期策划和控制计划（APQP&CP)》。

3.售后市场零件

标准定义：并非由 OEM（整车厂）为服务件应用而采购或放行的替换零件，可能按照或未按照原始设备规范进行生产。

理解和说明：

如果按照整车厂的规范制造的，由整车厂为服务应用而采购或放行的替换零件就是服务件（俗称原装件）。

如果不是按照合同和“三包”规定进行汽车维护/维修，由消费者或维修店从售后市场采购的那些汽车替换零件，这些替换件有可能按照也有可能不按照整车厂规定的要求生产，所以称之为售后市场件。

按照“IATF 认可规则”，只制造售后市场零件的现场没有资格进行 IATF 16949 认证。

4.授权

标准定义：对某（些）人的成文许可，规定了其在组织内部授予或拒绝权限或制裁有关的权利和责任。

理解和说明：

授权必须是形成文件的规定，授权涉及权力和责任，有权力就需承担相应的责任，这就是我们通常所说的权责关系。

授权是组织运作的关键，它是以人为对象，将完成某项工作所必需的权力和责任授给部属人员。组织中的不同层级有不同的职权，权限则会在不同的层级间流动，因而产生授权的问题。授权是管理者的重要任务之一，有效的授权是一项重要的管理技巧。

5.挑战（原版）件

标准定义：具有已知规范、经校准并且可追溯到标准的零件，其预期结果（通过或不通过）用于确认防错装置或检具（如通止规）的功能性。

理解和说明：

从上述定义我们知道，挑战件分两类，一类用于确认防错装置的功能性，一类用于确认检具（如通止规）的功能性。需要注意的是，挑战件不是用于测量的，是用于功能性确认的，也就是确认“好”或“坏”，通过或不通过。挑战件必须是具有已知规范并且经过校准的。

比如螺纹通止规和环规，如果通止规是用于检测零件的检具，随着检测数量的增多通止规会逐步磨损，因此在使用通止规之前或用到一定的时间期限先用标准的环规作为挑战件或标准件进行确认。

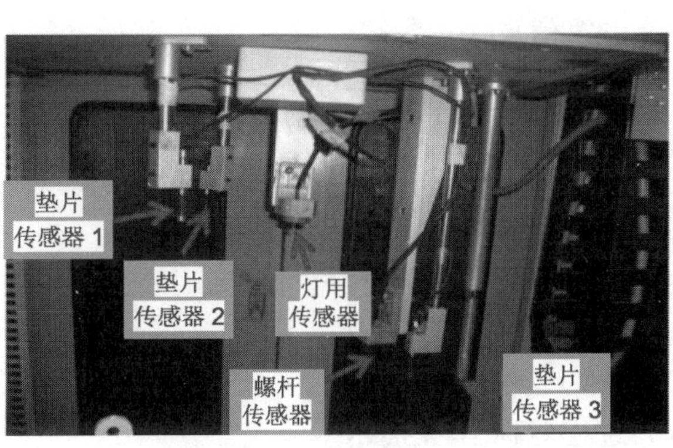

防错装置探测检查 5 个内容（5 个失效模式）

目标测试样件（挑战件）上缺失所有 5 个内容

如果 5 个传感器都探测出缺失结果，则防错装置正常

很多企业对于防错装置的验证是用自制的“特制不合格品”或“特制合格品”作为挑战件进行防错验证的。根据标准条款“10.2.4 防错”中要求“应包括防错装置失效或模拟失效的试验。应保持记录。若使用挑战件，则应在可行时对挑战件进行标识、控制、验证和校准。”，对于防错装置验证用的挑战件也必须特别标识、控制（存放位置、取用权限、保护和维护）、定期验证和校准。

6.控制计划

标准定义：对控制产品制造所要求的系统及过程的成文描述（见附录 A）。

理解和说明：

在 IATF 16949 标准附录 A 中规定了控制计划的要求，内容如下：

A.1 控制计划的阶段

适当时，控制计划应覆盖三个不同的阶段：

a）原型样件（Prototype）：对将会出现在原型样件制造中的尺寸测量、材料和性能试验的描述。如果顾客要求，组织应有原型样件控制计划。

b）投产前（Pre-launch）：对将会出现在原型样件制造后和全面生产前的尺寸测量、材料和性能试验的描述。投产前被定义为在原型样件制造后产品实现过程中可能要求的一个生产阶段。

c）生产（Production）：出现在大规模生产中的产品/过程特性、过程控制、试验和测量系统的文件。

每个零件编号有一个控制计划；但是在很多案例中，一个控制计划族可以涵盖采用了共同过程所生产的这类相似零件。控制计划是质量计划的输出。

A.2 控制计划的要素

控制计划至少包括以下内容：

（1）综合资料

a）控制计划编号；

b）发布日期和修订日期（如有）；

c）顾客信息（见顾客要求）；

d）组织名称/现场的编号；

e）零件编号；

f）零件名称/描述；

g）工程更改等级；

h）涵盖的阶段（原型样件制造、投产前、生产）；

i）关键联系人；

j）零件/过程步骤编号；

k）过程名称/作业描述；

l）负责的功能组/区域。

（2）产品控制

a）与产品有关的特殊特性；

b）其他要控制的特性（编号、产品或过程）；

c）规范/公差。

（3）过程控制

a）过程参数；

b）与过程有关的特殊特性；

c）制造用机器、卡具、夹具、工装（适当时还包括标识符）。

（4）方法

a）评价测量技术；

b）防错；

c）样本容量和抽样频次；

d）控制方法。

（5）反应计划

a）反应计划（包括或引用）。

关于控制计划的应用请参见本书第三章中的“8.5.1.1 控制计划”的内容。

7.顾客要求

标准定义：顾客规定的一切要求（如：技术、商业、产品及制造过程相关要求；一般条款与条件；顾客特定要求等）。

理解和说明：

请参见本书第七章【顾客特定要求管理及大众 Formel Q、通用 BIQS 简介】。

8.顾客特定要求（CSR）

标准定义：对本汽车 QMS 标准特定条款的解释或与该条款有关的补充要求。

理解和说明：

请参见本书第七章【顾客特定要求管理及大众 Formel Q、通用 BIQS 简介】。

9.装配的设计（DFA）

标准定义：出于便于装配的考虑设计产品的过程。（例如：若产品含有较少零件，产品的装配时间则较短，从而减少装配成本。）

理解和说明：

DFA 是“面向装配的设计”（Design for assembly）的英文简称，是指在产品设计阶段设计产品使得产品具有良好的可装配性，确保装配工序简单、装配效率高、装配质量高、装配不良率低和装配成本低。面向装配的设计通过一系列有利于装配的设计指南，例如简化产品设计、减少零件数量等，并同装配工程师一起合作，简化产品结构，使其便于装配，为提高产品质量、缩短产品开发周期和降低产品成本奠定基础。

10.制造的设计（DFM）

标准定义：产品设计和过程策划的整合，用于设计出可简单经济地制造的产品。

理解和说明：

DFM 是“面向制造的设计”（Design for manufacturing）的英文简称，是指产品设计需要满足产品制造的要求，具有良好的可制造性，使得产品以最低的成本、最短的时间、最高的质量制造出来。根据产品制造工艺的不同，面向制造的设计有：面向注塑的设计、面向冲压的设计和面向压铸的设计等等。

当今的 DFM 是并行工程的核心技术，因为设计与制造是产品生命周期中最重要的两个环节，并行工程就是在开始设计时就要考虑产品的可制造性和可装配性等因素。所以，DFM 又是并行工程中最重要的支持工具。它的关键是设计信息的工艺性分析、制造合理性评价和改进设计的建议。

11.制造和装配的设计（DFMA）

标准定义：两种方法的结合：制造的设计（DFM）为更易生产、更高产量及改进质量的优化设计的过程，装配的设计（DFA）为减少出错风险、降低成本并更易装配的设计优化。

理解和说明：

面向制造和装配的产品设计（Design for Manufacturing and Assembly，简称 DFMA）在考虑产品外观、功能和可靠性等前提下，通过提高产品的可制造性和可装配性，从而保证以更低的成本、更短的时间和更高的质量进行产品设计。

DFMA 的价值在于：

- 缩短产品上市时间
- 减少产品维修次数
- 减少装配不良率
- 减少单独的紧固件
- 减少装配工序
- 减少装配时间
- 减少产品成本
- 减少装配成本
- 减少零件数量

12.六西格玛设计（DFSS）

标准定义：系统化的方法、工具和技术，旨在稳健设计满足顾客期望并且能够在六西格玛质量水平生产的产品或过程。

理解和说明：

DFSS（Design For Six Sigma）是六西格玛设计的英文缩写。六西格玛设计框架是在早期六西格玛改进方法的基础上逐渐演变生成。

DFSS 是独立与传统六西格玛 DMAIC 的又一个方法论。

DMAIC 流程对产品的质量优化仍具有局限性。众所周知，质量首先是设计出来的，实践表明，至少 80%的产品质量是在早期设计阶段决定的，所以如果没有 DFSS，仅采用 DMAIC 流程来提高产品的质量，其成效是有限的。若想真正实现六西格玛的质量水准，就必须实施 DFSS。DFSS 是一种实现无缺陷的产品和过程设计的方法。它基于并行工程和 DFX（design for X）的思想，面向产品的全生命周期，采用系统的问题解决方法，把关键顾客需求融入产品设计过程中，从而确保产品的开发速度和质量，降低产品生命周期成本，为企业解决产品和过程设计问题提供有效的方法。

随着六西格玛研究的进一步深入，经验表明，一旦过程的能力达到 4.5σ 的时候，对过程的进一步改善很难再取得突破，只有通过对过程或产品的重新设计才能达到更高的能力。因此，一套应用于新产品设计和过程设计的六西格玛方法论 DFSS 应运而生，但是到目前为止，还没有形成完全统一的模式。六西格玛设计的方法流程有两种典型的方式：

DMADV：Define（定义）、Measure（测量）、Analyze（分析）、Design（设计）、Verify（验证）。

IDDOV：Identify（识别）、Define（定义）、Develop（展开）、Optimize（优化）、Verify（验证）。

DFX 是 Design for X（面向产品生命周期各/某环节的设计）的缩写。

其中，X 可以代表产品生命周期或其中某一环节，如装配（M-制造，T-测试）、加工、使用、维修、回收、报废等，也可以代表产品竞争力或决定产品竞争力的因素，如质量、成本、时间等。

在产品开发过程中和进行系统设计时，不但要考虑产品的功能和性能要求，而且要考虑与产品整个生命周期相关的工程因素，只有具备良好的工程特性的产品才是既满足顾客需求，又具备良好的质量、可靠性与性价比的产品。

13.有设计责任的组织

标准定义：有权制定一个新的或更改现有的产品规范的组织。

注：该责任包括在顾客规定的应用范围内对设计性能的试验和验证。

理解和说明：

该定义从 2002 版的 ISO/TS 16949 开始至 IATF 16949 一直没有变化。是否有设计责任关键在于是否有权制定一个新的产品规范或更改现有的产品规范。

IATF 16949:2016-常见问题解答（FAQ-25）关于产品设计责任作出了解释说明，内容如下：

编号	IATF 16949 参照	问题和答案
25	**8.3 产品和服务的设计和开发**	**问题：** 什么构成组织的产品设计责任？ **解答：** ——如果组织从其顾客那里收到其正在制造的零部件（按图纸制造）的完整定义的工程规范，则该组织不负责产品设计。 ——如果组织没有收到其正在制造的零部件的完整定义的工程规范，则组织负责产品设计。 ——在所有情况下，组织负责制造过程设计。

通常，以下情况是有设计责任的：

（1）产品完全是由企业自己设计开发的，顾客采购只有选择的权力；

（2）顾客提出尺寸规格、功能、性能要求或概念，由企业负责设计；

（3）顾客对企业自己设计的现有产品提出对尺寸规格或性能要求的修改；

（4）某些企业将设计委托给外部机构或组织，这属于外包设计但设计责任属于企业的。

通常，很多生产化工产品的企业是有设计责任的，主要是产品配方设计。

需要注意的是，顾客对具有设计责任组织的产品的批准并不改变组织具有设计责任的状态。

如果企业是完全按照顾客图纸和技术规范生产制造，那就是“无权”制定或修改产品规范，就没有设计责任；比如机械加工或按顾客提供的零件和图纸进行组装等。

提供热处理、焊接、涂漆、电镀或其他表面处理服务的组织是没有设计责任的。

关于 OEM 和 ODM：

OEM：Original Entrusted Manufacture ，此处译为原始委托制造。

即品牌厂商负责产品设计开发，加工企业接受品牌厂商委托，按照品牌厂商要求组织加工生产的一种产品生产形式，俗称“定牌”生产。

ODM：Original Design Manufacture ，此处译为原始设计制造。

即品牌厂商自己不负责产品设计开发而直接委托拥有设计开发能力的制造企业按照品牌厂商提出的规格和要求，设计开发和生产的一种产品生产形式，俗称“贴牌”生产。

OEM 加工企业对委托加工生产的产品不拥有知识产权，不得为第三方提供该设计的产品。

ODM 加工企业对委托加工生产的产品拥有知识产权。除非委托方（品牌厂商）买断该产品设计开发知识产权，否则 ODM 加工企业可以为第三方生产同样的产品。

14.防错

标准定义：为防止制造不合格产品而进行的产品和制造过程的设计及开发。

理解和说明：

防错法日文称 POKA-YOKE，又称愚巧法、防呆法。防错法是指通过产品设计和制造过程设计来防止错误的产生，意在错误发生前即加以防止。

导致失误的原因很多，以下是十种常见原因：

（1）工序过程烦琐冗长——疏忽遗漏一个或多个过程工序；

（2）作业过程失误——作业人员未按照标准作业指导书去完成；

（3）加工过程设置出错——机器参数设置出错；

（4）遗漏零部件——产品必需的零部件没有完全安装；

（5）用错零部件——装配中用了不正确的零部件；

（6）加工了不正确的工件——加工了错误的非当前生产需要的工件；

（7）操作失误——进行了不正确的操作过程；

（8）调机，测量失误——设备调机，测试/测量中的出错而导致的失误；

（9）机器设备维修或检修中的失误——由于非正当的维修或零部件更换而导致的失误；

（10）加工刀具，夹具，或模具准备中的失误——破损的加工刀具，不良的夹具，或使用非正确的模具等而导致的失误。

以下为防错的五大基本思路：

基本思路	目标	常用方法	评价
排除	消除可能的错误	通过产品及制造过程的设计，加入防错方法	最好
替代	用更可靠的过程代替目前的过程以降低失误	运用机器人技术或自动化生产技术	较好
容易/简化	使作业更容易完成	合并生产步骤，实施工业工程改善	较好
异常检出	在缺陷流入下一工序前对其进行检测并剔除	使用计算机软件，在操作失误时予以停止或报警	较好
缓和影响	将错误影响降至最低	采用保险丝进行过载保护，汽车之安全带，骑车戴安全帽等	好

防错应用思路：

标准条款“10.2.4 防错”中要求“组织应有一个形成文件的过程，用于确定适当防错方法的使用。所采用方法的详细信息应在过程风险分析中（如 PFMEA）形成文件，试验频率应记录在控制计划中”，防错可包括产品设计的防错和过程设计的防错。

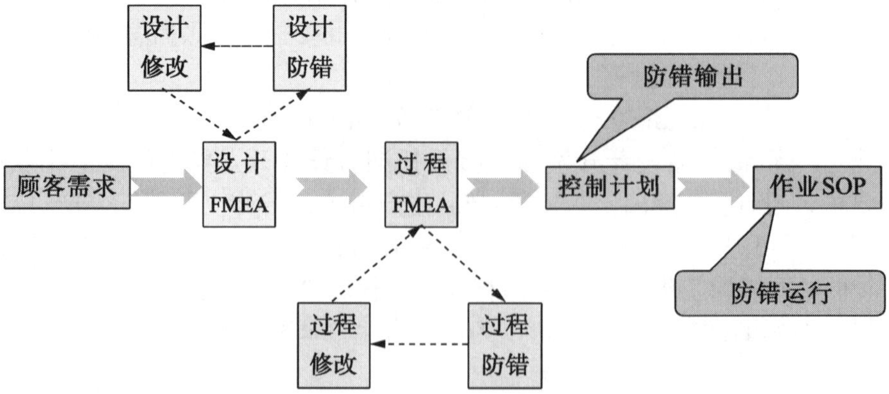

图 2-1　防错应用流程图

15.故障树分析法（FTA）

标准定义：分析系统非理想状态的演绎故障分析法；通过创建整个系统的逻辑框图，故障树分析法显示出各故障、子系统及冗余设计要素之间的关系。

理解和说明：

故障树分析（Fault tree analysis，简称 FTA）是用来识别并分析造成特定不良事件（称作顶事件）因素的技术。因果因素可通过归纳法进行识别，也可以按合乎逻辑的方式进行编排并用树形图进行表示，树形图描述了原因因素及其与重大事件的逻辑关系。

故障树中识别的因素可以是与硬件故障、人为错误或造成不良事项的其他相关事项。

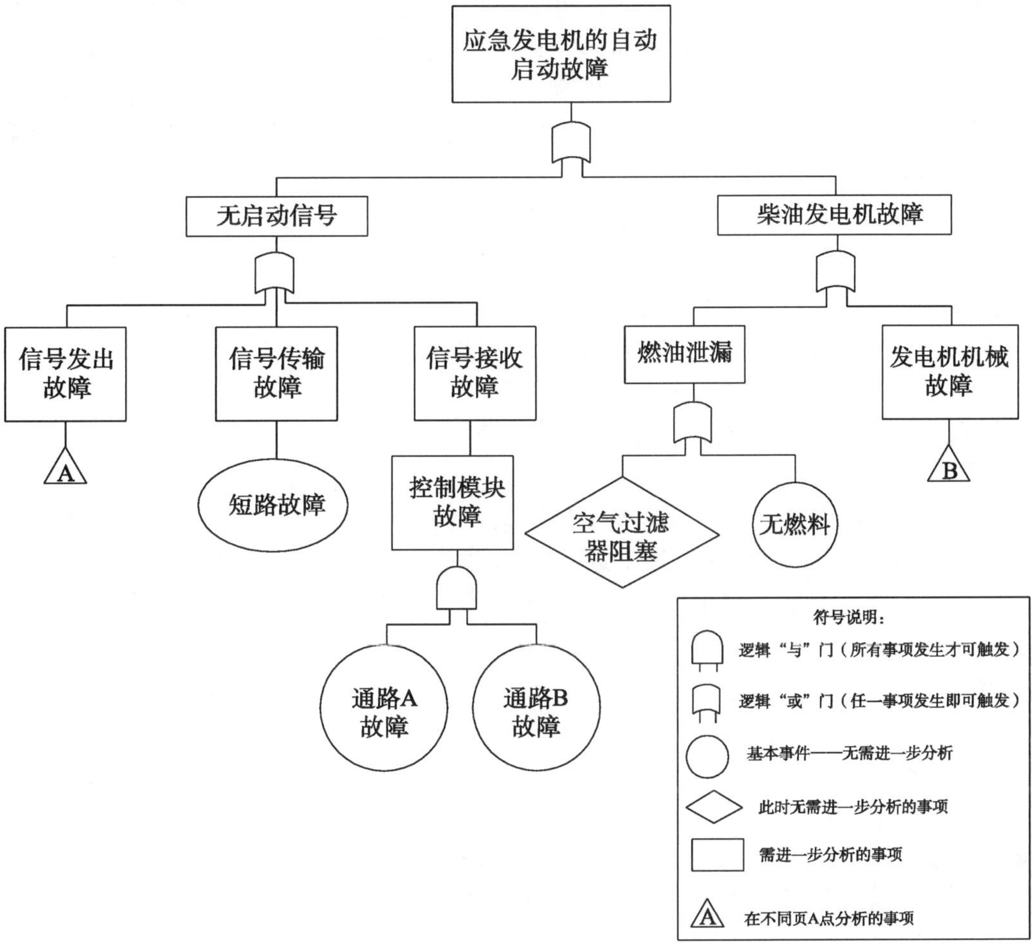

图 2-2　FTA 示例

故障树可以用来对故障（顶事件）的潜在原因及途径进行定性分析，也可以在掌握因果事项可能性的知识之后，定量计算重大事件的发生概率。

故障树可以在系统的设计阶段使用，以识别故障的潜在原因并在不同的设计方案中进行选择；也可以在运行阶段使用，以识别重大故障发生的方式和导致重大事件不同路径的相对重要性；故障树还可以用来分析已出现的故障，以便通过图形来显示不同事项如何共同作用造成故障。

16.升级过程

标准定义：用于在组织内部强调或触发特定问题的过程，以便适当人员可对这些情况作出响应并监控其解决。

理解和说明：

在 IATF 16949 条款中有两处提到升级过程，分别是“4.4.1.2 产品安全：h）包括最高管理者在内的，明确的职责，升级过程和信息的定义，以及顾客通知”和“9.1.1.1 制造过程的监视和测量：e）当不满足接收准则时的反应计划和升级过程”。前者是针对产品安全不符合时的升级，后者是针对产品和制造过程不符合时的升级。

升级过程就是根据特定问题的严重程度和风险，规定不同程度的问题应上报到哪个层级人员进行决策和监督解决的过程。

17.实验室

标准定义：用于检验、试验或校准的设施，可能包括但不限于：化学、金相、尺寸、物理、电性能或可靠性试验。

理解和说明：

用于检验、试验或校准的设施，这包括组织进行试验的场所，以及可能包括但不限于：进行化学试验、金相试验、尺寸检验、物理试验、电性能或可靠性试验等所需的检验和试验设备。

实验室按归属可分为三类：第一类是从属于大学或者是由大学代管的实验室；第二类实验室属于国家机构，有的甚至是国际机构；第三类实验室直接归属于工业企业部门，为工业技术的开发与研究提供服务。

对实验室的管理要求见本书第三章第七节中“7.1.5.3 实验室要求”的内容。

18.实验室范围

标准定义：包含下列内容的受控文件：

—— 实验室有资格进行的特定试验、评价或校准；

—— 用来进行上述活动的设备的清单；

—— 以及用来进行上述活动的方法和标准的清单。

理解和说明：

这是要求实验室管控的范围，包括三个受控文件的“清单”，即组织实验室有资格进行的特定试验、评价或校准的清单；用来进行上述活动的设备的清单；以及用来进行上述活动的方法和标准的清单。这三个“清单”也可以做成一个表体现，具体见第三章第七节中“7.1.5.3 实验室要求”的内容。

19.制造

标准定义：制作或加工的过程。

- 生产原材料；
- 生产件或服务件；
- 装配；或
- 热处理、焊接、涂漆、电镀或其他表面处理服务。

理解和说明：

——“生产原材料”可以是金属材料（如：钢材、铝材、铜材），橡塑材料（如：橡胶、塑料），流体材料（如：油漆、油品、黏合剂）等。

——“生产件”是指作为汽车组成部分的零件。（见 IATF 16949 认证方案及认可规则第五版的术语和定义）

——“安装”是指按照 OEM 规范设计并生产、通过 OEM 经销商网络在交付顾客前所进行的零部件或附件的装配。（见 IATF 16949 认证方案及认可规则第五版的术语和定义）

——“热处理、焊接、涂漆、电镀或其他表面处理”，这些过程通常都是外包服务，AIAG CQI 手册将这些过程定义为“特殊过程”，并对这些特殊过程规定了评估要求，读者可参考以下 AIAG CQI 手册：

CQI-9　特殊过程：热处理系统评审

CQI-11 特殊过程：电镀系统评估

CQI-12 特殊过程：涂装系统评估

CQI-15 特殊过程：焊接系统评估

CQI-17 特殊过程：锡焊系统评估
CQI-23 特殊过程：成型系统评估
CQI-27 特殊过程：铸造系统评估

20.制造可行性

标准定义：对拟建项目的分析和评价，以确定该项目是否在技术上是可行的，能够制造出符合顾客要求的产品。这包括但不限于以下方面（如适用）：在预计成本范围内；是否必要的资源、设施、工装、产能、软件及具有所需技能的人员，包括支持功能，是或者计划是可用的。

理解和说明：

这里是指对新项目或改良项目的分析和评价，从技术可行性、成本范围、资源、设施、设备、软件、工装、产能、人员能力等方面考虑评估其可行性，目的是在符合成本条件下能够制造出符合顾客要求的产品。

关于制造可行性评估方法请参见本书第三章第七节“7.1.3.1 工厂、设施及设备策划”的内容。

21.制造服务

标准定义：试验、制造、分销部件和组件并为其提供维修服务的公司。

理解和说明：

该术语只在 IATF 16949“3.1 汽车行业的术语和定义”中出现，在其他条款中并未出现。

22.多方论证方法

标准定义：从可能会影响一个团队如何管理过程的所有相关方获取输入信息的方法，团队成员包括来自组织的人员，也可能包括顾客代表和供应商代表；团队成员可能来自组织内部或外部；若情况许可，可采用现有团队或特设团队；对团队的输入可能同时包含组织输入和顾客输入。

理解和说明：

多方论证方法（也称跨功能小组）通常包括组织的设计、制造、工程、质量、生产、采购、供应、维护和其他适当职能。需要时也可包括顾客代表和/或供方代表。

在标准条款“8.3.2.1 设计和开发策划—补充”中强调使用多方论证方法进行产品设计和开发的相关活动，包括但不限于：项目管理、产品和制造过程设计活动、产品设计风险分析（FMEA）的开发和评审、制造过程风险分析（如：FMEA、过程流程、控制计划和标准的工作指导书）的开发和评审。

在“8.3.3.3 特殊特性”中强调采用多方论证方法来建立、形成文件并实施用于识别特殊特性的过程。

此外，企业在许多问题分析和解决过程中都常常采用多方论证方法。

23.未发现故障（NTF）

标准定义：表示针对服务期间被替换的零件，经车辆或零件制造商分析，满足“良品件”的全部要求（亦称为“未发现错误”或“故障未发现”）。

理解和说明：

IATF 16949 条款“10.2.5 保修管理体系：当组织被要求为其产品提供保修时，组织应实施一个保修管理过程。组织应在该过程中包含一个保修件分析法，包括 NTF（未发现故障）”。

NTF 是指针对汽车产品（车辆和零部件）出厂后，在使用中发生失效，组织被要求为其产品提供保修，被替换出来的零件进行重新测试和分析，结果满足“良品件”的全部要求，未发现任何故障。

NTF 过程用于发现零件分析（标准测试和负载测试）中无法识别的问题的根本原因。如果零件分析不支持顾客的投诉（即根据零件分析发现产品正常），则采用 NTF 过程。在这一阶段，重点不是集中在个别产品身上，而是根据数据收集评估、系统测试和/或过程研究来考虑问题。

执行 NTF 过程的可能安排是：

- 由原始设备制造商自行执行；
- 供应商自行执行；
- 与协议分配的任务共同执行。

NTF 过程的更详细方法请参考 VDA-QMC 手册《现场失效分析 NTF（Field Failure Analysis）》。

24.外包过程

标准定义： 由外部组织履行的一部分组织职能（或过程）。

理解和说明：

外包就是安排外部组织承担组织的部分职能或过程。亦即包括组织职能的外包（如设计外包、服务外包等）和过程的外包（如某工序加工的外包、物流的外包等）。

虽然外包的职能或过程在组织的管理体系范围之内，但是外部组织是处在范围之外。

25.周期性检修

标准定义： 用于防止发生重大意外故障的维护方法，此方法根据故障或中断历史，主动停止使用某一设备或设备子系统，然后对其进行拆卸、修理、更换零件、重新装配并恢复使用。

理解和说明：

周期性可以是每月、每季度、每半年、每年或其他适当的周期。具体间隔周期的确定取决于以往的维修数据和经验（发生故障的频率及零部件寿命等）。

周期性检修通常制定形成文件的维护计划，是主动的预防性维护行为。

周期性检修是对设备或设备的子系统（如注塑成型的塑胶粒加热和除湿系统、冷却系统）定期主动停止运行，然后对其进行拆卸、修理、更换零件、重新装配并恢复使用。

26.预测性维护

标准定义： 通过对设备状况实施周期性或持续监视来评价在役设备状况的一种方法或一套技术，以便预测应当进行维护的具体时间。

理解和说明：

从定义可知，预测性维护是基于在役设备状况的维护，而预防性维护是基于时间的维护活动。

预测性维护是一种“适时”的维护活动，这种维护活动更及时、更准确，既可防止设备故障又节省维护成本（减少了不必要的定期维护），因此更具有效率。如车辆的油量表，就是持续的监控油量的状况，我们根据自己的路程和油量状况去适当加油，而不是每次都加满（增加车辆重量产生附加油耗），或由于加油不足导致发动机熄火。

但是，要做到预测性维护却不像油量表那么容易，因为不同设备的故障模式不同，并不是每种设备都能实施预测性维护，需要通过一定的方法或技术对设备状况实施周期性或持续监视来评价，从而预测应当进行维护的具体时间。

因此，IATF 16949 条款“8.5.1.5 全面生产维护：i）对预测性维护方法的使用，如适用”，这里指出是适用，而不是必须。

27.超额运费

标准定义： 合同交付之外发生的超出成本或费用。

注：它可能是由于方法、数量、未按计划或延迟交付等原因引起的。

理解和说明：

超额运费也称附加运费或额外运费，就是在合同约定的交付之外发生的额外成本或费用。它可能是由于方法的原因引起，如通常走物流改为快递或空运或单独租车运送等；也可能是由于数量的原因引起，如可一次交付的订单分两次或多次交付；也可能是未按计划或延迟交付导致必须选择其他快捷方式运送或多次运送增加的费用。

28.预防性维护

标准定义：为了消除设备失效和非计划生产中断的原因而策划的定期活动（基于时间的周期性检查和检修），它是制造过程设计的一项输出。

理解和说明：

从预防性维护的定义可知，它的目的是“消除设备失效和非计划生产中断的原因”，方法是“定期活动（基于时间的周期性检查和检修）”，预防性维护是必需的活动。

预防性维护活动通常包括日常维护活动（如日常点检、检测、清洁、润滑等）和周期性检查及检修。这是在制造过程设计时就必须策划输出的，如设备维护计划、维护保养指导书等。

29.产品

标准定义：适用于产品实现过程产生的任何预期输出。

理解和说明：

根据 ISO 9000:2015“3.7.6 产品”，是指在组织和顾客之间未发生任何交易的情况下，组织能够产生的输出。这里的输出就是指产品实现过程产生的任何预期输出，预期输出可包括但不限于零件、生产过程中的加工品、半成品、成品等。

产品实现过程产生的非预期输出，如废料、废气、废液是属于环境管理体系的范围。

30.产品安全

标准定义：与产品设计和制造有关的标准，确保产品不会对顾客造成伤害或危害。

理解和说明：

从定义看，产品安全就是为了确保产品不会对顾客造成伤害或危害而规定的与该产品设计和制造有关的标准。当然，不同产品就有其不同的产品安全标准。

不要把产品安全和产品责任的概念混淆，产品责任是指生产者、销售者因生产、销售有缺陷产品致使他人遭受人身伤害、财产损失所应承担的赔偿责任。

产品安全本身不具法律内涵，产品责任却是作为民法的一部分以损失的补偿为目的。鉴于可能发生成本费用，它也成为企业制定经营政策时的一个关键因素。

但是，产品安全控制不当就可能导致涉及安全的缺陷产品发生，从而可能承担产品责任。

31.生产停工

标准定义：制造过程空闲的情况；时间跨度可从几个小时到几个月不等。

理解和说明：

生产停工可以是计划停工和非计划停工，计划停工可能是较长的节假日休息、订单不饱和或设备周期性检修所需；非计划停工可能是基础设施中断、设备故障、自然灾害等因素；生产停工的时间跨度可能是几个小时到几个月不等。

生产停工期后恢复生产时需要验证产品要求的符合性，具体请参见本书第三章第八节“8.5.1.4 停工后的验证”的内容。

32.反应计划

标准定义：检测到异常或不合格事件时，控制计划中规定的行动或一系列步骤。

理解和说明：

当生产过程中检测到异常或不合格事件时如何反应，必须事先做出策划和安排，这就是反应计划，策划和安排的行动及步骤应在控制计划中加以规定。

典型的反应计划可以是：

- 遏制；调查；
- 记录（好的和/或坏的事项）；
- 调整；
- 通知班组长；
- 标识；隔离；
- 返工/返修；报废；
- 100%检验；
- 其他。

33.外部场所

标准定义：支持现场并且为非生产过程发生的场所。

理解和说明：

在认证的现场外部，并对现场有支持功能，如独立于现场外的销售中心、研发中心、物流中心，或集团采购中心、人力资源中心等，这些外部场所必须包括在 IATF 16949 认证的范围内。

34.服务件

标准定义：按照 OEM 规范制造的，由 OEM 为服务件应用而采购或放行的替换件，包括再制造件。

理解和说明：

OEM（Original Entrusted Manufacture）即原始设备制造商或原始委托制造，这里指汽车整车厂（或主机厂）。

服务件是用于替换的零部件，服务件必须是按整车厂的规范制造的零部件，包括再制造件。

什么是再制造？

再制造（Remanufacture）是一种对废旧产品实施高技术修复和改造的产业，它针对的是损坏或将报废的零部件，在性能失效分析、寿命评估等分析的基础上，进行再制造工程设计，采用一系列相关的先进制造技术，使再制造产品质量达到或超过新品。

再制造工程是一个统筹考虑产品零部件全生命周期管理的系统工程，是利用原有零部件并采用再制造成型技术（包括高新表面工程技术及其他加工技术），使零部件恢复尺寸、形状和性能，形成再制造的产品。主要包括在新产品上重新使用经过再制造的旧部件，以及对旧部件的性能、可靠性和寿命等通过再制造加以恢复和提高用于旧产品的长期使用，从而使产品或设备在对环境污染最小，资源利用率最高，投入费用最小的情况下重新达到最佳的性能要求。再制造工程被认为是先进制造技术的补充和发展，是 21 世纪极具潜力的新型产业。

汽车零部件再制造，原则上除了易损件不可再制造、保养件不可以再制造、涉及安全类配件不可再制造，其他有高附加值的汽车零部件均可以再制造。但再制造目前需要通过国家工信部产品认定后方可从事再制造汽车零部件再制造生产和销售。

产品的再制造过程一般包括七个步骤，即产品清洗、目标对象拆卸、检测、再制造零部件分类、再制造技术选择、再制造、检验。

例如汽车发电机、起动机、变速箱再制造：通过对回收的废、旧汽车发电机、起动机、变速箱的拆解，表面处理，再加工，零部件检测，再装配，整机测试等工序完成再制造生产全过程。

35.现场

标准定义：发生增值制造过程的场所。

理解和说明：

“现场”指发生增值制造过程的场所，现场可能包括不止 1 个地址，也可能包括扩展制造现场。

无生产线现场和只生产与汽车不相关产品的现场不得进行 IATF 16949 认证。

组织在顾客现场所进行增值活动可以被视为现场的外部支持场所，但不具备独立的认证资格。该功能在 IATF 证书上可以标注为“服务”。（见“IATF 认可规则”1.0）

36.特殊特性

标准定义：可能影响安全性或产品法规符合性、可装配性、功能、性能、要求或产品的后续处理的产品特性或制造过程参数。

理解和说明：

请参见本书第八章【产品安全和特殊特性管理】。

37.特殊状态

标准定义：一种顾客识别分类的通知，分配给由于重大质量或交付问题未能满足一项或多项顾客要求的组织。

理解和说明：

特殊状态是指由于重大质量或交付问题，使得一项或多项顾客要求未能得到满足时，顾客给组织发出分类等级的特殊通知，如证书暂停、停止供货，通用汽车新业务暂停、控制交运，福特的 Q1 撤回，大众汽车质量状态 C 等等。

当收到顾客特殊状态通知时，认证机构需要对组织进行现场验证的特殊审核。任何处于 IATF OEM 特殊状态下的组织不得进行转移审核。

福特 Q1 简介：

（1）Q1 是什么？

Q1 是福特汽车公司执行的标准，是福特所特有的基本的质量和制造规则，主要作用为区分制造现场的等级，并通过运用持续的、可理解的矩阵工具来保证高质量，帮助供应商不断持续改进。

（2）获得 Q1 的好处是什么？

（a）获得顾客认可（Q1 旗帜和标志）；

（b）对企业起到广告和宣传作用，提升企业形象；

（c）获得世界优秀供应商奖励基本条件；

（d）福特的首选供应商（只有 Q1 工厂才具有选点资格）；

（e）Q1 是向福特全球工厂出口的先决条件。

（3）获得 Q1 的基本条件

供应商制造现场在以下五个重要方面必须做到最好：

（a）合格的体系；

（b）持续的实际绩效；

（c）现场的行动计划；

（d）满意的顾客；

（e）持续改进。

Q1旗帜

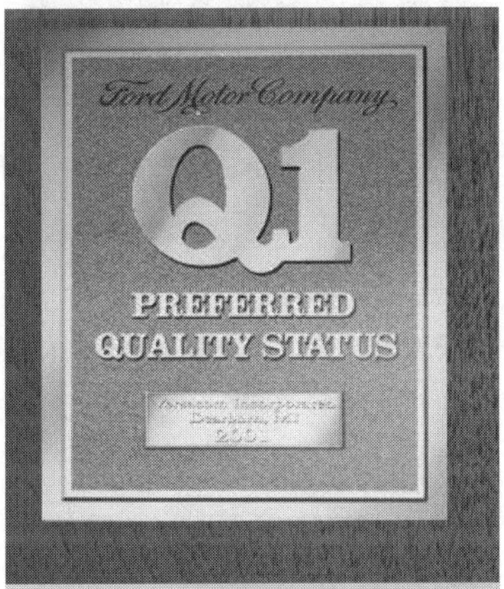

Q1 奖牌

——福特汽车公司：Q1 撤回（Q1 Revocation）的状态。

福特汽车公司 Q1 撤回是在调查 Q1 成绩不及格（总分 1000 分，低于 800 分）情况后的一个正式行动所导致。会在福特供应商管理报告（SIM）中公告。

通过 IATF 16949 认证的组织处于 Q1 撤回状态时，代表该组织对于 IATF 16949 标准条款“5.1.2 以顾客为关注焦点”中“最高管理者确定、理解并持续地满足顾客要求，始终致力于增强顾客满意”以及条款“9.1.2.1 顾客满意—补充：e）与质量或交付问题有关的顾客通知，包括特殊状态” 存在严重不符合。

如果福特汽车公司将某个现场置于“Q1 撤回”的状况，这组织必须在 5 个工作日内以书面通知其认证机构 / 注册机构。

认证机构将会把组织的 IATF 16949 认证置于暂停的状态。在 90 天内，福特汽车公司和该认证机构必须同意组织的计划和措施，或福特和该认证机构之间以其他书面方式同意，以恢复认证状态；否则，这证书将被撤销（废止）。

注：从撤回状态恢复到 Q1 状态，至少需要 6 个月有可接受的绩效表现。如果认证机构和 STA（福特供应商技术支持部门）同意该组织已经成功地针对所有导致“Q1 撤回”的事件，实施了纠正和预防措施，IATF 16949 的证书暂停便可解除。但是，这一现场仍然可能处于“Q1 撤回”的状态，以累积 6 个月可接受的必要绩效数据。如果认证机构或 STA 其中之一不接受该现场的绩效，以充分的解除其暂停状态，那么，这认证暂停状态可以由 STA 核准而延期。

——通用汽车公司：新业务暂停—质量（New Business Hold-Quality）的状态。

在被置于 GM“新业务暂停—质量”后 5 个工作日内，组织应通知其认证机构。

基于收到 GM“新业务暂停—质量”通知，组织的认证应被认证机构马上置于暂停状态并记录。

在组织收到通用汽车“新业务暂停—质量”通知所导致的认证暂停事件中，该组织应完成一个纠正措施计划。该组织应在收到暂停信件通知当天之后的 10 个工作日内，将纠正措施计划提交给其认证机构和受其影响的顾客。该组织的纠正措施计划应符合受影响顾客的要求，包括纠正步骤、负责人、进度时间信息，以及确定这措施计划有效性的关键指标。

——通用汽车公司：控制交运—II 级（Controlled Shipping Level II，CSII）

CSII（控制交运—II 级）的 GM 特殊状态条件是组织产品出现问题的绩效指标。此类状态应有解决方案，或有可靠的解决方案和纠正计划，并由顾客确认。

在处于控制交运—II 级（CSII）状态之后的 5 个工作天之内，组织应通知他们的认证机构。

对于在审核期间开放的 CSII 活动，组织的认证机构应验证有效的纠正措施过程正在进行中。并且，如果关闭，纠正措施已经实施并向整个组织的类似过程和/或产品展开。组织的认证机构还应调查在监督审核期间发生和结束的任何 CSII 活动。

——大众汽车质量状态：C。

大众汽车对供应商的过程审核结果如果不能达到要求，当其质量能力被降级到“C”级时，其已有的质量管理体系的认证将被质疑，并将导致客户将其定级为“新业务冻结”（见 Formel Q 质量协议）。

38.支持功能

标准定义：对同一组织的一个（或多个）制造现场提供支持的（在现场或外部场所进行的）非生产活动。

理解和说明：

设计/工程、合同/订单处理、采购、人力资源、仓储/物流等都属于支持功能，支持功能可以在现场，也可以在现场外部。多数企业，支持功能都是和制造现场同在一个场所，但也有一些企业的业务部门、设计部门在外部场所，或者是公司总部的采购中心、设计中心、人力资源中心等对不在同一场所的各制造现场的支持。

无论在制造现场内或制造现场以外，支持功能没有资格进行单独的 IATF 16949 认证，但应包括在 IATF 16949 认证的范围内。

39.全面生产维护

标准定义：一个通过为组织增值的机器、设备、过程和员工，维护并改善生产及质量体系完整性的系统。

理解和说明：

TPM 是英文 Total Productive Maintenance 的缩写，中文译为“全面生产维护”，也有译为“全员生产维修”或“全员生产保全”。它是以提高设备综合效率为目标，以全系统的预防维护为过程、全体人员参加为基础的设备保养和维修体制。

20 世纪 60 年代，日本丰田电装公司在向美国学习的过程中，将美国的 PM 生产维修活动引进日本，在其基础上不断改进，成功地创立了日本式 PM，即“全员生产保全（TPM）”。

因有 80%～90%的员工都参与了此项活动，于是在 PM 前加了 T，正式将该公司的 PM 活动命名为 TPM。

TPM 的特点就是三个“全”，即全效率、全系统和全员参加。

全效率：指设备寿命周期费用评价和设备综合效率。

全系统：指生产维修系统的各个方法都要包括在内。即是 PM（预防维修）、MP（维修预防）、CM（改善性维修）、BM（事后维修）等都要包含。

全员参加：指设备的计划、使用、维修等所有部门都要参加，尤其注重的是操作者的自主小组活动。

40.权衡曲线

标准定义：用于理解产品各设计特性的关系并使其相互沟通的一种工具；产品一个特性的性能映射于 Y 轴，另一特性的性能映射于 X 轴，然后可绘制出一条曲线，显示产品相对于这两个特性的性能。

理解和说明：

——理解权衡曲线之前，我们先了解一下“权衡”的含义。汉语词典告诉我们，“权衡”就是称量物体轻重的器具。权，秤锤；衡，秤杆。

我们用杆秤称重的时候，就是通过“权”和“衡”达到平衡点时读出被称物体的重量。

那么，我们怎么知道谁的秤是准的，谁的秤不准呢？《史记·范雎蔡泽列传》说到“平权衡，正度量，调轻重”，就是统一度量衡的意思。“平权衡”就是统一秤杆和秤锤的制作标准，这样大家用的秤都是一样的标准了。

但是，物体的重量不同，一杆秤不能满足不同物体的称重需要，所以就要选择不同秤杆的尺寸大小与长度，配不同的秤锤，做出不同量程的秤。

我们平常说的权衡利弊，就是从这引申来的，就是在考虑各种因素影响的情况下，找到最佳利益点。

联系到产品设计，我们希望汽车重量轻、省油、高速时平稳性好。减轻重量可以省油，但高速时平稳性就不好；要提高平稳性就需要适当增加重量，增加了车重，油耗就会增大。**所以，产品设计就是一种妥协，只能选择一个合适的平衡点，无法做到每一个性能和参数都最好。**

权衡曲线就是将这些设计特性之间的关系及其对产品特性的影响绘制成权衡曲线图，作为产品设计的不同选择方案。如下图中有三种不同电压的选择，对应输出不同的电流，产生不同的功效比。

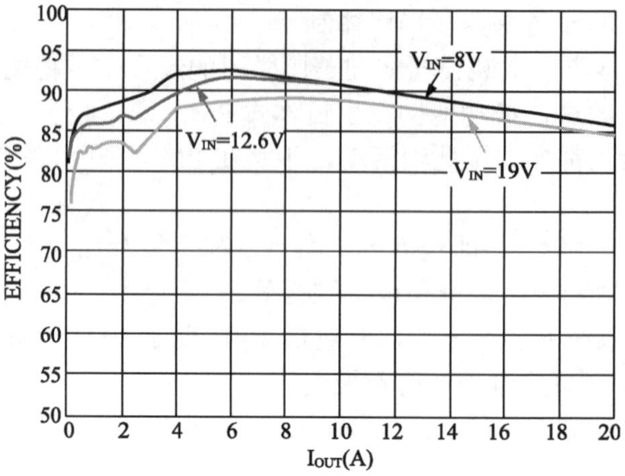

Figure 2.Efficiency versus Load for the Intersil ISL62871 with Vout=1.1V

图 2-3　输出功效随电压、电流的变化曲线图

——权衡曲线图显示了关键设计特性，它显示了在特定的技术下可以做到什么程度。它用可视化的方式来展现数据，这使得数据被转换成了可用的知识。即使曲线是从一个公式或者通过仿真分析推理出来的，这种图形的表现形式也是比较好的，因为设计人员很容易理解和应用它。权衡曲线可以被用来帮助设计者理解他们应用某项技术时的不同设计参数之间的关系，这对他们达成一个平衡的设计方案很重要。

——权衡曲线也可以被用来展示多种不同类型的信息。某些情况下，曲线表示了技术的设计极限。它将可行（安全）的设计区域与不可行的区域分开，这意味着在可行区域里的任何点上，设计都是可行的。

——权衡曲线也可以解释关键的设计决策，展现关键设计决策与顾客希望获得的重要性能特征之间的关系。简要地说，设计者在曲线上选择自己想要的点即可。

41.权衡过程

标准定义：绘制并使用产品及其性能特性的权衡曲线的一种方法，这些特性确立了设计替代方案之间的顾客、技术及经济关系。

理解和说明：

对影响产品的各种设计特性进行研究、归纳和总结，并绘制和使用权衡曲线的过程就是权衡过程。

应用权衡曲线的目的就是确定设计开发的替代选择考虑，即明确多种可选的设计开发方案与顾客、技术及经济关系。

权衡曲线图还可以包括如下信息：

- 零部件图片
- 被考虑的失效模式的说明
- 对原因的分析
- 可能的对策

权衡曲线能够将设计数据转换成可（再）用的知识，能够防止有关知识失传的浪费，能够避免设计失效发生的情况，能够有效地指引设计工作朝着最优化的方向改进，能够做到比顾客更好地了解他们的需求，能够确保产品的可制造性。同时，权衡曲线也是一种知识管理的好方法。

——延伸阅读：

权衡曲线最好的应用来自第二次世界大战期间的美国“野马”P-51 活塞式引擎歼击机，从设计到投产仅用了几个月。规格参数的最终确定是在 1940 年 3 月 15 日，机翼的原型在 9 月 9 日完成，飞机的首次飞行是在 10 月 26 日。

P-51 战斗机

P-51“野马”是“二战”中盟军最优秀的活塞动力战斗机之一，也是盟军制空权的象征，击落了 4950 架敌机，占 USAAF（美国陆军航空队）在欧洲上空击落总数的 48.9%，并击毁了 4131 个地面目标，另外还击落了超过 230 枚 V-1 飞弹，甚至还击落了德国空军最精锐的喷气式战斗机。

在 20 世纪 90 年代，何塞 • 罗德里格斯（Jose Rodriguez），当时的身份是 Parametric 技术公司的一位咨询顾问，采访了当年“野马”P-51 开发团队的几位存世者。他们告诉他，“野马”P-51 项目成功的关键就是在开发之前已经知道大部分的权衡曲线。例如，在战争之前，NACA（美国国家航空顾问委员会，之后改编成了 NASA）就对机翼进行了近乎穷尽的分类，记录了其升力和阻力与雷诺数和攻角之间的函数关系，比如对于 78 种不同特点机翼类型中的任何一种，升力/阻力的比率如何随着攻角而改变。有了这套权衡曲线，飞机设计人员可以快速地做出决定。

——权衡曲线案例：

西安交通大学航天航空学院张收运等对某型火箭在亚跨超声速来流条件下的气动特性进行了数值模拟，给出了阻力系数、升力系数、升阻比等气动特性参数随攻角、马赫数的变化情况，结果表明：

（1）阻力系数随攻角增加呈非线性增大；跨声速来流条件下，当攻角小于等于 14 度时，升力系数和俯仰力矩系数随攻角增加近似线性增大；超声速来流条件下，当攻角不大于 6 度时，升力系数和俯仰力矩系数随攻角增加线性增大，当攻角在 6 度～14 度时，升力系数和俯仰力矩系数随攻角增加开始非线性增大；当攻角大于等于 18 度时，升力系数和俯仰力矩系数随攻角增加非线性增大，且跨声速段受马赫数影响较大。

（2）当攻角小于等于 14 度时，来流在亚声速范围内，阻力系数随马赫数增加变化不大；进入跨声速阶段，由于波阻的出现，阻力系数随马赫数增加迅速变大；进入超声速阶段，阻力系数随马赫数增加缓慢减小。当攻角大于等于 18 度时，升力系数、俯仰力矩系数和阻力系数随马赫数的变化较攻角小于等于 14 度时表现出不同的特性。

（3）下图给出了不同马赫数条件下升阻比随攻角的变化曲线。可以看出，升阻比最大值基本上在攻角 22 度～26 度范围取得。

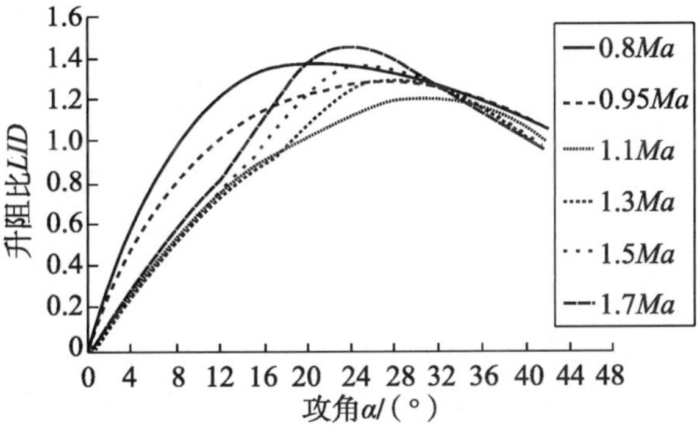

图 2-4 升阻比随攻角及马赫数的变化曲线图

案例来源：张收运，任淑杰，闫桂荣. 火箭亚跨超声速气动特性数值研究[J]. 弹箭与制导学报，2011，31（4）：124-127.

第三章

IATF 16949结合ISO9001:2015理解、实施及应用案例

第一节　IATF 16949 标准结构和主要变化

一、汽车质量管理体系的组成结构说明

在 IATF 16949:2016 标准的“前言”中强调：“本汽车质量管理体系标准（本文中简称为‘汽车 QMS 标准’或‘IATF 16949’），连同适用的汽车顾客特定要求，ISO 9001:2015 要求以及 ISO 9000:2015 一起定义了对汽车生产件及相关服务件组织的基本质量管理体系要求。正因为如此，汽车 QMS 标准不能被视为一部独立的质量管理体系标准，而是必须当作 ISO 9001:2015 的补充进行理解，并与 ISO9001:2015 结合使用。”

因此，汽车质量管理体系的组成结构如下：

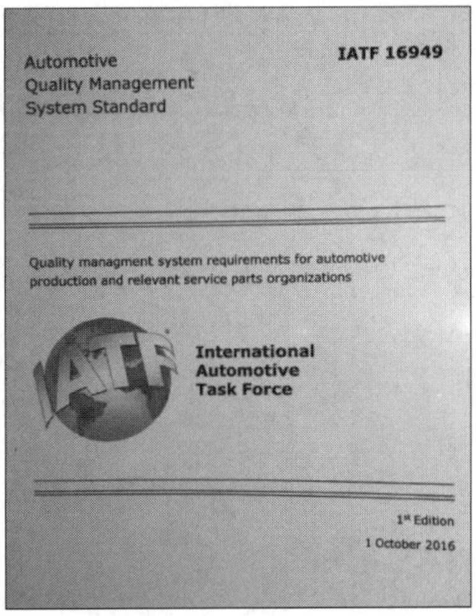

图 3-1　汽车质量管理体系的组成

IATF 16949:2016 是以 ISO 9001:2015 为基础架构，引用了 ISO 9001 的全部条款，在标准中只有汽车行业的补充和特别要求的条款，对于 ISO 9001 要求只给出条款号，并注明“见 ISO 9001:2015 的要求”。

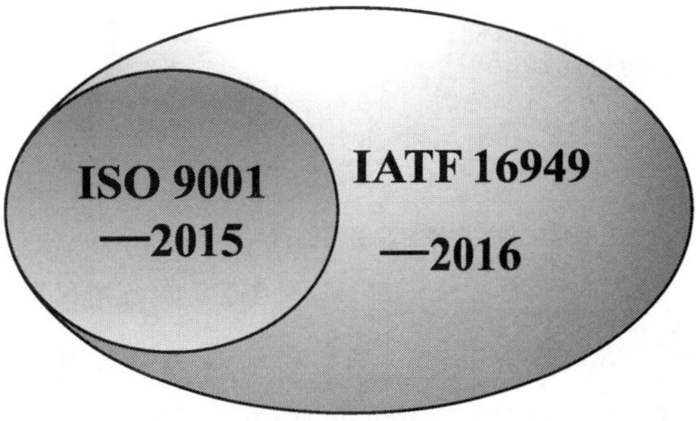

在本标准中使用如下助动词：

“应”表示要求；

“宜”表示建议；

“可”表示允许；

“能”表示可能或能够；

“注”是理解和说明有关要求的指南。

二、本章内容说明

本章整合了 ISO 9001:2015 和 IATF 16949:2016 的全部条款要求。**单线方框内为 ISO 9001:2015 的要求，以楷体字表示，双线方框内为汽车行业补充和特别要求，用宋体字表示。**

在本章中，针对标准的每一个条款阐释了“目的和意图”“理解和实施要点”，并给出了“实施建议和应用案例”，对应章节提供的文件范例和使用的表单仅供参考（不是必须和充分的，也不是唯一的方法）。除了条款中要求必须保留成文信息或要求形成文件或要求形成文件的过程外，很多条款只要有实施并有证据证实就可以符合要求，不一定要形成文件。

对于每一个条款，理解其目的和意图是非常重要的。汽车行业产品类别繁多，不同性质、不同规模、不同产品的组织，其生产和运作模式各不相同，有的甚至差异巨大，因此对同一条款的

实施方法可以有各种不同的表现形式，只要满足条款的目的和意图并适用于组织即可，千万不要生搬硬套。

需要强调的是，本章中对 ISO 9001:2015 条款的理解和实施是从汽车制造业角度分析的，并不考虑服务业的实施方法。

在实施标准的时候，不要只是为了符合标准的要求，应以顾客为导向，聚焦于满足顾客要求并努力超越顾客的期望，同时基于企业的经营、管理、绩效的实际需要去理解条款的思想，结合本企业的产品和过程加以应用。特别应该关注过程的有效性和效率，并持续改进过程和质量管理体系的绩效。

三、基于 PDCA 循环的质量管理体系模型说明

PDCA 循环能够应用于所有过程以及整个质量管理体系。图 3-2 表明了 ISO 9001:2015 和 IATF 16949:2016 标准第 4 章至第 10 章是如何构成 PDCA 循环的。

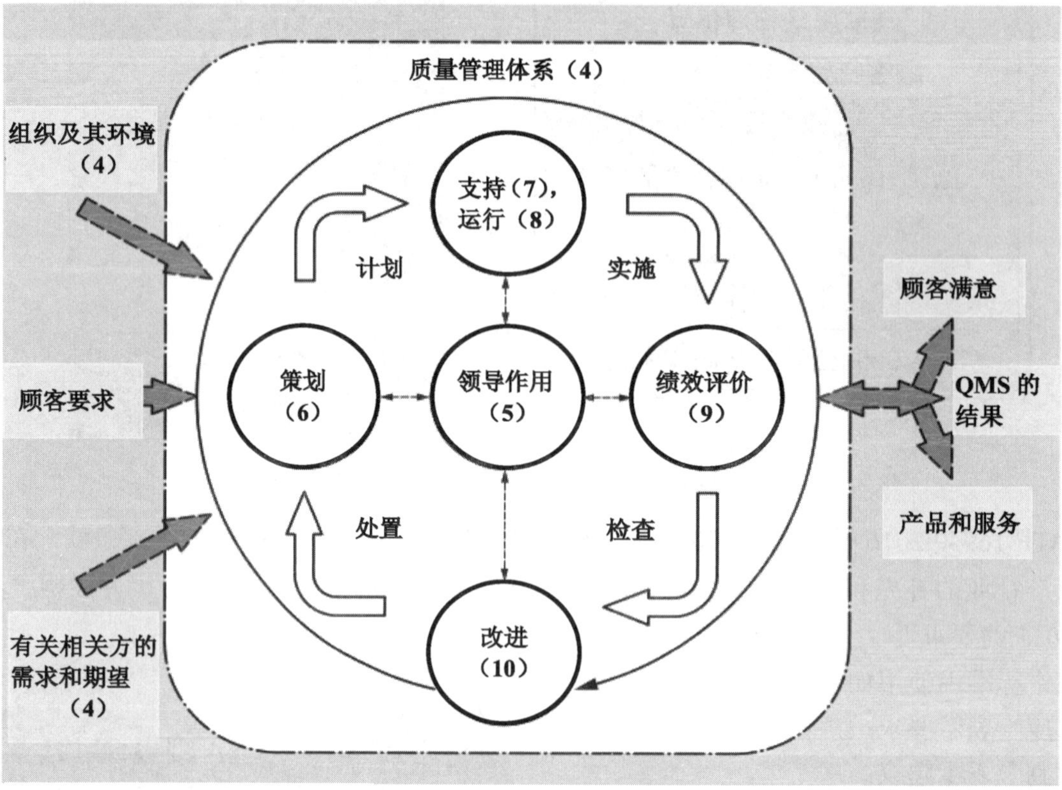

注：括号中的数字表示本标准的相应章。

图 3-2　本标准基于 PDCA 循环的结构模型

这一全新的 QMS（质量管理体系）模型，简要说明如下：

（1）领导作用是质量管理体系的核心，QMS 要求是在领导力驱动下的 PDCA 循环。这意味着管理者特别是最高管理者需要更积极地参与和支持 QMS 的活动，标准也明确要求最高管理者对 QMS 的有效性负责。

（2）QMS 的输入除了来自顾客的要求，还需要进一步考虑组织环境以及有关相关方的需求和期望，作为质量管理体系策划的输入，这是组织实现持续成功所必需的。

（3）QMS 的输出则直接关注 QMS 的结果。这一结果包括产品和服务是否满足要求，是否导致增强顾客满意，并考虑最终是否符合组织的战略方向。

（4）圆圈内是组织在领导作用驱动下，通过策划—支持和运行—绩效评价—改进的 PDCA 不断循环，持续满足顾客要求和增强顾客满意，从而提升 QMS 绩效。

四、关于 IATF 的常见问题解答及认可解释

IATF 16949 第 1 版自 2016 年 10 月出版后，认证机构和申请认证的组织在使用过程中产生了很多疑问，有些条款表述不够明确，针对这些问题，IATF 作出了常见问题解答（FAQ）和认可的解释（SI）。常见问题解答和认可解释是对 IATF 16949:2016 中现有要求的解释和修正。除非另有说明，常见问题解答在发布后即适用，而认可解释每次发布都注明了生效日期。

至 2019 年 10 月，已发布 29 项问题解答和 18 项认可解释，以下为历次发布的情况。

IATF - 国际汽车工作组

IATF 16949：2016 - 常见问题（FAQ）

IATF 16949：2016 年第一版于 2016 年 10 月发布。针对 IATF 认可的认证机构和利益相关方提出的问题，IATF 对以下问题和答案进行了审核。除非另有说明，常见问题适用于出版物。

FAQ 是对 IATF 16949：2016 内现有要求的解释。

常见问题 1 - 11 于 2017 年 10 月发布。
常见问题 12-20 于 2018 年 4 月发布。
常见问题 21-22 于 2018 年 6 月发布。
修订的常见问题 18 于 2018 年 10 月发布。
常见问题 10 和常见问题 18 于 2018 年 11 月删除。
常见问题 23-26 于 2019 年 3 月发布。
常见问题 27-29 于 2019 年 10 月发布。

IATF - 国际汽车工作组

IATF 16949:2016 – 认可解释

IATF 16949 第一版已于二零一六年十月刊发，并于二零一七年一月一日生效。以下认可解释已由 IATF 确定及批准。除非另有说明，否则认可解释在发布时适用。

修改后的文本显示为**蓝色**。

认可解释改变了对规则或要求的解释，而规则或要求本身则是不符合的基础。

SI 1-9 于 2017 年 10 月发布，2017 年 10 月生效。
SI 10-11 于 2018 年 4 月发布，2018 年 6 月生效。
SI 8 于2018年6月修订并重新发布，2018 年 7 月生效。
SI 10 于2018年6月修订并重新发布，2018 年 7 月生效。
SI 12-13 于 2018 年 6 月发布，2018 年 7 月生效。
SI 14-15 于2018年11月发布，2019年1月生效。
SI 16 - 18 于 2019 年 10 月发布，2020 年 1 月生效。

上述有关条款的问题解答和认可解释，将在本章中的对应条款列出，请读者留意。

五、IATF 16949:2016 的主要变化

IATF 16949:2016 质量管理体系包括 ISO 9001:2015 的全部要求，所以，要理解和应用 IATF 16949:2016 标准就必须先熟悉 ISO 9001:2015 的变化。ISO 9001:2015 相较于 ISO 9001:2008 版进行了全新的改版，其结构、过程要素、核心理念、质量原则都有较大变化，特别是引入组织战略、领导力、基于风险的思维、绩效评价、知识管理和创新，这些理念和要求是必须导入到 IATF 16949 质量管理体系的。关于这部分的内容，在笔者已出版的著作《企业经营管理结合 ISO 9001:2015 应用实务》中做了详细说明，有兴趣的读者可以在各网上商城或全国各地书店购买该书阅读。

本节着重介绍 IATF 16949:2016 的主要变化。

在 IATF 16949:2016 标准的“前言”中强调：“IATF 16949:2016（第一版）是一份创新文件，着重考虑了顾客导向性，综合了许多以前的顾客特定要求。”也就是说，新版 IATF 16949:2016 标准更强调顾客导向，聚焦于满足顾客要求并努力超越顾客的期望，旨在增强顾客满意，并把许多以前的顾客特定要求作为条款写入标准中。

1.标准结构和条款数的变化

从下表中可知，新版 IATF 16949:2016 标准是基于 ISO 9001:2015 的结构共 10 章，其中汽车行业补充和特别要求是 106 个条款，而 ISO/TS 16949:2009 标准是基于 ISO 9001:2008 共 8 章，其中汽车行业补充和特别要求是 79 个条款；仅从补充和特别要求条款的数量上看是多了 27 项。

IATF 16949:2016 标准		ISO/TS 16949:2009 标准	
汽车质量管理体系标准—汽车生产件及相关服务件组织的质量管理体系要求		质量管理体系—汽车生产件及相关服务件组织应用 ISO 9001:2008 的特别要求	
ISO 9001:2015 标准	汽车行业 补充和特别要求 （106 个条款）	ISO 9001:2008 标准	汽车行业补充和 特别要求 （79 个条款）
1.范围		1.范围	
2.规范性引用文件		2.规范性引用文件	
3.术语和定义		3.术语和定义	
4.组织环境		4.质量管理体系	
5.领导作用		5.管理职责	
6.策划			
7.支持		6.资源管理	
8.运行		7.产品实现	
9.绩效评价		8.测量、分析和改进	
10.改进			

2.IATF 16949 主要新增和补充条款的变化

这里所说的变化是与 ISO/TS 16949:2009 标准相对比较而言的，对于熟悉汽车 QMS 标准的读者或已经建立 IATF 16949:2016 体系的企业，可以重点关注以下这些条款的变化是否已完全策划并实施；对于初学者或首次建立汽车质量管理体系的企业，IATF 16949:2016 标准的所有条款都是必须关注的。以下是新增和变化较大的条款：

4.3.2 顾客特定要求
4.4.1.2 产品安全
5.1.1.1 公司责任
5.1.1.3 过程拥有者
6.1.2.1 风险分析
7.2.3 内部审核员能力
7.2.4 第二方审核员能力
8.3.2.3 带有嵌入式软件的产品的开发
8.4.1.2 供应商选择过程
8.4.2.3.1 汽车产品相关软件或带有嵌入式软件的汽车产品

8.4.2.4.1 第二方审核
8.4.2.5 供应商开发
8.5.1.4 停工后的验证
8.5.2.1 标识和可追溯性—补充
8.5.6.1.1 过程控制的临时更改
8.7.1.1 顾客的让步授权
8.7.1.5 返修产品的控制
8.7.1.7 不合格品的处置
9.3.2.1 管理评审输入—补充
10.2.5 保修管理体系

为方便读者或企业在策划和实施 IATF 16949:2016 时把握重点，对照 IATF 16949 中补充和特别要求条款的主要变化，下表列出了重点变化的条款要求说明，但并未列出所有条款中的变化细节。

序号	IATF 16949:2016 新增或补充的主要条款	对应条款的要求说明	备注
1	1.1 范围—汽车行业对 ISO 9001:2015 的补充	——本汽车 QMS 标准规定了汽车相关产品（包括装有嵌入式软件的产品）的设计和开发、生产，以及（相关时）装配、安装和服务的质量管理体系要求。 ——本汽车 QMS 标准适用于制造顾客指定生产件、服务件和/或配件的组织的现场。	强调了“装有嵌入式软件的产品”和“配件”也适用于本标准。
2	2.1 规范性引用标准和参考性引用标准	——增加了附录 B（参考书目—汽车行业补充）为参考性部分，提供了有助于理解或使用本汽车 QMS 标准的附加信息。 ——附录 B 的参考书目可以基于顾客特定要求或组织自身需要而使用。	新增内容
3	3.1 汽车行业的术语和定义	——原有 12 个术语：控制计划、有设计责任的组织、防错、实验室、实验室范围、制造、预见性维护、预防性维护、附加运费、外部场所、现场、特殊特性。	新增的术语和定义有助于对标准相关条款的理解，减少偏差。

序号	IATF 16949:2016 新增或补充的主要条款	对应条款的要求说明	备注
		——新增了 29 个术语和定义：配件、产品质量先期策划（APQP）、售后市场零件、授权、挑战（原版）件、顾客要求、顾客特定要求（CSR）、装配的设计（DFA）、制造的设计（DFM）、制造和装配的设计（DFMA）、六西格玛设计（DFSS）、升级过程、故障树分析法（FTA）、制造可行性、制造服务、多方论证方法、未发现故障（NTF）、外包过程、周期性检修、产品、产品安全、生产停工、反应计划、服务件、特殊状态、支持功能、全面生产维护、权衡曲线、权衡过程。	对这些术语的解释和说明请参见本书第二章
4	4.3.1 确定质量管理体系的范围—补充	——支持功能，无论其在现场或外部场所（例如：设计中心、公司总部和配送中心），应包含在质量管理体系（QMS）的范围中。	强调支持功能不能排除质量体系之外
5	4.3.2 顾客特定要求	——应对顾客特定要求进行评价，并将其包含在组织的质量管理体系范围内。 ——顾客特定要求必须纳入质量体系管理。	新增条款
6	4.4.1.1 产品和过程的符合性	——组织应确保所有产品和过程，包括服务件及外包的产品和过程，符合一切适用的顾客和法律法规要求。 ——强调顾客导向性和法律法规的重要性。	新增条款
7	4.4.1.2 产品安全	——要求组织应有成文的过程，用于与产品安全有关的产品和制造过程管理。 ——强调对产品安全法律法规要求的识别；产品安全相关特性的识别；产品及制造时安全相关特性的识别和控制等。	新增条款
8	5.1.1.1 公司责任	——要求组织应明确并实施公司责任方针，至少包括反贿赂方针、员工行为准则以及道德准则升级政策（“举报政策”）。 ——要求企业在经营活动中遵循国家法律法规和承担社会责任，坚守道德行为准则，倡导诚信经营、公平竞争的原则。	新增条款
9	5.1.1.3 过程拥有者	——最高管理者应确定过程拥有者，由其负责组织的各过程和相关输出的管理。过程拥有者应了解他们的角色，并且具备胜任其角色的能力。 ——要求确定每个过程的责任者，明确其职责并使其具备所需的能力。	新增条款
10	5.3.1 组织的岗位、职责和权限—补充	——最高管理者应向人员指派职责和权限，以确保顾客要求得到满足。	

序号	IATF 16949:2016 新增或补充的主要条款	对应条款的要求说明	备注
		——这些指派应形成文件。这包括但不限于：特殊特性的选择，质量目标和相关培训的设置，纠正和预防措施，产品设计和开发，产能分析，物流信息，顾客计分卡以及顾客门户（与顾客网络接口）。	对应的是原来顾客代表的职责，但新版不强制指定顾客代表，可以由不同人员分担。
11	6.1.2.1 风险分析	——组织应在风险分析中至少包含从产品召回、产品审核、使用现场的退货和修理、投诉、报废及返工中吸取的经验教训。 ——从以往的错误和失败中吸取的经验教训，实施措施计划，这些措施的有效性应被评估，并且措施要整合到组织的管理体系中。	新增条款
12	6.1.2.3 应急计划	——要求对保持生产输出并确保顾客要求得以满足而言必不可少的所有制造过程和基础设施设备，识别并评价相关的内部和外部风险。 ——根据风险和对顾客的影响制订应急计划； ——准备应急计划，以在下列任一情况下保证供应的持续性：关键设备故障；外部提供的产品、过程或服务中断；常见自然灾害；火灾；公共事业中断；对信息技术系统的网络攻击；劳动力短缺；或者基础设施破坏。 ——应急计划中包含一个通知顾客和其他相关方的过程，告知影响顾客作业的任何情况的程度和持续时间。 ——定期测试应急计划的有效性（如模拟、视情况而定）。 ——跨部门小组对应急计划进行评审（至少每年一次），并在需要时进行更新。 ——在发生生产停止的紧急情况后重新开始生产之后，以及在常规停机过程未得到遵循的情况下，确认制造的产品持续符合顾客规范。	旧版条款的要求增强。
13	6.2.2.1 质量目标及其实现的策划—补充	——最高管理者应确保为整个组织内的相关职能、过程和级别，明确、建立并保持符合顾客要求的质量目标。 ——组织在建立其年度（至少每年一次）质量目标和相关性能指标（内部和外部）时，应考虑组织对相关方及其有关要求的评审结果。	强调相关职能、过程和级别，都应建立质量目标。 并且要考虑顾客和相关方的要求。
14	7.2.3 内部审核员能力	——要求组织应有成文的过程，用于验证内部审核员的能力，审核员的能力要考虑到顾客特定要求。	旧版条款要求的增强和具体化。

序号	IATF 16949:2016 新增或补充的主要条款	对应条款的要求说明	备注
		——明确规定了内部质量管理体系审核员、制造过程审核员和产品审核员所需具备的知识和能力要求，并且规定了内部审核员能力保持和改进的方法。	
15	7.2.4 第二方审核员能力	——规定了从事第二方审核的审核员的能力，第二方审核员应符合顾客对审核员资质的特定要求。 ——对于第二方审核员的要求，确保他们有适当的资格去实施不同类型的审核（体系审核、过程审核或产品审核），符合顾客特定对第二方审核员的要求是主要关注点。	新增条款
16	8.2.2.1 产品和服务要求的确定—补充	——产品和服务要求的确定应包括回收再利用、对环境的影响，以及根据组织对产品和制造过程的认知所识别的特性。 ——适用的法律法规要求应包括但不限于：所有适用的与材料的获得、存储、搬运、回收、销毁或废弃有关的政府、安全和环境法规。	旧版是“注”的内容，新版作为条款要求。
17	8.2.3.1.3 组织制造可行性	——要求组织应采用多方论证方法来进行分析，以确定组织的制造过程是否是可行的，能够始终生产出符合顾客规定的全部工程和产能要求的产品。 ——组织应为任何对其而言新的制造或产品技术，以及任何更改过的制造过程或产品设计进行可行性分析。 ——组织应当通过生产运行、标杆管理研究或其他适当的方法，确认其能够以所要求的速率生产出符合规范的产品。	旧版条款的要求增强和具体化。
18	8.3.2.1 设计和开发策划—补充	——要求组织应确保设计和开发策划涵盖组织内部所有受影响的利益相关者及其供应链。使用多方论证方法的方面包括但不限于： a）项目管理（例如 APQP 或 VDA-RGA）； b）产品和制造过程设计活动（如 DFM 和 DFA），例如考虑使用替代的设计和制造过程； c）产品设计风险分析（FMEA）的开发和评审； d）制造过程风险分析（如 FMEA、过程流程、控制计划和工作指导书）的开发和评审。	旧版条款的要求增强，要求应用项目管理进行设计和开发策划。 VDA-RGA 是指“新零件成熟度等级保证”手册。
19	8.3.2.3 带有嵌入式软件的产品的开发	——对组织嵌入式软件开发和软件开发能力自评估责任的要求。 ——组织必须对带有内部开发的嵌入式软件的产品，使用一个质量保证过程，并且有一个适当	新增条款

序号	IATF 16949:2016 新增或补充的主要条款	对应条款的要求说明	备注
		的评估方法来评估他们的软件开发过程。 ——组织应将软件开发纳入其内部审核方案的范围，内审员应能够理解和评估组织所选的软件开发评估方法的有效性。	
20	8.4.1.1 总则—补充	——组织应将影响顾客要求的所有产品和服务，例如子总成、排序、挑选、返工和校准服务，纳入其对外部提供的产品、过程和服务的定义范围。	旧版是“注”的内容，新版作为条款要求。
21	8.4.1.2 供应商选择过程	——明确地给出供应商选择过程标准，用于选择供应商的评估需求被扩展，选择过程应包括： a）对所选供应商产品符合性以及组织向其顾客不间断产品供应的风险评估； b）相关质量和交付绩效； c）对供应商质量管理体系的评价； d）多方论证决策；以及 e）对软件开发能力的评估，如适用。	新增条款
22	8.4.2.2 法律法规要求	——要求组织应有形成文件的过程，确保所采购的产品、过程和服务符合收货国、发运国和顾客确定的目的国（如有提供）的现行适用法律法规要求。 ——如果顾客为特定产品符合法律法规要求确定了特殊控制，组织应确保按照规定实施并保持这些控制，包括在供应商处。	规定了法律法规要求的适用范围并加强这些要求。
23	8.4.2.3 供应商质量管理体系开发	——组织应要求其汽车产品和服务供应商开发、实施和改进质量管理体系（QMS），最终目标是获得本汽车质量管理体系标准的认证。 ——使用基于风险的方法，组织应为每个供应商确定可接受的 QMS 开发最低水平和 QMS 开发目标水平。	旧版条款的要求具体化，可以基于供应商的影响风险提出不同水平要求。
24	8.4.2.3.1 汽车产品相关软件或带有嵌入式软件的汽车产品	——组织应要求其汽车产品相关软件或带有嵌入式软件的汽车产品的供应商为各自产品实施并保持一个软件质量保证过程。 ——应采用软件开发评估方法来评估供应商的软件开发过程。	新增条款，这些要求与 8.3.2.3 条款提出的一致，但被扩展到供应商。
25	8.4.2.4.1 第二方审核	——要求组织的供应商管理方法中应包括一个第二方审核过程。第二方审核可以用于： a）供应商风险评估； b）供应商监视； c）供应商质量管理体系开发； d）产品审核； e）过程审核。	新增条款

序号	IATF 16949:2016 新增或补充的主要条款	对应条款的要求说明	备注
		——基于风险分析，包括产品安全/法规要求、供应商绩效和质量管理体系认证水平，组织应至少对第二方审核的需求、类型、频率和范围的确定准则形成文件。	
26	8.4.2.5 供应商开发	——此条款的供应商开发并不是如何开发供应商，而是基于供应商绩效开发对其管理的活动。 ——要求组织应为其活跃供应商确定所需供应商开发行动的优先级、类型、程度和时程安排。考虑的因素应包括但不限于： a）通过供应商监视识别的绩效问题； b）第二方审核发现； c）第三方质量管理体系认证状态； d）风险分析。 ——组织应采取必要措施，以解决未决的（不符合要求的）绩效问题并寻求持续改进的机会。	新增条款
27	8.4.3.1 外部供方的信息—补充	——要求组织应向其供应商传达所有适用法律法规要求以及产品和过程特殊特性，并要求供应商沿着供应链直至制造，贯彻所有适用的要求。	新增条款
28	8.5.1.4 停工后的验证	——要求组织应确定并采取必要的措施，确保在计划或非计划生产停工期之后，产品对要求的符合性。 ——适用时，停工期后必要的措施应在 PFMEA、控制计划和维护说明中被提前使用。 ——多方论证方法应被用于识别任何需要的额外措施来处理非预期的停工事件。	新增条款
29	8.5.2.1 标识和可追溯性—补充	——可追溯性的目的在于支持对顾客所收产品的开始点和停止点的清楚识别，或者用于发生质量和/或安全相关不符合的情况。 ——组织应对所有汽车产品的内部、顾客及法规可追溯性要求进行分析，包括根据风险等级或失效对员工、顾客的严重程度，制订可追溯性计划并形成文件。这些计划应按产品、过程和制造位置明确适当的可追溯系统、过程和方法。	新增要求
30	8.5.6.1.1 过程控制的临时更改	——组织应识别、记录和维护过程控制的清单，包括检查、测量、测试和错误检测设备。 ——如果存在备用或替代方法，过程控制的清单应包括主要过程控制和已批准的备用或替代方法。 ——组织应有一个形成文件的过程，对替代控制方法的使用进行管理。组织应基于风险分析（例	新增条款

序号	IATF 16949:2016 新增或补充的主要条款	对应条款的要求说明	备注
		如 FMEA）和严重程度，在本过程中包含要在生产中实施替代控制方法之前获得的内部批准。	
31	8.6.1 产品和服务的放行—补充	——此条款目的是确保过程控制与控制计划相匹配。 ——要求组织应确保用于验证产品和服务要求得以满足的所策划的安排围绕控制计划进行，并且形成文件规定在控制计划中。 ——为达到控制计划和验证产品和服务符合性所计划的安排间的一致性，组织应实施一个定期的控制计划评审，比较当前产品和过程的批准状态与应用到制造过程中的实际控制是否一致。	新增条款
32	8.7.1.1 顾客的让步授权	——无论何时，当产品或制造过程与当前批准的不同时，组织在进一步加工之前应获得顾客的让步或对偏离的许可。 ——组织应在进一步加工之前，获得顾客对不合格品“照现状使用”和返修的授权。 ——如果在制造过程中有子部件的再使用，应在让步或偏离许可中向顾客清楚传达该子部件的再使用。	新增要求
33	8.7.1.2 不合格品控制—顾客规定的过程	——组织应遵守顾客规定的适用的不合格品控制。 ——这些顾客指定要求应被整合到组织对不合格品控制的内部活动中。	新增条款
34	8.7.1.4 返工产品的控制 8.7.1.5 返修产品的控制	——要求组织应在决定对产品进行返工/返修之前，利用风险分析（如 FMEA）方法来评估返工/返修过程中的风险。组织应在开始产品返工（适用时）/返修之前获得顾客批准。 ——组织应有一个形成文件的符合控制计划的返工/返修确认过程，或者其他形成文件的相关信息。 ——返工/返修指导书应包含重新检验和可追溯性要求，并应易于被适当的人员取得和使用。 ——组织应获得顾客对待返修产品的形成文件的让步授权。 ——组织应保留与返工/返修产品处置有关的形成文件的信息，包括数量、处置、处置日期及适用的可追溯性信息。	对返工要求条款强化，返修要求是新增条款。此两条款针对返工/返修产品提出了特别的要求。
35	8.7.1.7 不合格品的处置	——此条款用于确定不合格产品的非预期使用和报废处理过程。 ——要求组织应有一个形成文件的过程，用于不	新增条款

序号	IATF 16949:2016 新增或补充的主要条款	对应条款的要求说明	备注
		进行返工或返修的不合格品的处置。对于不符合要求的产品，组织应验证待报废产品在废弃之前已被变得无用。 ——若无顾客提前批准，组织不得将不合格品用于服务或其他用途。	
36	9.1.1.2 统计工具的确定	——组织应确定统计工具的恰当使用。组织应验证产品质量先期策划（或等效策划）过程中包含了适当的统计工具，作为策划的一部分，并且适当的统计工具还包含在设计风险分析（如 DFMEA）（适用时）、过程风险分析（如 PFMEA）和控制计划中。	旧版条款的要求强化，适用的统计工具应在 PFMEA 和控制计划中体现。
37	9.1.1.3 统计概念的应用	——从事统计数据收集、分析和管理的员工应了解和使用统计概念，例如：变差、控制（稳定性）、过程能力和过度调整后果。	旧版条款的要求范围缩小，不再要求整个组织理解和使用统计概念。
38	9.2.2.1 内部审核方案	——组织应有一个形成文件的内部审核过程。该过程应包括制定并实施一个涵盖整个质量管理体系的内部审核方案，其中包含质量管理体系审核、制造过程审核和产品审核。 ——应根据风险、内部和外部绩效趋势和过程的关键程度确定审核方案的优先级。 ——应对审核频率进行评审，并在适当时，根据发生的过程更改、内部和外部不符合及/或顾客投诉进行调整。应对审核方案有效性进行评审，作为管理评审的一部分。	旧版条款的要求强化，内部审核方案应包括三种类型的审核，并应评审审核频率适宜性。
39	9.2.2.2 质量管理体系审核	——组织应根据年度方案，每三个日历年采用过程方法审核一次全部的质量管理体系过程，以验证与本汽车 QMS 标准的符合性。结合这些审核，组织应对顾客特定的质量管理体系要求进行抽样，检查是否得到有效实施。 ——所有过程必须在三年的审核周期内审核到，并按照 IATF 16949 标准的所有适用要求进行审核，对顾客特定要求进行抽样审核。	旧版条款的要求强化，明确要求采用基于过程的方法进行审核。
40	9.2.2.3 制造过程审核	——组织应采用顾客特定要求的过程审核方法，每个三年审核周期内审核一次全部制造过程。如果顾客未指定，组织应确定要采用的审核方法。 ——在每个审核计划内，每个制造过程审核应涵盖所有发生的班次，包括适当的交接班抽样。 ——制造过程审核应包括对过程风险分析（如 PFMEA）、控制计划和相关文件有效执行的审核。	旧版条款的要求强化，制造过程审核方法基于顾客要求，若顾客未指定，组织可以自己确定采用的方法。

序号	IATF 16949:2016 新增或补充的主要条款	对应条款的要求说明	备注
41	9.3.1.1 管理评审—补充	——管理评审应至少每年进行一次。应基于由影响质量管理体系和绩效相关问题的内部或外部更改造成的顾客要求符合性的风险，提高管理评审的频率。	新增条款
42	9.3.2.1 管理评审输入—补充	——加强管理评审输入要求的细节，包括那些与不良质量成本、有效性、效率、产品符合性、制造可行性评估、顾客满意、对照维护目标的绩效、保修绩效、顾客记分卡评审和通过风险分析识别潜在使用现场失效、实际使用现场失效及其对安全或环境的影响等。	旧版条款要求的增加
43	9.3.3.1 管理评审输出—补充	——对管理评审输出应有措施计划，特别是针对顾客绩效目标未实现的措施计划并实施，此措施计划应由最高管理者主导，以确保纠正措施的有效性。	新增条款
44	10.2.3　问题解决	——组织对问题解决定义的过程应考虑问题的各种类型和规模（如新产品开发、当前制造问题、使用现场失效、审核发现）。 ——若顾客对问题解决有特别规定的过程、工具或系统，组织应采用这些过程、工具或系统，除非顾客另行批准。	旧版条款要求的扩展和具体化
45	10.2.4　防错	——组织应有一个形成文件的过程，用于确定适当防错方法的使用。所采用方法的详细信息应在过程风险分析中（如 PFMEA）形成文件，试验频率应记录在控制计划中。 ——过程应包括防错装置失效或模拟失效的试验。应保持记录。若使用挑战件，则应在可行时对挑战件进行标识、控制、验证和校准。防错装置失效应有一个反应计划。	旧版条款要求的扩展和具体化
46	10.2.5 保修管理体系	——当组织被要求为其产品提供保修时，组织应实施一个保修管理过程。组织应在该过程中包含一个保修件分析法，包括 NTF（未发现故障）。 ——保修管理过程应处理和整合所有适当的顾客特定要求，以及适用时，确定未发现故障决定的保修件分析程序应被顾客同意。	新增条款

六、IATF 16949 相关参考标准和指南

为便于不同组织在应用 IATF 16949 时，为了满足顾客的特定要求或出于组织自身的选择，需要使用与本汽车 QMS 标准实施相关的标准或指南，IATF 16949 标准中给出了附录 B（参考书目—汽车行业补充）作为参考性部分，提供了有助于理解或使用本汽车 QMS 标准的附加信息。

具体参见下表。

与体系有关的管理要项	相关参考标准或指南（以下为各机构对应的参考书目）				
	AIAG（美国汽车工业行动集团）	ANFIA（意大利汽车工业协会）	FIEV（法国车辆设备工业联盟）	IATF（国际汽车推动小组）	VDA（德国汽车工业协会）
内部审核	CQI-8 分层过程审核 CQI-9 特殊过程：热处理系统评审 CQI-11 特殊过程：电镀系统评估 CQI-12 特殊过程：涂装系统评估 CQI-15 特殊过程：焊接系统评估 CQI-17 特殊过程：锡焊系统评估 CQI-23 特殊过程：模塑系统评估 CQI-27 特殊过程：铸造系统评估	AQ 008 过程审核	生产过程审核手册 V2.0	IATF16949 审核员指南	第 6 卷第 3 部分 “过程审核” （VDA6.3） 第 6 卷第 5 部分 “产品审核” （VDA6.5）
不符合和纠正措施	CQI-14 汽车保修管理指南 CQI-20 有效解决问题的从业者指南				“审核标准使用现场失效分析”卷 “使用现场失效分析”卷
测量系统分析	测量系统分析（MSA）	AQ 024 测量系统分析 （MSA）			第 5 卷 “测量系统能力” （VDA5）
产品批准	生产件批准程序 （PPAP）				第 2 卷 “生产过程和产品批准（PPA）” （VDA2） 第 19 卷 第 1 部分 “技术清洁度检验—汽车功能部件的颗粒污染” （VDA19） 第 19 卷 第 2 部分 “装配技术清洁度—环境、物流、人员和装配设备” （VDA19）

与体系有关的管理要项	相关参考标准或指南（以下为各机构对应的参考书目）				
	AIAG（美国汽车工业行动集团）	ANFIA（意大利汽车工业协会）	IATF（国际汽车推动小组）	VDA（德国汽车工业协会）	SMMT（英国汽车制造商与贸易商协会）
产品设计	APQP 和控制计划 CQI-24 基于失效模式的设计审核（DRBFM 参考指南） 潜在失效模式及后果分析（FMEA）	AQ 009 FMEA AQ 014 实验设计手册 AQ 025 可靠性指南		第 4 卷“产品和过程 FMEA”章（VDA4） VDA-RGA 卷“新零件成熟度等级保证” “稳健生产过程”卷 “特殊特性（SC）”卷	
生产控制	材料管理操作指南/物流评价（MMOG/LE）				实施标准化作业
质量管理/体系管理		AQ 026 过程的管理与改进过程	获得并保持 IATF 认可的规则		
风险分析				第 4 卷“活页夹”（基本帮助、风险分析、方法和过程模型）（VDA4）	
软件过程评估	能力成熟度模型集成（CMMI） 注：是美国标准但不是 AIAG 手册			汽车 SPICE（软件过程改进和能力测定）	
统计工具	统计过程控制（SPC）	AQ 011 SPC			
供应商质量管理	次级供应商管理过程指南 CQI-19		次级供应商最低汽车质量管理体系要求（MAQMSR）		
健康与安全	国际标准化组织（ISO）发布的 ISO 45001 职业健康安全管理体系				

第二节 IATF 16949 的目标和适用范围

一、IATF 16949 的目标和潜在益处

在 IATF 16949 标准“前言”中指出，IATF 16949 的目标是在供应链中开发提供持续改进、强调缺陷预防，以及减少变差和浪费的质量管理体系。

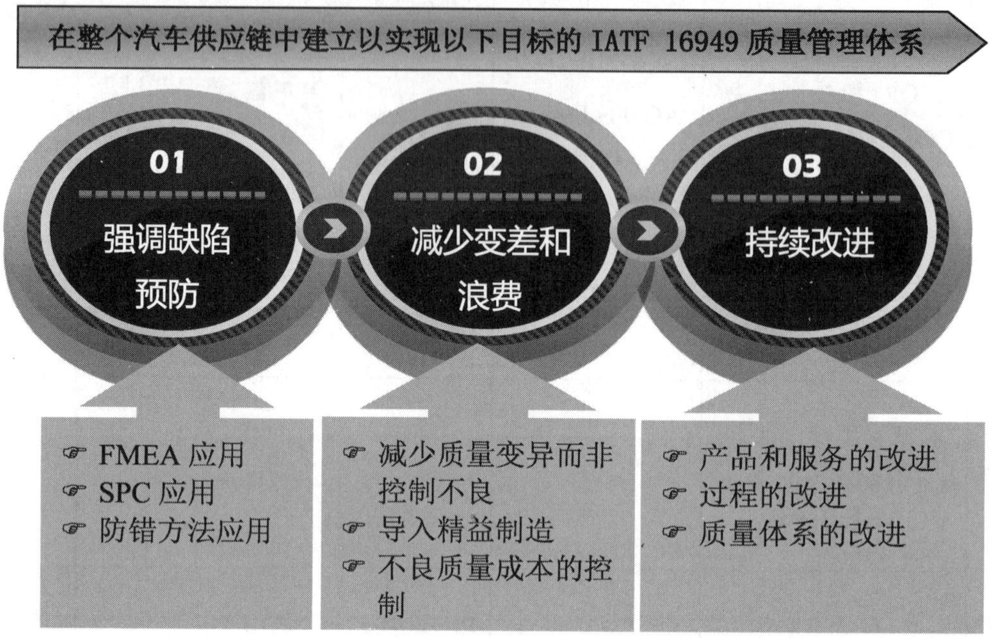

汽车质量管理体系（QMS）标准的目标，最早提出的是 QS-9000 标准（美国三大汽车公司克莱斯勒、福特、通用汽车公司对其供方的质量体系要求标准），在 QS-9000 标准第三版（1998 最终版）中是这样描述的：“QS-9000 质量体系要求的目标是建立基本质量体系，旨在持续改进、加强缺陷预防，减少在供应链中的变差及浪费。”

在 ISO/TS 16949:2002 版和 2009 版标准中均描述为：“本标准的目标是在供应链中建立持续改进，强调缺陷预防，减少变差和浪费的质量管理体系。”

从上述各版本的标准中可见，IATF 16949 的目标是延续和一致的，汽车 QMS 标准实际上是一个预防和改进的管理系统。

然而，对顾客和供方而言，通过 IATF 16949 的有效应用，更期望实现以下目的：

- 持续稳定的品质
- 快速灵活的反应
- 准确及时的交付
- 有利竞争的成本
- 不断创新的产品
- 机遇风险的把控
- 持续改进的文化
- 公平诚信的道德
- 文明和谐的环境
- 高效严谨的管理

在日益复杂的动态环境中持续满足要求，并针对未来需求和期望采取适当行动，这无疑是企业面临的一项挑战。为了实现这一目标，企业可能会发现，除了纠正和持续改进，还有必要采取各种形式的改进，如突破性变革、创新和重组。

根据本汽车 QMS 标准实施质量管理体系的潜在益处是：

a）稳定提供满足顾客要求以及适用的法律法规要求的产品和服务的能力；

b）促成增强顾客满意的机会；

c）应对与组织环境和目标相关的风险和机遇；

d）证实符合规定的质量管理体系要求和顾客特定要求的能力；

e）提高产品质量和管理水平；

f）提升过程的有效性和效率；

g）不断降低质量成本；

h）促进企业和顾客、供方及其他相关方的协作关系。

二、IATF 16949 的适用范围

IATF 16949 标准第一章“**1.1 范围——汽车行业对 ISO 9001:2015 的补充**”中明确规定了以下范围：

（1）本汽车 QMS 标准规定了汽车相关产品（包括装有嵌入式软件的产品）的设计和开发、生产，以及（相关时）装配、安装和服务的质量管理体系要求。

——这是从企业具备的功能和责任方面规定了范围，也就是说，汽车相关产品设计和开发、生产制造的企业可以应用本标准，只负责汽车相关产品装配、安装和服务的企业也可以应用本标准。这里的“服务”，并不是指服务类型的企业，如汽车销售公司、汽车维修保养公司等，而根据“制造”的定义是指提供热处理、焊接、涂漆、电镀或其他表面处理服务的企业。

（2）本汽车 QMS 标准适用于制造顾客指定生产件、服务件和/或配件的组织的现场。

——本条款是从产品的角度界定了适用的产品范围，这里的 “现场”，是指发生增值制造过程的场所，也就是说，必须有制造过程的场所才适用于本汽车 QMS 标准。

——根据标准中对“制造”的定义，是指以下制作或加工的过程：

- 生产原材料；
- 生产件或服务件；
- 装配；或
- 热处理、焊接、涂漆、电镀或其他表面处理服务。

——“顾客指定生产件”是指作为汽车组成部分的零件。（见 IATF 16949 认证方案及认可规则第五版的术语和定义）

——“服务件”是指按照 OEM（整车厂）规范制造的，由 OEM（整车厂）为服务件应用而采购或放行的替换件，包括再制造件。（见 IATF 16949-3.1 汽车行业的术语和定义）

——“配件”是指在交付给最终顾客之前（或之后），与车辆或动力总成以机械或电子方式相连的顾客指定的附加部件（如定制地垫、车厢衬、轮罩、音响系统加强件、天窗、尾翼、增压器等）。（见 IATF 16949-3.1 汽车行业的术语和定义）

——明确将“配件”纳入 IATF 16949 标准的适用范围，这避免了以前版本的 16949 产生的疑问。

（3）应当在整个汽车供应链中实施本汽车 QMS 标准。

——企业只要处于汽车供应链中，不管是供应链中的哪一层级，都应当实施 IATF 16949 标准，除非顾客另有规定。

需要说明的是，支持职能，无论其在现场或在外部（例如：设计中心、公司总部及分销中心），由于它们对现场起支持性作用而构成现场审核的一部分，但不能单独获得 IATF 16949 标准的认证。

对于向汽车整车厂或汽车供应链厂商提供设备或工装（模具、检具、工具、治具等）的企业也不能获得 IATF 16949 标准认证，因其并不构成汽车产品的组成部分。

第三节　标准第 1—3 章内容说明

1 范围

ISO 9001:2015，质量管理体系—要求

1 范围

本标准为下列组织规定了质量管理体系要求：

a）需要证实其具有稳定提供满足顾客要求及适用法律法规要求的产品和服务的能力；

b）通过体系的有效应用，包括体系改进的过程，以及保证符合顾客要求和适用的法律法规要求，旨在增强顾客满意。

本标准规定的所有要求是通用的，旨在适用于各种类型、不同规模和提供不同产品和服务的组织。

注 1：在本标准中的术语“产品”或“服务”仅适用于预期提供给顾客或顾客所要求的产品和服务；

注 2：法律法规要求可称作法定要求。

【条款说明】

1.本条款所规定的是 ISO 9001 标准的适用范围，说明了采用本标准的组织可以实现什么目的，以及采用了本标准后组织可以得到什么结果。此处“范围”是指本标准的应用范围，不能与组织的质量管理体系范围相混淆。

2.本条款包含两个方面的重要含义：

一是说明组织实施质量管理体系的目的：

a）证实其具有稳定提供满足顾客要求及适用法律法规要求的产品和服务的能力；

b）通过体系的有效应用，包括体系改进的过程，以及保证符合顾客要求和适用的法律法规要求，旨在增强顾客满意。

应用本标准使组织具有的这种能力，是一种稳定的能力，能够保持产品实现过程稳定受控，不产生大的波动，以确保产品和服务持续满足要求。

二是指出了本标准的核心思想：**旨在满足顾客及适用的法律法规要求和增强顾客满意。**

3.本标准中的“产品”仅适用于预期提供给顾客或顾客所要求的产品，以及提供过程中预期得到的产品，而不包括在产品形成过程中不期望得到的结果（非预期结果），如对环境产生影响的污染、废料和对工作场所中人的安全健康产生影响的不良结果。这些非预期结果是环境管理体系和职业健康与安全等管理体系要控制的。

4.本标准表述的“法律法规要求”，与我国对法律法规的表述是一致的。法律法规要求对于质量管理是重要的，满足适用于产品和服务的法律法规要求是必需的，也是最基本的要求。

IATF 16949:2016 的补充和特别要求

1.1 范围——汽车行业对 ISO9001:2015 的补充

本汽车 QMS 标准规定了汽车相关产品（包括装有嵌入式软件的产品）的设计和开发、生产，以及（相关时）装配、安装和服务的质量管理体系要求。

本汽车 QMS 标准适用于制造顾客指定生产件、服务件和/或配件的组织的现场。

应当在整个汽车供应链中实施本汽车 QMS 标准。

【条款说明】

——本条款的说明请参见第二节“IATF 16949 的目标和适用范围”的内容。

2 规范性引用文件

> **ISO 9001:2015，质量管理体系—要求**
> **2 规范性引用文件**
> 下列文件对于本文件的应用是必不可少的。凡是注日期的引用文件，仅注日期的版本适用于本文件。凡是不注日期的引用文件，其最新版本（包括所有的修改单）适用于本文件。
> ISO 9000:2015，质量管理体系—基础和术语

【条款说明】

本条款的规范性引用文件表明了本标准的引用文件及其适用性，注明了发布年份的引用文件，仅该年份的版本适用，若改版则不再适用。凡是没有注明发布年份的引用文件，其后的修订更新的版本都适用。

ISO 9001:2015 引用 ISO 9000:2015 为规范性引用文件。ISO 9000:2015 解释了七项质量管理原则，定义了质量管理体系常用的术语。具体的术语和定义请参见第二章第一节的内容。

> **IATF 16949:2016 的补充和特别要求**
> **2.1 规范性引用标准和参考性引用标准**
> 附录 A（控制计划）为本汽车 QMS 标准的规范性部分。
> 附录 B（参考书目—汽车行业补充）为参考性部分，提供了有助于理解或使用本汽车 QMS 标准的附加信息。

【条款说明】

IATF 16949:2016 标准给出了两个附录，即附录 A（控制计划）和附录 B（参考书目—汽车行业补充）。附录 A 的内容请参见第二章第二节“6.控制计划”，附录 B 的内容请参见本章第一节中的“六、IATF 16949 相关参考标准和指南”。

3 术语和定义

> **ISO 9001:2015，质量管理体系—要求**
> **3 术语和定义**
> ISO 9000:2015 界定的术语和定义适用于本文件。

【条款说明】

ISO 9000:2015 界定的术语和定义适用于 ISO 9001:2015 质量管理体系，具体请参见第二章第一节的内容。

3.1 汽车行业的术语和定义

IATF 16949:2016 标准给出了汽车行业 41 个术语和定义，请参见第二章第二节的内容。

第四节　标准第 4 章【组织环境】的理解、实施及应用案例

标准第 4 章【组织环境】包含 4 个方面的内容：4.1 要求组织确定与其目标和战略方向相关并对影响其实现质量管理体系预期结果的能力的各种外部和内部因素进行分析；4.2 要求理解相关方的需求和期望；4.1 和 4.2 的输出是作为 4.3“确定质量管理体系的范围”和 4.4“质量管理体系及其过程”的输入。4.1 和 4.2 同时也是第 6 章策划应对风险和机遇措施的输入。

IATF 16949:2016 标准增加了 4.3.1 对质量管理体系范围的补充规定及 4.3.2 顾客特定要求必须包含在组织的质量管理体系范围内；增加了 4.4.1.1 产品和过程的符合性要求和 4.4.1.2 产品安全的管理要求。

第 4 章总的思路就是通过对组织环境的外部和内部因素分析，以及理解和确定有关相关方的需求和期望，制定企业的战略规划和经营计划，并以此来策划和建立适合于企业运行的质量管理体系，从而实现战略目标。

标准将第 4 章标题命名为“组织环境”其实不是很贴切的，根据 ISO 9000:2015 中的定义，“组织环境是指对组织建立和实现其目标的方法有影响的内部和外部因素的组合”，按这个定义 4.3 和 4.4 条款要求与组织环境不是很吻合，还是用“质量管理体系”作为标题更准确。事实上，在 ISO 9001:2015 标准“引言”图 2 中就是用“质量管理体系（4）”表述的。

另一种方法是，把 4.3 和 4.4 这两个条款放到第 6 章“策划”中，逻辑更清晰。

标准第 4 章条款逻辑结构如下：

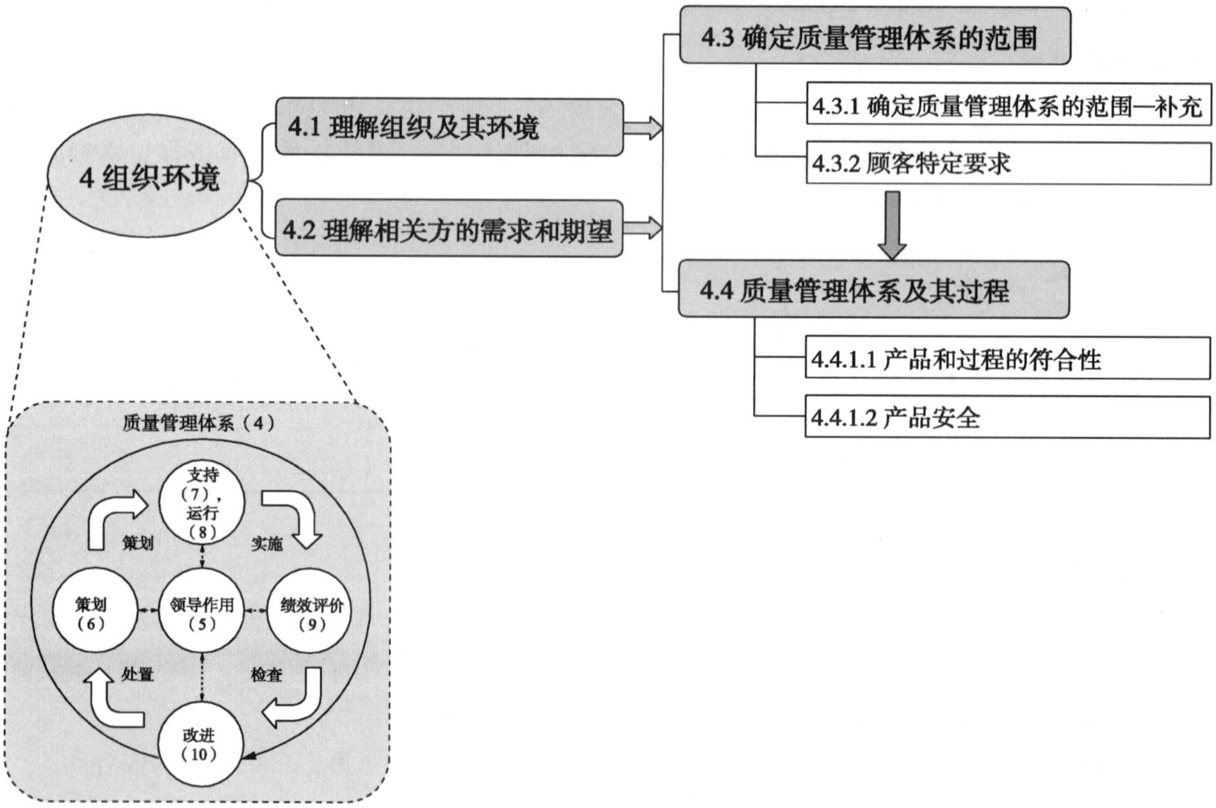

4 组织环境

4.1 理解组织及其环境

> **ISO 9001:2015，质量管理体系—要求**
>
> **4.1 理解组织及其环境**
>
> 组织应确定与其宗旨和战略方向相关并影响其实现质量管理体系预期结果的能力的各种外部和内部因素。
>
> 组织应对这些外部和内部因素的相关信息进行监视和评审。
>
> 注 1：这些因素可能包括需要考虑的正面和负面要素或条件。
>
> 注 2：考虑来自国际、国内、地区或当地的各种法律法规、技术、竞争、市场、文化、社会和经济环境的因素，有助于理解外部环境。
>
> 注 3：考虑与组织的价值观、文化、知识和绩效等有关的因素，有助于理解内部环境。

【目的和意图】

ISO 9001:2015 标准最重要的一个思想就是期望组织的质量管理体系与组织的宗旨和战略保持一致。

关于“企业战略”的提出，早在 VDA 6.1 第四版（1998）的“U 部分：企业领导”中就专门有个“Z1 企业战略”的条款，在 ISO 9004:2009《追求组织的持续成功 质量管理方法》中已提出了“4.3 组织环境”及“5 战略和方针”的内容，ISO 9001:2015 标准导入组织环境和战略的要求其实已经晚了很多年了。

本条款旨在确保组织理解与其宗旨和战略方向相关的外部和内部因素，这些因素能够对组织实现质量管理体系预期结果的能力产生正面或负面影响，组织应意识到这些外部和内部因素可能发生变更。无论组织的规模（大型或小型）、活动、产品或类型是何种情况，组织的环境总是处于不断变化之中，因此，组织应对其外部和内部因素进行监视和评审。这种监视和评审使组织能够识别、评价和管理与相关方有关的风险以及他们不断变化的需求和期望。

通过组织的内/外部环境分析，为组织制定战略方向和方针、目标，确定质量管理体系的范围、策划质量管理体系及其过程、识别风险和机遇提供了必要的信息基础。

组织可以按照策划的时间间隔，通过诸如管理评审等活动对组织环境进行评审。

【理解和实施要点】

1.外部和内部因素信息获取方法

外部和内部因素的信息可从多种来源获取，如内部文件化信息和会议、内部绩效数据、国家或国际媒体、网站、国家统计部门和其他政府部门的出版物、专业和技术出版物、与相关机构召开的会议、与顾客和相关方召开的会议，以及专业协会等。

2.外部和内部因素涵盖的内容

组织环境相关的外部和内部因素的示例可包括但不限于：

（1）外部因素

a）经济因素，如货币汇率、经济形势、通胀预期、信贷可获得性等；

b）社会因素，如当地失业率、安全感、教育水平、公共假期和工作日等；

c）政治因素，如政治稳定性、公共投资、当地基础设施、国际贸易协议等；

d）技术因素，如新兴行业技术、材料和设备、专利期限等；

e）市场因素，如竞争，包括组织的市场份额、相似产品或服务、市场领导者趋势、顾客增长趋势、市场稳定性、供应链关系等；

f）对工作环境要求的法律法规因素，如工会规章、行业规章和职业健康安全要求等。

（2）内部因素

a）组织的整体绩效；

b）资源因素，如基础设施、过程运行环境、组织知识等；

c）人员因素，如人员的能力、组织行为和文化、与工会的关系等；

d）运行因素，如过程或生产和服务提供能力、质量管理体系绩效、顾客满意的监视等；

e）组织治理因素，如决策或组织结构方面的规则和程序等。

3.外部和内部因素分析的常用方法

在战略层面，可使用优势、劣势、机会与威胁分析（SWOT）和政治、经济、社会、技术、法律、环境分析（PESTLE）等工具。根据组织的规模和运行的复杂性，简单方法也可能对组织有用，如头脑风暴和“假设分析”等。

【实施建议和应用案例】

本条的理解和实施要结合 4.2 理解相关方的需求和期望、4.3 确定质量管理体系的范围、5.2 方针、6.2 质量目标及其实现的策划、6.1 应对风险和机遇的措施、4.4 质量管理体系及其过程、9.3.2 管理评审输入等条款进行落实，请参见 4.2 中的图示。

具体的分析方法和应用案例请参见本书第四章【组织环境分析、战略规划和经营计划】的内容。

4.2 理解相关方的需求和期望

> **ISO 9001:2015，质量管理体系—要求**
>
> **4.2 理解相关方的需求和期望**
>
> 由于相关方对组织稳定提供符合顾客要求和适用法律法规要求的产品和服务的能力具有影响或潜在影响，因此，组织应确定：
>
> a）与质量管理体系有关的相关方；
>
> b）与质量管理体系有关的相关方的要求。
>
> 组织应监视和评审这些相关方的信息及其相关要求。

【目的和意图】

本条款的意图是确保组织不仅关注顾客要求和期望，而且对质量管理体系有关的相关方的要求和期望也应进行确定，并监视和评审所确定的相关方及其要求，但标准并不要求组织满足所有相关方的需求和期望。而是聚焦于那些对组织提供满足要求的产品与服务的能力有影响的那些相关方。

质量管理体系的建立和实施必须理解相关方与组织的关系，并将其纳入企业的经营管理之中。

【理解和实施要点】

1.谁是组织的相关方

相关方是指能够影响决策或活动、受决策或活动影响，或感觉自身受到决策或活动影响的个人或组织。

本标准不要求组织考虑其认为与其质量管理体系无关的相关方，也不必满足所有的相关各方的需求和期望。某个相关方的特定要求是否与其质量管理体系相关，这需要组织自行判断。

与组织的质量管理体系有关的潜在相关方通常有：

——顾客或最终用户；

——所有者，股东；

——合资企业合伙人；

——特许经营商；

——知识产权所有人；

——上下级组织；

——组织内的人员（雇员及其他为组织工作者）；

——外部供方（供应商或外包商、服务商）；
——银行；
——监管者或政府机构（地方、区域、国家或国际机构）；
——地方社区团体；
——非政府组织（如工会、行业协会）；
——合作伙伴以及可能的竞争对手；
——邻近组织。

2.可开展的活动

为了理解有关相关方的需求和期望，组织可以开展多种活动和采取多种方法，包括与过程的负责人合作或使用信息收集方法。这些方法包括但不限于：
——对收到的订单进行评审；
——与监管或法律部门一同评审法律法规要求；
——进行公关和网上宣传；
——加入相关协会；
——标杆比对；
——市场调查；
——对供应链关系进行评审；
——开展顾客或用户调查；
——监视顾客的需求、期望和满意情况。

每个相关方的需求和期望是不同的，有些可能相互冲突，有些可能变化很快。因此，表达和满足相关方的需求和期望的方法可以采用多种形式，例如协作、合作、沟通、外包或终止某项活动等。

3.有关相关方的要求和期望

有关相关方的要求和期望包括但不限于：
——顾客关于符合性、价格、可获得性或交付方面的要求；
——已经与顾客或外部供方签订的合同；
——行业规范和标准；
——与社团或非政府组织达成的协议；
——所提供产品或服务的法律法规要求，以及影响组织提供这些产品或服务的能力的法律法规要求；
——监管部门发布的指令；
——条约、公约和协定；
——与公共机构和顾客达成的协议；
——自愿原则或行为规范；
——自愿标识或环境承诺；
——与组织签订合同而产生的义务；
——员工政策。

各组织都有许多相关方，不同相关方有各种不同的利益，有时是相互竞争的利益。各相关方与组织可以有共同的利益，也可以有相互冲突的利益。例如，社区居民的利益可以包括一个企业的积极影响（比如就业），也可以包括同一个企业的负面影响（比如污染）。

某些相关方是组织整体的某一部分，这可以包括该组织的成员或雇员，以及该组织的股东。应当认识到，这些相关方在该组织的成功中分享一种共同利益，而这并不意味着它们有关该组织的利益都是同样的。

组织应意识到，有关相关方和他们的相关要求因其所提供产品和服务的不同而有所不同，而且也可以因未预见的情形或对市场的主动应对而发生改变。

组织应健全体系，以监视和评审相关方的相关要求。通过利用与顾客要求相关的、与产品和服务设计和开发相关的组织的过程，以及在更多的战略层面的管理评审中，可以开展监视和评审活动。

【实施建议和应用案例】

1.战略层面考虑

本条款的理解和实施需要从战略和战术两个层面去考虑，战略层面要结合“4.1 理解组织及其环境”去识别有关相关方的需求和期望，确定其可能的以下影响：

a）可能对组织绩效或决策产生的影响或冲击；

b）带来风险和机遇的能力；

c）可能对市场产生的影响或冲击；

d）其决策或活动对组织的影响能力。

通过考虑这些情况去规划战略、制定方针和经营计划。

2.战术层面考虑

战术执行层面要求结合 4.3 确定质量管理体系的范围、5.2 方针、6.1 应对风险和机遇的措施、6.2.2.1 质量目标及其实现的策划-补充、4.4 质量管理体系及其过程、9.3.2 管理评审输入等条款进行落实。下面的逻辑图示可参考。

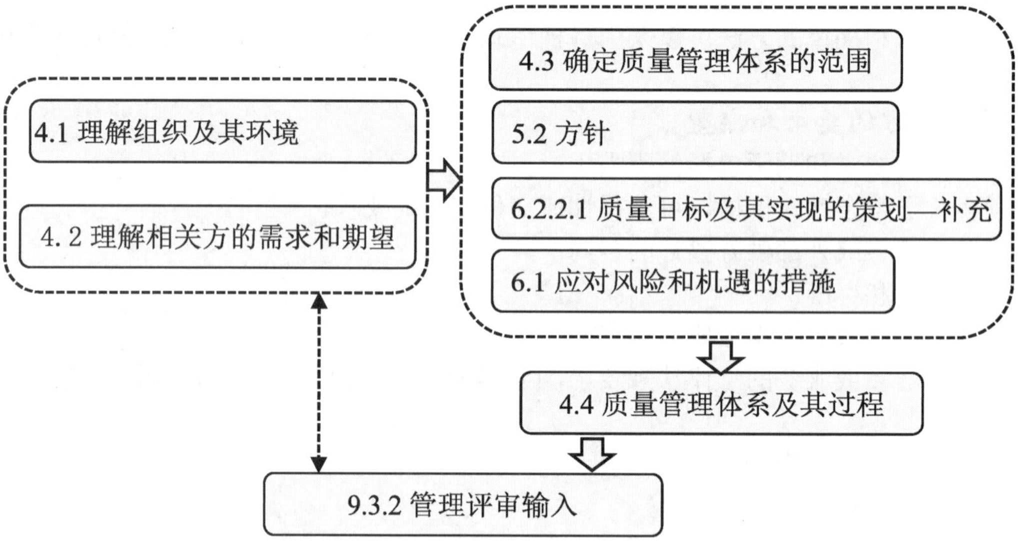

3.应用说明

标准本身并未要求将组织识别和确定的相关方及其需要和期望形成文件，但对于企业实际管理需要，可以将所识别和确定的相关方的需求和期望用一个表列出来，但这不是必需的。组织的相关方及其需求和期望是会变化的，因此，应定期对相关方及其要求的相关信息进行监视和评审。

需要注意的是，本条款是要理解相关方的需求和期望，但只对有关相关方的要求进行管理。

（1）组织有关相关方的识别和确定示例

表 3-1　有关相关方的需求和期望识别表（参考示例）

潜在相关方	是否对组织具有影响	有关相关方的需求和期望	监视和评审时机	负责识别、监视和评审的部门	信息收集方法
顾客	是	产品的质量、安全性、价格和交付，新产品开发时效	新增时，季度/年度	业务部 研发部	市场调查、合同/订单评审、顾客满意度调查
最终使用者	是	产品的质量、安全性、价格和服务	季度/年度	业务部 品管部	服务信息、顾客反馈
所有者、股东	是	持续的盈利能力、投资、创新和发展、决策和财务透明度	季度/年度	总经理	董事会、股东章程
组织的员工	是	合理的薪资和福利 良好的工作环境 学习和成长 得到承认和奖励	季度/年度	人资部	员工调查表 意见箱 工会意见
外部供方	是	互利和业务连续性、付款及时	新增时，季度/年度	采购部	采购合同/协议、供方会议
法律法规机构（地方、区域、国家或国际机构）	是	所提供产品或服务符合法律法规要求、守法、诚信经营	季度/年度	法务部 研发部	法律法规机构文件、政府发布信息
上下级组织	无，没有上下级组织关系				
合资企业合伙人	无，非合资企业				
特许经销商	无，无经销商				
银行	是	按时还贷、企业更多贷款需求	新增时，季度/年度	财务部	信贷合同
工会	是	非强制劳动、提供劳动保障、丰富员工文化生活	季度/年度	人资部	工会会议 工会反馈
行业和专业协会	否				
知识产权所有人	否，未涉及他人知识产权				
地方社团	否，没有影响				
非政府组织	否，没有影响				
邻近组织	否，邻近组织无影响				
竞争对手	是	公平竞争、共享信息	季度/年度	业务部	商务访谈及交流

（2）组织有关相关方及其要求管理示例

表 3-2　有关相关方的要求及其应对措施表（参考示例）

有关相关方	有关相关方的需求和期望	有关相关方的具体要求	需要应对的风险和机遇	策划采取的措施
顾客	产品的质量、安全性、价格和交付，新产品开发时效	（1）零公里故障率 100PPM； （2）安全故障召回和索赔； （3）100%准时交付； （4）新产品开发时效 120 日历日。	风险： （1）零公里故障率高于 100PPM 时的罚款和停止供货风险； （2）安全故障召回和索赔风险； （3）未准时交付的罚款风险； （4）未达成开发时效可能减少新业务的风险。 机遇： （1）达成质量和交付绩效时订单份额增加； （2）新业务增加。	（1）增加高性能检测设备； （2）零公里故障率专案改善小组； （3）在顾客周边 10 公里范围内租用周转仓库； （4）优化设计开发流程； （5）专项技术培训，提高设计人员技术。
最终使用者	产品的质量、安全性、价格和服务			
所有者，股东	不断成长、持续的盈利能力、透明度			
组织的员工	合理的薪资和福利、良好的工作环境、学习和成长、得到承认和奖励			
外部供方	互利和业务连续性、付款及时			
法律法规机构	所提供产品或服务符合法律法规要求，守法，诚信经营			
银行	按时还贷、企业更多贷款需求			
工会	非强制劳动、提供劳动保障、丰富员工文化生活			
竞争对手	公平竞争、共享信息			

（3）组织有关相关方及其要求的监视和评审示例

表 3-3　有关相关方的要求监视和评审表（参考示例）

有关相关方	有关相关方的要求新增或变化	新的风险和机遇	应对策略/措施	评审部门	评审人	评审日期
顾客	顾客提出售后服务支持，要求配置专业服务人员	风险： 不提供服务支持可能导致顾客转移供应商或减少订单份额。 机遇： 通过售后服务支持，获得第一手产品运行和故障信息，利用改进故障率。	（1）成立售后服务部； （2）培训售后服务专业人员。	业务部 品管部 总经办	武安国 张启斌 高大琴	季度评审 2019.12.30
最终使用者	无	无	无	业务部	武安国	季度评审 2019.12.30
所有者，股东						
组织的员工						
外部供方						
法律法规机构（地方、区域、国家或国际机构）						
银行						
工会						
竞争对手						
以下为新增相关方						
行业和专业协会	遵守行业规范和标准	风险： 未遵守行业规范和标准可能导致顾客不接受或不良声誉。	（1）新增或修订企业相关标准和规范； （2）提供设施和人员实施相关标准。	业务部 品管部	武安国 高大琴	季度评审 2019.12.30

4.3 确定质量管理体系的范围

ISO 9001:2015，质量管理体系—要求

4.3 确定质量管理体系的范围

组织应确定质量管理体系的边界和适用性，以确定其范围。

在确定范围时，组织应考虑：

a）4.1 中提及的各种外部和内部因素；

b）4.2 中提及的相关方的要求；

c）组织的产品和服务。

如果本标准的全部要求适用于组织确定的质量管理体系范围，组织应实施本标准的全部要求。

组织的质量管理体系范围应作为成文信息，可获得并得到保持。该范围应描述所覆盖的产品和服务类型，如果组织确定本标准的某些要求不适用于其质量管理体系范围，应说明理由。

只有当所确定的不适用的要求不影响组织确保其产品和服务合格的能力或责任，对增强顾客满意也不会产生影响时，方可声称符合本标准的要求。

IATF 16949:2016 的补充和特别要求

4.3.1 确定质量管理体系的范围—补充

支持功能，无论其在现场或外部场所（例如：设计中心、公司总部和配送中心），应包含在质量管理体系（QMS）的范围中。

本汽车 QMS 标准唯一允许的删减是 ISO 9001 第 8.3 条中的产品设计和开发要求。删减应以成文信息（见 ISO 9001 第 7.5 条）的形式进行证明和保持。

允许的删减不包括制造过程设计。

【目的和意图】

这两个条款要结合起来理解。本条款是确定组织自身的质量管理体系的范围，不要和标准第 1 章“范围”混淆，第 1 章的“范围”是指标准的适用范围。

本条款的目的是确定质量管理体系的边界，以便其能以一种有益于帮助组织满足要求、达成体系预期效果的方法来定义质量管理体系。

【理解和实施要点】

1.确定质量管理体系的范围

在确定体系范围时，组织应通过考虑以下内容，确定质量管理体系的边界：

—— 4.1 中提及的各种外部和内部因素；

—— 4.2 中提及的相关方的要求；

—— 组织的产品和服务；

—— 组织的基础设施；

—— 组织的不同场所和活动；

—— 商业方针和战略；

—— 内部或由外部提供的职能、活动、过程、产品和服务。

支持功能是指对同一组织的一个（或多个）制造现场提供支持的（在现场或外部场所进行的）非生产活动。

——设计/工程、合同/订单处理、采购、人力资源、仓储/物流等都属于支持功能，支持功能可以在现场，也可以在现场外部。多数企业，支持功能都是和制造现场同在一个场所，但也有一些企业的业务部门、设计部门在外部场所，或者是公司总部的采购中心、设计中心、人力资源中心等对不在同一场所的各制造现场的支持。

——无论在制造现场内或制造现场以外，支持功能没有资格进行单独的 IATF 16949 认证，但应包括在 IATF 16949 认证的范围内。

2.对“删减”的说明

对于汽车行业 IATF 16949 质量管理体系，仅允许的删减是 8.3 条款中的“产品设计和开发要求”，不允许删减“制造过程设计”。也就是说，如果组织没有产品设计责任，可以删减 8.3 条中“产品设计和开发的要求”，但必须以形成文件的形式进行证明和保持，其他任何条款都不能删减。对于有设计责任的组织，所有的条款要求都是适用的，不能有任何删减。（关于产品设计责任请参见第二章第二节“有设计责任的组织”的说明）

【实施建议和应用案例】

标准要求必须将质量管理体系范围作为成文的信息加以保持，包括对删减条款的理由说明。组织可以单独形成文件，也可以在质量手册中阐述质量管理体系的范围。

组织的质量管理体系范围通常包括：

- 制造现场；
- 多场所或具有扩展制造现场说明；
- 产品类型；
- 过程范围；
- 删减说明；
- 组织的支持功能说明；
- 外部场所说明；
- 外包过程说明；
- 顾客特定要求说明。

示例：在质量手册中阐述质量管理体系的范围如下：

第 2 章 质量管理体系范围

本质量手册依据《ISO 9001:2015 质量管理体系—要求》和《IATF 16949:2016 汽车质量管理体系标准》并结合本公司的实际编制而成，其范围包括：

2.1 制造现场：位于 XX 省 XX 市 XX 区 XX 街道 XX 号的制造现场。

2.2 多场所或具有扩展制造现场说明：有一个扩展制造现场—冲压车间，位于相同区相同街道 XX 号，距离主制造现场 1200 米。

2.3 产品范围：本公司汽车产品为 XXX、XXX。

2.4 过程范围：本公司所有汽车产品的设计和制造。

2.5 删减说明：本公司根据顾客要求进行产品设计和开发，有产品设计责任，标准 8.3 中有关产品设计和开发的要求适用于本公司质量管理体系，故没有删减的条款。

2.6 外部场所说明：本公司所有支持功能都在现场，没有外部支持场所。

2.7 外包过程说明：本公司的电镀过程外包，量具的校准服务委外，产品送货运输委外，外包供方的管理按《供应商管理程序》执行，电镀外包按《外发加工控制程序》执行，量具校正委外和产品运输委外按《采购管理程序》中的服务供应商规定及要求执行。

2.8 顾客特定要求说明：本公司没有 IATF OEM 顾客，现有汽车顾客为主机厂 JL 公司，顾客特定要求的识别、评价及其管理参见本手册第 5 章中的规定。

需要强调的是，组织的质量管理体系范围与认证范围可以是不同的，组织的质量管理体系范围可以涵盖更广泛的产品和过程以及职能，但认证范围通常只是对认证所覆盖的产品和服务、过程与活动、场所以及所依据的认证标准。

质量管理体系范围大于或等于认证范围，例如，有些企业既生产汽车产品也生产非汽车产品，那么其质量管理体系的范围可以包括除了汽车产品之外的其他产品及其生产过程，但 IATF 16949 只认证汽车产品及其过程。非汽车产品可以认证其他标准，如 ISO 9001、GJB 9001C、ISO/TS22163 等，如果没有顾客要求，也可不做任何认证。

IATF 16949:2016 的补充和特别要求

4.3.2 顾客特定要求

应对顾客特定要求进行评价，并将其包含在组织的质量管理体系范围内。

【目的和意图】

顾客特定要求就是对本汽车 QMS 标准特定条款的解释或与该条款有关的补充要求。

在早期美国三大汽车公司（通用、福特、克莱斯勒）的 QS-9000 质量体系要求中就包括了三大汽车公司的特定要求。在旧版的 ISO/TS 16949 标准引言中“0.5 本标准的目标”规定了“本标准与适用的顾客特殊要求相结合，规定了签署本文件顾客的基本质量管理体系要求”。也就是说，满足顾客特定要求之前一直就有要求的，只不过现在 IATF 16949:2016 标准中作为一个单独的条款列出，强化了这一要求。

【理解和实施要点】

本条款明确提出了需要评价顾客特定要求和包括在组织质量管理体系中。这意味着组织需要一个过程去评价顾客的每一条特定要求，并确定怎样（和在哪）准确地应用到组织的质量管理体系中。

IATF OEM 九大整车厂都根据 IATF 16949:2016 标准条款对应列出了各自对相关条款的解释或与该条款有关的补充。

关于顾客特定要求请参见第七章【顾客特定要求管理及大众 Formel Q、通用 BIQS 简介】。

4.4 质量管理体系及其过程

ISO 9001:2015，质量管理体系—要求

4.4 质量管理体系及其过程

4.4.1 组织应按照本标准的要求，建立、实施、保持和持续改进质量管理体系，包括所需过程及其相互作用。

组织应确定质量管理体系所需的过程及其在整个组织中的应用，且应：

a）确定这些过程所需的输入和期望的输出；

b）确定这些过程的顺序和相互作用；

c）确定和应用所需的准则和方法（包括监视、测量和相关绩效指标），以确保这些过程的有效运行和控制；

d）确定这些过程所需的资源并确保其可获得；

e）分配这些过程的责任和权限；

f）按照 6.1 的要求应对风险和机遇；

g）评价这些过程，实施所需的变更，以确保实现这些过程的预期结果；

h）改进过程和质量管理体系。

4.4.2 在必要的范围和程度上，组织应：

a）保持成文信息以支持过程运行；

b）保留成文信息以确信其过程按策划进行。

【目的和意图】

本条款是建立、实施、保持和持续改进组织质量管理体系的总体思路和方法，也是实施质量管理体系必然的逻辑步骤，因此 a）至 h）条款的识别和确定使得 QMS 自始至终完全纳入组织的经营管理之中。

条款 4.4.1 f）要求组织在确定质量管理体系所需的过程及其在整个组织内的应用时，应按照条款 6.1 的要求应对风险和机遇。就是要求将“4.1 理解组织及其环境”和“4.2 理解相关方的需求和期望”所确定的风险和机遇及其应对措施融入质量管理体系过程中落实这些措施并实现预期结果。

【理解和实施要点】

质量管理具有整体性、关联性、有序性和动态性的特性。质量管理体系是一个不断发展的动态系统，组织及其管理体系必须具有应变能力以适应变化的环境。还需要认识到，不是所有的体系、过程和活动都可以被预先确定，因此，组织需要具有灵活性，以适应复杂的组织环境。

所有利用资源实施行动以产生预期结果的工作都是一个过程。一个有效的过程就是其结果确能满足组织目的的过程。理解和控制影响过程的因素，就可控制过程的结果，这是质量管理的一个基本观念。

另外，在实践中很多组织认为过程方法就是将过程运行活动进行程序化，形成程序文件即可。应注意程序方法和过程方法的主要观念不同：

——程序方法：是以符合规则的方式去完成任务，做规定要做的事。

——过程方法：理解需求，寻找最佳方式实现需求；检查需求是否被满足，是否以最佳方式完成，结果是否有效。

不同组织的管理体系各有不同，质量管理体系的建立和实施应遵循其内在的规律，应用适合组织的方法建立和实施适合组织的体系是确保体系的符合性、有效性和持续有效运行的关键。

4.4.2 条款是确保组织确定所需的文件化信息的范围和程度。组织需要确定不同类型的文件化信息，以支持过程和质量管理体系的运行。在确定所需的文件化信息的类型和范围时，组织应评价自身的需求，并运用基于风险的思维方式。组织还应考虑其规模、活动、产品或服务的类型、过程的复杂性、资源等因素，以及出现不符合的潜在后果。

尽管标准在一些要求中对文件化信息的使用做了规定，但为了控制过程的运行，组织仍可能需要其他文件化信息（如质量手册、成文程序、作业指导书、规定、标准、表格、指南、计算机软件等）。

【实施建议和应用案例】

关于本条款的进一步理解、实施和应用，请参见第五章【IATF 16949 过程方法、体系策划和建立】。

IATF 16949:2016 的补充和特别要求

4.4.1.1 产品和过程的符合性

组织应确保所有产品和过程，包括服务件及外包的产品和过程，符合一切适用的顾客和法律法规要求（见第 8.4.2.2 条）。

【目的和意图】

本条款要求是基于 IATF 收到的调查反馈被采用的，目的是确保两件事：

——组织负责外包过程的符合性；

——所有产品和过程符合所有利益相关方（顾客和收货国、发运国、目的国法规）的所有适用的要求。

为确保所有产品和过程的符合性，组织将需要采取主动的方法来评价和处理风险，而不是仅仅依赖检查。

【理解和实施要点】

在策划质量管理体系的过程时，组织需要考虑与该过程相关的顾客要求和法律法规要求，并评价其风险及需要采取的应对措施，然后将这些措施融入过程管理中。

本条款需要结合 4.4.1 条款进行策划和实施。请参见第五章【IATF 16949 过程方法、体系策划和建立】。

IATF 16949:2016 的补充和特别要求

4.4.1.2 产品安全

组织应有成文的过程，用于与产品安全有关的产品和制造过程管理；成文的过程应包括但不限于（在适用情况下）：

a）组织对产品安全法律法规要求的识别；

b）向顾客通知 a）项中的要求；

c）设计 FMEA 的特殊批准；

d）产品安全相关特性的识别；

e）产品及制造时安全相关特性的识别和控制；

f）控制计划和过程 FMEA 的特殊批准；

g）反应计划（见第 9.1.1.1 条）；

h）包括最高管理者在内的，明确的职责，升级过程和信息的定义，以及顾客通知；

i）组织或顾客为与产品安全有关的产品和相关制造过程中涉及的人员确定的培训；

j）产品或过程的更改在实施之前应获得批准，包括对过程和产品更改带给产品安全的潜在影响进行评价（见 ISO 9001 第 8.3.6 条）；

k）整个供应链中关于产品安全要求的转移，包括顾客指定的货源（见第 8.4.3.1 条）；

l）整个供应链中按制造批次（至少）的产品可追溯性（见第 8.5.2.1 条）；

m）为新产品导入的经验教训。

注：特殊批准是指负责批准含有安全相关内容文件的职能机构（通常为顾客）作出的额外批准。

IATF 16949:2016—认可解释（SI-2）对特殊批准作了说明，原文如下：

编号	IATF 16949 参照	认可解释
2	4.4.1.2 产品安全	组织应有形成文件的过程，用于与产品安全有关的产品和制造过程管理；形成文件的过程应包括但不限于（在适用情况下）： a）－m）（...） **注：与安全有关的要求或文件的特殊批准可以由顾客或组织的内部过程要求。~~是指负责批准含有安全相关内容文件的职能机构（通常为顾客）作出的额外批准。~~** ***变更的理由：*** *澄清与安全相关要求或文件的特殊批准相关的任何混淆。*

【目的和意图】

对汽车行业来说，产品安全性管理并不是新的要求，早在 VDA 6.1 第四版（1998）的“U 部分：企业领导”中就专门有个“06 产品安全性”的条款，在美国体系标准 QS-9000（1998 版）中也有“4.2.3.4 产品安全性”。这次 IATF 对产品安全性管理提出了更加明确和具体的要求。

本条款意图在于加强汽车工业正面临的关于产品和过程安全事件的要求。组织被要求有形成文件的过程，用于管理产品安全相关的产品和过程。

这一条款包含法规要求的识别；识别和控制在设计过程中和制造过程中产品安全相关的特性；定义职责，升级过程，反应计划，和包含高层管理和顾客的必要的信息流；FMEA 和控制计划的特殊批准；产品可追溯性方法；相关人员培训；在供应链中传递等要求。

IATF OEM BMW Group（宝马集团）和 Volkswagen AG（大众汽车公司）的顾客特定要求（CSR）都有要求供应商任命“产品安全代表/产品安全责任人”（PSB）的管理角色。

VWAG Formel-Q-konkret（质量管理协议，第 5 版，2015 年 4 月）4.2 节规定了供应商必须任命产品安全代表（PSB）。

正如上述认可解释澄清的，与安全有关的要求或文件的特殊批准可以由顾客或组织的内部批准，具体看顾客要求。VWAG 认为“特殊批准”是供应商的责任，不需要 VWAG 的额外批准。

【理解和实施要点】

关于本条款的进一步理解、实施和应用，请参见本书第八章【产品安全和特殊特性管理】。

第五节 标准第 5 章【领导作用】的理解、实施及应用案例

标准第 5 章正是第二项质量管理原则“领导作用”的体现，包含 3 个方面的内容：5.1 规定了组织的最高管理者在质量管理体系中及其以顾客为关注焦点方面证实其领导作用和承诺；5.2 要求最高管理者应制定、实施和保持质量方针；5.3 要求最高管理者应确保整个组织内相关岗位的职责、权限得到分派、沟通和理解。5.2 和 5.3 是对 5.1 部分要求的具体展开，整个第 5 章就是体现最高管理者的领导作用。

IATF 16949 增加了公司责任、过程有效性和效率、过程拥有者的条款，对确保顾客要求得到满足的职责进行了补充，并强调满足产品要求和纠正措施的职责和权限。

本章条款结构如下：

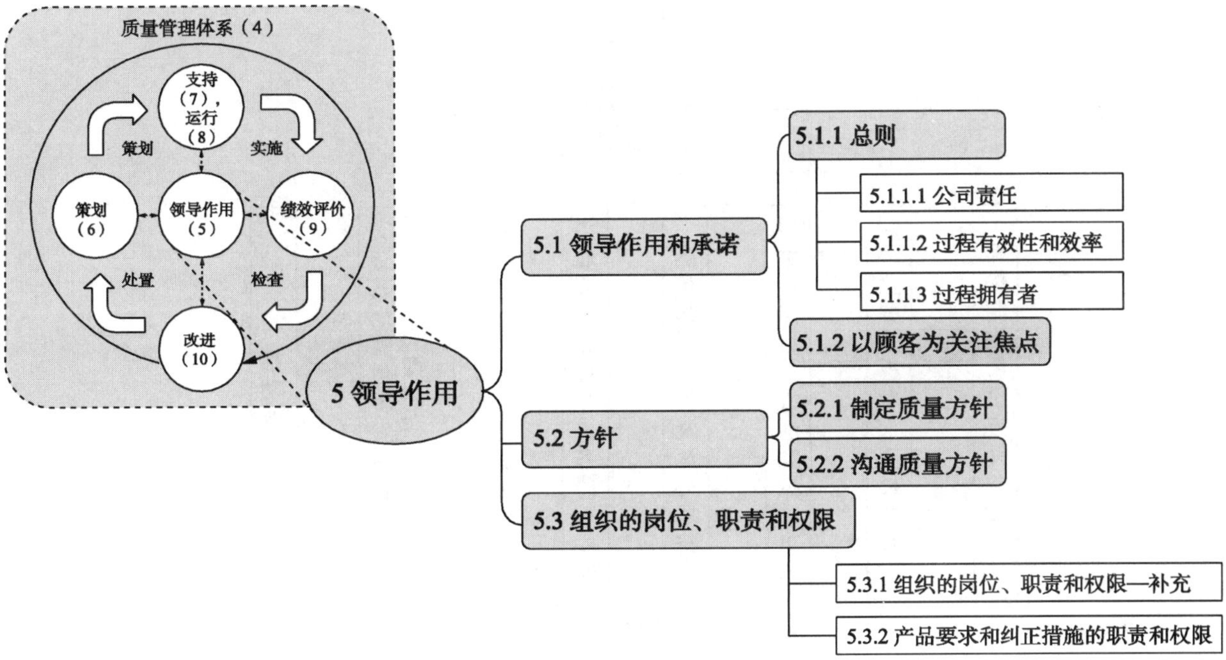

5 领导作用

5.1 领导作用和承诺

> **ISO 9001:2015，质量管理体系—要求**
>
> **5.1.1 总则**
>
> 最高管理者应通过以下方面，证实其对质量管理体系的领导作用和承诺：
>
> a）对质量管理体系的有效性负责；
>
> b）确保制定质量管理体系的质量方针和质量目标，并与组织环境相适应，与战略方向相一致；
>
> c）确保质量管理体系要求融入组织的业务过程；
>
> d）促进使用过程方法和基于风险的思维；
>
> e）确保质量管理体系所需的资源是可获得的；
>
> f）沟通有效的质量管理和符合质量管理体系要求的重要性；
>
> g）确保质量管理体系实现其预期结果；
>
> h）促使人员积极参与，指导和支持他们为质量管理体系的有效性作出贡献；
>
> i）推动改进；
>
> j）支持其他相关管理者在其职责范围内发挥领导作用。
>
> 注：本标准使用的“业务”一词可广义地理解为涉及组织存在目的的核心活动，无论是公有、私有、营利或非营利组织。

【目的和意图】

采用质量管理体系是组织的一项战略性决策，它关系到组织的全体员工及有关的相关方的利益，对组织的总体绩效有着重要的影响，关系到组织的生存和发展。因此，它要求组织的最高管理者亲自承担责任。

本条款旨在确保最高管理者通过在推动、促进、确保、沟通和监视质量管理体系的绩效和有效性方面发挥积极作用，证实其领导作用和承诺。

对组织而言，“最高管理者”可包括首席执行官、总裁、总经理、董事长、董事会、执行董事、执行合伙人、单一所有人、合伙人和高级管理人员等。最高管理者拥有组织的授权权限并提供资源。若质量管理体系范围仅覆盖组织的一部分，则最高管理者是指挥和控制组织这部分的人。

【理解和实施要点】

最高管理者的领导作用是整体质量管理体系建立、实施、监视与测量以及持续改进其有效性的基本必要条件。

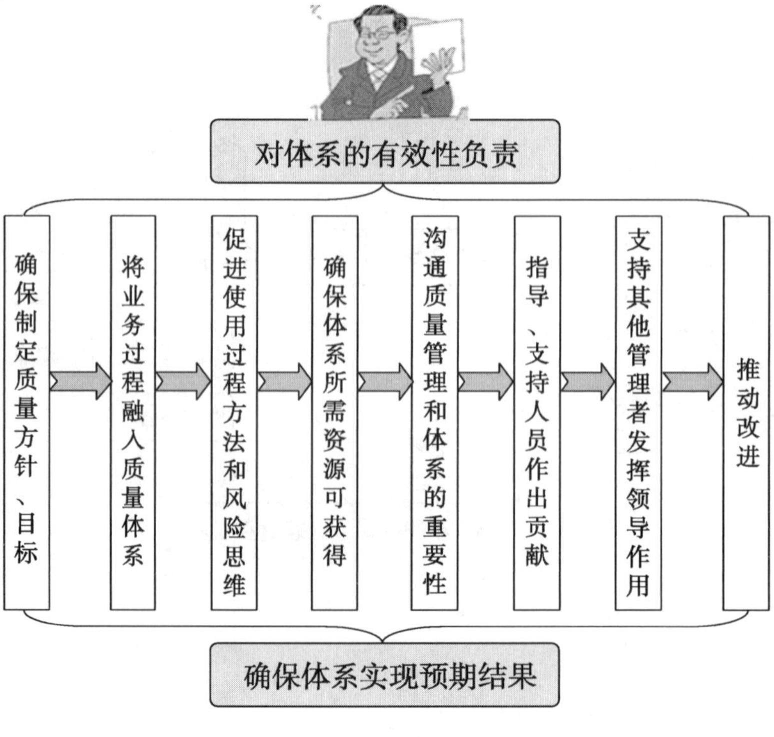

本条款列出了最高管理者需要证实其领导作用和对质量管理体系的承诺的 10 个方面，最高管理者可通过以下几方面的实施来证实其履行了责任：

a）对质量管理体系的有效性负责

最高管理者可通过对质量管理体系的活动承担责任并能够对所实现的结果做出解释，表明其清晰地理解质量管理体系的有效性并对其负责；尽管可以对特定权限和职责进行委托，但最高管理者仍应对所委托的权限和职责承担责任。

通过持续的绩效监视/度量及定期管理评审来确保质量管理体系的适宜性及有效性，并承担责任。此项可通过“9.1 监视、测量、分析和评价”和“9.3 管理评审”等条款来实现。

b）确保制定质量管理体系的质量方针和质量目标，并与组织环境相适应，与战略方向相一致

在制定或更新质量方针和目标时，确保其与组织内外部环境、战略和承诺保持一致，并支持总体经营过程。此项可通过“4.1 理解组织及其环境”“4.4 质量管理体系及其过程”“5.2 方针”“6.2 质量目标及其实现的策划”等条款来实现。

c）确保质量管理体系要求融入组织的业务过程

最高管理者高度关注组织质量管理体系的设计和实施与总体经营战略的密切关系，使其以业务需求为驱动，以实现其预期的业务结果、满足顾客要求和法律法规要求为导向，体现组织业务生命周期过程的性质和特点。

最高管理者应将质量管理体系能否与业务整合作为评价质量管理体系设计与实施效果的准则。质量管理体系的设计和实施，应能够提升组织实现其预期的业务结果的有效性和效率，能够保持质量管理体系运行的持续一致性，并具有良好的成熟度和自我改进能力。此项可通过条款“4.4 质量管理体系及其过程”和“6.1 应对风险和机遇的措施”来实现。

d）促进使用过程方法和基于风险的思维

将过程方法的使用和风险识别与控制系统性地融入质量管理体系的结构化设计中，不断推行风险意识教育，使过程方法的应用和基于风险的思维成为员工的普遍工作习惯，成为组织的管理文化的有机构成部分。此项可通过“4.4 质量管理体系及其过程”“6.1 应对风险和机遇的措施”“7.3 意识”和“7.4 沟通”等条款来实现。

e）确保质量管理体系所需的资源是可获得的

资源支持组织中所有过程的操作，并且对于确保有效和高效的绩效及其持续成功至关重要。最高管理者应确定和管理实现其目标所需的资源，同时考虑到相关的风险和机会及其潜在影响。

关键资源的实例包括：

- 财务资源；
- 人员；
- 组织知识、技术；
- 基础设施，如设备、设施、能源和公用事业；
- 组织过程的环境；
- 提供产品和服务所需的材料；
- 信息；
- 外部提供的资源，包括子公司、伙伴关系和联盟；
- 自然资源。

在考虑未来的活动时，组织应该考虑资源的可得性和适用性，包括外部提供的资源。组织应经常评估其现有资源的使用情况，以确定改进其使用、优化过程和实施新技术以减少风险的机会。此项可通过“7.1.1—7.1.6”等条款来实现。

f）沟通有效的质量管理和符合质量管理体系要求的重要性

通过内部信息会议、邮件、集体讨论、组织会议等形式，就质量管理体系的价值和效益进行沟通。此项可通过条款“7.4 沟通”来实现。

g）确保质量管理体系实现其预期结果

通过监视质量管理体系的输出，当期望结果未能实现时，确保纠正措施相关责任落实到个人

或团队。此项可通过“9.1 监视、测量、分析和评价”“9.3 管理评审”“10.2 不合格和纠正措施”等条款来实现。

h）促使人员积极参与，指导和支持他们为质量管理体系的有效性作出贡献

通过采取与组织人员沟通和相关激励措施，促使他们积极参与，指导和支持他们为质量管理体系的有效性做出贡献；当需要改进时，作为项目支持者的最高管理者可能参与其中，并且也需要鼓励员工和其他人员作为改进小组成员积极参与。此项可通过“5.3 组织的岗位、职责和权限”“7.2 能力”“7.3 意识”“7.4 沟通”“7.3.2 员工激励和授权”等条款来实现。

i）推动改进

确保通过绩效评价、内部审核、第二方审核、第三方审核、管理评审等提出的关于改进的信息和建议，在组织内进行有效沟通。此项可通过“7.4 沟通”“9.1.2 顾客满意”“9.1.3 分析和评价”“9.2 内部审核”“9.3 管理评审”“10.2 不合格和纠正措施”“10.3 持续改进”等条款来实现。

j）支持其他相关管理者在其职责范围内发挥领导作用

使其他管理者及员工担当事务并指导和支持他们为质量管理体系有效性作出贡献，因岗用人、人尽其能、人尽其责应作为组织的基本用人原则。

IATF 16949:2016 的补充和特别要求

5.1.1.1 公司责任

组织应明确并实施公司责任方针，至少包括反贿赂方针、员工行为准则以及道德准则升级政策（“举报政策”）。

【目的和意图】

IATF 16949 包含反贿赂方针的要求，员工行为准则以及道德准则升级政策，以处理不断增长的市场和对于改进汽车行业中整个社会和环境问题的政府期望。

这意味着在供应商/组织的所有层次和职能上的职责和授权遵守一个道德方法，并且不惧报复的恐惧来报告任何观察到的不道德行为。

【理解和实施要点】

组织在致力于自身发展的同时，还要积极主动地履行社会责任，以更具社会责任感的组织行为增强其竞争优势。这包括应承担的公共责任、应履行的道德行为和自愿开展的公益支持。

——公共责任是指组织对公众和社会所应承担的基本责任，组织应评估在产品和服务质量责任、职业健康与安全、环境保护、能源节约和资源综合利用以及公共卫生等方面的影响，并采取预防、控制和改进措施。

——道德行为是指组织在决策、行动以及与利益相关方之间的交往活动中，遵守道德准则和职业操守的表现。从高层领导到一般员工都应履行道德规范，并影响组织的利益相关方。

诚信是组织道德行为中的最基本准则。高层领导应率先垂范，在整个组织中倡导诚信、践行诚信，建立面对顾客、供方和社会各相关方的信用体系。

组织应基于其使命、愿景和价值观，制定清晰明了的道德规范并定期沟通和强化。

——公益支持是组织超出法规和道德承诺之外的社会责任，是组织在资源条件许可的条件下，提升在社会责任方面的成熟度，成为卓越企业公民的表现机会和途径。

公益领域的范围很广，可包括：文化、教育、卫生、慈善、社区、行业发展和环境保护等。组织应依据其使命、愿景、价值观和战略，策划、确定重点支持的公益领域，主动积极地开展公益活动，赢得公众口碑，提升社会形象。

【实施建议和应用案例】

针对本条款的要求可以建立单独的公司责任制度，也可以在其他人事行政文件中规定。

以下为公司责任制度参考案例。

公司责任制度

董事长寄语

为了公司持续良好的发展，为了营造更加公正和谐的环境，公司在此制定了《公司责任制度》，明确以“遵纪守法，遵守商业道德，保护社会环境，积极维护员工和消费者权益”作为公司的责任方针。

我要求全体员工认真学习这些原则并积极贯彻这些原则，这些原则对我们每一个人都适用。公司各部门的管理人员要对原则的落实和执行承担责任。

管理人员应在日常行为中遵守这些原则并捍卫这些原则，由此来发挥榜样的重要作用。

公司为此设置了专门的电话热线，如对运用这些原则有任何疑问或对违反行为的举报都可直接打电话反映。我希望每个人都在日常工作中遵守和运用我们的责任原则。

董事长：____________________

签署日期：____________________

总则

- 承诺所有经营活动都遵循道德准则。
- 责任原则所讨论的就是所有人都必须在工作中遵守的法律和道德准则。
- 所有员工都应遵守这些原则。

我们对股东承诺：

- 平等对待所有股东，决策透明，定期发布真实、准确的财务数据。

我们对员工承诺：

- 为全体员工提供平等机会并在就业、招聘、调岗、培训、薪酬方面以才能为标准；
- 杜绝歧视（种族、肤色、年龄、性别、出生地、残障、工会成员、政治观点或宗教信仰）；
- 按照当地规则和劳动法律推动与员工代表之间的友好真诚磋商；
- 确保适当而安全的工作条件；
- 要保证员工技能和就业能力的发展；
- 要尽量保证员工信息私密性并遵循当地法律防止员工个人信息外泄。

我们对合作伙伴的承诺：

- 尽最大努力来改善顾客关系；
- 诚信对待并尊重所有业务关系；
- 要遵守及时配送和安全承诺；
- 改善产品、服务和技术来支持顾客并提升顾客的满意度；
- 诚信行为并建立公平合约关系；
- 优先选择推动社会和环境责任的供应商。

我们对环境和社会的承诺：

- 关注社会状况和社会发展承担企业社会责任；
- 在战略决策和设计、生产、分销和回收过程中考虑环境保护因素；
- 制造有利于环境安全以及能源和自然资源优化使用的安全产品；
- 向各利益相关方传达有关公司环境表现方面的准确和公正信息。

员工行为准则：

- 在与同事、顾客和供货商打交道时注意平等对待和尊重他人；
- 员工应尽量回避可能与公司工作相冲突的外部安排；
- 员工不得接受任何与本公司有业务来往或冲突的组织或业务机构的任何报酬；
- 员工应尽量避免与公司利益相冲突、对公司有不利影响或让员工时间和精力无法全部集中于公司委派任务的行为和关系；
- 应积极履行公司对顾客的承诺；
- 不得以直接或间接方式给予任何公共机构或公司顾客员工经济或非经济好处来影响决策；
- 必须严格遵守管理层的相关规定而不得给予或接受礼物、宴请、旅行或娱乐，除非此类活动是在本地做法允许范围之内；
- 员工不得对公司和顾客关系施加任何不正当的影响；
- 不得与竞争性机构达成任何可能损害自由竞争的协议或安排；
- 与公司供应商保持良好公正的关系，员工应仅追求完成对公司最有利的业务交易；
- 员工家属不得从供应商处获得任何超出合理范围的个人好处，无论该好处是经济还是非经济；
- 在选择供应商时，员工不应直接或间接考虑个人利益。

最后

- 所有员工都应推动诚信和可靠行为；
- 任何违背这些原则的员工都可能引发法律法规的惩罚；
- 员工如发现重大的违背这些原则的行为应立刻报告。举报热线 xxxx，负责人：xxx
- 如实举报的员工应受保护而免遭报复，所举报的信息保密处理。

IATF 16949:2016 的补充和特别要求

5.1.1.2 过程有效性和效率

最高管理者应评审产品实现过程和支持过程，以评价并改进过程有效性和效率。过程评审活动的结果应作为管理评审的输入（见第 9.3.2.1 条）。

IATF 16949:2016—认可解释（SI-12）对本条款有修改，原文如下：

编号	IATF 16949 参考	认可解释
12	5.1.1.2 过程有效性和效率	高层管理人员应评审 ~~产品实现过程和~~**质量管理体系的有效性和效率，**~~并支持过程~~以评估和提高**组织质量管理体系的**~~有效性和效率~~ 。过程评审活动的结果应作为管理评审的输入(见第 9.3.2.1 节)。 ***变更的理由:*** *阐明并不是每个过程都需要效率测度。组织需要确定在他们的质量管理体系中哪些过程需要效率测度。**此外**，组织的问题解决过程需要由组织的管理人员进行有效性评审。*

【目的和意图】

正如“5.1.1 总则”所要求的，最高管理者应对质量管理体系的有效性负责；定期评审质量管理体系的有效性和效率，并改进质量管理体系的绩效，是最高管理者的重要责任。通过这一活动，最高管理者可以识别哪些过程有效性和效率不足，从而有针对性的指导和改进。

【理解和实施要点】

1.关于有效性和效率的说明

——有效性是完成策划的活动并得到策划结果的程度。这包括两个方面的含义：一是策划的活动是否完成，完成的程度如何；二是策划的结果是否得以实现，实现的程度如何。我们通常说的有效性高，就是指过程和活动执行得好，实现或超越了过程的目标。

——效率是得到的结果与所使用的资源之间的关系。同样完成一项活动，资源投入越小，表明效率越高，效率包含着经济性。

对顾客而言，重点关注的是有效性，而最高管理者除了关注有效性，更关注效率。

——有效性的目标可以是首次合格率、设备总效率（OEE）、按计划生产率、准时交付率等；效率的目标可以是人均产值、单位产值不良成本、单位产值材料和能源的消耗等。

2.关于过程的评价

质量管理体系的绩效是通过过程的有效性和效率体现的，因此，最高管理者应评价产品实现过程及其支持过程的有效性和效率，但不是每个过程都需要一个效率的测度，而有效性却是需要的。

过程评审可以包括但不限于：

（1）根据“4.4 质量管理体系及其过程”中识别的产品实现过程（顾客导向过程）；

（2）影响产品实现过程有效性和效率的支持过程；

（3）过程所需资源的充分性；

（4）过程更改的评审和验证；

（5）过程的目标达成的数据；

（6）关键过程的成本趋势和标杆分析。

过程评审活动需要包含评价方法和结果，实施改进。过程评审活动的结果应作为管理评审的输入。

【实施建议和应用案例】

标准并未规定也无法规定评审的频次和时机，组织可以策划评审的周期，这可以结合“9.1 监视、测量、分析和评价”的要求进行策划和确定，通常定期评审可以月度、季度和年度都进行，不定期的评审可能在接收到顾客反馈质量或交付绩效不良或顾客特殊状态通知时进行。

应用案例请参见“9.1 监视、测量、分析和评价”。

IATF 16949:2016 的补充和特别要求

5.1.1.3 过程拥有者

最高管理者应确定过程拥有者，由其负责组织的各过程和相关输出的管理。过程拥有者应了解他们的角色，并且具备胜任其角色的能力（见 ISO 9001 第 7.2 条）。

【目的和意图】

IATF 采用了这一新的要求，以确保管理层理解这样的期望，即通过明确地识别这些过程所有者和确保他们能够执行他们被委派的角色，这一要求确定了过程所有者对他们所管理的过程的活动和结果具有权力和责任。

【理解和实施要点】

本条款的要求和“4.4 质量管理体系及其过程”中要求“e）分配这些过程的责任和权限”是不同的，4.4 e）中是指分配过程活动执行的人员的职责和权限，而本条款是确定每一个过程的负责人员，这个过程的负责人（拥有者）参与过程的策划，分配过程的职责，确保能获得过程运行所需的资源，监视过程的运行，评价过程的绩效，以及必要时对过程的更改和改进，对过程的有效性和效率负责。

【实施建议和应用案例】

对每一个过程拥有者的确定，可以在过程管理图（或乌龟图）中体现，过程拥有者的职责和权限以及所需的能力可在诸如质量手册、岗位职责说明书中规定。

应用案例请参见第五章【IATF 16949 过程方法、体系策划和建立】。

> **ISO 9001:2015，质量管理体系—要求**
> **5.1.2 以顾客为关注焦点**
> 最高管理者应通过确保以下方面，证实其以顾客为关注焦点的领导作用和承诺：
> a）确定、理解并持续地满足顾客要求以及适用的法律法规要求；
> b）确定和应对风险和机遇，这些风险和机遇可能影响产品和服务合格以及增强顾客满意的能力；
> c）始终致力于增强顾客满意。

【目的和意图】

本条款意图是确保最高管理者在关注顾客要求实现、增强顾客满意度方面，展示其领导作用和承诺（如积极参与、以身作则），确保顾客的要求得到确定和满足。

本条款强调以顾客为中心的思想，是七项质量管理原则之首，也是标准的核心要求。

【理解和实施要点】

在市场经济条件下，顾客成为组织重要的稀缺性资源，顾客决定着组织的命运和前途。因此，谁能占有更多的顾客资源，谁就拥有更多的市场份额，谁就能在激烈的市场竞争中立于不败之地。

围绕以顾客为关注焦点，本标准提出了新的要求，即以基于风险的思维，识别影响产品和服务符合性及顾客满意的风险和机会，并予以应对。

以顾客为关注焦点的具体做法：

a）理解和确定顾客需求和期望，并在组织中沟通顾客需求及期望；
b）将组织目标与顾客需求及期望关联起来；
c）评审和确定应对能够影响产品、服务符合性以及增强顾客满意能力的风险和机遇；
d）在确定顾客要求和达成共识方面与顾客进行双向沟通；
e）评审与产品和服务有关的要求；
f）严格执行订单或合同的要求；
g）确保顾客的要求得到满足；
h）妥善保管顾客的财产；
i）对顾客的反馈进行评审；
j）对顾客的投诉实施纠正措施；
k）获取顾客满意度信息进行分析和改进。

【实施建议和应用案例】

本条款可结合“6.1 应对风险和机遇的措施”“8.2 产品和服务的要求”及“9.1.2 顾客满意”等条款实施。

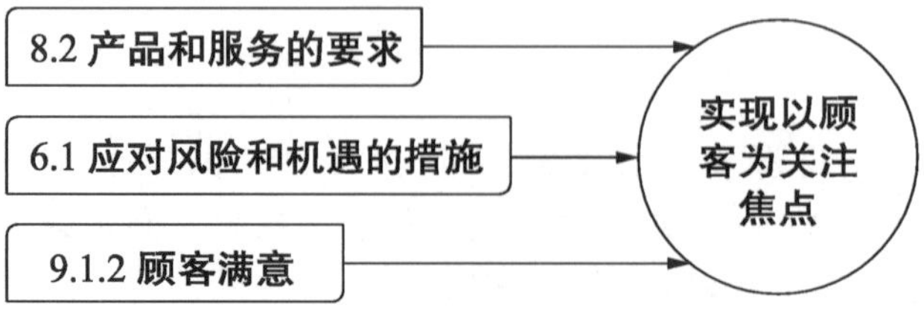

5.2 方针

ISO 9001:2015，质量管理体系—要求

5.2.1 制定质量方针

最高管理者应制定、实施和保持质量方针，质量方针应：

a）适应组织的宗旨和环境并支持其战略方向；

b）为建立质量目标提供框架；

c）包括满足适用要求的承诺；

d）包括持续改进质量管理体系的承诺。

5.2.2 沟通质量方针

质量方针应：

a）可获取并保持成文信息；

b）在组织内得到沟通、理解和应用；

c）适宜时，可为有关相关方所获取。

【目的和意图】

本条款的意图是确保最高管理者将质量方针与组织战略方向保持一致，并确保质量方针被清晰地理解和贯穿于整个组织。

在建立质量方针时，组织适当的可考虑下列输入：

a）基于组织宗旨、愿景、使命及核心价值观而建立的战略方向；

b）组织成功所需的改进方向和程度；

c）期望或渴望达到的顾客满意程度；

d）相关方的需求及期望；

e）行业标杆和竞争对手的绩效水平；

f）法律法规的要求；

g）实现预期结果所需的资源。

【理解和实施要点】

1.质量方针的作用

a）充分反映组织和最高管理者的质量意识；

b）对顾客（社会）的质量要求做出承诺；

c）激励全体员工，指导质量管理。

2.质量方针的制定和评审

——质量方针是由组织的最高管理者正式发布的该组织总的质量宗旨和质量方向。

——最高管理者应依据明确的组织战略方向，充分考虑影响组织运营的内部、外部的环境因素，考虑顾客要求、法律法规要求、各利益相关方的需求和期望，针对组织的过程、产品和服务的性质和特点，在识别了风险和机会的基础上，建立质量方针。

——质量方针应为质量目标的制定提供框架，应体现满足顾客和法规要求、增强顾客满意的观念和持续改进的思想。

——质量方针应是与时俱进的，组织应对质量方针进行持续适宜性评审，通常在“9.3 管理评审”中进行，评审因素包括：

a）顾客要求的改变；

b）法律法规的变化；

c）组织自身发展的需要；

d）最高管理者战略的考虑；

e）改进的需要等。

3.质量方针发布和宣导

——质量方针应作为成文的信息以正式的形式表述、发布、管理和维护，通过有效的渠道和方式与组织内各级员工进行沟通，使员工理解质量方针并应用于其工作中。适当时，利益相关方应可获得质量方针。

——质量方针文件可根据组织的管理习惯，考虑以任何介质和方式发布，包括纸介质、电子版、网络共享平台等，并针对这些不同的发布方式，考虑和安排获取质量方针文件的适宜途径和方法。

——正式的质量方针及其解释需要传达到所有在组织控制下工作、代表组织工作、影响质量管理体系绩效的人员。应安排适宜的培训和教育活动，使质量方针在组织内得到普遍一致的理解，并确保所有相关人员在其工作中主动应用质量方针中所阐述的原则。

——对于那些影响或可能影响组织质量管理体系、或其感知会受组织质量管理体系影响的利益相关方（如顾客、供方等相关方），组织如何以适当的方式，使这些利益相关方可获得组织的质量方针，如考虑正式或非正式发放，采用电子方式传输等。

【实施建议和应用案例】

质量方针又称为品质政策，七项质量管理原则可以作为制定质量方针的基础。

对企业来说，质量方针是企业质量行为的指导准则，反映企业最高管理者的质量意识，也反映企业的质量经营目的和质量文化。从一定意义上来说，质量方针就是企业的质量管理理念。

质量方针示例：

- 质量第一，追求卓越，为顾客提供优质的产品和满意的服务，持续提升质量体系绩效。
- 严格管理，不断创新，持续改进，顾客满意。
- 创新设计，精心制造，为全球顾客提供一流产品、一流服务。
- 满足顾客和相关方要求，持续改进质量管理体系。

质量方针经过最高管理者签署后发布，可通过质量手册、公司网站、宣传册、公告等方式传递至全体人员及有需要的相关方。

5.3 组织的岗位、职责和权限

> **ISO 9001:2015，质量管理体系—要求**
>
> **5.3 组织的岗位、职责和权限**
>
> 最高管理者应确保组织相关岗位的职责、权限得到分配、沟通和理解。
>
> 最高管理者应分配职责和权限，以：
>
> a）确保质量管理体系符合本标准的要求；
>
> b）确保各过程获得其预期输出；
>
> c）报告质量管理体系的绩效以及改进机会（见 10.1），特别是向最高管理者报告；
>
> d）确保在整个组织内推动以顾客为关注焦点；
>
> e）确保在策划和实施质量管理体系变更时保持其完整性。

【目的和意图】

本条款的意图是确保最高管理者对组织内各相关岗位进行指派，并确保这些人员了解自己负责的工作职责和被授予的权限，明确各类工作的负责人以及各职责与权限之间的关系。

在该条款中，“确保各过程获得其预期输出”是 2015 版标准提出的新要求，体现了新版标准更关注结果的意图。

【理解和实施要点】

2015 版标准的一个显著的变化是，不再提及“管理者代表”这一特定角色。在以往的质量管理体系实践中，很多情况下“管理者代表”被理解为“管理者”的“代表”，可代表管理者行使管理职责和权限，从而使最高管理者在质量管理体系中的职责成为虚设。新版标准不再要求指派管理者代表，很好地解决了这一误解。

关于岗位、职责的指派，可考虑下列因素：

a）已定义的过程及组织架构图；

b）人员能力方面，需确保分配的职责和所需能力保持一致；

c）可用资源方面，主要考虑人力资源，但仍需要考虑会影响责任分配的资源；

d）组织方针、内部规则、岗位描述、工作指南等，来确保已分配职责和相关文件化信息的一致性；

e）法律法规要求、职业道德规范及必需的资格，来确保相关要求和职责分配相匹配；

f）通过绩效目标及评估结果，来确保合适人员履行对实现预期绩效水平的承诺；

g）组织所用的其他管理体系以确保不同管理体系之间的职责分配保持一致。

最高管理者在确保以适合于组织实现其期望的业务结果、满足顾客要求和适用法律法规要求为目的，来确定岗位、职责和权限时，应注意以下方面：

（1）对于岗位、职责、权限的定义既应包括各级管理层，也应包括执行层；既应包括组织、管理与协调活动相关的岗位和职责，也应包括各类任务的执行活动相关的岗位和职责。各岗位和职责的定义应适合于确保各过程达成预期的输出的目的，而且是充分的和必要的。

（2）对于过程较为复杂、规模较大的组织，可能会有某一种岗位由多人承担的情况。反之，在较小型、过程较为简单的组织，可能会有某个人员担当多种岗位的情况。在信息和自动化技术应用程度较高的组织，也会存在使用很少的人员完成多种岗位任务的情况。

（3）对于向具体人员分配岗位和职责时，最高管理者应确保授予人员与其岗位和职责相适应的权限，授权的程度应足以使人员按规定要求完成其职责范围内的任务，同时不应超越其完成任务所需的权限。应避免因授权不足或授权混乱而造成各过程不能按规定要求达成预期的输出的情况。

（4）应确定谁负责向最高管理者报告质量管理体系的绩效和改进的机会。这一岗位和职责应明确定义、指派到具体人员（也可任命管理者代表或指派管理者兼任）。该岗位为完成其职责，应被授权可获得和访问质量管理体系各过程的绩效信息和数据。这些信息和数据必须来源于每一个质量管理体系过程单元，可通过已定义的岗位、职责、权限和报告关系逐级汇聚，也可通过大数据分析等技术的应用以更智能、更便利的方式获取。

（5）在全组织范围负责促进以顾客为关注焦点的意识的职责的指派。这项职责通常分配给负责与顾客沟通并确保解决问题的人员，一般为业务部门或质量职能部门的人员。

（6）还应关注负责质量管理体系的变更事项的职责的指派。该职责应包括对质量管理体系的变更进行控制和管理的所有相关活动。变更的提出可源于产品和服务的技术改进措施的执行、过程模式改进措施的执行，以及纠正和预防措施的执行。

（7）一个组织中，岗位、职责和权限的定义以及指派方式，与该组织的管理模式和文化密切相关，这些因素决定一个组织的组织架构。

【实施建议和应用案例】

组织内相关岗位的职责、权限和相互关系可表述在诸如组织架构、任命书、岗位职责说明书、工作指南、程序、手册等文件中。

IATF 16949:2016 的补充和特别要求

5.3.1　组织的岗位、职责和权限—补充

最高管理者应向人员指派职责和权限，以确保顾客要求得到满足。这些指派应形成文件。这包括但不限于：特殊特性的选择，质量目标和相关培训的设置，纠正和预防措施，产品设计和开发，产能分析，物流信息，顾客计分卡以及顾客门户。

【目的和意图】

本条款旨在通过最高管理者指派人员，赋予其职责和权限，参与和顾客有关的关键活动，以确保顾客要求得到满足。这一条款和此前的 ISO/TS 16949 中要求指定顾客代表是相同的。

指派特定人员赋予其职责和权限的作用是，从顾客的立场来提出要求和建议；确保顾客的要求得到确定和满足；体现以顾客为中心的思想。

【理解和实施要点】

IATF 16949:2016—常见问题解答（FAQ-5）澄清了授权给谁的问题，内容如下：

编号	IATF 16949 参照	问题和答案
5	**5.3.1 组织的岗位、职责和权限—补充**	**问题：** 是否意图将责任分配给职能部门（如质量部门），具体职位（如质量总监）或指定人员（如 Bob Smith 鲍勃 • 史密斯）？ **解答：** 职责分配给组织内的岗位/职位（如特定职位、质量总监）。虽然个人可能在他们的角色中承担这些责任，但是职责仍然属于岗位（例如质量总监）。 因此，高层管理者将责任和权力分配给岗位，而不是名义上的个人。

被指派的人员，代表顾客有权力和责任参与以下活动：

a）在新产品导入时参与选择产品和过程的特殊特性；

b）参与制定质量目标，确保体现顾客要求和期望，如 100%按时交货、零公里 PPM 等；

c）将顾客要求纳入培训计划；

d）顾客问题反馈时纠正与预防措施的制定和监督实施；

e）参与新产品开发的相关活动，如可行性评审、项目时间计划、阶段评审、生产发布等；

f）参与控制计划的制定；

g）工厂、设施和设备的策划；

h）产能分析和物流信息；

i）接收和评审顾客计分卡以及顾客门户（顾客门户网站）信息。

【实施建议和应用案例】

上述任务的指派，可以是一个人，也可以是几个人分担，但应有书面的指派或任命书，并明确其职责和权限，公开发布使各部门知晓。也可在质量手册中进行书面指派，具体可参考第十章【质量手册编写及范例】中的内容。

IATF 16949:2016 的补充和特别要求

5.3.2 产品要求和纠正措施的职责和权限

最高管理者应确保：

a）负责产品要求符合性的人员有权停止发运或生产以纠正质量问题；

注：由于一些行业中的过程设计，并非总是能立即停止生产。在这种情况下，必须对受影响批次进行控制，以防将其发运给顾客。

b）拥有纠正措施权限和职责的人员能够及时获知与要求不符的产品或过程，以确保避免将不合格品发运给顾客，并确保所有潜在不合格品得到识别与控制；

c）所有班次的生产作业都安排有负责确保产品要求符合性的负责人员或代理职责人员。

【目的和意图】

本条款的意图是要求最高管理者赋予相关负责质量岗位的人员职责和权限，以便及时纠正质量问题，避免不合格品发运给顾客，并确保所有潜在不合格品得到识别和控制。

【理解和实施要点】

上述明确了质量职责和权限是分配到具体岗位，而不是分配给部门或某个姓名的人员。

最高管理者可以将产品要求和纠正措施的职责和权限分配给不同岗位承担，确保他们有权停止发运或生产以纠正质量问题。对于一些特殊的生产过程，如热处理、电镀、某些化工生产，是不能立即停止生产的，在这种情况下，必须对受影响批次进行控制，以防将其发运给顾客。

当产品或过程不符合规定要求时，发现者必须第一时间迅速通报给负有纠正措施职责和权限的管理者，以便质量问题能得到及时解决。

为确保产品质量，应对所有的作业班次，包括白班、中班、夜班都要安排负责保证产品质量的人员或代理职责人员。

【实施建议和应用案例】

应在相关文件（如岗位职责说明书、生产过程控制程序、不合格品控制程序、纠正与预防措施管理程序等）中规定负责产品质量的人员在发现质量问题时有权停止生产，以便及时纠正质量问题，如果没有这种权限，那么质量问题可能会蔓延扩大。

应该把重点放在出现运行不良上，采取措施并包括时间安排。应该特别关注控制计划的评审。作为采取措施的结果，应当评审所有班次是否存在相同或类似问题。

第六节　标准第 6 章【策划】的理解、实施和应用案例

第 6 章【策划】是基于第 4 章和第 5 章的基础上进行的，包含 3 个方面的内容：6.1 在策划质量管理体系时，根据组织对内外部环境和相关方的需求及期望评审的结果策划应对风险和机遇的措施；6.2 根据质量方针制定质量目标及策划如何实现质量目标；6.3 当组织确定需要对质量管理体系进行变更时，此种变更应经策划并系统地实施。

IATF 16949 条款增加了风险分析、预防措施和应急计划的要求，并对质量目标及其实现的策划做了补充。

本章条款结构如下：

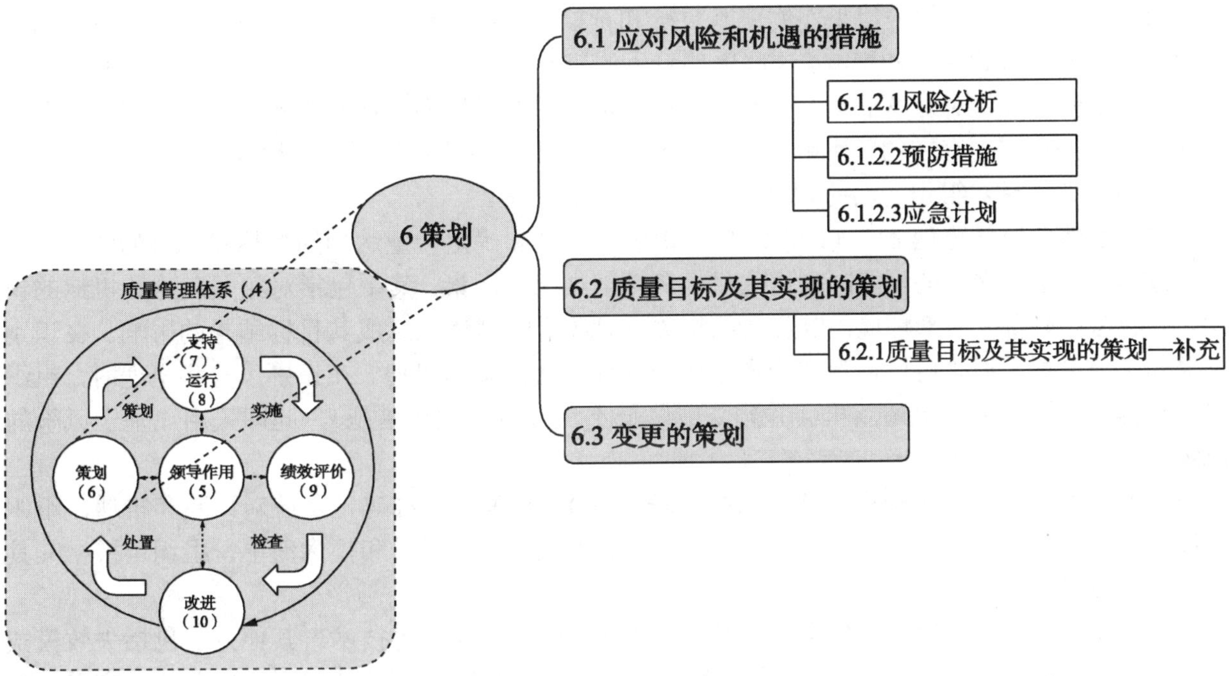

6 策划

6.1 应对风险和机遇的措施

> **ISO 9001:2015，质量管理体系—要求**
>
> **6.1 应对风险和机遇的措施**
>
> 6.1.1 在策划质量管理体系时，组织应考虑到 4.1 所提及的因素和 4.2 所提及的要求，并确定需要应对的风险和机遇，以：
>
> a）确保质量管理体系能够实现其预期结果；
>
> b）增强有利影响；
>
> c）预防或减少不利影响；
>
> d）实现改进。
>
> 6.1.2 组织应策划：
>
> a）应对这些风险和机遇的措施；
>
> b）如何：
>
> 1）在质量管理体系过程中整合并实施这些措施（见 4.4）；
>
> 2）评价这些措施的有效性。
>
> 应对措施应与风险和机遇对产品和服务符合性的潜在影响相适应。
>
> 注 1：应对风险可选择规避风险，为寻求机遇承担风险，消除风险源，改变风险的可能性或后果，分担风险，或通过信息充分的决策而保留风险。
>
> 注 2：机遇可能导致采用新实践，推出新产品，开辟新市场，赢得新顾客，建立合作伙伴关系，利用新技术和其他可行之处，以应对组织或其顾客的需求。

【目的和意图】

本条款旨在确保组织在策划质量管理体系时能够确定其风险和机遇，并策划应对措施，将这些措施整合到质量管理体系过程中，从而预防出现不合格，包括预防不合格输出，以确保质量管理体系能够实现其预期结果，并确定可能增强顾客满意或实现组织目标的机遇。

【理解和实施要点】

（1）所有类型和规模的组织在实现其目标和预期结果的经营活动中，都面临使组织不能确定的内部和外部的各种因素和影响。这些事件发生的概率及其影响程度是无法事先准确或相对准确预知的。这些事件将对经营活动产生影响，从而影响组织目标和预期结果实现。这种在一定环境下和一定限期内客观存在的、影响组织目标和预期结果实现的各种不确定性因素就是风险。

所谓机遇就是对组织有利的时机、境遇、条件、环境。

（2）在建立质量管理体系（QMS）时，组织应识别和确定希望达到的目标和期望的结果。在策划过程中，组织需了解可能影响这些目标和期望结果的因素，其中包括对相关风险和机遇的识别，并应考虑外部、内部环境，以及利益相关方对质量管理体系达成其目标结果的影响。在识别利益相关方的需求时，可以识别和确定质量管理体系的风险与机遇。在识别风险和机遇时，组织可关注提升正面效果，创造新机会并预防或降低不良效应（预防措施），此即采用“基于风险的思维”。

（3）本标准没有要求使用正式的风险管理（ISO 31000）标准确定及应对风险和机遇，组织可以选择适合其需求的方法。ISO/IEC 31010 提供了风险评价工具和技术清单，组织可根据其具体情况予以考虑。

在确定风险和机遇时，组织可考虑使用 SWOT 或 PESTLE 等技术。其他方法包括失效模式及影响分析（FMEA），故障模式、影响及危害性分析（FMECA）等技术。组织负责决定采用哪种方式或工具。比较简单的方法包括头脑风暴和后果/可能性矩阵等。

运用基于风险的思维方式还有助于组织培育积极向上和防患于未然的组织文化，贯彻精益求精和持续改进。

在多种情形下都应考虑风险和机遇，例如：战略会议、管理评审、内部审核、各种质量会议、质量目标确定会议、新产品的设计和开发的策划阶段，以及生产过程的策划阶段。

（4）在识别了对质量管理体系有影响的风险和机遇后，组织应开始策划控制风险及利用机遇的措施。已确认的措施计划需要纳入质量管理体系过程和组织业务过程，并评价这些措施的效果。

这些措施包括为质量管理体系过程建立合适的控制，或针对机遇建立新的过程。有很多措施都可被组织选用来解决风险，质量管理方面的典型实例就是开发各种控制活动，包括：过程、产品及服务的检查、监视和测量；校准；产品及过程设计；纠正措施；规定、方法和作业指导书；培训及使用有能力人员等方面。

（5）通过评价市场需求可识别机遇，例如：包括识别新顾客的可能性，确定新产品或服务及其投入市场的需求，或通过引入新技术使过程更高效而确定修正或替换该过程的需求。组织应针对所追求把握的机遇进行措施策划。

（6）形成文件和记录的要求。在条款4.4.1中，组织确定了QMS所需的过程，包括对这些过程风险和机遇的控制，并考虑必要的成文的信息需求。在条款4.4.2中，要求组织应保持足以支持过程运行的成文的信息，并保留足以确信过程已按策划要求实施的成文的信息（即记录）。

【实施建议和应用案例】

适当时，可包括组织经营层面的风险和机遇的分析及应对措施（SWOT分析）、体系过程风险的分析及应对措施（如头脑风暴或风险矩阵图）、技术风险分析和应对措施、产品设计开发的风险分析及应对措施（如DFMEA）、产品制造过程的风险分析及应对措施（如PFMEA）。

应对风险可选择规避风险，为寻求机遇承担风险，消除风险源，改变风险的可能性或后果，分担风险，或通过信息充分的决策而保留风险。

应对风险和机遇的措施的有效性应按标准9.1.3要求进行分析和评价，并输入管理评审。

关于风险管理的具体实施方法和应用案例请参见第六章【IATF 16949风险管理】。

IATF 16949:2016的补充和特别要求

6.1.2.1 风险分析

组织应在风险分析中至少包含从产品召回、产品审核、使用现场的退货和修理、投诉、报废及返工中吸取的经验教训。

组织应保留成文信息，作为风险分析结果的证据。

【目的和意图】

在此前版本的ISO/TS 16949中，提出了识别、分析和考虑实际的和潜在的风险的需求，但没有指出具体从哪些方面分析。

本条款是IATF 16949对于风险分析的特别要求，要求供应商/组织考虑与汽车行业相关的更详细和明确的风险。

【理解和实施要点】

组织需要定期的评审至少包括从产品召回、产品审核、使用现场退货和修理、投诉、报废及返工中吸取的经验教训，并基于这些经验教训实施措施计划。

这些措施的有效性应被评估，并且措施要整合到组织的管理体系中。

【实施建议和应用案例】

本条款是针对已发生的失效进行分析，不是潜在失效而是实际的失效，因此可以列出实际发生失效的清单，并进行归因分析，根据原因类别采用DFMEA/PFMEA风险分析方法进行评价，并将确定的措施整合到相关作业程序、控制计划、作业指导书中。

表 3-4　已发生的失效模式分析清单（参考示例）

信息来源	失效模式	失效后果	归因分析		风险分析方法（DFMEA/PFMEA）	措施计划
			产品设计	过程设计		
产品召回	A		√		DFMEA	设计修改 图纸更新
	B			√	PFMEA	控制计划、作业指导书修订
	C					
产品审核						
使用现场退货和修理						
客户退货						
投诉						
报废						
内部返工						

IATF 16949:2016 的补充和特别要求

6.1.2.2 预防措施

组织应确定并实施措施，以消除潜在不合格的原因，防止不合格发生。预防措施应与潜在问题的严重程度相适应。

组织应建立一个用于减轻风险负面影响的过程，过程包括以下方面：

a）确定潜在不合格及其原因；

b）评价防止不合格发生的措施的需求；

c）确定并实施所需的措施；

d）所采取措施的成文信息；

e）评审所采取的预防措施的有效性；

f）利用取得的经验教训预防类似过程中的再发生（见 ISO 9001 第 7.1.6 条）。

【目的和意图】

本条款强调的是风险预防，6.1.2.1 风险分析是针对已经发生的失效（实际不合格），本条款是针对潜在失效（潜在不合格）的风险分析，并采取与潜在问题的严重程度相适应的预防措施，以防止不合格发生。

【理解和实施要点】

对于预防措施的实施，很多组织都存在一定的困难，无从下手，这主要还是缺乏对一些关键技术的熟悉和应用，以下是常用的技术和方法：

a）潜在失效模式和后果分析的应用；

b）在产品设计和制程设计中应用防错技术；

c）利用实验设计确定关键过程参数；

d）利用控制图监视产品和过程特性。

DFMEA/PFMEA 就是一种典型的预防措施方法，我们可以从新版 FMEA 表中去找到对应的事项。

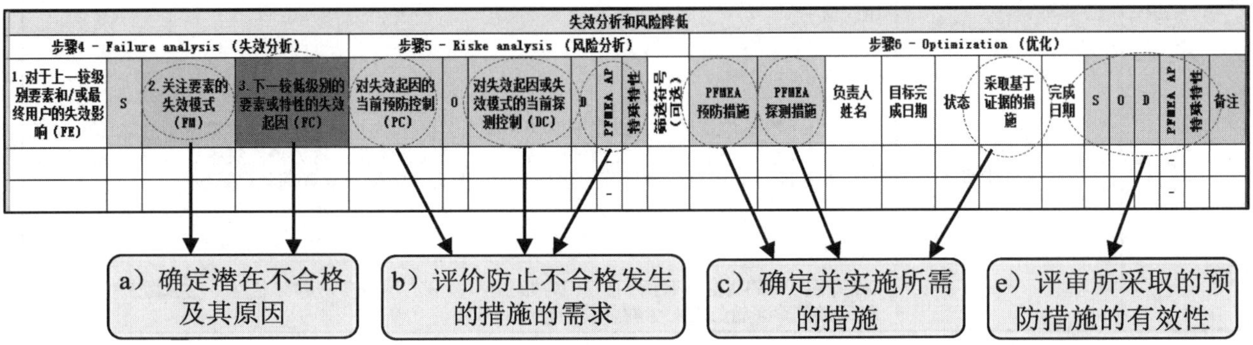

DFMEA/PFMEA 是在产品设计和制造过程设计时采取的预防措施，此外，在过程运行中通过数据分析和绩效评价获取的信息，特别是制造过程的运行趋势以及与顾客有关的关键绩效指标的趋势往不良方向变化的时候，也是采取预防措施的时机。

采取预防措施前也应权衡风险、利益和成本之间的关系，因为有些预防措施，可能需要付出较大的成本，但其最终收益却不显著。

所采取的预防措施及其结果都必须保留成文信息，并利用取得的经验教训预防类似过程中的再发生，这也是组织知识管理的一种方法（见 ISO 9001 第 7.1.6 条）。

【实施建议和应用案例】

本条款要求必须建立过程加以实施，可以和 10.2 条款中的纠正措施合并成一个过程文件，两者的实施步骤是相同的，只是时机不同而已。具体见 10.2 条款中的案例。

IATF 16949:2016 的补充和特别要求

6.1.2.3　应急计划

组织应：

a）对保持生产输出并确保顾客要求得以满足而言必不可少的所有制造过程和基础设施设备，识别并评价相关的内部和外部风险；

b）根据风险和对顾客的影响制定应急计划；

c）准备应急计划，以在下列任一情况下保证供应的持续性：关键设备故障（另见第 8.5.6.1.1 条）；外部提供的产品、过程或服务中断；常见自然灾害；火灾；公共事业中断；劳动力短缺；或者基础设施破坏；

d）作为对应急计划的补充，包含一个通知顾客和其他相关方的过程，告知影响顾客作业的任何情况的程度和持续时间；

e）定期测试应急计划的有效性（如模拟、视情况而定）；

f）利用包括最高管理者在内的跨部门小组对应急计划进行评审（至少每年一次），并在需要时进行更新；

g）对应急计划形成文件，并保留描述修订以及更改授权人员的成文信息。

应急计划应包含相关规定，用以在发生生产停止的紧急情况后重新开始生产之后，以及在常规停机过程未得到遵循的情况下，确认制造的产品持续符合顾客规范。

IATF 16949:2016—认可解释（SI-3）增加了“对信息技术系统的网络攻击”，原文如下：

编号	IATF 16949 参照	认可解释
3	6.1.2.3 应急计划	组织应： a）-b）（...） b）准备应急计划，以在下列任一情况下保证供应的持续性：关键设备故障（另见第 8.5.6.1.1条）；外部提供的产品、过程或服务中断；常见自然灾害；火灾；公共事业中断；对信息技术系统的网络攻击；劳动力短缺；或者基础设施破坏 *改变原理：* *组织需要解决可能导致组织制造和物流运行故障的网络攻击的可能性（包括勒索软件）。组织需要确保他们在发生网络攻击时做好准备。*

IATF 16949:2016—认可解释（SI-17）说明了对网络安全测试的方法，原文如下：

编号	IATF 16949 参考	认可解释
17	6.1.2.3 应急计划	a) – d) (...) e) 定期测试应急计划的有效性（如：模拟，视情况而定）； 网络安全测试可能包括网络攻击的模拟、对特定威胁的定期监视、相关性的识别以及漏洞的优先级划分。该测试适合于相关的对顾客造干扰的风险； 注：网络安全测试可由组织内部进行管理，也可以视情况分包 *变更的理由：* *网络安全对包括汽车在内的所有制造设施的制造可持续性构成越来越大的风险。组织和认证机构也已将应急测试确定为需要阐明的领域。此更新提供了要作为网络攻击应急计划验证的一部分进行测试的详细信息。*

【目的和意图】

在以往的 ISO/TS 16949 标准中都提出了应急计划的要求，但这次 IATF 的要求更加具体和细化，并增加了常见自然灾害、火灾、信息系统网络攻击等事件的应急要求。

本条款要求组织建立紧急事件应急计划或预案，目的是保证顾客要求得以满足。

【理解和实施要点】

1.什么是应急计划

应急计划是针对可能的重大事件或灾害，为保证迅速、有序、有效地开展应急与救援行动，防止事件扩大或漫延，降低事故损失而预先制定的有关计划或方案。它是在辨识和评估潜在的重大风险、事件类型、发生的可能性、发生过程、事故后果及影响严重程度的基础上，对应急机构与职责、人员、技术、装备、设施（设备）、物资、救援行动及其指挥与协调等方面预先做出的具体安排。它明确了在突发事件发生之前、发生过程中以及刚刚结束之后，谁负责做什么，何时做，以及相应的方法和资源准备等。

为保障对各类重大紧急事件的应急救援和处置，从国家到各省市均设立应急管理机构，形成应急管理机制，制定应急管理制度和各类应急预案。企业作为最基层单位，更需要制定应对本企业可能发生的各类紧急事件的应急计划。从企业的应急能力可以看出，企业对员工生命财产安全的重视程度，也可以看出企业是否真正落实以顾客为中心的思想，体现出企业的整体管理水平。

应急工作是否有效，取决于企业是否在任何时候都有能应对紧急情况的训练有素的人员及必要的装备，因此，应急预案的培训和定期演练尤为重要。

2.本条款要求应对的紧急事件和常用应对方法

本条款的要求重点在于当企业发生紧急事件的情况下，如何能够确保满足顾客的要求，保证供应的持续性，标准特别提出了以下情况必须准备应急计划：

a）关键设备故障

——关键设备是指企业生产中承担关键工序或瓶颈工序的设备。如果发生故障，可能会导致停产，使生产线或生产系统停工。具体哪些属于关键设备，各企业根据自身情况去评估和定义。关键设备也可包括关键的检测设备，关键检测设备可按“8.5.6.1.1 过程控制的临时更改”去策划和控制。

——常用应对方法：建立关键设备清单，关键设备的易损配件最低存量，替代或备用设备等。

b）外部提供的产品、过程或服务中断

——常用应对方法：开发备用合格供方，关键材料的最低库存量，提前给供方预测订单，要求供方保持一定数量的库存。

c）常见自然灾害

——常见自然灾害可包括地震、高温、冰冻、台风、暴雨、洪涝灾害等，哪些常见，哪些不常见，这要根据企业所在地理位置及所处的场所去实际评价，比如有些企业在内陆城市，从来就没有台风，就不需要台风应急计划；再如，有些企业所处的场所海拔比较高，洪灾对其生产可能是没有影响的，但对其物流可能会有影响；而有些企业所处地震频发区域，就需要地震应急计划。

——常用应对方法：地震应急预案，高温应急预案，冰冻应急预案，台风、暴雨、洪涝灾害应急预案。

d）火灾

——火灾除了需要考虑厂内失火，如果组织的场所不是单独隔离的区域，还应考虑外部邻近失火的应急计划。

——常用应对方法：火灾应急预案。

e）公共事业中断

——公共事业中断通常包括如停水、停电、外部网络中断等；

——常用应对方法：如预备发电机、设立储水设施、委外发包等。

f）信息技术系统的网络攻击（如黑客攻击、勒索软件）

——常用应对方法：安装防火墙、数据资料定时备份、系统备份。

g）劳动力短缺

——劳动力短缺主要考虑生产人员短缺和检验人员短缺（某些行业，如电路板需要全检，检测人员所占比例比较高）。

——常用应对方法：考虑机器人可替代的岗位，培训多能工，适当储备人员，与人力资源服务公司建立用工协议等。

h）基础设施破坏

——基础设施破坏需要考虑内部供水、供电、供气设施的破坏，也要考虑外部市政供水、供电设施的破坏。

——常用应对方法：如预备发电机、设立储水设施、对设施定期检查维护、适时监控、替代或备用设施准备等。

3.关于“网络攻击”一词的解释

IATF 16949:2016—常见问题解答（FAQ–29）对“网络攻击”作出了说明，内容如下：

编号	IATF 16949 参照	问题和答案
29	6.1.2.3 应急计划	**问题：** 在应急计划试验中使用术语“网络攻击”一词是什么意思？ **解答：** 网络攻击是指以造成破坏或损害为目的，试图非法访问计算机或计算机系统。网络攻击通常是蓄意利用计算机系统或网络安全性方面的弱点来获取数据访问权，修改计算机代码、逻辑或数据。这些行为可能会产生破坏性的后果，可能会泄露机密数据并导致网络犯罪，例如信息和身份盗窃、自动化导致的操作中断、公司关键数据的加密或对系统或数据的非法远程控制。 网络攻击和网络犯罪并非总是由一系列复杂的动作导致的，这些动作使用的是由一群人远程运行的强大计算机程序来猜测密码。它们通常是旨在说服个人通过电子邮件记录（通常是“网络钓鱼”）感染发布敏感或私人信息的行为，假冒（冒充受信任的人或政府官员），发布虚假紧急情况获取个人信息的电话，可视化键入的密码，带有恶意软件的热门网站，带有指向安装恶意软件的网站的链接的短信，摆放在 PC 上的看起来是合法的 USB 驱动器（已插入计算机）以及盗窃含有机密计算机信息的废弃材料等。此外，网络犯罪分子在获得公司系统的访问权后，可以对公司的关键数据进行加密，并要求赎金来解密数据。 此外，欧洲的 GDPR（一般数据保护条例）或其他地区的类似要求规定，组织有责任确保组织保留的个人数据在任何时候都受到保护并确保安全，这加强了防范网络攻击的重要性。 有关信息技术安全技术的其他详细信息，可通过 ISO/IEC 27001 获得。

【实施建议和应用案例】

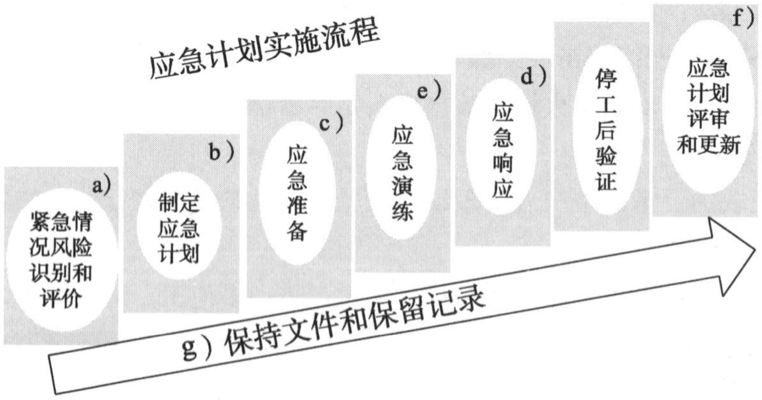

应急计划应根据组织的规模、产品、运行机制、资源状况、顾客分布的情况制定，应包括具体的责任人、程序、步骤、方法。

识别和评价所有制造过程和基础设施设备的内部和外部风险，这些风险对维持生产产出和确保满足顾客要求至关重要；识别和评价的方法可以采用应急风险评价表或其他适当方法，以下为参考案例。

表 3-5　应急风险分析评价表（参考示例）

风险识别			风险评价			应对计划或预案
类别	风险因素	风险描述	发生概率	可能对顾客的影响	是否需要应急计划	
内部风险	关键设备故障	承担关键工序和瓶颈工序的设备发生故障	每月≥1 次	高	是	具体见关键设备故障应急计划
	基础设施破坏	供水系统破坏	3 年≥1 次	低	是	具体见基础设施应急计划
		供电系统故障	3 年≥1 次	低	是	
		供气系统故障（空压机设备）	每年≥1 次	中	是	
	火灾	厂内失火	公司从未发生	高	是	具体见火灾应急预案
	劳动力短缺	生产人员短缺	每年≥1 次	高	是	具体见劳动力短缺应急计划
		检验人员短缺	每年≥1 次	高	是	
外部风险	外部提供的产品、过程或服务中断	原材料供应中断	每季度≥1 次	高	是	具体见材料和服务供应中断应急计划
		外包加工中断	每季度≥1 次	高	是	
		物流中断	每季度≥1 次	高	是	
	公共事业中断	市政停水	每年≥1 次	高	是	具体见停水、停电应急计划
		市政停电	每年≥1 次	高	是	
		外部网络中断	极少发生	中	是	具体见外部网络中断应急计划
	常见自然灾害	台风	每年≥2 次	高	是	具体见台风、暴雨、洪水应急预案
		暴雨、洪灾	每年≥2 次	高	是	
		冰冻	本地从未发生	无	否	
	信息系统网络攻击	勒索软件	公司从未发生	高	是	具体见网络攻击应急计划
		黑客攻击	公司从未发生	高	是	

组织除了本条款要求应对的紧急事件外，可能还需要应对其他诸如环境管理体系和职业健康安全管理体系所要求的紧急事件，如化学品泄漏、可燃气体爆炸、传染病、食物中毒、工伤事故等。

标准要求对应急计划形成文件，并保留描述修订以及更改授权人员的成文信息。企业可建立《应急计划管理办法》予以规定和控制。以下仅为参考范例。

文件范例【应急计划管理办法】

文件名称	应急计划管理办法	文件编号：SQ-WI-001	版本：A
编制部门	行政部	编制日期：2019.12.9	页码：1/3

1. 目的

确保在出现紧急事件情况下，能及时反应和处置，保持生产输出，持续满足顾客的要求，特制定本管理办法。

2. 适用范围

适用于关键设备故障、基础设施破坏、劳动力短缺、外部供应中断、公共事业中断、常见自然灾害、火灾、信息系统网络攻击等紧急情况下的应急准备和响应。

3. 术语和定义

3.1 关键设备故障：是指关键生产设备不能正常运行导致停机的情况；关键设备是指生产中承担关键工序和瓶颈工序的设备。

3.2 基础设施破坏：是指厂内供水、供电、供气系统的故障或破坏，或外部市政设施破坏。

3.3 劳动力短缺：是指生产人员不足和检验人员不足的情况。

3.4 外部供应中断：是指外部供方提供的产品、过程或服务的中断。

3.5 公共事业中断：是指市政停水、停电，外部网络中断。

3.6 常见自然灾害：是指台风、暴雨、洪灾等情况。

3.7 火灾：是指厂内发生着火的情况。

3.8 信息系统网络攻击：是指以造成破坏或损害为目的，试图非法访问计算机或计算机系统。如遭受勒索软件、不明黑客攻击等情况。

4. 职责

4.1 生产部：负责识别关键设备并建立关键设备清单，负责制定关键设备故障应急计划，采购及相关部门配合执行。

4.2 行政部：负责厂内基础设施破坏、停水、停电、常见自然灾害、火灾等应急计划或预案的制定，并负责组织相关应急演练，相关部门配合执行。

4.3 人力资源部：负责劳动力短缺应变计划的制定和人力补充，生产部负责人力短缺的提前预测和新员工上岗培训，相关部门配合执行。

4.4 采购部：负责外部供应中断应变计划的制定，相关部门配合执行。

4.5 网管部：负责外部网络中断、系统网络攻击应急计划的制定，相关部门配合执行。

5. 作业内容

作业流程	权责部门/人	作业要求	参考文件/使用表单
1.紧急事件风险识别和评价 ↓	行政部 生产部 人资部 采购部 网管部	1.1 行政部负责组织相关部门根据公司生产实际情况，对可预见的、可能影响生产和满足顾客要求的潜在事故和紧急情况进行风险识别和评价，并根据公司、社会和环境的变化不断进行完善。 1.2 公司应识别的应急情况包括但不限于：关键设备故障、基础设施破坏、劳动力短缺、外部供应中断、公共事业中断、常见自然灾害、火灾、信息系统网络攻击等。 1.3 行政部将上述识别和评价的结果做成《应急风险分析评价表》。	《应急风险分析评价表》

文件范例【应急计划管理办法】

文件名称	应急计划管理办法	文件编号：SQ-WI-001	版本：A
编制部门	行政部	编制日期：2019.12.9	页码：2/3

作业流程	权责部门/人	作业要求	参考文件/使用表单
2.制定应急计划	行政部 生产部 人资部 采购部 网管部	2.1 各部门按照“4 职责”的规定，根据《应急风险分析评价表》所识别和确定的紧急情况制定相应的应急计划，统一交行政部汇编成《应急计划总览表》，其中常见自然灾害和火灾必须建立单独的预案。 2.2 对各种紧急事件应对措施，在应急计划中应明确以下内容： a）对各种紧急事件的常备保障工作要求； b）紧急事件发生时，启动应急措施的负责部门/人及其联络方式；包括必要时外援机构及其联系方式； c）采取应急措施的具体方式方法； d）对多种应急措施的优先级顺序。 2.3 应急计划要具备可操作性，一旦发生紧急事件，要能立即启动，并将损失降到最低限度。	《应急风险分析评价表》 《应急计划总览表》 《台风暴雨洪水应急预案》 《火灾应急预案》
3.应急准备	行政部 生产部 人资部 采购部 网管部	3.1 行政部及相关部门针对应急计划所涉及的物资、设施设备等应提前做好准备，并规划放置的场所和做好特别标识，做好日常维护管理，确保一旦发生紧急事件能立即启动。 3.2 人资部负责组织相关部门和人员对应急知识和应急措施进行培训，并保存记录，具体按《培训管理办法》执行。	《培训管理办法》
4.应急测试和演练	行政部 生产部 人资部 采购部 网管部	4.1 各负责部门应定期进行测试应急计划的有效性，确保随时可用和可靠，适用时包括模拟演练。其中常见自然灾害和火灾按《台风暴雨洪水应急预案》和《火灾应急预案》进行演练。 4.2 每次测试和演练后，各负责部门应进行效果评估，并形成测试记录和演练报告。	《台风暴雨洪水应急预案》 《火灾应急预案》
5. 应急计划启动	行政部 生产部 人资部 采购部 网管部	5.1 当发生紧急事件时，责任部门按《应急计划总览表》中要求的内容立即启动应急措施，并按《紧急事件内外部联络电话》及时联系责任人员，行政部门做好各部门之间的协调工作，必要时联络外部支援机构。 5.2 当应急措施在实施时发现不充分或不实用时，可由总经理或有关领导做出口头临时决定，相关部门按其实施。	《应急计划总览表》 《紧急事件内外部联络电话》

文件范例【应急计划管理办法】

文件名称	应急计划管理办法	文件编号：SQ-WI-001	版本：A
编制部门	行政部	编制日期：2019.12.9	页码：3/3

作业流程	权责部门/人	作业要求	参考文件/使用表单
5.应急计划启动（续）	销售部	5.3 必要时责任部门可召集临时应急小组紧急对策会议，并将情况报告总经理。 5.4 若事件影响到不能满足顾客要求，由销售部书面告知顾客影响作业的任何情况的程度和持续时间。	
6.生产恢复	相关部门 生产部	6.1 紧急事件解除后，各部门及时恢复正常工作，生产部门及时恢复生产，并按要求进行作业准备验证和停工后验证，确认制造的产品持续符合顾客规范，具体按《生产制程管理程序》执行。	《生产制程管理程序》
7.评审与更新	责任部门 总经理	7.1 应急计划实施后，相关责任部门应将状况发生原因加以检讨，形成《紧急事件处理报告》，并采取相应的纠正/预防措施防止再次发生；同时评审应急措施实施结果的有效性，必要时改进和修订应急计划。 7.2 应急计划至少每年度定期评审一次，并由总经理和相关责任部门共同评审，当需要时更新应急计划，确保在以后发生类似的紧急事件时，能够更好地实施措施，使损失降低到最低程度，满足顾客要求。	《紧急事件处理报告》

6. 参考文件

6.1《生产制程管理程序》

6.2《培训管理办法》

6.3《台风暴雨洪水应急预案》

6.4《火灾应急预案》

6.5《应急计划总览表》

7. 使用表单

7.1《应急风险分析评价表》

7.2《紧急事件内外部联络电话》

7.3《紧急事件处理报告》

附表 SQ-01　　**应急风险分析评价表**（参考格式）

风险识别			风险评价			应对计划或预案
类别	风险因素	风险描述	发生概率	可能对顾客的影响	是否需要应急计划	
内部风险	关键设备故障					
	基础设施破坏					
	火灾					
	劳动力短缺					
外部风险	外部提供的产品、过程或服务中断					
	公共事业中断					
	常见自然灾害					
	信息系统网络攻击					

附表 SQ-02　　**紧急事件处理报告**（参考格式）

事件类型		发生场所		日期	
事件描述：（包括时间、地点、范围、当时状况、发现人等） 责任部门：					
应急计划启动和实施情况描述： 责任部门：					
事件起因分析： 责任部门：					
纠正/预防措施： 改善期限：　责任人：　审批：					
改善效果确认： 确认人：　审批：					

应急计划总览表（参考示例）

应急计划总览表						第1页共4页	
类别	风险因素	风险描述	应急准备	应急响应措施	责任部门	负责人	联系电话
内部风险	关键设备故障	承担关键工序和瓶颈工序的设备发生故障	1.按照《生产设备管理程序》建立《关键设备清单》及《设备易损件清单》，包括易损件供方信息及外部维修单位联系信息； 2.按《设备易损件清单》及其最低库存数量贮备相应的易损件； 3.按照《生产设备管理程序》做好日常维护和监控设备状态； 4.生产部协同工艺部门策划可能的备用或替代设备方案。	1.关键性设备故障发生时，生产部门第一时间通知机修组，若是易损件损坏由机修员使用储备零件进行更换；若本厂人员无法修复时，由采购部第一时间联络外部维修单位来厂维修并由生管员进行适当的生产计划调整； 2.若可行，生产部采用备用或替代设备生产； 3.若可能影响准时交货时，则由生管员通知销售部联络顾客告知其影响程度和持续时间，以便确定调整交期或改变运输方式； 4.在设备恢复正常运转后，生产部及时安排生产，必要时加班生产赶上计划。	生产部 采购部 销售部	张小明 李戳 鹿七宝	
	基础设施破坏	供水系统破坏	1.行政部申请采购全公司供水系统常用易损材料和配件的合理贮备； 2.行政部按《基础设施管理办法》对供水设施进行日常检查和维护； 3.公司蓄水池平时应保证规定的蓄水量，以能够满足一天的生产用水为准，行政部负责定期更换，并对蓄水设施进行维护。	1.当内部供水系统破坏时，发生场所的部门立即通知行政部，行政部及时关闭供水总闸，并进行抢修；同时通知受影响的部门； 2.当必要时，启动公司蓄水池供应水源； 3.若生产部确认生产计划可能延误时，应请销售部与顾客沟通告知其影响程度和持续时间，以便确定调整交期或改便运输方式； 4.受影响的生产部门在供水恢复后视情况安排加班，必要时召开协调会，并请各相关部门配合。	行政部 生产部 销售部	高大可 张小明 鹿七宝	
		供电系统故障	1.行政部申请采购全公司供电系统常用易损材料和配件的合理贮备； 2.行政部按《基础设施管理方法》对供电系统进行全方位的日常检查和监控。	1.当发生供电故障时，行政部立即查明停电范围和停电原因，内部故障立即进行抢修，外部原因立即联系供电部门； 2.当突然停电导致作业中断且恢复时间不确定时，相关生产部门负责人除了按照反馈流程进行汇报外，需维持现场秩序，保持现场纪律； 3.若生产部确认生产计划可能延误时，应请销售部与顾客沟通告知其影响程度和持续时间，以便确定调整交期或改变运输方式； 4.生产部在供电恢复后视情况安排加班，必要时召开协调会，并请各相关部门配合。	行政部 生产部 销售部	高大可 张小明 鹿七宝	

应急计划总览表（续）						第2页共4页	
类别	风险因素	风险描述	应急准备	应急响应措施	责任部门	负责人	联系电话
内部风险	基础设施破坏	供气系统故障（空压机设备）	1.行政部提出特种设备空压机检测和定期维护需求，采购部负责签约有资质的特种设备检测和维护的服务商； 2.行政部按《基础设施管理办法》对空压机系统进行日常点检和保养。	1.当发生工期故障时，行政部立即查明停气范围和停气原因，并立即进行抢修，若是空压设备故障立即联系服务商维修； 2.行政部通知受影响的生产部门修复需要的时间，以便生产计划调整； 3.若生产部确认生产计划可能延误时，应请销售与顾客沟通告知其影响程度和持续时间，以便确定调整交期或改变运输方式； 4.受影响的生产部门在供气恢复后视情况安排加班，必要时召开协调会，并请各相关部门配合。	行政部 生产部 销售部	高大可 张小明 鹿七宝	
	火灾	厂内失火	1.行政部按政府法规要求，根据公司场所分布情况配置充足的消防器材和消防设备； 2.行政部按《基础设施管理办法》对消防系统和设施进行日常点检和维护； 3.行政部制定消防逃生平面图，并制定《火灾应急预案》，定期组织全公司人员进行消防演习。	1.火灾发生时，发现人在第一时间通知所在区域部门管理人员，并立即报告给消防队长； 2.场内消防队启动火灾应急预案，同时向总经理报告，并启动报警系统，进行有序和有效的灭火或抢救处理，具体按《火灾应急预案》执行； 3.生产部和销售部评估对生产和产品交付的影响； 4.由销售部向顾客告知其影响程度和持续时间，做出延期交付的申请，并与顾客协调延期交付的时间； 5.当需要时，外包加工完成顾客订单； 6.灾后及时恢复生产，视情况安排人员加班生产。	行政部 生产部 销售部	高大可 张小明 鹿七宝	
	劳动力短缺	生产人员短缺 检验人员短缺	1.销售部门提前预测市场和顾客订单增长趋势； 2.用人部门提前做出人力需求计划提交给人资部，人资部与人力服务公司建立用工协议； 3.生产和工艺部门考虑机器人可替代的岗位，引进机器人生产； 4.部门内部培训多能工，关键岗位适当储备人员； 5.采购提前开发外包厂商。	1.当出现生产人员短缺时，采用外发加工将部分工序委外生产； 2.人资部联系人力资源服务公司寻求短期人力支持，生产部负责上岗前应急培训； 3.检验人员短缺时，协调多能工支持； 4.适当延长工作时间和利用常规休息日加班完成； 5.若可能影响顾客订单时，销售部及时与顾客沟通，以便确定调整交期。	生产部 采购部 人资部 销售部	张小明 李戳 康少平 鹿七宝	

应急计划总览表（续）　　第3页共4页

类别	风险因素	风险描述	应急准备	应急响应措施	责任部门	负责人	联系电话
外部风险	外部提供的产品、过程或服务中断	原材料供应中断	1.主要生产材料规定最低库存量，并保持最低库存； 2.主要生产材料至少开发2~3家供应商，并保持日常采购业务； 3.个别不可控的材料或唯一供方，必须提前给该供方预测订单，要求供方备有一定数量的库存。	1.当出现物资短缺时，通知供方及时运送备用物料； 2.向供方下达紧急订单，并跟进供方生产速度； 3.向关系好的同行友商调拨物料； 4.必要时，从市场紧急采购，以满足生产所需； 5.若物料短缺影响到顾客支付时，销售部及时与客户沟通，告知影响程度和持续时间，以便确定调整交期或改变运输方式。	采购部 销售部	李娥 鹿七宝	
		外包加工中断	1.采购部至少开发2家外发加工商，并与其保持适当的加工业务； 2.根据业务订单预测或顾客备料订单，当增长趋势提高时，外包工序提前做好适量库存。	1.当出现外包加工中断时，生产使用库存外包零件； 2.采购向各外包加工商下达紧急订单，要求外包加工商适当延长工作时间，并跟进外包厂生产进度； 3.若影响到顾客交付时，销售部及时与顾客沟通，告知影响程度和持续时间，以便确定调整交期或改变运输方式。	采购部 销售部	李娥 鹿七宝	
		物流中断	1.采购部至少开发2家物流服务商，并与其保持适当的物理业务；顾客指定物流服务商除外； 2.公司在顾客工厂附近租用周转仓库，并备有适当库存。	1.当出现物流中断时，使用周转仓库存品交货； 2.紧急联系其他物流商送货，或公司单独调车送货； 3.特别紧急情况时，安排适当数量的空运，满足顾客急需； 3.若不能满足顾客要求时，销售部及时与顾客沟通，以便协调处理方式。	采购部 销售部	李娥 鹿七宝	
	公共事业中断	市政停水	1.公司蓄水池平时应保证规定的蓄水量，以能够满足一天的生产用水为准，行政部负责定期更换，并对蓄水池进行维护。	1.行政部接自来水公司通知时，应及时通知生产部，并确认恢复供水时间； 2.行政部对非生产性用水加以限制，标明“停水停用”等标记，以保证生产用水的供应； 3.启动公司蓄水池供应水源； 4.生产部确认生产计划可能延误时，应请销售部与顾客沟通，以便确定调整交期或改变运输方式； 5.生产部在供水恢复后，视情况安排加班，必要时召开协调会，并请各相关部门配合。	行政部 生产部 销售部	高大可 张小明 鹿七宝	

应急计划总览表（续）　　第4页共4页

类别	风险因素	风险描述	应急准备	应急响应措施	责任部门	负责人	联系电话
外部风险	公共事业中断	市政停电	1.公司有备用发电机，以满足生产用电，行政部负责定期试运行，并按《基础设施管理办法》对发电机进行维护保养； 2.行政部储备可供发电机3天使用的柴油。	1.行政部接供电公司通知停电时，应确认恢复供电时间，并及时通知生产部； 2.行政部负责启动公司发电机发电，供应生产； 3.行政部对非生产性用电加以限制，以保证生产用电的供应； 4.行政部在市政供电恢复后及时切换，并通知到公司各部门。	行政部 生产部 销售部	高大可 张小明 鹿七宝	
		外部网络中断	1.公司保持固定电话和手机联络方式； 2.保持传真设备的正常使用。	1.联系运营商确认网络恢复时间，通知到相关部门； 2.若涉及与顾客门户网站的信息处理，销售部可电话与顾客说明原因，保持电话联络或用传真书面处理，确保与客户方信息正常通畅。	网管部 销售部	程福利 鹿七宝	
	常见自然灾害	台风、暴雨、洪灾	1.行政部根据以往台风、暴雨、洪灾的发生频次、范围、程度等级准备充足的电筒、雨衣、雨鞋、沙袋等物资； 2.对台风、暴雨、洪灾可能导致重大破坏的建筑和设施进行加固和修缮。	1.行政部负责接收当地气象部门发布的台风、暴雨信息，了解其影响范围、程度和等级，并通知到公司各部门； 2.在台风、暴雨、洪水来临时负责了解其动向，并适时了解台风、暴雨、洪水的最新动态，及时向全公司公布，根据灾情，启动应急响应程序，具体按《台风暴雨洪水应急预案》执行； 3.当确认生产计划可能延误时，销售部告知顾客影响的程度和持续时间，以便确定调整交期； 4.生产部在灾后恢复后，视情况安排加班，必要时召开协调会，并请各相关部门配合。	行政部 生产部 销售部	高大可 张小明 鹿七宝	
	信息系统网络攻击	勒索软件 黑客攻击	1.网管部负责全公司电脑及信息系统防毒、防黑客攻击、防勒索软件的提前预防，具体按《电脑网络及信息系统管理办法》执行； 2.除了特定指定电脑，拆除所有移动储存设备接口； 3.每天备份信息系统资料。	1.当遭到黑客攻击或勒索软件时，网管部按《电脑网络及信息系统管理办法》启动应急程序进行处置； 2.若涉及与顾客门户网站的信息处理，销售部可电话与顾客说明原因，保持电话联络或用传真书面处理，确保与客户方信息正常畅通。	网管部 销售部	程福利 鹿七宝	

编制：　　审核：　　批准：　　制定/修订日期：　　版本：A

根据上述不同风险因素的应急计划，可建立进一步细化的应急处理流程，以下仅为示例。

1.停电应急处理流程

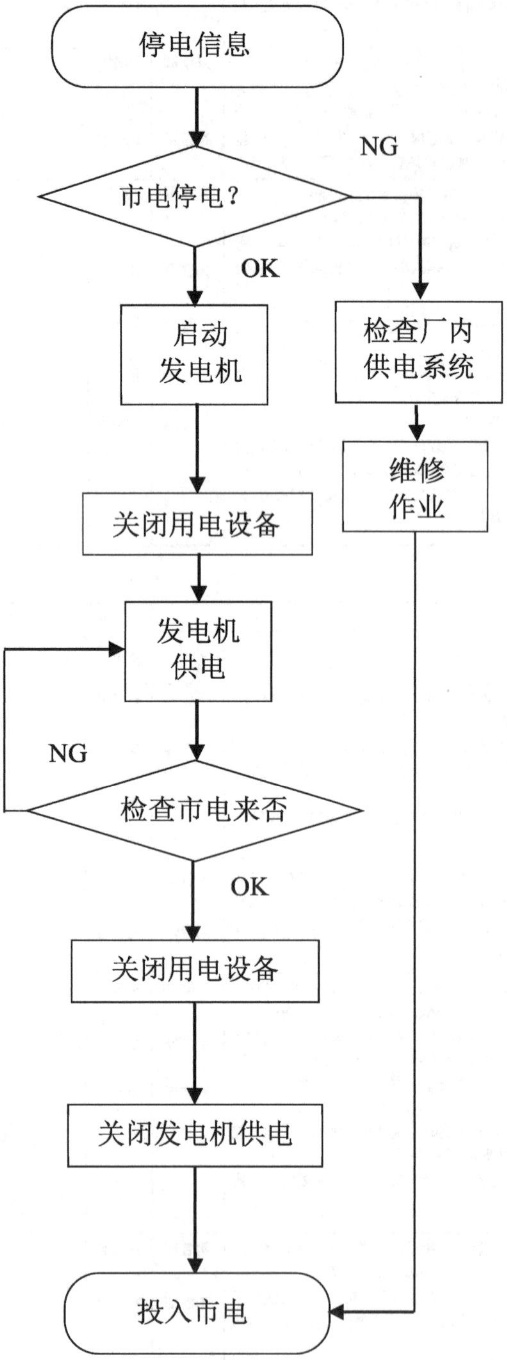

1.1 停电信息：行政部负责对供电公司相关停电信息进行掌握与了解，以利于做好停电应急准备。当发生供电故障时，行政部立即查明停电范围和停电原因。

1.2 行政部负责对停电之信息进行市电停电与本厂供电系统问题判定，准确了解停电时长，以决定启动发电机或者等待市电。

1.3 若属市电停电由行政部负责启动本厂发电机；若属厂内供电系统故障则检查本厂内部供电系统存在的问题。

1.4 内部故障行政部立即进行抢修，并通知受影响的部门持续时间。

1.5 市电停电行政部利用广播系统、电话等通知各部门对用电设备进行关闭。

1.6 行政部启动发电机并检查其运行状况，对本厂供电系统进行维护作业。对非生产性用电加以限制，以保证生产用电的供应。

1.7 发电过程中，行政部负责随时检查配电柜市电电压表是否有市电来。

1.8 若市电恢复则利用广播系统、电话通知各部门对用电设备进行关闭，进行用电转换。

1.9 行政部关闭发电机，按照《发电机操作标准书》停止发电。

1.10 行政部将市电与发电进行转换作业，同时对本次停电之应急对策有效性进行评价和改进。

6.2 质量目标及其实现的策划

> **ISO 9001:2015，质量管理体系—要求**
>
> **6.2 质量目标及其实现的策划**
>
> 6.2.1 组织应针对相关职能、层次和质量管理体系所需的过程建立质量目标。
>
> 质量目标应：
>
> a）与质量方针保持一致；
>
> b）可测量；
>
> c）考虑适用的要求；
>
> d）与产品和服务合格以及增强顾客满意相关；
>
> e）予以监视；
>
> f）予以沟通；
>
> g）适时更新。
>
> 组织应保持有关质量目标的成文信息。
>
> 6.2.2 策划如何实现质量目标时，组织应确定：
>
> a）要做什么；
>
> b）需要什么资源；
>
> c）由谁负责；
>
> d）何时完成；
>
> e）如何评价结果。

【目的和意图】

本条款旨在确保组织建立质量目标，并策划适当的措施以实现这些目标。

组织应建立相关职能、层次和过程的质量目标，以确保有效贯彻其战略方向和质量方针。

【理解和实施要点】

1.质量目标的要求

a）与质量方针保持一致。即在建立质量目标时，组织需要将质量方针作为输入。例如，如果组织的质量方针存在满足顾客要求和超越顾客期望的表述，则组织可能具有与准时交付、产品交付质量、顾客满意或顾客投诉相关的质量目标。

b）可测量。可以定量评价，即在某个量值上可以测量和评价，如交付准时率 100%，某工序不良率≤0.5%；也可以是定性评价，如在某个时间段内完成某项任务，例如在 2019 年 12 月底前获得 IATF 16949 认证证书。

c）考虑适用的要求。适用的要求包括相关方（如顾客、员工、股东）的适用要求和有关法律法规要求的适用要求。

d）与产品/服务符合性及提升顾客满意度相关。例如，产品可靠性目标、一次交付合格率、零公里故障 PPM、服务及时性、反应时间、准时交付率等。

e）对目标完成情况进行监控和评审。以便了解在实现质量目标方面所取得的进展，可通过包括月度/季度进度报告、顾客记分卡以及管理评审等适当的手段执行。

f）进行沟通。组织应在整个组织内沟通质量目标并在需要时与其他相关方沟通。例如，通过文件发布、内部网络系统或会议等方式将质量目标与相关的部门和人员沟通，通过采购协议等书面方式将要求供方的准时交货目标和交付质量目标传达至供方。

g）进行适当的更新。考虑组织目前的能力和制约、顾客反馈以及其他市场事宜，以及根据目标实施和评价结果，可以适当增加或减少目标，或提升或降低目标值。

2.质量目标策划方法

质量目标的建立和质量目标达成的策划，可帮助组织达成组织目标的一致性。组织需在过程和各职能层级中设立合适的质量目标，以确保战略方向和质量方针的实施。需评审以确保目标在过程和各职能层级是可行的。

a）合理设定可实现的目标。战略是在组织的使命、愿景及价值观的基础上，进一步指明了组织在现在和将来为持续保持竞争优势并实现持续成功而所需的组织全局的计划和策略。那么，目标的设定应与战略相一致，对于每一个相关事项，有必要逐一设定预期目标。

b）目标展开。目标展开首先将战略目标按实现该目标所需的知识、技术、业务能力以及系统要素的成熟度等逐一进行分解，再将分解的结果分配给组织的各个级别层次和部门，同时决定实现目标的日程计划以及任务和负责人。

组织应在相关职能、层次、过程上建立与方针、战略、愿景相一致的质量目标或绩效指标。每个不同的职能和层次都有相应的过程，应明确其关键过程和关键过程绩效指标（即 KPI）。

c）按时间要求可以分为长期目标、中期目标和短期目标。长期目标通常指超过 5 年的目标，中期目标通常指 3～5 年的目标，短期目标通常指当年目标。按层次可以分为组织的总目标、部门目标、班组目标和个人目标。

3.目标实现的策划

组织为策划实现质量目标所要做的活动，可通过策划“4W1H”活动实现预期目标，即 What——要做什么，Which——所需哪些资源，Who——由谁负责，When——何时完成，How——如何评价结果。

a）确定需要实施的措施，以实现其质量目标；

b）确保提供足够资源；

c）确定对实现具体质量目标负责的人员（可以是团队或部门，而不仅是一个人）；

d）确定措施的完成时间；

e）确定结果的评价方式。

对实现所规定的质量目标的结果的评价可通过具有明确完成日期的关键绩效指标、项目管理、持续评审或反馈会议等其他手段来进行。

对实现所规定的质量目标的结果的评价可以是绩效评价、管理评审的一部分，或通过其他方法，比如有计划完成日期的项目管理、KPI，或持续评审与反馈会议等。

【实施建议和应用案例】

组织必须建立形成文件的各职能、各层次、各过程的质量目标或绩效指标，这可以通过建立《经营计划和目标管理程序》执行，目标设定和程序范例请参见第四章【组织环境分析、战略规划和经营计划】。

IATF 16949:2016 的补充和特别要求

6.2.2.1 质量目标及其实现的策划—补充

最高管理者应确保为整个组织内的相关职能、过程和级别，明确、建立并保持符合顾客要求的质量目标。

组织在建立其年度（至少每年一次）质量目标和相关性能指标（内部和外部）时，应考虑组织对相关方及其有关要求的评审结果。

【目的和意图】

本条款通过在组织的相关职能、过程和级别上，明确、建立并保持符合顾客要求的质量目标来加强此要求。因此，组织的质量目标需要考虑顾客目标，如顾客要求的准时交付、零公里故障 PPM 或线上不良 PPM、顾客投诉的反应时间或顾客问题解决时效。同时，还要考虑对相关方需求和期望评审的结果（见标准 4.2 条款）。

本条款要求应定期评审质量目标和相关绩效目标的充分性（至少每年一次）。

质量目标是管理层用于评审过程和体系有效性和效率的重要依据，是管理评审的一项重要输入，也是用于纠正措施和持续改进的基础。

6.3 变更的策划

> **ISO 9001:2015，质量管理体系—要求**
>
> **6.3 变更的策划**
>
> 当组织确定需要对质量管理体系进行变更时，变更应按所策划的方式实施（见 4.4）。
>
> 组织应考虑：
>
> a）变更目的及其潜在后果；
>
> b）质量管理体系的完整性；
>
> c）资源的可获得性；
>
> d）职责和权限的分配或再分配。

【目的和意图】

本条款旨在确定组织质量管理体系的变更需求，以适应其经营环境的变化，并确保以可控的方式策划、采纳和实施所提出的变更。

【理解和实施要点】

1.质量管理体系变更需求的识别

组织可基于下列考虑策划质量管理体系的变更：

- 组织所处的内外部环境的变化；
- 利益相关方的需求、期望及其他相关方面的任何变化；
- 监视、测量、分析及评价的结果，包括所识别的趋势和反馈；
- 已识别的风险和机遇的评审。

组织可通过多种途径识别变更的需求，例如审核结果、管理评审的输出、纠正措施、投诉分析、过程评审、组织环境变化、顾客及利益相关方的需求变更等。

2.质量管理体系变更的实施

（1）关注内外部环境变化

组织除了需关注到内部环境的变化，如公司的治理、政策、战略、产品、技术，还需要关注外部环境发生的变化，如技术、市场、竞争或法律法规环境的重大变化。当外部环境和内部环境发生重大变化时，组织应对变更进行策划，对影响质量管理体系有效运行的相关变更信息和事务进行动态识别，评估风险和机遇，并制定应对措施，对变更前、变更中、变更后全过程加以控制，从而降低或消除风险，赢得最有力的环境、机遇和条件，为组织健康发展提供支持。

（2）变更策划的时机

a）质量管理体系的建立和实施的初始阶段。

b）组织机构发生调整、导入不同于之前的新产品、生产工艺发生重大变化等需改进或更新现有的质量管理体系时。如工厂新产品线的迁移、在服务或生产过程使用新软件系统（例如开放顾客在线下单）。这些变更对质量管理体系完整性的影响需要经过组织的评估，并采取必要措施来预防不利影响。

c）为满足新要求，调整、充实现有质量管理体系时。

d）多个管理体系集成或一体化时。

（3）考虑变更的目的和任何潜在的后果

基于风险思考的方法对识别策划质量管理体系变更时的必要措施是很有帮助的。组织需要对质量管理体系变更进行评估，因为它可能影响组织持续稳定提供满足顾客和法律要求的产品和服务，以及提高顾客满意的能力。

组织可采取评审、试运行等方法确定变更的可行性。包括对变更实施过程中可能带来的新风险的预判和评估，变更方案得到批准后方可实施。

如导入新的软件系统，有可能由于软件不够成熟和完善，导致运行效率低、部分功能缺陷等，无法实现预期的变更目的。所以，进行变更的策划时，应考虑充分，未雨绸缪。

（4）确保质量管理体系的完整性

在对质量管理体系进行变更时，往往会涉及过程、资源、机构、职责等方面的因素，因此对质量管理体系进行变更时，仍然保持体系的完整性是衡量变更是否有效的关键，可对照标准 4.4 条款的要求执行。如前所述，导入新的软件系统后，原来的作业程序可能发生变化，需要新增或修订相应的文件，应策划涉及使用软件系统的人员的培训安排。

在条款“5.3 组织的岗位、职责和权限”中要求“最高管理者应分配职责和权限，以：e）确保在策划和实施质量管理体系变更时保持其完整性”，因此，应授权负责的人员对体系变更保持完整性进行评审和控制。

（5）变更策划应确保资源的可获得性

体系变更后，关键是资源能否动态满足要求，如有的组织从单一的产品扩展为多元化的产品，生产设施设备、测试设备、技术人员等资源能否动态满足，这都是策划面临的重要问题。

（6）变更策划还应充分考虑职责和权限的分配或调整

由于体系变更，可能导致组织职能和权限进行重大调整，此时应修订相关的文件，并使相关人员知晓调整后的职责和权限。

（7）评价变更的有效性

责任部门应对变更方案进行评审，对变更实施过程及变更后控制措施的有效性进行监控和评价。

【实施建议和应用案例】

本条款并未要求将变更的策划过程形成文件，但变更输出的结果是需要保持和保留成文信息的，证据可能涉及变更评审和批准的记录，相关文件更改的结果等。对于质量管理体系的策划及其变更的策划可以在质量手册中规定方式和要求即可。

ISO 9001:2015 标准中有三个关于变更或更改的条款，除了本条款外，还有“8.3.6 设计和开发更改”和“8.5.6 更改控制”。这三处更改的目的和范围是不同的，条款 6.3 是关于质量管理体系的变更，8.3.6 是关于产品设计和开发的更改，8.5.6 是关于生产或服务提供的更改。

“变更或更改”在英文版标准中均是同一词“change”，但在 GB/T 19001:2016 中，关于质量体系及其过程的改变用“变更”，关于产品设计开发及生产或服务提供的改变用“更改”，其实两者的意思是相同的，从汉语词义看，“变更”可能更贴切一些，很多港台企业都习惯用“变更”。

质量管理体系的变更应经过评审和批准，以下是一个评审表的示例。

表 3-6 管理体系变更评审及跟踪表（参考格式）

体系类别：□质量体系 □环境体系 □职业健康安全体系 □其他________________ 申请变更部门： 申请变更日期： 申请人：
申请变更事项说明（必要时可附相关资料）：
变更目的及期望结果：
变更的潜在后果（风险）描述：
变更所需的资源及可获得性：
变更所需的验证/确认活动：
是否涉及组织架构和/或岗位、职责和权限的变更：
变更所需增加或修订的文件：
跨功能小组评审结果： 参与评审人员： 日期：
总经理（或授权人）意见： 签名： 日期：
实际变更结果跟进： 跟进人： 日期：

第七节　标准第 7 章【支持】的理解、实施及应用案例

第 7 章【支持】是对组织的质量管理体系建立、实施、保持和持续改进提供资源、能力和信息支持，包含 5 个方面的内容：7.1 资源、7.2 能力、7.3 意识、7.4 沟通和 7.5 成文信息。

IATF 16949 在资源、能力、意识和成文信息方面均补充和增加了相关条款。

第 7 章条款结构如下：

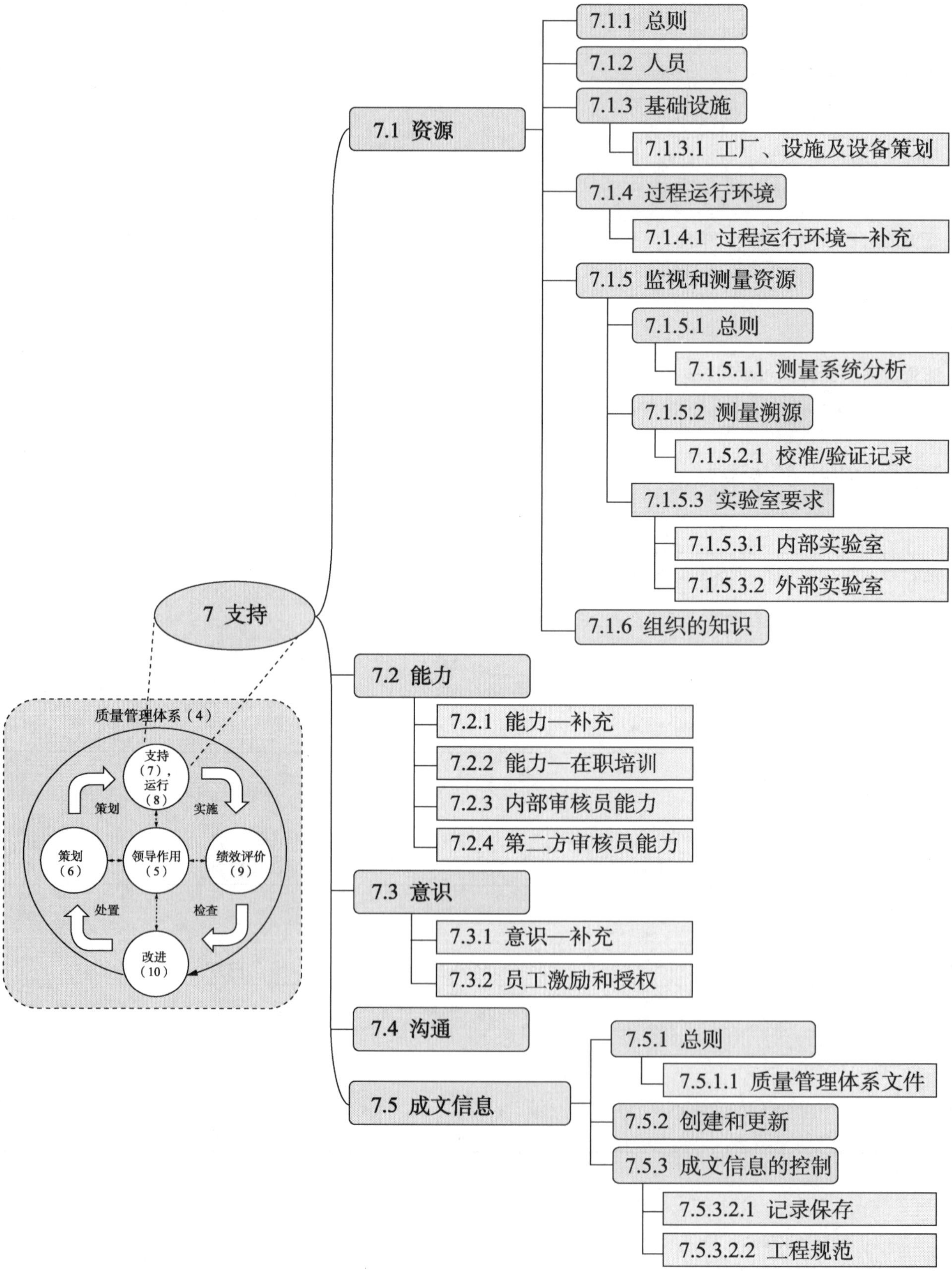

7 支持

7.1 资源

> **ISO 9001:2015，质量管理体系—要求**
>
> **7.1.1 总则**
>
> 组织应确定并提供所需的资源，以建立、实施、保持和持续改进质量管理体系。
>
> 组织应考虑：
>
> a）现有内部资源的能力和局限；
>
> b）需要从外部供方获得的资源。

【目的和意图】

本条款“总则”是对质量管理体系所需资源的总体要求。

本条款的目的是确保组织为质量管理体系的建立、实施、保持和持续改进及其有效运行提供必要的资源。

在确定所需提供的资源时，组织应考虑其内部资源的当前能力（如人员、设备能力、组织的知识）以及任何限制（如预算、资源数量、时间表）。

在确定资源期间，组织可使用基于风险的思维考虑提供这些资源的成本收益对比分析。然后做出所需资源的决定，包括来自外部的资源，以及确保提供所需资源的必要的措施；这适用于 ISO 9001:2015 中 7.1.1～7.1.6 条款。

关于外部供方提供的过程、产品和服务的控制在条款 8.4 中做了规定。

> **ISO 9001:2015，质量管理体系—要求**
>
> **7.1.2 人员**
>
> 组织应确定并配备所需的人员，以有效实施质量管理体系，并运行和控制其过程。

【目的和意图】

本条款旨在确保组织具备运行和控制其过程以及有效实施质量管理体系所需的合适的人力资源。组织应考虑当前工作负荷以及相关人员履行质量管理体系职能和角色的能力。

【理解和实施要点】

（1）本条款关注组织在选人、用人方面的要求，包括用人需求的提出、招聘到合适的人员（选对人）和工作分配（把人放对位置）等人力资源管理要求，必要时组织需要编制与业务规划相匹配的人力资源规划。

组织应采取各种措施识别有效运行质量管理体系所需的人力资源，包括与岗位工作量相匹配的人员数量（定编）、适任的人员，尤其从事检验、测试、审核、顾客投诉处理、设计开发、质量技术、特殊工种等直接影响质量绩效的关键、敏感岗位的人员配置，确保所有直接或间接影响质量绩效的人员必须与岗位适任要求相匹配，这项工作可以和人力资源管理体系中的“三定”方案同步进行。

（2）鉴于企业管理已经从提高劳动生产率到提升组织效率，目前更加强调人的效率对组织持续成功的重要性，所以人的“选、用、育、留”对提升组织的核心竞争力至关重要。组织通常在抱怨执行力问题时更多关注的是制度原因，但实际上很多都是由于选人、用人不合理导致的，即没有在合适的时间将合适的人员放在合适的岗位上。领导者除了选对人、用对人，还要善于培养人的能力和激励人的工作潜能。

（3）随着组织的专业化分工越来越细，出现了劳务外包、临时聘用等多种低成本劳动力管理手段，人力资源管理出现了组织将部分专业工作和不增值的工作任务外包给第三方服务供方的情况。

当组织决定聘用外部人员或利用外部供方时，组织应考虑诸如额外的培训需求或对服务提供方进行审核的需求等因素，以确保实现所必需的绩效。组织应充分考虑对各种能力的要求（见 ISO 9001:2015 7.2 条款）。

【实施建议和应用案例】

结合人力资源管理进行岗位分析，定岗、定编、定员，建立人力资源管理过程等。

此条款可结合“7.2 能力”的要求一并实施。

> **ISO 9001:2015，质量管理体系—要求**
>
> **7.1.3 基础设施**
>
> 组织应确定、提供并维护所需的基础设施，以运行过程，并获得合格产品和服务。
>
> 注：基础设施可包括：
>
> a）建筑物和相关设施；
>
> b）设备，包括硬件和软件；
>
> c）运输资源；
>
> d）信息和通讯技术。

【目的和意图】

本条款旨在确保组织具备向顾客稳定地提供合格产品和服务所需的设施、设备和服务。

【理解和实施要点】

1.对基础设施管理的要求

基础设施对实现产品和服务的符合性具有重要影响。组织需要：

a）确定过程有效运行和实现预期结果所需的基础设施；

b）提供并维护基础设施。

“确定”“提供”和“维护”是三类不同的活动，可由组织的不同过程或职能实施。例如，某一特定过程（如工程、生产）的负责人可能确定具体的基础设施要求，采购过程获取和提供这些基础设施，维护部门还需要确立维护和实施这些基础设施的各项活动（如设备维护、后勤保障、信息技术更新、信息通信系统定期测试、设施设备的定期检查）等。

2.本条款所要求的基础设施

本条款所要求确定、提供和维护的基础设施包括但不限于：

a）建筑物和相关设施

——可包括组织的建筑物（如厂房、生产车间、仓库、办公场所）和相关的设施（如供水、供电、供气、制冷、消防、照明、通风、监控等设施，以及相关办公设施）的管理。

b）设备，包括硬件和软件

——生产用机器、设备、工装，包括对硬件和软件的管理。

c）运输资源

——包括厂内装运的工具、叉车、推车，顾客接待和送货车辆等。

d）信息和通讯技术

——包括内部电话、传真、电脑、网络，外部电话、网络，视频会议系统，信息系统（如OA 办公自动化系统、ERP 系统）等。

【实施建议和应用案例】

——本条款是 ISO 9001 的要求，可结合 IATF 条款“7.1.3.1 工厂、设施及设备策划”的要求进行评估和确定，组织应根据产品和服务的需要，确定所需的制造、加工、装配、试验、检验、监控、验收、包装、运输、服务等各类基础设施。根据确定的要求（如数量、品种、功能、性能、精度等），组织应配备满足要求的基础设施，可以通过组织自建自购，也可以借助外部条件（如外部租赁、顾客提供、供方提供）。

——组织的基础设施管理是动态的过程。基础设施会随着时间的推移而出现老化、损坏、破旧等现象。根据确定的标准，组织应建立定期维护保养、检查制度，适时补充和更新，确保基础设施的过程能力始终满足要求。此外，随着技术的进步、生产的发展、新的项目开发，组织应适时策划基础设施的升级、改造和重新配置，如在工业化和信息化深度融合的背景下，自动化、智能化设备设施的普遍应用。

——组织还可以建立基础设施的全生命周期管理模式，考虑采用 TPM 等管理工具，或借鉴“ISO 55001 资产管理”标准，提高基础设施完好率和利用率、降低设备运行成本、提高设备使用寿命。

——本条款涉及多个不同负责的职能部门活动，建议可建立以下相关过程和文件：

a）关于建筑物和相关设施的管理可建立《基础设施管理办法》。

b）关于生产设备的管理结合条款“8.5.1.5 全面生产维护 ”的要求建立《生产设备管理程序》；案例见 8.5.1.5 条款。

c）关于生产工装的管理结合条款“8.5.1.6 生产工装及制造、试验、检验工装和设备的管理”的要求建立《工装管理办法》；案例见 8.5.1.6 条款。

d）关于运输资源管理，可建立《搬运管理办法》和《车辆管理办法》。

e）关于信息和通讯技术管理，可建立《信息和通讯系统管理办法》。

文件范例【基础设施管理办法】			
文件名称	基础设施管理办法	文件编号：SQ-WI-002	版本：A
编制部门	行政部	编制日期：2019.12.9	页码：1/3

1.目的

为确保提供和维护各项基础设施，以支持过程运行和产品实现，并达到产品和服务满足要求，特制定本办法。

2.适用范围

适用于本公司各项基础设施（包括厂房、建筑物、供水、供电、供气、制冷、消防、电梯等）的提供、维护和管理。办公设备及通讯设备的管理另见《信息和通讯系统管理办法》。

3.术语和定义

无

4.职责

4.1 行政部：负责主导厂内各项基础设施的统筹和维护管理。

4.2 采购部：负责各项基础设施、设备的采购。

4.3 使用部门：设施需求提出及设施故障报告。

4.4 财务部：负责基础设施的编号、标识和列入固定资产管理。

5.作业内容

5.1 需求申请

公司统筹的各项基础设施由行政部负责提出申请，各部门在使用过程中需增加或改造相关基础设施时由本部门提出申请，申请部门需填写《设施设备新增申请单》，经部门经理审核，总经理批准后，交采购部门采购或委外安装/建设。

5.2 基础设施的验收安装

a）公共/服务设施由行政部组织相关部门进行评价验收。

b）非公共/服务设施由权责部门负责组织使用单位进行评价验收。

c）基础设施的验收标准及安装按与供应商签订的采购合同或相关协议等进行。

d）特种设施验收，国家有相关规定的要依据国家相关规定执行，并取得特种设施使用证明后方能投入使用。

5.3 编号与建档

所有验收合格的基础设施由财务部负责编号和标识，并登记在《固定资产登记表》建档管理。

5.4 基础设施使用和故障维修

5.4.1 各部门在使用基础设施时应遵守相关操作规定和要求，特种设施设备需要有资格的人员进行操作和定期维护。

5.4.2 基础设施使用过程出现故障或异常时，由使用部门电话通知行政部，由行政部安排人员按以下方法处置：

（1）基础设施还在保修期内的，通知供应商按双方签订的合同或协议进行售后服务处理。

（2）组织进行内部维修，当分析故障内部无能力处理时，应及时上报部门经理，以决定是否要委外修理，部门经理与委外单位确认维修方式、维修费用填写《设施设备维修单》，上报总经理阐明外委理由，总经理批准后，才能联系专业公司人员来厂维修。

（3）基础设施检修时，应挂上“维修中”“注意安全”等警示牌，有电源的设施还需切断电源，以免发生误合闸或其他行为造成事故伤害。

文件范例【基础设施管理办法】			
文件名称	基础设施管理办法	文件编号：SQ-WI-002	版本：A
编制部门	行政部	编制日期：2019.9.9	页码：2/3

5.5 基础设施的定期检查与年审

5.5.1 行政部门依基础设施的特性要求或国家法律法规要求进行定期检查保养并记录。

5.5.2 国家规定需年审的特种设施、本公司无能力进行定期检查的设施，需外委至专业服务公司进行定期检查及保养，特种设备交由国家规定的有资质的单位年审。年审相关记录及有效单据由行政部统一管理保存。

5.6 基础设施的报废

5.6.1 对严重损坏、无修理价值，或性能落后、严重影响使用或工作效率的设施，可申请报废。

5.6.2 报废由行政部门填写《报废申请单》提出申请，财务部审核后，并经总经理核准后报废处理。

5.6.3 经批准报废的基础设施，要在《固定资产登记表》中注销。

5.6.4 特种设施、重大设施、安全消防设施在批准报废尚未撤离使用现场时，须挂上“停止使用”或“注意安全”等警示牌，有电源的切断电源，并做好安全防护。

5.7 水、电、空调设施检查和维护

5.7.1 每月对水、电设施进行检查并记录于《基础设施检查表》。

5.7.2 每月对空调进行检查并记录于《空调检查记录表》，每 6 个月对空调外壳面板、过滤网、风扇叶轮进行擦洗。

5.7.3 每次检查中发现水、电、空调设施有损坏或不能正常使用，需立即维修，以维护其正常状态，维修结果应记录在相应的检查表中。

5.8 厂房、建筑物及相关场所之维护

5.8.1 各部门每日对工作场所和区域进行清扫清洁。

5.8.2 行政部门每月一次检查厂房、建筑物有无倾斜、破损，门、窗、玻璃有无损坏，并将检查结果记录于《基础设施检查表》。发现异常情况时，应立即申请维修。各部门如在作业过程中发现基础设施有异常时，应及时通知行政部进行处理。

5.9 消防设施检查和保养

（1）每月由行政部门对消防设施进行检查，并记录于《消防系统检查记录表》。

（2）每月行政部门应对消防设备外部清洁一次，用压缩空气进行吹污、吹尘，再用干的抹布擦拭清洁。

（3）对楼层消防栓泵进行外观检查，查看外接线是否固定良好，消防水池是否有水，水泵压力是否可达到高压。

（4）检查消防灭火器压力是否正常，是否处于有效期内。

（5）检查报警器是否正常。

（6）消防系统的检查、维修、保养均应有完整的记录，分类归档管理。

5.10 空压机日常维护

（1）每周要清洁空压机及工作环境。

（2）每周要对空压机管路进行排污。

（3）将储气罐内的冷凝水两天排放一次（视环境湿度和温度可适当调整）。

（4）检查冷却系统，堵塞时应进行清理或更换。

（5）严格按照国家劳动部门有关规定到当地劳动局校核储气罐、安全阀性能。

文件范例【基础设施管理办法】

文件名称	基础设施管理办法	文件编号：SQ-WI-002	版本：A
编制部门	行政部	编制日期：2019.9.9	页码：3/3

（6）要定期更换吸气过滤器芯。

（7）要定期更换压缩机油。

（8）检查管道是否漏气、通道是否堵塞，清洗或更换。

每周由行政部门对空压机进行检查，并记录于《空压机检查记录表》。

5.11 电梯的保养

5.11.1 电梯为特种设备，电梯的维修保养公司不能私自执行，根据中华人民共和国“特种设备安全监察条例”有关规定，电梯专业维修保养单位一定要持有省质量技术监督局颁发的“电梯安装维修保养资格认可证”。

5.11.2 电梯每月由服务供应商检查及保养。

5.11.3 在使用中电梯有损坏或无法使用，需立即通知行政部门请保养供应商维修。

5.12 发电机维护保养

5.12.1 每月对发电机设施进行检查并记录于《发电机检查记录表》。

5.12.2 每月检查中发现发电机有异常或无法使用时，需立即申请维修，并填写《设施设备维修单》，经总经理核准后再做处理。

5.12.3 发电机维护保养项目：润滑系统、冷却系统、进风口系统、燃油系统、排气系统、充电系统、自动控制装置、清洁机组，每月清洁冷却器外围等。

6.参考文件

无

7.使用表单

7.1 《设施设备新增申请单》

7.2 《固定资产登记表》

7.3 《设施设备维修单》

7.4 《基础设施检查表》

7.5 《空调检查记录表》

7.6 《消防系统检查记录表》

7.7 《空压机检查记录表》

7.8 《发电机检查记录表》

7.9 《报废申请单》

附表 SQ-03　　**设施设备新增申请单**（参考格式）

品名	型号及规格	单位	购置数量	单价	金额	购置时间
申请购置金额：　拾　万　仟　佰　拾　元　角　分　**￥：**						
申请原因：						
申请部门		**申请人**		**申请日期**		
行政部门审核： **签名：**　　**日期：**			**总经理批准：** **签名：**　　**日期：**			

附表 SQ-04　　**固定资产登记表**（参考格式）

序号	固定资产编号	名称	规格/型号	单价	数量	存放地点	购入日期	使用人	保管人	登记人/时间	备注
1											
2											
3											
4											
5											
6											
7											
8											
9											
10											
11											
12											

<table>
<tr><td colspan="2">附表 SQ-05</td><td colspan="4">**设施设备维修单**（参考格式）</td></tr>
<tr><td>提出单位</td><td></td><td>提出人</td><td></td><td>日期</td><td>年　月　日</td></tr>
<tr><td>设施设备名称</td><td></td><td>资产编号</td><td></td><td>型号</td><td></td></tr>
<tr><td>故障发生时间</td><td>日　时　分</td><td>提出时间</td><td>日　时　分</td><td colspan="2">□紧急　□普通</td></tr>
<tr><td colspan="6">1.故障说明：（提出单位填写）

填写人：</td></tr>
<tr><td colspan="6">2.故障发生主要原因：（维修部门填写）

设备维修员：</td></tr>
<tr><td colspan="6">3.判定：　□内部维修　□委外维修（外修需总经理批准）
预计委外维修费用：
行政部门审核：　总经理批准：</td></tr>
<tr><td colspan="6">4.维修部位及更换零部件：

本次维修费用：　设备维修员：</td></tr>
<tr><td colspan="6">5.维修结果确认：（提出单位填写）</td></tr>
<tr><td colspan="6">□已修好，设备可正常运行　设备修复时间：　日　时　分
□还存在问题，问题是：</td></tr>
<tr><td colspan="6">确认人:　日期：</td></tr>
</table>

<table>
<tr><td>附表 SQ-06</td><td colspan="2">**基础设施检查表**（参考格式）</td></tr>
<tr><td colspan="3">检查日期：　年　月　日</td></tr>
<tr><td rowspan="2">检查区域</td><td>检查结果</td><td rowspan="2">异常修复
结果</td></tr>
<tr><td>（水设施：有无水管破裂、水龙头损坏、跑冒滴漏等情况）
（电设施：有无电线裸露、乱接电源、开关插座损坏等情况）
（建筑设施：有无剥落、倾斜、破损、门窗损坏等情况）</td></tr>
<tr><td>办公室</td><td></td><td></td></tr>
<tr><td>实验室</td><td></td><td></td></tr>
<tr><td>注塑车间</td><td></td><td></td></tr>
<tr><td>冲压车间</td><td></td><td></td></tr>
<tr><td>装配车间</td><td></td><td></td></tr>
<tr><td>……</td><td></td><td></td></tr>
<tr><td></td><td></td><td></td></tr>
<tr><td></td><td></td><td></td></tr>
<tr><td colspan="3">备注：1.检查区域正常时则填写“正常”，异常时要注明具体不良项目情况。
2.每月检查一次，行政部门针对不良项目要及时修复，并记录修复结果。</td></tr>
<tr><td colspan="3">检查人员：　审核：</td></tr>
</table>

附表 SQ-07	空调检查记录表（参考格式）							
检查日期：								
空调编号	所在区域	检查项目及结果						备注
		电源插头	过滤网	按键开关	运行	出风口	制冷	
备注：1、检查项目良好的打“√”，不良项目写出具体内容。 2、每月检查一次并做好记录，统一由行政部门保存。								
检查人员：				审核：				

附表 SQ-08	消防系统检查记录表（参考格式）					
检查日期： 年 月 日						
项次	检查项目	检查方法	检查结果		存在问题	改善结果
			是	否		
1	消防通道是否保持畅通	目视				
2	安全疏散指示标志、应急照明灯具是否完好	目视				
3	各层消防通道防火门是否常闭	目视				
4	灭火器等消防器材和消防安全标志是否在位、完整	目视				
5	灭火器指针是否在绿色区域	目视				
6	消防栓内各项器材是否完整、到位	目视				
7	防火门是否堆放杂物、影响使用	目视				
8	消防水源是否保持充足	试运行				
9	消防自动警报系统等消防设施是否正常运转	试运行				
10	其他					
说明：在检查结果栏内打“√”，有问题的要准确、详细记载，并及时反馈给行政部门处理。						
检查人员：	部门主管审核：					

附表 SQ-09 **空压机检查记录表**（参考格式）

检查日期：　　年　　月　　日

项次	检查项目	检查方法	检查结果		存在问题	改善结果
			是	否		
1	外壳是否有损伤、变形、腐蚀	目视				
2	阀、旋塞是否正常	运行				
3	安全阀性能是否正常	运行				
4	压力表是否正常	运行				
5	排水阀是否正常	目视				
6	其他安全装置性能是否正常	目视				
7	管路是否泄漏	运行				
8	皮轮是否正常	目视				
9	过滤器是否正常	运行				
10	各部螺栓是否有松动、掉落	目视				
11	静电接地是否正常	目视				
12	冷凝水排放是否正常	目视				
13	马达、压缩机是否正常	运行				

说明：在检查结果栏内打“√”，有问题的要准确、详细记载，并及时反馈给行政部门处理。

检查人员：　　　　　　部门主管审核：

附表 SQ-10 **发电机检查记录**（参考格式）

检查日期：　　年　　月　　日

项次	检查项目	检查方法	检查结果		存在问题	改善结果
			是	否		
1	发电机室内周围环境是否良好	目视				
2	保护装置是否正常	目视				
3	各开关的切换动作是否良好	运行				
4	润滑油质、油量、油管是否正常	目视				
5	冷却水质水管是否正常	目视				
6	排气管状况是否正常	运行				
7	蓄电池设备是否正常	运行				
8	起动动作确认是否正常	运行				
9	空载运行电压是否正常	运行				
10	各指示表及指示灯是否正常	目视				
11	冷却水循环是否正常	运行				
12	运转后油温水温是否正常	运行				
13	其他	目视				

说明：在检查结果栏内打“√”，有问题的要准确、详细记载，并及时反馈给行政部门处理。

检查人员：　　　　　　部门主管审核：

IATF 16949:2016 的补充和特别要求

7.1.3.1 工厂、设施及设备策划

组织应使用多方论证的方法，包括风险识别和风险缓解方法，来开发并改进工厂、设施和设备的计划。在设计工厂布局时，组织应：

a）优化材料的流动和搬运，以及对空间场地的增值利用，包括对不合格品的控制，并且

b）在适用时，便于材料的同步流动。

应开发并实施对新产品或新操作的制造可行性进行评价的方法。制造可行性评估应包括产能策划。这些方法还应适用于评价对现有操作的提议更改。

组织应保持过程有效性，包括定期风险复评，以纳入在过程批准、控制计划维护（见第 8.5.1.1 条）及作业准备的验证（见第 8.5.1.3 条）期间作出的任何更改。

制造可行性评估和产能策划的评价应为管理评审的输入（见 ISO 9001 第 9.3 条）。

注 1：这些要求应当包括对精益制造原则的应用。

注 2：这些要求应当应用于现场供应商活动，如适用。

IATF 16949:2016—认可解释（SI-18）增加了对制造设备的网络保护要求，原文如下：

编号	IATF 16949 参照	认可解释
18	**7.1.3.1 工厂、设施及设备策划**	组织应使用多方论证的方法，包括风险识别和风险缓解方法，来开发并改进工厂、设施和设备的计划。 在设计工厂布局时，组织应： a）优化材料的流动和搬运，以及对空间场地的增值利用，包括对不合格品的控制；并且 b）在适用时，便于材料的同步流动；以及 c）对支持制造的设备和系统实施网络保护。 *变更的理由：* *网络安全不限于使用计算机的支持功能和办公区域。制造也使用计算机控制和设备，这将面临网络攻击的风险。这种增加推动了必要保护措施的实施，以确保持续运行和生产以满足顾客的要求。*

【目的和意图】

本条款旨在通过在策划活动中应用基于风险的思维和对精益制造原则的应用，使很多操作风险能够被避免，这也扩展到材料同步流动的优化，以及充分利用场地空间，并控制不合格产品，从而提高过程的有效性和效率。

【理解和实施要点】

1.什么是精益制造

精益制造是国际汽车计划组织（IMRP）对日本 JIT 生产模式的赞誉之称。“精”即少而精，只在适当的时候生产必要数量的市场需要的产品，“益”即指所有生产经营活动均要有益、有效，具有经济性。

精益生产方式，是指以顾客需求为拉动，以消灭浪费和快速反应为核心，使企业以最少的投入获取最佳的运作效益和提高对市场的反应速度。其核心就是精简，通过减少和消除产品设计开发、生产、管理和服务中一切不产生价值的活动（即浪费），缩短对顾客的反应周期，快速实现顾客价值增值和企业内部增值，增加企业资金回报率和企业利润率。

精益生产方式综合了大量生产与单件生产方式的优点，力求在生产系统中实现多品种、少批

量、高质量、低成本的生产。为了实现精益，许多改进工具及技术已广泛运用，如价值流分析、看板（拉动系统）、快速换型换线、均衡生产、单件流、5S、TPM 等。

精益制造在管理方法上的特点：

a）以最终顾客的需求作为生产的起点；

b）强调物流平衡，追求零库存，要求上一道工序加工完的零件立即可以进入下一道工序；

c）组织生产线依靠看板牌的形式，即由看板牌传递工序间的需求信息；

d）由于采用拉动式生产，生产中的计划与调度实质上是由各个生产单元自己完成，在线上只做最终产品的生产计划，过程中各个生产单元自主协调极为重要。

在当今面临市场多变、顾客需求多样化的情况下，众多企业通过精益生产方式的实施，在以下方面得到显著改善：

—— 提高了企业的生产效率；

—— 缩短生产周期，提高企业对顾客需求的应变能力；

—— 缩短企业资金运转周期；

—— 降低库存，提高库存周转率；

—— 提高产品质量，降低运作成本；

—— 减少生产中不必要的浪费。

2.本条款包括三个方面的要求

为便于读者理解，用图示表述如下：

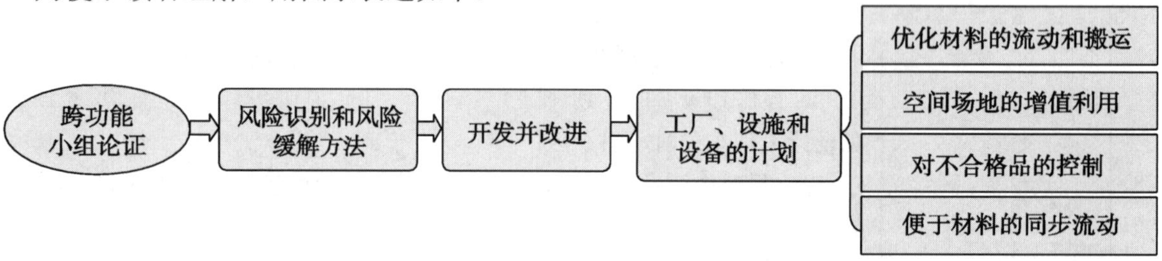

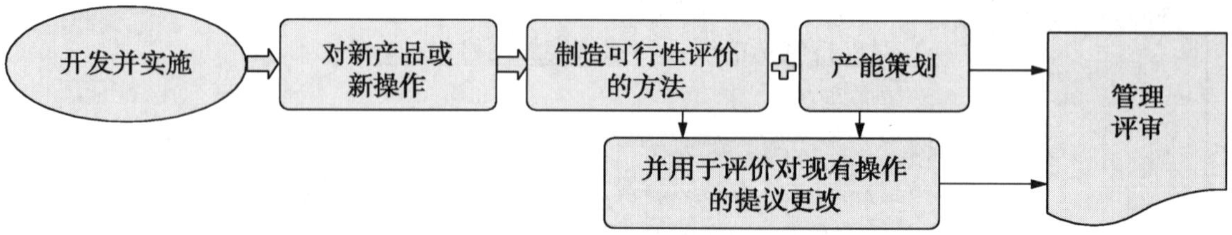

——工厂、设施及设备策划是确定组织在制造/生产过程中所需的设施设备，并对现有操作和过程效果进行评价，使工厂的布局最大限度地减少材料的转移和搬运，便于材料的同步流动，以及最大限度地使场地空间得到增值使用，以达到持续改进和不断提高制造过程能力之目的。

【实施建议和应用案例】

1.工厂布局和设施设备策划

本条款关于工厂、设施和设备的策划涉及多学科的知识，如 IE 工程、精益制造原则、工业自动化、人体工程学等，且需要使用跨部门的多方论证方法，**并结合先期产品质量策划（APQP）有关项目实施**。本条款文字不多，但所包含的内容却是相当的丰富！

不同行业，不同产品，不同规模的企业，其复杂程度不同。这里提供新厂规划和布局的部分示例帮助读者理解和参考。

（1）工厂规划的总体原则（示例）

原则一：符合政府相关法律与法规
——满足国土局《工业用地规划设计条件与建筑要求》（主要含地块红线建筑退让距离、建筑密度、容积率、绿化率、出入口设置等要求）。
——满足环保局《建设项目环境保护设计规范》。
原则二：满足生产工艺的建筑需求
——根据生产工艺合理设置建筑柱网跨距、层高、承重，在满足一般轻工厂房通用条件基础上，保证 XXX 部分特殊工艺的建筑需求。
——根据工艺需求满足防尘、防静电、物料安全以及辅助设施等要求。
——根据需求合理设置主通道、货台、货梯、设备入口等设施，满足物流需求。
原则三：保证生产安全与职业健康
——满足《GB50016 建筑设计防火规范》，合理设置防火分区、逃生距离、逃生梯宽度，以及特殊操作区隔离防护、卫生间设置、休息区设置等。
原则四：基于精益思想规划原则
——采用流线化模式整体布局，串接各生产制程，打造流畅的“一笔划”工厂。
——设置物料超市适时、适量组织生产，控制整体在制品与在线料（WIP&RIP）。

（2）厂区整体规划需求（示例）

- 总体设计产能—工厂规划总纲，确定规划的规模。
- 垂直整合程度—确认零部件自制的程度，要把握度。
- P-Q 配比分析—“品—量”与“批—量”的分析，选择生产模式。
- 生产工艺流程—确认生产工艺，规划作业单元。
- 规划功能模块—指定与论证要规划的作业单元。
- 生产辅助设施—主要作业单元以外的辅助设施。
- 地块用地红线—新建工业园的用地范围（或不是新建则确认场地条件）。
- 政府用地要求—新建工业园的用地要求（退让、开门、建筑指标等）。

（3）总产能规划（示例）

总体规划产能——峰值月生产节拍（T）

规划总产能：

30 万台/年，月峰值 4.28 万台

规划最大小时产能：

42800 台/26 天/10 小时/90%=182.9 台/小时

圆整后产能： 180 台/小时

总生产节拍： 20 秒

算法说明：

a.针对高峰月份，则要以较多的加班时间来满足；考勤时间以 26 天/月、1 个班次、每班 10 个小时进行计算，90%的线体稼动率；加班时数约为 84 小时/人。

b.对于投入较大的设备可以两班倒，以 26 天×22 小时计算最大产能。

c.超过 36 小时/月的加班时间与低谷月份进行平均以规避法律风险。

（4）工艺流程规划（示例）

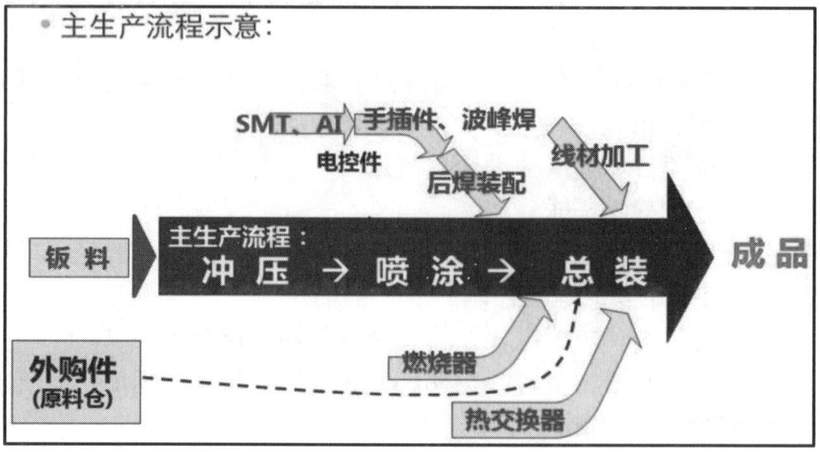

（5）功能模块规划（示例）

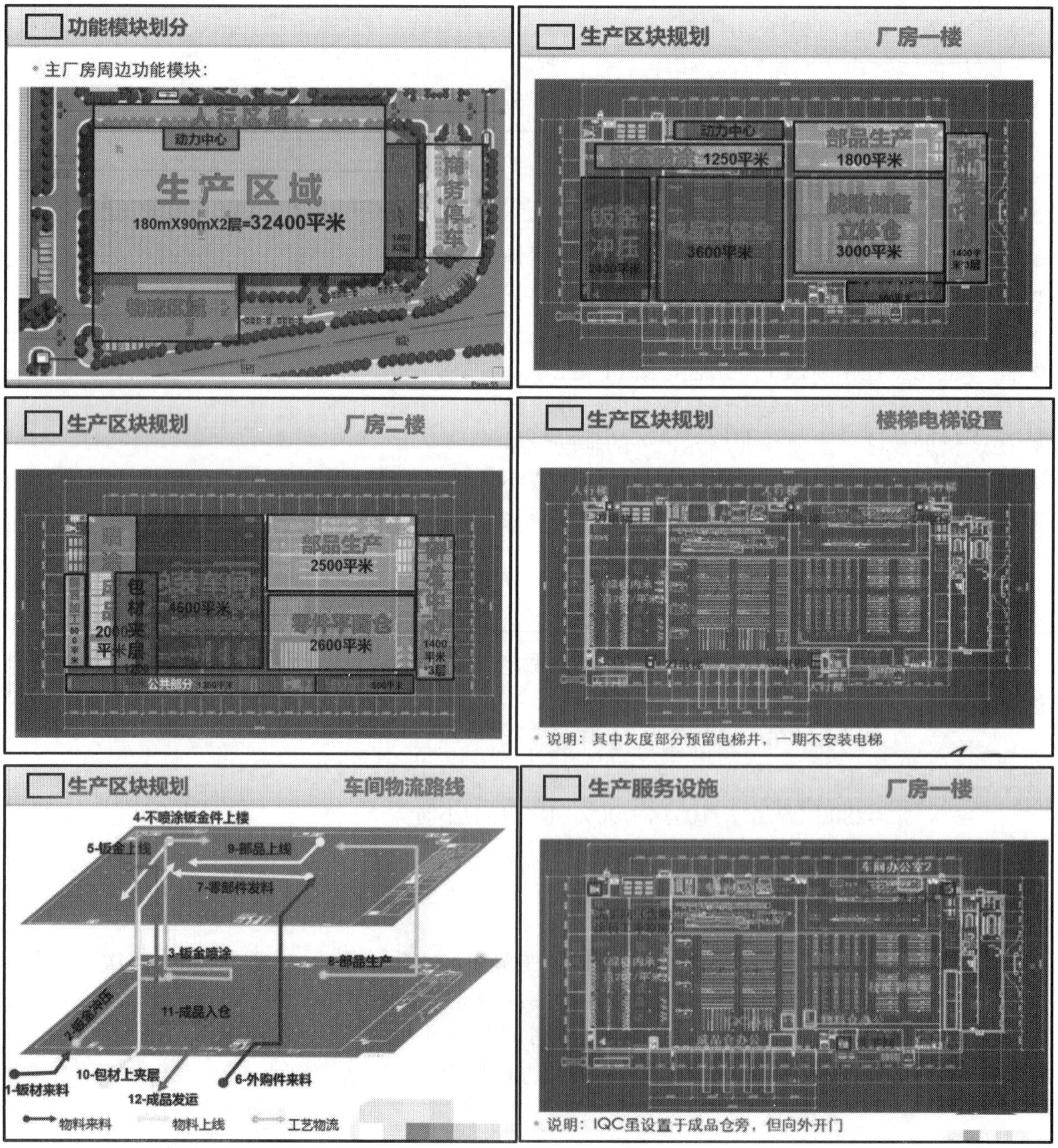

（6）仓储物流规划（示例）

类型	No.	物料名称	包装数量（个/卡板）	单位面积（平米）	库存周期（天）	库存量（卡板）	总面积（平米）	存储率 %	余量系数 %	仓储面积 平方米
战略储备仓	1	水泵	180	0.96	4个月	951	913.1	127%	30%	934.6
	2	热交换器	100	1.2	1个月	428	513.6	127%	30%	525.7
	3	膨胀水箱 进口10%	120	1.16	3个月	107	124.1	127%	30%	127.1
	4	比例阀 进口30%	800	1.16	2个月	32	37.2	127%	30%	38.1
	TOTAL					1518.2	1588.0	-	-	1626
常规料仓	1	燃烧器	200	1.2	25	202.5	243.0	98%	30%	322.3
	2	膨胀水箱 国产90%	120	1	25	337.5	337.5	98%	30%	447.7
	3	比例阀 国产70%	160	1.5	20	157.5	236.3	98%	30%	313.4
	4	控制器类	160	1.5	1个月	267.5	401.3	98%	30%	532.3
	TOTAL					965.0	1218.0	-	-	1616
线边料仓	1	风机	200	1.2	7	63	75.6	45%	30%	218.4
	2	塑料件	180	1.5	10	100	150	45%	30%	433.3
	3	其他	-	-	-	-	300	45%	30%	866.7
	TOTAL					163.0	525.6	-	-	1518
成品仓	1	壁挂炉成品	20	2.08	1个月	2140	4451.2	182%	10%	2690.3
	TOTAL						4451.2			2690

• 说明： 需求面积=总面积/存储率X(1+余量系数)

（7）仓库系统规划（示例）

• 成品仓库规划：

驶入式货架

驶入式货架

（8）详细的规划还可包括以下内容

- 产能规划与分解
- 全制程工艺分析
- 线体设备选型
- 标准单元设置（含人力配置、作业工位、物料区需求等）
- 设备需求清单（含预算，并标明现已有设备部分）
- 楼层分布论证
- 厂内物流规划（与工业园区物流衔接）
- 详细规划排布（重点，同时确认天车地轨、电梯货台、设备入口等）
- 生活设施规划（如洗手间、饮水间、休息区等）
- 建筑参数设置（柱网跨距、护围、层高、承重、地坪天花等）

2.对现有生产布局、设施设备策划以及生产过程有效性进行评价的方法

组织可制定并实施对现有生产布局、设施设备策划以及生产过程有效性的评价方法，适当时可考虑以下方面：

评价项目	评价依据	评价方法
生产布局之合理性	《生产平面布置图》	《生产布置评价表》
设备需求与产能策划	《设备需求与产能计划表》 《新设备、工装和试验设备规划表》	《新设备、工装和试验设备评价表》
自动化应用	a）操作复杂的工序自动完成 b）容易出现质量事故的工序，有自动完成装置或自动报警装置 c）简单重要的工序（容易出错）有自动完成装置或相应的防错装置 d）危及员工安全及健康的工序有限位装置、报警装置或自动完成装置	各个工序进行评价，确定可实现自动化的可能性，包括：传输带、机械手、自动装料、自动卸料、自动检测等。《自动化应用评价表》
操作工和生产线平衡	a）生产线各工序设备的产能与作业人数配备合理 b）生产线各工序设备的产能与辅助作业人数配备合理 c）生产线各工序设备的产能与检验员人数配备合理 d）一旦缺岗由应急人员安排	《设备与操作者平衡评价表》 《生产线平衡与操作者需求计划表》
人机工程与人的因素	a）作业姿势 b）作业环境 c）危险物处理 d）重物的搬运 e）设备操作	《人机工程与人的因素评价表》
增值动作分析	a）生产线布局或零件流动 b）物料流动符合看板要求，没有过多的搬运，没有重复的搬运 c）能保证在不中断操作的情况下取得作业文件 d）合理利用空间，工序间接使用工具、刀具、夹具随手可拿 e）上、下工序节拍平衡，无过长时间的等候 f）加工余量合理，没有过多的加工	《增值动作分析改进表》
在制品周转及库存评价	a）半成品，成品的贮存量能满足 100%交付的要求 b）满足上述要求的贮存量为最低限额，不过多地占用资金 c）有合适的工位器具及搬运工具	《在制品和成品贮存周转评价表》

针对上表中提到的 10 个相关表单，以下给出了相应的参考格式或示例。

表 3-7 生产布置评价表（参考示例）

生产线/车间：	评审人员：				评审日期：		
问题		是	否	不适用	所要求的意见/措施	负责人	完成日期
1	精益原则是否被用于物料流动的考虑？						
2	平面布置图是否明确了所有要求的过程和检测点？						
3	是否已考虑对每一操作中所有材料、工装和设备清晰地标识区域？						
4	对所有设备是否已分配足够的空间？						
5	过程和检验区域是否具有：						
a	● 足够的空间						
b	● 足够的照明						
6	检验区域是否包含所需的设备和文件？						
7	是否具有：						
a	● 足够的中间准备区域						
b	● 足够的贮备区域						
8	为防止误装不合格产品，是否合理布置检测点？						
9	为减少在操作中（包括外部工艺）误用或混淆类似产品，是否已制定了控制措施？						
10	是否有保护材料使其免受污染？						
11	是否已为最终产品检验提供了设施？						
12	是否有足够的设施控制以防止不合格的进货材料进入贮存和使用点？						
13	有无闲置的空间浪费？						
14	机械运动部位是否超出通道界限？						
15	平面布置图是否规定了物料搬运路线？						
16	出货地点是否是最后工序？						
17	有无停机待料的情况？						
18	机台前是否有阻塞情况？						
19	有无闲置的机械设备？						
20	……						

表 3-8 设备需求与产能计划表（参考格式）

生产部门：					制定日期：		
序号	工序名称	设备名称 型号规格	生产能力 件/月	年度最高 月产量	应配设备 台数	实配设备 台数	需增设备台数

表 3-9 新设备、工装和试验设备规划表（参考格式）

编制部门：				日期：　年　月　日		
新设备/工装/ 试验设备名称	用途	性能/精度要求	所需 数量	负责部门	完成日期	预估 成本
编制：		审核：		核准：		

表 3-10 新设备、工装和试验设备评价表（参考示例）

问题		是	否	不适用	所要求的意见/措施	负责人	完成日期
1.是否已制定识别以下内容的清单：							
a	新设备						
b	新工装						
c	新试验设备（包括检查辅具）						
2.设备和工装设计是否已考虑以下方面：							
a	新材料						
b	快速更换工装						
c	产量波动						
d	防错						
3.对新设备、新工装、新试验设备（包括检查辅具）的接受标准是否已达成一致意见？							
4.是否需要进行设备能力研究？							
5.是否已确定试验设备的可行性和准确度？							
6.对于设备和工装是否已完成预防性维护计划？							
7.新设备和工装的作业指导书是否完整并且清晰易懂？							
8.生产设施、机器、设备是否有能力满足具体产品和过程特性公差的要求？							
9.是否将在生产工厂进行初始过程能力研究？							
10.是否已确认了影响产品特殊特性的过程特性？							
11.在确定验收标准时是否使用了产品特殊特性？							
12.工装和设备能否满足预测的生产量与服务量要求？							
13.是否有足够的试验能力？							
14.测量设备是否被验证和文件化，以显示测量和试验的范围和资格？							

表 3-11 自动化应用评价表（参考格式）

生产线名称：		评价人员：			评价日期：　　年　　月　　日			
工序名称	人员配置数量	重复性的工作/人工检验之程度	自动化的可行性	自动化的经济性	综合指数	优先度	解决方案/评价结果分析	备注
备注	（1）评价方式：采用 5 级评分法，劣=5 分；差=4 分；可=3 分；良=2 分；优=1 分 （2）综合指数之计算为：重复性×可行性×经济性 （3）优先度：综合指数最高者为优先度 1，依此类推，对优先度被评价为 1～3 的项目，由评价部门和相关部门对其提出改善对策/措施。							

表 3-12　设备与操作者平衡评价表（参考格式）

生产线名称：				评价人员：				评价日期：　年　月　日				
工序名称	设备名称	生产设备能力			D	人的作业			其他记事	参考值	评价结果	
		A	B	C		E	F	G				
		生产能力（件/小时台）	台数	总生产能力 A×B	计划每小时产量	作业数量（件/小时人）	人数（人/班）	生产能力 E×F	多能工等	G/D %	G/C %	等级
备注	（1）由现有设备的生产能力（A）与现有设备台数（B），计算出可能的总生产能力——生产数量（C） （2）在“人的作业”栏中，由作业数量（E）与额定人数（F），计算出工序生产能力（G） （3）根据 G/C%数值，按下面的等级评价准则评价各工序的等级数。											
评价等级	<90			90～130			131～160			>160		
	3 需要改善			1 良好			2 尚可			3 需要改善		
评价结果分析												
编制						审批						

表 3-13　生产线平衡与操作者需求计划表（参考格式）

生产线名称：			评价人员：		评价日期：　年　月　日	
序号	工序名称	年度最高月产量（件）	每人工作量	应配人数	实配人数	需增添的人数
1						
2						
3						
4						
5						
6						
7						
编制			审批			

表 3-14 人机工程与人的因素评价表（参考格式）

生产部门：					评价人员：					评价日期：	年 月 日		
作业名称	作业环境				作业姿势		危险物的处理	重物搬运	设备操作		综合指数	优先度	备注
	照明	温度	湿度	噪音	站	坐			操作性	安全性			
备注	（1）评价方法：采用 5 级负面评分法：劣=5 分；差=4 分；可=3 分；良=2 分；优=1 分。 （2）综合指数之算法：将各项的评价分数予以总计（相加起来）。 （3）优先度：评价指数最高者为优先度 1，依此类推，对优先度被评价为 1～3 的项目，由评价部门和相关部门对其提出改善对策/措施。												
解决方法													
编制								审批					

表 3-15 增值动作分析改进表（参考格式）

生产部门：				评价人员：				评价日期：		年 月 日	
工序名称/操作说明	操作动作状况							不增值动作/活动	改进目标	改进方法	负责人
	操作	检验	搬运	等待	贮存	时间	距离				

表 3-16 在制品和成品贮存周转评价表（参考格式）

评价月份：						评价日期：			
在制品库存状况						成品库存状况			
产品名称	工序说明	日均转入量	日均转出量	日均存放量	月周转率	日均入库量	日均出库量	日均库存量	月周转率
月度合计									
结果评价：									
改进方案：									
编制：					核准：				

3.开发并实施对新产品或新操作的制造可行性进行评价的方法

本条款要求，组织应开发并实施对新产品或新操作的制造可行性进行评价的方法。制造可行性评估应包括产能策划。这些方法还应适用于评价对现有操作的提议更改。

此项应结合第 8 章中“8.2.3.1.3 组织制造可行性”的要求实施，该条款要求“组织应采用多方论证方法来进行分析，以确定组织的制造过程是否是可行的，能够始终生产出符合顾客规定的全部工程和产能要求的产品。组织应为任何对其而言新的制造或产品技术，以及任何更改过的制造过程或产品设计进行可行性分析。此外，组织应当通过生产运行、标杆管理研究或其他适当的方法，确认其能够以所要求的速率生产出符合规范的产品”。

根据上述要求，制造可行性分析和评价的时机包括：新产品、新制造、新技术，以及任何更改过的制造过程或产品设计。

制造可行性分析和评价的内容可包括但不限于：

a）工程性能规范

b）工艺和技术分析

c）生产设备和工装

d）过程能力分析

e）配套供应能力分析

f）检测与试验能力

g）产能策划（产能策划评估必须考虑顾客签约的生产效率和产量，不只是当前的订单水平）

h）其他

制造可行性确认方法：通过生产运行、标杆管理研究或其他适当的方法。

不同行业，不同产品，制造可行性分析和评价的项目侧重点不同，以下提供几种格式参考。

表 3-17　制造可行性分析和评价表（参考格式 1）

<table>
<tr><td colspan="4">可行性评估的情形：　　□新产品　□新制造　□新技术　□更改制造过程　□更改产品设计
相关产品及过程描述：</td></tr>
<tr><td>序号</td><td>分析项目</td><td>分析意见</td><td>拟采取的措施</td></tr>
<tr><td>1</td><td>产品技术水平</td><td></td><td></td></tr>
<tr><td>2</td><td>产品的继承性和复杂性</td><td></td><td></td></tr>
<tr><td>3</td><td>产品零件的加工工艺性</td><td></td><td></td></tr>
<tr><td>4</td><td>新材料、新工艺的可操作性</td><td></td><td></td></tr>
<tr><td>5</td><td>新增生产、检测设备的采购、质量、使用风险</td><td></td><td></td></tr>
<tr><td>6</td><td>原材料的采购、质量风险</td><td></td><td></td></tr>
<tr><td>7</td><td>新增员工的能力风险</td><td></td><td></td></tr>
<tr><td>8</td><td>产能分析</td><td></td><td></td></tr>
<tr><td>9</td><td>过程能力</td><td></td><td></td></tr>
<tr><td>10</td><td>质量保证能力</td><td></td><td></td></tr>
<tr><td>11</td><td>时间进度要求</td><td></td><td></td></tr>
<tr><td colspan="4">小组经验分析</td></tr>
<tr><td colspan="2">设计开发方面经验</td><td colspan="2"></td></tr>
<tr><td colspan="2">质量控制方面经验</td><td colspan="2"></td></tr>
<tr><td colspan="2">生产管理方面经验</td><td colspan="2"></td></tr>
<tr><td colspan="2">类似产品开发经验</td><td colspan="2"></td></tr>
<tr><td colspan="2">其他方面经验</td><td colspan="2"></td></tr>
<tr><td colspan="2">结论</td><td colspan="2"></td></tr>
<tr><td colspan="3">参与评价人员：</td><td>日期：</td></tr>
</table>

表 3-18　制造可行性分析和评价表（参考格式 2）

<table>
<tr><td colspan="2">顾客名称</td><td></td><td>产品型号</td><td colspan="2"></td></tr>
<tr><td colspan="2">项目名称</td><td></td><td>评审日期</td><td colspan="2"></td></tr>
<tr><td colspan="6">可行性评估的情形：　□新产品　□新制造　□新技术　□更改制造过程　□更改产品设计
相关产品及过程描述：</td></tr>
<tr><td>序号</td><td>评审项目</td><td>评审项目说明</td><td>风险说明</td><td colspan="2">所要求的意见/措施</td></tr>
<tr><td>1</td><td>技术要求</td><td></td><td></td><td colspan="2"></td></tr>
<tr><td>2</td><td>工艺要求</td><td></td><td></td><td colspan="2"></td></tr>
<tr><td>3</td><td>材料要求</td><td></td><td></td><td colspan="2"></td></tr>
<tr><td>4</td><td>采购周期</td><td></td><td></td><td colspan="2"></td></tr>
<tr><td>5</td><td>生产设备</td><td></td><td></td><td colspan="2"></td></tr>
<tr><td>6</td><td>测量设备</td><td></td><td></td><td colspan="2"></td></tr>
<tr><td>7</td><td>工装夹具</td><td></td><td></td><td colspan="2"></td></tr>
<tr><td>8</td><td>人员资质</td><td></td><td></td><td colspan="2"></td></tr>
<tr><td>9</td><td>图纸要求</td><td></td><td></td><td colspan="2"></td></tr>
<tr><td>10</td><td>测试要求</td><td></td><td></td><td colspan="2"></td></tr>
<tr><td>11</td><td>产能分析</td><td></td><td></td><td colspan="2"></td></tr>
<tr><td>12</td><td>包装要求</td><td></td><td></td><td colspan="2"></td></tr>
<tr><td>13</td><td>质量要求</td><td></td><td></td><td colspan="2"></td></tr>
<tr><td>14</td><td>过程能力</td><td></td><td></td><td colspan="2"></td></tr>
<tr><td>15</td><td>成本</td><td></td><td></td><td colspan="2"></td></tr>
<tr><td>16</td><td>时间进度</td><td></td><td></td><td colspan="2"></td></tr>
<tr><td colspan="2">结论</td><td colspan="4"></td></tr>
<tr><td colspan="2">项目小组成员会签</td><td colspan="2"></td><td>核准</td><td></td></tr>
</table>

表 3-19 产能策划表（参考格式）

1. 按机台产能策划

工序名称	设备名称	设备编号	设备台数	加工工时 min/件	辅助工时 min/件	总加工时间	日加工能力	人员配置	备注

瓶颈工序设备产能描述：
1）瓶颈工序、设备产能
2）其他

2. 按产品别产能策划

产品系列	产品名称	工时定额	产品定额系数	线产能	所占比例	实际产能	备注
A	A1						
	A2						
	小计						
B	B1						
	B2						
	B3						
	小计						
合计							

注：产能策划评估必须考虑顾客签约的生产效率和产量，不只是当前的订单水平。

4.过程有效性的定期复评

标准要求，组织应保持过程有效性，包括定期风险复评，以纳入在过程批准、控制计划维护及作业准备的验证期间作出的任何更改。

定期是多长时间一次，标准没有规定，由组织自己确定，可 3 个月、6 个月或 12 个月进行一次。

过程有效性的评价因素和评价方法，不同的产品和过程差异比较大，有些复杂，有些比较简单，根据组织的实际情况去确定。可以参考 VDA6.3 过程审核中 P6 部分的制造过程审核检查表进行评价，以下的评价表仅供参考。

表 3-20　过程有效性评价表（参考示例）

产品名称：	生产车间/工序：	评审日期：				
序号	评价项目及内容	是/否	存在问题说明	建议措施	负责人	完成日期
1. 过程输入						
1.1	是否在开发和批量生产之间进行了项目交接，以确保生产顺利启动？					
1.2	来料是否在约定的时间按所需数量/生产批次大小被送至正确的存放位置/工位？					
1.3	是否对来料进行了适当的存储，所使用的运输工具/包装设备是否适合来料的特殊特性？					
1.4	来料是否具备必要的标识/记录/放行，并且得以适当地体现？					
1.5	是否对量产过程中的产品或过程变更开展了跟踪和记录？					
2. 设备、工装管理						
2.1	是否能够利用生产设备满足顾客对产品的具体要求？					
2.2	生产设备和工具的维护保养是否受控？					
2.3	是否能利用监视和测量设备对质量要求进行有效的监控？					
2.4	生产和检验工位是否满足需求？					
2.5	是否正确地存放工具、装置和检验设备？					
3. 人员能力/资格						
3.1	员工是否能胜任安排的工作？					
3.2	员工是否了解监视产品和过程质量的职责与权限？					
3.3	是否有必要的人力资源？					
4. 过程控制						
4.1	控制计划的要求是否完整并得到有效落实？					
4.2	是否进行了生产启动的重复性放行？					
4.3	是否对生产中的特殊特性进行了管理？					
4.4	是否对未放行和/或缺陷零件进行了管理？					
4.5	是否能确保材料/零件在流转过程中不发生混合/弄错？					
4.6	是否根据需要确定产量/生产批量，并且有目的地运往下道工序？					
4.7	是否根据要求对产品/零部件进行适当仓储，所使用的运输设备/包装设备是否与产品/零部件的特殊特性相适应？					
4.8	是否保持了必要的记录和放行？					
4.9	最终产品交付时是否满足了顾客的要求？					

序号	评价项目及内容	是/否	存在问题说明	建议措施	负责人	完成日期
5. 过程绩效						
5.1	针对制造过程是否设定了目标？					
5.2	是否对质量和过程数据开展了收集和分析？					
5.3	一旦与产品和过程要求不符，是否分析了原因，并且验证了纠正措施的有效性？					

根据以上过程有效性的评价结果，必要时可修订过程批准的准则、控制计划及作业准备的验证项目。

ISO 9001:2015，质量管理体系—要求

7.1.4 过程运行环境

组织应确定、提供并维护所需的环境，以运行过程，并获得合格产品和服务。

注：适宜的过程运行环境可能是人为因素与物理因素的结合，例如：

a）社会因素（如非歧视、安定、非对抗）；

b）心理因素（如减压、预防过度疲劳、稳定情绪）；

c）物理因素（如温度、热量、湿度、照明、空气流通、卫生、噪声）。

IATF 16949:2016 的补充和特别要求

注：在 ISO 45001（或等效标准）第三方认证被认可的情况下，该认证可以证明组织符合本要求的人员安全方面。

7.1.4.1 过程运行的环境—补充

组织应保持生产现场处于与产品和制造过程需求相协调的有序、清洁和整理的状态。

【目的和意图】

本条款旨在确保组织确定并提供过程运行所需的环境，以提供合格产品和服务。

【理解和实施要点】

组织应根据其业务和管理过程中所暴露的各类风险来识别、提供、维护和管理为达到产品和服务符合要求的过程运行所需的环境，如很多电子类产品需要防尘、防静电、恒温恒湿；物资/档案文件的储存条件；油漆作业对温度和湿度的要求；车工对照明的要求；空气流动对焊接质量的影响；噪声对作业者的影响，作业和办公场所清洁卫生等。在其他情况下，清洁等物理问题可能是关键因素，如计算机芯片制造需要非常洁净的室内环境。

在某些情况下，人为因素在过程中具有关键作用，因此，在确定过程运行的环境时应考虑人员因素，如避免员工承受高工作负荷和压力（防止潜在失误、身心疲惫或强迫劳动）。

在确定了过程运行环境后，应在必要时适当维护和控制运行环境以确保产品和服务持续满足要求。

对于汽车行业的供应商，很多企业都有实施 ISO 14001 环境管理体系和 ISO 45001 职业健康与安全管理体系，在通过第三方认证的情况下，该认证可以证明组织符合人员安全方面的要求。

IATF 16949 特别提出，组织应保持生产现场处于与产品和制造过程需求相协调的有序、清洁和整理的状态。推行 5S 活动，即整理、整顿、清扫、清洁、素养的活动，是一种较好的方法。

生产现场清洁的基本要求：

a）定义秩序和清洁的职责；

b）适当的废物弃置条件；

c）适当的空间和贮存环境；

d）清洁、完整的传送和操作设备；

e）清洁、照明良好、有秩序的工作场所和检验场所；

f）工具、物料、设备清楚、明显的识别等。

【实施建议和应用案例】

本条款需要结合企业的产品和过程进行识别和确定必要的环境条件，如不同的生产线、生产车间的环境要求，实验室的环境要求，材料储存和成品存放的环境要求，服务器机房的环境要求等，并建立相应的环境条件管理规定或规范。

对于整理、整顿、清扫、清洁，是所有场所通用的要求，可建立《5S 管理办法》实施。

根据产品需要，也可参考 VDA19.1“技术清洁度检验—汽车功能部件的颗粒污染”和 VDA19.2“装配技术清洁度—环境、物流、人员和装配设备”实施。

> **ISO 9001:2015，质量管理体系—要求**
>
> **7.1.5 监视和测量资源**
>
> **7.1.5.1 总则**
>
> 当利用监视或测量来验证产品和服务符合要求时，组织应确定并提供所需的资源，以确保结果有效和可靠。
>
> 组织应确保所提供的资源：
>
> a）适合所开展的监视和测量活动的特定类型；
>
> b）得到维护，以确保持续适合其用途。
>
> 组织应保留适当的成文信息，作为监视和测量资源适合其用途的证据。

【目的和意图】

本条款是对监视和测量资源的总要求，旨在确保组织确定并提供适宜的资源，以确保在评价产品和服务的符合性时获得有效且可靠的监视和测量结果。

【理解和实施要点】

以往的 ISO 9001 标准中是监视和测量设备，现在更改为监视和测量资源，是考虑到服务业的特殊性，服务的符合性通常是不能用设备去测量的，一般采用问卷调查或电话访谈，或者是通过监视/监听的方法进行确认，这就需要事先策划和确定所需的资源。

对产品而言，监视是确定产品的状态（符合或不符合），测量是确定产品特性数值的一组操作，确定的数值通常是量值，也就是说监视是定性，测量是定量。

监视可以是对产品的监视或对过程的监视，如使用电脑联机的摄影机，对生产过程进行监视，以确定过程是否处于正常运行状态。

对于汽车行业来说，就是要确定、提供和维护为验证产品符合要求所需的监视和测量设备，包括监视和测量仪器、软件、测量标准、标准物质或辅助设备或它们的组合。

监视和测量设备的确定，可以结合先期产品质量策划过程（APQP 2.12 量具/试验设备要求）进行，在策划新产品所需的检验、测量和试验时，根据所开展的监视和测量活动的特定类型，策划和确定适宜的监视和测量设备。下表为参考示例。

表 3-21　监视和测量设备规划表（参考示例）

产品名称：		型号/规格：	图号：		制定日期：　年　月　日	
监视/测量设备名称	用途	性能/精度要求	所需数量	负责部门	完成日期	预估成本
编制：		审核：		核准：		

为确保监视和测量设备持续适合其用途（确保结果有效和可靠），必须对其进行维护。维护包括点检、清洁、润滑、防锈、验证、校准和/或检定、保护等。组织应根据监视和测量设备的特性制定相应的维护指导书或规范，规定维护的时机、频次和方法。

组织应具备文件化信息以证实所选择的监视和测量资源符合其用途。文件化信息可能包括监视和测量设备规划表，合格证书，所进行检验、测量、试验的记录，维护指导书，或可证实对国家标准或所使用的任何替代标准的可追溯性的信息。

ISO 9001:2015，质量管理体系—要求

7.1.5 监视和测量资源

7.1.5.2 测量溯源

当要求测量溯源时，或组织认为测量溯源是信任测量结果有效的基础时，测量设备应：

a）对照能溯源到国际或国家标准的测量标准，按照规定的时间间隔或在使用前进行校准和（或）检定，当不存在上述标准时，应保留作为校准或验证依据的成文信息；

b）予以识别，以确定其状态；

c）予以保护，防止由于调整、损坏或衰减所导致的校准状态和随后的测量结果的失效。

当发现测量设备不符合预期用途时，组织应确定以往测量结果的有效性是否受到不利影响，必要时应采取适当的措施。

【目的和意图】

本条款旨在当要求测量溯源时，或组织认为测量溯源是信任测量结果有效的基础时，确保测量设备按规定的周期进行校准和（或）检定，以实现测量溯源。

【理解和实施要点】

1.什么是计量溯源性

通过文件规定的不间断的校准链，将测量结果与参照对象联系起来的特性，每次校准均会引入测量不确定度。这个定义比较理论化，我们看下图所示。

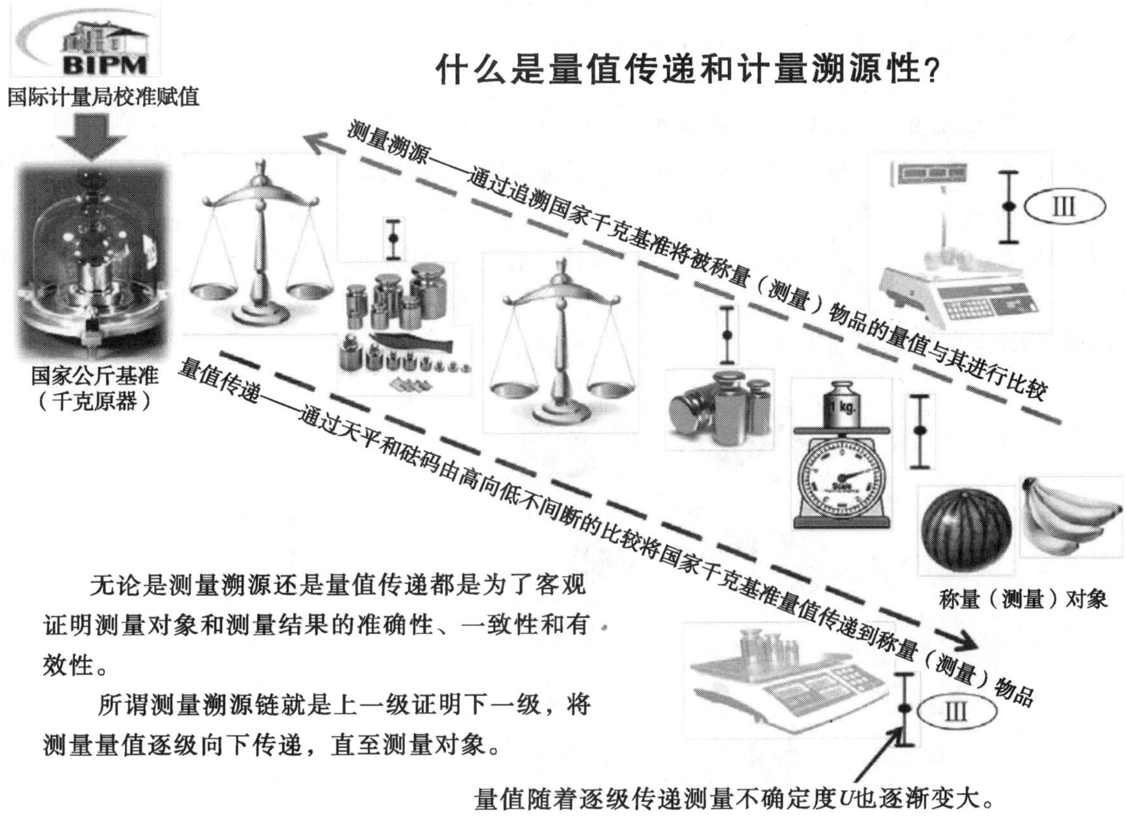

国际计量局描述的国际 SI 单位测量体系结构

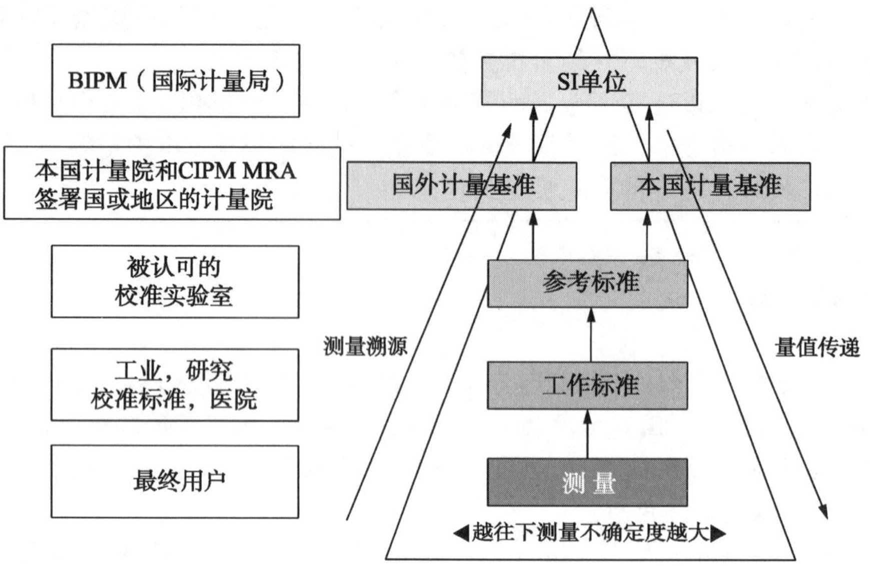

2. 为什么测量要溯源

为解决测量仪器、测量对象和测量结果与国家计量（测量）标准之间存在的系统误差，在统一标准的前提下，从而：

a）支撑测量的真实性，保证每个实验室测量结果的准确一致；

b）支撑多个同类实验室间对相同对象测量的一致性和可比性；

c）保证企业间加工相同和相关工件的适配性与互换性；

d）方便使用者的自由选择；

e）支撑贸易交换和行政处罚的公平和公正；

f）证明测量对象和测量结果的有效性（满足预期）；

g）有助于技术转移、跨国生产和全球贸易的发展；

h）协调社会有关各方对测量结果形成客观统一的认识以便开展相互间的合作；

i）缩小客观结果与主观预期的差距，力求统一一致。

3.哪些量具和测量设备需要校准和/或检定

标准提到当要求测量溯源时，或组织认为测量溯源是信任测量结果有效的基础时，才是需要测量校准和/或检定。当要求测量溯源时，可以是顾客要求和法规要求，对于影响到顾客产品符合性的特性（如尺寸、功能、性能）测量的设备，校准的要求通常是不言而喻的，约定俗成的，顾客通常不用特别的提出要求。而检定通常是法规的要求，对用于贸易结算、安全防护、医疗卫生和环境监测这四类检测设备是国家要求强制检定的。

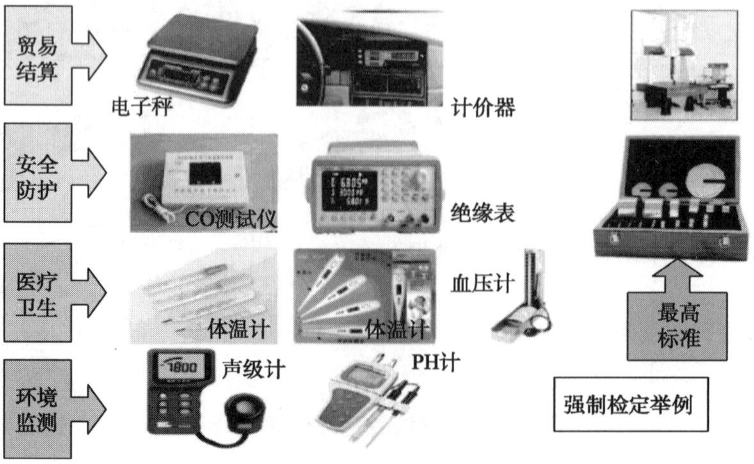

——联系到企业实际，哪些是需要校准的测量仪器/设备呢，以下列举的长度计量类和力学计量类是常用校准仪器/设备，仅供参考：

（1）长度计量类校准仪器

a）端度：量块、量块附件、步距规等。

b）万能量具：高度规、测高仪、百分（千分）表、卡规、百分表卡规、带表卡规、游标（数显）卡尺、深度游标（数显）卡尺、高度游标（数显）卡尺、带表卡尺、游标测齿卡尺、测厚规、外径（内径）千分尺、螺纹千分尺、深度千分尺等。

c）平面度、直线度量具、角度量具、线纹类：标准平晶、平面平晶、平行平晶、平台平板、刀口尺、刀口直角尺、三棱尺、四棱尺、平尺、研磨平尺、角度块、角度规、组合角度规、角度尺、角度表、量角器、正弦规、直角尺、测角仪、多面棱体等。

d）光学仪器：平面等厚干涉仪、滤光片、光学象限仪、投影仪、放大镜等。

e）量测仪器、坐标测量仪器：直角尺检定仪、多齿分度台、分度头、准直仪、水平仪检定器、水平仪零位检定器、测高仪（二次元）、比较仪、扭簧比较仪、坐标测量机等。

f）工程测量：水平尺、水平仪、水准器、工程质量检测仪等。

g）测微量具：电感比较仪、斜块式测微仪检定器、测微表、杠杆齿轮测微计等。

h）表面粗糙度：表面粗糙度样块、刻线样板、粗糙度（轮廓）仪等。

（2）力学计量类校准仪器

a）砝码、质量测量仪器：标准砝码、专用砝码等。

b）数字指示秤、模拟指示秤、非自行指示秤等衡器：电子天平、机械天平、架盘天平、扭力天平、液体比重天平、电子秤、台秤等。

c）拉力试验机、推拉力计、扭矩等力值测量仪器：推拉力计、数字式压力计、万能材料试验机等。

d）压力表和真空表：精密压力表、数字压力表、压力（差压、绝对压）变送器、液体压力计、U 型压力计、氧气乙炔表、各种级别的压力表等。

e）布、洛、维及橡胶等各类硬度计：硬度计等各种金属硬度计、邵氏硬度计、定负荷橡胶国际硬度计、微型橡胶国际硬度计等各种非金属硬度计、韦氏硬度计、巴氏硬度计等。

f）转速测量仪器：机械式转速表、数字式转速表、转速检定装置等。

g）振动仪器：机械振动台、数字振动台、振动测试仪、测振仪等。

——需要注意的是，监视设备是不需要校准和检定的，测量设备才需要校准和检定，企业在确定哪些测量仪器/设备需要校准时，关键是看该仪器/设备的测量结果是不是用来验证产品的符合性，包括进料、制程中、成品的检验、测量和试验相关的测量仪器/设备。

——那么，安装在生产设备上的仪器仪表是否也要校准呢？标准并没有要求。生产设备上的仪器仪表多数是作为过程参数的设定和监视用的，这些仪器仪表多数不容易拆卸和安装，需要设备制造商的专业安装，这种情况不建议拆卸下来校准，自行拆卸安装反而会导致故障或不准确，实际上也是不必要的。那么，是不是就完全不用管呢，也不是，对这类仪器仪表应每天或每班点检和保养，发现异常或故障及时更换新的经校准合格的仪器仪表，没必要定期拆卸下来去校准。当然，最主要的是要考虑过程控制的风险，对一些关键控制参数，仪表不是嵌入式安装而是外接的，也可以进行定期校准，这要企业自己去识别和评价。

遇到过一些企业的行为比较搞笑，对所有生产设备上的仪器仪表都标识了校准合格的绿色标签，但仔细查问才知，从来没有校准过，只是定期更换标签，为了圆谎还做了一堆假证据，问其缘由说是客户审核提出或认证审核老师提出要校准，这就是被教条化的审核员逼的。

4.校准和检定的区别

在本条款中要求对照能溯源到国际或国家标准的测量标准，按照规定的时间间隔或在使用前进行校准和（或）检定，那么对于校准和检定之间的区别在哪里呢，以下用列表进行对比。

校准和检定的主要区别

序号	区别分类	校　准	检　定
1	定义不同	ISO 10012-1《计量检测设备的质量保证要求》标准将“校准”定义为： ——在规定条件下，为确定计量仪器或测量系统的示值，或实物量具或标准物质所代表的值，与相对应的被测量的已知值之间关系的一组操作。 注:规定条件指参考条件或标准条件，由校准规范或检定规程规定。 ——简单地说，校准是把被测仪器或测量系统与已知参考标准的比较过程，并报告比较的结果。	国际计量组织对检定给出的定义是： ——查明和确认计量器具是否符合法定要求的程序，它包括检查、加标记和（或）出具检定证书。 ——检定属于法制计量范畴，除与校准一样的比较过程外，检定还要对照检定规程，给出合格与否的结论。
2	目的不同	——校准的目的是对照计量标准，评定测量装置的示值误差，确保量值准确，属于自下而上量值溯源的一组操作。这种示值误差的评定应根据组织的校准规程作出相应规定，按校准周期进行，并做好校准记录及校准标识。 ——校准除评定测量装置的示值误差和确定有关计量特性外，校准结果也可以表示为修正值或校准因子，具体指导测量过程的操作。例如，某机械加工组织使用的卡尺，通过校准发现与计量标准相比较已大出 0.2mm，可将此数据作为修正值，在校准标识和记录中标明已校准的值与标准器相比较大出的 0.2mm 的数值。在使用这一计量器具（卡尺）进行实物测量过程中，减去大出 0.2mm 的修正值，则为实物测量的实测值。只要能达到量值溯源目的，明确了解计量器具的示值误差，即达到了校准的目的。	——检定的目的则是对测量装置进行强制性全面评定。这种全面评定属于量值统一的范畴，是自上而下的量值传递过程。检定应评定计量器具是否符合规定要求。这种规定要求就是测量装置检定规程规定的误差范围。通过检定，评定测量装置的误差范围是否在规定的误差范围之内。 ——简而言之，假如一把卡尺规程规定误差为 0.2mm，而实际测量结果误差 0.3mm，此时检定证书结论为不合格，该尺无法继续使用；而校准证书不提供结论，可以由客户自行决定是否继续使用。
3	性质不同	——校准不具有强制性，属于组织自愿的溯源行为。这是一种技术活动，可根据组织的实际需要，评定计量器具的示值误差，为计量器具或标准物质定值的过程。组织可以根据实际需要规定校准规范或校准方法。自行规定校准周期、校准标识和记录等。	——检定属于强制性的执法行为，属法制计量管理的范畴。 ——其中检定周期按法定检定规程要求进行。
4	周期不同	——校准周期由组织根据使用计量器具的需要自行确定。可以进行定期校准，也可以不定期校准，或在使用前校准。校准周期的确定原则应是在尽可能减少测量设备在使用中的风险的同时，维持最小的校准费用。可以根据计量器具使用的频次或风险程度确定校准的周期。	——检定的周期必须按《检定规程》的规定进行，组织不能自行确定。检定周期属于强制性约束的内容。

序号	区别分类	校　准	检　定
5	对象不同	——校准的对象是属于强制性检定之外的测量装置。我国非强制性检定的测量装置，主要指在生产和服务提供过程中大量使用的计量器具，包括进货检验、过程检验和最终产品检验所使用的计量器具等。	——检定的对象是我国计量法明确规定的强制检定的测量装置。《中华人民共和国计量法》第九条明确规定：县级以上人民政府计量行政部门对社会公用计量标准器具，部门和企业、事业单位使用的最高计量标准器具，以及用于贸易结算、安全防护、医疗卫生、环境监测方面的列入强检目录的工作计量器具，实行强制检定。未按规定申请检定或者检定不合格的，不得使用。
6	依据不同	——校准的主要依据是组织根据实际需要自行制定的《校准规范》，或参照《检定规程》的要求。在《校准规范》中，组织自行规定校准程序、方法、校准周期、校准记录及标识等方面的要求。因此，《校准规范》属于组织实施校准的指导性文件。	——检定的主要依据是《计量检定规程》，这是计量设备检定必须遵守的法定技术文件。其中，通常对计量检测设备的检定周期、计量特性、检定项目、检定条件、检定方法及检定结果等作出规定。计量检定规程可以分为国家计量检定规程、部门计量检定规程和地方计量检定规程三种。这些规程属于计量法规性文件，组织无权制定，必须由经批准的授权计量部门制定。
7	方式不同	——校准的方式可以采用组织自校、外校，或自校加外校相结合的方式进行。组织在具备条件的情况下，可以采用自校方式对计量器具进行校准，从而节省较大费用。	——检定必须到有资格的计量部门或法定授权的单位进行。
8	内容不同	——校准的内容和项目，只是评定测量装置的示值误差，以确保量值准确。校准的内容可由组织根据需要自行确定。	——检定的内容则是对测量装置的全面评定，要求更全面，除了包括校准的全部内容之外，还需要检定有关项目。例如，某种计量器具的检定内容应包括计量器具的技术条件、检定条件、检定项目和检定方法，检定周期及检定结果的处置等内容。
9	结论不同	——校准的结论只是评定测量装置的量值误差，确保量值准确，不要求给出合格或不合格的判定。校准的结果可以给出《校准证书》或《校准报告》。	——检定则必须依据《检定规程》规定的量值误差范围，只给出测量装置合格与不合格的判定。检定的结果是给出《检定证书》。
10	法律效力不同	——校准的结论不具备法律效力，给出的《校准证书》只是标明量值误差，属于一种技术文件。	——检定的结论具有法律效力，可作为计量器具或测量装置检定的法定依据，《检定合格证书》属于具有法律效力的技术文件。

5.自制检具的校准

标准中提到“当不存在上述标准时，应保留作为校准或验证依据的成文信息”，不存在上述标准就是指没有相应的国际或国家标准，那么就是指我们企业根据产品检测需要自行设计制作的非标检具或某些特殊的检测设备，这类检具也需要定期或在使用前校准或验证，校准或验证方法应有指导文件，并保留校准或验证结果的记录。

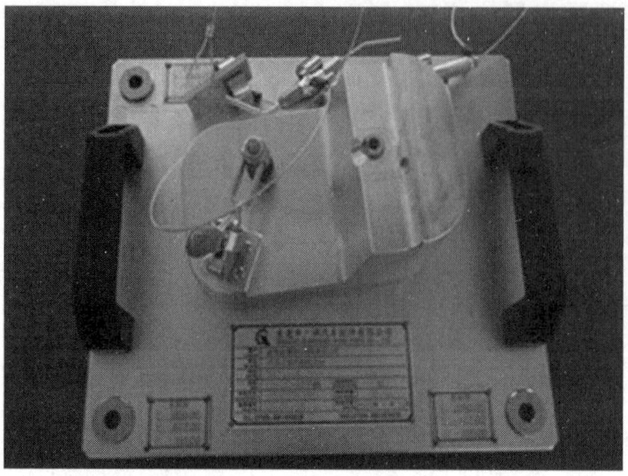

6.测量仪器/设备的标识、保护和异常处置

对经校准或检定的测量仪器/设备，应标识校准或检定的状态，如合格、不合格、限制使用、封存等，当标识丢失时，需重新确认并再标识。

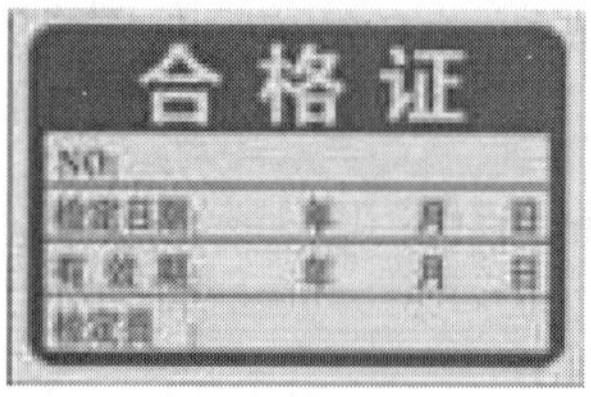

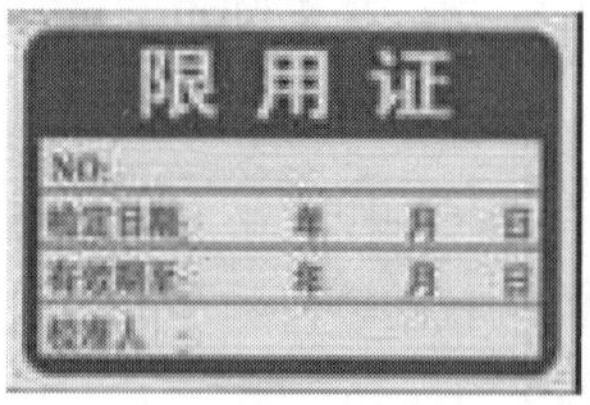

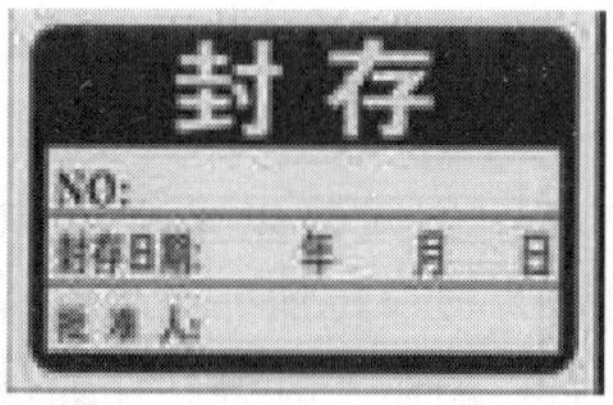

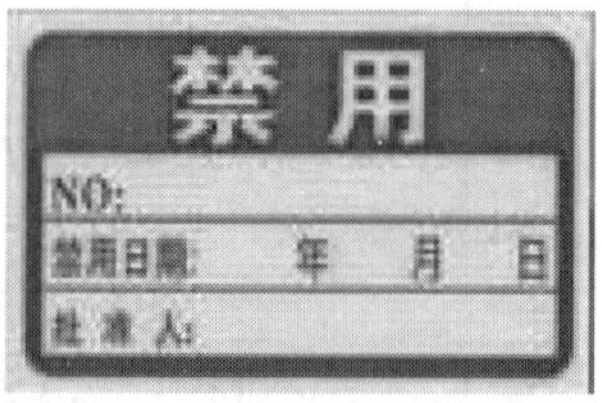

校准合格标签	
仪器名称：	管理编号：
校准日期：	机身编号：
有效期至：	校 准 者：

限用标签	
仪器名称：	管理编号：
校准日期：	机身编号：
有效期至：	校 准 者：
限用说明：	

报废标签	
仪器名称：	管理编号：
报废日期：	机身编号：
报废原因：	
校 准 者：	确 认 者：

暂停使用标签	
仪器名称：	管理编号：
停用日期：	机身编号：
停用原因：	
校 验 者：	确 认 者：

免校标签	
仪器名称：	管理编号：
机身编号：	确 认 者：
免校说明：	

——对未用于产品和过程控制或与产品质量无关的测量仪器/仪表、量具等可以列入免校清单，并标识免校标签，如办公室用作温湿度参考的温湿度计，方便员工使用的体重计、高度计，后勤使用的电子秤、磅秤、弹簧秤，车间使用的仅作为参考比较的直尺、卷尺等。

——为防止由于调整、损坏或衰减所导致的校准状态和随后的测量结果的失效，对测量仪器/设备在使用过程或存放期间应加以保护，例如通过单独隔离、定制外壳或包装等方法保护，防止人为不当调整，防止振动、粉尘污染、腐蚀、电磁干扰、温湿度影响等。

——当发现测量设备不符合预期用途时，组织应对以往测量结果的有效性是否受到不利影响进行评审，必要时应采取适当的措施。一是评价和记录其以往检验与试验结果的有效性，必要时对之前测量的产品追回，进行重新测量；二是对测量设备进行重新校准或检定，评定合格方可使用。

评审结果还可能表明：需要对库存产品进行调查；必须告知相关顾客，甚至需要召回产品。需要采取措施的程度取决于产品和服务的符合性。

IATF 16949:2016 的补充和特别要求

注：一个可追溯到装置校准记录的编号或其他标识符，满足 ISO 9001:2015 要求的意图。

7.1.5.2.1 校准/ 验证记录

组织应有一个形成文件的过程，用于管理校准/验证记录。用以提供符合内部要求、法律法规要求及顾客规定要求证明的所有量具、测量和试验设备（包括员工拥有的测量设备、顾客拥有的设备或现场供应商拥有的设备），其校准/验证活动的记录应予以保持。

组织应确保校准/验证活动和记录应包括以下细节：

a）根据影响测量系统的工程更改进行的修订；

b）校准/验证时获得的任何偏离规范的读数；

c）对偏离规范情况导致的产品预期使用风险的评估；

d）当在计划验证或校准期间，或在其使用期间，检验、测量和试验设备被查出偏离校准或存在缺陷，应保留有关此检验、测量和试验设备先前测量结果有效性的形成文件的信息，包括校准报告上显示的相关标准的最后一次校准日期和下一次校准到期日；

e）如果可疑产品或材料已被发运，对顾客的通知；

f）校准/验证后，有关符合规范的声明；

g）对用于产品和过程控制的软件版本符合规定的验证；

h）所有量具（包括员工拥有的设备、顾客拥有的设备或现场供应商拥有设备）校准和维护活动的记录；

i）对用于产品和过程控制的生产相关软件的验证（包括安装于员工拥有的设备、顾客拥有的设备或现场供应商拥有的设备的软件）。

【目的和意图】

本条款旨在通过加强校准/验证记录的保留要求确保顾客要求被满足，包括对安装于员工拥有的设备、顾客拥有的设备或现场供应商拥有的设备软件的验证。

【理解和实施要点】

本条款中的部分要求和上述 ISO 9001 的要求是相同的，但更加具体和细化。

必须有一个形成文件的过程，用于管理校准/验证记录。这些记录包括内部要求、法律法规要求及顾客规定要求证明的所有量具、测量和试验设备（包括员工拥有的测量设备、顾客拥有的设备或现场供应商拥有的设备）校准/验证活动的记录。

组织应确保校准/验证活动和记录应包括以下细节：

a）根据影响测量系统的工程更改进行的修订；

——是指由于工程更改（包括设计更改和工艺更改）引起的测量系统（包括仪器或量具、标准、操作、方法、夹具、软件、环境和条件等）的更改，应保留相关测量系统修订和校准/验证活动的记录。

b）校准/验证时获得的任何偏离规范的读数；

——是指在校准/验证时，发现测量仪器/设备偏离校准/检定规程规定特性范围的读数，应把偏离的实际读数记录在校准/验证记录中，而不能仅是记录“合格”或“不合格”。

c）对偏离规范情况导致的产品预期使用风险的评估；

——是指在校准/验证时，若测量仪器/设备偏离了规范（偏大或偏小），该测量仪器/设备此前测量的产品是否存在预期使用风险应进行评估。评估结果可能是：无须采取任何措施；需要重新检验；需要对库存产品进行调查；必须告知相关顾客，甚至需要召回产品。需要采取措施的程度取决于产品和服务的符合性。

d）当在计划验证或校准期间，或在其使用期间，检验、测量和试验设备被查出偏离校准或存在缺陷，应保留有关此检验、测量和试验设备先前测量结果有效性的形成文件的信息，包括校准报告上显示的相关标准的最后一次校准日期和下一次校准到期日；

——这是指在校准有效期内，存放或使用过程中发现偏离或故障，须保留先前测量结果有效性评价及采取措施的记录，包括对测量设备重新校准的有效性记录。

e）如果可疑产品或材料已被发运，对顾客的通知；

——指由于测量设备偏离或故障可能导致有些产品或材料已被发运，需要及时通知顾客并保留记录。

f）校准/验证后，有关符合规范的声明；

——就是对校准/验证结果符合校准规范的说明，这可以在校准报告和校准标签上体现。

g）对用于产品和过程控制的软件版本符合规定的验证；

——指生产中用于产品控制和过程控制的软件，应对软件的版本是否符合规定的配置要求的验证，并保留验证结果的记录。现今，智能化生产中的设备和生产线基本上都配置相关对产品和过程控制的软件，如自动检测装置、防错装置。

h）所有量具（包括员工拥有的设备、顾客拥有的设备或现场供应商拥有设备）校准和维护活动的记录；

——指所有量具（包括组织所有的设备，员工拥有的设备、顾客拥有的设备或现场供应商拥有设备）的校准记录和维护记录都应保留。

i）对用于产品和过程控制的生产相关软件的验证（包括安装于员工拥有的设备、顾客拥有的设备或现场供应商拥有的设备的软件）。

——指用于产品控制和过程控制的检测设备（包括安装于员工拥有的设备、顾客拥有的设备或现场供应商拥有的设备的软件）上的软件，应对软件是否符合功能和使用要求进行验证，并保留验证结果的记录。注意，这里并不包括生产设备操作控制的软件。以下为软件验证记录的参考格式。

表 3-22　软件验证记录表（参考格式）

类别：□检测设备软件　　□生产中用于产品和过程控制软件							
监视和测量设备/装置名称	场所	用途	软件名称/代码及版本配置	功能验证	验证人	验证日期	软件升级记录（版本及日期）
审核：			日期：				

【实施建议和应用案例】

不同企业的产品和过程控制要求不同，其监视和测量设备需求差异较大，有些企业的量检具种类和数量都比较少，而有些则比较繁多，应根据实际情况去建立相应的管理程序或管理办法。以下的程序范例仅为参考。

文件范例【监视和测量设备管理程序】			
文件名称	监视和测量设备管理程序	文件编号：SQ-SP-01	版本：A
编制部门	品管部	编制日期：2019.12.9	页码：1/5

1.目的

为规范监视和测量设备的管理，并按要求的校准周期实施校准以及按计划进行测量系统分析，确保检验和试验结果的有效和可靠，为产品符合规定的要求提供证据，特制定本程序。

2.适用范围

适用于本公司对产品和过程控制所需的所有监视和测量设备的管理。

3.术语和定义

3.1 计量员：从事测量设备的内部校准/验证和管理工作，经公司内部和/或外部相关计量校准与管理培训，具备校准/验证资格的人员。

3.2 内校：由计量员依据校准规范或计量检定规程，使用可追溯到国家或国际标准的测量标准件，校准厂内测量设备称为内校。

3.3 外校：凡厂内无法校准的测量设备委托外部计量机构或测量设备制造商提供校准服务称为外校。外部机构需具备国家认可的资格。

3.4 免校：未使用于产品和过程控制，或与产品质量无关的测量设备，不需校准。

3.5 测量设备：包括监视、测量、检验和试验的设备。

4.职责

4.1 品管部：负责本公司新购入测量设备的验收、校准和管理，以及测量系统分析。

4.2 采购部：负责新测量设备采购，外校服务、测量设备维修的委外联络及合同处理。

4.3 各使用部门：负责提出新增测量设备需求，配合计量员实施校准计划和测量系统分析计划，定期维护保养测量设备。

5.过程管理图

（本过程相关联的 ISO 9001&IATF 16949 条款：7.1.5.1/7.1.5.2/7.1.5.1.1/7.1.5.2.1）

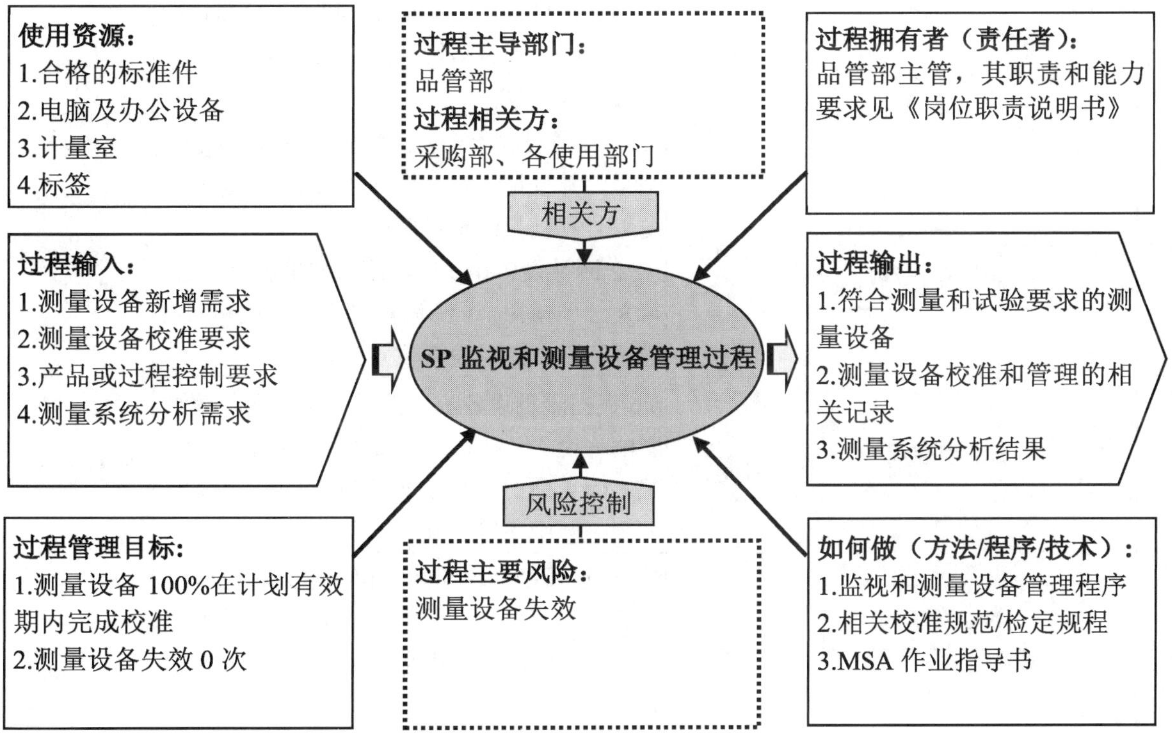

文件名称	监视和测量设备管理程序	文件编号：SQ-SP-01	版本：A
编制部门	品管部	编制日期：2019.12.9	页码：2/5

过程主要风险	对相关方的影响	应对风险的措施
测量设备失效	可能导致不符合要求的产品交付给顾客	（1）测量设备使用前的校准，并制定校准周期实施年度校准； （2）正确使用量检具，在使用和存放期间进行保护和维护； （3）计量员每月不定时检查生产和检验部门所使用的量检具符合性； （4）发现异常时停止使用，并交回给计量员处置。

6.作业内容

序号	作业流程	权责部门/人	作业要求	参考文件/使用表单
6.1	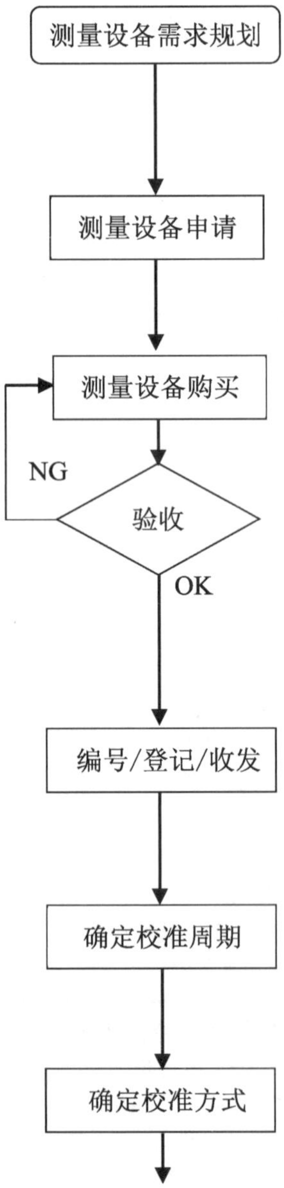	工程部 品管部	6.1 在新产品导入时，工程部通过《APQP 管理程序》规划所需的测量设备，输出《监视和测量设备规划表》交品管部门负责申购和准备。	《APQP 管理程序》《监视和测量设备规划表》
6.2		品管部 总经理	6.2 品管部计量员根据新产品使用需要及各部门量具的增添和更换需求，填写《申购单》交品管部主管根据具体情况审核采购量具的必要性及适宜性，呈总经理核准。	《申购单》
6.3		采购部	6.3 采购部接经批准的《申购单》后，按《采购管理程序》实施采购。	《申购单》 《采购管理程序》
6.4		计量员 采购部	6.4 新购入的测量设备由品管部计量员按相应的检定规程、设备说明书和出厂合格证明对其验收。不合格则返回采购部退货处理，合格予以接收。	
6.5		计量员	6.5.1 计量员验收合格的测量设备，对其进行编号，并登记于《测量设备台账》，测量设备编号规则见附加说明 7.1。 6.5.2 测量设备在使用前应先校准合格后方可发放到使用部门。测量设备的发放和回收需登记于《测量设备收发明细表》内。	《测量设备台账》 《测量设备收发明细表》
6.6		计量员	6.6 根据测量设备本身性能、对产品质量的影响程度、仪器的使用频率和使用的环境状况等因素来确定其校准周期，并在《测量设备台账》中予以明确。	《测量设备台账》
6.7		计量员	6.7 计量员根据校准能力和成本来确定校准方式，分为内校和外校。内校由公司内部计量员执行，外校选择国家认可的计量机构执行。	

文件名称	监视和测量设备管理程序		文件编号：SQ-SP-01	版本：A
编制部门	品管部		编制日期：2019.12.9	页码：3/5
序号	作业流程	权责部门/人	作业要求	参考文件/使用表单
6.8	制定校准计划	计量员	6.8 计量员根据校准周期和校准方式，制定校准计划，填写《年度测量设备校准计划表》。	《年度测量设备校准计划表》
6.9	校准通知	计量员 使用部门	6.9 计量员根据计划表，将到期校准的测量设备填写于《测量设备校准通知单》，在到期校准之前通知使用部门，使用部门根据生产协调，分批交计量员实施校准。	《测量设备校准通知单》
6.10	执行校准	计量员	6.10.1 内校：计量员依据相应的内校指导书或检定规程对其进行校准，作成《测量设备校准报告》，内部校准应能追溯到国家标准。 6.10.2 外校：送经国家认可的计量机构实施外校，外校后必须附校准报告。	《测量设备校准报告》
6.11	结果判定和标识	计量员	6.11.1 内校完成后，根据校准结果对测量设备进行判定。判定结果有合格/禁用/限用。符合允收规范为合格，绿色标签。仅能用于某一范围或某一量程的测量，为限用，用黄色标签。超出允差不合格为禁用，用红色标签。 6.11.2 外校仪器回厂后，计量员根据计量机构的校准证进行标识和使用。	
6.12	使用、维护和保护	使用部门	6.12.1 使用部门应遵守测量设备的操作方法正确使用设备，防止不必要的调整和损坏，发现测量设备偏离标准范围时，应及时送交计量室进行校准或调整。 6.12.2 使用中应对测量设备进行维护和保护，防止碰撞、锈蚀、粉尘污染等。	
6.13	测量设备维修	使用部门 品管部	6.13 各使用部门发现测量设备有损坏时，应及时送计量室，计量员确定内部维修或委外维修，维修后需重新校准判定合格并贴上校准标签方可使用。	
6.14	测量设备报废	品管部	6.14 不合格需报废之测量设备，由计量员填写《报废申请单》，由品管主管审核确认，总经理核准后报废处理，该报废仪器注明于《测量设备台账》中。	《报废申请单》 《测量设备台账》

文件名称	**监视和测量设备管理程序**	**文件编号：SQ-SP-01**	**版本：A**
编制部门	**品管部**	**编制日期：2019.12.9**	**页码：4/5**

7.附加说明

7.1 测量设备编号规则如下

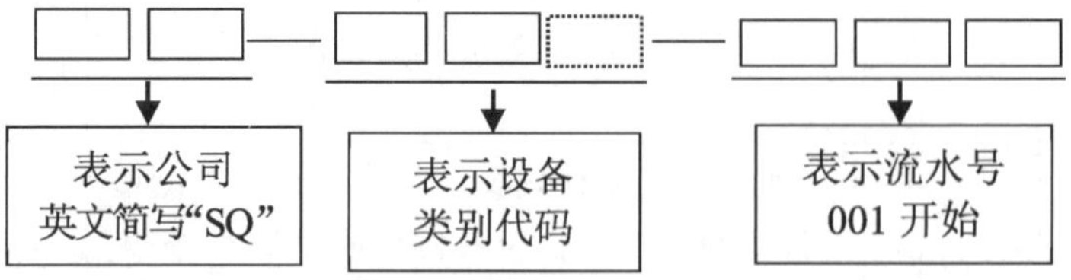

测量设备类别代码以设备名称汉字拼音第 1 个字母组合表示，可用二码或三码，如：卡尺类—KC，千分尺类—QFC，百分表类—BFB，角度尺—JDC，角尺—JC，塞规类—SG，通止规类—TZG 等。

如 SQ-QFC-001 表示为：公司顺序号为 001 的千分尺。

7.2 内部校准环境

本公司内校的作业环境控制条件，温度 20℃±5℃，相对湿度 60%±20%，内校在计量室内进行。

7.3 校准/验证记录

对所有量具、测量和试验设备（包括员工拥有的测量设备、顾客拥有的设备或现场供应商拥有的设备）都应保留校准/验证活动的记录，用以提供符合内部要求、法律法规要求及顾客规定要求的证明。校准/验证活动的记录应包括：

a）由于工程变更涉及量检具变更时，量检具的修订记录；

b）在校准/验证时获得的任何超出规范的读数及有关符合规范的数据要记录在相关的校准报告上；

c）校准/验证后，有关符合规范的标签。

7.4 量测设备偏离和失效的管理

在校准或使用中发现测量设备异常时，按以下方式处理：

a）当使用人发现测量设备故障、偏离读数或不能满足测量要求时，应立即停止使用该测量设备，并通知计量员确认，停用并撤离使用现场。

b）由品管部及时向相关部门发出联络函，要求对该测量设备之前所测量的产品进行隔离、标识，并重新进行追溯性检验，以评定该测量设备在此前所测量产品的结果的有效性。以便控制可能发生的不合格，并将评价和处理结果记录于《测量设备失效评价表》。

c）若该测量设备之前所测量的产品已装运并交付给顾客，则由品管部通知业务部，业务部负责及时通知顾客，并采取措施（如：到顾客处重新检验、向顾客申请退回等）对该批产品的有效性重新评估确认。

d）由计量员对该测量设备进行校准或修理，若不能恢复正常，则作报废处理，同时做好报废标识并不得流入使用现场。

7.5 测量设备的使用、维护与保管

7.5.1 测量设备使用人员应熟练掌握测量设备的性能，使用方法和维护保养知识，严格遵守操作规程。

7.5.2 严禁将测量设备用于非计量检测及超负荷使用，严禁使用不合格或无标识的测量设备。

文件名称	监视和测量设备管理程序	文件编号：SQ-SP-01	版本：A
编制部门	品管部	编制日期：2019.12.9	页码：5/5

7.5.3 测量设备在使用过程中要轻拿轻放，严禁私自拆卸。应在使用后将测量设备放回原包装或容器内妥善保存，在测量设备搬运过程中防止测量设备碰撞或掉落。

7.5.4 量检具和试验设备存放场所须避免高温、高湿、有腐蚀及其他高侵害的环境。

7.5.5 对用于检验和测试用的专属设备，如投影仪、二次元、三次元、金相分析仪、光谱仪等检测设备，使用部门应进行日常点检和维护保养，并填写《检测设备日常点检维护表》。

7.5.6 计量员每月不定时检查生产和检验部门所使用的量检具符合性，发现异常及时处置。

7.6 有关软件的验证

品管部负责对用于产品控制和过程控制的软件版本，以及测量设备使用的相关软件（包括安装于员工拥有的设备、顾客拥有的设备或现场供应商拥有的设备的软件）的功能进行验证，验证应在使用前进行，适用时在软件升级再验证，这些验证结果都需记录于《软件验证记录表》中。

7.7 测量系统分析（MSA）

7.7.1 品管部根据控制计划所识别的每种检验、测量和试验设备，基于产品控制和过程控制的风险，按照关键和重要的产品特性和过程特性项目编制《测量系统分析计划》，并应用统计研究来分析测量系统结果中呈现的变异。

7.7.2 品管部按《测量系统分析计划》，依据《MSA 作业指导书》完成 MAS 分析，并保留研究结果的成文信息。

7.7.3 测量系统分析研究包括使用前的 MSA 和定期的 MSA。

8.参考文件

8.1 《APQP 管理程序》

8.2 《采购管理程序》

8.3 《MSA 作业指导书》

9.使用表单

9.1 《监视和测量设备规划表》

9.2 《申购单》

9.3 《测量设备台账》

9.4 《测量设备收发明细表》

9.5 《年度测量设备校准计划表》

9.6 《测量设备校准通知单》

9.7 《测量设备校准报告》

9.8 《检测设备日常点检维护表》

9.9 《测量设备失效评价表》

9.10 《软件验证记录表》

9.11 《报废申请单》

附表 SQ-11　　**测量设备台账**（参考格式）

序号	设备名称	品牌	精度（MM）	型号规格	出厂编号	本厂编号	购入日期	校准日期	校准周期	设备状况	保管人	报废日期	经手人

制表：　　　　审核：

附表 SQ-12　　**测量设备收发明细表**（参考格式）

序号	设备名称	品牌	型号规格	设备编号		购入日期	校准日期	校准周期	领用日期	领用人	经手人
				出厂编号	本厂编号						

附表 SQ-13　　**年度测量设备校准计划表**（参考格式）

年度：　　　　制定日期：　　年　　月　　日

序号	仪器名称	编号	测量范围	精度	校准方式		校准周期	月份											
					内校	外校		1	2	3	4	5	6	7	8	9	10	11	12

制定：　　　　审核：　　　　批准：

附表 SQ-14　　测量设备校准通知单（参考格式）

序号	名称	精度	型号规格	出厂编号	本厂编号	领用人	有效日期	要求送校日期
通知日期：　　年　月　日						计量员：		

附表 SQ-15　　测量设备失效评价表（参考格式）

测量设备名称		设备编号		上次校准日期	
发现人		使用场所		发现时间	
测量设备的失效情况描述： 测量设备处置：					
计量员		品管部主管			
该测量设备失效前测量结果的有效性跟踪处理					
生产过程中产品验证情况（包括批次、数量、抽样检测数量、检测结果等）： 验证人：　　验证时间： 验证结果评价（包括需要采取的措施）： 品管部主管：　　日期：					
发往顾客产品确认及拟采取的措施（若存在）： 品管部主管：　　日期：					

附表 SQ-16	通用（□带表□数显□游标□深度）卡尺校准报告（参考格式）				
计量器具名称：		出厂编号：		本厂编号：	
型号规格	～ mm	分度值	mm	校准日期	年 月 日
制造厂				下次校准日期	年 月 日

本次校准使用的主要测量标准			
名称	编号	名称	编号
卡尺专用量块	90020	刀口尺	6476
外径千分尺	11 62384	量块	50820

本次校准的技术依据文件		JJG30—2012 通用卡尺检定规程	
校准地点	计量室	温度 ℃	湿度 %RH

校准项目		标准允差（mm）	实测值	11.主尺示值校验（mm）				
				标称值（L）			标准允差（mm）	示值误差（mm）
1.外观		无明显缺陷		41.20	…	…	±0.02	
2.各部分相互作用		顺畅、可靠		81.50	51.20	…	±0.02	
3.外量爪测量面平面度		≤0.003		121.80	121.50	101.20	±0.02	
4.深度尺测量面平面度		深度尺≤0.005			191.80	…	±0.03	
5.刀口内量爪	尺寸偏差	0.01				201.50	±0.04	
	平行度	≤0.01				291.80	±0.04	
6.圆弧内量爪	尺寸	分度值整倍数				400.00	±0.05	
	平行度	≤0.01				500.00	±0.05	
7.零位误差	零标记	±0.005				600.00	±0.07	
	尾标记	±0.01				800.00	±0.07	
8.带表卡尺示值变动性		不超过分度值1/2				100.00	±0.10	
9.数显示值变动性		≤0.01			测深尺示值校验（mm）			
10.数显示值稳定性		≤0.01			20.00	±0.01□	±0.02□	

注：关于测量结果不确定度的说明：
1.依据 JJF1059—2012 测量不确定度评定与表示；
2.本次测量结果不确定度：0.01mm（L≤500mm）□（K=2）；0.02mm（L≤1000mm）□（K=2）。

校准结论： □所校项目合格 □按校准结果使用	校准员：	核验员：

IATF 16949:2016 的补充和特别要求

7.1.5.1.1 测量系统分析

应进行统计研究来分析在控制计划所识别的每种检验、测量和试验设备系统的结果中呈现的变异。所采用的分析方法及接收准则，应与测量系统分析的参考手册相一致。如果得到顾客的批准，其他分析方法和接收准则也可以应用。

替代方法的顾客接受记录应与替代测量系统分析的结果一起保留（见第 9.1.1.1 条）。

注：测量系统分析研究的优先级应当着重于关键或特殊产品或过程特性。

IATF 16949:2016—常见问题解答（FAQ-6）对本条款的要求做了说明，内容如下：

编号	IATF 16949 参照	问题和答案
6	**7.1.5.1.1 测量系统分析**	**问题：** 每台仪器或设备都需要进行测量系统分析（MSA ）研究吗？ **解答：** 不需要。对每件设备进行完整的统计研究是不必要的。可以对具有相同特征（例如测量范围、分辨率、重复性等）的仪器进行分组，并且可以使用样品仪器（代表一组相似测量仪器）进行统计学研究。

【目的和意图】

测量系统分析的目的是了解和分析测量系统得出的结果的变差，从而采取适当的措施来控制或减少这种变差。

【理解和实施要点】

根据 AIAG（美国汽车工业行动集团）的 MSA 手册，先了解“测量”和“测量系统”两个词的定义：

（1）测量：定义为对某具体事物赋予数字或数值，以表示它们对于特定特性之间的关系。

赋予数字或数值的过程被定义为测量过程，而赋予的值定义为测量值。

（2）测量系统：用来对被测特性定量测量或定性评价的仪器或量具、标准、操作、方法、夹具、软件、操作人员、环境和条件的集合。

在 MSA 手册中，主要是分析仪器、量具或测量设备的变异，操作者的变异，以及量具和操作者的综合变异。

——本条款对测量系统分析的要求：

a）控制计划所识别的每种检验、测量和试验设备系统；正如上述常见问题解答中说明的，是每种，并不是每一件或每一台，对于具有相同特性的仪器（例如测量范围、分辨率、重复性等）可以分组，并且可以使用样本仪器（代表仪器系列）进行统计研究。

b）对用于关键或特殊产品或过程特性控制的测量系统应当优先进行分析研究。

c）测量系统的分析方法和接受准则，应与测量系统分析的参考手册相一致。这里说的参考手册可以是 IATF 16949 标准“附录 B：参考书目—汽车行业补充”中给出的“AIAG：测量系统分析（MSA）”“ANFIA：AQ 024 测量系统分析（MSA）”和 VDA 第 5 卷“测量系统能力”（VDA5）任一参考手册，具体要看顾客要求。

d）如果得到顾客的批准，其他分析方法和接收准则也可以应用。之所以要用其他分析方法，是因为考虑到有些测量装置比较特殊，不适用于 MSA 参考手册给出的方法。在此情况下，使用替代方法的顾客接受记录应与替代测量系统分析的结果一起保留。

【实施建议和应用案例】

测量系统的变差分析通常包括五个统计特性：偏倚、稳定性、线性、重复性和再现性。

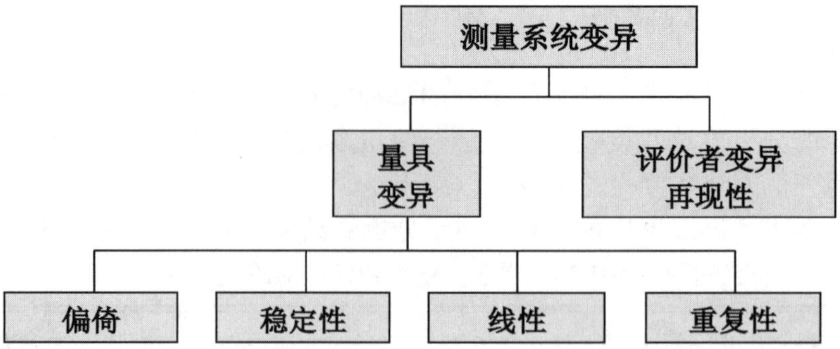

根据控制计划所识别的每种检验、测量和试验设备系统，组织考虑用于关键或特殊产品或过程特性控制的测量系统优先安排 MSA，对于一般特性控制的测量系统可以基于风险考虑，对每种量具选择代表性的样本量具或其中的一部分量具进行分析研究，并做出测量系统分析计划，以下为参考格式。

表 3-23　测量系统分析（MSA）计划（参考格式）

<table>
<tr><td colspan="13">☐新产品初始计划　　　　☐年度计划</td></tr>
<tr><td rowspan="2">量具名称</td><td rowspan="2">量具编号</td><td rowspan="2">型号</td><td rowspan="2">精度</td><td rowspan="2">测定范围</td><td rowspan="2">检测特性</td><td rowspan="2">MSA 周期</td><td colspan="5">分析项目</td><td rowspan="2">备注</td></tr>
<tr><td>稳定性</td><td>偏倚</td><td>线性</td><td>重复性和再现性 R&R</td><td>风险分析法</td></tr>
<tr><td></td><td></td><td></td><td></td><td></td><td></td><td></td><td></td><td></td><td></td><td></td><td></td><td></td></tr>
<tr><td></td><td></td><td></td><td></td><td></td><td></td><td></td><td></td><td></td><td></td><td></td><td></td><td></td></tr>
<tr><td></td><td></td><td></td><td></td><td></td><td></td><td></td><td></td><td></td><td></td><td></td><td></td><td></td></tr>
<tr><td></td><td></td><td></td><td></td><td></td><td></td><td></td><td></td><td></td><td></td><td></td><td></td><td></td></tr>
<tr><td></td><td></td><td></td><td></td><td></td><td></td><td></td><td></td><td></td><td></td><td></td><td></td><td></td></tr>
<tr><td colspan="13">制定：　　　　　　　　　　审核：　　　　　　　　　　核准：</td></tr>
</table>

MSA 的分析方法和接受准则要看顾客的要求，美系汽车顾客要求用 AIAG 测量系统分析（MSA）手册，德系汽车顾客则要求用 VDA5 “测量系统能力”参考手册，具体的看顾客要求。

IATF 16949:2016 的补充和特别要求

7.1.5.3 实验室要求

7.1.5.3.1 内部实验室

组织的内部实验室设施应有一个确定的范围，包括其从事所要求的检验、试验或校准服务的能力。该实验室范围应包括在质量管理体系文件中。实验室至少应为以下事项明确规定并实施要求：

a）实验室技术程序的充分性；

b）实验室人员的资格；

c）产品试验；

d）正确执行这些服务的能力，可追溯到相关过程标准（例如：ASTM、EN 等）；如果没有可用的国家或国际标准，组织应明确并实施一个验证测量系统能力的方法；

e）顾客要求，如有；

f）对有关记录的评审。

注：通过 ISO/IEC 17025（或等效标准）第三方认可可以证明组织内部实验室符合这个要求。

【目的和意图】

本条款的目的是确保组织的实验室具有从事所要求的检验、试验或校准服务的能力。

【理解和实施要点】

1.确定内部实验室范围

首先应确定内部实验室的范围，内部实验室所实施的检验和试验范围可包括但不限于：化学试验、金相试验、尺寸检验、物理试验、电性能或可靠性试验等。

组织的内部实验室范围应包括在质量管理体系文件中，包含下列内容的受控文件：

a）实验室有资格进行的特定试验、评价或校准；

b）用来进行上述活动的设备的清单；

c）用来进行上述活动的方法和标准的清单。

内部实验室范围可以做成一个表，用以体现上述三项要求，以下为示例：

序号	试验名称	试验设备	试验方法和标准	可追溯到相关过程标准（例如：ASTM、EN、国标）
1	冷热冲击试验	冷热冲击试验机	冷热冲击试验作业规范	GB 2423《电工电子产品基本环境试验规程》 美军标 MIL-STD-810F《环境工程考虑和实验室试验》
2	三坐标尺寸测量	三次元	三次元操作规程	无
3	千分尺内部校准	量棒、块规	内校规程	JJG22—2014 内径千分尺检定规程
4	……	……	……	……

2.内部实验室管理要求

对内部实验室的要求可包括：

a）应将内部实验室范围、实验方针、作业程序、作业指导书、试验标准等使实验室产生正确试验或校准结果的活动文件化。

b）对于根据试验或校准结果做出专业判断的实验室人员，应具有适当的专业和经验，包括理论知识和实做经验。

c）实验室应有程序规定对试验样品和 / 或校准设备的接收、标示、搬运、保护和保存或处理，包括为保证所有项目正确所必需的措施。所有项目的数据必须保存在实验室，直到最终数据的完成，应保证从最终数据能追溯到原始数据。

d）当相对应的试验规范对环境条件有要求，或环境条件可能影响到试验结果时，应对环境条件进行监视、控制和记录。应建立和保持环境条件的要求，如温度、湿度、灰尘、震动、电磁干扰、辐射、噪声等。

e）实验室应使用满足顾客要求和与实验或校准相适应的方法，包括抽样。对于特定的试验，所使用的试验方法和接收准则应可以追溯到有关的标准，如国家标准、国际标准、地区标准等。如美国标准 ASTM、欧洲标准 EN。

如果没有可用的国家或国际标准，组织应明确并实施一个验证测量系统能力的方法。

f）在进行实验前，组织首先确认是否有能力实施。当所采用的方法不满足标准规范要求，应与顾客达成一致意见。

g）适用时，应使用统计技术来确认数据的可靠性。在试验中应用统计技术，能够在较少的试验次数的情况下，提高判断力和判断的可靠性。如显著性试验、方差分析、回归分析等统计技术。

若组织通过 ISO/IEC 17025（或国家等效标准）第三方认可可以证明组织内部实验室符合本条款的要求。

关于 ISO/IEC 17025 的说明：

——ISO 是国际标准化组织，IEC 是国际电工委员会；ISO/IEC 17025 是一个由国际标准化组织和国际电工委员会共同制定的关于实验室认可的国际标准。该标准第一版于 1999 年发布，第二版是 ISO/IEC 17025:2005，我国对应的国家标准是 GB/T 27025—2008，该标准的全称是《检测和校准实验室能力的通用要求》。目前的最新版本是 ISO/IEC 17025:2017，名称是《检测和校准实验室能力认可准则》，中国合格评定国家认可委员会 2018 年 3 月 1 日发布了等同标准 CNAS-CL01:2018。

IATF 16949:2016 的补充和特别要求

7.1.5.3.2 外部实验室

为组织提供检验、试验或校准服务的外部/商业/独立实验室应有一个确定的范围，包括其从事所要求的检验、试验或校准的能力，并且：

——实验室应通过 ISO/IEC 17025 或等效的国家标准的认可，认可（证书）范围应包括相关检验、试验或校准服务；校准证书或试验报告应包含国家认可机构的标志；或

——应有证据证明该外部实验室可以被顾客接受。

注：这些证据可以通过顾客评估来证实，或由顾客批准的第二方机构评估，来证明该实验室满足了 ISO/IEC 17025 或等效国家标准的意图。第二方机构评估可由评估实验室的组织，采用顾客批准的评估方法进行。

当某一设备没有具备资格的实验室时，校准服务可以由设备制造商进行。在这种情况下，组织应确保第 7.1.5.3.1 条中的要求得到满足。

校准服务的采用，除了由具备资格的（或顾客接受的）实验室提供的以外，需要时，可能需要获得政府监管机构的确认。

IATF 16949:2016—认可解释（SI-10）修订了对外部实验室的要求，原文如下：

编号	IATF 16949 参照	认可解释
10 *修订*	7.1.5.3.2. 外部实验室	组织用于检验、测试或校准服务的外部/商业/独立实验室设施应具有确定的实验室范围，包括执行所需的检查、测试或校准的能力，或： — 该实验室应通过 **ILAC MRA (国际实验室认证论坛互认协议 – www.ilac.org)**的认证机构 **(签约方)** ~~或国家同等效力机构~~的 ISO/IEC 17025 **或国家同等标准的认证(如中国的 CNAS-CL01)**，并包括认证（证书）范围内的相关检查、测试或校准服务；校准证书或测试报告应包括国家认证机构的标志；或 — 应有证据表明外部实验室对于顾客是可接受的。 ***改变的原理:*** *一些组织发现，用于检查、测试或校准服务的外部/商业/独立实验室设施的实验室认证要求令人困惑而需要解释清楚。阐明实验室认证要求和期望。*

【目的和意图】

这是对组织选择和使用外部实验室的要求。本条款的意图是确保组织在委外服务时，选择使用具备从事所要求的检验、试验或校准服务的能力的外部/商业/独立实验室。

【理解和实施要点】

很多企业有些测量设备校准自身不具备能力，或某些特定类型的试验内部做不了，或者顾客要求必须外部实验室提供报告，在此情况下，组织需要选择外部/商业/独立实验室委外服务。

对于组织选择的外部实验室，应满足以下的要求：

a）外部实验室应通过国际实验室认证论坛签约互任的认证机构对 ISO/IEC 17025 或国家同等标准的认证（如中国 **CNAS-CL01**），认证（证书）范围应包括相关检验、试验或校准服务；校准证书或试验报告应包含国家认可机构的标志。

b）或者是，有证据证明该外部实验室可以被顾客接受。

被接受的证据可以通过顾客评估来证实，或由顾客批准的第二方机构评估，来证明该实验室满足了 ISO/IEC 17025 或等效国家标准的意图。第二方机构评估可由评估实验室的组织，采用顾客批准的评估方法进行。这种情况通常是指由顾客指定的其他供应商或友商的内部实验室。

c）考虑到某些特殊设备在没有具备资格的实验室能够实施校准时，校准服务可以由原设备制造商进行。在这种情况下，组织应确保第 7.1.5.3.1 条中的要求得到满足。

d）校准服务的采用，除了由具备资格的（或顾客接受的）实验室提供的以外，需要时，可能需要获得政府监管机构的确认。

IATF 16949:2016—常见问题解答（FAQ-7）回答了有关原设备制造商校准及内部实验室的问题，内容如下：

编号	IATF 16949 参照	问题和答案
7	**7.1.5.3.2 外部实验室**	**问题 1 ：** 什么时候设备制造商可用于校准检验和测试设备？ 如果认可的实验室存在但是非常偏远和/ 或昂贵，并且检验或测试设备制造商在附近并且可用，是否可以使用它们（即使它们没有获得为 ISO/IEC 17025 认证）？ **解答 1 ：** 作为检验或试验设备设计和制造的一部分，检验或试验设备制造商制定了设备维护和调整的方法，以满足校准要求。因此，检验和测试设备的原始设备制造商有资格校准他们设计和制造的设备。 在使用任何原始设备制造商进行校准服务之前，组织应获得客户批准。 **问题 2 ：** 如果组织在最终组装和测试区域有检验、测量和测试设备，是否可以被认为是内部实验室？ **解答 2 ：** 不可以。在制造过程或装配过程任何部分使用的在线测量和测试设备都不被视为内部实验室。

IATF 16949:2016—常见问题解答（FAQ-14）回答了有关校准证书或试验报告应包含国家认可机构的标志的问题，内容如下：

编号	IATF 16949 参照	问题和答案
14	**7.1.5.3.2 外部实验室**	**问题 ：** 是否需要一个外部实验室的校准证书或（测试）报告具有与认可该实验室为 ISO/IEC 17025 的相关国家认证机构的标志（或标识或符号）？ **解答 ：** 是的，只有包括国家认证机构标志的校准证书或测试报告是可以接受的。 国家认证机构的认证标志（通常也被称为“认证标识”或“认证符号”）证明所提供的检验、测试或校准服务是根据认证范围、符合 ISO/IEC 17025 的要求，并接受国家认证机构的监督进行的。

【实施建议和应用案例】

对于内部实验室的管理以及外部实验室的选择和使用，组织可以建立《实验室管理程序》及相关的检验和试验标准/规范，并纳入质量管理体系予以实施。各企业的实验室范围、试验项目以及试验过程的复杂程度不同，以下的文件范例仅供参考。

文件范例【实验室管理程序】

文件名称	实验室管理程序	文件编号：SQ-SP-02	版本：A
编制部门	品管部	编制日期：2019.12.9	页码：1/4

1.目的

为制定公司实验方针，明确内部实验室的范围以及外部实验室的选择和使用，并对实验过程进行有效的控制，确保检验和试验结果有效和可靠，特制定本程序。

2.适用范围

适用于本公司内部实验室的管理和外部实验室的选择及使用。

3.术语和定义

3.1 内部实验室：指负责公司原物料、样件、半成品、成品的相关实验和测试的场所及其实验设备、设施。

3.2 外部实验室：指外部商业/独立实验室，国家机构的实验室。

4.职责

4.1 品管部：负责实验室规划，并依照实验申请单需求进行试验，及时出具真实有效的实验室试验报告。当内部实验室无能力满足试验要求时需评估送外部实验室进行试验。

4.2 试验需求部门：负责提出试验需求及试验结果确认。

5.过程管理图

（本过程相关联的 ISO 9001&IATF 16949 条款：7.1.5.3.1/7.1.5.3.2）

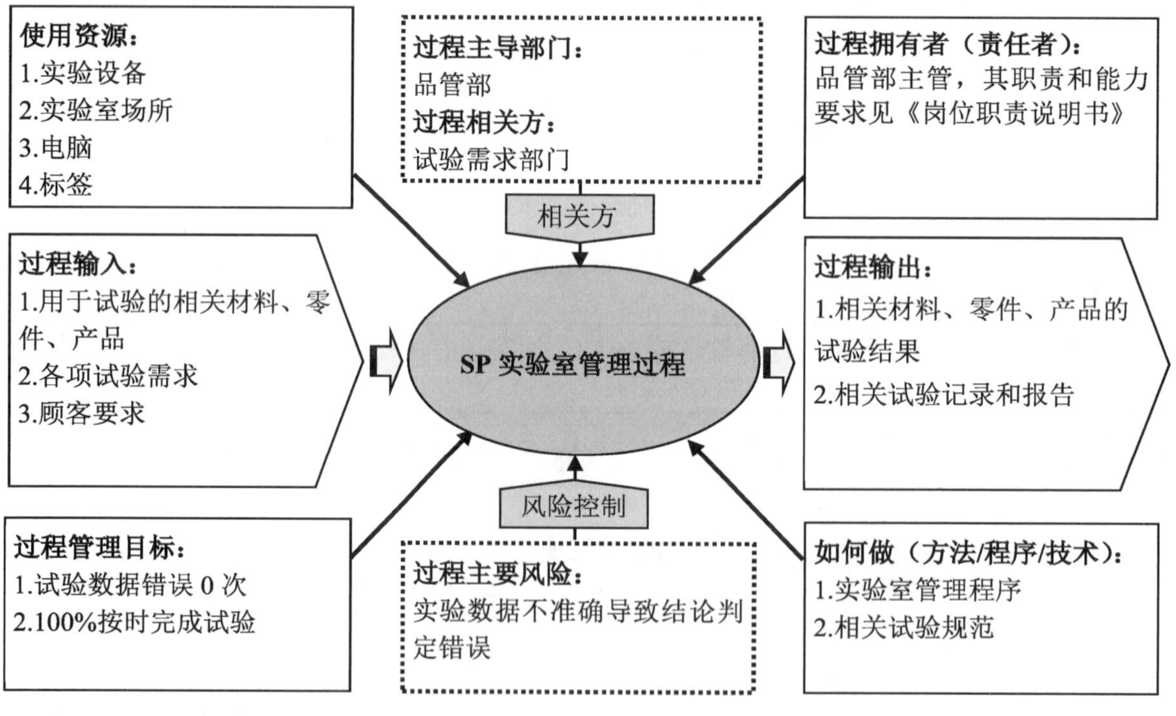

过程主要风险	对相关方的影响	应对风险的措施
实验数据不准确导致结论判定错误	可能导致不符合要求的产品交付给顾客	（1）为防止设备误差造成测量数据错误，按照《测量设备管理程序》要求，对设备进行定期校准和日常维护保养； （2）建立各项试验规范，并严格按规范进行作业； （3）试验人员上岗前进行培训，每年复核； （4）实验室负责人对试验过程进行检查和确认。

文件名称	实验室管理程序	文件编号：SQ-SP-02	版本：A
编制部门	品管部	编制日期：2019.12.9	页码：2/4

6.作业内容

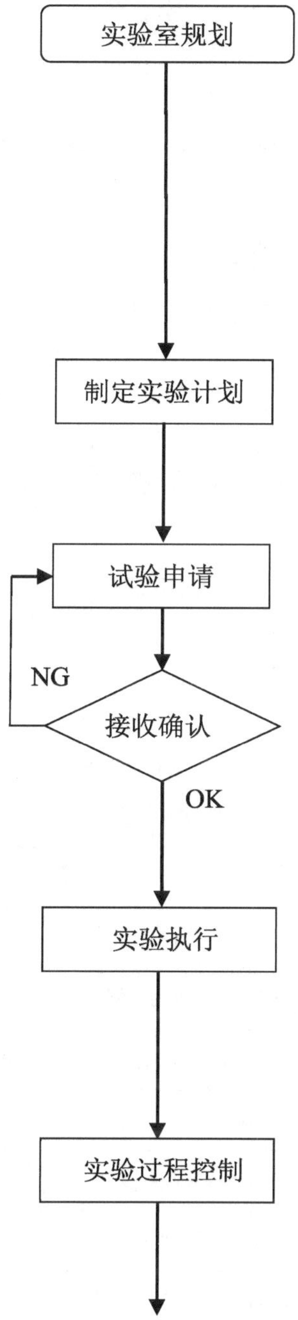

序号	作业流程	权责部门/人	作业要求	参考文件/使用表单
6.1	实验室规划	品管部	6.1.1 品管部负责制定并贯彻实验室方针：客观、准确、及时地提供实验数据，确保产品质量满足规定的要求。 6.1.2 品管部负责实验范围及硬件设施的规划见附加说明 7.1。根据实验项目编制《信赖性试验规范》和试验标准，应采用现行厂内标准和客户规定的方法，适用时应可追溯到相关的国家或国际标准。 6.1.3 实验设备定期校准和维护按照《测量设备管理程序》执行。	《信赖性试验规范》 《测量设备管理程序》
6.2	制定实验计划	品管部	6.2.1 信赖性实验包括新产品信赖性试验和量产品信赖性试验。品管部在每月初按订单计划提出下月的信赖性实验计划，做出《量产机型信赖性实验计划表》呈上级会签。 6.2.2 新产品信赖性试验依设备运行情况安排实验。	《量产机型信赖性实验计划表》
6.3	试验申请	需求部门	6.3 需求部门需做产品实验时，试验申请人先填写《信赖性试验申请单》，并在单中详细地勾选实验条件，如有特殊要求注明并做好相应标示，交部门主管批准。	《信赖性试验申请单》
6.4	接收确认	实验员 需求部门	6.4 实验员负责对实验品验收并拍照，同时和实验申请人共同确认，若不符即退申请人处理。	
6.5	实验执行	实验员	6.5.1 实验员严格按照《信赖性测试规范》和相应的试验标准书执行实验，实验前需确认试验环境条件。 6.5.2 各机型在实验中需注明实验参数及机台运行标示。	《信赖性测试规范》
6.6	实验过程控制	实验室	6.6.1 实验室制定《实验进度管控表》并定期更新，在每周三及周六发给相关部门。 6.6.2 做实验动态的时候，每天至少二次观看产品的变化，若发现异常状况需及时知会部门主管，并告知试验申请人员，必要时会同相关人员分析。	《实验进度管控表》

<table>
<tr><td>文件名称</td><td colspan="3">实验室管理程序</td><td>文件编号：SQ-SP-02</td><td>版本：A</td></tr>
<tr><td>编制部门</td><td colspan="3">品管部</td><td>编制日期：2019.12.9</td><td>页码：3/4</td></tr>
<tr><td>序号</td><td>作业流程</td><td>权责部门/人</td><td colspan="2">作业要求</td><td>参考文件/使用表单</td></tr>
<tr><td>6.7</td><td rowspan="4">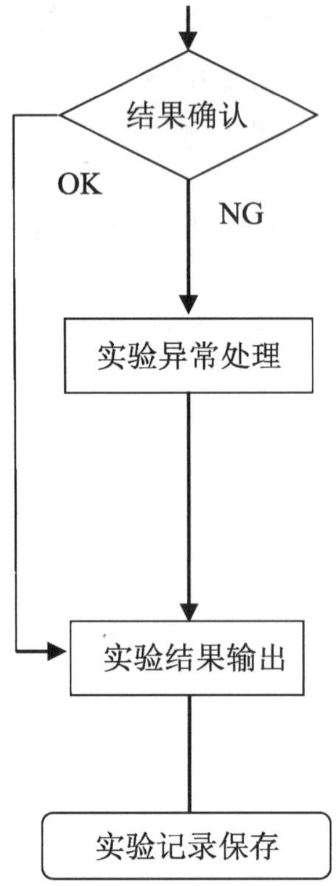
</td><td>实验员
需求部门</td><td colspan="2">6.7 实验完成后由实验员填写《信赖性测试报告》，并与实验需求者共同确认，需根据产品检验标准结合试验真实状况，对试验结果做出正确的判定。</td><td>《信赖性测试报告》</td></tr>
<tr><td>6.8</td><td>品管部
需求部门</td><td colspan="2">6.8 实验发生之异常由实验室开出《实验异常处理报告单》给需求部门，对异常之分析及改善报告要及时地追踪，若申请人有异议可会同实验员通知双方主管确认，同机型或同一物料之实验，如上次之异常未回复将拒收。</td><td>《实验异常处理报告单》</td></tr>
<tr><td>6.9</td><td>实验室
各相关
部门</td><td colspan="2">6.9.1 《信赖性测试报告》需在实验完成后24 小时后传出，信赖性异常需上级主管核准后方可传出。
6.9.2 实验完毕，实验报告及异常送给相对应的部门文员，实验产品通知实验申请人领回。针对量产机型于实验后的产品良品要入库，不良品维修或报废处理。</td><td>《信赖性测试报告》</td></tr>
<tr><td>6.10</td><td>品管部</td><td colspan="2">6.10 针对实验结果的记录和报告依《记录控制程序》保存，以便以后查询追溯。</td><td>《记录控制程序》</td></tr>
</table>

7. 附加说明

7.1 内部实验室的试验范围

<table>
<tr><td>序号</td><td>试验名称</td><td>试验设备</td><td>试验方法和标准</td></tr>
<tr><td>1</td><td>冷热冲击试验</td><td>冷热冲击试验机</td><td>冷热冲击试验作业规范</td></tr>
<tr><td>2</td><td>高温高湿试验</td><td>恒温恒湿试验机</td><td>高温高湿试验作业规范</td></tr>
<tr><td>3</td><td>振动试验</td><td>振动试验机</td><td>振动试验作业规范</td></tr>
<tr><td>4</td><td>跌落试验</td><td>跌落试验机</td><td>跌落试验作业规范</td></tr>
<tr><td>5</td><td>高压加速寿命试验</td><td>高压加速寿命试验机</td><td>高压加速寿命试验作业规范</td></tr>
<tr><td>6</td><td>HRB、HRC 硬度测试</td><td>硬度计</td><td>硬度测试作业规范</td></tr>
<tr><td>7</td><td>三坐标尺寸测量</td><td>三次元</td><td>三次元操作规程</td></tr>
<tr><td>8</td><td>盐水喷雾试验</td><td>盐水喷雾试验机</td><td>盐水喷雾试验操作规程</td></tr>
<tr><td>9</td><td>千分尺、内径分厘卡内部校准</td><td rowspan="2">量棒
块规</td><td>内校规程</td></tr>
<tr><td>10</td><td>高度规、数显千分尺内部校准</td><td>内校规程</td></tr>
</table>

文件名称	实验室管理程序	文件编号：SQ-SP-02	版本：A
编制部门	品管部	编制日期：2019.12.9	页码：4/4

7.2 实验室人员资格及职责

实验人员皆须符合特殊岗位人员资格的要求，通过专业的培训获得实验上岗资格，熟悉各种实验设备的操作方法和技能，对实验结果负责。

7.3 实验室环境控制

为确保实验结果的准确性，实验室的环境温度需控制在20℃±5℃范围内，相对湿度控制在60%±20%，由实验室负责人监控，实验室人员应每天3次将环境温湿度值记录于《温湿度记录表》，如超出范围则需调整控温控湿设备。

7.4 对外部实验室的要求

7.4.1 对于公司没有试验和校准能力需委外服务时，由品管部负责评估和选择外部实验室，对外部/商业/独立实验室应满足其从事所要求的检验、试验或校准的能力，并且实验室应通过ISO/IEC 17025 或等效的国家标准的认可，认可（证书）范围应包括相关检验、试验或校准服务。提供的校准证书或试验报告应包含国家认可机构的标志。

7.4.2 如果有顾客指定的外部实验室要求，则必须使用指定的实验室。

7.4.3 当某一设备没有具备资格的实验室时，校准服务可以由设备制造商进行。

7.5 试验设备日常点检维护

对于固定的试验设备，由实验人员进行日常点检和维护保养，并将点检结果记录于《测量设备日常点检维护表》

7.6 统计技术应用

适用时，应使用统计技术来确认数据的可靠性。在试验中应用统计技术，能够在较少的试验次数的情况下，提高判断力和判断的可靠性。如显著性试验、方差分析、回归分析等统计技术。

8.参考文件

8.1 《测量设备管理程序》
8.2 《信赖性试验规范》
8.3 《恒温恒湿试验标准》
8.4 《振动试验标准》
8.5 《高压加速寿命试验标准》
8.6 《冷热冲击试验标准》
8.7 《静电放电仿真试验标准》

9.使用表单

9.1 《量产机型信赖性实验计划表》
9.2 《信赖性试验申请单》
9.3 《实验进度管控表》
9.4 《信赖性测试报告》
9.5 《实验异常处理报告单》
9.6 《温湿度记录表》

附表 SQ-17 **信赖性试验申请单**（参考格式）

申请单位		申请日期		需求完成时间	
实验品名称		实验品型号		数量	
产品用途		特殊说明			

1.测试条件

□静态低温储存（□-30℃/96hours□-10℃/96hours）　□低温动态（□-20℃/96hours□0℃/96hours）

□静态温度循环（-20℃/30mins→25℃/5 mins→70℃/30mins→25℃/5 mins*10）

□静态高温储存（80℃/96hours□60℃/96hours）　□高温动态（□70℃/96hours□50℃/96hours）

□静态高温高湿（□40℃with90%RH；96hours　□60℃with90%RH；96hours）

□ESD 测试　（□Air　□Contact）

□跌落测试（□X、Y、Z 共三个方向，高度 120cm 每方向各一次 ）

□振动测试（□10～55Hz，持续 1min，X、Y、Z 三个方向振幅 1.50mm，每个方向持续振动 2h）

□高压加速寿命测试（□120℃ 100% RH □压力 1.0kg/cm^2 □时间：60h）

□冷热冲击（高温 70℃/30mins、低温-20℃/30mins，高低温转换时间于 5mins 之内，共 10 个循环

2.其他（请详细填写测试条件）...................................... □

____

3.随附文件（规范、客人提供之规格书） .... □

____

1.受测产品取得方式　（1）申请者提供..□

（2）其他__________________......................□

2.测试报告　（1）不需报告..□

（2）需出具测试报告..□

（以上内容请送测单位详细填写后发送至实验室）

品管评估说明：

实验室收件：点收受测品并回复预计完成时间：__________________

接收者签名：__________________

验证结果	□OK　□NG　（详见《信赖度测试报告》）

实验单位				申请单位			
核准		实验员		核准		申请人	

<table>
<tr><td colspan="2">附表 SQ-18</td><td colspan="3">信赖性测试报告（参考格式）</td></tr>
<tr><td colspan="3">检验日期（Date）：</td><td colspan="2">检验员（Inspector）：</td></tr>
<tr><td colspan="3">机型（Model）：</td><td colspan="2">Report No.:</td></tr>
<tr><td colspan="3">受测物（Sample Name）：</td><td colspan="2">入检数（Q'Ty）：</td></tr>
<tr><td colspan="5">测试项目（Test Item）：</td></tr>
<tr><td colspan="5">测试目的（Description of Test）：</td></tr>
<tr><td colspan="5">测试条件（Test Condition）：</td></tr>
<tr><td colspan="5">测试设备（Test Equipment）：</td></tr>
<tr><td>序号</td><td colspan="2">试验项目
Inspecting Items</td><td colspan="2">试验结果
Inspecting Result</td></tr>
<tr><td></td><td colspan="2"></td><td colspan="2"></td></tr>
<tr><td></td><td colspan="2"></td><td colspan="2"></td></tr>
<tr><td></td><td colspan="2"></td><td colspan="2"></td></tr>
<tr><td></td><td colspan="2"></td><td colspan="2"></td></tr>
<tr><td></td><td colspan="2"></td><td colspan="2"></td></tr>
<tr><td colspan="5">综合测试结果（Summary of Test）：</td></tr>
<tr><td colspan="5">改善建议（Suggestion）：</td></tr>
<tr><td colspan="5">POWERTIP TECHNOLOGY CORPORATION</td></tr>
<tr><td colspan="2">制作 PREPARED BY:</td><td colspan="2">审查 CHECKED BY:</td><td>核准 APPROVED BY:</td></tr>
<tr><td colspan="2"></td><td colspan="2"></td><td></td></tr>
</table>

<table>
<tr><td colspan="3">附表 SQ-19</td><td colspan="7">信赖性实验进度管控表（参考格式）</td></tr>
<tr><td>编号</td><td>提出日期</td><td>机型</td><td>实验项目</td><td>申请人</td><td>申请部门</td><td>投入时间</td><td>预计完成时间</td><td>实际完成时间</td><td>备注</td></tr>
<tr><td></td><td></td><td></td><td></td><td></td><td></td><td></td><td></td><td></td><td></td></tr>
<tr><td></td><td></td><td></td><td></td><td></td><td></td><td></td><td></td><td></td><td></td></tr>
<tr><td></td><td></td><td></td><td></td><td></td><td></td><td></td><td></td><td></td><td></td></tr>
<tr><td></td><td></td><td></td><td></td><td></td><td></td><td></td><td></td><td></td><td></td></tr>
<tr><td></td><td></td><td></td><td></td><td></td><td></td><td></td><td></td><td></td><td></td></tr>
<tr><td colspan="5">制定：</td><td colspan="5">审核：</td></tr>
</table>

> **ISO 9001:2015，质量管理体系—要求**
> **7.1.6 组织的知识**
> 组织应确定必要的知识，以运行过程，并获得合格产品和服务。
> 这些知识应予以保持，并能在所需的范围内得到。
> 为应对不断变化的需求和发展趋势，组织应审视现有的知识，确定如何获取或接触更多必要的知识和知识更新。
> 注 1：组织的知识是组织特有的知识，通常从其经验中获得，是为实现组织目标所使用和共享的信息。
> 注 2：组织的知识可以基于：
> a）内部来源（如知识产权、从经验获得的知识、从失败和成功项目汲取的经验和教训、获取和分享未成文的知识和经验，以及过程、产品和服务的改进结果）；
> b）外部来源（如标准、学术交流、专业会议、从顾客或外部供方收集的知识）。

【目的和意图】

本条款旨在保持组织所确定的为运行过程和实现产品和服务的符合性所必需的知识，并鼓励基于变化的需求和趋势获取必要的知识。这是 ISO 9001:2015 新增的要求。

【理解和实施要点】

1.关于知识的几个定义

以下根据《GB/T 23703.1—2009 知识管理—框架》中给出的定义：

（1）什么是知识

通过学习、实践或探索所获得的认识、判断或技能。

注 1：知识可以是显性的，也可以是隐性的；可以是组织的，也可以是个人的。

注 2：知识可包括事实知识、原理知识、技能知识和人际知识。

（2）什么是显性知识

以文字、符号、图形等方式表达的知识。

（3）什么是隐性知识

未以文字、符号、图形等方式表达的知识，存在于人的大脑中。

（4）什么是知识管理

对知识、知识创造过程和知识的应用进行规划和管理的活动。

2.知识管理的重要性

应把知识作为组织的战略资源，作为一种管理思想和方法体系，它以人为中心，以数据、信息为基础，以知识的创造、积累、共享及应用为目标。知识管理可以：

a）实现组织的可持续发展

将组织中的产品研发、销售网络、专利技术、业务流程、专业技能等知识，作为核心资产进行管理、开发和保护；建立相应的管理体系，通过组织文化、知识库、信息通信技术等形式固化到组织中去，有助于实现组织的可持续发展。

b）提高员工素质及工作效率

通过组织知识的共享与重用，可以提高员工的知识水平和创新能力，提高工作效率、研发水平、操作技能及服务能力。通过建立保障知识共享、创新的制度和措施，有利于员工之间开展知识交流与共享，可以促进员工的个人发展；还有利于提高员工的创新积极性，从而实现组织内和谐共处。

c）增强用户满意度

通过为顾客、用户、社会提供更优质的产品，高效的服务，可以帮助提升组织的顾客满意度、社会公众满意度。

d）提升组织的运作绩效

通过将组织的知识运用于业务运作的各个环节，提高业务管理水平、产品研发能力、生产经营水平、市场开拓能力、产品附加值，提升顾客服务水平，建立竞争优势。

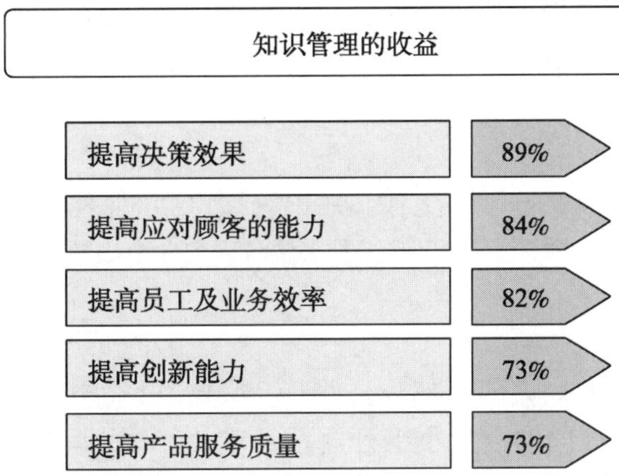

资料来源：英国知识管理杂志

3.组织的知识资源

知识资源是组织知识管理的核心对象。对于组织来说，首先依据组织业务战略及核心业务，鉴别组织内的知识资源，分析组织内现有的知识现状和未来对知识的需求。可以从知识类型、知识域、知识表达三个角度进行分析，见下图。

（1）知识类型

知识可以分为事实知识、原理知识、技能知识和人际知识。

（2）知识表达

根据知识是否表达出来，将知识分为显性知识和隐性知识。在组织内部，知识管理的目标是将组织中专家的隐性知识表达出来，存储在纸质或电子文件、数据库、电影胶片、硬盘等上，建立组织内部的知识库，有利于组织知识的持续发展和知识共享及重用。

（3）知识域

根据知识的来源，分为组织的内部知识和外部知识。

内部知识指组织内支持业务运作所需的知识，包括产品内控标准、核心技术、生产流程、销售渠道网络、顾客服务知识等；内部知识来源如知识产权、从经验获得的知识、从失败和成功项目汲取的经验和教训、获取和分享未成文的知识和经验，以及过程、产品和服务的改进结果。

外部知识指与组织自身发展密切相关的外部组织或个人的知识；外部知识来源如标准、学术交流、专业会议、从顾客或外部供方收集的知识，以及从政府、媒体、权威机构、竞争对手、权威专家等获取的知识。

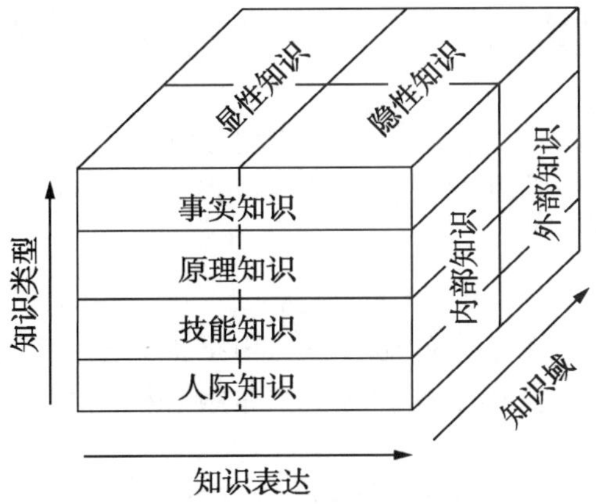

知识资源三维图

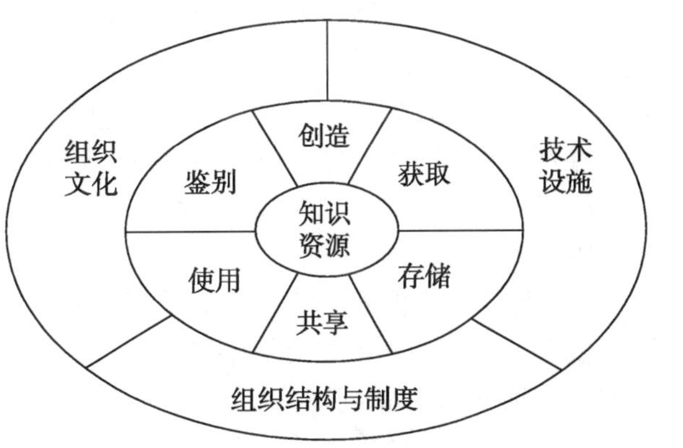

知识管理概念模型

4.组织知识管理活动

组织的知识是其特定的知识，来自组织的集体经验或个人经验。这些知识用于或可能用于实现组织的质量目标或预期结果。

组织应考虑如何确定和管理为满足当前和未来需求所需的知识。组织的人员和其经验是组织知识的基础。获取和分享这些经验与知识可形成协同效应，从而创造新的知识或对组织的知识进行更新。

（1）知识鉴别

知识鉴别是知识管理活动中关键性的工作。知识管理首先应根据目标，分析知识需求，包括现有知识的分析和未来知识的分析，适用于组织层次战略性的知识需求和个人层次日常对知识的需求。

（2）知识创造

知识创造是知识管理活动中知识创新部分。对于组织来说，创新过程通常是在产品或服务方面的知识创造过程，通过研发部门的专家小组开展技术攻关。与此同时，创新需要通过全体员工积极参与改善业务经营过程中的各个环节，创新过程不局限于研发部门。

（3）知识获取

知识获取强调对存在于组织内部已有知识的整理积累或外部现有知识的获取。对于组织来说，应收集整理多方面知识，并使沉淀下来的知识具有可重用价值。同时，还可以通过兼并、收购、购买等方式直接在某个领域突破知识的原始积累获取所需要的知识，或有针对性地引入相应人才。

（4）知识存储

在组织中建立知识库，将知识存储于组织内部。知识库中应包括显性知识和存储在人们头脑中的隐性知识。此外，知识也可以存储在组织的质量管理体系文件和技术资料中。

（5）知识共享

共享就是知识在组织中转移、传递和交流的过程。通过知识共享将个人或部门的知识扩散到组织系统，知识共享方式可在组织内人员或部门之间通过查询、培训研讨或其他方式获得。

（6）知识应用

知识在组织中得到应用时才能增加价值。知识应用是实现上述知识活动价值的环节，决定了组织对知识的需求，是知识鉴别、创新、获取、存储和共享的参考点。

（7）知识更新

随着互联网的发展和信息技术的快速迭代，给人们带来意想不到的变化，知识的更新日新月异，对于每个组织来说都需要紧跟知识和技术的更新和发展，指定相关知识管理责任部门及时对内部知识进行更新和修改。

5.知识管理的支持要素

（1）组织结构和制度

a）知识管理活动是组织业务流程中的组成部分。知识管理活动应为增值的、清晰的、可交流的、可理解的和可接受的。

b）组织应制定出知识管理运作程序或办法，设置与知识活动相关的工作角色和职责范围。组织知识管理的组织制度包括：知识管理的组织结构、知识管理的流程及运行制度、知识管理考核激励制度等。

（2）组织文化

a）组织应为不同业务领域、不同知识的所有者之间提供沟通交流的环境和氛围。知识在很大程度上依赖于个体，需要在组织内形成一种具有激励、归属感授权、信任和尊敬等机制的组织文化，才能使所有员工做到知识的创造、积累、共享及应用。

b）组织应为包括决策人员、管理人员、操作人员等在内的全体员工创造良好的文化氛围，参与知识共享与创新。

c）组织应在鼓励员工共享个人知识的同时，通过实践、共同兴趣小组、学术交流研讨等各种形式促进员工在组织内获得个人发展。

（3）技术设施

a）知识管理的实践需要技术基础设施的支持。现在的信息通信技术使得知识的获取、发布和查找越来越方便，如外部网络、内部信息系统。

b）技术设施应满足功能需求，并且是易于使用的、恰当的、标准化的，这样知识管理才能得以真正地运作。

【实施建议和应用案例】

不同组织由于其行业环境、组织特点、战略选择和知识特征的不同，会导致该组织在知识管理战略选择上方向和路径不同。因此，组织需要基于对自身经营战略、知识管理现状及其需求的分析，将知识管理战略融入组织的业务战略之中，以支撑组织战略目标。

如果组织的产品和经营模式复杂程度高，可选择实施正式的知识管理体系；复杂程度较低的组织可选择比较简单的方法，如建立一个知识管理办法即可适用需求。

7.2 能力

ISO 9001:2015，质量管理体系—要求

7.2 能力

组织应：

a）确定在其控制下工作的人员所需具备的能力，这些人员从事的工作影响质量管理体系绩效和有效性；

b）基于适当的教育、培训或经验，确保这些人员是胜任的；

c）适用时，采取措施以获得所需的能力，并评价措施的有效性；

d）保留适当的成文信息，作为人员能力的证据。

注：适用措施可包括对在职人员进行培训、辅导或重新分配工作，或者聘用、外包胜任的人员。

【目的和意图】

本条款旨在确定能够影响产品和服务的符合性或质量管理体系的绩效和有效性的人员所要求的能力，并确保从事这些工作或开展这些活动的人员（如管理者、现有员工、临时雇员、分包商、外包人员）具备相应的能力。

【理解和实施要点】

组织应根据活动或工作职位/岗位，确定能力要求。某些任务在恰当地或安全地执行之前（如内部审核、焊接、试验）可能需要特定的能力水平，有些则可能必须由具有相应资格的人员来完成（如叉车或电工）。可通过不同的方法确定能力要求，如在分析工作时，可通过做出工作说明或进行工作评价等。

人员的能力应通过审查其是否受过适当的教育、培训或具有经验予以确认，可通过工作面试、审查简历、观察、书面培训信息或文凭等做出判断。

当组织人员不满足或不再满足能力要求时，则应采取措施。这些措施包括但不限于辅导员工，提供培训，简化过程以便其能成功完成工作，或为其重新分配另一个工作岗位。

组织还应对所采取的任何措施的有效性进行评价，例如，可询问接受培训的人员是否认为自身已经具备了开展工作所需的能力，也可通过不同的方法做出评价，包括直接观察其工作完成情况或检查任务和项目的结果。

当来自外部供方的人员从事处于组织控制之下的工作时，则可能要求进行额外的控制和监视，如对外部提供的过程进行审核，检验产品和服务，或制定包含能力要求的合同和服务等级协议等。组织负责确定拟采取的措施，这些措施将根据能力在确保符合要求方面的重要程度而有所不同。

组织应保留能证明员工能力的适当文件化信息，如文凭、执业证书、简历、培训结业证明和绩效评价。

【实施建议和应用案例】

——首先应从教育、培训、技能和经验四个方面来确定从事影响产品和服务要求符合性或质量管理体系的绩效和有效性工作的人员所必需的能力，通常制定《岗位职责说明书》，规定各岗位的能力或资格要求和职责说明。

能力通过四个方面加以考虑：

a）教育程度（学历/学位）；

b）接受过的培训（专业培训、技能培训）；

c）具备的技能（从事某项工作所需的技术和方法）；

d）工作的经验（而非工作经历）。

——进行岗位分析和岗位能力分析，是满足"适任"要求的前提，岗位分析可以进行内部横向对比和与竞争或行业标杆对比：

（1）内部横向对比。在设置岗位和岗位职能时，应比较组织内部所有岗位之间工作/劳动强度的差异、技能/能力/知识方面要求的高低、可测量到的贡献的大小、承担责任的大小、有效工作时间和效率的差异、从事常规性工作和开拓性工作的差异等，可采取"系数均衡法"（定量法则）进行相对平衡。

（2）与竞争对手或行业标杆对比。在设置岗位和岗位职能时，应基于组织所确定的战略目标比较和分析组织的竞争对手或行业标杆（相同或相近的产品系列和生产条件/销售规模的组织）的情况。更应关注优势较强的竞争对手，批判性的吸纳和采用先进合理的管理模式。

通过上述对比分析或采用其他合理方法分析后，从教育、培训或技能、经验等方面确定其能力。组织有必要建立每个岗位的胜任力模型，明确岗位的适任条件，确定员工能力考核的方法和准则。

——当确定这些所需能力后，应提供培训或采取其他措施来满足这些需求，"其他措施"可包括辅导或重新分配工作、招聘、聘用技术专家或外包胜任的人员等。

应评价所采取措施的有效性，评价的方法包括但不限于：

（1）审查个人履历；

（2）资格验证，如培训证书、学历学位证书、职称证明、电工证、驾驶证等；

（3）口试或问卷调查；

（4）实际操作；

（5）书面考试；

（6）考核工作业绩；

（7）自我评价（如心得报告和成果发表）。

本条款可结合 7.2.1～7.2.4 的要求一起策划和实施。

IATF 16949:2016 的补充和特别要求

7.2.1 能力—补充

组织应建立并保持成文的过程，识别包括意识（见第 7.3.1 条）在内的培训需求，并使所有从事影响产品要求和过程要求符合性的活动的人员具备能力。从事特定指派任务的人员应按要求进行资格认可，尤其关注对顾客要求的满足。

7.2.2 能力—在职培训

对于承担影响质量要求、内部要求、法规或法律要求符合性的新的或调整职责的人员，组织应对其进行在职培训（其中还应包括顾客要求培训），包括合同工或代理工。在职培训的详细程度应与人员的教育程度及其在日常工作中执行的任务的复杂程度相称。从事影响质量工作的人员应被告知不符合顾客要求的后果。

【目的和意图】

IATF 16949 补充和新增的这两个条款，旨在强调对“意识”培训的重要性，包括对从事特定指派任务的人员应按要求进行资格认可，尤其关注顾客对人员资格方面的要求应得到满足；同时，强调了在职培训的重要性，并应包括对顾客要求的培训。也更进一步加强了顾客不只是在质量方面的要求，也对组织的在职培训有要求。

【理解和实施要点】

组织必须识别包括意识在内的培训需求，“意识”的培训要求应包括组织的质量方针、质量目标，认识到其对产品质量的影响，以及他们所从事的活动在实现、保持并改进质量中的重要性，还应包括不符合顾客要求及不合格品带给顾客的风险、对质量管理体系有效性的贡献、改进绩效的益处等。

组织应识别哪些是从事特定指派任务（特殊岗位）的人员，并按要求进行资格认可，并考虑到顾客对特殊岗位的指定及其要求（如德系汽车厂要求供方第二方审核员必须获得 VDA 6.3 过程审核员资格）。

组织应考虑任何利益相关方的要求作为决定在职培训需求的输入，并在决定所有使用的方法时考虑教育水平和任务的复杂程度，培训必须也包括合同工或代理工，并向所有从事影响质量工作的人员传达不符合顾客要求的后果。

【实施建议和应用案例】

必须形成一个文件化的过程用以管理“能力和在职培训”活动，识别培训需求并使所有从事影响产品要求和过程要求符合性的活动的人员具备能力。

——承担特定任务的人员需进行资格认可，包括但不限于：

- 测量仪器/设备校准人员
- 内部审核人员
- 实验室人员
- 设计与开发人员
- 特殊过程作业人员
- 检验与试验人员
- 电工、电梯操作工、叉车操作工
- 特种设备人员

——在职培训应理解为：

- 新进员工的培训；
- 转岗或晋升员工的培训；
- 临时工或合同工的培训；
- 代理工作人员的培训；
- 在职提高培训。

——组织的各级管理人员应基于所管辖岗位的能力标准，适时地评价在岗人员是否持续满足其能力要求。可以和组织的员工绩效考核工作相结合，基于不同的绩效考核周期监控在岗人员在考核周期内的绩效表现，通过采用绩效面谈、培训等多种手段确保人员能力持续满足。

——对于能力达不到岗位任职要求的，组织应适时提出培训要求，综合考虑组织人力资源规划、自身人才培养目标和各岗位的培训需求，统筹考虑培训预算安排，汇总形成培训计划并采用师带徒、脱产培训、业余培训等多种措施组织实施培训计划。

——培训手段应多样化，应基于培训需求并以达到培训目的为主，不能为培训而培训，更不能为认证而培训。围绕培训目标设计培训有效性评价方式和内容，可通过对理论、实际操作、业绩进行评定和观测等方法，确定受训人员是否具备了所需知识、技能和能力，必要时可提出再培训需求。组织可以开展培训管理体系的 PDCA 循环运行。

本条款可结合 7.2.1～7.2.4 的要求一起策划和实施，可建立人力资源管理过程和培训管理过程。

IATF 16949:2016 的补充和特别要求

7.2.3 内部审核员能力

组织应有形成文件的过程，用于验证内部审核员的能力，要考虑到顾客特定要求。关于审核员能力的更多参考，参见 ISO 19011。组织应保持一份合格内部审核员名单。

质量管理体系审核员、制造过程审核员和产品审核员应全部能够证实最少具备以下能力：

a）了解汽车审核过程方法，包括基于风险的思维；

b）了解适用的顾客特定要求；

c）了解 ISO 9001 和 IATF 16949 中适用的与审核范围有关的要求；

d）了解与审核范围有关的适用的核心工具要求；

e）了解如何计划审核、实施审核、报告审核以及关闭审核发现。

另外，制造过程审员还应证实对于待审核的相关制造过程，其具有技术知识，包括过程风险分析（例如 PFMEA）和控制计划。产品审核员还应证实其了解产品要求，并能够使用相关测量和试验设备验证产品符合性。

在通过培训来取得人员能力的情况下，应保留形成文件的信息，证实培训师的能力符合上述要求。

内部审核员能力的维持与改进应通过以下方法进行证实：

f）每年执行组织规定的最小数量的审核，并且

g）保持基于内部更改（如：过程技术、产品技术）和外部更改（如：ISO 9001、IATF 16949、核心工具及顾客特定要求）对相关要求的认知。

IATF 16949:2016—认可解释（SI-4）对本条款做了修订，原文如下：

编号	IATF 16949 参照	认可解释
4	7.2.3 内部审核员能力	组织应有形成文件的过程，用于验证内部审核员的能力，要考虑到**组织规定的任何要求和/或**顾客特定要求。关于审核员能力的更多参考，参见 ISO 19011。组织应保持一份合格内部审核员名单。 质量管理体系审核员，~~**制造过程审核员和产品审核员**~~应能证明证实最少具备以下能力： a）了解汽车审核过程方法，包括基于风险的思维； b）了解适用的顾客特定要求； c）了解 ISO 9001 和 IATF 16949 中适用的与审核范围有关的要求； d）了解与审核范围有关的适用的核心工具要求； e）了解如何计划审核、实施审核、报告审核以及关闭审核发现。 **此外，**制造过程审核员还应**至少**证实对于待审核的相关制造过程，其具有技术知识，包括过程风险分析（例如 PFMEA）和控制计划。 产品审核员还应**至少**证实其了解产品要求，并能够使用相关测量和试验设备验证产品符合性。
		~~**在通过培训**~~**如果组织的人员提供培训**来取得人员能力的情况下，应保留形成文件的信息，证实培训师的能力符合上述要求。 ***改变的原理：*** *区分质量管理体系审核员、制造过程审核员和产品审核员的能力要求。阐明对内部培训培训师能力的期望。*

认可解释做出的更改，主要是区分质量管理体系审核员、制造过程审核员和产品审核员的能力要求。同时阐明，内部审核员的能力如果是由组织的人员（内部培训师）进行培训取得的情况下，应能够证实内部培训师的能力符合上述要求。

【目的和意图】

本条款旨在明确对组织的内部审核员能力的具体要求，并区分了质量管理体系审核、制造过程审核员和产品审核员的能力要求。

【理解和实施要点】

内部审核是评价质量管理体系有效性和绩效的一种方式，通过内部审核确定质量管理体系是否符合组织自身的质量管理体系要求和本标准的要求，以及是否得到有效的实施和保持。

因此，内部审核员属于从事特定指派任务的人员，其能力要求应被确定。在确定内部审核员能力时，要考虑到组织规定的任何要求和/或顾客对审核员能力的特定要求（比如，对于制造过程审核，有些德系汽车厂要求供方内部审核员必须获得VDA 6.3过程审核员资格，有些美系汽车厂则要求必须掌握CQI-8分层过程审核）。

组织建立形成文件的过程，用于验证内部审核员的能力，并保持一份合格内部审核员名单。

（1）质量管理体系审核员应能证实最少具备以下能力：

a）了解汽车审核过程方法，包括基于风险的思维；

——汽车行业要求必须基于过程方法的思路，而不是根据部门和条款去审核，在审核中要考虑过程的风险，以把握审核的重点，并基于风险去判定不符合的严重程度。

b）了解适用的顾客特定要求；

——在“9.2.2.2 质量管理体系审核”中强调，组织应对顾客特定的质量管理体系要求进行抽样，检查是否得到有效实施。因此，内部审核员必须了解所有适用的顾客特定要求。顾客特定要求可通过组织内部培训熟悉和了解。

c）了解ISO 9001和IATF 16949中适用的与审核范围有关的要求；

——对于质量体系内部审核员来说，了解标准的要求是必要的，但也不是要求对标准所有条款都要熟悉，而是根据审核计划的安排了解与审核范围有关的ISO 9001和IATF 16949中适用的要求。例如：安排审核设施设备管理过程，那么必须熟悉与设施设备有关的标准条款要求。

d）了解与审核范围有关的适用的核心工具要求；

——核心工具可能包括：QFD、DOE、APQP、FMEA、SPC、MSA、PPAP、8D、FTA等，但并不要求了解全部的核心工具，只需了解与审核范围有关的适用的工具即可。例如：安排审核顾客投诉管理过程，那么至少需要了解8D、FTA等与顾客问题解决相关的工具。

e）了解如何计划审核、实施审核、报告审核以及关闭审核发现。

——如何计划审核、实施审核、报告审核以及关闭审核发现这是内审员需要掌握的基本能力，通过学习和培训就能容易掌握。

（2）制造过程审核员应证实对于待审核的相关制造过程，其具有技术知识，包括过程风险分析（例如PFMEA）和控制计划。

——对于制造过程审核员，应掌握对于待审核的相关制造过程的技术知识（如机械图纸、几何尺寸和公差、工艺流程、产品和过程的特殊特性、产品和过程的控制方法等），包括熟悉PFMEA和控制计划。

（3）产品审核员还应证实其了解产品要求，并能够使用相关测量和试验设备验证产品符合性。

——对于产品审核员，应掌握产品要求（如产品技术规格、检验规范/标准、顾客要求、法规要求、检验和试验方法等），并能够熟练使用相关测量和试验设备。

（4）内部审核员能力的保持。

内部审核员能力的维持与改进应通过以下方法进行：

a）每年执行组织规定的最小数量的审核（至少每年一次）；

b）当内部更改（如：过程技术、产品技术）和外部更改（如：ISO 9001、IATF 16949、核心工具及顾客特定要求的变化）时，通过学习和培训了解更改的相关要求。

内部审核员的能力可通过内部或外部培训取得，如果是由组织的人员（内部培训师）进行培训取得的情况下，应能够证实内部培训师的能力符合上述要求。

【实施建议和应用案例】

本条款可整合在人力资源管理过程中实施，也可在内部审核管理过程中体现。

IATF 16949:2016 的补充和特别要求

7.2.4 第二方审核员能力

组织应证实从事第二方审核的审核员的能力。第二方审核员应符合顾客对审核员资质的特定要求，并证实最少具备以下核心能力，包括了解：

a）汽车审核过程方法，包括基于风险的思维；

b）适用的顾客特定和组织特定要求；

c）ISO 9001 和 IATF 16949 中适用的与审核范围有关的要求；

d）适用的待审核制造过程，包括 PFMEA 和控制计划。

e）与审核范围有关的适用的核心工具要求；

f）如何计划审核、实施审核、编制审核报告并关闭审核发现。

【目的和意图】

本条款旨在明确第二方审核员的要求，确保他们有适当的资格和能力去实施第二方审核。

【理解和实施要点】

第二方审核员是指被组织指派对其供应商的审核或顾客对组织审核的人员。

从条款中可以看到，第二方审核员的核心能力包含了内部体系审核员和过程审核员的能力要求，此处不再赘述。

符合顾客特定要求是第二方审核员的主要关注点，组织必须识别顾客对第二方审核员的要求，并纳入能力培养计划。

如大众汽车的特定要求——“The process-audits in the supply chain must be conducted in accordance to Formel-Q-Capability by certified VDA6.3 auditors（see auditor qualification in Section 3.2 of FQF 8.0）.”。

“供应链中的过程审核必须由经认证的 VDA6.3 审核员按照 Formel-Q-Capability 进行（见 FQF 8.0 第 3.2 节审核员资格）。”

通用汽车特定要求——“The organization（2nd party）must utilize a qualified ISO Lead Auditor，or a qualified internal auditor with evidence of their successful completion of training，and a minimum of five internal ISO/TS16949:2009 and/or IATF16949:2016 audits under the supervision of a qualified lead auditor.”。

“组织（第二方）必须使用一名合格的 ISO 主任审核员，或一名合格的内部审核员，证明他们成功完成了培训，并在一名合格的主任审核员的监督下，至少进行五次 ISO/TS16949:2009 和/或 IATF16949:2016 内部审核。”

【实施建议和应用案例】

本条款可整合在人力资源管理过程中实施，也可在内部审核管理过程中体现。

对于质量体系审核员、制造过程审核员、产品审核员、第二方审核员能力的验证，下表可作为参考示例，根据企业需要可增加项目内容。

表 3-24　审核人员能力要求矩阵表（参考示例）

审核类别	审核员能力要求（知识/技能/经验）																								
	1.标准的认知和理解				2.核心质量工具掌握								3.公司要求和顾客要求（包括 CSR）								4.个人能力				
	ISO 9001	IATF 16949	过程审核\VDA6.3	产品审核\VDA6.5	8D 运用	APQP	FMEA	MSA	PPAP	SPC	FTA	控制计划	管理体系有关文件	顾客要求及 CSR	有关法律法规	公司特定要求	产品知识	工艺知识	特殊特性	测量仪器使用	语言能力	沟通能力	汽车审核过程方法	编写报告能力	审核经验
体系审核	○	○			○	○	○	○	○	○		○	○	○	○	○	○	○	○		○	○	○	○	
过程审核	○	○	○		○	○	○	○	○	○	○	○	○	○	○	○	○	○	○		○	○	○	○	
产品审核				●								○	○	○	○		○		○	●				○	
二方审核	○	○	●	○	○	○	○	○	○	○	○	○	○	○	○	○	○	○	○		○	○	○	○	○
验证方式	外训有效证书				内/外训合格证明或证书								内训考核合格								内部认定合格				
验证职责	人资部				人资部								人资部								管理者代表				
说明：○基本掌握此项技能　●熟练掌握此项技能																									
编制：　日期：　核准：　日期：																									

由于组织的规模、性质和复杂程度不同，对于岗位职责和能力需求、培训需求，以及人力资源的管理模式等都有较大的差异，以下的《岗位职责说明书》和《人力资源管理程序》是建议性的，仅供参考。

岗位职责说明书（示例）

<table>
<tr><td>岗位名称</td><td colspan="2">质量体系工程师</td><td>所属部门</td><td>品管部</td></tr>
<tr><td>直接上级</td><td colspan="2">品管部经理</td><td>直接下级</td><td>无</td></tr>
<tr><td>关键绩效指标</td><td colspan="4">质量体系有效运行；内部审核按计划完成率；不符合项按时关闭率；月度质量指标监视及改进；重大批量质量问题监控。</td></tr>
<tr><td colspan="5">一、岗位概要
负责编制年度质量体系工作计划（包括年度内部审核计划）；负责质量管理体系策划，组织和指导编制、修订、完善质量管理体系文件；负责公司质量管理体系运行监督、检查和业务指导，并组织内部审核和协助管理评审。</td></tr>
<tr><td colspan="5">二、工作职责与工作任务</td></tr>
<tr><td rowspan="3">职责一</td><td colspan="4">职责表述：编制年度质量体系工作计划。</td></tr>
<tr><td rowspan="2">工作任务</td><td colspan="3">1.收集上年度质量管理体系运行实施情况。</td></tr>
<tr><td colspan="3">2.指定年度质量管理体系工作计划，并监控计划的实施情况。</td></tr>
<tr><td rowspan="4">职责二</td><td colspan="4">职责表述：质量管理体系策划及组织和指导编制、修订、完善管理体系文件。</td></tr>
<tr><td rowspan="3">工作任务</td><td colspan="3">1.根据质量管理体系要求，进行质量管理体系策划，并形成书面体系文件。</td></tr>
<tr><td colspan="3">2.组织质量管理体系文件培训，并指导各部门建立和完善质量管理体系。</td></tr>
<tr><td colspan="3">3.修订、完善质量管理体系文件。</td></tr>
<tr><td rowspan="4">职责三</td><td colspan="4">职责表述：内部审核和管理评审。</td></tr>
<tr><td rowspan="3">工作任务</td><td colspan="3">1.编制质量体系年度内审和管理评审计划。</td></tr>
<tr><td colspan="3">2.制定质量体系内审和管理评审实施计划，并协助组织内审和管理评审。</td></tr>
<tr><td colspan="3">3.编制质量体系内审报告、管理评审报告，下达整改计划并做好整改效果的验证。</td></tr>
<tr><td rowspan="4">职责四</td><td colspan="4">职责表述：第三方认证审核。</td></tr>
<tr><td rowspan="3">工作任务</td><td colspan="3">1.根据第三方审核计划，指导审核准备及审核安排。</td></tr>
<tr><td colspan="3">2.指导各部门对审核发现不符合性整改及效果验证。</td></tr>
<tr><td colspan="3">3.收集和汇总不符合项报告整改资料。</td></tr>
<tr><td rowspan="2">职责五</td><td colspan="4">职责表述：第二方审核整改。</td></tr>
<tr><td>工作任务</td><td colspan="3">陪同顾客第二方审核，并协助、指导和跟进不符合项整改。</td></tr>
<tr><td rowspan="3">职责六</td><td colspan="4">职责表述：质量体系运行监督、检查。</td></tr>
<tr><td rowspan="2">工作任务</td><td colspan="3">1.定期监督、检查部门管理体系运行情况，并向上级报告。</td></tr>
<tr><td colspan="3">2.做好月度绩效考核质量指标监控，并跟踪验证各部门整改计划实施效果。</td></tr>
<tr><td rowspan="3">职责七</td><td colspan="4">职责表述：各部门质量体系管理工作业务指导。</td></tr>
<tr><td rowspan="2">工作任务</td><td colspan="3">1.提供质量体系运行存在问题及改进需求的指导。</td></tr>
<tr><td colspan="3">2.协助、配合进行相关培训。</td></tr>
</table>

岗位职责说明书（续上页）

<table>
<tr><td rowspan="3">职责八</td><td colspan="2">职责表述：其他工作</td></tr>
<tr><td rowspan="2">工作任务</td><td>1.参与各部门质量提升及提案改善项目、改善效果评审。</td></tr>
<tr><td>2.每月底做出本职工作的下月度工作计划，每月初做出上月的工作总结。</td></tr>
<tr><td>职责九</td><td colspan="2">职责表述：完成领导交办的其他任务。</td></tr>
<tr><td colspan="3">三、工作协调关系</td></tr>
<tr><td colspan="2">内部协调关系</td><td>公司各相关部门</td></tr>
<tr><td colspan="2">外部协调关系</td><td>咨询公司、认证公司、培训机构</td></tr>
<tr><td colspan="3">四、任职资格</td></tr>
<tr><td colspan="2">教育水平</td><td>大专及其以上文化程度</td></tr>
<tr><td colspan="2">专业</td><td>机械工程或管理专业</td></tr>
<tr><td colspan="2">外语水平</td><td>能阅读英语专业资料，口语流利。</td></tr>
<tr><td colspan="2">计算机水平</td><td>打字速度 40 字/分钟以上，熟练操作 word/excel/ppt。</td></tr>
<tr><td colspan="2">职业资格/职称证书</td><td>中级专业技术职称/质量工程师/六西格玛黑带者优先</td></tr>
<tr><td colspan="2">工作经验</td><td>有 3 年以上中大型企业 ISO 9001、TS 16949/IATF 16949 体系推行和维护工作经验，有汽车行业技术、质量管理背景优先考虑。</td></tr>
<tr><td colspan="2">业务知识</td><td>质量管理、企业管理</td></tr>
<tr><td colspan="2">技能</td><td>通晓质量管理方法和质量工具使用；熟悉质量管理体系标准；具备良好的社交能力和沟通能力；具备很强的文件写作和内外部审核能力。</td></tr>
<tr><td colspan="2">所需培训项目</td><td>质量/环境管理体系标准；五大技术工具；VDA6.3 过程审核和 VDA6.5 产品审核；机械制造及本公司产品知识；顾客特定要求；其他必要的知识和技能。</td></tr>
<tr><td colspan="3">五、工作环境</td></tr>
<tr><td colspan="2">涉及的办公设备/工具</td><td>计算机、打印机、复印机、传真机、扫描仪等一般办公设备</td></tr>
<tr><td colspan="2">工作环境特征</td><td>办公室</td></tr>
<tr><td colspan="2">工作时间特征</td><td>正常工作时间</td></tr>
<tr><td colspan="2">所需记录文件/报表</td><td>工作计划与总结、管理方案、管理体系文件、内审和管理评审报告、质量绩效统计报表等</td></tr>
<tr><td colspan="3">编制：　　　　　　审核：　　　　　　批准：</td></tr>
</table>

文件范例【人力资源管理程序】

文件名称	人力资源管理程序	文件编号：SQ-SP-03	版本：A
编制部门	品管部	编制日期：2019.12.9	页码：1/7

1.目的

为确定和提供有效实施质量管理体系所需要的人员，并对所有从事影响质量管理体系绩效和有效性工作的人员确定其所需具备的能力，识别培训需求并达成其能力，特制定本程序。

2.适用范围

适用于本公司与质量管理体系相关的所有员工（包括短期工和代理人）。

3.术语和定义

无

4.职责

4.1 人资部：负责公司人力资源的总体规划，审核各部门用工计划，完成公司人员招聘，监督员工培训与考核，及跟进各部门完成各项工作，并将相应培训资料存档。

4.2 各部门：负责提报本部门用工计划、培训需求、完成本部门及岗位相关培训及考核工作，配合人力资源部开展人力资源管理各项工作。

5.过程管理图

（本过程相关联的 ISO 9001&IATF 16949 条款：7.1.2/7.2/7.2.1～7.2.4/7.3/7.3.1/8.3.2.2）

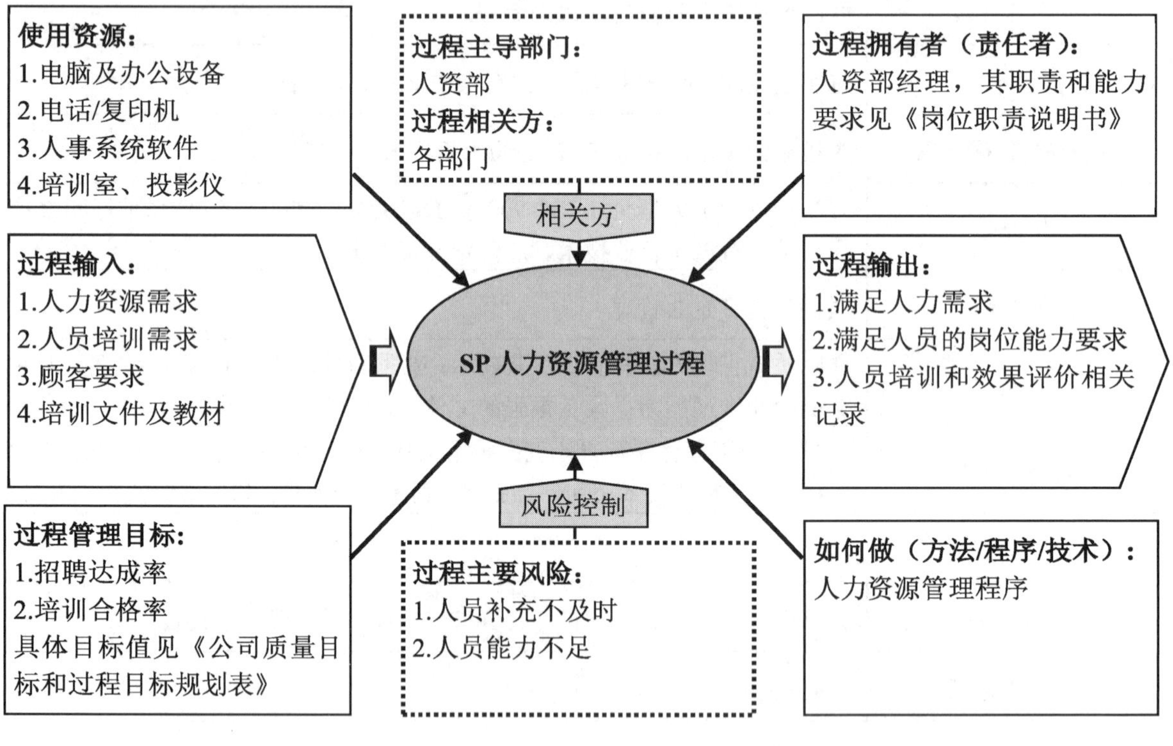

过程主要风险	对相关方的影响	应对风险的措施
1.人员补充不及时	影响生产计划达成，严重时可能导致产品延迟交付。	（1）用人部门提前提出人力需求计划； （2）人资部与人力服务公司建立用工协议； （3）长期与学校建立用人合作关系。
2.人员能力不足	影响工作质量或产品质量和作业效率。	确定各岗位人员能力需求，制订岗前培训、在职培训计划，并评估培训效果，新进人员指定专人指导帮带。

文件名称	人力资源管理程序	文件编号：SQ-SP-03	版本：A
编制部门	品管部	编制日期：2019.12.9	页码：2/7

6.作业内容

序号	作业流程	权责部门/人	作业要求	参考文件/使用表单
6.1	人力资源规划	人资部 各部门	6.1.1 人资部根据公司现状及未来发展规划提出公司组织架构和各部门组织架构方案，并组织中层以上领导干部研讨确定，最终经总经理批准后发布。 6.1.2 各部门主管依本部门组织架构，进行岗位分析，确定编制人数。各部门人员配置考虑到人员流动和未来发展，初期按编制的1∶1.2 的比例配置人员。 6.1.3 人资部根据各部门定岗定编人数，建立公司《定岗定编人力总表》。	《定岗定编人力总表》
6.2	确定岗位职责和能力需求	各部门 人资部	6.2.1 各部门根据组织架构确定各岗位职责和能力需求，编制《岗位职责说明书》规定各岗位职责、任职要求及培训需求，交人资部确认。 6.2.2 在确定岗位任职要求时应根据工作特性从教育、培训、技能和经验四个方面确定与其岗位相适配的能力。同时，要考虑特殊岗位人员的资格要求及法规和顾客的要求。	《岗位职责说明书》
6.3	人力需求申请	需求部门	6.3.1 各部门主管根据本部门定岗定编人数和业务订单预测，每年初评估本部门所需补充人员计划，并填写《人力需求计划审批表》提交人资部。 6.3.2 各部门因人员流动或业务量增加，需补充人员时应填写《人员增补申请单》，提交人资部。	《人力需求计划审批表》 《人员增补申请单》
6.4	审批 NG（退回人力需求申请）　OK	实验员 需求部门	6.4 人资部对各部门提出的人力需求进行审核，不符合编制要求时则退回申请部门，同意则呈总经理核准后执行。	
6.5	人员招聘/录用	实验员 实验室	6.5.1 人资部与人力服务公司建立长期用工协议，并与合作的学校建立用人合作关系，适时安排大学生实习和就业。 6.5.2 同时，通过招聘广告、参加招聘会、网上招聘、猎头公司等方式及时招聘人员满足各部门的人力需求，招聘和录用要求及方式按《岗位职责说明书》和《招聘录用管理办法》执行。	《岗位职责说明书》 《招聘录用管理办法》

文件名称	人力资源管理程序	文件编号：SQ-SP-03	版本：A
编制部门	品管部	编制日期：2019.12.9	页码：3/7

序号	作业流程	权责部门/人	作业要求	参考文件/使用表单
6.6	入厂培训	人资部	6.6 新进人员入厂时，人资部对公司基本概况介绍，并提供书面的《人事行政管理制度》等相关资料给新进人员自行阅读，再由培训人员进行重点讲解，内容包括公司文化及组织架构的介绍、公司管理规章制度、公司的环境及工作性质介绍、公司的福利及安全卫生、公司经营理念、方针和目标等培训。培训之后对人员进行笔试评估，80 分以上（含 80 分）为合格，不合格者需补考，否则不予录用，结果记录于《培训记录表》内，并输入电脑存档。	《人事行政管理制度》 《培训记录表》
6.7	上岗培训及考核	各部门 人资部	6.7.1 人资部将入厂培训合格人员交由需求部门进行上岗培训，相关部门应根据其《岗位职责说明书》的任职资格要求培训相应的知识和技能。 6.7.2 同时培训相关质量意识，包括质量方针、相关质量目标、质量要求、他们的工作对产品质量的影响，以及他们所从事的活动在实现、保持并改进质量中的重要性，不符合质量管理体系要求的后果，还包括不满足顾客要求及不合格品带给顾客的风险，他们对质量管理体系有效性的贡献，包括改进绩效的益处等。 6.7.3 上岗培训实施后应进行考核与评价，考核可采用笔试和/或实际操作等方式进行，考核结果填入《培训记录表》，交人资部存档。培训合格的生产员工和质量检验人员须由人资部颁发上岗证方可上岗，用人部门指定专人指导帮带新进人员。	《岗位职责说明书》 《培训记录表》
6.8	在职培训计划	各部门 人资部	6.8.1 各部门根据公司发展规划和部门业务培训需求制定年度培训计划，对每个员工每年都必须进行适当的在职提高培训，其中包括质量、安全、管理、技术、意识、沟通、顾客要求等方面的内容。 6.8.2 各部门于每个年末提交下一年度的《年度培训计划表》给人资部汇总。	《年度培训计划表》
6.9	审批（NG / OK）	人资部	6.9 人资部将汇总的《年度培训计划表》提交总经理批准后执行。人资部分析和整合培训资源，支持和满足各部门的培训需求。	《年度培训计划表》

文件名称	人力资源管理程序	文件编号：SQ-SP-03	版本：A
编制部门	品管部	编制日期：2019.12.9	页码：4/7

序号	作业流程	权责部门/人	作业要求	参考文件/使用表单
6.10	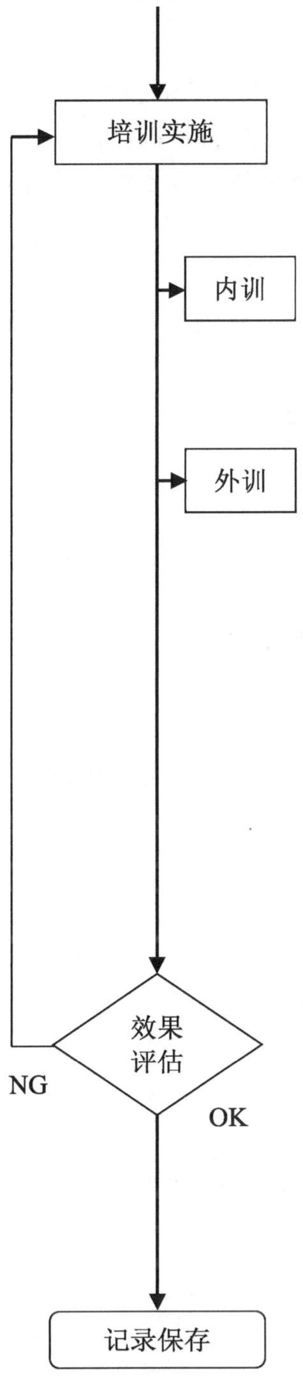	人资部 各部门	6.10 人资部按各部门《年度培训计划表》监督实施。人资部依厂内实际需求安排内部讲师培训或请外部讲师到厂授课。内部讲师的选拔、课件准备、课酬标准等参照《内部讲师管理办法》执行。	《年度培训计划表》 《内部讲师管理办法》
6.11		人资部 各部门	6.11.1 各部门依年度的《年度培训计划表》规定的时间和培训内容对所属人员进行培训，并填写《培训记录表》交人资部。 6.11.2 公司统一规划的培训课程由人资部负责安排，培训的具体时间、地点、内容、主讲人、参加人、培训方式等由人资部在培训前负责通知，并在培训结束后做好《培训记录表》。	《年度培训计划表》 《培训记录表》
6.12		人资部 各部门	6.12 由人资部收集外部培训信息，交各部门主管选择适当课程和确定培训人员，在参加外部培训前应提出《外部培训申请单》，经部门主管审核后，呈总经理核准方可外出培训。	《外部培训申请单》
6.13		人资部 各部门	6.13.1 内部培训评估，由培训部门以考试、提问、实际操作等方式进行考核评估，其考核结果记入《培训记录表》，交人资部输入《员工教育训练档案表》，作为员工升职和岗位调整的依据。 6.13.2 所有经外部培训的合格人员，其相关资料和证书交人资部存档并记入《员工教育训练档案表》。 6.13.3 培训监督：人资部每月根据培训计划表中的课程安排，监督相关部门是否在规定的时间进行了培训，是否达到了预期效果（可通过受训人访问、实操水平、证书等），若未执行培训或培训未达到要求，责任部门应重新组织培训，直至合格。	《培训记录表》 《员工教育训练档案表》
6.14		人资部	6.14 公司全体员工的相关简历、证书、资料、培训、考核的记录由人资部按《记录控制程序》归档保存。	《记录控制程序》

7.附加说明

7.1 岗位调整及代理人培训

7.1.1 对于调整岗位或晋升的人员，根据新岗位职责说明书的能力要求进行相关知识和技能的培训及考核评估，由新岗位所在部门负责实施，并将培训记录提交人资部保存。

文件名称	人力资源管理程序	文件编号：SQ-SP-03	版本：A
编制部门	品管部	编制日期：2019.12.9	页码：5/7

7.1.2 对于代理工作的人员，应对其实施所代理工作必要知识和技能的培训，由需代理职责的部门执行，并将培训记录提交人资部保存。

7.2 特殊岗位人员资格认定

人资部协同相关部门识别特殊岗位人员，如焊工、金属热处理、特种设备操作员、叉车司机、汽车司机、电工、计量员、实验员、三坐标检测员、内部审核员、第二方审核员，针对上述岗位分别进行培训和资格认定，由各部门按《特殊岗位人员资格鉴定表》鉴定其资格，符合要求方能上岗。

7.3 内部审核员能力要求

内部审核员（包括质量管理体系审核员、制造过程审核员和产品审核员）的能力应满足顾客对审核员的要求以及本公司的要求。

7.3.1 质量管理体系审核员应全部能够证实最少具备以下能力：

a）了解汽车审核过程方法，包括基于风险的思维；

b）了解适用的顾客特定要求；

c）了解 ISO 9001 和 IATF 16949 中适用的与审核范围有关的要求；

d）了解与审核范围有关的适用的核心工具要求；

e）了解如何计划审核、实施审核、报告审核以及关闭审核发现；

f）包括适当的沟通能力、语言能力、编写报告的能力。

7.3.2 制造过程审核员应全部能够证实最少具备以下能力：

a）对于待审核的相关制造过程，其具有技术知识（包括机械图纸、几何尺寸和公差、工艺流程、产品和过程的特殊特性、产品和过程的控制方法等）；

b）了解过程风险分析（PFMEA）和控制计划；

c）了解统计过程控制（SPC）相关知识；

d）了解 ISO 9001 和 IATF 16949 中适用的与审核范围有关的要求；

e）了解如何计划审核、实施审核、报告审核以及关闭审核发现；

f）包括适当的沟通能力、语言能力、编写报告的能力；

g）如适用，应获得顾客指定的审核资格（如 VDA6.3）。

7.3.3 产品审核员应全部能够证实最少具备以下能力：

a）了解产品要求（如产品技术规格、检验规范/标准、顾客要求、法规要求、检验和试验方法等）；

b）能够熟练使用相关测量和试验设备验证产品符合性；

c）如适用，应获得顾客指定的审核资格（如 VDA6.5）。

7.3.4 内部审核员能力的保持

内部审核员能力的维持与改进应通过以下方法进行：

a）每年执行公司规定的最小数量的审核（至少每年一次）；

b）当内部更改（如：过程技术、产品技术）和外部更改（如：ISO 9001、IATF 16949、核心工具及顾客特定要求的变化）时，通过学习和培训了解更改的相关要求。

文件名称	人力资源管理程序	文件编号：SQ-SP-03	版本：A
编制部门	品管部	编制日期：2019.12.9	页码：6/7

7.4 第二方审核员能力要求

第二方审核员应全部能够证实最少具备以下能力，包括了解：

a）汽车审核过程方法，包括基于风险的思维；

b）适用的顾客特定和公司特定要求；

c）ISO 9001 和 IATF 16949 中适用的与审核范围有关的要求；

d）适用的待审核制造过程，包括 PFMEA 和控制计划；

e）与审核范围有关的适用的核心工具要求；

f）如何计划审核、实施审核、编制审核报告并关闭审核发现；

g）如适用，应获得顾客指定的审核资格（如 VDA6.3 和 VDA6.5）。

7.5 审核员能力取得和验证

内部审核员（包括质量管理体系审核员、制造过程审核员和产品审核员）以及第二方审核员的能力和资格可通过内部和/或外部培训取得，如果是由公司的人员（内部培训师）进行培训取得的情况下，公司的内部培训师应至少取得委外培训的专业机构的培训合格证明/证书，并应全部符合上述要求。

对于内部审核员和第二方审核员，由人资部和管理者代表负责验证其能力，同时要考虑到顾客对不同类型审核人员的特定要求，建立《审核人员能力验证表》。

7.6 产品设计和工艺设计人员的能力要求及验证

技术部应识别产品设计和工艺设计人员所需的适合的工具和技术，公司通过招聘和培训等措施确保负有设计职责的人员有能力达成设计要求，并具备适用的设计工具和技术技能。

适用的工具和技术可以考虑以下:

- 几何的尺寸和公差（GD&T）；
- 质量功能展开（QFD）；
- 可制造设计/装配设计（DFM 和 DFA）；
- 价值工程（VE）；
- 实验设计（DOE）；
- 失效模式及后果分析（DFMEA/PFMEA）；
- 计算机辅助设计（CAD）/计算机辅助工程（CAE）；
- 先期产品质量策划和控制计划（APQP&CP）；
- 生产件批准程序（PPAP）。

由技术部建立《设计人员能力验证表》并验证产品设计和工艺设计人员的能力符合性。

7.7 有关统计概念和知识的培训

品管部负责对从事统计数据收集、分析和管理的人员确定培训内容，使其了解和使用统计概念，例如：变差、控制（稳定性）、过程能力和过度调整等统计过程控制的知识。

7.8 职位代理人制度

各部门对于管理岗位和特殊岗位人员，应确定岗位的第一、第二代理人报人资部，由人资部汇总在《职位代理人一览表》中进行文件发行，当各代理人有变更时应及时通知人资部修订。

代理人确定后应进行相应的培训，考核合格后才能进行职位的代理工作，具体参照本文件 6.7 的要求执行。

文件名称	人力资源管理程序	文件编号：SQ-SP-03	版本：A
编制部门	品管部	编制日期：2019.12.9	页码：7/7

7.9 多能工培训

7.9.1 多能工是指除了能胜任本岗位工作之外，还能胜任其他一个或多个岗位的工作。公司鼓励培养多能工，以便在人员请假、休假、非正常流动以及生产订单增加等情况下，能够支援和协调相关岗位的工作。

7.9.2 生产各车间和品管部应确定需要培养多能工的岗位，并通过培训和指导培养适当的多能工，建立部门《多能工技能矩阵表》。

7.10 年度员工问卷调查

人资部每年底对全体员工发出《员工问卷调查表》，对质量意识、企业文化、组织管理、工作环境和员工激励等方面进行调查和分析，并形成员工调查分析报告，针对员工反映突出的问题，人资部组织相关部门进行研讨和改善。

8.参考文件

8.1 《记录控制程序》

8.2 《岗位职责说明书》

8.3 《招聘录用管理办法》

8.4 《人事行政管理制度》

8.5 《内部讲师管理办法》

9.使用表单

9.1 《定岗定编人力总表》

9.2 《人力需求计划审批表》

9.3 《人员增补申请单》

9.4 《培训记录表》

9.5 《年度培训计划表》

9.6 《外部培训申请单》

9.7 《员工教育训练档案表》

9.8 《特殊岗位人员资格鉴定表》

9.9 《审核人员能力验证表》

9.10 《设计人员能力验证表》

9.11 《职位代理人一览表》

9.12 《多能工技能矩阵表》

9.13 《员工问卷调查表》

附表 SQ-20 **定岗定编人力总表**（参考格式）

序号	部门	岗位名称	定编人数	在岗人数	缺编人数	部门实际人数	备注
1	总经理室						
2	财务室						
3	采购部						
4	技术部						
5	业务部						
6	人资部						
7	质量部						
8	生产部						
9	仓储/物流						
总计							

编制： 审核：

附表 SQ-21 **人员增补申请单**（参考格式）

填表日期： 年 月 日					
申请部门		增补岗位		增补人数	
紧急程度	□特急 □急 □一般			希望到职日期	
增补原因	□职位空缺 □辞职补充→已离职人员姓名：________离职时间：__________				
	□储备人员 □扩大编制 □新增设岗位 □其他 __________ □辞退补充→已辞退人员姓名：__________ 辞退时间：__________				
增补人员要求	性别：_______ 年龄：__________ 学历：__________				
	工作年限：_________专业：__________ 其他要求：__________				
增补人员岗位说明					
任职资格要求	（若是新增设岗位需填写详细的任职资格要求，若是原有岗位，人资部则按原岗位的资格要求招聘）				
申请人		部门主管			
人资部意见	1.申请增补理由是否属实： □属实 □不属实 原因：____________________ 2.是否同意增补： □同意 □不同意 原因：____________________ 3.拟到岗时间：____________________				
	人资部主管： 日期：				
总经理批准	签名： 日期：				

附表 SQ-22 **年度培训计划表**（参考格式）

部门： 填表日期： 年 月 日

培训对象	培训内容	培训时数	实施月份												培训讲师	内训/外训	考核方式
			1	2	3	4	5	6	7	8	9	10	11	12			

编制： 审核： 核准：

附表 SQ-23 **培训记录表**（参考格式）

类别： □入厂培训 □上岗培训 □在职培训

培训内容： 培训日期：

培训讲师： 地点： 培训时间：

部门	姓名	考核方式	结果	部门	姓名	考核方式	结果

记录人：

附表 SQ-24 **外部培训申请单**（参考格式）

填单日期： 年 月 日

申请人		部门		职务	
受训日期	年 月 日 至 年 月 日				
课程名称		讲师			
举办单位		受训地点			
受训人员					
培训费用					

训练目的：

主管审核： 签名： 日期：	总经理批准： 签名： 日期：

附表 SQ-25 **员工教育训练档案表**（参考格式）

姓名		工号		所属部门		入厂日期		
受训日期	受训内容	讲师	课时	考核结果	训练方式		证书号	
					内训	外训		

附表 SQ-26 **职位代理人一览表**（参考格式）

被代理人				一级代理人			二级代理人			备注
序号	部门	姓名	职位	代理人姓名	原职务	签名	代理人姓名	原职务	签名	
1										
2										
3										
4										
5										
6										
7										
8										

备注：被代理人出差、请假或其他情况不能正常上班，可由代理人行使其职责并代签相关文件。

附表 SQ-27　审核人员能力验证表（参考格式）

人员姓名	审核员能力要求（知识/技能/经验）																									5.适合审核类型
	1.标准的认知和理解				2.核心质量工具掌握								3.公司要求和顾客要求（包括 CSR）							4.个人能力						
	ISO 9001	IATF 16949	过程审核\VDA6.3	产品审核\VDA6.5	8D 运用	APQP	FMEA	MSA	PPAP	SPC	FTA	控制计划	管理体系有关文件	顾客要求及 CSR	有关法律法规	公司特定要求	产品知识	工艺知识	特殊特性	测量仪器使用	语言能力	沟通能力	汽车审核过程方法	编写报告能力	审核经验	❶体系审核 ❷过程审核 ❸产品审核 ❹二方审核
张先	√	√	√	√	√	√	√	√	√	√	√	√	√	√	√	√	√	√	√		√		√	√	√	❶❷❹
李可	√	√			√	√	√	√	√	√	√	√	√	√	√	√	√	√	√		√		√	√		❶

说明：1.上述的 1～3 大项由人力资源部负责评价，每个细项必须有相应的培训记录、考核结果或证书作为证据，第 4～5 项由管理代表根据实际表现和经验进行评价和确定。

2.本表由管理代表核准后生效。

人力资源部评价人：　　　　日期：　　　　管理代表核准：　　　　日期：

附表SQ-28　多能工技能矩阵表（参考格式）

岗位/姓名	工序1	工序2	工序3	工序4	工序5	工序6	工序7	工序8	工序9	工序10	工序11	工序12	工序13	工序14	工序15	工序16
	●	◑	●	◔		◔	◔		◔		◑			◔		◔
		◑		◔				◔		◔		◔		●		
		◔	●		◔	◔	◔	◔		●		◔		◔	◔	
	●	◔		◔			◔	◔	◔	◕	◑		◔			
	●		●	●	◔	◔		◔	●		◑	◔		◔		◕
		◔				◔	◔	◔		◔		◔	◔		◑	
	●	●	●			◔	◔		◔					◔		◔
	●		●				◔	◔	◔		◑	◔	◔	◔	◔	
		◔	◔		◔	●						◔		◔		◔
	●			◔	◔		◔	◕	◔	◔	◑		◔		◔	
	●	◔	◕	◑		◑	◕							◔		◔
			◕		◑			◑	◔	◑	◑	◑	◑		◔	

备注：基本掌握（可在指导者监督下作业）◔ 完成率25%　　掌握（可独立作业）◑ 完成率50%

熟练掌握（可在指导者监督下指导他人作业）◕ 完成率75%　　优秀（可独立指导他人作业）● 完成率100%

7.3 意识

> **ISO 9001:2015，质量管理体系—要求**
>
> **7.3 意识**
>
> 组织应确保在其控制下工作的人员知晓：
>
> a）质量方针；
>
> b）相关的质量目标；
>
> c）他们对质量管理体系有效性的贡献，包括改进绩效的益处；
>
> d）不符合质量管理体系要求的后果。

> **IATF 16949:2016 的补充和特别要求**
>
> **7.3.1 意识—补充**
>
> 组织应保持成文的信息，证实所有员工都认识到其对产品质量的影响，以及他们所从事的活动在实现、保持并改进质量中的重要性，还包括顾客要求及不合格品带给顾客的风险。

【目的和意图】

本条款旨在确保相关人员在从事处于组织控制之下的工作时，知晓其质量方针、相关质量目标，认识到自身对质量管理体系有效性的贡献以及不符合质量管理体系要求的后果，特别是不满足顾客要求及不合格品带给顾客的风险。

【理解和实施要点】

——关于“意识”，在 2008 版标准“6.2.2 能力、培训和意识”中已有体现，新版标准将其列为单独的条款，强调“意识”在建立、实施、保持和持续改进质量管理体系中的重要性。

——组织应确保在其控制范围内开展工作的人员知晓质量方针、相关的质量目标、对质量管理体系有效性的贡献，以及不符合质量管理体系要求可能引发的后果（如：返工、报废、顾客不满意、法律后果）。

在组织控制范围内工作的人员可能包括现有的员工、临时工、外部供方（如承包商）。

——IATF 16949:2016 补充要求应保持形成文件的信息，证实所有员工都认识到其对产品质量的影响，以及他们所从事的活动在实现、保持并改进质量中的重要性，还包括不满足顾客要求及不合格品带给顾客的风险。

——质量意识教育是组织企业文化建设的一部分，组织需从核心价值观层面构建组织的质量文化并固化和推广，通过提升高层、中层和基层管理人员及其他各类员工的质量意识进而提升公司的产品和服务质量。

——组织内所有部门和每一个人都应知晓各自应承担的相关质量责任，认识到质量是自己的事情，而不仅仅是质量控制和质量保证人员的责任。每一位员工，必须清楚自己所做的每一项工作可能产生的负面影响，以及降低这些影响的控制措施和目标/指标，包括有关应对投诉和在出现严重不符合趋势时内部越级上报程序方面的知识，并在绩效考核的约束氛围中自觉实施。

——通过培训使员工增强质量意识，意识到自己从事活动与组织发展的关联性和重要性，鼓励员工参与管理和改进，进一步为实现质量目标作出贡献。

组织可通过多种方式培养意识，例如：

a）用视觉工具，如可接受和不可接受的产品和服务的图片阐明什么是所期望的；

b）沟通清晰的产品和服务要求；

c）设计直观明确的隔离不合格输出的过程；

d）明确的沟通如何处理投诉，以及出现不合格输出时的内部处理步骤；

e）外部失效案例展示；

f）成功改进案例展示。

【实施建议和应用案例】

可以通过入职培训、日常培训、早会、座谈会或管理例会、问题分析会等形式宣传和教育，同时可通过标语、海报、宣传栏、员工手册或其他文件的形式宣导和贯彻。

组织应收集现场反馈信息和数据，或通过主动书面调查的形式，证实相关人员知晓上述相关意识。通常可利用定期或不定期的《员工问卷调查表》获取这些信息。

IATF 16949:2016 的补充和特别要求

7.3.2 员工激励和授权

组织应保持形成文件的过程，激励员工实现质量目标，进行持续改进，并建立一个提倡创新的环境。该过程应包括促进整个组织对质量和技术的认知程度。

【目的和意图】

本条款旨在通过建立一个形成文件的过程，促进员工充分参与质量活动和持续改进，并为实现质量目标作出贡献。

【理解和实施要点】

此条款在以往的 ISO/TS 16949 中已存在，没有本质上的变化，但现在要求对员工激励和授权“保持形成文件的过程”，而不是简单的“有一个过程”。“有一个过程”不一定要形成文件，但“保持形成文件的过程”就必须有形成文件的过程了。

——改进的活动通常采用以下的一种或多种：

a）提案改善建议；

b）零缺陷方案；

c）目标提升；

d）质量圈（QCC 活动）；

e）合理化建议；

f）六西格玛专案；

g）创新小组。

在开展改进活动中，标准特别强调应包括促进整个组织对质量和技术的认知程度。

——掌握有效的激励方法是管理艺术的体现，以下是常用的激励方法：

- 目标激励：有了共同目标，员工就能步调一致，确立企业合理目标，让员工充满希望；
- 期望激励：用期望激发员工的内心热情，成就感让员工实现自我期望激励；
- 信任激励：信任员工是很好的“非金钱激励”，表现信任，能调动员工的工作积极性；
- 参与激励：培养自由开放的氛围，创造宽松环境，让全员参与管理，愿意为公司提建议；
- 赞美激励：真诚赞美暖人心——赞美激励最让人心动；
- 榜样激励：优秀员工，模范员工，领导以身作则，都是员工学习和模仿的对象；
- 事业激励：让员工与企业共生双赢——多给员工建功立业的机会；
- 授权激励：下放权力将收获更多——授权是一种高明的激励术；
- 危机激励：杜绝安逸，给员工制造有挑战性的环境；淘汰不思进取者，激发员工斗志；
- 培训激励：营造学习氛围，建立学习型企业文化；
- 晋升激励：晋升可造之才——用升迁来奖励最优秀的员工；
- 创新激励：鼓励员工出创意，让创新思维日益活跃；
- 荣誉激励：满足员工自尊需要，对其贡献公开表示承认；

- 股权激励：股票期权，让员工与企业成为“利益共同体”；
- 文化激励：企业文化能对员工产生持久的激励，企业文化是员工的一种“隐性待遇”；
- 物质激励：要赢得人才，就要提供更有吸引力的薪酬和福利。

——员工授权，没有授权便谈不上管理。

在目标管理中，授权的必要性具体表现如下：

（1）授权是完成目标责任的基础。权力随着责任者，用权是尽责的需要，权责对应或权责统一，才能保证责任者有效地实现目标。

（2）授权是调动部属积极性的需要。目标管理对人的激励，是通过激发人员的动机，将人们的行为引向目标来实现的。目标是激发这种动机的诱因，而权力是条件。

（3）授权是提高部属能力的途径。目标管理是一种能力开发体制，这主要是通过目标管理过程中的自我控制、自主管理实现的。要实行自我控制与自我管理，目标责任者必须有一定的自主权。在运用权限自主的决定问题和控制中，将促使目标责任者对全盘工作进行总体规划，改变靠上级指令行事的局面，有利于能力发挥并不断提高。

（4）授权是增强应变能力的条件。现代管理环境情况多变，要求管理组织系统要有很强的适应性、很强的应变能力，而实现这一点的重要条件就是各级管理者手中要有自主权。

【实施建议和应用案例】

不同组织的企业文化、规模、性质以及所处的管理水平不同，其采用的改进活动和激励方式差异较大，但目的是相同的，就是激励员工实现质量目标，主动参与持续改进。

本条款可结合“10.3.1 持续改进—补充”条款建立《持续改进与员工激励管理程序》。

7.4 沟通

> **ISO 9001:2015，质量管理体系—要求**
>
> **7.4 沟通**
>
> 组织应确定与质量管理体系相关的内部和外部沟通，包括：
>
> a）沟通什么；
>
> b）何时沟通；
>
> c）与谁沟通；
>
> d）如何沟通；
>
> e）谁来沟通。

【目的和意图】

本条款旨在确保组织建立所需的且与质量管理体系相关的内部和外部沟通机制。

【理解和实施要点】

组织应识别与其持续成功紧密相关的利益相关方及其期望，建立内外部沟通渠道，明确内外部沟通的安排、时机和内容，以确保质量管理体系的有效运行。

组织应确定相关的内外沟通方，这些沟通方可能包括组织各层级的相关人员和有关相关方（如顾客、用于采购产品和服务的外部供方或监管机构）。

沟通方法通常因场合不同而有所不同。对于外部有关相关方，可能需要通过报告、规范或服务协议等比较正式的沟通。对于内部沟通，可通过日常联系、部门例会、短会、电子邮件或内联网等方式进行。内部沟通也可能需要采用书面报告或工作规范等比较正式的方法，这取决于信息的性质和需要沟通内容的重要程度。

组织需确定需要沟通的内容和沟通对象、最佳的沟通方法以及沟通的时机，还需决定由谁负责沟通。

组织沟通的主要内容包括但不限于：

——市场信息；

——各项工作的职责和权限，及其接口；

——法规要求/技术规范要求/上级或行业要求；

——相关方的要求和期望，以及顾客反馈的信息；

——对相关方施加影响；

——策划的结果；

——过程控制和改进的要求；

——资源需求/提供/配置信息；

——产品要求及其检验结果；

——管理绩效考核和完成情况；

——体系实施/变更的有关信息；

——审核/评审结论；

——数据统计和分析的信息；

——决议/决定。

沟通的对象包括但不限于：

——工作有接口关系的外部相关方之间，如政府、协会、总公司与分公司之间；

——工作有接口关系的不同的职能部门之间；

——工作有接口关系的不同层次岗位之间；

——领导与不同层次的员工之间；

——部门/岗位与有工作接口关系的相关方之间。

沟通的主要方式/工具包括但不限于：

——文件资料传递；

——例会/专题会议/座谈；

——口头/书面汇报；

——培训/技术交流；

——网络信息平台；

——警示标志/统一的辨识标志；

——通知、通报、内部刊物、声像和电子媒体。

组织应围绕质量管理体系前期策划所识别的各利益相关方及其期望，策划和确定不同的沟通方式、时机和责任，尤其对组织外部直接影响到质量绩效的各相关方，更应该加强沟通管理和及时反馈。

【实施建议和应用案例】

不需要建立单独的沟通管理过程或程序。与不同相关方的沟通通常在相应的过程文件中说明，如与外部供方的沟通可以在供应商管理过程和采购管理过程中规定；与顾客的沟通可以体现在市场营销和报价管理过程、订单合同评审过程、顾客反馈处理过程、顾客满意度管理过程、顾客财产管理过程等。组织内部沟通可以通过质量管理体系的各层级文件、会议、网络信息平台、通知、通报、内部刊物、声像和电子媒体等实施。

当然，如果组织认为需要单独建立一份沟通管理的文件，也是可以的。

7.5 成文信息

> **ISO 9001:2015，质量管理体系—要求**
>
> **7.5.1 总则**
>
> 组织的质量管理体系应包括：
>
> a）本标准要求的成文信息；
>
> b）组织所确定的、为确保质量管理体系有效性所需的成文信息。
>
> 注：对于不同组织，质量管理体系成文信息的多少与详略程度可以不同，取决于：
>
> ——组织的规模，以及活动、过程、产品和服务的类型；
>
> ——过程及其相互作用的复杂程度；
>
> ——人员的能力。

【目的和意图】

本条款旨在确保组织控制符合 ISO 9001 和 IATF 16949 要求所需的文件化信息，以及所确定的确保质量管理体系有效性所需的文件化信息（见 4.4.2 条款）。

【理解和实施要点】

本条款是对质量管理体系文件的总体要求，组织的质量管理体系文件一是要符合 ISO 9001 和 IATF 16949 要求所需的文件；二是要为确保质量管理体系有效性所需的文件。

标准强调要建立的是一个文件化的质量管理体系，而不是一个文件体系，强调关注质量管理体系的有效性和绩效，而不是聚焦于文件的符合性，不能以认证为目的或为接受外部检查而将质量管理体系过度文件化。

形成文件的信息不是越多越好，而是应该与组织的规模，活动、过程、产品和服务的类型，过程及其相互作用的复杂程度，以及人员的能力相适应。

这些成文的信息包括书面文件、计算机硬盘或 CD 光盘中存放的文件，以及录音、录像、样板/示范、照片或图样等。典型的文件有：方针、目标、质量手册、跨部门的过程管理文件、操作规程/标准/规范/指南等操作性文件，以及记录和报告、档案等证实性文件。同时，组织还要考虑来自外部的文件，如适用的国际公约、规范、标准、法律法规和技术规格书等。

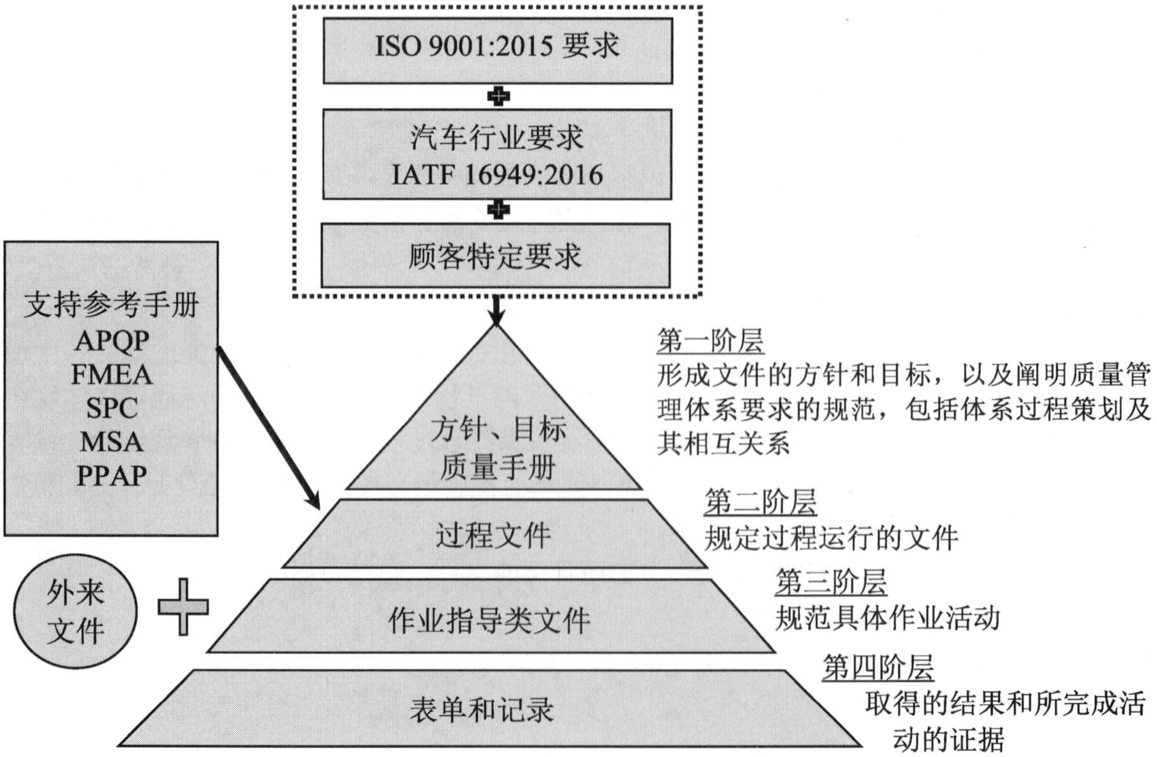

IATF 16949:2016 的补充和特别要求

7.5.1.1 质量管理体系文件

组织的质量管理体系应形成文件，并包括一份质量手册，可由一系列（电子或硬拷贝形式的）文件构成。

质量手册的格式和结构由组织自行决定，将取决于组织的规模、文化和复杂性。如果采用一系列文件，则应保留一份构成组织质量手册的文件的清单。

质量手册应至少包括以下内容：

a）质量管理体系的范围，包括任何删减的细节和正当的理由；

b）为质量管理体系建立的形成文件的过程或对其引用；

c）组织的过程及其顺序和相互作用（输入和输出），包括任何外包过程控制的类型和程度；

d）一个显示组织质量管理体系内哪些地方满足了顾客特定要求的文件（即矩阵）。

注：可采用一个显示组织过程如何满足本汽车 QMS 标准要求的矩阵来辅助在组织过程与本汽车 QMS 标准之间建立联系。

IATF 16949:2016—认可解释（SI-5）对"矩阵"做了修改，原文如下：

编号	IATF 16949 参照	认可解释
5	7.5.1.1 质量管理体系文件	质量手册至少应包括以下内容： a)质量管理体系的范围，包括任何删减的细节和正当的理由； b)为质量管理体系建立的形成文件的过程或对其引用； c)组织的过程及其顺序和相互作用（输入和输出），包括任何外包过程控制的类型和程度； d)一个显示组织质量管理体系内哪些地方满足了顾客特定要求的文件（**即矩阵，例如表格、列表或矩阵**）。
		变更的理由： *一些认证机构和组织要求澄清，矩阵不是一个强制性的文件。 矩阵只是可接受的多种方法之一。 使用什么格式取决于组织。*

【目的和意图】

质量手册在 ISO 9001:2015 中已不做要求，但 IATF 保留质量手册的要求，体现了质量手册的重要性。

【理解和实施要点】

质量手册必须形成文件，但其结构和格式不做规定，由组织自行决定，这将取决于组织的规模、文化和复杂性。如果是采用一系列文件形成质量手册，则应保留一份构成组织质量手册的文件的清单。

无论组织质量手册的结构和格式如何，应至少包括以下内容：

a）质量管理体系的范围，包括任何删减的细节和正当的理由；

——此项请参考本章第四节"4.3 确定质量管理体系的范围"的说明和案例。

b）为质量管理体系建立的形成文件的过程或对其引用；

——对于小型企业，也可以在质量手册中将识别和确定的过程形成文件，但绝大多数企业都不会这么做，因为规模稍大的企业不适合于运行。所以，通常是在质量手册中引用形成文件的过程。

c）组织的过程及其顺序和相互作用（输入和输出），包括任何外包过程控制的类型和程度；

——在质量手册中，应包含组织确定的质量管理体系所有过程及其顺序和相互关系。过程的顺序和相互关系通常是通过过程之间的输入和输出进行连接，可以用过程关联图体现。特别提到外包过程控制的类型和程度也应在手册中说明。

d）一个显示组织质量管理体系内哪些地方满足了顾客特定要求的文件（例如表格、列表或矩阵）。

——这是要求将顾客特定要求与组织的质量管理体系关联起来，体现组织是如何满足顾客特定要求的。形式可以是表格、列表或矩阵。

关于此项，IATF 16949:2016—常见问题解答（FAQ-8）回答了相关问题，原文如下：

编号	IATF 16949 参照	问题和答案
8	**7.5.1.1 质量管理体系文件**	**问题：** 该文件（可以是表格、列表或矩阵）是否必须包括非 IATF OEM 和一级供应商？文件中是否需要包含 CSR 以外的所有顾客要求？ **解答：** 根据 IATF 16949 第 4.3.2 节，组织负责评估顾客要求，包括顾客特定要求，并将其纳入组织质量管理体系的范围。 根据 IATF 16949 第 7.5.1.1d）的要求，文件（可能是一张表、一个清单或一个矩阵）是质量手册的一部分。该文件应包括认证组织的所有直接顾客，其中可能包括 IATF 主机厂、非 IATF 主机厂和其他汽车顾客（即一级、二级等）。 例如，二级组织必须考虑所有顾客的顾客要求，包括顾客特定要求。如果主机厂不是其直接顾客，则二级组织不需要考虑汽车主机厂的顾客需求。 非常重要的一点是，非 IATF 主机厂顾客和其他汽车顾客可以在与供应商共享的内部文件（例如：供应商质量手册）中或在向公众提供的特定文件（如互联网）中有顾客要求。 如果非 IATF 主机厂或其他汽车顾客在其顾客要求文件中没有明确联系 IATF 16949 条款，则可能很难识别顾客特定要求。 确定是否存在顾客特定要求的方法是比较 IATF 16949 标准中存在术语“如果顾客要求”的部分，并验证现有顾客要求文档是否列出了与 IATF 16949 标准要求相关的特定要求。如果是，应将该顾客及其要求添加到质量手册的文档（可以是表格、列表或矩阵）中。 并不期望组织直接采用顾客要求，包括顾客特定要求，可以将其转换为与 IATF 16949 条款类似的与 IATF OEMs 发布的内容相一致的 CSR 格式。

关于质量手册的编写范例请参见本书第十章【质量手册编写及范例】。

ISO 9001:2015，质量管理体系—要求

7.5.2 创建和更新

在创建和更新成文信息时，组织应确保适当的：

a）标识和说明（如标题、日期、作者、索引编号）；

b）格式（如语言、软件版本、图表）和载体（如纸质的、电子的）；

c）评审和批准，以确保适宜性和充分性。

【目的和意图】

本条款旨在确保组织在创建和更新文件化信息时，使用适当的标识、形式和载体，且这些信息得到了评审和批准。

【理解和实施要点】

在质量管理体系策划和编制必要的文件时，不仅需要考虑如何使所策划的这些质量管理体系文件与组织现有的规章制度、企业标准化等固有的文件化管理体系保持衔接和一致，还应考虑其充分性、符合性、可操作性原则，以及文件修改的及时性如何保证、文件修改的信息如何收集和传递、如何使文件修改的成本降到最低/方法最简单，是策划的重要内容。

文件化信息应包括标识和说明，方法很多，如组织用于确定信息和其状态的标题、日期、作者或索引编号（或其中两种或以上的组合）。

组织应确定文件化信息的形式。组织可以使用纸质版、电子版或两种版本提供文件化信息。根据组织的文化和顾客审核的需求，一些组织可能需要考虑以一种以上语言提供文件化信息。

组织应建立对文件化信息进行评审和批准的方法，如由指定的具有权限的人员批准信息。

在文件发布前，应由授权的人员对其评审和批准，确保文件适宜性和充分性。文件的编制人员应对其符合性负责，文件的审核人员除了应对其充分性负责外，还必须对其可操作性负责，文件的批准人应对其实施的后果负责。

【实施建议和应用案例】

本条款可结合7.5.3一起建立《文件和记录控制程序》。

ISO 9001:2015，质量管理体系—要求

7.5.3 成文信息的控制

7.5.3.1 应控制质量管理体系和本标准所要求的成文信息，以确保：

a）在需要的场合和时机，均可获得并适用；

b）予以妥善保护（如防止泄密、不当使用或缺失）。

7.5.3.2 为控制成文信息，适用时，组织应进行下列活动：

a）分发、访问、检索和使用；

b）存储和防护，包括保持可读性；

c）更改控制（如版本控制）；

d）保留和处置。

对于组织确定的策划和运行质量管理体系所必需的来自外部的成文信息，组织应进行适当识别，并予以控制。

对所保留的、作为符合性证据的成文信息应予以保护，防止非预期的更改。

注：对成文信息的“访问”可能意味着仅允许查阅，或者意味着允许查阅并授权修改。

【目的和意图】

本条款旨在确保在需要时组织能以适当的载体和有效版本提供文件化信息，且妥善保护和控

制这些信息。

【理解和实施要点】

——对成文的信息的控制包括对其编制、评审、批准、发放、使用、查询、检索、更改、再次批准、回收和作废等全过程进行管理。文件的发放对象应在每个文件发放前明确，以确保能够在使用处及时获得适用文件的有效版本。受控文件的流向应确保能够追溯。

——控制还包括存放和保护，如保护数据免于丢失、保密、不当使用和非预期更改。

——如何防止组织未对外公开的文件流失，特别是组织特有技术、已有的市场信息的流失，是文件管理的重要内容之一。涉及公司商业机密等方面的信息文档应按照公司内部规定执行。

——外来文件控制。

外来文件主要包括：与产品有关的法律法规文件；与质量体系有关的标准和规范（如国际标准、国家标准）；来自顾客或供方的标准、图样、验收准则、操作手册等。

对外来文件应进行标识，并对其分发的部门、场所、数量进行控制，当外来文件变更时，组织也应更新。建议采用盖“外来文件”章的形式来识别外来文件，并建立外来文件清单。

——过期或作废的文件必须及时移出使用场所，并采取适当方式处置（如当回收纸使用、碎纸机碎掉、烧毁等），对于由于法律和/或积累知识目的而保留的任何已经作废的文件，必须进行适当的标识，如盖“作废文件”章等。更改后发布新版文件时，必须将所有旧版文件回收，以防止旧版文件仍在现场使用，并保留更改后分发/回收的记录。

需要特别强调的是：

在以往的 ISO 9001 中使用的特定术语如“文件”“形成文件的程序”“质量手册”或“质量计划”等，在本标准中表述的要求为“保持成文信息”或“保持形成文件的信息”。

在以往的 ISO 9001 中使用“记录”这一术语表示提供符合要求的证据所需要的文件，现在表述的要求为“保留成文信息”。组织有责任确定需要保留的成文信息及其存储时间和所用载体。

若标准中使用“信息”一词，而不是“成文信息”（如在 4.1 中“组织应对这些内部和外部因素的相关信息进行监视和评审”），则并未要求将这些信息形成文件。在这种情况下，组织可以决定是否有必要或适合保持成文信息。

IATF 16949:2016 的补充和特别要求

7.5.3.2.1 记录保存

组织应有一个确定的、形成文件的并且被执行的记录保存政策。对记录的控制应满足法律法规、组织及顾客要求。

应保存生产件批准文件、工装记录（包括维护和所有权）、产品和过程设计记录、采购订单（如适用）或者合同和修正，保存时间为产品在现行生产和服务中要求的有效期，再加一个日历年，除非顾客或监管机构另有特殊要求。

注：生产件批准形成文件的信息可包括已批准产品、适用的试验设备记录或已批准试验数据。

【目的和意图】

本条款的目的是确保组织建立一个形成文件的记录保存制度，并能满足法律法规、组织自身及顾客对记录控制的要求。

【理解和实施要点】

记录是阐明所取得的结果或提供所完成活动的证据的文件。

——记录的作用：

a）记录是质量活动的真实反映；

b）记录是质量体系运行的有效性的客观证据；

c）记录是产品满足规定要求的客观证据；

d）记录是实现追溯性的依据；

e）记录是数据统计的来源；

f）记录为验证、采取纠正措施与预防措施提供证据。

——应规定记录的保存期限，此保存期限应理解为“最短的”保存时间，应建立记录保存期限控制清单，用以规定每一种记录的保存期。

a）内部审核和管理评审记录必须保存 3 年；

b）生产件批准文件、工装记录（包括维护和所有权）、产品和过程设计记录、采购订单（如适用）或者合同和修正，保存时间为产品在现行生产和服务中要求的有效期，再加一个日历年，除非顾客或监管机构另有特殊要求，如国家《缺陷汽车产品召回管理条例》第九条规定“生产者应当建立并保存汽车产品设计、制造、标识、检验等方面的信息记录以及汽车产品初次销售的车主信息记录，保存期不得少于 10 年”；

c）其他记录可根据组织实际使用的重要性，并考虑顾客要求和法规要求决定其保存期限。

——应对记录的标识、储存、保护、检索、受控查询、限制修改、保存期限和处置进行控制。

——记录的填写应确保其真实性、可追溯性、规范性、清晰，保管方式应便于存取和检索，并提供适宜的环境，以防止损坏、变质和丢失。

——由于记录形成的场所分散，时间也不集中，为防止记录丢失，组织应建立一个记录清单，清单上说明各记录产生部门、保管部门、报送部门、保存期限等。记录可以以任何的媒体形式存在，如硬拷贝或电子媒体。

——应规定对过期记录的处置方法，如用碎纸机、烧毁或作其他用途等，应特别注意对有机密性的记录的处置控制。建议建立记录销毁清单，以便后续清楚地了解销毁了哪些记录，是何时销毁的。

【实施建议和应用案例】

本条款可结合 7.5.3 一起建立《文件和记录控制程序》。以下文件范例仅供参考。

文件范例【文件和记录控制程序】			
文件名称	文件和记录控制程序	文件编号：SQ-SP-04	版本：A
编制部门	品管部	编制日期：2019.12.9	页码：1/6

1.目的

为使本公司质量管理体系相关文件的编制、评审、批准、发放、使用、更改、再次批准、标识、回收和作废等相关活动得到规范与管理，并规定记录的填写、标识、保存和处置，特制定本程序。

2.适用范围

适用于本公司质量管理体系所需文件、记录和外来文件的管理和控制，有关图纸技术资料不在此管控范围内。

3.术语和定义

3.1 质量手册：阐明质量管理体系要求的文件。包括规定组织架构、职责与权限、界定范围和要求，确定质量管理体系的过程及其相互作用，以及规定对顾客特定要求的管理。

3.2 程序文件：策划过程活动，并提供如何一致地完成活动和过程的信息的文件。

3.3 作业指导文件：规范具体作业活动的文件。如操作标准、检验标准、作业指导书等。

3.4 记录：为完成的活动或达到的结果提供客观证据的文件。

3.5 外来文件：与质量体系有关的标准、规范、手册，与产品有关的法律法规，客户提供的标准、质量协议、技术协议，供方提供的技术图纸、操作手册等文件。

4.职责

4.1 品管部：协助管理代表进行质量管理体系的总体策划，负责体系文件控制。

4.2 各部门：负责本部门相关文件的编制、审核、修订、培训，对所使用的文件和记录妥善保护。

5.过程管理图

（本过程相关联的 ISO 9001&IATF 16949 条款：7.5.1/7.5.1.1/7.5.2/7.5.3/7.5.3.2.1）

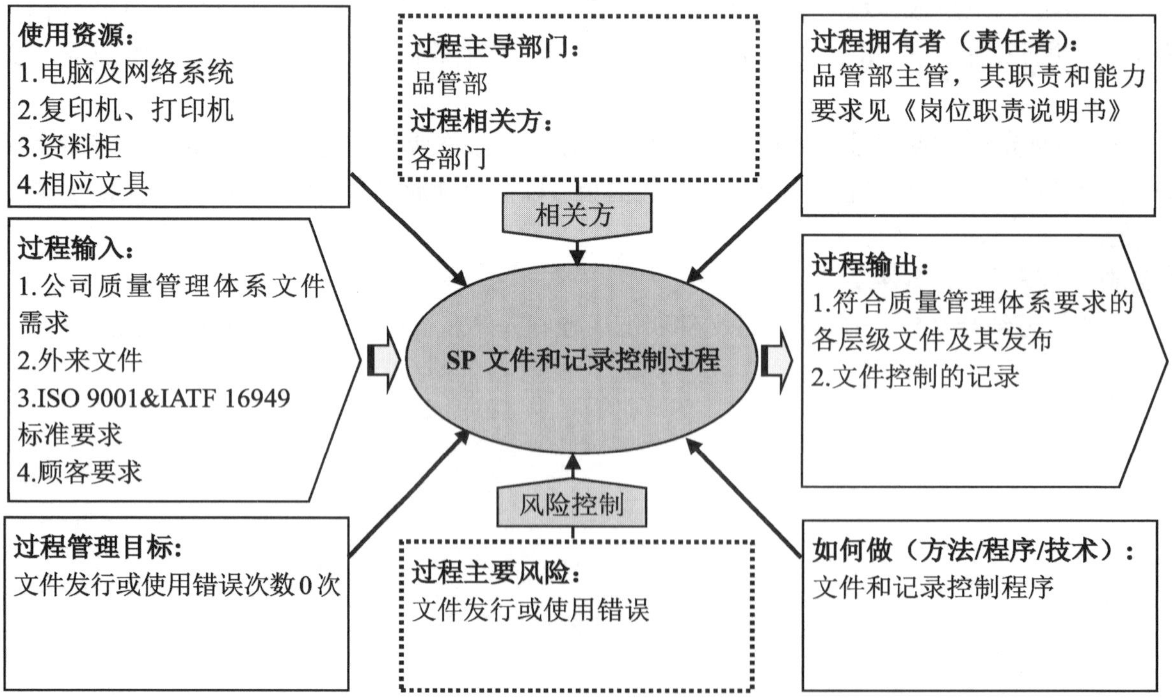

文件名称	文件和记录控制程序	文件编号：SQ-SP-04	版本：A
编制部门	品管部	编制日期：2019.12.9	页码：2/6

过程主要风险	对相关方的影响	应对风险的措施
文件发行或使用错误	导致作业失效或产生不合格	（1）文件发布前必须经授权人审核和批准； （2）建立文件编号及版本控制； （3）发行的文件加盖“受控文件”章管控； （4）文件使用控制和作废文件管理。

6.作业内容

序号	作业流程	权责部门/人	作业要求	参考文件/使用表单
6.1	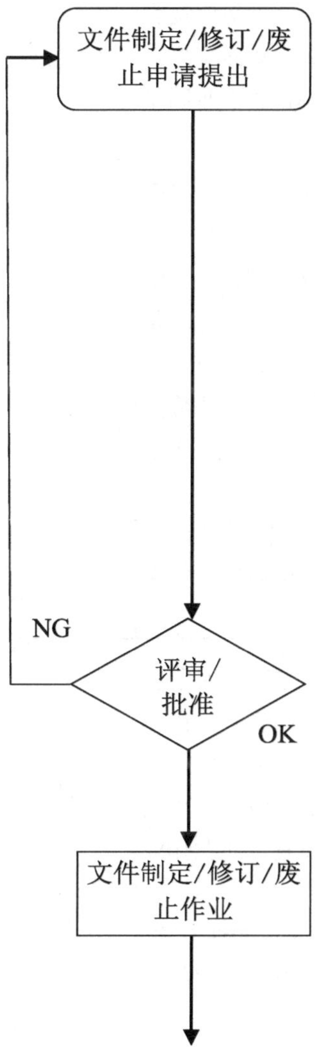	申请部门	6.1.1 文件制定提出： 公司质量管理体系建立时所需的文件由管理代表和推行小组统一策划制定，当体系运行后因产品或作业控制需要新增文件时由需求部门提出《文件制定/修订/废止申请单》。 6.1.2 文件修订提出： 当出现下列情形时，文件可能需要提出修订： a）在质量管理体系运行过程中，某个文件不充分或不适宜而需要增删内容时； b）外部要求变更时； c）当现有作业流程或方式变更时； d）纠正预防措施提出修订时； e）专案改善或持续改进提出修订时。 由需求部门提出《文件制定/修订/废止申请单》。 6.1.3 文件废止提出： 由于产品或过程的更改，文件若不再使用需要废止时，由现有权责单位提出《文件制定/修订/废止申请单》，注明废止原因。	《文件制定/修订/废止申请单》
6.2		相关部门 管理代表	6.2 申请部门提出的《文件制定/修订/废止申请单》统一交给品管文控员，申请部门召集与文件运行相关的部门进行评审，评审通过则呈管理代表批准，否则退回给申请部门。	《文件制定/修订/废止申请单》
6.3		各相关部门 品管文控	经评审和批准通过后，按以下进行作业： 6.3.1 文件制定作业：文件制定由申请部门负责，程序文件按公司标准格式编制，三阶作业指导类文件和表单可根据实际使用情况不拘格式。 6.3.2 文件修订作业：文件修订作业由原文件制定部门负责，通常在原有文件上进行增修，必要时也可改变格式（程序文件除外）。	

文件名称	文件和记录控制程序	文件编号：SQ-SP-04	版本：A
编制部门	品管部	编制日期：2019.12.9	页码：3/6

序号	作业流程	权责部门/人	作业要求	参考文件/使用表单
	↓		6.3.3 文件废止作业：文件废止由品管文控员将废止文件统一收回。文件废止后，原文件之编号不再重复使用。	
6.4	文件编号/版本控制 ↓	品管文控员	6.4 各部门将新制定或修订的文件电子档提交给品管文控员，按附加说明“7.2 文件编号和 7.3 文件版本”的规定对新增或修订文件进行编号和版本控制。	
6.5	文件审批 ↓	品管文控员权责部门	6.5 品管文控员将文件按附加说明“7.1 文件制定、审核、批准权责表”执行审批，若审批发现不符合要求时返回责任部门重新制定修订，直至通过。	
6.6	文件列管 ↓	品管文控员	6.6 质量管理体系文件均需列管控制，包括质量手册、程序文件、作业指导类文件及表单；由品管文控员登记于《体系文件清单》，电子档原稿由文控员设置单独文件夹标记和保存。	《体系文件清单》
6.7	文件发行 ↓	品管文控员各相关部门	6.7.1 文件发行可采用 PDF 电子档加盖“受控文件”电子章在公司网络系统共享发布，也可根据需要使用纸质版发放相关部门。纸质版发放时由文控员用原稿打印所需之份数，在文件上加盖“受控文件”章分发，并记录于《文件发行/回收管制表》，相关部门接收文件时，在《文件发行/回收管制表》上签名确认。 6.7.2 电子版文件发行时，由文控员书面通知各部门并确认对方已知晓，然后在《文件发行/回收管制表》上记录。	《文件发行/回收管制表》
6.8	文件补发 ↓	品管文控员各相关部门	6.8.1 各部门如因文件破损、遗失，或因实际需要须增加使用份数，或须向客户、供应商提供文件，或向外部机构提供文件时，需填写《文件补发申请单》提出申请，经相关人员核准后，交文控员办理补发，补发作业与文件发行作业相同。 6.8.2 向外发行的文件不盖“受控文件”章，且不予以回收与更新，由负责外发之部门确认外发文件为最新版本。	《文件补发申请单》 《文件发行/回收管制表》

文件名称	文件和记录控制程序		文件编号：SQ-SP-04	版本：A
编制部门	品管部		编制日期：2019.12.9	页码：4/6
序号	**作业流程**	**权责部门/人**	**作业要求**	**参考文件/使用表单**
6.9	↓ 文件回收	品管文控员 各相关部门	6.9 当文件经修订重新发行新版时，由文控根据《文件发行/回收管制表》原来发放的部门和份数将旧版文件全部收回，新版文件重新发放和签收。文件作废时，则将全部作废文件收回。	《文件发行/回收管制表》
6.10	↓ 文件使用/作废处理	文控员	6.10.1 经发行之文件由各部门指定人员管理，文件应放于易于取阅场所或放置于操作台旁。 6.10.2 文件应保持清晰易读，不可涂改、遗失或损坏。 6.10.3 已作废或旧版文件由文控员盖“作废”章，进行保存或由管理代表核准后，进行销毁。 6.10.4 各部门不得保存已回收或作废之版本文件，若作废文件做回收纸再利用，应在文件正面打“×”或盖“作废”章。	

7.附加说明

7.1 内部文件的制定/修订、审核、批准权责

文件层级	文件类别	制定/修订	审核	批准	收发控制单位
一阶	质量手册	管理代表	管理代表	总经理	品管文控
二阶	程序文件	各部门	管理代表	总经理	品管文控
三阶	作业指导书类	各部门	部门主管	管理代表	品管文控
四阶	表单	各部门	部门主管	管理代表	品管文控

7.2 文件编号

7.2.1 内部文件编号系统：

□□--□□□ -- □□□

文件流水号，质量手册和程序文件用二码，作业指导类文件用三码

文件类别：QM 质量手册　COP 顾客导向过程　SP 支持过程　MP 管理过程　作业指导文件（用 WI+部门代码）

公司代号：SQ

7.2.2 表单编号系统：表单编号由文控中心以 SQ＋ 部门代号+流水号（二码）组成，在流水号后，加版本号顺序为 A、B、C……

文件名称	文件和记录控制程序	文件编号：SQ-SP-04	版本：A
编制部门	品管部	编制日期：2019.12.9	页码：5/6

7.3 文件版本控制

文件版本号顺序为 A、B、C……，每修改一次后均需更换版本号。

7.4 文件撰写格式

7.4.1 程序文件格式要求九段式：1.目的　2.适用范围　3.术语和定义　4.权责　5.过程管理图　6.作业内容　7.附加说明　8.参考文件　9.使用表单

7.4.2 流程图的表示：

开始和结束用“▢”、作业活动用“□”

审核、核准、判定用“◇”、流程方向用“→”、通过用“OK”、未通过用“NG”。

7.4.3 程序文件首页及内页格式以本文件格式为准。

7.4.4 质量手册、作业指导书/标准书、表单类文件依实际需要确定格式。

7.5 部门代码规定

行政部：XZ　人资部：RZ　技术部：JS　业务部：YW　生产部：SC　品管部：PG

采购部：CG　财务部：CW

7.6 外来文件管制

7.6.1 外来文件之接收、购入视同制定，更新视同修订，废止为不再使用。

7.6.2 各部门在接收外来文件时，纸质和/或电子文件统一交由文控员编号和登录《外来文件清单》进行管控。

7.6.3 外来文件的电子档或扫描文件由文控员盖“外来文件”电子章，传到公司公用盘的专属文件夹，其原稿由文管中心保存。外来文件若需发放纸质文档时，按使用部门需要分发，分发时盖“外来文件”章，并填写《文件发行/回收管制表》。外来文件的使用、更新、作废控制与内部文件相同。

7.6.4 外来文件的编号为 SQ-WL-□□□（流水号 001、002……）。

7.7 体系电子文档管理

公司所有体系文件原稿电子档由品管文控中心保存，并定期将其备份到公司共享盘和硬盘中保存，建立目录清单和分类管理。发布到共享盘的文件由网管设定阅读权限，且不能下载、修改和打印。

7.8 记录控制要求

7.8.1 记录建立

根据质量管理体系文件的要求，在体系实施运行过程中必须建立相应的记录，在建立记录时应遵守以下要求：

a）字迹应清晰可辨且保持整洁；

b）不可使用铅笔书写；

c）内容若有修改采用划线“—”并签名；

d）记录内容应真实，可追溯；

e）记录应填写完整，不可漏填，对无须填写之空白栏位画上[/]标示；

f）签名之日期按年月日之顺序。

7.8.2 记录审核

记录应按表单设计的要求权限由相关人员进行审核或批准，审核时应注意：

a）确认记录内容是否正确、真实；

文件名称	文件和记录控制程序	文件编号：SQ-SP-04	版本：A
编制部门	品管部	编制日期：2019.12.9	页码：6/6

b）填写是否完整、规范，不符合则给予指导修正或重写。

7.8.3 记录收集归档

各部门对建立的记录应收集和整理归档，可参考以下方法：

a）依记录形成的日期编序入档；

b）依记录性质类别编序入档；

c）依产品型号编序入档；

d）依表格编号编序入档；

e）其他形式编序入档；

f）编序入档之记录须归类并注明档案名称。

7.8.4 记录的保存期限

品管部根据记录的重要性，对每一种记录规定其保存期限，并建立《记录保存期限总表》，各部门必须在保存期限内妥善保存好相关记录。

记录保存期限的规定：

a）所有外部机构审核、顾客审核、内部审核记录，以及管理评审记录至少保存 3 年；

b）生产件批准文件、工装记录、产品和过程设计记录、顾客采购订单/合同和更改记录，保存时间为产品在现行生产和服务中要求的有效期，再加一个日历年；除非顾客或监管机构另有要求；

c）其他若有顾客要求和法律法规要求则按其规定的保存期限执行；

d）本公司之相关记录依《记录保存期限总表》执行。

7.8.5 记录的存放

各部门需指定专人以资料柜或纸箱进行保存；

记录过多时，可装箱存放，但应建立《入箱记录登记表》，确保可有效快捷地检索记录；

记录需保存在无腐蚀、清洁、干燥、防火、防盗的适宜环境，以防止损坏、变质和丢失。

7.8.6 记录的查阅

跨部门查阅需经记录所属部门主管同意，合同有要求时，顾客需查阅与其产品有关的记录需由管理者代表批准，记录的查阅者应保持记录的完整，不得转借、涂改、抽换、损坏或丢失。

7.8.7 记录过期处置

对保存到期记录，各部门根据记录的重要性确定销毁方式，对涉及技术机密或商业机密的记录，须用碎纸机碎掉或烧毁，普通记录若当回收纸利用时，应在记录的正面打“×”或盖“作废”章。

8.参考文件

无

9.使用表单

9.1 《文件制定/修订/废止申请单》

9.2 《体系文件清单》

9.3 《文件发行/回收管制表》

9.4 《文件补发申请单》

9.5 《外来文件清单》

9.6 《记录保存期限总表》

9.7 《入箱记录登记表》

<table>
<tr><td colspan="8">附表 SQ-29　　**文件制定/修订/废止申请单**（参考格式）</td></tr>
<tr><td colspan="8">□新制定　□修订　□废止</td></tr>
<tr><td colspan="2">文件名称</td><td colspan="6"></td></tr>
<tr><td colspan="2">编号</td><td colspan="2"></td><td colspan="2">申请部门</td><td colspan="2"></td></tr>
<tr><td colspan="8">制定/修订/废止原因：
申请人：　　日期：</td></tr>
<tr><td colspan="8">主要修订内容说明：（文件修订时填写）
修订人：　　日期：</td></tr>
<tr><td colspan="8">相关部门评审意见：</td></tr>
<tr><td>□人资部
签名：</td><td>□技术部
签名：</td><td>□业务部
签名：</td><td>□生产部
签名：</td><td>□品管部
签名：</td><td>□采购部
签名：</td><td colspan="2">□财务部
签名：</td></tr>
<tr><td colspan="8">拟分发部门及份数：</td></tr>
<tr><td>部门</td><td>□人资部</td><td>□技术部</td><td>□业务部</td><td>□生产部</td><td>□品管部</td><td>□采购部</td><td>□财务部</td></tr>
<tr><td>份数</td><td></td><td></td><td></td><td></td><td></td><td></td><td></td></tr>
<tr><td colspan="8">批准意见：
管理代表：　　日期：</td></tr>
</table>

<table>
<tr><td colspan="7">附表 SQ-30　　**体系文件清单**（参考格式）</td></tr>
<tr><td colspan="7">文件类别：□一阶文件　□二阶文件　□三阶文件</td></tr>
<tr><td>序号</td><td>文件编号</td><td>文件名称</td><td>页数</td><td>生效日期</td><td>版本号</td><td>备注</td></tr>
<tr><td></td><td></td><td></td><td></td><td></td><td></td><td></td></tr>
<tr><td></td><td></td><td></td><td></td><td></td><td></td><td></td></tr>
<tr><td></td><td></td><td></td><td></td><td></td><td></td><td></td></tr>
<tr><td></td><td></td><td></td><td></td><td></td><td></td><td></td></tr>
<tr><td></td><td></td><td></td><td></td><td></td><td></td><td></td></tr>
<tr><td></td><td></td><td></td><td></td><td></td><td></td><td></td></tr>
<tr><td></td><td></td><td></td><td></td><td></td><td></td><td></td></tr>
<tr><td></td><td></td><td></td><td></td><td></td><td></td><td></td></tr>
<tr><td></td><td></td><td></td><td></td><td></td><td></td><td></td></tr>
<tr><td></td><td></td><td></td><td></td><td></td><td></td><td></td></tr>
<tr><td colspan="7">文控员：　　　　审核：</td></tr>
</table>

附表 SQ-31　**文件发行/回收管制表**（参考格式）

文件编号	文件名称	版本	页数	份数	生效日期	领用部门签收	签发日期	回收份数	回收日期	文控员	备注
SQ-SP-03	人力资源管理程序	B	5	1	2018.08.01						

<table>
<tr><td colspan="6">附表 SQ-32　文件补发申请单（参考格式）</td></tr>
<tr><td colspan="6">申请部门：</td></tr>
<tr><td>文件名称</td><td>文件编号</td><td>版本</td><td>份数</td><td>申请原因</td><td>备注</td></tr>
<tr><td></td><td></td><td></td><td></td><td></td><td></td></tr>
<tr><td></td><td></td><td></td><td></td><td></td><td></td></tr>
<tr><td></td><td></td><td></td><td></td><td></td><td></td></tr>
<tr><td></td><td></td><td></td><td></td><td></td><td></td></tr>
<tr><td></td><td></td><td></td><td></td><td></td><td></td></tr>
<tr><td colspan="2">申请人/日期：</td><td colspan="4">部门主管/日期：</td></tr>
<tr><td colspan="4">文控审核：</td><td colspan="2">管理者代表核准：</td></tr>
</table>

附表 SQ-33　　**记录保存期限总表**（参考格式）

序号	记录名称	表单编号	版本号	存档方式	存档部门	保存期限	备注
1	《进料检验记录表》	SQ-PG-01	A	纸质文档	品管部	3 年	

附表 SQ-34　　**入箱记录登记表**（参考格式）

部门：

序号	记录名称	表单编号	入箱日期	检索方式	存档部门	存档期限	经手人	报废日期	备注

IATF 16949:2016 的补充和特别要求

7.5.3.2.2 工程规范

组织应有形成文件的过程，描述基于顾客要求的进度进行的所有顾客工程标准/规范及相关修订的评审、分发和实施。

当工程标准/规范更改导致产品设计更改时，请参见 ISO 9001 第 8.3.6 条的要求。当工程标准/规范更改导致产品实现过程更改时，请参见第 8.5.6.1 条的要求。组织应保留每项更改在生产中实施日期的记录。实施应包括更新过的文件。

应当在收到工程标准/规范更改通知后 10 个工作日内完成评审。

注：当设计记录引用了这些规范，或这些规范影响了生产件批准过程的文件，例如：控制计划、风险分析（如 FMEA）等时，这些标准/规范的更改需要对顾客的生产件批准记录进行更新。

【目的和意图】

本条款旨在确保组织建立形成文件的过程，并按顾客要求的进度进行所有顾客工程标准/规范及相关修订的评审、分发和实施。

【理解和实施要点】

对接收到顾客提供的工程标准/规范，必须按照顾客要求的时间进度（根据顾客工程部门要求的进度计划）进行评审、发放和实施。

在收到工程标准/规范更改通知后应当在 10 个工作日内完成评审，10 个工作日是完成评审的时间，并不是 10 个工作日完成发放和实施。对简单的产品来说，可能不需要 10 个工作日就能完成评审、发放和实施，比如只是一个简单的加工零件；对结构和功能复杂的产品来说，其更改和试验、验证等可能需要几个月甚至更长的时间，比如一个发动机系统。

当工程标准/规范更改导致产品设计更改时，那么就按 ISO 9001 第 8.3.6 条的要求去评审、验证和实施。当工程标准/规范更改导致产品实现过程更改时，就按 IATF 16949 第 8.5.6.1 条的要求去评审、验证和实施。

组织要保留每项更改在生产中实施日期的记录（注意不是更改日期的记录，是更改在生产中实施日期的记录）。更改实施应包括更新所有受更改影响的相关文件，包括对受影响的生产件批准过程的文件，例如控制计划、FMEA 等的更新。

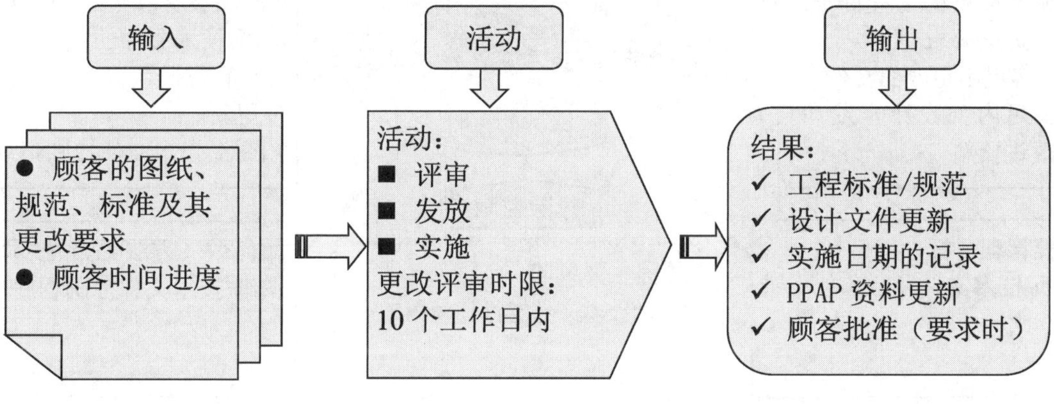

【实施建议和应用案例】

组织应建立形成文件的过程用以规范上述活动。形成怎样的文件，由组织自行决定。

可单独建立《图纸/技术文件控制程序》规定顾客工程图纸/规范及其变更的评审、分发与实施，也可以在诸如产品设计开发管理过程、变更管理过程中予以规定。

以下范例仅供参考。

文件范例【图纸/技术文件控制程序】

文件名称	图纸/技术文件控制程序	文件编号：SQ-SP-05	版本：A
编制部门	技术部	编制日期：2019.12.9	页码：1/4

1.目的

为使本公司及其顾客提供的图纸/技术文件的评审、批准、发放、使用、更改、再次批准、标识、回收和作废等进行有效的控制，确保满足制造和顾客的要求，并防止图纸/技术文件之非正常发放和泄密，特制定本程序。

2.适用范围

适用于本公司产品设计开发和变更过程中的图纸/技术文件控制，包括产品图及各类部件图纸、产品技术转移文件、产品规格书、BOM、FMEA、物料承认书、产品标准件等。

3.术语和定义

3.1 仕样书：指产品经顾客承认后技术部所制作的样板规格书，所有涉及生产之相关部门正常作业一律以此为标准。

4.职责

4.1 技术部：负责图纸/技术文件的编制、评审、批准、发行、更新及回收、作废处理。

4.2 业务部：负责接收顾客新产品开发需求提供的参考图纸和技术文件信息。

4.3 各部门：按规定要求使用图纸和技术文件，若发现错漏，及时通知技术部。

5.过程管理图

（本过程相关联的 ISO 9001&IATF 16949 条款：7.5.3.2.2/8.1.2）

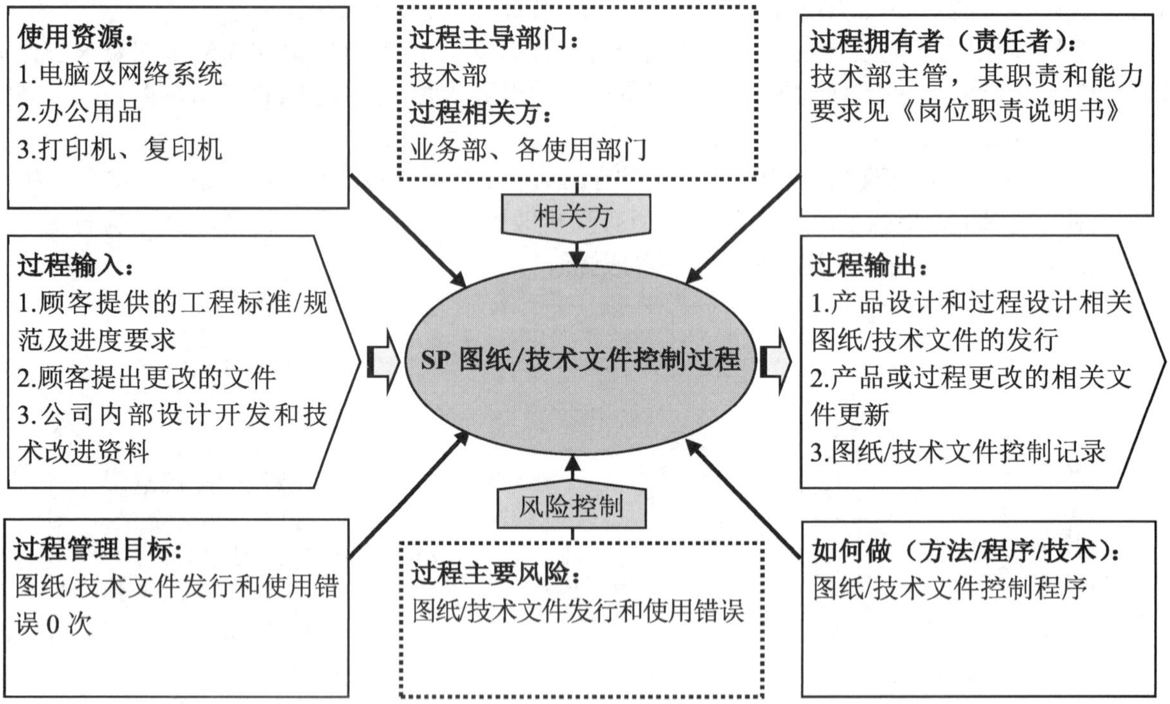

过程主要风险	对相关方的影响	应对风险的措施
图纸/技术文件发行和使用错误	可能导致产品批量不合格，若产品被交付可能导致批量退货	（1）图纸/技术文件发布前必须经授权人审核和批准； （2）建立图纸/技术文件编号及版本控制； （3）发行的图纸/技术文件加盖“受控文件”章管控； （4）图纸/技术文件使用控制和作废文件管理。

文件名称	图纸/技术文件控制程序	文件编号：SQ-SP-05	版本：A
编制部门	技术部	编制日期：2019.12.9	页码：2/4

6.作业内容

序号	作业流程	权责部门/人	作业要求	参考文件/使用表单
6.1	顾客新产品开发需求或产品变更信息	业务部	6.1 业务部负责接收顾客新产品开发需求或产品变更的信息，包括顾客可能提供的图纸/技术文件、样品等，并将这些信息和文件交技术部。	
6.2	评审（NG：返回 6.1；OK：进入 6.3）	技术部	6.2.1 技术部对顾客新产品开发提供的图纸、技术文件按《APQP 管理程序》进行评审； 6.2.2 技术部对顾客产品变更提供的图纸、技术文件按《变更管理程序》进行评审。	《APQP 管理程序》 《变更管理程序》
6.3	图纸及技术文件制作	技术部	6.3 技术部按《APQP 管理程序》的开发进度计划进行图纸和技术文件制作，包括材料明细表、仕样书、产品规格书、部品图纸、成品图纸、装配图、包装作业指示图等。图纸技术文件须用公司规定之标准格式。	《APQP 管理程序》
6.4	编号及版本控制	技术部工程师	6.4 图纸技术文件由专案工程师在图框或对应技术文件固定格式内注明料号及版本，版本按 1、2、3、4……排序。	
6.5	审批（NG：返回 6.4；OK：进入 6.6）	技术部主管经理	6.5 图纸及技术文件由专案工程师制作完毕后，交于技术部主管审核。如果审核 OK 则交技术部经理核准；如果审核和核准结果 NG，则由专案工程师对其重新修正及制作。	
6.6	图纸/文件登录	技术部文员	6.6 图纸/技术文件由技术部经理核准后，由技术部文员将其登录在《图纸/技术文件清单》内。	《图纸/技术文件清单》
6.7	图纸/文件分发	技术部文员	6.7 技术部文员依公司内各部门所需，分发图纸、技术文件，并让相关单位签收《图纸/技术文件分发回收表》，需详细记录，不可漏写或错写。	《图纸/技术文件分发回收表》
6.8	图纸/文件使用	各相关部门	6.8.1 图纸/技术文件发到各相关部门（如品管、制造、生管、采购……）后，各部门应依图纸、技术文件为标准执行；或者督促供方按标准规范作业，保证达到技术文件要求。 6.8.2 各部门使用中应妥善保护，防止技术文件遗失、损坏，发现错漏及时通知技术部，任何部门和人员不得私自更改。	

文件名称	图纸/技术文件控制程序		文件编号：SQ-SP-05	版本：A
编制部门	技术部		编制日期：2019.12.9	页码：3/4
序号	作业流程	权责部门/人	作业要求	参考文件/使用表单
6.9	↓ 图纸/文件补发		6.9 使用部门若有损坏或丢失或有新需求时，则需填写《图纸/技术文件补发申请单》，经部门最高主管审核，技术部主管批准后方可进行补发。技术部将补发的图纸信息登录到《图纸/技术文件补发登记表》，以便查阅。	《图纸/技术文件补发申请单》 《图纸/技术文件补发登记表》
6.10	↓ 图纸/文件更新	技术部	6.10.1 当顾客提出产品变更或制造原因提出，导致图纸或技术文件需变更时，则按《变更管理程序》评审后，将图纸、技术文件由旧版变更为新版，制作和新版发行过程仍依6.3～6.7 的流程作业。包括对受影响的生产件批准过程的文件，例如过程流程图、FMEA、控制计划等的更新。 6.10.2 发放新版图纸或技术文件时必须同时收回旧版相应文件。	《变更管理程序》
6.11	↓ 保存/销毁	技术部	6.11 图纸、技术文件的旧版 COPY 件，背面可做白纸二次利用（存在技术机密的由技术部销毁）。原稿由技术部保存，保存时间与生产件批准记录相同。	

7.附加说明

7.1 顾客图纸、工程标准/规范评审要求

对顾客提供的图纸、工程标准/规范，技术部应按顾客的时间要求及时认真评审、分发、实施；应当在收到工程标准/规范更改通知后 10 个工作日内完成评审。

7.2 顾客图纸/技术文件的识别

对顾客 E-mail 或传真的图纸技术文件，应由技术部收集管理加盖“顾客文件”章，以便于与内部资料区分、使用、保存。

7.3 保密

7.3.1 对于关系到知识产权或正在开发中的顾客签约产品和项目及有关产品信息，由专案工程师特殊保管，不可传阅任何人（包括本部门的其他专案人员）。

7.3.2 对于外发至供方的技术文件，由采购部与供方签保密协议，要求厂商对我司图纸和技术文件必须妥善使用保存，不可外传。

7.4 电子文档的管理

7.4.1 电子文档应由技术部将最新受控版放置于公司数据存储盘予以保存，适当时电子文档应包括：

a）顾客提供的产品图纸、产品图片等相关技术信息；

b）产品先期质量策划输出的相关文件，如 APQP 输出文件等。

7.4.2 电子文档由技术部负责维护管理，并每月至少一次进行病毒查杀、备份、更新，以确保文件安全和有效。

文件名称	图纸/技术文件控制程序	文件编号：SQ-SP-05	版本：A
编制部门	技术部	编制日期：2019.12.9	页码：4/4

7.4.3 相关电子文档升版后，由技术部负责及时进行更新处理，并将旧版移至作废文件夹予以保存，以备后续查验。

7.4.4 电子文档应设置阅读/编辑权限，只有技术部授权人员方可阅读/编辑。

8.参考文件

8.1 《APQP 管理程序》

8.2 《变更管理程序》

9.使用表单

9.1 《图纸/技术文件清单》

9.2 《图纸/技术文件分发回收表》

9.3 《图纸/技术文件补发申请单》

9.4 《图纸/技术文件补发登记表》

附表 SQ-35　**图纸/技术文件清单**（参考格式）

文件类别：□图纸　　□技术文件

序号	图号/编号	产品名称	版本号	接收日期	接收人	备注

附表 SQ-36　**图纸/技术文件分发回收表**（参考格式）

图纸、技术文件编号	产品名称	版本号	分发日期	分发部门	份数	签名	回收日期	回收员

附表 SQ-37　　**图纸/技术文件补发申请单**（参考格式）

申请部门：　　　　申请日期：

产品名称	图号/编号	版本号	补发原因	份数	要求日期

申请人：　　　审核（申请部门主管）：　　　批准（技术部主管）：

附表 SQ-38　　**图纸/技术文件补发登记表**（参考格式）

序号	补发部门	产品名称	图号/编号	版本号	补发份数	接收人签名	日期

第八节　标准第 8 章【运行】的理解、实施和应用案例

第 8 章【运行】是指满足产品和服务提供要求所需的运行过程，包括产品和服务要求的确定及评审、产品和过程的设计开发、采购和供应商管理、生产制造、服务提供、更改控制、产品和服务的放行、不合格品控制、产品防护、产品交付等。本章是满足顾客要求并实现顾客满意的过程，同时实现组织的增值，是质量管理体系控制的重点。

第 8 章条款及逻辑顺序如下：

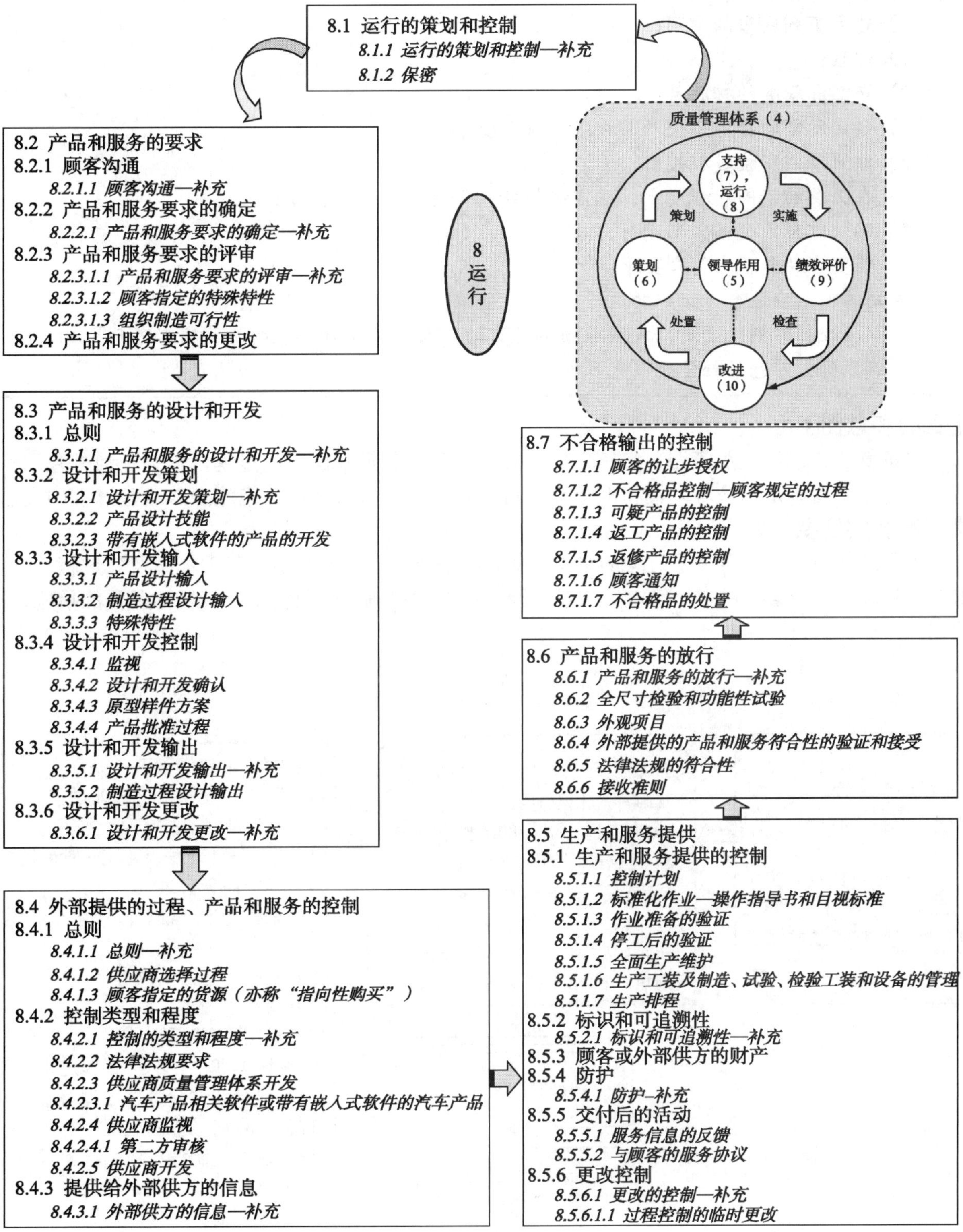

8 运行

8.1 运行的策划和控制

ISO 9001:2015，质量管理体系—要求

8.1 运行的策划和控制

为满足产品和服务提供的要求，并实施第 6 章所确定的措施，组织应通过以下措施对所需的过程（见 4.4）进行策划、实施和控制：

a）确定产品和服务的要求；

b）建立下列内容的准则：

1）过程；

2）产品和服务的接收。

c）确定所需的资源以使产品和服务符合要求；

d）按照准则实施过程控制；

e）在必要的范围和程度上，确定并保持、保留成文信息，以：

1）确信过程已经按策划进行；

2）证实产品和服务符合要求。

策划的输出应适合于组织的运行。

组织应控制策划的变更，评审非预期变更的后果，必要时，采取措施减轻不利影响。

组织应确保外包过程受控（见 8.4）。

【目的和意图】

本条款旨在确保组织策划、实施和控制其生产和服务提供所需的过程，包括任何外包过程，并将第 6 章中所确定的应对风险和机遇的措施，以及实现质量目标的措施融入这些过程中实施。

【理解和实施要点】

本条款是对产品实现所需过程的总体策划，应按照条款“4.4 质量管理体系及其过程”中要求的事项，并结合第 6 章中所确定的应对风险和机遇的措施，以及实现质量目标所需的措施进行策划。

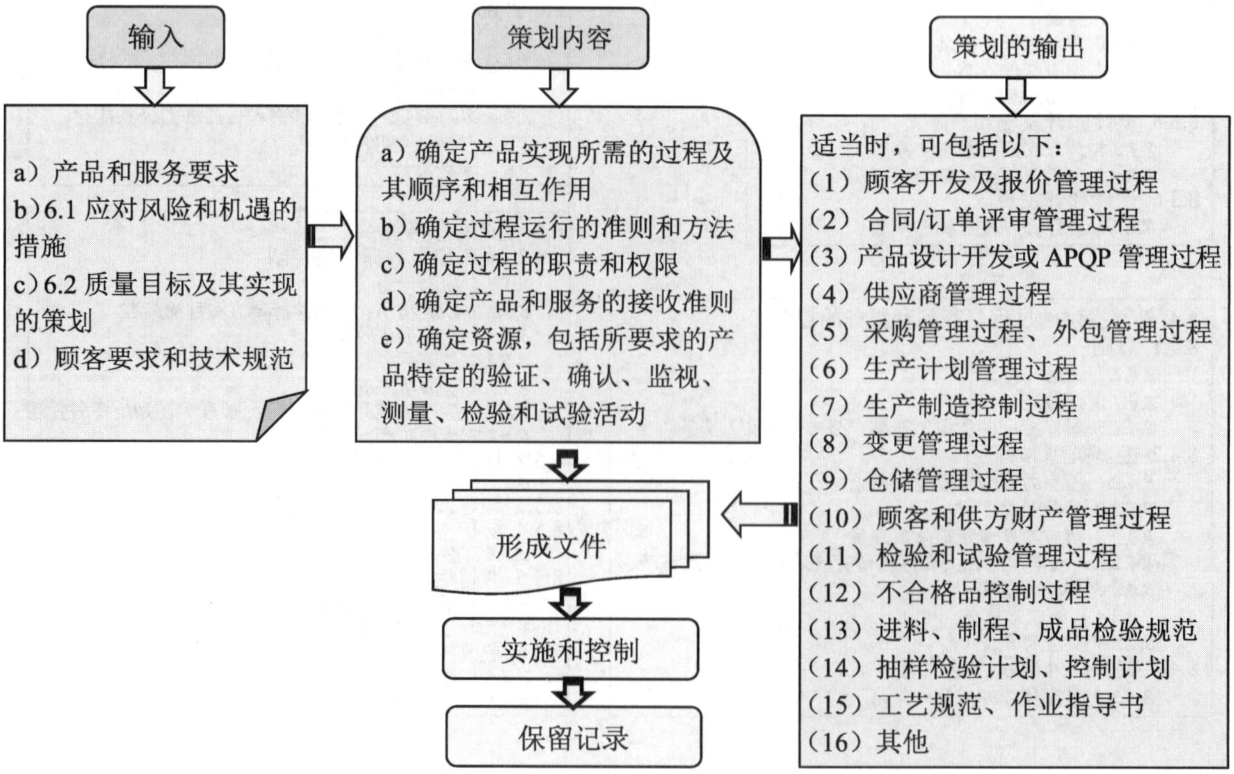

策划的输出需要作为组织运行的输入。顾客或外部供方可能也需要使用这些输出。应以适当的形式和载体保护这些输出（如文件和记录控制、图纸/技术文件控制），以供需要的人员使用。

组织需要进行有效的过程控制，以便：

a）确认满足相关的准则；

b）确保实现预期的输出；

c）确定所需的改进之处。

策划的输出可能会发生变更，变更有预期的和非预期的。预期就是指计划中的变更（如计划在某个时间导入新的自动化设备，那么工艺流程会发生变化、监视和测量方法会发生变化），预期变更是提前策划和评估的；非预期是指在实施和运行中发现不符合或需要改进之处，这时应考虑变更可能对运行产生的不利影响，可结合“8.5.6 更改控制”进行评审。

IATF 16949:2016 的补充和特别要求

8.1.1 运行的策划和控制—补充

在对产品实现进行策划时，应包含以下主题：

a）顾客产品要求和技术规范；

b）物流要求；

c）制造可行性；

d）项目策划（参见 ISO 9001 第 8.3.2 条）；

e）接收准则。

ISO 9001 第 8.1 条 c）项中的资源是指所要求的产品特定的验证、确认、监视、测量、检验和试验活动以及产品接收准则。

【目的和意图】

IATF 16949 补充此要求是强调产品实现的策划应与产品先期质量策划（APQP）及设计开发过程相结合。顾客产品要求和技术规范、物流要求这是 APQP 的输入，项目策划和制造可行性评审是其中的活动，接收准则是输出，具体可参照“8.3 产品和服务的设计和开发”。

IATF 16949:2016 的补充和特别要求

8.1.2 保密

组织应确保正在开发中的顾客签约产品和项目及有关产品信息的保密。

【目的和意图】

本条款在以往的 ISO/TS 16949 中已存在，没有新的变化。规定保密的要求，是为了确保与顾客协议的正在开发的产品、项目和有关产品信息不被外部或竞争对手获取。

【理解和实施要点】

组织应该控制对贮存机密性文件和数据（如电子文档或复印资料）的使用权限，并应特别注意与新项目和更改有关的机密。

保密应理解为未经顾客书面批准，组织不得以任何方式泄漏给第三方。应制定保密的措施，并在文件中予以规定。通常可在《图纸/技术文件控制程序》或产品设计开发相关文件中加以规定。

8.2 产品和服务的要求

ISO 9001:2015，质量管理体系—要求

8.2.1 顾客沟通

与顾客沟通的内容应包括：

a）提供有关产品和服务的信息；

b）处理问询、合同或订单，包括更改；

c）获取有关产品和服务的顾客反馈，包括顾客投诉；

d）处置或控制顾客财产；

e）关系重大时，制定应急措施的特定要求。

IATF 16949:2016 的补充和特别要求

8.2.1.1 顾客沟通—补充

应按顾客同意的语言进行书面或口头沟通。组织应有能力按顾客规定的语言和形式来沟通必要的信息，包括按顾客规定的计算机语言和格式的数据（例如：计算机辅助设计数据、电子数据交换等）。

【目的和意图】

本条款目的是确保在确定拟提供的产品和服务要求时，以及顾客反馈相关问题时，组织能够按照顾客同意的语言和方式与其进行清晰有效地沟通。

【理解和实施要点】

——与顾客沟通的重要性：

与顾客进行有效的沟通，是充分并准确地了解顾客要求和期望的前提；

与顾客进行有效的沟通，是充分了解并准确把握顾客反馈问题的前提；

与顾客进行有效的沟通，是为了充分与准确掌握顾客对组织产品/服务满意程度的有关信息，以此作为持续改进的输入。

组织应识别与顾客沟通的内容及所需展开的活动，作出过程的安排并予以实施，沟通的内容和方式可在不同的过程文件中规定。

——组织与顾客沟通的内容包括但不限于：

a）拟提供的产品或服务的详细情况，以使顾客理解所提供的产品和服务；这些信息可通过会议、宣传单、网站、电话或任何其他适当手段予以沟通；

b）投标、询价、报价、议价；

c）处理问询、合同或订单，包括更改；

d）建立适当的途径，以便从顾客处获取与问题、顾虑、投诉、正面和负面反馈的相关信息；其方法包括但不限于发送电子邮件或打电话、在线调查、顾客支持渠道、面谈等；

e）主动地与顾客沟通可能采取的应急措施，以及对满足顾客要求可能产生的不利影响，包括常见自然灾害、基础设施破坏、原材料短缺或缺少备用的外部供方等情况（此项可结合“6.1.2.3 应急计划”的措施）。

f）适用时，包括与顾客财产控制和处置有关的沟通。

——组织必须具备与顾客沟通的语言和方式的能力，并得到顾客同意，这种能力包括：

a）电子数据交换系统的应用，如计算机联机系统，顾客可随时监控订单的安排和进度；

b）CAD/CAE 技术的应用等。

本条款可以不用单独形成文件，可在诸如市场推广和新客户开发、报价、合同/订单评审、顾客与供方财产管理、顾客投诉处理、顾客服务、顾客满意度管理等相关文件中体现。

ISO 9001:2015，质量管理体系—要求

8.2.2 产品和服务要求的确定

在确定向顾客提供的产品和服务的要求时，组织应确保：

a）产品和服务的要求得到规定，包括：

1）适用的法律法规要求；

2）组织认为的必要要求。

b）提供的产品和服务能够满足所声明的要求。

【目的和意图】

本条款旨在确保组织确定其产品和服务的所有要求，并满足对提供的产品和服务所声明的要求。

【理解和实施要点】

在确定产品和服务的要求时，可通过考虑以下内容予以确定：

a）产品和服务的用途；

b）顾客需求和期望；

c）与产品和服务相关的适用法律法规要求；如产品强制认证、《缺陷汽车产品召回管理条例》《家用汽车产品修理、更换、退货责任规定》等；

d）组织认为必要的要求（如为实现组织内可追溯性的部件编号、高于行业或竞争对手的功能性能要求、质量要求等）。

组织需要确保履行对所提供产品和服务做出的声明，如汽车制造商在广告中对油耗、加速时间、环保、新能源汽车的续航里程做出的声明。

对于负有设计责任的组织，可结合“8.3.3 设计和开发输入”予以确定。

IATF 16949:2016 的补充和特别要求

8.2.2.1 产品和服务要求的确定—补充

这些要求应包括回收再利用、对环境的影响，以及根据组织对产品和制造过程的认知所识别的特性。

遵守 ISO 9001 第 8.2.2 条 a）1）项的要求应包括但不限于：

所有适用的与材料的获得、存储、搬运、回收、销毁或废弃有关的政府、安全和环境法规。

【目的和意图】

IATF 的补充要求，旨在强调产品回收再利用和对环境的影响，以及考虑到材料、存储、搬运、回收、销毁或废弃有关的政府、安全和环境法规。

【理解和实施要点】

上述法律法规要求应考虑到产品、过程和服务符合生产地所在国、收货国和顾客确定的目的国（如有提供）的现行适用法律法规要求。这些法律法规要求应作为产品设计和开发或先期产品质量策划（APQP）的输入。

此外，在确定产品和服务要求时，组织应识别产品和制造过程的特性，作为产品和制造过程设计的输入。这些识别可在产品设计和开发过程或 APQP 管理过程中规定。

ISO 9001:2015，质量管理体系—要求

8.2.3 产品和服务要求的评审

8.2.3.1 组织应确保有能力向顾客提供满足要求的产品和服务。在承诺向顾客提供产品和服务之前，组织应对如下各项要求进行评审：

a）顾客规定的要求，包括对交付及交付后活动的要求；

b）顾客虽然没有明示，但规定的用途或已知的预期用途所必需的要求；

c）组织规定的要求；

d）适用于产品和服务的法律法规要求；

e）与以前表述不一致的合同或订单要求。

组织应确保与以前规定不一致的合同或订单要求已得到解决。

若顾客没有提供成文的要求，组织在接受顾客要求前应对顾客要求进行确认。

注：在某些情况下，如网上销售，对每一个订单进行正式的评审可能是不实际的，作为替代方法，可评审有关的产品信息，如产品目录。

8.2.3.2 适用时，组织应保留与下列方面有关的成文信息：

a）评审结果；

b）产品和服务的新要求。

IATF 16949:2016 的补充和特别要求

8.2.3.1.1 产品和服务要求的评审—补充

组织应保留成文的证据，证明对 ISO 9001 第 8.2.3.1 条中正式评审要求的弃权有顾客授权。

【目的和意图】

本条款旨在确保有能力向顾客提供满足要求的产品和服务。通过评审，可使组织降低在运行期间和交付后发生问题的风险；要求保留文件化信息，以证实与顾客之间达成的最终约定，包括任何纠正或更改。

【理解和实施要点】

（1）对产品和服务要求的评审内容包括：

a）顾客规定的要求，包括对交付及交付后活动的要求；

——顾客规定的要求如对产品固有质量特性的要求，如尺寸、外观、功能、性能、安全性、可靠性、舒适性等；对产品交付要求，如交货期、标识、包装、运输等；交付后活动的要求，如现场安装、用户培训、保修、修理、顾客支持等。

b）顾客虽然没有明示，但规定的用途或已知的预期用途所必需的要求；

——规定的用途通常是指国家/国际标准或法律法规所规定了的，如汽车必须有安全带；已知的预期用途通常是众所周知的、约定俗成不需要顾客明示的，如汽车喇叭，顾客不会规定喇叭要能发音，因为这是预期的用途所必需的。

c）组织规定的要求；

——组织规定的要求通常超越顾客的要求和法律法规的要求；如组织在产品设计开发时，规定的公差、参数、可靠性通常超越顾客和法规的要求，此外还可能规定如免费维修、技术培训、人性化设计、质量零缺陷等附加要求。

d）适用于产品和服务的法律法规的要求；

——包括适用的政府、安全和环境法规，适用于材料的获取、贮存、搬运、再利用、销毁或废弃。产品强制认证要求、环保要求、无毒无害、汽车的废气排放等。

e）与以前表述不一致的合同或订单要求。

——如之前确定的要求与合同或订单中规定的要求不一致，组织应评审这些差异并与顾客进行沟通解决，以达成一致。

（2）评审的时机

应是在组织向顾客作出提供产品和服务的承诺之前进行。这里说的承诺，对于不同的行业所体现的形式不尽相同，制造行业往往是合同、订单签订之前或提交标书之前。

（3）评审的方法可能是以下一种或几种：

a）相关责任部门人员会签；

b）相关责任人会议评审；

c）合同阶段与顾客共同评审；

d）组织专家评审；

e）个人决策，比如由业务主管评审；

f）小组评审，这种评审可能需要工程、质量、业务、生产、采购、物控，甚至财务部门参加，需要形成书面的评审意见。

（4）如顾客提出要求时没有形成文件，例如通过电话或当面预定时，则组织在向顾客提供产品或服务前应与顾客确认其要求。如在电话洽谈时复述顾客要求，并做好记录。

（5）组织应保留有关评审结果及评审所确定的任何措施的记录，以证明组织对与顾客签订的最终协议，包括对其的修改或变更进行了评审，并证明组织能够满足产品和服务有关的要求。

（6）如评审识别出有增加或变更的需求，组织应更新或增加成文的信息，以确保记录了新需求（例如保留变更订单或解决误解的邮件信息）。这些文件化的信息可作为将来与新顾客和现有顾客的类似协议的依据。

（7）IATF 补充条款特别强调，如果组织不进行合同/订单的正式评审，应有顾客书面授权的证据。这是考虑到可能的一些特殊情况，如一些标准件采购。

【实施建立和应用案例】

本条款可结合 8.2.4 的要求建立合同/订单评审管理过程，同时在产品设计和开发输入或 APQP 输入时进行评审。请参考 8.2.4 及 8.3 条款后续的应用案例。

IATF 16949:2016 的补充和特别要求

8.2.3.1.2　顾客指定的特殊特性

组织应符合顾客对特殊特性的指定、批准文件和控制的要求。

【目的和意图】

本条款目的是确保组织能够重视并符合顾客对于特殊特性的指定，顾客对特殊特性形成文件的批准和顾客对特殊特性控制的要求。此项可结合“8.3.3.3 特殊特性”实施。

对特殊特性的识别和控制方法可参见本书第八章【产品安全和特殊特性管理】。

IATF 16949:2016 的补充和特别要求

8.2.3.1.3 组织制造可行性

组织应采用多方论证方法来进行分析，以确定组织的制造过程是否是可行的，能够始终生产出符合顾客规定的全部工程和产能要求的产品。组织应为任何对其而言新的制造或产品技术，以及任何更改过的制造过程或产品设计进行本可行性分析。

此外，组织应当通过生产运行、标杆管理研究或其他适当的方法，确认其能够以所要求的速率生产出符合规范的产品。

【目的和意图】

本条款旨在确保组织能够以所要求的速率生产出符合顾客工程规范的产品，降低或避免在生产制造过程中的风险及对顾客造成不利影响。

【理解和实施要点】

本条款应结合“7.1.3.1 工厂、设施及设备策划”中要求的“应开发并实施对新产品或新操作的制造可行性进行评价的方法。制造可行性评估应包括产能策划”进行理解和实施。“7.1.3.1”是要求开发出制造可行性评价的方法，本条款就是应用开发出的方法进行制造可行性评价。

制造可行性分析和评价应采用多方论证方法，如技术、工程、生产、质量、采购等部门的人员参与分析。分析和评价的内容和方法，请参考“7.1.3.1”的说明和提供的《制造可行性分析和评价表》及《产能策划表》格式。评价的时机是对于新的制造、新的产品技术，以及任何更改过的制造过程或更改过的产品设计。

此外，可行性评价通过后，组织可以利用生产运行、标杆对比研究等方法，确认能够以所要求的速率生产出符合规范的产品。

对于新产品的制造可行性评价及产能策划、试生产确认等，可按新产品设计开发管理过程或 APQP 管理过程中的步骤和要求执行。

ISO 9001:2015，质量管理体系—要求

8.2.4 产品和服务要求的更改

若产品和服务要求发生更改，组织应确保相关的成文信息得到修改，并确保相关人员知道已更改的要求。

【目的和意图】

本条款旨在确保组织内外相关人员知晓对产品和服务要求的任何更改。

【理解和实施要点】

当产品或服务要求发生更改，组织应确保任何相关文件都要得到修改，而且还要确保相关人员都知道这一更改要求。为确保相关人员了解变更，组织宜选择合适的沟通方法，并保留适当的记录，如沟通的电子邮件、会议纪要，或修改后的订单，或更改通知单。

可结合 8.2.3 条款在合同/订单评审管理过程中规定更改的控制方法。

文件范例【新顾客开发和报价管理程序】

文件名称	新顾客开发和报价管理程序	文件编号：SQ-COP-01	版本：A
编制部门	业务部	编制日期：2019.12.9	页码：1/4

1.目的

为确保公司新顾客开发、产品报价管理有效的实施，赢得顾客信任，实现共赢，特制定本程序。

2.适用范围

适用于本公司新顾客开发、产品报价管理等活动。

3.术语和定义

3.1 新顾客：与本公司尚未进行业务往来的潜在顾客。

4.职责

4.1 业务部：负责新顾客开发、产品报价管理等工作。

4.2 技术部：负责所有产品成本评估、打样。

4.3 各部门：支持和协助业务部和技术部的相关工作。

5.过程管理图

（本过程相关联的 ISO 9001&IATF 16949 条款：8.2.1/8.2.2/8.2.2.1/8.2.3）

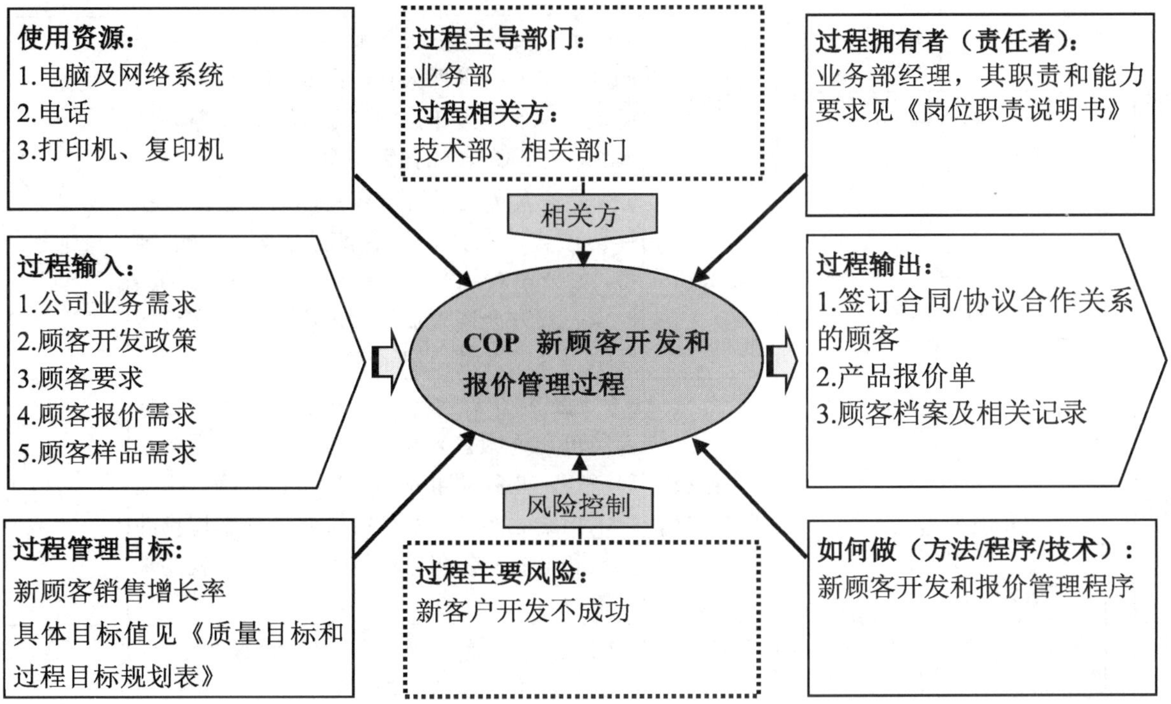

过程主要风险	对相关方的影响	应对风险的措施
新客户开发不成功	不能达成公司销售增长目标	（1）了解潜在顾客的市场地位、发展前景、主要生产产品； （2）了解顾客相关产品采购数量及价格，顾客现有供应商； （3）分析顾客供方规模和实力、供货业绩，同其相比单价、技术等优劣势，合理报价，发挥优势争取顾客份额； （4）邀请顾客考察我司工厂； （5）做好顾客接待和现场审核服务。

文件名称	新顾客开发和报价管理程序	文件编号：SQ-COP-01	版本：A
编制部门	业务部	编制日期：2019.12.9	页码：2/4

6.作业内容

序号	作业流程	权责部门/人	作业要求	参考文件/使用表单
6.1	潜在顾客信息收集	业务员	6.1 业务人员根据公司顾客开发战略和市场定位，通过网络、展销会、宣传广告、朋友介绍、顾客推荐等渠道主动搜集与公司产品相关的潜在顾客信息。	
6.2	潜在顾客分析	业务员	6.2 业务人员从顾客的行业地位、市场情景、产业特性、企业性质和规模、生产和销售情况、现有供应商情况等方面对搜集的顾客信息进行分析，筛选出潜在的重点顾客，并建立《潜在顾客资料表》。	《潜在顾客资料表》
6.3	确定目标顾客	业务员 业务经理	6.3 业务人员将分析结果向业务经理汇报，必要时和经理一起研究分析，然后确定目标顾客。	
6.4	联络顾客	业务员	6.4 业务人员设法联系顾客相关人员，如采购部人员、技术部人员、品管部人员等，尽可能联系到顾客的高管或部门主管等关键人物，了解顾客的详细信息。	
6.5	拜访顾客	业务员	6.5 业务人员在了解顾客具体需求后，设法拜访顾客，在拜访顾客前应做好充分的准备，如公司对外宣传资料、产品目录、时间、地点、双方会谈人员等，每次拜访顾客后均要填写《顾客拜访记录表》，以便后续跟踪。	《顾客拜访记录表》
6.6	顾客是否考察工厂 NG（→ 顾客报价需求） OK	业务员 相关部门	6.6 通过拜访顾客建立了初步的意向，业务人员可邀请顾客来我司考察。若顾客同意来厂考察，业务应事先向经理报告，确认后及时汇报给总经理，各部门做好资料和现场的安排和准备。顾客也可能不考察工厂就要求直接报价。	
6.7	顾客现场考察	业务员 相关部门	6.7.1 业务人员与顾客确认具体来厂考察时间、来访人员及考察的主要内容，并事先做好妥善安排。 6.7.2 来访当天，业务人员应充分做好接待工作，按顾客计划安排相关活动，展现公司水平和风貌。	
6.8	顾客报价需求	业务员	6.8 业务员接到顾客报价需求时，应充分了解顾客对质量、环保、包装、运输、服务等要求，并由业务员将所有顾客要求填写到《报价需求表》，然后交技术部。	《报价需求表》

文件名称	新顾客开发和报价管理程序	文件编号：SQ-COP-01	版本：A
编制部门	业务部	编制日期：2019.12.9	页码：3/4

<table>
<tr><th>序号</th><th>作业流程</th><th>权责
部门/人</th><th>作业要求</th><th>参考文件/
使用表单</th></tr>
<tr><td>6.9</td><td rowspan="8">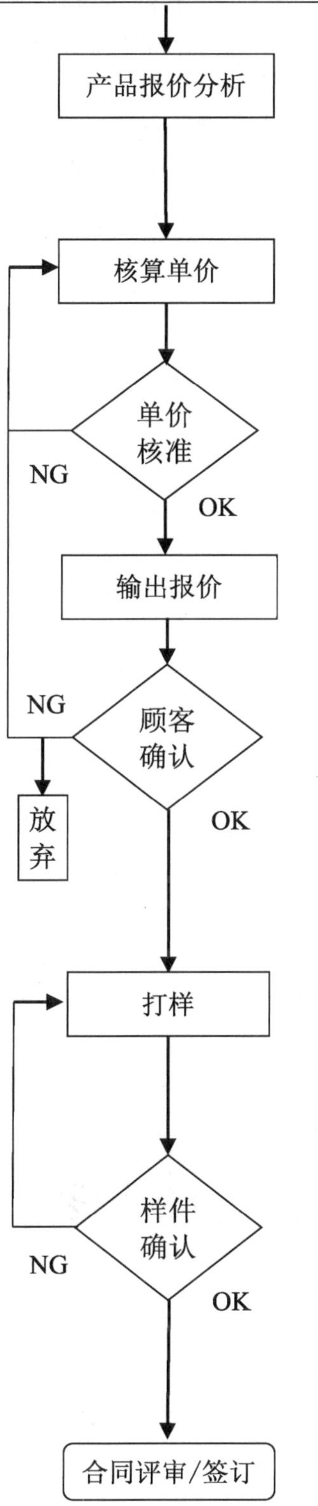
</td><td>技术部
业务部</td><td>6.9 技术部核价员根据业务部提供的《报价需求表》，进行材料核算、生产成本分析、包装及运输费用分析等，将各项费用分析结果填入《产品报价分析表》，确认无误后交给业务部。</td><td>《报价需求表》
《产品报价分析表》</td></tr>
<tr><td>6.10</td><td>业务部</td><td>6.10 业务部根据《产品报价分析表》结合公司的营运管理费用和利润等，核算产品单价并填写《报价单》。</td><td>《产品报价分析表》
《报价单》</td></tr>
<tr><td>6.11</td><td>业务经理
总经理</td><td>6.11 业务经理对业务人员输出的《报价单》进行审查和核准产品最终的报价。当产品单价低于公司利润点时，需向总经理报告，并由总经理核准。</td><td>《报价单》</td></tr>
<tr><td>6.12</td><td>业务部</td><td>6.12 业务部按顾客要求的格式提供《报价单》，若顾客没有要求，则按公司的《报价单》格式提供报价。</td><td>《报价单》</td></tr>
<tr><td>6.13</td><td>业务部</td><td>6.13 业务人员跟进顾客对报价的确认，若顾客议价，由业务人员与顾客协商，必要时再重新核算单价，按 6.10 条执行。若顾客给出的价格低于公司可接受的利润点则放弃。</td><td></td></tr>
<tr><td>6.14</td><td>业务部
技术部</td><td>6.14.1 接收顾客样品需求，如是旧品，有库存的在仓库领取；无库存的由业务开立《业务样品需求单》交技术部主导打样。
6.14.2 新产品由业务填写《新产品开发需求/评估单》申请开发，同时附上图档、技术规范、成本评估表等；技术部依《APQP 管理程序》实施，输出样品。</td><td>《业务样品需求单》
《新产品开发需求/评估表》
《APQP 管理程序》</td></tr>
<tr><td>6.15</td><td>技术部
业务部</td><td>6.15.1 技术部依据业务需求，制作首样检测报告、承认书等资料连同样品一起交予业务，由业务人员送样给顾客并追踪确认结果。
6.15.2 业务人员将顾客确认回签的首样检测报告、承认书等资料或样品等反馈给技术部。</td><td></td></tr>
<tr><td>6.16</td><td>业务部</td><td>6.16 在与顾客正式交易前，须双方签订合同或协议，业务部应认真阅读和分析顾客合同内容，并按附加说明 7.1 的要求进行评审，确保公司有能力满足顾客的要求。</td><td></td></tr>
</table>

文件名称	新顾客开发和报价管理程序	文件编号：SQ-COP-01	版本：A
编制部门	业务部	编制日期：2019.12.9	页码：4/4

7.附加说明

7.1 业务部在收到顾客合同或相关协议时需召集各相关部门进行合同评审，明确顾客的技术要求、质量要求、环保要求、包装及交付要求、顾客特定要求等，评审通过后需报总批准并盖章；顾客签认盖章后的原版合同/协议交财务部保存，业务部可保留复印件。

对于顾客特定要求的管理请参照质量手册的要求及《APQP 管理程序》执行。

7.2 业务人员通过顾客拜访或顾客考察工厂后仍没有提出报价和打样的顾客，应列入日常的重点跟踪顾客。对于已下样件单或批量单的顾客，要做好日常的跟踪服务，确保能及时满足顾客的质量和交期要求。

7.3 顾客对已确认的产品单价提出需要调低价格时，或因原材料价格上涨、人工成本上升等因素，导致我司需要向顾客提出调高产品价格时，由业务部重新填写《报价单》后依 6.10 开始执行。

8.参考文件

8.1 《APQP 管理程序》

9.使用表单

9.1 《潜在顾客资料表》

9.2 《顾客拜访记录表》

9.3 《报价需求表》

9.4 《产品报价分析表》

9.5 《报价单》

9.6 《业务样品需求单》

9.7 《新产品开发需求/评估表》

附表 SQ-39　**潜在顾客资料表**（参考格式）

序号	顾客名称	顾客地址	联系人	手机	邮箱	行业地位、市场情景、产业特性、企业性质和规模	顾客主要产品	现有供应商情况	其他

业务负责人：

附表 SQ-40	顾客拜访记录表（参考格式）		
业务人员		拜访日期	
顾客名称			
顾客地址			
企业性质		行业类别	
联系人		职位	
联系电话		邮箱地址	
主要访谈对象			
拜访目的			
顾客需求			
顾客反馈问题			
解决方式			
遗留问题			
后续行动计划			

附表 SQ-41	报价需求表（参考格式）				
顾客名称					
产品类别		产品名称		图号	
预计订单量：					

顾客要求内容：

A.顾客提供信息： □图纸 □标准或规范 □样品 □其他________

B.产品技术要求：

C.产品质量要求：

D.产品包装及标识要求：

E.送货地点：

F.其他要求：

G.要求报价日期：

业务人员： 业务经理： 日期：

<table>
<tr><td colspan="2">附表 SQ-42</td><td colspan="6">产品报价分析表（参考格式）</td></tr>
<tr><td colspan="8">顾客名称/代码：</td></tr>
<tr><td colspan="3">产品类型：</td><td colspan="2">产品名称：</td><td colspan="3">产品规格：</td></tr>
<tr><td colspan="8">一、材料成本评估</td></tr>
<tr><td>品名</td><td>规格</td><td>材质</td><td>用量</td><td>材料单价</td><td>材料费</td><td>运输成本</td><td>采购周期</td></tr>
<tr><td></td><td></td><td></td><td></td><td></td><td></td><td></td><td></td></tr>
<tr><td></td><td></td><td></td><td></td><td></td><td></td><td></td><td></td></tr>
<tr><td></td><td></td><td></td><td></td><td></td><td></td><td></td><td></td></tr>
<tr><td></td><td></td><td></td><td></td><td></td><td></td><td></td><td></td></tr>
<tr><td colspan="8">费用合计：</td></tr>
<tr><td colspan="8">二、外协成本评估</td></tr>
<tr><td>品名/工序</td><td>图号</td><td>外协加工费用</td><td>包装方式</td><td>包装成本</td><td>运输成本</td><td>加工周期</td><td>备注</td></tr>
<tr><td></td><td></td><td></td><td></td><td></td><td></td><td></td><td></td></tr>
<tr><td></td><td></td><td></td><td></td><td></td><td></td><td></td><td></td></tr>
<tr><td colspan="8">费用合计：</td></tr>
<tr><td colspan="8">三、生产成本评估</td></tr>
<tr><td>品名</td><td>加工工序</td><td>机器类别</td><td>夹/模具费用</td><td>加工工时</td><td>产能/小时</td><td>人工成本</td><td>耗材费用</td></tr>
<tr><td></td><td></td><td></td><td></td><td></td><td></td><td></td><td></td></tr>
<tr><td></td><td></td><td></td><td></td><td></td><td></td><td></td><td></td></tr>
<tr><td></td><td></td><td></td><td></td><td></td><td></td><td></td><td></td></tr>
<tr><td></td><td></td><td></td><td></td><td></td><td></td><td></td><td></td></tr>
<tr><td colspan="8">费用合计：</td></tr>
<tr><td colspan="8">四、包装及运输成本评估</td></tr>
<tr><td colspan="2">包装成本</td><td colspan="6"></td></tr>
<tr><td colspan="2">国内运输费用</td><td colspan="6"></td></tr>
<tr><td colspan="2">国际运输费用</td><td colspan="6"></td></tr>
<tr><td colspan="8">五、其他费用</td></tr>
<tr><td colspan="2"></td><td colspan="6"></td></tr>
<tr><td colspan="4">核价人：</td><td colspan="2">审核：</td><td colspan="2">日期：</td></tr>
</table>

文件范例【订单评审管理程序】

文件名称	订单评审管理程序	文件编号：SQ-COP-02	版本：A
编制部门	业务部	编制日期：2019.12.9	页码：1/3

1.目的

为确保公司能满足顾客订单要求，并能及时合理安排生产，故对顾客所下订单进行有效评审，特制定本程序。

2.适用范围

本程序仅适合于公司已生产产品的顾客订单的评审及订单更改控制。新产品的导入按《APQP 管理程序》进行产品和服务要求的评审和确定，并进行制造可行性评价。

3.术语和定义

无

4.职责

4.1 业务部：负责订单接收，发起订单评审，回复顾客，并跟进订单执行。

4.2 各部门：负责评审订单中与本部门相关的事项，并确定日期。

5.过程管理图

（本过程相关联的 ISO 9001&IATF 16949 条款：8.2.1/8.2.3/8.2.4）

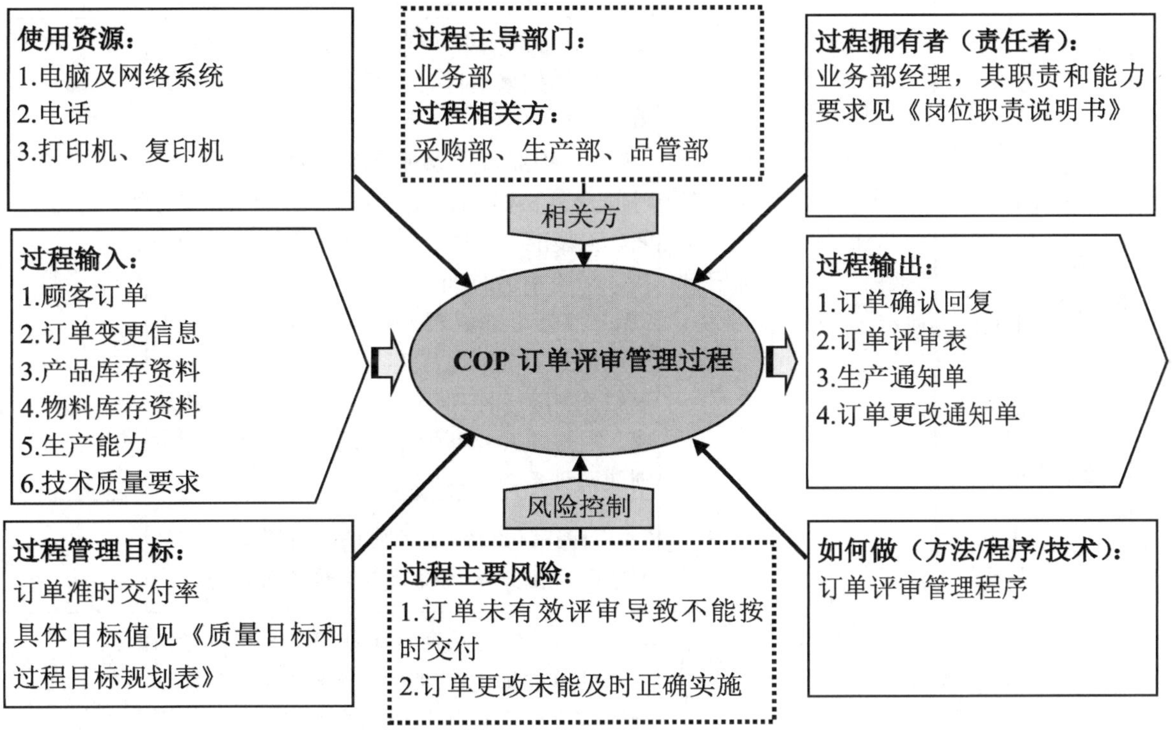

过程主要风险	对相关方的影响	应对风险的措施
1.订单未有效评审导致不能按时交付	订单不能按时交付，影响顾客生产，可能导致顾客索赔。	规定一个工作日内完成评审并回复顾客，由业务部在 ERP 系统开出《订单评审表》提交采购部、生产部、品管部进行各项评审和签核日期，确保满足顾客交期要求。
2.订单更改未能及时正确实施	导致错误生产或交付，顾客退货。	当确定变更时，由业务部开出《订单更改通知单》交技术部、采购部、生产部、品管部确认签核，业务部负责跟进是否按更改的要求实施。

文件名称	订单评审管理程序	文件编号：SQ-COP-02	版本：A
编制部门	业务部	编制日期：2019.12.9	页码：2/3

6.作业内容

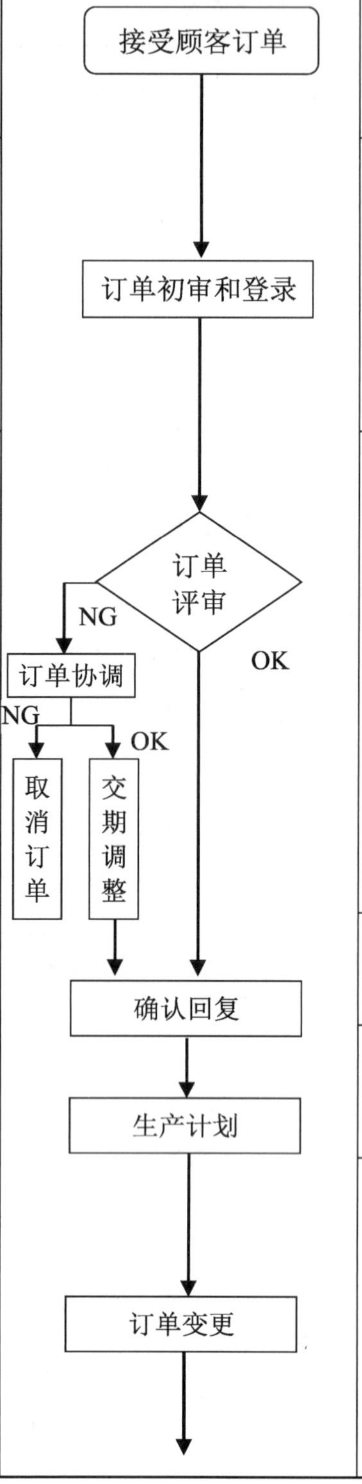

序号	作业流程	权责部门/人	作业要求	参考文件/使用表单
6.1	接受顾客订单	业务部跟单员	6.1.1 业务部跟单员负责通过电子网络系统接收顾客订单信息和技术资料，或通过传真接收书面纸质订单。 6.1.2 公司只接受电子或纸质的书面订单，不接受口头订单。	
6.2	订单初审和登录	业务部跟单员	6.2.1 跟单员收到顾客订单时应审查产品名称/规格、数量、单价、交货周期、交货地点及其他各项要求是否与合同/协议相符，有差异时，应及时与顾客沟通，不能达成一致的，向业务经理汇报处理。 6.2.2 跟单员将审查无误的订单输入 ERP 系统，并在系统中建立订单总览表。	
6.3	订单评审	跟单员 采购部 生产部 品管部 业务经理	6.3.1 业务部跟单员填写《订单评审表》按流程传递到采购部、生产部、品管部进行评审和签核。 6.3.2 采购部负责评审物料、刀具等的采购时间及外协时间；生产部评审生产所需时间、工装准备时间；品管部评审检具是否齐备、检验所需时间等。 6.3.3 《订单评审表》经各部门评审后，若评审结果不能满足顾客交期要求，由业务经理组织相关部门研究解决；若确实无法达成，则与顾客协商调整交期，若顾客不同意则取消订单。	《订单评审表》
6.4	确认回复	跟单员	6.4 当评审可以满足或协调后可以满足顾客要求时，由跟单员确认并书面回复顾客。	
6.5	生产计划	跟单员 生产部	6.5 跟单员根据顾客订单在 ERP 系统导出生产订单通知生产部，生产部按《生产计划管理程序》进行生产计划排程。	《生产计划管理程序》
6.6	订单变更	业务部	6.6.1 对已安排生产的订单，当顾客提出减少或取消订单时，业务部应先了解该订单的生产情况，要评估造成的损失，并向顾客协商处理。 6.6.2 当确定要变更时，业务部在 ERP 系统变更订单信息，并向生产部、采购部、品管部发出《订单更改通知单》，跟单员跟进是否按更改的要求实施。	《订单更改通知单》

文件名称	订单评审管理程序	文件编号：SQ-COP-02	版本：A
编制部门	业务部	编制日期：2019.12.9	页码：3/3

序号	作业流程	权责部门/人	作业要求	参考文件/使用表单
6.6	↓ 订单变更（续） ↓	业务部	6.6.3 顾客要求调整交期时，业务部应先和生产协调，了解实际生产情况及其他顾客订单交期，在可能情况下尽量满足顾客要求；若可行应及时回复顾客和通知生产部；若不可行，应向顾客说明原因。 6.6.4 如因本公司设备、人员或其他客观因素造成无法完成订单时，由业务部以书面或电话方式联络顾客，生产部调整生产排程表。	
6.7	订单跟进 ↓	业务跟单员 生产部生管员	6.7.1 跟单员依签订给顾客的交期排程跟进订单执行进度；当出现可能延误交付的情况时，应立即召集相关部门制定紧急措施，确保交付。 6.7.2 当不能按时交付时，跟单员应及时与顾客沟通，并召集相关部门分析原因，由责任单位制定纠正措施，生管跟踪、验证实施结果。	
6.8	产品交付	业务部	6.8 业务部按顾客订单交期在出货前与顾客确认交付事宜，具体按《产品交付管理程序》执行。	《产品交付管理程序》

7.附加说明

7.1 顾客对产品要求的更改

当顾客提出对产品进行更改时，按《变更管理程序》进行评审和实施，并按《图纸/技术文件控制程序》更新和发布相关文件。

7.2 制造可行性评价

7.2.1 对于新产品制造的可行性评价按《APQP 管理程序》执行。

7.2.2 针对任何更改过的制造过程或更改过的产品设计，按照《变更管理程序》进行制造可行性评价。必要时，可进行试生产运行，以确定制造过程是否是可行的，能够始终生产出符合顾客规定的全部工程和产能要求的产品。

8.参考文件

8.1 《APQP 管理程序》

8.2 《生产计划管理程序》

8.3 《产品交付管理程序》

8.4 《变更管理程序》

8.5 《图纸/技术文件控制程序》

9.使用表单

9.1 《订单评审表》

9.2 《订单更改通知单》

<table>
<tr><td colspan="2">附表 SQ-43</td><td colspan="6">订单评审表（参考格式）</td></tr>
<tr><td colspan="5">顾客名称/代号：</td><td colspan="3">评审日期：</td></tr>
<tr><td>序号</td><td>顾客订单号</td><td>产品名称/规格</td><td>单位</td><td>数量</td><td>顾客要求交期</td><td>确认交期</td><td>备注</td></tr>
<tr><td>1</td><td></td><td></td><td></td><td></td><td></td><td></td><td></td></tr>
<tr><td>2</td><td></td><td></td><td></td><td></td><td></td><td></td><td></td></tr>
<tr><td>3</td><td></td><td></td><td></td><td></td><td></td><td></td><td></td></tr>
<tr><td>4</td><td></td><td></td><td></td><td></td><td></td><td></td><td></td></tr>
<tr><td colspan="2">采购部
评审意见</td><td colspan="6">□可行　　物料采购回厂时间：
□不可行　原因：
评审人/日期：</td></tr>
<tr><td colspan="2">品管部
评审意见</td><td colspan="6">□可行　　检验完成日期：
□不可行　原因：
评审人/日期：</td></tr>
<tr><td colspan="2">生产部
评审意见</td><td colspan="6">□可行　　生产完成日期：
□不可行　原因：
评审人/日期：</td></tr>
<tr><td colspan="4">跟单员：</td><td colspan="4">业务主管：</td></tr>
</table>

<table>
<tr><td colspan="2">附表 SQ-44</td><td colspan="4">订单更改通知单（参考格式）</td></tr>
<tr><td>顾客名称/代码</td><td></td><td>订单号</td><td></td><td>订单数量</td><td></td></tr>
<tr><td colspan="6">顾客要求变更内容：</td></tr>
<tr><td colspan="6">订单是否已生产：</td></tr>
<tr><td colspan="6">□是，已生产产品处置方法：
□否，停止生产，按变更后要求执行：
□其他处理方式：</td></tr>
<tr><td>发放部门</td><td colspan="5">□生产部　　□品管部　　□采购部　　□物流部　　□技术部</td></tr>
<tr><td>跟单员</td><td></td><td>业务主管</td><td></td><td>通知日期</td><td></td></tr>
</table>

8.3 产品和服务的设计和开发

ISO 9001:2015，质量管理体系—要求

8.3.1 总则

组织应建立、实施和保持适当的设计和开发过程，以确保后续的产品和服务的提供。

IATF 16949:2016 的补充和特别要求

8.3.1.1 产品和服务的设计和开发—补充

ISO 9001 第 8.3.1 条的要求应适用于产品和制造过程的设计和开发，并且应着重于错误预防，而不是探测。

组织应对设计和开发过程形成文件。

【目的和意图】

本条款旨在确保组织建立、实施和保持设计和开发过程，以确保其产品满足要求。

条款 8.3.1.1 的补充是强调除了产品设计和开发外，还必须包括制造过程的设计和开发，因为在汽车行业中设计和开发过程的概念包括制造设计和开发，以便能够按顾客要求的速率生产出符合规范的产品。设计和开发过程必须形成文件，在产品设计和制造过程设计中应尽可能的应用防错方法。

产品是企业的生命，新产品开发是关系到企业生存和发展的关键问题，尤其在科学技术飞速发展的今天，产品的寿命周期大大缩短，更新换代速度加快，企业要想在竞争中立于不败之地，就必须不断地开发新产品。众所周知，设计和开发能力是企业最重要的核心竞争力之一，纵观国内外的知名企业，无不具备强大的产品开发创新能力。

对于没有产品设计责任的组织而言，可以不执行与产品设计和开发相关的要求，仅对其制造过程进行策划和设计。

ISO 9001:2015，质量管理体系—要求

8.3.2 设计和开发策划

在确定设计和开发的各个阶段和控制时，组织应考虑：

a）设计和开发活动的性质、持续时间和复杂程度；

b）所需的过程阶段，包括适用的设计和开发评审；

c）所需的设计和开发验证、确认活动；

d）设计和开发过程涉及的职责和权限；

e）产品和服务的设计和开发所需的内部、外部资源：

f）设计和开发过程参与人员之间接口的控制需求；

g）顾客及使用者参与设计和开发过程的需求；

h）对后续产品和服务提供的要求；

i）顾客和其他有关相关方所期望的对设计和开发过程的控制水平；

j）证实已经满足设计和开发要求所需的成文信息。

【目的和意图】

本条款旨在确保组织实施设计和开发策划，以确定所需的设计和开发活动以及任务。这些策划应包括考虑在第 6 章 6.1、6.2 条款和结合 8.1 条款中确定所需的措施，这些措施可能对策划活动的实施、资源需求以及岗位和职责的界定产生影响。

【理解和实施要点】

设计和开发策划是针对产品设计和制造过程设计的任务和活动进行计划，这一计划包括设计和开发各个阶段的活动，及可能产生影响的限制和风险、资源需求及对分工和职责的明确定义。

对于汽车行业，可根据顾客要求采用 AIAG 的 APQP 手册中给出的 5 个阶段，也可以采用德国 VDA-RGA 手册“供应链中的共同质量管理—新零件成熟度保障（MLA）”的 8 个阶段，分别如下：

APQP 的 5 个阶段：

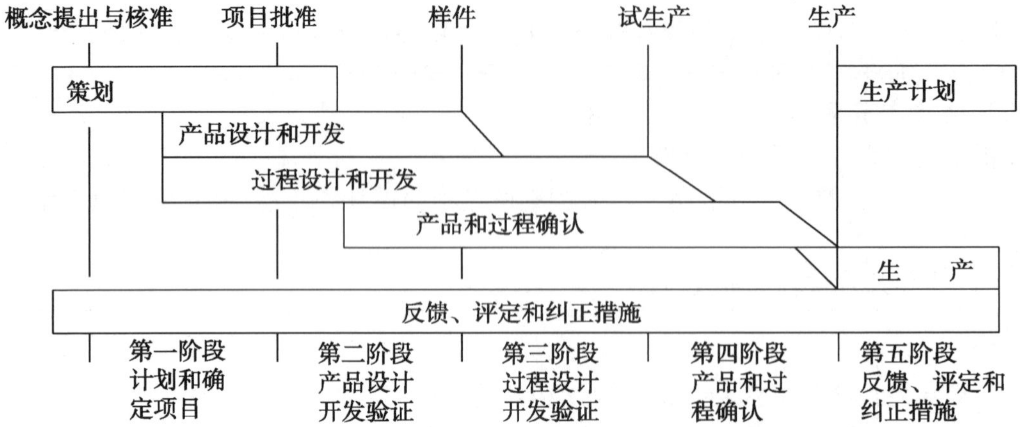

计划和确定项目

输入：
1.顾客的呼声
2.业务计划/营销策略
3.产品/过程标杆数据
4.产品/过程设想
5.产品可靠性研究
6.顾客输入

输出：
1.设计目标
2.可靠性和质量目标
3.初始材料清单
4.初始过程流程图
5.产品和过程特殊性的初始清单
6.产品保证计划
7.管理者支持

产品设计和开发

设计部门输出：
1.DFMEA
2.可制造性和装配设计
3.设计验证
4.设计评审
5.样件制造—控制计划
6.工程图样
7.工程规范
8.材料规范
9.图样和规范更改

小组输出：
10.新设备、工装和设施要求
11.产品和过程特殊特性
12.样件控制计划
13.量具/试验设备要求
14.小组可行性承诺和管理者支持

过程设计和开发

输出：
1.包装标准和规范
2.产品/过程质量体系评审
3.过程流程图
4.车间平面布置图
5.PFMEA
6.试生产控制计划
7.过程指导书
8.测量系统分析计划
9.初始过程能力研究计划
10.管理者支持

产品和过程确认

输出：
1.试生产
2.测量系统评价
3.初始过程能力研究
4.生产件批准
5.生产确认试验
6.包装评价
7.生产控制计划
8.质量策划认定和管理者支持

反馈、评定和纠正措施

输出：
1.减少变差
2.降低成本
3.改进交付和服务
4.增进客户满意

VDA-RGA 新零件成熟度保障（MLA）的 8 个阶段：

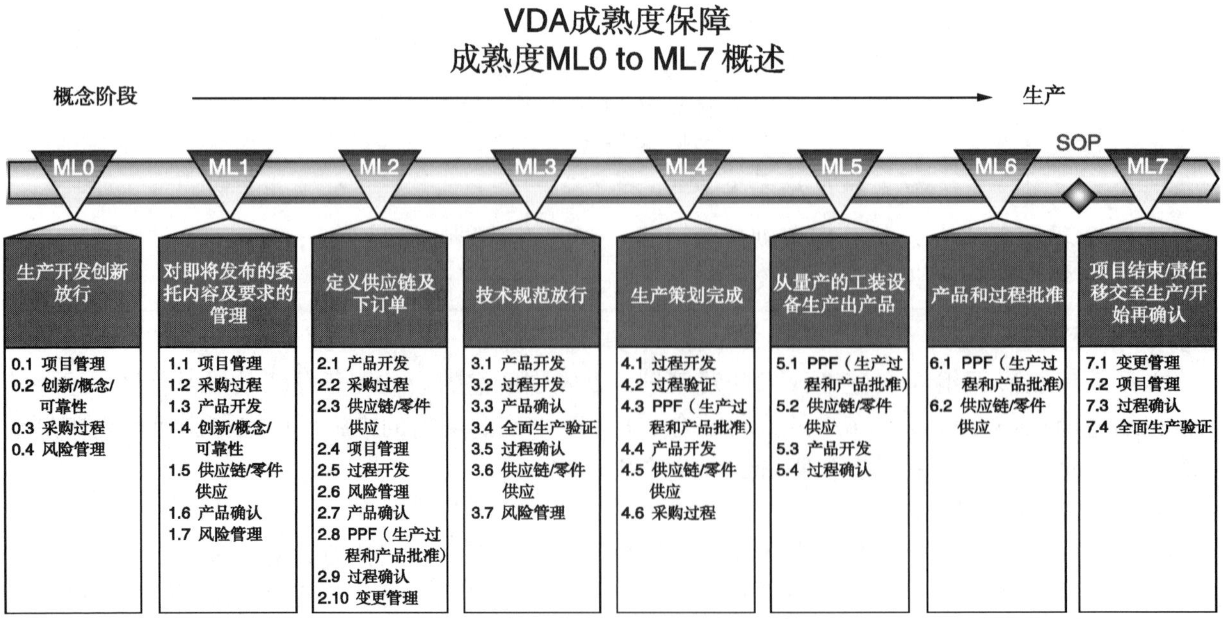

本条款的要求提供了在设计和开发策划时必须考虑的关键因素，包括：

a）设计和开发活动的性质、持续时间和复杂程度；

——考虑设计和开发是全新的设计还是现有产品的改进设计，产品的目标用户和范围，以及其复杂程度（如单个零部件设计可能相对简单，系统组件及整车设计就比较复杂）和开发时间限制（如顾客要求的供货时间，企业自己设定的目标时间）等因素。

b）所需的过程阶段，包括适用的设计和开发评审；

——确定设计和开发所必需的阶段，如采用上述 APQP 的 5 个阶段或 VDA-MLA 定义的 ML0 到 ML7；若顾客没有提出要求，组织也可自己定义如市场调研和立项，概念设计、详细设计、样件试作、试验和验证、设计评审、制造设计、试生产、量产等。

c）所需的设计和开发验证、确认活动；

——确定设计开发各阶段所需实施的试验、验证和确认活动，以确保各阶段的输出满足输入的要求，并使产品满足规定用途或预期用途。

d）设计和开发过程涉及的职责和权限；

——明确设计和开发活动从事设计和开发的人员涉及的必要的职责和权限。

e）产品和服务的设计和开发所需的内部、外部资源；

——确定需要的内部和外部资源（例如：组织知识、设备、技术、能力要求、顾客或供应商的支持、提供技术信息的标准/规范等）。

f）设计和开发过程参与人员之间接口的控制需求；

——确定参与设计和开发过程的人员之间的接口控制，包括组织接口和技术接口。

组织接口是指各职能部门的相关人员为完成新产品开发任务之间的工作关系。这些关系可能涉及：

- 职责与权限的划分；
- 需要传递的信息与数据；
- 协调、配合、反馈。

技术接口是指基于产品开发不同技术层面进行的交流和配合，包括时间进度和技术上的配合（如硬件设计和软件设计人员之间的技术配合）。

g）顾客及使用者参与设计和开发过程的需求；

——确定顾客和用户在设计和开发活动中可能的参与（例如：顾客调研、顾客参与评审或确认，或消费者体验）。

h）对后续产品和服务提供的要求；

——为后续“8.5 产品和服务提供”的支持（如图纸、工程规范、控制措施、接收准则）和售后活动需求。

i）顾客和其他有关相关方所期望的对设计和开发过程的控制水平；

——有些顾客对组织的设计和开发过程的控制水平有提出要求，如德系汽车顾客要求按“新零件成熟度保障（MLA）”确定各阶段的成熟度状态和风险等级评价；如果顾客有提出控制要求，则组织应使用这些方法和措施；如果顾客未确定明确的控制措施，组织宜根据产品和服务的性质确定必要的控制措施。

j）证实已经满足设计和开发要求所需的成文信息。

——确定所需的文件化信息，以证实是否已满足设计和开发要求，以及在评审、验证和确认阶段过程是否得到适当实施；所需的文件诸如设计和开发计划、会议纪要、测试报告、设计评审记录、产品图纸、工程规范、工艺流程图、作业指导书等。

IATF 16949:2016 的补充和特别要求

8.3.2.1 设计和开发策划—补充

组织应确保设计和开发策划涵盖组织内部所有受影响的利益相关者及其（适当的）供应链。使用多方论证方法的方面包括但不限于：

a）项目管理（例如：APQP 或 VDA-RGA）；

b）产品和制造过程设计活动（如：DFM 和 DFA），例如：考虑使用替代的设计和制造过程；

c）产品设计风险分析（FMEA）的开发和评审，包括降低潜在风险的措施；

d）制造过程风险分析（如：FMEA、过程流程、控制计划和标准的工作指导书）的开发和评审。

注：多方论证方法通常包括组织的设计、制造、工程、质量、生产、采购、供应、维护和其他适当职能。

【目的和意图】

IATF 补充此条款在于明确什么时候使用多方论证法以及将涉及谁。特别是，必须包括所有组织内受影响的利益相关方，适用时包括组织的供应链。

【理解和实施要点】

多方论证方法，也叫跨功能方法，是组织为完成一项任务或活动而进行商议，试图把所有相关的知识和技能的职能集中考虑进行决策的团队活动。

——多方论证方法通常可由以下人员组成：

a）组织内的设计、制造、工程、质量、生产、维护、采购和其他适当的人员；

b）顾客的采购、工程、质量人员等；

c）供应商的代表，如业务、工程、质量等人员。

——多方论证小组应在设计开发的最初阶段成立，并根据需要在适当的时机开展活动，包括但不限于：

a）参与整个项目管理过程；如按 APQP 或 VDA-RGA 展开各阶段的活动；

b）参与产品和制造过程设计活动，如可制造设计（DFM）和可装配设计（DFA）；并考虑使用替代的设计和制造过程；

c）产品设计潜在失效模式和后果分析（FMEA）的开发和评审，包括采取措施，优先解决风险高的潜在失效模式；

d）制造过程风险分析（如：FMEA、过程流程、控制计划和工作指导书）的开发和评审。

多方论证小组参加的活动可以在诸如 APQP 计划或项目计划中作出安排。

IATF 16949:2016 的补充和特别要求

8.3.2.2 产品设计技能

组织应确保负有产品设计职责的人员有能力达成设计要求，并具备适用的产品设计工具和技术技能。适合的工具和技术应得到组织的识别。

注：基于数学的数字化数据的应用便是一种产品设计技能。

【目的和意图】

IATF 补充此条款旨在确保组织负有产品设计职责的人员有能力达成设计要求，并具备适用的产品设计工具和技术技能。

【理解和实施要点】

完成设计任务的质量和效率有赖于设计人员的能力，产品设计技能所适用的工具和技术可以考虑以下：

- 几何尺寸和公差（GD&T）；
- 质量功能展开（QFD）；
- 可制造设计/装配设计（DFM 和 DFA）；
- 价值工程（VE）；
- 实验设计（DOE）；
- 失效模式及后果分析（DFMEA/PFMEA）；
- 计算机辅助设计（CAD）/计算机辅助工程（CAE）；
- 先期产品质量策划和控制计划（APQP&CP）；
- 生产件批准程序（PPAP）。

以上工具和技术不是每个设计人员都必须全部掌握，而是根据设计人员所承担的任务去识别和确定，此项要求可以在人力资源管理过程中作出规定，并在相应岗位职责说明书中明确。

IATF 16949:2016 的补充和特别要求

8.3.2.3 带有嵌入式软件的产品的开发

组织应有一个质量保证过程，用于其带有内部开发的嵌入式软件的产品。应采用软件开发评估方法来评估组织的软件开发过程。组织应按照风险和对顾客潜在影响的优先级，为软件开发能力自评估保留成文信息。

组织应将软件开发纳入其内部审核方案的范围（见第 9.2.2.1 条）。

【目的和意图】

这是 IATF 新增的条款，旨在确保组织对带有内部开发的嵌入式软件的产品使用一个质量保证过程，并且有一个适当的评估方法来评估他们的软件开发过程。如果组织不存在带有嵌入式软件的产品，那么本条款的要求可以忽略。

【理解和实施要点】

1.嵌入式软件的定义

IATF 16949:2016-认可解释（SI-15）对 “嵌入式软件”的定义作了说明，原文如下：

编号	IATF 16949 参考	认可解释
15	3.1 汽车工业的术语和定义	嵌入式软件 嵌入式软件是存储在客户指定的汽车部件（通常是计算机芯片或其他非易失性存储器)中，或作为系统设计的一部分来控制其功能的专门程序。为了符合 IATF 16949 认证的范围，由嵌入式软件控制的部件必须为汽车应用而研发(即客车、轻型商用车、重型卡车、客车以及摩托车;参见《获得并保持 IATF 认可的规则》，第 5 版，第 1.0 节 IATF 16949 认证资格，以符合“汽车”资格）。 注:用于控制制造过程的任何方面的软件(如用于制造部件或材料的机器)不包括在嵌入式软件的定义中。

对于上述定义的几个关注点：

a）嵌入式软件是存储在顾客指定的汽车部件中（如存储于芯片中），或作为系统设计的一部分来控制其功能的专门程序（如导航系统软件）；

b）由嵌入式软件控制的部件必须为汽车应用而研发（用在非汽车产品上则不属于该范围）；

c）用于汽车产品生产制造过程的任何方面的软件（如用于生产设备上的软件）不包括在嵌入式软件的定义范围内。

2.带有嵌入式软件的产品的开发过程

带有嵌入式软件的产品的开发，包括硬件的开发和软件的开发。如下图所示：

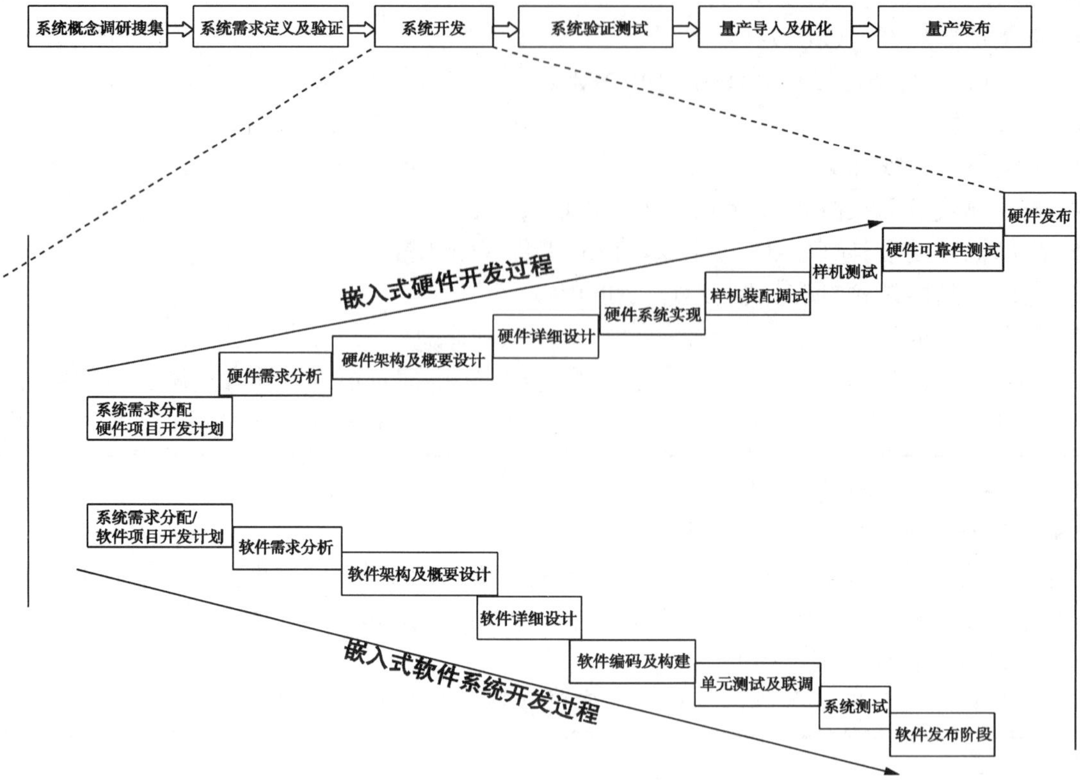

3.嵌入式软件质量保证要求

嵌入式软件的质量保证可参照“GB/T 28172—2011 嵌入式软件质量保证要求”去策划和实施，针对嵌入式软件开发及管理的特点，标准将嵌入式软件开发过程划分为如下 8 个阶段：

a）嵌入式软件系统需求分配阶段；

b）嵌入式软件需求分析阶段；

c）嵌入式软件架构及概要设计阶段；

d）嵌入式软件详细设计阶段；

e）嵌入式软件编码及构建阶段；

f）嵌入式软件单元测试及联调阶段；

g）嵌入式软件系统测试阶段；

h）嵌入式软件发布阶段。

4.嵌入式软件的评估方法

IATF 16949 标准附录 B 参考书目中提供了软件过程评估的两种方法：软件能力成熟度模型集成（CMMI）和汽车 SPICE（软件过程改进和能力测定）。两种方法简单介绍如下：

（1）软件能力成熟度模型集成（CMMI）

a）CMM 是 Capability Maturity Model 的缩写形式，是美国国防部委托 CMU-SEI（卡耐基梅隆大学的软件工程协会）开发的一套标准，用以对软件承包商的开发能力进行评估。

20 世纪 90 年代末，SEI 组织开发了 CMMI（Capability Maturity Model Integration），CMMI 是以 3 个基本成熟度模型为基础综合生成的，分别是面向软件开发的 SW-CMM（Software-CMM）、面向系统工程的 SE-CMM（System Engineering-CMM）以及面向并行工程的 IPD-CMM（Integrated Product Development-CMM）。基于企业会将系统或产品的某些部分采用外购或协同开发模式进行的考虑，SEI 又将外购成熟度模型 SA-CMM（Supplier Sourcing-CMM）作为 CMMI 的第 4 个模型源。其中 Integration 的用意是解决现有不同 CMM 模型的重复性、复杂性问题，并对 CMM 家族标准进行统一。CMMI 将 SW-CMM、SE-CMM 及 IPD-CMM 集成为一体，同时，还与 ISO/ IEC 15504（软件过程改进和能力测定—SPICE）相兼容。从内容组织上看，

CMMI 更适合有志于改进过程的企业根据自身情况定制改进方案。

CMMI 当前使用的版本是 2.0 版。CMMI 2.0 版本是一个全球公认的软件、产品和系统开发最佳实践过程改进模型，能够帮助组织提升绩效。

CMMI 模型由一系列的 PA（过程域）组成，这些 PA 构成了集成能力模型的核心，为企业提供了软件工程、系统工程、集成产品及过程开发方面的过程改进框架和指南。在 CMMI 中，软件组织可以按照两种模型改进自己的软件开发过程——连续的和阶段性的模型。

据 SEI 统计，通过 CMMI 认证并切实实施 CMMI 管理模式的软件公司对项目的估计与控制能力提升 40%～50%；生产率提高 10%～20%，软件产品出错率下降超过 1/3。

b）CMMI 的目标是建立一个超脱于软件产品类型和组织结构的软件管理框架。

- 描述要达到某个过程成熟度等级所要求的软件实践；
- 为软件过程的有序进行及一致性评价提供基础；
- 为过程的持续改进提供一个路标；
- 为组织的过程能力的度量定义一种尺度。

c）软件过程能力成熟度等级。

CMMI 将企业的软件过程按照成熟度划分为 5 个等级，过程的成熟度越高，等级越高，企业的能力越强。CMMI 的实施可以有两种方法来完成：一种是连续型，另一种是阶段型，被评估企业结合自身实际选择不同的实施方法。

软件过程能力成熟度的 5 个等级的关键特征是：

①初始级。企业的项目开发过程始终处于黑盒状态，项目经常失控，对于关键开发人员的依赖性极大，项目组也始终处于一种救火式的状态。成功来源于个人英雄主义而非机构行为，因此它不可重复，更换人员后，成功便难以维持。

②管理级。明确了基本的项目管理和控制；对特定的项目，建立了管理该项目的策略，以及实现这些策略的过程；新项目的计划和管理，基于类似项目经验；过程能力主要通过管理单个项目的过程来得到提高和增强；不同的项目可有不同的软件过程。

管理级包含 7 个过程域：

- 配置管理；
- 过程和产品质量保证；
- 供应商合同管理；
- 项目监控和控制；
- 项目计划；
- 需求管理；
- 测量和分析。

③已定义级。软件过程已被提升成标准化过程，从而更加具有稳定性、重复性和可控性；工程活动和管理活动，集成为一个有机的整体；软件工程组（SEPG）专门负责订立机构的标准软件过程；标准的软件过程结合具体项目的特点，经过裁剪形成项目的过程；时间、成本和实现功能均可跟踪和控制，产品的质量得到保证。企业由项目组级管理机制转向组织级管理机制，组织内的每一个项目组都遵循组织级开发过程进行开发工作。

定义级包含 13 个过程域：

- 群组集成；
- 产品集成；
- 集成项目管理；
- 组织培训；
- 组织过程定义；
- 组织过程重点；

- 需求开发；
- 技术解决方案；
- 验证；
- 确认；
- 风险管理；
- 决策分析和解决；
- 组织环境的集成。

④量化管理级。定量、可预测、异常控制和高质量；软件的过程和产品，有定量的质量指标；产品和生产过程的控制具有可预测性。

量化管理级包含 2 个过程域：

- 项目定量管理；
- 组织过程性能。

⑤优化管理级。机构集中于持续的过程改进。

优化管理级包含 2 个过程域：

- 组织革新和实施；
- 原因分析和解决。

（2）汽车 SPICE（软件过程改进和能力测定）

SPICE（Software Process Improvement and Capability Determination），软件过程改进和能力测定。它是由国际标准化组织 ISO、国际电工委员会 IEC、信息技术委员会 JTC1 制定的国际标准 ISO/IEC15504，又称 SPICE。

基于 SPICE，各行业/领域衍生出了自己的标准，包括：

- Automotive SPICE—汽车行业
- Medi SPICE—医疗设备行业
- S4S-SPICE for SPACE—航天行业

因此，Automotive SPICE，全称 Automotive Software process improvement and capability determination，汽车软件过程改进和能力测定。它是车载软件开发的过程标准，用于欧洲整车厂对供应商进行软件过程评估。

Automotive SPICE 能力等级分为 0～5 共 6 个能力等级，分别是：不完全流程、已执行流程、已管理流程、已确立流程、可预测流程，最适合流程，如下所示：

Level 0: ***Incomplete process*** ***不完全流程***	*The process is not implemented, or fails to achieve its process purpose.* *过程没有执行，或没能满足过程目标*
Level 1: ***Performed process*** ***已执行流程***	*The implemented process achieves its process purpose* 执行的过程满足过程目标
Level 2: ***Managed process*** 已管理流程	*The previously described performed process is now implemented in a managed fashion (planned, monitored and adjusted) and its work products are appropriately established, controlled and maintained.* *提前策划的流程当前以受管理的方式在执行，并且其工作产物能够被适当的确立、控制和维持。*
Level 3: ***Established process*** ***已确立流程***	*The previously described managed process is now implemented using a defined process that is capable of achieving its process outcomes.* *提前策划的管理过程通过使用一个已定义的过程在执行。这个过程是能够满足过程结果的。*
Level 4: ***Predictable process*** 可预测流程	*The previously described established process now operates predictively within defined limits to achieve its process outcomes. Quantitative management needs are identified, measurement data are collected and analyzed to identify assignable causes of variation. Corrective action is taken to address assignable causes of variation.*
Level 5: ***Innovating process*** ***最适合流程***	*The previously described predictable process is now continually improved to respond to organizational change.*

具体请参考 VDA Automotive SPICE Version 3.0—汽车软件过程改进与能力测定。

5. IATF 关于嵌入式软件评估方法的问题解答

IATF 16949:2016—常见问题解答（FAQ-15）针对嵌入式软件评估的问题作了解答，内容如下：

编号	IATF 16949 参照	问题和答案
15	**8.3.2.3 带有嵌入式软件的产品的开发**	**问题：** 评估供应商软件开发能力的可接受方法是什么？ **解答：** ——IATF 16949 第 8.3.2.3 条款的目的是对软件的开发应用与硬件部件的开发相同的严格程度。就像部件一样，软件定义了性能、操作条件、已知输入、指定输出、环境参数（例如文件的大小）、法规要求（如果有的话）、已知的失效模式、使用模式、操作条件的可变性等。 ——软件开发中的计划、设计、编写、测试、确认和生产验证阶段与硬件部件开发中的这些概念并没有太大的不同。IATF 16949 提供了一个健全的框架来验证是否已经采取了所有必要的步骤来设计、验证和生产在大量生产中继续满足规范的硬件部件。虽然在概念上类似，但这些步骤对于软件的开发是不一样的。因此，要使用一组不同的标准来评估用于开发软件的方法。 ——这些标准并没有包括在 IATF16949 内。因此，其他的方法也可供参考，例如 Automotive SPICE 和 CMMI。可能还有顾客确定的其他可接受的方法。每个顾客可能有一个首选的工具来评估供应商软件开发能力。组织应该要求他们的顾客确认可接受的评估工具。每个顾客还可以指定使用不同的方法（例如：顾客现场评估，供应商自我评估，或者两者的结合）。 ——IATF 16949 内部或外部审核员不需要具备进行 Automotive SPICE 或 CMMI 评估的知识。然而，内部或外部审核员应该足够熟悉评估，以便能够识别当软件评估需求未得到满足时，有适当的资源支持的纠正行动计划。IATF 16949 内部和外部审核员也应该知道顾客是否参与了软件开发评估，以及是如何记录这些评估的。

针对上面一大段话，画一下重点：

a）软件开发和硬件开发的步骤含义是不同的，要使用一组不同的标准来评估用于开发软件的方法，但 IATF 16949 中并未包括评估的方法；

b）推荐使用汽车 SPICE 或 CMMI，具体用哪种，与顾客确认可接受的评估方法；

c）每个顾客还可以指定使用不同的方法（例如：顾客现场评估、供应商自我评估，或两者的组合）；

d）IATF 16949 内部或外部审核员并不要求具备进行汽车 SPICE 或 CMMI 评估的知识，但如果承担审核嵌入式软件产品的开发过程，就必须熟悉组织所应用的评估方法；

e）内部和外部审核员应了解组织的顾客是否参与了该软件开发评估，以及是如何记录这些评估结果的。

ISO 9001:2015，质量管理体系—要求

8.3.3 设计和开发输入

组织应针对所设计和开发的具体类型的产品和服务，确定必需的要求。组织应考虑：

a）功能和性能要求；

b）来源于以前类似设计和开发活动的信息；

c）法律法规要求；

d）组织承诺实施的标准或行业规范；

e）由产品和服务性质所导致的潜在的失效后果。

针对设计和开发的目的，输入应是充分和适宜的，且应完整、清楚。

相互矛盾的设计和开发输入应得到解决。

组织应保留有关设计和开发输入的成文信息。

IATF 16949:2016 的补充和特别要求

8.3.3.1 产品设计输入

组织应对作为合同评审结果的产品设计输入要求进行识别、形成文件并进行评审。产品设计输入要求包括但不限于：

a）产品规范，包括但不限于特殊特性（见第 8.3.3.3 条）；

b）边界和对接要求；

c）标识、可追溯性和包装；

d）对设计的替代选择的考虑；

e）对输入要求风险的评估，以及对组织缓解/管理风险（包括来自可行性分析的风险）的能力的评估。

f）产品要求符合性的目标，包括防护、可靠性、耐久性、可服务性、健康、安全、环境、开发时程安排和成本等方面；

g）顾客确定的目的国（如有提供）的适用法律法规要求；

h）嵌入式软件要求。

组织应有一个过程，将从以前的设计项目、竞争产品分析（标杆）、供应商反馈、内部输入、使用现场数据和其他相关资源中获取的信息，推广应用于当前和未来相似性质的项目。

注：使用权衡曲线是考虑设计的替代选择的一种方法。

【目的和意图】

8.3.3 和 8.3.3.1 都是为了明确产品设计和开发必需的输入要求，确保产品设计输入是充分、适宜、完整、清楚的，以便开发的产品能满足顾客和适用的法律法规要求。

【理解和实施要点】

ISO 9001 的 8.3.3 和 IATF 16949 的 8.3.3.1 这两个条款应结合起来理解，8.3.3 条款是对产品和服务的设计开发输入的通用要求，8.3.3.1 条款是针对汽车产品设计输入的具体要求，更加明确和细化。

使用权衡曲线进行设计替代选择的方法请参考第二章术语和定义“权衡曲线”的说明。

产品设计输入的信息来源（包括但不限于）：

a）顾客产品要求和技术规范；（见 8.1.1a 条款）

b）合同评审结果；（见 8.2.3 条款）

c）生产地政府、安全和环境法规；

d）顾客确定的目的国法律法规；

e）以前类似设计项目信息；

f）竞争产品或标杆分析；

g）顾客使用现场数据，包括外部失效分析；（见 6.1.2.1 条款）

h）内部类似产品质量数据，包括内部失效分析；（见 6.1.2.1 条款）

i）供应商反馈信息；

j）国际/国家/行业标准或规范；

k）其他，如行业协会、学术刊物、展会获取的信息。

产品设计输入应确定的内容（包括但不限于）：

a）产品规范，包括功能、性能、特殊特性等；

b）产品的边界和与顾客产品的对接；

c）必须遵守的健康、安全和环境法规（包括材料、存储、搬运、回收、再利用、销毁或废弃的法律法规）；

d）标识、可追溯性和包装的要求；

e）产品要求符合性的目标，包括防护、可靠性、耐久性、可服务性、健康、安全、环境、开发时程安排和成本等方面；

f）可替代的设计选择方案；

g）嵌入式软件的要求，若有；

h）内部和外部失效模式；（见条款 6.1.2.1 风险分析）

i）组织自己规定的要求。

对设计输入的要求：

- 设计输入评审
- 形成文件
- 充分的
- 适用的
- 完整的
- 清楚的
- 无相互矛盾的

IATF 16949:2016 的补充和特别要求

8.3.3.2 制造过程设计输入

组织应对制造过程设计输入要求进行识别、形成文件并进行评审，包括但不限于：

a）产品设计输出的数据，包括特殊特性；

b）生产力、过程能力、时程安排及成本的目标；

c）制造技术替代选择；

d）顾客要求，如有：

e）以往的开发经验；

f）新材料；

g）产品搬运和人体工学要求；以及

h）制造设计和装配设计。

制造过程设计应包括，针对问题适当的重要性程度，和所遭遇到风险相称的程度来使用防错方法。

【目的和意图】

本条款的目的旨在明确制造过程设计必需的输入要求，以使制造过程设计有充分的信息支持，并考虑精益制造原则以及适当使用防错方法。

【理解和实施要点】

制造过程设计输入，是制造过程设计的依据，直接影响到是否能够并具有能力生产出满足顾客要求的产品和交付，因此，应进行评审并形成文件。

——制造过程设计输入包括：

a）来自产品设计输出的数据，如零件图、成品图、材料规范与材料清单、特殊特性、产品规范、样品、包装规范、设计 FMEA、样件控制计划等；

b）生产力的要求，如每小时产能、日产能、月产能；

c）过程能力（如 PPK 值、CPK 值）；

d）时程安排，如顾客要求首批交付时间；

e）成本目标，基于顾客价格和公司利润平衡点的制造成本考虑；

f）可替代的制造技术选择，如手工、半自动、全自动、人工智能设备；

j）顾客要求（如果有的话），如顾客指定过程特殊特性，过程能力 CPK 值或 PPM 值；

h）以往的类似制造过程的开发经验应用到新的制造过程；

i）供应链中的新材料可能被用来提高生产效率和制造过程能力；

j）结合产品的可制造设计和装配设计进行制造过程设计；

k）考虑产品搬运和人体工学要求，尽可能减少搬运，使作业便利和简易化，减低人的疲劳。

制造过程的设计应由负责制造工程的人员或小组来主导，必要时组织多方论证小组研讨。

IATF 16949:2016 的补充和特别要求

8.3.3.3 特殊特性

组织应采用多方论证方法来建立、形成文件并实施用于识别特殊特性的过程，包括顾客确定的以及组织风险分析所确定的特殊特性，应包括：

a）将所有特殊特性记录进图纸（按要求）、风险分析（例如 FMEA）、控制计划和标准的工作/操作说明书；特殊特性用特定的标记进行标识，并且贯穿这些文件中的每一个；

b）为产品和生产过程的特殊特性开发控制和监视策略；

c）顾客规定的批准，如有要求；

d）遵守顾客规定的定义和符号或组织的等效符号或标记，如符号转换表所示。如有要求，应向顾客提交符号转换表。

针对本条款 IATF 16949:2016—认可解释（SI-6）进行了修订和澄清，内容如下：

编号	IATF 16949 参照	认可解释
6	8.3.3.3 **特殊特性**	组织应采用多方论证方法来建立、形成文件并实施用于识别特殊特性的过程，包括顾客确定的以及组织风险分析所确定的特殊特性，应包括： a）将~~**所有**~~特殊特性记录进**产品和/或生产文件**~~**图纸**~~（按要求）、**相关**风险分析（例如**过程** FMEA）、控制计划和标准的工作/操作说明书；特殊特性用特定的标记进行标识，并且贯穿这些文件中的每一个；并且~~**贯穿这些文件中的每一个**~~；**记录在为创造或控制这些特殊特性所需的制造文件中** ***改变的原理：*** *明确将特殊特性记录在产品和/或制造图纸中。*

【目的和意图】

本条款的目的旨在确保组织建立、形成文件并实施对特殊特性的控制，包括顾客确定的以及组织风险分析所确定的特殊特性。

【理解和实施要点】

——本标准定义特殊特性为：

可能影响安全性或产品法规符合性、可装配性、功能、性能、要求或产品的后续处理的产品特性或制造过程参数。所以，特殊特性包括产品特性和过程参数或过程因素。

——产品特性：

是指在图纸或其他的工程技术资料中所描述的零件、部件或总成的特性，如尺寸、材质、外观、性能等，是产品固有的特性。

——过程特性：

是指与被识别产品特性具有因果关系的过程变量，包括过程因素（人、机、料、法、环）和过程参数。对于每一个产品特性，可能受一个或多个过程特性的影响；另外，一个过程特性可能影响到多个产品特性。

——组织应通过多方论证方法来识别和确定特殊特性，包括顾客指定的特殊特性和组织根据风险分析所确定的特殊特性。通常做法是建立特殊特性清单并规定控制的措施。

——特殊特性是制造过程监视和测量的重点，控制要求可包括：

a）将特殊特性记录进产品和/或制造文件（按要求）、相关风险分析（例如过程 FMEA）、控制计划和标准的工作/操作说明书；特殊特性用特定的标记进行标识，记录在制造文件中，显示这些特殊特性的创建或所需的控制；

b）为产品和生产过程的特殊特性开发控制和监视策略；

对特殊特性的控制策略是指检验、测量、试验、防错的方法和频率以及所用的检测仪器设备，监视策略是指对某个特性波动的范围和趋势的监视方法，比如控制图法。

对于计量值特殊特性的控制应使用适合的控制图，减少变异，并达到要求的 PPK 或 CPK 值。特殊特性是质量活动过程中的一个关注焦点，也是持续改进的一个关注点。

c）顾客规定的批准，如有要求；

如果顾客有规定对特殊特性清单及控制方法需要提交顾客批准的话，则需经顾客批准。若顾客没有规定，就不用提交顾客批准。

d）遵守顾客规定的定义和符号或组织的等效符号或标记，如符号转换表所示。如有要求，应向顾客提交符号转换表。

如果顾客指定了特殊特性的符号，应使用顾客的特殊特性符号。如果使用组织的等效符号，应加以定义或说明，并有一个等效符号的转换表。当顾客要求时，向顾客提交转换表。

【实施建议和应用案例】

本条款可结合“8.2.3.1.2 顾客指定的特殊特性”及“8.5.1.1 控制计划”的要求进行识别、确定和控制。详细的应用案例请参见本书第八章【产品安全和特殊特性管理】。

ISO 9001:2015，质量管理体系—要求

8.3.4 设计和开发控制

组织应对设计和开发过程进行控制，以确保：

a）规定拟获得的结果；

b）实施评审活动，以评价设计和开发的结果满足要求的能力；

c）实施验证活动，以确保设计和开发输出满足输入的要求；

d）实施确认活动，以确保形成的产品和服务能够满足规定的使用要求或预期用途；

e）针对评审、验证和确认过程中确定的问题采取必要措施；

f）保留这些活动的成文信息。

注：设计和开发的评审、验证和确认具有不同目的。根据组织的产品和服务的具体情况，可单独或以任意组合的方式进行。

【目的和意图】

本条款旨在确保产品设计输入和制造过程设计输入一旦确定之后，则应根据策划实施设计和开发活动并加以控制，从而确保过程有效。设计评审、设计验证和设计确认活动对控制设计和开发过程至关重要，需要得到有效的实施。

【理解和实施要点】

新版标准合并了 ISO 9001:2008 版标准中的设计评审、设计验证和设计确认三个条款，不再明确地划分评审、验证和确认阶段，便于不同类型的组织更好地结合自身实际对设计和开发活动进行控制。

在确定了输入后，应明确设计和开发的预期结果，并使所有参与设计和开发活动的人员知道且充分理解顾客或最终用户要求和期望的最终输出。

组织应按照策划的安排实施和控制设计和开发活动，包括进行评审、验证和确认活动，以及针对评审、验证和确认活动中确定的问题采取必要的措施。

以下对设计评审、设计验证、设计确认三项不同的活动分别详细说明。

（1）设计评审活动

组织应根据上述 8.3.2 中设计和开发策划的安排，在设计的适当阶段开展设计评审活动，目的是：

a）为了评价相关阶段设计和开发的结果，满足设计要求的能力；

b）识别任何存在的问题，并提出解决问题的措施。

——设计开发评审通常可包括但不限于：

a）设计输入评审：是对技术任务书及总图（草图）的评审，以确认计划任务书（或合同）要求的满足程度，以及是否具备满足这些要求的条件和能力。

b）技术评审：是对产品的外形图、结构图、电子图、主要零部件图（草图）等的评审，以确认其设计的正确、合理性。

c）样件评审：是对手板模型、首件样品的评审，以确认设计方案是否正确与完善，以及是否具备小批量或试生产的条件。

d）工艺方案评审：是对工艺方案、工艺文件等的评审，以确认工艺设计的正确、合理与完整性。

e）最终产品评审：是对最终产品是否满足总体设计要求和预期使用要求的鉴定和审查。

——参加评审的人员应包括与所评审的设计开发阶段有关的职能代表，不参与设计和开发过程具体阶段的人员也可参与其评审，包括参与生产产品或提供服务的人员以及相关顾客、最终用户和外部供方。

就设计复杂性的不同而言，复杂设计的评审可能需要召开正式的评审会议，甚至请有关专家参与评审，其会议纪要将作为相关记录；简单设计的评审可能不需要那么正式，其记录可能只是一张设计评审表，由相关评审人员签署并标注日期。

——设计评审应考虑的问题包括但不限于：

- 该设计满足产品全部规定或服务要求吗？
- 考虑安全了吗？
- 该设计满足功能和运行的要求，即性能、可靠性、可维修性目标吗？
- 选择了合适的材料和设施吗？
- 材料和元器件或服务的要素的兼容性有保证吗？
- 该设计能满足全部预期的环境和负载条件吗？
- 元器件或服务要素是否标准化，提供了互换性吗？
- 包装设计与产品或顾客的要求相一致吗？
- 考虑了可制造性和可装配性设计吗？
- 能顺利实现公差和规定的性能等级吗？

（2）设计验证活动

设计和开发验证的目的是为确保设计和开发输出满足输入的要求，确定设计输出与设计输入是否一致，因此，设计验证是针对各阶段设计输出执行的活动。

组织应规定设计验证的时机和验证使用的方法，通常会制定设计验证计划。

——设计验证的对象通常包括：

- 设计输出的文件
- 新材料
- 新零件
- 样件

● 最终产品等

——设计验证的方法通常使用以下一种或几种：

● 进行测量、检验、试验
● 变换方法进行计算
● 模拟或试用证实、演示
● 将新设计与已证实之类似设计进行比较
● 对照类似的产品进行评价等
● 在发布前检查设计阶段的文件化信息

——设计验证通常采取两种或两种以上的方法进行，设计验证的内容必须完整，输入与输出的每一项目均应进行验证，如全尺寸检验、功能和性能试验等。

——在设计验证过程中，应对发现的问题及时采取措施，包括设计更改以满足要求。设计验证的结果和措施的记录应保存。

（3）设计确认活动

设计确认是确保产品能够满足规定的使用要求或预期用途。

——设计确认通常在以下情况下进行：

● 在设计验证通过之后进行
● 在规定的操作条件下进行
● 根据需要，可在产品完成前的各个阶段进行设计确认
● 针对最终产品进行
● 在产品交付或实施前完成
● 如果产品有多种用途，则要进行多次确认

——设计确认活动的示例可包括但不限于：

● 营销试验
● 运行测试
● 按照用户的预期条件进行模拟或测试
● 部分模拟或测试（例如车辆的撞击测试）
● 顾客或最终用户测试，提供反馈（例如软件项目）
● 变换方法进行计算或文件评审

评审、验证和确认有可能在一个过程中完成。如验证作为评审的一部分来进行，或验证和确认同时进行。如果评审、验证和确认活动发现了问题，应决定这些问题的解决措施，并将这些措施的有效性作为下次评审的部分内容。

应保留上述活动的成文信息，作为按照计划开展了设计和开发活动的证据。

（4）设计评审、设计验证、设计确认的比较

	设计评审	设计验证	设计确认
目的	评价设计结果满足要求的能力，并识别问题和提出纠正措施	证实设计输出满足设计输入的要求	确保产品能够满足规定的使用要求或已知的预期用途的要求
对象	阶段性的设计结果	设计输出文件、材料、零件、样件、最终产品等	通常是向顾客提供的产品，也可以是样件
时机	在设计适当阶段	当形成设计输出时	只要可行，应在产品交付或实施之前完成
方式	会议、传阅方式	试验、计算、对比、演示等	试用、模拟、变换方法计算等
记录	设计评审、验证、确认结果及任何必要措施的记录应予以保持。		

IATF 16949:2016 的补充和特别要求

8.3.4.1 监视

产品和过程的设计和开发期间特定阶段的测量应被确定、分析，以汇总结果的形式来报告，作为对管理评审的输入（见第 9.3.2.1 条）。

在顾客有所要求时，应在顾客规定或同意的阶段向顾客报告对产品和过程开发活动的测量。

注：在适当的情况下，这些测量可包括质量风险、成本、前置期、关键路径和其他测量。

【目的和意图】

本条款的要求是对设计和开发过程的监视和测量，对设计和开发特定阶段的关键指标进行有效性测量。

【理解和实施要点】

组织应规定测量的时机和对各阶段测量的结果进行分析，以监视设计过程的有效性和效率。特定阶段是指监控指标实现的阶段，如图纸设计阶段的设计出图时间；模治具设计和制作阶段的完成时间；样件制作阶段的样件完成时间及检测合格情况，试生产阶段的过程能力指数；最终产品的质量风险（法规符合性、产品安全性等）、开发周期、开发成本等。

如果顾客有所要求时，应在顾客规定或同意的阶段向顾客报告对产品和过程开发活动的测量。

应汇总全部的测量结果，作为管理评审的输入进行评审。提供后续新产品设计开发有用的经验和借鉴。

IATF 16949:2016 的补充和特别要求

8.3.4.2 设计和开发确认

应根据顾客要求，包括适用的行业和政府机构发布的监管标准，对设计和开发进行确认。设计和开发确认的时程安排应与顾客规定的适用时程相符。

在与顾客有合同约定的情况下，设计和开发确认应包括评价组织的产品，包括嵌入式软件在最终顾客产品系统内的相互作用。

【目的和意图】

IATF 增加此条款是为了强调设计和开发确认要考虑顾客要求、行业和政府机关发布的监管标准，以及增加了嵌入式软件确认要求。

【理解和实施要点】

在策划和实施设计开发确认活动时，需要按照顾客规定的时程安排完成确认活动，确认的内容和方法要考虑顾客的要求，同时要考虑到适用的行业和政府机构发布的监管标准，比如《家用汽车产品修理、更换、退货责任规定》等。

设计开发确认不仅仅在组织内部针对产品本身实施，在与顾客有合同约定的情况下，需要在最终顾客产品系统内的匹配和相互作用进行评价，包括嵌入式软件功能的评价（如果有的话）。

IATF 16949:2016 的补充和特别要求

8.3.4.3 原型样件方案

当顾客要求时，组织应制定原型样件方案和控制计划。组织应尽可能地使用与正式生产相同的供应商、工装和制造过程。

应监视所有的性能试验活动的及时完成和要求符合性。

当服务被外包时，组织应将控制的类型和程度纳入其质量管理体系的范围，以确保外包服务符合要求（见 ISO 9001 第 8.4 条）。

【目的和意图】

IATF 增加此条款是强调组织为满足顾客要求应制定原型样件方案和原型样件的控制计划，不管原型样件制作是由组织还是一个外包过程实施，原型样件方案和控制计划应由组织制定。

【理解和实施要点】

组织应制定样件制作计划，包括材料取得、时间进度、参与人员等，确保按进度要求完成样件。

样件控制计划是针对样件制造中将进行的尺寸测量、材料和性能试验的描述。样件控制计划并不是必需的，但当顾客要求时应提供样件控制计划给顾客评审或核准。

在样件制作过程中要尽可能使用与正式生产相同的工装、供方和制造过程，这样可以避免之后的试产产品与样件产生偏差。

样件制作完成后要进行性能试验，如可靠性和耐久性试验，以验证样件是否符合要求，需要时可制定样件验证计划。

如果样件制作或试验是外包时，组织要负责提供技术指导，并将此外包过程纳入其质量管理体系的范围。

在设计与开发阶段，样件制作是必须进行的活动，也只有当样件确认完成后，才可能进行后续的试产活动。

IATF 16949:2016 的补充和特别要求

8.3.4.4 产品批准过程

组织应建立、实施并保持一个符合顾客规定要求的产品和制造批准过程。

在向顾客提交其零件批准之前，组织应根据 ISO 9001 第 8.4.3 条，对外部提供的产品和服务进行审批。

如顾客有所要求，组织应在发运之前获得成文的产品批准。此类批准的记录应予以保存。

注：产品的批准应当是制造过程验证的后续步骤。

【目的和意图】

IATF 增加此条款旨在确保组织建立、实施并保持一个符合顾客规定要求的产品和制造批准过程，即 PPAP 过程。

【理解和实施要点】

本条款指的是生产件批准（PPAP）的要求。

组织应在制造过程验证（试生产）之后，提供样件和相关的文件及技术资料给顾客进行生产件批准。生产件批准的目的：

a）确认顾客工程设计图纸和规范的所有要求是否已被组织正确理解；

b）确认组织的制造过程是否具有能力满足顾客的要求；

c）确保在实际生产运行中依报价时的产量生产节拍条件下，持续生产满足顾客要求的产品。（生产节拍是指在计划的时间段内生产出经协议的数量的零件，用以满足顾客组装或制造工厂量产的需要，需考虑其他产品混线生产或设备的可获得性）。

生产件批准的时机：

a）一种新的零件或产品（即以前未曾提供给某个顾客的某种零件、材料或颜色）；

b）对以前所提交零件不符合的纠正后再提交；

c）由于设计记录、规范或材料方面的工程变更从而引起产品的改变。

组织应在发运之前获得顾客书面的产品批准，对此类批准的记录应按“7.5.3.2.1 记录保存”的要求予以保存。

产品批准程序同样适用于组织的供应商，亦即对于提供材料/零件的供应商，组织应要求供应商提交零件和相关文件资料给组织批准，通过批准后方可供货，确保供应商的制造能力和质量满足要求（参见第 8.4.3 条款），对供应商生产件的批准，应在向顾客提交 PPAP 之前完成。

更详细的内容可参见 AIAG 的 PPAP 手册。

> **ISO 9001:2015，质量管理体系—要求**
> **8.3.5 设计和开发输出**
> 组织应确保设计和开发输出：
> a）满足输入的要求；
> b）满足后续产品和服务提供过程的需要；
> c）包括或引用监视和测量的要求，适当时，包括接收准则；
> d）规定产品和服务特性，这些特性对于预期目的、安全和正常提供是必需的。
> 组织应保留有关设计和开发输出的成文信息。

【目的和意图】

本条款旨在确保设计和开发输出为满足预期产品和服务所需的所有过程（包括采购、生产和交付后活动）提供必要的信息。这些信息应足够充分和清晰，以确保涉及人员都能理解采取的措施和相关顺序。

【理解和实施要点】

（1）设计开发输出是设计和开发活动的成果，必须形成文件，不同类型和不同阶段的设计活动可能形成不同的文件。设计和开发的输出应以能够对照设计和开发输入进行验证的方式提出，并应在放行前得到有关权责人员的审核、会签和批准。

（2）设计和开发的输出要求：

a）满足输入的要求；

——输出应满足输入的要求；也就是输出要满足输入时规定的尺寸、功能和/或性能的要求，如某产品为电源适配器，设计输入规定输出直流电压为 19V，直流电流 4.5A，当产品设计出来后，通过测试数据进行验证，结果必须是达到 19V 和 4.5A 才符合要求。

b）满足后续产品和服务提供过程的需要；

——应提供采购所需的信息，如材料规范、图纸、材料清单等。

——应提供生产和服务所需的信息，如加工图/装配图、产品规范、工程规范、包装规范、防护要求（如温湿度、防撞击）、售后维护、维修手册等，以便能生产和提供符合要求的产品和服务。

c）包括或引用监视和测量的要求，适当时，包括接收准则；

——应包含或引用产品验收准则或检验规范，包括任何外部提供的过程、产品和服务的接收准则，以及产品和服务放行的细节；用以判定后续的各个生产过程的输出是否符合产品设计的要求。

d）规定产品和服务特性，这些特性对于预期目的、安全和正常提供是必需的。

——应规定对于实现产品和服务的预期目的、对产品正常使用至关重要的关键特性和对产品安全性有影响的产品特性，如产品使用说明书、安全操作手册等。

> **IATF 16949:2016 的补充和特别要求**
> **8.3.5.1 设计和开发输出—补充**
> 产品设计输出的陈述方式应适合于对照产品设计输入要求进行验证和确认。产品设计输出应包括但不限于（如适用）：
> a）设计风险分析（FMEA）；
> b）可靠性研究结果；
> c）产品特殊特性；

d）产品设计防错结果，例如：DFSS、DFMA 和 FTA；

e）产品定义，包括三维模型、技术数据、产品制造信息，以及几何尺寸与公差（GD&T）；

f）二维图纸、产品制造信息以及几何尺寸与公差（GD&T）；

g）产品设计评审结果；

h）服务诊断指南及修理和可服务性说明；

i）服务件要求；

j）运输的包装和标签要求。

【目的和意图】

8.3.5 条款是对产品和服务的设计开发输出的通用要求，8.3.5.1 条款是针对汽车产品设计输出的具体要求，更加明确和细化。

【理解和实施要点】

组织的设计输出应该是努力简化、优化、创新和减少浪费的过程的结果。简化设计、优化设计、降低成本、减少浪费，这是设计工程师永远追求的一个目标。

产品设计输入（包括但不限于）：

a）产品规范，包括功能、性能、特殊特性等；

b）产品的边界和与顾客产品的对接；

c）必须遵守的健康、安全和环境法规（包括材料、存储、搬运、回收、再利用、销毁或废弃的法律法规）；

d）标识、可追溯性和包装的要求；

e）产品要求符合性的目标，包括防护、可靠性、耐久性、可服务性、健康、安全、环境、开发时程安排和成本等方面；

f）可替代的设计选择方案；

g）嵌入式软件的要求，若有；

h）内部和外部失效模式；（见 6.1.2.1 风险分析）

i）组织自己规定的要求。

产品设计控制：

- 多方论证
- 设计评审
- 设计验证
- 设计确认
- 样件方案
- 样件确认
- 产品批准
- 设计过程监视

产品设计输出（包括但不限于）：

a）设计风险分析（FMEA）；

b）可靠性研究结果；

c）产品特殊特性；

d）产品设计防错结果；

e）产品定义，包括三维模型、技术数据包、产品制造信息，以及几何尺寸与公差（GD&T）；

f）二维图纸、产品制造信息以及几何尺寸与公差（GD&T）；

g）产品设计评审结果；

h）服务诊断指南及修理和可服务性说明；

i）服务件要求；

j）运输的包装和标签要求；

k）嵌入式软件，若有。

在产品设计中通常应用以下工具和技术：

- 几何尺寸和公差的适当使用；
- 可装配性设计（DFA）和可制造性设计（DFM）；
- 试验设计（DOE）；
- 质量功能展开（QFD）；
- 权衡曲线；
- 防错技术；
- 设计 FMEA 的使用；
- 试验、生产和使用现场的失效分析（FTA）；
- 使用成本低的替代材料。

IATF 16949:2016 的补充和特别要求

8.3.5.2 制造过程设计输出

组织应对制造过程设计输出形成文件，采用的方式应能够对照制造过程设计输入进行验证。组织应对照制造过程设计输入要求对输出进行验证。制造过程设计输出应包括但不限于：

a）规范和图纸；

b）产品和制造过程的特殊特性；

c）对影响特性的过程输入变量的识别；

d）用于生产和控制的工装和设备，包括设备和过程的能力研究；

e）制造过程流程图/制造过程平面布置图，包括产品、过程和工装的联系；

f）产能分析；

g）制造过程 FMEA；

h）维护计划和说明；

i）控制计划（见附录 A）；

j）标准作业和工作指导书；

k）过程批准的接收准则；

l）质量、可靠性、可维护性和可测量性的数据；

m）适用时，防错识别和验证的结果；

n）产品/制造过程不符合的快速探测、反馈和纠正的方法。

【目的和意图】

本条款旨在明确针对汽车产品制造过程设计输出的具体要求，更加明确和细化。

【理解和实施要点】

（1）制造过程设计的输入、控制和输出

制造过程设计输入（包括但不限于）：

a）产品设计输出的数据，包括工程图样、工程规范、材料规范、特殊特性等；

b）生产力、过程能力、时程安排及成本的目标；

c）制造技术替代选择；

d）顾客要求，如有；

e）以往的开发经验；

f）新材料；

g）产品搬运和人体工学要求；

h）可制造和装配设计；

i）防错方法。

制造过程设计控制：

- 多方论证
- 工艺评审
- 试生产
- 生产确认试验
- 过程批准
- 过程监视

制造过程设计输出（包括但不限于）：

a）规范和图纸；

b）产品和制造过程的特殊特性；

c）对影响特性的过程输入变量的识别；

d）用于生产和控制的工装和设备，包括设备和过程的能力研究；

e）制造过程流程图/制造过程平面布置图，包括产品、过程和工装的联系；

f）产能分析；

g）制造过程 FMEA；

h）维护计划和说明；

i）控制计划；

j）标准作业和工作指导书；

k）过程批准的接收准则；

l）质量、可靠性、可维护性和可测量性的数据；

m）适用时，防错识别和验证的结果；

n）产品/制造过程不符合的快速探测、反馈和纠正的方法。

（2）制造过程设计应考虑的因素

为能够高效率、低成本、按所需数量及时生产出满足质量要求的产品，必须对产品的生产制造过程进行设计以开发一个有效的制造系统，这个制造系统的设计输出是确保后续的制造活动能够正常运行的必备条件，输出应包括上述所要求的各项内容。具体可参考 APQP 手册“过程设计和开发”及“产品和过程确认”来进行。在进行制造过程设计时应考虑的因素：

- 人机工程学；
- 操作工和生产线平衡；
- 储存和周转库存水平；
- 自动化的应用；
- 增值含量；
- 产能策划。

对于一个全新产品的制造过程设计可结合“7.1.3.1 工厂、设施及设备策划”进行。

（3）针对上述制造过程设计输出的各项内容说明

a）规范和图纸；

——可包括工程规范/工艺规范、零件加工图、组装图、工序分解图、包装图等。

b）产品和制造过程的特殊特性；

——输出产品和制造过程特殊特性清单，以下为参考示例：

表 3-25　产品和制造过程特殊特性清单（参考示例）

顾客名称：KL		产品名称：电机轴		产品图号：KL-N03016	
特性类别	序号	特性项目	特性符号	特性影响	控制方法
产品特殊特性	1	全轴调质（40Cr）	▲	影响产品性能、寿命	洛氏硬度仪
	2	齿部表面硬度		影响产品性能、寿命	洛氏硬度仪
	3	轴承位外圆 ф35（+0.002，+0.018）		影响装配及性能	控制图控制
	4	轴承位外圆 ф30（+0.002，+0.015）		影响装配及性能	控制图控制
	5	外圆 ф40（-0.016，0）		影响装配	控制图控制
	6	外圆 ф12.7（-0.009，-0.02）		影响装配	控制图控制
	7	内花键与轴承位同轴度≤0.02		影响性能	偏摆仪
	8	ф40 外圆全跳动		影响性能	偏摆仪
	9	长度 194（-0.25，0）		影响装配	控制图控制
制造过程特殊特性	1	校正插齿位外圆跳动≤0.01mm	★	影响插齿精度	百分表
	2	高频电流、电压、时间		影响产品性能、寿命	高频淬火参数设定记录
	3	回火温度、时间		影响产品性能、寿命	回火参数设定记录
跨功能小组成员：				日期：	

c）对影响特性的过程输入变量的识别；

——影响产品特性的过程输入变量，通常是温度、时间、气压、速度、电压、电流、扭力等。这些可在制造过程流程图中体现，通常在控制计划中描述。

d）用于生产和控制的工装和设备，包括设备和过程的能力研究；

——建立设施、设备、工装和量检具清单，对设备能力（Cmk）、量具能力（Cgk）和过程能力（Cpk）进行研究的结果。

e）制造过程流程图/制造过程平面布置图，包括产品、过程和工装的联系；

——制造过程流程图以及平面布置图，显示产品、工序流转、设备/工装之间的布局和互动关系，均衡生产，同步制造。

f）产能分析；

——满足顾客产量要求的产能策划，输出产能策划表。

g）制造过程 FMEA；

——按照 AIAG&VDA-FMEA 手册（2019 年第一版）或顾客要求编制制造过程 FMEA 文件。

h）维护计划和说明；

——编制设施/设备维护保养计划，以及相关维护指导书。

i）控制计划（见附录 A）；

——按 IATF 16949 附录 A 控制计划的要求编制试生产控制计划和生产控制计划。

j）标准作业和工作指导书；

——为制造过程各工序/作业编制标准作业指导书。

k）过程批准的接收准则；

——就是对制造过程批准内部放行的准则，对于这项输出，很多体系人不是很理解。

制造过程批准是在新产品量产启动（SOP）之前或者更改后重新启动时进行的过程确认活动，过程批准的接收准则就是指过程在满足哪些条件的情况下才能够被批准，然后才能进行批量生产。

VDA 手册“供应链中的共同质量管理—稳健生产过程（RPP）”中“5.1.3 内部放行程序（产品和过程）”给出了产品和过程内部放行的参考，以下示例引用 VDA—稳健生产过程（RPP），各企业可根据自身产品和制造过程的复杂程度以及基于对顾客影响的风险，制定适合于本企业的制造过程批准的接收准则。企业也可以采用 VDA 6.3 过程审核中 P6 部分（过程分析/生产）的审核内容进行评分和接收评价。

为获得过程批准应完成以下活动：

- 已完成制造过程 FMEA，并已编写生产控制计划，最新并完整；
- 已完成检验方案（特性、检测精度、有能力的检验手段、检验装置）；
- 已规定过程参数以及公差并进行监视；
- 已将特殊特性（安全件、关键零件、过程参数……）形成文档。相应的过程已实施并有能力（有能力证明—短期能力）或者有足够保障（例如 Poka Yoke 防错技术、100% 检验……）；
- 具有标准工作指导书；
- 工艺、流程、材料和零件流动符合要求；
- 必要的货架已放行并且可用；
- 机床、设备和工具为批量状态；
- 已完成技术验收（产品设计的技术资料转移和接收）；
- 生产设备和辅助材料已放行；
- 已确定并评审预防性维护计划；
- 已确定特征值、目标值（例如：关于质量、绩效、成本、人员……）；
- 存在应急计划；
- 长期能力和产出能力证明策划；

现场确认放行并形成文件！（不仅文件放行）

根据上述事项可做成《制造过程放行检查表》用以现场确认。

表 3-26　制造过程放行检查表（参考示例）

制造部门：	日期：				
1.文件检查					
	产品	是否相关	完成		备注
			是	否	
1.1	是否具备最新的图纸（成品图、零件图、装配图等）？	□	□	□	
1.2	是否具备特殊特性清单？是否具有 PFMEA	□	□	□	
1.3	样件是否合格？（外购件/自产件）	□	□	□	
	过程				
1.4	初始过程能力研究结果是否满足要求？	□	□	□	
1.5	是否具备最新的生产计划和量产控制计划？	□	□	□	
	测量设备				
1.6	测量/试验设备是否有能力并且列入测量设备管理系统中？	□	□	□	
	生产设备				
1.7	是否执行了设备工程验收？	□	□	□	
1.8	所测定的设备能力指数是否符合要求？	□	□	□	
	员工				
1.9	员工的能力/资格是否与其工作（生产和质量）相符？	□	□	□	
1.10	是否对员工进行了相关培训？（培训证明、培训记录表）	□	□	□	
1.11	是否依据生产计划确定并投入了所需人员（生产人员配置计划）？	□	□	□	
2.过程检查					
	外购材料/进货				
2.1	材料进货/仓储/包装是否存在文件资料和规范？	□	□	□	
2.2	外购件的质量是否得到相应的保障？	□	□	□	
	工装/设备				
2.3	是否使用批量生产工装进行生产？	□	□	□	
2.4	是否列出并遵守了影响质量的设备和过程参数？（以及调整参数和公差范围）	□	□	□	
2.5	是否正确地存放工具、装置和检验设备？	□	□	□	
2.6	是否具有并落实了保养计划（TPM）？	□	□	□	
	工位和测量位				
2.7	现场是否具备对于生产过程来说重要的文档？（工艺流程、控制计划、作业指导书、检验指导书）	□	□	□	
2.8	是否通过生产线连接保障了衔接？生产和检验工位是否满足需求？	□	□	□	
2.9	是否按照检验计划在正确的位置提供了合适的检验工具（或者替代工具）？	□	□	□	

	标识/可追溯性				
2.10	是否保证了普遍的单件可追溯性？	□	□	□	
2.11	是否保证了普遍的批次可追溯性？	□	□	□	
2.12	是否存在隔离场所？	□	□	□	
2.13	是否明确定义并保障了返工返修件的处理流程？	□	□	□	
3. 质量数据收集					
3.1	针对制造过程是否设定了目标？	□	□	□	
3.2	是否根据规定将数据和结果形成了文件？				
3.3	是否对检查结果进行了统计分析？	□	□	□	
3.4	一旦与产品和过程要求不符，是否分析了原因，并且验证了纠正措施的有效性？	□	□	□	
3.5	针对功能来说至关重要的特性，是否存在决策辅助？（检验和验收规定、极限样件、缺陷目录）	□	□	□	
3.6	是否对不合格零件进行了分析？	□	□	□	

过程放行综合评分

<table>
<tr><td colspan="5">总成：
零件号：
零件名称：
生产部门：
项目：</td></tr>
<tr><td colspan="5">过程放行评定：</td></tr>
<tr><td rowspan="3">总结果</td><td></td><td>红</td><td colspan="2">未满足过程放行，需要重新进行。</td></tr>
<tr><td></td><td>黄</td><td>有条件满足过程放行，详细结果参见措施单。</td><td>在实施改进后，在……之前必须重新评审。</td></tr>
<tr><td></td><td>绿</td><td colspan="2">满足过程放行。</td></tr>
<tr><td colspan="5">备注：
交通信号灯：绿色——获得了过程放行。所有检查表要点均符合计划的标准状态。
交通信号灯：黄色——获得有条件的过程放行。至少一个检查点不符合标准状态。但是确定了替代措施/能够在 SOP（量产启动）之前有效落实。
交通信号灯：红色——未获得过程放行。至少一个检查点未得到完全满足，未确定有效的替代措施或者不能在 SOP（量产启动）之前得到落实。</td></tr>
<tr><td colspan="5">附件：制造过程放行检查表</td></tr>
<tr><td colspan="5">生产经理　　　　质量经理　　　　项目经理</td></tr>
</table>

<table>
<tr><td colspan="6">冲压车间结果</td></tr>
<tr><td colspan="6">过程放行评定：</td></tr>
<tr><td rowspan="3">总结果</td><td></td><td>红</td><td colspan="3">未满足过程放行，需要重新进行。</td></tr>
<tr><td></td><td>黄</td><td>有条件满足过程放行，详细结果参见措施单。</td><td colspan="2">在实施改进后，在……之前必须重新评审。</td></tr>
<tr><td></td><td>绿</td><td colspan="3">满足过程放行。</td></tr>
<tr><td colspan="6">有条件获得或未获得放行的理由：</td></tr>
<tr><td>序号</td><td colspan="5">理由</td></tr>
<tr><td>1.</td><td colspan="5"></td></tr>
<tr><td>2.</td><td colspan="5"></td></tr>
<tr><td>3.</td><td colspan="5"></td></tr>
<tr><td colspan="6">改进计划：</td></tr>
<tr><td>序号</td><td colspan="3">改进措施</td><td>责任人</td><td>完成期限</td></tr>
<tr><td>1.</td><td colspan="3"></td><td></td><td></td></tr>
<tr><td>2.</td><td colspan="3"></td><td></td><td></td></tr>
<tr><td>3.</td><td colspan="3"></td><td></td><td></td></tr>
<tr><td colspan="2">生产经理</td><td colspan="2">质量经理</td><td colspan="2">项目经理</td></tr>
</table>

l）质量、可靠性、可维护性和可测量性的数据；

——质量数据：在返工、报废、产品缺陷等方面的质量数据。

——可靠性：产品在规定条件下和规定时间内完成规定功能的能力。

可靠性反映的是产品保持其性能的能力，是质量的时间性要求。

常用的可靠性指标包括可靠度、失效率、平均寿命等。

①可靠度：（Reliability）

产品在规定的条件下和规定的时间内，完成规定功能的概率。

记为：$R(t)$ 即：$R(t)=P\{T>t\}$

其中：T 为产品的寿命；t 为规定的时间；

事件 $\{T>t\}$ 有下列三个含义：

☞ 产品在时间 t 内完成规定的功能；

☞ 产品在时间 t 内无故障；

☞ 产品的寿命 T 大于 t。

若有 N 个相同的产品同时投入试验，经历时间 t 后有 $n(t)$ 件产品失效，则产品的可靠度为：

$$R(t)=\frac{N-n(t)}{N}=1-\frac{n(t)}{N}$$

②失效率：

产品在规定的条件下，在规定的时间内丧失规定的功能的概率叫失效率（或故障率）。

$$F(t)=1-R(t)=\frac{n(t)}{N}$$

③平均寿命

平均寿命是指产品从投入运行到发生故障的平均工作时间。

——对于不可修复产品又称失效前平均时间 *MTTF*（Mean time to failure）；

——对于可修复产品而言，平均寿命指的是产品两次相邻故障间的平均工作时间，称为平均故障间隔时间 *MTBF*（Mean time between failure）。

$$\text{MTBF} = \frac{\text{总运转时间}}{\text{总故障件数}}$$

——可维修性：产品在规定的条件下和规定的时间内，按规定的程序和方法进行维修时，保持或恢复到规定状态的能力。亦即当产品发生故障后，能够很快很容易地通过维护或维修排除故障，就是可维修性。

可维修性定量要求可以选择适当的参数和指标，如平均修复时间（MTTR）、平均预防性维修时间等。

$$\text{MTTR} = \frac{\text{总故障时间}}{\text{总故障件数}}$$

——可测量性（即可测性）

可测性定义：系统和设备能及时准确地确定其工作状态（可工作、不可工作、工作性能下降）并隔离其内部故障的一种设计特性。

属于设计特性，由产品设计决定对一个设计可能存在的各种不同故障，能被测试的程度。

对以下指标的生成、评估和应用产生价值，满足测试目的方法：

- 故障覆盖
- 故障隔离（诊断）
- 测试所耗时间
- 产品上市时间

从实现效果看，就是实现产品全生命周期（开发过程调试、测试、生产测试、维护的）各阶段的测试需求，在产品设计的同时规划测试策略，设计相应的内置测试支持手段和工具，从而达到提高各阶段测试质量和测试效率，快速稳定产品和降低产品综合成本。

为解决测试问题，增加一些针对测试的设计。

可测性设计（DFT）的优势：

- 简化测试；
- 减少测试设备方面的费用；
- 缩短产品上市时间；
- 提升产品质量。

局限性：

- 软硬件工作量增加，产品设计复杂度增加；
- 增加相应的硬件成本。

m）适用时，防错识别和验证的结果；

——不是所有的制造过程或作业活动在技术上和经济上都适合采用防错方法，所以这里提到是适用时对防错方法的应用。制造过程设计应识别哪些作业活动可以采用怎样的防错技术，并对拟采用的防错技术进行验证其防错效果。

组织可建立防错应用的清单。所采用的防错方法应在 PFMEA 中体现，验证方法和频次应在控制计划中包含。

n）产品/制造过程不符合的快速探测、反馈和纠正的方法。

——这是针对产品或制造过程不符合时的快速探测和反应计划，在控制计划中的“方法”和“反应计划”栏目中确定探测方法和针对不符合的紧急措施。

企业根据需要也可以导入通用汽车的“BIQS-8 快速反应问题解决流程”和“BIQS-9 团队问题解决流程”。

（4）对制造过程设计输出的验证

标准要求组织应对照制造过程设计输入要求对输出进行验证，目的是确保输出满足输入的要求。各组织可根据自身制造过程设计输入的要求逐项对照制造过程设计输出进行验证，包括试生产验证，通常应保留验证结果及其所需采取措施的记录，如制造过程设计输出检查表等。

ISO 9001:2015，质量管理体系—要求

8.3.6 设计和开发更改

组织应对产品和服务在设计和开发期间以及后续所做的更改进行适当的识别、评审和控制，以确保这些更改对满足要求不会产生不利影响。

组织应保留下列方面的成文信息：

a）设计和开发更改；

b）评审的结果；

c）更改的授权；

d）为防止不利影响而采取的措施。

IATF 16949:2016 的补充和特别要求

8.3.6.1 设计和开发更改—补充

组织应评价初始产品批准之后的所有设计更改，包括组织或其供应商提议的更改，评价这些更改对可装配性、形式、功能、性能和/耐久性的影响。这些更改应对照顾客要求进行确认，并在生产实施之前得到内部批准。

如顾客有所要求，组织应在生产实施之前，从顾客处获得形成文件的批准或弃权。

对于带有嵌入式软件的产品，组织应对软硬件的版本级别形成文件，作为更改记录的一部分。

【目的和意图】

本条款旨在确保组织对产品在设计和开发期间以及后续所做的更改进行适当的识别、评审和控制，以确保这些更改对满足要求不会产生不利影响。

【理解和实施要点】

ISO 9001 的 8.3.6 和 IATF 16949 的 8.3.6.1 这两个条款应结合起来理解，8.3.6 条款是对产品和服务的设计和开发更改进行控制的通用要求，8.3.6.1 条款强调了针对汽车行业更改的补充要求。

本条款仅考虑与产品设计和开发有关的更改，产品设计和开发的更改包括产品项目生命周期内的所有更改。

——引起更改的原因可能是多方面的：

a）在设计阶段中出现的遗漏或错误，例如由于经验不足和设计开发中的疏忽引起质量问题；

b）顾客要求的改变或供应商要求的改变；

c）相关法律、法规和强制性标准提出了新的要求，如环境物质和环保法规变化、材料的回收再利用要求；

d）设计评审、验证和确认识别的更改；

e）设计完成后发现制造安装有困难。

——设计和开发更改的控制要求：

a）更改对可装配性、形式、功能、性能和/耐久性的影响；

b）设计更改前应评价设计更改对产品组成部分和已交付产品的影响。如对合同、进度和费用的影响，对制造、试验和检验方法的影响，对采购库存的影响，以及对维修、顾客手册、备件的影响等；

c）对任何设计和开发的更改，组织都要根据更改的具体情况对该更改进行评审、验证和确认，并在生产实施之前得到内部批准；

d）任何影响顾客要求的产品更改（包括由供应商提出的更改），在生产实施前均必须经过顾客批准，除非客户放弃此要求；

e）组织应对设计更改带来的产品应用系统，顾客装配过程以及对其他产品系统的影响进行评价，可行后再实施设计更改；

f）更改的评审结果及任何必要的措施都应保留记录，以提供更改受控的证据。设计更改应及时地传达到各有关方面；

g）对于有嵌入式软件的产品，需要对软硬件的版本级别形成文件，作为更改记录，来帮助确保产品结构被适当的管理。

【设计和开发的实施建议和应用案例】

（1）条款“8.3 产品和服务的设计和开发”的输入来自“8.2 产品和服务的要求”，其输出为采购、生产和服务提供、产品和服务的放行、不合格输出的控制提供所需的信息和文件支持，如下图所示：

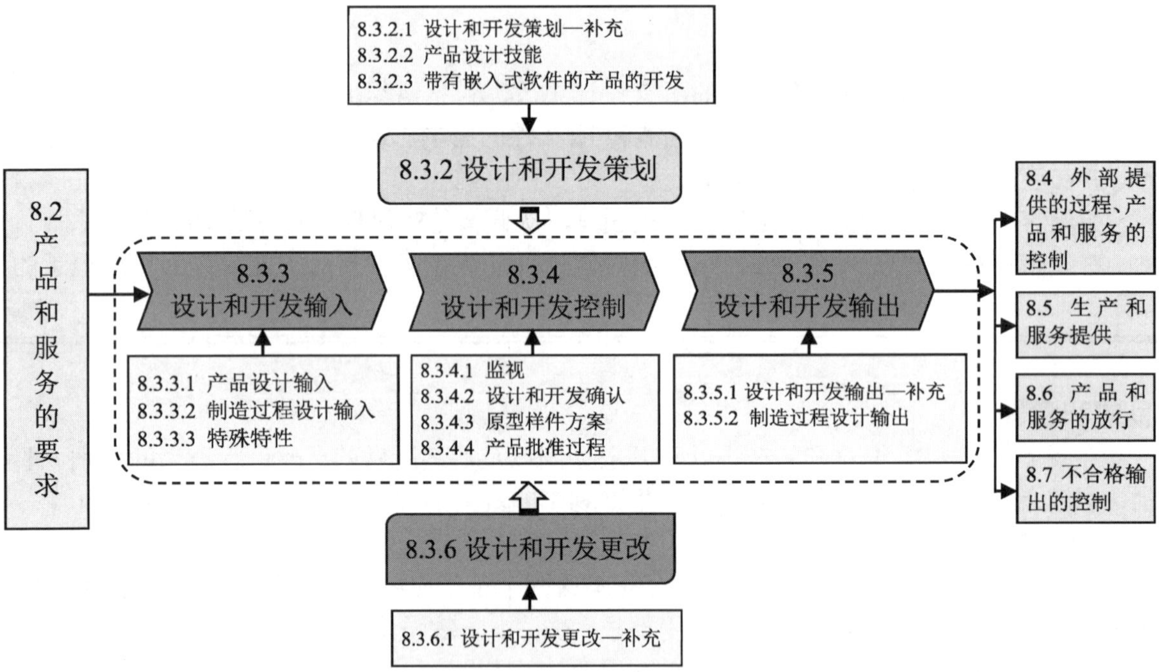

（2）不同企业由于其产品的形态和复杂程度不同，因此设计开发的过程会有较大的差异。企业可以根据顾客要求采用项目管理、APQP 或 VDA-RGA 手册等适宜的方法，也可以建立产品设计开发管理过程进行策划、实施和控制，其最终目的是及时的、低成本的、有效和高效的开发出满足顾客要求和法律法规要求的产品。

（3）可建立设计开发管理过程或 APQP 管理过程作为主过程，对于产品复杂的情况，还可以根据需要建立子过程，如样件制作管理过程、工装设计和制造过程、设计评审过程、设计验证过程、生产件批准过程、变更管理过程等过程文件进行控制。以下给出的文件范例仅作为参考。

文件范例【产品设计开发管理程序】

文件名称	产品设计开发管理程序	文件编号：SQ-COP-03	版本：A
编制部门	技术部	编制日期：2019.12.9	页码：1/17

1.目的

为了使公司的产品设计开发和制造过程设计及生产准备工作能有序、顺利地进行，并对设计开发各阶段进行有效控制，确保以适宜的成本及时提供优质产品，以满足顾客和适用法律法规的要求，特制定本程序。

2.适用范围

适用于公司新产品设计开发及其制造过程的设计开发控制。

3.术语和定义

3.1 多方论证方法：为完成设计开发任务或活动而进行商议，从所有相关方获取输入信息及进行决策的团队活动，也叫跨功能方法。本公司的跨功能小组成员包括业务部、技术部、工程部、品管部、生产部、采购部等部门人员，需要时也可包括顾客代表（技术/工程/质量/采购人员）参与，以及有关供方代表参与。

3.2 设计评审：一种为防止问题和误解的事前行动过程。对各阶段的设计结果满足要求的能力的评价（包括适宜性、充分性和有效性），并识别任何问题及提出必要的措施。评审的参加者应包括与所评审的设计和开发阶段有关的职能代表。评审结果及任何必要措施的记录应予保持。

3.3 设计验证：通过提供客观证据对各阶段的设计和开发输出是否满足输入要求的认定。验证结果及任何必要措施的记录应予保持。

3.4 设计确认：通过提供客观证据对特定的预期用途或应用要求已得到满足的认定。通常是向顾客提供的产品，也包括样品。确认应在产品交付或实施之前完成。确认结果及任何必要措施的记录应予保持。

4.职责

4.1 业务部：负责收集市场信息，了解顾客的需求和期望，并将相关信息提交技术部；负责代表顾客参与产品设计开发的相关活动，并就有关开发产品保持与顾客的及时联络和沟通。

4.2 技术部：负责主导产品设计开发的全过程，包括整个产品生命周期的变更控制。

4.3 品管部：负责提供内部和外部质量及失效数据；负责参与相关阶段的策划、评审、验证和确认活动；负责准备与本部门职责相关的生产件批准文件和资料。

4.4 采购部：负责新材料供方的开发，并提供新产品开发所需的各种物料以及外包。

4.5 生产部：负责参与相关阶段的策划、评审、验证和确认活动，以及负责试生产。

4.6 工程部：负责主导制造过程的设计和开发，并参与相关阶段的策划、评审、验证和确认活动。

4.7 模具部：负责新产品所需工装/模具的设计和制造。

4.8 财务部：提供开发经费，开发成本核算和监控，超标时提出警报。

文件范例【产品设计开发管理程序】

文件名称	产品设计开发管理程序	文件编号：SQ-COP-03	版本：A
编制部门	技术部	编制日期：2019.12.9	页码：2/17

5.过程管理图

（本过程相关联的 ISO 9001&IATF 16949 条款：4.4.1.2/7.1.3.1/8.1.1/8.1.2/8.2.1/8.2.1.1/8.2.2/8.2.2.1/8.2.3/8.2.3.1.2/8.2.3.1.3/8.3.1/8.3.1.1/8.3.2/8.3.2.1/8.3.3/8.3.3.1/8.3.3.2/8.3.3.3/8.3.4/8.3.4.1/8.3.4.2/8.3.4.3/8.3.4.4/8.3.5/8.3.5.1/8.3.5.2/8.3.6/8.3.6.1/9.1.1.2）

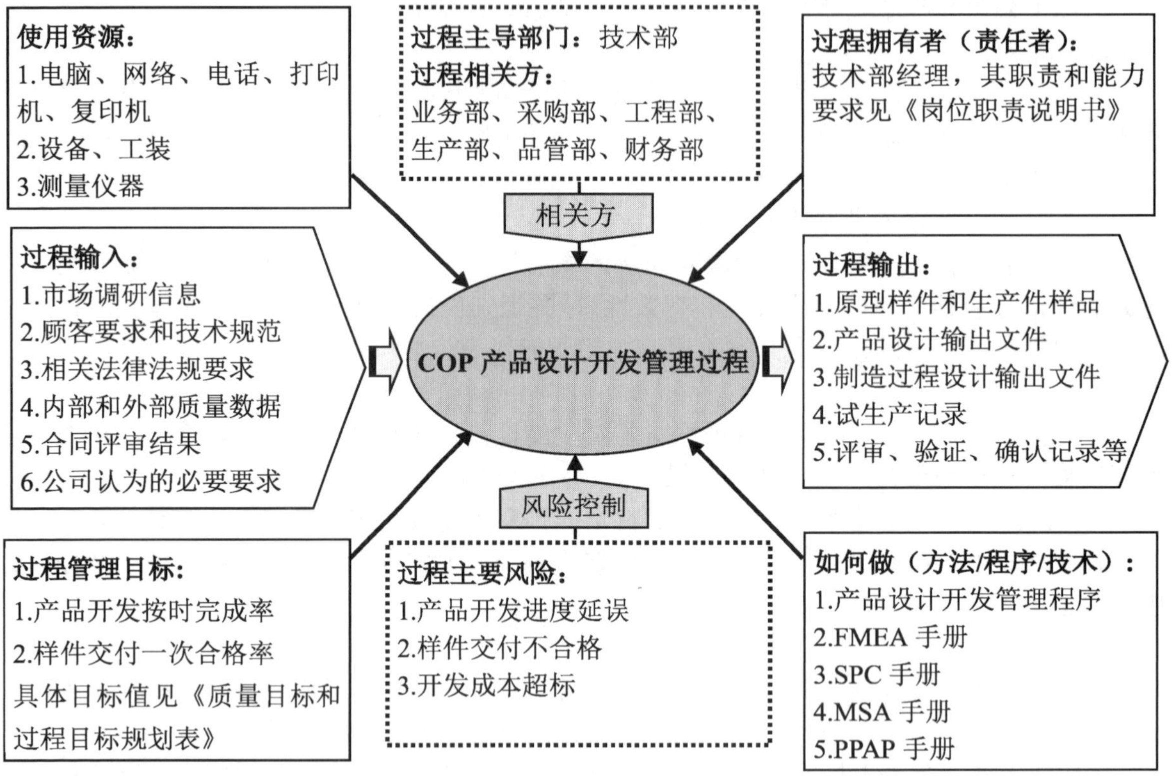

过程主要风险	对相关方的影响	应对风险的措施
1.产品开发进度延误	导致不能按计划进行量产启动，影响顾客生产，可能导致顾客索赔	（1）立项前期进行可行性分析； （2）立项策划阶段编制新产品开发进度计划表； （3）定期召集项目进展会议，监视项目进度及时采取措施； （4）定期与顾客反馈项目进度，及时按照顾客要求调整项目进度。
2.样件交付不合格	影响顾客试样或试生产	（1）设计前进行 DFMEA 分析； （2）对设计图纸进行评审； （3）对样件进行验证和内部确认后方可交样给顾客。
3.开发成本超标	影响公司利润，严重时可能导致该产品销售亏损	（1）前期进行开发成本评估和预算审批； （2）每个阶段进行成本评审，避免开发成本超标。

文件名称	产品设计开发管理程序	文件编号：SQ-COP-03	版本：A
编制部门	技术部	编制日期：2019.12.9	页码：3/17

6.作业内容

序号	作业流程	权责部门/人	作业要求	参考文件/使用表单
6.1	信息收集及新产品开发提案	业务部	6.1 业务部负责收集顾客信息，了解顾客的需求和期望，以及市场需求趋势、价格和同类产品信息，提出新产品开发建议，填写《新产品开发建议书》连同收集的相关产品技术资料呈部门经理核准后交给技术部。	《新产品开发建议书》
6.2	确定产品和服务要求	技术部	6.2.1 技术部根据业务部提供的《新产品开发建议书》和相关产品技术资料初步确定产品和服务的具体要求，这些要求应包括来自顾客合同评审的结果，应考虑但不限于以下方面： a）顾客规定的产品要求和技术规范，如尺寸、外观、功能、性能、安全性、可靠性、舒适性等； b）产品的边界和与顾客产品的对接； c）顾客对产品交付要求，如交货期、标识、可追溯性、包装、运输等； d）顾客对交付后活动的要求，如现场安装、用户培训、保修、修理、顾客支持等； e）顾客虽然没有明示，但规定的用途或已知的预期用途所必需的要求； f）必须遵守的健康、产品安全和环境法规，还包括材料、存储、搬运、回收、再利用、销毁或废弃的法律法规（包括生产国、收货国及顾客确定的目的国的法律法规）； g）产品要求符合性的目标，包括防护、可靠性、耐久性、可服务性、健康、安全、环境等方面； h）涉及的知识产权和专利； i）开发时程安排和成本目标； j）公司认为必要的要求（如为实现公司内可追溯性的部件编号，高于行业或竞争对手的功能/性能要求，质量要求等）。 6.2.2 技术部将上述识别和确定的要求填入《新产品开发可行性评估表》，进行初步可行性分析后，呈技术部经理审批。	《新产品开发建议书》 《新产品开发可行性评估表》
6.3	识别顾客特定要求	技术部 业务部 品管部 工程部	6.3 技术部组织业务部、品管部、工程部根据顾客质量协议、供方质量手册等资料识别顾客特定要求，并建立《顾客特定要求（CSR）管理表》。若顾客是 IATF OEM，则直接从 IATF 官方网站下载其特定要求清单，并转化为公司《顾客特定要求（CSR）管理表》。	《顾客特定要求（CSR）管理表》

文件名称	产品设计开发管理程序	文件编号：SQ-COP-03	版本：A
编制部门	技术部	编制日期：2019.12.9	页码：4/17

序号	作业流程	权责部门/人	作业要求	参考文件/使用表单
6.4	初始资料编制	技术部 工程部	6.4 技术部和工程部在顾客指定的特殊特性的基础上结合类似产品/过程实践，编制产品和过程特殊特性初始清单；技术部负责编制包括早期供应商名单在内新产品初始材料清单；工程部负责建立初始过程流程图。	
6.5	开发成本预算	技术部 工程部	6.5 技术部和工程部根据新产品的技术难度，以及预估所需投入的新产线、新设施/设备、新工装，在参考类似产品的开发实践基础上进行开发成本的预算，并做成《新产品开发成本预算表》，呈技术部经理审核。	《新产品开发成本预算表》
6.6	可行性评审 NG → 存档 OK	技术部 相关部门	6.6 技术部组织业务、生产、品管、工艺等部门有关人员召开新产品立项评审会议，根据《新产品可行性评估表》和顾客特定要求及开发成本预算，结合本公司的技术能力和资源进行分析研究，如市场预测分析、产品的技术水平、新材料新工艺的可用性、生产能力、质量保证能力、时间进度要求、开发成本、开发风险等进行可行性评估，并将评估结果填入《新产品开发可行性评估表》和《制造可行性分析表》，若评审不通过则将资料存档。	《新产品开发可行性评估表》 《制造可行性分析表》
6.7	立项批准 NG → 存档 OK	技术部 总经理	6.7 可行性评审通过后，技术部将《新产品可行性评估表》和《新产品开发成本预算表》呈总经理核准，批准是否立项。若未核准则放弃，将资料存档备查。	《新产品可行性评估表》 《新产品开发成本预算表》
6.8	成本核算和报价	技术部 业务部	6.8 技术部负责材料核算、生产成本分析、包装及运输费用分析等，将各项成本费用分析结果填入《产品报价分析表》，确认无误后交给业务部向顾客报价，具体按《新顾客开发和报价管理程序》执行。	《产品报价分析表》 《新顾客开发和报价管理程序》
6.9	成立项目小组	技术部	6.9 技术部经理指派项目组长，成立跨功能项目小组，包括技术、业务、生产、品管、工艺、模具、采购等部门有关人员，需要时可邀请顾客代表和供方代表参与，并确定每个成员的职责，建立《项目小组成员及职责表》。项目小组成员应是具备一定知识和经验的人员，并考虑其所承担工作的负荷，确保成员能充分参与项目活动，并能完成所分配的工作任务。	《项目小组成员及职责表》

文件名称	产品设计开发管理程序		文件编号：SQ-COP-03	版本：A
编制部门	技术部		编制日期：2019.12.9	页码：5/17
序号	作业流程	权责部门/人	作业要求	参考文件/使用表单
6.10	↓ 制定开发计划 ↓	项目小组	6.10 项目组长根据产品设计开发的性质、持续时间和复杂程度确定所需的过程阶段，包括所需的评审、验证和确认活动，明确设计开发过程涉及的职责和权限，确定每个阶段的工作内容及所需的输出，包括所需建立的文件和资料，综合编制形成《设计开发计划总表》，经项目小组讨论确定后呈技术部经理批准执行。	《设计开发计划总表》
6.11	设计输入评审 ↓	项目小组	6.11.1 项目组长组织项目小组成员根据《新产品可行性评估表》及相关产品技术资料，结合产品和过程特殊特性初始清单、新产品初始材料清单、初始过程流程图进行设计输入评审，评审输入是否充分、适宜、清楚、完整；若有相互矛盾的输入应得到解决。 6.11.2 为提供设计效率和设计质量，项目小组还应考虑以下输入信息： a）以前类似设计项目信息—技术提供； b）竞争产品或标杆分析—技术提供； c）同类产品顾客使用现场数据，包括外部失效分析—品管提供； d）内部类似产品质量数据，包括内部失效分析—品管提供； e）设计的可替代选择； f）供应商反馈信息—SQE 提供。 6.11.3 上述输入信息评审结果，需记录于《设计开发输入评审表》。	《设计开发输入评审表》
6.12	确定设计开发方案 ↓	项目小组	6.12 项目组长组织小组成员对新产品设计方案进行研究分析，指定负责设计工程师，并编制形成《新产品设计开发方案》。	《新产品设计开发方案》
6.13	下达设计任务 ↓	项目组长	6.13.1 项目组长根据《设计开发计划总表》《新产品开发方案》向相关设计工程师下达《设计任务书》。 6.13.2 《设计任务书》作为设计新产品的依据，应明确设计目标，及对新产品的外观、功能、性能、可靠性、可维修性、可测量性，以及环境、安全法规等要求，并尽其可能将所有要求定量化，指明其引用之标准，必要时应说明所用的材料、工艺等。 6.13.3 《设计任务书》由项目组长编制，经理审批。	《设计开发计划总表》 《新产品开发方案》 《设计任务书》

文件名称	产品设计开发管理程序	文件编号：SQ-COP-03	版本：A
编制部门	技术部	编制日期：2019.12.9	页码：6/17

序号	作业流程	权责部门/人	作业要求	参考文件/使用表单
6.14	DFMEA 分析	项目组长及小组成员	6.14 项目组长召集小组相关人员进行设计失效模式分析，应考虑产品特殊特性、安全、法规等要求，并根据品管部提供的同类产品顾客使用现场数据（包括外部失效），及内部质量数据（包括内部失效），进行完整的DFMEA 分析并使用《设计 FMEA 检查表》进行评价。分析方法和文件形式按AIAG&VDA FMEA 手册第一版执行。	《设计 FMEA 检查表》 AIAG&VDA FMEA 手册
6.15	可制造性和装配设计	项目组长 设计工程师	6.15 项目组长和设计工程师采用可制造性和装配设计的同步工程，用来优化设计功能、可制造性和易于装配之间的关系。应考虑应用以下原则： a）减少零件的种类和数量，使用统一件； b）几何尺寸与公差（GD&T）；产品中相似的特征尽量设计成统一的尺寸； c）避免内加工； d）避免使用单独的紧固件； e）在可能的情况下尽量采用成组设计方法； f）防错设计； g）对设计的替代选择的考虑。 将可制造性和装配设计的措施结果形成《产品可制造性和装配设计表》，以便应用到设计文件中。	《产品可制造性和装配设计表》
6.16	外形/结构设计	设计工程师	6.16 设计工程师根据《设计任务书》进行外形 3D 图、2D 图设计，输出产品外形图、二维图、零件图、结构部分的材料清单，确定可装配性、尺寸方面的产品特殊特性，编制包装图和规范及标签要求。	《设计任务书》
6.17	电子设计	设计工程师	6.17 电子工程师根据《设计任务书》及其他相关技术资料与信息，以产品结构图为基础设计绘制相应电路图、PCB 板、液晶体等相关电子零件图纸，确定功能、性能、安全等方面的产品特殊特性，编写服务诊断指南及维修和可服务性说明，完成电子部分的材料清单。	《设计任务书》
6.18	图纸审查（NG 返回外形/结构设计、电子设计；OK 进入下一步）	项目组长 设计工程师	6.18 项目组长安排相应的设计工程师对非本人设计的工程图样进行审查，应考虑： a）通过工程图样评审来确定是否具有足够的数据以表明每个零件的尺寸布置； b）应清楚地标识基准平面/定位面，以便能为现行的控制设计适当的功能量具和设备；	

文件名称	产品设计开发管理程序	文件编号：SQ-COP-03	版本：A
编制部门	技术部	编制日期：2019.12.9	页码：7/17

序号	作业流程	权责部门/人	作业要求	参考文件/使用表单
			c）应评价尺寸以保证可行性和工业制造和测量标准相一致； d）应保证数学数据和顾客的系统兼容以进行有效的双向交流。 各项工程图样审查结果记录于《产品工程图样审查表》，若存在问题则返回原始设计工程师修正。	《产品工程图样审查表》
6.19	修订或设计更改 设计输出评审 NG OK	项目组长 项目小组成员	6.19.1 项目组长汇总编制完整的材料清单（BOM）、产品特殊特性清单和产品规范。 6.19.2 项目组长召集项目小组相关成员对上述设计输出文件进行逐项评审，并将评审结果和必要措施记录于《产品设计输出评审表》，设计输出评审应适当考虑以下因素： a）确定哪些特性影响配合、功能、耐久性和/或政府法规中的安全要求（特殊特性评审）； b）部件/子系统/系统工作（负载）循环； c）设计失效模式及后果分析（DFMEA）； d）该设计是否满足功能和运行的要求，即性能、可靠性、可维修性目标； e）是否选择了合适的材料； f）材料和元器件或服务要素的兼容性是否有保证； g）该设计能否满足全部预期的环境和负载条件； h）是否考虑了可制造性和可装配性设计； i）包装设计与产品或顾客的要求是否相一致。	《产品设计输出评审表》
6.20	新设备、工装、量具和试验设备策划	项目小组	6.20 项目小组策划新产品所需的生产设备、工装、量具及试验设备，作成《新设备、工装、量具和试验设备规划表》。工程部负责跟进新设备、工装、量具和试验设备的开发进度。	《新设备、工装、量具和试验设备规划表》
6.21	工装/模具设计和制造	模具部	6.21 模具部根据《新设备、工装、量具和试验设备规划表》的需求负责工装/模具的设计和制造，工程部负责组织相关部门和人员对工装/模具进行验收，具体按《工装/模具设计制造管理程序》执行。	《新设备、工装、量具和试验设备规划表》 《工装/模具设计制造管理程序》

文件名称	产品设计开发管理程序	文件编号：SQ-COP-03	版本：A
编制部门	技术部	编制日期：2019.12.9	页码：8/17

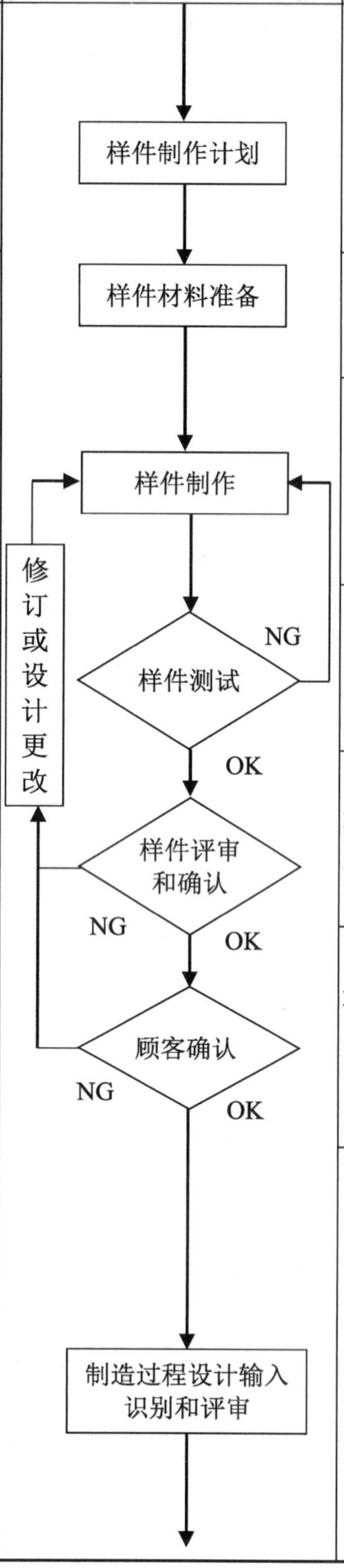

序号	作业流程	权责部门/人	作业要求	参考文件/使用表单
6.22		项目组长工程部	6.22 项目组长协同工程部门制定《样件制作计划》，包括材料取得、工装准备、参与人员、时间进度安排等，同时根据样件制造过程中需要控制的产品特性、过程参数等制定样件控制计划，根据产品规范规定的功能、性能试验要求制定《样件试验计划》。	《样件制作计划》 《样件试验计划》
6.23		技术部 采购部	6.23 采购部根据新产品 BOM 表，提前选择或开发供应商，采购样件制作所需的物料，技术部负责新物料的检验和验证。	
6.24		技术部 生产部 品管部	6.24 技术部在各项准备就绪后，通知生产部按初始过程流程图、样件控制计划进行样件制作，相关设计工程师对样件制作过程进行技术指导。品管部按样件控制计划进行各工序的检验和测量。	
6.25		品管部	6.25 品管部负责对样件进行检验和测试，并将结果填写于《尺寸检验报告表》和《实验室测试报告》。若样品检验不合格，则由责任单位负责返工或重新制作样品。	《尺寸检验报告表》 《实验室测试报告》
6.26		项目组长 小组成员	6.26 项目组长召集相关小组成员根据样件检验和测试结果，对照产品规范和顾客要求进行评审和确认，并将评审结果及所需措施记录于《样件评审和确认记录表》。	《样件评审和确认记录表》
6.27		项目组长 业务部 顾客	6.27 内部确认合格后，项目组长制作《样件确认报告》将样件连同《尺寸检验报告表》和《实验室测试报告》一起交业务部送样给客户确认。若客户有特别要求，则按客户要求提交相关资料。	《样件确认报告》《尺寸检验报告表》 《实验室测试报告》
6.28		工程部及小组成员	6.28.1 工程部负责组织项目小组相关成员，确定制造过程设计输入要求并进行评审，包括但不限于： a）产品设计输出文件，包括工程图样、工程规范、材料规范、特殊特性等； b）生产力、过程能力、时程安排及成本的目标； c）制造技术替代选择； d）顾客要求，如有； e）以往的过程开发经验；	

文件名称	产品设计开发管理程序	文件编号：SQ-COP-03	版本：A
编制部门	技术部	编制日期：2019.12.9	页码：9/17

序号	作业流程	权责部门/人	作业要求	参考文件/使用表单
	↓		f）产品搬运和人体工学要求； g）可制造和装配设计； h）材料同步流动和生产线平衡； i）防错方法。 6.28.2 上述输入信息评审结果，需记录于《制造过程设计输入评审表》。	《制造过程设计输入评审表》
6.29	制造过程设计展开	工程部	6.29 工程部根据上述输入信息展开制造过程设计并输出相关文件，适当时包括以下各项内容： a）根据初始过程流程图及样件制作获得的过程知识，编制正式的制造过程流程图/制造过程平面布置图，包括产品、过程和工装的联系； b）确定过程特殊特性，并编制产品和制造过程的特殊特性清单； c）自动化应用； d）设备与操作者平衡； e）生产线平衡与操作者需求计划； f）人机工程与人的因素； g）增值动作分析； h）编制工艺规范和制作工艺图纸； i）识别影响特性的过程输入变量，如温度、时间、速度、气压等； j）防错方法应用； k）用于生产和控制的工装和设备，包括设备和过程的能力研究； l）设备维护计划和说明。	
6.30	产能策划	工程部 生产部	6.30 工程部组织生产部相关人员进行产能策划，产能策划评估必须考虑与顾客签约的生产效率和产量，不只是当前的订单水平，产能策划结果形成《新产品产能策划表》和《设备需求与产能计划表》。	《新产品产能策划表》 《设备需求与产能计划表》
6.31	PFMEA 分析 ↓	工程部及小组成员	6.31 工程部组织小组相关人员进行制造过程失效模式分析，应考虑产品特殊特性、安全、法规等要求，并根据品管部提供的同类产品顾客使用现场数据（包括外部失效），以及内部质量数据（包括内部失效），进行完整的 PFMEA 分析。分析方法和文件形式按 AIAG&VDA FMEA 手册第一版执行。	AIAG&VDA FMEA 手册

文件名称	产品设计开发管理程序	文件编号：SQ-COP-03	版本：A
编制部门	技术部	编制日期：2019.12.9	页码：10/17

序号	作业流程	权责部门/人	作业要求	参考文件/使用表单
6.32	编制防错清单及验证计划	工程部	6.32 工程部负责根据过程设计输出及PFMEA分析的措施结果编制制造过程中所用防错方法的《防错清单及验证计划》。	《防错清单及验证计划》
6.33	确定过程控制临时替代方法	工程部	6.33 工程部根据制造技术替代选择及主要过程控制手段，包括检验、测量、试验和防错装置等确定过程控制临时替代方法，建立《过程控制临时替代方法清单》。	《过程控制临时替代方法清单》
6.34	编制试生产控制计划	技术部 工程部 品管部 生产部	6.34 工程部组织技术部、品管部、生产部等项目小组人员根据过程流程图、产品和过程特殊特性清单、所识别的影响特性的过程输入变量、用于生产和控制的工装和设备、PFMEA措施的结果、防错清单和验证计划、过程控制替代方法清单等编制试生产控制计划。控制计划的编制参照 AIAG APQP&CP手册及IATF 16949的附录A中的要求执行。	APQP&CP 手册
6.35	编制作业指导书	工程部	6.35 工程部根据制造过程流程图、工艺规范和工艺图纸、控制计划等编制各工序和工位的作业指导书，指导书应包括详细的作业步骤、作业要点，重点控制特性以及作业员安全规则，尽可能采用图文并茂的形式。	
6.36	检验规范和试验计划编制	品管部	6.36 品管部根据产品规范及顾客的工程规范和性能标准、材料规范、控制计划，编制进料检验规范、制程检验规范、成品检验规范、出货检验规范、产品审核规范，以及各项测试规范，并制定《新产品试验计划》。	《新产品试验计划》
6.37	制定 MSA 和 SPC 计划	品管部	6.37 品管部根据《新设备、工装、量具和试验设备规划表》制定新量具和试验设备的《MSA计划》；根据产品特殊特性及顾客要求制定初始过程能力研究《SPC计划》。	《MSA 计划》 《SPC 计划》
6.38	制造过程设计输出评审和验证 NG：过程更改或文件修订 OK	工程部及小组成员	6.38 工程部汇总上述制造过程设计输出文件，召集项目小组相关成员对上述设计输出文件进行逐项评审，并对照制造过程设计输入要求对输出文件进行验证。其中： a）用《过程流程图检查表》对制造过程流程图进行评价； b）用《车间平面布置图检查表》对制造过程平面布置图进行评价； c）用《自动化应用评价表》对自动化应用进行评价；	《过程流程图检查表》 《车间平面布置图检查表》 《自动化应用评价表》

文件名称	产品设计开发管理程序	文件编号：SQ-COP-03	版本：A
编制部门	技术部	编制日期：2019.12.9	页码：11/17

序号	作业流程	权责部门/人	作业要求	参考文件/使用表单
		工程部及小组成员	d）用《设备与操作者平衡评价表》对生产线平衡进行评价； e）用《生产线平衡与操作者需求计划表》对人力需求进行评价； f）用《人机工程与人的因素评价表》对人机工程与人的因素进行评价； g）用《过程 FMEA 检查表》对 PFMEA 文件进行评价； h）用《控制计划检查表》对试生产控制计划进行评价； i）用《新设备、工装和试验设备检查表》对新设备、工装和试验设备进行评价； j）其他内容的评审按《制造过程设计输出评审表》进行评价。 工程部将评审和验证结果和必要措施记录于《制造过程设计输出评审表》。	《设备与操作者平衡评价表》 《生产线平衡与操作者需求计划表》 《人机工程与人的因素评价表》 《过程 FMEA 检查表》 《控制计划检查表》 《新设备、工装和试验设备检查表》 《制造过程设计输出评审表》
6.39	制定试生产计划	项目组长	6.39 项目组长根据《设计开发总计划》和顾客时间进度及试生产数量要求做出《试生产计划》，并发布到各相关部门。必须采用正式生产的工装、生产设备、生产环境、操作者、检具和试验设备、生产节拍来进行一定数量的试生产运行。	《设计开发总计划》 《试生产计划》
6.40	试生产用技术文件发行	技术部	6.40 技术部按《图纸技术文件控制程序》发行试生产所需技术文件的试用版，并盖“试用文件”章。	《图纸技术文件控制程序》
6.41	试生产准备	各部门	6.41.1 各部门根据《试生产计划》做好相应的准备，包括试生产所需物料，生产设施、设备、工装、检具、试验设备、工具、转运容器，生产人员，现场所需技术文件等。 6.41.2 试产前各部门对参与试产的相关人员进行新产品知识、产品安全要求、检验和试验要求及工艺等方面的培训。	
6.42	试生产说明会	技术部	6.42 试生产前由技术部召开各部门的试产前说明会，检查各部门的工作准备到位情况，说明新产品的主要特点和顾客要求，强调试生产过程的关键控制点和注意事项，确认需要在试生产中验证的目标，形成《试生产会议记录表》。	《试生产会议记录表》

文件名称	产品设计开发管理程序	文件编号：SQ-COP-03	版本：A
编制部门	技术部	编制日期：2019.12.9	页码：12/17

序号	作业流程	权责部门/人	作业要求	参考文件/使用表单
6.43	试生产控制	技术部 工程部 生产部 品管部 模具部	6.43.1 工艺工程师、品质工程师、模具工程师、工装工程师必须先对现场作业人员、工装、模具、设备及作业文件进行确认，确认完成后按《生产制造控制程序》执行试生产，并做好各项试生产记录。 6.43.2 品质人员按试生产控制计划进行各项检测，并做好各项检验记录，确保试生产产品质量不低于认可样品的质量状态。 6.43.3 工程部应对试生产物料、工装、工艺等出现的问题作好记录，并及时反馈项目组长。品管部应对试生产中的产品质量问题，作好记录并及时反馈项目组长。	《生产制造控制程序》
6.44	测量系统分析	品管部	6.44 品管部根据《MSA 计划》在试生产中取样，对试生产过程中的量检具进行 MSA 分析，分析方法和接收准则按 AIAG MSA 手册。	《MSA 计划》 AIAG MSA 手册
6.45	设备能力和初始过程能力研究	工程部 品管部	6.45 工程部在试产中取样对新设备进行设备能力（Cmk）研究，并形成设备能力报告；品管部根据《SPC 计划》在试生产中取样测量，对产品特殊特性进行初始过程能力研究，研究方法按 AIAG SPC 手册，接收准则按顾客要求，若顾客没有提出要求则按 AIAG PPAP 手册执行，并形成初始过程能力报告。	《SPC 计划》 AIAG SPC 手册 AIAG PPAP 手册
6.46	全尺寸检验和功能试验	品管部	6.46 品管部按控制计划中的规定，对产品进行全尺寸检验，并记录于《尺寸检验报告》；根据产品规范及顾客的工程规范和性能标准，按《新产品试验计划》在试生产中抽取所需样品进行功能、性能、可靠性和环境试验，并出具《实验室测试报告》。	《新产品试验计划》 《尺寸检验报告》 《实验室测试报告》
6.47	外观批准报告	品管部	6.47 品管部根据顾客指定的颜色和表面外观要求，单独完成该产品的《外观批准报告（AAR）》。	《外观批准报告（AAR）》
6.48	包装评价	技术部	6.48 生产部对试产产品按包装规范进行包装和标识，技术部设计工程师对试产产品及包装进行试装运试验，评价产品免受在正常运输中损伤和在不利环境下受到保护，评价结果形成《产品包装评价报告》。顾客规定的包装并不能免除技术部对包装方法的评价。	《产品包装评价报告》

文件名称	产品设计开发管理程序	文件编号：SQ-COP-03	版本：A
编制部门	技术部	编制日期：2019.12.9	页码：13/17

序号	作业流程	权责部门/人	作业要求	参考文件/使用表单
6.49	试生产总结报告	项目组长	6.49 试生产结束 3 个工作日内，各部门整理并提交各自试生产记录的数据、问题点等给项目组长，项目组长对试生产的结果进行总结，并形成包括以下内容的试生产总结报告： a）全尺寸检验报告； b）功能、性能、可靠性和环境试验等数据报告； c）产能分析报告； d）设备能力和初始过程能力分析报告等； e）各工序一次合格率，PPM 分析报告； f）防错结果的有效性； g）包装评价报告； h）试生产问题汇总； i）试生产通过判定：产品符合要求，达到项目策划时的设计目标、质量目标和可靠性目标要求，满足产能策划。	
6.50	试生产总结会议	技术部 各部门	6.50.1 项目组长应在试生产结束后的 5 个工作日内召开试生产总结会议。 6.50.2 试生产总结会议参加人员包括项目小组成员及试生产中各部门的关键人员，包括主要生产线组长、主要工位的操作员工、相关部门经理，必要时邀请公司高层参加。 6.50.3 对试生产总结报告的各项内容进行评审，对所有存在的问题确定改进措施，明确责任人、完成日期，将其列入《新产品试产问题跟踪表》中进行跟进。 6.50.4 若试生产未通过，需再次组织二次试生产。再次组织的试生产，必须保证关键岗位上的操作员工相对稳定，并确认所有未参与上次试生产的操作员工都接受了相关产线知识培训。	《新产品试产问题跟踪表》
6.51	编制生产控制计划	工程部 项目小组成员	6.51 生产控制计划是试生产控制计划的逻辑扩展，通过试生产为项目小组提供评价输出、评审控制计划并做出适当更改的机会。工程部和项目小组相关成员在试生产控制计划的基础上编制生产控制计划，并利用《控制计划检查表》进行评审。控制计划的编制参照 AIAG APQP&CP 手册及 IATF 16949 的附录 A 中的要求执行。	《控制计划检查表》 APQP&CP 手册

文件名称	产品设计开发管理程序	文件编号：SQ-COP-03	版本：A
编制部门	技术部	编制日期：2019.12.9	页码：14/17

序号	作业流程	权责部门/人	作业要求	参考文件/使用表单
6.52	制定过程批准的接收准则	工程部 项目小组成员	6.52 制造过程批准是在新产品量产启动（SOP）之前或者更改后重新启动时进行的过程确认活动。工程部组织项目小组成员制定《制造过程放行检查表》和制造过程批准的接收准则，为量产启动批准提供保障。	《制造过程放行检查表》
6.53	产品和过程设计开发输出的最终确认	项目组长及相关成员	6.53 项目组长召集小组相关成员利用《设计信息检查表》和《产品/过程质量体系检查表》对产品和过程设计开发输出的全部信息文件进行最终审查和确认，确保顾客生产件批准和按进度量产启动。	《设计信息检查表》 《产品/过程质量体系检查表》
6.54	PPAP 文件准备和提交	技术部 品管部	6.54 由技术部主导品管部协助完成PPAP所需的全部文件资料，并按顾客要求的等级（若顾客没有要求，则按默认等级 3）提交相应文件资料。具体按 AIAG PPAP 手册及本公司《生产件批准程序》执行。	AIAG PPAP 手册 《生产件批准程序》
6.55	顾客PPAP批准 NG	技术部 顾客	6.55 技术部保持与顾客的联络沟通，及时了解顾客对生产件批准的进展及结果。若首次提交未获得完全批准，则需改进后再次提交。	
6.56	OK 项目移交 正式文件发布	项目 组长 技术部	6.56 顾客 PPAP 批准后项目组长列出《新产品项目移交清单》，将产品和制造过程设计输出的全部文件资料移交给技术部文控中心，文控中心按《图纸技术文件控制程序》向各部门发行正式文件。	《新产品项目移交清单》 《图纸技术文件控制程序》
6.57	量产启动	业务部 生产部 模具部 工程部 品管部	6.57.1 业务部根据顾客订单需求发出量产通知；采购部按《采购管理程序》准备量产物料；模具部按《工装/模具设计制造管理程序》移交工装/模具；生产部按《生产计划管理程序》做出生产排程；制造部门按《生产制造控制程序》启动生产；工程部在量产中指导和监督工艺文件的执行；品管部按《检验和试验管理程序》和控制计划进行质量控制。 6.57.2 首次量产中出现的问题由工程部负责记录，并协同相关部门进行改进。	《采购管理程序》 《工装/模具设计制造管理程序》 《生产计划管理程序》 《生产制造控制程序》 《检验和试验管理程序》
6.58	早期生产遏制	品管部 生产部	6.58 与 SGM 有关的所有新项目开发，新产品早期生产时，必须做 GP12（早期生产遏制），即在正常检验结束后，在产品出厂前，临时增加的一道额外的 100%全检。具体按顾客 GP12 的要求执行。	

文件名称	产品设计开发管理程序	文件编号：SQ-COP-03	版本：A
编制部门	技术部	编制日期：2019.12.9	页码：15/17

序号	作业流程	权责部门/人	作业要求	参考文件/使用表单
6.59	减少过程变差	品管部 生产部	6.59 品管部按生产控制计划规定的控制图和其他统计技术作为识别过程变差的工具，分析和纠正措施用来减少变差。要做到持续地改进，不仅需要注意变差的特殊原因，还要了解其普通原因，并寻找减少这些变差来源，通过减少或消除普通原因可降低成本。应用方法按 AIAG SPC 手册。	AIAG SPC 手册
6.60	产品或过程更改	技术部 生产部 工程部	6.60 量产后由于顾客要求或内部问题改善需要而提出的产品设计更改或过程更改按《变更管理程序》执行。	《变更管理程序》
6.61	改进交付和服务	业务部 各部门	6.61 持续不断地改进交付和服务是公司的方针，当顾客现场出现问题及偏差时，业务部应及时和顾客沟通了解详细信息，与顾客有效合作纠正问题以使最终顾客满意，具体按《顾客投诉/退货管理程序》执行。	《顾客投诉/退货管理程序》
6.62	增进顾客满意	业务部 各部门	6.62 生产部应监视制造过程的绩效以证明符合顾客对产品质量和过程效率的要求；品管部通过对内部和外部绩效指标的持续评价来监视顾客对公司的满意度，以确保符合产品和过程规范及其他顾客要求；业务部定期进行顾客满意度调查，以监视顾客对其需求和期望已得到满足的程度的感受。具体按《顾客满意度管理程序》执行。	《顾客满意度管理程序》
6.63	有效的经验总结及最佳实践	技术部 品管部	6.63 技术部负责整理在产品质量策划中，及与顾客合作交流的过程中，吸取的经验教训或最佳实践，形成《项目经验和最佳实践报告》作为知识应用，这些教训或实践经验可包括但不限于： a）评审 TGR/TGW（运行良好/运行不良）报告； b）来自维修或其他性能指标的数据； c）纠正措施计划； d）新技术、新工艺的使用； e）DFMEA 及 PFMEA 学习。	《项目经验和最佳实践报告》

文件名称	产品设计开发管理程序	文件编号：SQ-COP-03	版本：A
编制部门	技术部	编制日期：2019.12.9	页码：16/17

7.附加说明

7.1 设计变更控制

在设计和开发期间各阶段提出的变更由项目小组评审和实施。量产后由于顾客要求或内部问题改善需要而提出的产品设计更改或过程更改按《变更管理程序》进行评审和实施，并按《图纸技术文件控制程序》更新和发布相关文件。

7.2 设计和开发过程的监视

7.2.1 技术部针对每个新产品开发项目建立《项目开发监视分析报告》用以确定对特定阶段的测量和分析评价，以确保设计过程的有效性和效率。特定阶段是指监控指标实现的阶段，如图纸设计阶段的设计出图时间；模治具设计和制作阶段的完成时间；样件制作阶段的样件完成时间及检测合格情况，试生产阶段的初始过程能力、一次合格率或 PPM；产品的质量风险（法规符合性、产品安全性等）、开发周期、开发成本等。

7.2.2 如果顾客有所要求时，技术部应在顾客规定或同意的阶段向顾客报告对产品和过程开发活动的测量。

7.2.3 每个项目完成后技术部应汇总全部的测量结果，作为管理评审的输入进行评审。提供后续新产品设计开发有用的经验和借鉴。

7.3 产品设计技能

为确保负有产品设计职责的人员有能力达成设计要求和完成设计任务，技术部负责识别设计人员所需掌握的必备的产品设计工具和技术技能，并在其岗位职责说明书中作出规定。

产品设计技能所适用的工具和技术可以考虑以下：

- 几何尺寸和公差（GD&T）；
- 质量功能展开（QFD）；
- 可制造设计/装配设计（DFM 和 DFA）；
- 价值工程（VE）；
- 实验设计（DOE）；
- 失效模式及后果分析（DFMEA/PFMEA）；
- 计算机辅助设计（CAD）/计算机辅助工程（CAE）；
- 先期产品质量策划和控制计划（APQP&CP）；
- 统计过程控制（SPC）；
- 测量系统分析（MSA）；
- 生产件批准程序（PPAP）。

以上工具和技术不是每个设计人员都必须全部掌握，而是根据设计人员所承担的任务去识别和确定。

7.4 产品安全和法规符合性管理

技术部负责建立《产品安全和法规符合性管理办法》用于与产品安全和法规符合性有关的产品和制造过程的管理。包含法规要求的识别；识别和控制在设计过程中和制造过程中产品安全相关的特性；定义职责，升级过程，反应计划，和包含高层管理和顾客的必要的信息流；FMEA和控制计划的特殊批准；产品可追溯性方法；相关人员培训；在供应链中传递等要求。

项目开发小组和各相关部门应按照《产品安全和法规符合性管理办法》实施相关活动。

7.5 保密要求

为确保与顾客协议的正在开发的产品、项目和有关产品信息不被外部或竞争对手获取，技

文件名称	产品设计开发管理程序	文件编号：SQ-COP-03	版本：A
编制部门	技术部	编制日期：2019.12.9	页码：17/17

术部负责控制对贮存机密性文件和数据（如电子档案或复印资料）的使用权限，并应特别注意与新项目和更改有关的机密。在未得到经顾客书面批准的情况下，任何人不得以任何方式泄漏给第三方。

8.参考文件

8.1 《新顾客开发和报价管理程序》

8.2 《工装/模具设计制造管理程序》

8.3 《图纸技术文件控制程序》

8.4 《生产制造控制程序》

8.5 《生产件批准程序》

8.6 《采购管理程序》

8.7 《生产计划管理程序》

8.8 《检验和试验管理程序》

8.9 《变更管理程序》

8.10 《顾客投诉/退货管理程序》

8.11 《顾客满意度管理程序》

8.12 《产品安全和法规符合性管理办法》

9.使用表单

《新产品开发建议书》 《新产品开发可行性评估表》 《顾客特定要求（CSR）管理表》 《新产品开发成本预算表》 《制造可行性分析表》 《产品报价分析表》 《项目小组成员及职责表》 《设计开发计划总表》 《设计开发输入评审表》 《新产品设计开发方案》 《设计任务书》 《设计 FMEA 检查表》 《产品可制造性和装配设计表》 《产品工程图样审查表》 《产品设计输出评审表》 《新设备、工装、量具和试验设备规划表》	《样件制作计划》 《样件试验计划》 《尺寸检验报告表》 《实验室测试报告》 《样件评审和确认记录表》 《样件确认报告》 《制造过程设计输入评审表》 《新产品产能策划表》 《设备需求与产能计划表》 《防错清单及验证计划》 《过程控制临时替代方法清单》 《新产品试验计划》 《MSA 计划》 《SPC 计划》 《过程流程图检查表》 《车间平面布置图检查表》 《自动化应用评价表》	《设备与操作者平衡评价表》 《生产线平衡与操作者需求计划表》 《人机工程与人的因素评价表》 《新设备、工装和试验设备检查表》 《过程 FMEA 检查表》 《控制计划检查表》 《制造过程设计输出评审表》 《试生产计划》 《试生产会议记录表》 《外观批准报告（AAR）》 《产品包装评价报告》 《新产品试产问题跟踪表》 《制造过程放行检查表》 《设计信息检查表》 《产品/过程质量体系检查表》 《新产品项目移交清单》 《项目开发监视分析报告》 《项目经验和最佳实践报告》

附表 SQ-45　　**设计开发计划总表**（参考示例）

顾客名称			**产品型号**				**产品名称**	
车型			**编制人**				**制/修订日期**	
序号	**工作项目**		**主导部门**	**负责人**	**预计日期**	**完成日期**	**输出描述**	
第一阶段：立项和策划								
1	信息收集及新产品开发提案		业务部				新产品开发建议书	
2	确定产品和服务要求		技术部				新产品开发可行性评估表	
3	识别顾客特定要求		技术部				顾客特定要求（CSR）管理表	
4	初始资料编制		技术部 工程部				产品和过程特殊特性初始清单 初始材料清单 初始过程流程图	
5	开发成本预算		技术部				新产品开发成本预算表	
6	可行性评审		技术部				新产品开发可行性评估表 制造可行性分析表	
7	立项批准		总经理				新产品可行性评估表 新产品开发成本预算表	
8	成本核算和报价		技术部				产品报价分析表	
9	成立项目小组		技术部				项目小组成员及职责表	
10	制定开发计划		项目小组				设计开发计划总表	
第二阶段：产品设计开发和验证								
11	设计输入评审		项目小组				设计开发输入评审表	
12	确定设计开发方案		项目小组				新产品设计开发方案	
13	下达设计任务		项目组长				设计任务书	
14	DFMEA 分析		项目小组				DFMEA 文件 设计 FMEA 检查表	
15	可制造性和装配设计		项目组长				产品可制造性和装配设计表	
16	外形/结构设计		设计工程师				产品外形 3D 图、二维图、零件图、结构部分的材料清单，产品特殊特性，包装图和规范及标签	
17	电子设计		设计工程师				电路图、电子零件图纸，产品特殊特性，服务诊断指南及维修和可服务性说明，电子部分的材料清单	
18	图纸审查		设计工程师				产品工程图样审查表	
19	设计输出评审		项目小组				产品设计输出评审表	
20	新设备、工装、量具和试验设备策划		项目小组				新设备、工装、量具和试验设备规划表	
21	工装/模具设计和制造		模具部				工装/模具图纸 工装/模具	
22	样件制作计划		项目组长				样件制作计划 样件试验计划	
23	样件材料准备		采购部				样件材料	
24	样件制作		技术部				产品样件	

25	样件测试	品管部				尺寸检验报告表 实验室测试报告
26	样件评审和确认	项目小组				样件评审和确认记录表
27	顾客确认	业务部 顾客				样件确认报告
第三阶段：制造过程设计开发和验证						
28	制造过程设计输入识别和评审	工程部				制造过程设计输入评审表
29	制造过程设计展开	工程部				制造过程流程图 制造过程平面布置图 产品和制造过程的特殊特性清单 工艺规范和工艺图纸 生产线平衡与操作者需求计划 工装和设备 设备维护计划
30	产能策划	工程部 生产部				新产品产能策划表 设备需求与产能计划表
31	PFMEA 分析	工程部及小组成员				PFMEA 文件
32	编制防错清单及验证计划	工程部				防错清单及验证计划
33	确定过程控制临时替代方法	工程部				过程控制临时替代方法清单
34	编制试生产控制计划	工程部 品管部				试生产控制计划
35	编制作业指导书	工程部				各工序作业指导书
36	编制检验规范和试验计划	品管部				进料检验规范、制程检验规范、成品检验规范、出货检验规范、产品审核规范、各项测试规范、新产品试验计划
37	制定 MSA 和 SPC 计划	品管部				MSA 计划 SPC 计划
38	制造过程设计输出评审和验证	工程部 项目小组				过程流程图检查表 车间平面布置图检查表 自动化应用评价表 设备与操作者平衡评价表 生产线平衡与操作者需求计划表 人机工程与人的因素评价表 过程 FMEA 检查表 控制计划检查表 新设备、工装和试验设备检查表 制造过程设计输出评审表
第四阶段：产品和过程确认（试生产）						
39	制定试生产计划	项目组长				试生产计划
40	试生产技术文件发行	技术部				试用文件发放记录
41	试生产准备	各部门				试生产所需物料、生产设施、设备、工装、检具、试验设备、工具、转运容器、生产人员、现场所需技术文件 人员培训记录

42	试生产说明会	项目组长				试生产会议记录表
43	试生产控制	生产部				试生产记录
44	测量系统分析	品管部				测量系统分析（MSA）报告
45	设备能力和初始过程能力研究	工程部 品管部				设备能力（Cmk）报告 初始过程能力（SPC）报告
46	全尺寸检验和功能试验	品管部				尺寸检验报告 实验室测试报告
47	外观批准报告	品管部				外观批准报告（AAR）
48	包装评价	技术部				产品包装评价报告
49	编制试生产总结报告	项目组长				试生产总结报告
50	试生产总结会议	项目组长				新产品试产问题跟踪表
51	编制生产控制计划	工程部 品管部				生产控制计划 控制计划检查表
52	制定过程批准的接收准则	工程部				制造过程放行检查表
53	产品和过程设计开发输出的最终确认	技术部 工程部				设计信息检查表 产品/过程质量体系检查表
54	PPAP 文件准备和提交	技术部 品管部				PPAP 文件包
55	顾客 PPAP 批准	顾客				PPAP 批准报告
56	项目移交正式文件发布	项目组长 技术部				新产品项目移交清单 技术文件发行记录
第五阶段：量产启动和持续改进						
57	量产启动	业务部 生产部				批量生产过程控制记录 首次量产问题记录
58	早期生产遏制	品管部				早期生产遏制检验和问题记录
59	减少过程变差	品管部 生产部				控制图 过程能力报告
60	产品或过程变更	技术部 工程部				变更评审记录
61	改进交付和服务	业务部 相关部门				顾客反馈意见 纠正措施计划
62	增进顾客满意度	业务部 各部门				顾客满意度调查信息 内部和外部绩效指标数据
63	设计和开发过程的监视	技术部				项目开发监视分析报告
64	有效的经验总结及最佳实践	技术部				项目经验和最佳实践报告

（本程序涉及的表单比较多，为节省篇幅就不一一列出了）

看完整个设计开发过程和那么多表单/记录，估计有些读者会晕了！的确，这个过程比较长！本过程所描述的产品设计相对比较复杂，涉及的 IATF 16949 条款也比较多。这是一个相对比较完整的设计开发流程案例，包含了“8.3 产品和服务的设计和开发”的要求并结合 APQP 五个阶段的输入输出进行了完整的策划。很多企业的产品设计可能没有那么复杂，可以根据需要有选择地使用其中的一些过程步骤和表单。

我们很多企业的产品设计开发都喜欢走捷径，急于求成，缺乏前期必要的可行性评估和论证，设计输出文件不完整、不充分，在设计开发过程中也忽略了必要的评审、验证、确认等控制活动，导致有些产品开发半途而废，有些产品量产后质量问题频发，顾客投诉/退货不断。有些企业甚至出现“产品开发三个月，产品修改三年”的现象，这是不遵循设计开发流程的结果。事实上，如果按设计开发各阶段的步骤实施和控制，看起来周期比较长和烦琐，但由于各环节的分析、优化、评审、验证和确认等活动已预防和减少了问题的发生，使得试生产能一次通过，量产能按时启动，反而节省了时间，提高了效率，降低了成本。

说到这里，顺便提一下众所周知的华为。

1997 年圣诞节前夕，53 岁的任正非带着华为诸多高管去了趟美国，到访 IBM 公司。

IBM 公司的 CEO 郭士纳亲自接见了任正非一行人，整整一天时间，从产品预研到项目管理，从生产流程到项目寿命终结的投资评审，IBM 高层做了极为详尽的介绍。

IBM 总部，右二为任正非，右一为郭士纳

为了强化任正非对 IPD（集成产品开发）的认识，IBM 副总裁送给他一本哈佛大学出版的关于研发管理的著作。后来，华为又买了几百本，分发给公司干部学习。

到访 IBM 公司，让任正非深刻地体会到，华为和世界级企业的管理差距之大。他下定决心，一定要学到 IBM 管理的精髓，不惜代价！只有如此，华为才能快速地走向国际化。

华为立刻与 IBM 谈合作，后者也毫不客气，鉴于华为是 IBM 在中国的第一个管理咨询项目，IBM 大中华区董事长及首席执行官周伟焜亲自作为谈判代表，开价就是 20 亿人民币。

这相当于华为一年多的利润。一位副总裁心痛地对任正非悄声说，我们砍砍价吧。任正非厉声反问："砍了价，你能对项目的风险负责吗？"

任正非当场拍板。

随后的 5 年，是华为痛苦"削足适履"的 5 年，"世界上最难的改革是革自己的命，而别人革自己的命，比自己革自己的命还要困难"。

1998 年 8 月 29 日，任正非召开动员誓师大会，"谁要是抵触变革，就离开华为！"他拍着桌子喊道。

50 多位西装革履的 IBM 顾问进驻华为，300 多名业务骨干从研发、市场、生产、财务等部门中被抽调出来，全力以赴配合 IBM 顾问的各项工作。

华为要在 3～5 年集中上马 IPD（集成产品开发）、ISC（集成供应链）等 8 个管理变革项目。华为的改革轰轰烈烈地开始了！

华为通过 IPD 试点惊讶地发现，虽然流程变得烦琐复杂，但产品研发的总周期居然被降低了 50%左右，看到效果后，华为立即将 IPD 全网铺开。

经过 5 年的变革，华为研发体系发生了脱胎换骨的变化：

- 产品投入市场时间缩短 40%～60%；
- 产品开发浪费减少 50%～80%；
- 产品开发生产效率提高 25%～30%；
- 新产品收益（占全部收益百分比）增加 100%。（来源|苏说财经）

文件范例【变更管理程序】

文件名称	变更管理程序	文件编号：SQ-COP-04	版本：A
编制部门	技术部	编制日期：2019.12.9	页码：1/3

1.目的

为确保产品设计变更和工程变更的及时性、有效性，提高生产效率和满足顾客要求，特制定此程序。

2.适用范围

本程序适用于初始产品批准后（PPAP 之后）顾客提出的设计变更和内部改进提出的设计变更，以及制造过程的工程更改。

3.术语和定义

3.1 设计变更：指由顾客提出或内部提出的影响到产品规范的更改，包括材料规范的更改。

3.2 工程变更：指生产制造过程中的工艺变更、作业方法更改、设备和工装的更改、检测手段的更改等。

4.职责

4.1 业务部：负责接收顾客提出的变更信息并反馈变更结果。

4.2 技术部：负责主导设计变更的评审、验证和确认。

4.3 工程部：负责主导工程变更的评审、验证和确认。

4.4 相关部门：负责参与评审、验证和确认，以及执行变更。

5.过程管理图

（本过程相关联的 ISO 9001&IATF 16949 条款：7.5.3.2.2/8.3.6/8.3.6.1/8.5.6/8.5.6.1）

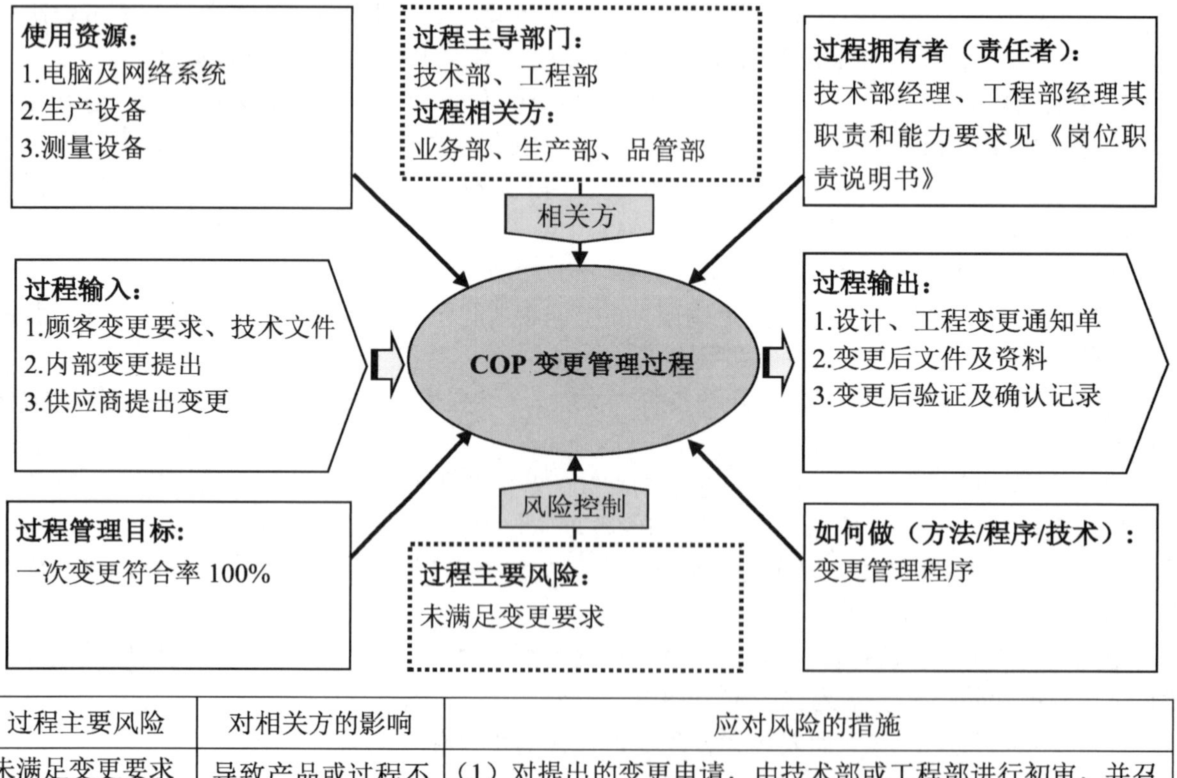

过程主要风险	对相关方的影响	应对风险的措施
未满足变更要求	导致产品或过程不符合，耽误生产和交付。	（1）对提出的变更申请，由技术部或工程部进行初审，并召开评审会研讨，确保理解变更要求和变更的可行性； （2）进行变更的验证和确认，必要时进行试生产验证； （3）技术部或工程部跟进变更的实施结果和有效性。

文件名称	变更管理程序	文件编号：SQ-COP-04	版本：A
编制部门	技术部	编制日期：2019.12.9	页码：2/3

6.作业内容

序号	作业流程	权责部门/人	作业要求	参考文件/使用表单
6.1	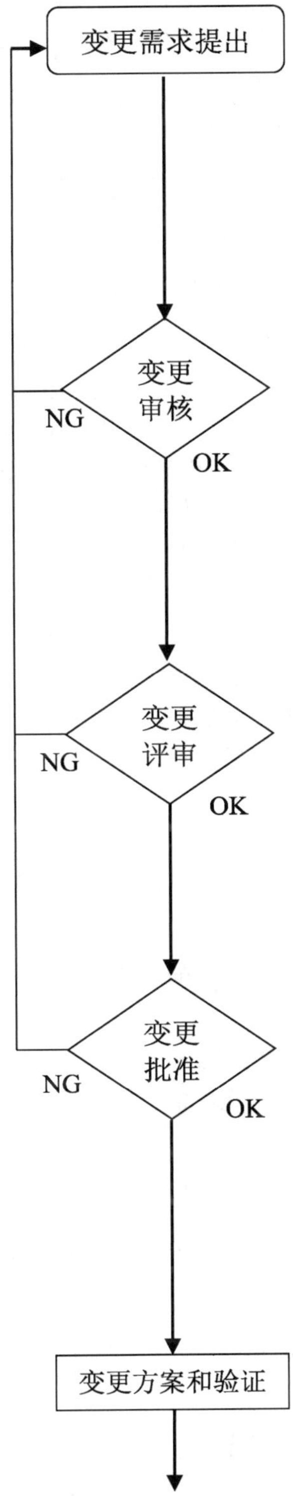	各部门	6.1.1 业务部负责接收顾客变更通知及有关产品变更的技术资料并提出变更需求。 6.1.2 采购部负责接收供应商有关材料变更建议并提出材料变更需求。 6.1.3 生产部或工程部为内部改进需要提出设计变更或工程变更需求。 6.1.4 各部门必须填写书面的《设计/工程变更申请单》提出变更申请。	《设计/工程变更申请单》
6.2		技术部 工程部	6.2 设计变更提交给技术部初审，工程变更提交工程部初审，初步评估变更的必要性、技术可行性和变更成本。若初审未通过，则在《设计/工程变更申请单》中说明原因返回申请部门。	《设计/工程变更申请单》
6.3		技术部 工程部	6.3.1 设计变更由技术部主导，相关部门参与，评价变更对可制造性和装配性、外形、功能、性能和/或耐久性的影响。 6.3.2 工程变更由工程部主导，相关部门参与，评价变更对可制造性和装配性、生产效率、成本的影响。 以上评审结果记录于《设计/工程变更申请单》。 6.3.3 对设计或工程变更可能存在的风险进行设计 FMEA 和/或制程 FMEA 分析。	《设计/工程变更申请单》
6.4		业务部 顾客 经理 总经理	6.4.1 对于非顾客提出的变更，且产品变更后在外观、功能、成本或其他方面有变动时，需要知会顾客，由业务人员向顾客报告变更原因、方案和结果，并提供《变更事前报告书》，得到顾客批准方可进行下一步工作。 6.4.2 未涉及顾客要求的内部变更由部门经理核准即可，若涉及设施设备新增或成本上升时须经总经理批准。	《变更事前报告书》 《设计/工程变更申请单》
6.5		技术部 工程部	6.5 对于批准的变更，则由技术部或工程部专案人员出变更方案和《变更验证计划和确认表》，相关部门积极配合，对其变更进行验证分析，保证变更的有效性。验证方法可以是试样、小批量试产等，设计变更需通过信赖性测试要求。	《变更验证计划和确认表》

文件名称	变更管理程序	文件编号：SQ-COP-04	版本：A
编制部门	技术部	编制日期：2019.12.9	页码：3/3

序号	作业流程	权责部门/人	作业要求	参考文件/使用表单
6.6	变更确认	技术部 工程部	6.6.1 技术部或工程部专案人员负责根据《变更验证计划和确认表》确定的项目及顾客要求进行验证和确认。 6.6.2 部门主管须确认验证过程，审核验证结果，确保变更满足预期结果。 6.6.3 若是产品设计变更或材料变更，应提交样件给顾客验证和确认。	《变更验证计划和确认表》
6.7	变更文件批准和发布	技术部 工程部 相关部门	6.7.1 变更确认后，技术或工程专案人员须对相应的工程图面及技术文件作修订，并经内部权责人员批准；当顾客有所要求时，应将变更的技术文件提交顾客批准。 6.7.2 变更所涉及的设计 FMEA、制程 FMEA、控制计划、SOP、SIP 及有关生产件批准文件，责任部门应对其进行同步更新。 6.7.2 变更后的图纸和技术文件按《图纸技术文件控制程序》发放和回收，同时以书面《设计/工程变更通知单》形式，通知各相关部门执行变更作业。	《图纸技术文件控制程序》 《设计/工程变更通知单》
6.8	生产中实施跟踪	技术部 工程部 生产部 品管部 业务部	6.8.1 生产部按变更后的文件要求执行生产作业，品管部按变更后的控制计划和检验规范执行检验，技术部和工程部跟踪生产中实施变更的情况，并在《设计/工程变更通知单》中记录实际生产实施的日期。 6.8.2 若是产品设计变更或材料变更，业务部应通知顾客变更后第一批生产产品交货计划，并按顾客要求对变更后首批产品的特别标识。 6.8.3 应针对变更内容跟踪变更后三批（或 3 个订单）产品的质量，若都未出现异常，方可证明变更的有效性，可以结案。	
6.9	资料和记录保存		6.9 从申请变更到结案的所有技术资料和记录，各部门按《文件和记录控制程序》保存。	《文件和记录控制程序》

7. 附加说明： 无

8. 参考文件

8.1 《图纸/技术文件控制程序》　　8.2 《文件和记录控制程序》

9. 使用表单

9.1 《设计/工程变更申请单》　　9.3 《变更验证计划和确认表》

9.2 《变更事前报告书》　　9.4 《设计/工程变更通知单》

<table>
<tr><td colspan="4">附表 SQ-46　　**变更申请（通知）单**（格式）</td></tr>
<tr><td colspan="4">客户名称：　　产品名称及图号：　　申请日期：</td></tr>
<tr><td colspan="2">申请变更部门：</td><td colspan="2">□客户要求变更　　□公司内部变更</td></tr>
<tr><td colspan="4">申请变更原因：</td></tr>
<tr><td colspan="4">变更内容：

申请人：　　申请部门主管审核：</td></tr>
<tr><td colspan="4">变更前产品确认（以下由业务部确认并填写）：</td></tr>
<tr><td colspan="4">1.变更前生产中是否有在制品？</td></tr>
<tr><td colspan="4">□无　　□有，生产中在制品的订单号：　　在制品数量：　　件
在制品处置方法：</td></tr>
<tr><td colspan="4">2.变更前是否有库存品？</td></tr>
<tr><td colspan="4">□无　　□有，库存品的订单号：　　库存品数量：　　件
库存品处置方法：</td></tr>
<tr><td colspan="4">各部门评审意见：</td></tr>
<tr><td>技术部</td><td>生产部</td><td>采购部</td><td>品管部</td></tr>
<tr><td>签名：</td><td>签名：</td><td>签名：</td><td>签名：</td></tr>
<tr><td colspan="4">变更决定（技术部填写）：</td></tr>
<tr><td colspan="4">□同意变更
需变更的文件：□图纸　□工艺文件　□控制计划　□PFMEA　□检验规范　□其他：
预计变更完成时间：_____年___月___日

□不同意变更
不同意变更理由：______________________________</td></tr>
<tr><td colspan="4">客户确认（业务部填写）：　　□不需确认
□需确认，确认结果：______________________________</td></tr>
<tr><td colspan="4">总经理核准（若涉及设施设备新增或成本上升时须经总经理批准才可变更）：

签名：　　日期：</td></tr>
<tr><td colspan="2">变更执行结果跟踪：</td><td colspan="2">实际变更在生产中实施时间：　　年　　月　　日</td></tr>
<tr><td colspan="2">技术部跟踪人：</td><td colspan="2">日期：</td></tr>
</table>

8.4 外部提供的过程、产品和服务的控制

ISO 9001:2015，质量管理体系—要求

8.4.1 总则

组织应确保外部提供的过程、产品和服务符合要求。

在下列情况下，组织应确定对外部提供的过程、产品和服务实施的控制：

a）外部供方的产品和服务将构成组织自身的产品和服务的一部分；

b）外部供方代表组织直接将产品和服务提供给顾客；

c）组织决定由外部供方提供过程或部分过程。

组织应基于外部供方按照要求提供过程、产品和服务的能力，确定并实施对外部供方的评价、选择、绩效监视以及再评价的准则。对于这些活动和由评价引发的任何必要的措施，组织应保留成文信息。

IATF 16949:2016 的补充和特别要求

8.4.1.1 总则—补充

组织应将影响顾客要求的所有产品和服务，例如子总成、排序、挑选、返工和校准服务，纳入其对外部提供的产品、过程和服务的定义范围。

【目的和意图】

本条款是对外部提供的过程、产品和服务控制的总体要求。其目的是确保外部提供的产品、服务或过程符合要求。外部供方并非组织的一部分，但其参与或影响组织产品和服务提供的过程，组织对其是否满足要求负责。

【理解和实施要点】

外部供方可能包括组织的公司总部、关联公司、供方或组织向其外包的人员。条款 8.4.1.1 对总则的补充，是强调 8.4 章节的所有要求可应用到包括提供子总成、排序、挑选、返工和校准服务的供方。

组织负责确保外部提供的过程、产品和服务符合要求（如进料检验或对外包服务供方的监督）。

组织应确定：

a）哪些内部过程需要委托外部供方提供，内部过程与外部提供过程的接口和互动，以及外部提供的过程、产品和服务对运行绩效的影响；

b）哪些外部提供的材料、组件或服务构成最终产品或服务的组成部分，或对产品或服务提供至关重要；

c）适用于对外部提供的过程、产品和服务的要求和特定控制，可基于其对组织运行和绩效的影响而定。

例如，组织可能要求：

——原材料符合技术规范，可通过检验或试验进行验证；

——合作公司提供的维护活动由具备确定能力的人员使用规定的安全设备完成；

——由关联公司（如提供装配组件的关联工厂）进行验证。

组织应建立对外部供方的控制和管理过程，该过程实施对外部供方的评价、选择、绩效监测以及再评价。通过实施该过程，组织能清晰地理解外部供方的当前能力，确定需要弥补的差距，以及确定这些问题的解决方案。

在母公司或顾客指定外部供方的情况下，组织不需要对这类供方进行评价和选择，但仍需对这类外部供方的绩效进行监视。

组织应对评价活动、评价结果及相应措施保持和保留必要的成文信息，这些成文信息包括有关文件和相应的记录。

IATF 16949:2016 的补充和特别要求

8.4.1.2 供应商选择过程

组织应有一个形成文件的供应商选择过程。选择过程应包括：

a）对所选供应商产品符合性以及组织向其顾客不间断产品供应的风险评估；

b）相关质量和交付绩效；

c）对供应商质量管理体系的评价；

d）多方论证决策；以及

e）对软件开发能力的评估，如适用。

应当考虑的其他供应商选择准则包括：

——汽车业务量（绝对值，以及占总业务量的百分比）；

——财务稳定性；

——采购的产品、材料或服务的复杂性；

——所需技术（产品或过程）；

——可用资源（如：人员、基础设施）的充分性；

——设计和开发能力（包括项目管理）；

——制造能力；

——更改管理过程；

——业务连续性规划（如：防灾准备、应急计划）；

——物流过程；

——顾客服务。

【目的和意图】

本条款要求必须建立形成文件的供应商选择过程，并明确了供应商选择过程必须包括的内容和可考虑选择的事项。

【理解和实施要点】

在条款 8.4.1 中要求组织应基于外部供方按照要求提供过程、产品和服务的能力，确定并实施对外部供方的评价、选择、绩效监视以及再评价的准则，但并未指出选择和评价准则的具体内容，本条款对供应商的选择过程规定了 5 项必须的内容和 11 项可选择的内容，如下：

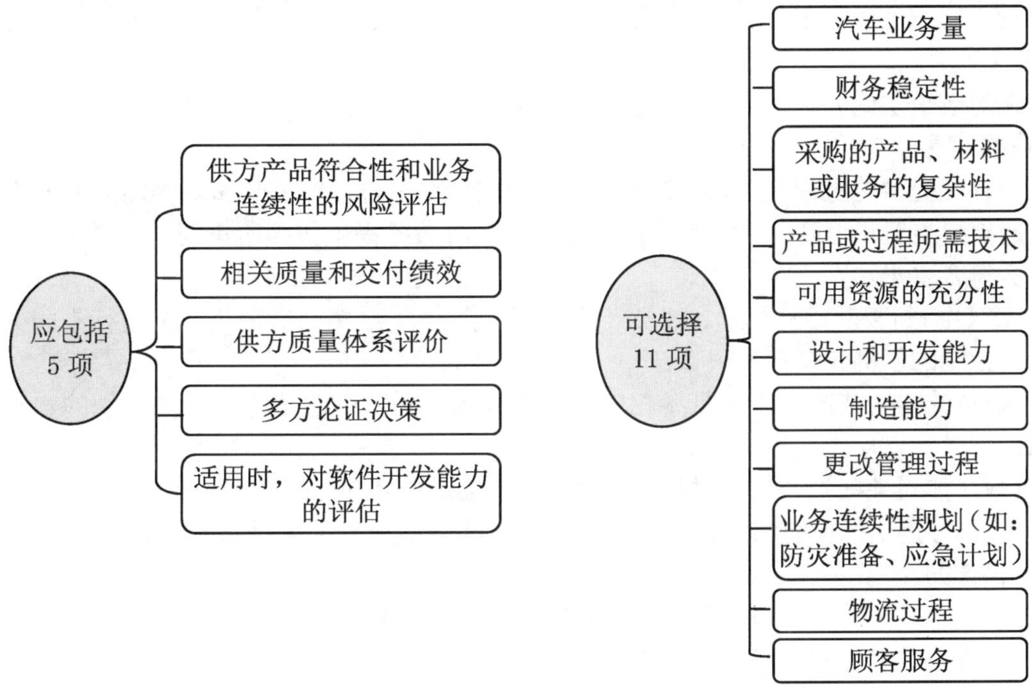

组织可根据供方提供的过程、产品和服务对组织稳定地向顾客交付合格产品和服务的能力可能产生的不利影响，将供方进行分类，如 A 类（主材料和外协供方）、B 类（辅助材料供方）、C 类（服务供方），针对不同类别的供方确定选择和评价的标准。

IATF 16949:2016 的补充和特别要求

8.4.1.3 顾客指定的货源（亦称“指向性购买”）

当顾客指定时，组织应从顾客指定的货源处采购产品、材料或服务。

第 8.4 条的所有要求（除了 IATF 16949 第 8.4.1.2 条中的要求）适用于组织对顾客指定货源的控制，除非组织与顾客之间的合同另有特殊约定。

【理解和实施要点】

本条款特别指出对顾客指定供应商的管理要求。当顾客指定时，组织必须从顾客指定的货源处采购产品、材料或服务。

对于顾客指定的供应商，组织除了没有选择的权力和责任外，其他对供方的控制要求都是适用的，如法律法规符合性、进料的检验和试验、服务监视和评价、供货绩效评价、第二方审核等。除非组织与顾客之间的合同另有特殊约定。

虽然是顾客指定的供应商，但并不能免除组织提供合格产品、材料或服务的责任。

ISO 9001:2015，质量管理体系—要求

8.4.2 控制类型和程度

组织应确保外部提供的过程、产品和服务不会对组织稳定地向顾客交付合格产品和服务的能力产生不利影响。

组织应：

a）确保外部提供的过程保持在其质量管理体系的控制之中；

b）规定对外部供方的控制及其输出结果的控制；

c）考虑：

1）外部提供的过程、产品和服务对组织稳定地满足顾客要求和适用的法律法规要求的能力的潜在影响；

2）由外部供方实施控制的有效性；

d）确定必要的验证或其他活动，以确保外部提供的过程、产品和服务满足要求。

【目的和意图】

本条款旨在对组织实施外部供方控制的类型和程度提出基本要求。

【理解和实施要点】

组织应基于外部提供的过程、产品或服务对组织稳定地交付合格产品和服务的能力所产生的潜在影响，确定控制类型和程度。这些控制旨在确保产品或服务提供按照所策划的安排进行，并确保产品或服务符合要求。

如根据 A 类（主材料和外协供方）、B 类（辅助材料供方）、C 类（服务供方）进行不同类型和程度的控制，控制的示例包括但不限于：

a）对于所提供的材料或产品，由具备相应资格的检验人员进行进货检验或在组织的实验室进行抽样测试；

b）接收查验（如对某些生产辅助材料仅简单验证品名、规格/型号及数量）；

c）评审分析供方提供的检验和测试报告或由第三方实验室出具的测试报告；

d）对服务供方的监视；

e）评价绩效数据，如国内外知名企业，长期保持质量 100%合格和准时交货；

f）对供方定期或不定期进行第二方审核。

表 3-27　外部供方的选择评价、输出控制、绩效监视以及再评价准则表（参考示例）

	供方类别		
	A 类	B 类	C 类
供方选择评价项目	供方产品符合性和业务连续性的风险评估； 产品质量； 交付能力； 对软件开发能力的评估，如适用； 汽车业务量（绝对值，以及占总业务量的百分比）； 财务稳定性； 设计和开发能力； 制造过程能力； 可用资源（如：人员、基础设施）的充分性； 业务连续性规划（应急计划）； 环保合规性； 物流过程； 顾客服务。	产品质量； 交付能力； 财务稳定性； 制造过程能力； 可用资源（如：人员、基础设施）的充分性； 业务连续性规划（应急计划）； 环保合规性； 物流过程； 顾客服务。	供方资质认可； 人员能力/资格； 财务稳定性； 可用资源（如：人员、基础设施）的充分性； 业务连续性规划（应急计划）； 环保合规性； 顾客服务。
对供方质量管理体系评价	认证证书 第二方质量管理体系审核 和/或过程审核 和/或产品审核	认证证书 或通过第二方质量管理体系审核	认证证书 或资格认可 或通过第二方质量管理体系审核
对供方输出控制方法	进料检验和试验 供方提供材料成分报告 供方提供有害物质报告	接收查验或进料检验和试验 或供方出货检验报告	服务过程监视 或服务结果评价 或服务结果报告
供方绩效监视指标	a）产品交付合格率； b）对顾客造成生产中断及顾客投诉次数； c）准时交付率； d）超额运费发生次数； e）与质量或交付有关的特殊状态顾客通知； f）经销商退货、保修、使用现场措施和召回。	a）产品交付合格率； b）准时交付率。	a）服务不满意次数； b）服务及时率。
供方再评价时机和方式	当供方月度或季度绩效评价为 C 级（含）以下时或发生重大客户投诉时，3 个月内进行第二方质量体系审核或过程审核； 年度绩效评价为 B 级的供方，每年至少一次第二方体系审核或过程审核。	当供方月度或季度绩效评价为 D 级或连续 3 次为 C 级时或发生重大质量异常时，3 个月内进行第二方质量体系审核。	当供方月度或季度绩效评价为 D 级或连续 3 次为 C 级时或发生重大服务异常时，重新评价或剔除合格供方名录。

注：A 类：主材料和外协供方；B 类：辅助材料供方；C 类：服务供方。

以上仅为参考示例，企业可根据实际需要进行分解细化或增加、修改、调整相关内容。对主材料、辅助材料、服务可分别进行定义。

IATF 16949:2016 的补充和特别要求

8.4.2.1 控制的类型和程度—补充

组织应有一个形成文件的过程，以识别外包过程并选择控制的类型和程度，用于验证外部提供的产品、过程和服务对内部（组织的）要求和外部顾客要求的符合性。

该过程应包括根据供应商绩效和产品、材料或服务风险评估，增加或减少控制类型和程度以及开发活动的准则和措施。

【理解和实施要点】

本条款的补充是强调组织应识别外包过程并确定对其控制的类型和程度。

如果组织的产品、零件加工、运输或服务等选择外包，应识别出来，并对其实施控制，包括对外包商的评估、资质验证、生产件批准、进货检验等。根据外包过程的不同，有些过程只要按条款8.4进行控制就可以满足要求，有些过程如产品设计外包除按条款8.4外还应按条款8.3要求对其进行控制。组织所选择的外包过程及其控制方法应在组织的质量手册及相关过程文件中加以说明和规定。

通过对外包商的绩效评价和对产品、材料或服务的风险评估，可适当增加或减少控制类型和程度以及开发活动的措施。也就是说，应根据实际需要调整对外部过程的控制措施，避免缺乏控制或过度控制。

IATF 16949:2016—认可解释（SI-7）对本条款有一个补充说明，原文如下：

编号	IATF 16949 参照	认可解释
7	8.4.2.1 控制的类型和程度----补充	组织应有一个形成文件的过程，以识别外包过程并选择控制的类型和程度，用于验证外部提供的产品、过程和服务对内部（组织的）要求和外部顾客要求的符合性。 该过程应包括根据供应商绩效和产品、材料或服务风险评估，增加或减少控制类型和程度以及开发活动的准则和措施。 **如果特性或组件在没有确认或控制的情况下“通过了”组织的质量管理体系，组织应确保在制造地点实施适当的控制。** ***改变的原理：*** *明确组织对特性通过的责任。*

这个认可解释的内容是指有些外部过程的产品特性或组件在进料时不易或不能经济的验证或确认其是否合格，但此种特性或组件在生产加工或组装后可以比较容易地检验或验证，因此在组织质量管理体系的进料控制中给予了放行，但要求确保在制造地点实施适当的控制。

IATF 16949:2016 的补充和特别要求

8.4.2.2 法律法规要求

组织应有形成文件的过程，确保所采购的产品、过程和服务符合收货国、发运国和顾客确定的目的国（如有提供）的现行适用法律法规要求。

如果顾客为特定产品符合法津法规要求确定了特殊控制，组织应确保按照规定实施并保持这些控制，包括在供应商处。

【理解和实施要点】

本条款是强调组织必须有形成文件的过程，用以识别和管理所采购的产品、过程和服务符合收货国（制造地点所在国家）、发运国（顾客的收货地点所在国）及顾客确定的目的国（车辆销售的国家）的现行适用法律法规要求。

如果顾客为特定产品符合法律法规要求确定了特殊控制（顾客特定要求），组织应确保按照规定实施并保持这些控制，包括在供应商处实施的控制。

本条款可结合“8.6.5 法律法规的符合性”的要求一起实施。

关于本条款，IATF 16949:2016—常见问题解答（FAQ-9 和 FAQ-24）解答了相关问题，内容如下：

编号	IATF 16949 参照	问题和答案
9	**8.4.2.2 法律法规要求 以及 8.6.5 法律法规符合性**	**问题 1：** 关于法律法规的一致性的观点是什么？被认为是符合适用的法律法规要求的充分证据（8.6.5）是什么？ **解答 1：** 如 8.3.3.1 和 8.3.4.2 条款中所定义的，组织必须采取一种方法来研究、识别、取得副本、审查、理解并确保其在制造产品的国家和在运送产品的目的地国生产的产品符合法律法规要求。 第 8.4.2.2 条款的意图是组织应设计其产品开发方法/业务过程和供应商管理方法/业务过程，从供应商那里获得由供应商提供的服务符合供应商制造国的、组织使用国的，以及组织将产品运送到的目的地国的（如果由顾客提供）法律法规要求的证明和证据的一种或多种方法。 第 8.6.5 条款的意图是要求组织检验从供应商处收到的一致性/合规性记录，以确保供应商提供的证据涵盖产品的批次代码、批号或可比较的可追溯性信息。这可以从供应商处收到，或在产品存货时完成，但必须在产品放行到组织的生产过程之前完成。 **问题 2：** 从 ISO / TS 16949 到 IATF 16949 ，第 8.4.2.2 条款的意图是否发生了改变？ **解答 2：** 条款的意图没有改变。ISO / TS 16949 的要求是“所有购买的产品应符合适用的法律法规要求”。 在这种“被动语态”的措辞中，显然没有明确 IATF 的期望。新要求更明确的是要做什么，什么时候完成，需要哪些证据来支持合规性。 **问题 3：** 你如何管理和维护当前关于国际供应商的法律法规要求的知识？ **解答 3：** IATF 16949 第 8.6.5 条款并不要求组织为所购买的外部提供的过程、产品或服务知道或保留所有国际法律法规要求的清单。 要求组织检查结果、审核或以其他方式定期验证供应商的过程是否健全并确保其符合最新的适用法律法规和其他要求、其制造国以及客户指定的国家的法律法规和其他要求。 **问题 4：** 如果顾客没有向组织传达信息，我们的系统如何理解法律法规要求？ **解答 4：** 该条款的措辞是期望顾客向产品将要运送到的组织提供信息。由于这些目的地的变化而引起的适用法律法规要求的变化只是由顾客“如果提供”给组织的要求。

编号	IATF 16949 参照	问题和答案
24	**8.4.2.2 法律法规要求**	**问题 1：** 如果组织不负责产品设计，因此只是按照客户的设计制造产品，那么组织是否可以免除 8.4.2.2 中的要求？ **解答 1：** 不可以，所有组织无论其产品设计责任如何，都必须满足 8.4.2.2 的适用要求。适用要求涉及组织负责的采购的产品、过程和服务。 **问题 2：** 如果客户没有提供目的地国的完整清单，组织是否需要向客户请求该清单？ **解答 2：** 是的，如果客户没有提供目的地国家的完整清单，则要求组织向客户索取该清单。注： “收货国”是本组织的所在地。（制造地点所在国家） “发运国”是客户的收货地点。（生产基地运往的国家） “目的国”是车辆销售的国家。（最终产品最初销售的国家） **问题 3：** 如果客户不向组织提供目的地国家的信息，后果会怎样？ 在这种情况下，组织需要记录什么？ **解答 3：** 如果组织声称客户没有提供目的地国家的必要信息，组织应该能够提供书面证据（例如信件、电子邮件、会议记录等）以证明他们为获取这些信息所做的努力。 **问题 4：** 客户应该提供关于目的地国家的什么级别的详细信息？像“全球每个国家”这样的一般性声明是恰当的回应吗？ **解答 4：** 不是，像“全球每个国家”这样的一般性声明是不能接受的。客户应向组织提供车辆最初销售国的特定清单。 **问题 5：** 适用的法律和法规要求通常与产品的相关使用相关联。根据使用情况，有些零部件可能成为与安全相关的产品。基于上述陈述，客户是否需要向组织提供关于预期用途的详细信息？ **解答 5：** 预期客户将向组织提供有关特性的信息，这些特性与识别满足适用的法律和法规要求的必要控制相关（例如：特殊特性）。

结合“8.4.2.2 法律法规要求”和“8.6.5 法律法规符合性”，组织可建立采购的产品、过程和服务应符合的法律法规要求清单，以下为参考示例。

表 3-28 与采购产品、过程和服务有关的法律法规符合性要求表（参考示例）

采购的产品、过程或服务类别	适用的法律法规			顾客要求的特殊控制	需提供的证据
	收货国	发运国	目的国（若顾客有提供）		
电镀件	汽车禁用物质要求（GBT 30512—2014）	ROHS2.0	ROHS2.0	无	内部或外部认可实验室检测报告

IATF 16949:2016 的补充和特别要求

8.4.2.3 供应商质量管理体系开发

组织应要求其汽车产品和服务供应商开发、实施并改进一个通过 ISO 9001 认证的质量管理体系，除非顾客另行授权【如：下文的 a）项】，最终目标是通过本汽车 QMS 标准的认证。除非顾客另有规定，应当根据以下顺序来达成本要求：

a）经由第二方审核符合 ISO 9001；

b）经由第三方审核通过 ISO 9001 认证；除非顾客另有规定，组织的供应商应通过保持认证机构出具的第三方认证证明来证实对 ISO 9001 的符合性，证明上应有被承认的 IAF MLA（国际认可论坛多边相互承认协议）成员的认可标志，其中，认可机构的主要范围包括 ISO/IEC 17021 管理体系认证；

c）经由第二方审核通过 ISO 9001 认证，同时符合其他顾客确定的质量管理体系要求（例如：次级供应商最低汽车质量管理体系要求【MAQMSR】或等效要求）；

d）通过 ISO 9001 认证，同时经由第二方审核符合 IATF 16949；

e）经由第三方审核通过 IATF 16949 认证（IATF 认可的认证机构进行的有效的供应商 IATF 16949 第三方认证）。

IATF 16949:2016—认可解释（SI-8）对本条款进行了修改，原文如下：

编号	IATF 16949 参照	认可解释
8 *修订*	8.4.2.3 供应商质量管理体系开发	组织应要求其汽车产品和服务供应商开发，实施和改进质量管理体系（QMS），**最终目标是合格的组织获得本汽车质量管理体系标准的认证。** **使用基于风险的模型，组织应为每个供应商确定可接受的 QMS 开发最低水平和 QMS 开发目标水平。** ~~ISO9001 认证，~~除非顾客另行授权~~[如：下文的 a)项]，~~ISO 9001 **认证的质量管理体系是开发可接受的最低水平。 根据当前绩效和顾客的潜在风险，目标是将供应商转移到以下质量管理体系开发进程：**~~最终目标是通过本汽车 QMS 标准的认证。除非顾客另有规定，应当根据以下顺序来达成本要求：~~
		~~a)由第二方审核符合 ISO 9001；~~ b)经由第三方审核通过 ISO 9001 认证；除非顾客另有规定，组织的供应商应通过保持认证机构出具的第三方认证证明来证实对 ISO 9001 的符合性，证明上应有被承认的 IAF MLA（国际认可论坛多边相互承认协议）成员的认可标志，其中，认可机构的主要范围包括 ISO/IEC 17021 管理体系认证； c)经由第二方审核通过 ISO 9001 认证，同时符合其它顾客确定的质量管理体系要求（例如：次级供应商最低汽车质量管理体系要求[MAQMSR]或等效要求）； d)通过 ISO 9001 认证，同时经由第二方审核符合 IATF 16949； e)经由第三方审核通过 IATF 16949 认证（IATF 认可的认证机构进行的有效的供应商 IATF 16949 第三方认证）。 **注：如果顾客授权，QMS 开发可接受的最低水平可以是通过第二方审核符合 ISO 9001。** ***改变的原理：*** *明确预期的供应商质量管理体系开发进程。 这种方法支持标准第 8.4 节强调的“基于风险的思维”概念。**在第一段中增加了“适用”的附加说明，以说明那些没有资格获得 IATF 16949 认证的组织(包括但不限于以下例子:废金属供应商、提供运输和后勤支持的卡车公司等)。***

【理解和实施要点】

本条款要求组织根据对供应商的风险评估状况，确定每个供应商的最低质量管理体系水平和目标水平，并做出供应商质量管理体系开发的计划，从而使供应商从最低质量管理体系水平逐步提升到目标水平，可以采取渐进式的方法，而不强制一步到位。

组织可根据供应商提供的过程、产品或服务的不同进行分类评估，如 A 类（主材料和外协供方）、B 类（辅助材料供方）、C 类（服务供方）确定不同的质量管理体系水平要求。若得到顾客同意，供方质量管理体系可接受的最低水平是通过第二方审核符合 ISO 9001 标准，最终目标是通过 IATF 16949 的第三方认证。

本条款中出现的 IAF、ISO/IEC 17021、MAQMSR，简要说明如下：

IAF 是国际认可论坛（International Accreditation Forum）的缩写，成立于 1993 年 1 月。现有 97 个成员机构，是由世界各国的认可机构、认证机构及其用户共同组成的国际认可合作组织。目标是通过促进各国统一实施认证认可国际标准，建立多边互认体系，促进全球贸易便利化，实现“一次认可，全球通行”。

IAF 建立了国际认可论坛多边承认协议。通过 IAF 全面系统的国际同行评审，认可制度符合相关国际准则要求的国家认可机构签署 IAF MLA（国际认可论坛多边相互承认协议），由 IAF MLA 的全体签约机构组成 IAF MLA 集团，IAF MLA 集团现有签约认可机构共 37 个，我国认可机构（CNAS）是 IAF MLA 集团的正式签约方，中国也是 17 个发起国之一。

国家认可机构只有加入了 IAF MLA 集团，才能表明其认可结果是等效的，带有该签约方认可标志的认证证书才具有国际等效性和互认性。

CNAS 是中国合格评定国家认可委员会的英文缩写，是根据《中华人民共和国认证认可条例》的规定，由国家认证认可监督管理委员会（CNCA）批准设立并授权的国家认可机构，统一负责对认证机构、实验室和检验机构等相关机构的认可工作。

质量认证证书上带有 IAF 和 CNAS 字样，是指该证书是通过了国际认可论坛和中国合格评定国家认可委员会认证的证书。

ISO/IEC 17021 是国际标准《合格评定 管理体系审核与认证机构要求》，是对管理体系认证机构的基本认可准则。我国的 CNAS-CC01:2015《管理体系认证机构要求》，等同采用国际标准 ISO/IEC 17021-1:2015《合格评定 管理体系审核与认证机构的要求 第 1 部分：要求》。

MAQMSR 是 Minimum Automotive Quality Management System Requirements for Sub-Tier Suppliers（次级供应商最低汽车质量管理体系要求）的简称，是由 IATF 发布的为汽车供应商质量管理体系开发选择的最低汽车质量管理体系要求，其中只有 9 个方面的要求，并与 IATF 16949 章节对照，目前最新版是 2017 版。由顾客确定是否采用该要求评价供应商。

本条款组织可建立《供应商质量管理体系开发计划表》予以实施，以下为参考示例。

表 3-29 供应商质量管理体系开发计划表（参考示例）

供方类别	供方名称	所提供产品、过程或服务	现有 QMS 水平	最低 QMS 水平要求	QMS 目标水平	提升计划		
						2019 年	2020 年	2021 年
A	甲	电机轴	ISO 9001 认证	ISO 9001 认证	IATF 16949 认证		IATF 16949 认证	
A	乙	五金零件	通过第二方审核符合 ISO 9001	ISO 9001 认证	ISO 9001 认证+MAQMSR	ISO 9001 认证	ISO 9001 认证+MAQMSR	
B	丙	包装材料	通过第二方审核符合 ISO 9001	通过第二方审核符合 ISO 9001	ISO 9001 认证		ISO 9001 认证	
……	……	……						
注：A 类：主材料和外协供方； B 类：辅助材料供方； C 类：服务供方。								

供应商质量管理体系水平开发的顺序可参照以下顺序逐步提高，也可以越级提升。

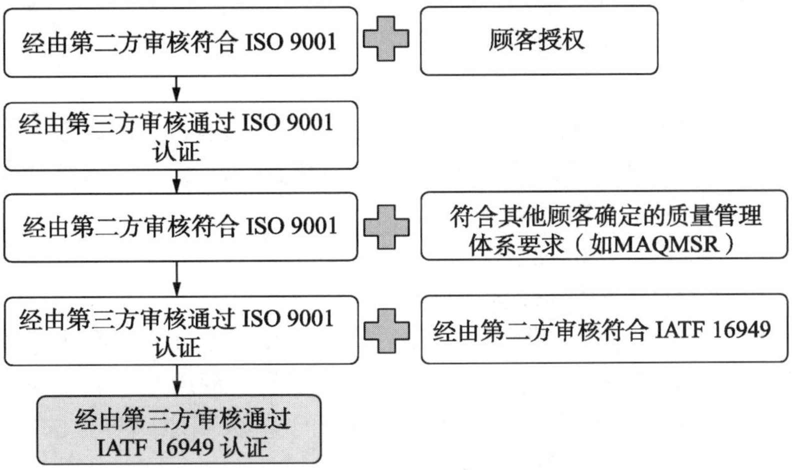

IATF 16949:2016 的补充和特别要求

8.4.2.3.1　汽车产品相关软件或带有嵌入式软件的汽车产品

组织应要求其汽车产品相关软件或带有嵌入式软件的汽车产品的供应商为各自产品实施并保持一个软件质量保证过程。

应采用软件开发评估方法来评估供应商的软件开发过程。组织应按照风险和对顾客潜在影响的优先级，要求供应商为软件开发能力自评估保存形成文件的信息。

【理解和实施要点】

此条款增加对软件开发评估方法的要求。这些要求与 8.3 章节提出的是一致的，但现在被扩展应用到供应商。具体请参照“8.3.2.3 带有嵌入式软件的产品的开发”的理解说明，在此不再赘述。

IATF 16949:2016 的补充和特别要求

8.4.2.4　供应商监视

组织应为供应商绩效评价制定形成文件的过程和准则，以便确保外部提供的产品、过程和服务符合内部要求和外部顾客要求。

至少应监视以下供应商绩效指标：

a）已交付产品对要求的符合性；

b）在收货工厂对顾客造成的干扰，包括整车候检和停车出货；

c）交付排程的绩效；

d）超额运费发生次数。

如顾客有所规定，组织还应视情况在供应商绩效监视中包括：

e）与质量或交付有关的特殊状态顾客通知；

f）经销商退货、保修、使用现场措施和召回。

【理解和实施要点】

本条款规定了对供应商绩效监视的指标，这些指标可作为对供应商定期（如月度、季度、年度）进行等级评价的内容，简要说明如下：

a）已交付产品对要求的符合性；

——即交付产品的合格率，或以顾客线上不良 PPM 表述。

b）在收货工厂对顾客造成的干扰，包括整车候检和停车出货；

——对顾客造成的干扰，对整车厂而言，包括整车候检和停车出货；对非整车厂顾客而言，包括生产中断、整批退货。

c）交付排程的绩效；

——100%准时交付绩效目标。

d）超额运费发生次数；

——可能由于方法、数量、未按计划或延迟交付等原因引起的，在运输方面超出的成本或费用。此前的 ISO/TS 16949 是要求统计超额运费实际发生额，现在仅要求统计发生次数，实际发生额可能比次数更直观地体现损失成本。

如顾客有所规定，组织还应视情况在供应商绩效监视中包括：

e）与质量或交付有关的特殊状态顾客通知；

——特殊状态是指由于重大质量或交付问题，使得一项或多项顾客要求未能得到满足时，顾客给组织发出分类等级的特殊通知，如证书暂停、停止供货、通用汽车新业务暂停、二级控制交运、福特的 Q1 撤回、大众汽车质量状态 C 等。（指由于供应商原因导致的顾客特殊状态通知）

f）经销商退货、保修、使用现场措施和召回。

——指来自售后市场的退货、保修、使用现场采取的措施及召回等方面的数据。

组织应持续评审上述内容，并针对供应商监视数据采取必要的改进措施。

IATF 16949:2016 的补充和特别要求

8.4.2.4.1 第二方审核

组织的供应商管理方法中应包括一个第二方审核过程。第二方审核可以用于：

a）供应商风险评估；

b）供应商监视；

c）供应商质量管理体系开发；

d）产品审核；

e）过程审核。

基于风险分析，包括产品安全/法规要求、供应商绩效和质量管理体系认证水平，组织应至少对第二方审核的需求、类型、频率和范围的确定准则形成文件。

组织应保留第二方审核报告的记录；

如果第二方审核的范围是评估供应商的质量管理体系，则方法应与汽车过程方法相符。

注：可从 IATF 审核员指南和 ISO 19011 获得指导。

【理解和实施要点】

此为 IATF 16949 新增条款，意图是将 OEM 顾客特定要求匹配到 IATF 16949 标准中，并作为供应商管理方法之一。

第二方审核可以用于：

a）供应商风险评估；

——通过第二方审核评估供应商的产品安全、质量和交付风险。

b）供应商监视；

——根据供应商的绩效表现，使用第二方审核对供应商进行监视。

c）供应商质量管理体系开发；

——通过第二方审核结果，做出供应商质量体系开发和提升计划。

d）产品审核；

——对供应商进行第二方产品审核。

e）过程审核。

——对供应商进行第二方过程审核。

当对供应商进行第二方质量管理体系审核时，审核方法应采用汽车过程审核方法。

基于风险分析，包括产品安全/法规要求、供应商绩效和质量管理体系认证水平，组织应至少对第二方审核的需求、类型、频率和范围的确定准则形成文件。以下为参考示例。

表 3-30 第二方审核计划（参考示例）

供方类别	供方名称	供方关键因素评价				第二方审核用于	审核类型	供方监视审核频次	审核时间安排
		涉及产品安全/法规	产品复杂性	供方绩效	供方 QMS 认证水平	a）供应商开发评估 b）供应商体系开发 c）供应商监视	①体系审核 ②过程审核 ③产品审核		
A 类	甲	√	√	A 级	IATF 16949	a)、b)、c)	①、②、③	每年 1 次	2019.08
B 类	乙	/	/	B 级	ISO 9001	a)、b)、c)	①	同上	2019.10
C 类	丙	/	/	A 级	ISO 9001	a)、c)	①	3 年	2020.06

IATF 16949:2016—常见问题解答（FAQ-16）提出了关于低风险供应商的问题，内容如下：

编号	IATF 16949 参照	问题和答案
16	**8.4.2.4.1 第二方审核**	**问题：** 如果组织的供应商有低风险，需要进行第二方审核吗？目的是什么？ **解答：** 在 ISO 9001:2015 的推动下，基于风险的思维方式需要被纳入供应商管理。需要根据风险评估的结果（见下文）完成风险分析，因此可能不需要进行第二方审核。 为了支持风险分析，组织需要考虑以下标准：供应商认证状态、商品复杂性、新产品发布、显著的员工流动率、产品质量问题、交付问题、顾客特定要求以及对组织或对其顾客的其他风险。

IATF 16949:2016 的补充和特别要求

8.4.2.5 供应商开发

组织应为其活跃供应商确定所需供应商开发行动的优先级、类型、程度和时程安排。用于确定的输入应包括但不限于：

a）通过供应商监视（见第 8.4.2.4 条）识别的绩效问题；

b）第二方审核发现（见第 8.4.2.4.1 条）；

c）第三方质量管理体系认证状态；

d）风险分析。

组织应采取必要措施，以解决未决的（不符合要求的）绩效问题并寻求持续改进的机会。

【理解和实施要点】

此为 IATF 16949 新增条款，标题是供应商开发，但意图并不是开发新的供应商，而是开发供应商的优先提升计划，旨在考虑与供应商合作的短期和长期的目标。

短期目标将通常关注供应商产品，并将确定适合的方法来确保从每个供应商处采购的产品质量满足要求。长期目标将通常关注供应商 QMS 和制造过程，并考虑通过辅导、培训提升供应商的质量控制能力，从而进一步降低风险。

从下图可以看出，对供方的控制是事前预防对策，对供方输出的控制是事后探测行为，逐步增加对供方控制的投入，则会逐步降低对供方输出控制的投入，从而减少了不符合的风险。

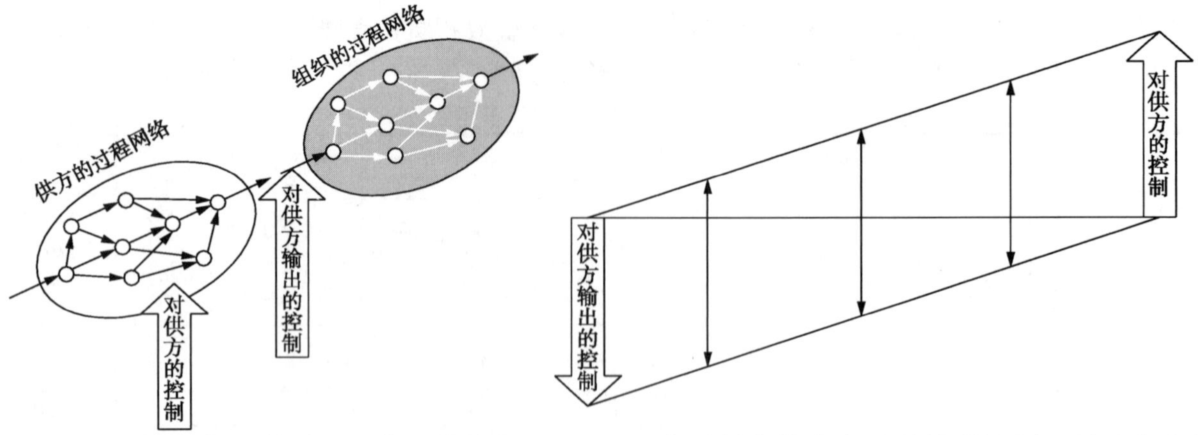

组织可根据供方类别、风险、绩效表现、QMS 水平制定供应商改善提升计划，以建立和供应商长期合作的关系。以下仅为参考示例。

表 3-31 供应商优先改善提升计划（参考示例）

供方类别	供方名称	供方关键因素评价				第二方审核发现的主要问题或评价等级	对供方拟采取的改善措施	时程安排	负责人
		涉及产品安全/法规	产品复杂性	供方绩效	供方 QMS 认证水平				
A 类	甲	√	√	质量绩效低于顾客要求的目标值	IATF 16949	如过程审核 B 级	1.体系辅导 2.质量工具培训 3.小组问题分析与解决	2019.10—2020.03	SQE 张工
	乙								
	丙								

ISO 9001:2015，质量管理体系—要求

8.4.3 提供给外部供方的信息

组织应确保在与外部供方沟通之前所确定的要求是充分和适宜的。

组织应与外部供方沟通以下要求：

a）需提供的过程、产品和服务；

b）对下列内容的批准：

1）产品和服务；

2）方法、过程和设备；

3）产品和服务的放行。

c）能力，包括所要求的人员资格；

d）外部供方与组织的互动；

e）组织使用的对外部供方绩效的控制和监视；

f）组织或其顾客拟在外部供方现场实施的验证或确认活动。

【目的和意图】

本条款旨在确保组织针对外部提供的过程、产品或服务，向外部供方明确所提供的信息和控制要求，从而避免对其运行或顾客满意度产生负面影响。

【理解和实施要点】

组织在与外部供方签订采购合同或发出采购订单时，应向外部供方提供的信息包括但不限于：

a）需提供的过程、产品和服务；

——组织应确保其要求完整、明确，并对可能引起模糊或混淆之处做出说明，组织和外部供方应就所要求的内容达成一致。在签订订单时，明确说明所有的相关细节很重要，这些细节可包括零件图纸/规格、类别或型号、响应时间以及规定的交付日期和地点等。

b）对下列内容的批准：

1）产品和服务；

——对外部供方提供的产品和服务，在供方批量生产前或服务提供前得到组织的批准，如样件确认或服务演示及体验。

2）方法、过程和设备；

——对供方使用的方法、工艺和设备/工装的批准，如 PPAP 文件批准。

3）产品和服务的放行。

——对供方的产品和服务的放行准则，如分析报告或测试结果、抽样标准。

c）能力，包括所要求的人员资格；

——规定对外部供方人员所需的任何能力的要求，如具有资格证书的焊工或具备相应能力的检验和试验人员等。

d）外部供方与组织的互动；

——应将外部供方与组织沟通方式的要求纳入这些信息，如经过策划的一系列进度评审会议或规定组织中的主要联系人。

e）组织使用的对外部供方绩效的控制和监视；

——如上述 8.4.2.4 对外部供方绩效监视。组织采用的监视类型和频次，规定外部供方必须达到的绩效水平，或提供与如何沟通组织绩效评价结果相关的信息。

f）组织或其顾客拟在外部供方现场实施的验证或确认活动。

——组织或其顾客有时可能需要在外部供方的场所进行验证或确认。这种验证或确认可能因产品尺寸、服务性质或交付时间受限所致。在这些情况下，组织应提供有关这些安排的信息，如验证和确认的时间安排以及需要由外部供方提供的任何其他事项（如办公场所、行政支持或测试设施等）。

IATF 16949:2016 的补充和特别要求

8.4.3.1 外部供方的信息—补充

组织应向其供应商传达所有适用法律法规要求以及产品和过程特殊特性，并要求供应商沿着供应链直至制造，贯彻所有适用的要求。

【理解和实施要点】

通过此新增条款，组织被要求向他们的供应链提供关键信息，包括所有适用的法律法规要求及产品和过程特殊特性，并将这些要求贯彻到供应链中的制造过程，以确保得到落实。

在“4.4.1.2 产品安全”中也要求“k）整个供应链中关于产品安全要求的转移，包括顾客指定的货源（见第 8.4.3.1 条）”。

产品安全、法律法规要求及产品和过程特殊特性的控制要求，可以通过图纸、规范、质量/技术协议等方式传达至供应链，并监视和测量执行结果。

【实施建议和应用案例】

整个 8.4 条款的实施可建立供应商管理过程、采购管理过程、外包管理过程等过程文件进行控制，外包过程的管理也可以合并到采购管理过程中。以下的文件范例仅供参考。

文件范例【供应商管理程序】

文件名称	供应商管理程序	文件编号：SQ-SP-06	版本：A
编制部门	采购部	编制日期：2019.12.9	页码：1/5

1.目的

对供应商进行开发和评定，选择合格的供应商，并监视供应商的绩效和供应商质量保证能力，确保供应商所提供的产品质量、交期和服务持续满足本公司的要求，特制定本程序。

2.适用范围

适用于本公司生产用材料的供应商和外包加工过程及服务的供应商管理。

3.术语和定义

3.1 原材料：板材、钢材、铜材、铝材等生产直接材料。

3.2 辅助材料：治具、刀具、油品、包装材料、五金工具等。

3.3 外包：是指本公司基于技术能力、成本、设备或产能等的考虑，对组成产品的零部件、半成品、成品或服务方面委托外部厂商加工或处理。

3.4 服务供方：为本公司提供物流、产品检测、校准、设备维修等服务的供方。

3.5 超额运费：合同交付之外发生的超出成本或费用。它可能是由于方法、数量、未按计划或延迟交付等原因引起的。

4.职责

4.1 采购部：负责对供应商的信息收集，组织相关部门对供方的评估和确定合格供应商，并定期对供应商进行绩效评价和处置。

4.2 技术部：负责对供应商材料样品承认与技术鉴定，并参与新供应商开发。

4.3 品管部：参与新供应商开发，并对合作供应商交货质量异常的处理和进行持续监控。

5.过程管理图

（本过程相关联的 ISO 9001&IATF 16949 条款：8.4 全部条款）

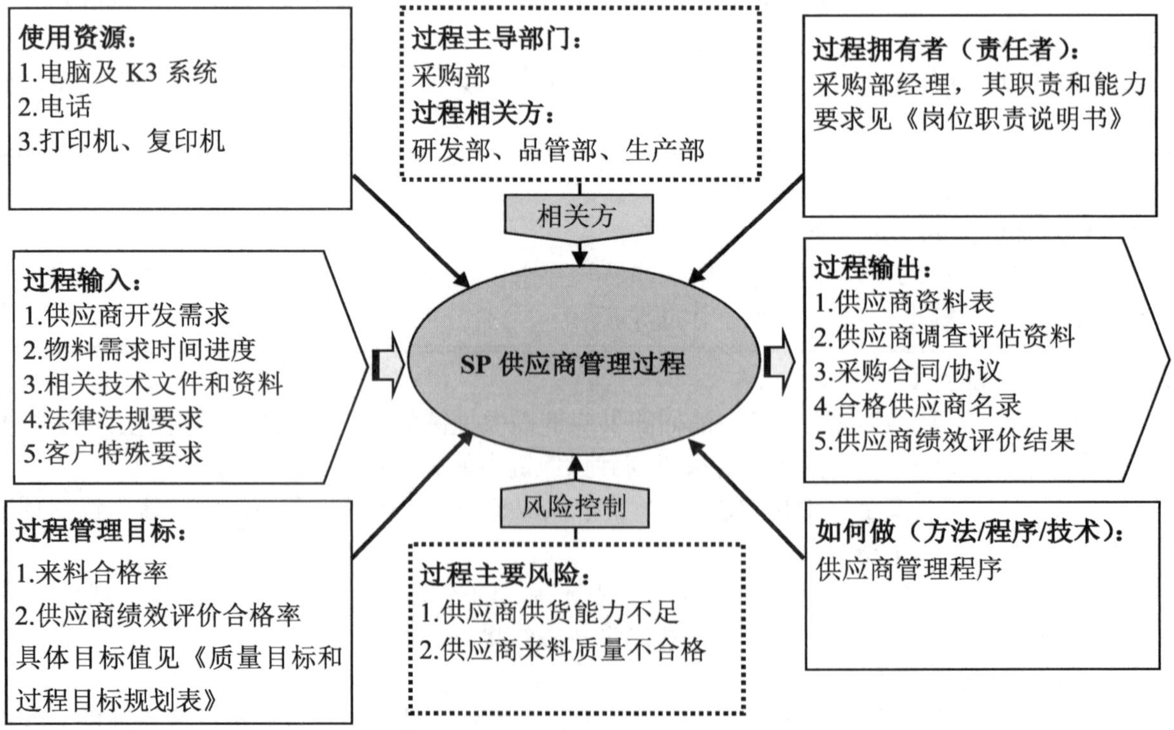

文件名称	**供应商管理程序**	**文件编号：SQ-SP-06**	**版本：A**
编制部门	**采购部**	**编制日期：2019.12.9**	**页码：2/5**

过程主要风险	对相关方的影响	应对风险的措施
1.供应商供货能力不足	导致公司生产延误，严重时不能按时交货顾客，顾客不满意或处罚。	（1）在选择供应商时，对供方的产能列入评估项目； （2）相同物料的合格供应商不低于两家，以便供应商供货出现异常无法满足厂内生产需求，便于及时协调。
2.供应商来料质量不合格		（1）在选择供应商时，对供方的质量控制能力和质量体系运行情况进行评审； （2）定期对供方进行质量绩效评价，对绩效差的供方提出改善要求。

6.作业内容

序号	作业流程	权责部门/人	作业要求	参考文件/使用表单
6.1	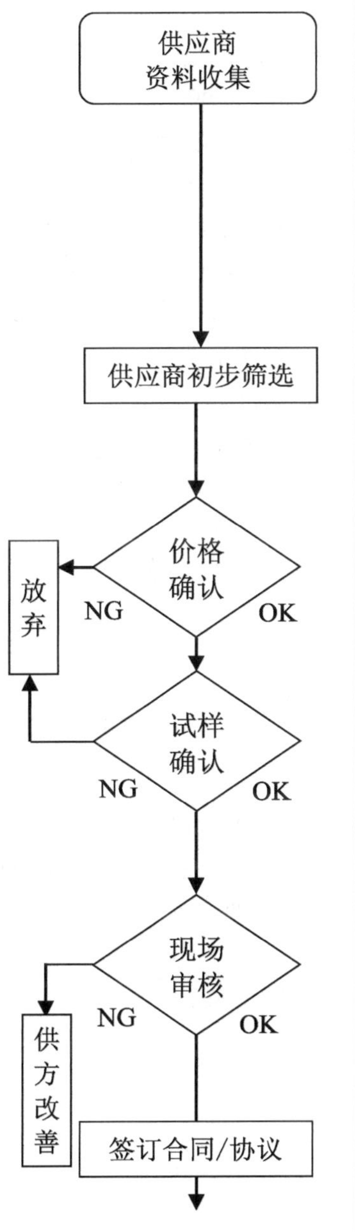	采购部	6.1 采购部根据所需采购的物料和外协需求，通过网站、电话咨询、宣传资料、别人推荐或厂商主动联络等各种途径寻找可为公司提供各种合作的供应商信息。	
6.2		采购部	6.2 采购部根据供应商提供资料进行初步筛选，对有意向的供应商并发《供应商资料表》和《供应商调查评估表（主材）》或《供应商调查评估表（辅料）》给供应商做自我调查及填写基本资料；要求供应商在一周内回传，采购部根据供应商自我调查结果，初步评估生产能力，生产设备、技术、质量控制等是否满足我司需求，确定供应商是否具备为我公司提供产品和服务的能力。	《供应商资料表》 《供应商调查评估表（主材）》 《供应商调查评估表（辅料）》
6.3		采购部	6.3 初选符合的供应商，由采购部提供《供应商报价单》给供应商报价。进行比价、议价，并与供应商确认价格和交货方式。	《供应商报价单》
6.4		技术部 采购部	6.4 对于新材料样品或已有规格的材料更换供方的样品承认，交由技术部负责检验和测试，技术部将检验和测试结果填入《样品确认单》交回采购部，若样品 3 次确认不合格就放弃。	《样品确认单》
6.5		采购部 技术部 品管部	6.5 根据采购物料或外协件的重要性，以及供应商的质量体系状况，确定需要进行现场审核的供应商，由采购部、技术部、品管部等相关人员，依据《供应商调查评估表（主材）》或《供应商调查评估表（辅料）》，对供应商进行现场审核，评价分数达 80 分方为合格，低于 80 分的通知供应商改善后再进行二次审核。	《供应商调查评估表（主材）》 《供应商调查评估表（辅料）》
6.6		采购部 品管部	6.6 评估合格的供应商，采购部负责建立完整的《供应商资料表》，并与其签订采购相关合同/协议（包括采购、技术、质量、法规、环保等内容），部门存档。	《供应商资料表》

文件名称	供应商管理程序	文件编号：SQ-SP-06	版本：A
编制部门	采购部	编制日期：2019.12.9	页码：3/5

序号	作业流程	权责部门/人	作业要求	参考文件/使用表单
6.7	建立合格供应商目录	采购部	6.7 将已签订合同/协议及评估合格的新供应商纳入《合格供应商名录》。如果供方评估未完全符合要求，经内部评审可以作为临时供应商采购，但必须备注说明。	《合格供应商名录》
6.8	正式采购/外协	采购部	6.8 采购部根据《采购管理程序》进行批量采购或外协。	《采购管理程序》
6.9	供应商异常改善	品管部	6.9 当供应商来料出现质量异常时（包括来料检验和生产中发现的异常），由品管部向供应商发出《供应商改善通知单》，并追踪供应商改善。	《供应商改善通知单》
6.10	供应商绩效评价	采购部 品管部	6.10.1 品管部和采购部根据附加说明 7.8 中对供应商监视的绩效数据进行评分，并做成《供应商绩效评价表》，经统计的《供应商绩效评价表》呈采购部长审核。 6.10.2 对于评为 C 级（含）以下者要求改进，并发出《供应商改善通知单》。（月度交货不足三批的则按季度考核评价） 6.10.3 对于累计 3 次评为 D 级的供应商，采购部提出书面申请，经品管部、生产部、技术部会签后，从《合格供应商名录》中去除。	《供应商绩效评价表》 《供应商改善通知单》 《合格供应商名录》
6.11	定期审核	采购部 品管部 技术部	6.11 采购部根据绩效评价结果，对主材供应商和绩效 B 级以下的供应商有选择的做出定期审核计划，并组织品管部、技术部实施审核。	
6.12	资料和记录保存	采购部	6.12 对以上作业所产生的相关资料采购部进行保存，以便追溯。	

7.附加说明

7.1 供应商质量管理体系的开发

7.1.1 对于非汽车供应商按 ISO 9001:2015 标准的要求对供应商进行质量体系开发。

7.1.2 对于汽车供应商按 IATF 16949 标准的要求对供应商进行质量体系开发。若供应商已通过 ISO 9001 认证，应鼓励其持续改进向 IATF 16949 标准要求发展，须限期要求供应商制定 IATF 16949 认证计划，并按期跟踪认证进度情况。

7.1.3 对已通过 ISO 9001 或 IATF16949 认证的厂商，要求提供认证证书。

7.1.4 可免于现场评审之供应商

a）生产地在海外；

b）独霸市场的供应商；

c）国内外知名品牌厂商。

文件名称	供应商管理程序	文件编号：　SQ-SP-06	版本：A
编制部门	采购部	编制日期：2019.12.9	页码：4/5

序号	作业流程	权责部门/人	作业要求	参考文件/使用表单

7.2 对供应商第二方审核

7.2.1 采购部和品管部对汽车材料的供应商进行风险评估，并制定第二方审核计划。采购部组织相关部门依据计划安排和供应商第二方审核表进行审核。

7.2.2 审核结束后，由审核员负责整理审核报告及不符合项和改善建议项，由品管部发给供应商并监督改善和效果验证。

7.3 法规的符合性

7.3.1 所有采购的产品、过程和服务应符合收货国（制造地点所在国家）、发运国（顾客的收货地点所在国）及顾客确定的目的国（车辆销售的国家）的现行适用法律法规要求。

7.3.2 采购部通过合同/协议、技术规范等向供应商传达产品安全要求和所有适用法律法规要求以及产品和过程特殊特性，并要求供应商沿着供应链直至制造，贯彻所有适用的要求。

7.3.3 对于无有害物质的要求，由采购部列出“无有害物质物料清单”，在首次采购时必须要求供应商提供第三方检测报告，检测报告有效期为 1 年，到期后要求供应商重新提供。

7.4 顾客批准的供货来源

若客户有指定供应商，公司必须从经顾客批准的供应商处采购产品、材料或服务。虽然是顾客指定的供应商，也应实施与其他供应商相同的控制。从顾客指定供应商采购产品、材料或服务，并不能免除公司提供合格产品、材料或服务的责任。

7.5 供应商资格评定标准

资格认定	评审结果	说明
认可供应商	80（含）分以上	列为合格供应商正常采购
有条件认可供应商	70（含）分以上 80 分以下	评审中发现不合格项目，由品管部要求供应商改善后再评估，如供应商无任何改善计划及改善结果，则视为不合格供应商。从评审日起 6 个月内不可安排重新评审；如有改善并符合要求，则视为认可供应商。
不认可供应商	70（不含）分以下	评审分数低于此分时，不得向其采购，限期整改，并在 6 个月内不再安排重新评审。

7.6 供应商绩效评估分级标准

评分 项目	90～100 分	75～89 分	60～74 分	60 分以下
级别	A	B	C	D
等别	优秀	良好	一般	差
措施	对于被评为 A 级的厂商，可考虑加大订单量，若连续 2 个月被评为 D 级的，由采购部经理决定是弃用或派人辅导。对有 3 次累计处于 D 级的供应商，则考虑取消其资格。			

7.7 供应商 PPAP 要求

对于提供汽车材料或生产外协的供应商要求在正式批量生产前需提供 PPAP 文件给我司技术部门和品管部门批准，由采购部负责跟进供应商按时提交文件和资料，按《APQP 管理程序》执行。

文件名称	供应商管理程序	文件编号： SQ-SP-06	版本：A
编制部门	采购部	编制日期：2019.12.9	页码：5/5

序号	作业流程	权责部门/人	作业要求	参考文件/使用表单

7.8 对供应商的监视

对汽车材料供应商和外协供方的供货绩效应通过以下指标进行监视：

a）已交付产品对要求的符合性，如进料合格率；

b）由于供方原因在收货工厂对顾客造成的干扰，包括整车候检和停车出货；

c）供应商准时交货率；

d）供应商超额运费发生次数；

e）由于供应商的原因导致顾客特殊状态通知；

f）由于供应商的原因导致顾客投诉或退货。

采购部负责每月统计上述指标的数据，做成《供应商绩效持续监控统计表》，并根据波动情况进行分析，如与目标/指标差距较大或向坏的趋势变化时应向供应商提出《供应商改善通知单》，要求供应商进行改善。

7.9 供应商资格取消的条件

7.9.1 当供应商的交期、价格、质量、服务水平在评审结果或日常表现低劣时，由采购部、品管部提出合格供应商资格取消申请，申请权责如下：

（1）价格及交期水平低劣时，由采购部提出合格供应商资格取消申请；

（2）质量水平低劣时，由品管部 SQE 提出合格供应商资格取消申请；

（3）服务水平低劣时，由采购部提出合格供应商资格取消申请。

会签相关单位：资格取消需经采购部、技术部、品管部、生产部会签同意及总经理核准后，由采购部将其从《合格供应商名录》中删除并在 ERP 中禁用。

7.9.2 被取消资格的供应商，若需重新采用，则依新供应商进行评估，评估合格后，方可重新登录《合格供应商名录》输入 ERP。

7.10 服务供方的管理

当需要选择服务供方时，由采购部和服务需求对口部门根据《服务供方选择评价表》进行选择和评价，评价合格列入合格供应商名单，在有服务需求时采用。

8.参考文件

8.1 《采购管理程序》

9.使用表单

9.1 《供应商资料表》

9.2 《供应商调查评估表（主材）》

9.3 《供应商调查评估表（辅料）》

9.4 《供应商报价单》

9.5 《样品确认单》

9.6 《合格供应商名录》

9.7 《供应商改善通知单》

9.8 《供应商绩效评价表》

9.9 《供应商绩效持续监控统计表》

9.10 《服务供方选择评价表》

附表 SQ-47	供应商资料表（格式）	
供应商名称：	成立时间：	
法人代表：	企业性质：□外资　□中外合资　□台资　□港资　□民营企业　□其他________	
详细地址：	电话：	传真：
业务联系人：	职务：	手机：
品管负责人：	职务：	手机：
公司占地面积：	厂房面积：	
公司总人数：	管理人数：	品管人数：
公司主要经营业务：		年生产量：
付款方式：		
文件化系统 □有　□无	□质量手册　□程序文件　□控制计划　□生产作业指导文件 □其他__________	
可否提供出厂检验记录	□可提供完整记录　□可提供部分记录　□不能提供记录　□其他__________	

	设备名称	规格/型号	制造商	数量	已使用年限
主要生产设备					
	设备名称	规格/型号	制造商	数量	已使用年限
主要检验设备					

以上由供应商填写，以下由本公司填写		
该供应商符合下列哪些条件？		
□样件合格　□价格优势　□技术优势　□有完整的质量体系　□质量优良　□知名企业 □独占市场　□行业领先　□通过 ISO 9001 认证　□通过 IATF 16949 认证 □技术、质量尚可，但一时找不到更合适供应商　□现场审核通过　□其他____________		

评审结果		采购部	品管部
	□列入长期合作供应商 □列入临时供应商，根据供应商表现再作评估	签名：	签名：
		日期：	日期：

附表 SQ-48	供应商调查评估表（主材）						
供应商名称：			评审日期：　　年　　月　　日				
序号	评审项目	评审内容	评审结果				问题点
			符合 3	多数符合 2	少数符合 1	不符合 0	
1	质量体系	是否有建立书面的质量管理体系？					
2		是否有质量手册？					
3		是否有内部过程运行的文件？					
4		是否有书面的组织架构？					
5		是否清楚地定义各部门工作职责？					
6		是否有独立的品管部门负责质量控制？					
7	质量控制	是否具有书面的进料检验规范和抽样标准？					
8		是否具有书面的制程检验标准？					
9		是否有书面的成品检验规范？					
10		检验规范是否满足图纸和客户的要求？					
11		材料、制品、成品是否有明确的标识及区隔？					
12		各阶段检验作业是否按文件要求执行？					
13		各阶段是否有完整的检验记录并保存？					
14	量测仪器管理	有无量测仪器管理规定或程序？					
15		量测仪器是否有列管理清单，是否有定期校正并有校正标识？					
16	不合格管理	是否有不合格品的处理作业程序？					
17		当发生不合格情况时，有无按规定进行处理？					
18		有无进行不良分析、纠正措施？					
19	生产管理	生产各工序是否有作业指导书或工艺文件？					
20		作业员是否明确作业内容、重要管理项目？					
21		是否有做首件确认和自主检查？					
22		生产能力是否能满足订单需要？					
23		是否有书面的生产计划排程？					
24		生产现场是否实施 5S 管理？					
25	技术管理	是否有为生产制定工艺文件或作业指导书？					
26		是否有对图纸技术资料发放和使用进行有效控制？					
27		对图纸变更是否有管制方法？					
28	设备管理	有无机器设备管理清单及定期点检的规范和实施记录？					
29		生产设备的设定条件有无确认，设备作业开始时是否进行了点检？					
30		有无对治具、模具的管理方法？					
31	仓储管理	材料、半成品、成品是否有程序规范，并被妥善地处理、储存、包装、运送？					
32		仓库是否有明确分类？					
33		标识及账目是否清楚？					
34		不合格品是否有明确标识和区隔？					

供应商调查评估表（主材）							
供应商名称：			评审日期：　年　月　日				
序号	评审项目	评审内容	评审结果				问题点
			符合 3	多数符合 2	少数符合 1	不符合 0	
35	客诉处理	有无书面的客户投诉处理程序？					
36		是否有明确职责人员来处理客户投诉？					
37		对客户投诉问题是否采取纠正措施，防止再发生？					
38	培训管理	是否制订整年度或季度的训练计划并确实在实施？					
39		对所有从事影响质量活动的人员是否已提供相应的教育训练并进行考核？					
40		对于特殊岗位是否有特定之教育训练并满足资格要求？					
合计							总分：

评分说明：总分 120 分，评分等级如下：

等级	分数	处置
A	100～120 分	优秀，优先列入合格供应商，优先下单
B	80～99 分	良好，列入合格供应商，正常下单
C	70～79 分	一般，通知供应商改善后再评估
D	70 分以下	差，限期整改后再评估或放弃

本公司		供应商
核准	评审人员（采购部/品管部/生产部/技术部）	被审核方人员

附表 SQ-49	样品确认单（格式）				
供应商名称		品名/规格		数量	
图号			检测日期	年　月　日	
序号	检测项目	规范/要求	检测结果	判定	备注
1					
2					
3					
4					
综合检测情况说明	检测人：　部门主管确认：　日期：				
使用部门确认	使用部门主管确认：　日期：				
备注：					

附表 SQ-50	合格供应商名录（格式）							
序号	供应商名称	联系人	电话	邮箱	主要供应物料或服务	地址	登录日期	备注
编制：				审核：			批准：	

附表 SQ-51	供应商绩效评价表（格式）															
________年度 ___月						评估日期： 年 月 日										
序号	供应商名称	1.进料合格率（占 50 分）		2.交货准时率（占 30 分）		3.对顾客造成的干扰次数（1 次扣 10 分）		4.超额运费次数（1 次扣 3 分）		5.顾客投诉或退货（1 次扣 10 分）		6.配合度（占 20 分）	7.顾客特殊状态通知（1 次扣 20 分）	总分数	等级	备注
		合格率	得分	准时率	得分	次数	得分	次数	得分	次数	得分					

说明：（1）进料合格率得分=（交货总批数−不合格批数）/交货总批数×50；

（2）交货准时率得分=（交货总批数−逾期批次）/交货总批数×30；

（3）由于供应商原因导致对顾客造成的干扰次数，1 次扣 10 分；

（4）供应商超额运费发生次数，1 次扣 3 分；

（5）由于供应商原因导致顾客投诉或退货，1 次扣 10 分；

（6）配合度得分由采购部根据供应商的服务配合情况进行评分，满分 20 分；

（7）由于供应商原因导致顾客特殊状态通知，1 次扣 20 分；

（8）等级划分：90 分以上为 A 级；75～89 分为 B 级；60～74 分为 C 级；60 分以下为 D 级；

（9）评估结果处理：被评为 C 级（含）以下者于当月发出《供应商改善通知单》。

经办人：	审核：

附表 SQ-52	供应商改善通知单（参考格式）				
供应商名称		通知日期		联络人	
改善事宜					
供应商回复	原因分析：			改善措施：	
改善确认	品管部：		签名：		日期：
	生产部：		签名：		日期：
	采购部：		签名：		日期：

附表 SQ-53	供应商绩效持续监控统计表（参考格式）																
供应商	**监控指标**	**计算方法**	**目标值**	**数据统计结果**													
				1月	2月	3月	4月	5月	6月	7月	8月	9月	10月	11月	12月	平均值/总和
A 公司	**1.供应商进料检验合格率**	（当月进料合格批数）/当月进料总批数×100%	**100%**													
	2.供应商交货准时率	（当月进料准时批数）/当月进料总批数×100%	**100%**													
	3.由于供应商交付和质量的原因对顾客造成的干扰次数	按客户反馈属于供应商原因的次数统计	**0 次**													
	4.超额运费	供应商超额运费发生次数，按每月实际发生次数统计	**0 次**													
	5.由于供应商的原因导致顾客投诉或退货	按实际发生次数统计，包括交付和质量方面的投诉/退货	**0 次**													
	6.由于供应商的原因导致顾客特殊状态通知	按顾客特殊状态通知次数统计	**0 次**													

文件范例【采购管理程序】

文件名称	采购管理程序	文件编号： SQ-SP-07	版本：A
编制部门	采购部	编制日期：2019.12.9	页码：1/4

1.目的

为对采购过程进行有效控制，确保采购产品在质量、交付和服务等方面符合规定的采购要求，特制定本程序。

2.适用范围

适用于公司原材料、辅料、组件、委外加工品、包装材料、仪器、设备等的采购控制。

3.术语和定义

3.1 主材料：直接构成产品的零部件和材料。

3.2 辅助材料：刀具、包装材料等。

3.3 委外加工：包括工序委外和半成品委外。

4.职责

4.1 计划部：负责根据业务需求、生产计划核算提供相应的物料需求。

4.2 各部门：当有其他非生产物料/辅材需求时，由各部门提供采购申请单。

4.3 采购部：负责采购订单签订、物料交期跟踪、对账、请款。

4.4 品管部：负责来料检验及来料异常处理。

4.5 仓库：负责核对厂商来料的规格及数量与送货单一致，并登账入库。

5.过程管理图

（本过程相关联的 ISO 9001&IATF 16949 条款：8.4.1.3/8.4.3/8.4.3.1）

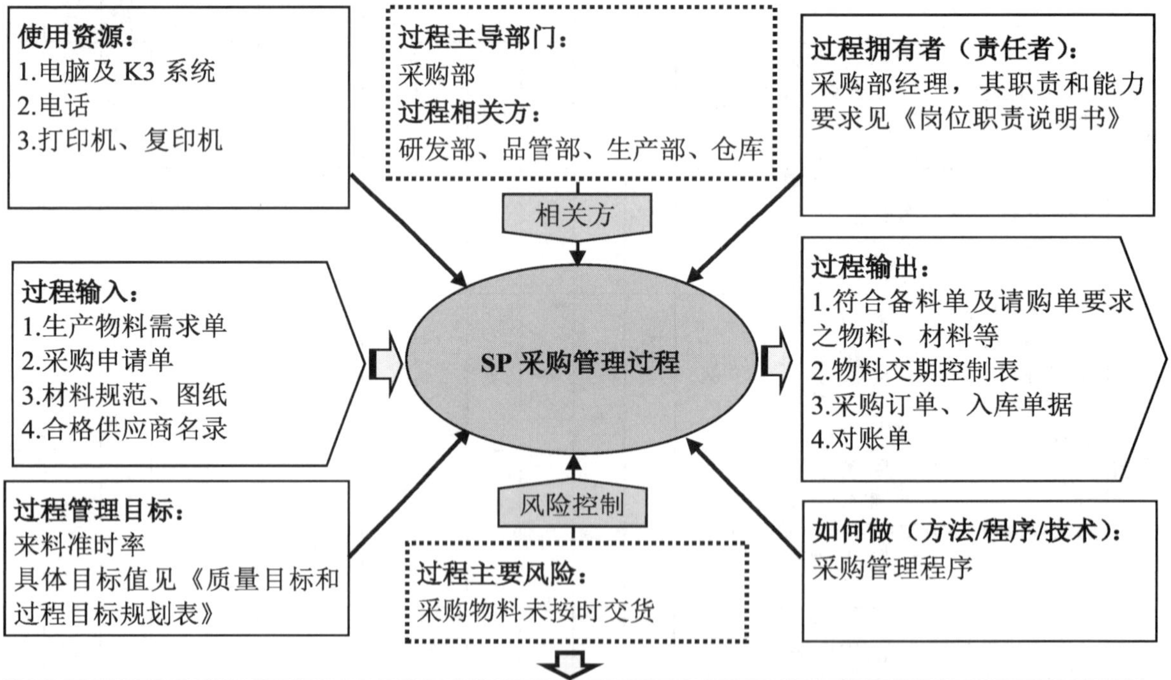

过程主要风险	对相关方的影响	应对风险的措施
采购物料未按时交货	可能导致生产中断，严重时影响订单交付，顾客不满意。	要求供应商接收到采购订单时回复可以准时交货的时间，采购员将其登记至《物料交期控制表》持续监控，以避免因交期问题造成生产停线影响出货。如发现交付困难，应及时采取纠正措施：联系供方了解情况、联系备用的供方，并与相关部门沟通。

文件名称	采购管理程序	文件编号： SQ-SP-07	版本：A
编制部门	采购部	编制日期：2019.12.9	页码：2/4

6.作业内容

序号	作业流程	权责部门/人	作业要求	参考文件/使用表单
6.1	物料需求提出和批准	计划部 需求部门	6.1.1 计划部物管员负责 BOM 内的物料需求提出，填写《物料需求单》交采购员确认后，呈采购经理批准。 6.1.2 当有其他非生产物料/辅材需求时，由各需求部门根据生产计划和实际使用量填写《采购申请单》，并经部门经理批准后方可采购。	《物料需求单》 《采购申请单》
6.2	供应商选择	采购部	6.2 采购员收到《物料需求单》或《采购申请单》时，根据物料类别从《合格供应商名录》选择合适供应商，根据材料、物品的市场情况也可选择临时供应商。	《物料需求单》 《采购申请单》 《合格供应商名录》
6.3	生成采购订单	采购部	6.3 采购员审查所需物料需求无误后输入 K3 系统，根据供应商报价单核对单价，并在系统中建立相对应的《采购订单》，《采购订单》内容中需要有品名规格、料号、单位、数量、单价、金额、交货日期、地点、付款方式，上述事项均需符合法律规定。	《采购订单》
6.4	采购执行	采购部	6.4.1 采购员打印《采购订单》交采购经理审批。 6.4.2 采购人员将已签核的《采购订单》下达给供应商，并要求供应商确认回复交期。若供应商不能按期交货，采购员应先交涉后再通知计划部或相关请购部门。 6.4.3 零碎物品可直接询价，现场购买或供应商送货到厂。	《采购订单》
6.5	交期控制	采购部	6.5 采购员根据《采购订单》建立《物料交期控制表》，按期跟进供应商到料时间，并根据物料到料时间提前将《物料交期控制表》发邮件通知计划部、品管部、仓库。	《采购订单》 《物料交期控制表》
6.6	供应商送货	供应商	6.6 供应商交货必须开“送货单”，并附上供方的出货检验报告。	
6.7	物料暂收	仓管员 品管部	6.7.1 仓管人员依照 “送货单”内容，对订购单号、品名、料号、规格、数量进行确认暂收，根据《来料免检清单》，对非免检物料通知品管部进行检验。 6.7.2 免检物料由仓库核对后直接进仓。	《来料免检清单》

文件名称	采购管理程序	文件编号：SQ-SP-07	版本：A
编制部门	采购部	编制日期：2019.12.9	页码：3/4

序号	作业流程	权责部门/人	作业要求	参考文件/使用表单
6.8	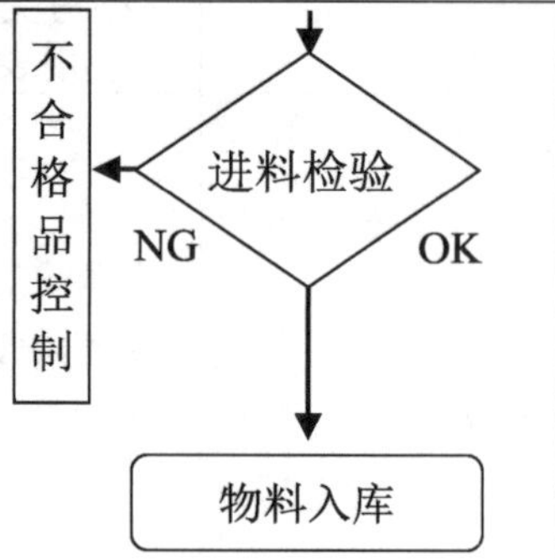	品管部	6.8 品管部 IQC 依《进料检验管理程序》进行检验，不合格品依据《不合格品控制程序》执行。	《进料检验管理程序》《不合格品控制程序》
6.9		仓管员	6.9 仓管人员对检验合格物料依据《仓储管理程序》办理入库。	《仓储管理程序》

7.附加说明

7.1 采购退货处理

7.1.1 物料退货提出

a）进料检验及生产中发现来料不合格，由品管部提出。

b）非 BOM 物料在使用过程中发现不合格，由申购人员或具体使用人提出。

c）非月结采购物品退货要求在采购回厂三天内提出。

d）月结采购物品退货要求在采购回厂不超过一周内提出。

7.1.2 不合格确认及退仓

a）发现问题及时通知采购人员，以便现场了解情况，查清问题所在，确认能否退货。

b）提出退货部门填写《入库单》将物料交回仓库。

c）采购员根据品管员判断结果，按仓库实际不良数量在系统中做退料通知。

7.1.3 退货处理

a）仓管员打印《退货单》，经品管员、采购员签核后，采购员同时附上退货处理方案（换货或扣款），由采购经理审核，通知供应商退货处理。

b）属质量问题必须无条件退换，给我方造成损失的要求赔偿经济损失。

7.1.4 重新采购

a）采购人员根据退货原因、需求规格进行正确选购。

b）根据生产需要，急件必须马上采购，其他根据物料需求时间及时回厂。

c）物料回厂后仓管员通知相关人员进行确认。

d）对物料的检验按《进料检验管理程序》进行。

7.2 法律法规和特殊特性传递

采购部应通过采购协议和图纸技术文件向供方传达所有适用法律法规要求以及产品和过程特殊特性，并要求供方沿着供应链直至制造，贯彻所有适用的要求。此要求的贯彻应在供方的 PPAP 文件中体现。

7.3 顾客批准的供货来源

若客户有指定供应商，公司必须从顾客批准的供应商处采购产品、材料或服务。

7.4 供应商价格管理

采购人员依据市场价格波动及资源掌握情况，要求供应商对价格进行降价调整，或供应商主动提出提价要求时，由供应商提出新的报价单，经采购人员和供应商协商一致后，采购人员根据新价格填写《采购价格变动表》，经采购经理、总经理签核后，交一份给财务部，同时存档一份。

文件名称	采购管理程序	文件编号： SQ-SP-07	版本：A
编制部门	采购部	编制日期：2019.12.9	页码：4/4

序号	作业流程	权责部门/人	作业要求	参考文件/使用表单

7.5 对账、请款

仓库完成入库的物料单据，包括送货单、入库单月底统一整理给采购，采购员根据送货单、入库单、订购单与厂商对账，要求供应商按《供应商对账单》填写对账内容。对账完成后，供应商开具相应发票，采购员收到发票后连同对账单填写《付款申请单》呈签，最终转至财务申请付款。财务核对无误后，按照采购员与供应商签订的付款方式支付货款。

8.参考文件

8.1 《进料检验管理程序》

8.2 《不合格品控制程序》

8.3 《仓储管理程序》

9.使用表单

9.1 《物料需求单》

9.2 《采购申请单》

9.3 《合格供应商名录》

9.4 《采购订单》

9.5 《物料交期控制表》

9.6 《来料免检清单》

9.7 《入库单》

9.8 《退货单》

9.9 《采购价格变动表》

9.10 《供应商对账单》

9.11 《付款申请单》

8.5 生产和服务提供

> **ISO 9001:2015，质量管理体系—要求**
>
> **8.5.1 生产和服务提供的控制**
>
> 组织应在受控条件下进行生产和服务提供。适用时，受控条件应包括：
>
> a）可获得成文信息，以规定以下内容：
>
> 1）拟生产的产品、提供的服务或进行的活动的特性；
>
> 2）拟获得的结果。
>
> b）可获得和使用适宜的监视和测量资源；
>
> c）在适当阶段实施监视和测量活动，以验证是否符合过程或输出的控制准则以及产品和服务的接收准则；
>
> d）为过程的运行使用适宜的基础设施，并保持适宜的环境；
>
> e）配备胜任的人员，包括所要求的资格；
>
> f）若输出结果不能由后续的监视或测量加以验证，应对生产和服务提供过程实现策划结果的能力进行确认，并定期再确认；
>
> g）采取措施防止人为错误；
>
> h）实施放行、交付和交付后的活动。

【目的和意图】

本条款旨在使组织对产品和服务提供进行控制，通过 5M1E（人、机、料、法、环、测）的控制减少出现不合格输出的可能性，确保实现预期结果。

【理解和实施要点】

生产和服务提供过程直接影响到组织向顾客提供的产品和服务的符合性和满意度，因此组织应对生产和服务提供过程按“8.1 运行的策划和控制”进行预先的策划，对生产工艺、人员、设备、工装、材料、监视和测量方法、工作环境等因素加以控制，使其处于受控条件下运行。

对生产和服务提供的控制包括：

a）获得生产的产品、提供的服务或进行的活动的特性的信息及要实现的结果；

——生产和服务提供部门应能得到来自设计和开发、工程、销售等部门提供的关于产品特性的信息，如产品规格书、图样、工艺规程、样件、作业指导书、包装规范、生产数量、材料表等，用以生产计划的安排、生产作业安排和指导员工进行生产加工或制造。

b）可获得和使用适宜的监视和测量资源；

——按标准 7.1.5 的要求提供并使用合适的监视和测量设备，以便在生产和服务提供过程中对产品特性和过程特性进行监视和测量。

c）在适当阶段实施监视和测量活动，以验证是否符合过程或输出的控制准则以及产品和服务的接收准则；

——应根据策划的安排，按控制计划的规定在生产和服务提供的全过程进行监视和测量，特别是针对特殊特性的控制，确保生产过程的符合性和产品的符合性。

d）为过程的运行使用适宜的基础设施，并保持适宜的环境；

——按标准 7.1.3 的要求提供并使用适宜的设施、设备、工装，并确保它们处于正常运行状态，以达到符合生产要求。按标准 7.1.4 的要求保持适宜的运行环境。

e）配备胜任的人员，包括所要求的资格；

——确保人员具备开展工作所需能力的需求（见标准 7.2），包括考虑任何必要的资格，如焊工证、特种设备操作证等。

f）若输出结果不能由后续的监视或测量加以验证，应对生产和服务提供过程实现策划结果的能力进行确认，并定期再确认；

——此条指的是特殊过程的控制，特殊过程是指不易或不能经济地确认其输出是否合格的过程。比如，电镀加工的过程，电镀的牢度和抗腐蚀性在电镀完工后无法对每一个产品进行验证，只能抽少量样件做模拟试验和破坏性试验，如果电镀过程控制不好，会导致顾客使用一段时间后开始变色、生锈、脱皮，降低了产品的使用寿命。其他如焊接、表面处理、涂漆、热处理、注塑成型、铸造、锻造、涂料的生产等均属此类过程。

组织应识别并确定是否存在这样的过程，若存在这类过程，则应：

（1）规定用于这些过程评审和批准的准则；如焊接工序，需经工艺评定后才可执行；

（2）对这些过程使用设备的认可和对操作人员资格的认定；

（3）使用针对这类过程的特定方法和程序；如焊接的特定操作方法和焊接作业指导书；

（4）记录的要求；对这类过程运行中的参数如温度、压力、速度、浓度、电压、电流等应做记录，并应记录过程运行的时间、产品数量、操作人员等。

（5）再确认；当过程不稳定，或出现质量问题，或设备维修后、较长时间停工后再启动等，均应执行再确认，也可定期执行确认。

g）采取措施防止人为错误；

——组织应采取措施预防人为错误，通常指防错方法的应用，如通过设备自动化、过程设计、工装使用等方法防止错误发生；也可包括如限制过长工作时间、采取适当措施促进形成适宜的工作环境、提供适当的培训和指导等。

h）实施放行、交付和交付后的活动。

——对放行、交付和交付后活动实施控制；这些控制将因组织的不同而有所差异，通常包括最终检验、产品交付、售后服务等。

上述所要求的控制包括了我们通常所说的 5M1E（人、机、料、法、环、测）的控制。

关于特殊过程的控制和评估，读者可参考以下 AIAG CQI 手册：

CQI-9　特殊过程：热处理系统评估
CQI-11 特殊过程：电镀系统评估
CQI-12 特殊过程：涂装系统评估
CQI-15 特殊过程：焊接系统评估
CQI-17 特殊过程：锡焊系统评估
CQI-23 特殊过程：成型系统评估
CQI-27 特殊过程：铸造系统评估

【实施建议和应用案例】

本条款涵盖从生产到放行、交付及交付后活动的过程，生产过程控制可建立《生产制程管理程序》，产品放行按条款“8.6 产品和服务放行”执行，产品交付可建立《产品交付管理程序》执行，交付后活动按条款“8.5.5 交付后活动”执行。以下两个文件的范例仅供参考。

文件范例【生产制程管理程序】

文件名称	生产制程管理程序	文件编号：SQ-COP-06	版本：A
编制部门	生产部	编制日期：2019.12.9	页码：1/4

1.目的

通过对各生产制程的有效控制，确保生产顺畅，保质保量按时完成生产任务，特制定本程序。

2.适用范围

适用于公司所有量产产品各生产制程的控制。

3.术语和定义

3.1 首件检验：每班每次上机生产，每日开始作业、更换工治具、设备维修后或换机种重新开始生产时的第一个产品作为每次的首件检验产品，经品管检验员确认合格方可正式批量生产。

3.2 首件比较：即保留首件与本批产品的末件比较，确保同批产品前后质量的一致性。

3.3 末件比较：就是把上批产品的最后一件或一部分和本批产品开始的一件或一部分进行比较，以验证新生产产品的质量是否达到前一批产品可接受的水平。

4.职责

4.1 计划部：负责编制生产排程，发出生产工单，提供生产物料。

4.2 生产部：负责根据生产排程安排各车间生产，进行生产过程控制，设备日常维护保养，保质保量按时完成生产任务。

4.3 品管部：负责进行首件检验、制程巡检、成品检验及协助异常问题处理。

4.4 技术部：负责提供量产转移技术资料，协助解决生产异常问题。

5.过程管理图

（本过程相关联的 ISO 9001&IATF 16949 条款：5.3.2 /7.1.3 /7.1.4 /8.1/ 8.5.1 / 8.5.1.3 /8.5.1.4 /8.5.2/8.6/8.7/9.1.1.1）

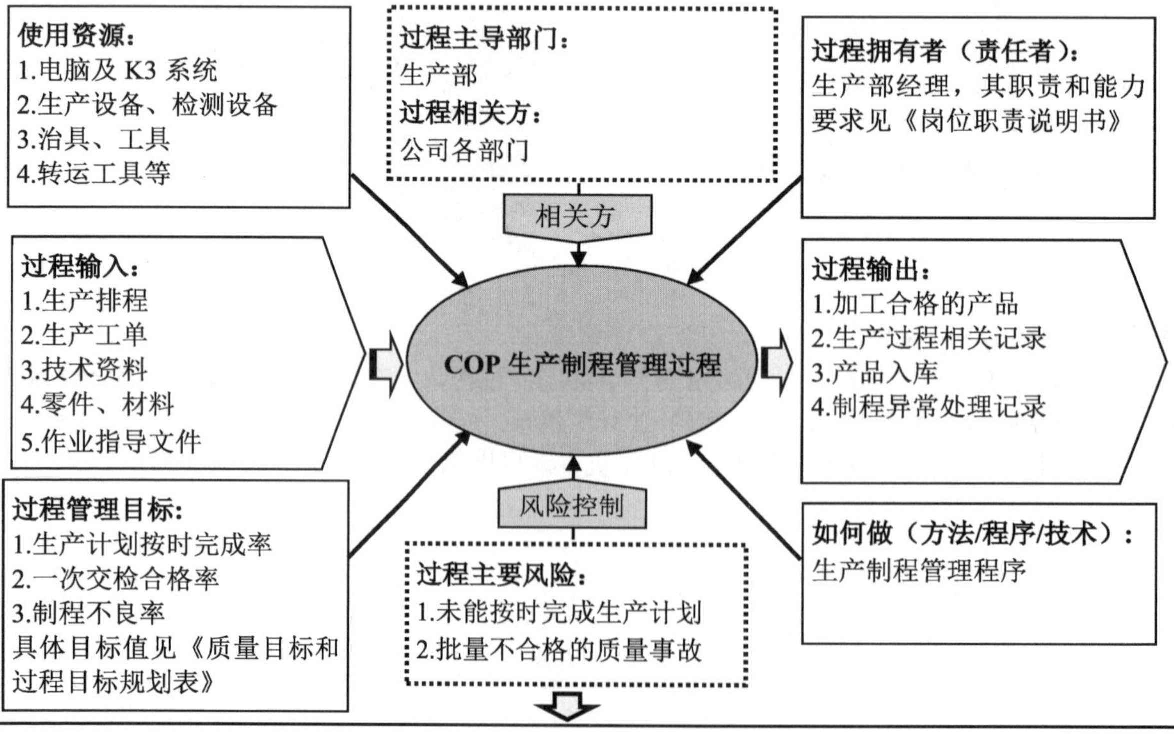

文件名称	生产制程管理程序	文件编号：SQ-COP-06	版本：A
编制部门	生产部	编制日期：2019.12.9	页码：2/4

过程主要风险	对相关方的影响	应对风险的措施
1.未能按时完成生产计划	影响订单交付，顾客不满意，可能导致处罚。	（1）做好生产前准备，合理安排生产，保持所策划的产能生产； （2）快速更换机种； （3）做好设备保养及工治具的检查和维护； （4）主管每日组织生产组长对生产情况进行总结，确保日排程能有效达成。
2.批量不合格的质量事故	对公司造成损失，严重时可能影响订单交付。	（1）作业前的准备验证和首件检验/样品比对； （2）班组长过程监督及检查，IPQC 巡检； （3）异常时采取紧急对策。

6.作业内容

序号	作业流程	权责部门/人	作业要求	参考文件/使用表单
6.1	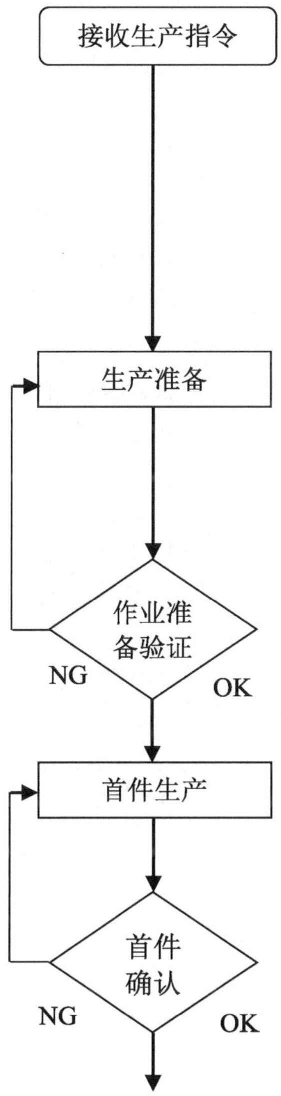	各车间主管	6.1 各生产车间主管负责接收计划部下发的生产排程、《生产工单》，并接收技术部提供的技术图纸、规格书等，同时检查所接收资料的正确和完整。	《生产工单》
6.2		各车间	6.2.1 各生产车间根据《生产工单》到仓库领取所需物料，并核对物料准确性。 6.2.2 各生产车间准备生产所需的模具、夹具、治具、工具等。 6.2.3 根据车间各组别人力状况，对生产任务进行分配。 6.2.4 确认生产设备正常运行，技术文件、作业指导文件到位。 6.2.5 各生产车间作业员按照按《生产工单》、技术文件、《设备操作指导书》要求进行工件安装、调机、参数设定等作业，仔细核对有关尺寸和数据。	《生产工单》 《设备操作指导书》
6.3		IPQC 品管组长	6.3 IPQC 根据《作业准备验证表》规定的各项内容进行作业准备验证，并将验证结果记录于《作业准备验证表》中，经品管组长确认后方可生产。	《作业准备验证表》
6.4		作业员 组长	6.4 作业员在生产首件后，按《控制计划》及图纸技术资料先作自检并填写《首件检查表》，然后通知组长确认无误后，连同产品一起交品管 IPQC 进行验证和确认。	《控制计划》 《首件检查表》
6.5		IPQC	6.5.1 IPQC 将首件检验结果记录于《首件检查表》，确认合格后，操作员方可正式生产。 6.5.2 IPQC 对首件产品作出标识，并保留至当批生产结束，以便首件与本批产品的末件比较，确保同批产品前后质量的一致性。	《首件检查表》

文件名称	生产制程管理程序	文件编号：SQ-COP-06	版本：A
编制部门	生产部	编制日期：2019.12.9	页码：3/4

序号	作业流程	权责部门/人	作业要求	参考文件/使用表单
6.6	生产作业控制	主管 组长	6.6.1 各生产班组必须严格按作业指导文件的要求进行加工和自检作业，并按生产流程的工序顺序进行转序，车间主管、组长应不定时进行巡查和督导，及时纠正不良操作行为或异常情况，确保按质按量完成生产任务。 6.6.2 车间主管、组长除完成好生产任务之外，还必须做好如下生产现场控制： a）工作现场的 6S 规范要求； b）产品的存放和转移，如暂存区、转序区、待检区、合格区、不合格区等； c）产品的标识和流转跟踪； d）车间温湿度、洁净的控制。	《6S 管理办法》
6.7	制程巡检（NG→不合格品控制；OK→成品检验）	主管 组长 IPQC	6.7.1 车间主管、组长每日必须不定时对各工序加工进行巡检，及时发现制程中出现的问题并采取纠正措施。 6.7.2 IPQC 根据《控制计划》规定的时间频次对各工序加工进行巡检，并填写《制程巡检记录表》，发现问题及时反馈给生产组长处理。制程中发生的不合格品按《不合格品控制程序》处理。	《控制计划》 《不合格品控制程序》
6.8	成品检验（NG→不合格品控制；OK→产品包装）	检验员	6.8 品管部检验员按照《制程及成品检验程序》执行成品检验，当发现有不合格品时，按《不合格品控制程序》执行处理。	《制程及成品检验程序》 《不合格品控制程序》
6.9	产品包装	各车间	6.9 最终产品经成品检验合格后，由包装员根据《包装作业指导书》的要求进行包装和标识。	《包装作业指导书》
6.10	产品入库	各车间	6.10 产品包装完成后，各车间填写《入库单》，把产品送到仓库，交仓管员签名，并办理产品入库手续。	《入库单》
6.11	报表提交	各车间	6.11.1 各生产车间每日做好当日的《车间日报表》，并于次日早上提交给计划部。 6.11.2 各车间每天必须做好工单盘点，确保产品数量准确。	《车间日报表》

7.附加说明

7.1 首件确认时机包括但不限于以下情况：

a）每班刚开始生产时；

b）工装更换、人员更换、机种更换后生产时；

c）修机、异常处理后，重新生产时。

必须保留有关首件确认的数据记录以及确认人员批准的记录。

文件名称	生产制程管理程序	文件编号：SQ-COP-06	版本：A
编制部门	生产部	编制日期：2019.12.9	页码：4/4

序号	作业流程	权责部门/人	作业要求	参考文件/使用表单

7.2 停工后的验证

生产部应在计划停工或异常停工之后，重新启动生产时，要进行作业准备验证和停工后的功能检验和试验，确保产品要求的符合性。

7.3 产品不符合及纠正措施的职责和权限

a）当生产中出现产品不符合或过程异常时，品管部有权根据不符合的风险通知生产部停止生产或通知业务部停止发运以纠正质量问题。

b）品管部应根据问题的严重程度及对顾客的影响及时将上述问题反馈给当班组长、主管、部长，必要时升级反馈到质量总监，以便及时采取纠正或纠正措施，并确保所有潜在不合格品得到识别与控制，具体按《不合格品控制程序》和《纠正与预防措施管理程序》执行。

c）生产部应确保所有班次的生产作业都安排有负责产品质量的负责人员或代理职责人员。

7.4 制造过程的监视和测量

品管部和生产部应对所有新的制造（新产品试生产）进行过程研究，对计量型产品特殊特性应尽可能使用 SPC 方法进行研究，以验证过程能力，并为批量生产的过程控制提供输入。

应保持由顾客 PPAP 要求所规定的制造过程能力或绩效。品管部负责验证已实施了过程流程图、PFMEA 和控制计划，包括遵守规定的：

a）测量技术；

b）抽样计划；

c）接收准则；

d）计量数据实际测量值和/或试验结果的记录；

e）当不满足接收准则时的反应计划和升级过程。

生产部各工序应记录重要的过程活动，如模具更换、维修、修理机器、更换材料、更换人员等，并保留记录。

当发现过程能力不足或不稳定的特性时，生产部和品管部应启动控制计划中规定的反应计划，包括规定的产品遏制和 100%检验。为确保过程变得稳定且有统计能力，品管部应制订并实施一份显示明确进度、时程安排和指派责任的纠正措施计划。当被要求时，此计划应提交顾客评审和审批。

7.5 生产设备的使用、维护、保养依据《生产设备管理程序》执行

7.6 生产工治具的使用、维护、保养依据《生产工装管理办法》执行

7.7 制程中重大品质异常依据《纠正与预防措施管理程序》执行

7.8 制程中产品标识和追溯依据《标识与追溯管理办法》执行

8.参考文件

8.1 《制程及成品检验程序》

8.2 《不合格品控制程序》

8.3 《纠正与预防措施管理程序》

8.4 《生产设备管理程序》

8.5 《生产工装管理办法》

8.6 《标识与追溯管理办法》

8.7 《设备操作指导书》

8.8 《控制计划》

8.9 《6S 管理办法》

8.10《包装作业指导书》

9.使用表单

略

文件范例【产品交付管理程序】			
文件名称	产品交付管理程序	文件编号：SQ-COP-07	版本：A
编制部门	计划部	编制日期：2019.12.9	页码：1/3

1.目的

为确保按客户的要求准确及时地将产品交货给客户，并做好安全和防护工作，特制定本程序。

2.适用范围

本程序适用于公司所有客户订单的交付控制。

3.术语和定义

无

4.职责

4.1 业务部：负责提前一天将次日的出货需求以邮件方式发给各相关部门。

4.2 计划部：计划部安排仓管员按照业务出货需求进行备货及安排送货。

4.3 品管部：出货前品管部负责确认订单、料号、机种、数量和仓库所备货是否正确，并进行出货检验和打印相对应的出货质检报告。

5.过程管理图

（本过程相关联的 ISO 9001&IATF 16949 条款：8.5.1/8.4.3/8.4.1.3）

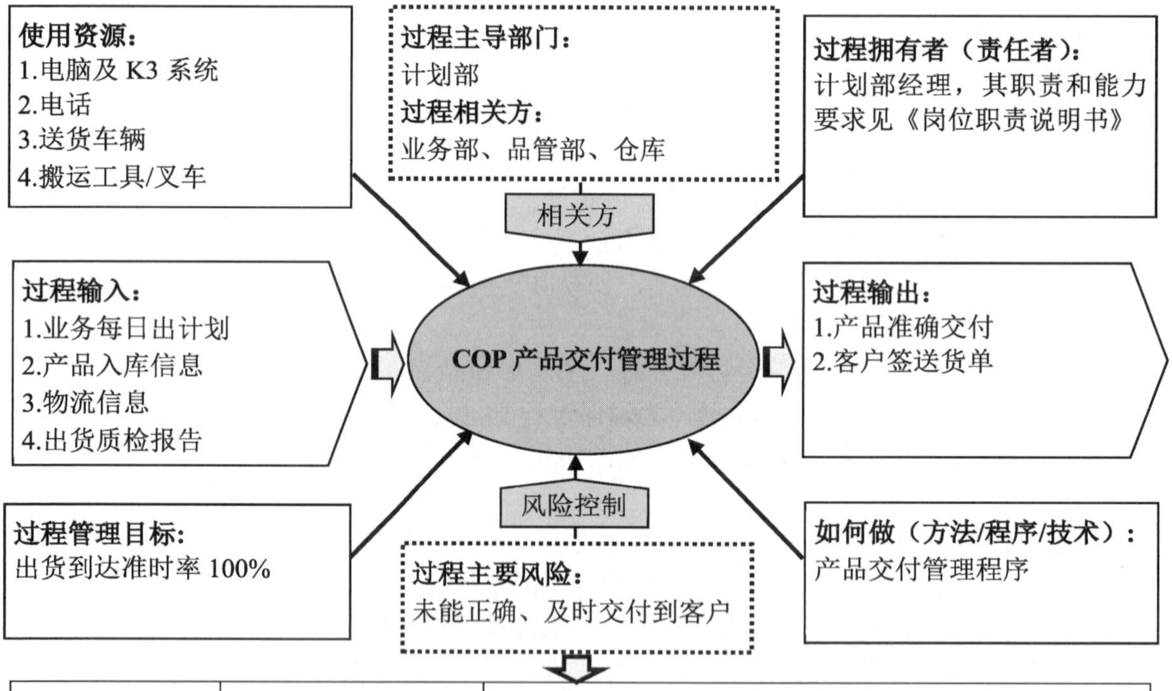

过程主要风险	对相关方的影响	应对风险的措施
未能正确、及时交付到客户	可能导致客户生产中断，顾客不满意或导致处罚。	（1）计划部安排仓库按出货订单正确备货，出货前品管部负责确认订单、料号、机种、数量，确保备货正确，并进行出货检验。 （2）计划部提前了解天气、路况，提前一天通知物流，并根据实际送货路程预留安全时间，运输过程中对车辆进行定位监控，确保及时交付到客户。

文件名称	产品交付管理程序	文件编号： SQ-COP-07	版本：A
编制部门	计划部	编制日期：2019.12.9	页码：2/3

6.作业内容

序号	作业流程	权责部门/人	作业要求	参考文件/使用表单
6.1	产品交付信息	业务部	6.1.1 公司通过网络通信系统，用于接收客户的订单信息和交货计划。 6.1.2 按客户要求在产品交货前提供《送货明细表》给客户确认。	《送货明细表》
6.2	交货准备	业务部 计划部 仓管员	6.2.1 业务部提前一天将次日要出的货以邮件方式发《送货明细表》给计划部、生产部、品管部。 6.2.2 计划部安排仓管员根据《送货明细表》备货，由业务部负责打印相对应的客户《送货单》，仓管员根据《送货单》数量将货物按先进先出原则准备至待出货区。 6.2.3 仓管员负责按《送货单》核对所备货的机种、料号、库别、数量、客户订单等信息，并通知品管质检员做出货检验。	《送货明细表》 《送货单》
6.3	出货检验（NG→不合格品控制；OK→产品防护）	品管质检员	6.3 品管质检员负责确认订单、料号、机种、数量和仓库所备货是否正确，并根据《制程和成品检验程序》进行出货检验，检验合格则打印相对应的《出货检验报告》交给仓管员，不合格则按《不合格品控制程序》处置。	《出货检验报告》 《制程和成品检验程序》 《不合格品控制程序》
6.4	产品防护	仓库	6.4 产品搬运和运输时应做好防护作业，避免重摔及重压以防损坏产品。如有异常发生时，应检查产品是否有损坏，并交品管质检员对产品进行重检以确认质量。	
6.5	产品交付	计划部 仓管员 物流	6.5.1 计划部提前了解天气、路况，提前一天安排物流车辆，填写《车辆使用申请单》，《车辆使用申请单》需写明出车时间、出车事由、行驶路线、司机姓名、送货地点，由部门经理批准后方可备车。 6.5.2 装车前，仓管员及品管员再次确认后按《送货单》上开具的数量装车，《送货单》由司机签名后，仓库保存一联。 6.5.3 装车完毕后，由仓库主管再次确认无误签字后发车，并跟踪物流车辆送货准时到达及《送货单》签收完毕为止。 6.5.4 送交客户接收产品后，《送货单》必须由客户签收，并由送货人员带回公司交仓库保存。	《车辆使用申请单》 《送货单》

文件名称	产品交付管理程序		文件编号： SQ-COP-07	版本：A
编制部门	计划部		编制日期：2019.12.9	页码：3/3
序号	作业流程	权责部门/人	作业要求	参考文件/使用表单
6.6	出货账务管理	仓库 业务部	6.6 仓库收到出货客户签收的《送货单》，与《送货明细表》核对完毕后，每月一次将《送货单》上交业务部，由业务员确认后交财务相关人员做出货明细表及后续账务处理。	《送货明细表》 《送货单》
6.7	交付绩效统计分析	计划部	6.7 计划部于每月产品交付后在次月初针对上月的产品交付绩效（交付及时率、超额运费次数和金额等）作成《交货准时率统计表》和《超额运费记录表》，未达成目标时提出纠正与预防措施，跟进持续改善效果。	《交货准时率统计表》 《超额运费记录表》

7.附加说明

7.1 计划部建立产品交付监控管理系统，适当时，其内容可以包括：

a）每批产品交付时，产品从公司发出到达各顾客目的地预计所需要的时间、运输路线、运输方式、运输车辆定位等；

b）产品在交付过程中，如发生突发性事件时其应急处理措施和方法。

7.2 当生产、运输等任一环节出现问题使公司未能按顾客的要求进行 100%按期发货时，计划部应与顾客及时沟通，以取得顾客的谅解，并按顾客的要求进行处理，同时召集相关责任部门进行检讨，确定紧急措施。

7.3 公司建立与顾客内部联网的装运通知系统网络，一旦在线系统发生故障时，应启动相应的备用系统和方法（如 QQ、E-mail 等）。

7.4 产品交货时如产生超额运费，由计划部负责按客户统计，内容包括：日期、客户、订单号、产品名称、数量、原因、金额等。

8.参考文件

8.1 《制程和成品检验程序》

8.2 《不合格品控制程序》

9.使用表单

9.1 《送货明细表》

9.2 《送货单》

9.3 《出货检验报告》

9.4 《车辆使用申请单》

9.5 《交货准时率统计表》

9.6 《超额运费记录表》

IATF 16949:2016 的补充和特别要求

8.5.1.1 控制计划

组织应针对相关制造现场和所有提供的产品，在系统、子系统、部件和/或材料各层次上（根据附录 A）制定控制计划，包括那些生产散装材料和零件的过程。采用共同制造过程的散装材料和相似零件可接受使用控制计划族。

组织应制定投产前控制计划和量产控制计划，显示设计风险分析（如果顾客已提供）、过程流程图和制造过程风险分析输出（例如 FMEA）的联系，并在计划中包含从这些方面获得的信息。

如果顾客要求，组织应提供在投产前或量产控制计划执行期间收集的测量和符合性数据。

组织应在控制计划中包含以下内容：

a）用于制造过程的控制手段，包括作业准备的验证；

b）首件/末件确认，如适用；

c）用于顾客和组织确定的特殊特性（见附录 A）控制的监视方法；

d）顾客要求的信息，如有；

e）规定的反应计划（见附录 A）；当检测到不合格品，过程会变得不稳定或统计能力不足时。

组织应针对如下任一情况对控制计划进行评审，并在需要时更新；

f）当组织确定其已经向顾客发运了不合格品；

g）当发生任何影响产品、制造过程、测量、物流、供应货源、生产量或风险分析（FMEA）的变更（见附录 A）；

h）在收到顾客投诉并实施了相关纠正措施之后，当适用时；

i）以基于风险分析的设定频率；

如果顾客要求，组织应在控制计划评审和修订后获得顾客批准。

【理解和实施要点】

1.什么是控制计划

——控制计划是对控制零件和过程的系统的书面描述，制定控制计划是质量策划过程的一个重要阶段。

——控制计划的作用是，指导在生产中如何控制过程并保证产品质量，从而制造出优质的产品。

<table>
<tr><td colspan="13">控制计划
第____页 共____页</td></tr>
<tr><td colspan="7">□样件　□试生产　□生产
控制计划编号：</td><td colspan="3">主要联系人/电话：</td><td colspan="2">日期（编制）：</td><td>日期（修订）：</td></tr>
<tr><td colspan="7">零件编号/最新更改等级：</td><td colspan="3">核心小组：</td><td colspan="3">顾客工程批准/日期（如需要）：</td></tr>
<tr><td colspan="7">零件名称/描述：</td><td colspan="3">供方/工厂/批准/日期：</td><td colspan="3">顾客质量批准/日期（如需要）：</td></tr>
<tr><td colspan="4">供方/工厂：</td><td colspan="3">供方代码：</td><td colspan="3">其他批准/日期（如需要）：</td><td colspan="3">其他批准/日期（如需要）：</td></tr>
<tr><td rowspan="3">零件/过程编号</td><td rowspan="3">过程名称/操作描述</td><td rowspan="3">机器、装置夹具、工装</td><td colspan="3">特性</td><td rowspan="3">特殊特性分类</td><td colspan="5">方法</td><td rowspan="3">反应计划</td></tr>
<tr><td rowspan="2">编号</td><td rowspan="2">产品</td><td rowspan="2">过程</td><td rowspan="2">产品/过程规范/公差</td><td rowspan="2">评价/测量技术</td><td colspan="2">样本</td><td rowspan="2">控制方法</td></tr>
<tr><td>容量</td><td>频率</td></tr>
<tr><td></td><td></td><td></td><td></td><td></td><td></td><td></td><td></td><td></td><td></td><td></td><td></td><td></td></tr>
</table>

2.控制计划的范围、层次和阶段

控制计划的范围包括相关的制造现场和所有提供的产品，而不仅仅是对最终产品或最终组装线，应按生产过程流程图包含的步骤制定控制计划。

控制计划的层次包括：系统、子系统、部件和/或材料各层级。

控制计划族：共同制造过程的散装材料和相似零件可以使用控制计划族，如散装材料油漆的生产，不同型号的油漆使用相同的制造过程，可以使用同一个控制计划。

控制计划的阶段：

适当时，控制计划应覆盖三个不同的阶段：

a）原型样件（Prototype）控制计划：对将会出现在原型样件制造中的尺寸测量、材料和性能试验的描述。如果顾客要求，组织应有原型样件控制计划。

b）投产前（Pre-launch）控制计划：对将会出现在原型样件制造后和全面生产前的尺寸测量、材料和性能试验的描述。投产前被定义为在原型样件制造后产品实现过程中可能要求的一个生产阶段。

c）生产（Production）（量产）控制计划：出现在大规模生产中的产品/过程特性、过程控制、试验和测量系统的文件。

投产前控制计划、量产控制计划是必须的，原型样件计划可根据组织需要或顾客要求制定。

3.控制计划应包含的要素

根据 IATF 16949 附录 A，控制计划至少包括以下内容：

综合资料：

a）控制计划编号；

b）发布日期和修订日期（如有）；

c）顾客信息（见顾客要求）；

d）组织名称/现场的编号；

e）零件编号；

f）零件名称/描述；

g）工程更改等级；

h）涵盖的阶段（原型样件制造、投产前、生产）；

i）关键联系人；

j）零件/过程步骤编号；

k）过程名称/作业描述；

l）负责的功能组/区域。

产品控制：

a）与产品有关的特殊特性；

b）其他要控制的特性（编号、产品或过程）；

c）规范/公差。

过程控制：

a）过程参数；

b）与过程有关的特殊特性；

c）制造用机器、卡具、夹具、工装（适当时还包括标识符）。

方法：

a）评价测量技术；

b）防错；

c）样本容量和抽样频次；

d）控制方法，如作业准备验证、首件/末件确认、控制图。

反应计划：

a）反应计划（包括或引用）。

4.控制计划的关联

从设计 FMEA 和制造过程 FMEA 中输出的控制措施应引入到控制计划中，并保持与过程流程图中的过程步骤的一致性。

5.控制计划的评审和更新

组织应针对如下任一情况对控制计划进行评审，并在需要时更新：

a）当组织确定其已经向顾客发运了不合格品；

b）当发生任何影响产品、制造过程、测量、物流、供应货源、生产量或风险分析（FMEA）的变更；

c）适用时，在收到顾客投诉并实施了相关纠正措施之后；

d）以基于风险分析的设定频率，如每年定期评审。

如果顾客要求，组织应在控制计划评审和修订后提交顾客批准。

【实施建议和应用案例】

对于控制计划的要求和编制方法，企业可建立《控制计划编制指导书》执行，也可在 APQP 管理过程中说明。

IATF 16949:2016 的补充和特别要求

8.5.1.2　标准化作业—操作指导书和目视标准

组织应确保标准化作业文件：

a）被传达给负责相关工作的员工，并被员工理解；

b）是清晰易读的；

c）用有责任遵守这些文件的人员能够理解的语言表述；

d）在指定的工作区域易于得到。

标准化作业文件还应包含操作员安全规则。

【理解和实施要点】

作业指导书是现场作业人员的作业依据，建立规范的可操作性的作业指导书是组织的一项重要的标准化工作。

作业标准化的益处：

技术储备——将企业积累下来的技术、经验记录在标准文件中，以免因技术人员的流动而使技术流失；

稳定质量和提高效率——因为有了标准化，每一项工作即使换了不同的人来操作，也不会因为不同的人，在效率与质量上出现太大的差异；

防止再发——根据作业标准，易于追查不良品产生的原因，并将有效的措施标准化；

教育训练——使操作人员经过短期培训，快速掌握较为先进合理的操作技术。

记得有位质量技术监督局的官员对标准化的概括**“标准就是把优秀变为文字，标准化就是把优秀变为习惯，质量就是把标准执行到位，品牌就是把标准变成文化”**，颇有道理。

——组织应为所有负责影响产品质量的过程操作人员提供书面的作业指导书，这些指导书应在指定的工作区域容易得到。容易得到是指，员工在不需中断其正在进行的工作的情况下可以获得。

——作业指导文件的制定可参照顾客的信息、控制计划、工艺文件、工程图纸和规范、实际作业情况等。

——作业指导书的表现形式和复杂程度应根据实际作业复杂度和难度以及员工的认知能力来设计，可以是简图、照片、流程图、文字描述或它们的组合，用有责任遵守这些文件的人员能够理解的语言和文字表述。

——作业指导书中还应包含操作员应遵守的质量要求和安全规则。

【实施建议和应用案例】

标准化作业指导书的编制是制造过程设计的一项输出，可在产品设计开发管理程序或 APQP 管理程序中作出规定。

IATF 16949:2016 的补充和特别要求

8.5.1.3 作业准备的验证

组织应:

a）当执行作业准备时进行作业准备验证，例如：需要新作业准备的一项工作的首次运行、材料的更新或工作的变更；

b）保持有关准备人员的形成文件的信息；

c）适用时采用统计的验证方法；

d）进行首件/末件确认，如适用；适当时，应当保留首件用于与末件比较；适当时，应当保留末件用于后续运行中的首件比较；

e）保留作业准备和首件/末件确认之后过程和产品批准的记录。

【理解和实施要点】

作业准备验证是正常生产运行中的一项预防活动，其目的是：

a）验证作业准备的充分性和正确性；如生产材料、工装、设备的正确性和可用性，过程参数确认，如温度、时间、压力、速度等是否设定在规定的范围内；

b）评价首次输出或首件产品的符合性；如首件检验或试验；

c）事前纠正不足，防止问题扩大，确保产品符合要求。

——作业准备验证的时机包括但不限于：

a）作业的初次运行，如初始开机生产时；

b）材料的改变，如变换了不同的材料；

c）作业更改，如作业方式、设备、模具工装等改变；

d）更换产品生产时；

e）设备、工装维修后再启动生产时；

f）设备停顿时间较长。

——作业准备验证的方式包括但不限于：

a）查证作业条件设定是否正确；

b）与上一批次数据和记录的比较（质量记录、纠正措施等）；

c）对首件产品进行检验和/或试验；

d）末件比较，也就是实物比较的方式，是把上批产品的最后一件或一部分和本批产品开始的一件或一部分进行比较，以验证新生产零件的质量是否达到前一批产品可接受的水平；或首件比较，即保留首件与本批产品的末件比较，确保同批产品前后质量的一致性。

e）如果是计量型特性，也可以通过统计方法进行验证。

负责作业准备验证的人员、过程验证记录、首件/末件确认记录及批准的记录都必须保留，以证实过程和产品符合要求。

值得注意的是，作业准备的验证内容、验证方式和验证记录应根据企业实际生产作业特性去策划和设计，不同行业差异较大，同一企业的不同生产工序如注塑、冲压、焊接、组装也差异很大。以下示例仅供参考。

表 3-32 首末件检验记录表（参考示例）

首/末件检验记录表										表单编号：		
										版本：A		
机号	□首检 □末检	产品名称				加工工艺			班组		生产日期	
	□开机首检 □换刀首件 □换班末件 □生产参数变更 □材料变更 □其他					检验依据	□工程图纸 □标准样件 □制程检验标准 □产品标准 □其他				检验时间	时 分
检查记录	检验项目	检验标准	检验结果或实测值			判定	检验项目	检验标准	检验结果或实测值			判定
			1	2	3				1	2	3	
最终判定结果	□A:合格继续生产 □B:不合格、重新调机 □C:不能生产停机 □D:条件认可					检验员签名：			批准：			
注意事项	1.首检/末检，所有项目均需连续检查最少 3 件（凡属于计数值特性，其接收标准为 0 收 1 退（0，1）。											
	2.根据质量统计的不良项目进行持续跟进。											
填写说明	1.适用范围：产品新开机、开线、修模、变更工艺/参数、变更材料等均需要进行首件检查，生产结束前或换班前进行末件检查。											
	2.新开机生产时，或生产结束或换班时，由最终工序准备好 3 个样件置于待检区，并通知 IPQC 检验员，检查判定合格后方可生产或交班。											
	3.检验员判定合格后从样品中随机挑选 1 个样件，进行首件/末件标识，并连同巡检记录表一起置于产线最终检查工位，作为末件/首件比较。											
	4.检查结果判定：合格项目打“√”，不合格项目打“×”；本表单保留 3 年。											

表 3-33 作业准备验证表（参考示例）

制造部门：		车间/班组：		日期：			
订单号		产品型号/规格		订单数量			
验证时机：□首次量产 □换模/换线 □开班 □材料变更 □作业方式/工艺更改 □停工期后							
作业准备验证内容				是否相关	验证结果		备注
					是	否	
1.文件准备							
1.1	是否具备最新的图纸（成品图、零件图、装配图等）？			□	□	□	
1.2	现场是否具备对于生产过程来说重要的文件，并且在工作区域易于得到？（工艺文件、控制计划、作业指导书、检验指导书等）			□	□	□	
1.3	生产工单、指令是否正确、清晰？			□	□	□	
2.人员							
2.1	各工位作业人员是否到位？			□	□	□	
2.2	员工的能力/资格是否与其工作（生产和质量）相符？			□	□	□	
3.材料							
3.1	材料是否正确，并按所需数量/生产批次大小被送至正确的存放位置/工位？			□	□	□	
3.2	材料标识、存放、防护是否符合材料特性？			□	□	□	
3.3	是否能确保材料/零件在流转过程中不发生混合/弄错？			□	□	□	
3.4	包装材料是否正确并到位？是否符合顾客对包装的要求？			□	□	□	
4.生产设备/测量设备/工装							
4.1	机器设备是否正常？是否按规定执行了日常维护保养？			□	□	□	

4.2	检测仪器是否到位？是否满足检测精度要求？是否处于正常和有效的状态？	□	□	□	
4.3	工装夹具是否到位？工装夹具是否正常？是否按要求进行了使用前点检和维护？	□	□	□	
4.4	货架、工具、用具是否符合产线配置的要求并定位存放？	□	□	□	
5.作业方法					
5.1	员工是否按作业指导书进行正确的操作？	□	□	□	
5.2	机器/设备参数设定是否符合规定的范围？	□	□	□	
5.3	是否完成了首件检验且合格？	□	□	□	
5.4	是否使用正确的检具和检测方法？	□	□	□	
5.5	是否提供了辅助的极限样件、缺陷目录/图片？	□	□	□	
5.6	材料、在制品、半成品/成品是否有正确的标识和流转？	□	□	□	
5.7	生产记录和检验记录是否按要求正确填写？	□	□	□	
6. 现场环境					
6.1	是否按 5S 的要求保持现场整洁、有序的状态？	□	□	□	
6.2	是否控制和保持所要求的环境（如温度、湿度、洁净度等）条件？	□	□	□	
验证结果判定	是否具备条件生产：□是　　□否，应采取的措施________				
验证人员：	车间主管/班组长：	过程批准：			

关于采用统计方法进行作业准备验证的说明：

本条款 c）提出“适用时采用统计的验证方法”，什么是统计的验证方法，很多读者可能不是很理解。统计的验证方法最初是在美国三大汽车公司质量体系标准 QS-9000 中提出的，后来被沿用到 ISO/TS 16949。要理解统计验证方法，首先必须熟悉统计过程控制（SPC）的控制图，以下对此方法做简要说明。

应用 SPC 作为统计验证是针对计量型数据的关键特性或特殊特性进行的，通常采用均值-极差图（$\overline{X}$-R）。

以下用一个例子进行说明：

背景：某企业为整车厂生产轴类件，属于批量件（每月约 6000 件，每天约 300 件，连续生产），为控制轴件的键槽深度，规定了下图中的尺寸为关键特性。

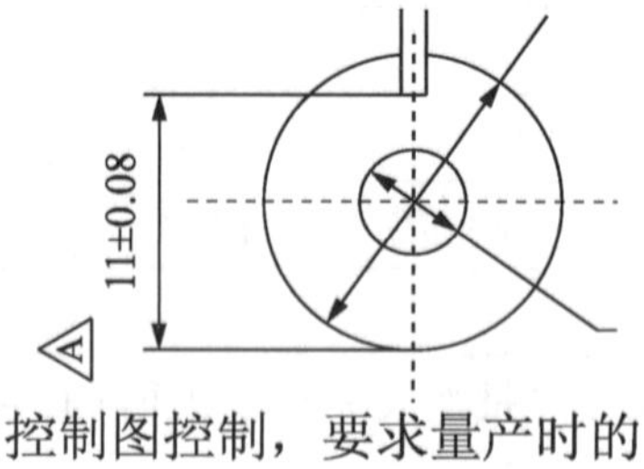

a）顾客要求必须对该尺寸用控制图控制，要求量产时的 CPK 大于 1.33 即可；

b）该尺寸是用 CNC 加工的，产生变异的因素主要是刀具磨损和夹具松动，刀具虽然有使用寿命的规定（加工数量限制），但在寿命期内的磨损程度不同。

c）作业准备验证的时机是：每次开机时，更换新刀时或磨刀后，设备维修后。

d）基于一段时间的量产抽样数据，用均值-极差图（$\overline{X}$-R）控制该特性，CPK 值维持在 1.5 左右，PPK 值维持在 1.4 左右。（说明过程是比较稳定的，特殊原因影响不大）

作业准备的统计验证不是取 25 组数据绘制新的控制图（取 25 组数据进行初始过程能力分析是试生产的工作），因为是连续生产，正常生产中的控制图显示过程的变化趋势是稳定的，在作业准备验证时是在稳定过程的控制图上延长控制线使用。方法如下：

a）作业准备时生产第 1 个子组的连续 5 件产品，计算其平均值和极差，并将其绘制在下图中，若均值点落在 C 区，且极差不超出上控制线，则作业准备可获得批准，可继续生产；

b）若点子是落在 B 区或 A 区，则生产第 2 个子组的 5 件产品，如果第 2 个子组的均值仍落在 B 区或 A 区，则作业准备应做调整并重复上述步骤，直至均值点落在 C 区方可批准生产。

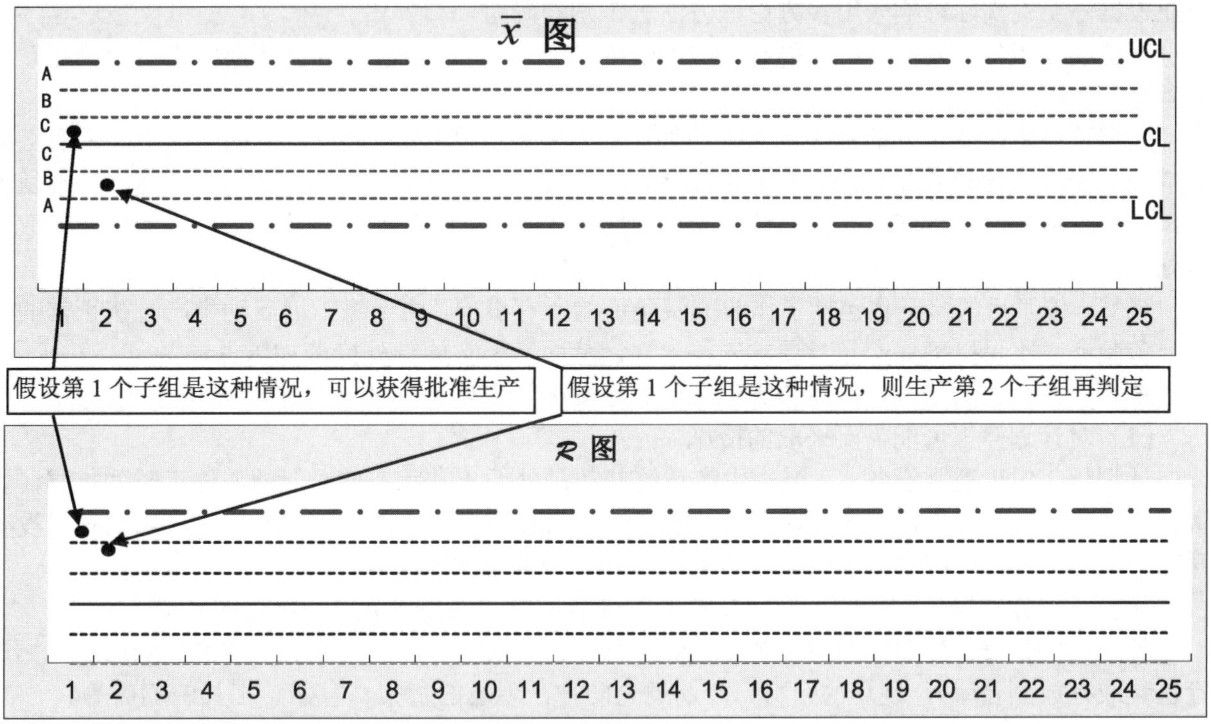

统计方法进行作业准备验证仅在适用的情况下使用，目的是在开始生产时将特性控制在中心值附近，避免过大的过程变差。

也有些企业用比较简单的方法作统计验证，就是开始生产 3～5 件产品，测量其值是否全部落在规格中心的 1/3 范围内，若是则批准放行，否则调整工装和设备，直至符合为止。

IATF 16949:2016–常见问题解答（FAQ–23）回答了有关首件/末件确认的问题，内容如下：

编号	IATF 16949 参照	问题和答案
23	**8.5.1.3 作业准备的验证**	**问题：** 如果对某一特定类型的制造过程不进行或不适用首件/末件确认，是否应按照 8.5.1.3 e）的要求保留这些记录？ **解答：** 如 8.5.1.3 d）所述，只有在适用和适当的情况下，才会进行首件/末件确认。如果因为不适用或不合适而不进行确认，则不需要保留记录。

IATF 16949:2016 的补充和特别要求

8.5.1.4 停工后的验证

组织应确定并采取必要的措施，确保在计划或非计划生产停工期之后，产品对要求的符合性。

【理解和实施要点】

此为 IATF 16949 新增的条款，目的是确保在计划或非计划生产停工期之后，产品能满足要求。

计划的生产停工可能是由于订单不饱和、设备周期性检修、较长的节假日时间（如国庆黄金周、中国春节、西方圣诞节、高温放假）等因素预先确定的；非计划生产停工可能是由于设备故障、公共设施中断、自然灾害等因素突发的。

对于生产停工，标准 3.1 汽车行业的术语和定义中做了定义“生产停工——制造过程空闲的状态；时间跨度可从几个小时到几个月不等”。定义只是给出一个时间跨度，具体停工多长时间后需要采取额外措施，不同的生产过程，不同的生产设备和工艺，存在着较大的差异，这得由各企业根据停工的实际影响采用多方论证方法去识别和确定。

有些朋友就提出疑问了，前面有了“8.5.1.3 作业准备的验证”，为何还要停工后验证呢？这两者有什么不同？

大家请注意，本条款的标题虽然是“停工后的验证”，但内容是说“组织应确定并采取必要的措施，确保在计划或非计划生产停工期之后，产品对要求的符合性”，这里的措施，并不是仅仅指对停工后生产过程或产品符合性的验证，它包括停工前、停工期间及停工后可能需要采取的措施。

当然，停工后的验证也包括了作业准备验证的所有事项，由于停工后启动生产时按正常的作业准备验证，不足以确保产品对要求的符合性，从而需要实施额外措施加以保证。

那么，到底需要采取哪些措施来保证呢？这要分计划停工和非计划停工两种情况来谈：

（1）对计划停工可能需要采取的措施

计划停工时，通常设备、工装、生产线这些都是处于正常状态的，但随着停工时间推移，设备、工装可能会氧化生锈，产生蠕变，某些特性自然衰减等，比如工厂的发电机，当长时间没有开动，重新启动时可能打不着火无法启动，往往就是蓄电池的衰减。

所以，在计划停工前、停工期间及停工后可能需要一些预防措施和额外的检测。

停工前的措施：如停工前对设备、工装进行点检、清洁、注油，或拆卸和额外的防护（如进行包装或存放到仓库），现场的余料、产品退仓防护，现场的货架、容器、工具的遮盖等。

停工期间的措施：比如停工期间定期清洁、注油、空转运行和维护等，这要看计划停工的时间长短而定。还有些特殊工艺，如玻璃熔炉，炉温必须常年保持一定的温度，不能冷却，否则启动时间很长，也会造成质量不稳定，停工期间的措施就是需要持续加温保持温度。

停工后的措施：停工期后开始启动时的点检、注油、保养，安装和试运行，除了完成作业准备验证的所有事项外，可能还需要对产品某些特性的检测和试验。也可能需要小批量试产进行验证，还有可能需要重新进行统计过程研究，以确定过程是否稳定和过程能力是否满足。停工后如果检测人员不同了，可能还需要进行测量系统分析，特别是对于计数型特性的测量系统。

对于停工 12 个月后重新启动生产时，如有顾客要求，产品可能需要全尺寸检验和功能试验，并提交顾客 PPAP 批准。

（2）对非计划停工可能需要采取的措施

前面我们提到，非计划生产停工可能是由于设备故障、公共设施中断、自然灾害等因素突发的。当出现这些情况时，我们应首先启动标准 6.1.2.3 要求的“应急计划”，处理和排除异常后再恢复生产。

如果是由于设备故障引起的停工，在设备修复后重新生产时，可能需要进行设备能力研究（Cmk）。其他可能的措施与计划停工后的措施基本相同。

事实上，过去我们很多企业在计划停工或非计划停工发生时，为了确保产品的符合性和满足顾客要求，都采取了不同的措施，只是没有系统化的考虑和形成文件规定。

针对计划和非计划停工后所采取的措施的记录都应进行保留。

【实施建议和应用案例】

关于作业准备验证的要求和停工后验证的措施可在生产制程管理程序中作出规定，也可单独建立作业准备验证和停工后验证的管理规定或作业指引。

IATF 16949:2016 的补充和特别要求

8.5.1.5 全面生产维护

组织应制定、实施并保持一个形成文件的全面生产维护系统。

该系统应至少包含：

a）对按照要求产量生产合格产品所必需的过程设备的识别；

b）a）项中被识别设备的替换件的可用性；

c）机器、设备和设施维护的资源提供；

d）设备、工装和量具的包装和防护；

e）适用的顾客特定要求；

f）形成文件的维护目标，例如：OEE（全局设备效率）、MTBF（平均故障间隔时间）和 MTTR（平均维修时间），以及预防性维护符合性指标。维护目标的绩效应作为管理评审的 输入（见 ISO 9001 第 9.3 条）；

g）维护计划和目标以及形成文件的措施计划的定期评审，以在未达到目标时采取纠正措施；

h）对预防性维护方法的使用；

i）对预测性维护方法的使用，如适用；

j）周期性检修。

【目的和意图】

本条款旨在为确保产品和服务满足要求，稳定生产运行而制定、实施并保持一个形成文件的全面生产维护系统。

【理解和实施要点】

组织的全面生产维护系统应至少包含以下：

a）对按照要求产量生产合格产品所必需的过程设备的识别；

——根据生产过程工序及产量要求识别所需的设备，包括设备的类型、自动化程度、精度及所需数量，特别是识别关键设备和瓶颈设备的需求，建立设备清单。

b）上述被识别设备的替换件的可用性；

——考虑设备易损件和替换件，保持适当的安全库存，确保设备维修、维护的及时性，可建立设备易损件/替换件最低库存清单，并保持相应的库存数量。

c）机器、设备和设施维护的资源提供；

——机器、设备和设施维护的资源可能包括：具备熟练维修、维护能力的人员，维修/维护所需的设施/设备、工具、物质，书面的维修/维护指导书等。

d）设备、工装和量具的包装和防护；

——对设备、工装和量具的包装和防护的措施和方法。

e）适用的顾客特定要求；

——如有顾客对设备、工装和量具的特定要求，应按其要求进行采购、使用、维护和管理。

f）形成文件的维护目标，例如：OEE（全局设备效率）、MTBF（平均故障间隔时间）和 MTTR（平均维修时间），以及预防性维护符合性指标；

——必须设定文件化的设备维护目标，如 OEE、MTBF、MTTR、设备故障率等，要根据企业实际使用的设备情况去设定，不是所有设备都适合用 OEE 评价，如一些化工企业、生产流水线作业。

OEE——全局设备效率（Overall Equipment Effectiveness）又称设备综合效率。

OEE＝时间稼动率×性能稼动率×良品率

时间稼动率＝实际运行时间／应运行时间×100％

性能稼动率=理论循环时间×总产品数/实际运行时间×100%

良品率=良品数/总产品数×100%

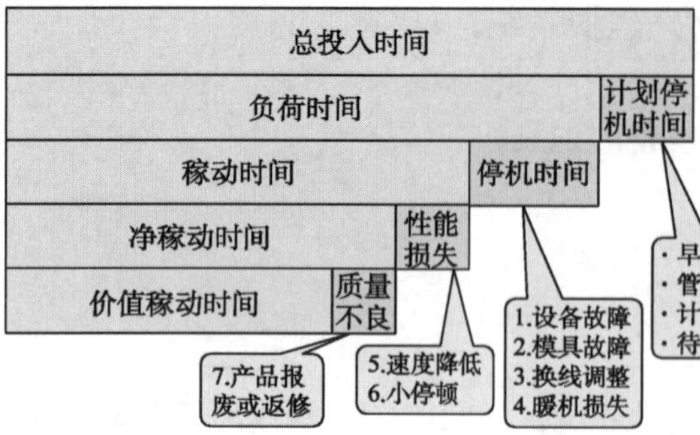

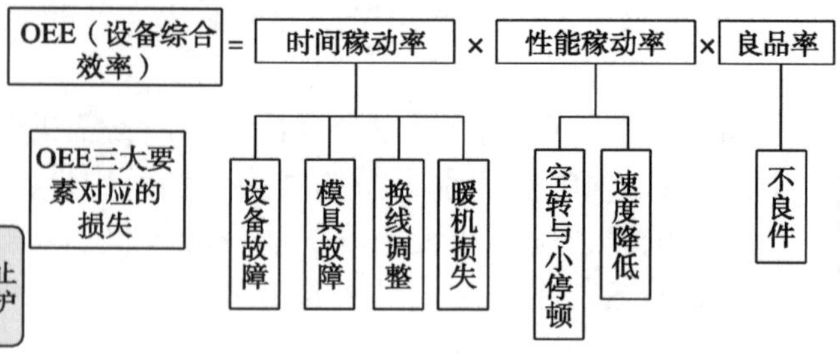

OEE **统计表**（示例）：

时间单位：分钟																					
日期	班次	上班时间	计划停机时间			负荷时间			非计划停机时间						稼动时间	时间稼动率	作业量（件）	不合格品数量	产品合格率	标准工时/件	性能稼动率	OEE
			班前会	设备点检	小计		预热	准备调试	等材料	故障	换刀具	换工装	其他停机	小计								
1	白班	480	30	10	40	440		25					25	50	390	88.6%	60	3	95.0%	5	76.9%	64.8%
	夜班				0	0								0	0							
2					0	0								0	0							
					0	0								0	0							

MTBF（平均故障间隔时间）：用于评价设备的维护水平和设备信赖性；

MTTR（平均修理时间）：用于评价维修能力和及时性。

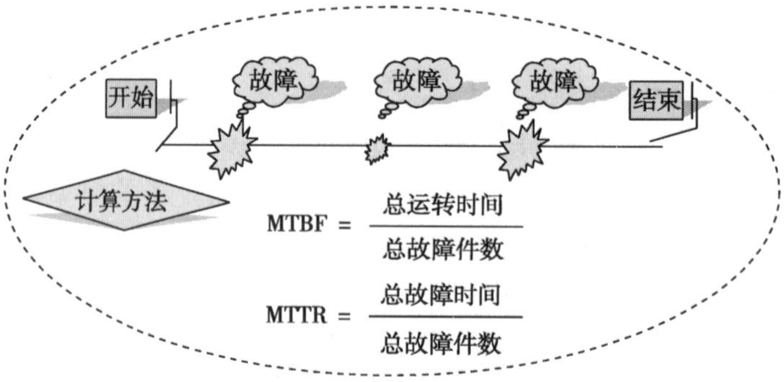

g）维护计划和目标以及形成文件的措施计划的定期评审，以便在未达到目标时采取纠正措施；

——监视维护计划的实施及维护目标绩效数据；对设备维护计划的合理性、充分性和有效性进行定期评审；对维护目标达成情况进行定期评审并在未达到目标时采取适当的纠正措施。维护目标的绩效应作为管理评审的输入。

h）对预防性维护方法的使用；

——预防性维护（preventive maintenance）是为了消除设备失效和非计划生产中断的原因而策划的定期活动（基于时间的周期性检验和检修），它是制造过程设计的一项输出。

例如每天的设备点检、润滑、清洁维护，每周/月/季度/年度的维护保养都属于预防性维护，它的特征就是事前基于时间策划好的周期性的活动。预防性维护就是要提前策划好，明确要在什么时间进行哪些维护活动，要达到什么标准。

预防性维护是制造过程设计的一项输出，也就是在制造过程设计时就应制定，如设备维护计划、维护保养指导书等。预防性维护计划一方面参考来自制造厂商提供的设备操作/使用说明书中维护保养说明，另一方面考虑 PFMEA 所识别的设备因素。

i）对预测性维护方法的使用，如适用；

——预测性维护（predictive maintenance）是通过对设备状况实施周期性或持续监视来评价在役设备状况的一种方法或一套技术，以便预测应当进行维护的具体时间。

也就是说，预测性维护是基于在役设备状况的维护，而预防性维护是基于时间的维护活动。

预测性维护是一种“适时”的维护活动，这种维护活动更及时、更准确，既可防止设备故障又节省维护成本（减少了不必要的过度维护），因此更具有效率。如车辆的油量表，就是持续的监控油量的状况，我们根据自己的路程和油量状况去适当加油，而不是每次都加满（增加车辆重量产生附加油耗），或由于加油不足导致发动机熄火。

但是，要做到预测性维护却不像油量表那么容易，因为不同设备的故障模式不同，并不是每种设备都能实施预测性维护，需要通过一定的方法或技术对设备状况实施周期性或持续监视来评价，从而预测应当进行维护的具体时间。

比如马达的运行状况，可以通过监视其轴承温度，如果某个时间监控发现这个轴承温度不断上升，可以预测到轴承可能缺少润滑或有杂质，又或者是已经磨损严重了，这时就需要停下来做维护了，如果按定期检修计划，那中途就可能发生故障了。

j）周期性检修。

——周期性检修是用于防止发生重大意外故障的维护方法，此方法根据故障或中断历史，主动停止使用某一设备或设备子系统，然后对其进行拆卸、修理、更换零件、重新装配并恢复使用。

周期性可以是每月、每季度、每半年、每年或其他适当的周期。具体间隔周期的确定取决于以往的维修数据和经验（发生故障的频率及零部件寿命等）。

周期性检修通常制定形成文件的维护计划，是主动的预防性维护行为。

IATF 16949:2016—常见问题解答（FAQ–27）说明了“全面生产维护”的目的，内容如下：

编号	IATF 16949 参照	问题和答案
27	**8.5.1.5** **全面生产维护**	**问题：** 在本条款中使用术语“全面生产维护”的目的是什么？与行业术语“全面生产维护”是否有联系？ **解答：** IATF 16949 标准中使用的术语“全面生产维护”（TPM）指的是各种类似的方法，这些方法侧重于主动和预防性技术，这些技术通过机器、设备、过程和员工来提高工具和设备的可靠性，从而为组织增加了制造价值。例如，TPM 的行业方法将日常维护的责任（例如清洁、润滑和检查）交给了操作员。 IATF 16949 中第 8.5.1.5 条有一些要求与行业 TPM 的某些要求保持一致。但是，8.5.1.5 [a）到 j）]的个别要求如 IATF 16949 所述。IATF 16949 中术语“全面生产维护”的使用使组织有机会采用行业全面生产维护的基本原则，同时满足 IATF 16949 中列出的 8.5.1.5 的要求。

IATF 16949:2016–常见问题解答（FAQ–26）说明了“周期性检修”的意图，内容如下：

编号	IATF 16949 参照	问题和答案
26	**8.5.1.5** **全面生产维护**	**问题：** 在全面生产维护的要求中包括“周期性检修”一词的意图是什么？ **解答：** 第 8.5.1.5 节中所有生产线项目的目的是包括在长时间使用中维护制造设备的最低步骤，使其能始终按规范生产产品。 “周期性检修”是指定期维护步骤不再足以使工具和设备保持在可以继续使产品符合规范的条件下所需的制造工具和设备的返工，如使用平均修理间隔时间或其他类似指标所检测的那样。

编号	IATF 16949 参照	问题和答案
26	**8.5.1.5 全面生产维护**	也许周期性检修不适用于某些类型的工具和设备。也许一些工具只是在其使用寿命结束时简单地用新工具替换。然而，根据使用情况、时间或其他已知因素，所有工具和设备的使用寿命都是有限的。工具和设备制造商会是确定哪些因素并估计何时需要完成这些主要工作的良好来源。周期性检修或其适当的等效（例如更换）将需要在组织的维护计划的步骤中加以考虑。

【实施建议和应用案例】

本条款可建立生产设备管理程序进行规定和实施。下面的程序范例仅供参考。

IATF 16949:2016 的补充和特别要求

8.5.1.6 生产工装及制造、试验、检验工装和设备的管理

组织应针对生产和服务材料和散装材料（如适用），为工具、量具的设计、制造和验证活动提供资源。

组织应建立并实施一个生产工装管理体系，不管归组织或顾客所有，其中包括：

a）维护、维修设施与人员；

b）存储与修复；

c）工装准备；

d）易损工具的工具更换方案；

e）工具设计修改的文件，包括产品的工程变更等级；

f）工具的修改和文件的修订；

g）工具标识，例如：序例号或资产编号；状态，如生产、修理或废弃；所有权；以及位置。

组织应验证顾客拥有的工具、制造设备和试验/检验设备是在明显的位置永久标记的，以便能够确定每件工具或设备的所有权和用途。

如果任何工作被外包，组织应实施监视这些活动的系统。

【目的和意图】

本条款旨在确保组织建立并实施一个生产工装管理系统，以支持生产运行，并能有效和高效地生产出满足要求的产品。

【理解和实施要点】

本条款所指的工装包括生产、制造、检验和试验用的工具、治具、刀具、模具、夹具、量具、检具等。

无论这些工装是属于组织的还是属于顾客的，都必须建立并实施工装管理系统，用以对所需工装的设计、制作、验证、标识、准备、使用、贮存、修复、更换、报废等进行控制。

工装管理系统至少应包括：

a）维护、维修设施与人员；

——提供工装维护、维修的设施，确定并配备负责维护、维修的人员。

b）存储与修复；

——提供工装存储的场所和货架，工装异常时能够得到及时修复。

c）工装准备；

——根据生产排程和生产通知，提前准备工装，并点检和保养使其保持正常状态。

d）易损工具的工具更换方案；

——制定易损工具的更换计划，确保易损工具在使用寿命到期后及时更换；易损工具如机械加工用到的刀具、钻头，下料用的锯片等，可以规定工具的加工数量或使用时间。

e）工具设计修改的文件，包括产品的工程变更等级；

——指由于产品的工程更改引起工装设计文件的修改，包括更改次数的版本号。

f）工具的修改和文件的修订；

——指工装修改及相应文件的修订，如工装图纸、工装履历、工装总览表。

g）工具标识，例如：序列号或资产编号；状态，如生产、修理或废弃；所有权；以及位置；

——建立工装标识卡，工装的编号或资产编号；工装的状态标识，如生产中、维修中或报废；注明工装的所有权（如顾客或供方所有）以及工装存放的位置。

——对于顾客或供方拥有的工装应在明显的位置做永久的标记（如铭牌或钢印），以便能够确定每件工装的所有权和用途。

h）如果任何工作被外包，组织应实施监视这些活动的系统。

——如果工装的设计或制造被外包（很多企业的工装制造都采用外包），组织应对其设计或制作过程实施控制，包括设计图纸的评审和确认，工装的验收等。

【实施建议和应用案例】

本条款可建立工装管理程序或管理办法进行规定和实施。下面的文件范例仅供参考。

IATF 16949:2016 的补充和特别要求

8.5.1.7 生产排程

组织应确保为满足顾客订单/需求来安排生产，例如准时生产（JIT），并且确保生产由一个信息系统支持，该系统允许在过程的关键阶段取得生产信息，并且是由订单驱动的。

组织应在生产排程期间包含相关策划信息，如：顾客订单、供应商准时交付绩效、产能、共享载荷（共线工位）、前置期、库存水平、预防性维护及校准。

【理解和实施要点】

为满足顾客准时交付的要求，组织应建立信息系统，如 ERP 系统，以订单导向来制订生产计划，并在过程的关键阶段如投入生产线的时间、成品完成入库的时间、预期的出货安排等，可以获得相关的生产信息。

在制订生产排程或计划时，应考虑顾客订单数量及交货期、供应商准时交付绩效、公司的生产产能、共用设备或生产线、生产准备的前置期、材料的库存水平、预防性维护计划及量具校准计划。目的是充分考虑各种因素，确保计划能如期完成并按时交货。

当不能准时交货时，应当将预期延后的交付时间及时通知顾客，并应采取纠正措施改进交付能力。

如果组织根据“预测”来安排生产计划（库存生产），则不满足该要求的意图。

【实施建议和应用案例】

本条款可建立生产计划控制程序或其他适当文件加以实施。下面的程序范例仅供参考。

文件范例【生产计划控制程序】

文件名称	生产计划控制程序	文件编号：SQ-COP-05	版本：A
编制部门	计划部	编制日期：2019.12.9	页码：1/3

1.目的

为有效控制生产计划的顺利执行，使订单能够正确及时安排生产，满足客户交期，特制定本程序。

2.适用范围

本程序适用于公司所有客户订单之生产计划安排和控制。

3.术语和定义

无

4.职责

4.1 业务部：负责提供销售订单及出货计划。

4.2 计划部：负责根据业务的销售订单制订合理的物料需求计划及生产计划的编排、生产进度的跟进以及物料的跟催，确保公司生产按期交货。

4.3 生产部：负责按照生产计划排程完成生产任务。

5.过程管理图

（本过程相关联的 ISO 9001&IATF 16949 条款：8.5.1/8.5.1.7）

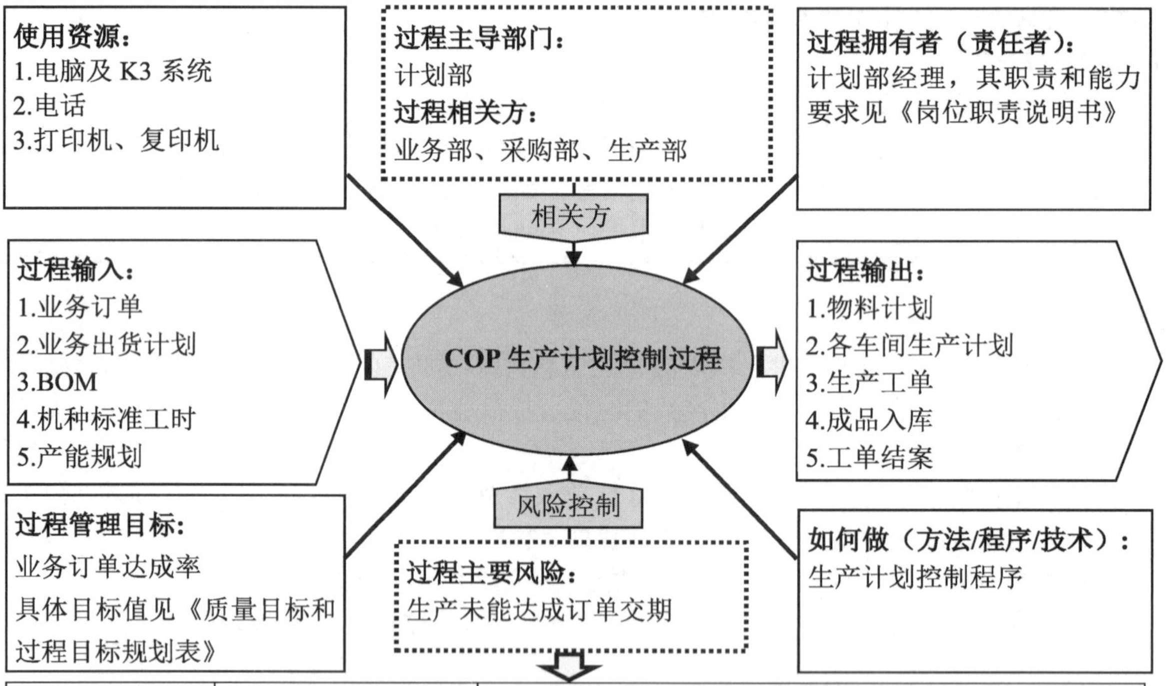

过程主要风险	对相关方的影响	应对风险的措施
生产未能达成订单交期	未能按时交付，可能导致顾客生产中断，顾客不满意或处罚。	（1）根据业务的销售订单及预估订单制订合理的物料需求计划，跟进物料及时到位； （2）每月下旬做好下月的产能规划，生产部提前做好人员、设备、治具的准备； （3）每周召开产销会议，检讨生产计划进度和物料进度，及时处理异常； （4）寻找备用外协厂商，以便紧急情况下能够及时协助。

文件名称	生产计划控制程序	文件编号： SQ-COP-05	版本：A
编制部门	计划部	编制日期：2019.12.9	页码：2/3

6.作业内容

序号	作业流程	权责部门/人	作业要求	参考文件/使用表单
6.1	接收订单信息	业务部 计划部	6.1 业务部向计划部提供销售订单及出货计划，为计划部对物料的请购计划及产能负载提供依据。	
6.2	产能规划	计划部	6.2.1 计划部根据订单需求，每月制定《产线标准人力配置表》和《产能规划表》，每季度更新一次《产线标准产能表》，并将上述资料提供给各生产车间。 6.2.2 计划部每周召开产销会议，检讨生产计划进度和物料进度，及时处理异常。	《产线标准人力配置表》 《产能规划表》 《产线标准产能表》
6.3	物料计划	计划部	6.3 计划部根据销售订单结合库存状况提前做出主材和辅料的《生产备料单》提供给采购部，并跟进物料到位。	《生产备料单》
6.4	制定生产计划	计划部	6.4.1 计划部根据销售订单及出货计划制定各车间每月及每日的生产计划，并邮件发给全厂各部门。 6.4.2 在 K3 系统制作《生产工单》，发给各生产车间。	《生产工单》
6.5	物料配送	计划部	6.5.1 物管员依据生产计划，按《生产工单》向各车间配送物料。 6.5.2 物管员依据仓库物料库存核算当天及第 2 日生产物料，当发现可能出现物料短缺时，向采购部、计划部、生产车间发出物料停线预警。	《生产工单》
6.6	生产制造	生产各车间	6.6 各生产车间根据生产计划和《生产工单》按《生产制程控制程序》进行生产，并于每日早上 8 点前向计划部提供前日的白班夜班《车间日报表》。	《生产工单》 《生产制程控制程序》 《车间日报表》
6.7	生产进度跟进	计划部	6.7 计划部将每日《车间日报表》信息汇总于《生产日报表》，分析各车间产能达成、计划达成及库存数，当发现异常时及时调整生产计划，必要时通知业务。	《车间日报表》 《生产日报表》
6.8	订单变更调整	计划部	6.8 当接收到业务的《订单更改通知单》时，计划部根据变更内容及要求及时通知到各生产车间遏制生产，并要求仓库及时统计各材料、半成品、成品库存数量，调整生产计划及生产工单数量。	《订单更改通知单》

文件名称	生产计划控制程序	文件编号：SQ-COP-05	版本：A
编制部门	计划部	编制日期：2019.12.9	页码：3/3

序号	作业流程	权责部门/人	作业要求	参考文件/使用表单
6.9	出货跟踪确认	业务部 计划部	6.9 业务部提前一天将次日要出的货以邮件方式发《送货明细表》给计划部、生产部。计划部跟踪落实拟出货订单的完成，以便做好交货准备，按时交货。	《送货明细表》
6.10	工单结案	计划部 生产部	6.10.1 物管依据车间每日包装数量完成入库及整理车间每日经品管会判后的不良品并退库，直至工单生产结束，列印生产工单的良品及不良品数、不良率，交生产经理确认签名后，呈计划部经理复核签名，完成工单结案。 6.10.2 物管根据生产工单完成状况维护《生产工单管控表》。	《生产工单管控表》

7.附加说明

7.1 计划部应确保为满足顾客订单/需求来安排生产，并且是由订单驱动的，而非库存生产。在生产计划排程时，应适当考虑如客户订单、供应商准时交付绩效、产能、共用机台、前置期、库存水平、生产设备预防性维护计划及检测设备校准时间等因素。

7.2 遇下列情形生管部应调整生产计划排程：

a）客户临时增加或减少订单；

b）原物料供应无法配合时；

c）制程、机器设备发生变动因素无法生产时；

d）其他不可预计状况导致生产变动时。

7.3 工序、半成品外协处理

计划部根据业务需求结合本厂生产能力，寻找备用外协厂商，以便紧急情况下能够及时协助。外协厂商的选择、评价按《供应商管理程序》执行。

8.参考文件

8.1 《生产制程控制程序》

9.使用表单

9.1 《产线标准人力配置表》

9.2 《产线标准产能表》

9.3 《产能规划表》

9.4 《生产工单》

9.5 《生产备料表》

9.6 《车间日报表》

9.7 《生产日报表》

9.8 《订单更改通知单》

9.9 《生产工单管控表》

附表 SQ-54 **产线标准人力配置表**（参考格式）

部门	车间	产线	适合机种	工站	标准配置	储备人力	备注

附表 SQ-55 **产线标准产能表**（参考格式）

部门	车间	产线	适合机种	标配人力	现人力	标准最大产能	标准最低产能	备注

附表 SQ-56 **产能规划表**（参考格式）

机种别	机种名称	订单量	产线	工时定额	平均产能	所占比例	备注
A	A1						
	A2						
	小计						
B	B1						
	B2						
	B3						
	小计						
合计							
注：产能策划评估必须考虑顾客签约的生产效率和产量，不只是当前的订单水平。							

文件范例【生产设备管理程序】

文件名称	生产设备管理程序	文件编号：SQ-SP-08	版本：A
编制部门	设备部	编制日期：2019.12.9	页码：1/5

1.目的

为规范本公司设备的有效管理，以确保满足生产设备的稳定性、安全性及提高生产效率，特制定本程序。

2.适用范围

适用于本公司所有生产设备的策划、采购、安装、验收、维修、保养、报废等作业管理。

3.术语和定义

3.1 日保养：每日对设备外观、工作台面清洁、运动部位润滑、关键部位点检等日常保养。

3.2 月保养：每月对设备的易损零件及电气安全检查。

3.3 年度保养：每年度对设备主传动部位检查确认，判定主要零部件使用状况并进行全面清洁保养。

3.4 预防性维护：为了消除设备失效和非计划生产中断的原因而策划的定期活动（基于时间的周期性检验和检修），它是制造过程设计的一项输出。

3.5 预测性维护：通过对设备状况实施周期性或持续监视来评价在役设备状况的一种方法或一套技术，以便预测应当进行维护的具体时间。

4.职责

4.1 技术部：负责新产品项目的所需设备的规划。

4.2 设备部：负责扩增设备或汰换设备的规划，及设备的选型、安装、定期保养和维修，以及报废处理。

4.3 采购部：负责参与设备选型和设备采购。

4.4 生产部：负责所用生产设备的日常维护保养及设备故障时提报设备部。

5.过程管理图

（本过程相关联的 ISO 9001 & IATF 16949 条款：7.1.3 /8.5.1/ 8.5.1.5）

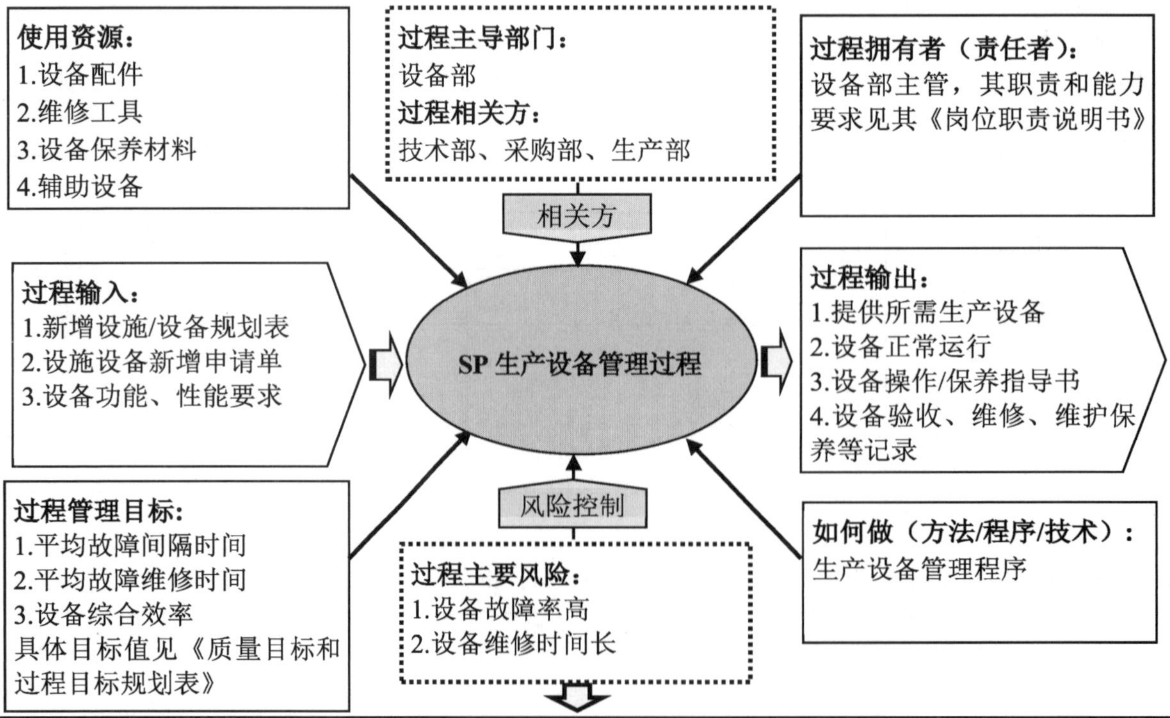

文件名称	生产设备管理程序	文件编号：　SQ-SP-08	版本：A
编制部门	设备部	编制日期：2019.12.9	页码：2/5

过程主要风险	对相关方的影响	应对风险的措施
1.设备故障率高	影响生产效率和产能，严重时可能影响订单交付，导致顾客不满意或处罚。	（1）制定生产设备操作和维护保养指导书； （2）制定日常、月度和年度维护计划，并按计划实施维护保养。
2.设备维修时间长		（1）分析各类生产设备的易损配件，并建立《设备易损配件库存清单》及其安全库存量； （2）统计分析各类设备的故障模式，对设备维修人员进行设备结构和原理及常见故障排除方法的培训。

6.作业内容

序号	作业流程	权责部门/人	作业要求	参考文件/使用表单
6.1	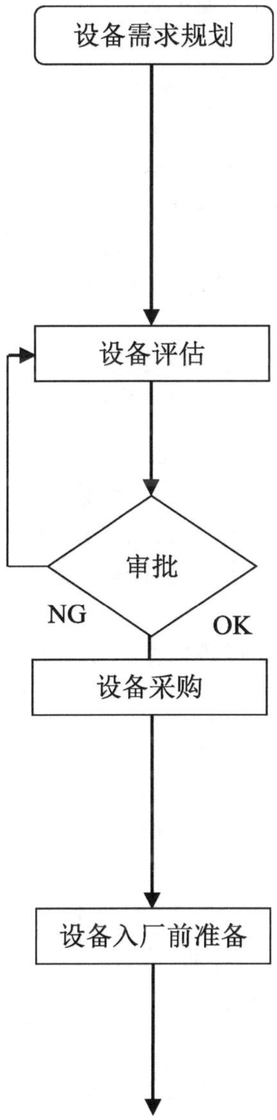	技术部 生产部 设备部	6.1.1 技术部在新产品开发时进行设备评估，当有新设备需求时提出《新增设施/设备规划表》。 6.1.2 生产部因产能增加或导入新技术，或设备老旧汰换需要新设备时，提出《新增设施/设备规划表》。 6.1.3《新增设施/设备规划表》经提出部门经理签核后统一提交设备部。	《新增设施/设备规划表》
6.2		设备部 相关部门	6.2 设备部组织技术部、生产部和采购部对设备的技术要求、选型、费用等进行评估，并将评审结果记录于《新增设施/设备规划表》。	《新增设施/设备规划表》
6.3		设备部 总经理	6.3 设备部填写《设施设备新增申请单》经部门经理审核后，连同《新增设施/设备规划表》一起提交总经理核准后，交给采购部作为请购依据。	《设施设备新增申请单》 《新增设施/设备规划表》
6.4		采购部	6.4.1 采购部根据《设施设备新增申请单》和《新增设施/设备规划表》，评估和选择设备供应商，与供应商签订设备采购合同，确定设备交期，必要时可协同生产部、设备部至供应商处验收。	《设施设备新增申请单》 《新增设施/设备规划表》
6.5		设备部	6.5.1 设备部于设备入厂前，需就设备的装箱及设备尺寸、重量、事先确定设备搬运路线，并确认各设备入口长宽高，必要时事先联络生产部协助处理。 6.5.2 设备部于设备入厂前根据设备的摆放位置做好地基和/或定位的动作，同时根据设备规格于设备入厂前完成用电用气的安装。	

文件名称	生产设备管理程序	文件编号： SQ-SP-08	版本：A
编制部门	设备部	编制日期：2019.12.9	页码：3/5

6.作业内容

序号	作业流程	权责部门/人	作业要求	参考文件/使用表单
6.6	设备安装调试	采购部 设备部 生产部 供应商	6.6.1 采购设备到厂后，采购人员通知设备部根据验收标准进行实物验收。 6.6.2 设备验收人员对设备、附件、工具和资料（包括合格证）按装箱单进行核对确认。若本厂自行拆箱之设备将实物拍照存档。 6.6.3 设备部协同生产部与设备供应商共同进行设备的安装及调试作业，需要加装消除工作噪声和振动的装置和安全操作的保护装置，应与设备同时安装。	
6.7	设备验收（NG：联系供应商处理；OK）	设备部 生产部 采购部 供应商	6.7.1 设备安装好后通电试机，调试正常后进行整机性能检测、试生产，同时需由设备供应方对维护人员和操作人员进行使用、维修、维护、保养的教育培训。 6.7.2 生产部会同设备部进行确认及实际操作等验收程序。验收内容包括：说明书、附件、产能评估、精度是否满足需求等，关键设备需进行能力研究，Cmk 指数满足≥1.67，最终验收合格方可投入生产运作，并填写《设备验收报告》呈生产部和设备部经理签核。若验收不合格则通知采购联系厂商处理，直至完全合格为止。	《设备验收报告》
6.8	设备编号/列管	设备部	6.8.1 验收合格后，设备部依设备编号原则编号，并登录《生产设备一览表》《设备维修/保养履历表》进行列账管理（设备编号原则详见 7.1）。 6.8.2 设备部负责编写相应的设备操作指导书和保养指导书。	《生产设备一览表》 《设备维修/保养履历表》
6.9	制定维护保养计划	设备部	6.9 设备部负责根据设备特性和参考设备使用说明书制定各类设备的《设备维护保养计划》，包括日常维护、定期维护和周期性检修等预防性维护，可行时尽可能采用预测性维护方法。	《设备维护保养计划》
6.10	设备使用	生产部	6.10 生产部操作员加工时必须按照《设备操作指导书》的要求进行操作或调机，如果发现设备有异常情况时，应立即停机并报告车间负责人处理。需要持有上岗资格的应取得相应资格方能操作。	《设备操作指导书》

文件名称	生产设备管理程序	文件编号：　SQ-SP-08	版本：A
编制部门	设备部	编制日期：2019.12.9	页码：4/5

序号	作业流程	权责部门/人	作业要求	参考文件/使用表单
6.11	设备维护保养	生产部 设备部	6.11.1 生产部操作员按照《设备保养指导书》的保养项目和要求进行日常保养和点检工作，并记录于《设备日常保养记录表》。 6.11.2 设备维修师负责《设备维护保养计划》进行月度、年度保养/维护和周期性检修工作，并记录于《设备维修/保养履历表》。	《设备保养指导书》 《设备日常保养记录表》 《设备维护保养计划》 《设备维修/保养履历表》
6.12	设备维修	生产部 设备部	6.12.1 当生产设备出现故障时，由使用单位填写《设备维修单》，设备维修师接到维修单后，立即到机台查看，初步判定故障原因，如果能够维修解决，就内部维修；如果内部不能解决，先报告部门主管确认，部门主管向总经理提出外部维修申请。 6.12.2 总经理批准后由设备部联系外部维修单位来厂进行维修，直至正常使用。 6.12.3 无论内部还是外部维修，维修结果都必须由该设备所属单位验收签字，内/外部维修记录由设备维修师填写在《设备维修/保养履历表》中。	《设备维修单》 《设备维修/保养履历表》
6.13	设备报废	设备部 生产部	6.13 因生产设备使用年限过长或维修费用过高，设备部和生产部依实际情况分析、评估、核算有无维修可能，若无维修可能，由设备使用单位填写《报废申请单》，经部门审核、总经理批准后，由设备使用单位协同设备部执行报废处理。	《报废申请单》
6.14	固定资产更新		6.14 设备部将报废的生产设备从《生产设备一览表》删除，并填写《固定资产异动单》交财务报备。	《生产设备一览表》 《固定资产异动单》

7.附加说明

7.1 机器设备编号原则

机器设备编号方式如下：

文件名称	生产设备管理程序	文件编号： SQ-SP-08	版本：A
编制部门	设备部	编制日期：2019.12.9	页码：5/5

序号	作业流程	权责部门/人	作业要求	参考文件/使用表单

7.2 设备维修人员培训

设备部根据日常保养记录和设备维修记录统计分析各类设备的故障模式，对设备维修人员进行设备结构和原理及常见故障排除方法的培训，并保留相关培训记录。

7.3 关键设备识别和易损件管理

7.3.1 公司规定对于关键过程和瓶颈工序的生产设备均列为关键设备，并在设备上进行标识。同时，在《生产设备一览表》备注栏以“★”表示。

7.3.2 设备部分析各类设备的易损件需求，并建立《设备易损件安全库存清单》，对易损件进行存量管理，当库存备件少于安全存量时应及时提出请购，补足库存。如果关键设备的易损备件由于昂贵等原因不能设立安全库存时，应在《设备易损件安全库存清单》中列出备件的供货商和相关维修点名称、联系电话、备件的采购周期等。

7.4 设备综合效率

为提高设备运转效率，生产部应统计关键设备（包括组装自动机、注塑成型机、冲床等）的设备综合效率，消除不必要的停机、设备故障时间和加工产品品质低下的情况，并记录在《设备综合效率 OEE 表》中，每月进行统计分析和改进。

7.5 设备能力指数评价

对于新购的关键设备或关键设备大修后，当涉及计量质量特性时，须进行设备能力指数的分析和评价，要求 Cmk 指数满足≥1.67，根据评价结果作出相应的决策。

7.6 维护目标和计划

设备部每月统计维护目标的绩效，并每月评审达成情况，并在未达到目标时采取纠正措施或修订维护计划。维护目标的绩效应作为年度管理评审的输入。

7.7 切削液监控要求

对使用到切削液的设备，建立《切削液浓度监控记录表》，每 3 天一次由当班操作员使用切削液浓度检测仪进行监测，并将监测数据记录于《切削液浓度监控记录表》中，当低于或高于限值时，操作员及时进行添加相应浓度的切削液。更换切削液时，也必须监控和记录。

8.参考文件

8.1 《设备操作指导书》

8.2 《设备保养指导书》

9.使用表单

9.1 《新增设施/设备规划表》

9.2 《设施设备新增申请单》

9.3 《设备验收报告单》

9.4 《生产设备一览表》

9.5 《设备维修/保养履历表》

9.6 《设备维护保养计划》

9.7 《设备日常保养记录表》

9.8 《设备维修单》

9.9 《报废申请单》

9.10 《固定资产异动单》

9.11 《设备易损件安全库存清单》

9.12 《设备综合效率 OEE 表》

9.13 《切削液浓度监控记录表》

<table>
<tr><td>附表 SQ-57</td><td colspan="6">新增设施/设备规划表（格式）</td></tr>
<tr><td colspan="3">项目名称：</td><td colspan="2">申请部门：</td><td colspan="2">日期：　年　月　日</td></tr>
<tr><td colspan="7">新增设施/设备应用说明：</td></tr>
<tr><td>新设施/设备名称</td><td>技术要求</td><td>可选的品牌/型号/规格</td><td>可选的供方信息</td><td>预估费用</td><td>所需数量</td><td>需求日期</td></tr>
<tr><td></td><td></td><td></td><td></td><td></td><td></td><td></td></tr>
<tr><td></td><td></td><td></td><td></td><td></td><td></td><td></td></tr>
<tr><td></td><td></td><td></td><td></td><td></td><td></td><td></td></tr>
<tr><td colspan="3">评审人员：</td><td colspan="2">审核：</td><td colspan="2">批准：</td></tr>
</table>

<table>
<tr><td>附表 SQ-58</td><td colspan="6">设施设备新增申请表（格式）</td></tr>
<tr><td>设施设备名称</td><td>品牌/型号</td><td>用途</td><td>购置数量</td><td>单价</td><td>金额</td><td>需求时间</td></tr>
<tr><td></td><td></td><td></td><td></td><td></td><td></td><td></td></tr>
<tr><td></td><td></td><td></td><td></td><td></td><td></td><td></td></tr>
<tr><td></td><td></td><td></td><td></td><td></td><td></td><td></td></tr>
<tr><td></td><td></td><td></td><td></td><td></td><td></td><td></td></tr>
<tr><td></td><td></td><td></td><td></td><td></td><td></td><td></td></tr>
<tr><td colspan="7">申请购置预估总金额：</td></tr>
<tr><td>申请部门</td><td></td><td>申请人</td><td></td><td>申请日期</td><td></td><td>审核</td></tr>
<tr><td colspan="4">批准：

总经理：　　日期：　年　月　日</td><td colspan="3">董事长：

签名：　　日期：　年　月　日</td></tr>
</table>

<table>
<tr><td>附表 SQ-59</td><td colspan="9">生产设备一览表（格式）</td></tr>
<tr><td>设备编号</td><td>设备名称</td><td>型号/规格</td><td>功能用途</td><td>制造商</td><td>出厂编号</td><td>资产编号</td><td>购买日期</td><td>使用单位</td><td>备注</td></tr>
<tr><td></td><td></td><td></td><td></td><td></td><td></td><td></td><td></td><td></td><td></td></tr>
<tr><td></td><td></td><td></td><td></td><td></td><td></td><td></td><td></td><td></td><td></td></tr>
<tr><td></td><td></td><td></td><td></td><td></td><td></td><td></td><td></td><td></td><td></td></tr>
<tr><td></td><td></td><td></td><td></td><td></td><td></td><td></td><td></td><td></td><td></td></tr>
<tr><td></td><td></td><td></td><td></td><td></td><td></td><td></td><td></td><td></td><td></td></tr>
<tr><td colspan="10">说明：识别为关键过程设备则在备注栏标注“★”。</td></tr>
</table>

附表 SQ-60 **设备验收报告单**（格式）

设备名称		制造商		型号/规格	
购买时间		安装日期		使用部门	
验收项目	验收内容			验收结果说明	验收人
检查相关技术资料	设备使用说明书及相关技术资料是否齐全				
附加配件	按装箱单清点附件、工具及相关配置设施				
外观	机床外表有无碰伤、变形及其他零件损坏				
空机试验	设备电器、电路、机械运行是否正常，各项操作功能是否正常，油路、管道是否畅通				
试件运行	加工产品能否达到品质要求				
精度与其他	是否满足技术要求				
试生产	试生产 15 个工作日的运行情况				
综合结论					
部门确认	设备部：________ 生产部：________				
设备配置	功率			出厂编号	
	配置				
设备录入资产管理系统	机台编号			资产编号	

附表 SQ-61 **设备维护保养计划**（格式）

序号	设备名称	型号/规格	维护保养内容/周期					备注
			日保养	月保养	年度保养	周期性检修	预测性维护	
1								
2								
3								
4								
5								
6								
7								
8								

附表 SQ-62　**设备日常保养记录表**（格式）

年　　月　　　　使用单位：　　　　保养责任人：

设备编号		名称		型号	

项次	保养/点检内容	周期	1	2	3	4	5	6	7	8	9	10	11～31				
1	清理铁屑及地面脏物，擦拭机器	日															
2	滑轨及滑动部位的润滑与防锈	日															
3	切削液及各油面高度点检	日															
4	各变速手柄及其他挂挡手柄的位置	日															
5	检查（正、反）转是否正常	日															
6	检查自动进刀及纵向与横向是否灵活正常	日															
7	放气、排水	日															
8	周围环境清洁	日															
9	散热和排气扇检查和清洁	日															
10	切削液更换	周															
11	主轴圆盘清洗	周															
12	丝杆及光杆上润滑油	周															
保养人签名		白班															
		夜班															
监督人签名		白班															
		夜班															

备注：（1）记录符号：“√”良好；“×”异常；“○”休息日或计划停机。
（2）发现有异常时，应停机并立即向所属领班报告，领班确认后立即报告或通知相关人员处理。
（3）操作者将异常问题记录在下面的栏目中。

异常记录	

附表 SQ-63

设备维修单（格式）

提出单位		提出人		日期	年　月　日
设备名称		设备编号		设备型号	
故障发生时间	日　时　分	提出时间	日　时　分	□紧急	□普通

一、设备故障说明：（提出单位填写）

填写人：

二、故障发生主要原因：（设备维修员填写）

设备维修员：

三、判定：　　□内部维修　　□委外维修（外修需总经理批准）

预计委外维修费用：

审核：　　　　　　批准：

四、维修部位及更换零部件：

本次维修费用：　　　　　　设备维修员：

五、维修结果确认：（提出单位填写）

□已修好，设备可正常运行　　设备修复时间：　日　时　分

□还存在问题，问题是：________________________________

确认人：　　　　　　日期：

附表 SQ-64

设备维修/保养履历表（格式）

设备名称		机台编号		规格/型号		使用单位	
资产编号		制造商		安装日期			

维修记录					**保养记录**			
维修日期	故障现象	故障原因	维修措施、更换零部件	维修人	保养日期	保养部位	更换零部件	保养人

附表 SQ-65	**报废申请单**（格式）			
报废类型：　□设备　□工装　□量检具				
申请部门：			申请日期：　年　月　日	
名称	编号	型号/规格	已使用年限/寿命	备注
报废原因说明： 申请人：				
报废后处理方式： 设备部：				
设备部经理：			总经理：	

附表 SQ-66	**设备易损件安全库存清单**（格式）						
制定部门：			日期：				
零件/配件名称	规格/型号	可应用的设备	单位	最低库存	最高库存	采购周期	备注
编制人：		审核：		批准：			

附表 SQ-67 **固定资产异动单**（格式）

申请部门：		经办人：		日期：	
□转移	□出租 （外借）	□报废	□移模	□其他______	
名称		出厂日期		资产编码	
规格型号		数量		金额	
购置总额		厂商		保管人	
移转原因		移出部门		移入部门	
出租（外借）		出租（外借）单位		承租（借用）单位	
已使用年月		累计折旧			
报废原因					
拟处理方式					
申请部门经理：		财务部经理：		总经理：	
三联单：一联存根（白） 二联财务（红） 三联保管部门（黄）					

附表 SQ-68 **切削液浓度监控记录表**（格式）

车间：　　设备编号：　　______年___月

日期	时间	浓度值	是否添加稀释液	记录人	日期	时间	浓度值	是否添加稀释液	记录人
更换切削液记录：					更换切削液记录：				

注：（1）切削浓度控制标准：4%～6%。

（2）每天一次，由当班操作员使用切削液浓度检测仪进行监测，并将监测数据记录于上表中。

（3）浓度高了，用低浓度的稀释液（按浓度配置好的稀释的切削液）添加；浓度低了，用高浓度的稀释液添加；不能直接向液箱内加水或切削原液。每次添加后再检测浓度值，保持在标准范围内。

文件范例【工装管理办法】			
文件名称	工装管理办法	文件编号：SQ-WI-003	版本：A
编制部门	生产部	编制日期：2019.12.9	页码：1/3

1.目的

为规范工装的设计、制作、验收、使用、维护等作业活动，确保及时提供生产和检验所需的工装和检具，保障生产的顺利进行，特制定本管理办法。

2.适用范围

适用于生产和检验所需的模具、夹具、治具、检具（含顾客提供的治具、检具）的管理。

3.术语和定义

工装：指生产或检验用的模具、夹具、治具、检具等。

4.职责

4.1 技术部：负责工装的设计和验收。

4.2 采购部：负责工装的采购或委外制作。

4.3 生产部：负责内制工装的制作。

4.4 使用部门：负责工装需求提出及本部门工装的使用、维护和管理。

5.作业内容

序号	作业流程	权责部门/人	作业要求	参考文件/使用表单
5.1	工装需求申请 ↓	需求单位	5.1 在新产品导入阶段由技术部负责工装需求的申请，在产品量产后，增加工装或修改工装时由生产部门提出申请，检具的制作需求由品管部提出申请，各需求部门须填写《工装制作申请单》，报部门主管核准。	《工装制作申请单》
5.2	评审 ↓	技术部	5.2 技术部收到《工装制作申请单》组织相关人员进行评审，依据厂内现有加工能力、经济成本等进行评估，确定是内部制作还是委外制作，如选择委外制作需总经理核准。	《工装制作申请单》
5.3	工装设计 ↓	技术部	5.3 内制或外制的工装均由技术部负责进行图纸设计、图纸审查和批准。	
5.4	(5.5) → 工装制作 ↓	生产部 技术部 采购部	5.4.1 公司内部制作的工装由生产部负责安排加工制作，技术部应指派人员负责跟进工装的进度和质量。 5.4.2 当需要委外制作时，由采购部负责联络外协厂商发外制作，技术部提供技术支持，采购部负责进度跟进，具体按《外协管理程序》执行。	《外协管理程序》

文件名称	工装管理办法		文件编号：SQ-WI-003	版本：A
编制部门	生产部		编制日期：2019.12.9	页码：2/3
序号	作业流程	权责部门/人	作业要求	参考文件/使用表单
5.5	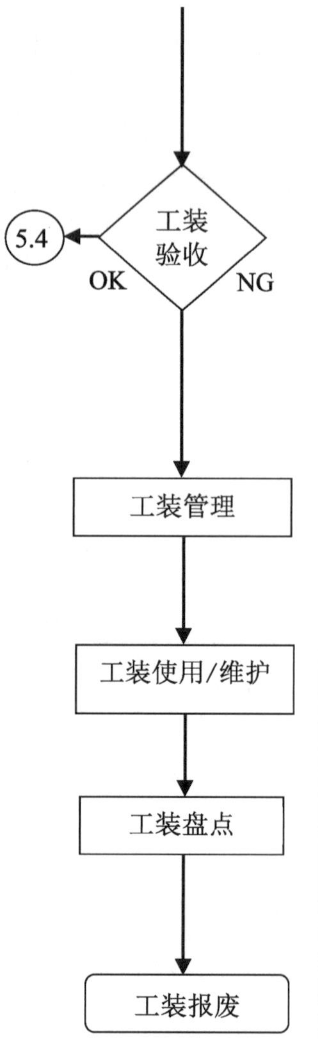	技术部 使用部门	5.5.1 无论内制还是外制工装，在制作完成后，正式投入使用时，都必须先验收合格，验收由技术部和使用单位共同完成，并填写《工装检具验收单》。 5.5.2 工装验收时需确认加工尺寸、公差、材质等是否符合要求，并将验收结果记录于《工装检具验收单》。若有加工尺寸、公差、材质等不符合要求则退回生产部或外协商重新加工。	《工装检具验收单》
5.6		使用部门	5.6 经验收合格的工装检具，使用部门将其登入《工装总览表》并建立《工装履历卡》，并按客户名称或产品型号分类，标识清晰，整齐有序放置于工装架上。	《工装总览表》 《工装履历卡》
5.7		使用人员	5.7 使用人员在使用工装时，根据工装架上的标识取用。使用完后，应清洁干净，涂上防锈油防止生锈，然后放回到原来的工装架上的位置。	
5.8		使用部门	5.8 使用部门于每季度末按照《工装总览表》对本部门所属工装进行一次盘点，盘点合格的工装继续使用，不合格的工装作修复或报废处理。	《工装总览表》
5.9		使用部门	5.9 经使用或点检无法修复的工装，使用部门填写《报废申请单》，经部门主管审核，总经理核准后，作报废处理。报废后应在《工装总览表》上备注。	《报废申请单》 《工装总览表》

6.附加说明

6.1 客户提供的工装/检具由业务部接收后转交使用部门，使用部门负责登入《工装总览表》并注明客户名称，同时在客户的工装/检具上刻上永久性标识。当发现工装不适用或发生遗失、损坏等情况时，应及时向客户报告，按客户要求的方式处理并保存相关处理的记录。

6.2 工装编号规则

6.2.1 车间治夹具编号：客户代码 + 产品图号 + 流水号（二码）

客户代码：HD-富达，YYL-亚有隆，DZ-大卓等等。

如 HD-JS300.10016 -01 表示用于富达客户，产品图号为 JS300.10016 的第一套工装。

6.2.2 品管夹检具编号：

购买的检具按出厂编号，自制的夹检具由品管部按类别进行编号，不出现编号重复即可。

6.3 工装夹具定期保养

6.3.1 各车间须对本车间使用之永久工装编制《工装夹具维护保养计划》，由生产部长审核，经理批准后实施。对于临时工装，则无须纳入维护保养计划。

文件名称	工装管理办法	文件编号：SQ-WI-003	版本：A
编制部门	生产部	编制日期：2019.12.9	页码：3/3

6.3.2 各车间依据《工装夹具维护保养计划》的计划周期对工装夹具进行维护保养，并将保养结果如实记录于《工装夹具维护保养记录表》。

6.3.3 维护保养发现工装夹具有异常，但可通过维修后可正常使用时，由生产部自行修理处理。凡维修部位影响到尺寸精度时，则将维修后的工装夹具交由品管部进行检测，确认合格后方可用于生产。

6.3.4 维护保养发现工装夹具有异常，且不可维修需作报废处理时，则由使用车间填写《报废申请单》，经审批后作报废处理。报废后需重新制作相同工装夹具时，则从 5.1 要求开始执行。

6.4 易损工装更换计划

生产部和品管部根据工装的特性及产品的质量要求制定《易损工装更换计划》，并在《工装履历卡》中记录工装使用的时间和数量，以便按时更换。

7.参考文件

7.1 《外协管理程序》

8.使用表单

8.1 《工装制作申请单》

8.2 《工装检具验收单》

8.3 《工装总览表》

8.4 《工装履历卡》

8.5 《报废申请单》

8.6 《工装夹具维护保养计划》

8.7 《工装夹具维护保养记录表》

8.8 《易损工装更换计划》

附表 SQ-69　　**工装总览表**（格式）

使用单位：

工装编号	名称	用途	制作年月	制造商	状态	备注

制定：　　　　　　　　审核：

<table>
<tr><td colspan="7">附表 SQ-70　　**工装制作申请单**（格式）</td></tr>
<tr><td colspan="7">申请单位：</td></tr>
<tr><td rowspan="7">申请单位填写</td><td colspan="6">工装名称：　　申请数量：</td></tr>
<tr><td colspan="6">工装用途：　　申请日期：　　期望完成日期：</td></tr>
<tr><td colspan="6">规格/要求说明：</td></tr>
<tr><td colspan="6">支援需求：</td></tr>
<tr><td colspan="6">附图：□工装设计图　□零件图　□产品图　□装配图　□其他：________</td></tr>
<tr><td colspan="2">申请人：</td><td colspan="4">申请单位主管核准：　　日期：</td></tr>
<tr style="display:none"><td colspan="6"></td></tr>
<tr><td rowspan="5">制作单位填写</td><td>受单日期</td><td></td><td>内制安排日期</td><td></td><td>预计完成日期</td><td></td></tr>
<tr><td rowspan="2">指派负责人</td><td rowspan="2"></td><td>□内制</td><td rowspan="2">外制理由</td><td colspan="2">□内制排程紧张，要求外制配合制作</td></tr>
<tr><td>□外制</td><td colspan="2">□超出内制能力，要求外制配合制作</td></tr>
<tr><td colspan="6">制作说明：</td></tr>
<tr><td>部门主管</td><td colspan="2"></td><td>总经理核准</td><td colspan="2"></td></tr>
</table>

<table>
<tr><td colspan="8">附表 SQ-71　　**工装/检具验收单**（格式）</td></tr>
<tr><td colspan="8">工装名称：　　编号：</td></tr>
<tr><td colspan="2">制作单位</td><td></td><td>数量</td><td></td><td>验收日期</td><td colspan="2">年　月　日</td></tr>
<tr><td>序号</td><td colspan="2">验收项目</td><td>规范/要求</td><td colspan="2">检验结果</td><td>判定</td><td>备注</td></tr>
<tr><td>1</td><td colspan="2"></td><td></td><td colspan="2"></td><td></td><td></td></tr>
<tr><td>2</td><td colspan="2"></td><td></td><td colspan="2"></td><td></td><td></td></tr>
<tr><td>3</td><td colspan="2"></td><td></td><td colspan="2"></td><td></td><td></td></tr>
<tr><td>4</td><td colspan="2"></td><td></td><td colspan="2"></td><td></td><td></td></tr>
<tr><td>5</td><td colspan="2"></td><td></td><td colspan="2"></td><td></td><td></td></tr>
<tr><td>6</td><td colspan="2"></td><td></td><td colspan="2"></td><td></td><td></td></tr>
<tr><td colspan="2">综合验收情况说明</td><td colspan="6">验收人：　　部门主管确认：　　日期：</td></tr>
<tr><td colspan="2">使用部门确认</td><td colspan="6">使用部门主管确认：　　日期：</td></tr>
<tr><td colspan="8">备注：</td></tr>
</table>

ISO 9001:2015，质量管理体系—要求

8.5.2 标识和可追溯性

需要时，组织应采用适当的方法识别输出，以确保产品和服务合格。

组织应在生产和服务提供的整个过程中按照监视和测量要求识别输出状态。

当有可追溯要求时，组织应控制输出的唯一性标识，并应保留所需的成文信息以实现可追溯。

IATF 16949:2016 的补充和特别要求

注：检验和试验状态并不能以产品在生产流程中所处的位置来表明，除非产品本身状态明显（如在自动化生产传递过程中的物料）。如果该状态已清晰地标识、文件化且达到了指定的目的，允许采用其他方法来标识。

8.5.2.1 标识和可追溯性—补充

可追溯性的目的在于支持对顾客所收产品的开始点和停止点的清楚识别，或者用于发生质量和/或安全相关不符合的情况。因此，组织应按照下文描述实施标识和可追溯过程。

组织应对所有汽车产品的内部、顾客及法规可追溯性要求进行分析，包括根据风险等级或失效对员工、顾客的严重程度，制定可追溯性计划并形成文件。这些计划应按产品、过程和制造位置明确适当的可追溯系统、过程和方法，应：

a）使组织能够识别不合格品和/或可疑产品；

b）使组织能够隔离不合格品和/或可疑产品；

c）确保能够满足顾客要求和/或法规对响应时间的要求；

d）确保保留了形成文件的信息，保留的形式（电子、硬拷贝、档案）使组织能够满足响应时间要求；

e）确保各单个产品的序列化标识，如顾客或监管标准有所规定；

f）确保标识和可追溯性要求被扩展应用至外部提供的具有安全/监管特性的产品。

【目的和意图】

本条款旨在确保组织利用标识和可追溯性，以便在整个生产和交付过程中确定可能受到潜在不合格输出影响的过程、产品或服务。标识的目的是确保材料、在制品、半成品、成品等正确的流转、使用和交付，防止错误发生。可追溯性的目的在于支持对顾客所收产品的开始点和停止点的清楚识别，或者用于发生质量和/或安全相关不符合的情况下追溯来源。

【理解和实施要点】

1.产品标识的要求

本条款的标识包括产品特性的标识和产品状态的标识。

产品标识的对象包括：外购材料、外协加工件、中间产品、半成品、成品等。

产品标识的目的：

a）便于正确使用和加工；

b）防止混淆和误用；

c）便于贮存控制；

d）便于分析失效及采取纠正措施；

e）有利于实现可追溯性；

f）防止产品错误地流入下一道工序或出货。

产品标识的内容：

a）产品特性标识包括：名称、型号、规格、数量、制造日期、产品批号、颜色等。

b）产品状态标识包括：待检（白色）、合格（绿色）、不合格（红色）、特采或让步（黄色）、

报废品（红色）等。

c）有关法规要求的标识：如符合安全的 3C、UL、EN 标识，符合有害物质的环保标识。

产品标识的方法：产品标识的方法应根据产品的形态和过程的运行方式由组织来确定，如果有顾客或法规的要求，应按其要求标识。

通常，产品标识的方法有：用有颜色的印章、标签、标牌或标卡；流程卡；检验记录；区域划分；不同形状或不同颜色的器具等。

应注意的问题：

a）一般来说，在正常生产流程中产品所在的位置并不能体现其产品的状态，除非产品本身状态明显（如在自动化生产传递过程中的物料或在制品）。

b）产品状态的标识采用和实施程度不是绝对的，应根据需要而定，过分的要求不但会增加成本，增加工作难度，而且会出现额外的混乱。

c）必须保护好产品的状态标识，当标识遗失或损坏，应作为可疑产品进行重新验证，并重新进行产品的状态标识。

2.产品可追溯性的要求

ISO 9000:2015 对可追溯性做了定义：追溯客体的历史、应用情况或所处位置的能力。当考虑产品或服务时，可追溯性可涉及：

——原材料和零部件的来源；

——加工的历史；

——产品或服务交付后的分布和所处位置。

IATF 16949 补充要求，组织应对所有汽车产品的内部、顾客及法规可追溯性要求进行分析，包括根据风险等级或失效对员工、顾客的严重程度，制定可追溯性计划并形成文件。这些计划应按产品、过程和制造位置明确适当的可追溯系统、过程和方法，应：

a）使组织能够识别不合格品和/或可疑产品；

b）使组织能够隔离不合格品和/或可疑产品；

c）确保能够满足顾客要求和/或法规对响应时间的要求；

——在顾客和/或法规要求的时间内能够追溯到产品的来源、分布和位置。

d）确保保留了形成文件的信息，保留的形式（电子、硬拷贝、档案）使组织能够满足响应时间要求；

——保留形成文件的可追溯性信息，是为了及时响应追溯要求；可追溯性信息通常包括设计记录、来料记录、生产过程记录、检验记录、产品交付记录等，保留形式可以是电子的和/或纸质的。

e）确保各单个产品的序列化标识，如顾客或监管标准有所规定；

——每个产品的序列号标识，也就是唯一性标识。唯一性标识并不是所有产品都必需，而是根据顾客或监管标准有规定才需要。如发动机机身号是唯一性的标识，是监管标准规定的；如新能源汽车的驱动电机轴也作唯一性标识，这是顾客要求的。

f）确保标识和可追溯性要求被扩展应用至外部提供的具有安全/监管特性的产品。

——此项要求与“4.4.1.2 产品安全 1）整个供应链中按制造批次（至少）的产品可追溯性（见条款第 8.5.2.1）”是一致的，必须把标识和可追溯性要求扩展应用到外部提供的具有安全/监管特性的产品，也就是对外部供方的标识和可追溯性要求贯穿于整个供应链。

【实施建议和应用案例】

本条款可建立标识和可追溯性管理办法或可追溯性计划予以执行。以下文件范例仅供参考。

文件范例【标识和可追溯性管理办法】			
文件名称	标识和可追溯性管理办法	文件编号：SQ-WI-004	版本：A
编制部门	品管部	编制日期：2019.12.9	页码：1/6

1.目的

通过对本公司所有原物料、半成品、成品的有序标识与可追溯性管理，使其易于识别、寻找、防止混料，并在需要时实现可追溯性，特制定本管理办法。

2.适用范围

适用于本公司所有原物料、在制品、半成品、成品之标识及可追溯性管理。

3.术语和定义

3.1 产品属性标识：对原料进货、产品生产及出厂过程中对产品的唯一标识并予以记录，主要包括品名、料号、数量、生产单位、日期等信息。

3.2 产品检验状态标识：分为合格、不合格、待检、已检，在仓库和生产现场以标牌、标签、合格证、容器、区域作为检验状态标识，也可填写在随行的检验记录上作为检验状态标识。

3.3 生产过程状态标识：包括待加工（生产）、 加工（生产）中、已加工（生产）。

3.4 可追溯性标识：可追溯性涉及原材料的来源、批次是否为环保物料、生产过程的历史、产品交付后的分布及场所等。

4.职责

4.1 仓库：负责对仓库原材料、半成品、成品的标识及可追溯性管理。

4.2 品管部：负责对来料、在制品及成品的测量与监控，并对检测状态进行标识及可追溯性管理。

4.3 生产部：负责对生产线原材料、半成品和成品的标识及可追溯性管理。

4.4 采购部：负责对供应商传达我公司对来料、外发加工、HSF 标识与可追溯性管理要求，并监督供方执行。

5.作业内容

5.1 进料过程的标识及可追溯性管理

管理项目	具体执行内容	相关标识	可追溯记录
供方来料	采购依照《采购管理程序》通过双方协议及《采购订单》，向供方传达相关产品属性标识及 HSF 标识要求，供方来料须有完整的产品属性标识，相关 HSF 标识必须与提供的产品环保检测报告相符合。	原材料标签	采购订单号
仓库收料	仓库收到供方的来料后，首先核对物料名称、规格、数量、包装、标识是否与《送货单》《采购订单》相符，标识是否完整。属非免检物料存放于“来料待检区”，如 IQC 检验合格后则办理入库手续，如检验不合格则移到“来料不合格品区”。	仓库各区域标识	《送货单》《入库验收单》
IQC 检验	IQC 依照《进料检验管理程序》对来料进行检验，如检验合格则盖上“IQC PASS”章，如检验不合格则贴上“不合格”标签，不合格品如果经 MRB 评审，改判为特采或选别使用由 IQC 贴上“□特采 □选别使用标签”，并保存好 MRB 记录，若返工/选别，需要保存好再检验记录。	“IQC PASS”章	《进料检验报告》《不合格品处理报告》

文件名称	标识和可追溯性管理办法	文件编号：SQ-WI-004	版本：A
编制部门	品管部	编制日期：2019.12.9	页码：2/6
管理项目	**具体执行内容**	**相关标识**	**可追溯记录**
HSF 标识与追溯	IQC 依照《有害物质管理标准》确认来料是否符合 ROHS 标准，如果供应商材料符合 ROHS 标准而没有贴上环保标识时，由 IQC 贴上 ROHS 标识，将“原厂 lot No 号码”填写于“进料检验报告”中，同时将供方的“送货单号”记录于《入库单》上，以利于追溯。	ROHS 标识	《IQC 进料检验记录表》采购单号
仓存管理	已入库材料按照《仓储管理程序》做好物料收发卡及先进先出标识，所有发料凭《领料单》发料并记录原料订购单号，做到原料流向可追溯性。	物料收发卡	《领料单》
5.2 产品制造过程的标识及可追溯管理			
管理项目	**具体执行内容**	**相关标识**	**可追溯记录**
生产现场产品状态标识	生产部门按《生产指令单》领料，必须对物料的领用进行相应的记录（包括原料物料的批号、HSF 相关方面的内容）；生产部门对现场存放的原物料、半成品、成品都必须做出明确的区域标识，现场产品检验状态需设定：待检区、合格品区、不合格品区，并用黄色胶箱放待处理品，报废的不良品用红色胶箱存放，以防止不同类型、状态的物料发生混料或误用。	各区域标识 红色/黄色胶箱	《领料单》 《生产指令单》
半成品标识	生产部门对原材料用【产品标识卡】标识清楚；对工序加工中的半成品用【生产流程管制票】标识与追溯。	产品标识卡	生产流程管制票
产品生产	生产部门按照《生产制程管理程序》在《首件检验表》中注明所用原料批号，以保证可追溯性。IPQC 确认首件 OK 后挂【首件标识卡】在现场，生产部门应在《生产日报表》中记录产品名称以及生产日期、数量、生产者等。公司内的半成品、成品可以通过其标签上的生产日期、生产指令单号以及《生产日报表》逐步追溯到生产中前道工序。	首件标识卡	《首件检验表》 《生产日报表》
制程检验	IPQC 执行制程巡检，相关检验记录在《制程巡检表》中追溯，检验合格盖“IPQC PASS”章；检验不合格的贴上“不合格”标签，由生产转到“不合格品区”按照《不合格品处理报告》处理，最终的处理结果由 IPQC 判定标识，并保存相关记录。	“IPQC PASS”章	《不合格品处理报告》
生产退料	对于生产中未用完的物料，生产部门应保留其状态标识（品质状态以及 HSF 标识），并进行退仓处理。如果发现有来料不良，由 IPQC 判定并贴上“不合格”标签，由生产安排退仓。	品质状态以及 HSF 标识	《退料单》

文件名称	标识和可追溯性管理办法	文件编号：SQ-WI-004	版本：A
编制部门	品管部	编制日期：2019.12.9	页码：3/6
5.3 成品入库及仓储的标识及可追溯管理			
管理项目	**具体执行内容**	**相关标识**	**可追溯记录**
成品包装及追溯	经过 IPQC 检验合格的成品方可进行成品包装，包装方式按照产品包装规范，贴上成品标签、月份标签及 HSF 标识；如客户有指定要求，按照业务部提供的客户标签要求作业。成品的追溯：可通过小包装袋内的【合格证】追溯到生产日期/班别/检验人员；客户也可以通过所下订单号，查询到公司对应的生产批号，通过《生产日报表》查询作业时间。	成品标签 合格证	《生产日报表》
尾数箱管理	成品包装产生尾数箱时要贴“尾数箱标识”，数量由包装单位填写，QC 做二次确认，尾数箱必须摆放在同一卡板的最上层和最显眼的位置，便于管理。	尾数箱标识	《生产日报表》
FQC 检验	FQC 对成品检验合格后填写《制程终检表》，盖“QA PASS”章，由生产开立《成品入库单》。如果检验不合格则贴上“不合格”标签，按照《不合格品控制程序》通知责任部门处理。	QA PASS	《制程终检表》
入库及仓储	入库成品由仓库按照《仓储管理程序》做好物料收发卡，先进先出标识，所有成品出货按照业务部发出的《出货计划》备货，做到成品流向可追溯性。	物料收发卡	《成品入库单》
5.4 产品交付及反馈的标识及可追溯管理			
管理项目	**具体执行内容**	**相关标识**	**可追溯记录**
成品备货	仓库按照业务部发出的《出货计划》备货，如客户有特别要求的标签则按其执行。由业务打印好本公司的《送货单》，如客户有要求必须用客户指定的送货单格式。	成品标签 客户指定标签	《出货计划》 《送货单》
出货检验	OQC 按照《出货检验规范》对出货产品进行检验，填写《出货检验报告》，随货附检验报告或其他相关资料，并在所附资料的外箱上标识“内附出货资料” 标签。	成品标签	《出货检验报告》
客退不良	已出货产品如果发生有客诉客退不良时，须按照《客户投诉/退货管理程序》退回不合格品，由 OQC 贴上“不合格”标签，由仓库存放在“不合格品区”；最终处理按照《返工/特采/报废管理规定》进行。	不合格标签	《退货单》 8D 报告

6.参考文件

6.1 《进料检验管理程序》

6.2 《制程及成品检验管理程序》

6.3 《不合格品控制程序》

6.4 《生产制程管理程序》

6.5 《仓储管理程序》

7.使用表单

略

文件名称	标识和可追溯性管理办法	文件编号：SQ-WI-004	版本：A
编制部门	品管部	编制日期：2019.12.9	页码：4/6

附件一：本公司的产品可追溯性示意图

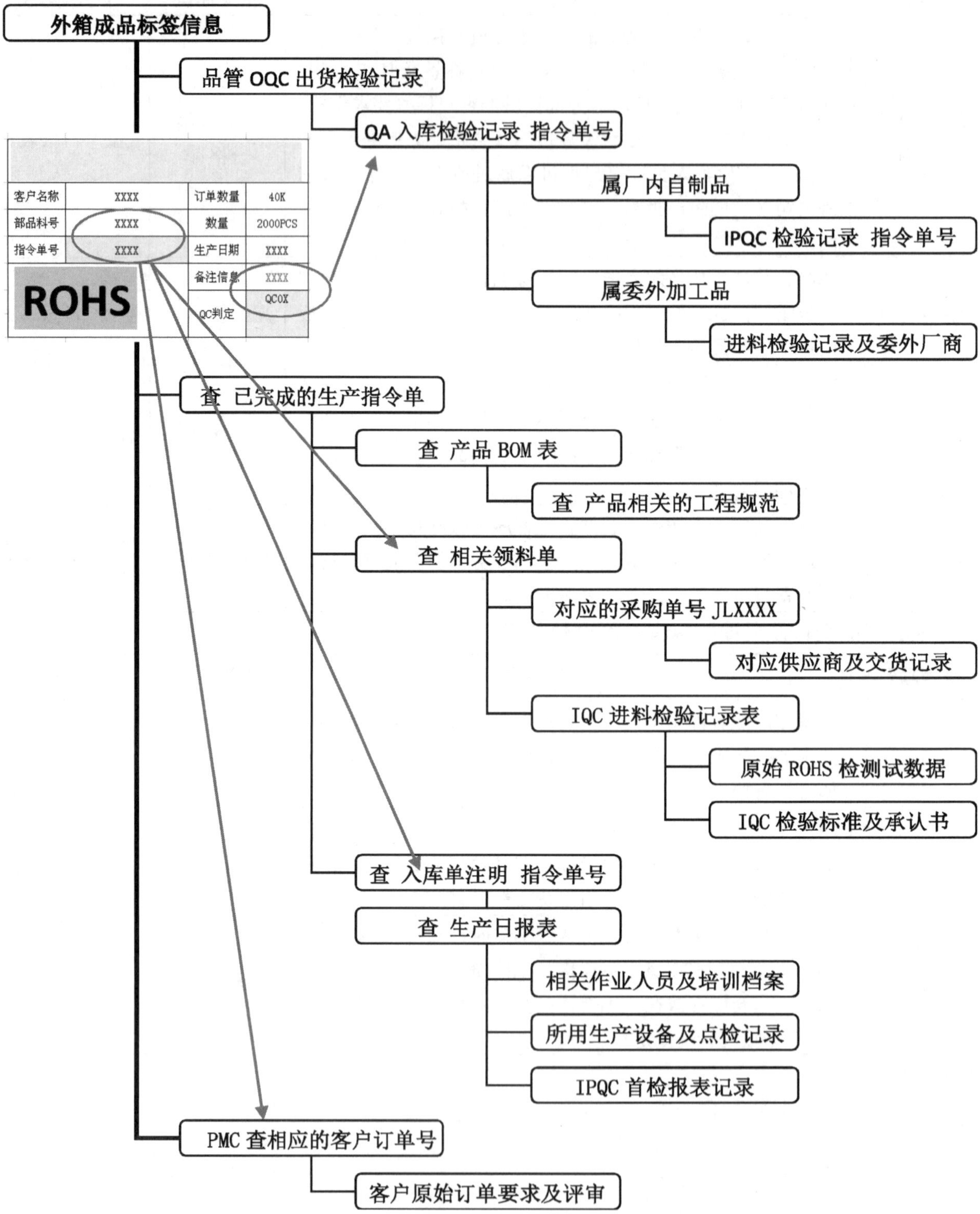

文件名称	标识和可追溯性管理办法	文件编号：SQ-WI-004	版本：A
编制部门	品管部	编制日期：2019.12.9	页码：5/6

附件二：**相关标识标签图示与说明**

标识名称	标识与标签图样	执行部门	使用时机点
IQC 合格章（蓝色）		IQC	供方来料/外发产品经 IQC 检验合格后
ROHS 标签（绿色）		供应商/IQC/仓库	从进料到成品的环保标识，适用属 ROHS 级别物料，如供应商来料有自己的 ROHS 标识则 IQC 确认是否真正符合 ROHS 标准。
首件标签（绿色）	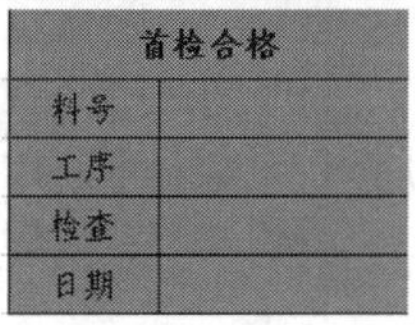	IPQC/生产	IPQC 首检确认合格后在首件样品上贴上。
IPQC 合格章（蓝色）		IPQC	经过 IPQC 确认 OK 的产品即盖上“IPQC PASS”盖，盖章必须保证能追溯到是哪个 QC 检验过的。
QA 合格章（蓝色）	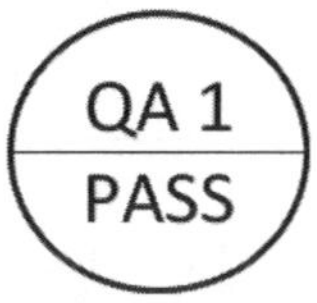	OQC	经过 OQC 检验合格的成品，即盖上“QA PASS”盖，盖章必须保证可追溯到是哪个 QC 检验过的。
不合格标签（红色）	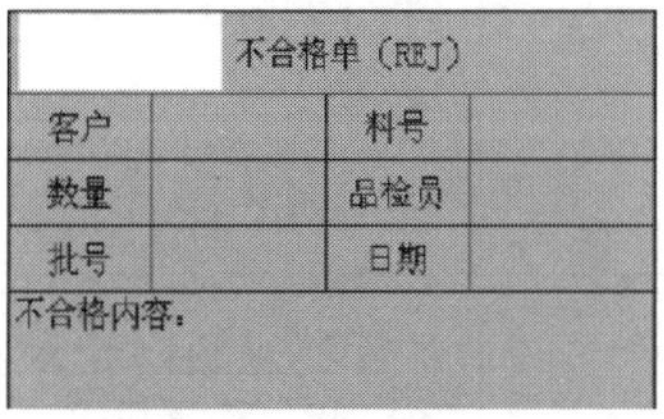	IQC/IPQC/OQC	当来料/制程/成品/客退发生不良时，经过 QC 确认属实时即贴上“不合格”标签，此标识只能由品管人员张贴，且不合格品的最后处理结果出来后只能由品质部门去更换标识。
特采及选别标签（黄色）	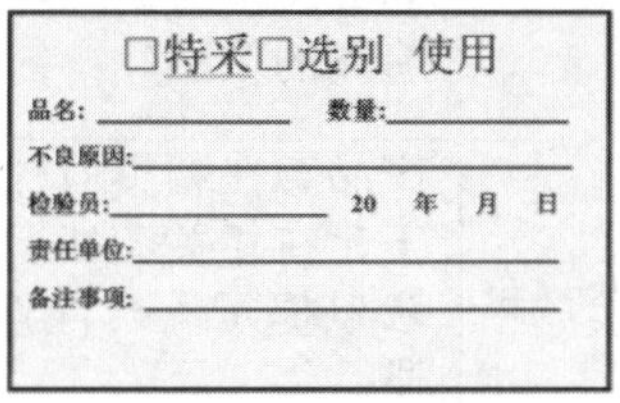	IQC/IPQC	不良品经特采或改判后由品质部门负责标识，但必须保留书面的不合格品 MRB 记录，此标识只能由品质部门来完成标识与更换。
成品合格标签（绿色）	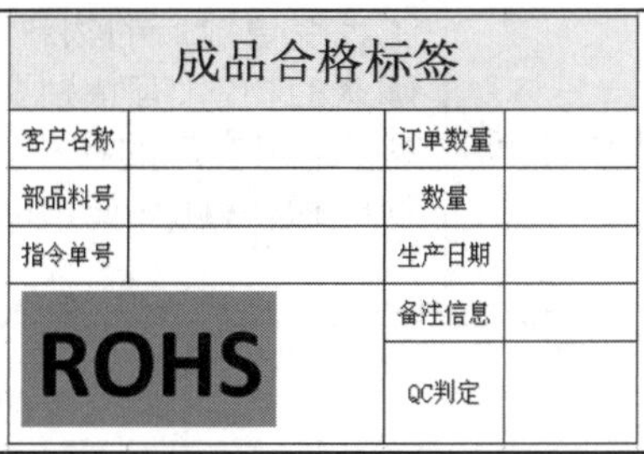	生产部门	此为最基本的产品属性标识，从产品生产出来一直到客户端都必须保证批次产品的唯一性标识，所有的信息保证可追溯性。

<table>
<tr><td>文件名称</td><td>标识和可追溯性管理办法</td><td>文件编号：SQ-WI-004</td><td>版本：A</td></tr>
<tr><td>编制部门</td><td>品管部</td><td>编制日期：2019.12.9</td><td>页码：6/6</td></tr>
</table>

附件二：**相关标识标签图示与说明**（续）

<table>
<tr><th>标识名称</th><th>标识与标签图样</th><th>执行部门</th><th>使用时机点</th></tr>
<tr><td>样品标签
（白色）</td><td>
</td><td>工程部/
品管部</td><td>所有新打样样品/已承认样品适用</td></tr>
<tr><td>尾数标签
（黄色）</td><td>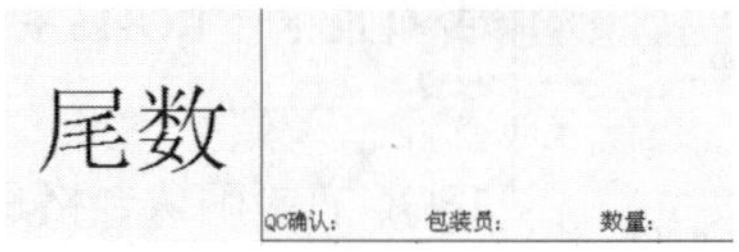

</td><td>生产/仓库</td><td>所有产生尾数袋/箱的地方都要有尾数标识，数量由生产和仓库部门填写，QC 做二次确认。</td></tr>
<tr><td>合格证
（绿色）</td><td>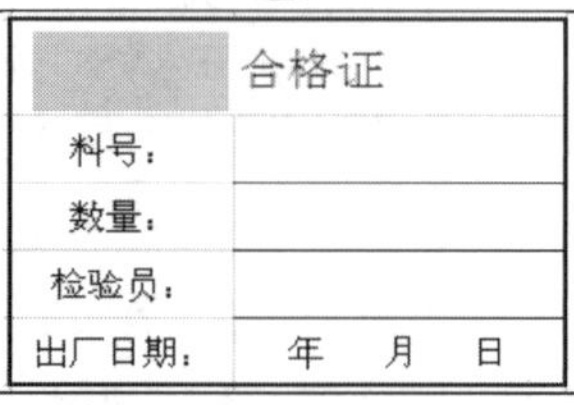
</td><td>生产部</td><td>放在小包装袋内，用于追溯最小包装单元的检验包装人员。</td></tr>
<tr><td>生产流程
管制票
（白色）</td><td>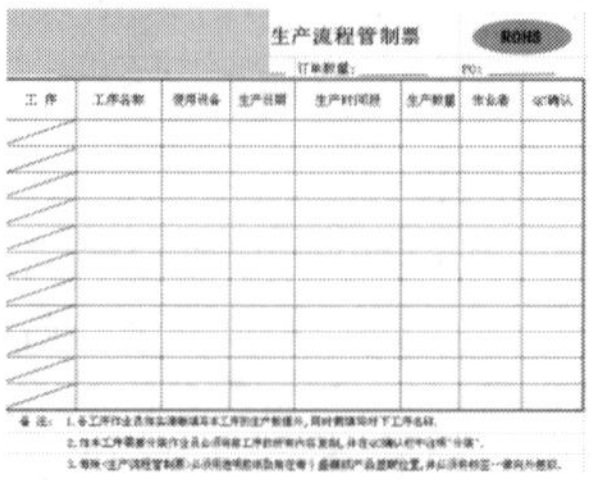
</td><td>生产部</td><td>生产过程中追溯到使用设备、生产日期、单工序作业人员和检验人员。</td></tr>
<tr><td>原材料
标签
（白色）</td><td>
</td><td>仓库</td><td>供应商来料时记录材料规格/数量/送货时间/采购单号（批次编号即为采购单号）作为对原材料标识和追溯的依据。</td></tr>
<tr><td>类似部品章
（红色）</td><td>
</td><td>品管/工程</td><td>产品存在相类似件、易搞混的情况下，在相关图档上盖“类似部品”章以提示人员注意区分，从而防错。</td></tr>
<tr><td>管制物料
（蓝色）</td><td>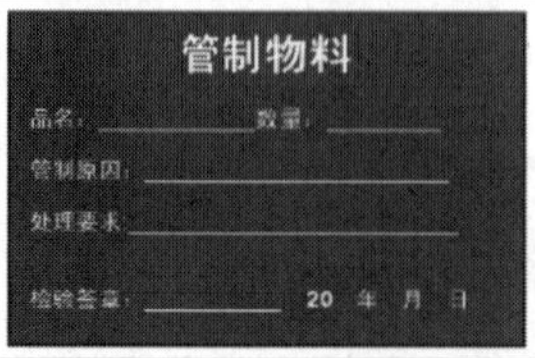
</td><td>品管/工程</td><td>工程变更前后的物料、特别要跟进确认的物料、有特别要求的产品物料、指定客户的物料、即将过保质期的物料；此标识由品质部门来完成。</td></tr>
</table>

ISO 9001:2015，质量管理体系—要求

8.5.3 顾客或外部供方的财产

组织应爱护在组织控制下或组织使用的顾客或外部供方的财产。

对组织使用的或构成产品和服务一部分的顾客和外部供方财产，组织应予以识别、验证、保护和防护。

若顾客或外部供方的财产发生丢失、损坏或发现不适用情况，组织应向顾客或外部供方报告，并保留所发生情况的成文信息。

注：顾客或外部供方的财产可能包括材料、零部件、工具和设备以及场所、知识产权和个人资料。

【目的和意图】

在许多情况下，顾客或外部供方需要将其财产交给组织使用或构成组织提供产品或服务的一部分，或将其财产交于组织保管。本条款的意图是要求组织在这种情况下，既能做到防止顾客或外部供方的财产损失并妥善保管，又能及时沟通异常的情况。

【理解和实施要点】

本条款在 2008 版"顾客财产"的基础上增加了外部供方的财产管理，组织应充分识别顾客或外部供方的财产，并实施有效控制。

1.顾客或外部供方财产的范围

顾客或外部供方的财产是指在组织的控制下或供组织使用的，由顾客或外部供方提供的，其所有权属于顾客或外部供方的零件、材料、包装、样品、设备、量具，包括知识产权，如图纸、技术资料、个人信息等。如：

- 构成产品的材料、部件或组件；
- 用于修理、维护或升级的产品（车辆维修、保养）；
- 最终产品的包装材料，包括可重复使用的包装，如周转箱；
- 服务行业为顾客保管的财物（如停车）；
- 代表顾客提供的服务（如将顾客的财产运到第三方）；
- 顾客或外部供方提供的设备、设施和工装；
- 顾客提供的场所及其设施；
- 顾客或外部供方的知识产权，包括提供的规范、图样；
- 顾客在经销商处购车填写的个人信息。

2.对顾客或外部供方财产的管理

a）对于顾客或外部供方财产，组织应对其进行验证、标识、保护和维护。在组织中应能清楚地识别哪些是顾客或外部供方的财产，应有不同于组织财产的标识。

b）对于顾客提供的零件、材料（包括包装材料）应建立账目，使用数量和剩余数量的记录，对于贮存环境也应控制，可参照组织内仓储管理的要求实施。

c）对于顾客或外部供方提供的设备、量具，应分别按生产设备管理的要求执行预防性和预测性维护和按监视和测量设备的控制要求执行。

d）对于顾客或外部供方提供的图纸、技术资料，应按图纸技术文件控制程序的要求管理，并做好保密。

e）如果发现顾客或外部供方财产丢失、损坏或不适用的情况，必须予以记录并及时报告顾客或外部供方，与顾客或外部供方协商解决。

f）当顾客或外部供方有提供工装时，应对其进行永久性的标识，以便可以清楚地识别属于顾客或外部供方的财产。标识的方法可以打钢印，用铭牌标识顾客或外部供方名称与编号，或其他可行的措施。

g）组织为保护顾客知识产权或信息而可能采用的措施的示例包括：
——在特定地点或文件中存储顾客的知识产权，包括产品图纸、专利信息、绩效和销售额；
——通过密码保护计算机文件；
——要求在项目结束时删除顾客的规范和数据的程序；
——限定获取信息的人员是特定的且受过培训的人员。

【实施建议和应用案例】

根据顾客或外部供方提供的不同财产情况，可在不同的文件中规定管理方法，如提供的材料可在进料检验程序和仓储管理程序中规定，如提供的是设备可在设备管理程序中规定，如提供的是量具可在监视和测量设备管理程序中规定等，也可单独建立顾客和供方财产管理办法。

ISO 9001:2015，质量管理体系—要求

8.5.4 防护

组织应在生产和服务提供期间对输出进行必要的防护，以确保符合要求。

注：防护可包括标识、处置、污染控制、包装、储存、传输或运输以及保护。

IATF 16949:2016 的补充和特别要求

8.5.4.1 防护—补充

防护应包括标识、搬运、污染控制、包装、存储、输送或运输以及保护。

应对来自外部和/或内部供方的材料和部件，在从收货到处理的期间提供防护，包括发运并直到交付给顾客/被顾客验收。

组织应按适当计划的时间间隔来评估库存品状况、存储容器放置/类型以及存储环境，以便及时探测变质情况。

组织应使用库存管理系统以优化库存的周转期，确保库存周转，如“先进先出（FIFO）”。

组织应确保过期产品按对待不合格品的类似方法进行控制；

组织应满足其顾客规定的防护、包装、发运和标签要求。

【目的和意图】

本条款的意图是要求组织在生产和服务提供过程中，以及交付到顾客或被顾客验收期间，应采取措施保护产品和服务满足其被要求的特性。

【理解和实施要点】

本条款要求防护的对象包括外购材料、顾客提供的材料、生产加工过程的产品、最终产品等，均应为其符合性提供防护。

防护活动应包括标识、搬运、污染控制、包装、存储、输送或运输以及保护，说明如下：

（1）标识。建立并保持与组织的产品和服务相适宜的防护标识，如施加必要的包装标识、运输过程中的防护标识。如产品包装上的禁止挤压、禁止倒放、易碎标识，可以用来向有关人员和顾客说明运输和搬运中的防护性要求。当顾客有要求时，应按顾客要求进行标识，包括由顾客提供的标签/卡牌。

（2）污染控制。对那些在生产和服务提供过程中输出结果可能会受到污染的情况进行控制，如无尘保护、有害物质感染、静电防护等。

（3）包装。针对产品特性，考虑有利于产品的运输和贮存的要求，选择适宜的包装材料和包装方法，确保产品在内部储存及顾客接收时符合要求。某些涉及国家有关强制性要求的产品包装容器和包装标识，应引起足够的重视。如易燃易爆有毒物品的包装要求使用特定的容器，否则不允许运输。当顾客要求时，按顾客要求包装。

（4）搬运。应根据产品特性（如重量、体积、危险等）规定适当的搬运工具和方法，避免搬运过程中的跌落、震动、撞击。应制定产品搬运的安全措施。对从事搬运工作人员进行培训，在搬运过程中注意人身安全、对易燃和有毒有害的危险品的搬运应予以严格控制。

（5）储存。建立仓储制度，对仓储物料/产品进行必要的标识、出入库保管、在规定的存放条件下保存。

储存管理的一般要求：

——物料和产品的入库、出库管制；如进货、领料、退料、补料、入库、出货的作业；

——建立物料/产品先进先出的控制方法；

——账、物、卡的一致性；

——储存场所的合理规划和布局；

——储存环境的控制；如干燥、通风、温湿度的控制；

——贮存期限的规定，按计划检查库存品状况，以便及时发现变质情况；当发现物料/产品过期或变质时，应视同不合格品来处理，如决定是否返工、返修、报废还是让步放行；

——根据订单预测及不同物料的需求量建立安全库存，可区分淡旺季安全库存量；

——呆滞品管理；

——实施 5S 管理，定期检查存储容器放置、类型、数量；

——危险品、化学品的单独存放；

——定期盘点，如月盘点、季度盘点、年终盘点等。

（6）传输或运输。新版标准增加了“传输”的概念，意味着当组织的“输出”是数据和信息时（如网站内容、网上信息、电子邮件附带的数据、电子邮件中的信息等），就应当注意到数据和信息在传输过程中丢失的风险，应采取有效措施防止在传输过程的失密或损坏。

对于交货运输，组织可自备车辆负责运输，也可委外运输公司运输，当委外时，应评估运输公司的资质和能力，并签订相关服务协议，规定运输过程的安全和防护要求。当顾客指定的运输方式或指定运输公司时，按顾客要求执行。

（7）保护。指产品在组织控制时的保护措施，这种保护措施应理解为在产品实现过程中直至到达交付目的地之前的所有保护产品的措施。

组织应采用适当保护和隔离措施，防止产品丢失、损坏、变质和污染。

通常的保护措施有：

- 使用隔板垫放物品；
- 涂防锈油；
- 防风、防雨、防潮；
- 防路途剧烈颠簸；
- 使用不让物品损坏较坚固的包装材料；
- 若顾客有要求时，按顾客要求的方法。

【实施建议和应用案例】

可建立产品防护管理程序或仓储管理程序加以规定和执行，也可以建立其他适当的文件。

ISO 9001:2015，质量管理体系—要求

8.5.5 交付后的活动

组织应满足与产品和服务相关的交付后活动的要求。

在确定所要求的交付后活动的覆盖范围和程度时，组织应考虑：

a）法律法规要求；

b）与产品和服务相关的潜在不良的后果；

c）产品和服务的性质、使用和预期寿命；

d）顾客要求；

e）顾客反馈。

注：交付后活动可包括保证条款所规定的措施、合同义务（如维护服务等）、附加服务（如回收或最终处置等）。

【目的和意图】

本条款旨在确保组织在交付了产品或服务后履行相关要求，并认识到交付并不意味着组织所承担责任的终止。

【理解和实施要点】

“交付后活动”的要求可以是组织向顾客承诺提供的售后服务和维护，也可以是顾客向组织提出的要求，这些要求也是合同的一部分。组织如果承诺满足这些要求，则需要对服务哪些项目、由谁去服务、如何服务、必须配备哪些资源等做出安排。

在确定交付后活动时，组织必须考虑已知的法律法规要求或顾客要求，还应考虑产品和服务的性质、使用和预期寿命；考虑可能发生产品或服务与预期不符时的潜在不良后果，需要采取的后续措施等。

交付后活动可以是以下方面或它们的组合：

——访问顾客，确认他们对提供的产品或服务是否满意；

——现场设备安装、调试；

——合同安排，如售后保修或技术支持；

——帮助培训顾客技术人员；

——在线问题咨询；

——回收或报废处置；

——顾客查询产品或服务交付相关的在线信息（如信息系统登录查询）；

——产品三包的要求。

【实施建议和应用案例】

不同产品的企业其所需的交付后活动（或者称为售后服务）各不相同，企业应针对识别和确定的交付后活动，建立适当的服务规范或指南加以实施。

IATF 16949:2016 的补充和特别要求

8.5.5.1 服务信息的反馈

组织应确保建立、实施并保持一个在制造、材料搬运、物流、工程和设计活动之间沟通服务问题信息的过程。

注 1：将“服务问题”增加到这个子条款，是为了确保组织知晓可能在顾客地点或使用现场被识别的不合格品和材料。

注 2：“服务问题”应当在适用时包括使用现场失效试验分析（见第 10.2.6 条）的结果。

【理解和实施要点】

本条款的意图是确保组织内的所有相关部门了解发生在组织外部的不符合，包括知晓可能在顾客地点或使用现场被识别的不合格品和材料，以促进内部改进。

组织应建立并保持与制造部门、材料搬运、物流部门、工程部门、设计部门的沟通过程，以确保在售后服务中所获取的问题信息能够及时反馈至各相关部门。这一过程不一定要形成单独的一个文件，也可以在顾客服务管理过程中体现。

“服务问题”应当在适用时包括使用现场失效试验分析的结果，可参考第 10.2.6 条款的要求。

IATF 16949:2016 的补充和特别要求

8.5.5.2 与顾客的服务协议

当与顾客达成服务协议时，组织应：

a）验证相关服务中心满足适用要求；

b）验证任何特殊用途的工具或测量设备的有效性；

c）确保所有服务人员得到了对适用要求的培训。

【理解和实施要点】

对很多企业来说可能不存在服务协议，则本条款要求可能是不适用的。当组织与顾客签订了服务协议时，组织必须满足协议的要求。为确保服务活动的有效实施，组织应做好以下工作：

——组织应对每个服务网点或服务中心验证其满足适用的服务要求；验证内容可能包括服务流程和服务规范、服务场地及其设施、设备，服务人员配备及其能力等；

——对服务活动所用到的专用工具或测量设备应进行评定或校准；

——对服务人员进行培训；

——服务问题记录、信息反馈和服务结果报告等。

ISO 9001:2015，质量管理体系—要求

8.5.6 更改控制

组织应对生产或服务提供的更改进行必要的评审和控制，以确保持续地符合要求。

组织应保留成文信息，包括有关更改评审的结果、授权进行更改的人员以及根据评审所采取的必要措施。

IATF 16949:2016 的补充和特别要求

8.5.6.1 更改的控制—补充

组织应有一个形成文件的过程，对影响产品实现的更改进行控制和反应。任何更改的影响，包括由组织、顾客或任何供应商所引起的更改，都应进行评估。

组织应：

a）明确验证和确认活动，以确保与顾客要求相一致；

b）在实施前对更改予以确认；

c）对相关风险分析的证据形成文件；

d）保留验证和确认的记录。

应当对更改（例如：对零件设计、制造地点或制造过程的更改），包括供应商作出的更改，进行以验证为目的的试生产，以便确认更改对制造过程带来的影响。

当顾客要求时，组织应：

e）向顾客通知最近一次产品批准之后任何计划产品实现的更改；

f）在实施更改之前获得形成文件的批准；

g）达成额外验证或标识要求，例如：试生产和新产品确认。

【目的和意图】

本条款的意图是要求组织对影响产品实现的更改进行控制和反应，以确保生产和服务的提供持续符合要求。

【理解和实施要点】

有关设计和开发的更改在 8.3.6 条款及 8.3.6.1 补充中已作出了规定，本条款主要是指影响产品实现的更改，这些更改可能是工艺更改、设备更改、工装更改、材料的更改、制造地点的更改、作业方法的更改等。

更改的提出可以是组织内部，也可以是外部，如供应商、顾客、法规。

组织应有一个形成文件的过程，对影响产品实现的更改进行控制和反应。

以下为更改控制的基本流程：

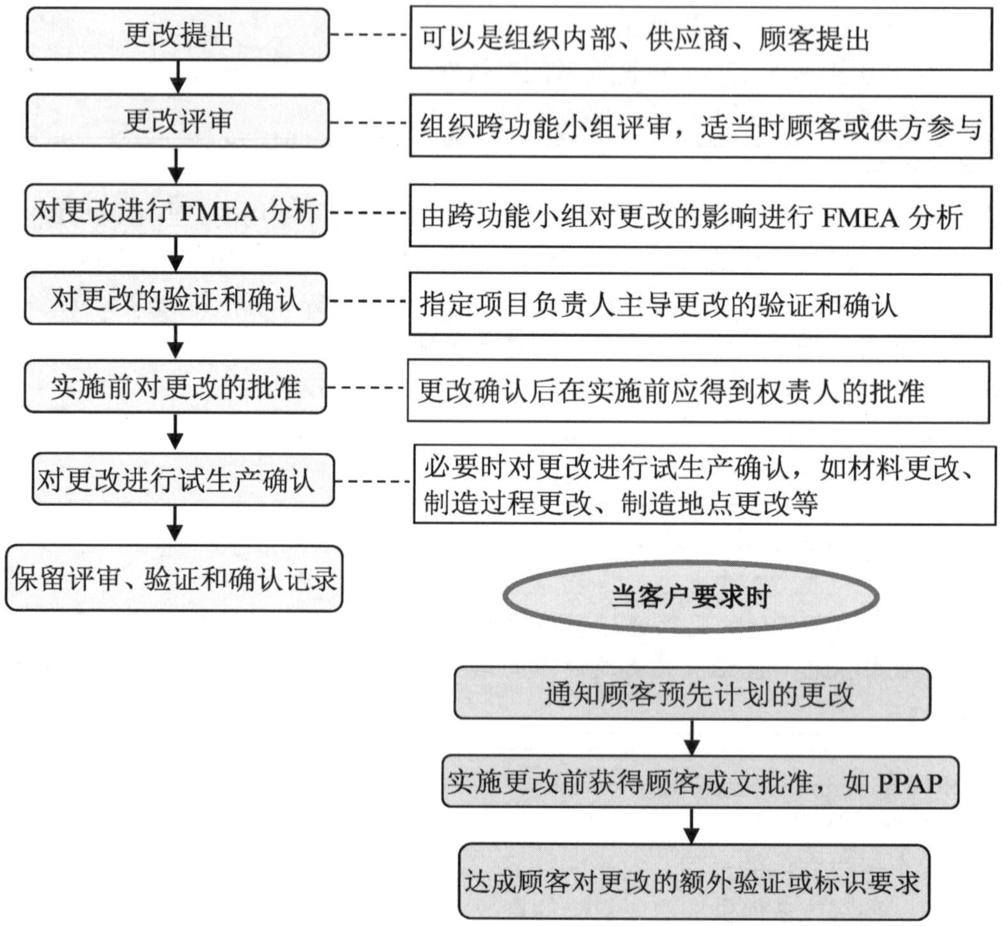

【实施建议和应用案例】

本条款要求应有一个形成文件的更改控制过程，这个过程可以单独形成文件，也可以和 8.3.6.1 产品设计开发的更改一起形成文件。文件范例可参考 8.3 设计和开发章节所给出的《变更管理程序》。

IATF 16949:2016 的补充和特别要求

8.5.6.1.1 过程控制的临时更改

组织应识别过程控制手段，包括检验、测量、试验和防错装置，形成文件化的清单并予以保持，清单包含主要过程控制和经批准的备用或替代方法。

组织应有一个形成文件的过程，对替代控制方法的使用进行管理。组织应基于风险分析（例如 FMEA）和严重程度，在本过程中包含要在生产中实施替代控制方法之前获得的内部批准。

在发运采用替代方法检验或试验的产品之前，如有要求，组织应获得顾客批准。组织应保持一份控制计划中提及的经批准替代过程控制方法的清单并定期评审。

每个替代过程控制方法应有标准的工作指导书。组织应至少每日评审替代过程控制手段的运行，以验证标准作业的实施，旨在尽早返回到控制计划规定的标准过程。方法范例包括但不限于：

a）以质量为关注的每日审核（如:分层过程审核，如适用）；

b）每日领导会议。

基于严重程度，并在确认防错装置或过程的所有特征均得以有效恢复的基础上，在规定时期内对重新启动验证形成文件。

在使用替代过程控制装置或过程期间，组织应实现生产的所有产品的可追溯性（如：验证并保留每个班次的首件和末件）。

IATF 16949:2016-认可解释（SI-11）对本条款进行了修改，原文如下：

编号	IATF 16949 参考	认可解释
11	8.5.6.1.1 过程控制的临时变更	组织应识别、记录和维护过程控制的列表，包括检查、测量、测试和错误检测设备。~~，这包括主要的过程控制和批准的备份或替代方法。~~ **过程控制的列表应包括主要过程控制和已批准的备份或替代方法，如果存在备份或替代方法。** ***改变的原理:*** *阐明并不是每个主要过程控制都有备份或替代方法。阐明如果存在备份或替代方法，则将这些备份或替代方法包含在组织维护的列表中。并不要求每个主要控制都要有一个替代过程控制。*

IATF 16949:2016-常见问题解答（FAQ-17）回答了是否必须有替代过程的问题，内容如下：

编号	IATF 16949 参照	问题和答案
17	**8.5.6.1.1** **过程控制的临时更改**	**问题：** 是否控制计划中指定的每个主要控制都必须有替代的过程控制？ **解答：** 不是的，不要求每个主要控制都有一个替代的过程控制。 ——在引入新产品时，组织应该考虑到主要控制可能失效的风险，并且基于失效模式的风险和严重程度，决定哪里需要替代的过程控制。当需要备用或替代的过程控制时，应该在过程流程、PFMEA、控制计划和可用的标准化工作中定义主要的和替代的过程控制。 ——对于现有的过程，在主要过程控制中出现故障，并且没有确定替代的过程控制的情况下，组织应该考虑风险（例如 FMEA），以及如果获得批准，为替代的过程控制开发标准化工作，实施控制，通过日常管理验证有效性，然后在恢复主要控制时重新生效。 ——组织应定期检查已使用替代的过程控制的实例，并将其视为更新过程流程图、PFMEA 和控制计划的输入。（见认可解释 11）

【理解和实施要点】

1.关于备用或替代方法及临时更改的理解

本条款是新增的要求，主要是来源于IATF OEM顾客GM（通用汽车）BIQS（制造质量供应）标准的第五个模块BIQS 5 Bypass Management（旁路管理，也称屏蔽管理、临时工艺）。旁路管理比较好理解，就像是主干道出了问题需要维修，为了不中断交通就在旁边开条小路让车辆仍可通行，然后把维修的路段围起来也就是屏蔽起来，告诉车辆和行人主干道不能走了，只能走旁边的小路，所以也称为屏蔽管理。由于这条小路是临时开通的，主干道修好后就会恢复正常通车，所以叫临时更改。把这种管理手段用在制造企业里面，就是要考虑主要设备故障或主要控制手段发生故障时怎么办，为了避免生产中断，影响顾客交期，需要准备替代的临时工艺，当故障发生时就启动替代方法。

比如有些企业用自动化生产线作为正常生产，同时也准备了一条半自动或手工生产线，平时是闲置的，只有在自动化生产线故障时才会启动。又或者有些企业进行了自动化设备升级，但仍保留原来的半自动或手工操作设备。这些方法，实际上也就是应急计划和准备的一部分。

标准中提到，临时方法可以是“备用”或“替代”方法，“备用”比较好理解，就是备多一台或几台，但这要考虑成本费用，比如经济富裕的家庭备有几台车，一台出现问题可以开另一台，不影响出行，而经济一般的家庭就备不起了，为了不影响出行，就需要准备替代方法，比如准备一辆摩托车出行，或者乘坐公交车。

回到企业来说，比如卡尺、千分尺多备几把费用不大，但如果是三次元，一台就要几十万元，多备一台可能不现实，那坏了怎么办呢，可以考虑的其他备用方法之一是委外三坐标检测，那就要先对外包方做评估和认定，另外也可以考虑是否可用二次元替代。再比如，原来是自动化检测的设备，万一坏了，临时替代方法改为半自动检测或人工检测，这时就需要对替代方法先做风险评估（比如FMEA是一种推荐的方法，也可根据所需的替代方法使用其他的风险分析工具）。

所谓“替代”，那就是不同于原来的控制方法，一般是在不得已的情况下使用低一级方法替代高一级的方法。替代方法通常其效率、质量稳定性和经济性是没有那么好的，如果这三者都好的话，那自然就会把替代方法作为正常控制手段了，比如我们用摩托车替代轿车出行，经济性是比轿车好，但是效率、安全性、舒适性就不如轿车了，所以轿车作为主要出行工具。当然，也有使用高一级方法替代低一级方法的情况，比如某个尺寸的测量，用二次元测量已经足够保证其精度，但万一二次元出故障了，用三次元替代也是可以的，但是三次元测量的速度可能慢，而且成本高，因此只能作为临时替代。

然而，这个条款在实际应用中产生了疑问，标准是说识别过程控制手段“包括检验、测量、试验和防错装置”，这些控制手段是用来控制产品特性和过程特性的，也可能是用于控制不合格品。但是对于主要制造手段是否也需要替代方法呢，比如主要设备故障是否需要有替代方法呢，从上面的标准、认可解释和问题解答内容中都是强调过程控制手段替代，没有提到制造方法替代。所以，我个人的建议是，如果企业有能力或者有顾客要求，那么替代方法可包括过程控制手段和制造手段的完整覆盖，反之，只做过程控制手段的替代方法识别和管理，也是满足本条款要求的。当然，最终目的并不是为了满足条款的要求，而是根据企业为持续满足顾客要求和期望的需要去策划。**我个人一直强调的是，我们企业的质量体系工作不是为了符合标准，而是如何利用标准提供的理念、原则和方法去指导、完善和提升企业质量管理能力。**

上述FAQ17问题解答中特别指出，不要求每个主要过程控制都有一个备用或替代的过程控制，而是由企业根据主要过程控制手段的可能失效风险去识别哪些需要备用或替代控制。当识别了备用或替代控制方法后，就需要对替代控制方法进行风险评估（例如PFMEA），然后列出一个包括主要过程控制、对应的备用或替代控制方法的清单，并经有关权责人员的批准。

本条款说的是“临时更改”不是“永久更改”。也就是说，替代方法是临时使用的，之后还是要恢复到正常的控制手段的，那就不需要走工程变更ECN流程。

2.备用或替代方法的应用

备用或替代方法在企业应用时应包括两个方面：一方面是新产品导入时要考虑和策划，另一方面是对现有过程的考虑和策划（如果现有过程尚未有备用或替代方法）。

——在引入新产品时，组织应该考虑到主要控制可能失效的风险，并且基于失效模式的风险和严重程度，决定哪里需要替代的过程控制。当需要备用或替代的过程控制时，应该在过程流程、PFMEA、控制计划和可用的标准化指导书中定义主要的和替代的过程控制。

企业在决定哪里需要替代的过程控制时，可从故障或失效发生的频度、安全和质量风险、技术和成本可行性三个方面进行风险评价，下表的方法可作为参考。

评价项目	情形	评分
故障或失效发生的频度（O）	现有控制方法从未发生过突发故障或失效	1
	现有控制方法一年内发生过多次突发故障或失效，但不会导致生产中断或延误交期	3
	现有控制方法一年内发生过多次突发故障或失效，且可能会导致生产中断或延误交期。	5
安全和质量风险（S&Q）	特殊特性影响安全或法规，替代方法有重大风险	1
	特殊特性，替代方法存在风险	3
	一般特性，替代方法风险较低	5
技术和成本可行性（T）	技术上无法做到	1
	技术上可实现，但投资较大	3
	技术上可实现，且成本可接受	5

对过程控制方法中的每一个检验、测量、试验和防错装置，按上表评价准则进行分析，并计算风险值 R，风险值 R=O×S&Q×T，当 R≥45 时，优先考虑备用或替代方法。当评价 S&Q=1 时，不允许替代，S&Q=3 时，若确定了替代方法，在生产中实施替代控制方法之前需获得内部批准。将评价结果填入下表。

表 3-34 过程控制方法和临时更改清单（参考示例）

<table>
<tr><td colspan="2">客 户</td><td colspan="4"></td><td>编制</td><td></td><td>日期</td><td></td></tr>
<tr><td colspan="2">产品名称</td><td colspan="4"></td><td>审核</td><td></td><td>日期</td><td></td></tr>
<tr><td colspan="2">产品编号</td><td colspan="4"></td><td>批准</td><td></td><td>日期</td><td></td></tr>
<tr><td rowspan="2">工序编号</td><td rowspan="2">工序名称/过程设备</td><td colspan="2">控制特性</td><td rowspan="2">特性分类</td><td rowspan="2">控制方法（检验、测量、试验或防错装置）</td><td rowspan="2">对控制方法的风险评估结果（风险值 R）</td><td rowspan="2">是否需要备用或替代方法 R≥45 时</td><td rowspan="2">确定采用的备用或替代方法</td><td rowspan="2">替代方法实施前是否需要内部批准 S&Q=3 时</td></tr>
<tr><td>产品特性</td><td>过程特性</td></tr>
<tr><td rowspan="2">#30</td><td rowspan="2">精磨/数控磨床</td><td>外径</td><td></td><td>●</td><td>绿光自动测量仪</td><td>5×3×5=45</td><td>是</td><td>千分尺人工检测替代</td><td>是</td></tr>
<tr><td></td><td></td><td></td><td></td><td></td><td></td><td></td><td></td></tr>
</table>

——对于现有的过程，在主要过程控制中出现故障，并且现在还没有确定替代的过程控制的情况下，组织应该考虑风险并确定需要的替代方法，如果获得批准，则为替代的过程控制开发标准化工作，实施控制，通过日常管理验证其有效性，然后在主要控制恢复后进行再验证。

3.过程控制临时更改的作业流程

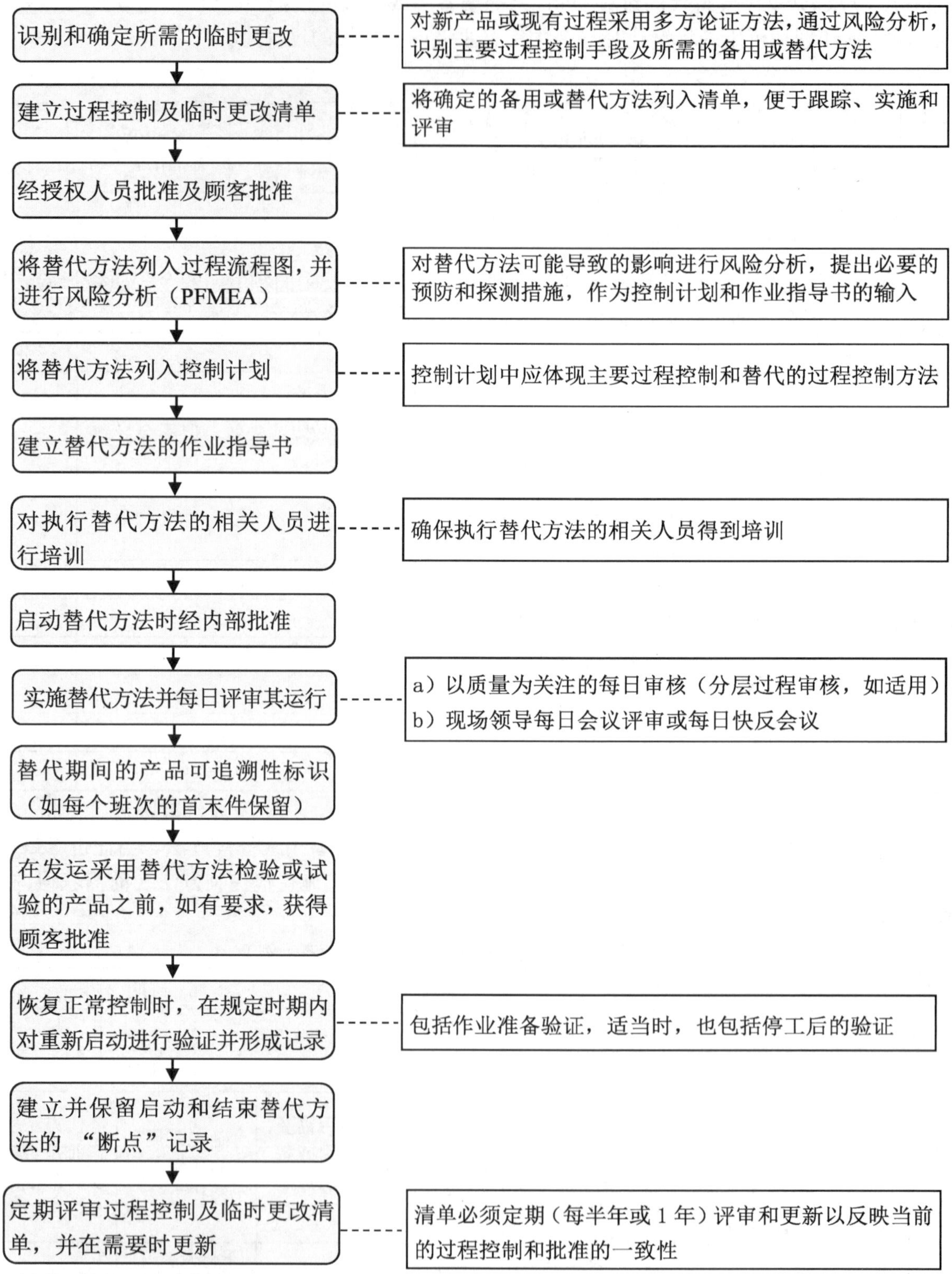

【实施建议和应用案例】

本条款要求应有一个形成文件的过程，对替代控制方法的使用进行管理。企业可以单独制定过程控制临时更改的文件，也可以在更改控制过程文件中合并，或在 APQP 管理程序中规定。

表 3-35 临时变更管理表（GM 格式）

MANUFACTURING PROCESS BACKUP WORKSHEET

Coordinator Name: ____________________ Shift: __________

Station # being backed up: ____________________ Date: __________

Station / Item Description: ____________________ Dept: __________

Reason for Backup: ____________________

Directions: After each step has been completed, please initial. Post form at backup station.

Step	BACKUP PREPARATION	Initial
1	BACKUP JES approved and posted? YES☐ (PPCR not required) NO☐ (PPCR required)	
2	Verify operator trained in BACKUP Procedure.	
3	Verify Backup station tools match BACKUP Procedure / JES: Type of tool: __________ Op. # / Serial #: __________ Parameter Set (PSET)#: __________ Torque / Angle / Product Requirement: __________	
4	Downstream 100% verification of Backup. Method/Tool: __________ Op./Station No. __________ ☐ Auto 100%- Must check Auto 100% verification to ensure backup misbuild is detected. Signature: __________ ☐ Manual 100%- Position of verification mark on engine: __________ Verification mark color: __________	

Step	BACKUP NOTIFICATION & AUDIT PLAN	Initial
5	Notify lead coordinator or superintendent: Name: __________ Title: __________	
6	Lead coordinator or superintendent verify "Backup Preparation" steps 1-4 above completed.	
7	Hourly Check is required to Audit the backup process. *Example- verify torque is ok for all spindles in a bypassed station.* Describe Audit method & tools: __________ Audit to be completed by: __________	

Step	BACKUP IMPLEMENTATION	Initial
8	Record FIRST unit processed in bypass/backup: Time: __________ Op./Sta. #. __________ Other (pallet #): __________ Engine Code (3 letter): __________ EUN#: __________ Torque / Value (1st Engine): __________	
9	Is there suspect material? ☐Yes ☐No If yes, initiate containment checksheet.	

Step	BACKUP EXIT/BREAKPOINT	Initial
	NOTE: Post the original form at backup station. Forward a copy of this form to Superintendent/Lead Coordinator. *If station is still in back-up at end of shift, next shift **MUST** initiate new "Manufacturing Process Backup Worksheet" form.*	
10	Verify proper operation of bypassed station (5 part check minimum). **Note: If still in bypass at end of shift, go to step 12.** Who: __________ Title: __________ Signature: __________ Time: __________	
11	Verify station placed back into full automatic.	
12	Record LAST unit processed in bypass/backup: **Still in Bypass**☐ Time: __________ Op./Sta. #. __________ Engine Code (3 letter): __________ EUN#: __________ Other (pallet #): __________	
13	Notify lead coordinator on succeeding shift: Name: __________ Title: __________	
14	Verify tools returned / stored in proper location: Who: __________ Title: __________ Signature: __________ Time: __________	
	NOTE: Remove "Manufacturing Process Backup Worksheet" and submit to Superintendent and Quality Department for final sign-off	

Step	BACKUP PROCESS AUDIT/RECORDED
15	Audit backup process to verify completed properly. Superintendent Signature: __________ Date & Time: __________
16	"Manufacturing Process Backup Worksheet" completed and filed in DCC. Quality Signature: __________ Date & Time: __________

STATION AUDIT	
1st Hour	Time / Initial
2nd Hour	Time / Initial
3rd Hour	Time / Initial
4th Hour	Time / Initial
5th Hour	Time / Initial
6th Hour	Time / Initial
7th Hour	Time / Initial
8th Hour	Time / Initial
9th Hour	Time / Initial
10th Hour	Time / Initial

8.6 产品和服务的放行

> **ISO 9001:2015，质量管理体系—要求**
> **8.6 产品和服务的放行**
> 组织应在适当阶段实施策划的安排，以验证产品和服务的要求已得到满足。
> 除非得到有关授权人员的批准，适用时得到顾客的批准，否则在策划的安排已圆满完成之前，不应向顾客放行产品和交付服务。
> 组织应保留有关产品和服务放行的成文信息。成文信息应包括：
> a）符合接收准则的证据；
> b）可追溯到授权放行人员的信息。

【目的和意图】

本条款的意图是要求组织在放行和交付产品和服务之前，根据 8.1 策划的适当阶段和接收准则，验证产品或服务的要求已得到满足，并保留作为证据的成文信息。

【理解和实施要点】

本条款是对产品和服务的要求是否得到满足进行验证和放行，验证包括对采购产品、中间产品和最终产品的验证。

——对产品验证的实施时机、实施方法、实施人员、所用设备和技术、接收标准等，已在“8.1 运行的策划和控制”中作出了安排，通常在控制计划和相关作业标准中作出了规定，组织应按其安排执行。

——产品的验证活动通常包括：

（1）进料检验和试验；

（2）制程中检验和试验；包括首件检验、自主检验、相互检验、工作站全检、巡回检验等。

（3）成品检验和试验；

（4）出货检验和试验；

（5）产品特性的统计过程控制，如使用控制图监视。

——应保持符合接收准则的证据，如检验和试验的记录、合格报告等，记录应显示经授权负责放行的人员。

——只有按 8.1 策划的安排完成全部规定的检验和试验并且合格，产品才能放行或交付服务。特殊情况，需要得到有关授权人员的批准或得到顾客的批准，产品才能提前放行。

> **IATF 16949:2016 的补充和特别要求**
> **8.6.1 产品和服务的放行—补充**
> 组织应确保用于验证产品和服务要求得以满足的所策划的安排围绕控制计划进行，并且形成文件规定在控制计划中（见附录 A）。
> 组织应确保为产品和服务初始放行所策划的安排围绕产品或服务批准进行。
> 根据 ISO 9001 第 8.5.6 条，组织应确保在初始放行后作出更改之后，完成产品或服务批准。

【理解和实施要点】

本条款的补充要求是强调对产品和服务实施验证的计划和安排应在控制计划中规定并形成文件，包括所要求检验、测量、试验和统计控制等，并按控制计划的安排执行验证和控制。

“组织应确保为产品和服务初始放行所策划的安排围绕产品或服务批准进行”，这是指初始放行的产品应围绕生产件批准的要求进行相应的检验、测量和试验，并得到内部和顾客批准。

组织在初始放行后（PPAP 后），若按 8.5.6 条款实施了更改，更改之后的产品或服务应得到顾客再次批准。

IATF 16949:2016 的补充和特别要求

8.6.2 全尺寸检验和功能性试验

应按控制计划中的规定，根据顾客的工程材料和性能标准，对每一种产品进行全尺寸检验和功能性验证。其结果应可供顾客评审。

注 1：全尺寸检验是对设计记录上显示的所有产品尺寸进行完整的测量。

注 2：全尺寸检验频率由顾客确定。

IATF 16949:2016—常见问题解答（FAQ–21）回答了关于全尺寸检验的问题，内容如下：

编号	IATF 16949 参照	问题和答案
21	**8.6.2 全尺寸检验和功能测试**	**问题 ：** 全尺寸检验是否不同于产品再评定或功能性试验？ **解答 ：** ——是的，如 IATF 16949 第 8.6.2 条注 1 所述，[全尺寸检验是对设计记录上显示的所有产品尺寸进行完整测量]，全尺寸检验仅限于尺寸测量和要求。性能或材料测量不包括在全尺寸检验中。 ——产品再评定通常意味着对所有产品批准要求（例如 PPAP 或 PPA）的完全验证，因此超出了全尺寸检验的范围。 ——功能测试/验证通常仅限于性能和材料测量，如耐久性或抗拉强度，不包括尺寸测量。 ——如果顾客没有明确频率，组织负责确定全尺寸检验的频率。 ——全尺寸检验是产品再评定的一部分，如果顾客要求产品再评定的话。 ——在控制计划中明确了持续的全尺寸检验和功能测试要求。如果存在顾客特定要求，那么那些要求（包括全尺寸检验和功能测试要求）也包含在控制计划中。

【理解和实施要点】

——全尺寸检验是对设计图纸或设计记录上显示的所有产品尺寸进行完整测量。也就是说，对每一种产品，只要在图纸上有标记的尺寸都应测量。

——功能试验是根据顾客的工程材料及性能标准对每一种产品的功能和性能进行检验和试验。

——首次全尺寸检验和功能试验一般在新产品试产中进行，并作为 PPAP 资料提交顾客评审。如果顾客规定了全尺寸测量的频次，应在控制计划中作出规定，组织的全尺寸检验与功能试验应按控制计划执行。若顾客没有规定，组织可根据产品风险自己定义频次，通常每年至少执行一次。

表 3-36　全尺寸检验报告（部分示例）

客户			产品名称				图号				
订单编号			检验数	2			不良数				
序号	检验项目	特殊特性	标准值	量检具	检验数据					结论	备注
					1	2	3	4	5		
1	花键 ф24.3 外圆直径	A	ф24. 3（0/-0. 25）	外径千分尺 0～25/0. 01 外径千分尺 25～50/0. 01	24.235	24. 22				OK	
2	ф25 外圆直径	A	ф25（0/-0. 05）		24. 97	24. 96				OK	
3	ф12.7 外圆直径	A	ф12. 7（-0. 009/-0. 02）		12. 69	12. 686				OK	
4	2-ф35 外圆同心度	A	≤0. 05	等高 V 型块+数显高度尺 +杠杆百分表	0. 02	0. 02				OK	
5	ф24.3/ф45 外圆跳动	A	≤0. 05		0. 025	0. 025				OK	
6	非花键端 ф42 外圆直径		ф42（0/-0. 30）	卡尺 0～200/0.02	41. 96	41. 98				OK	
7	花键端 ф42 外圆直径		ф42（0/-0.30）	卡尺 0～200/0.02	41. 97	41. 98				OK	
综合结论：□合格			□不合格								
检验员：				审核：							

表 3-37　功能性试验报告（参考格式）

测试日期（Date）：		测试员（Inspector）：	
机型（Model）：		Report No.:	
受测物（Sample Name）：		入检数（Q'Ty）：	
测试项目（Test Item）：			
测试目的（Description of Test）：			
测试条件（Test Condition）：			
测试设备（Test Equipment）：			
项目（No.）	试验项目（Inspecting Items）		试验结果（Inspecting Result）
1			
2			
3			
4			
5			
综合结论：			
核准 APPROVED BY:	审查 CHECKED BY:		制作 PREPARED BY:

IATF 16949:2016 的补充和特别要求

8.6.3 外观项目

若组织制造的零件被顾客指定为“外观项目”，则组织应提供：

a）适当的资源，包括评价用的照明；

b）适当的颜色、纹理、金属亮度、织物结构、映像清晰度（DOI）和触感技术的原版样件；

c）外观原版样件及评价设备的维护和控制；

d）验证执行外观评价的人员有从事该工作的能力和资格。

【理解和实施要点】

本条款外观项目不是我们通常产品检验中的外观毛刺、划痕、披锋等一般外观要求，而是指在车辆完工后可以看到的零部件外观，如颜色、纹理、金属亮度、织物柔软性等。当顾客在图纸或规范中标注了外观项目，在这种情况下，要求在生产件提交时对外观项目进行专门的批准，向顾客提交外观批准报告（AAR），如下表。

表 3-38 外观批准报告（AAR）

零件号：①	图样编号：②		适用范围（车型）：③
零件名称：④	采购人员代码：⑤	工程更改等级：⑥/⑦	日期：
组织名称：⑧	制造厂地址：⑨		供方/供货商代码：⑩
提交原因：⑪ □ 零件提交保证书 □ 纹理加工前	□ 特殊样品 □ 第一批发运	□ 再提交 □ 工程更改	其他

外观批准件报告

组织表面加工信息 ⑫		纹理加工的评价	经授权的顾客代表签字和日期 ⑬
		纠正并继续	
		纠正和再提交	
		准予进行纹理加工	

外观批准件报告

颜色下标 ⑭	三色数据 ⑮					标准样品编号 ⑯	标准样品批准日期 ⑰	材料类型 ⑱	材料来源 ⑲	色彩 ⑳				色调		色品度		亮度		金属光泽		颜色供货标注 ㉑	零件处理意见 ㉒
	DL*	Da*	Db*	DE*	CMC					红	黄	绿	蓝	浅	深	灰	清晰	高	低	高	低		

说明：㉓				
组织：签字：㉔	电话：	日期：	经授权的顾客代表：签字：㉕	日期：

针对外观项目的控制要求：

——具备适当的外观评价的设备和照明，包括照明亮度等。

——具备原版样件（如经签核的标准样板）进行比对；原版样件包括适当的颜色、纹理、光泽、金属亮度、织物结构、触感等。

——对原版样件和评价设备要正确使用和维护；如原版样件的标识、贮存环境、更换周期等。

——从事外观项目评价的人员需对其视力、色盲、辨识能力等进行验证，合格后方可从事该工作。

——应规定外观检查的目视距离，目视角度及目视的时间等。

IATF 16949:2016 的补充和特别要求

8.6.4 外部提供的产品和服务符合性的验证和接受

组织应有一个过程来确保外部提供的过程、产品和服务的质量，可采用以下一种或多种方法：

a）接收并评价组织供应商提供的统计数据；

b）接收检验和/或试验，例如基于绩效的抽样检查；

c）结合可接受的已交付产品对要求的符合性的记录，由第二方或第三方机构对供应商现场进行评估或审核；

d）指定实验室的零件评价；

e）顾客同意的其他方法。

【理解和实施要点】

对外部提供的过程、产品和服务的质量的验证可能有多种方式，如在供方现场检验、进货检验、查验供方提供的合格文件等。组织必须根据外部提供的过程、产品和服务的重要性来规定其验证活动的方式和要求，并严格执行规定的标准。

若组织需要在供应商处验证时，应在采购文件中规定验证的安排以及产品放行的方法。

有时候顾客可能要求到供应商处验证，这种情况下组织也应在采购文件中规定验证的安排以及产品放行的方法。但顾客的验证并不能免除组织提供合格产品的责任，也不能排除其后顾客对组织产品的拒收。

对外部提供的过程、产品和服务的质量的控制，本条款给出了以下方法：

——接收供应商提供的统计数据，并对数据进行评价，以确定供应商的质量状况，然后采取相应的措施，如改进计划、到供应商处验证、免检等。

——执行进货检验和/或试验，并根据进货质量绩效进行适当抽样；如正常检验、加严检验、放宽检验等。

——结合可接受的已交付产品的质量记录，对供方现场进行第二方或第三方评定或审核。可参考条款 8.4.2.4.1 第二方审核。

——对于组织自身无法检测的项目，可委托认可的实验室实施零件评价。

——要求供方提供材质证明文件或出厂的检验报告。

——与顾客达成一致的其他方法。

IATF 16949:2016 的补充和特别要求

8.6.5 法律法规的符合性

在放行外部提供的产品进入生产流程之前，组织应确认并能够提供证据证明，外部提供的过程、产品和服务符合制造国以及顾客确定的目的国（如有提供）最新的适有法律、法规和其他要求。

【理解和实施要点】

本条款请参见“8.4.2.2 法律法规要求”的解释说明，此处不再赘述。

IATF 16949:2016 的补充和特别要求

8.6.6 接收准则

接收准则应由组织确定，当被要求时，由顾客批准。对于计数型数据的抽样，其接收水平应是零缺陷（见第 9.1.1.1 条）。

【理解和实施要点】

本条款所说的接收准则是指产品的接收准则，也就是产品在抽样检验时，在什么情况下可以接收，什么情况下拒收。接收准则是由组织确定的，在“8.1 运行的策划和控制”时就应策划和确定，并将其规定在控制计划和/或检验规范中，当顾客有要求时，提交顾客批准。

标准要求对于计数型数据的抽样，其接收水平应是零缺陷（见第 9.1.1.1 条）。第 9.1.1.1 条是制造过程的监视和测量，就是要求在制造过程的监视和测量中遵守控制计划规定的接收准则。

那么什么是计数型数据，什么是计量型数据呢？

——计数型数据就是可以用来记录和分析的定性数据。如一批产品中不合格品的个数，一块玻璃上有几个气泡或沙眼，一张图纸上出现错误的点数，一件产品上有几个缺陷等，计数型数据通常以不合格品或不合格的形式收集。

——计量型数据就是定量的数据，可用测量值来分析。如产品的尺寸10.04mm、溶液的浓度98%、圆轴的直径6.05mm等，这些都是用具体的量来表达的。

本条款规定，对于使用计数型数据抽样计划进行检验与试验时，其接收准则为零缺陷，即一旦发现一个不合格品时，应判定为整批不合格或进行 100%检验以剔除不合格品。通常采用 C=0 的抽样计划。零缺陷抽样计划对来料检验也可以采用。

零接收数抽样计划（C=0 Single Sampling Plans）说明：

1965 年，美国的一位大学教授尼古拉斯 • 斯托格力亚（Nicholas L.Squeglia）发表 C=0 抽样方案，几经改版，目前最新的版本为第四版。C=0 抽样方案是根据 MIL-STD105 修改而成，接收准则限定为“0 收 1 退”，因而又被人们称为“零缺陷”抽样方案。

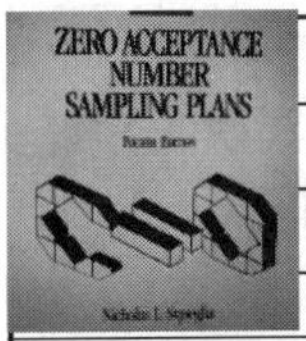

	C=0 SAMPLING PLANS（抽样计划）															
	INDEX VALUES（索引值）															
	(ASSOCIATED AQLS)（相关的接收质量限）															
	0.010	0.015	0.025	0.040	0.065	0.10	0.15	0.25	0.40	0.65	1.0	1.5	2.5	4.0	6.5	10
LOT SIZE批容量	SAMPLE SIZE（样本容量）															
2 to 8	*	*		*	*	*	*	*	*	*	*	*	5	3	2	2
9 to 15	*	*	*	*	*	*	*	*	*	*	13	8	5	3	2	2
16 to 25	*	*	*	*	*	*	*	*	*	20	13	8	5	3	3	2
26 to 50	*	*	*	*	*	*	*	*	32	20	13	8	5	5	5	3
51 to 90	*	*	*	*	*	*	80	50	32	20	13	8	7	6	5	4
91 to 150	*	*	*	*	*	125	80	50	32	20	13	12	11	7	6	5
151 to 280	*	*	*	*	200	125	80	50	32	20	20	19	13	10	7	6
281 to 500	*	*	*	315	200	125	80	50	48	47	29	21	16	11	9	7
501 to 1200	*	800	500	315	200	125	80	75	73	47	34	27	19	15	11	8
1201 to 3200	1250	800	500	315	200	125	120	116	73	53	42	35	23	18	13	9
3201 to 10000	1250	800	500	315	200	125	189	116	86	68	50	38	29	22	15	9
10001 to 35000	1250	800	500	315	300	192	189	135	108	77	60	46	35	29	15	9
35001 to 150000	1250	800	500	490	476	294	218	170	123	96	74	56	40	29	15	9
150001 to 500000	1250	800	750	715	476	345	270	200	156	119	90	64	40	29	15	9
500001 and over	1250	1200	1112	725	556	435	303	244	189	143	102	64	40	29	15	9

1. “*”表示全检。
2. 批容量指批量数量范围，样本容量指抽样品个数，AQL代表承受风险系数，本表整体就是在左边批量中根据上面 AQL 值抽取右边样本个数，有任何一个缺陷都直接判为不合格。

对于计量型数据必须控制在规格值之内，并尽可能接近规格中心值，利用统计过程控制（SPC）减少变异。需要强调的是，当产品的某个计量特性不满足规格要求时，接受准则同样是零缺陷，即只要有一个超出规格则整批判退。

如果有顾客同意的其他抽样方法，组织应执行顾客规定的方法。

【实施建议和应用案例】

针对整个 8.6 条款，通常需要建立检验标准/规范、抽样计划、进料检验管理程序、产品检验管理程序等文件予以实施。下面的文件范例仅供参考。

文件范例【进料检验管理程序】

文件名称	进料检验管理程序	文件编号：SQ-SP-09	版本：A
编制部门	品管部	编制日期：2019.12.9	页码：1/4

1.目的

通过对原材料、部件、辅助材料等货品进厂的检验和验证，保证未经检验的原物料不投入使用，确保检验后的上线原物料符合规定要求，防止不合格品流入制程，特制定本程序。

2.适用范围

适用于本公司向供应商购买的原材料、部件、辅助材料，委外加工品，以及客户供应的原材料、部件等。

3.术语和定义

无

4.职责

4.1 品管部：负责来料检验判定与质量状态标识，协调采购部处理不合格物料并跟进供应商改善。

4.2 仓库：负责物料的搬运，存储和防护。

4.3 采购部：负责不合格物料联络供应商处置。

5.过程管理图

（本过程相关联的 ISO 9001&IATF 16949 条款：8.6/8.6.4/8.6.5/）

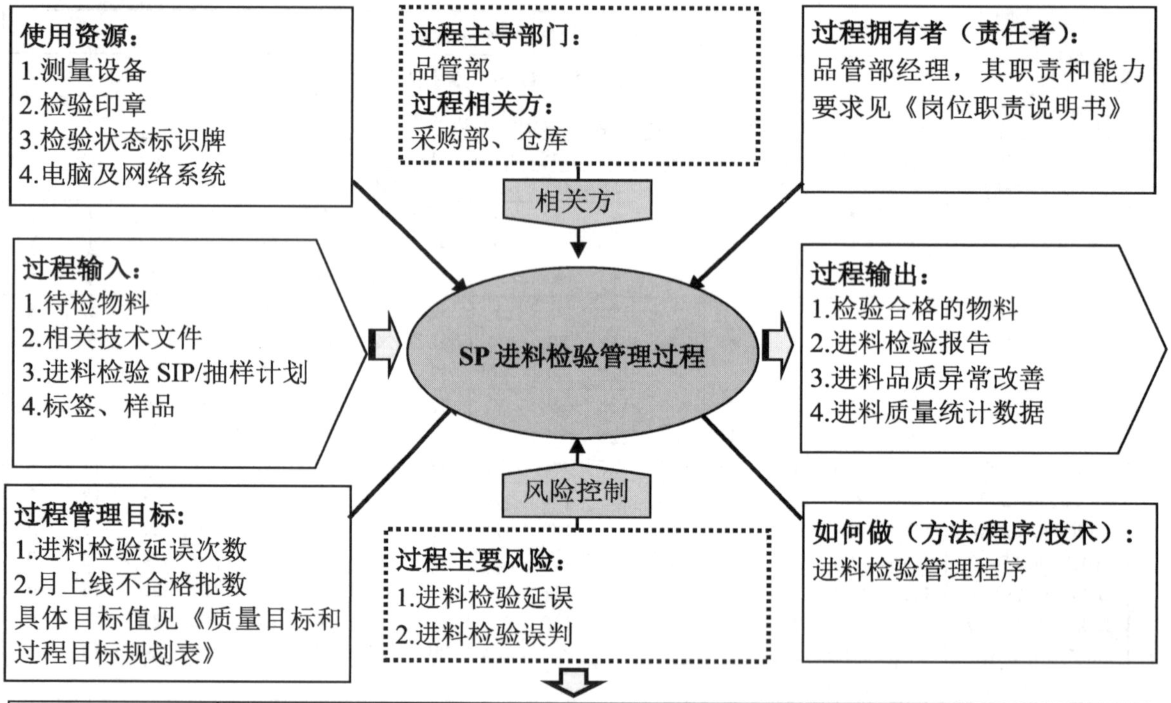

过程主要风险	对相关方的影响	应对风险的措施
1.进料检验延误	可能导致生产中断或计划调整，严重时影响交货。	（1）要求进料物料送达后，8 小时内完成检验； （2）对于紧急物料，由采购部提前通知 IQC 优先检验。
2.进料检验误判	不合格流程产线，导致生产中断或返工。	（1）IQC 人员培训考核合格后方能上岗作业； （2）监督 IQC 人员严格依 SIP 要求作业； （3）检验设备定期维护及校验；正确标识，以防误用。

文件名称	进料检验管理程序	文件编号： SQ-SP-09	版本：A
编制部门	品管部	编制日期：2019.12.9	页码：2/4

6.作业内容

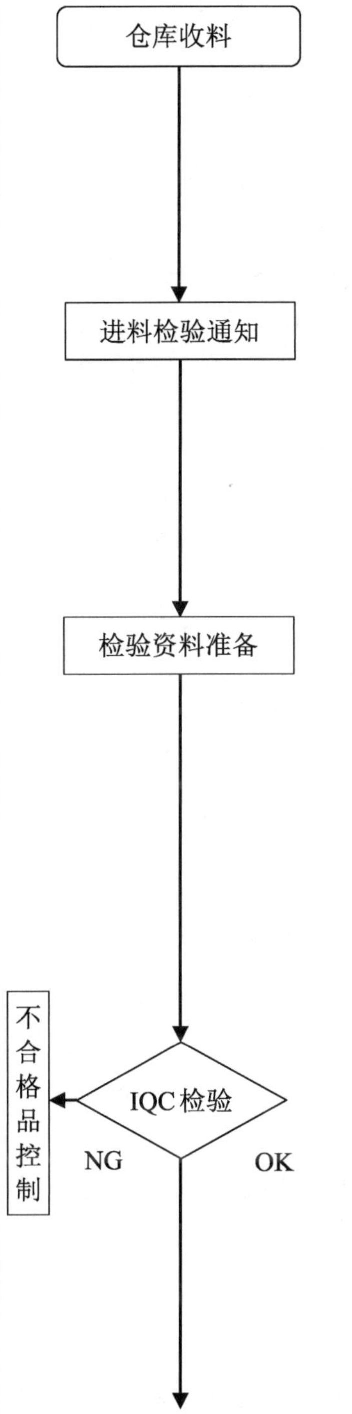

序号	作业流程	权责部门/人	作业要求	参考文件/使用表单
6.1	仓库收料	仓库	6.1.1 供应商交至本公司的原物料，需由收料区仓管员对其送货单的内容进行确认，包括供应商名称、规格、型号、数量、环保标识、物料标识等是否与《采购订单》要求内容相符。 6.1.2 仓管员确认无误后，在供应商送货单上签名、加盖收货章，同时将原物料放置在收料区，并放置“待检验”标识牌于该批物料上。	《采购订单》
6.2	进料检验通知	仓库	6.2.1 仓管员根据采购的原物料开出《外购料入库单》，外包的原物料开出《委外加工入库单》，通知 IQC 进行检验。 6.2.2 对于客供原物料仓管员确认无误后，则由仓管员开出《客供料入库单》通知 IQC 进行检验。 6.2.3 对于紧急物料，采购部需提前通知 IQC 优先检验。	《外购料入库单》 《委外加工入库单》 《客供料入库单》
6.3	检验资料准备	IQC	6.3 IQC 收到检验通知后，确认《外购料入库单》《委外加工入库单》或《其他入库单》的信息内容，准备相应的检验资料：《合格供应商一览表》、原物料承认及检验规范、工程图纸、样品、抽样计划、SIP 等。	《外购料入库单》 《委外加工入库单》 《客供料入库单》 《合格供应商一览表》
6.4	IQC检验（NG：不合格品控制；OK）	IQC	6.4.1 IQC 核对交货供应商是否为《合格供应商一览表》所列供应商。若未在列，暂时中止进料检验，开出进料《品质异常通知单》通知采购部办理紧急认可或特采处理。 6.4.2 IQC 对来料基本信息核对无误后，根据《进料检验规范》分别取样作环保/外观/尺寸/功能检测，取样的同时，用“检验中”标示牌对该批材料作标示。 6.4.3 检验结果记录于《进料检验报告》中。 6.4.4 IQC 依检验结果对原物料进行相应的处理。对不合格物料，按照《不合格品控制程序》执行。 6.4.5 所有的进料产品放行，必须符合进料生产地国家与顾客确定的目的国最新的适用法律、法规和其他要求。	《合格供应商一览表》 《进料检验规范》 《品质异常通知单》 《进料检验报告》 《不合格品控制程序》

文件名称	进料检验管理程序	文件编号： SQ-SP-09	版本：A
编制部门	品管部	编制日期：2019.12.9	页码：3/4

序号	作业流程	权责部门/人	作业要求	参考文件/使用表单
6.5	检验标识	IQC	6.5.1 检验合格的物料 IQC 于物料标签上加盖 PASS 章。IQC 保留测试样品，其余抽检样本整理后重新包装封箱，将“检验中”标示牌换成“检验合格品”标示牌。 6.5.2 最终处理结果为“退货”则由 IQC 加贴红色“不合格品标签”标示。 6.5.3 最终处理结果为“特采”或“挑选”则由 IQC 加贴黄色“特采标签”标示。具体依照《标识与可追溯性管理办法》执行。	《标识与可追溯性管理办法》
6.6	物料入库	IQC 仓管	6.6.1 检验完毕，在《外购料入库单》《委外加工入库单》或《客供料入库单》写明检验结果交还收料仓管人员。 6.6.2 仓管人员依检验判定结果及物料标识及时入库。	《外购料入库单》 《委外加工入库单》 《客供料入库单》
6.7	进料统计管理	IQC SQE	6.7.1 每日进料检验的结果由 IQC 按厂商及种类不同登入进料检验台账内。 6.7.2 每月由 IQC 对检验合格率进行汇总到品质月报。 6.7.3 SQE 对供应商每月交货质量进行统计排名，按不良批次排名前三位的供应商，要求其质量主管级以上人员来我司进行检讨，并由 SQE 对分析和改善对策进行追踪。	

7.附加说明

7.1 环保检验

IQC 依据《进料检验规范》对供应商来料送实验室进行有害物质测试，当测试异常时依《不合格品控制程序》进行相应处理。

7.2 外观检验

7.2.1 依零缺陷抽样计划进行抽样，抽样允收水平为 C=0。

7.2.2 依标准样品以及《外观检验与判定标准》进行外观检验。

7.3 尺寸检验

7.3.1 依工程图或检验规范中的重点尺寸进行测量，塑胶每批全模穴测量；五金素材/五金电镀/包材每批需取样作测量，测量结果记录于《进料检验报告》中。

7.3.2 电镀品的镀层膜厚每批送实验室检测。

7.4 功能检验

7.4.1 胶芯与外购端子需作试装配检验。

7.4.2 外购五金件及外发电镀品每批取 5PCS，外购成品每批需依检验范要求取 2PCS 送实验室作盐水喷雾测试，如果无法测试则需核对供应商提供的测试报告并归档备查。

文件名称	进料检验管理程序	文件编号：　SQ-SP-09	版本：A
编制部门	品管部	编制日期：2019.12.9	页码：4/4

7.5 对公司暂无能力检验的项目

可要求厂商提供检测报告，IQC 依厂商提供的合格检验报告视同合格处理，必要时可取样送有国家认可资质的外部机构检测。

7.6 检验时间要求

物料来料原则上 8 小时内完成检验，若为生产急料无法进行检验时，需求单位应提出“借料单”，由品管部经理裁示后方可借料，上线前 IQC 应加贴“特采标签”，并注明“急料未检”，知会组装 IPQC 进行随线检验，同时 IQC 人员应取样进行检验并跟踪物料质量状况。

7.7 检验环境要求

IQC 人员检验时需在 40W 的日光灯下进行，检验时检验室保持灯光明亮状态，室内温度保持在 5℃～26℃，湿度保持在 80%以内。

7.8 原物料环保的定期验证

品管部根据《有害物质管理程序》中对原物料及供应商风险程度的评价结果，确定环保材料对产品影响程度并结合“控制计划”的检验频率制定相应的外测送检方案，编制《HSF 物料/产品送检计划》，作为 HSF 物料送检的依据。

7.9 加严检验

7.9.1 因进料异常正处在纠正改善中的物料，前三批加严检验。

7.9.2 同种异常连续出现三批时，从下批来料时开始加严检验。

7.9.3 加严检验作业方式：检验的数量为正常检验数量的 2 倍，允收水准不变，直至三批进料合格后，恢复正常检验。

7.10 库存品的质量管制

若原物料有存贮期限规定的，当超过保存期限后，若要使用该原物料，则该原物料需由 IQC 进行检验，具体依照《仓储管理程序》执行。

7.11 进料重大异常处理

当发生重大来料异常时，SQE 通知供应商立即来我司检讨改善，并完成品质改善 8D 报告，SQE 负责跟进改善效果。

8.参考文件

8.1 《不合格品控制程序》

8.2 《标识与可追溯性管理办法》

8.3 《仓储管理程序》

8.4 《有害物质管理程序》

8.5 《进料检验规范》

8.6 《外观检验与判定标准》

9.使用表单

9.1 《采购订单》

9.2 《外购料入库单》

9.3 《委外加工入库单》

9.4 《客供料入库单》

9.5 《合格供应商一览表》

9.6 《品质异常通知单》

9.7 《进料检验报告》

文件范例【产品检验管理程序】

文件名称	产品检验管理程序	文件编号： SQ-SP-10	版本：A
编制部门	品管部	编制日期：2019.12.9	页码：1/4

1.目的

通过对产品各生产制程及最终产品的检验和控制，确保产品质量满足客户要求，特制定本程序。

2.适用范围

适用于本公司所有产品各生产制程及最终产品的检验和控制。

3.术语和定义

3.1 巡回检验：由 IPQC 对正处在制程中的部件、半成品抽取一定数量样品进行检验，以及生产异常处理后对相关质量特性的确认。

3.2 最终检验：由 FQC 对制程完工的成品抽取一定数量样品进行检验。

3.3 出货检验：由 OQC 对包装入库的成品进行标识及数量的确认。

4.职责

4.1 生产部：负责产品生产和各制程质量控制，并针对质量异常采取必要的措施改进。

4.2 品管部：负责各生产制程的首件确认、巡回检验，半成品、成品的最终检验和试验，以及出货检验。

5.过程管理图

（本过程相关联的 ISO 9001&IATF 16949 条款：8.6/8.6.1/8.6.2/8.6.3/8.6.6）

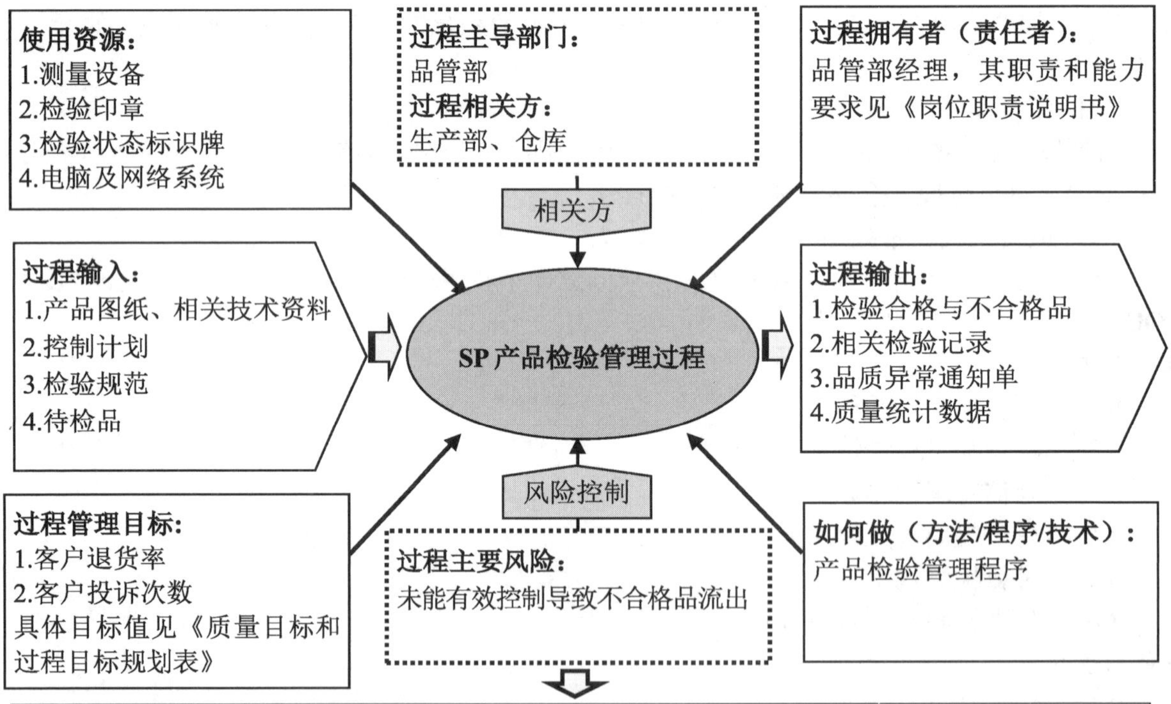

过程主要风险	对相关方的影响	应对风险的措施
未能有效控制导致不合格品流出	导致后工序返工/返修，若流出到顾客则导致顾客投诉或退货。	（1）生产制程中首件确认、员工自检和 QC 巡检； （2）制定各产品检验规范和抽样检验计划，外观全检、尺寸和性能抽样检验； （3）监督检验员按控制计划执行各阶段检验/试验，并保留相关检验和试验记录。

文件名称	产品检验管理程序	文件编号：SQ-SP-10	版本：A
编制部门	品管部	编制日期：2019.12.9	页码：2/4

6.作业内容

序号	作业流程	权责部门/人	作业要求	参考文件/使用表单
6.1	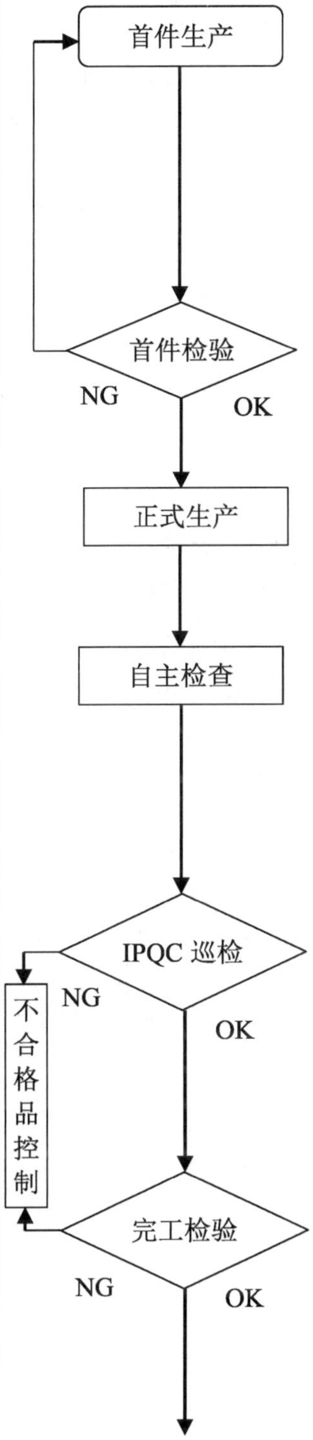	各生产车间	6.1.1 各生产车间依照《生产工单》在正式生产前先制作首件。 6.1.2 生产组长进行自主检验，确认合格后开出《首件检验记录表》并提供首件样品给IPQC。	《生产工单》 《首件检验记录表》
6.2		品管部IPQC	6.2.1 IPQC 对首件样品依据工程图面和标准样品进行结构核对。 6.2.2 依据品质检验规范、控制计划要求进行外观检验、尺寸测量及相关功能等项目测试。 6.2.3 全部检验合格后填写《首件检验记录表》，通知生产组长开始正式生产。 6.2.4 检验不合格时，开出《品质异常通知单》给责任单位进行分析改善，并重新制作首件。	《首件检验记录表》 《品质异常通知单》
6.3		各生产车间	6.3.1 各生产单位依据《生产工单》进行正式生产，并依照《生产制程管理程序》对生产制程实施控制。	《生产工单》 《生产制程管理程序》
6.4		各生产车间	6.4.1 生产作业员在作业过程中依照作业指导书进行自主检查，良品流入下一工站；将不良品放置入红色不良品盘内，若连续发现 3 件相同异常时报告给组长确认处理。	
6.5		IPQC	6.5.1 IPQC 依照工程图面、控制计划、品质检验规范中规定项目对每个工站每 2 小时进行巡回检验，并把检验结果记录于《IPQC 巡检记录表》。 6.5.2 IPQC 在巡回检验中，若发现异常立即开出《品质异常通知单》。 6.5.3 制程巡检中发现的不合格品依《不合格品控制程序》进行处理。	《IPQC 巡检记录表》 《品质异常通知单》 《不合格品控制程序》
6.6		品管检验员	6.6.1 产品生产完成后，品管检验人员依据作业指导书规定项目进行检验，并记录《完工检验记录表》。 6.6.2 制程检验中发现异常超过 3%以上开出《品质异常通知单》，不合格品依《不合格品控制程序》进行处理。 6.6.3 单一工站的不合格比率超3%时，产线必须停止生产，待问题纠正后方可恢复生产。	《完工检验记录表》 《品质异常通知单》 《不合格品控制程序》

文件名称	产品检验管理程序	文件编号：SQ-SP-10	版本：A
编制部门	品管部	编制日期：2019.12.9	页码：3/4

序号	作业流程	权责部门/人	作业要求	参考文件/使用表单
6.7	产品包装	各车间	6.7 各生产车间依据《产品包装规范》进行完工后的产品包装。	《产品包装规范》
6.8	最终检验（NG→不合格品控制；OK→）	品管部FQC	6.8.1 FQC 依照工程图面、品质检验规范要求事项对完工产品进行检验，并把检验结果记录于《FQC 检验记录表》。 6.8.2 检验合格后，在物料标签上盖上 PASS 章，检验不合格时在外箱贴上“不合格”标签。 6.8.3 最终检验中发现异常开出《品质异常通知单》，不合格品依据《不合格品控制程序》进行处理。	《FQC 检验记录表》 《品质异常通知单》 《不合格品控制程序》
6.9	产品入库	各车间	6.9 检验合格后，各车间物料员按合格品数量填写《产品入库单》进行入库作业。	《产品入库单》
6.10	出货准备	业务部 仓库	6.10.1 业务部提前一天在 ERP 系统中开出《出货单》给仓管人员备货。 6.10.2 仓管人员备货完成后在《出货单》上签字，再交给 OQC 人员通知出货检验。	《出货单》
6.11	出货检验（NG→不合格品控制；OK→）	品管部OQC	6.11.1 OQC 依据《出货单》和检验资料，核对品名规格、料号及相关标签是否正确，包装、唛头是否符合客户要求；标签黏性要良好，标签不能有卷角、脱落等不良现象；检验尾数箱数量是否短少。 6.11.2 依据客户资料核对出货产品是否符合要求，以及有要求随货附《出货检验报告》或其他报告，由 OQC 填写《出货检验报告》。 6.11.3 出货检验中发现异常开出《品质异常通知单》，不合格品依据《不合格品控制程序》进行处理。	《出货单》 《出货检验报告》 《品质异常通知单》 《不合格品控制程序》
6.12	出货	OQC 仓库	6.12.1 OQC 检验完毕，附齐相应资料后，将《出货单》签回给仓管人员。 6.12.2 仓管人员安排装车出货。	《出货单》

7.附加说明

7.1 首件检验数量

a）冲压首件检验样品数量：3 个冲程产品。

b）注塑首件检验样品数量：一整模产品。

c）组装首件检验样品数量：10pcs。

文件名称	产品检验管理程序	文件编号： SQ-SP-10	版本：A
编制部门	品管部	编制日期：2019.12.9	页码：4/4

7.2 全尺寸检验和功能试验

品管部必须按照 PPAP 提交要求进行全尺寸检验和功能试验，并针对汽车产品或客户特定要求之产品每年进行一次全尺寸检验和功能试验，该作业应依照控制计划中的规定、工程图面及性能标准，对所有产品尺寸进行测量和试验，测量和试验结果应保存记录，必要时提交业务转客户评审。

7.3 接收准则

对于计数型数据的抽样，其接收水平统一为零缺陷。

7.4 产品不符合及纠正措施的职责和权限

7.4.1 当生产中出现产品不符合或过程异常时，品管部有权通知生产车间停止生产或通知业务部停止发运以纠正质量问题。

7.4.2 品管部应及时将上述问题反馈给当班组长、主管、经理，必要时升级反馈到总经理，以便及时采取纠正或纠正措施，以确保避免将不合格品发运给客户，并确保所有潜在不合格品得到识别与控制，具体按《纠正与预防措施管理程序》执行。

7.5 制造过程的监视和测量

品管部和各生产车间应对所有新的制造（新产品试生产）进行过程研究，对计量型产品特殊特性应尽可能使用 SPC 方法进行研究，以验证过程能力，并为批量生产的过程控制提供附加的输入，具体参照 SPC 手册执行。

应保持由顾客 PPAP 要求所规定的制造过程能力或绩效。品管部负责验证已实施了过程流程图、PFMEA 和控制计划，包括遵守规定的：

a）测量技术；

b）抽样计划；

c）接收准则；

d）计量数据实际测量值和/或试验结果的记录；

e）当不满足接收准则时的反应计划和升级过程。

各工序作业员应在生产中记录重要的过程活动，如更换模治具、修理机器、更换材料等，并保留记录。

当发现统计能力不足或不稳定的特性时，品管部和各生产车间应启动控制计划中规定的反应计划，包括适当时的产品遏制和 100%检验。为确保过程变得稳定且有统计能力，各生产车间应制定并实施一份显示明确进度、时程安排和指派责任的纠正措施计划。当被要求时，此计划应由顾客评审和审批。

8.参考文件

8.1 《生产制程管理程序》

8.2 《不合格品控制程序》

8.3 《纠正与预防措施管理程序》

8.4 《产品检验规范》

8.5 《产品包装规范》

9.使用表单

略

8.7 不合格输出的控制

> **ISO 9001:2015，质量管理体系—要求**
> **8.7 不合格输出的控制**
> 8.7.1 组织应确保对不符合要求的输出进行识别和控制，以防止非预期的使用或交付。
> 组织应根据不合格的性质及其对产品和服务符合性的影响采取适当措施。这也适用于在产品交付之后，以及在服务提供期间或之后发现的不合格产品和服务。
> 组织应通过下列一种或几种途径处置不合格输出：
> a）纠正；
> b）隔离、限制、退货或暂停对产品和服务的提供；
> c）告知顾客；
> d）获得让步接收的授权。
> 对不合格输出进行纠正之后应验证其是否符合要求。
> 8.7.2 组织应保留下列成文信息：
> a）描述不合格；
> b）描述所采取的措施；
> c）描述获得的让步；
> d）识别处置不合格的授权。

【目的和意图】

本条款是对不合格的输出的控制要求。其意图是组织应对过程输出中的不合格进行识别，实施控制和处置，防止它们被不正确地使用和交付，并及时对其采取措施，以降低影响、增强顾客满意。

【理解和实施要点】

对于有形产品而言，本条款就是要求对不合格品的控制。

——不合格品是指未满足要求的产品，包括材料的不合格品、制造过程中的不合格品、最终产品的不合格品、顾客退回的不合格品等。

——组织应建立并实施不合格品控制程序，以防止不合格品非预期的使用或交付。应规定对各类不合格品的标识、隔离、记录、评审、处置的责任和权限。

——不合格品处置的途径：

a）采取措施纠正不合格；如对不合格品的返工、返修。

b）采取措施防止其非预期的使用或交付；如标识、隔离、限制、退货或暂停对产品的提供、报废。为防止不合格品非预期的使用，可能需要屏蔽或上锁。

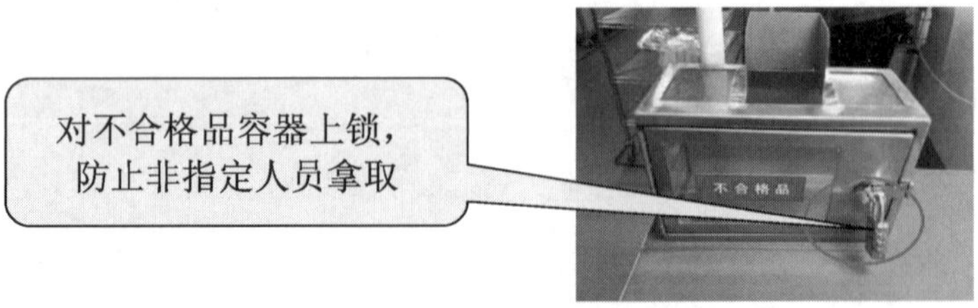

c）将不合格情况通知顾客，包括不合格的性质和数量。

d）经有关授权人员批准，适用时经顾客批准，让步使用、放行或接收不合格品；如降级使用、特采等。

——不合格品的控制要点：

a）应对不合格品进行评审以决定处置的方法。通常，一般不合格直接授权质量部门评审，重大不合格时由质量、工程、采购、生产等组成小组来共同评审。评审的方式可以是签署意见，也可以召开小组会议，要看不合格的性质及其影响。

b）在不合格品得到纠正之后对其再次进行验证，并保留再验证的记录，以证实符合要求。

c）应保持不合格的性质和数量以及其后所采取措施的记录。

d）应保持获得的让步及批准处置不合格的授权的记录。

e）当在交付或开始使用后发现产品不合格时，组织应采取与不合格的影响或潜在影响的程度相适应的措施。如及时召开发布会、全部召回、定点维修或定点更换等。

IATF 16949:2016 的补充和特别要求

8.7.1.1 顾客的让步授权

无论何时，当产品或制造过程与当前批准的不同时，组织在进一步加工之前应获得顾客的让步或对偏离的许可。

组织应在进一步加工之前，获得顾客对不合格品“照现状使用”和返工处置的授权。如果在制造过程中有子部件的再使用，应在让步或偏离许可中向顾客清楚传达该子部件的再使用。

组织应保持有效期限或让步授权数量方面的记录。当授权期满时，组织还应确保原有的或接替的规范与要求的符合性。让步的物料装运时，应在每个发运集装箱上做适当的标识（此要求同样适用于采购的产品）。在提交给顾客之前，组织应批准由供应商所提出的请求。

IATF 16949:2016—认可解释（SI-9）对本条款中的“返工”改为“返修”并删除了“处置”，原文如下：

编号	IATF 16949 参照	认可解释
9	8.7.1.1 顾客的让步授权	组织应在进一步加工之前，获得顾客对不合格品“照现状使用”和返修（见8.7.1.5）~~处置~~的授权。如果在制造过程中有子部件的再使用，应在让步或偏离许可中向顾客清楚传达该子部件的再使用。 ***改变的原理：*** *明确要求并消除关于顾客批准返工的矛盾。*

【理解和实施要点】

本条款是针对顾客让步授权的要求，应注意以下几点：

——无论是材料，还是生产加工过程中或最终产品，当产品或制造过程与当前批准（即生产件批准 PPAP）的不同时，组织在进一步加工之前应获得顾客的让步或对偏离的许可。

让步是对使用或放行不符合规定要求的产品的许可。通常，让步仅限于在规定的时间或数量内及特定的用途，对含有限定的不合格特性的产品的交付。

偏离许可是在产品实现前，对偏离原规定要求的许可。偏离许可通常是在限定的产品数量或期限内并针对特定的用途。

让步是在产品实现后，偏离许可是在产品实现前，这是两者的主要区别。

——组织在对不合格品进一步加工之前，应获得顾客对不合格品“照现状使用”和返修的授权。如果在制造过程中有子部件的再使用（某些组件不合格但其中的一些零件还是合格的，可以再使用），应在让步或偏离许可中向顾客清楚传达该子部件的再使用。

——顾客让步或偏离许可是有数量或时间限制的，组织应保持有效期限或让步授权数量方面的记录。

——当授权期满时，组织应采取措施确保产品和过程与原有要求的符合性。

——让步的物料装运时，应在每个发运集装箱上（或外包装上）做适当的标识（此要求同样适用于采购的产品），便于后续过程的识别、关注和追溯。

——如果是供应商提出的让步或偏离许可，组织应在评审和批准供应商所提出的请求后，再提交给顾客批准。

IATF 16949:2016 的补充和特别要求

8.7.1.2 不合格品控制—顾客规定的过程

组织应遵守顾客规定的适用的不合格品控制。

8.7.1.3 可疑产品的控制

组织应确保处于未经标识或可疑状态下的产品被归类为不合格品进行控制。组织应确保所有适当的制造人员都接受了关于可疑产品和不合格品遏制的培训。

【理解和实施要点】

8.7.1.2 条是强调如果顾客有规定对不合格品控制的方法，组织应遵守顾客规定的适用的不合格品控制。此条应考虑顾客对不合格品控制的特定要求，如通用汽车“BIQS-1 不合格材料与材料标识”的要求。

8.7.1.3 条强调对处于未经标识或可疑状态下的产品被归类为不合格品进行控制。对于组织来说，出于预防的目的，应尽可能避免出现可疑产品。因此，应对所有制造人员进行关于可疑产品和不合格品遏制的培训。例如，适用的培训应考虑有关特殊特性认识、与不合格产品控制相关的顾客指定要求、产品安全、升级过程、存储区域和相关角色及职责。

IATF 16949:2016 的补充和特别要求

8.7.1.4 返工产品的控制

组织应在决定对产品进行返工之前，利用风险分析（如 FMEA）方法来评估返工过程中的风险。如顾客有所要求，组织应在开始产品返工之前获得顾客批准。

组织应有一个形成文件的符合控制计划的返工确认过程，或者其它形成文件的相关信息，用于验证对原始规范的符合性。

包含了重新检验和可追溯性要求的拆卸或返工指导书，应易于被适当的人员取得和使用。

组织应保留与返工产品处置有关的形成文件的信息，包括数量、处置、处置日期及适用的可追溯性信息。

8.7.1.5 返修产品的控制

组织应在决定对产品进行返修之前，利用风险分析（如 FMEA）方法来评估返修过程中的风险。组织应在开始产品返修之前获得顾客批准。

组织应有一个形成文件的符合控制计划的返修确认过程，或者其它形成文件的相关信息。

包含了重新检验和可追溯性要求的拆卸或返修指导书，应易于被适当的人员取得和使用。

组织应获得顾客对待返修产品的形成文件的让步授权。

组织应保留与返修产品处置有关的形成文件的信息，包括数量、处置、处置日期及适用的可追溯性信息。

【理解和实施要点】

我们先熟悉一下返工和返修这两个概念：

——返工是为使不合格产品符合要求而对其采取的措施，返工是为了符合要求，所以返工后要验证返工产品对原始规范的符合性。

——返修是为使不合格产品满足预期用途而对其采取的措施，返修是为了满足预期用途，不合格的产品的成功返修未必能使产品符合要求，所以返修后可能需要连同让步。

比较上述两个条款的要求后你会发现，对返工和返修的要求大部分是相同的，区别在于返修在开始之前需要获得顾客批准和获得顾客对待返修产品的书面让步授权。而返工是在顾客有所要求时，才需要获得顾客批准，返工后的产品经验证是符合原始规范要求的，所以不需要顾客让步授权。

以下为返工和返修的控制流程。

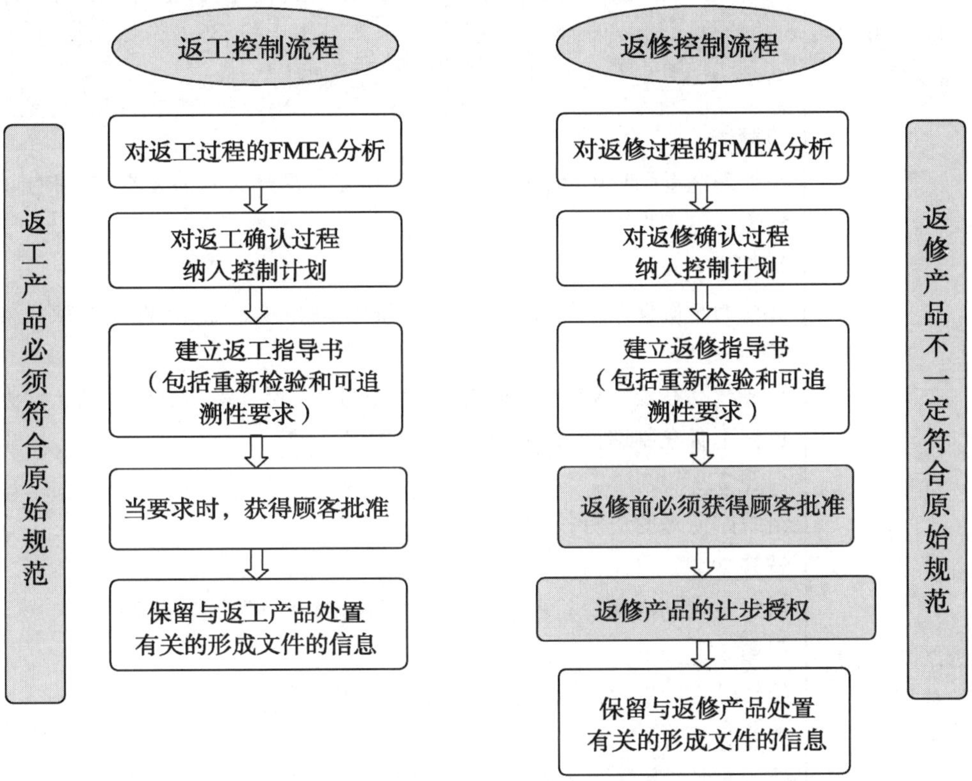

IATF 16949:2016 的补充和特别要求

8.7.1.6 顾客通知

当不合格品被发运时，组织应立刻通知顾客。初始通知应随附事件的详细文件。

8.7.1.7 不合格品的处置

组织应有一个形成文件的过程，用于不进行返工或返修的不合格品的处置。对于不符合要求的产品，组织应验证待报废产品在废弃之前已被变得无用。

若无顾客提前批准，组织不得将不合格品用于服务或其它用途。

【理解和实施要点】

8.7.1.6 条款要求当不合格品被发运时，组织应立刻通知顾客。初始通知应随附事件的详细文件，包括不合格的性质、范围、数量等。

8.7.1.7 条款是对不合格品的报废处置，对于不能返工或返修的产品，通常需要进行报废处置，报废是为避免不合格产品原有的预期使用而对其所采取的措施，如回收、销毁。

对待报废的产品在废弃之前应验证其已被变得无用，目的是防止报废产品被用作其他用途，通常在报废品处置前将其破坏。

对于任何不合格品，若无顾客提前批准，组织不得将不合格品用于服务（如售后市场）或其他用途。

IATF 16949:2016—常见问题解答（FAQ-11）回答了关于不合格品处置的问题，内容如下：

编号	IATF 16949 参照	问题和答案
11	**8.7.1.7 不合格品的处置**	**问题 1：** 在处理之前“认定为不可用”的意图和要求是什么？需要在何时何地将产品“认定为不可用”？ **解答 1：** 其目的是确保产品无法进入非官方的售后市场、进入公路用车或意外运送给顾客。 只要产品在最终处置之前被宣布为不可用，那么将不合格产品认定为不可用的过程不必在制造区域中发生。 **问题 2：** 组织如何对此进行控制？ **解答 2：** 组织负责制定和执行不合格产品的处理过程并验证其有效性。 **问题 3：** 组织是否可以使用服务提供商来认定产品不可用？ **解答 3：** 是的，将产品认定为不可用的过程可以外包给一家服务提供商。如果使用服务提供商，组织需要批准并定期验证供应商如何认定产品为不可用。 **问题 4：** 不合格产品处置是否仅适用于最终产品，还是也适用于组件/部件装配？ **解答 4：** 该要求适用于已通过零件审批过程且组织正向顾客运送的产品。 **问题 5：** 对于认定不可用，需要多大程度地损坏不合格产品？ **解答 5：** 不合格产品需要认定为不可用和不可修复。不需要将产品粉碎或粉碎成许多块。

【实施建议和应用案例】

针对 8.7 不合格品的控制可建立不合格品控制程序、返工/返修作业指导书、不合格品报废规定等适当的文件。下面的文件范例仅供参考。

文件范例【不合格品控制程序】

文件名称	不合格品控制程序	文件编号：　SQ-SP-11	版本：A
编制部门	品管部	编制日期：2019.12.9	页码：1/4

1.目的

为规范不合格品的控制，确保产品质量、环保符合标准及客户的要求，避免不合格品的非预期使用和交付，并防止不合格现象重复发生，特制定本程序。

2.适用范围

适用于对原材料、半成品、成品及交付后的产品发生的不合格之管控。

3.术语和定义

3.1 MRB：即物料评审委员会，是针对所有检验阶段（包括进料检验、制程检验、出货检验以及客退的产品）发现品质异常时对其进行评审的跨功能小组。MRB 成员一般由品管部、生产部、业务部和采购部等部门人员组成。

4.职责

4.1 品管部：负责对进料检验、制程抽检、OQC 抽检中发现的不合格品的标识、隔离、记录和启动 MRB 评审。

4.2 各生产车间：负责对产线不合格品的标识、隔离、记录以及参与不合格品的评审。

4.3 各相关部门：负责参与不合格品的评审及不合格品相关的处置活动。

5.过程管理图

（本过程相关联的 ISO 9001&IATF 16949 条款：8.7/8.7.1.1～8.7.1.7/10.2.6）

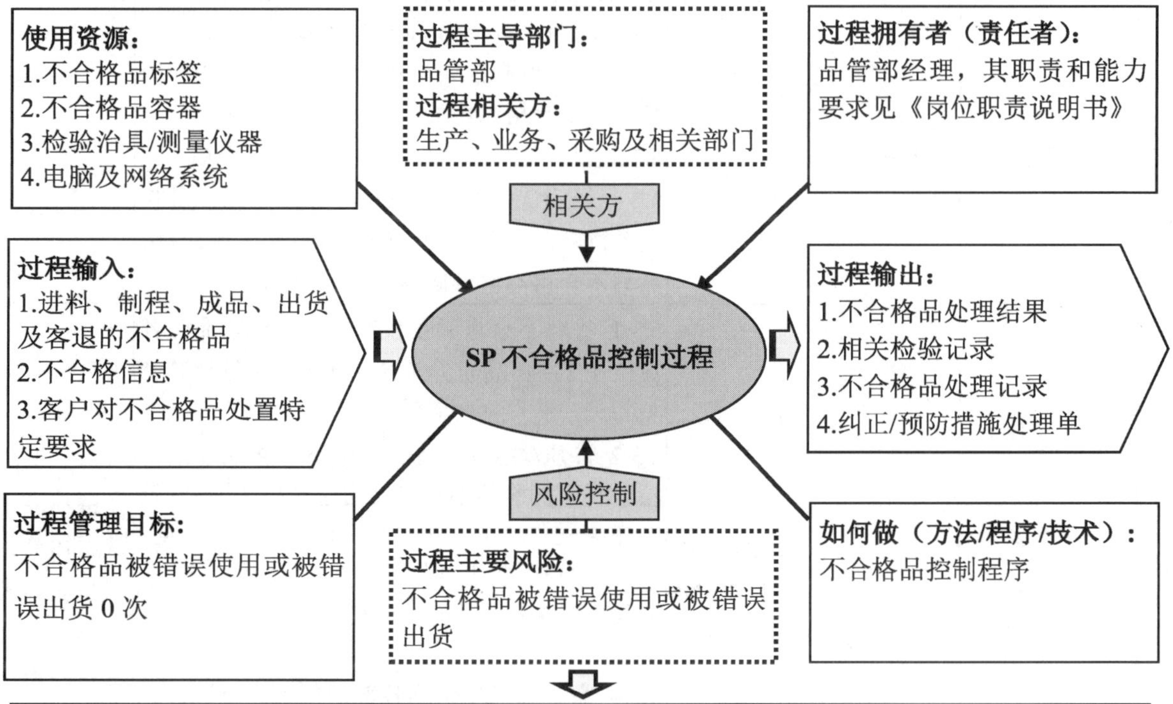

过程主要风险	对相关方的影响	应对风险的措施
不合格品被错误使用或被错误出货	导致后工序返工/返修，若被错误流出到客户则导致顾客投诉或退货。	（1）对发生的不合格品进行标识、隔离的要求； （2）记录不合格品的性质和数量； （3）对不合格品进行评审并及时做出处置决定； （4）制定不合格品返工/返修指导书，并在返工/返修后重新检验合格方可转序或出货。

文件名称	不合格品控制程序	文件编号：SQ-SP-11	版本：A
编制部门	品管部	编制日期：2019.12.9	页码：2/4

6.作业内容

序号	作业流程	权责部门/人	作业要求	参考文件/使用表单
6.1	不合格品标识 ↓	品管部 各车间	6.1.1 进料检验判定不合格品时，IQC 将不合格品贴上“不合格品标签”，并开出《进料品质异常通知单》。 6.1.2 各生产制程首件/巡检发现的不合格品，IPQC 将不合格品进行隔离和贴上“不合格品标签”，并开出《品质异常通知单》。 6.1.3 产线发现的不合格品分类放置于不良品容器内。 6.1.4 最终及出货检验发现的不合格品，检验人员将不合格品贴上“不合格品标签”，并填写《品质异常通知单》。 6.1.5 客户退货不合格品，由 OQC 人员对退货品贴上“不合格品标签”，并开出《客户退货处理单》。	《进料品质异常通知单》 《品质异常通知单》 《客户退货处理单》
6.2	不合格品确认/隔离 ↓	品管部 各车间	6.2.1 进料不合格品由 SQE 进行确认； 6.2.2 各生产制程中不合格品及最终检验和出货检验不合格品由 QC 主管进行确认； 6.2.3 客户退货不合格品由 QE 进行确认； 6.2.4 经确认的不合格品由 QC 人员通知各相关单位将之放置于规划的不合格品区域，合格品与不合格品必须隔离，防止误用。	
6.3	MRB 评审 ↓	生产/工程/采购/品管/业务	6.3.1 进料不合格品由生产/工程/采购/品管各单位在《进料品质异常通知单》中进行会签意见。 6.3.2 冲压/注塑/组装制程中不合格品及最终检验和出货检验不合格品由生产/工程/品管及责任单位在《品质异常通知单》中会签意见。 6.3.3 客户退货不合格品由生产/工程/品管/业务及责任单位在《客户退货处理单》中会签意见。 6.3.4 品管部经理依据各部门判定意见进行综合分析，最后裁决退货、挑选、返工/返修、特采或报废。 6.3.5 因生产需要特采，由需求单位提出，验证后方可实施，汽车产品的特采必须交由业务向客户提出申请并获得认可。	《进料品质异常通知单》 《品质异常通知单》 《客户退货处理单》

文件名称	不合格品控制程序	文件编号： SQ-SP-11	版本：A
编制部门	品管部	编制日期：2019.12.9	页码：3/4

序号	作业流程	权责部门/人	作业要求	参考文件/使用表单
6.4	不合格品处置	生产部 采购部 品管部	6.4.1 进料/生产制程/最终及出货检验不合格品依据裁决结果进行处置： **a）退货：**属于供应商责任的外购件/外协件退货由采购开《退货单》通知供应商进行退回处理； **b）挑选：**责任是供应商时，由采购通知供应商派人员来公司挑选或由生产部门安排人员对不合格品进行挑选；责任是厂内时，由生产部门自行安排挑选处理； **c）报废：**制程中的不合格品报废，由生产部门开《报废单》给上级进行核准后进行报废处理； **d）特采：**由 QC 人员贴上黄色“特采标签”后方可转移到下一流程；特采的物料/半成品/成品，品管部需追踪后工序的使用情况及客户的反馈。 **e）返工/返修：**依照《返工/返修管理办法》执行相关作业。 6.4.2 客户退货不合格品依据 MRB 裁决结果进行处置，由计划员下返工/返修指令给责任部门安排人员对不合格品进行挑选或返工/返修；返工/返修依照《返工/返修管理办法》执行相关作业。 6.4.3 所有挑选或返工/返修完成后产品，需进行正常测试与检验，并由 QC 检验合格方可允收，同时将不良数据记录于《返工/返修记录表》。	《退货单》 《报废单》 《返工/返修管理办法》 《返工/返修记录表》
6.5	纠正/预防措施	SQE 责任部门	6.5.1 当发生外购件/外协件退货，由 SQE 将《进料品质异常通知单》发给供应商提出改善对策。 6.5.2 制程批量不良、报废或功能性不良时，责任部门需要以《品质异常通知单》回复纠正与预防措施，纠正与预防措施依照《纠正与预防措施管理程序》执行。	《进料品质异常通知单》 《品质异常通知单》 《纠正与预防措施管理程序》

7.附加说明

7.1 可疑产品的控制

7.1.1 标识不明、存储过期或使用不合格仪器检验的产品或材料，应归为不合格品，并按不合格品进行控制。

文件名称	不合格品控制程序	文件编号： SQ-SP-11	版本：A
编制部门	品管部	编制日期：2019.12.9	页码：4/4

7.1.2 当发现检测仪器失效时，应追溯之前检测产品的符合性，直至未发现不合格品为止。

7.1.3 当生产异常或 IPQC 发现不合格品时应追溯之前所生产产品的符合性。

7.2 返工/返修产品的控制

7.2.1 品管部在决定对产品进行返工/返修之前，应组织相关部门利用风险分析方法来评估返工/返修过程中的风险。如客户有所要求，应在开始产品返工/返修之前获得客户批准。如果返修可能影响到产品功能、性能、可靠性时，必须事先得到客户的书面许可。

7.2.2 品管部协同生产部门制定有特殊返工要求产品的返工/返修作业指导书，这些指导书发给返工人员使用。所有经过返工/返修的产品在外观上不得有明显可见的返工/返修痕迹，除非是事先已获得客户的认可或批准。

7.2.3 品管部负责对返工/返修后的产品按原有控制计划规定的特性项目进行检验和试验，以确保满足产品质量要求。

7.2.4 应保留与返工/返修产品处置有关的记录，包括数量、处置、处置日期及适用的可追溯性信息。

7.3 客户通知

一旦发现不合格品被发运，品管部应通知业务部立即告知客户，并视不合格的影响与客户协商采取相应的措施。初始通知应随附事件的详细文件。

7.4 不合格品的处置

7.4.1 若无客户提前批准，公司不得将不合格品用于服务或其他用途。

7.4.2 当不合格品判为报废时，由生产部门开《报废单》给上级进行核准后进行报废处理；报废品送入仓库存放，并定期将不合格品破坏后当废弃品售卖，防止非预期使用。

7.5 客户特许

当产品或制造过程不符合客户要求时，在继续生产之前，应获得客户的让步或偏离许可，品管部应保持授权的期限或数量方面的记录，当授权期满时，还应确保符合原有的或替代的规范和要求，经授权的产品出货时，在每一包装上做恰当的标识。

8.参考文件

8.1 《纠正与预防措施管理程序》

8.2 《返工/返修管理办法》

9.使用表单

9.1 《进料品质异常通知单》

9.2 《品质异常通知单》

9.3 《客户退货处理单》

9.4 《退货单》

9.5 《报废单》

9.6 《返工/返修记录表》

第九节　标准第 9 章【绩效评价】的理解、实施及应用案例

第 9 章【绩效评价】是 PDCA 管理循环中的 C（检查）阶段，目的是评价质量管理体系的绩效和有效性，并寻求改进的机会。本章分三个部分：9.1 包括对监视、测量、分析和评价的策划（9.1.1），监视和评审顾客满意度（9.1.2），并实施分析和评价（9.1.3）；9.2 是通过内部审核确定质量管理体系的符合性和有效性；9.3 是通过管理评审以确保质量管理体系持续的保持适宜性、充分性和有效性，并与组织的战略方向一致。

第 9 章条款结构如下：

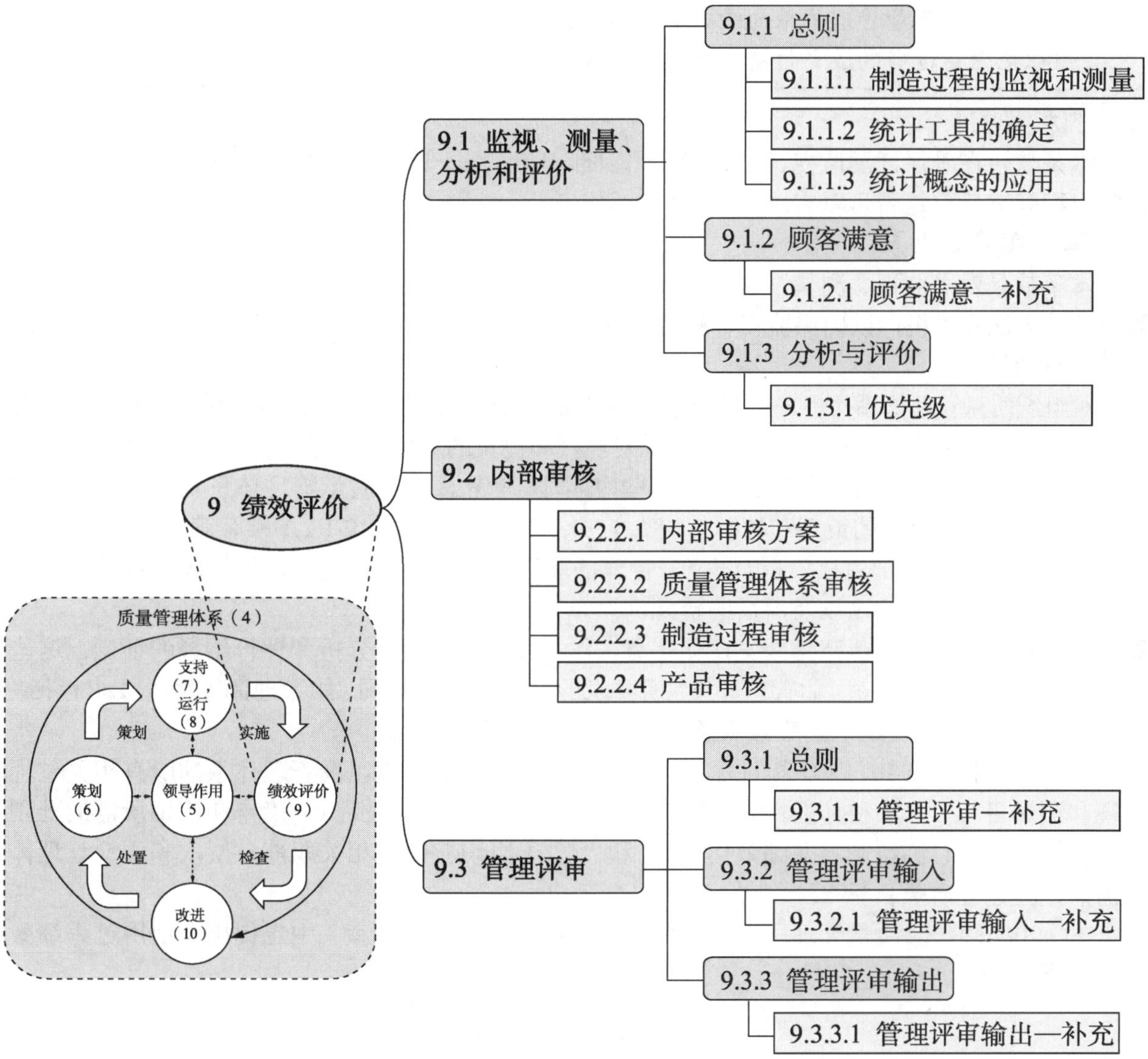

9 绩效评价

9.1 监视、测量、分析和评价

> **ISO 9001:2015，质量管理体系—要求**
>
> **9.1.1 总则**
>
> 组织应确定：
>
> a）需要监视和测量什么；
>
> b）需要用什么方法进行监视、测量、分析和评价，以确保结果有效；
>
> c）何时实施监视和测量；
>
> d）何时对监视和测量的结果进行分析和评价。
>
> 组织应评价质量管理体系的绩效和有效性。
>
> 组织应保留适当的成文信息，以作为结果的证据。

【目的和意图】

本条款旨在确保开展监视、测量、分析和评价活动，用于评价质量管理体系的绩效和有效性，以使组织能够确定是否可以实现所期望的结果。

【理解和实施要点】

本条款是对“监视、测量、分析和评价”的总体要求，组织应策划监视、测量、分析和评价的对象、方法和时机，以确保监视、测量、分析和评价活动的有效性，并用于评价质量管理体系绩效和有效性。

对组织质量管理体系而言，监视和测量的对象可包括产品和服务、过程、供应商绩效、顾客满意度、体系运行绩效、经营绩效等。本条款对监视和测量的对象并没有明确，也没给出具体的监视和测量的方法，组织在决定要监视和测量哪些内容时，应考虑“4.4 质量管理体系及其过程”“6.2.1 质量目标”“8.1 运行的策划和控制”“8.4.2.4 供应商监视”“9.1.2.1 顾客满意—补充”“9.1.3 分析与评价”“9.2 内部审核”以及“9.3 管理评审”的相关要求。然后，组织应确定开展监视、测量、分析和评价的方法以及所需的资源。

组织还应决定需要保留哪些文件化信息，作为监视、测量、分析和评价结果的证据。这些文件化信息通常与其他条款（如管理评审）所要求的文件化信息相同，如管理评审输入要求包括“外部供方的绩效”，那么组织就应该保留外部供方绩效的信息。

组织应根据其方针、战略和目标，策划公司层级和职能层级以及管理体系的所有相关过程的监视和测量目标、方法和时机。可参见“4.4 质量管理体系及其过程 c）确定和应用所需的准则和方法（包括监视、测量和相关绩效指标）”和“6.2.1 组织应针对相关职能、层次和质量管理体系所需的过程建立质量目标”。

ISO 9004:2018《质量管理—组织质量—对实现持续成功的指南》中也提出了使用过程绩效指标的步骤，如下：

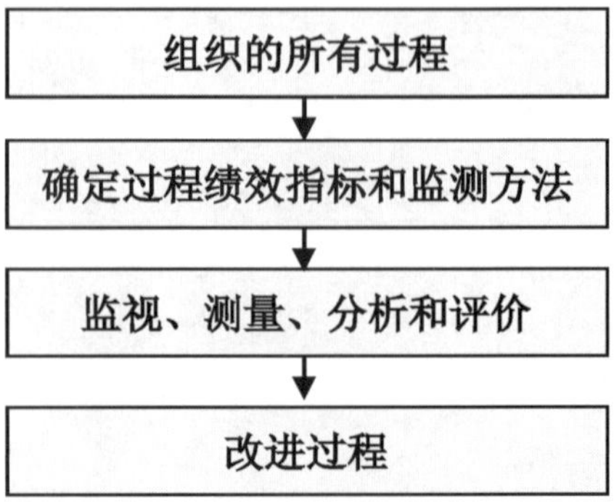

对于何时对监视和测量的结果进行分析和评价，可结合“9.1.3 分析和评价”的要求进行策

划和规定。

以下是某企业生产部门对过程目标监视、测量、分析与评价的策划示例，仅为参考。

部门	主导的过程	目标和指标	计算方法	统计评价周期	数据统计和提供部门	数据分析和改进部门
生产部	COP 生产管理过程	订单按时达成率≥100%	按计划准时完成订单数/计划生产总订单数×100%	每月	业务部	生产部
		制程合格率≥99.5%	当月总良品数/当月生产总数×100%　按生产总件数和良品总件数统计	每月	品管部	生产部
		成品检验合格率 100%	成品检验合格批数/成品检验总批数×100%	每月	品管部	生产部
		生产报废率≤0.2%	生产报废数÷投入生产总数×100%，以报废损失单统计	每月	品管部 财务部	生产部
	SP 生产设备管理过程	MTTR（平均维修时间）≤1 小时	设备故障停机时间总和÷设备维修次数	每月	生产部	生产部
		OEE（设备综合效率）≥80%	根据《设备综合效率 OEE 统计表》进行统计，取平均值	每月	生产部	生产部

IATF 16949:2016 的补充和特别要求

9.1.1.1 制造过程的监视和测量

组织应对所有新的制造（包括装配或排序）进行过程研究，以验证过程能力，并为过程控制提供附加的输入，包括有特殊特性的过程。

注：在一些制造过程中，可能无法通过过程能力证实产品的符合性。对于这些过程，可采用替代方法，如：批次对规范的符合性。

组织应保持由顾客零件批准过程要求所规定的制造过程能力或绩效。组织应验证已实施了过程流程图、PFMEA 和控制计划，包括遵守规定的：

a）测量技术；

b）抽样计划；

c）接收准则；

d）计量数据实际测量值和/或试验结果的记录；

e）当不满足接收准则时的反应计划和升级过程。

应记录重要的过程活动，如更换工具或修理机器等，并将其当作形成文件的信息予以保留。

组织应对统计能力不足或不稳定的特性启动已在控制计划中标识，并且经过规范符合性影响评价的反应计划。这些反应计划应包括适当时的产品遏制和 100%检验。为确保过程变得稳定且有统计能力，组织应制定并实施一份显示明确进度、时程安排和指派责任的纠正措施计划。当被要求时，此计划应由顾客评审和审批。

组织应保持过程变更生效日期的记录。

【目的和意图】

本条款旨在强化对制造过程的过程能力验证和持续保持所要求的过程能力或绩效。

【理解和实施要点】

本条款要求组织应对所有新的制造过程进行过程研究，新的制造过程可能是新产品的试产，也可能是新工艺、新设备、新的生产线或装配线，用以验证这些新的制造过程的过程能力是否满足要求，特别是包括有特殊特性的过程。通过过程能力研究，分析过程变异的主要影响因素

（4M1E），从而为量产过程控制提供附加的输入。

过程能力研究也是 PPAP 的要求，对于新产品的制造过程，本条款可结合 APQP 的试生产阶段来实施，并使用试生产控制计划中规定的统计技术。

在一些制造过程中，可能无法通过过程能力证实产品的符合性。比如染色、电镀、热处理、油漆生产等，对于这些过程，可采用替代方法，如：批次合格率。

——组织应保持顾客生产件批准过程要求中规定的制造过程能力或绩效。通常在量产之前需提交 PPAP，当组织提交的 PPAP 获得顾客批准后，必须执行 PPAP 中所规定的过程能力。顾客可能会对过程能力提出更高的要求，比如 CPK 要达到 1.5 以上而不仅是 1.33，那么组织必须按此要求执行。如果不能达到，应与顾客协商达成一致的办法。

组织应验证是否按过程流程图、PFMEA 和控制计划实施，包括是否遵守了控制计划中规定的测量技术、抽样计划、接收准则、计量数据实际测量值和/或试验结果的记录、未满足接受准则时的反应计划和升级过程。验证方法可以是作业准备验证、巡检检查、分层过程审核、制造过程审核等方式。

当产品或过程不符合规范时应启动控制计划中规定的反应计划，反应计划的方法可能包括：返工/返修、停机处理、调整参数、通知相关负责人、改变作业方式、工装维修、100%检验、问题升级等。

——组织应确保过程流程图和控制计划被执行，对于一些重要事件，如材料更换、人员换班、更换工装、机器维修等应做记录，以便于控制图出现异常时的分析。如果过程发生更改，应保持过程更改生效日期的记录。

——当使用控制图显示特性不稳定或统计过程能力不足时，组织应启动控制计划中的反应计划，包括适当时的产品遏制和 100%检验。为确保过程变得稳定且有统计能力，组织应制订纠正措施计划，并明确时间进度、时程安排和责任要求。当顾客要求时，此计划应由顾客评审和审批。

本条款提到升级过程，就是根据产品不符合的严重程度及其影响进行升级，以下供参考。

内部质量问题事态升级流程			
层级/主责	问题等级和影响	升级行动	可能输出
0 级 检验员	C 级质量缺陷，仅对一般外观或舒适性有影响，非批量问题，不良率在目标控制范围内。	巡检反馈给当班生产组长，并要求工艺调机改善。	《巡检日报表》 《参数调节记录与品质反馈记录》
1 级 质量领班	C 级质量缺陷，仅对一般外观或舒适性有影响，但产生了批量问题，不良率超出了目标值。	质量领班确认后要求停机改善或下机修模，后工序追查和围堵。	《异常改善记录》 《修模单》
2 级 质量主管	B 级质量缺陷，影响功能/性能或安装，非批量事件。	质量主管确认，停止生产，后工序追查和围堵；找出原因和解决方案，必要时跨功能小组会议分析。	《异常改善记录》 8D 报告
3 级 质量经理	B 级质量缺陷，影响功能/性能或安装，批量事件。	质量经理确认，停止生产，后工序追查和围堵，必要时通报顾客；找出原因和解决方案，必要时跨功能小组会议分析。	《异常改善记录》 8D 报告
4 级 公司高层/顾客	A 级质量缺陷，影响安全或不符合法规，批量或非批量事件。	质量经理确认后汇报高层，停止生产，后工序追查和围堵，及时通报顾客；立即找出原因和解决方案，跨功能小组会议分析。	《异常改善记录》 8D 报告

【实施建议和应用案例】

本条款的实施可以在 APQP 管理过程和生产制造管理过程中体现。

> **IATF 16949:2016 的补充和特别要求**
> **9.1.1.2 统计工具的确定**
> 组织应确定统计工具的恰当使用。组织应验证产品质量先期策划（或等效策划）过程中包含了适当的统计工具，作为策划的一部分，并且适当的统计工具还包含在设计风险分析（如 DFMEA）（适用时）、过程风险分析（如 PFMEA）和控制计划中。

【理解和实施要点】

本条款要求组织在产品质量先期策划中确定所适用的统计工具，并在设计风险分析（如 DFMEA）、过程风险分析（如 PFMEA）和控制计划中包含这些统计工具的应用，使其发挥管理和控制的作用。

组织应将统计工具运用至基层班组，这是质量成功一个至关重要的因素。如果统计工具只掌握在中层干部或工程师手中是不能发挥其有效作用的，因为中层干部或工程师不是很贴近生产现场，从而不能第一时间得到现场的数据加以即时分析和改进。

——统计工具适当时可包括以下方面的应用：

a）用于产品开发的统计方法；如回归分析、实验设计（DOE）、权衡曲线等；

b）用于进料分析的统计方法；如柱状图、柏拉图、抽样计划等；

c）用于产品特性和过程特性验证或控制的统计方法；如直方图、控制图、过程能力研究、变差分析、散步图等；

d）用于现场分析的统计方法；如推移图、柏拉图、置信度分析等；

e）基于统计方法的测量系统分析（MSA）。

> **IATF 16949:2016 的补充和特别要求**
> **9.1.1.3 统计概念的应用**
> 从事统计数据收集、分析和管理的员工应了解和使用统计概念，例如：变差、控制（稳定性）、过程能力和过度调整后果。

【理解和实施要点】

在之前的 ISO/TS16949 标准中，要求在整个组织内的人员都要了解基础统计概念知识，这在实际执行中是难以实现的，有些人员可能不必要了解统计概念，比如那些与产品生产和质量没有直接相关的人员。所以，本标准仅要求从事统计数据收集、分析和管理的员工应了解和使用统计概念。

——基础统计概念知识包括：

- 什么是变差？
- 什么是常态分布？
- 特殊原因的变差（可查明原因的变差）和普通原因的变差（受控状态下的变差）；
- 过程稳定性；
- 过程能力；
- 过度调整（把每一个偏离目标的值当作过程中特殊原因处理的做法）；
- 标准差与控制图；
- 其他。

——组织在制定培训计划时，必须考虑对从事统计数据收集、分析和管理的员工安排适当的基础统计概念知识的培训，使其能理解并熟练地使用基础统计概念知识，这对组织质量控制能力的提高是很有作用的。关于统计概念的理解和应用，更详细的说明请参考 AIAG SPC 手册。

ISO 9001:2015，质量管理体系—要求

9.1.2 顾客满意

组织应监视顾客对其需求和期望已得到满足的程度的感受。组织应确定获取、监视和评审该信息的方法。

注：监视顾客感受的例子可包括顾客调查、顾客对交付产品或服务的反馈、顾客座谈、市场占有率分析、顾客赞扬、担保索赔和经销商报告。

IATF 16949:2016 的补充和特别要求

9.1.2.1 顾客满意—补充

应通过内部和外部绩效指标的持续评价来监视顾客对组织的满意度，以确保符合产品和过程规范及其他顾客要求。

绩效指标应基于客观证据，包括但不限于：

a）已交付零件的质量绩效；

b）对顾客造成的干扰；

c）使用现场退货、召回和保修（在适用情况下）；

d）交付时间安排的绩效（包括超额运费的情况）；

e）与质量或交付问题有关的顾客通知，包括特殊状态。

组织应监视制造过程的绩效以证明符合顾客对产品质量和过程效率的要求。监视应包括顾客绩效数据的评审，其中包含所提供的在线顾客门户和顾客计分卡。

【目的和意图】

本条款要求组织应监视顾客满意的信息，旨在提示组织应关注顾客的反馈。它提供了一种系统的方式，用于帮助组织理解顾客关于组织的产品和服务的感受的信息，以及需求和期望是否得以满足，了解顾客满意状况如何，以评价顾客满意程度和确定改进的机会。

【理解和实施要点】

组织建立、实施和持续改进质量管理体系的一个重要目标就是增强顾客满意度，顾客满意的信息是评价组织质量管理体系绩效的重要方面。

顾客满意是指顾客对其要求和期望已被满足的程度的感受。顾客没有抱怨并不等于顾客满意。

顾客满意度是对组织质量管理体系绩效的一种测量，组织质量体系运行的好坏，很大程度表现在顾客的满意程度上。因此，组织应主动收集顾客满意度的信息，并对收集的信息进行分析和评价，对不满意或满意度低的项目进行改进。

顾客满意信息收集的方法：

——向顾客问卷调查（这种方法很常用但不准确）；

——随同产品和服务附有征求顾客意见表；

——邀请顾客代表座谈；

——委托中介机构做顾客满意度调查；

——有关交付的产品或服务质量的顾客数据；

——市场占有率分析；

——社会媒体，如网站、留言板；

——业务流失分析；

——顾客索赔的次数和金额；

——经销商报告等。

组织应确定期望从哪些顾客处获取顾客满意方面的反馈以及如何监视这些信息。组织可以选择在交易完成后请每位顾客提供反馈，或按目标销量、重复订购的顾客或新顾客分别选取代表性样本。这些做法可持续进行或按照组织所确立的具体的周期执行。

组织应在对结果进行分析和评价后确定是否达到预期的顾客满意度目标，组织应根据这些信息采取必要的措施。这些信息作为管理评审的输入，并经管理评审以确定是否有必要采取措施进一步提高顾客满意度。

IATF 16949 对顾客满意的监视增加了通过内部和外部绩效指标的持续评价来监视顾客对组织的满意度。

绩效指标应基于客观证据，包括但不限于：

a）已交付零件的质量绩效；

——如交货合格率、零公里故障率等。

b）对顾客造成的干扰；

——如顾客生产中断、整车候检、停止出货等。

c）使用现场退货、召回和保修（在适用情况下）；

——车辆使用者在销售处退货、批量召回、适用时的保修数据。

d）交付时间安排的绩效（包括超额运费的情况）；

——如准时交货率、发生超额运费的次数或实际费用。

e）与质量或交付问题有关的顾客通知，包括特殊状态；

——由于质量或交付问题的顾客投诉次数，包括顾客的特殊状态通知。什么是特殊状态请参见本书第二章中的术语理解。

f）在线顾客门户和顾客计分卡。

——某些顾客的交付系统会在线开放供应商的交付绩效数据，组织可采用和评审这些数据；顾客计分卡就是顾客对供应商的绩效打分表，根据顾客的打分可以作为顾客满意评价的数据。

标准还特别强调，组织应监视制造过程的绩效以证明符合顾客对产品质量和过程效率的要求。对制造过程的绩效监视可按“9.1.1 总则”所策划的指标和时机进行。

【实施建议和应用案例】

对顾客满意的整体评价应结合 9.1.2 和 9.1.2.1 两方面的结果来实施。以下的文件范例仅供参考。

ISO 9001:2015，质量管理体系—要求

9.1.3 分析与评价

组织应分析和评价通过监视和测量获得的适当的数据和信息。

应利用分析结果评价：

a）产品和服务的符合性；

b）顾客满意程度；

c）质量管理体系的绩效和有效性；

d）策划是否得到有效实施；

e）应对风险和机遇所采取措施的有效性；

f）外部供方的绩效；

g）质量管理体系改进的需求。

注：数据分析方法可包括统计技术。

IATF 16949:2016 的补充和特别要求

9.1.3.1 优先级

质量和运行绩效的趋势应与朝向目标的进展来进行比较，并形成措施以支持顾客满意度改进措施的优先级。

【目的和意图】

本条款要求组织分析和评价来自监视和测量所获得的数据和信息，旨在通过分析和评价，确定质量管理体系的现状，确定产品和服务是否满足了需求、质量管理体系是否适宜、运行效果是否有效，进而发现体系运行趋势，寻找持续改进质量管理体系绩效的机会和需求。

【理解和实施要点】

本条款体现了基于证据的决策方法的质量管理原则。

组织应按 9.1.1 策划的监视和测量对象、方法和时机收集和分析适当的数据，目的是用以证实质量管理体系的适宜性和有效性。分析和评价的结果所提供信息被用于确定质量管理体系的绩效和有效性以及改进的需要。分析和评价的输出通常是趋势分析或报告，作为管理评审的输入。

所获取的数据和分析结果的评价至少应包括以下几方面的内容：

a）产品和服务的符合性；

——根据条款“8.5.1 生产和服务提供的控制”中的监视和测量活动、“8.5.5 交付后的活动”和“8.6 产品和服务的放行”中的验证活动，收集、统计和分析产品和服务的符合性数据，如产品的合格率、不良率、PPM、零公里故障率、顾客问题解决的及时性等。

b）顾客满意程度；

——即条款“9.1.2 顾客满意”及“9.1.2.1 顾客满意—补充”的监视和评审结果。

c）质量管理体系的绩效和有效性；

——对条款“4.4”中的过程绩效指标和“6.2”中的质量目标达成情况进行分析和评价。

d）策划是否得到有效实施；

——可以通过条款“9.2 内部审核”（包括体系审核、过程审核、产品审核）的结果来评价。

e）针对风险和机遇所采取措施的有效性；

——根据条款“6.1”策划的应对风险和机遇的措施，评价这些措施的有效性。

f）外部供方的绩效；

——根据条款“8.4.2.4”外部供方的绩效监视结果来评价。

g）质量管理体系改进的需求。

——可通过过程的特性和趋势分析、产品的特性和趋势分析，如关键特性使用控制图、推移图等监视；通过内部审核和管理评审的输出等；评价质量管理体系的改进需求。

通过数据分析应得出质量绩效的趋势和过程运行绩效的趋势，这些数据应与组织的目标和过程指标进行比较，以找出存在的不足，并确定迅速解决与顾客相关问题的优先顺序，确定与顾客相关的关键趋势和相互关系，以提升顾客满意度。

绩效数据可用于与竞争对手或适当的标杆企业进行比较，以了解组织的优势与劣势，确定组织的机会与威胁，为经营计划的制定或调整提供依据。

【实施建议和应用案例】

本条款可建立数据分析和绩效评价管理程序执行。以下的文件范例仅供参考。

文件范例【客户满意度管理程序】

文件名称	客户满意度管理程序	文件编号： SQ-COP-08	版本：A
编制部门	业务部	编制日期：2019.12.9	页码：1/3

1.目的

通过主动对客户满意度的调查，收集客户对我公司提供的产品和服务的意见，结合内部和外部绩效指标的持续评价来监视顾客对公司的满意度，以确定任何可改进之处，从而增强客户满意，特制定本程序。

2.适用范围

适用于公司已批量交货的客户满意度调查和管理。

3.术语和定义

3.1 客户满意：客户对其要求已被满足的程度的感受。客户抱怨是客户满意度低的一种表达方式，客户没有抱怨并不等于客户满意。

4.职责

4.1 业务部：负责客户满意度调查和汇总分析。

4.2 各部门：负责对客户满意度低的项目进行检讨和改善。

5.过程管理图

（本过程相关联的 ISO 9001 & IATF 16949 条款：9.1.2/9.1.2.1）

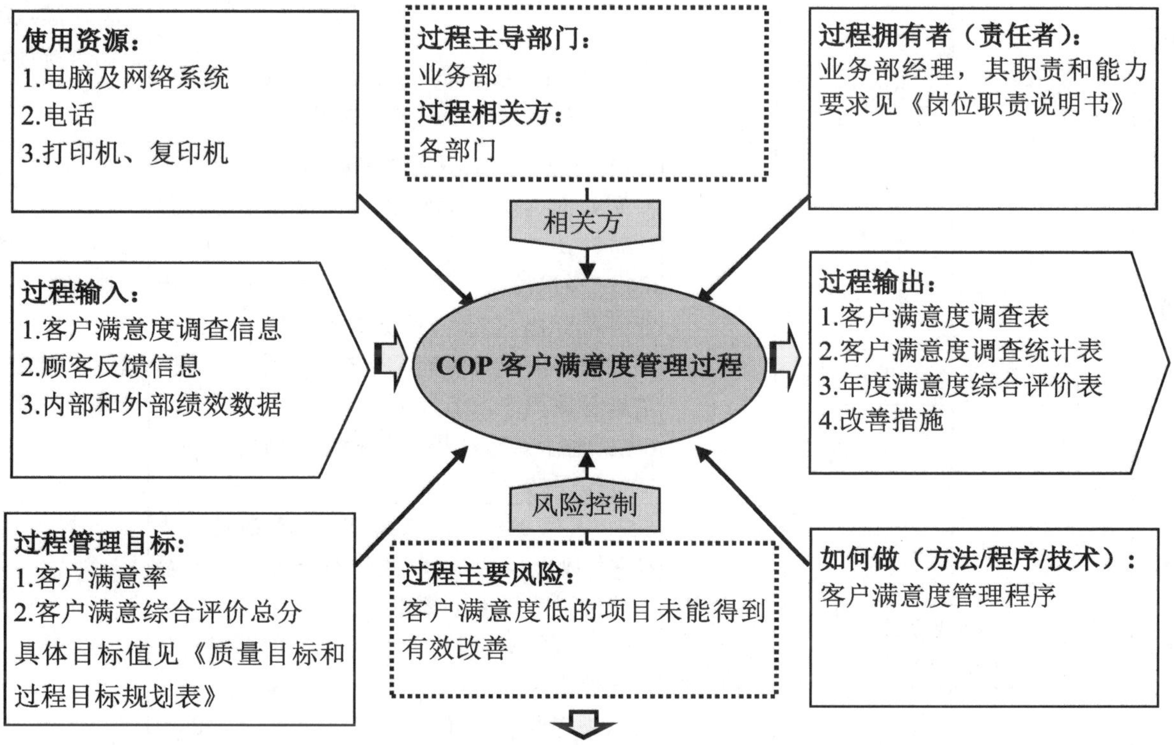

过程主要风险	对相关方的影响	应对风险的措施
客户满意度低的项目未能得到有效改善。	可能导致顾客对公司信任降低，或顾客流失。	每年度召开客户满意度检讨会，确定需要改进的项目，由业务部向责任部门发出《纠正/预防措施处理单》，业务部负责跟进改善效果，并纳入每年度的管理评审会议讨论。

文件名称	客户满意度管理程序	文件编号：SQ-COP-08	版本：A
编制部门	业务部	编制日期：2019.12.9	页码：2/3

6.作业内容

序号	作业流程	权责部门/人	作业要求	参考文件/使用表单
6.1	客户满意度调查策划	业务部	6.1.1 业务负责策划客户满意度调查项目，主要针对公司提供的业务服务、产品设计、品质与售后、订单交货、综合评价等项目进行调查。 6.1.2 每年对有长期业务往来的客户进行调查。对交易少的客户由业务决定是否调查。 6.1.3 对长期密切合作的客户每年至少进行一次调查。	
6.2	发出调查表	业务部	6.2 由业务员将《客户满意度调查表》邮件或当面交给客户调查，必须经由客户的采购、研发、品质等部门综合评价并及时收回。	《客户满意度调查表》
6.3	满意度汇总分析	业务部	6.3.1 由业务经理负责对客户调查信息进行整理分类汇总，并填写《客户满意度调查统计表》。 6.3.2 对调查结果采用分级计分法进行评价，分级计分法具体方案见附加说明 7.1。	《客户满意度调查统计表》
6.4	满意度检讨和改进	业务部 相关部门	6.4.1 由业务部组织召开客户满意度检讨会，特别是对客户不满意之项目及意见进行分析研讨。 6.4.2 根据检讨结果，确认需改善项目后由业务部开出《纠正/预防措施处理单》给责任部门提出改善对策，并依据《纠正与预防措施管理程序》追踪至结案。 6.4.3 对于调查结果客户满意的项目各部门需持续保持。	《纠正/预防措施处理单》 《纠正与预防措施管理程序》
6.5	内/外部绩效监视和评审	品管部 生产部 业务部	6.5.1 品管部和生产部通过每月对制造过程绩效的监视和评审以证明符合顾客对产品质量和过程效率的要求。 6.5.2 业务部按照附加说明 7.2 的要求每月对已交货的外部绩效以及顾客提供的绩效数据进行监视和评审，必要时组织相关部门进行研讨和改进。	
6.6	年度满意度综合评价	计划部	6.6 每年度业务部结合客户满意度调查结果和绩效监控数据，进行顾客满意度的综合评价，具体按照附加说明 7.1～7.4 进行。客户满意度结果输入每年的管理评审检讨，作为质量管理体系绩效的测量和评价。	

文件名称	客户满意度管理程序	文件编号：SQ-COP-08	版本：A
编制部门	业务部	编制日期：2019.12.9	页码：3/3

7.附加说明

7.1 计分评定方式依据评分项目与评分等级进行打分，其评分标准为：

业务（客户服务）20 分	产品设计 20 分	品质与售后 25 分	订单交货 25 分	综合评价 10 分
客户问题处理及时性 －5 分	产品开发能力 −8 分	货物交付质量 −10 分	订单交货及时性 −10 分	
业务员服务态度 −8 分	样品配合度 −5 分	异常处理能力 −5 分	订单配合度 −5 分	
业务员问题处理能力 −7 分	开发人员服务态度 −7 分	品质问题反应速度 −5 分	订单异常处理能力 −5 分	
		现场服务 −5 分	订单异常处理反应速度 −5 分	

7.2 对于汽车产品的客户，业务部须对以下实际供货绩效指标进行统计和监视：

a）已交付产品的质量，如零公里 PPM 或一次交检合格率；

b）顾客生产中断，如产品批退次数；

c）按计划交付的绩效，如交货准时率；

d）超额运费情况，如每月产生超额运费的次数和金额；

e）关于质量或交付问题的顾客通知，如每月客户投诉次数；

f）顾客计分卡（外部顾客对公司交货的定期评价结果，如果有）。

业务部每月统计上述指标的数据，并根据波动情况进行分析，如与目标/指标差距较大或向坏的趋势变化时应提出《纠正/预防措施处理单》进行改善。

7.3 上述实际供货绩效监控指标的评价按年度的汇总或平均值评定，方法如下：

a）客户抱怨：年度客户抱怨未超过 10 次则评 20 分，每超过 1 次，扣除 2 分（扣完 20 分为止）；

b）准时交货率：100%达成得分 20 分，每降低 1 个百分点，扣除 2 分（扣完 20 分为止）；

c）一次交检合格率：100%合格得分 20 分，每降低 0.1 个百分点，扣除 1 分（扣完 20 分为止）；

d）顾客生产中断，批量退货事件：全年未发生事件得分 20 分，每发生 1 件扣除 5 分（扣完 20 分为止）；

e）超额运费发生：未发生超额运费得分 10 分，若发生一次，扣除 1 分（扣完 10 分为止）；

f）顾客计分卡：10 分，当月度/季度被客户评价为 C 级以下（含 C 级）时，每次扣 5 分（扣完 10 分为止）。

7.4 综合顾客满意度评价按 7.1 中的客户满意度的得分乘以 50%，加上 7.3 中的得分乘以 50%，相加后之总分为年度客户满意度得分，业务部综合评价结果汇总于《年度满意度综合评价表》满意度目标为公司质量目标中设定的目标，未达标则须提出改善对策。

8.参考文件

8.1 《纠正与预防措施管理程序》

9.使用表单

9.1 《客户满意度调查表》

9.2 《客户满意度调查统计表》

9.3 《纠正/预防措施处理单》

9.4 《年度满意度综合评价表》

附表 SQ-72 **客户满意度调查表**（参考）

TO：XXX 有限公司（客户公司）
BY：XXX（客户联系人姓名）
ATTN：

尊敬的客户，感谢您过去对本公司的大力支持，为了给您提供更好的服务，我公司特想借此调查表，听听贵公司的宝贵意见，以作为我们工作检讨的依据，让我们做得更好！谢谢您的合作！

XXX 有限公司（本公司）　联系人：XXX

调查项目	内容	评分标准	评分	不足之处说明
业务（客户服务）	客户问题处理及时性	5 分		
	业务员服务态度	8 分		
	业务员问题处理能力	7 分		
产品设计	产品开发能力	8 分		
	样品配合度	5 分		
	开发人员服务态度	7 分		
质量和售后	产品交付质量	10 分		
	异常处理能力	5 分		
	品质问题反应速度	5 分		
	现场服务	5 分		
订单交货	订单交货及时性	10 分		
	订单配合度	5 分		
	订单异常处理能力	5 分		
	订单异常处理反应速度	5 分		
综合评价		10 分		
总计		100 分		

若有其他方面的宝贵意见，请提出，谢谢您！

附表 SQ-73	**客户满意度调查统计表**（格式）					
客户名称	各项目得分					合计得分
	业务（客户服务）	产品设计	品质与售后	订单交货	综合评价	
总平均分						
客户提出的主要问题：						
业务部分析说明及改善建议： 业务经理：　　　　　　　　　日期：						

附表 SQ-74	**年度满意度综合评价表**（格式）													
1．客户满意度调查得分（占总体满意度的 50%）： 调查得分×50%＝														
2．供货绩效监控指标的评价得分（占总体满意度的 50%）														
绩效项目	月份绩效数据												累计或平均值	得分
	1	2	3	4	5	6	7	8	9	10	11	12		
a.客户抱怨次数														
b.准时交货率														
c.一次交检合格率														
d.客户退货次数														
e.超额运费														
f.顾客计分卡														
本项累计得分=	本项总评价得分=累计得分×50%													
3．两项计算综合满意度得分：														
备注：														
统计人：　　　　日期：　　　　审核：														

文件范例【数据分析和绩效评价管理程序】			
文件名称	数据分析和绩效评价管理程序	文件编号： SQ-MP-03	版本：A
编制部门	总经办	编制日期：2019.12.9	页码：1/3

1.目的

为规划数据的收集、分析和应用，为质量、环境、职业健康安全管理体系的绩效评价提供依据，并寻求持续改进的机会，特制定本程序。

2.适用范围

适用于本公司产品、过程、质量体系，以及环境、职业健康安全管理体系有关的数据分析与绩效评价，包括内部数据和外部的数据。

3.术语和定义

无

4.职责

4.1 品管部：负责根据年度经营计划中规定的质量目标及过程管理目标，将需统计分析的指标项目进行规划，汇总于“质量目标和过程管理目标统计规划表”。

4.2 总经办：负责每月召集各部门召开经营会议，对公司的运营绩效和质量目标达成状况进行评审。

4.3 人资部：负责环境、职业健康安全管理体系的目标、指标的统计规划，以及数据收集和分析。

4.4 各部门：负责信息数据收集分析与评价，目标监控和持续改进执行。

5.管理过程管理图

（本过程相关联的 ISO 9001 &IATF 16949 条款：9.1.1/9.1.3/**9.1.3.1** /10.3）

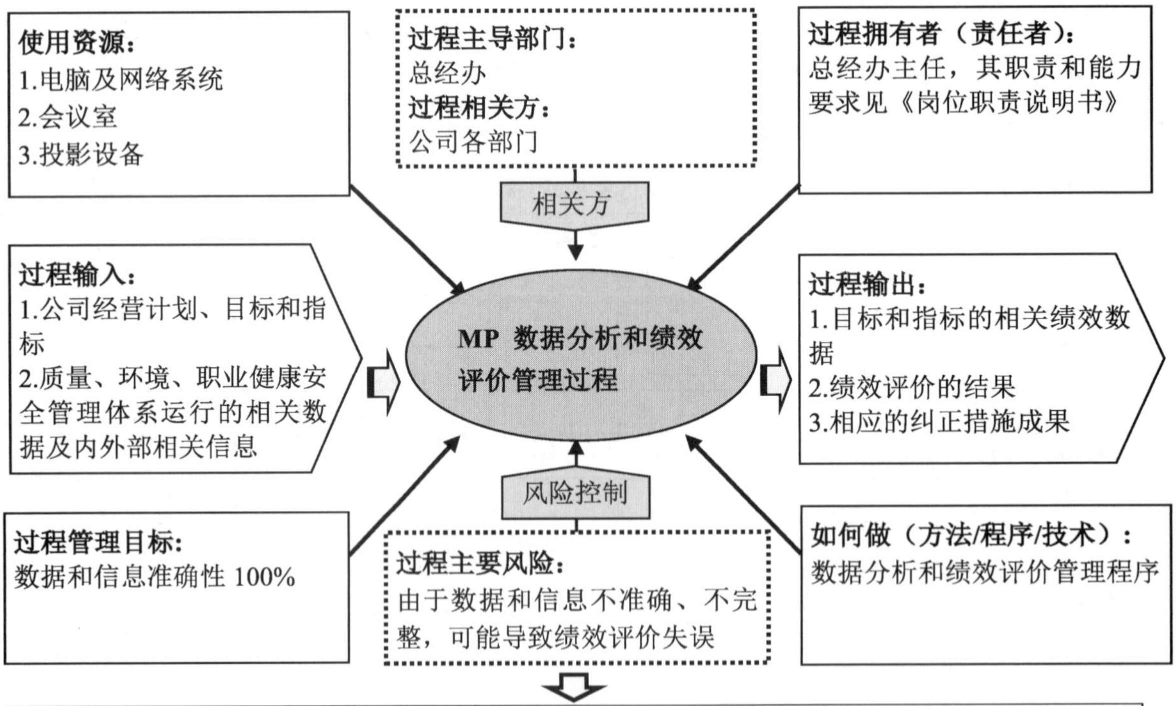

过程主要风险	对相关方的影响	应对风险的措施
由于数据和信息不准确、不完整，可能导致绩效评价失误。	可能导致绩效评价失误，影响公司目标实现。	（1）制定“质量目标和过程目标统计规划表”和“环境、职业健康安全目标指标统计规划表”，规定数据统计和计算方法； （2）各部门平时做好数据收集和整理工作，部门负责人审核所收集数据的真实性和完整性，总经办最终审核。

文件名称	数据分析和绩效评价管理程序	文件编号：　SQ-MP-03	版本：A
编制部门	总经办	编制日期：2019.12.9	页码：2/3

6.作业内容

<table>
<tr><th>序号</th><th>作业流程</th><th>权责部门/人</th><th>作业要求</th><th>参考文件/使用表单</th></tr>
<tr><td>6.1</td><td rowspan="6">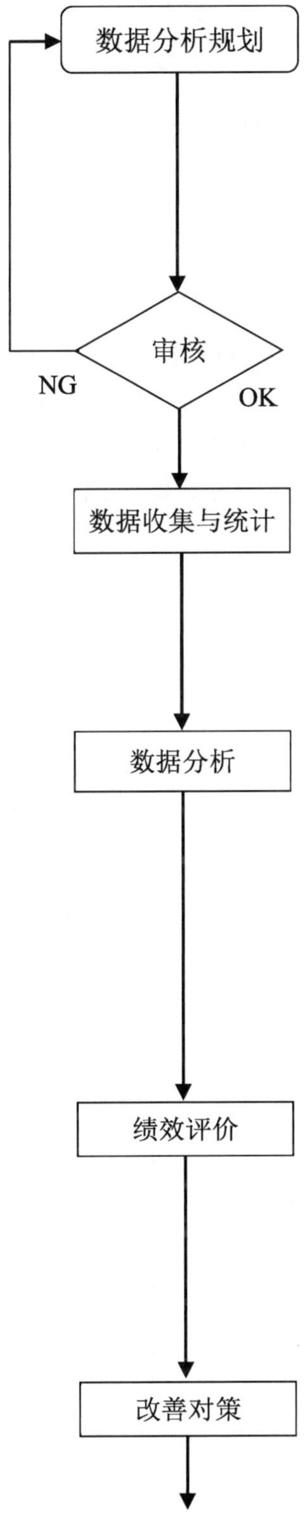
</td><td>品管部
人资部</td><td>6.1.1 品管部根据年度经营计划中规定的质量目标及质量管理体系过程 COP/SP/MP 中规定的过程目标，将需统计分析的目标项目汇总于《质量目标和过程目标统计规划表》确定目标指标数据、计算方法及统计周期等。
6.1.2 人资部负责根据环境、职业健康安全管理体系确定的目标和指标汇总于《环境、职业健康安全目标指标统计规划表》。</td><td></td></tr>
<tr><td>6.2</td><td>总经办</td><td>6.2 品管部将《质量目标和过程目标统计分析规划表》，人资部将《环境、职业健康安全目标指标统计规划表》提交总经办审核其可行性和合理性后发放到公司各部门。</td><td></td></tr>
<tr><td>6.3</td><td>各部门</td><td>6.3 各部门平时要做好数据收集整理工作，并确保所收集数据的真实性和完整性。根据《质量目标和过程目标统计规划表》和《环境、职业健康安全目标指标统计规划表》所规划的目标定期进行统计管控。</td><td></td></tr>
<tr><td>6.4</td><td>各部门</td><td>6.4.1 各部门应该使用适当的统计方法，如层别法、柏拉图、特性要因图、趋势图等对收集的数据进行分析，评价目标和指标的达成状况，着重关注运行的趋势。
6.4.2 必要时对统计分析所得到的结果进行进一步分类、筛选、排序，找出主要问题和薄弱环节，为改进提供方向。
6.4.3 各部门需在每月初将本部门质量目标和过程目标达成情况做成《质量目标和过程目标统计分析表》。</td><td></td></tr>
<tr><td>6.5</td><td>总经办
各部门
经理/
主管</td><td>6.5.1 每月初由总经办组织各部门经理/主管共同检讨分析报告的内容，具体就各部门过程运作、质量状况、目标达成度、客户反馈、应对风险和机遇所采取措施的有效性等进行检讨，并对各种异常情况发生的原因进行讨论。
6.5.2 每年度的管理评审对全年的质量、环境、职业健康安全目标指标达成情况进行年度绩效评价。</td><td></td></tr>
<tr><td>6.6</td><td>各部门
经理</td><td>6.6 各部门针对目标指标未达成的项目及数据分析显示其趋势变坏的项目、客户反馈问题等提出相应的改善对策，依据《纠正与预防措施管理程序》执行改善。</td><td>《纠正与预防措施管理程序》</td></tr>
</table>

文件名称	数据分析和绩效评价管理程序	文件编号：SQ-MP-03	版本：A
编制部门	总经办	编制日期：2019.12.9	页码：3/3

序号	作业流程	权责部门/人	作业要求	参考文件/使用表单
6.7	↓ 持续改善	各部门	6.7 各部门应持续关注改善的实施和效果，记录改善结果，并于下月会议中说明改善状况，同时将有效地改善对策标准化。各部门应利用数据分析和纠正与预防措施进行持续改进。	

7.附加说明

7.1 数据分析结果的应用

7.1.1 对于公司层级数据所呈现的结果及趋势须与下列对象进行比较分析：

公司外部：竞争对手厂商或行业适当之标杆企业；

公司内部：经营计划中制定的目标及 COP/SP/MP 中规定的过程目标；

7.1.2 未达成目标或明显劣于竞争厂商或标杆企业者应于经营会议中加以检讨，必要时，负责部门须提出改善对策，并于下月会议中说明状况。

7.1.3 公司内、外部数据的分析结果应适当地用于改善质量及提高绩效等方面，尤其是与顾客相关的问题。应配合顾客满意度调查、客户反馈意见等确定解决客户问题的优先顺序，以执行适当的改善活动。

7.1.4 公司内、外部数据应作为编制经营计划时的参考应用。

8.参考文件

8.1 《纠正与预防措施管理程序》

9.使用表单

无

质量目标和过程目标统计分析规划表（示例）

部门	主导的过程	过程管理目标	计算方法	统计评价周期	数据统计和提供部门	数据分析和改进部门
业务部	COP 顾客开发和销售管理过程	1.销售额目标 6.8 亿元	年度产品销售额总和	每年	财务部	业务部
		2.销售增长率 20%以上	（本年度销售额总和-上年度销售额总和）÷上年度销售额总和	每年		
	COP 合约/订单评审管理过程	订单交期达成率 100%	按确认客户交期与实际交货日期比较，计算方法：当月按时交货订单总数÷当月应交订单总数×100%	每月	业务部	
	COP 产品交付管理过程	产品交货延误次数 0 次	统计每月交货延误的次数	每月	业务部	业务部
	COP 客户满意度管理过程	客户满意率 90%以上	客户评价得分+公司内部绩效评价得分，85 分为满意，具体按《客户满意度管理程序》统计	每月	业务部	各部门

质量目标和过程目标的制定和详细规划请参考本书第四章第四节【企业的经营计划和目标制定】。

9.2 内部审核

> **ISO 9001:2015，质量管理体系—要求**
>
> **9.2 内部审核**
>
> 9.2.1 组织应按照策划的时间间隔进行内部审核，以提供有关质量管理体系的下列信息：
>
> a）是否符合：
>
> 1）组织自身的质量管理体系要求；
>
> 2）本标准的要求。
>
> b）是否得到有效的实施和保持。
>
> 9.2.2 组织应：
>
> a）依据有关过程的重要性、对组织产生影响的变化和以往的审核结果，策划、制定、实施和保持审核方案，审核方案包括频次、方法、职责、策划要求和报告；
>
> b）规定每次审核的审核准则和范围；
>
> c）选择审核员并实施审核，以确保审核过程客观公正；
>
> d）确保将审核结果报告给相关管理者；
>
> e）及时采取适当的纠正和纠正措施；
>
> f）保留成文信息，作为实施审核方案以及审核结果的证据。
>
> 注：相关指南参见 ISO 19011 管理体系审核指南。

【目的和意图】

本条款旨在通过内部审核，从公正的角度获得质量管理体系的符合性和有效性的相关信息，以确保所策划的过程和活动已经完成，并且质量管理体系得到有效实施和保持。

【理解和实施要点】

内部审核是对组织的质量管理体系评价的方法之一，内部审核的目的是确定质量管理体系：

——是否符合本标准的要求；

——是否符合组织自身的质量管理体系要求（包括组织策划和制定的方针、目标、手册、程序、规范、标准、作业指导文件，顾客要求及顾客特定要求、法律法规要求等）；

——是否得到有效的实施和保持；

——识别任何改进的机会。

组织应建立、实施和保持审核方案。在某些情况下，如组织拥有多处场所，则可制定包含每个场所的审核方案。审核方案应为特定时限内开展的一组单项或多项经策划的审核做出安排，且应以确保质量管理体系的绩效和有效性为导向。

审核方案应明确组织的审核频次（如按月、按季、按年，或根据领域或过程而有所不同的年度计划表）。在确定审核频次时，组织应运用基于风险的思维方式，考虑过程的实施频次、过程的成熟度或复杂性、过程的任何更改以及审核方案的目标。例如，比较成熟的过程需要进行内部审核的频率相对较低，比较复杂的过程需要进行内部审核的频率相对较高。在策划内部审核时，应考虑的输入包括但不限于：

——过程的重要性；

——管理的优先顺序；

——过程绩效；

——对组织产生影响的变化；

——以往的审核结果（如历史问题）；

——顾客投诉的趋势；

——法律法规问题。

组织内审方案还应确定审核方法。审核方法可包括访谈、观察、抽样和信息评审。由于本标准强调过程方法，组织应通过项目或过程而不是特定条款来实施审核。

在安排审核员时，组织应确保审核过程的客观性和公正性。在一般情况下，内审员不应审核自身工作。在某些情况下，尤其是小型组织或公司的领域需要特定的岗位知识时，内审员可能会审核自身的工作领域。在这种情况下，组织可让内审员与同事一起工作，或让同事/经理评审审核结果，以确保审核结果的公正性。

作为内部审核活动的一部分，组织应确定每次内审的准则和范围。内审准则可以是具体的标准或要求，内审范围可以是具体部门、产品线、过程和设施。对于实施了多个有同类要求的管理体系标准的组织而言，开展结合审核能避免重复，有助于节省时间和资源。

在每次内审结束后，应将结果汇报给相关管理层，并根据这些结果提出采取适当的纠正和纠正措施要求。组织可建立准则，规定如何根据不符合的严重程度来确定何时需要纠正措施。通常组织会确定响应时间和纠正不符合的时间，以确保及时解决不符合事项。

保留记录作为审核方案实施和审核结果的证据。这些记录通常包括审核计划、审核员资格证明、审核检查表、不符合项报告、纠正措施、审核报告等。

IATF 16949:2016 的补充和特别要求

9.2.2.1 内部审核方案

组织应有一个形成文件的内部审核过程。该过程应包括制定并实施一个涵盖整个质量管理体系的内部审核方案，其中包含质量管理体系审核、制造过程审核和产品审核。

应根据风险、内部和外部绩效趋势和过程的关键程度确定审核方案的优先级。

在负责软件开发的情况下，组织应在其内部审核方案中包含软件开发能力评估。

应对审核频率进行评审，并在适当时，根据发生的过程更改、内部和外部不符合及/或顾客投诉进行调整。应对审核方案有效性进行评审，作为管理评审的一部分。

【理解和实施要点】

IATF 16949 的内部审核包括质量体系审核、制造过程审核和产品审核，在制定审核方案时应包括这三类审核在内的审核方案。在负责软件开发的情况下，组织应在其内部审核方案中包含软件开发能力评估。

这三类审核通常独立实施，一般先做产品审核（通常根据生产情况在不同的月份按不同的频次实施），制造过程审核应在质量管理体系审核之前进行。这三类审核是相互关联的，产品审核结果和制造过程审核结果是质量体系审核的输入。

质量管理体系审核除了必须符合本标准的要求外，还应符合任何附加的质量管理体系要求，如顾客的特定要求等。

应对审核频率进行评审，并在适当时，根据发生的过程更改、内部和外部不符合及/或顾客投诉进行调整。应对审核方案有效性进行评审，作为管理评审的一部分。

IATF 16949:2016 的补充和特别要求

9.2.2.2 质量管理体系审核

组织应根据年度方案，每三个日历年采用过程方法审核一次全部的质量管理体系过程，以验证与本汽车 QMS 标准的符合性。结合这些审核，组织应对顾客特定的质量管理体系要求进行抽样，检查是否得到有效实施。

【理解和实施要点】

本条款是对质量管理体系审核的频次和范围作出特别说明，不要求每次审核都覆盖质量管理体系的所有过程，只要求在每一个三年的审核周期内全部覆盖即可。这意味着可根据过程绩效和过程风险决定有些过程可能每次审核都覆盖，有些过程在三年周期内审核一次也是可以的。对于顾客特定的质量管理体系要求，也不要求每次都全部审核到，可以进行抽样审核。

IATF 16949:2016—认可解释（SI-14）针对三年审核周期做了解释说明，原文如下：

编号	IATF 16949 参考	认可解释
14	9.2.2.2 质量管理系统审核	组织应根据年度方案，在每一个三年的审核周期日历期内，对所有质量管理体系过程进行审核，使用过程方法验证是否符合本汽车质量管理体系标准。结合这些审核，组织应对顾客特定的质量管理体系要求进行抽样，检查是否得到有效实施。 **整个审核周期仍为三年。在三年的审核周期内，质量管理体系对单个过程的审核频率，应基于内部和外部的绩效和风险。组织应对其过程的指定审核频率保持正当理由。所有过程必须在三年的审核周期内取样，并按照 IATF 16949 标准的所有适用要求进行审核，包括 ISO 9001 基本要求和任何顾客特定要求。** ***变更的理由:*** *阐明审核周期仍为三年。删除 IATF 16949 常见问题 18，将之前的常见问题 18 第二段要求并入认可解释 14。阐明在三年的审核周期内对所有过程进行审核。*

IATF 16949:2016 的补充和特别要求

9.2.2.3 制造过程审核

组织应采用顾客特定要求的过程审核方法，每三个日历年审核一次全部制造过程，以确定其有效性和效率。如果顾客未指定，组织应确定要采用的审核方法。

在每个审核计划内，每个制造过程审核应涵盖所有发生的班次，包括适当的交接班抽样。

制造过程审核应包括对过程风险分析（如 PFMEA）、控制计划和相关文件有效执行的审核。

IATF 16949:2016—常见问题解答（FAQ-19）澄清了制造过程的所有班次审核问题，内容如下：

编号	IATF 16949 参照	问题和答案
19	**9.2.2.3 制造过程审核**	**问题：** 对于每一个制造过程审核，必须包括所有班次吗？ **解答：** 每次审核不需要涵盖一次审核的所有班次（例如，就第 1 班次和第 2 班次中对冲压过程进行审核，在第 1 年进行班次抽样转换，然后在第 2 年或第 3 年对冲压过程第 3 班次进行审核）。然而，所有的制造过程都必须以三年为周期对所有班次进行审核，审核频率取决于风险、绩效、变化等。

【理解和实施要点】

汽车行业特别关注制造过程的有效性和效率，制造过程的审核是为了验证组织的生产制造过程满足要求的能力及其有效性。

制造过程审核不要求每次审核都覆盖全部的制造过程，只要求在三年审核周期内全部覆盖即可。这意味着可根据制造过程复杂性和稳定性以及过程风险决定有些制造过程可能每次审核都覆盖，有些制造过程三年内审核一次也是可以的。

在每个三年周期审核计划内，对每个制造过程审核应涵盖所有发生的班次（如早班/中班/晚班，或白班/夜班），包括对交接班的抽样审核。每个制造过程可理解为如冲压制造过程、注塑制造过程、喷涂制造过程、焊接制造过程、装配制造过程等。

制造过程审核应包括对过程风险分析（如 PFMEA）、控制计划和相关文件（如工艺图纸、作业指导书、检验标准等）有效执行的审核。

制造过程审核应采用顾客特定要求的过程审核方法，如德系汽车厂要求采用 VDA 6.3（过程审核）。如果顾客没有指定的审核方法，组织可以自己确定要采用的审核方法。

IATF 16949:2016 的补充和特别要求

9.2.2.4　产品审核

组织应采用顾客特定要求的方法，在生产及交付的适当阶段对产品进行审核，以验证对所规定要求的符合性。如果顾客未指定，组织应确定要采用的审核方法。

【理解和实施要点】

产品审核的目的是验证产品符合所有规定的要求，包括产品尺寸、功能、性能、安全性、法规的符合性、包装、标签等。产品审核可在生产和交付的适当阶段进行，通常是在产品包装后交付之前实施，但对于某些产品特性可能在生产阶段进行抽样检验和试验会更方便。

产品审核应采用顾客特定要求的方法，如德系汽车厂要求采用 VDA 6.5（产品审核）。如果顾客没有指定的方法，组织可以自己确定要采用的审核方法。

IATF 16949:2016—常见问题解答（FAQ-20）澄清了产品审核频率的问题，内容如下：

编号	IATF 16949 参照	问题和答案
20	**9.2.2.4 产品审核**	**问题：** 为什么产品审核没有确定的审核频率？ **解答：** 审核频率必须根据风险和产品的复杂性来确定（见 ISO 9001，第 9.2.2 节）。如果一个组织有很高的风险和很高的产品复杂性，则建议提高产品审核频率。

IATF 16949:2016—常见问题解答（FAQ-22）说明了产品审核与全尺寸的不同，内容如下：

编号	IATF 16949 参照	问题和答案
22	**9.2.2.4 产品审核**	**问题：** 产品审核与全尺寸检验有何不同？ **解答：** 正如 IATF 16949 第 3 节中所定义的，术语“产品”用于表示“产品实现过程产生的任何预期输出”。 产品通常具有尺寸、性能、功能和材料要求，因此，产品审核可能包含对尺寸、性能（功能）或材料要求的验证。全尺寸检验仅限于尺寸要求。 产品审核可根据顾客指定的方法（如 VDA 6.5 产品审核）对已完成或部分完成的产品进行实施，如适用。产品审核可包括包装和标签要求。 与其他审核类型一样，产品审核是对要求符合性的独立验证。因此，产品审核具有审核方案中规定的频率和范围，并基于风险。

【实施建议和应用案例】

关于质量管理体系审核、制造过程审核和产品审核的实施方法和应用案例，请参见本书第十一章【汽车行业内部审核方法及管理评审实施】。

9.3 管理评审

ISO 9001:2015，质量管理体系—要求

9.3.1 总则

最高管理者应按照策划的时间间隔对组织的质量管理体系进行评审，以确保其持续的适宜性、充分性和有效性，并与组织的战略方向保持一致。

IATF 16949:2016 的补充和特别要求

9.3.1.1 管理评审—补充

管理评审应至少每年进行一次。应基于由影响质量管理体系和绩效相关问题的内部或外部更改造成的顾客要求符合性的风险，提高管理评审的频率。

【目的和意图】

管理评审是对质量管理体系评价的重要方式，是质量管理体系改进循环中最高层次的、非常重要的活动。本条款明确了管理评审的目的是确保质量管理体系持续的适宜性、充分性和有效性，并与组织的战略方向一致，要求组织应策划并实施管理评审。

【理解和实施要点】

本条款特别提到了管理评审要评价质量管理体系与组织的战略方向相一致，而不仅仅是质量方针和目标，这体现了与组织战略的协调一致。在条款 4.1 中要求组织在确定影响其实现质量管理体系预期结果的各种外部和内部因素时，要考虑其目标和战略方向；同样，管理评审也要考虑组织的战略方向，这是前后呼应的。

管理评审是由组织的最高管理者就组织的战略、方针和目标对质量体系进行定期的、系统的评价。管理评审的目的是确保质量管理体系持续的适宜性、充分性和有效性。

——体系的适宜性是指体系策划是否符合组织的实际情况，体系文件是否适合实际作业，包括体系适应内外环境的能力，如市场变化、顾客变化、新技术的应用等。

——体系的充分性是指过程是否充分展开、资源是否充分适用、是否具有满足产品和服务要求的能力。

——体系的有效性是指达到计划或规定目标的程度，当达成程度低时，要分析是策划问题还是执行问题。

组织应按照策划的时间间隔开展管理评审，可能是月度、季度、每半年或每年度进行，每年至少一次，两次的间隔时间不应超过 12 个月。并不要求一次管理评审解决所有的输入和问题，但管理评审计划应体现满足管理评审的所有输入要求。

组织可将管理评审作为单独的活动来开展，也可与相关的活动一起开展（如战略策划、商业策划、年会、运营会议、其他管理体系标准评审、月度或季度的管理例会、质量例会等），协调安排，以增加价值、避免管理层重复参会。

管理评审应侧重于识别质量管理体系存在的问题和潜在问题，并评价改进的机会。

当内部或外部环境发生变化或更改，可能造成影响顾客要求符合性的风险时，可适当增加管理评审的频次。

ISO 9001:2015，质量管理体系—要求

9.3.2 管理评审输入

策划和实施管理评审时应考虑下列内容：

a）以往管理评审所采取措施的情况；

b）与质量管理体系相关的内外部因素的变化；

c）下列有关质量管理体系绩效和有效性的信息，包括其趋势：

1）顾客满意和有关相关方的反馈；

2）质量目标的实现程度；

3）过程绩效以及产品和服务的合格情况；

4）不合格及纠正措施；

5）监视和测量结果；

6）审核结果；

7）外部供方的绩效。

d）资源的充分性；

e）应对风险和机遇所采取措施的有效性（见 6.1）；

f）改进的机会。

IATF 16949:2016 的补充和特别要求

9.3.2.1 管理评审输入—补充

管理评审的输入应包括：

a）不良质量成本（内部和外部不符合成本）；

b）过程有效性的衡量；

c）过程效率的衡量；

d）产品符合性；

e）对现有操作更改和新设施或新产品进行的制造可行性评估（见第 7.1.3.1 条）；

f）顾客满意（见 ISO 9001 第 9.1.2 条）；

g）对照维护目标的绩效评审；

h）保修绩效（在适用情况下）；

i）顾客计分卡评审（在适用情况下）；

j）通过风险分析（如 FMEA）识别的潜在使用现场失效标识；

k）实际使用现场失效及其对安全或环境的影响。

【理解和实施要点】

管理评审输入是管理评审活动要研讨的项目和内容，标准中已明确列出了需要评审的项目，IATF 16949 在 ISO 9001 要求的输入的基础上增加了额外的评审项目，其中 9.3.2.1 中的 b）、c）、d）、f）与 9.3.2 中的 1）、2）、3）所要求的意图是一致的。

对上述输入事项的具体说明请参见本书第十一章【汽车行业内部审核方法及管理评审实施】。

IATF 16949:2016-认可解释（SI-13&16）对补充输入的 c）项作了修改和增加了 1）项，原文如下：

编号	IATF 16949 参考	认可解释
13&16	9.3.2.1 管理评审输入－补充	管理评审的输入应包括: a) 不良质量成本 (内部和外部不符合的成本); b) 过程有效性的测量; c) 产品实现过程的过程效率测度，如适用; d) 产品符合性; e) 对变更现有业务和新设施或新产品的制造可行性进行评估(见第 7.1.3.1 节);; f) 客户满意度(见 ISO 9001，第 9.1.2 节);; g) 根据维护目标审查绩效; h) 保修绩效 (如适用); i) 审查客户记分卡 (如适用); j) 通过风险分析(如 FMEA)识别潜在的现场故障; k) 实际现场故障及其对安全或环境的影响。 l) 产品和过程的设计和开发期间特定阶段的测量汇总结果，如适用。 ***改变的原理:*** *阐明并不是每个过程都需要效率测度。组织需要确定在他们的质量管理体系中哪些过程需要效率测度。*
		在第 8.3.4.1 节“监视”中，产品和过程的设计和开发期间特定阶段的测量汇总结果应被确定、分析，以汇总结果的形式来报告，作为对管理评审的输入； 但是，它没有显示在 9.3.2.1 节中。 测量可考虑例如：时程安排、成本或可行性。

ISO 9001:2015，质量管理体系—要求

9.3.3 管理评审输出

管理评审的输出应包括与下列事项相关的决定和措施：

a）改进的机会；

b）质量管理体系所需的变更；

c）资源需求。

组织应保留成文信息，作为管理评审结果的证据。

IATF 16949:2016 的补充和特别要求

9.3.3.1 管理评审输出—补充

当未实现顾客绩效目标时，最高管理者应形成一个文件化的措施计划并实施。

【理解和实施要点】

本条旨在确保管理评审能够提供关于质量管理体系的绩效和有效性以及所需的任何决策和措施方面的输出和信息。

管理评审的输出应包括与改进机会相关的决策和措施、质量管理体系所需的更改以及资源需求。特别是当未实现顾客绩效目标时，最高管理者应形成一个文件化的措施计划并实施。

管理评审期间已经明确的措施的实施状况应作为下次管理评审活动的输入，有助于确保及时采取相关措施。

组织应保留文件化信息，作为管理评审结果的证据。文件化信息的示例包括演示文稿、会议纪要和报告。

【实施建议和应用案例】

关于管理评审的具体策划和实施方法及应用案例，请参见本书第十一章【汽车行业内部审核方法及管理评审实施】。

第十节　标准第 10 章【改进】的理解、实施及应用案例

第 10 章【改进】是 PDCA 管理循环中的 A 阶段，改进是提高绩效的活动，持续改进则是提高绩效的循环活动。持续改进质量管理体系的目的在于增强满足要求的能力和增加顾客与其他相关方满意的机会。

经济的全球化使我们在任何地方、任何时候都能感受到竞争的激烈，迫使我们对经营和发展战略、产品管理、过程和体系等进行改进。

互联网经济和工业 4.0 的兴起，日新月异，我们只有不断创新，包括产品创新、技术或工艺创新、管理或体制创新等，才能适应经济发展的要求。创新的过程实际上也就是改进的过程。质量改进为组织的创新活动提供了基本方法。

第 10 章条款结构如下：

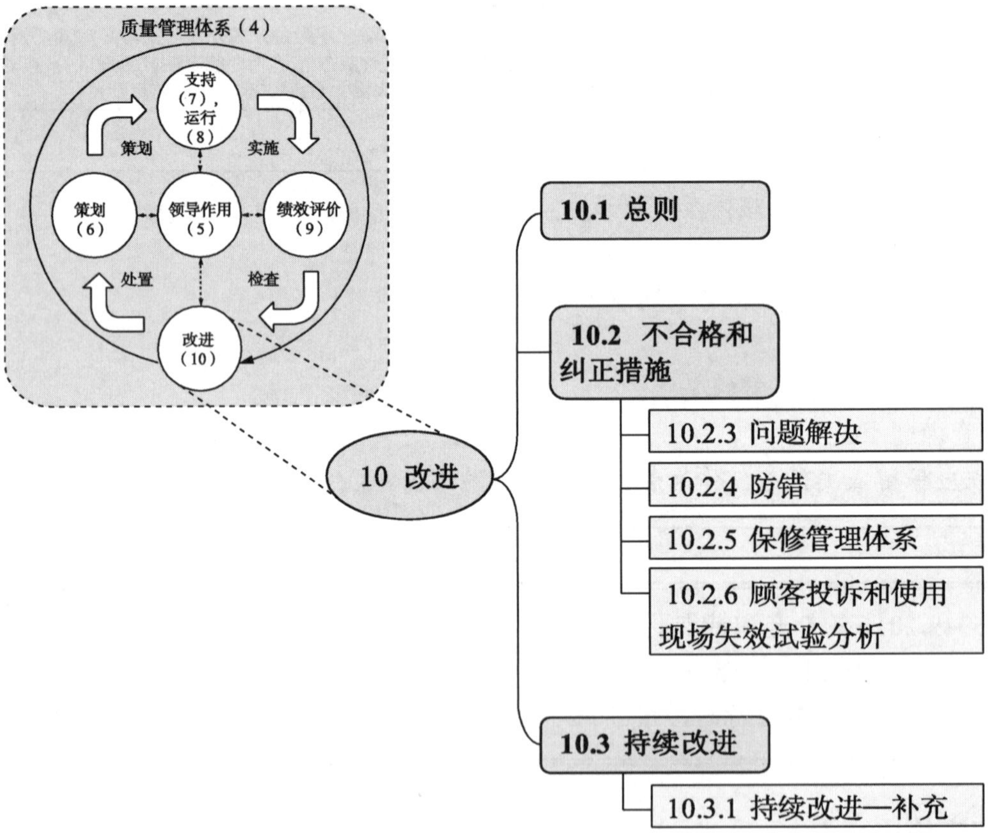

10 改进

10.1 总则

> **ISO 9001:2015，质量管理体系—要求**
> **10.1 总则**
> 组织应确定和选择改进机会，并采取必要措施，以满足顾客要求和增强顾客满意。
> 这应包括：
> a）改进产品和服务，以满足要求并应对未来的需求和期望；
> b）纠正、预防或减少不利影响；
> c）改进质量管理体系的绩效和有效性。
> 注：改进的例子可包括纠正、纠正措施、持续改进、突破性变革、创新和重组。

【目的和意图】

本条款是对改进的总体要求。旨在确保组织确定改进的机会，以及策划并切实地实施相关措施，以实现预期结果和增强顾客满意。

【理解和实施要点】

通过改进产品和服务、纠正和预防不利影响，以及提高质量管理体系的绩效和有效性，改进可以帮助组织持续满足顾客的要求和期望。

改进的方法可以有多种，可以是被动地（如纠正、纠正措施）、渐进地（如持续改进）、跳跃式地（如突变）、创造性地（如创新）或重组（如转型）等多种形式。

组织应在其质量管理体系运行中体现这些内容，并结合自身的实际和需要选择适宜的改进方式，例如：

a）采取措施避免出现或再次出现不合格；

b）在现有过程、产品和服务范围内，开展小规模的持续改进活动；

c）启动可引起现有过程发生重大更改的项目，实施新过程、生产新产品或提供新服务，引入颠覆性的新技术或新变革。

值得注意的是，在 ISO 9001 标准中，只对纠正措施和持续改进两种改进方式提出了要求。这两种方式是最基本的常用的改进方式。纠正措施是识别问题原因并采取措施避免再次出现类似问题的方法，而持续改进则是提高绩效的循环活动。组织可以在此基础上考虑采取其他的改进方式，如创新、重组等。组织采用何种方式实施改进，与组织质量管理体系的成熟度、所面临的风险和机遇、所需的资源与成本等有关，组织应充分考虑这些因素，确定改进的优先次序。

改进不仅指对质量管理体系的改进，还包括对产品和服务的改进；不仅指对质量管理体系的有效性的改进，还包括对质量管理体系的绩效的改进。

改进过程可包括以下步骤：

a）识别改进质量管理体系的潜在机会；

b）分析并确认实施改进措施的合理性（成本/收益）；

c）确定是否可获得必要的资源；

d）做出实施改进的决定，选择改进的方法；

e）实施改进；

f）测量改进的影响和效果；

g）在下一次管理评审中审议改进结果。

10.2 不合格和纠正措施

> **ISO 9001:2015，质量管理体系—要求**
>
> **10.2 不合格和纠正措施**
>
> 10.2.1 当出现不合格时，包括来自投诉的不合格，组织应：
>
> a）对不合格做出应对，并在适用时：
>
> 1）采取措施以控制和纠正不合格；
>
> 2）处置后果。
>
> b）通过下列活动，评价是否需要采取措施，以消除产生不合格的原因，避免其再次发生或者在其他场合发生：
>
> 1）评审和分析不合格；
>
> 2）确定不合格的原因；
>
> 3）确定是否存在或可能发生类似的不合格。
>
> c）实施所需的措施；
>
> d）评审所采取的纠正措施的有效性；
>
> e）需要时，更新在策划期间确定的风险和机遇；
>
> f）需要时，变更质量管理体系。
>
> 纠正措施应与不合格所产生的影响相适应。
>
> 10.2.2 组织应保留成文信息，作为下列事项的证据：
>
> a）不合格的性质以及随后所采取的措施；
>
> b）纠正措施的结果。

【目的和意图】

本条款旨在确保组织处置不合格，并在适用时实施纠正措施及保留相关成文信息的证据。

【理解和实施要点】

需要说明的是，本条款与“8.7 不合格输出的控制”关注焦点是不同的，条款 8.7 是着重于对产品和服务输出的不合格的控制，其对象是对不合格品本身所采取的措施。

本条款的对象既包括不合格的产品和服务，也包括体系运行过程中的不合格。当出现内部不合格（如产品、服务、过程或质量管理体系的问题）或出现外部问题（如顾客投诉或供方问题等）时，都可能需要采取纠正和纠正措施，因为这些问题可能会对组织造成负面影响。

处理不合格、采取纠正和纠正措施是改进的重要活动和手段，其目的是控制、纠正不合格，减少不合格的危害和影响，消除产生不合格的原因，防止不合格的再次发生。

——不合格的来源包括但不限于：

- 内部/外部审核发现；
- 监视和测量结果（如检验和测试结果发现的产品或服务缺陷）；
- 顾客投诉；
- 不符合法律法规要求；
- 外部供方的问题（如延迟交付、进货不合格）；
- 员工发现的问题（如员工建议、提案改善）；
- 上级或负责人的观察或过程巡查；
- 保修索赔。

当出现不合格时，包括来自投诉的不合格时，组织应采取以下方面的行动：

a）对不合格做出应对；

——首先应采取措施以控制和纠正发现的不合格问题，防止问题的蔓延和扩展，并对不合格造成的后果予以及时处置。例如，由于材料不合格导致产品质量问题，需要立即停止使用该材料，并进行围堵（考虑已生产的、已流出的、已交付的、库存的），然后再联络供应商进行问题分析，确定对不合格产品的处置方法。

b）评审和分析不合格及其原因；

——组织应评审和分析不合格，以确定所发生的不合格的原因以及该不合格是否还存在于其他区域/部门，或该不合格是否可能再次出现或可能在其他区域/部门出现。组织可使用多种方法开展根本原因分析，如鱼骨图、8D、失效树分析、FMEA 等。

c）确定和实施所需的措施；

——根据不合格对组织的影响或潜在影响，组织应确定需要采取的措施的程度。组织应根据此评审实施必要的措施，并制定措施计划予以实施和落实。

采取何种纠正措施取决于问题的大小和给组织带来的相关风险。不需要花费很大费用去解决一个给组织带来很小损失的问题。当在某个区域采取纠正措施时，还应考虑是否会对其他区域产生负面影响。

d）评审所采取的纠正措施的有效性；

——组织应通过确认已实施措施或已采取纠正的证据，来验证纠正措施的有效性。组织可通过观察过程绩效或评审成文的信息来完成验证。为确保有效验证纠正措施的实施，组织可确定完成措施的适当时间周期。根据所发现的不符合的特点、性质以及解决不符合的难易程度和所需的资源多少，时间周期可能有所不同。

e）需要时，更新在策划期间确定的风险和机遇；

——本条款强调了必要时对策划时确定的风险和机遇进行更新的要求。在条款 6.1.1 中要求组织应确定需要应对的风险和机遇，在条款 6.1.2 中要求组织应策划应对这些风险和机遇的措施，这其中也包括组织应针对可能出现的不合格策划必要的措施。而当组织发现了不合格，并经评审和分析，认为以往策划的风险和机遇以及策划的应对措施不充分、不适宜时，组织应及时更新这些内容。同时，在采取了纠正措施后，此前的风险可能已经消除或者产生了其他风险，因此需要更新此前确定的风险和机遇。

f）需要时，变更质量管理体系；

——纠正措施的实施可能会涉及对组织的质量管理体系的变更，如职责明确或再分配、组织架构的调整、过程的修改、质量手册的修订、标准或规范的修改等。如需要变更时，组织应按“6.3 变更的策划”实施对体系的变更。

g）保留成文信息。

——组织应保留适当的文件化信息，以证明采取了哪些纠正或纠正措施，包括不合格的相关详细情况（如不合格说明、不合格严重程度、根源分析、所策划的纠正或纠正措施），其示例包括纠正措施表单或数据库。

组织还应保留所采取纠正措施的结果的文件化信息。这些信息可能包括证实相关措施的证据，如数据收集、测试、报告、对文件化信息做出的更改、质量管理体系的绩效和有效性。

根据不合格的数据统计，建议根据其重要性和迫切性制定优先减少计划。优先减少计划中必须明确优先对象、目标和措施，一般需针对不合格进行统计分析（如使用层别法、柏拉图等），以确定优先解决的顺序。

IATF 16949:2016 的补充和特别要求

10.2.3 问题解决

组织应有形成文件的问题解决过程，包括：

a）用于各种类型和规模的问题（如：新产品开发、当前制造问题、使用现场失效、审核发现）的明确方法；

b）控制不符合输出所必要的遏制、临时措施及相关活动（见 ISO 9001 第 8.7 条）；

c）根本原因分析、采用的方法、分析及结果；

d）系统性纠正措施的实施，包括考虑对相似过程和产品的影响；

e）对已实施纠正措施有效性的验证；

f）对适当形成文件的信息（如 PFMEA、控制计划）的评审，必要时进行更新。

若顾客对问题解决有特别规定的过程、工具或系统，组织应采用这些过程、工具或系统，除非顾客另行批准。

【理解和实施要点】

IATF 补充此条款，意在要求建立形成文件的问题解决过程，并针对各种类型和规模的问题有明确方法，其意图和步骤与条款 10.2.1 是一致的。

标准提到如新产品开发、当前制造问题、使用现场失效、审核发现等不同类型的问题，在企业实践中是按不同过程去解决的，如：新产品开发的问题通常按设计开发管理过程或变更控制过程处置，制造问题按纠正与预防措施管理过程处置，使用现场失效按“10.2.6 顾客投诉和使用现场失效试验分析”的要求处置，审核发现可按“9.2 内部审核”的规定处置。

此外，通过问题解决，要求考虑对 PFMEA、控制计划等相关文件的评审，必要时进行更新。

当顾客对问题解决有特别规定的过程、工具或系统，组织应采用这些过程、工具或系统，如汽车行业通用的 8D 方法，通用汽车 BIQS 所要求的“七钻法”。

【实施建议和应用案例】

可综合 10.2.1、10.2.2、10.2.3 及 6.1.2.2 建立纠正与预防措施管理过程执行。以下文件范例仅供参考。

文件范例【纠正与预防措施管理程序】

文件名称	纠正与预防措施管理程序	文件编号： SQ-MP-04	版本：A
编制部门	品管部	编制日期：2019.12.9	页码：1/3

1.目的

为及时有效地处理不合格，以及有效地采取纠正措施或预防措施，防止和消除实际的或潜在的不合格，实现本公司质量管理体系的持续改进，特制定本程序。

2.适用范围

适用于本公司产品、过程，质量管理体系有关的实际的或潜在的不合格所应采取的纠正措施或预防措施。

3.术语和定义

3.1 纠正：为消除已发现的不合格所采取的措施，使其满足规定的要求。

3.2 纠正措施：为消除已发生的不合格原因所采取的措施，防止不合格的再发生。

3.3 预防措施：为消除潜在的不合格原因所采取的措施，防止不合格的发生。

4.职责

4.1 品管部：负责纠正与预防措施提出，协助分析原因和研讨对策，并追踪验证措施的有效性。

4.2 相关责任部门：负责原因分析和对策措施的制定与执行。

5.过程管理图

（本过程相关联的 ISO 9001 &IATF 16949 条款：6.1.2.2/10.1/10.2/10.2.3）

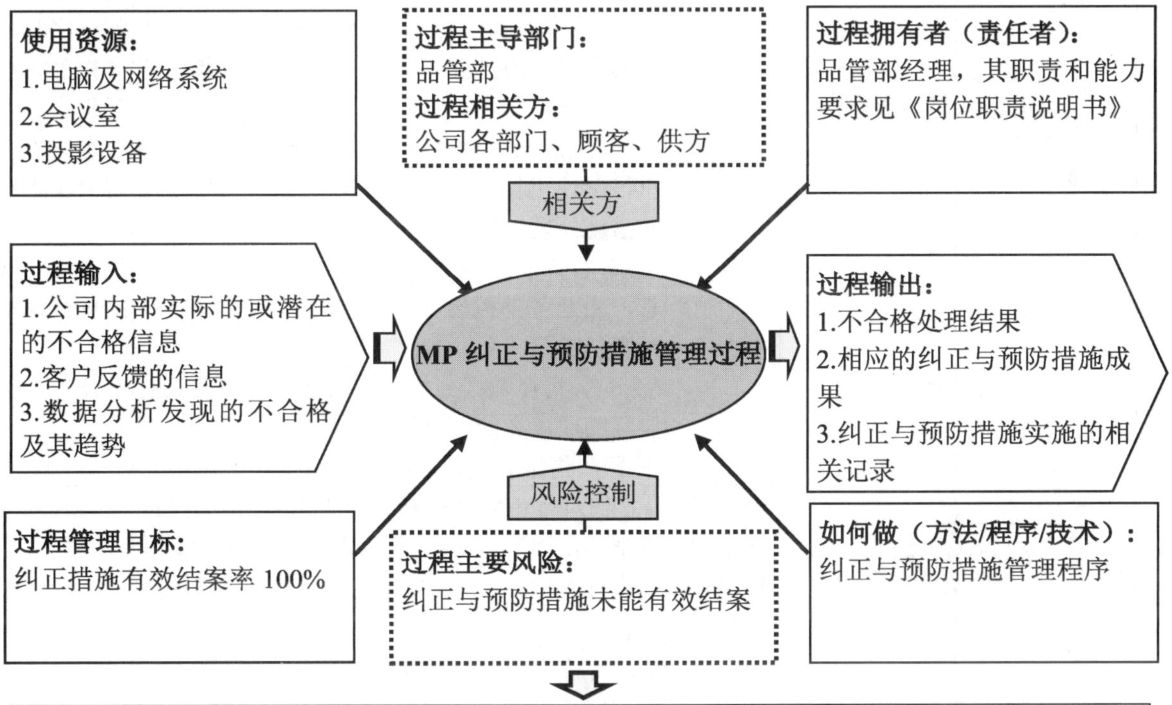

过程主要风险	对相关方的影响	应对风险的措施
纠正与预防措施未能有效结案	内部问题未能有效改善可能导致重复发生；客户问题未能有效改善则导致客户不满意。	（1）采用多方论证方法针对问题进行原因分析和研讨改善对策，明确责任部门和责任人，确定实施完成时间；（2）使用《纠正/预防措施处理单》，由品管部负责跟踪改善对策执行的有效性。若未达到效果须再次分析原因，并重新执行改善。

文件名称	纠正与预防措施管理程序	文件编号：SQ-MP-04	版本：A
编制部门	品管部	编制日期：2019.12.9	页码：2/3

6.作业内容

序号	作业流程	权责部门/人	作业要求	参考文件/使用表单
6.1	纠正与预防措施的时机	各部门	6.1.1 内部不合格： a）进料检验不合格时； b）制造过程和产品不符合时； c）成品或出货检验不合格时； d）产品审核不合格时； e）数据分析发现异常时； f）其他实际或潜在不合格情况发生时。 6.1.2 内/外部质量体系审核、制造过程审核不合格时。 6.1.3 外部客户反馈、投诉/退货发生时。	
6.2	纠正/预防措施提出	品管部 各部门	6.2.1 当进料异常时按《进料检验管理程序》和《不合格品控制程序》执行。 6.2.2 内/外部在质量体系审核和制造过程审核中发现不合格时，按《内部审核管理程序》执行纠正/预防措施。 6.2.3 客户反馈、投诉/退货发生的不合格按《客户投诉/退货管理程序》进行评审和实施纠正措施。 6.2.4 生产制造过程和产品检验/试验及产品审核出现不符合时，由品管部提出《纠正/预防措施处理单》给责任部门。 6.2.5 客户满意度调查中获得的客户不满意信息，由业务部提出《纠正/预防措施处理单》给责任部门。 6.2.6 公司在数据分析和绩效评价时，发现的实际的或潜在的不合格时，由品管部提出《纠正/预防措施处理单》给责任部门。	《进料检验管理程序》 《不合格品控制程序》 《内部审核管理程序》 《客户投诉/退货管理程序》 《纠正/预防措施处理单》
6.3	紧急对策/遏制	品管部 相关部门	6.3 针对生产制造过程和产品检验/试验及产品审核出现不符合时，由品管部召集各相关部门进行评审，并确定紧急对策，包括适当的遏制行动。	
6.4	根本原因分析	品管部 相关部门	6.4 品管部针对问题涉及的部门或需要支持的部门，组成跨功能小组采用多方论证方法，从人、机、料、法、环、测等方面利用鱼骨图或失效树进行原因分析，并填写《纠正/预防措施处理单》或使用 8D 报告。	《纠正/预防措施处理单》
6.5	制定纠正/预防措施	品管部 相关部门	6.5 跨功能小组针对原因分析结果研讨制定纠正/预防措施，填写《纠正/预防措施处理单》，在制定措施时应尽可能使用防错方法。	《纠正/预防措施处理单》

文件名称	纠正与预防措施管理程序	文件编号： SQ-MP-04	版本：A
编制部门	品管部	编制日期：2019.12.9	页码：3/3

序号	作业流程	权责部门/人	作业要求	参考文件/使用表单
6.6	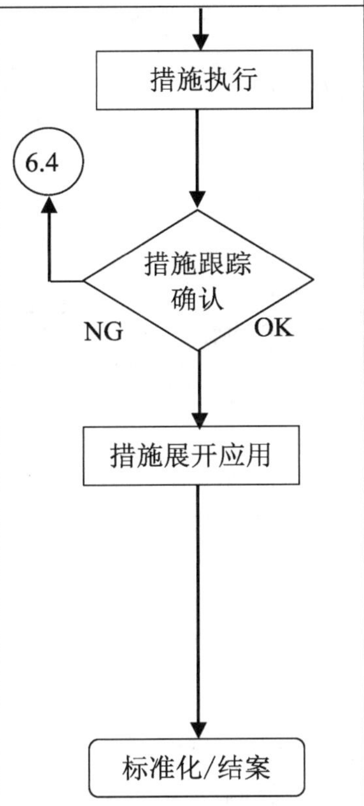	责任部门	6.6 责任部门及时按《纠正/预防措施处理单》或 8D 报告要求实施，在执行纠正措施的过程中应记录执行的结果。	《纠正/预防措施处理单》
6.7		品管部	6.7.1 品管部对纠正措施的实施状况进行追踪和验证，并确认实施的效果，将结果记录在《纠正/预防措施处理单》上。 6.7.2 确认结果未达成改善目标时，需由相关部门再次分析原因，从 6.4 开始执行。	《纠正/预防措施处理单》
6.8		品管部 责任部门	6.8 由品管部主导、相关部门参与讨论如何将纠正/预防措施和实施的控制方法应用于其他类似的过程和产品，以消除类似不合格原因。	
6.9		品管部 责任部门	6.9 经追踪验证改善有效的措施，需纳入相关文件进行规范，包括： a）对适当形成文件的信息（如 PFMEA、控制计划、作业指导书）的评审，必要时进行更新。 b）需要时，更新在策划期间确定的风险和机遇。 c）需要时，变更质量管理体系。 由此引起的文件变更，按《文件和记录控制程序》执行。	《文件和记录控制程序》

7.附加说明

7.1 若顾客对问题解决有特别规定的过程、工具或系统，公司应采用这些过程、工具或系统，除非顾客另行批准。

8.参考文件

8.1 《进料检验管理程序》

8.2 《不合格品控制程序》

8.3 《客户投诉/退货处理程序》

8.4 《内部审核管理程序》

8.5 《文件和记录控制程序》

9.使用表单

9.1 《纠正/预防措施处理单》

<table>
<tr><td colspan="2">附表 SQ-75</td><td colspan="4">**纠正/预防措施处理单**（格式）</td></tr>
<tr><td colspan="6">发出日期：　　　年　　月　　日</td></tr>
<tr><td>提出部门</td><td></td><td>发生时间</td><td></td><td>发生场所</td><td></td></tr>
<tr><td colspan="6">□紧急事件　　　　□一般事件</td></tr>
<tr><td colspan="6">**问题描述：**
问题分类：□制造过程 □外协件 □在制品 □成品 □客户投诉 □其他：
问题说明：

提出人签名：　　　日期：</td></tr>
<tr><td colspan="6">**改善责任归属：**□技术部　□生产部　□品管部　□采购部　□业务部　□其他：</td></tr>
<tr><td colspan="6">**原因分析（发生原因及流出原因）：（责任部门填写）**

责任人签名：　　　日期：</td></tr>
<tr><td colspan="6">**紧急临时对策：（责任部门填写）**

对策预计完成时间：　　　责任人签名：　　　日期：</td></tr>
<tr><td colspan="6">**制定纠正/预防措施：（责任部门填写）**
对策方法：　□变更流程 □检讨管理 □改善方法 □改善设备/工具 □教育训练 □其他：
须建立或修订文件：□PFMEA/CP □工艺文件 □检验标准书 □程序文件 □作业指导书 □其他：
具体措施阐述：

措施预计完成时间：　　　责任部门签名：　　　日期：</td></tr>
<tr><td colspan="6">**改善执行效果确认：（品管部填写）**
（1）教育记录：□有 □无 教育结果如何：　　　跟踪时间：
（2）文件变更：□有 □无　具体描述：　　　跟踪时间：
（3）依标准执行：□有　□无　具体描述：　　　跟踪时间：
（4）改善效果描述：　　　跟踪时间：

确认签名：　　　日期：　　　品管主管：　　　日期：</td></tr>
<tr><td colspan="6">**管理代表签核：**　　　**日期：**</td></tr>
</table>

IATF 16949:2016 的补充和特别要求

10.2.4 防错

组织应有一个形成文件的过程，用于确定适当防错方法的使用。所采用方法的详细信息应在过程风险分析中（如 PFMEA）形成文件，试验频率应记录在控制计划中。

过程应包括防错装置失效或模拟失效的试验。应保持记录。若使用挑战件，则应在可行时对挑战件进行标识、控制、验证和校准。防错装置失效应有一个反应计划。

【理解和实施要点】

防错是为了防止制造不合格产品而进行的产品和制造过程的设计及开发。防错可用于产品设计的防错和过程设计的防错。在“8.3.5.2 制造过程设计输出”中强调了“适用时，防错识别和验证的结果”。

本条款要求组织应有一个形成文件的过程，用于确定适当防错方法的使用，因此，可以在产品设计开发过程或 APQP 过程中识别和确定防错方法的使用，并且所采用的防错方法应在过程 FMEA 中形成文件。

防错装置在运行中也可能失效，因此，对防错装置要按一定的频次进行试验或验证其是否正常，试验或验证频率应规定在控制计划中。

在很多情况下，对防错装置的验证方法通常是使用“特制合格品”或“特制不合格品”，也可能使用挑战件。挑战件是指具有已知规范、经校准并且可追溯到标准的零件，其预期结果（通过或不通过）用于确认防错装置或检具（如通止规）的功能性。

因此，对于防错装置验证用的挑战件必须特别标识、控制（存放位置、取用权限、保护和维护）、定期验证和校准。

当防错装置失效时，应有一个反应计划，这个反应计划通常就是“8.5.6.1.1 过程控制的临时更改”中所提到的备用或替代方法。

值得注意的是，不是所有的制造过程或作业活动在技术上和经济上都适合采用防错方法，制造过程设计应识别哪些作业活动可以采用怎样的防错技术，并建立防错应用的清单。以下仅为参考示例。

表 3-39 防错清单及定期验证计划（参考示例）

NO.	所属工段	工位	防错内容	防错方法	防错结果	纠正方法	防错验证方法	验证责任区域		验证频次	验证班次
								生产	维修		
10	G2	EUB040	左右零件装反	工装防错	工装无法夹紧	更换错误零件	安装错误的零件后得到预期防错效果	√		1	C 班
11	G2	ESI005	螺母装反或漏装	感应器防错	螺母装反或漏装无法焊接	更换错误零件	安装错误的零件后得到预期防错效果	√		1	C 班
12	G3	LFR70	SGM618 车顶天窗与无天窗错装	通过 10#工位传递的车型信息与实际车顶比较	shuttle 无法自动，且 HMI 报警	检查条码与跟车单无误后更换正确车顶	安装错误的零件后得到预期防错效果	√		1	B 班
13	G4	DS050	D06&D16 外侧围防错	传感器探测防错	升降机无法上升，且报警	察看实际零件	安装错误的零件后得到预期防错效果	√		1	A 班
14	G4	F0110	D06&16Brace 防错	通过扫描条码信息与实际零件比较	雪橇无法运行，且 HMI 报警	检查条码与跟车单无误后更换正确 Brace	安装错误的零件后得到预期防错效果	√		1	A 班
15	G4	F0120	D06&16 车顶防错	通过扫描条码信息与实际天窗比较	雪橇无法运行，且 HMI 报警	检查条码与跟车单无误后更换正确车顶	安装错误的零件后得到预期防错效果	√		1	B 班
16	G4	F090	车顶涂胶防错	通过拍照信息与实际车型比较	雪橇无法运行，且 HMI 报警	确认涂胶状态，如有问题补胶后恢复自动	实际涂胶状态与采样标准对比不一致后得到预期防错效果		√	1	维修 D 班
17	G4	ES0010L/R	装错零件	机械防错	错误零件无法安装	更换错误零件	安装错误的零件后得到预期防错效果	√		1	C 班
18	G4	ES0025L/R	ECAR 外侧围防错	机械防错	错误零件无法安装	更换错误零件	安装错误的零件后得到预期防错效果	√		1	C 班

以下是防错应用的思路：

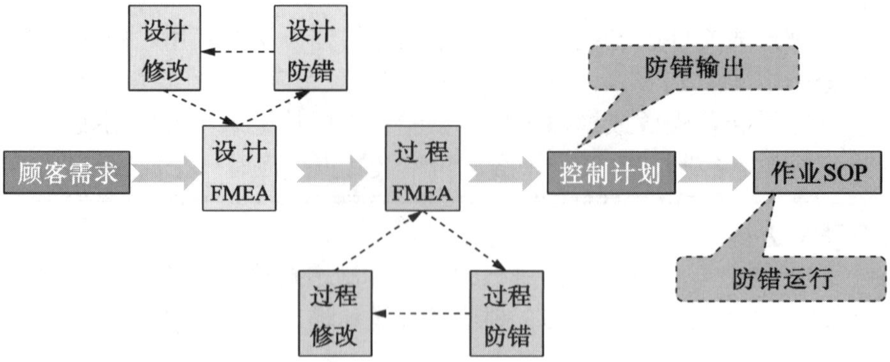

防错验证的关注点：

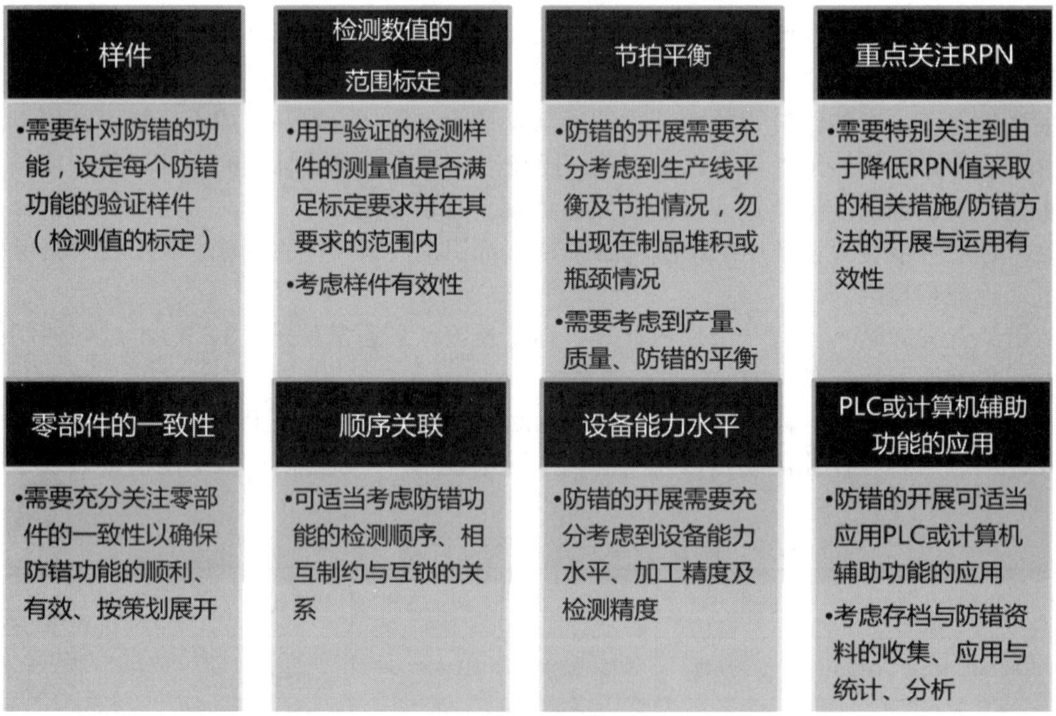

IATF 16949:2016 的补充和特别要求

10.2.5 保修管理体系

当组织被要求为其产品提供保修时，组织应实施一个保修管理过程。组织应在该过程中包含一个保修件分析法，包括 NTF（未发现故障）。当顾客指定时，组织应实施所要求的保修管理过程。

【理解和实施要点】

本条款是新增的要求，前提是当组织被要求为其产品提供保修时，就需要实施一个保修管理过程。当顾客指定时，组织应实施顾客所要求的保修管理过程。

标准提到要有一个保修件分析法，就是指对替换下来的保修件进行分析，包括 NTF（未发现故障）。未发现故障（NTF）的定义是表示针对服务期间被替换的零件，经车辆或零件制造商分析，满足“良品件”的全部要求（亦称为“未发现错误”或“故障未发现”）。

NTF 是指针对汽车产品（车辆和零部件）出厂后，在使用中发生失效，组织被要求为其产品提供保修，被替换出来的零件进行重新测试和分析，结果满足“良品件”的全部要求，未发现任何故障。

NTF 过程用于发现零件分析（标准测试和负载测试）中无法识别的问题的根本原因。如果零件分析不支持顾客的投诉（即根据零件分析发现产品正常），则采用 NTF 过程。在这一阶段，重点不是集中在个别产品身上，而是根据数据收集评估、系统测试和/或过程研究来考虑问题。

执行 NTF 过程的可能安排是：

- 由 OEM（整车厂或主机厂）自行执行；
- 供应商自行执行；
- 与协议分配的任务共同执行。

NTF过程的更详细方法请参考VDA-QMC手册《现场失效分析NTF(Field Failure Analysis)》。

近年来，随着自主品牌的崛起，汽车厂商之间的竞争也是越来越激烈，厂商在提高竞争力的同时，也在不断地增强后期的保障服务。比如汽车的保修政策，当然每个汽车厂商之间都有一定的差别。那么，汽车在保修期内哪些是免费的呢？

现在各汽车厂家都按国家颁布的《家用汽车产品修理、更换、退货责任规定》（2013 年 10 月 1 日起施行）执行，其中第五章“三包责任”中第十七条规定“家用汽车产品包修期限不低于 3 年或者行驶里程 60000 公里，以先到者为准；家用汽车产品三包有效期限不低于 2 年或者行驶里程 50000 公里，以先到者为准。家用汽车产品包修期和三包有效期自销售者开具购车发票之日起计算”。

为了提高品牌竞争力，现在越来越多的汽车厂家延长了整车质保期。在质保期内或者规定公里数内，各种零部件在确认非人为损坏的情况下都可以免费修理。不过，在厂家大力宣传自己的车型保修期有多长时，绝大部分消费者并不知道，所谓的整车质保其实是不包含车辆所有零配件的。

通常随车的《保修手册》中有明确规定，保修期内只要车主是在规定的条件下正常用车时所发生的故障或零部件损坏，厂家都会无偿为车主提供维修或更换相应备件等服务。一般情况下，发动机和变速箱的保修期基本都与质保期相同，而像蓄电池、空气滤芯、空调滤芯、正时皮带等易耗件的保修期就会很短。此外，一般在汽车《保养手册》中还明确规定，像雨刮片、刹车片、离合器片、轮胎、大灯、玻璃等易损件都不在保修范围内。

那么，哪些零件属于易损件？易损件的质保期是多长？对于这个问题，各个厂家的规定并不一致，甚至同一品牌旗下的不同车型，易损件种类和质保期也不尽相同。

滤芯、保险丝、雨刮片、刹车片等，所有品牌都将其列为易损件，但质保期有长有短，有的可以提供 6 个月/1 万公里的质保，有的则干脆声明不保修。

在绝大多数厂家看来，轮胎属于易损件，但丰田在中国的两家合资厂——广汽丰田和一汽丰田都表示，可以享受和整车同样时长的质保。

各车企对于蓄电池的看法差异稍微大一些，大众、奥迪、宝马等德系车企没有把它列为易损件，而日系、韩系、法系车企则认为蓄电池是易损件，但给出的质保期长短不一，有的只有 6 个月/1 万公里，有的则能达到 2 年/6 万公里。

以下是两个日系品牌的例子，供大家参考：

一汽丰田：整车质保 3 年/10 万公里。滤清器、皮带、火花塞、刹车片、制动片、保险丝、灯泡、雨刮片等 6 个月/1 万公里；蓄电池 2 年/5 万公里。

广汽本田：整车质保 3 年/10 万公里。离合器片、刹车片、内饰件、火花塞、轮胎、保险丝灯泡、玻璃、雨刮片等 6 个月/1 万公里；蓄电池 12 个月。

IATF 16949:2016 的补充和特别要求

10.2.6 顾客投诉和使用现场失效试验分析

组织应对顾客投诉和使用现场失效，包括退货零件，进行分析，并且应采取问题解决和纠正措施以预防再次发生。

在顾客要求的情况下，这应包括最终顾客产品系统内，组织产品嵌入式软件相互作用的分析。

组织应向顾客并且在组织内部传达试验/分析的结果。

【理解和实施要点】

本条款特别强调组织应对顾客投诉和使用现场失效，包括退货零件，进行分析，并且应采取问题解决和纠正措施以防止再次发生。这和“10.2.3 问题解决”的要求和思路是一致的，只不过这里特别强调对退货品的分析。通常对退货品需要重新进行检验、测量、试验，以验证和确认问题的性质和确实性，为采取纠正措施提供客观的依据。

对退货品试验/分析的结果应传达到组织内部的各相关部门和人员，目的是确保他们知晓在顾客地点或使用现场被识别的不合格产品和材料。同时，应向顾客报告试验/分析的结果。

如果组织的产品有嵌入式软件，则在顾客要求的情况下，应在最终顾客产品系统内，组织产品嵌入式软件相互作用的分析。

退回产品试验/分析周期应尽可能地短，应该在几个工作日完成，不是几周或几个月。

【实施建议和应用案例】

本条款可建立顾客投诉/退货管理过程予以实施。以下的文件范例仅供参考。

文件范例【客户投诉/退货管理程序】

文件名称	客户投诉/退货管理程序	文件编号：　SQ-COP-09	版本：A
编制部门	品管部	编制日期：2019.12.9	页码：1/3

1.目的

明确规定客户投诉/退货的处理方式，确保客户投诉/退货得到及时有效的解决，并采取有效的纠正/预防措施，防止问题的再发生，特制定本程序。

2.适用范围

适用于本公司客户的所有投诉及退货管理。

3.术语和定义

无

4.职责

4.1 业务部：负责客诉/退货问题的接收、沟通和反馈，并将问题传达给品管部。

4.2 品管部：负责确认客诉质量问题，组织相关部门检讨，进行原因分析及跟踪改善结果，并回复客户。

4.3 技术部：负责样品质量问题的分析和改善对策提出。

4.4 生产部：负责改善对策的执行，并记录改善结果。

5.过程管理图

（本过程相关联的 ISO 9001 &IATF 16949 条款：8.2.1/10.2.6）

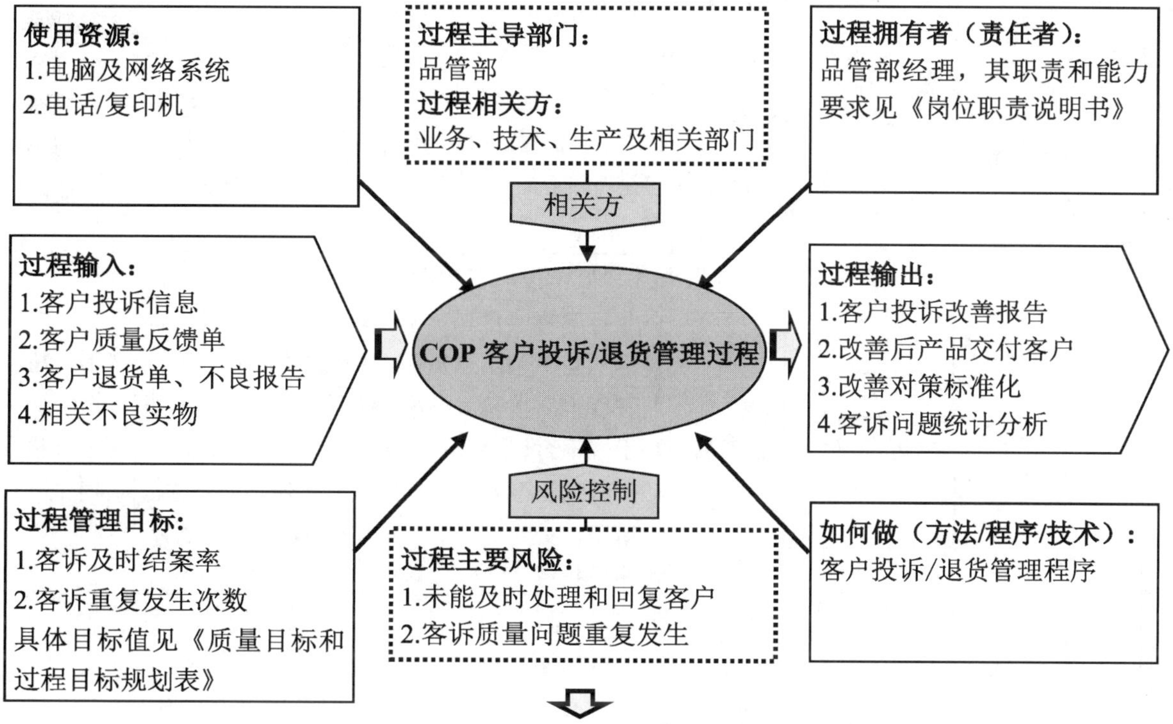

过程主要风险	对相关方的影响	应对风险的措施
1.未能及时处理和回复客户	客户不满意，可能导致公司客户流失。	按客户要求或最多三个工作日内提出改善措施并回复客户。
2.客诉质量问题重复发生		针对客诉质量问题由品管组织跨功能小组进行原因分析和提出改善对策，品管部负责跟踪确认改善效果后回复客户，将确认的改善措施标准化。

文件名称	客户投诉/退货管理程序	文件编号：SQ-COP-09	版本：A
编制部门	品管部	编制日期：2019.12.9	页码：2/3

6.作业内容

序号	作业流程	权责部门/人	作业要求	参考文件/使用表单
6.1	客户反馈	业务部	6.1 业务部在接收到客户反馈时，不论客户是以何种方式（口头或是书面）反映问题，需确实了解客户反馈的具体事项。	
6.2	内容确认	业务部	6.2.1 业务部将收到的客户反馈信息进行分析，确定是质量问题还是交期问题，或是服务等问题。 6.2.2 若属质量投诉时，业务请客户提供不良异常单、产品在客户端的储存、使用状况、不良图片等信息资料，以确保客诉分析的正确及迅速改善。	
6.3	投诉提出	业务部	6.3.1 质量投诉时，业务将详细信息填写《纠正/预防措施处理单》，并连同相关资料提交给品管部。 6.3.2 若属交期投诉或是服务需求时，业务需知会相关部门处理，必要时召开会议研讨。	《纠正/预防措施处理单》
6.4	问题确认（NG→6.3 投诉提出；OK→6.5）	品管部	6.4 品管部对《纠正/预防措施处理单》投诉内容进行确认，有不清楚、不一致时反馈给业务部。	《纠正/预防措施处理单》
6.5	退回品分析	业务部 品管部	6.5.1 质量投诉有客诉品退回时，退货品入库后业务部将客户退货单复印一份交品管部，品管部从仓库领出退货品，并对退货品存在的问题进行重新检验和分析，将不良类别和数量填写于《不合格品评审报告》。 6.5.2 品管部组织相关部门人员对退货品进行评审确定处理的方式，具体按《不合格品控制程序》执行。	《不合格品评审报告》 《不合格品控制程序》
6.6	紧急对策	品管部 相关部门	6.6.1 质量不良时，可按 7.1 附加说明采取紧急补救措施，以确保客户利益不受到影响。 6.6.2 交期投诉或是服务需求时，相关部门应立即分析原因进行处理。	
6.7	(6.11)→原因分析	品管部 相关部门	6.7 品管组织跨功能小组（包括技术、品管部、生产等部门）根据《纠正/预防措施处理单》进行原因分析，责任部门进一步调查分析发生问题的根本原因，或附分析报告，以作为拟定改善对策的依据。	《纠正/预防措施处理单》

文件名称	客户投诉/退货管理程序	文件编号：SQ-COP-09	版本：A
编制部门	品管部	编制日期：2019.12.9	页码：3/3

序号	作业流程	权责部门/人	作业要求	参考文件/使用表单
6.8	确定措施	品管部 相关部门	6.8 跨功能小组依据分析的原因，确定所需采取的纠正措施，以防问题再次发生。相关措施应填入《纠正/预防措施处理单》。	《纠正/预防措施处理单》
6.9	回复客户	业务部	6.9 业务部依客户要求格式回复给客户，若客户无规定格式的，则以《纠正/预防措施处理单》回复给客户，必要时由品管部人员前往处理。回复期限应在收到客户投诉或收到退货品后三个工作日内完成。	《纠正/预防措施处理单》
6.10	措施实施	责任部门	6.10 责任部门按《纠正/预防措施处理单》确定的纠正措施实施，并记录实施的结果。	《纠正/预防措施处理单》
6.11	改善确认（NG→6.7；OK↓）	品管部	6.11 品管部负责追踪确认改善措施的执行情况及其有效性、合理性，并将执行的证据填入《纠正/预防措施处理单》内。若措施无效，责任部门需从 6.7 重新分析。	《纠正/预防措施处理单》
6.12	措施展开和标准化	责任部门	6.12.1 经确认改善对策有效后，责任部门应将措施进行横向展开，以防止类似问题在其他产品或过程中出现。 6.12.2 责任部门须将有效的措施和方法写入相关程序或作业指导文件中，以使措施标准化。	
6.13	资料统计	品管部	6.13 每月客户反馈的问题由品管部整理成《客户反馈问题月统计表》，并于品质月会中检讨。	《客户反馈问题月统计表》

7.附加说明

7.1 紧急对策说明

按客户投诉问题的紧急情况，可采取以下补救措施：

a）退货品能返工的及时返工，检验合格后送货。

b）不能返工的马上安排生产，及时送货。

c）重大客诉问题时召开客诉检讨会议及供货商物料质量检讨会议。

7.2 若顾客对问题解决有特别规定的过程、工具或系统，公司应采用这些过程、工具或系统，除非顾客另行批准。

8.参考文件

8.1 《不合格品控制程序》

9.使用表单

9.1 《纠正/预防措施处理单》

9.2 《不合格品评审报告》

9.3 《客户反馈问题月统计表》

10.3 持续改进

ISO 9001:2015，质量管理体系—要求

10.3 持续改进

组织应持续改进质量管理体系的适宜性、充分性和有效性。

组织应考虑分析和评价的结果以及管理评审的输出，以确定是否存在需求或机遇，这些需求或机遇应作为持续改进的一部分加以应对。

【目的和意图】

本条款旨在明确组织应持续改进质量管理体系的适宜性、充分性和有效性。

【理解和实施要点】

持续改进是一个组织永恒的主题，由于顾客和相关方的要求总是在不断变化，组织要持续地满足顾客及相关方要求并增强顾客满意度，就必须开展持续改进活动。

组织应首先基于分析和评价（条款 9.1.3）的输出和管理评审（条款 9.3）的输出，以确定是否存在持续改进的需求和机会，进而决定需要采取怎样的持续改进的措施。组织应注重持续改进活动的结果和效果，例如对产品、服务、过程的改进和对质量管理体系绩效与有效性的改进。

当发现了改进机会并有必要进行改进时，需要根据可获得的资源，决定如何改进。当发现多个改进机会同时存在时，可能还需要确定改进的优先次序。

持续改进质量管理体系的有效性的措施可以是日常渐进的改进活动（如 QC 小组的活动），也可以是重大的改进活动（如年度的技改项目）。

组织在持续改进的过程中，应关注如何识别和使用适宜的改进方法和工具，如前面提到的根本原因分析、8D、FMEA 和鱼骨图等。

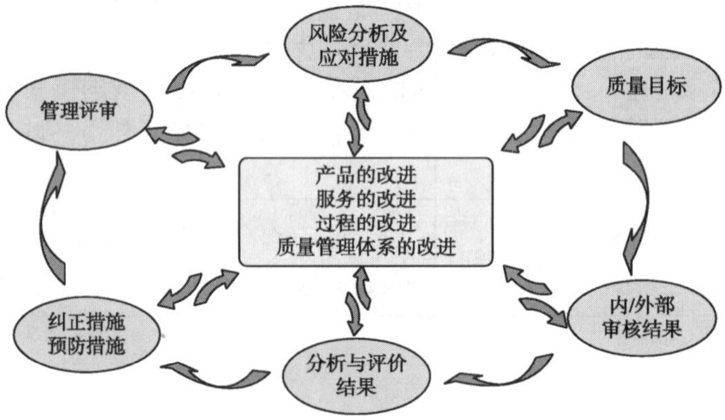

IATF 16949:2016 的补充和特别要求

10.3.1 持续改进—补充

组织应有一个形成文件的持续改进过程。组织在本过程中包括以下内容：

a）对所采用方法、目标、测量、有效性和形成文件的信息的识别；

b）一个制造过程改进行动计划，重点放在减少过程变差和浪费；

c）风险分析（例如 FMEA）。

注：持续改进是当过程有统计能力且稳定，或者产品特性为可预测且满足顾客要求时实施的。

【理解和实施要点】

IATF 16949 对持续改进提出了更高的要求。

需要特别强调的是，持续改进是当过程有统计能力且稳定，或者产品特性为可预测且满足顾客要求时实施的。如果是不合格或未达到目标值而采取的纠正措施，这是改进但不是持续改进。

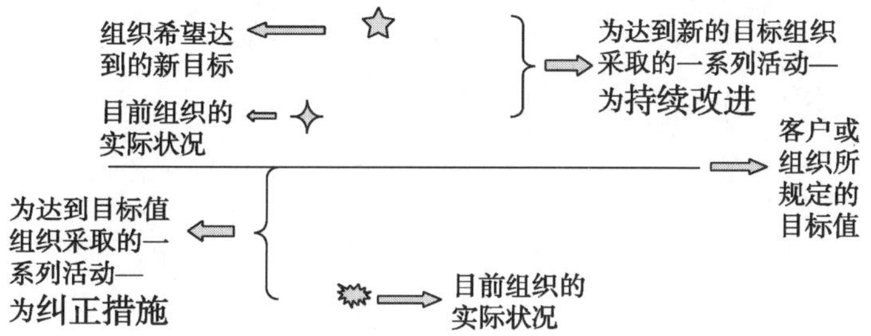

持续改进可包括为了增加输出、产品和服务的一致性而采取的措施，以便提高输出的合格水平、改进过程能力和减少过程变异。持续改进质量管理体系的目的在于增加组织提升顾客和其他相关方满意的机会。

持续改进可包括下列活动：

a）分析和评价现状，以识别改进项目；

b）确定改进目标；

c）寻找可能的解决办法，以实现这些目标；

d）评价这些解决办法并做出选择；

e）实施选定的解决办法；

f）测量、验证、分析和评价实施的结果，以确定这些目标已经实现；

g）正式采纳更改；

h）必要时，对结果进行评审，以确定进一步改进的机会。

持续改进常用的工具：

- 能力研究
- 试验设计
- 风险分析（如 FMEA）
- 统计过程控制
- 供方评价
- 体系、过程和产品审核
- 试验和测量技术
- 价值分析
- 六西格玛
- 精益制造
- 标杆管理

对于制造过程而言，持续改进的焦点应放在产品特性和过程参数的控制和变异上。因为产品特性是顾客关注的焦点，而过程参数的不稳定或变异会影响到一个或多个产品特性。

计数值和计量值特性的持续改进：

——计量值是针对产品的特性而测量得出的数据，如尺寸、重量、浓度、压力的测量值等。

——计数值是针对产品的缺点数或不合格品数进行统计得出的数据，如一件压铸产品上有几个砂眼、一批产品中有几个不合格品等。

——对于计量值特性，其改进目标应是控制到最佳目标值，并努力提高过程能力。

——对于计数值特性，其改进目标是不合格率的不断降低，并努力实现零缺陷。

改进和持续改进的关键不在于组织所拥有的技术和技能的程度，而是在于企业形成的改进文化。

【实施建议和应用案例】

持续改进可结合“7.3.2 员工激励和授权”的要求进行策划，可建立持续改进管理过程予以实施。

第四章
组织环境分析、战略规划和经营计划

第一节　组织的内/外部环境分析

一、企业经营管理的基本思路

一个组织的经营战略和目标，构建了组织的发展趋势和蓝图，是整个组织全体人员努力的方向和奋斗的目标，组织的战略思想在很大程度上决定了组织未来的发展。在极速变化和竞争激烈的市场环境下，每个组织都面临着生存的危机，具有危机意识和先知先觉的组织方能够立于不败之地，长盛不衰。因此，组织应随时掌握外部环境的变化，如市场的趋势、顾客需求的变化、竞争者的动态、技术的革新和进步、社会文化的变迁等，并应考虑内部环境，如资源的多寡、技术能力、组织绩效、知识水平、优势和劣势等，综合考虑制定经营战略和设定长中短期目标。

下图表述的是企业经营管理的基本思路，在确定企业中长期策略和目标时，外部因素和内部因素分析的信息作为关键的输入。

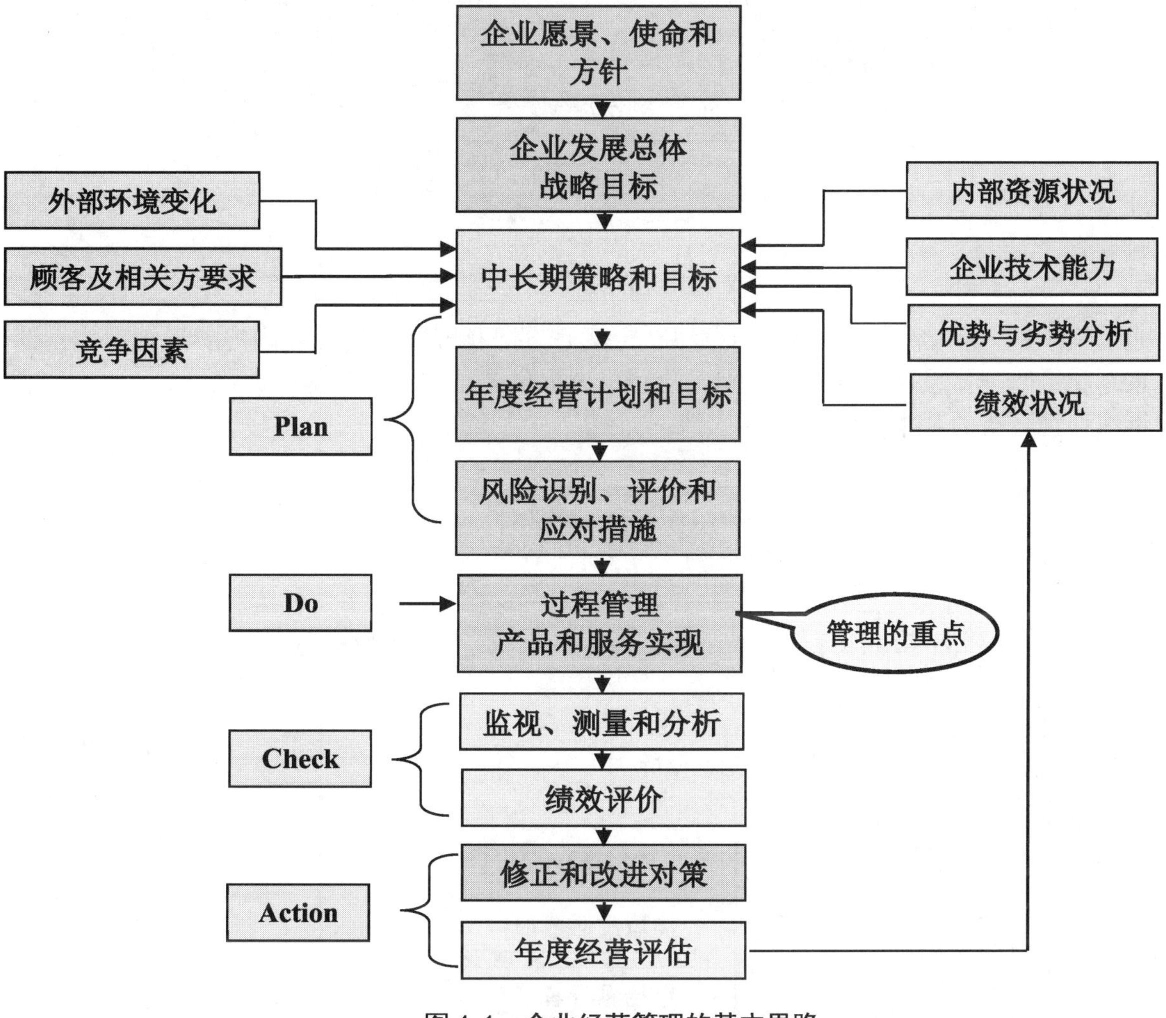

图 4-1　企业经营管理的基本思路

二、组织的外部和内部环境因素

在标准第 4 章首先提出“组织环境”，4.1 强调“理解组织及其环境”，要求组织应确定与其宗旨和战略方向相关并影响其实现质量管理体系预期结果的能力的各种外部和内部因素。组织应对这些外部和内部因素的相关信息进行监视和评审。

外部因素应考虑来自国际、国内、地区或当地的各种法律法规、技术、竞争、市场、文化、社会和经济环境的因素。内部因素应考虑与组织的价值观、文化、知识和绩效等有关的因素。

组织的内/外部环境通常包括以下因素。如图所示。

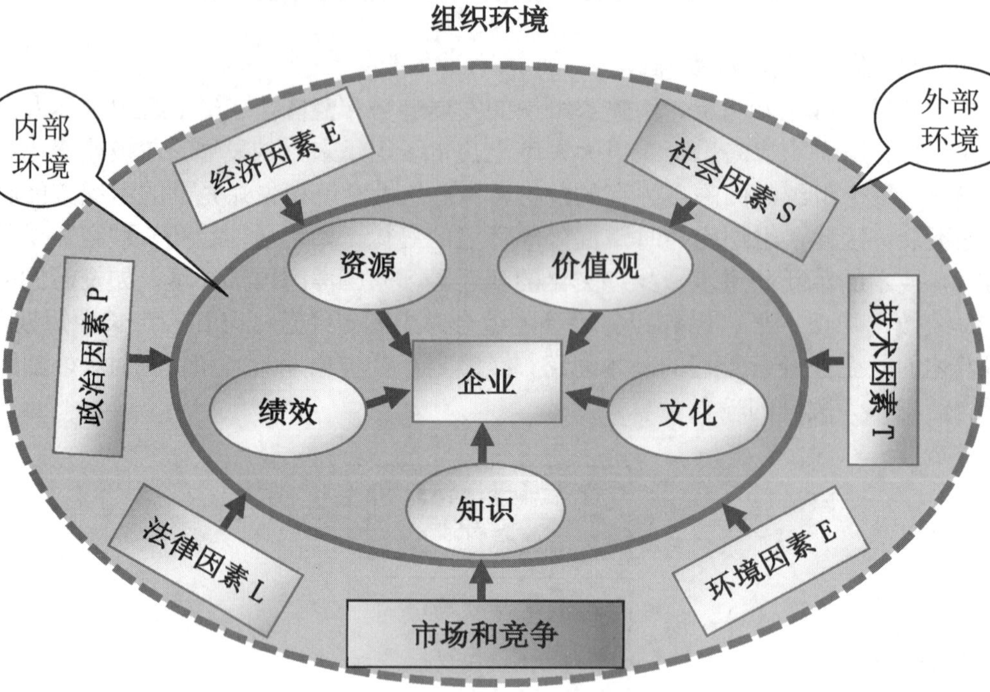

图 4-2　组织的内/外部环境因素

通过组织的内/外部环境分析，为组织制定战略方向和方针、目标，确定质量管理体系的范围、策划质量管理体系及其过程、识别风险和机遇提供了必要的信息基础。

组织环境分析的基本组成见下图。

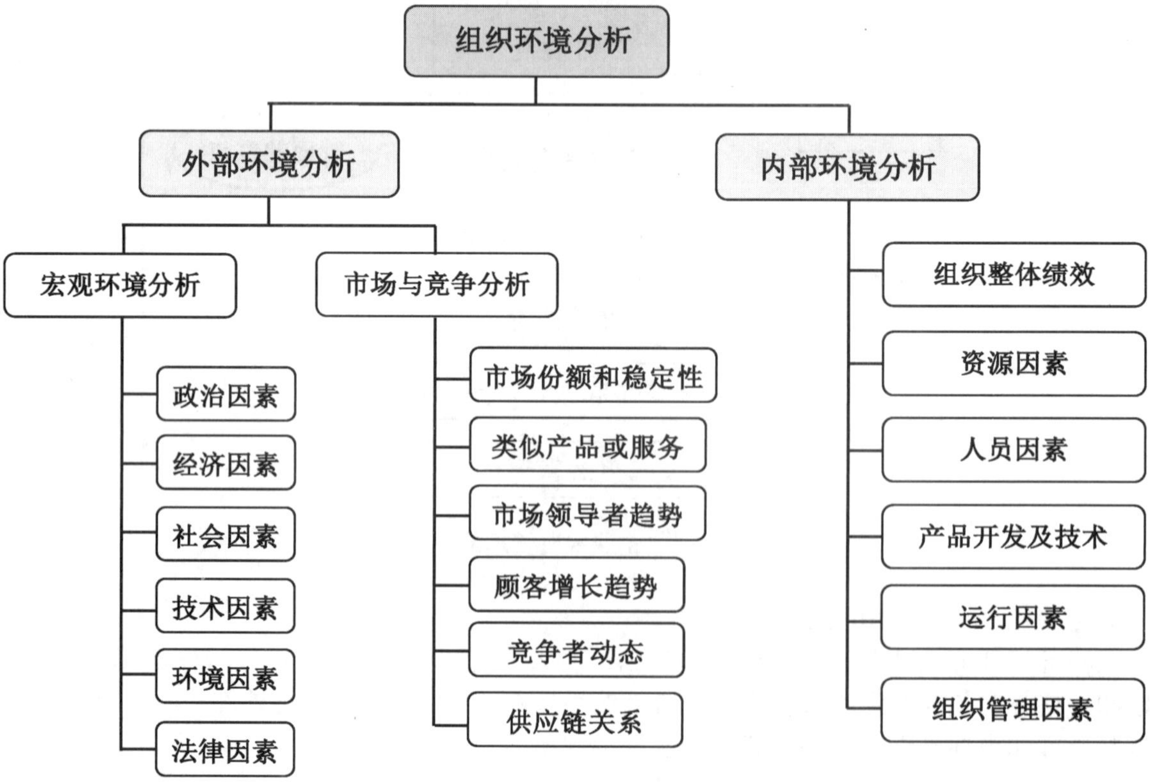

图 4-3　组织环境分析的组成

企业环境分析常用方法：宏观环境分析可用PESTEL（政治、经济、社会、技术、环境、法律）分析法；竞争因素分析可用波特的五力分析法；内外综合因素分析可使用SWOT（优势、劣势、机会与威胁）分析法。根据组织的规模和运行的复杂性，简单方法也可能对组织有用，如头脑风暴和“假设分析”等。

三、外部宏观环境分析——PESTEL分析法

PESTEL分析模型又称大环境分析，是分析宏观环境的有效工具，不仅能够分析外部环境，而且能够识别一切对组织有冲击作用的力量。它是调查组织外部影响因素的方法，其每一个字母代表一个因素，可以分为六大因素：政治因素（Political）、经济因素（Economic）、社会因素（Social）、技术因素（Technological）、环境因素（Environmental）和法律因素（Legal）。

（1）政治因素（Political）

政治环境就是指一个国家或地区在一定时期内的政治大背景。政治环境的好坏影响着宏观经济形势，从而也影响着组织的生产经营活动。

政治环境分析的内容，如我国提出了优化产业结构，转变经济增长方式，以信息化带动工业化，以工业化促进信息化，实施供给侧结构性改革，鼓励大众创业、万众创新等。这一切都对企业生产经营活动有着决定性的影响，指导着企业正确地确定自己的经营方向、经营目标、经营方针和经营战略。

政治因素包括但不限于：

- 企业所在地区和国家的政局稳定状况；
- 公共投资、当地基础设施等；
- 执政党所要推行的基本政策以及这些政策的连续性和稳定性；
- 政府对企业行为的影响；
- 各种政治利益集团对企业活动产生影响；
- 国家之间的关系、利益、冲突，国际组织（如WTO）。

（2）经济因素（Economic）

经济因素是指组织外部的经济结构、产业布局、资源状况、经济发展水平以及未来的经济走势等。

经济因素包括但不限于：

- 社会经济结构，主要是产业结构，如制造业、服务业、金融、物流；
- 经济发展水平，如属于发展中国家或地区、发达国家或地区、贫穷国家或地区；
- 经济体制，如计划经济、市场经济；
- 经济政策，包括综合性的经济发展战略和产业政策、国民收入分配政策、价格政策、物资流通政策、金融货币政策、劳动工资政策、对外贸易政策等；
- 社会购买力；
- 消费者收入水平和支出模式；
- 消费者储蓄和信贷；
- 通货膨胀、汇率、利息、关税等。

（3）社会因素（Social）

社会因素是指组织所在社会中成员的历史发展、文化传统、价值观念、教育水平以及风俗习惯等因素。

社会因素包括但不限于：

- 文化传统，如种族、宗教、风俗、习惯、历史、教育水平；
- 价值观，如公众道德观念、社会责任；
- 当地失业率；
- 出行方式，如公共交通或自驾车出行；

- 社会各阶层对企业的期望；
- 公共假期和工作日等；
- 人口结构：性别、年龄、教育程度、收入、家庭大小、农村与城市人口。

（4）技术因素（Technological）

技术因素不仅仅包括那些引起革命性变化的发明，还包括与企业生产有关的新技术、新工艺、新材料的出现和发展趋势以及应用前景。

技术环境对组织活动成果有着重要的影响，技术进步了，企业现有产品就可能被采用了新技术的竞争产品所取代。产品更新换代以后，组织现有的生产设施和工艺方法可能显得落后，生产作业人员的操作技能和知识结构可能不再符合要求，如工业 4.0 的导入，就会改变很多企业的生产模式。

技术因素包括但不限于：

- 社会科技水平；
- 社会科技力量；
- 国家科技体制；
- 国家科技政策；
- 新兴行业技术、材料和设备、专利期限等。

（5）环境因素（Environmental）

一个组织的活动、产品和服务中能与环境发生相互作用的要素。

环境因素包括但不限于：

- 土地紧缺或宽裕；
- 自然灾害经常发生或很少发生；
- 淡水资源紧缺或充沛；
- 不可再生的有限资源短缺，如石油、煤炭；
- 环境污染影响。

（6）法律因素（Legal）

组织外部的法律、法规、司法状况和公民法律意识所组成的综合系统。

法律因素包括但不限于：

- 世界性公约，条款；
- 基本法（宪法、民法）；
- 劳动保护法；
- 公司法和合同法；
- 行业竞争法；
- 环境保护法；
- 消费者权益保护法；
- 行业公约。

PESTEL 是在 PEST 分析基础上加上环境因素（Environmental）和法律因素（Legal）形成的。在分析一个企业所处的宏观环境的时候，通常是通过这六个因素来进行分析企业所面临的状况。PESTEL 分析也可用下表进行归纳和汇总。

表 4-1　宏观环境（PESTEL）分析评价表（参考格式）

分析项目	与行业的相关因素	具体的变化或趋势	机会	威胁	可能对策
政治因素	如政治稳定性 国家政策 国际关系 对汽车产业的投资政策 当地基础设施 国际贸易协议				
经济因素	GDP 地区经济发展 货币汇率 经济形势 通胀预期 信贷可获得性				
社会因素	消费趋势、传统文化、人口数量、家庭户数、人口年龄结构、当地失业率、教育水平、公共假期和工作日				
技术因素	本产业技术变化 竞争产业技术变化 新兴行业技术 材料和设备 专利期限				
环境因素	环保政策 生态环境				
法律因素	国家法规 行业法规 国际公约				

四、市场和竞争分析

市场和竞争分析可包括组织的市场份额和稳定性、类似产品或服务、市场领导者趋势、顾客增长趋势、竞争者动态、供应链关系等。

表 4-2　市场和竞争分析评价表（参考格式）

分析因素	现状分析	具体的变化或趋势	机会	威胁	可能对策
市场份额和稳定性					
类似产品或服务					
市场领导者趋势					
顾客增长趋势					
竞争者动态					
供应链关系					

五、内部环境分析

内部环境分析可包括但不限于以下因素：

（1）组织总体绩效，如通过标准条款“9.1.3 分析和评价”获得的数据；

（2）资源因素，如基础设施（条款 7.1.3 的相关设施）、过程运行环境（条款 7.1.4 识别的环境要求）、组织的知识（条款 7.1.6 的知识需求）；

（3）人员方面，如个人能力、组织行为和文化、工会关系等；

（4）产品开发及技术、新产品开发能力、新技术应用、专利等；

（5）运行因素，如过程或产品和服务的提供能力，质量稳定性和产品安全性；

（6）组织管理因素，如决策规则和程序或组织架构。

表 4-3　内部因素分析评价表（参考格式）

分析因素	现状分析	具体的变化或趋势	机会	威胁	可能对策
组织总体绩效					
基础设施					
过程运行环境					
组织的知识					
人员方面					
产品开发及技术					
过程或产品和服务的提供能力					
质量稳定性和产品安全性					
组织管理因素					

六、内/外部环境综合分析——SWOT 分析

1.什么是 SWOT 分析

所谓 SWOT 分析，即基于内/外部竞争环境和竞争条件下的态势分析，就是将与组织密切相关的各种主要内部优势、劣势和外部的机会及威胁等，通过调查列举出来，并依照矩阵形式排列，然后用系统分析的思想，把各种因素相互匹配起来加以分析，从中得出一系列相应的结论，而结论通常带有一定的决策性。

SWOT 分析法是用来确定企业自身的竞争优势、竞争劣势、机会和威胁，从而将公司的战略与公司内部资源、外部环境有机地结合起来的一种科学的分析方法。

运用这种方法，可以对研究对象所处的情景进行全面、系统、准确的研究，从而根据研究结果制定相应的发展战略、计划以及对策等。

（1）优势与劣势分析（SW）

由于企业是一个整体，并且由于竞争优势来源的广泛性，所以，在做优/劣势分析时应从多方位将企业与竞争对手做详细的对比。如产品创新能力、制造工艺技术、服务的及时性和有效性，以及价格是否具有竞争性等。如果一个企业在某一方面或几个方面的优势正是该行业的企业应具备的关键成功要素，那么，该企业的综合竞争优势也许就强一些。衡量一个企业及其产品是否具有竞争优势，只能站在现有或潜在顾客角度上，而不是站在企业的角度上看。

（2）机会与威胁分析（OT）

随着经济、社会、科技等诸多方面的迅速发展，特别是世界经济全球化、一体化过程的加快，全球信息网络的建立和消费需求的多样化，企业所处的环境更为开放和动荡。这种变化几乎对所有企业都产生了深刻的影响。正因为如此，外部环境分析成为一种日益重要的企业职能。

外部环境发展趋势分为两大类：一类表示环境机会，另一类表示环境威胁。环境机会就是对公司行为富有吸引力的领域，在这一领域中，该公司将拥有竞争优势。环境威胁指的是环境中一种不利的发展趋势所形成的挑战，如果不采取果断的战略行为，这种不利趋势将导致公司的竞争地位受到削弱。

优势、劣势分析主要是着眼于企业自身的实力及其与竞争对手的比较，而机会和威胁分析将注意力放在外部环境的变化及对企业的可能影响上。

2.SWOT 分析方法的应用

（1）SWOT 方法的应用范围

- 制定公司发展战略
- 竞争对手分析
- 市场定位
- 个人职业规划

（2）SWOT 分析提问思考

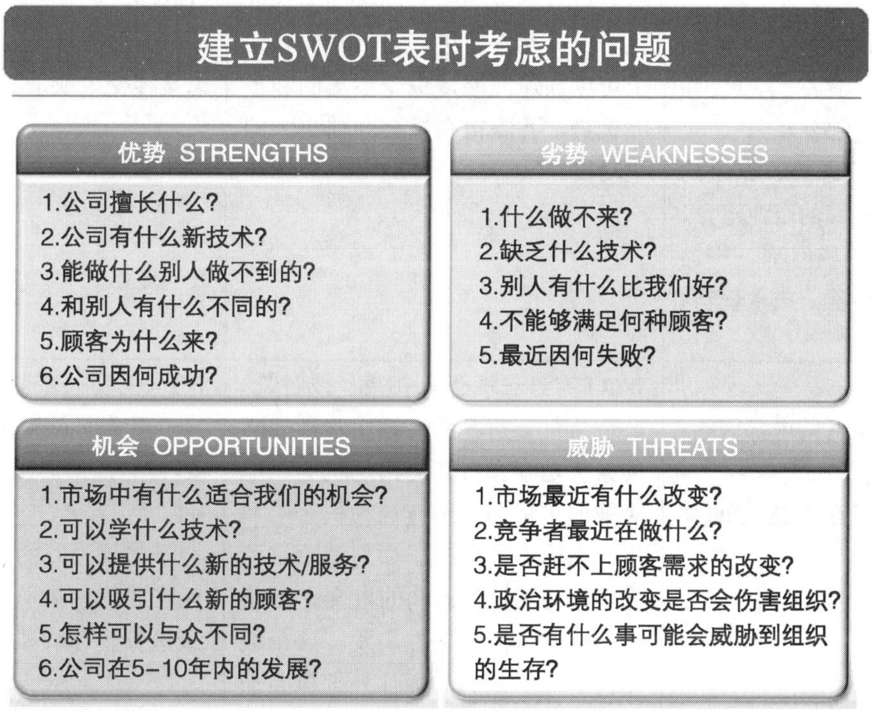

（3）SWOT 分析的内容

SWOT 分析法常常被用于制定企业发展战略和分析竞争对手情况，在战略分析中，它是最常用的方法之一。进行 SWOT 分析时，主要有以下几个方面的内容：

表 4-4　SWOT 分析表（参考格式）

SWOT 分析	**机会（O）** 机会，是企业的外部因素，具体包括：新产品、新市场、新需求、外国市场壁垒解除、竞争对手失误等。例如： ● 客户群的扩大趋势或产品细分市场 ● 技能技术向新产品新业务转移 ● 前向或后向整合 ● 市场进入壁垒降低 ● 获得购并竞争对手的能力 ● 市场需求增长强劲，可快速扩张 ● 出现向其他区域扩张，扩大市场份额的机会	**威胁（T）** 威胁，也是企业的外部因素，具体包括：新的竞争对手、替代产品增多、市场紧缩、行业政策变化、经济衰退、客户偏好改变、突发事件等。例如： ● 出现将进入市场的强大的新竞争对手 ● 主要产品市场增长率下降 ● 汇率和外贸政策的不利变动 ● 人口特征、社会消费方式的不利变动 ● 客户或供应商的谈判能力提高 ● 市场需求减少
优势（S） 优势，是企业的内部因素，具体包括： ● 技术技能优势 ● 有形资产优势 ● 无形资产优势 ● 人力资源优势 ● 组织体系优势 ● 竞争能力优势 如有利的竞争态势、充足的财政来源、良好的企业形象、技术力量、规模经济、产品质量、市场份额、成本优势、广告攻势等。	**SO（优势—机会）战略（或对策）** ——这个战略的目标就是通过发挥企业内部优势而充分利用外部机会的战略。 ——理想的战略状况是，实行这种战略可以实现利用外部机会与内部优势提升相互促进。在战术的运用上可以加速发展，进一步巩固和扩大优势，并赢得在机会面前更大的主动权。	**ST（优势—威胁）战略（或对策）** ——理性考虑博弈，利用本企业的优势扭转回避或减轻外部威胁影响。 ——有时候适当撤退或妥协也是可取的。 ——当面临市场的威胁时，应当考虑某种变革或采取收缩战略。
劣势（W） 劣势，也是企业的内部因素，具体包括： ● 缺乏具有竞争意义的技能技术 ● 缺乏具有竞争力的： 有形资产 无形资产 人力资源 组织资产 如设备老化、管理混乱、缺少关键技术、研究开发落后、资金短缺、经营不善、产品积压、竞争力差等。	**WO（劣势—机会）战略（或对策）** ——从机会角度看，适用这种战略的条件是存在有利的市场机会，但企业的劣势却妨碍着这种机会的利用。因此，关键在于如何消除这种劣势来利用这种有利的机会。 ——或者从内部条件出发，这个战略的目标就是通过抓住外部机会来弥补内部的劣势。	**WT（劣势—威胁）战略（或对策）** ——防御性战略为主，旨在减少内部劣势，同时回避外部环境的威胁。 ——如果面对的是市场威胁，建议适当收缩和撤退，寻求其他机会，或进行变革管理以化解困境。

（4）成功应用 SWOT 分析法的规则

a）进行 SWOT 分析的时候必须对公司的优势与劣势有客观的认识；

b）进行 SWOT 分析的时候必须区分公司的现状与前景；

c）进行 SWOT 分析的时候必须考虑全面；

d）进行 SWOT 分析的时候必须与竞争对手进行比较，比如优于或是劣于你的竞争对手；

e）保持 SWOT 分析法的简洁化，避免复杂化与过度分析。

（5）制定战略或对策

在完成 SWOT 分析后，便可以制定出相应的战略或对策。制定战略或对策的基本思路是：**发挥优势，克服劣势，利用机会，避免威胁；考虑过去，立足当前，着眼未来。**运用系统分析的综合分析方法，将排列与考虑的各种因素相互匹配起来加以组合，得出一系列公司未来发展的可选择对策。

（6）SWOT 分析应用案例

SWOT 分析		外部环境	
		机会（O） 1）客户 KL 在新能源车研发方面属国内领先，新能源车是未来全球的发展趋势； 2）国家大力支持此行业； 3）公司产品在业内已有一定知名度，利于新客户和外部供方的开发。	**威胁（T）** 1）汽车产品价格竞争大，竞争对手实力雄厚，可能影响产品利润； 2）新能源车发展缓慢，短期内难有大的销售增长； 3）非汽车客户 YL 今年订单下滑，明年从全球市场环境看客户难有大的增长。
内部环境	**优势**（S） 1）跟客户新车型同步研发，对产品要求了解，客户关系稳定； 2）客服反应及时，客户较满意； 3）设备基本是通用设备，业务扩展范围广泛； 4）生产技工基本稳定，对产能有保障。	**SO（优势—机会）战略（或对策）** 1）拓展新能源汽车客户及轨道交通类客户（如高铁相关产品）； 2）现有汽车客户可扩展相关零部件的产品； 3）进一步提升客户服务能力，提供专业技术支持。	**ST（优势—威胁）战略（或对策）** 1）扩展业务团队，提升业务人员专业能力； 2）开发有前景的非汽车行业的客户。
	劣势（W） 1）管理水平偏低，管理人员提升速度太慢； 2）技术人员欠缺，技术能力偏低； 3）生产工艺缺乏完整和规范，生产控制不稳定； 4）质量控制不足，质量工具应用欠缺； 5）管理成本较高，利润被吞噬。	**WO（劣势—机会）战略（或对策）** 1）强化管理人员的能力培训（包括体系知识和应用、管理工具应用、精益制造思维）； 2）扩大技术开发人员队伍，招聘行业经验丰富的技术人员，并强化技术人员的培训（包括项目管理、APQP、FMEA、PPAP、工艺设计等）； 3）加强和完善体系建设，进行相关质量控制和质量工具应用的培训。	**WT（劣势—威胁）战略（或对策）** 1）精简管理队伍，提升管理能力； 2）导入信息化管理，优化管理手段和方法。

第二节　确定与组织有关的相关方及其要求

正如标准“4.2 理解相关方的需求和期望”中强调的，由于相关方对组织稳定提供符合顾客要求和适用法律法规要求的产品和服务的能力具有影响或潜在影响，因此，组织应确定与质量管理体系有关的相关方，并确定有关的相关方的要求。

标准不要求组织考虑其认为与其质量管理体系无关的相关方，也不必满足所有的相关各方的需求和期望。某个相关方的特定要求是否与其质量管理体系相关，这需要组织自行判断。

组织在识别和确定有关的相关方时，考虑其可能的以下影响：

a）可能对组织绩效或决策产生的影响或冲击；

b）带来风险和机遇的能力；

c）可能对市场产生的影响或冲击；

d）其决策或活动对组织的影响能力。

通过考虑这些情况去规划战略、制定方针和经营计划。

与组织的质量管理体系有关的潜在相关方通常有：

——顾客或最终用户；

——所有者、股东；

——合资企业合伙人；

——知识产权所有人；

——上下级组织；

——组织内的人员（雇员及其他为组织工作者）；

——外部供方（供应商或外包商、服务商）；

——银行；

——监管者或政府机构（地方、区域、国家或国际机构）；

——地方社区团体；

——非政府组织（如工会、行业协会）；

——合作伙伴以及可能的竞争对手；

——邻近组织。

有关相关方的要求和期望包括但不限于：

——顾客关于符合性、价格、可获得性或交付方面的要求；

——已经与顾客或外部供方签订的合同；

——行业规范和标准；

——与社团或非政府组织达成的协议；

——所提供产品或服务的法律法规要求，以及影响组织提供这些产品或服务的能力的法律法规要求；

——监管部门发布的指令；

——条约、公约和协定；

——与公共机构和顾客达成的协议；

——自愿原则或行为规范；

——自愿标识或环境承诺；

——与组织签订合同而产生的义务；

——员工政策。

质量管理体系的建立和实施必须理解相关方与组织的关系，并将其纳入企业的经营管理之中。

标准要求理解相关方的需求和期望，是提出前瞻性的考虑，以便组织提前的预测和规划，但仅需对其要求进行管理。组织有关相关方及其要求的识别、应对措施、监视和评审管理，参考示例如下。

（1）组织有关相关方的识别和确定示例

有关相关方的需求和期望识别（示例）					
潜在相关方	是否对组织具有影响	有关相关方的需求和期望	监视和评审时机	负责识别、监视和评审的部门	信息收集方法
顾客	是	产品的质量、安全性、价格和交付 新产品开发时效	新增时，季度/年度	业务部 研发部	市场调查、合同/订单评审、顾客满意度调查
最终使用者	是	产品的质量、安全性、价格和服务	季度/年度	业务部 品管部	服务信息、顾客反馈
所有者、股东	是	持续的盈利能力、投资、创新和发展、决策和财务透明度	季度/年度	总经理	董事会、股东章程
组织的员工	是	合理的薪资和福利 良好的工作环境 学习和成长 得到承认和奖励	季度/年度	人资部	员工调查表 意见箱 工会意见
外部供方	是	互利和业务连续性、付款及时	新增时，季度/年度	采购部	采购合同/协议、供方会议
法律法规机构（地方、区域、国家或国际机构）	是	所提供产品或服务符合法律法规要求，守法，诚信经营	季度/年度	法务部 研发部	法律法规机构文件、政府发布信息
上下级组织	无，没有上下级组织关系				
合资企业合伙人	无，非合资企业				
特许经销商	无，无经销商				
银行	是	按时还贷、企业更多贷款需求	新增时，季度/年度	财务部	信贷合同
工会	是	非强制劳动、提供劳动保障、丰富员工文化生活	季度/年度	人资部	工会会议 工会反馈
行业和专业协会	否				
知识产权所有人	否，未涉及他人知识产权				
地方社团	否，没有影响				
非政府组织	否，没有影响				
邻近组织	否，邻近组织无影响				
竞争对手	是	公平竞争、共享信息	季度/年度	业务部	商务访谈及交流

（2）组织有关相关方及其要求的应对措施示例

有关相关方的要求及其应对措施（示例）				
有关相关方	有关相关方的需求和期望	有关相关方的具体要求	需要应对的风险和机遇	策划采取的措施
顾客	产品的质量、安全性、价格和交付，新产品开发时效	1）零公里故障率100PPM。 2）安全故障召回和索赔。 3）100%准时交付。 4）新产品开发时效 120 日历日。	风险： 1）零公里故障率高于 100PPM 时的罚款和停止供货风险。 2）安全故障召回和索赔风险。 3）未准时交付的罚款风险。 4)未达成开发时效可能减少新业务的风险。 机遇： 1)达成质量和交付绩效时订单份额增加。 2）新业务增加。	1）增加高性能检测设备。 2）零公里故障率专案改善小组。 3）在顾客周边 10 公里范围内租用周转仓库。 4）优化设计开发流程。 5）专项技术培训，提高设计人员技术。
最终使用者	产品的质量、安全性、价格和服务			
所有者、股东	不断成长、持续的盈利能力、透明度			
组织的员工	合理的薪资和福利、良好的工作环境、学习和成长、得到承认和奖励			
外部供方	互利和业务连续性、付款及时			
法律法规机构	所提供产品或服务符合法律法规要求，守法，诚信经营			
银行	按时还贷、企业更多贷款需求			
工会	非强制劳动、提供劳动保障、丰富员工文化生活			
竞争对手	公平竞争、共享信息			

（3）组织有关相关方及其要求的监视和评审示例

有关相关方的要求监视和评审（示例）						
有关相关方	有关相关方的要求新增或变化	新的风险和机遇	应对策略/措施	评审部门	评审人	评审日期
顾客	顾客提出售后服务支持，要求配置专业服务人员。	风险： 不提供服务支持可能导致顾客转移供应商或减少订单份额。 机遇： 通过售后服务支持，获得第一手产品运行和故障信息，利用改进故障率。	1）成立售后服务部； 2）培训售后服务专业人员。	业务部 品管部 总经办	武安国 张启斌 高大琴	季度评审 2019.9.9
最终使用者	无	无	无	业务部	武安国	季度评审 2019.9.9
所有者、股东						
组织的员工						
外部供方						
法律法规机构（地方、区域、国家或国际机构）						
银行						
工会						
竞争对手						
以下为新增相关方						
行业和专业协会	遵守行业规范和标准	风险： 未遵守行业规范和标准可能导致顾客不接受或不良声誉。	1）新增或修订企业相关标准和规范； 2）提供设施和人员实施相关标准。	业务部 品管部	武安国 高大琴	季度评审 2019.9.9

第三节　企业的战略规划

一、什么是战略管理

1.战略的概念

“战略”一词来源于军事，古称“韬略”，指对战争全局的筹划和谋略。在中国，“战略”一词历史久远，“战”指战争，“略”指谋略。《孙子兵法》被认为是中国最早对战争进行全局筹划的著作。现在，“战略”一词被引申至政治和经济领域，其含义演变为泛指统领性的、全局性的、左右胜败的谋略、方案和对策。从这个角度上来说，诸葛亮的《隆中对》就是中国历史上非常具有代表性的战略案例。

组织战略就是指组织为了实现长期的生存和发展，在综合分析组织内部条件和外部环境的基础上做出的一系列带有全局性和长远性的谋划。通俗地理解：战略就是做正确的事（战术就是把事做正确）。

2.什么是战略管理

战略管理的定义是：企业确定其使命，根据组织外部环境和内部条件设定企业的战略目标，为保证目标的正确落实和实现进行谋划，并依靠企业内部能力将这种谋划和决策付诸实施，以及在实施过程中进行控制和评价的一个动态管理过程。

从企业未来发展的角度来看，战略表现为一种计划（Plan）；而从企业过去发展历程的角度来看，战略则表现为一种模式（Pattern）；如果从产业层次来看，战略表现为一种定位（Position）。而从企业层次来看，战略则表现为一种观念（Perspective）；此外，战略也表现为企业在竞争中采用的一种计谋（Ploy）。这是关于企业战略比较全面的看法，即著名的5P模型。

战略并不是“空的东西”，也不是“虚无”，而是直接左右企业能否持续发展和持续盈利最重要的决策参照系。战略管理则是依据企业的战略规划，对企业的战略实施加以监督、分析与控制，特别是对企业的资源配置与事业方向加以约束，最终促使企业顺利达成企业目标的过程管理。

3.战略管理的层次

企业战略管理可分为三个层次：公司战略（Corporate Strategy）、业务战略或竞争战略（Business Strategy）和职能战略（Functional Strategy）。

（1）公司战略

公司战略又称总体战略，是企业最高层次的战略，是企业整体的战略总纲。在存在多个经营单位或多种经营业务的情况下，企业总体战略主要是指集团母公司或者公司总部的战略。总体战略的目标是确定企业未来一段时间的总体发展方向，协调企业下属的各个业务单位和职能部门之间的关系，合理配置企业资源，培育企业核心能力，实现企业总体目标。

（2）业务战略

业务战略又称经营单位战略。现代大型企业一般都同时从事多种经营业务，或者生产多种不同的产品，有若干个相对独立的产品或市场部门，这些部门即事业部或战略经营单位。由于各个业务部门的产品或服务不同，所面对的外部环境（特别是市场环境）也不相同，企业能够对各项业务提供的资源支持也不同，因此，各部门在参与经营过程中所采取的战略也不尽相同，各经营单位有必要制定指导本部门产品或服务经营活动的战略，即业务层战略。

（3）职能战略

职能战略是为贯彻、实施和支持公司战略与业务战略而在企业特定的职能管理领域制定的战略。通常包括营销战略、人事战略、财务战略、生产战略、研发战略等。

公司战略倾向于总体价值取向，以抽象概念为基础，主要由企业高层管理者制定；业务战略主要就本业务部门的某一具体业务进行战略规划，主要由业务部门领导层负责；职能战略主要涉及具体执行和操作问题。

三个层次的战略都是企业战略管理的重要组成部分，但侧重点和影响的范围有所不同。

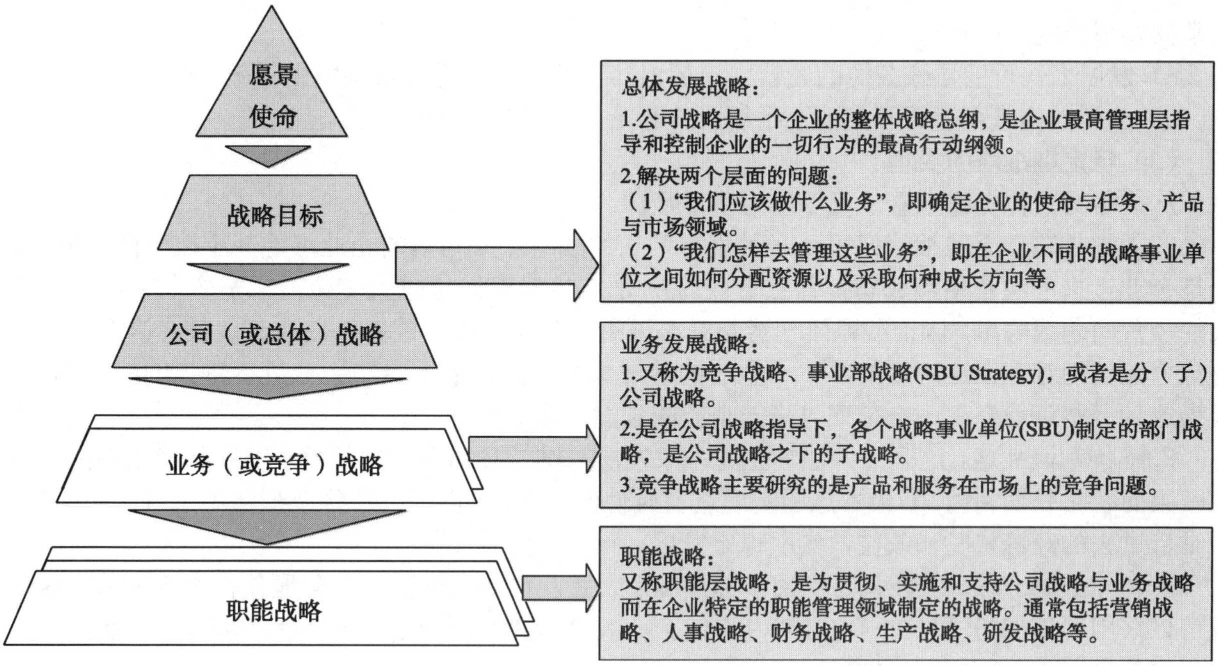

图 4-4　企业战略层次图

二、公司层级（或总体）发展战略

典型的公司层级战略有稳定型战略、紧缩型战略和增长型战略，这三种战略的特征、类型、适用条件和优缺点简述如下。

1.稳定型战略

（1）稳定型战略的概念及特征

稳定型战略是指在内外环境的约束下，企业准备在战略规划期使企业的资源分配和经营状况基本保持在目前状态和水平上的战略。按照稳定型战略，企业目前所遵循的经营方向及其正在从事经营的产品和面向的市场领域，企业在其经营领域内所达到的产销规模和市场地位都大致不变或以较小的幅度增长或减少。

从企业经营风险的角度来说，稳定型战略的风险是相对较小的，对于那些曾经成功地在一个处于上升趋势的行业和一个变化不大的环境中活动的企业会很有效。由于稳定型战略从本质上追求的是在过去经营状况基础上的稳定，它具有如下特征：

a）实行稳定型战略可以使企业在基本维持现有的产销规模、市场占有率和竞争地位的情况下，调整生产经营活动的秩序，强化各部门、各环节的管理，从而进一步提高企业素质，积累资源力量，为将来的大发展做好充分准备。

b）满足于过去的经营效益水平，决定继续追求与过去相同或类似的经济效益目标。

c）继续用基本相同的产品或服务为原有的顾客服务。

d）力争保持现有的市场占有率和产销规模或者略有增长，稳定和巩固企业现有的竞争地位。

e）在战略期内，每年所期望取得的成就按大体相同的比率增长，从而实现稳步前进。

从以上特征可以看出，稳定型战略主要依据于前期战略。它坚持前期战略对产品和市场领域的选择，它以前期战略所达到的目标作为本期希望达到的目标。因而，实行稳定型战略的前提条件是企业过去的战略是成功的。对于大多数企业来说，稳定型增长战略也许是最有效的战略。

一些公司之所以采用稳定发展战略是有多种原因的，其中一些原因如下：

a）管理层可能不希望承担较大幅度地改变现行战略所带来的风险。因为，当改革需要新的技能时，它会对使用以前所学技能的人员形成威胁。此外，成功企业的管理者通常认为，过去行之有效的战略将来仍会有效，因此无须改变现行战略。

b）战略的改变需要资源配置的改变。已经建立起来的公司要改变资源配置模式是很困难的，通常需要很长时间。

c）发展太快可能导致公司的经营规模超出其管理资源，进而很快发生低效率的情况。

d）公司的力量可能跟不上或不了解可能影响其产品和市场的变化。

（2）稳定型战略的类型

从战略的具体实施来看，可以分为以下几种：

①无增战略。无增战略似乎是一种没有增长的战略。采用它的企业可能基于以下两个原因：一是企业过去的经营相当成功，并且企业内/外部环境没有发生重大变化；二是企业并不存在重大的经营问题或隐患，因而战略管理者没有必要进行战略调整，或者害怕战略调整会给企业带来资源分配的困难。在这两种情况下，企业的管理者和员工可能不希望企业进行重大的战略调整，因为这种调整可能会在一定时期内降低企业的利润总额。

②维持利润战略。这是一种牺牲企业未来发展来维持目前利润的战略。维持利润战略注重短期效果而忽略长期利益，其根本意图是度过暂时性的难关，因而往往在经济形势不景气时被采用，以维持过去的经济状况和效益，实现稳定发展。

③暂停战略。在一段较长时间的快速发展后，企业可能会遇到一些问题使得效率下降，这时就可以采用暂停战略，即在一定时期内降低企业的目标和发展速度。暂停战略可以充分达到让企业积聚能量，为今后的发展做准备。

④谨慎实施战略。如果企业外部环境中某一重要因素难以预测或变化趋势不明显，企业的某一战略决策就要有意识地降低实施进度，步步为营，这就是所谓谨慎实施战略。

（3）稳定型战略的优缺点

①稳定型战略的优点

a）企业的经营风险相对较小。由于企业基本维持原有的产品和市场领域，从而稳定型战略可以用原有的生产领域、渠道，避免开发新产品核心市场的巨大资金投入、激烈的竞争抗衡和开发失败的巨大风险。

b）能避免因改变战略而改变资源分配的困难。由于经营领域主要与过去大致相同，因而稳定战略不必考虑原有资源的增量或存量的调整，相对于其他战略态势来说，显然要容易得多。

c）可以保持人员安排上的相对稳定，充分利用已有的各方面人才，发挥他们的积极性和潜力，减少人员调整、安置所造成的种种矛盾，以及招聘、重新培训的费用。

d）能防止因发展过快而导致的弊端。在行业迅速发展的时期，许多企业无法看到潜伏的危机而盲目发展，结果造成资源的巨大浪费。

e）能给企业一个较好的修整期，使企业积聚更多的能量，以便为今后的发展做好准备。从这个意义上说，适时的稳定型战略将是增长性战略的一个必要的酝酿阶段。

②稳定型战略的缺点

a）如果对战略期内外部环境的假设不成立，就会打破战略目标、外部环境、企业实力三者之间的平衡，使企业陷入困境。

b）经营资源少、竞争地位弱的企业，一般采取以局部特定细分市场为目标的稳定型战略，如果对这部分特定市场的需求把握不准，企业可能全军覆没。

c）大大降低企业对风险的敏感性、适应性和抗拒风险的勇气。

稳定型战略的优点和缺点都是相对的，企业在具体的执行过程中必须权衡利弊，准确估计风险和收益，并采取合适的风险防范措施。只有这样，才能保证稳定型战略的优点得到充分发挥。

2.紧缩型战略

（1）紧缩型战略的概念及特征

紧缩型战略是指企业从目前的战略经营领域和基础水平收缩和撤退，且偏离起点战略较大的一种经营战略。与稳定型战略和增长型战略相比，紧缩型战略是一种消极的发展战略。一般地，企业实施紧缩型战略只是短期的，其根本目的是使企业挨过风暴后转向其他的战略。有时，只有采取收缩和撤退的措施，才能抵御竞争对手的进攻，避开环境的威胁和迅速地实行自身资源的最优配置。可以说，紧缩型战略是一种以退为进的战略。

与此相适应，紧缩型战略有以下特征：

a）对企业现有的产品和市场领域实行收缩、调整和撤退战略，比如放弃某些市场和某些产品线系列。因而，从企业的规模来看是在缩小的，同时一些效益指标，比如利润率和市场占有率等，都会有较为明显的下降。

b）对企业资源的运用采取较为严格的控制和尽量削减各项费用支出，往往只投入最低限度的经管资源，因而紧缩型战略的实施过程往往会伴随着大量的裁员，一些大额资产的暂停购买等。

c）紧缩型战略具有明显的短期性。与稳定和发展两种战略相比，紧缩型战略具有明显的过渡性，其根本目的并不在于长期节约开支，停止发展，而是为了今后发展积蓄力量。

（2）紧缩型战略的类型

从采用紧缩型战略的原因来看，紧缩型战略可划分成以下三类：

①适应性紧缩战略，它是指企业为了适应外部环境而采取的紧缩型战略。外部环境的变化主要有：整个国家的经济处于衰退之中，市场需求缩小，资源紧缺，从而导致企业在经营领域中处于不利地位。

②失败性紧缩战略，它是指企业由于经营失误造成竞争地位的下降，经济资源的短缺，只有撤退才有可能最大限度地保存实力。

③调整性紧缩战略，它是指企业为了利用环境中出现的新机会，谋求更好的发展，不是被动采用，而是有长远目标的积极的紧缩型战略。

根据实施紧缩型战略的基本途径，紧缩型战略可划分为以下两类：

①抽资转向战略。抽资转向战略使企业在现有的经营领域不能维持原有的产销规模和市场面，不得不采取缩小产销规模和市场占有率，或者企业在存在新的更好的发展机遇的情况下，对原有的业务领域进行压缩投资，控制成本以改善现金流为其他业务领域提供资金的战略方案。另外，企业在财务状况下降时有必要采取抽资转向战略，这一般发生在物价上涨导致成本上升或需求降低使财务周转不灵的情况下。针对这些情况，抽资转向战略可以通过以下措施来配合进行：

a）调整企业组织。这包括改变企业的关键领导人，在组织内部重新分配责任和权力等。调整企业组织的目的是使管理人员适应变化了的环境。

b）降低成本和投资。这包括压缩日常开支，实施更严格的预算管理，减少一些长期投资的项目等，也可以适当减少某些管理部门或降低管理费用。在某些必要的时候，企业也会以裁员作为压缩成本的方法。

c）减少资产。这包括出售与企业基本生产活动关系不大的土地、建筑物和设备；关闭一些工厂或生产线；出售某些在用的资产，再以租用的方式获得使用权；出售一些盈利的产品，以获得继续使用的资金。

d）加速回收企业资产。这包括加速应收账款的回收期，派出讨债人员收回应收账款，降低企业的存货量，尽量出售企业的库存产成品等。

抽资转向战略会使企业的主营方向转移，这有时会涉及基本经营宗旨的变化，其成功的关键是管理者明晰的战略管理理念，即必须决断是对现存的业务给予关注还是重新确定企业的基本宗旨。

②放弃战略。在采取抽资转移战略无效时，企业可以尝试放弃战略。放弃战略是指将企业的一个或几个主要部门转让、出卖或停止经营。这个部门可以是一个经营单位、一条生产线或者一个事业部。

由于放弃战略的目的是要找到肯出高于企业固定资产时价的买主，所以企业管理人员应该说服买主，认识到购买企业所获得的技术资源或资产能给对方增加利润。如 IBM 将亏损的个人电脑部门卖给联想。

（3）紧缩型战略的优缺点

①紧缩型战略的优点

a）有利于正确判断经营领域的盈亏状况，及时清理、放弃无利可图或亏损的领域，清除经营累赘，提高效率，降低费用，增加收益，改善财务状况，使企业及时渡过难关。

b）能在企业经营不善的情况下最大限度地降低损失。在许多情况下，盲目而且顽固地坚持经营无可挽回的事业，而不是明智地采用紧缩型战略，会给企业带来致命的打击。

c）能帮助企业更好地实行资产的最优组合。如果不采用紧缩型战略，企业在面临一个新的机遇时，只能运用现有的剩余资源进行投资，这样做势必会影响企业在这一领域发展的前景。相反，通过采取适当的紧缩型战略，企业往往可以把不良运作处的资源转移部分到这一发展点上，从而实现企业长远利益的最大化。

d）采用转向、放弃战略，使企业有可能更加有效地组合配置资源，提高经营素质，发挥和增强企业的优势、实力，在不断适应市场需要的同时，使自身取得新的发展机会。

②紧缩型战略的缺点

a）采取缩小经营的措施，往往会削弱技术研究和新产品开发能力，使设备投资减少，陷入消极的经营状态，影响企业的长远发展。

b）收缩战略、转移战略、放弃战略的实施，都需要对人员进行调整，如裁减人员、更换高层领导人等，处理不好会导致员工士气低落、工人与管理者的矛盾和对立，以及专业技术管理人员对战略实施的抵制，反而会限制企业提高效率。

c）在宏观经济或行业处于衰退期时，企业紧缩经营将导致经济总体的供需关系缩小，影响经济的回升或者加速行业的衰退，反而抑制企业的发展。

（4）案例思考：紧缩战略使克莱斯勒起死回生

亚科卡是美国著名的企业家，曾担任美国福特汽车公司的总裁，后又担任美国克莱斯勒公司总裁，他使克莱斯勒公司起死回生的业绩，使他成为一位传奇人物。

20 世纪 70 年代末，持续数年的经济衰退使美国的汽车制造业蒙受沉重打击，其中受挫最甚的当属克莱斯勒公司，1978—1981 年，公司三年内共亏损 36 亿美元，创下美国历史上企业亏损的最高纪录。在亚科卡上任的 1978 年 11 月 2 日，季度亏损就高达 1.6 亿美元。面对这个美国第三大汽车制造公司，亚科卡实施了全面收缩战略：关闭该公司 52 个工厂中的 16 个，合并 4 个，拍卖海外设备以及无关紧要的企业以筹备现金；辞退 50%的员工，从而减少 6 亿美元的薪金支出；从产品线中撤掉那些无利可图的产品或业务；更改运输线路，缩短装配时间，将 7 万多种配件综合为 4 万种，大大减少了加工程序。这一系列的改革措施为克莱斯勒公司东山再起赢得了喘息之机。

1980 年，公司的盈亏平衡点的产量是 230 万辆整车，三年后降到 110 万辆。1982 年，公司开始扭亏并略有盈余；1983 年盈利 9.25 亿美元；1984 年盈利达 17.7 亿美元。公司摆脱了连续四年亏损的噩梦，奇迹般地从死亡线上挣扎过来。

亚科卡临危受命，成为美国企业史上的英雄。

3.增长型战略

（1）增长型战略的概念及特征

增长型战略又称扩张型战略、进攻型战略、发展型战略。从企业发展的角度来看，任何成功的企业都应当经历长短不一的增长型战略实施期。因为，从本质上说，只有增长型战略才能不断地扩大企业规模，使企业从竞争力弱小的小企业发展成为实力雄厚的大企业。

与其他类型的战略态势相比，增长型战略具有以下特征：

a）实施增长型战略的企业不一定比整个经济增长速度快，但他们往往比其产品所在的市场增长得快。市场占有率的增长可以说是衡量增长的一个重要指标，增长型战略的体现不仅应当有绝对市场份额的增加，更应有在市场总容量增长的基础上相对份额的增加。

b）实施增长型战略的企业往往取得超过社会平均利润率的利润水平。由于发展速度较快，这些企业更容易获得较好的规模经济效益，从而降低生产成本，获得超额的利润率。

c）采用增长型战略态势的企业倾向于采用非价格的手段同竞争对手抗衡。由于采用了增长型战略的企业不仅仅在开发市场上下功夫，而且在新产品开发、管理模式上都力求具有竞争优势，因而其赖以作为竞争优势的并不会是损伤自己的价格战，而一般来说，总是以相对更为创新的产品和服务以及管理上的高效率作为竞争手段。

d）增长型战略鼓励企业的发展立足于创新。这些企业常常开发新产品、新市场、新工艺和产品的新用途，以把握更多的发展机会，谋求更大的风险回报。

e）与简单的适应外部条件不同，采用增长型战略的企业倾向欲通过创造以前本身并不存在的某物或对某物的需求来改变外部环境并使之适合自身。这种去引导或创造合适的环境是由其发展的特性决定的，要真正实现既定的发展目标，势必要有特定的合适的外部环境，被动适应环境显然不一定有帮助。

（2）增长型战略的类型

企业增长在战略上可分为一体化扩张和多样化扩张。一体化扩张又可分为横向一体化（水平一体化）和纵向一体化（垂直一体化）。实现这些扩张的方法包括内部发展和外部发展（合并和合资等）。内部发展是现有企业（公司）通过新股票发放或自身资金积累，扩大现有生产规模，或建立新厂、新的部门、新的子公司等；合并是指一企业获取另一企业的资源且无人抗争的过程。如果被合并的企业进行抗争，则称此过程为兼并。

①增长型横向一体化战略

横向一体化指企业现有生产活动的扩展并由此导致现有产品市场份额的扩大。该类增长可以从三个方向进行：

a）扩大原有产品的生产和销售；

b）向与原产品有关的功能或技术方向扩展；

c）与上述两个方向有关的向国际市场扩展或向新的顾客类别扩展。

通过横向一体化，可以带来企业同类生产规模的扩大，实现规模经济。由于该类增长与原有生产活动有关，比起其他类型增长更易于实现，故一般来说，企业早期的增长多以此为主，且实现的方式以内部增长为主。

②增长型纵向一体化战略

纵向一体化指企业向原生产活动的上游和下游生产阶段扩展。现实中，多数大型企业均有一定程度的纵向一体化。纵向一体化包括后向一体化和前向一体化。后向一体化指企业介入原供应商的生产活动；前向一体化指企业控制其原属顾客公司的生产经营活动。如化学工业公司可向石油冶炼、采油方向扩展，以实现后向一体化；也可向塑料制品、人造纤维等方向扩展，以实现其前向一体化。

纵向一体化是公司增长到一定阶段的主要扩张战略。诸多成功的企业通过横向一体化打败竞争对手，达到市场多头垄断地位后，便会进入纵向一体化扩张，以占领其供应和市场领域。

③增长型多样化战略

多样化是一个意义广泛的概念，它可以涉及相关产品的活动，也可以涉及不相关产品的活动。由于横向一体化已涉及同类产品的多样化，纵向一体化已涉及相关但不同生产阶段产品多样化，所以，这里的多样化仅指不相关产品的多样化。但是，严格区分相关与否并不容易。因为，在实际中，多数公司多样化扩张的部门均多少与其原有市场营销和技术开发有联系。

多样化扩张是基于对市场风险和环境的不确定因素的防范意识。具有多样化经营的公司，可以减少某种不可预测因素的冲击。此外，一些原生产产品市场需求的下降，也会促使公司寻求多样化机会，以充分利用其生产能力。而当某一产品出现旺盛市场需求时，也会诱发新的公司介入此类生产活动（如国内新能源汽车企业的遍地开花，房地产企业也开始造车了）。

（3）增长型战略的适用条件

增长型战略的适用条件如下：

①企业必须分析战略规划期内宏观经济景气度和产业经济状况。从需求的角度看，如果宏观和微观环境的走势都较为乐观的话，消费品的需求者和投资品的需求者都会有一种理性的预期，认为未来的收入会有所提高，因而其需求幅度将会有相应的增长，保证了企业增长型发展战略的需求充足。从上面的分析可以看出，在选择增长型战略之前必须对经济走势做一个较为细致的分析，良好的经济形势往往是增长型战略成功的条件之一。

②增长型发展战略必须符合政府管制机构的政策法规和条例等的约束。世界上大多数国家都鼓励高新技术的发展，因而，一般来说，这类企业可以考虑使用增长型战略。

③公司必须有能力获得充分的资源来满足增长型战略的要求。由于采用增长型战略需要较多的资源投入，因此，从企业内部和外部获得资源的能力就显得十分重要。这里的资源是一个广义的概念：既包括通常意义上的资本资源，也包括人力资源、信息资源等。在资源充分性的评价过程中，企业必须问自己一个问题："如果企业在实行增长型战略的过程中，由于某种原因暂时受阻，它是否有能力保持自己的竞争地位？"如果回答是肯定的，那表明企业具有充分的资源来实施增长型战略，反之则不具备。

④判断增长型战略的合适性还要分析公司文化。如果一个企业的文化是以稳定型为其主旋律的话，那么增长型战略的实施就要克服相应的文化阻力。当然，企业文化也并不是一成不变的事物，事实上，积极和有效的企业文化的培育必须以企业战略作为指导依据。这里要强调的只是企业文化可能会给某种战略的实施带来一定的阻碍，而并不是认为企业文化决定企业战略。

（4）增长型战略的优缺点

①增长型战略的优点

a）企业可以通过发展扩大自身价值，这体现了经过扩张后的公司市场份额和绝对财富的增加。这种价值既可以成为企业员工的一种荣誉，又可以成为企业进一步发展的动力。

b）企业能通过不断变革来创造更高的生产经营效率与效益。由于增长型发展，企业可以获得过去不能获得的崭新机会，避免企业组织的老化，使企业总是充满生机和活力。

c）增长型战略能保持企业的竞争实力，实现特定的竞争优势。假设竞争对手都采取增长型战略，如果企业还在采取稳定型战略或紧缩型战略，那么就很有可能在未来失去竞争优势。

②增长型战略的缺点

a）在采用增长型战略获得初期的效果后，很可能导致盲目发展和为了发展而发展，从而破坏企业的资源平衡。要克服这一弊端，要求企业在作每一个战略态势决策之前都必须重新审视和分析企业的内外部环境，判断企业的资源状况和外部机会。

b）过快的发展很可能降低企业的综合素质，使企业的应变能力虽然表面上不错，而实质上却出现内部危机和混乱。这主要是由于企业新增机构、设备、人员太多而未能形成一个有机的相互协调的系统所引起的。针对这一问题，企业可以考虑设立一个战略管理的临时性机构，负责统筹和管理扩张后企业内部各部门、人员之间的协调，将各方面的因素都融合在一起，再考虑取消这一机构。

c）增长型战略很可能使企业管理者更多地注重投资结构、收益率、市场占有率、企业的组织结构等问题，而忽视了产品的服务或质量，重视宏观发展而忽视微观问题，因而不能使企业达到最佳状态。克服这一弊端，需要企业管理者对增长型战略有一个正确而全面的理解，要意识到企业的战略态势是企业战略体系中的一个部分，因而在实施过程中必须通盘考虑。

③实施增长型战略必须做好四个方面的相关工作

一是对企业内外部环境进行分析，审视内外环境对企业的影响与制约等；

二是增长型发展战略必须符合政府管制机构的政策法规和条例等的约束；

三是公司必须有能力获得充分的资源来满足增长型战略的要求；

四是判断增长型战略的适合性，还要分析公司的企业文化。

格鲁克（W.Glueck）对《幸福》杂志登载的358家公司在45年中所做战略选择进行过研究，发现各公司采用的各种战略的比率如下：

增长型战略　54.5%
组合战略　　28.8%
稳定型战略　9.2%
紧缩型战略　7.5%

三、业务（或竞争）战略

1.业务（或竞争）战略概述

业务层战略又称竞争战略、事业部战略，属于第二层的战略，与企业相对于竞争对手而言在行业中所处的位置相关。它是在总体战略指导下，经营管理某一个特定的战略经营单位的战略计划，是总体战略之下的子战略。它的重点是怎样在市场上实现可持续的竞争优势或者是改进一个战略经营单位在它所从事的行业中，或某一特定的细分市场中所提供的产品和服务的竞争地位。

企业的市场环境就是空前激烈竞争，如何在竞争中求发展，是每个企业都在思考的课题。根据迈克尔·波特教授的竞争战略理论，企业的利润将取决于：同行业之间的竞争，行业与替代行业的竞争，供应方与顾客的讨价还价以及与潜在竞争者共同作用的结果。

竞争战略就是一个企业在同一使用价值的竞争上采取进攻或防守行为。流行的战略是降价，既打到对方，也损害自己，形成负效应，进入恶性循环。正确的竞争战略有三种：

- 总成本领先战略（Overall cost leadership）
- 差异化战略又称别具一格战略（differentiation）
- 集中化战略又称目标集中战略、目标聚集战略、专一化战略（focus）

第一种战略就是最大努力降低成本，通过低成本降低商品价格，维持竞争优势。要做到成本领先，就必须在管理方面对成本严格控制，尽可能将降低费用的指标落实在人头上，处于低成本地位的公司可以获得高于产业平均水平的利润。在与竞争对手进行竞争时，由于你的成本低，对手已没有利润可图时，你还可以获得利润。

第二种战略是公司提供的产品或服务别具一格，或功能多，或款式新，或更加美观。如果别具一格战略可以实现，它就成为在行业中赢得超常收益的可行战略，因为它能建立起应对五种竞争作用力的防御地位，利用顾客对品牌的忠诚而处于竞争优势。

第三种战略是主攻某个特定的顾客群、某产品系列的一个细分区段或某一个地区市场。其前提是：公司能够以更高的效率、更好的效果为某一狭窄的战略对象服务，从而超过在更广阔范围内竞争对手，可知该战略具有赢得超过行业平均水平收益的潜力。

2.总成本领先战略

总成本领先要求坚决地建立起高效规模的生产设施，在经验的基础上全力以赴降低成本，抓紧成本与管理费用的控制，以及最大限度地减少各项成本费用。

为了达到这些目标，就要在管理方面对成本给予高度的重视。尽管质量、服务以及其他方面也不容忽视，但贯穿于整个战略之中的是使成本低于竞争对手。当公司成本较低，意味着当别的公司在竞争过程中已失去利润时，这个公司依然可以获得利润。

赢得总成本最低的有利地位通常要求具备较高的相对市场份额或其他优势，诸如与原材料供应方面的良好联系等，也可能要求产品的设计要便于制造生产，易于保持一个较宽的相关产品线以分散固定成本，以及为建立批量而对所有主要顾客群进行服务。

总成本领先地位非常吸引人，一旦公司赢得了这样的地位，所获得的较高的边际利润又可以重新对新设备、现代设施进行投资以维护成本上的领先地位，而这种再投资往往是保持低成本状态的先决条件。

（1）成本领先战略的类型

根据企业获取成本优势的方法不同，我们把成本领先战略概括为如下几种主要类型：

①简化产品型成本领先战略，就是使产品简单化，即将产品或服务中添加的花样全部取消；

②改进设计型成本领先战略；

③材料节约型成本领先战略；

④人工费用降低型成本领先战略；

⑤生产创新及自动化型成本领先战略。

（2）成本领先战略的适用条件与组织要求

①现有竞争企业之间的价格竞争非常激烈；

②企业所处产业的产品基本上是标准化或者同质化的；

③实现产品差异化的途径很少；

④多数顾客使用产品的方式相同；

⑤消费者的转换成本很低；

⑥消费者具有较大的降价谈判能力。

3.差异化战略

所谓差异化战略，是指为使企业产品与竞争对手产品有明显的区别，形成与众不同的特点而采取的一种战略。这种战略的核心是取得某种对顾客有价值的独特性，企业要突出自己产品与竞争对手之间的差异性。

（1）差异化战略的类型

①产品差异化战略

产品差异化的主要因素有：特征、性能、一致性、耐用性、可靠性、易修理性、式样和设计。

②服务差异化战略

服务的差异化主要包括送货、安装、顾客培训、咨询服务等因素。

③人事差异化战略

训练有素的员工应能体现出下面的六个特征：胜任、礼貌、可信、可靠、敏捷、善于交流。

（2）差异化战略的适用条件与组织要求

①外部条件

a）可以有很多途径创造企业与竞争对手产品之间的差异，这种差异被顾客认为是有价值的；

b）顾客对产品的需求和使用要求是多种多样的，即顾客需求是有差异的；

c）采用类似差异化途径的竞争对手很少；

d）技术变革很快，市场上的竞争主要集中在不断地推出新的产品特色。

②内部条件

a）具有很强的研究开发能力，研究人员要有创造性的眼光；

b）企业具有以其产品质量或技术领先的声望；

c）企业在这一行业有悠久的历史或吸取其他企业的技能并自成一体；

d）很强的市场营销能力；

e）研究与开发，以及市场营销等职能部门之间要具有很强的协调性。

（3）实施差异化战略的收益

a）建立起顾客对企业的忠诚；

b）形成强有力的产业进入障碍；

c）增强了企业对供应商讨价还价的能力；

d）削弱购买商讨价还价的能力。企业通过差异化战略，使得购买商缺乏与之可比较的产品选择，降低了购买商对价格的敏感度。另外，通过产品差异化使购买商具有较高的转换成本，使其依赖于企业；

e）由于差异化战略使企业建立起顾客的忠诚，所以这使得替代品无法在性能上与之竞争。

4.集中化战略

（1）集中化战略的类型

集中化战略也称为聚焦战略，是指企业或事业部的经营活动集中于某一特定的购买者集群、产品线的某一部分或某一地域市场上的一种战略。这种战略的核心是瞄准某个特定的用户群体、某种细分的产品线或某个细分市场。具体来说，集中化战略可以分为产品线集中化战略、顾客集中化战略、地区集中化战略、低占有率集中化战略。

（2）集中化战略的适用条件

具备下列三种条件，采用集中化战略是适宜的：

a）具有完全不同的用户群，这些用户或有不同的需求，或以不同的方式使用产品；

b）在相同的目标细分市场中，其他竞争对手不打算实行重点集中战略；

c）企业的资源不允许其追求广泛的细分市场。

（3）集中化战略的主要收益

a）集中化战略便于集中使用整个企业的力量和资源，更好地服务于某一特定的目标；

b）将目标集中于特定的部分市场，企业可以更好地调查研究与产品有关的技术、市场、顾客以及竞争对手等各方面的情况，做到“知彼”；

c）战略目标集中明确，经济效果易于评价，战略管理过程也容易控制，从而带来管理上的简便。

四、职能战略

职能战略是指企业中的各职能部门制定的指导职能活动的战略。职能战略一般可分为六个方面：营销战略、财务战略、人力资源战略、研究与开发战略、生产战略、采购战略。

职能战略是为公司战略和竞争战略服务的，所以必须与公司战略和竞争战略相配合。比如，公司战略确立了差异化的发展方向，要培养创新的核心能力，企业的人力资源战略就必须体现对创新的鼓励；要重视培训，鼓励学习；把创新贡献纳入考核指标体系；在薪酬方面加强对各种创新的奖励。

职能战略描述了在执行公司战略的过程中，企业中的每一职能部门所采用的方法和手段。职能战略在几个方面不同于公司战略。

首先，职能战略的时间跨度要比公司战略的短得多。其次，职能战略要比公司战略更具体和专门化，且具有行动导向性。公司战略只是给出公司发展的一般方向，而职能战略必须指明比较具体的方向。最后，职能战略的制定需要较低层管理人员的积极参与。事实上，在制定阶段，吸收较低层管理人员的意见，对成功实施职能战略是非常重要的。

五、企业制定战略的方法

不同类型与规模的企业，在战略制定过程中会有不同的形式。

小规模的企业，其战略一般都是非正式形成的，主要存在于管理人员的头脑之中，或者存在于口头宣传之中。而规模大的公司，战略要经过详细繁杂的研究和讨论，有秩序、有规律的形成。

战略形成的方法可以分为以下几种形式：

根据战略形成人员来源的不同，可以分为外部形成（咨询）、内部形成、内外结合形成；

根据战略形成人员人数多少，可以分为一个人、少数人、多数人；

根据战略形成人员所在的层次，分为核心层、高层、基层、各层管理人员结合；

根据战略形成人员的工作，分为临时性的战略小组、专门的战略小组；

临时性的战略小组，是指企业的负责人与其他高层管理人员或者从企业外部聘请的人员组成一个临时的战略小组，共同处理企业所面临的问题。

专门的战略小组，是指企业为了其长期发展的需要，专门聘请一些人员组成小组，从事战略研究，研究战略形成的规律，及时发现本企业战略方面存在的问题。在企业战略形成时，专门的战略小组单独工作或参与临时性的战略小组的工作。

不同类型与规模的企业以及不同层次的管理人员，在战略形成过程中会有不同的形式。根据不同层次管理人员介入战略分析和战略选择工作的程度，可以将战略形成的方法分为四种。

1.自上而下的方法

这种方法是先由企业总部的高层管理人员制定企业的总体战略，然后由下属各部门根据自身的实际情况，将企业的总体战略具体化形成系统的战略方案。

这种方法的优点是，企业的高层管理人员能够牢牢地把握整个企业的经营方向，并能对下属各部门的各项行动实施有效的控制。

这种方法的缺点是，要求企业的高层管理人员制定战略时必须经过深思熟虑，战略方案务必完善，并且还要对下属各部门提供详细的指导。同时，这一方法束缚了各部门的手脚，难以充分发挥中下层管理人员的积极性和创造性。

2.自下而上的方法

这是一种先民主后集中的方法，在制定战略时企业最高管理层对下属部门不做具体硬性的规定，而要求各部门积极提交战略方案，企业最高管理层在各部门提交的战略方案基础上加以协调和平衡，对各部门的战略方案进行必要的修改后加以确认。

这种方法的优点是，能充分发挥各部门和各级管理人员的积极性和创造性，集思广益。同时，由于制定出的战略方案有着广泛的群众基础，在战略的实施过程中也容易贯彻和落实。

这种方法的缺点是，各部门的战略方案较难协调，影响到企业整个战略计划的系统性和完整性。

3.上下结合的方法

这种方法是在战略的制定过程中，企业最高管理层和下属各部门的管理人员共同参与，通过上下各级管理人员的沟通和磋商，制定出适宜的战略。

这种方法的主要优点是，可以产生较好的协调效果，制定出的战略更具操作性。

4.战略小组的方法

这种方法是指企业的负责人与其他的高层管理人员组成一个战略制定小组，共同处理企业所面临的问题。这种方法一般是由总经理任组长，而其他人员的构成则有很大的灵活性，视小组的工作内容而定，通常是吸收与所要解决问题关系最密切的人员参加。这种战略制定方法的目的性强、效率高，特别适合制定如产品开发战略、市场营销战略等特殊战略和处理紧急事件。

六、战略方案的评估和选择

评估战略方案通常使用两个标准：一是考虑选择的战略是否发挥了企业的优势，克服劣势，是否利用了机会，将威胁削弱到最低程度；二是考虑选择的战略能否被企业利益相关者所接受。需要指出的是，实际上并不存在最佳的选择标准，管理层和利益相关团体的价值观和期望在很大程度上影响着战略的选择。此外，对战略的评估最终还要落实到战略收益、风险和可行性分析的财务指标上。

选择最终的战略决策，确定准备实施的战略。如果由于用多个指标对多个战略方案的评价产生不一致时，最终的战略选择可以考虑以下几种方法：

a）根据企业目标选择战略。企业目标是企业使命的具体体现，因而，选择对实现企业目标最有利的战略方案。

b）聘请外部机构。聘请外部咨询专家进行战略选择工作，利用专家们广博和丰富的经验，能够提供较客观的看法。

c）提交上级管理部门审批。对于中下层机构的战略方案，提交上级管理部门审批能够使最终选择方案更加符合企业整体战略目标。

七、企业战略管理流程参考

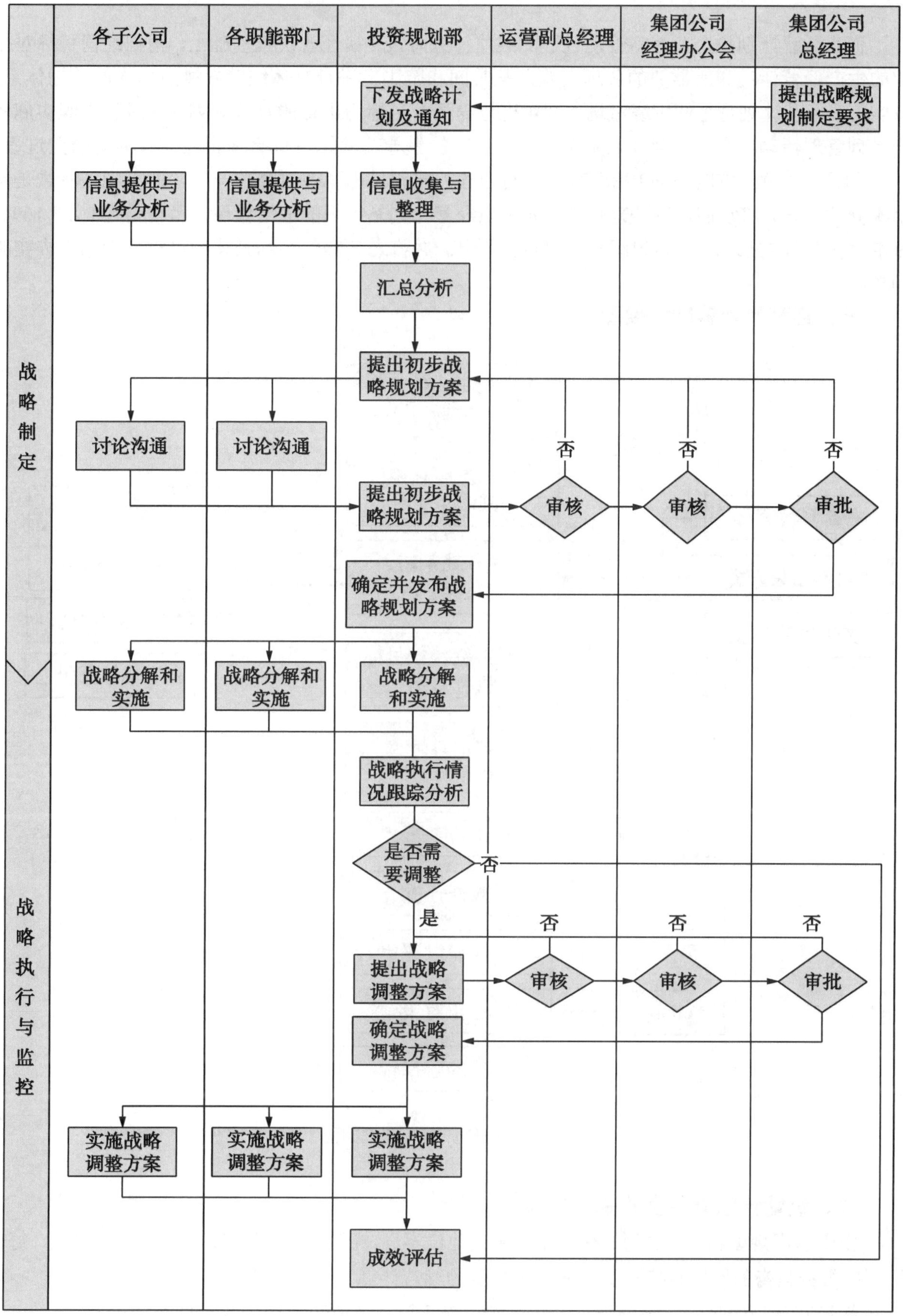

第四节　企业的经营计划和目标制定

企业经营计划是企业战略管理过程的战略计划阶段，在经营决策基础上，根据经营目标对企业的生产经营活动和所需要的各项资源，从时间和范围上进行具体统筹安排所形成的计划体系。事实上，经营计划是企业围绕市场，为实现自身经营目标而进行的具体规划、安排和组织实施的一系列管理活动。企业经营计划是企业经营活动的先导，并始终贯穿于企业经营活动的全过程。

组织在实施 IATF 16949 标准时，应与经营战略和目标紧密结合在一起，而不应该看成是两个不同的系统，将它们切割开来管理。如果说经营计划是组织的战略体现，那么实施 IATF 16949 标准就是具体的战术，它是组织战略目标的展开，并将之分解落实到具体的过程和部门中去实施和控制。

一、经营计划管理框架图

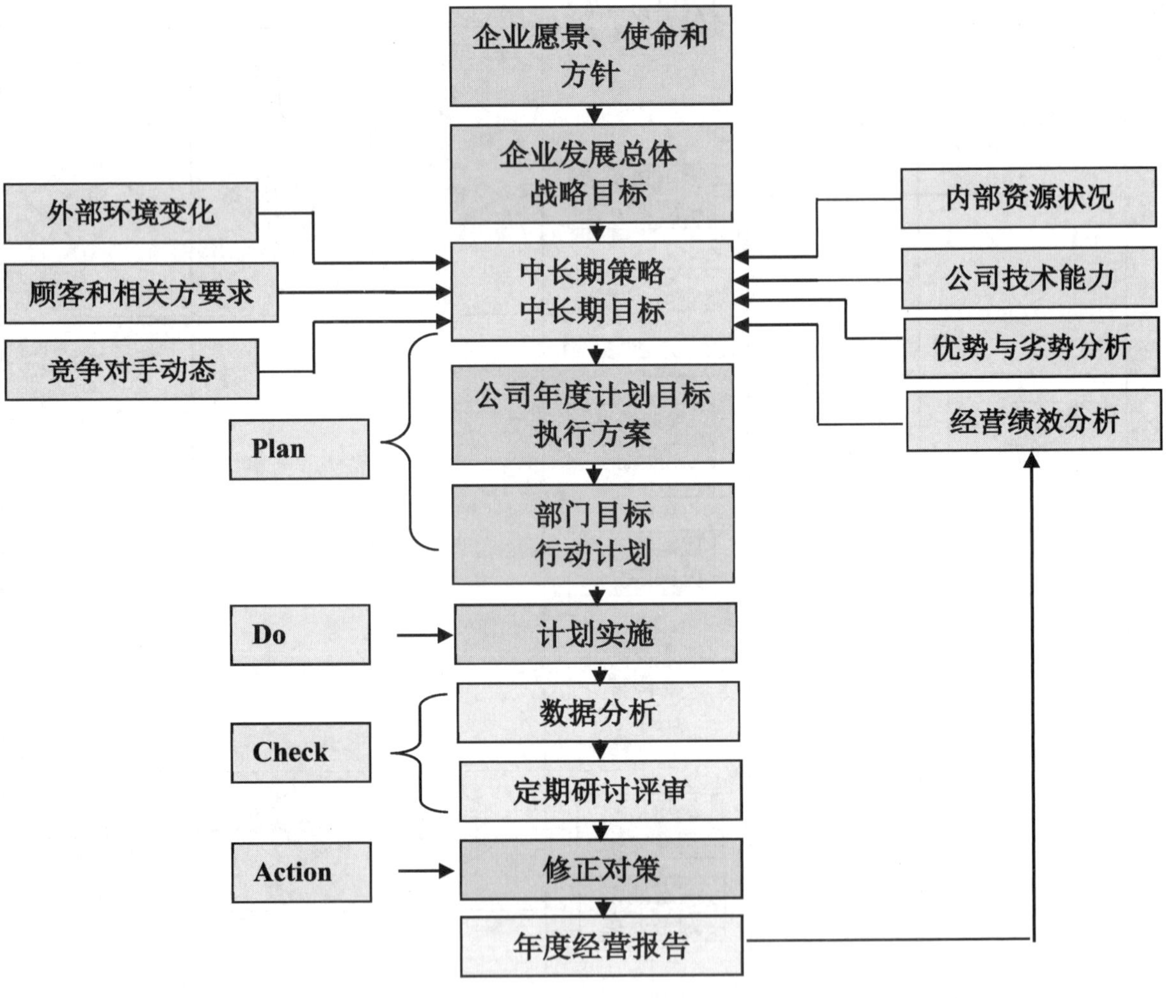

图 4-5　经营计划管理框架图

二、经营计划应包含的基本内容

由于组织规模、产品类型、在产业中所处地位不同，经营计划并无统一的方法和格式，每个组织应根据自身的发展目标来制定适合于本身的经营计划。

按经营计划的时间范围分类，包括长期经营计划、中期经营计划和短期经营计划。

长期经营计划：是企业五年和五年以上的长远规划。它的任务是选择、改变或调整企业的经营服务领域和业务单位，确定企业的发展方向和目标，确定实现目标的最佳途径和方法。长期经营计划具有明确的方向性和指导性，具有统率全局的作用，它是一种战略性规划。

中期经营计划：是企业三至五年的计划。它的任务是建立企业的经营结构，为实现长远经营计划所确定的战略目标设计合理的设备、人员、资金等结构，以形成企业的经营能力和综合素质。中期经营计划起着承上启下的重要纽带作用。

短期经营计划：是企业的年度计划。它的任务是适应企业内外的实际情况，组织和安排好企业的经营活动，以分年度逐步实现企业的经营目标。

经营计划可包括但不限于以下方面的适当内容：

（1）公司经营策略和方针；

（2）公司内外部环境分析：

（3）公司优势和劣势、面临的机会和威胁、经营风险分析；

（4）有关相关方的需求和期望的确定；

（5）与市场或销售有关的计划；

（6）增长预测、预期销售额、利润；

（7）产能和效率；

（8）工厂/设施计划；

（9）人力资源规划；

（10）财务规划及成本；

（11）新技术的开发和应用；

（12）年度公司目标和各部门质量目标（KPI）；

（13）过程绩效指标；

（14）各职能部门的行动方案；

（15）有关健康、安全与环境问题；

（16）持续改进项目；

（17）其他。

经营计划应随着实施的进展定期执行评审、更新和修订，并确保在整个组织中得到适当的沟通和全面实施。

三、从战略规划分解到中长期经营目标和职能规划

举例如下：

战略规划	**三年规划：** 1.公司上市； 2.销售总额达到 24 亿元，成为齿轮行业本区域第一； 3.通过兼并成功进入卡车后桥齿轮箱配套行业； 4.开发齿轮业务国际市场； ……

→

公司三年目标规划	1.三年后股票公开发行，筹措资金 10 亿元～16 亿元； 2.销售总额达到 24 亿元，每年在上年基础上上升 30%，其中齿轮业务降至主业的 50%，新业务的比例则在三年中逐步上升到 50%； 3.一年内通过兼并 XX 公司进入卡车后桥齿轮箱制造行业，三年实现销售 12 万个； 4.开发齿轮业务北美和日本市场，对销售额贡献度达到 20%； ……

↓

职能三年目标规划	1.投入生产厂房二期，规划实现齿轮产能 500 万对； 2.员工人数增加到 2000 名（不含兼并后桥齿轮箱业务）； 3.完成财务核算制度改革、股份制改革和激励制度改革，为股票发行做准备； 4.开发齿轮业务北美和日本市场，组建跨国营销团队和对外技术支持团队； ……

四、中长期目标分解为年度经营目标

举例如下：

公司三年目标规划	1.三年后股票公开发行，筹措资金 10 亿元～16 亿元； 2.销售总额达到 24 亿元，每年在上年基础上上升 30%，其中齿轮业务降至主业的 50%，新业务的比例则在三年中逐步上升到 50%； 3.一年内通过兼并 XX 公司进入卡车后桥齿轮箱制造行业，三年实现销售 12 万个； 4.开发齿轮业务北美和日本市场，对销售额贡献度达到 20%； ……

→

年度经营目标	汽车配套齿轮业务	1.销售 1100 万个，销售总额实现 6 亿元，税前利润 6000 万元； 2.其中后轿齿轮 30 万套，利润 1570 万元；行星齿轮 110 万套，利润 3130 万元；柴油机齿轮 15 万套，利润 800 万元； 3.其他齿轮实现利润 500 万元。
	出口业务（单列）	1.出口总额 1000 万美元，利润达到 200 万美元，品种计划分为…… 2.其中，北美市场计划 4 万套 NP-1 齿轮，品种计划为……
	后桥齿轮箱业务	实现收购当年销售 2 万套，利润计划 800 万元。
	法兰盘业务	实现销售 80 万对，总额 5000 万元，利润 900 万元。
	……	……

五、年度经营目标分解为年度职能规划和目标

举例如下：

职能三年目标规划	1.投入生产厂房二期，规划实现齿轮产能500万对； 2.员工人数增加到2000名（不含兼并后桥齿轮箱业务）； 3.完成财务核算制度改革、股份制改革和激励制度改革，为股票发行做准备； 4.开发齿轮业务北美和日本市场，组建跨国营销团队和对外技术支持团队； ……

年度经营目标	汽车配套齿轮业务	1.销售1100万个，销售总额实现6亿元，税前利润6000万元； 2.其中，后桥齿轮30万套，利润1570万元；行星齿轮110万套，利润3130万元；柴油机齿轮15万套,利润800万元； 3.其他齿轮实现利润500万元。
	出口业务（单列）	1.出口总额1000万美元，利润达到200万美元，品种计划分为…… 2.其中，北美市场计划4万套NP-1齿轮，品种计划为……
	后桥齿轮箱业务	实现收购当年销售2万套，利润计划800万元。
	法兰盘业务	实现销售80万对，总额5000万元,利润900万元。
	……	……

年度职能规划和目标	销售部	1.组建后桥齿轮箱业务经营团队； 2.海外贸易部团队组建并形成北美和日本的销售能力。
	研发部	1. NP系列齿轮增加6个新品，成熟3个； 2. 对材料实验室进行检测能力提升200%； 3.形成年16个新品的研发能力； 4.完成后桥齿轮箱研发平台的建设。
	生产制造部	1.生产1100万个各种型号的齿轮，法兰盘80万套； 2.员工生产效率在原来基础上提高10%； 3.形成1600万套齿轮，法兰盘200万套，NP系列产品150万套的生产能力； 4.为齿轮箱业务能力扩充……
	人力资源部	1.建立人力资源管理系统模块； 2.生产制造能力提升各级员工需求测算(按原生产作业效率)增加300人并培训； ……
	……	……

六、如何制定质量目标和过程目标

1.目标以及质量目标的定义

目标：要实现的结果。（见 ISO 9000:2015，3.7.1 条）

目标可能是战略性的、战术性的或运行层面的。

目标可能涉及不同的领域（如质量目标、财务目标、健康与安全以及环境的目标），并可应用于不同层次（如战略目标、总目标、部门目标、项目目标、产品目标和过程目标）。

质量目标：与质量有关的目标。（见 ISO 9000:2015，3.7.2 条）

质量目标通常依据组织的质量方针制定。通常，在组织内的相关职能、层级和过程分别规定质量目标。

2.对质量目标的基本要求

（1）质量目标建立在质量方针的基础上，是对质量方针的落实和展开，要根据质量方针提供的框架来制定。

（2）必须包括与提供合格产品和服务以及增强顾客满意相关的目标。

例如，质量方针包括满足顾客要求、增强顾客满意的承诺，那么质量目标就应根据顾客要求确定交付产品质量的符合率、交付时间的准确率、服务的及时性等。

（3）制定质量目标应考虑到适用法规的要求。

（4）质量目标应该是可测量的，包括定量或定性的目标要求。可测量，通常需要用具体的数据，应确定对目标的具体测量方法。

（5）在组织的相关职能与层次上建立相应的质量目标，职能是指各职能部门均有相应目标，层次是指从公司总目标到各部门目标，到班组目标，甚至到个人目标，分解到哪一层次应视具体情况而定。目标进一步量化以后，即成了指标。

（6）质量目标应包含在组织的经营计划中，并与公司的总目标协调一致。

（7）质量目标应该是可追求的，可追求性主要体现在两个方面：一是稳定；二是增强。一般都有时间方面的限制。如稳定，指在多长时间内，稳定在什么水平；如增强，指多长时间内达到什么水平。若没有时间限制，质量目标无法做到可追求。

3.制定目标的原则

目标管理是使管理者的工作由被动变为主动的一个很好的管理手段，实施目标管理不仅是为了利于员工更加明确高效地工作，更是为了管理者将来对员工实施绩效考核提供了考核目标和考核标准，使考核更加科学化、规范化，更能保证考核的公正、公开与公平。

（1）制定目标的 SMART 原则

S——代表具体（Specific），指目标应该是明确的、具体的，不能笼统。

M——代表可度量（Measurable），指目标应该是可测量的、量化的。

A——代表可实现（Attainable），指目标在付出努力的情况下可以实现，避免设立过高或过低的目标。

R——代表相关性（Relevant），指目标是与部门职责和本职工作相关联的。

T——代表有时限（Time-bound），注重达成目标的特定期限，在规定的时间期限内必须实现。

（2）制定目标应考虑的几个方面

组织制定质量目标可从以下方面考虑：

从顾客的角度考虑：产品和服务符合要求；产品可靠性；可维修性；准时交付等。

从社会的角度考虑：符合法律法规要求；促进健康和安全；减少环境影响等。

从公司员工的角度考虑：更好的工作条件；增加工作满意；促进健康和安全；提高士气等。

从供方和相关方角度考虑：稳定性；成长；合作关系等。

从所有者和投资者角度考虑：增加投资收益；改进运行绩效；提高市场占有率；增加利润等。

4.建立组织的目标体系

（1）组织目标体系的层次

一个组织的目标体系，根据组织的类型和规模，通常可包括以下层次：

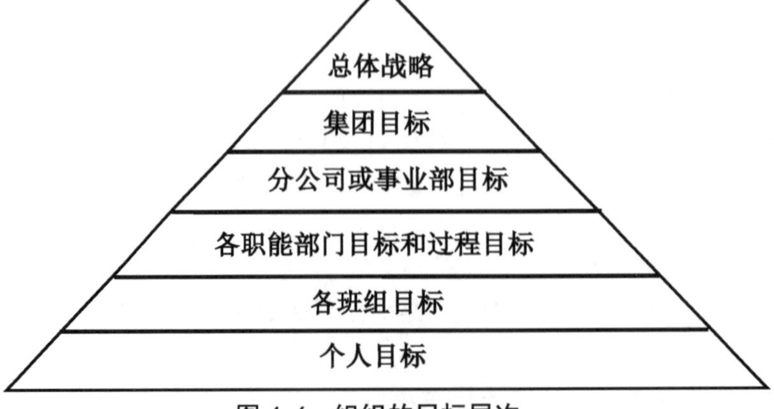

图 4-6　组织的目标层次

（2）目标管理的八个步骤

第一，从战略制定到战略目标的过程。

目标管理首要的是目标的制定，而这个目标必须围绕战略需要进行科学设定。从战略到目标是一个从意图到明确的过程，没有这个过程，战略只能是一种意图，只能是一种打算，在一定程度上没有目标支撑的战略也只能是设想。有了目标，战略就有了清晰的目的和方向。因此，制定目标的依据必须是战略。

第二，从战略目标到战略计划的过程。

一般来说，凡是战略目标都有简单明了的特点。作为战略目标，还只是一个“纲”。要想“纲举目张”，还必须把简单的战略目标用计划的形式将其相对具体化。这个具体的过程就是战略计划的制定。

第三，从战略计划到目标责任的过程。

计划有了，谁来执行？这是计划实施的关键，但是，有人执行没有责任也是枉然。因此，最关键的还是目标责任以及目标责任人的问题。目标责任就是对目标达成与否的功过承担，责任人就是承担这种功过的具体人。

第四，从目标责任到目标实施的过程。

责任落实到位以后，就是带着责任进行目标的实施了。应该引起注意的是，在责任到实施的转换过程中，要讲求把责任量化成一个个可操作、可实现、可考量的具体目标，这种目标的设定和实施，一定要突出如下要点：目标是具体的；可以衡量的；可以达到的；具有相关性的；具有明确的截止期限的。

第五，从目标实施到目标督导的过程。

在目标实施中，为了确保目标的达成，还必须加强实施过程的督导。督，就是对实施情况予以监督；导，就是在实施中予以必要的指导。要相信实施部门和人员的自主管理，但是，没有必要的监督、大撒手、放任不管也是不行的。实践表明，员工不一定会做你要求的事，但会做你检查和考核的事。

第六，从目标督导到目标实现的过程。

目标的实现，按时间阶段分类可划分为：愿景目标、长期目标、中期目标、短期目标、突击目标等。督导的过程就是促进和激励目标责任部门去努力实现目标的过程。

第七，从目标实现到目标评价的过程。

目标实现之后，并不等于过程的完结，还必须进行另一个过程——从目标实现到目标评价。这里有三点必须进行评价：一是评价实现目标的各种资源使用情况，比如多少、优劣等；二是实现的目标是否还有弹性空间，比如是否可以当作基准、是否可以更加先进、是否可以保持相对稳定等；三是所实现的目标对于可持续发展能否带来推动和促进。

第八，从目标评价到目标刷新的过程。

以终为始是目标管理的最高境界。因此，从成果评价到目标刷新，也是一个自我超越的过程。经过评价的目标成果，正是新的目标管理的开始。它作为依据、作为基准、作为下一个目标的平台，能否超越原来已经实现的目标，这在很大程度上反映了一个企业、一个领导者的雄心。

（3）对目标的日常管理要求

①质量目标应在全公司各部门、各层级宣传和沟通，让员工熟知公司目标和本部门的目标，以及如何为实现目标做出贡献。

②定期（每月、每季、半年、每年）检查完成情况，进行动态管理。

③最高管理者可通过日常工作报表掌握目标的实施情况。

④在内部审核时对质量目标的符合性及实现情况进行审核，审核结果向管理评审输入。

⑤管理评审时对质量目标的适宜性和有效性进行评审。根据评审结果应对质量目标做调整或更新或新增目标。

5.公司目标、部门目标和过程目标示例

在条款“6.2.2.1 质量目标及其实现的策划—补充”中强调，最高管理者应确保为整个组织内的相关职能、过程和级别，明确、建立并保持符合顾客要求的质量目标。所以制定质量目标必须考虑顾客要求。同时，组织在建立其年度（至少每年一次）质量目标和相关性能指标（内部和外部）时，应考虑组织对相关方及其有关要求的评审结果（条款 4.2 的评审结果）。

公司目标和部门目标规划表（示例）	
质量方针：技术创新、精细制造、持续推动质量改进、满足顾客及相关方需求和期望	
公司/部门	质量目标
公司	1.销售额目标 6.8 亿元
	2.销售增长率 20%以上
	3.利润率目标 20%以上
	4.顾客批量退货 0 次
	5.订单交期达成率 100%
	6.交货合格率 100%
	7.客户满意率 90%以上
业务部	1.销售额目标 6.8 亿元
	2.销售增长率 20%以上
	3.订单交期达成率 100%
	4.客户满意率 90%以上
技术部	1.新产品开发按时完成率 90%以上
	2.PPAP 提交一次通过率 100%
生产部	1.订单按时完成率 100%
	2.制程不良率 0.5%以内
	3.一次交检合格率 100%
	4.生产报废率≤0.2%
	5.安全事故 0 次
品管部	1.进料检验失误 0 次
	2.交货合格率 100%
	3.顾客批量退货 0 次
	4.质量问题客诉每月 1 次以内
采购部	1.采购物料和外发加工批次合格率 99%以上
	2.采购物料和外发加工准时交货率 100%
	3.仓储盘点准确率 100%
人资部	1.公司及各部门培训计划达成率 100%
	2.人员流失率控制在 5%以内
财务部	1.资金使用上浮在预算的 15%以内
	2.利润率目标 20%以上

质量目标和过程目标统计分析规划（示例）

部门	主导的过程	过程管理目标	计算方法	统计评价周期	数据统计和提供部门	数据分析和改进部门
业务部	COP 顾客开发和销售管理过程	1.销售额目标 6.8 亿元	年度产品销售额总和	每年	财务部	业务部
业务部	COP 顾客开发和销售管理过程	2.销售增长率 20%以上	（本年度销售额总和-上年度销售额总和）÷上年度销售额总和	每年	财务部	业务部
业务部	COP 合约/订单评审管理过程	订单交期达成率 100%	按确认客户交期与实际交货日期比较，计算方法：当月按时交货订单总数÷当月应交订单总数×100%	每月	业务部	业务部
业务部	COP 产品交付管理过程	产品交货延误次数 0 次	统计每月交货延误的次数	每月	业务部	业务部
业务部	COP 客户投诉/退货管理过程	客户投诉 3 个工作日内完成回复，同一问题无重复投诉	每月统计未按时回复的次数及重复投诉的次数	每月	业务部	业务部
业务部	COP 客户满意度管理过程	客户满意率 90%以上	客户评价得分+公司内部绩效评价得分，85 分为满意，具体按《客户满意度管理程序》统计	每月	业务部	各部门
技术部	COP 产品设计开发管理过程	1.新产品开发按时完成率达 90%以上	新产品按时完成项目数/开发计划项目数×100%	每季	技术部	技术部
技术部	COP 产品设计开发管理过程	2.PPAP 提交一次通过率 100%	PPAP 提交项目合格数/提交项目总数×100%	每季	技术部	技术部
技术部	COP 变更管理过程	变更有效性 100%	有效变更的项目数/变更项目总数×100%	每月	技术部	技术部
技术部	SP 图纸技术文件管理过程	图纸技术文件发行错误 0 次	统计当月图纸技术文件发行错误的次数	每月	技术部	技术部

质量目标和过程目标统计分析规划（示例）

部门	主导的过程	过程管理目标	计算方法	统计评价周期	数据统计和提供部门	数据分析和改进部门
生产部	COP 生产计划控制过程	订单按时完成率 100%	当月实际完成订单数÷当月计划完成订单数×100%	每月	业务部	生产部
生产部	COP 生产制造控制过程	1.制程不良 0.5%以内	当月不良品总数/当月生产总数×100%	每月	品管部	生产部
生产部	COP 生产制造控制过程	2.一次交检合格率 100%	当月一次交检合格批数/当月交检总批数×100%	每月	品管部	生产部
生产部	COP 生产制造控制过程	3.生产报废率≤0.2%	当月报废总金额/当月生产总产值×100%	每月	财务部	生产部
生产部	SP 生产设备管理过程	MTTR（平均维修时间）≤1 小时	设备故障停机时间总和÷设备维修次数	每月	生产部	生产部
生产部	SP 生产设备管理过程	OEE（设备综合效率）≥80%	根据《设备综合效率 OEE 统计表》进行统计，取平均值	每月	生产部	生产部

质量目标和过程目标统计分析规划（示例）						
部门	主导的过程	过程管理目标	计算方法	统计评价周期	数据统计和提供部门	数据分析和改进部门
品管部	SP 进料检验过程	进料检验失误 0 次	以生产部门反馈来料问题的次数计算	每月	生产部	品管部
	SP 制程及成品检验过程	1.交货合格率 100%	（交货总订单数-客户判定不合格订单数）/交货总订单数×100%	每月	业务部	
		2.顾客批量退货 0 次	统计批量退货的次数	每月	业务部	
		3.质量问题顾客投诉每月 1 次以内	以每月顾客质量投诉次数计算	每月	业务部	
	SP 不合格品控制过程	不合格品未被有效控制或处置的次数 0 次	统计不合格品未被有效控制或处置的次数	每月	品管部	品管部
	SP 测量设备管理过程	测量设备维护和校准的有效性 100%	每半年全厂检查一次，统计发生维护不当和未有效执行校准的数量	半年	品管部	
	SP 实验室管理过程	实验数据准确性 100%	每月统计实验数据错误的次数	每月	品管部	
	SP 文件和记录控制过程	文件发行或使用错误次数 0 次	每半年全厂检查一次，统计文件发行或使用错误的数量	半年	品管部	
	MP 纠正与预防措施管理过程	纠正与预防措施结案率 100%	统计每月纠正与预防措施未结案件数	每月	品管部	品管部
	MP 数据分析与绩效评价管理过程	数据信息准确性 100%	统计每月各部门提供的数据信息错误次数	每月	品管部	
	MP 内部审核管理过程	内部审核不符合项改善有效率 100%	统计不符合项未有效改善的件数（每年内部审核之后）	每年	品管部	
采购部	SP 供应商管理过程	1.供应商来料合格率 99%	供应商来料合格批数/来料检验总批数×100%	每月	品管部	采购部
		2.供应商绩效评价合格率 100%	供应商绩效评价合格家数/评估总家数×100%（绩效评价 80 分为合格）	每月	采购部	采购部
	SP 采购管理过程	1.采购物料和外发加工批次合格率 99%	采购物料和外协件合格批数/采购物料和外协件交货总批数×100%（以一个材料号或一个产品号为一批）	每月	品管部	采购部
		2.采购物料和外发加工准时交货率 100%	采购物料和外协件准时交货批数/采购物料和外协件交货总批数×100%（以一个材料号或一个产品号为一批）	每月	采购部	采购部
	SP 仓储管理过程	仓储盘点准确率 100%	盘点物料准确种数/盘点物料总种数×100%（以一个材料号或一个产品号为一种）	每月	财务部	仓库
人资部	SP 人力资源管理过程	1.公司及各部门培训计划达成率 100%	当月实际培训课时数/当月计划培训课时数×100%	每月	人资部	人资部
		2.人员流失率控制在 5%以内	当月流失人数/上月底人数×100%	每月		

质量目标和过程目标统计分析规划（示例）						
部门	主导的过程	过程管理目标	计算方法	统计评价周期	数据统计和提供部门	数据分析和改进部门
财务部	MP 财务预算和控制管理过程	1.资金使用上浮在预算的15%以内	（各部门每月实际使用资金额–当月预算资金额）/当月预算资金额×100%	每月	财务部	财务部 各部门
		2.利润率目标20%以上	按财务方法计算	每年	财务部	
总经办	MP 经营计划和目标管理过程	经营计划相关项目实施达标率90%以上	在年度管理评审中评价	每年	总经办	总经办
	MP 风险和机遇管理过程	应对风险和机遇措施的有效性	在年度管理评审中评价	每年	总经办	
	MP 管理评审过程	管理评审输出决议事项的完成率100%	在年度管理评审中评价	每年	总经办	
	MP 持续改进管理过程	持续改进项目实施成功率80%以上	持续改进成功项目数/实施改进总项目数×100%	每年	总经办	

上述公司目标、部门目标及过程目标的几点说明：

（1）上述质量目标和过程管理目标是参考性的，各企业应根据自身过程的风险和管理的需要而设定，切忌生搬硬套。

（2）公司目标和各部门质量目标单独列出是基于重点管理的原则，因为每个部门要监控的过程目标可能比较多，质量目标则是管控的重点。通常，质量目标会列入绩效考核。

（3）质量目标和过程目标统计分析规划表中包括了质量目标，是因为所有的目标都是通过过程控制来实现的。质量目标和过程联结更容易监控和实现。

（4）质量目标和过程目标都必须有明确的计算及评价方法，否则会出现理解和计算上的差异。

（5）有些目标的数据统计和提供是由其他部门做的，这是为了统计的方便性和数据的客观性，但数据的分析和问题的改进则必须是由主导部门负责。

（6）我们知道，质量目标和过程目标实际达成数据总是有波动的，并非一条水平的直线，因此，我们在制定目标的时候可以设定适当的目标值、挑战值和下限值，当超出下限值时则需提出改进措施。如下示例。

公司/部门	质量目标	目标值	挑战值	下限值
公司	1.销售额目标	6.8 亿元	7.2 亿元	6.5 亿元
	2.销售增长率	20%	25%	18%
	3.利润率目标	20%	25%	15%
	4.顾客批量退货	0 次	/	1 次
	5.订单交期达成率	100%	/	98%
	6.交货合格率	100%	/	99%
	7.客户满意率	90%	95%	85%
生产部	1.订单按时完成率	100%	/	99%
	2.制程不良率	0.5%	0.3%	0.7%
	3.一次交检合格率	100%	/	99%
	4.生产报废率	0.2%	0.1%	0.3%

七、集团企业年度经营计划制订的流程（示例）

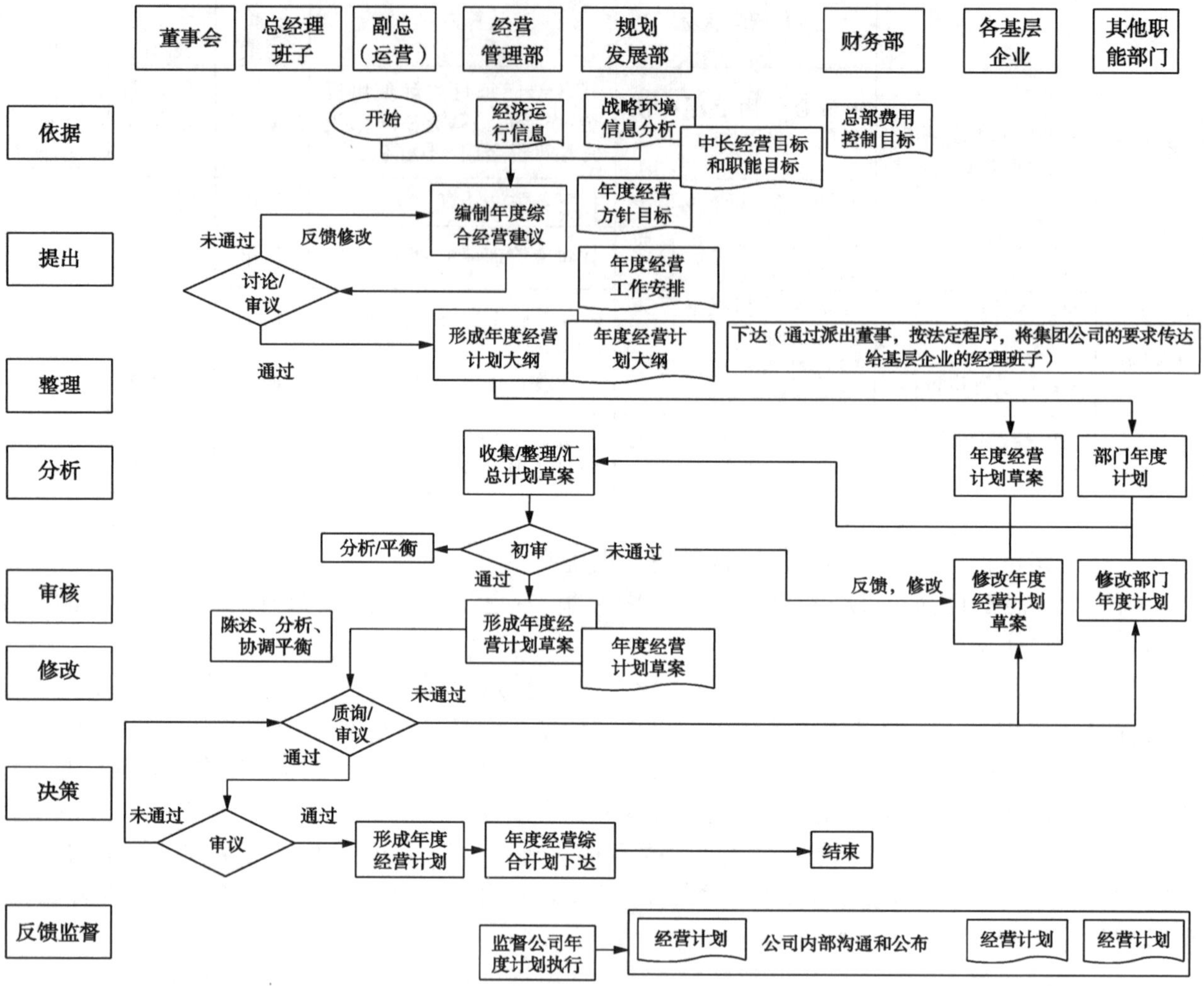

八、中小型企业经营计划和目标管理程序范例

以下的文件范例仅供参考，不同类型和规模的企业制订经营计划的流程繁简不同。特别是在进行内外部环境因素分析和评价时，有些企业规模大，产品种类多，销售面向的顾客分布在不同的国家和地区，外部环境对其影响比较大，内部公司治理也复杂得多，因此在进行内外部环境分析时需要从多方面应用多种分析工具进行全面分析。而有一些中小企业，产品单一，聚焦于少数几个顾客，其内外部环境分析及经营计划就要简单得多。

文件范例　【经营计划和目标管理程序】

文件名称	经营计划和目标管理程序	文件编号：SQ-MP-01	版本：A
编制部门	总经办	编制日期：2019.9.9	页码：1/7

1.目的

为规划公司长期经营策略，制定公司中长期发展计划和年度经营计划，实现公司经营战略和目标，持续满足顾客和有关相关方要求，增强顾客信心及满意度，提升经营绩效，特制定本程序。

2.适用范围

适用于公司内外部环境分析，中长期经营计划和年度计划及目标的制定、评审和落实。

3.术语和定义

无

4.职责

4.1 总经办：负责组织相关部门进行内外部环境分析，制定中长期计划和年度经营计划并发布实施；负责监督和评审经营计划执行的结果。

4.2 各部门：负责按总经办规定的要求收集和提供相关数据信息，参与制定经营计划并确保在本部门落实。于月度、季度、半年度、年度提报经营计划执行和目标达成情况。

4.3 总经理：负责评审和批准经营计划，并定期评审经营绩效。

5.过程管理图

（本过程相关联的 ISO 9001 & IATF 16949 条款：4.1/4.2/5.1.1/6.2/6.2.2.1/9.1.1/9.3）

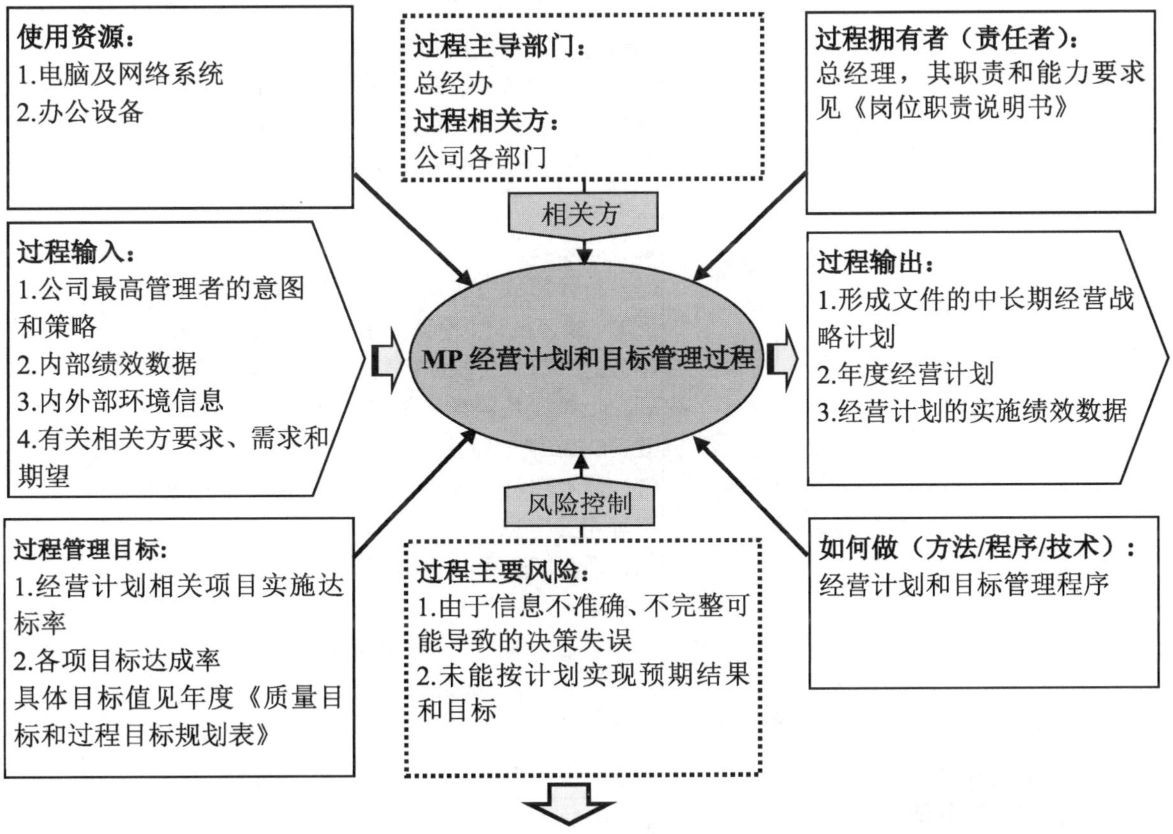

文件名称	经营计划和目标管理程序	文件编号：SQ-MP-01	版本：A
编制部门	总经办	编制日期：2019.9.9	页码：2/7

过程主要风险	对相关方的影响	应对风险的措施
1. 由于信息不准确、不完整可能导致的决策失误。	可能导致公司经营绩效受影响，顾客或相关方不满意。	（1）前期各部门充分收集相关数据和信息； （2）组织各部门进行内外部环境分析； （3）在充分考虑外部因素和内部资源和能力的基础上进行决策。
2.未能按计划实现预期结果和目标。	导致公司经营绩效受影响。	（1）对经营计划实施情况进行定期监督和评审； （2）经营目标列入部门绩效及个人绩效考核。

6.作业内容

序号	作业流程	权责部门/人	作业要求	参考文件/使用表单
6.1	内外部环境信息/数据收集 ↓	总经办 各部门	6.1.1 每年的11月底由总经办向各部门发出信息收集清单，由各部门负责收集内外部环境有关的信息和数据，适当时包括以下方面的信息： （1）总经办负责收集有关政治、经济、社会、政策、法规、国际贸易等信息。 （2）业务部负责收集顾客需求和期望、产品市场动态/发展趋势、同业竞争产品分析、顾客满意度、年度销售增长率等相关信息。 （3）财务部负责收集生产成本、销售成本、销售额、利润率、成本目标、预算等信息。 （4）人资部负责收集人力资源需求和开发、人力动态、员工需求和期望、环境与安全议题等相关信息。 （5）品管部负责收集内外部质量数据、顾客反馈、顾客投诉、不良质量成本等相关信息。 （6）生产部负责收集内部生产能力、产能规划、设施设备需求及新设备发展、生产绩效、OEE 绩效等相关信息。 （7）技术部负责收集新产品开发、新技术应用等相关信息。 （8）采购部负责收集供应商反馈、供应商绩效和采购成本等相关信息。 6.1.2 各部门主管应对所收集、统计的相关信息和数据作内部讨论并提出部门意见，确保信息的准确性和完整性。各部门平时亦应注意信息的收集、整理和积累。	
6.2	信息/数据提交 ↓	总经办 各部门	6.2 各部门于每年 12 月 15 日前需将上述信息和数据以电子文件呈报给总经办，总经办负责审核、归纳和汇总。	

文件名称	经营计划和目标管理程序		文件编号：SQ-MP-01	版本：A
编制部门	总经办		编制日期：2019.9.9	页码：3/7
序号	作业流程	权责部门/人	作业要求	参考文件/使用表单
6.3	↓ 经营风险和机遇及其应对措施的分析和评价 ↓	总经办中高层领导	6.3 总经办召集公司中高层领导进行以下适当方面的分析和评价： （1）宏观环境分析评价：应用PESTEL分析法进行包括政治、经济、社会、技术、环境和法律法规的变化和影响的评价，确定需要应对的风险和机遇，以及所需采取的对策和方法。（见附加说明7.2） （2）市场和竞争分析评价：包括市场份额和稳定性、类似产品或服务、市场领导者趋势、顾客增长趋势、竞争者动态、供应链关系等，评价需要应对的风险和机遇，确定所需采取的对策和方法。（见附加说明7.3） （3）内部因素分析评价：包括经营绩效、成长趋势、生产能力、效益、产品安全风险、技术能力、资源因素、人员能力、组织管理等，评价需要应对的风险和机遇，确定所需采取的对策和方法。（见附加说明7.4） (4)应用SWOT分析法进行内部优势、劣势，外部机会、威胁的综合分析，评价需要应对的风险和机遇，确定所需采取的对策和方法。（见附加说明7.5） （5）应用有关相关方的要求及其应对措施表，明确相关方的要求，评价需要应对的风险和机遇，确定所需采取的对策和方法。（见附加说明7.6）	
6.4	确定中长期经营战略 ↓	总经办中高层领导	6.4 根据公司的愿景、使命和方针，综合上述分析评价结果，在考虑各项风险和机遇后，提出中长期经营策略。策略构想应明确化、具体化，以便展开经营计划。	
6.5	制定中长期经营计划 ↓	总经办中高层领导	6.5 中长期经营计划可适当包括：产品发展方向、投资计划、市场开拓和销售目标、生产规模、工厂/设施计划、产品和技术开发、主要成本目标、企业管理提升、生产力提高、质量水平提升、员工素质的提高及人力资源规划、有关健康安全与环境问题、持续改进项目等。	

文件名称	经营计划和目标管理程序	文件编号：SQ-MP-01	版本：A
编制部门	总经办	编制日期：2019.9.9	页码：4/7

序号	作业流程	权责部门/人	作业要求	参考文件/使用表单
6.6	制定年度经营计划和目标	总经办 中高层领导	6.6.1 在中长期经营计划的指导下，结合当前市场趋势、顾客要求和相关方要求及上年度经营绩效、现有资源等，讨论和制定年度经营计划和目标，可适当包括以下内容：销售计划、产能规划、新产品开发计划、技术改造计划、质量改进计划、人才资源开发和能力提升计划、管理提升计划，供方开发和采购计划等。 6.6.2 年度经营计划应包括年度经营目标、公司质量目标和各部门质量目标，形成《公司目标和部门目标规划表》。	《公司目标和部门目标规划表》
6.7	核准（NG → 6.5，6.6；OK）	总经理	6.7 经营计划编制完成后提交总经理审批，若总经理提出修改意见，则由总经办负责修订。	
6.8	经营计划实施	各部门	6.8 经营计划经总经理批准发布后，各职能部门根据公司经营计划制定本部门的年度工作计划，应将经营计划的执行事项纳入日常管理工作，严格贯彻执行。	
6.9	监视和评审	各部门 总经办	6.9.1 各级管理者必须始终对经营计划的执行情况进行监控（目标值与实际值的比较），相关项目进度计划的落实。各部门依据实际结果进行分析，并于每月、每季、半年、年度提交给总经办上报执行结果，总经办定期召开会议评审和改进。 6.9.2 每年结合《管理评审程序》评审经营计划执行状况，由各部门报告经营绩效及针对计划的差异项目提出说明和改善方案。	《管理评审程序》
6.10	修订与更新	品管部	6.10 根据市场环境的变化及公司策略变化，在季度、半年度对经营计划的实施成效评审后，结合当前和未来的发展趋势，可适当修订经营计划内容。每年 1 月对上年度经营计划评审后编制新的年度的经营计划。	

7.附加说明

7.1 PESTEL 和 SWOT 分析方法说明

7.1.1 PESTEL 分析法：用于分析宏观环境的有效工具，它是调查组织外部影响因素的方法，其每一个字母代表一个因素，可以分为六大因素：政治因素（Political）、经济因素（Economic）、社会因素（Social）、技术因素（Technological）、环境因素（Environmental）和法律因素（Legal）。

文件名称	经营计划和目标管理程序	文件编号：SQ-MP-01	版本：A
编制部门	总经办	编制日期：2019.9.9	页码：5/7

7.1.2 SWOT 分析法：具体表示为“S”—Strengths（优势）、“W”—Weaknesses（劣势）“O”—Opportunities（机会）、“T”—Threats（威胁）。

即基于内外部竞争环境和竞争条件下的态势分析，就是将与企业密切相关的各种主要内部优势、劣势和外部的机会和威胁等，通过调查列举出来，并依照矩阵形式排列，然后用系统分析的思想，把各种因素相互匹配起来加以分析，从中得出一系列相应的结论，而结论通常带有一定的决策性。

其中，优势（S）与劣势（W）主要分析企业自身的实力及其与竞争对手的比较，而机会（O）和威胁（T）则将注意力放在外部环境的变化及对企业可能受到的影响上。因此，SWOT 分析实际上是对企业内外部因素各方面内容进行综合和概括，帮助企业把资源和行动聚集在自己的强项和有最多机会的地方。

7.2 宏观环境分析（PESTEL）评价

应用下表格式进行公司的宏观环境分析。

分析项目	与行业的相关因素	具体的变化或趋势	机会	威胁	可能对策
政治因素	国家政策 国际关系 对汽车产业的投资政策 当地基础设施 国际贸易协议				
经济因素	GDP 地区经济发展 货币汇率 经济形势 通胀预期 信贷可获得性				
社会因素	当地失业率 教育水平 公共假期和工作日				
技术因素	本产业技术变化 竞争产业技术变化 新兴行业技术 材料和设备 专利期限				
环境因素	环保政策 生态环境				
法律因素	国家法规 行业法规 国际公约				

文件名称	经营计划和目标管理程序	文件编号：SQ-MP-01	版本：A
编制部门	总经办	编制日期：2019.9.9	页码：6/7

7.3 市场和竞争分析评价

分析因素	现状分析	具体的变化或趋势	机会	威胁	可能对策
市场份额和稳定性					
类似产品或服务					
市场领导者趋势					
顾客增值趋势					
竞争者动态					
供应链关系					

7.4 内部因素分析评价

应用下表格式进行内部因素分析，可适当增加必要的分析项目。

分析因素	现状分析	具体的变化或趋势	机会	威胁	可能对策
组织总体绩效					
基础设施					
过程运行环境					
组织的知识					
人员方面					
产品开发及技术					
过程或产品和服务的提供能力					
质量稳定性和产品安全性					
组织管理因素					

7.5 SWOT 分析

应用下表格式进行内部和外部环境的综合分析，并对应提出策略。

SWOT 分析		外部环境	
		机会（O）	威胁（T）
内部环境	优势（S）	SO（优势—机会）战略（或对策）	ST（优势—威胁）战略（或对策）
	劣势（W）	WO（劣势—机会）战略（或对策）	WT（劣势—威胁）战略（或对策）

文件名称	经营计划和目标管理程序	文件编号：SQ-MP-01	版本：A
编制部门	总经办	编制日期：2019.9.9	页码：7/7

7.6 有关相关方的要求及应对措施评价

应用下表格式确定相关方的需求和期望及其要求，并提出应对措施。

有关相关方	有关相关方的需求和期望	有关相关方的具体要求	需要应对的风险和机遇	策划采取的措施
顾客	产品的质量、安全性、价格和交付，新产品开发时效			
最终使用者	产品的质量、安全性、价格和服务			
所有者、股东	不断成长、持续的盈利能力、透明度			
组织的员工	合理的薪资和福利、良好的工作环境、学习和成长、得到承认和奖励			
外部供方	互利和业务连续性、付款及时			
法律法规机构	所提供产品或服务符合法律法规要求，守法，诚信经营			
银行	按时还贷、企业更多贷款需求			
工会	非强制劳动、提供劳动保障、丰富员工文化生活			
竞争对手	公平竞争、共享信息			

8.参考文件

8.1 《管理评审程序》

9.使用表单

无

第五章

IATF 16949过程方法、体系策划和建立

第一节　IATF 16949 过程方法

一、什么是过程

1.过程的定义（见 ISO 9000：2015　3.4.1 定义）

利用输入实现预期结果的相互关联或相互作用的一组活动就称为过程。

注 1：过程的“预期结果”称为输出，输出是产品或服务，需随相关语境而定。

注 2：一个过程的输入通常是其他过程的输出，而一个过程的输出又通常是其他过程的输入。

注 3：两个或两个以上相互关联和相互作用的连续过程也可作为一个过程。

注 4：组织通常对过程进行策划并使其在受控条件下运行，以增加价值。

需要强调的是，在 ISO 质量管理体系标准中用“**process**”表示过程，而不叫流程。流程只是过程中的作业顺序和步骤，也称为过程流程，是构成过程的主要活动。但是，很多企业特别是港台企业，习惯上的说法把“流程”当作是“过程”的含义。

2.过程的要素及其相互作用

我们先看看一个单一过程包括哪些要素，及其各要素的相互作用，如下图所示。

每一过程包括输入源、输入、过程活动、输出、输出接收方，即 SIPOC。

输入来自前序过程，可以是内部或外部供方、顾客或其他有关相关方的过程；如生产过程的输入来自订单评审过程的输出，订单评审过程的输入来自顾客采购过程的输出。

输入的内容可以是物质（如材料、零件）、能量（如电能、热能）、信息（如需求、规范或要求）等。

输出的内容可以是物质（如零部件、产品）、服务、能量（如光能、机械能）、信息（如文件、决策、报告）等。

输出的接收方是后续过程，可以是内部或外部顾客或其他有关相关方的过程；如生产过程输出的接收方是产品交付过程，产品交付过程的接收方是顾客的进料过程。

每一过程都包括相互关联或相互作用的一组活动，过程有起点（开始）和终点（结束）。

每一过程均有特定的监视和测量检查点以用于控制，这些检查点根据相关的风险有所不同。也就是说，每个过程都要确保输入和输出是完整和正确的，并对过程活动进行有效的控制。

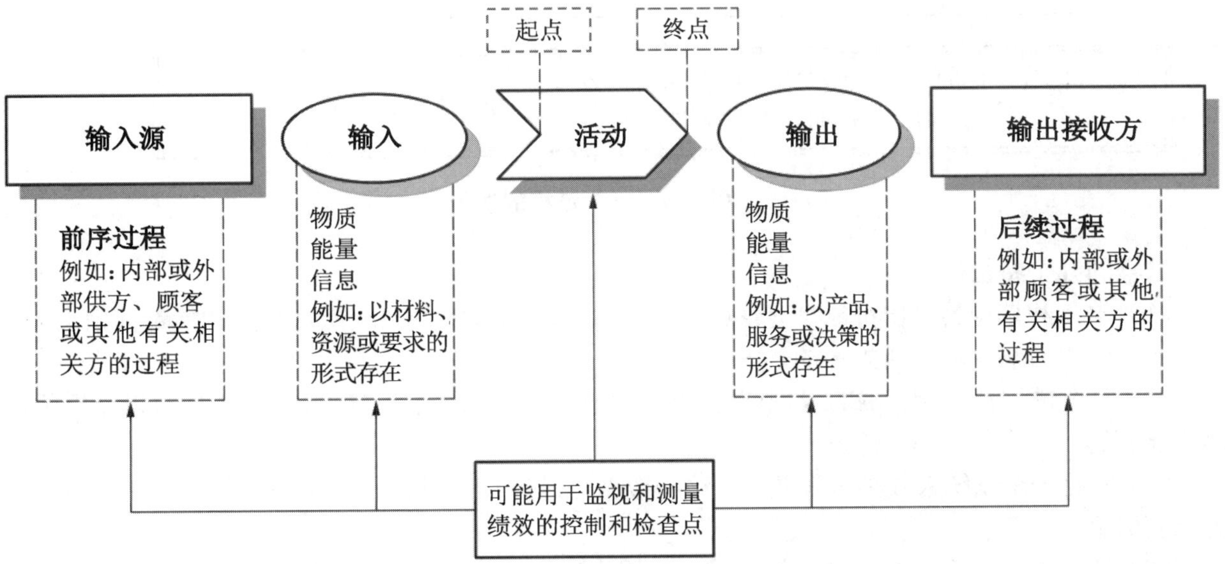

图 5-1　单一过程要素示意图

过程的输出是“预期的结果”，对过程的衡量是其有效性和效率，如下图所示。

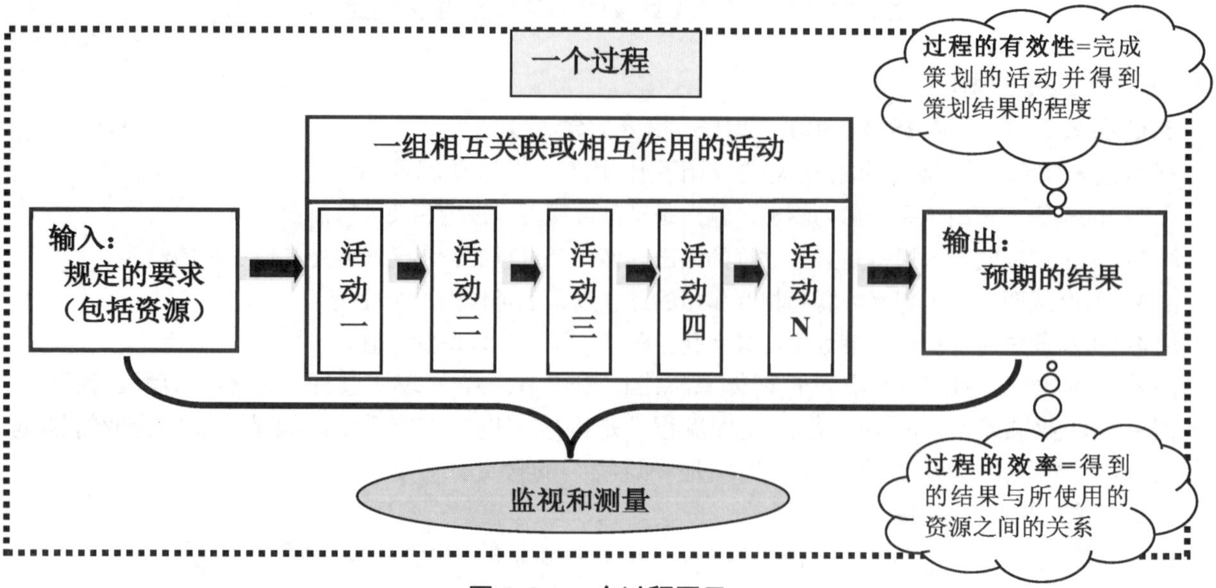

图 5-2　一个过程图示

为便于理解，下面用一个例子来进一步说明：

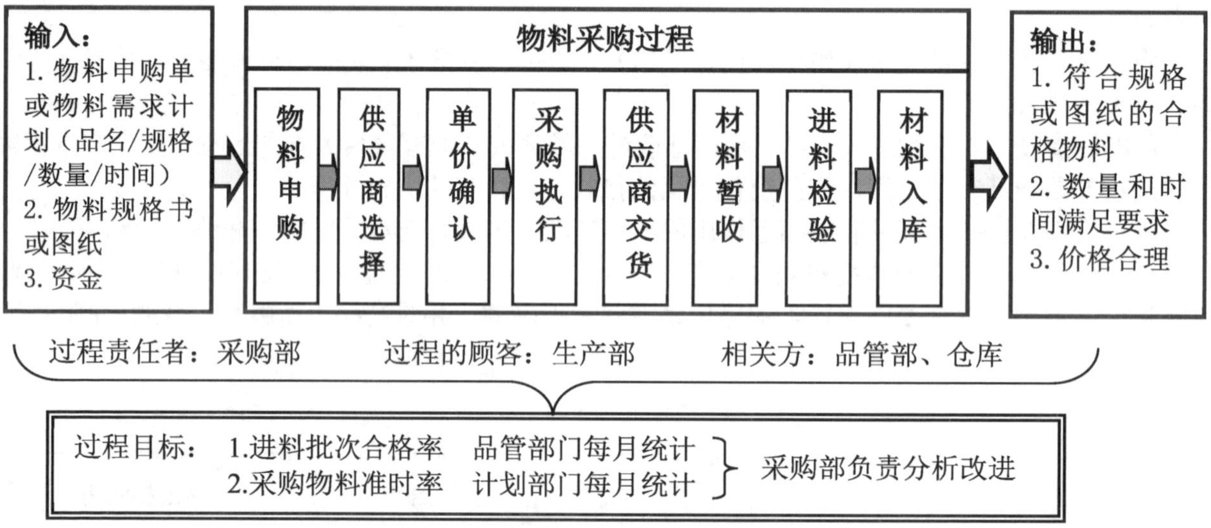

图 5-3　一个过程的例子

过程的几个特征：

（1）输入和期望的输出可能是有形的（如产品、材料或零件）或无形的（如能量或信息）。

（2）输出应满足输入所规定的要求。

（3）每个过程都有受影响的或规定过程的输出的顾客或相关方（顾客和相关方可以是组织内部或外部的）。

（4）应有一个系统来收集过程数据，这些数据可进行分析以提供过程绩效和纠正措施或改进需求的信息。

（5）所有的过程应与组织的目标一致，并用来增加价值，与组织的范围和复杂性相匹配。

（6）过程的有效性和效率可通过内部或外部评审来进行评估。

因此，**过程可以理解为是向过程的顾客（内部顾客或外部顾客）提供产品或服务的增值活动链。**

3.过程之间的关联

过程很少以孤立的形式出现，通常一个过程的输出直接形成下一个过程的输入。同样，一个过程的输入通常是其他过程的输出。如下图所示。

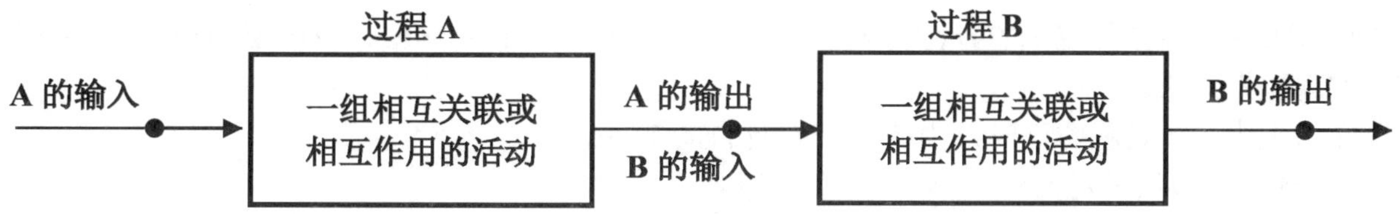

图 5-4　过程的前后衔接

过程之间是通过输入与输出发生关联的，一个过程的输入可能来自几个过程的输出，而一个过程的输出又可能为几个过程提供输入。如下图所示。

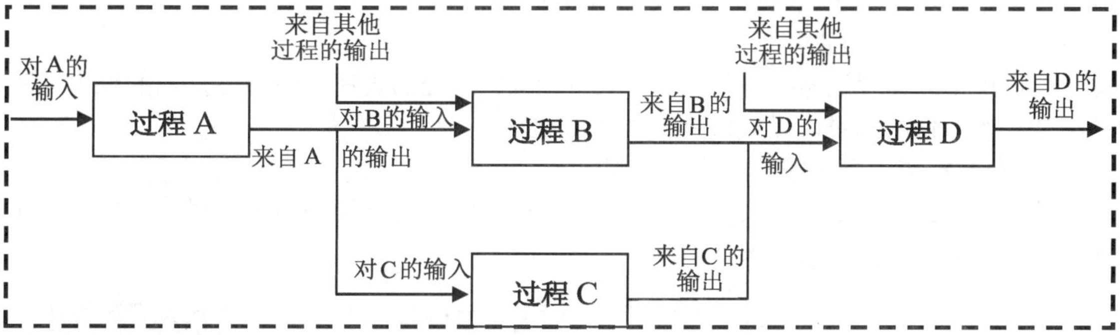

图 5-5　过程的输入、输出及关联

SIPOC 过程模型：

S（过程供方/前序过程）—I（输入）—P（本过程）—O（输出）—C（过程顾客/后续过程）

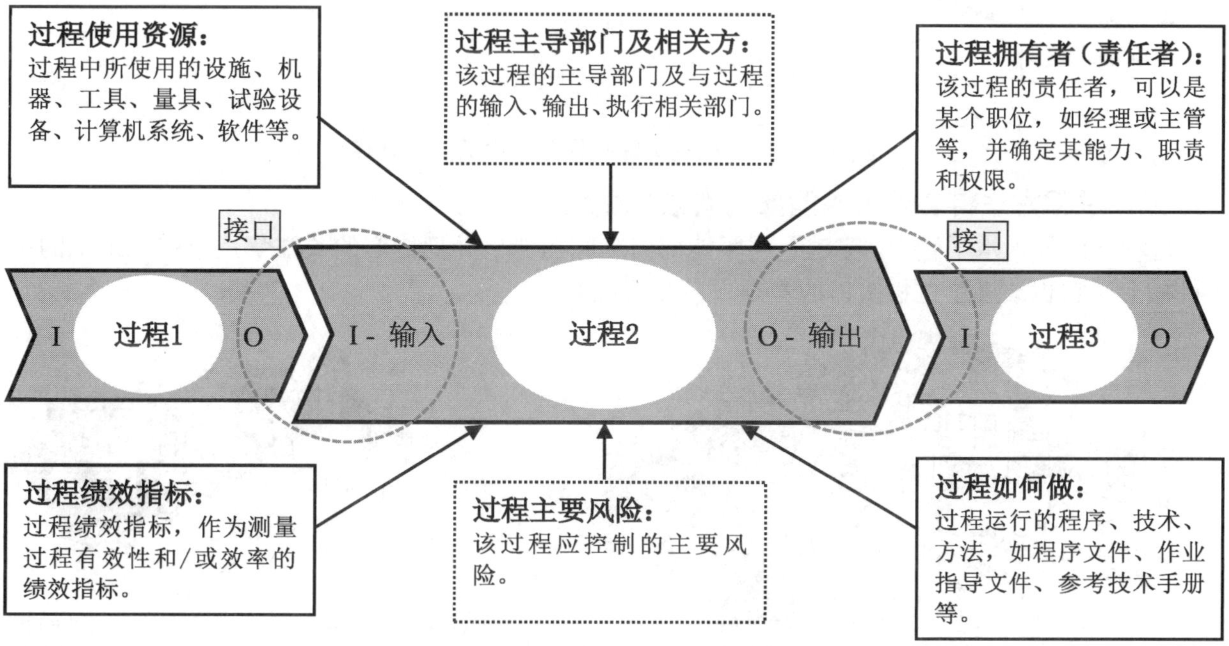

图 5-6　SIPOC 过程模型

二、什么是过程方法

组织在实现其预期结果的过程中，系统地理解和管理相互关联的过程有助于提高组织的有效性和效率。过程方法使组织能够对体系中相互关联和相互依赖的过程进行有效控制，以增强组织整体绩效。

过程方法包括按照组织的方针和战略方向，对各过程及其相互作用，系统地进行规定和管理，从而实现预期结果。

在组织中应用过程方法时，强调以下方面的重要性：

a）理解并持续满足要求

理解每一个过程的顾客（包括内部和外部顾客）是谁？顾客的要求是什么？需要输入哪些信息和资源？影响过程输出的风险是什么？需要怎样的控制才能输出预期的结果？

b）需要从增值的角度考虑过程

在策划和实施过程时，应考虑过程是否增值，将没有帮助的过程或活动进行删除、合并或改造。应以“多、快、好、省”的原则来设计和改进“过程”。

c）获得有效的过程绩效

每一个过程都应体现过程的有效性，并取得绩效，过程的责任者应通过适当的渠道适时获得过程的绩效和有效性的结果，以监控过程的实施状况。

d）在评价数据和信息的基础上改进过程

应用监视和测量系统收集的数据及信息，基于客观的测量结果与策划的过程目标进行比较分析，找出存在差异，对过程进行改进。

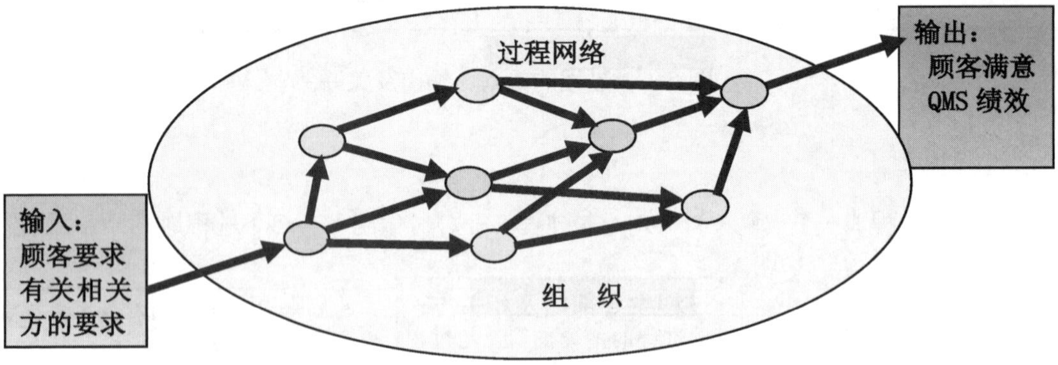

图 5-7　组织相互关联和相互作用的过程网络

三、过程方法将各相关职能部门有效地联结

过程方法导入水平管理，穿越不同职能部门之间的壁垒并把他们的关注焦点集中到组织的主要目标上。它也改进了过程接口的管理（参见下图）。

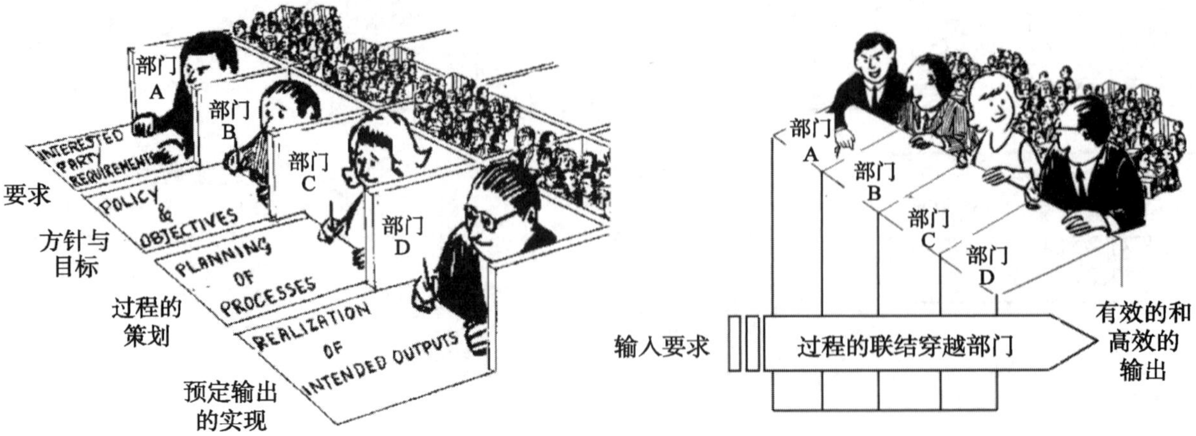

图 5-8　过程穿越职能部门之间的壁垒

政务中心打破职能习惯，实行“一条龙”服务，真正以顾客为导向，让群众办事最多跑一次。

实现过程管理需要改变传统管理的一些习惯：一是打破职能管理习惯；二是培养系统思维习惯；三是形成绩效导向的企业文化。

打破职能管理习惯。我们企业中的职能部门很大程度上表现为“自利取向”而非“服务取向”。在“自利取向”情况下，各职能部门特权膨胀，大家都只关注部门的职能完成程度和垂直性的管理控制，只关注上司的感觉，只关注与本部门相关的局部效率，部门之间的职能行为往往缺少完整有机的联系，由此导致企业总体效率下降。因此，必须打破职能区隔习惯。

培养系统思维习惯。过程导向侧重的是目标和时间，即以顾客、市场需求为导向，将企业的行为视为一个总过程上的过程网络，对这个网络进行管理和控制，强调全过程的协调及目标化。每一件工作都是过程的一部分，是过程的节点，它的完成必须满足整个过程的时间要求，时间是整个过程中最重要的标准之一。时间作为基本坐标决定了我们需要系统地思考问题，而不是仅仅依据自己所在的部门或所处的位置。

形成绩效导向的企业文化。形成以绩效为导向的企业文化是过程管理的保障。管理层要重视转变员工观念，通过让员工理解的方式激励员工参与过程管理，重视员工的建议等。没有这样的文化氛围，过程管理只能是流于形式，这也是很多企业引入过程再造不能取得成功的根本原因。

过程方法将各相关职能部门有效地联结，指向共同的目标。

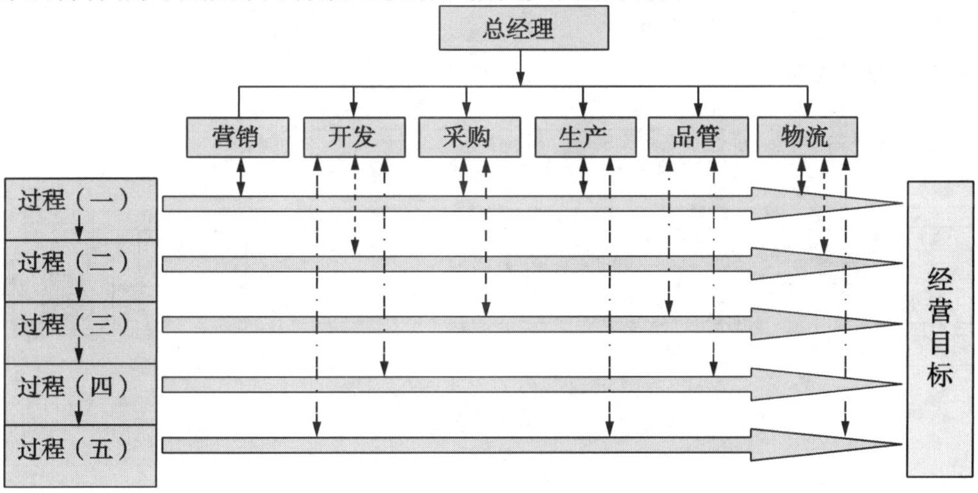

图 5-9　过程将各职能部门指向同一目标

四、过程类别及其相互关系

1. 组织的三类过程

一个组织内，无论其过程的多寡或其复杂程度如何，都可以归为三类过程，即顾客导向过程（核心过程）、支持过程和管理过程。它们的定义如下：

（1）顾客导向过程或核心过程（Customer Oriented Process，COP）

顾客导向过程是指以面向顾客直接产生价值增值的过程，或与实现顾客满意关系重大的过程。

这类过程的输入来自顾客，其输出为满足顾客的要求，为顾客产生价值。如产品设计和开发过程、合同/订单处理过程、生产制造过程、产品交付过程、顾客投诉管理过程等。

（2）支持过程（Support Process，SP）

支持顾客导向过程和管理过程运行的过程。如人力资源管理过程、生产设备管理过程、采购管理过程、仓储管理过程、检验和试验过程、文件控制过程等。

（3）管理过程（Management Process，MP）

管理过程一般是对组织的战略规划和经营计划，对质量管理体系过程进行监视、测量、分析和评价，以及纠正措施和持续改进的过程。如经营计划和目标管理过程、数据分析和绩效评价管理过程、不合格及纠正措施管理过程、内部审核过程、管理评审过程、持续改进过程等。

2. 三类过程之间的关联

（1）过程型态

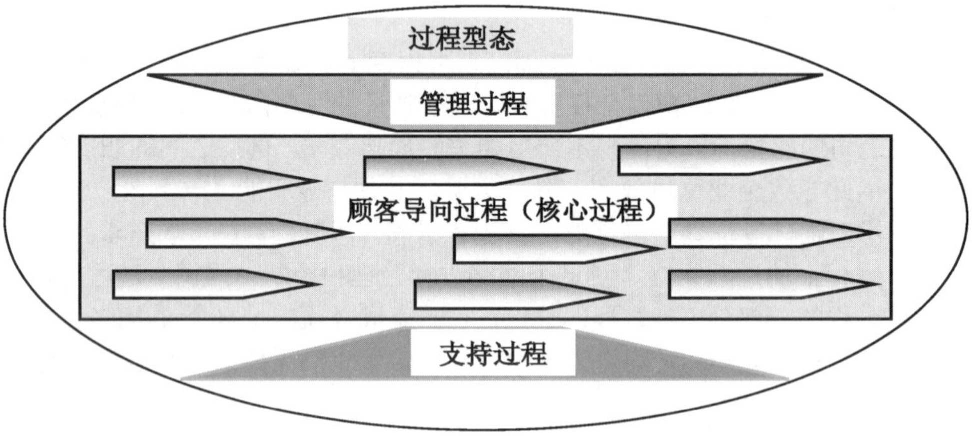

图 5-10　过程型态

上图显示，顾客导向过程是组织的核心过程，组织的整体工作是围绕顾客导向过程展开的，支持过程用于支持顾客导向过程和管理过程的运行，而管理过程则是对顾客导向过程和支持过程进行监视、测量、分析、评价和改进。

（2）三类过程的关联

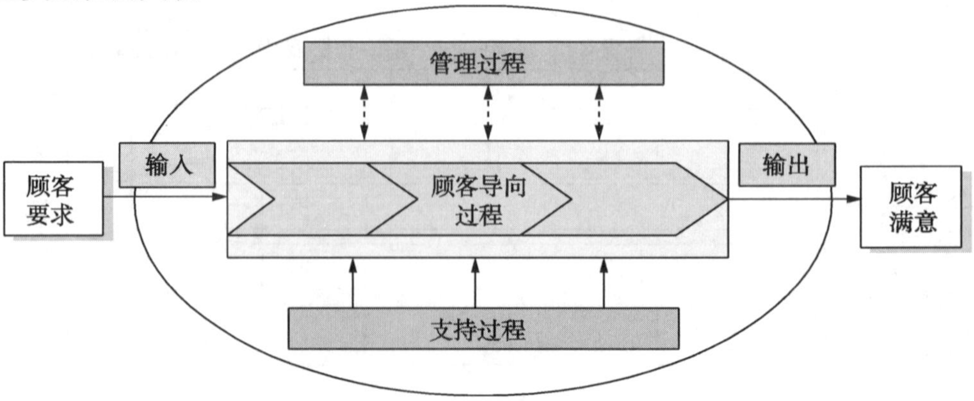

图 5-11　三类过程的关联

（3）顾客导向过程与支持过程的关系

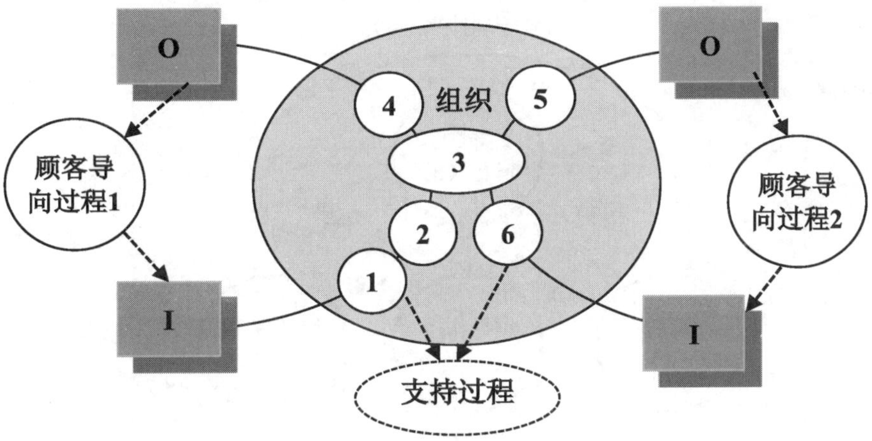

图 5-12　COP 和 SP 之间的关系

一个顾客导向过程可能有一个或多个支持过程，如生产制造过程，其支持过程包括人力资源管理过程、生产设备管理过程、采购过程、检验和测试过程、工装管理过程等；另外，一个支持过程也可能同时支持多个顾客导向过程，如人力资源管理过程，既支持生产制造过程，又支持设计开发过程，同时还会支持其他的过程。

3.过程将顾客、组织和供方三者形成一条价值链

通过供应链的过程管理，可以及时有效地满足顾客的要求。过程方法使得顾客、组织和供方三者形成一条价值链。

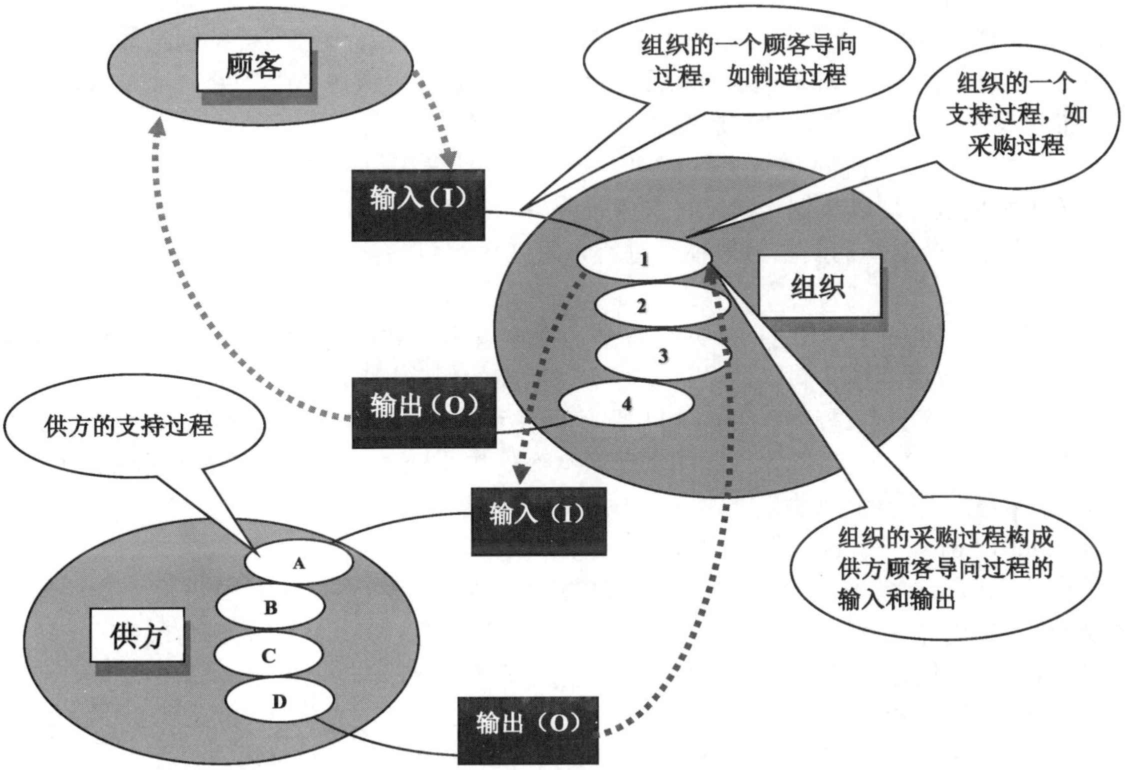

图 5-13　顾客、组织和供方形成价值链

五、基于 PDCA 循环的质量管理体系模式

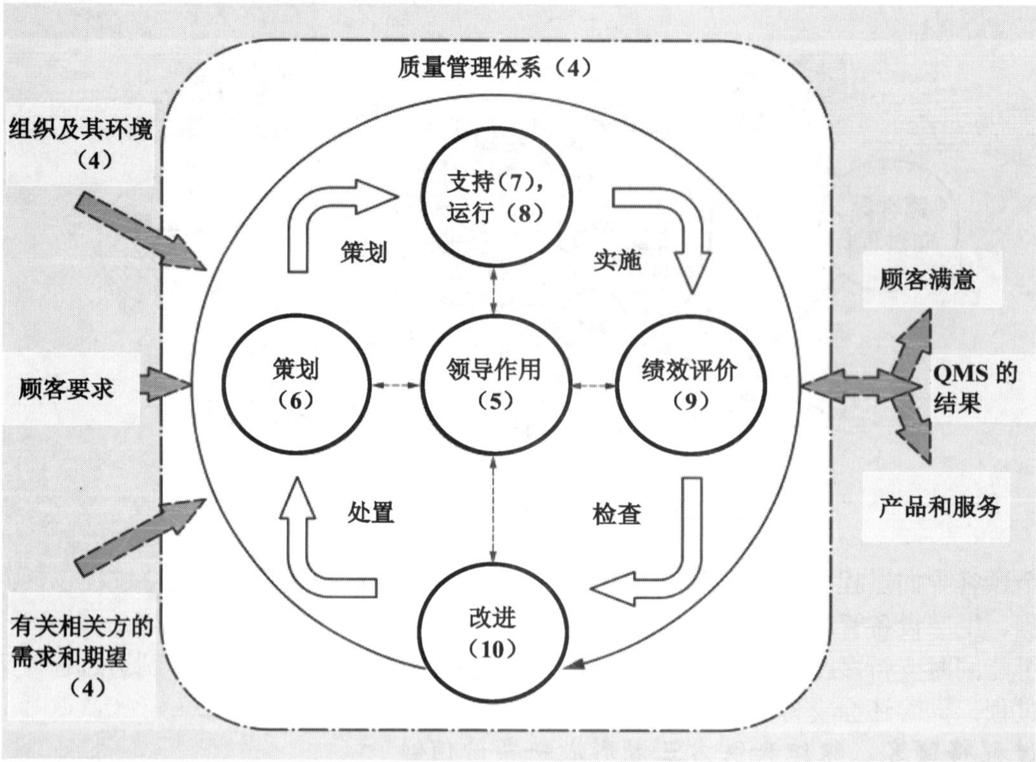

注：括号中的数字表示本标准的相应章节。

图 5-14　基于 PDCA 循环的质量管理体系结构模型

这一全新的质量管理体系模型，简要说明如下：

（1）质量管理体系是在领导力驱动下的 PDCA 循环。这意味着管理者特别是最高管理者需要更积极地参与和支持“策划 P—支持和运行 D—绩效评价 C—改进 A”的整个质量管理体系的活动，标准也明确要求最高管理者对质量管理体系的有效性负责。

（2）质量管理体系的输入除了关注顾客要求，还需要考虑组织的内/外部环境信息以及有关相关方的需求和期望，据以策划、建立、实施、保持和持续改进组织的质量管理体系。

（3）虚线框内是组织的质量管理体系过程，这些过程包括管理过程、顾客导向过程（核心过程）和支持管理。

（4）质量管理体系的输出则直接关注质量管理体系的结果。这一结果包括产品和服务是否满足要求，是否导致增强顾客满意，最终是否实现组织的经营目标。

事实上，上述几个方面是相互关联、相互强化的关系，通过高效的团队合作、关注有效输出、关注顾客的需求和满意、关注整体目标的实现，从而促进实现质量管理体系的整体绩效。

六、过程方法与基于风险的思维、PDCA 的结合

在ISO 9001:2015 “引言”强调，本标准采用过程方法，该方法结合了“策划、实施、检查、处置”（PDCA）循环和基于风险的思维。过程方法使组织能够策划过程及其相互作用。

PDCA 循环使组织能够确保其过程得到充分的资源和管理，确定改进机会并采取行动。

基于风险的思维使组织能够确定可能导致其过程和质量管理体系偏离策划结果的各种因素，采取预防控制，最大限度地降低不利影响，并最大限度地利用出现的机遇。

这三个概念共同形成了 ISO 9001:2015&IATF 16949 标准的

一个完整部分。风险能够对目标和结果产生影响，因此应在管理体系中给予应对。基于风险的思维是通过过程方法运用的。

PDCA循环能够应用于所有过程以及整个质量管理体系。

PDCA 循环可以简要描述如下：

——策划（Plan）：根据顾客的要求和组织的方针，建立体系的目标及其过程，确定实现结果所需的资源，并识别和应对风险和机遇；

——实施（Do）：执行所做的策划；

——检查（Check）：根据方针、目标、要求和所策划的活动，对过程以及形成的产品和服务进行监视和测量（适用时），并报告结果；

——处置（Action）：必要时，采取措施提高绩效。

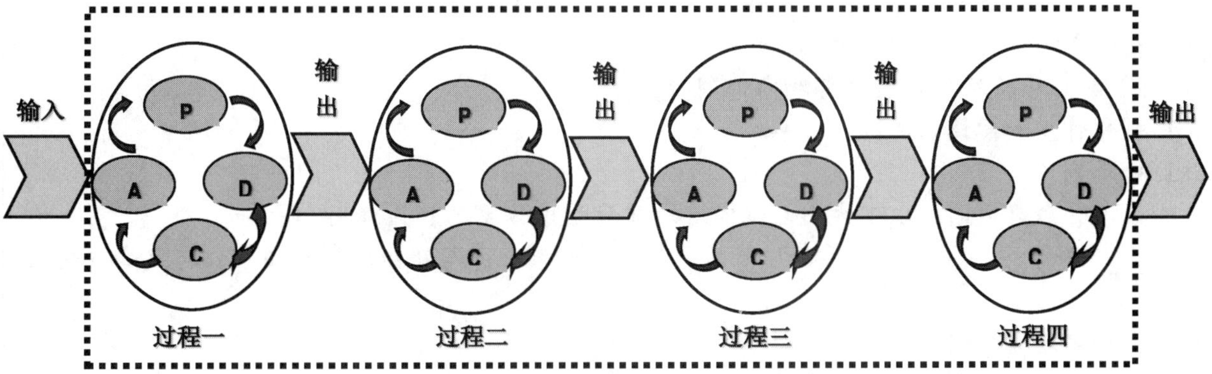

图 5-15　PDCA 贯穿于各个过程

之所以将其称之为 PDCA 循环，是因为这四个活动不是运行一次就完结，而是要周而复始地进行。一个循环完了，可能还有其他问题尚未解决，或者又出现了新的问题，再进行下一次循环。每一次循环使得质量水平上一台阶，如此不断提升和完善。

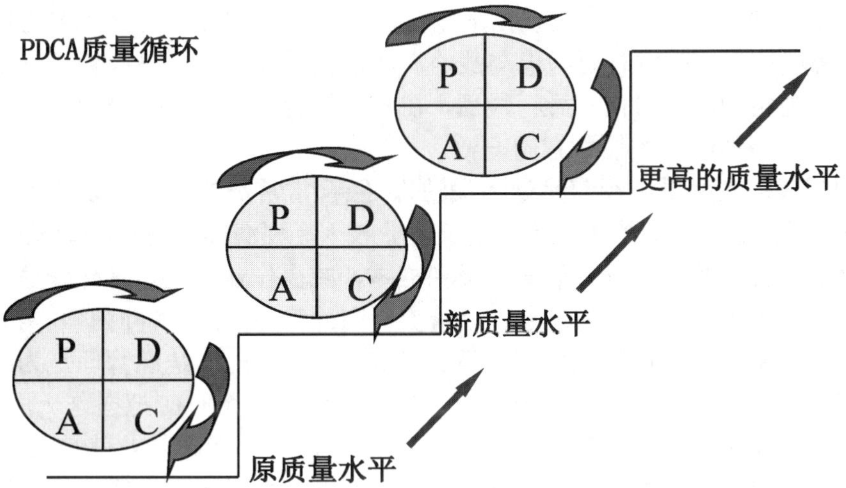

图5-16　PDCA循环促进质量提升

第二节　IATF 16949 体系策划和建立

一、质量管理体系为组织战略和经营服务

组织的质量管理体系是为实现组织的战略和经营目标服务的，因此质量管理体系必须在企业的战略方向指导下进行策划和实施，以下条款强调了与战略的关联。

4.1 理解组织及其环境

组织应确定**与其宗旨和战略方向相关**并影响其实现质量管理体系预期结果的能力的各种外部和内部因素。

组织应对这些外部和内部因素的相关信息进行监视和评审。

4.3 确定质量管理体系的范围

组织应确定质量管理体系的边界和适用性，以确定其范围。

在确定范围时，组织应考虑：

a）**4.1 中提及的各种外部和内部因素；**

5.1 领导作用和承诺

5.1.1 总则

最高管理者应通过以下方面，证实其对质量管理体系的领导作用和承诺：

b）确保制定质量管理体系的质量方针和质量目标，**并与组织环境相适应，与战略方向相一致；**

5.2.1 制定质量方针

最高管理者应制定、实施和保持质量方针，质量方针应：

a）适应组织的宗旨和环境并支持其**战略方向**；

9.3 管理评审

9.3.1 总则

最高管理者应按照策划的时间间隔对组织的质量管理体系进行评审，以确保其持续的保持适宜性、充分性和有效性，**并与组织的战略方向一致。**

从上述标准条款的要求可以看出，组织在策划自己的质量管理体系时必须要考虑整体战略和目标；在确定质量管理体系的范围时要考虑与战略有关的内外部因素；最高管理者要确保制定的质量方针和质量目标与组织战略方向一致；最后，在对质量管理体系进行评审时，要看质量管理体系的运行及其结果是否与组织的战略方向一致。

从企业经营和管理的角度看，经营是做“加法”，经营常常是要考虑开发新顾客、开拓新市场、增加市场份额、开发新产品、扩大规模、增长营业收入、利润提升等；而管理是做“减法”，管理常常要考虑降低不良、减少浪费、节省人员和成本、减少作业活动、优化作业过程等，所谓的精益制造其实就是不断做“减法”的过程。经营要“向外”，管理要“向内”，两者的着眼点不同，但目的是一致的，管理的“减”是为了实现经营的“加”，也就是说管理是为经营服务的，管理不能大于经营。因此，组织在策划和建立自身的质量管理体系时应把握这一思想和原则。

企业存在的目的就是追求利润，套用一句流行的话，“没有利润的企业就是耍流氓”。没有利润的企业，其所谓的理想、员工福利、社会责任都是虚无的。满足顾客要求、增强顾客满意是基本要求和前提。管理的目的就是如何去实现企业的经营目标，是为利润服务的，而不是反之。那么，管理体系就是管理的工具和方法。因此，策划质量管理体系不是企业去套用标准，去削足适履，而是用标准提供的理念、思路和方法去完善和改进企业的管理体系。

很多企业策划质量管理体系时，主要是从标准的符合性以及如何通过认证的角度去思考，企图把体系策划得很完美，滴水不漏。这样的体系运行是僵化的，不合实际的，对企业是极大的浪费和阻碍。

二、过程运营是企业管理的核心

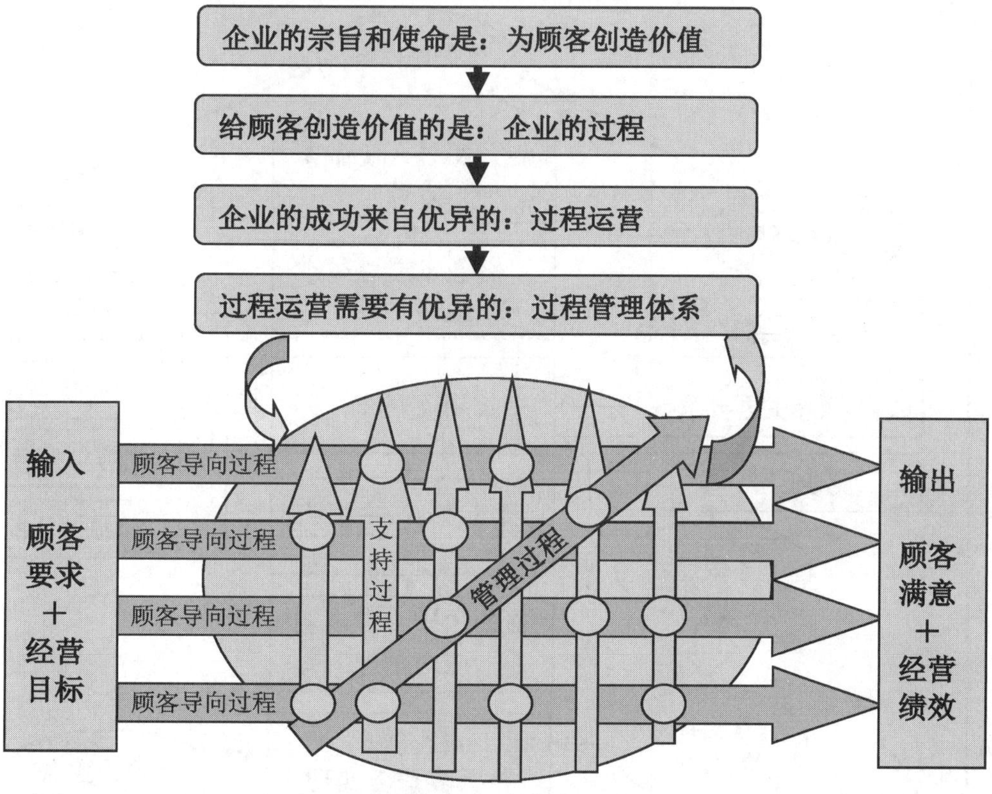

图5-17　过程运营图

企业的经营目的就是为顾客创造价值并获得经营绩效，而能够实现这一目的的路径就是企业的过程。

任正非多次说过，要重视过程："企业的人是会流动、会变的，但过程和规范会留在华为，必须有一套机制，无论谁在管理公司，这种机制不因人而变。但是过程本身是死的，而使用它的人是活的，需要人对过程的理解。而对过程了解比较多的是管理者，只有他们而不是基层人员，才清楚为什么这样设定过程。"

因此，华为 1998—2003 年用五年时间花费了 20 亿元请 IBM 顾问指导建立 IPD（集成产品开发）过程。任正非多次在面对记者采访中说到，华为的成功要感谢美国 IBM 公司当年的顾问指导。

美国著名管理学家迈克尔·哈默曾提出，对于 21 世纪的企业来说，过程非常关键。优秀的过程将使成功的企业与其他竞争者区分开来。为什么过程对企业来说如此重要呢？因为过程是一个企业所有运作活动的路径和方式，企业通过执行过程来实现其战略决策和经营目标。所以，过程的优劣直接关系到企业运作和管理的效率，进而影响到其最终财务效益。同时，利用过程改进可以带来提高产品质量、降低营运成本、缩短作业时间等诸多重要的效果，为企业创造竞争优势。

过程管理的好处：

- 过程的整合和结合，使达到计划的结果；
- 能够把努力的焦点放在过程的有效性和效率上；
- 向顾客和其他相关方提供有关组织绩效稳定的信心；
- 通过有效使用资源，降低成本和缩短周期；
- 通过对各过程的分析，可以有优先排序和重点地掌握改进的机会；
- 明确职责，确定衡量过程的指标，促进满足顾客和相关方要求，增强顾客满意。

三、IATF 16949 体系策划的两条主线

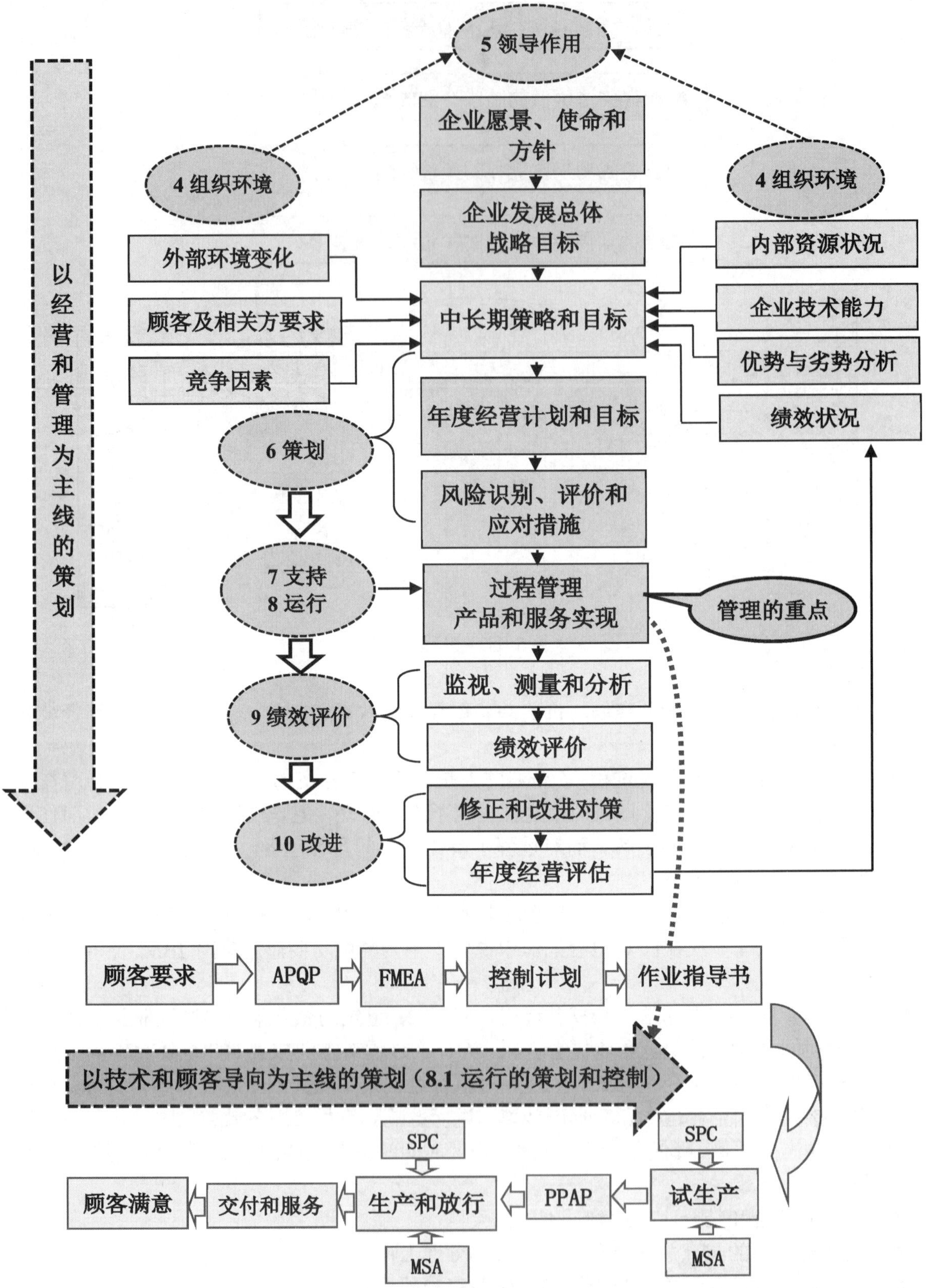

图5-18　IATF 16949 体系策划的两条主线

从上图中我们可以看出，以经营和管理为主线的策划涵盖了整个体系的 PDCA 循环过程，以实现经营目标为宗旨；以技术和顾客导向为主线的策划，则在于如何满足顾客要求和实现顾客满意，两者是相辅相成的。

四、一般中小型制造企业的体系过程策划

一般中小型企业的过程不是很复杂，通过以经营和管理为主线结合标准第 4、5、6、9、10 章的要求策划质量体系的管理过程；通过以技术和产品实现满足顾客要求为主线结合标准第 8 章的要求策划质量体系的顾客导向过程（核心业务过程）；根据所需物质、资源、能力、成文信息以及质量控制结合第 7、8 章的要求策划质量体系的支持过程。

特别强调的是，下图仅为一般中小型制造企业的过程参考示例，对于大型企业或集团企业，其过程可能要复杂很多，需要对过程进行分级（如一级过程、二级过程、三级过程或者是主过程和子过程）。

每个企业的管理体系过程都是唯一的，由于企业的规模不同、产品的类型和复杂程度不同，组织结构的设置不同，企业的文化和习惯不同，因此，必须根据自身的过程运行需要进行识别和确定。

不同企业的过程没有可比性，同一企业在不同发展时期的过程活动也有很大差异，衡量一个过程的优劣是看它的有效性和/或效率，以及对实现企业总体目标的贡献。

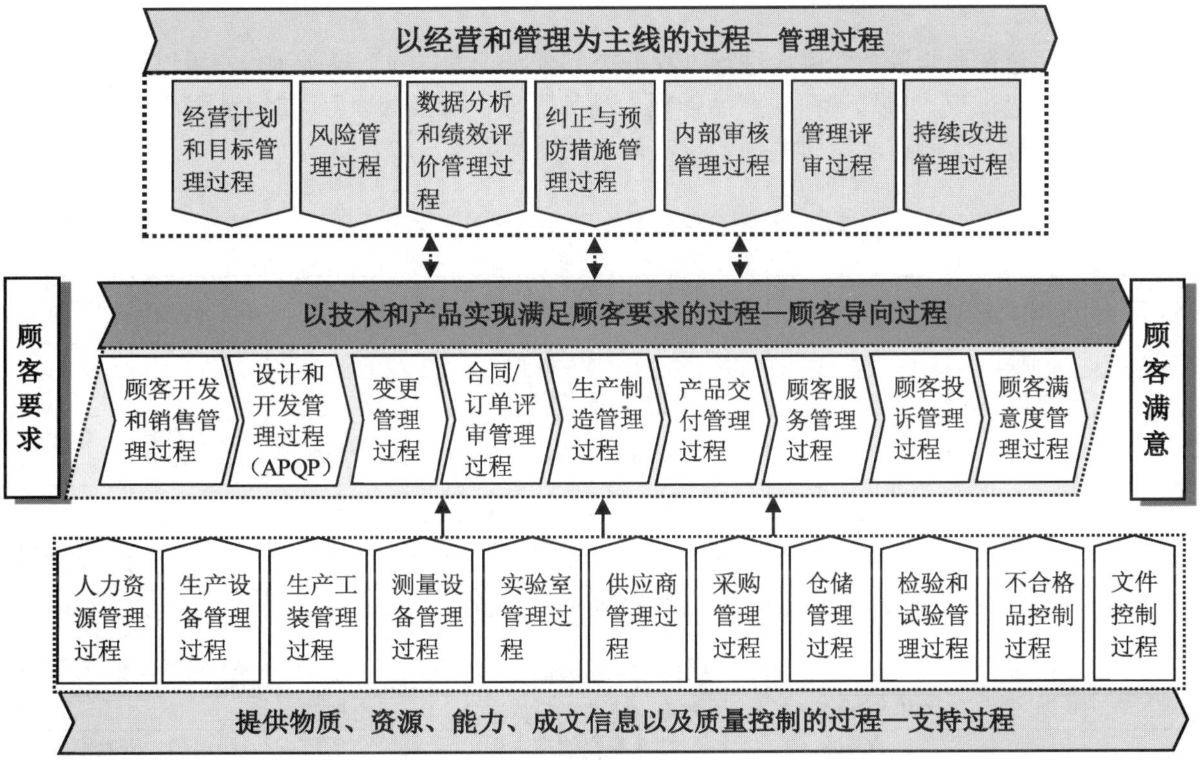

图 5-19　中小型企业的质量体系过程示例

五、大型或集团企业的体系过程策划

大型或集团企业管理层级多，功能模块多，职能部门多，产品通常多样化或比较复杂，体系过程设计需要分级，一般分为两级或三级，两级可以是主过程和子过程（或一级过程、二级过程），三级就是一级过程、二级过程和三级过程。

大型或集团企业的一种情况是产品简单但多样化，另一种情况是产品类别不多但复杂。如果从产品设计过程分析，产品简单但多样化的企业，通常分多个设计组或项目组，分别负责不同的产品系列，而且不同产品系列的设计开发过程差别比较大，执行的人员也不同，在这种情况下，设计开发过程就不能共用了，应该分不同系列的产品开发过程，如分 A 类产品设计开发过程、B 类产品设计开发过程、C 类产品设计开发过程等。对于产品设计复杂的情况，设计和开发管理过程可作为主过程，主过程下可以有若干子过程，如市场调研过程、产品设计开发过程、样件制作过程、设计评审过程、设计验证过程、制造过程设计开发过程、试生产过程、PPAP 过程等。

过程的定义中提到，两个或两个以上相互关联和相互作用的连续过程也可作为一个过程。这里要注意，是连续过程，如果是间断的，就不能把两个或两个以上的过程作为一个过程对待。如下图 A 中的三个过程不能当作一个过程，因为是并列的，相互之间没有关联，是各自独立运行的；而图 B 中的过程是连续的、相互关联的，所以可以作为多个子过程组成一个主过程进行管理。

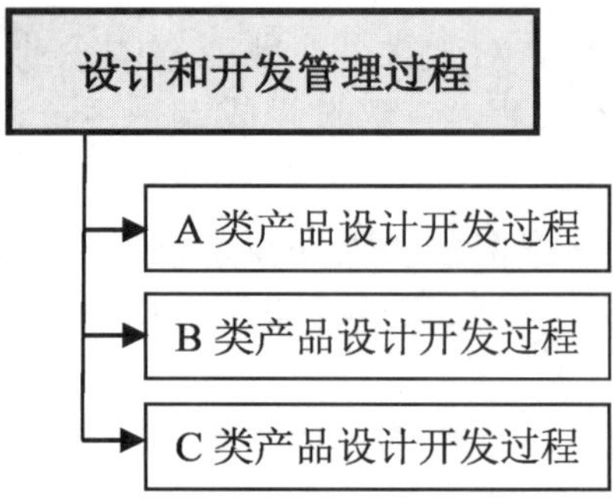

图 A

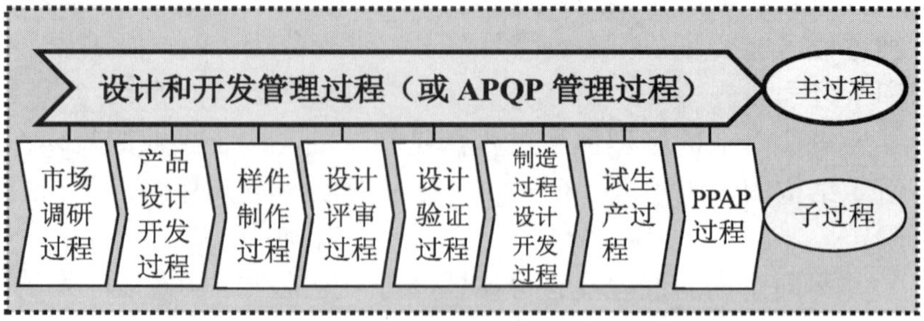

图 B

大型或集团企业通常以功能模块进行过程分类并分级管理，如下表所示，一级过程“市场管理”下有四个二级过程“市场调研、产品管理、品牌管理、价格管理”，二级过程“市场调研”下有两个三级过程“专题市场调研流程、日常信息反馈流程”。

表 5-1　集团企业质量体系过程清单（参考示例）

一级流程	二级流程	三级流程	流程名称	主要责任部门	涉及相关部门
TY-SC			市场管理		
	TY-SC-01		市场调研		
		TY-SC-01-01	专题市场调研流程	市场部	事业部经理、销售部，研发中心
		TY-SC-01-02	日常信息反馈流程	销售部	
	TY-SC-02		产品管理		
		TY-SC-02-01	新产品开发及上市流程	市场部	销售部、研发中心、集团生产技术部……
	TY-SC-03		品牌管理		
		TY-SC-03-01	年度市场费用预算流程	市场部	
		TY-SC-03-02	行业展会管理流程	市场部	销售部、研发中心
		TY-SC-03-03	技术推广管理流程	市场部	
		TY-SC-03-04	市场费用核销流程	市场部	客户
	TY-SC-04		价格管理		
		TY-SC-04-01	新产品定价流程	市场部	销售部、财务部
		TY-SC-04-02	产品调价管理	市场部	销售部、财务部
TY-XS			销售实现		
	TY-XS-01		销售计划管理		
		TY-XS-01-01	年度销售计划制定流程	销售部	市场部、综合组
		TY-XS-01-02	月度销售预测制定流程	销售部	市场部、综合组

大型或集团企业的过程分级通常分到三级就可以了，分得太细反而使得过程臃肿和繁杂，不利于监视和评审。再详细的作业活动可以用作业指导书或作业指引或管理规定/办法等文件的形式进行规范。

六、质量体系过程策划的方法说明

过程的定义是“利用输入实现预期结果的相互关联或相互作用的一组活动就称为过程”，从定义中我们可以知道，过程是个非常广泛的概念，任何利用输入实现预期结果的相互关联或相互作用的一组活动都可以当作一个过程来管理，所以过程的识别和使用没有区域、内容、范围、层级、长短、简繁的限制。这也给我们很多负责体系策划工作的质量人产生了一些疑惑或者问题，以下针对几个常见的问题进行说明。

1.质量管理体系到底应该策划多少个过程是合适的

质量管理体系的过程多少是没有标准的，也给不了标准，也不能给标准。因为每个组织的规模，以及活动、过程、产品和服务的类型，过程及其相互作用的复杂程度，以及人员的能力都各不相同。就如同无法规定每个人每餐必须吃多少饭一样。每个组织质量体系的过程，无须考虑数量的多少，而是适合组织运行的需要。

2.质量体系的过程如何识别和确定

根据 ISO 9001 和 IATF 16949 的意图，应按“4.4 质量管理体系及其过程”中的要求去识别和确定所需的过程。可综合应用以下的策划步骤和方法（仅供参考）。

（1）按管理过程、顾客导向过程和支持过程这三类过程为方向进行策划。如图 5-19 中小型企业的质量体系过程示例。

（2）结合企业的功能模块、职能模块进行识别和策划。比如，企业设置和定义了品牌管理的功能，那就需要策划品牌管理的相关过程，企业制定了市场推广的战略，就需要策划市场推广的相关过程。再如，企业有产品设计责任，就需要策划产品设计开发的过程。

（3）结合标准条款的要求进行识别和策划。ISO 9001标准中只有8.3 条款明确规定必须建立、实施和保持适当的设计和开发过程，其他则由企业根据需要自行确定。IATF 16949 补充和新增条款中有 27 处要求建立过程。如下表 5-2 所示。

需要强调的是，标准中要求形成文件的过程或要求建立一个过程，并不意味着必须单独形成一个文件化过程，一个文件化过程可以包括多个条款要求的形成文件的过程，比如“7.3.2 员工激励和授权”和“10.3.1 持续改进—补充”都要求有一个形成文件的过程，那么可以合并建立《持续改进和员工激励管理过程》。同时，一个要求形成文件的过程也可以分布在不同的文件化过程中体现，比如“4.4.1.2 产品安全”要求形成文件的过程，相关内容可以分解到产品设计和开发过程、培训过程、采购过程中体现，也可以单独形成文件化过程。

IATF 16949:2016—常见问题解答（FAQ-12）回答了有关文件化过程的问题，内容如下：

编号	IATF 16949 参照	问题和答案
12	**贯穿 IATF 16949 标准**	**问题：** 在一个“文件化的过程”中记录多个过程是可以接受的吗？或者它们都必须是单独的文件化过程吗？ **解答：** 是的，组织将多个文件化的过程分组到一个（或多个）过程中是可以接受的。每个文件化的过程并不一定是一个单独的过程。组织应该记录他们的过程，因为这对他们的个人业务和组织需求是有意义的。

表 5-2　标准中对形成过程的要求的条款清单

序号	ISO 9001 &IATF 16949 标准条款中对形成过程的要求	组织中的过程建议
1	**4.4.1.2 产品安全** 组织应有形成文件的过程，用于与产品安全有关的产品和制造过程管理。	可以分解到产品设计和开发过程或 APQP 管理过程、培训过程、采购过程中体现，也可以单独形成文件化过程。
2	**6.1.2.2 预防措施** 组织应建立一个用于减轻风险负面影响的过程。	可结合 10.2 不合格和纠正措施、10.2.3 问题解决，建立不合格与纠正预防措施管理过程。
3	**7.1.5.2.1 校准/ 验证记录** 组织应有一个形成文件的过程，用于管理校准/验证记录。	可结合 7.1.5 监视和测量资源，建立测量和试验设备管理过程予以规定。
4	**7.2.1 能力—补充** 组织应建立并保持形成文件的过程，识别包括意识（见第 7.3.1 条）在内的培训需求，并使所有从事影响产品要求和过程要求符合性的活动的人员具备能力。	可结合 7.2 能力及 7.2.2 在职培训，建立人力资源管理过程，或建立培训管理过程。
5	**7.2.3 内部审核员能力** 组织应有形成文件的过程，用于验证内部审核员的能力。	可在人力资源管理过程中规定，也可在内部审核管理过程中规定。
6	**7.3.2 员工激励和授权** 组织应保持形成文件的过程，激励员工实现质量目标，进行持续改进，并建立一个提倡创新的环境。	可结合 10.3.1 持续改进—补充，建立持续改进管理过程，或类似提案改善、合理化建议等过程中规定。
7	**7.5.3.2.2 工程规范** 组织应有形成文件的过程，描述基于顾客要求的进度进行的所有顾客工程标准/规范及相关修订的评审、分发和实施。	可在设计和开发管理过程或 APQP 管理过程中规定，也可在图纸技术文件管理过程中规定。
8	**8.3.1 总则** 组织应建立、实施和保持适当的设计和开发过程。 **8.3.1.1 产品和服务的设计和开发—补充** 组织应对设计和开发过程形成文件。	可建立设计和开发管理过程或 APQP 管理过程。
9	**8.3.2.3 带有嵌入式软件的产品的开发** 组织应有一个质量保证过程，用于其带有内部开发的嵌入式软件的产品。	如果组织存在带有嵌入式软件的产品，可建立嵌入式软件开发过程。
10	**8.3.3.1 产品设计输入** 组织应有一个过程，将从以前的设计项目、竞争产品分析（标杆）、供应商反馈、内部输入、使用现场数据和其他相关资源中获取的信息，推广应用于当前和未来相似性质的项目。	可在设计和开发管理过程或 APQP 管理过程中规定。
11	**8.3.3.3 特殊特性** 组织应采用多方论证方法来建立、形成文件并实施用于识别特殊特性的过程，包括顾客确定的以及组织风险分析所确定的特殊特性。	可在设计和开发管理过程或 APQP 管理过程中规定。
12	**8.3.4.4 产品批准过程** 组织应建立、实施并保持一个符合顾客规定要求的产品和制造批准过程。	可在设计和开发管理过程或 APQP 管理过程中规定，或建立 PPAP 过程。
13	**8.4.1.2 供应商选择过程** 组织应有一个形成文件的供应商选择过程。	可建立供应商管理过程确定供应商选择的准则。

序号	ISO 9001 &IATF 16949 标准条款中对形成过程的要求	组织中的过程建议
14	**8.4.2.1 控制的类型和程度—补充** 组织应有一个形成文件的过程，以识别外包过程并选择控制的类型和程度。	可在采购管理过程中规定或建立单独的外包管理过程。
15	**8.4.2.2 法律法规要求** 组织应有形成文件的过程，确保所采购的产品、过程和服务符合收货国、发运国和顾客确定的目的国（如有提供）的现行适用法律法规要求。	可在采购管理过程中规定供方确保符合法律法规的要求，并在进料检验过程中验证法律法规要求的符合性。
16	**8.4.2.4 供应商监视** 组织应为供应商绩效评价制定形成文件的过程和准则，以便确保外部提供的产品、过程和服务符合内部要求和外部顾客要求。	可在供应商管理过程中规定对供应商监视和绩效评价的准则。
17	**8.4.2.4.1 第二方审核** 组织的供应商管理方法中应包括一个第二方审核过程。	可在供应商管理过程中规定对供应商第二方审核的要求。
18	**8.5.5.1 服务信息的反馈** 组织应确保建立、实施并保持一个在制造、材料搬运、物流、工程和设计活动之间沟通服务问题信息的过程。	可在顾客服务管理过程或顾客反馈管理过程或顾客投诉/退货管理过程中规定。
19	**8.5.6.1 更改的控制—补充** 组织应有一个形成文件的过程，对影响产品实现的更改进行控制和反应。	可建立变更管理过程。
20	**8.5.6.1.1 过程控制的临时更改** 组织应有一个形成文件的过程，对替代控制方法的使用进行管理。	可建立单独的临时更改控制过程，也可分解到设计和开发管理过程或 APQP 管理过程及生产制造过程中规定。
21	**8.6.4 外部提供的产品和服务符合性的验证和接受** 组织应有一个过程来确保外部提供的过程、产品和服务的质量。	可建立进料检验过程或在采购管理过程中规定。
22	**8.7.1.7 不合格品的处置** 组织应有一个形成文件的过程，用于不进行返工或返修的不合格品的处置。	可在不合格品控制过程中规定或建立单独的不合格品的处置过程。
23	**9.2.2.1 内部审核方案** 组织应有一个形成文件的内部审核过程。	建立内部审核过程。
24	**10.2.3 问题解决** 组织应有形成文件的问题解决过程。	可结合 10.2 不合格和纠正措施、6.1.2.2 预防措施，建立不合格与纠正预防措施管理过程。
25	**10.2.4 防错** 组织应有一个形成文件的过程，用于确定适当防错方法的使用。	在过程设计时要考虑防错方法，在生产中要考虑防错验证。
26	**10.2.5 保修管理体系** 当组织被要求为其产品提供保修时，组织应实施一个保修管理过程。	如果组织有保修责任和义务，应建立保修管理过程。
27	**10.3.1 持续改进—补充** 组织应有一个形成文件的持续改进过程。	可结合 7.3.2 员工激励和授权，建立持续改进管理过程，或类似提案改善、合理化建议等过程中规定。

3.有些过程是合并好还是分开好

这要根据企业职能部门的设置及职责分配去考虑，标准 4.4 及 5.1.1.3 都强调每个过程都应确定过程拥有者（过程责任人），一个过程最好是归属到一个职能部门负责主导，过程的责任人可能是部门的主管、经理等职位，这样比较便于过程文件的编制、修订、管理和过程绩效的监视。

如果两个或多个部门都是过程的主导者，则需要非常明确地规定各自在该过程中负责的工作范围，否则不便于过程管理。如有些企业开发部门负责产品设计，工程部门负责制造设计，模具部门负责工装设计和制造，如果这几个部门都是并列的，没有从属关系，从整个产品质量策划和设计开发控制的系统性管理考虑，应该建立总的设计和开发管理过程或 APQP 管理过程，在此主过程下可以建立子过程：产品设计过程、制造设计过程、工装设计过程等，关键是职责分配要明确。

比如，有些企业生产部门负责生产计划和进度控制以及产品制造，那么建立生产管理过程进行控制可能是比较合适的；而有些企业 PMC 部门或生管部门负责生产计划和进度控制，而生产部门仅负责制造过程，这时分别建立生产计划管理过程和生产制程控制过程可能是比较合适的。

4.质量体系的过程策划要适合企业的语言

我们在应用质量管理体系时倡导学习体系精神、使用体系语言、贯彻体系要求，使用体系语言是指我们要理解和应用质量管理体系中给出的术语和定义，在文件编写、日常交流、会议讨论、改进报告中使用这些术语和定义，但并不意味着我们的体系过程名称直接套用标准条款的标题。

比如，标准 7.1.5 是对监视和测量资源的要求，有些企业就直接建立“监视和测量资源管理程序”，这就是典型的教条主义和形式主义，根本没有理解标准的意图。ISO 9001 标准是适用于各种类型、不同规模和提供不同产品和服务的组织，对有些企业来说是没有监视和测量设备的（比如咨询公司、文化公司），但会使用其他资源进行服务过程的监视和测量，所以标准为了涵盖到所有不同的组织，就使用测量资源。ISO 9000:2015 基础和术语中并没有“测量资源”这个定义，但有“测量设备”的定义（见术语 3.11.6）。

并不是说使用“监视和测量资源管理程序”就是错，而是要使用让企业人员容易理解的语言，对制造业来说，监视和测量设备或测量和试验设备或测量仪器就很容易被理解，如果你说测量资源，很多人就一头雾水。

在标准 ISO 9001:2015 “引言 0.1 总则”中就明确告诉我们，实施本标准并非需要：

——统一不同质量管理体系的架构；

——形成与本标准条款结构相一致的文件；

——在组织内使用本标准的特定术语。

在 ISO 9001:2015 标准附录 A 的“A.1 结构和术语”中也指出：

本标准未要求在组织质量管理体系的成文信息中应用本标准的结构和术语。

本标准的结构旨在对相关要求进行连贯表述，而不是作为组织的方针、目标和过程的文件结构范例。**若涉及组织运行的过程以及出于其他目的而保持信息，则质量管理体系成文信息的结构和内容通常在更大程度上取决于使用者的需要。**

无需在规定质量管理体系要求时以本标准中使用的术语代替组织使用的术语。组织可以选择使用适合其运行的术语（例如：可使用“记录”“文件”或“协议”，而不是“成文信息”；或者使用“供应商”“伙伴”或“卖方”，而不是“外部供方”）。

在 ISO 9001:2015 标准附录 A 的“A.2 产品和服务”指出：

本标准则使用“产品和服务”。“产品和服务”包括所有的输出类别（硬件、服务、软件和流程性材料）。

特别包含“服务”，旨在强调在某些要求的应用方面，产品和服务之间存在的差异。服务的特性表明，至少有一部分输出是在与顾客的接触面上实现的。这意味着在提供服务之前不一定能够确认其是否符合要求。

在大多数情况下，“产品和服务”一起使用。由组织向顾客提供的或由外部供方提供的大多数输出包括产品和服务两方面。例如：有形或无形产品可能涉及相关的服务，而服务也可能涉及相关的有形或无形产品。

我们再来看看下面某制造企业识别的过程清单。

过程的识别（过程清单）

顾客导向过程		支持过程		管理过程	
过程编号	过程名称	过程编号	过程名称	过程编号	过程名称
C1	与顾客有关的过程	S1	基础设施	M1	领导作用
C2	产品和服务开发与设计	S2	监视和测量设备	M2	策划
C3	产品生产和服务提供的控制	S3	人力资源	M3	数据分析与评价
C4	产品交付	S4	沟通	M4	内部审核
C5	顾客反馈处理	S5	形成文件的信息	M5	管理评审
		S6	外部供应产品和服务的控制	M6	改进
		S7	生产设备管理		
		S8	工装管理		
		S9	顾客或外部供方的财产		
		S10	产品和服务放行		
		S11	不合格产品和服务		
		S12	客户满意度测量		

我们看上表中的顾客导向过程C1“与顾客有关的过程”，与顾客有关的过程是哪些过程？实施的部门怎么理解？知道是哪些过程，如何实施？还有“产品生产和服务提供的控制”“外部供应产品和服务的控制”等，这就是套用条款标题的典型。

再看上表中的管理过程M1“领导作用”，标准第5章“领导作用”是要求最高管理者在质量管理体系中的职责和作用，不适合作为一个过程进行识别和管理。

那么，应该怎么做呢？可根据部门职能和实施的功能活动，用企业习惯的语言去识别和描述过程。比如，“与顾客有关的过程”可能包括新客户开发过程、产品推广过程、产品报价过程、订单评审管理过程、顾客投诉处理过程等，直接用这些过程名称就可以了。

常常听到一些企业体系负责人抱怨说企业各部门及管理干部不重视、不配合，你都不用企业的语言说话，他们怎么理解、怎么配合呢？

5.过程建立应考虑企业背景并需要相关部门充分参与

体系策划要结合企业文化和背景。要了解企业的诞生、发展历程，了解企业文化、运作方式、所经营的产品和服务在行业中的水平、生产模式和先进程度、员工素质、基础管理水平、企业的愿景、发展目标等。在此过程中，要充分和高层沟通，了解高层的意图和期望，引起共鸣，获得资源上的充分支持。

企业的过程犹如城市中的交通、人体中的血管，是企业运行的有效途径，企业出现问题可能就是某个过程不顺畅，失控了。企业的过程是由各职能部门运行的，不能由咨询师和体系专员闭门造车写过程，必须有各职能部门相关人员参与讨论、研究和学习，特别是中高层管理干部的参与。中高层管理干部了解公司的全盘运作，能够从经营战略和全局的高度去策划或优化过程，这样的过程才是量身定做。如果一开始他们就明白这些过程的来龙去脉，后续的实施也就容易多了，而且实施部门会主动提出过程改进。

七、应用过程方法建立和实施质量管理体系

1.建立和实施质量管理体系的总体思路和流程

我们先回顾一下标准第4章“4.4质量管理体系及其过程”的要求。

> **ISO 9001:2015，质量管理体系—要求**
>
> **4.4 质量管理体系及其过程**
>
> 4.4.1 组织应按照本标准的要求，建立、实施、保持和持续改进质量管理体系，包括所需过程及其相互作用。
>
> 组织应确定质量管理体系所需的过程及其在整个组织中的应用，且应：
>
> a）确定这些过程所需的输入和期望的输出；
>
> b）确定这些过程的顺序和相互作用；
>
> c）确定和应用所需的准则和方法（包括监视、测量和相关绩效指标），以确保这些过程的有效运行和控制；
>
> d）确定这些过程所需的资源并确保其可获得；
>
> e）分配这些过程的责任和权限；
>
> f）按照 6.1 的要求应对风险和机遇；
>
> g）评价这些过程，实施所需的变更，以确保实现这些过程的预期结果；
>
> h）改进过程和质量管理体系。
>
> 4.4.2 在必要的范围和程度上，组织应：
>
> a）保持成文信息以支持过程运行；
>
> b）保留成文信息以确信其过程按策划进行。

本条款是建立、实施、保持和持续改进组织质量管理体系的总体思路和方法，也是实施质量管理体系的逻辑步骤，因此 a）至 h）条款的识别和确定使得 QMS 自始至终完全纳入组织的经营管理之中。

条款 4.4.1 f）要求组织在确定质量管理体系所需的过程及其在整个组织内的应用时，应按照条款 6.1 的要求应对风险和机遇。就是要求将“4.1 理解组织及其环境”和“4.2 理解相关方的需求和期望”所确定的风险和机遇及其应对措施融入质量管理体系过程中，落实这些措施并实现预期结果。

质量管理具有整体性、关联性、有序性和动态性的特性。质量管理体系是一个不断发展的动态系统，组织及其管理体系必须具有应变能力以适应变化的环境。还需要认识到，不是所有的系统、过程和活动都可以被预先确定，因此，组织需要具有灵活性，以适应复杂的组织环境。

所有利用资源实施行动以产生预期结果的工作都是一个过程。一个有效的过程就是其结果确实能满足组织目标的过程。理解和控制影响过程的因素，就可控制过程的结果，这是质量管理的一个基本观念。

另外，在实践中很多组织认为过程方法就是将过程运行活动进行程序化，形成程序文件即可。应注意程序方法和过程方法的主要观念不同：

——程序方法：是以符合规则的方式去完成任务，做规定要做的事。

——过程方法：理解需求，寻找最佳方式实现需求；检查需求是否被满足，是否以最佳方式完成，结果是否有效。

不同组织的管理体系各有不同，质量管理体系的建立和实施应遵循其内在的规律，应用适合组织的方法建立和实施适合组织的体系是确保体系的符合性、有效性和持续有效运行的关键。

4.4.2 条款是确保组织确定所需的文件化信息的范围和程度。组织需要确定不同类型的文件化信息，以支持过程和质量管理体系的运行。在确定所需的文件化信息的类型和范围时，组织应

评价自身的需求，并运用基于风险的思维方式。组织还应考虑其规模、活动、产品或服务的类型、过程的复杂性、资源等因素，以及出现不符合的潜在后果。

尽管标准在一些要求中对文件化信息的使用做了规定，但为了控制过程的运行，组织仍可能需要其他文件化信息（如手册、成文程序、作业指导书、规定、标准、表格、指南、计算机软件等）。

建立、实施、保持和持续改进质量管理体系可参考以下的思路和步骤。

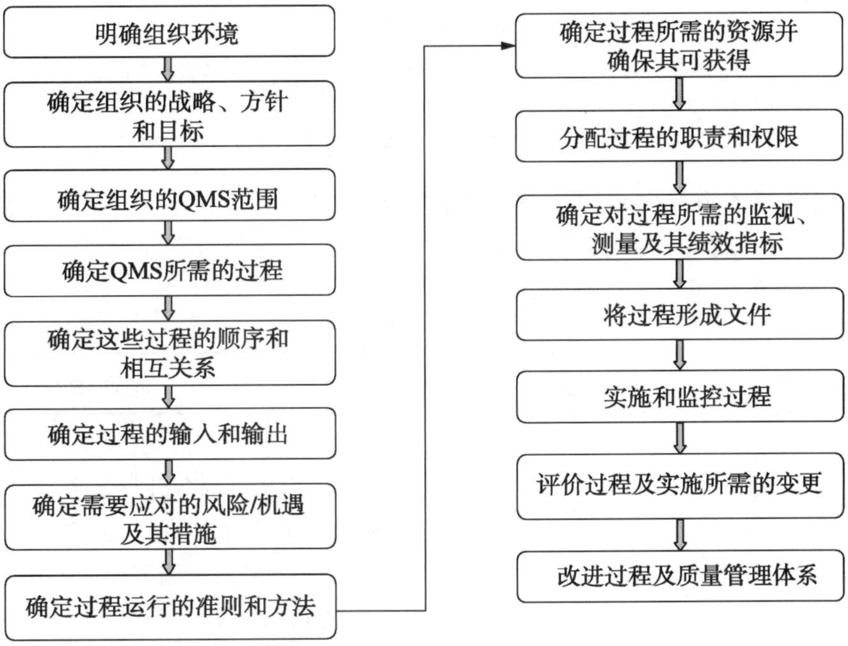

图 5-20　建立和实施质量管理体系的流程

2.建立和实施质量管理体系的步骤说明

一个组织质量管理体系的设计和实施受下列因素的影响：

a）组织的环境、该环境的变化以及与该环境有关的风险；

b）顾客以及有关相关方不断变化的需求；

c）组织的具体目标；

d）组织所提供的产品；

e）组织所采用的过程；

f）组织的规模和组织结构。

下列实施方法可用于任何类型的过程。步骤顺序只是一种方法，而不是要必须这样做，某些步骤可同时进行。

（1）策划体系所需的过程

过程方法中的步骤	做什么	如何做
1.1 明确组织环境	理解组织及其环境，理解顾客及有关相关方的需求和期望，并确定其要求。 标准 4.1、4.2、6.1	1）收集、分析并确定与组织宗旨和战略方向相关并影响组织实现质量管理体系预期结果的能力的各种外部和内部因素。对这些外部和内部因素的相关信息进行评审，并识别风险和机遇。 2）收集、分析并确定与质量管理体系有关的相关方及其要求，评审这些相关方的信息及其相关要求，并识别风险和机遇。

实施方法：可参照本书第四章中第一节“组织的内/外部环境分析”和第二节“确定与组织有关的相关方及其要求”的方法实施，此处不再赘述。

过程方法中的步骤	做什么	如何做
1.2 确定组织的战略、方针和目标	在分析和评审组织内/外部因素，理解顾客及有关相关方的需求和期望，综合评价风险和机遇的基础上制定组织的战略、方针和目标。 标准 5.1、5.2、6.2	1）明确组织中长期战略规划和中长期目标。 2）制定组织质量方针和质量目标。

实施方法：可参照本书第四章中第三节“企业的战略规划”和第四节“企业的经营计划和目标制定”的方法实施，在此阶段制定质量目标是重要的，因为质量目标将作为后续过程目标（或过程绩效指标）进行展开和监视、测量。

过程方法中的步骤	做什么	如何做
1.3 确定组织的质量管理体系（QMS）范围	确定质量管理体系的边界和适用性，以确定其范围。 标准 4.3、4.3.1	1）在确定范围时，组织应考虑： a）4.1 中提及的各种外部和内部因素； b）4.2 中提及的相关方的要求； c）组织的产品和服务。 2）明确组织 QMS 所覆盖的产品和服务范围、过程范围。 组织的质量管理体系范围通常包括： ● 制造现场 ● 多场所或具有扩展制造现场说明 ● 产品类型 ● 过程范围 ● 删减说明 ● 组织的支持功能说明 ● 外部场所说明 ● 外包过程说明 ● 顾客特定要求

实施方法：标准要求必须将质量管理体系范围作为成文的信息加以保持，包括对删减条款的理由说明。组织可以单独形成文件，也可以在质量手册中阐述质量管理体系的范围。

需要强调的是，组织的质量管理体系范围与认证范围可以是不同的，组织的质量管理体系范围可以涵盖更广泛的产品和过程以及职能，但认证范围通常只是对认证所覆盖的产品和服务、过程与活动、场所以及所依据的认证标准。

质量管理体系范围大于或等于认证范围。例如，有些企业既生产汽车产品也生产非汽车产品，那么其质量管理体系的范围可以包括除了汽车产品之外的其他产品及其生产过程，但 IATF 16949 只认证汽车产品及其过程。非汽车产品可以认证其他标准，如 ISO 9001、GJB 9001C、ISO/TS22163 等等，如果没有顾客要求，也可不做任何认证。

以下为在质量手册中阐明质量管理体系范围的示例。

第 2 章　质量管理体系范围

本质量手册依据《ISO 9001:2015 质量管理体系—要求》和《IATF 16949:2016 汽车质量管理体系标准》并结合本公司的实际编制而成，其范围包括：

2.1 制造现场：位于 XX 省 XX 市 XX 区 XX 街道 XX 号的制造现场。

2.2 多场所或具有扩展制造现场说明：有一个扩展制造现场—冲压车间，位于相同区相同街道 XX 号，距离主制造现场 1200 米。

2.3 产品范围：适用于本公司汽车零部件 XXX 产品的制造。

2.4 过程范围：包括新顾客开发、合同/订单评审、先期产品质量策划、生产制造、交付等顾客导向过程，以及管理过程和相关支持过程。

2.5 删减说明：本公司属于机械加工行业，汽车零件的加工完全根据顾客提供的图纸和技术文件进行样件制作和生产，产品设计责任由顾客负责，故标准 8.3 中有关产品设计和开发的要求不适用于本公司质量管理体系，进行了删减。

2.6 外部支持场所说明：本公司所有支持功能均在现场，没有外部支持场所。

2.7 外包过程说明：本公司的热处理过程外包，量具的校准服务委外，产品送货运输委外，外包供方的管理按《供方开发和管理程序》执行，热处理外包按《外发加工控制过程》执行，量具校正委外和产品运输委外按《采购控制程序》中的规定及要求执行。

2.8 顾客特定要求说明：DPL 是本公司的唯一汽车顾客，顾客特定要求的识别和管理按本手册第五章的要求管理。

过程方法中的步骤	做什么	如何做
1.4 确定质量管理体系（QMS）所需的过程	确定为实现组织战略、方针和目标，满足顾客和有关相关方的需求和期望所需的过程。标准 4.4	识别质量管理体系所需的所有过程。确定客户导向过程（COP）、管理过程（MP）和支持过程（SP）。这些过程应包括与管理活动、资源提供、产品和服务实现以及绩效评价和改进有关的过程。

实施方法：在确定质量管理体系的范围之后，为实现组织战略、方针和目标，满足顾客和有关相关方的要求、需求和期望，在考虑风险和机遇的基础上识别和确定所需的客户导向过程（COP）、管理过程（MP）和支持过程（SP）。

前面我们提到，体系的过程策划有两条主线，一是以经营和管理为主线识别和确定管理过程，二是以技术和顾客导向为主线识别和确定顾客导向过程，在此基础上再识别和确定支持过程。

首先，通过识别顾客要求、需求和期望，确定所需的顾客导向过程。以下是 AIAG（美国汽车工业行动集团）推荐的汽车行业顾客导向过程清单。组织的顾客导向过程形成一个“章鱼图”模型。

1.市场分析/顾客要求
2.询价/投标
3.订单/需求
4.产品和过程设计
5.产品和过程验证/确认
6.产品生产
7.交付
8.付款
9.担保/服务
10.售后服务/顾客反馈

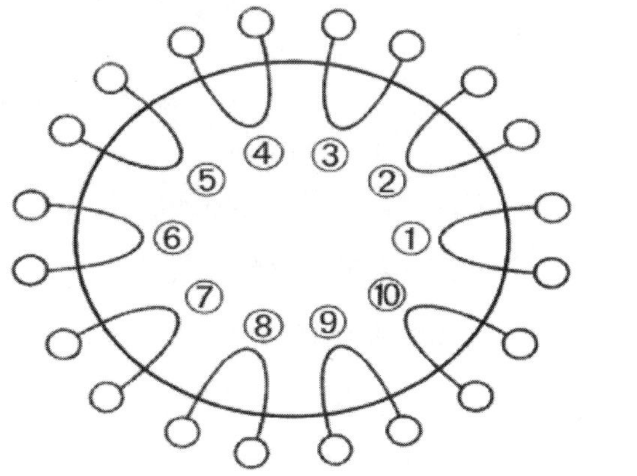

以上 10 个 COP 有一定的普遍性可作为开始进行过程识别时的一种好的参考，但不是必需的，组织应根据自身的实际运作需要来确定必要的 COP 过程。

“章鱼图”说明：

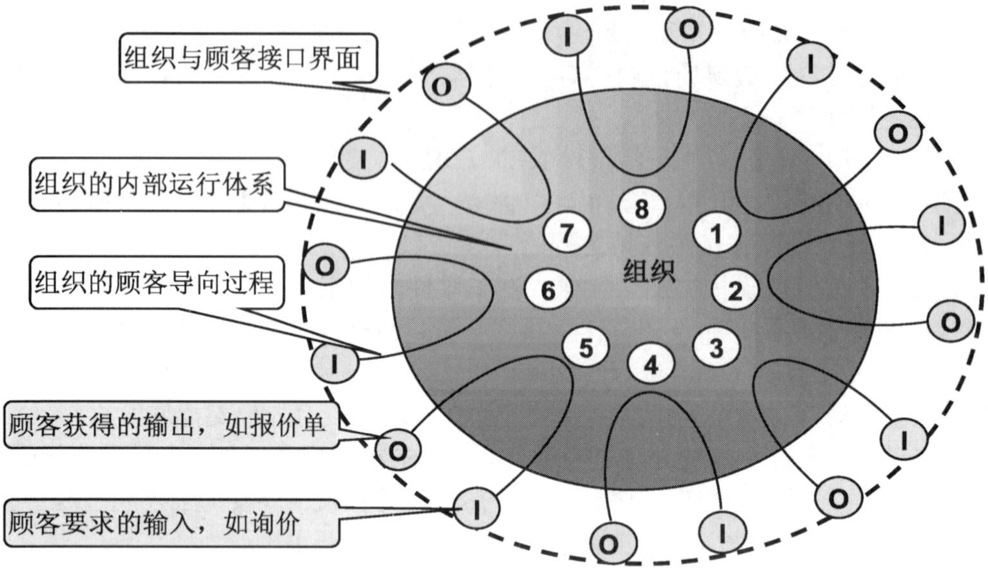

图 5-21　“章鱼图”说明

顾客导向过程“章鱼图”示例：

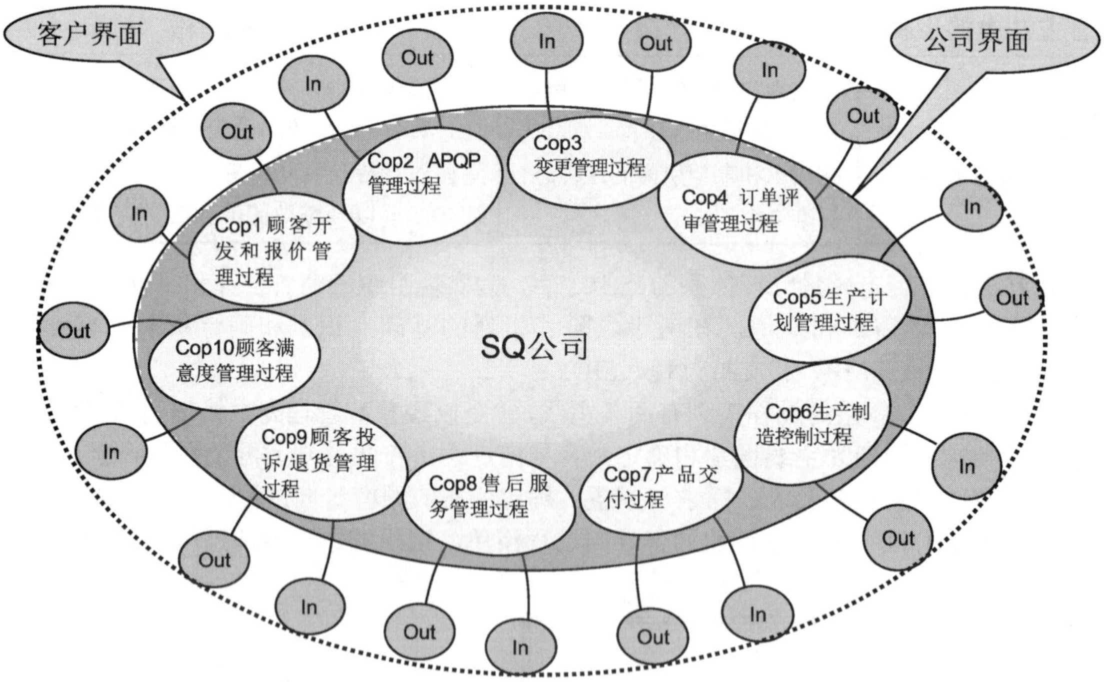

图 5-22　顾客导向过程“章鱼图”示例

COP1 顾客开发和报价管理过程	COP6 生产制造控制过程
COP2 APQP 管理过程	COP7 产品交付过程
COP3 变更管理过程	COP8 售后服务管理过程
COP4 订单评审管理过程	COP9 顾客投诉/退货管理过程
COP5 生产计划管理过程	COP10 顾客满意度管理过程

接下来，根据以经营和管理为主线确定所需的管理过程，为确保顾客导向过程和管理过程获得所需的资源和支持，识别和确定支持过程。

以下仅为参考示例。对于制造业来说，虽然所识别的过程名称看起来都是类似的，但实际的过程运行活动由于产品和生产过程的复杂程度不同，组织结构不同，人员配置和职责权限不同，不同的组织存在比较大的差异，企业应因地制宜、量体裁衣去策划和设计适合自身运行的过程。

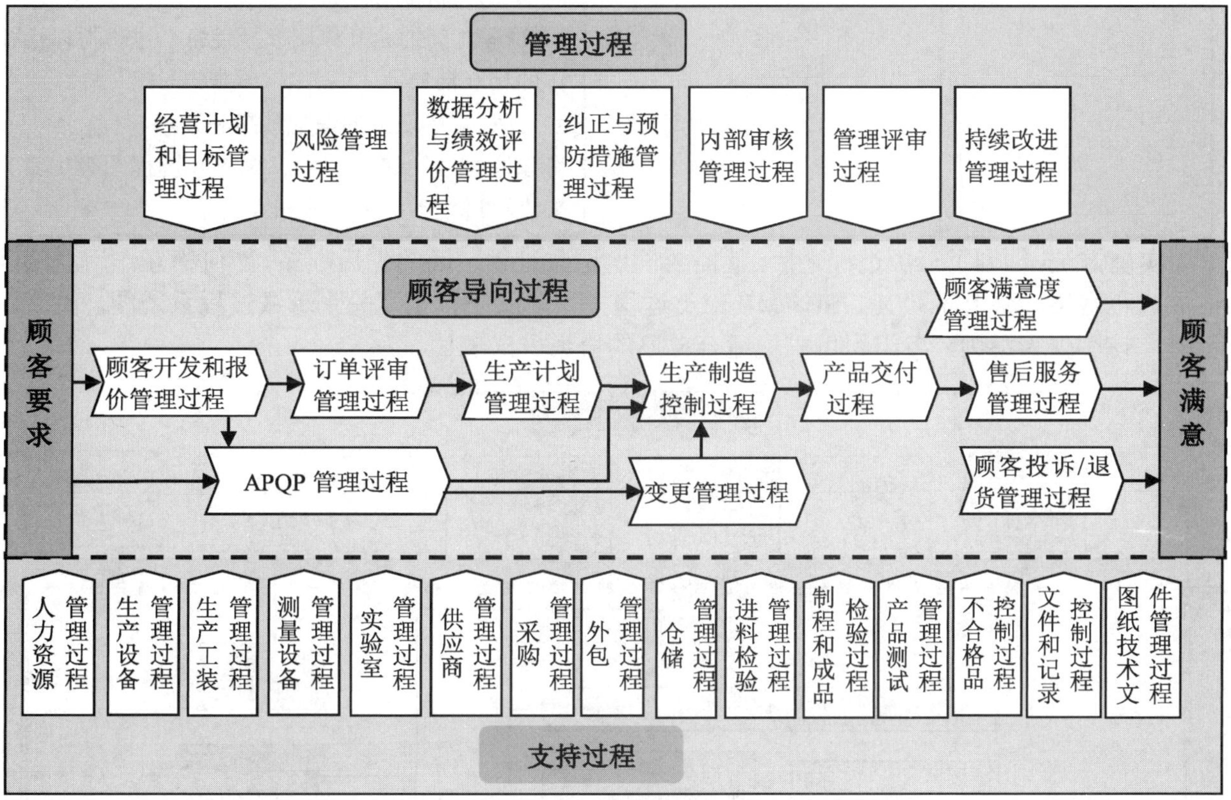

图 5-23　三类过程的识别

对于规模比较大，运行比较复杂的企业，其中某些复杂的过程可以分解为主过程和子过程，如 APQP 管理过程，其中的子过程可能包括：产品设计与开发过程、过程设计与开发过程、样件制作和确认过程、试生产过程、生产件批准（PPAP）过程等；再如，人力资源管理过程，其中的子过程可能包括：人力资源规划过程、人员招聘和录用过程、培训管理过程、绩效考核管理过程等。

再比如，检验和试验管理过程，其中的子过程可能包括：进料检验管理过程、制程和成品检验过程、出货检验过程、产品测试管理过程等。

子过程是对主过程中某个活动或某些活动的更详细的展开，具体哪些过程需要展开子过程，则需根据过程运行的需要及组织职能的分配去决定。以下的表述仅为举例。

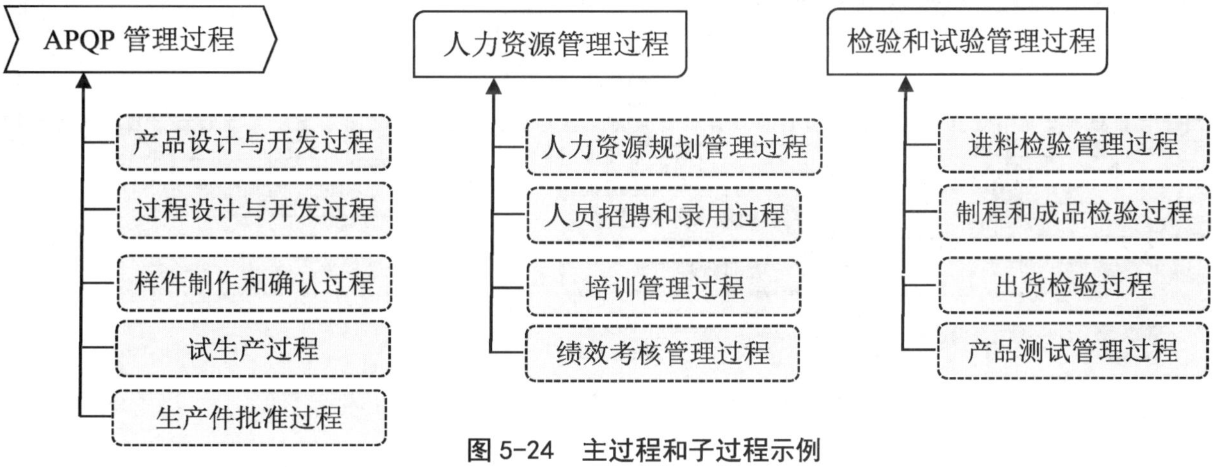

图 5-24　主过程和子过程示例

过程方法中的步骤	做什么	如何做
1.5 确定过程的顺序和相互关系	确定过程的先后顺序和相互关系。 标准 4.4	定义并描述过程及其相互关系的过程网络图，应考虑如下几个方面： 1）每一过程的输入与输出之间的关联（包括与内部和外部的关联）； 2）过程之间的相互作用以及使每个过程得以运作的相互接口； 3）过程顺序安排的最佳效果和效率。 可以通过使用诸如图表、矩阵和流程图等工具来设计过程的顺序及其相互关系。

实施方法： 识别了三类过程之后，就需要确定这些过程之间的先后顺序，如何相互作用联结，形成过程网络。将上述 COP、SP、MP 三类过程按先后顺序和相互关系形成过程系统图，见下图示例，该图仅为举例，各组织可采用适合自己的恰当方式表述。

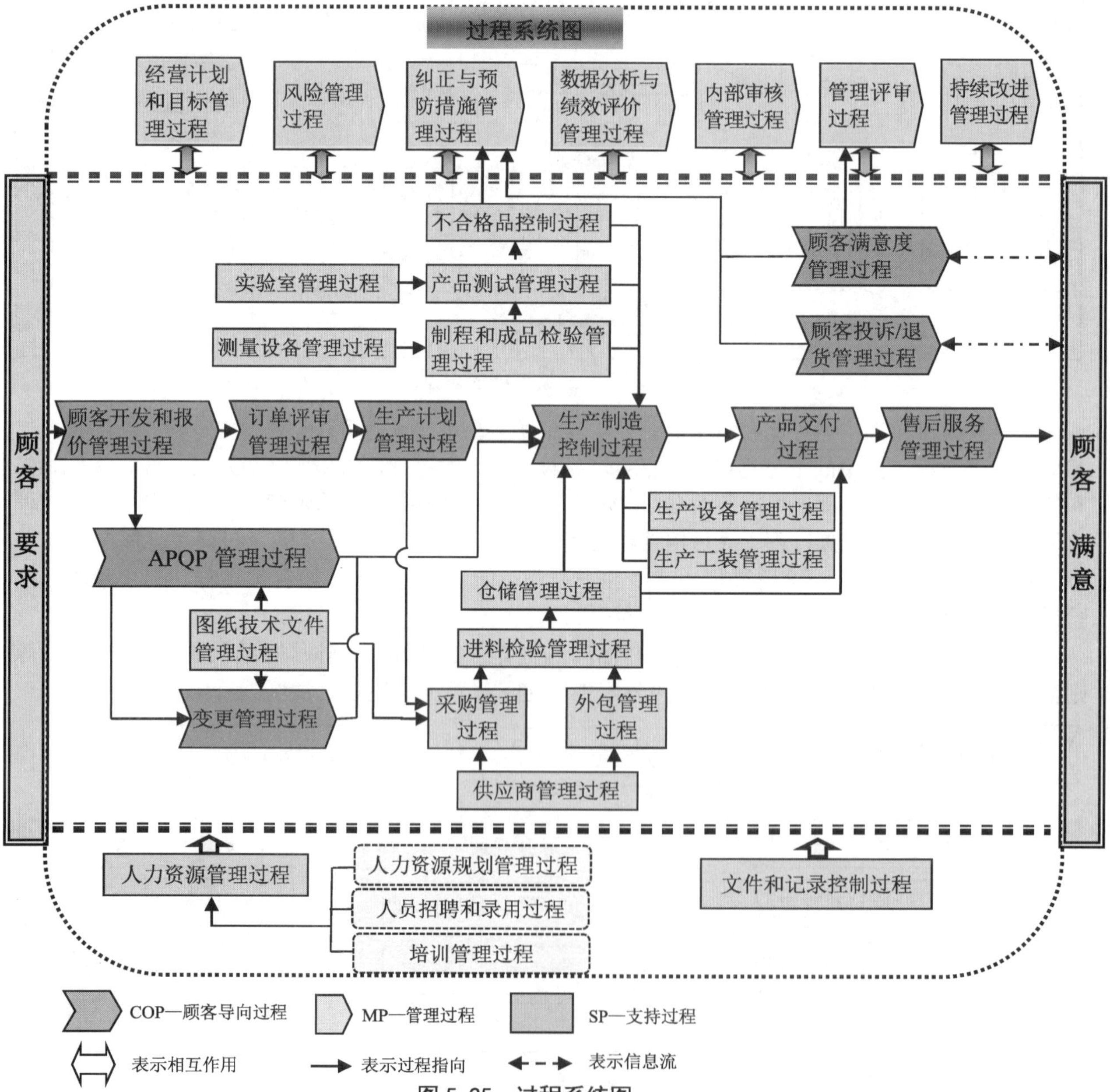

图 5-25 过程系统图

上图中，管理过程（MP）对所有的顾客导向过程和支持过程都是相互作用的；如经营计划和目标管理通过展开到顾客导向过程和支持过程中进行实施、控制并最终实现；如风险管理要融入顾客导向过程和支持过程中进行识别、评价和控制；如纠正与纠正措施对所有过程都是适用的，也就是说，所有产品、过程、体系的不符合都可以按此过程执行改进；而内部审核与管理评审是对管理体系所有过程的审核和评价；持续改进包括产品和服务的持续改进、过程的持续改进、体系的持续改进；数据分析和绩效评价是对管理体系运行的输出结果进行整体评价。

支持过程有些是共同的，如人力资源管理过程、文件和记录控制过程是对所有的过程都给予支持；有些支持过程仅对某个或几个过程予以支持，在过程系统图中应将这些过程关系用适当的符号进行连接。

顾客导向过程（COP）与管理过程（MP）、支持过程（SP）之间的关联也可以用以下的矩阵表体现。

过程类别	过程名称	顾客开发和报价过程	管理过程	变更管理过程	订单评审管理过程	生产计划管理过程	生产制造控制过程	产品交付过程	售后服务管理过程	顾客投诉/退货管理过程	顾客满意度管理过程
MP1	经营计划和目标管理过程	●	●	●	●	●	●	●	●	●	●
MP2	风险管理过程	●	●	●	●	●	●	●	●	●	●
MP3	纠正与预防措施管理过程	●	●	●	●	●	●	●	●	●	●
MP4	数据分析与绩效评价管理过程	●	●	●	●	●	●	●	●	●	●
MP5	内部审核管理过程	●	●	●	●	●	●	●	●	●	●
MP6	管理评审过程	●	●	●	●	●	●	●	●	●	●
MP7	持续改进管理过程	●	●	●	●	●	●	●	●	●	●
SP1	文件和记录控制过程	●	●	●	●	●	●	●	●	●	●
SP2	图纸技术文件管理过程		●	●			●				
SP3	人力资源管理过程	●	●	●	●	●	●	●	●	●	●
SP4	生产设备管理过程		●				●				
SP5	生产工装管理过程		●				●				
SP6	测量设备管理过程		●				●				
SP7	实验室管理过程		●				●				
SP8	供应商管理过程	●	●	●			●			●	
SP9	采购管理过程		●				●				
SP10	外包管理过程						●				
SP11	仓储管理过程						●	●			
SP12	进料检验管理过程						●				
SP13	制程和成品检验管理过程						●				
SP14	产品测试管理过程		●				●				
SP15	不合格品控制过程						●			●	

此外，建立管理过程（MP）、顾客导向过程（COP）、支持过程（SP）与职能部门之间的关联，便于明确职责。

过程类别	过程名称	职能部门						
		总经办	业务部	技术部	采购部	生产部	品管部	人资部
MP1	经营计划和目标管理过程	●	○	○	○	○	○	○
MP2	风险管理过程	●	○	○	○	○	○	○
MP3	纠正与预防措施管理过程	○	○	○	○	○	●	○
MP4	数据分析与绩效评价管理过程	●	○	○	○	○	○	○
MP5	内部审核管理过程	○	○	○	○	○	●	○
MP6	管理评审过程	●	○	○	○	○	○	○
MP7	持续改进管理过程	●	○	○	○	○	○	○
COP1	顾客开发和报价管理过程		●	○	○	○	○	○
COP2	APQP 管理过程		○	●	○	○	○	
COP3	变更管理过程		○	●	○	○	○	
COP4	订单评审管理过程		●	○	○	○	○	
COP5	生产计划管理过程		○		○	●		
COP6	生产制造控制过程		○	○	○	●	○	
COP7	产品交付过程		●			○	○	
COP8	售后服务管理过程		●				○	
COP9	顾客投诉/退货管理过程		●	○		○	○	
COP10	顾客满意度管理过程	○	●	○	○	○	○	
SP1	文件和记录控制过程	○	○	○	○	○	●	○
SP2	图纸技术文件管理过程		○	●	○	○	○	
SP3	人力资源管理过程	○	○	○	○	○	○	●
SP4	生产设备管理过程	○		○	○	●		○
SP5	生产工装管理过程			○	○	●		
SP6	测量设备管理过程	○		○	○	○	●	
SP7	实验室管理过程			○		○	●	
SP8	供应商管理过程			○	●	○	○	
SP9	采购管理过程			○	●	○	○	
SP10	外包管理过程			○	●	○	○	
SP11	仓储管理过程		○		●	○	○	
SP12	进料检验管理过程				○		●	
SP13	制程和成品检验管理过程					○	●	
SP14	产品测试管理过程			○		○	●	
SP15	不合格品控制过程		○	○	○	○	●	

注：●表示过程的主导部门　○表示过程的相关方

质量管理体系的过程不能用多少数量来衡量，因为每个组织的规模，以及活动、过程、产品和服务的类型，过程及其相互作用的复杂程度，以及人员的能力都各不相同。

需要注意的是，有些机构的审核老师希望企业识别的过程尽可能少些，或者尽量把很多活动整合成一个大过程，提交的认证审核资料只有十多个过程，这是审核老师为了方便自己做审核资料，因为过程越少所需填写的审核资料就越少。我们企业的过程不是为了认证审核的需要设计的，而是为了企业运行的需要进行策划和设计，大家可以想象，一个规模不小的企业十多个过程能覆盖所需的活动吗？能适合运行吗？

（2）策划过程的运行

过程方法中的步骤	做什么	如何做
2.1 确定过程的输入和输出	确定每个过程所需的输入和期望的输出是什么。 标准 4.4	根据所确定的顾客导向过程、管理过程和支持过程，规定每个过程所需的输入和期望的输出要求，应考虑输入来自哪里，输出给谁？即过程的顾客是谁？
2.2 确定需要应对的风险及其措施	确定每个过程需要应对的风险及其应对措施。 标准 4.4、6.1	明确当产生非预期结果时对产品、服务以及顾客满意产生的风险，确定需要采取哪些措施以应对可能的风险，从而避免或减少风险的发生，或降低风险的影响。
2.3 确定过程运行的准则和方法	为确保这些过程的有效运行和控制，确定每个过程运行的准则和方法。 标准 4.4	明确将输入转化为所需的输出以实现预期结果所必要的活动、措施和相应的控制。定义过程中各项活动的顺序和相互关系，明确每项活动执行的方法和要求。
2.4 确定过程所需的资源	明确有效运行每一个过程所需的资源。 标准 4.4	这些必要的资源可能包括： ● 人力资源、基础设施 ● 测量设备/仪器 ● 运行环境 ● 知识和信息 ● 财务资源
2.5 分配过程的职责和权限	确定每一个过程的拥有者（责任者），并明确过程活动执行人员的职责和权限。 标准 4.4、5.1.1.3	最高管理者应确定过程拥有者，由他们负责组织的各过程和相关输出的管理。通过确定过程活动，然后确定执行过程活动的人员，分配相应的职责和权限；这些职责和权限可在文件化信息中予以规定，如程序文件。
2.6 确定对过程所需的监视、测量及其绩效指标	确定应在何处和如何应用监视与测量。这应该是用于过程的控制和改进，以及对预期的过程输出的评价，确定记录结果的需求。 标准 4.4、6.2、9.1.1	确定过程控制和过程绩效的测量和监视准则，监视和测量准则可以是过程参数、产品和服务规范；绩效指标应与监视和测量相关联，或与组织的质量目标相关联，以确定过程的有效性和/或效率，适当考虑下列因素： ● 与要求的符合性；　● 顾客满意； ● 供方绩效；　● 及时交付； ● 故障率、废品；　● 过程成本； ● 其他要求的测量。

过程方法中的步骤	做什么	如何做
2.7 确定将过程形成文件的需求	确定哪些过程需要形成文件，以及如何形成文件。 标准 4.4、7.5	1）形成文件的主要目的是使各过程始终如一和稳定地运行。组织需要确定不同类型的文件化信息，以支持过程和质量管理体系的运行。组织应评价自身的需求，并运用基于风险的思维，明确哪些过程需要形成文件。 2）组织还应考虑其规模、活动、产品或服务的类型、过程的复杂性、资源等因素，以及出现不符合的潜在后果。 3）除了 IATF 16949 标准中要求的必须形成文件的过程外，并没有规定必须形成文件的过程“目录”或清单。 4）过程形成文件的形式，可使用很多不同的方法，如图形表示法、流程图、视觉媒体或电子文件的方法。

实施方法：本阶段是策划对每个过程的运行方法——过程管理图

当企业依照前述的方法识别了所有的顾客导向过程（COP）、管理过程（MP）和支持过程（SP），并确定了过程之间的顺序和相互作用后，接下来就是如何管理这些过程了。

结合上述步骤，对每一个过程应明确以下问题：

- 过程的顾客是谁？
- 需要哪些输入？从哪里得到输入？输入提出了什么要求？
- 过程应输出什么？输出应满足怎样的要求？
- 过程应控制的风险是什么？有哪些应对风险的措施？
- 过程需要哪些资源？现有资源充分吗？
- 过程由谁负责？由哪些部门和人员来执行？需要具备什么资格（能力/技能/培训）？
- 过程的步骤及其控制的准则和方法是什么？
- 过程管理的目标（或绩效指标）是什么？如何进行监视、测量？
- 过程需要形成哪些文件？需要保留哪些记录？

关于风险的识别和管理的实施方法，请参见第六章【IATF 16949风险管理】的内容。

将过程策划的结果填入下图所示的过程管理图。

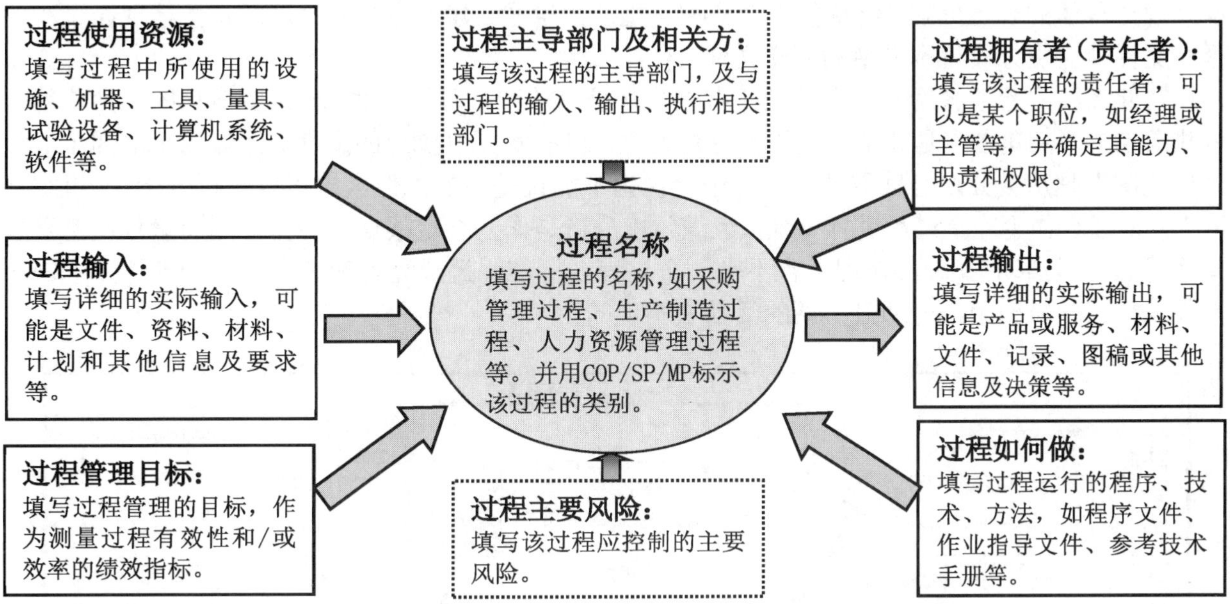

图5-26　过程管理图说明

此图给出了使用过程方法进行过程策划和实施时非常有用的工具，它适用于所有过程。以下是一个过程管理图的示例：

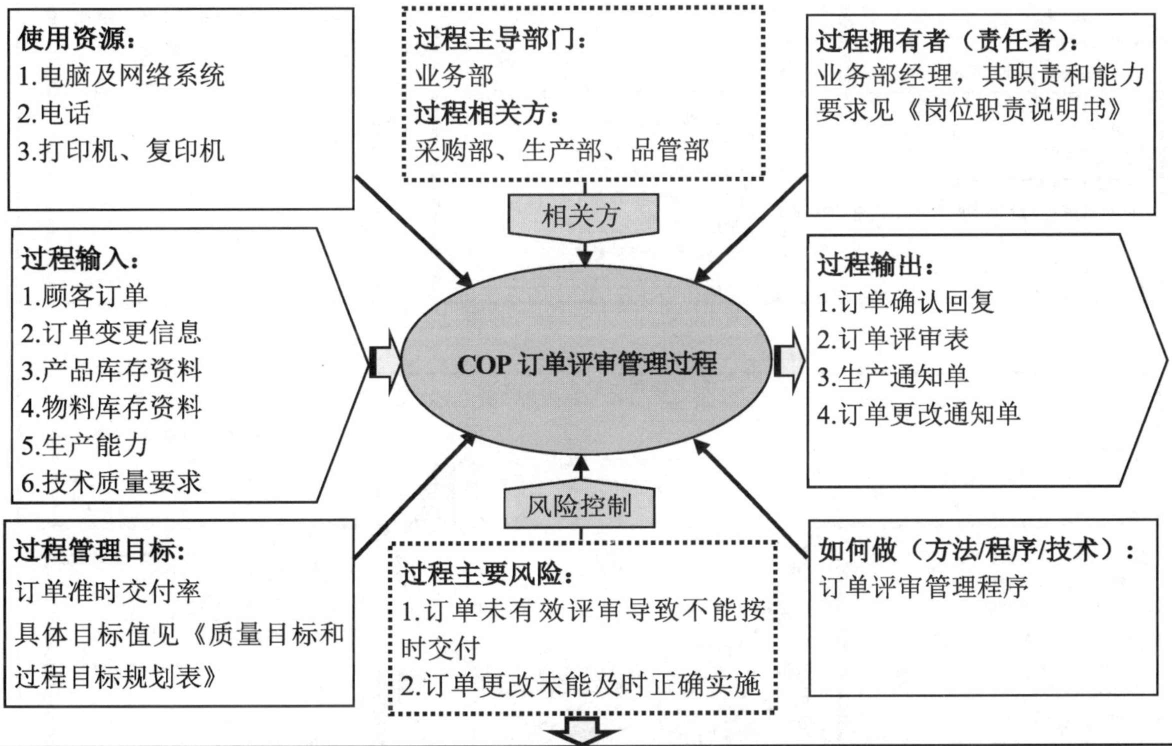

过程主要风险	对相关方的影响	应对风险的措施
1.订单未有效评审导致不能按时交付	订单不能按时交付，影响顾客生产，可能导致顾客索赔。	规定一个工作日内完成评审并回复顾客，由业务部在 ERP 系统开出《订单评审表》提交采购部、生产部、品管部进行各项评审和签核日期，确保满足顾客交期要求。
2.订单更改未能及时正确实施	导致错误生产或交付，顾客退货。	当确定变更时，由业务部开出《订单更改通知单》交技术部、采购部、生产部、品管部确认签核，业务部负责跟进是否按更改的要求实施。

有些企业将过程管理图编写在质量手册中，也有些企业把过程管理图单独形成文件，标准并没有规定具体的表述形式，但从便于理解和实施的角度看，建议将过程管理图直接体现在过程的程序文件中会更好（见本书中的程序文件）。

在此需要提醒读者朋友注意的是，有些公众号宣传和推荐了一些 IATF 16949 的“乌龟图”，有些所谓的“乌龟图”是教条化的照抄标准条款，没有实际可执行的意义。比如以下的四个过程“乌龟图”是从某公众号截取的，从理论上说也不能说是错的，但大家可以分析一下，“组织环境”并不适合作为一个过程进行管理，组织环境分析是作为制定战略和经营计划及策划质量管理体系时的一项活动；“领导作用”也不是一个过程，标准强调最高管理者在质量管理体系中的职责并发挥其领导作用，是通过不同的活动去实现的。

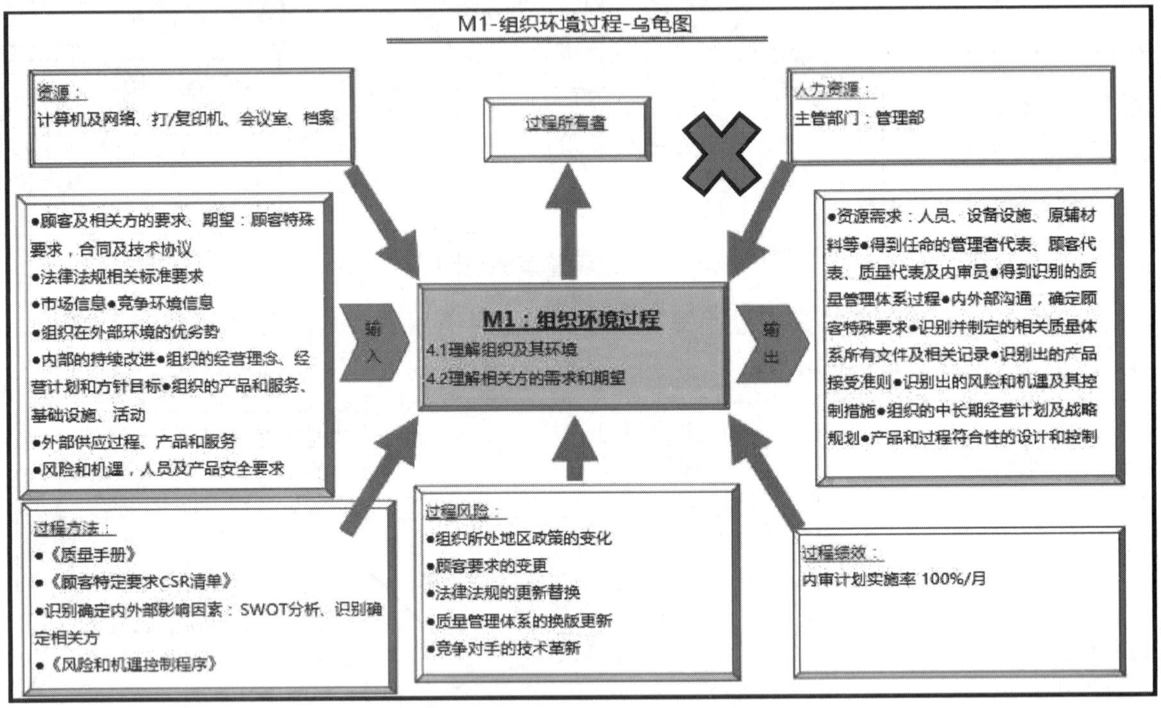

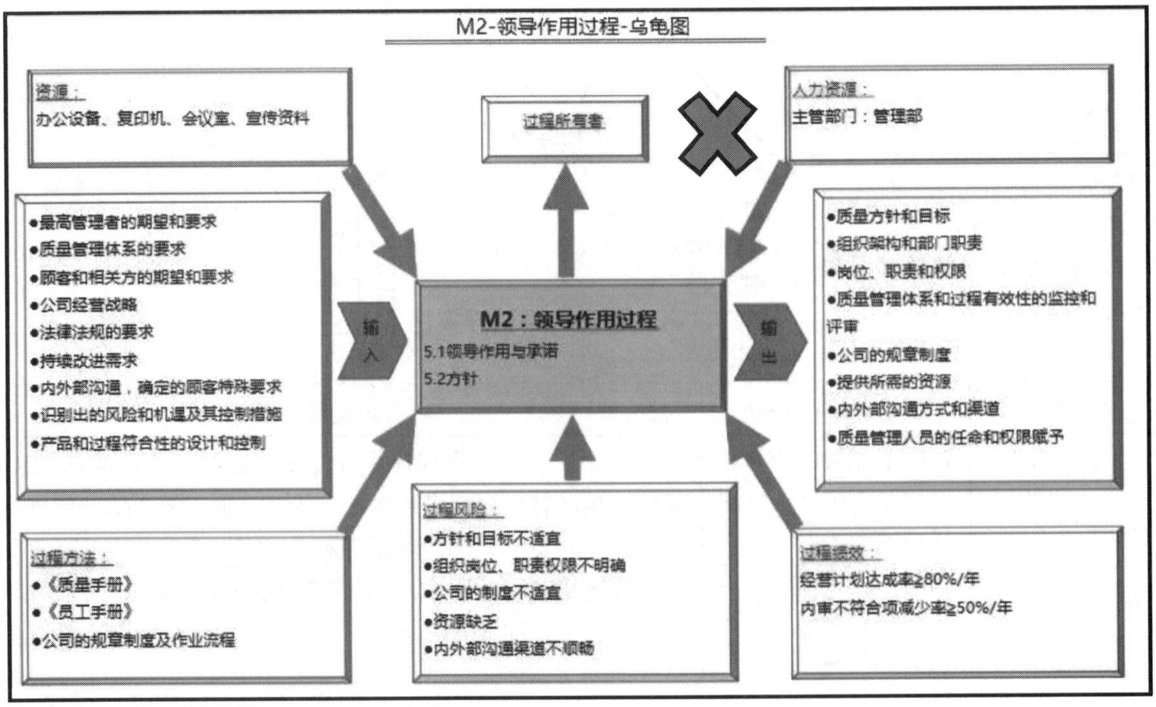

基础设施与环境管理合并作为一个过程进行管理就更不合适了，因为基础设施涵盖的范围比较广，不同的基础设施、设备通常由不同的职能部门管理，环境管理也是如此，不同的过程运行的环境要求各不同；同样，产品交付和服务管理的内容完全不同，负责的职能部门也不同，拼凑在一起如何运行呢？

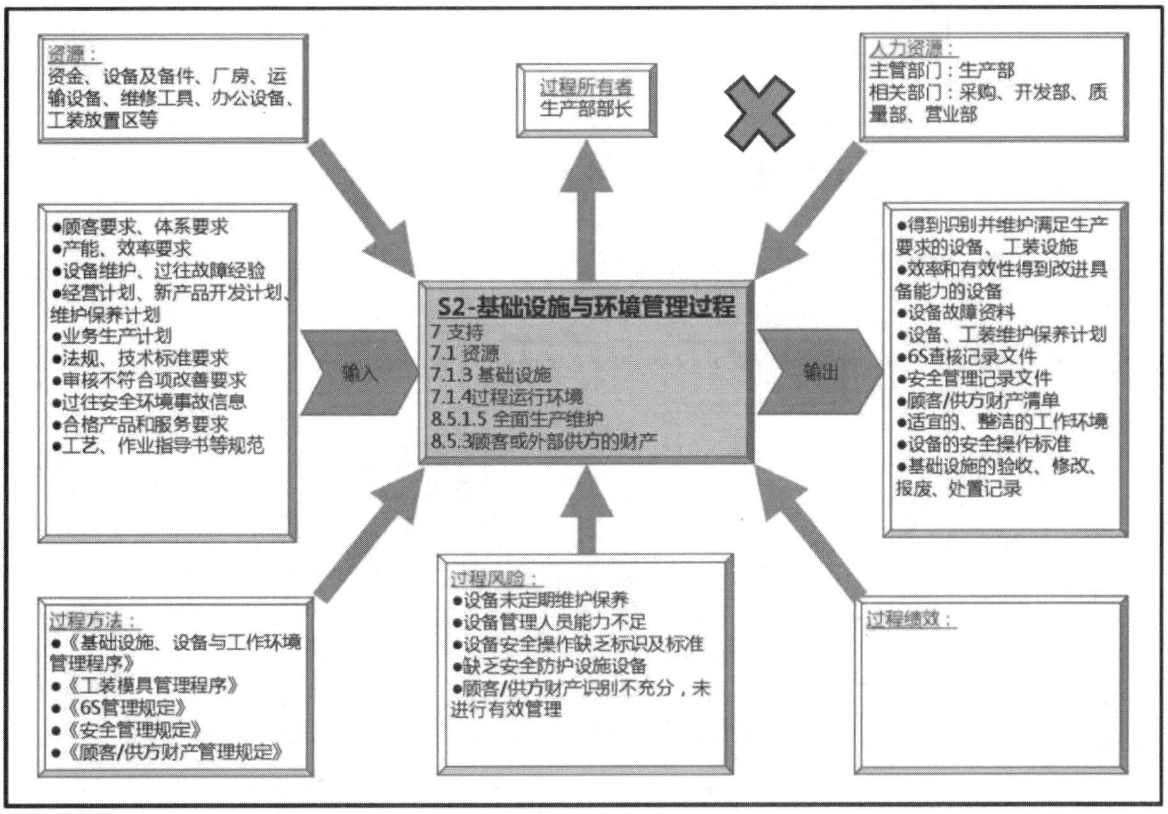

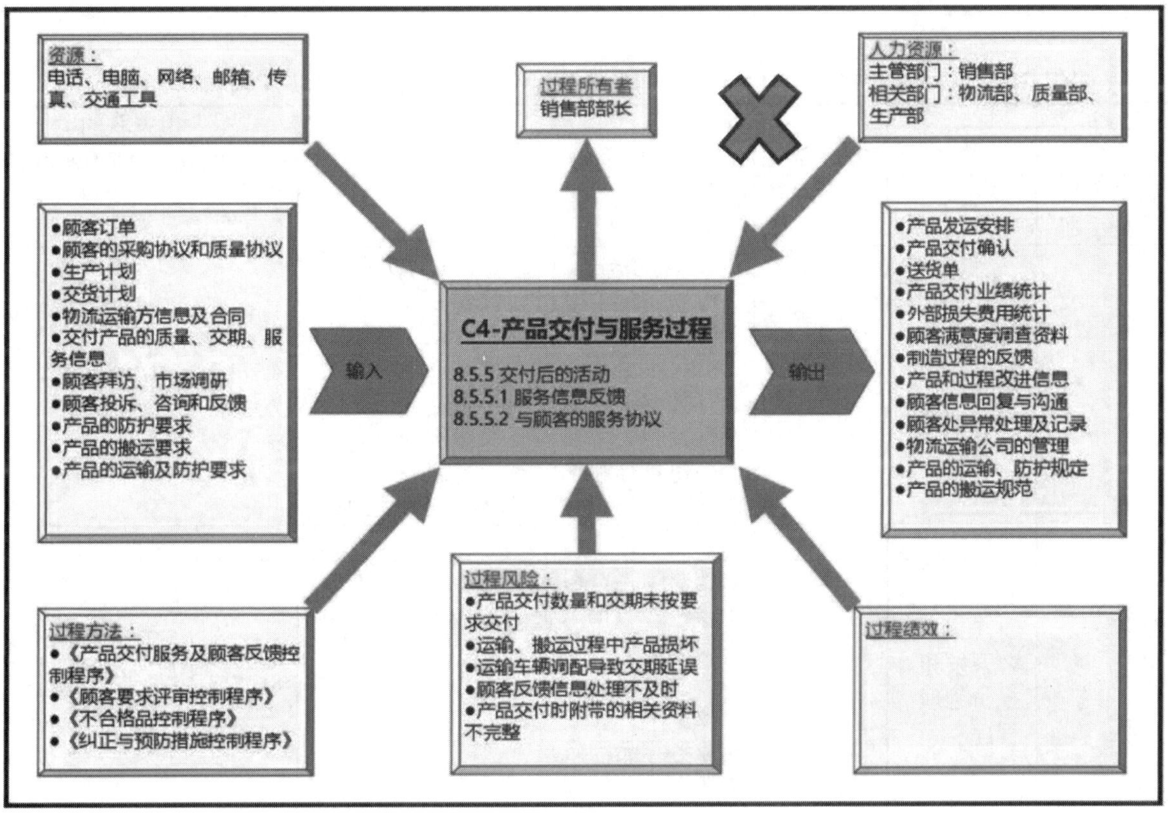

需要说明的是，程序是为进行某项活动或过程所规定的途径，程序可以形成文件，也可以不形成文件（ISO 9000:2015 3.4.5 的定义）。将程序形成了文件通常就称为程序文件，一个程序文件中可包括一个或一个以上的过程。支持过程运行的文件可以是程序文件、管理办法、作业指导文件及其他文件。

我们在策划质量管理体系过程时，除了要考虑过程运行的程序外，还需考虑过程中的某些活动是否需要建立更详细的作业指引或作业指导书或检验规范，同时考虑过程运行所需使用的表单。以下为质量管理体系的整体文件架构。

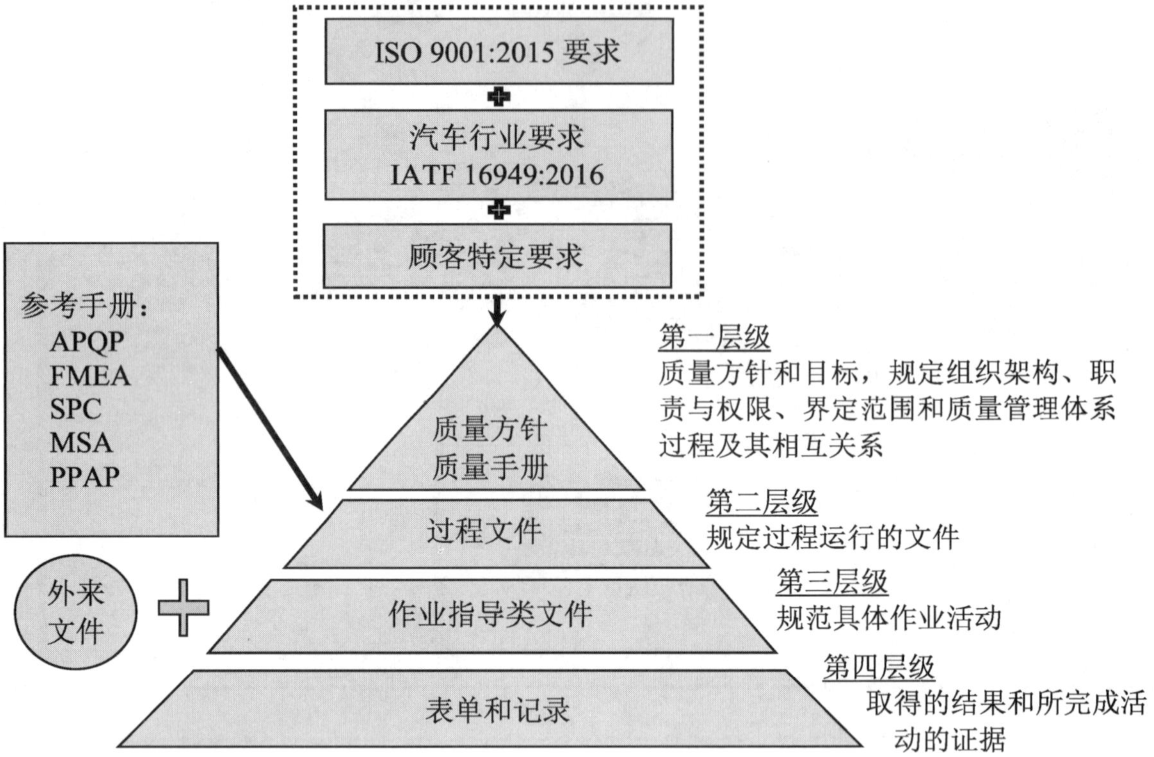

根据组织策划的结果建立 IATF 16949 质量管理体系文件清单，以下为参考示例。

一级文件	二级文件	三级文件	四级表单	相关联的 ISO 9001&IATF 16949 条款
质量方针 质量手册				5.1.1/5.2/7.5.1.1
	MP 经营计划和目标管理程序		1.宏观环境分析（PESTEL）评价表 2.市场和竞争分析评价表 3.内部因素分析评价表 4.SWOT 分析表 5.有关相关方的识别和确定表 6.有关相关方及其要求评价表 7.公司目标和部门目标规划表 8.质量目标和过程目标统计分析规划表	4.1/4.2/5.1.1/6.2/6.2.2.1/ 9.1.1/9.3
	……			
	COP 新顾客开发和报价管理程序		1.潜在顾客资料表 2.顾客拜访记录表 3.报价需求表 4.产品报价分析表 5.报价单 6.业务样品需求单 7.新产品开发需求/评估表	8.2.1/8.2.2/8.2.2.1/8.2.3
	……			

	SP 进料检验管理程序	进料检验规范	1.进料检验通知单 2.进料检验记录 3.不合格品评审（处理）报告 4.供应商改善报告 5.供应商进料品质月统计表	8.1/8.6/8.6.4/8.5.2/8.5.2.1/8.7
	……			
		基础设施管理办法	1.设施设备新增申请单 2.固定资产登记表 3.设施设备维修单 4.基础设施检查表 5.消防系统检查记录表 6.报废申请单	7.1.3
		应急计划管理办法	1.应急风险分析评价表 2.紧急事件内外部联络电话 3.紧急事件处理报告	6.1.2.3
	……	……		

（3）实施和监控过程

过程方法中的步骤	做什么	如何做
3.1 提供过程所需的资源	提供为确保每一个过程有效运行所需的资源。 标准 7.1	按上述 2.4 中确定的所需资源予以提供和满足，这些必要的资源可能包括： ● 人力资源、基础设施 ● 测量设备/仪器 ● 运行环境 ● 知识和信息 ● 财务资源
3.2 实施过程	实施所策划的过程及其活动。 标准 7、8	实施和运行每一个过程及其规定的活动，监控这些活动按策划的准则和方法执行，纠正任何偏离。
3.3 监视和测量	在过程运行中实施监视和测量活动。 标准 7、8、9	根据策划的安排，在适当阶段实施监视和测量活动，以验证是否符合过程或输出的控制准则以及产品和服务的接收准则。 收集和统计与过程绩效指标相关的数据。

（4）检查、分析和评价过程

过程方法中的步骤	做什么	如何做
4.1 对照策划要求检查过程	确认过程有效，并且过程的输出满足了预期的要求。 标准 9	根据每个过程所策划的预期输出要求，检查实际的输出结果是否满足顾客的要求（内部和外部顾客），包括定期的内部审核。
4.2 分析和评价	分析和评价从监视和测量所获得的过程数据，以确认过程绩效。 标准 9	将过程绩效测量的结果与所确定的过程要求比较，以评价过程的有效性、效率和任何纠正措施的需求。 根据过程绩效数据来识别过程改进的机会。适当时，向最高管理者报告过程绩效。包括定期的管理评审。

（5）改进过程和质量管理体系

过程方法中的步骤	做什么	如何做
5.1 纠正措施	确定并实施纠正措施。 标准 10	组织应确定实施纠正措施的方法，以消除问题（例如质量缺陷、内部和外部发生的不合格、内/外部审核发现的不符合）的根本原因。 实施纠正措施并验证它的有效性。
5.2 持续改进	当所策划的过程输出和要求均得到实现时，组织仍然需要寻求改进过程绩效。 标准 10	一旦达到策划的过程要求，组织应持续地把精力集中在使过程绩效改进到更高水平的行动上，以提高顾客满意。应规定和实施改进的方法（例如过程的简化、增加效率、改进有效性、降低过程的周期等），并验证改进的有效性。 可以使用风险分析工具来识别潜在问题。这些潜在问题的根本原因也应得到识别和纠正，避免在具有所识别的类似风险的所有过程中出现。

第六章
IATF 16949风险管理

第一节　ISO 9001 和 IATF 16949 标准中对“风险”的要求

一、关于“风险”的理解

1.“风险”一词由来

风险自古有之，它随人类的发展而发展，随科学技术的进步而变化，特别是进入现代社会以后，国际、国内的大量事件使人们认识到“风险”是关系到国家、企业、家庭，直至个人的生存发展及前途命运的大问题，管理风险、应对风险，已成为组织管理、业务工作及个人生活中一项极其重要的内容。对风险处理如何，关系到组织前途及命运的大事，对一些重大风险如认识不清、措施不利、处理不好，可能使企业错失良机或走向衰败。那么什么是风险？这个名词是怎么来的呢？

“风险”一词由来已久，最为普遍的一种说法是，相传在远古时期，以打鱼捕捞为生的渔民每次出海前都要祈祷，祈求神灵保佑自己能够平安归来。其中，祈祷的主要内容就是让神灵保佑自己在出海时能风平浪静、满载而归。但是，一旦出现大风兴起大浪，就有可能造成船毁人亡。他们在长期的捕捞实践中深刻认识到“风”会给他们带来的无法预测、无法确定的灾难性危险，有“风”就意味着有“危险”。这就是“风险”一词的由来。可见，“风险”是一个与不确定性密切相关对实现目标不利的事件。

这个词传承下来，漫漫延伸到许多领域。例如，用于投资方面，能不能收回本金？就意味着有风险，称为“投资风险”。酒后驾车，由于酒精作用使司机精神失常，很容易酿成车祸，这就意味着酒后开车有风险。人吃东西不注意卫生，意味着有生病的危险（风险）。

管理经济学中的风险，是根据概率和概率分布的概念来进行的，指一种特定的决策所带来的结果与期望的结果之间变动性的大小；系统工程学中的风险，是指用于度量在技术性能、成本、进度方面达到某种目的的不确定性；而在指挥决策学中，风险被理解为在不确定性的决策过程中，所面临的无法保证决策方案实施后一定能达到所期望效果的危险。还有安全风险、质量风险等。

长期以来，人们通常将可能出现的、影响目标实现的“威胁”等不利事件统称为“风险”，是一种未来的可能发生的不确定性事件对目标或预期结果产生的影响，影响程度越大，风险也就越大；反之风险就越小。因此，如何判断风险、选择风险、规避风险继而运用风险，在风险中寻求机会创造收益，意义更加深远而重大。

2.ISO 9000:2015 对“风险”的定义

风险 risk（ISO 9000:2015 3.7.9）

不确定性的影响。

注 1：影响是指偏离预期，可以是正面的或负面的。

注 2：不确定性是一种对某个事件，或是事件的局部的结果或可能性缺乏理解或知识方面的信息的情形。

注 3：通常，风险是通过有关可能事件和后果或两者的组合来描述其特性的。

注 4：通常，风险是以某个事件的后果（包括情况的变化）及其发生的可能性的组合来表述的。

注 5：“风险”一词有时仅在有负面后果的可能性时使用。

在ISO 9001:2015引言“0.3.3 基于风险的思维”中强调，基于风险的思维是实现质量管理体系有效性的基础。为满足本标准的要求，组织需策划和实施应对风险和利用机遇的措施。应对风险和机遇，为提高质量管理体系有效性、获得改进结果以及防止不利影响奠定基础。

某些有利于实现预期结果的情况可能导致机遇的出现，例如：有利于组织吸引顾客、开发新产品和服务、减少浪费或提高生产率的一系列情形。利用机遇所采取的措施也可能包括考虑相关风险。风险是不确定性的影响，不确定性可能有正面的影响，也可能有负面的影响。风险的正面影响可能提供机遇，但并非所有的正面影响均可提供机遇。

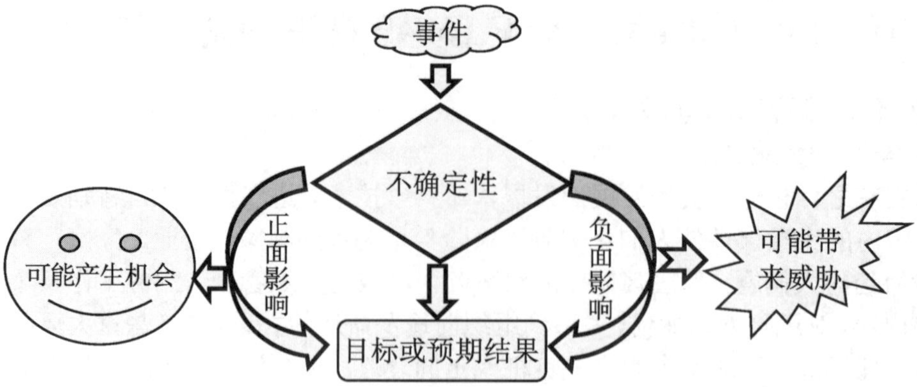

图6-1　风险理解图示

二、ISO 9001和IATF 16949标准中对“风险”的要求

基于风险的思维贯穿了标准的4～10章，因此，风险的思维是广泛的。风险固有存在于质量管理体系的所有方面之中，在所有体系、过程和职能中都存在风险。基于风险的思维确保在策划和应用质量管理体系全过程中使这些风险都得到识别、考虑和控制。以下是标准中要求考虑风险的主要条款。

ISO 9001和IATF 16949条款	条款中有关风险的要求
4.1　理解组织及其环境	要求考虑内外部环境影响组织实现质量管理体系预期结果的正面和负面因素，就是指从组织的经营战略层面识别组织的风险和机遇。
4.2　理解相关方的需求和期望	由于相关方的需求和期望会对组织持续提供符合顾客要求和适用法律法规要求的产品和服务的能力产生影响或潜在影响，因此，应在理解相关方的需求和期望的基础上识别风险和机遇。
4.4　质量管理体系及其过程	本条款要求在策划质量管理体系的过程时，要按照6.1的要求所确定的风险和机遇建立相应的过程进行控制，并且在必要的程度上形成文件和保留记录。
5.1.1　总则	本条款要求最高管理者在整个组织中促进使用基于风险的思维，特别强调要确定和应对能够影响产品和服务的符合性以及增强顾客满意能力的风险和机遇。
6.1　应对风险和机遇的措施	标准6.1条款提出对风险管理的具体要求和方法，包括确定要应对的风险、策划应对风险的措施、将风险融入质量管理体系过程中、实施策划的措施、评价措施的有效性。条款6.1和条款4.4是结合在一起策划和实施的。
6.1.2.1　风险分析	要求组织应在风险分析中至少包含从产品召回、产品审核、使用现场的退货和修理、投诉、报废及返工中吸取的经验教训。
6.1.2.3　应急计划	要求对保持生产输出并确保顾客要求得以满足而言必不可少的所有制造过程和基础设施设备，识别并评价相关的内部和外部风险。
7.1.3.1　工厂、设施及设备策划	要求组织应使用多方论证的方法，包括风险识别和风险缓解方法，来开发并改进工厂、设施和设备的计划。

ISO 9001和IATF 16949条款	条款中有关风险的要求
8.1 运行策划和控制	本条款强调了“实施第6章所确定的措施”的要求，应充分考虑第6章所确定的对风险和机遇的应对措施，并在运行过程中实施这些措施。
8.3.3 设计和开发输入	本条款提到的潜在失效后果，是指设计和开发对产品的潜在风险，通常通过设计潜在失效模式和后果分析（DFMEA）进行识别、评价和控制。
8.3.3.1 产品设计输入	对输入要求风险的评估，以及对组织缓解/管理风险（包括来自可行性分析的风险）的能力的评估。
8.3.3.3 特殊特性	组织应采用多方论证方法来建立、形成文件并实施用于识别特殊特性的过程，包括顾客确定的以及组织风险分析所确定的特殊特性。
8.3.5.1 设计和开发输出—补充	产品设计输出必须包括设计风险分析（DFMEA）。
8.3.5.2 制造过程设计输出	制造过程设计输出必须包括制造过程 FMEA。
8.4.1.2 供应商选择过程	对所选供应商产品符合性以及组织向其顾客不间断产品供应的风险评估。
8.4.2 控制类型和程度	对外部供方以及外部提供的过程、产品和服务，组织可以应用基于风险的思维来确定适当的控制类型和控制程度。
8.4.2.4.1 第二方审核	基于风险分析，包括产品安全/法规要求、供应商绩效和质量管理体系认证水平，组织应至少对第二方审核的需求、类型、频率和范围的确定准则形成文件。
8.5.1.1 控制计划	应基于风险分析的设定控制计划评审的频率。
8.5.2.1 标识和可追溯性—补充	组织应对所有汽车产品的内部、顾客及法规可追溯性要求进行分析，包括根据风险等级或失效对员工、顾客的严重程度，制定可追溯性计划并形成文件。
8.5.6.1 更改的控制—补充	针对更改对相关风险分析的证据形成文件。
8.5.6.1.1 过程控制的临时更改	组织应有一个形成文件的过程，对替代控制方法的使用进行管理。组织应基于风险分析（例如 FMEA）和严重程度，在本过程中包含要在生产中实施替代控制方法之前获得的内部批准。
8.7.1.4 返工产品的控制	组织应在决定对产品进行返工之前，利用风险分析（如 FMEA）方法来评估返工过程中的风险。
8.7.1.5 返修产品的控制	组织应在决定对产品进行返修之前，利用风险分析（如 FMEA）方法来评估返修过程中的风险。
9.1.3 分析与评价	本条款要求利用数据和信息分析的结果评价针对风险所采取措施的有效性。
9.2.2.1 内部审核方案	应根据风险、内部和外部绩效趋势和过程的关键程度确定审核方案的优先级。
9.3.1.1 管理评审—补充	管理评审应至少每年进行一次。应基于影响质量管理体系和绩效相关问题的内部或外部更改造成的顾客要求符合性的风险，提高管理评审的频率。
9.3.2 管理评审输入	本条款要求最高管理者在进行管理评审时，必须将针对风险和机遇所采取措施的有效性纳入评审。

ISO 9001和IATF 16949条款	条款中有关风险的要求
10.2 不合格和纠正措施	本条款 e）需要时，更新策划期间确定的风险和机遇；是指当对不合格采取有效的纠正措施后，可能消除了某个风险，对于先前确定的这个风险来说，此时已不成为风险了。
10.3.1 持续改进—补充	组织应有一个形成文件的持续改进过程。组织在本过程中包括以下内容：c）风险分析（例如 FMEA）。

从标准的上述要求可以看出，企业应识别风险，通过评估确定风险、策划应对风险的措施，将风险控制融入质量管理体系过程中，实施策划的措施、评价应对风险措施的有效性，并适时评审和更新所确定的风险。这就是基于风险的管理思维。

虽然标准对风险管理做出了要求，但是，并没有规定企业实施风险管理的范围、深度和广度，也没有要求企业建立风险管理体系，这是由于不同规模和类型的企业所面临的风险是不同的。每个企业有其行业的特性，其发展战略各不相同，因此，各企业风险管理的范围、深度和广度应由其自己确定。

在组织实现其目标的能力方面，质量管理体系的全部过程并非代表相同的风险等级，其不确定性影响对于各组织不尽相同。根据条款6.1的要求，组织有责任应对风险，采取相应措施，包括决定是否保留作为确认风险的证据的成文的信息。

虽然条款6.1规定组织应策划应对风险的措施，但并不要求运用正式的风险管理方法或将风险管理过程形成文件。组织可以决定是否采用超出本标准要求的更多风险管理方法，如ISO 31000或GB/T 24353《风险管理 原则与实施指南》。本章内容所介绍的风险管理方法是建议性的，供各企业参考使用，企业可选择其他适宜的方法。

第二节 风险管理的原则和过程

一、风险管理的原则

为了风险管理有效，组织在实施风险管理时，可遵循以下原则：

1.控制损失，创造价值

以控制损失、创造价值为目标的风险管理，有助于组织实现目标、取得具体可见的成绩和改进各方面的绩效，包括人员的健康和安全、合规经营、信用程度、社会认可、环境保护、产品质量、项目管理、运营效率、公司治理和声誉等方面。

2.融入组织管理过程

风险管理不是与组织的主要活动和过程分开的孤立活动，而是整合在组织所有过程管理中。

3.风险管理支持决策

组织的所有决策都应考虑风险和风险管理。风险管理旨在将风险控制在组织可接受的范围内，有助于判断风险应对是否充分、有效，有助于决定行动优先顺序并选择可行的行动方案，从而帮助决策者做出合理的决策。

4.应用系统的、结构化的方法

系统的、结构化的风险管理方法有助于提高效率和取得一致、可衡量和可靠的结果。

5.以信息为基础

风险管理过程要以有效的信息为基础。这些信息可通过经验、反馈、观察、预测和专家判断等多种渠道获取，但使用时要考虑数据、模型和专家意见的局限性。

6.风险管理依赖于组织环境

风险管理取决于组织所处的外部和内部环境以及组织所承担的风险。需要特别指出的是，风险管理受人文因素的影响，如内部和外部人员的能力、观念和意图。

7.广泛参与、充分沟通

组织的利益相关方之间的沟通，尤其是组织的决策者在风险管理中适当、及时地参与，有助于保证风险管理的针对性和有效性。

利益相关方的广泛参与有助于其观点在风险管理过程中得到体现，其利益诉求在决定组织的风险偏好时得到充分考虑。利益相关者的广泛参与要建立在其对权力和责任明确认可的基础上。

利益相关者之间需要进行持续、双向和及时沟通，尤其是在重大风险事件和风险管理有效性等方面需要及时沟通。

8.持续改进

风险管理是适应环境变化的动态过程，其各步骤之间形成一个信息反馈的闭环。随着内部和外部事件的发生、组织环境和知识的改变以及监督和检查的执行，有些风险可能会发生变化，一些新的风险可能会出现，另一些风险则可能消失。因此，组织应持续不断地对各种变化保持敏感并做出恰当反应。组织通过绩效衡量、检查和调整等手段，使风险管理得到持续改进。

二、风险管理的过程和步骤

风险管理过程是组织管理的有机组成部分，嵌入在组织文化和实践当中，贯穿于组织的经营过程。风险管理过程包括明确环境信息、风险评估、风险应对、监视和评价，其中风险评估又包括风险识别、风险分析和风险评价三个步骤。沟通和记录应贯穿于风险管理过程的各项活动中。

下图表述了风险管理的过程，该图取自 ISO/IEC 31010:2009《风险管理 风险评估技术》（GB/T 27921—2011）。

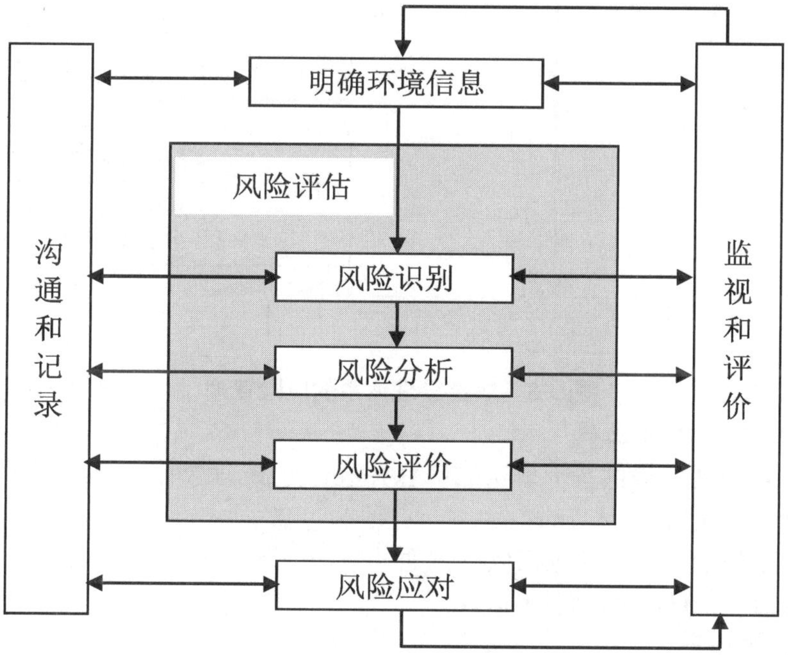

图 6-2　风险管理过程

简要说明如下：

1.明确环境信息

明确环境信息就是组织内/外部环境分析以及理解相关方的需求和期望，可以结合标准条款 4.1 和 4.2 的要求实施，具体请参考本书第四章中的第一节“组织的内/外部环境分析”和第二节“确定与组织有关的相关方及其要求”执行。

风险管理的范围是广泛的，对于一般企业来说很难做到面面俱到，企业可根据自身的目标和所面临的关键风险因素，确定风险管理的范围。更详细的说明请参考 ISO 31000:2009《风险管理 原则与实施指南》（GB/T 24353—2009）。

对于质量管理体系而言，需要管控的主要风险通常包括三个层级，即经营风险、管理风险和技术风险。

经营风险：指根据内/外部环境分析及有关相关方的要求的分析，评估可能对公司的经营和发展，对经营计划的实施和经营目标的实现，对满足顾客要求和期望，对实现质量管理体系预期结果的能力产生不确定性影响的那些风险和机遇。

管理风险（或称过程风险）：指对实现过程预期输出结果，对达成过程目标，对满足内部和外部顾客要求和期望造成影响的风险。

技术风险：这里主要指产品设计风险和制造过程风险。

组织在策划和建立质量管理体系过程时应确定所要应对的风险（正面的或负面的），以改进过程的输出，预防非预期结果的出现；根据风险明确所需的过程策划和控制的范围；策划应对风险的措施；将应对措施融入体系过程中；实施所策划的措施；评价措施的有效性和改进过程。

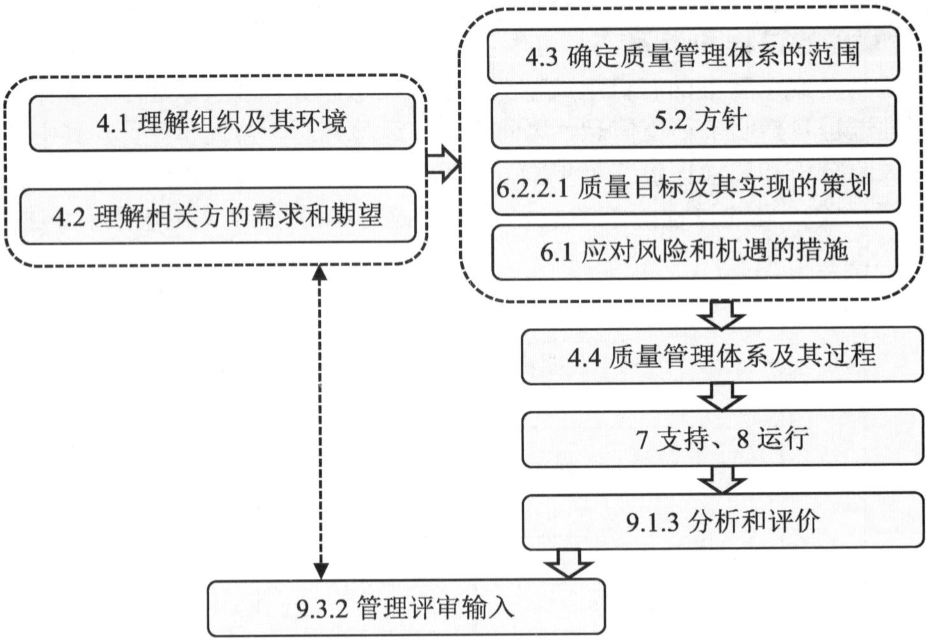

图 6-3　质量管理体系的风险管理

2.选择和确定风险评估技术

风险评估活动旨在通过提供基于事实的信息并进行分析，就如何处理特定风险以及如何选择风险应对策略进行科学决策。

开展风险评估工作的主要益处包括以下方面：

- 认识风险及其对目标的潜在影响；
- 为决策者提供信息；
- 有助于认识风险，以便帮助选择应对策略；
- 识别那些造成风险的主要因素，揭示系统和组织的薄弱环节；
- 有助于明确需要优先处理的风险事件；
- 有助于通过事后调查来进行事故预防；
- 有助于风险应对策略的选择；
- 满足监管要求。

风险评估活动适用于组织的各个层级，评估范围可涵盖项目、单个活动或具体事项等。但是，在不同情境中，所使用的评估工具和技术可能会有较大差异。

不同的风险项目所使用的风险评估技术是不同的，例如：战略经营风险通常使用 PESTEL 分析法、SWOT 分析法、波特五力分析法、业务影响分析（BIA）等；管理风险可使用诸如脑力激荡或风险矩阵；技术风险可采用 FMEA 方法。组织应根据不同的风险项目选择和确定适用的风险评估技术，ISO 31010:2009《风险管理 风险评估技术》（GB/T27921—2011）中提供了 32 种风险评估技术，包括常用的脑力激荡、失效模式和影响分析（FMEA）、风险矩阵、故障树分析（FTA）等。

以下是 32 种风险评估技术在风险识别、风险分析和风险评价各阶段的适用情况，各企业可根据不同的风险项目参考选择使用。这 32 种风险评估技术的详细方法说明请参见 ISO 31010:2009《风险管理 风险评估技术》（GB/T27921—2011）。

32 种技术在风险评估各阶段的适用性（SA 表示非常适用，A 表示适用，NA 表示不适用）。

风险评估技术	风险评估过程					详述
	风险识别	风险分析			风险评价	
		后果	可能性	风险等级		
头脑风暴法	SA	A	A	A	A	B.1
结构化/半结构化访谈	SA	A	A	A	A	B.2
德尔菲法	SA	A	A	A	A	B.3
情景分析	SA	SA	A	A	A	B.4
检查表	SA	NA	NA	NA	NA	B.5
预先危险分析	SA	NA	NA	NA	NA	B.6
失效模式和效应分析	SA	SA	SA	SA	SA	B.7
危险与可操作性分析	SA	SA	A	A	A	B.8
危害分析与关键控制点	SA	SA	NA	NA	NA	B.9
结构化假设分析	SA	SA	SA	SA	SA	B10
风险矩阵	SA	SA	SA	SA	A	B.11
人因可靠性分析	SA	SA	SA	SA	A	B.12
以可靠性为中心维修	SA	SA	SA	SA	SA	B.13
压力测试	SA	A	A	A	A	B.14
保护层分析法	A	SA	A	A	NA	B.15
业务影响分析	A	SA	A	A	A	B.16
潜在通路分析	A	NA	NA	NA	NA	B.17
风险指数	A	SA	SA	A	SA	B.18
故障树分析	A	NA	SA	A	A	B.19
事件树分析	A	SA	A	A	NA	B.20
因果分析	A	SA	SA	A	A	B.21
根原因分析	NA	SA	SA	SA	SA	B.22
决策树分析	NA	SA	SA	A	A	B.23
蝶形图法（Row–tie）	NA	A	SA	SA	A	B.24
层次分析法（AHP）	NA	A	A	SA	SA	B.25
在险值法（VaR）	NA	A	A	SA	SA	B.26
均值—方差模型	NA	A	A	A	SA	B.27
资本资产定价模型	NA	NA	NA	NA	SA	B.28
FN曲线	A	SA	SA	A	SA	B.29
马尔可夫分析法	A	SA	NA	NA	NA	B.30
蒙特卡罗模拟法	NA	NA	NA	NA	SA	B.31
贝叶斯分析	NA	SA	NA	NA	SA	B.32

3.实施风险评估

风险评估工作试图回答以下基本问题：

- 会发生什么以及为什么（通过风险识别）？
- 后果是什么？
- 这些后果发生的可能性有多大？
- 是否存在一些可以减轻风险后果或者降低风险可能性的因素？
- 风险等级是否可容忍或可接受？是否要求进一步应对和处理？

（1）确定风险准则

风险准则是组织用于评价风险重要程度的标准。因此，风险准则需体现组织的风险承受度，应反映组织的价值观、目标和资源。有些风险准则直接或间接反映了法律和法规要求或其他需要组织遵守的要求。确定风险准则时要考虑以下因素：

——可能发生的后果的性质、类型以及对后果的度量；

——可能性的度量；

——可能性和后果的时限；

——风险的度量方法；

——风险等级的确定；

——利益相关者可接受的风险或可容许的风险等级。

通过对以上因素及其他相关因素的关注，有助于保证组织所采用的风险管理方法适合于组织现状及其所面临的风险。

风险准则是根据具体风险项目来制定的，如经营风险准则、投资风险准则、质量风险准则、产品设计风险准则、安全风险准则、环境风险准则等。

风险准则一般需要确定风险发生的可能性（概率或频度）、严重性（或严重度）、风险等级。举例如下。

a）风险事件的可能性和严重度准则描述

定性方法描述（示例）

		等级				
		1	2	3	4	5
可能性	文字描述一	极低	低	中等	高	极高
	文字描述二	一般情况下不会发生	极少情况下才发生	某些情况下发生	较多情况下发生	常常会发生
	文字描述三	今后10年内发生的可能少于1次	今后5~10年内可能发生1次	今后2~5年内可能发生1次	今后1年内可能发生1次	今后1年内至少发生1次
严重性	文字描述一	极轻微的	轻微的	中等的	重大的	灾难性的
	文字描述二	极低	低	中等	高	极高
	文字描述三	企业生产经营日常运行，不受影响	轻度影响	中度影响	严重影响	重大影响
		较低的财务损失	轻微的财务损失	中等的财务损失	重大的财务损失	极大的财务损失
		负面消息在企业内部流传，企业声誉没有受损	负面消息在当地局部流转，对企业声誉造成轻微损害	负面消息在某区域流传，对企业声誉造成中等损害	负面消息在全国各地流传，对企业声誉造成重大损害	负面消息流传世界各地，政府或监管机构进行调查，引起公众关注，对企业声誉造成无法弥补的损害

定量方法描述（示例）

			等级				
			1	2	3	4	5
可能性	概率性	一定时期发生的概率	10%以下	10%~30%	30%~70%	70%~90%	90%以上
严重性	损失法	事件经济损失	1万元以下	1万元~10万元	10万元~50万元	50万元~500万元	500万元以上
		企业财务损失占税前利润百分比	1%以下	1%~5%	6%~10%	11%~20%	20%以上

b）风险等级确定和接受准则

风险值计算公式：R（风险值）= P（可能性）×S（严重度）

确定风险等级——风险矩阵图（仅为示例）

风险值	中风险（Ⅱ级）		高风险（Ⅲ级）				
	5	10	15	20	25	5	可能性等级
低风险（Ⅰ级）	4	8	12	16	20	4	
	3	6	9	12	15	3	
	2	4	6	8	10	2	
	1	2	3	4	5	1	
	1	2	3	4	5	权重	
	严重度等级						

风险接受准则：

通常，如果可能性和严重性的乘积为 1～4 为低风险，为可接受风险；乘积为 5～12 为中风险，乘积为 15～25 为高风险，中风险和高风险为不可接受风险，必须有应对措施。

风险值	风险等级	等级描述	接受判定
15～25	Ⅲ	高风险	不可接受风险
5～12	Ⅱ	中风险	
1～4	Ⅰ	低风险	可接受风险

（此处的风险等级划分和接受准则仅为参考示例，企业在实际应用中可根据不同的风险项目进行分级和确定接受准则，无论何时，都需要从实际情况出发。）

例如，AIAG-VDA 新版 FMEA 手册中规定的严重度（S）、发生频度（O）、探测度（D）以及针对风险措施的优先级的评价准则，以下部分示例仅为帮助读者理解风险评估准则的不同方法。

DFMEA措施优先级（AP）							
措施优先级是以严重度、频度以及探测度评级的综合为基础的，目的是为降低风险而对各项措施进行优先排序。							空白，由使用人员填写
影响	S	对失效起因发生的预测	O	探测能力	D	措施优先级（AP）	备注
对产品或工厂的影响度非常高	9~10	非常高	8~10	低—非常低	7~10	H	
				中	5~6	H	
				高	2~4	H	
				非常高	1	H	
		高	6~7	低—非常低	7~10	H	
				中	5~6	H	
				高	2~4	H	

DFMEA 严重度（S）评价示例：

产品一般评估标准严重度（S）			
根据以下标准对潜在失效影响进行评级。			空白，由使用人员填写
S	影响	严重度标准	公司或产品系列示例
10	非常高	影响到车辆和/或其他车辆的操作安全，驾驶员、乘客、交通参与者或行人的健康状况。	
9		不符合法规。	
8	高	在预期使用寿命内，失去正常驾驶所必需的车辆主要功能。	
7		在预期使用寿命内，降低正常驾驶所必需的车辆主要功能。	
6	中	失去车辆次要功能	
5		降低车辆次要功能	
4		外观、声音、振动、粗糙度或触感令人感觉非常不舒服。	
3	低	外观、声音、振动、粗糙度或触感令人感觉中度的不舒服。	
2		外观、声音、振动、粗糙度或触感令人略微感觉不舒服。	
1	非常低	没有可察觉到的影响。	

DFMEA 频度（O）评价部分示例：

产品的潜在频度（O）			
根据以下标准对潜在失效起因进行的评级，在确定最佳预估频度时应考虑产品经验和预防控制。			空白，由使用人员填写
O	每千件产品/车辆的故障率	频度标准·DFMEA	公司或产品系列示例
10	≥千分之一百 >/=十分之一	在无操作经验和/或在运行条件不可控制的情况下，在任何地方对新技术的首次应用。没有对产品进行验证和/或确认的经验。 不存在标准，尚未确定最佳实践。预防控制不能预测使用现场绩效或不存在预防控制。	
9	千分之五十， 二十分之一	在公司内首次应用具备创新技术的设计产品或材料。新应用，或工作周期/运行条件有改变。没有对产品进行验证和/或确认的经验。 预防控制不是针对确定特定要求的性能。	
8	千分之二十， 五十分之一	在新应用中首次使用具备创新技术的设计产品或资料。新应用，或工作周期/运行条件有改变。没有对产品进行验证和/或确认的经验。 极少存在现有标准和最佳实践，不能直接用于该设计产品。预防控制不能可靠地反映使用现场绩效。	

DFMEA 探测度（D）评价示例：

用于产品设计验证的潜在探测度（D）				
根据探测方法成熟度和探测机会对探测控制进行评级。				空白，由使用人员填写
D	探测能力	探测方法成熟度	探测机会	公司或产品系列示例
10	非常低	测试程序尚未开发。	测试方法尚未定义	
9		没有为探测失效模式或失效起因而特别地设计测试方法。	通过/不通过测试、失效测试、老化测试	
8	低	新测试方法，尚未经过验证。	通过/不通过测试、失效测试、老化测试	
7		已经验证的测试方法，该方法用于功能性验证或性能、质量、可靠性以及耐久性确认；测试计划时间在产品开发周期内较迟，如果测试失败将导致重新设计、重新开模具导致生产延迟。	通过/不通过测试	
6	中		失效测试	
5			老化测试	
4	高	已经验证的测试方法，该方法用于功能性验证或性能、质量、可靠性以及耐久性确认；计划时间充分，可以在开始生产之前修改生产工装。	通过/不通过测试	
3			失效测试	
2			老化测试	
1	非常高	之前预测证明不会出现失效模式或失效起因，或者探测方法经过实践验证总是能够探测到失效模式或失效起因。		

（2）风险识别

风险识别是发现、认可并记录风险的过程。

风险识别的目的是确定可能影响系统或组织目标得以实现的事件或情况。一旦风险得以识别，组织应对现有的控制措施 （诸如设计特征、人员、过程和系统等）进行识别。

风险识别过程包括识别那些可能对目标产生重大影响的风险源、影响范围、事件及其原因和潜在的后果，生成一个风险列表。识别风险不仅要考虑有关事件可能带来的损失，也要考虑其中蕴含的机会。

进行风险识别时要掌握相关的和最新的信息，必要时需包括适用的背景信息。除了识别可能发生的风险事件外，还要考虑其可能的原因和可能导致的后果，包括所有重要的原因和后果。不论风险事件的风险源是否在组织的控制之下，或其原因是否已知，都应对其进行识别。此外，要关注已经发生的风险事件，特别是新近发生的风险事件。

识别风险需要所有相关人员的参与。组织所采用的风险识别工具和技术应当适合于其目标、能力，及其所处环境。

风险识别方法包括：

- 基于证据的方法，例如检查表法以及对历史数据的审查；
- 系统性的团队方法，例如跨功能小组可以借助一套结构化的提示或问题来系统地识别风险；
- 归纳推理技术，例如危险与可操作性分析（HAZOP）等。

组织可利用各种支持性的技术来提高风险识别工作的准确性和完整性，包括头脑风暴法等。无论采用哪种技术，关键是在整个风险识别过程中要认识到人的因素及组织因素的重要性。因此，偏离预期的人为及组织因素也应被纳入风险识别的过程中。

以下取自 AIAG-VDA 新版 FMEA 手册中 DFMEA 表，仅为帮助理解而已，其他风险评估技术会有较大的差异。

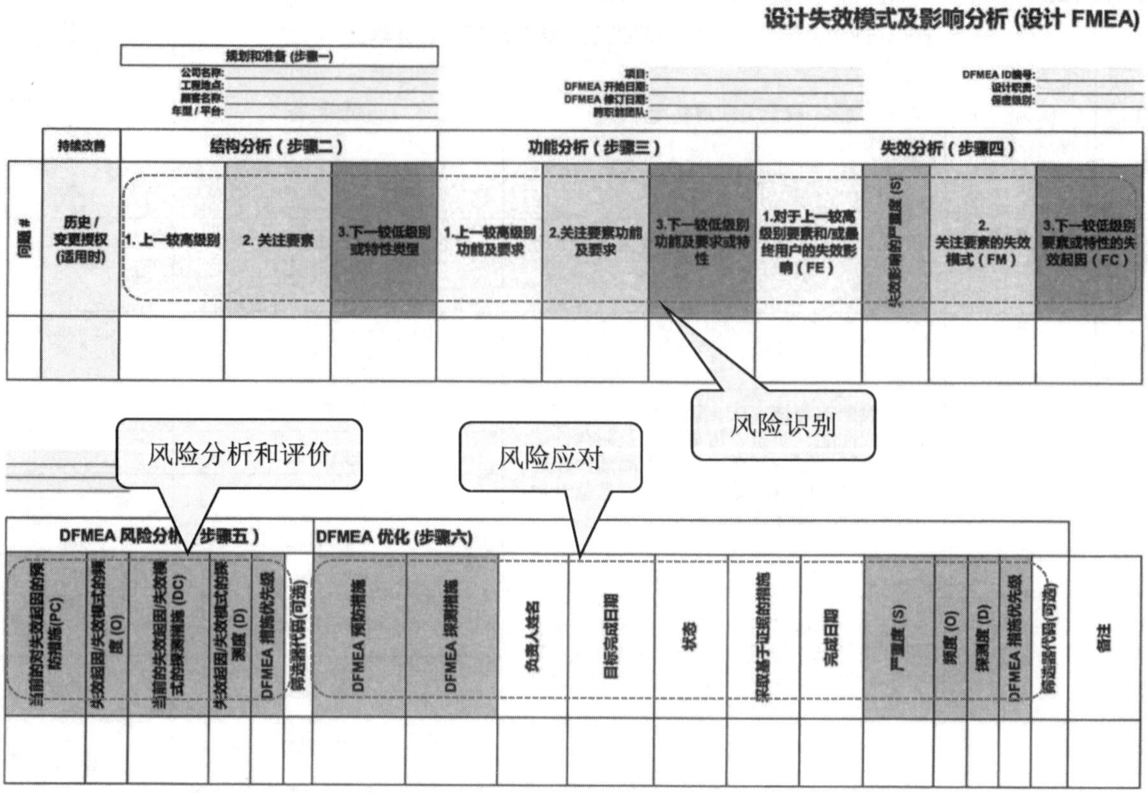

（3）风险分析

风险分析是根据风险类型、获得的信息，对识别出的风险进行定性和定量的分析，为风险评价和风险应对提供支持。

风险分析能够加深对风险的理解。它为风险评价提供输入，以确定风险是否需要处理以及最适当的处理策略和方法。

风险分析要考虑导致风险的原因和风险源、风险后果及其发生的可能性，识别影响后果和可能性的因素，还要考虑现有的风险控制措施及其有效性。

根据风险分析的目的、可获得的可靠数据以及组织的决策需要，风险分析可以是定性的、半定量的、定量的或以上方法的组合。

定性评估可通过“高、中、低”这样的表述来界定风险事件的后果、可能性及风险等级。如将后果和可能性二者结合起来，并与定性的风险准则相比较，即可评估最终的风险等级。

半定量法可利用数字分级尺度来测度风险的可能性及后果，并运用公式将二者结合起来，得出风险等级。

定量分析则可估计出风险后果及其可能性的实际数值，结合具体情境，产生风险等级的数值。由于相关信息不够全面、缺乏数据、人为因素影响等，或是因为定量分析工作无法确保或没有必要，全面的定量分析未必都是可行的或值得的。在此情况下，由经验丰富的专家对风险进行半定量或者定性的分析可能已经足够有效。

（4）风险评价

风险评价是将风险分析的结果与组织的风险准则比较，或者在各种风险的分析结果之间进行比较，确定风险等级，以便做出风险应对的决策。

风险评价的目的是在风险分析结果的基础上做出关于哪个风险需要处理的决策，以决定优先处理方案。

风险评价的结果应满足风险应对的需要，否则，应做进一步分析。有时，根据已经制定的风险准则，风险评价使组织做出维持现有的风险应对措施，不采取其他新的措施的决定。

（5）风险评估注意要点

在风险管理过程中，风险评估并非一项独立的活动，必须整合到风险管理过程的其他组成部分中。

进行风险评估时尤其应该清楚以下事项：

- 组织的环境信息和目标；
- 组织可容忍风险的范围及类型，以及对于不可接受风险的处理方式；
- 风险评估的方法和技术，及其对风险管理过程的促进作用；
- 开展风险评估的可用资源；
- 如何进行风险评估的报告及检查；
- 风险评估活动如何整合进组织日常运行中。

风险评估有助于决策者对风险及其原因、后果和可能性有更充分的理解。这可以为以下决策提供信息：

- 是否应该开展某些活动；
- 如何充分利用时机；
- 是否需要应对风险；
- 选择不同风险的应对策略；
- 确定风险应对策略的优先次序；
- 选择最适合的风险应对策略，将风险的不利影响控制在可以接受的水平。

4.风险应对

风险应对是选择并执行一种或多种改变风险的措施，包括改变风险事件发生的可能性或后果的措施。风险应对决策应当考虑各种环境信息，包括内部和外部利益相关者的风险承受度，以及法律法规和其他方面的要求等。

风险应对措施的制定和评估可能是一个递进的过程。对于风险应对措施应评估其剩余风险是否可以承受。如果剩余风险不可承受，应调整或制定新的风险应对措施，并评估新的风险应对措施的效果，直到剩余风险可以承受。执行风险应对措施会引起组织风险的改变，需要跟踪、监督风险应对的效果和组织的有关环境信息，并对变化的风险进行评估，必要时重新制定风险应对措施。

应对风险的措施通常有：规避风险、接受风险、降低风险、转移风险等，说明如下。

（1）规避风险

任何组织对风险的对策，首先考虑到的是避免风险，尤其是对静态风险尽可能予以避免。凡风险所造成的损失不能由该项目可能获得的利润予以抵销时，规避风险是最可行的简单方法。

局限性：

- 只有在风险可以避免的情况下，避免风险才有效果；
- 有些风险无法规避；
- 有些风险虽然可以规避，但成本过大；
- 消极地规避风险，只能使企业安于现状，不求进取。

规避风险的办法，例如：

- 通过公司政策、限制性制度和标准，阻止高风险的经营活动、交易行为、财务损失和资产风险的发生。
- 通过重新定义目标，调整战略及政策，或重新分配资源，停止某些特殊的经营活动。
- 审查投资方案，避免采取导致低回报、偏离战略，以及承担不可接受的高风险的行动。
- 通过撤出现有市场或区域，或者通过出售、清算、剥离某个产品组合或业务，规避风险。

（2）接受风险

维持现有的风险水平。做法是：

- 不采取任何行动，将风险保持在现有水平；
- 根据市场情况许可等因素，对产品和服务进行重新定价，从而补偿风险成本；
- 通过合理设计的组合工具，抵消风险。

（3）降低风险

组织在风险不能避免或在从事某项活动势必面临某些风险时，首先想到的是如何控制风险发生、减少风险发生，或如何减少风险发生后所造成的损失，即为风险预防和抑制风险。

利用政策或措施将风险降低到可接受的水平。方法有：

- 将金融资产、实物资产或信息资产分散放置在不同地方，以降低遭受灾难性损失的风险；
- 借助内部流程或行动，将不良事件发生的可能性降低到可接受的程度，以控制风险；
- 通过制定计划并授权合适的人做决策，应对偶发事件。必要时，可定期对计划进行检查，边检查边执行。

（4）转移风险

将风险转移给资金雄厚的独立机构。例如：保险。在明确的风险战略的指导下，与资金雄厚的独立机构签订保险合同。

通过结盟或合资，投资于新市场或新产品，获取回报。

5.监视和评价

组织应明确对风险及其应对措施的监视和评价职责、时机。

监视和评价可能包括：

- 监测事件，分析变化及其趋势并从中吸取教训；
- 发现内部和外部环境信息的变化，包括风险本身的变化、可能导致的风险应对措施及其实施优先次序的改变；
- 监督并记录风险应对措施实施后的剩余风险，以便在适当时做进一步处理；
- 适用时，对照风险应对计划，检查工作进度与计划的偏差，保证风险应对措施的策划和执行有效；
- 报告关于风险、风险应对计划的进度和风险应对措施的有效性；
- 实施风险管理绩效评估。

6.沟通和记录

（1）沟通

组织在风险管理过程的每一个阶段都应当与内部和外部利益相关者进行有效沟通，以保证实施风险管理的责任人和利益相关者能够理解组织风险管理决策的依据，以及需要采取某些行动的原因。

由于利益相关者的价值观、诉求、假设、认知和关注点不同，其风险偏好也不同，并可能对决策有重要影响。因此，组织在决策过程中应当与利益相关方进行充分沟通，识别并记录利益相关者的风险偏好。对风险承担责任的人员，应该确保就风险的信息及时地与相关方进行沟通。

（2）记录

在风险管理过程中，记录是实施和改进整个风险管理过程的基础。

建立记录应当考虑以下方面：

- 出于管理的目的而重复使用信息的需要；
- 进一步分析风险和调整风险应对措施的需要；
- 风险管理活动的可追溯要求；
- 沟通的需要；
- 法律法规和操作上对记录的需要；

- 组织本身持续学习的需要；
- 获取信息的方法，读取信息的容易程度和储存媒介；
- 记录保存期限；
- 信息的敏感性。

第三节　质量管理体系中的风险管理

一、在质量管理体系中风险管理的三个层级

所有类型和规模的组织在实现其目标和预期结果的经营活动中，都面临使组织不能确定的内部和外部的各种因素和影响。这些事件发生的概率及其影响程度是无法事先准确或相对准确预知的。这些事件将对经营活动产生影响，从而影响组织目标和预期结果实现。

任何类型和规模的组织都面临风险，组织的所有活动也都涉及风险。风险会影响组织目标的实现，这些目标可能关系到组织中从战略决策到运营的各种活动，包括各个过程和具体项目，表现在领导、战略、经营、管理、财务、环境、社会、声誉等各方面。

风险管理旨在保证组织恰当地应对风险，提高风险应对的效率和效果，增强行动的合理性，有效地配置资源。有效的风险管理应当融入整个组织的理念、治理、管理、程序、方针策略以及文化等各方面。风险管理意识应当是整个组织文化的一部分。

风险管理适用于组织的全生命周期及其任何阶段，其适用范围包括整个组织的所有领域和层次，也包括组织的具体部门活动。

因此，企业风险管理的范围、深度和广度，将根据企业的性质、规模、业务范围、发展战略、产品和服务的复杂性去评估。

以下仅从质量管理体系需要管理的主要风险的角度考虑三个层级的风险。

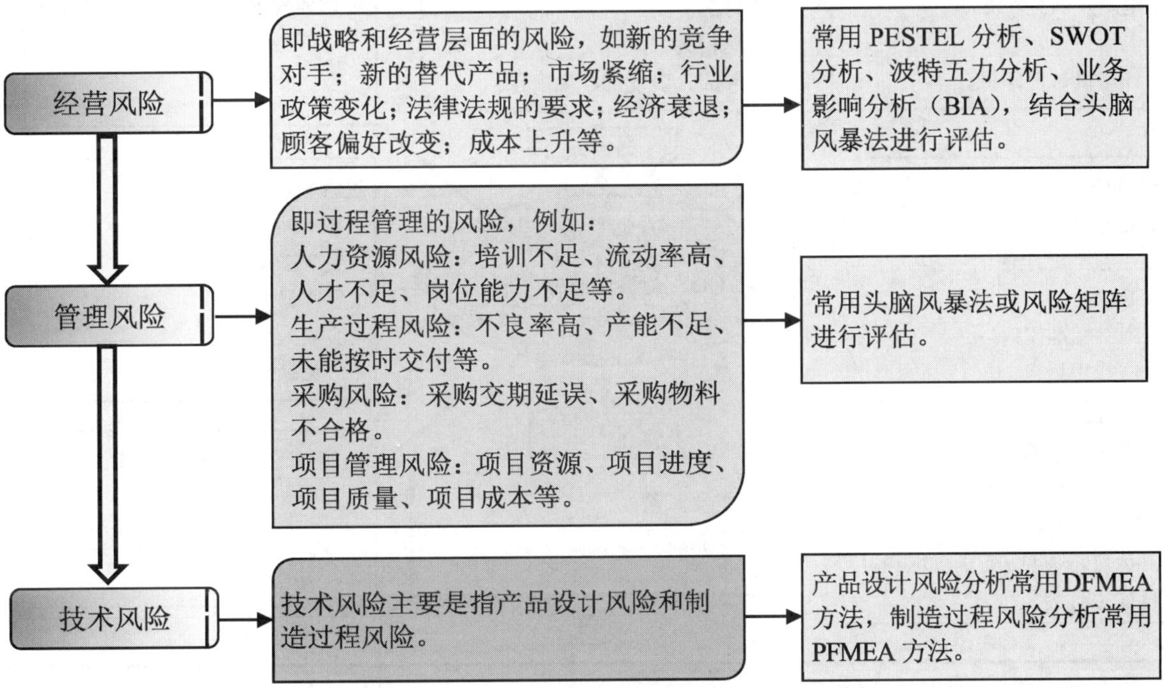

图 6-4　质量体系中风险管理的三个层级

另外，轨道交通（铁路）应用的质量管理体系ISO/TS 22163标准“8.1.3项目管理”中特别提出了项目风险管理要求，VDA 6.3过程审核“P2项目管理”中的“P2.7”也提到了项目风险管理。所以，在实施IATF 16949中，应用项目管理或APQP进行产品和制造过程的设计开发，可以单独建立项目风险管理计划。

二、将风险及其应对措施整合到质量管理体系过程中

在标准“6.1 应对风险和机遇的措施”中要求，在策划质量管理体系时，组织应考虑到 4.1 所提及的因素和 4.2 所提及的要求，并确定需要应对的风险和机遇；组织应策划应对这些风险和机遇的措施，以及如何在质量管理体系过程中整合并实施这些措施，并评价这些措施的有效性。

一个有效的过程就是其结果确能满足预期目标的过程。理解和控制影响过程的因素，就可控制过程的结果。因此，风险、过程和目标是联系在一起的。

1.经营风险整合到过程的举例

经营风险	应对策略	目标	建立和实施的过程	过程主要风险	过程控制措施	技术风险	措施和方法
由于竞争对手新产品的加强，竞争对手的市场占有份额逐步提高，导致公司销售逐步萎缩。	加强新产品开发，保持在某个细分市场占有率第一。	（1）三年内占据市场份额的40%； （2）每年推出 3～5 款新产品。	新产品开发管理过程。	未能如期开发出满足市场需求的新产品。	（1）前期市场调研和可行性评估； （2）立项策划阶段编制新产品开发进度计划； （3）定期召集项目进展会议，监视项目进度及时采取措施。	（1）产品未能符合技术要求和满足预期用途； （2）设计反复修改。	（1）进行 DFMEA 分析； （2）设计各阶段进行评审、验证和确认活动。

2.过程风险及其应对措施的举例

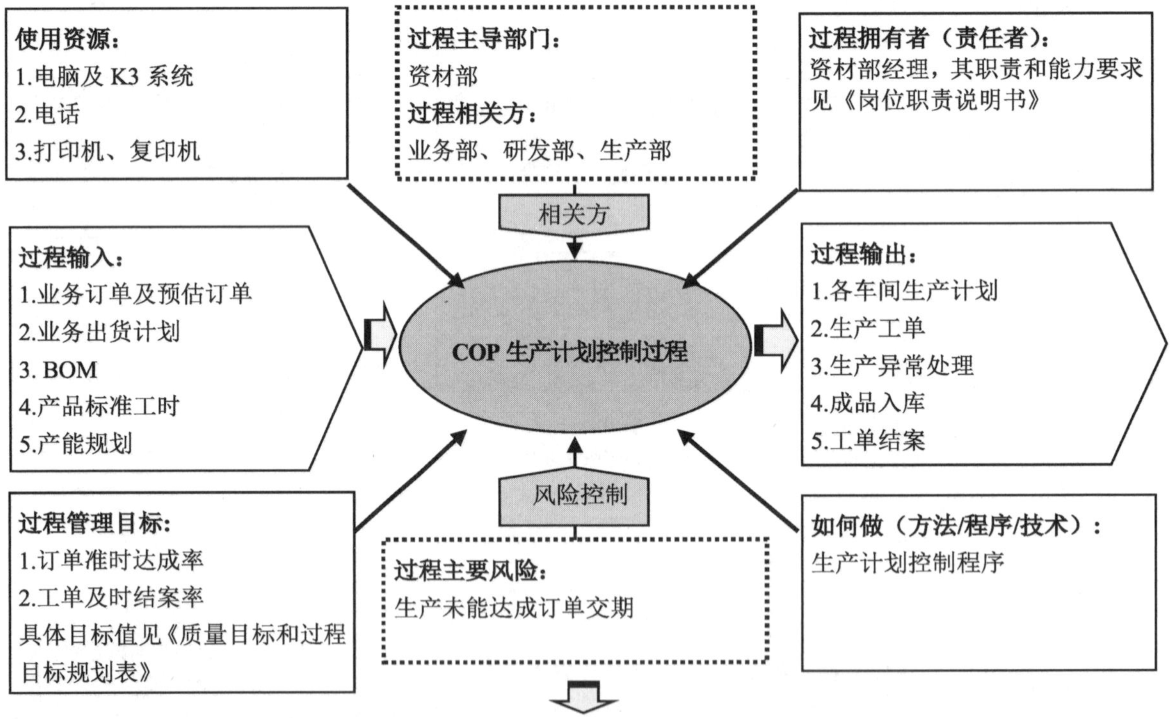

过程主要风险	对相关方的影响	应对风险的措施
生产未能达成订单交期	订单未能按时交付，导致顾客不满意和罚款。	（1）根据业务的销售订单及预估订单制定合理的物料需求计划，跟进物料及时到位； （2）每月下旬做好下月的产能规划，生产部提前做好人员、设备、治具的准备；制定并下达各车间每日生产计划，每天生产日报跟进； （3）每周召开产销会议，检讨生产计划进度和物料进度，及时处理异常； （4）寻找备用外协厂商，以便紧急情况下能够及时协助。

三、建立风险管理清单

结合标准条款 4.1、4.2、4.4、6.1、9.1.3、9.3.2 对风险识别、分析、确定应对措施以及评价措施有效性的要求，建议组织可以建立风险管理清单，下表仅供参考。

表 6-1 风险管理清单

风险的识别和应对措施				措施有效性评价				改进
公司及部门	风险项目	风险和/或机遇	应对措施或方法	对应绩效数据和内/外部顾客反馈的问题（如果有）	措施有效性评价（有效或不足）	评价人	评价时间	有效性不足时的改进对策或持续改进对策
公司	经营风险							
业务部	COP 新顾客开发和报价管理过程							
	……							
研发部	COP 新产品设计开发管理过程							
	……							
资材部	SP 供应商管理过程							
	……							
生产部	COP 生产计划管理过程							
	……							
品管部	SP 检验和试验管理过程							
	……							
人资部	SP 人力资源管理过程							
	……							
总经办	MP 经营计划和目标管理过程							
	……							

四、质量管理体系风险管理程序示例

标准并未要求形成单独的风险管理过程文件，以下程序范例是从质量管理体系的角度编写的，仅为参考性的。需要强调的是，环境管理体系、职业健康安全管理体系或其他方面的管理体系对于风险评价的方法是不同的，不能参照质量体系去策划和实施。

文件范例【风险管理程序】

文件名称	风险管理程序	文件编号：SQ-MP-02	版本：A
编制部门	总经办	编制日期：2019.12.9	页码：1/4

1.目的

为识别公司经营的风险和机遇，以及识别各职能部门的过程管理风险和产品及制造过程技术风险，对确定的风险和机遇进行分析和评价，以便采取适当措施进行应对，增强有利影响，预防或减少不利影响，确保质量管理体系能够实现其预期目标和结果，特制定本程序。

2.适用范围

适用于本公司经营的风险及机遇、各部门过程运行风险和产品及制造过程技术风险的管理。

3.术语和定义

3.1 经营风险和机遇：指根据内/外部环境分析及有关相关方的要求的分析，评价可能对公司的经营和发展，对经营计划的实施和经营目标的实现，对满足顾客和有关相关方要求及期望等造成不确定性影响的那些风险和机遇。

3.2 管理风险（或称过程风险）：指对实现过程预期输出结果，对达成过程目标，对满足内部和外部顾客要求和期望造成影响的风险。

3.3 技术风险：指产品设计风险和制造过程风险。

4.职责

4.1 总经办：负责公司经营风险和机遇的分析评价及制定应对措施，并定期评价措施的有效性。

4.2 各部门：负责本部门主导的过程的风险识别，并确定控制措施和定期评价其有效性。

4.3 研发部：负责产品设计风险分析和评价，及其所采取措施的有效性验证。

4.4 工程部：负责制造过程风险分析和评价，及其所采取措施的有效性验证。

5.过程管理图

（本过程相关联的 ISO 9001 & IATF 16949 条款：4.1/4.2/4.4/6.1/8.3.5.1/8.3.5.2/9.1.3/9.3.2/9.3.2.1）

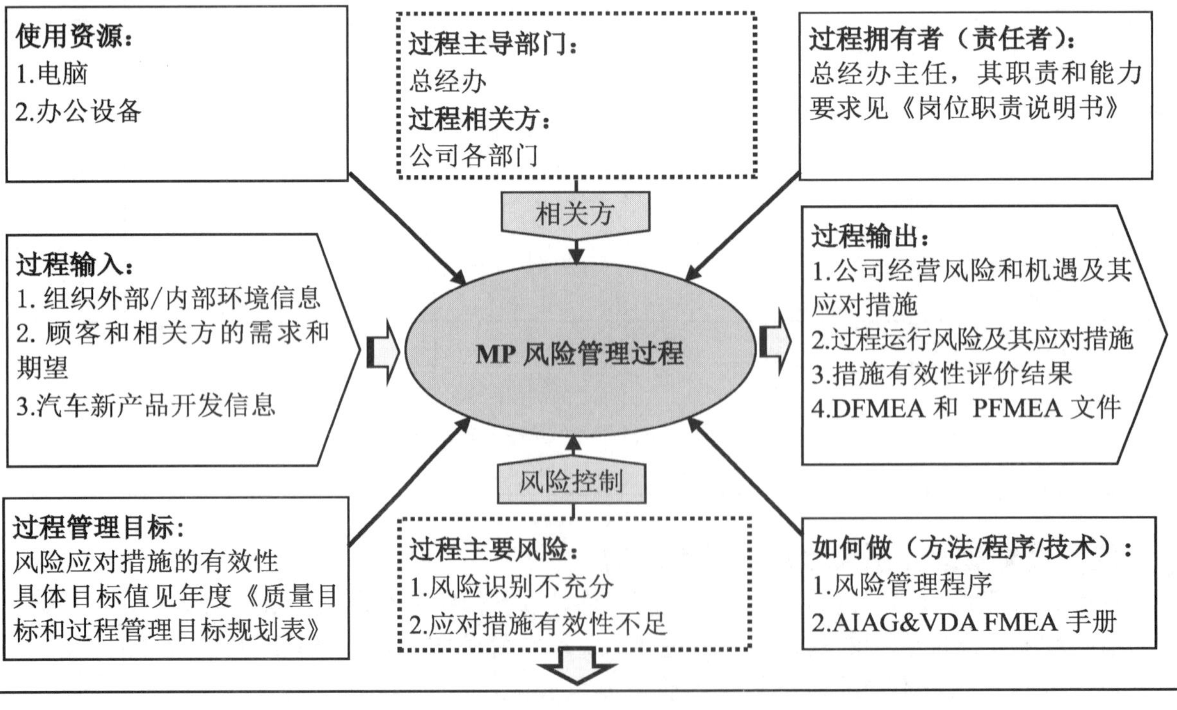

文件名称	风险管理程序	文件编号：SQ-MP-02	版本：A
编制部门	总经办	编制日期：2019.12.9	页码：2/4

过程主要风险	对相关方的影响	应对风险的措施
1.风险识别不充分	可能导致经营损失或错失机会，或管理措施不当影响目标实现。	（1）进行前期调查和信息收集，并采用 PESTEL 分析、SWOT 分析、脑力激荡法等，由公司中高层领导对经营风险进行分析和评估。 （2）各部门负责对本部门主导的过程，利用脑力激荡法识别过程运行风险。 （3）技术风险由研发部和工程部应用 DFMEA 和 PFMEA 进行分析和评估。
2.应对措施有效性不足	导致未能有效控制风险，影响预期结果或目标实现。	（1）采用多方论证方法策划应对风险和机遇的措施； （2）定期评价应对风险和机遇所采取措施的有效性。

6.作业内容

序号	作业流程	权责部门/人	作业要求	参考文件/使用表单
6.1	内外部环境信息收集 ↓	总经办 各部门	6.1 公司各部门按《经营计划和目标管理程序》规定的要求收集和整理内外部环境信息和数据并提交给总经办审核、归纳和汇总。	《经营计划和目标管理程序》
6.2	有关相关方要求的识别和确定 ↓	总经办 相关部门	6.2 总经办和相关部门按照《经营计划和目标管理程序》的要求，收集与公司质量管理体系有关相关方的需求和期望的信息，并识别和确定相关方的具体要求。	《经营计划和目标管理程序》
6.3	公司经营风险和机遇的识别和评价 ↓	总经办 中高层领导	6.3 总经办召集公司中高层领导按照《经营计划和目标管理程序》中规定的分析方法进行公司内外部环境分析，识别和评价可能的风险和机遇。	《经营计划和目标管理程序》
6.4	确定风险和机遇所需的应对措施 ↓	总经办 中高层领导	6.4.1 根据所识别的风险和机遇，评价需要应对的措施和方法，作为经营计划制定的输入。 6.4.2 总经办将所识别的风险和机遇及其应对措施列入《风险管理清单》，便于措施的跟进和有效性评价。	《经营计划和目标管理程序》 《风险管理清单》
6.5	制定公司战略和经营计划 ↓	总经办 中高层领导	6.5 按照《经营计划和目标管理程序》，结合上述确定的需要应对的风险和机遇及其措施，制定公司战略和经营计划。	《经营计划和目标管理程序》
6.6	将应对措施整合到体系过程中 ↓	管理者代表	6.6 管理者代表和体系策划人员在建立质量体系过程时，应考虑上述需要应对的风险和机遇的措施，以及经营计划提出的目标，将这些措施整合到质量管理体系过程中予以实施。	

文件名称	风险管理程序	文件编号：SQ-MP-02	版本：A
编制部门	总经办	编制日期：2019.12.9	页码：3/4

序号	作业流程	权责部门/人	作业要求	参考文件/使用表单
6.7	过程风险识别和应对措施	管理者代表 各部门	6.7.1 各部门根据所策划的本部门主导的过程，识别每个过程的可能风险及其应对措施，并将这些措施融入过程中运行。 6.7.2 管理者代表将每个过程的风险及其应对措施汇总到《风险管理清单》中，便于措施的跟进和有效性评价。	《风险管理清单》
6.8	实施所策划的应对措施	各部门	6.8.1 各部门在日常运行中根据策划的风险控制措施执行相关作业过程和活动，并按要求保留相关记录。 6.8.2 在实施过程中，若有新的或更好的控制措施，可以进行补充或修订。	
6.9	技术风险分析	研发部 工程部	6.9.1 在汽车产品导入时，根据《APQP 管理程序》，研发部负责组织跨功能小组，参考《AIAG&VDA FMEA 手册》的 DFMEA 分析技术，对产品设计风险进行分析和评价，确定风险所需采取措施的优先级，并制定相应措施及验证其有效性。 6.9.2 工程部负责组织跨功能小组，利用 PFMEA 分析技术，对制作过程风险进行分析和评价，确定风险所需采取措施的优先级，并制定相应措施及验证其有效性。	《APQP 管理程序》 《AIAG&VDA FMEA 手册》
6.10	评价风险和机遇应对措施的有效性	总经办 各部门	6.10.1 各部门根据《风险管理清单》，结合《数据分析和绩效评价管理程序》进行自我评价，并在月度管理例会中评价风险应对措施的有效性；根据《管理评审程序》，在年度管理评审会议中评价风险和机遇应对措施的有效性。每次评审的结果记录到《风险管理清单》中。 6.10.2 研发部和工程部每年度组织跨功能小组对 DFMEA 文件和 PFMEA 文件进行一次评审，以确定所采取措施的有效性。	《数据分析和绩效评价管理程序》 《管理评审程序》 《风险管理清单》
6.11	修订与更新	各部门	6.11.1 各部门根据日常不合格和纠正措施实施的结果，以及根据月度和年度对风险应对措施有效性的评价结果适时修订和更新风险和机遇，同步更新《风险管理清单》。 6.11.2 在每年度的经营风险分析中，若识别了新的风险和机遇时，也必须更新《风险管理清单》。	《风险管理清单》

文件名称	风险管理程序	文件编号：SQ-MP-02	版本：A
编制部门	总经办	编制日期：2019.12.9	页码：4/4

7.附加说明

7.1 PESTEL 和 SWOT 分析方法说明

7.1.1 PESTEL 分析法：用于分析宏观环境的有效工具，它是调查组织外部影响因素的方法，其每一个字母代表一个因素，可以分为六大因素：政治因素（Political）、经济因素（Economic）、社会因素（Social）、技术因素（Technological）、环境因素（Environmental）和法律因素（Legal）。

7.1.2 SWOT 分析法：具体表示为“S”—Strengths（优势）、“W”—Weaknesses（劣势）、“O”—Opportunities（机会）、“T”—Threats（威胁）。

即基于内外部竞争环境和竞争条件下的态势分析，就是将与企业密切相关的各种主要内部优势、劣势和外部的机会和威胁等，通过调查列举出来，并依照矩阵形式排列，然后用系统分析的思想，把各种因素相互匹配起来加以分析，从中得出一系列相应的结论，而结论通常带有一定的决策性。

其中，优势（S）与劣势（W）主要分析企业自身的实力及其与竞争对手的比较，而机会（O）和威胁（T）则将注意力放在外部环境的变化及对企业可能受到的影响上。因此，SWOT 分析实际上是对企业内外部因素各方面内容进行综合和概括，帮助企业把资源和行动聚集在自己的强项和有最多机会的地方。

7.2 管理风险（过程风险）说明

7.2.1 管理级风险，是通过过程风险识别加以控制。

7.2.2 各职能部门根据负责的过程，以及这些过程涉及的部门和人员，组织临时的跨功能小组，通过脑力激荡法对过程需要控制的风险进行识别和确定控制措施，并在每个过程的“过程管理图”中确定控制风险和相应程序文件中落实控制措施。

7.2.3 管理者代表负责将所识别的过程风险及其应对措施汇总于《风险管理清单》，作为定期监视和管理评审的输入。

8.参考文件

8.1 《经营计划和目标管理程序》

8.2 《APQP 管理程序》

8.3 《数据分析和绩效评价管理程序》

8.4 《管理评审程序》

8.5 《AIAG&VDA FMEA 手册》

9.使用表单

9.1 《风险管理清单》

五、集团企业风险管理制度示例

公司风险管理制度

第一章　总则

第一条 为规范 XXX 有限公司（以下简称“公司”）的风险管理，建立规范、有效的风险控制体系，提高风险防范能力，保证公司安全、稳健运行，提高经营管理水平，根据《公司法》《会计法》《企业内部控制基本规范》等法律法规和规范性文件的有关规定，结合公司的实际情况，制定本制度。

第二条 本制度旨在公司为实现以下目标提供合理保证：

（一）将风险控制在与总体目标相适应并可承受的范围内；

（二）实现公司内外部信息沟通的真实、可靠；

（三）确保法律法规的遵循；

（四）提高公司经营的效益及效率；

（五）确保公司建立针对各项重大风险发生后的危机处理计划，使其不因灾害性风险或人为失误而遭受重大损失。

第三条 本制度所称风险管理，是指公司围绕战略及经营目标，通过在管理的各环节和经营过程中执行风险管理的基本流程，建立健全风险管理体系，为实现风险管理的总体目标提供保证的过程和方法。

第四条 公司风险是指未来的不确定性事项可能对公司实现其经营目标的影响。

第五条 按照公司目标的不同对风险进行分类，公司风险分为：战略风险、法律风险、财务风险和经营风险。

（一）战略风险：没有制定或制定的战略决策不正确，影响战略目标实现的负面因素。

（二）法律风险：没有全面、认真执行国家法律、法规和政策规定规定，影响合规性目标实现的因素。

（三）财务风险：包括财务报告失真风险、资产安全受到威胁风险和舞弊风险。

1.财务报告失真风险：没有完全按照相关会计准则、会计制度的规定组织会计核算和编制财务会计报告，没有按规定披露相关信息，导致财务会计报告和信息披露不完整、不准确、不及时。

2.资产安全受到威胁风险：没有建立或实施相关资产管理制度，导致公司的资产如设备、存货、有价证券和其他资产的使用价值和变现能力的降低或消失。

3.舞弊风险：以故意的行为获得不公平或非正当的收益。

（四）经营风险：经营决策的不当，妨碍或影响经营目标实现的因素。包括但不限于：

1.生产环节：包括拟定生产计划、开出用料清单、储存原材料、投入生产、计算存货生产成本、计算销货成本、质量控制等。

2.采购及付款环节：包括采购申请、处理采购单、验收货物、填写验收报告或处理退货、记录应付账款、核准付款等。

3.销货及收款环节：包括订单处理、信用管理、运送货物、开出销货发票、确认收入及应收账款等。

4.固定资产管理环节：包括固定资产的自建、购置、处置、维护、保管与记录等。

5.货币资金管理环节：包括货币资金的入账、划出、记录、报告、出纳和财务人员的授权等。

6.关联交易环节：包括关联方的界定，关联交易的定价、授权、执行、报告和记录等。

7.担保与融资环节：包括借款、担保、承兑、租赁、发行新股、发行债券等的授权、执行与记录等。

8.投资环节：包括投资有价证券、股权、不动产、经营性资产、金融衍生品及其他长短期投资、委托理财、募集资金使用的决策、执行、保管与记录等。

9.人事管理环节：包括雇用、签订聘用合同、培训、辞退、计算薪金、计算个人所得税及各项代扣款、薪资记录、薪资支付、考勤及考核等。

第六条 按照风险的影响程度，风险分为低、中、高风险。

第七条 本制度适用于公司及公司控股子公司。

第二章　风险管理组织体系及职责分工

第八条 公司风险管理的组织体系由公司董事会（下设风险管理委员会）、监事会、各职能部门及子公司内设的风险职能部门或岗位构成。

第九条 公司各职能部门为风险管理第一道防线；风险管理委员会及监事会为风险管理第二道防线；董事会及股东大会为风险管理第三道防线。

第十条 公司各职能部门在风险控制管理方面的主要职责：

（一）公司各职能部门按照公司风险管理委员会制定的风险评估的总体方案，根据业务分工，配合内控组织，识别、分析相关业务流程的风险，确定风险反应方案；

（二）根据识别的风险和确定的风险反应方案，按照公司确定的控制设计方法和描述工具，设计并记录相关控制，根据风险管理的要求，修改完善控制设计。包括：建立控制管理制度，按照规定的方法和工具描述业务流程，编制风险控制文档和程序文件等；

（三）组织控制制度的实施，监督控制制度的实施情况，发现、收集、分析控制缺陷，提出控制缺陷改进意见并予以实施。对于重大缺陷和实质性漏洞，除向各子公司领导汇报情况外，还应向公司领导及董事会反馈情况，以便公司监控内部控制体系的运行情况；

（四）配合内控组织等部门对控制失效造成重大损失或不良影响的事件进行调查、处理。

第十一条 公司董事会负责推动公司风险管理体系的建设，并监督其实施的有效性；监事会和风险管理委员会负责建立公司风险管理体系、制度和流程等日常管理工作。

第十二条 公司各职能部门负责人和子公司负责人为风险控制的第一责任人，履行风险控制职能，执行具体的风险管理制度。建立部门内权责明确、相互制衡的岗位职责和部门内全面、合理的风险控制制度，并针对业务主要风险环节制定业务操作流程。

第十三条 控股子公司的风险管理和职责分工的设置，分别参照上述第八条、第九条的规定制定。

第三章　风险管理目标和基本流程

第十四条 公司风险管理的总体目标是：通过风险确认与识别程序，预先发现风险征兆，提前采取必要的预控措施，以达到规避风险，减少损失的目标；对于已发生的风险，首先通过已有的控制措施予以控制，进而采取补偿措施进行控制，把风险损失降低到最小限度。

第十五条 公司风险管理基本流程主要包括：

（一）风险管理策略的制定与实施；

（二）风险评估；

（三）风险监控报告与预警；

（四）风险与危机的处理；

（五）风险管理的监督与改进。

第四章　风险管理策略的制定与实施

第十六条 风险管理策略是指公司根据内外部环境及董事会制定的公司发展战略所确定的公司风险管理总体方针。

第十七条 风险管理策略由风险管理委员会制定，经董事会、监事会评估后确定。监事会、风险管理委员会负责将公司风险管理策略落实到公司制度和流程管理中，协助各业务部门完善其业务制度和流程，并对风险管理策略的实施情况和效果进行检查和评价。

第十八条 现有风险管理策略、制度、流程的可行性或有效性，如因内外部环境发生变化而受到严重影响，应及时进行修订和调整。

第十九条 公司在实施风险管理策略的过程中，建立和不断完善授权体系，公司所有部门和分支机构必须在公司授权范围内开展工作。在各项规章制度中要明确报告路线和程序，使风险信息能够及时传递到相关的部门和公司领导。

第二十条 公司各职能部门可以根据本办法，针对本部门业务的特点，制定本部门业务的风险管理实施细则，纳入公司管理制度体系。

第五章　风险评估

第二十一条 风险评估是指根据公司内外部环境的变化，对公司所面临的风险进行风险辨识、风险分析、风险对策。

第二十二条 公司风险评估主要经过确立风险管理理念和风险接受程度、目标制定、风险识别、风险分析和风险对策六个基本程序来进行。

第二十三条 确立公司风险管理理念和风险接受程度是公司进行风险评估的基础。

（一）公司风险管理理念是公司如何认知整个经营过程（从战略制定和实施到公司日常活动）中的风险为特征的公司共有的信念和态度。公司实行稳健的风险管理理念，对于高风险投资项目采取谨慎介入的态度。

（二）风险接受程度是指公司在追求目标实现过程中愿意接受的风险程度。一般来讲，公司可将风险接受程度分为三类：“高”“中”“低”。

高风险是指影响金额达到公司资产总额 30%以上或公司主营业务收入 30%以上；中风险是指影响金额达到公司资产总额 10%以上不足 30%或公司主营业务收入 10%以上不足 30%；低风险是指影响金额达到公司资产总额 10%以下或公司主营业务收入 10%以下。

公司从定性角度考虑风险接受程度，整体上讲，公司把风险接受程度确定为“低”类，即公司在经营管理过程中，采取谨慎的风险管理态度，可以接受较低程度的风险发生。公司的风险接受程度选择也与公司的风险管理理念保持一致。

第二十四条 目标制定是风险识别、风险分析和风险对策的前提。公司必须首先制定目标，在此之后，才能识别和评估影响目标实现的风险并且采取必要的行动对这些风险实施控制。公司目标包括战略目标、经营目标、合规性目标和财务报告目标四个方面。目标确定必须符合国家的法律法规和行业发展规划，符合公司战略发展计划。

第二十五条 风险识别就是识别可能阻碍实现公司目标、阻碍公司创造价值或侵蚀现有价值的因素。公司可以采取问卷调查、小组讨论、专家咨询、情景分析、政策分析、行业标杆比较、访谈法等识别风险。公司应当准确识别与实现控制目标相关的内部风险和外部风险，以便确定相应的风险承受度。

（一）公司识别内部风险，应当关注下列因素：

1.董事、监事、经理及其他高级管理人员的职业操守、员工专业胜任能力等人力资源因素。

2.组织机构、经营方式、资产管理、业务流程等管理因素。

3.研究开发、技术投入、信息技术运用等自主创新因素。

4.财务状况、经营成果、现金流量等财务因素。

5.营运安全、员工健康、环境保护等安全环保因素。

6.其他有关内部风险因素。

（二）公司识别外部风险，应当关注下列因素：

1.经济形势、产业政策、融资环境、市场竞争、资源供给等经济因素。

2.法律法规、监管要求等法律因素。

3.安全稳定、文化传统、社会信用、教育水平、消费者行为等社会因素。

4.技术进步、工艺改进等科学技术因素。

5.自然灾害、环境状况等自然环境因素。

6.其他有关外部风险因素。

第二十六条 风险分析主要从风险发生的可能性和对公司目标的影响程度两个角度，对识别的风险进行分析和排序，确定关注重点和优先控制的风险。

公司进行风险分析，应当充分吸收专业人员，组成风险分析团队，按照严格规范的程序开展工作，以确保风险分析结果的准确性。

风险分析方法一般采用定性和定量方法组合而成。在风险分析不适宜采取定量分析的情况下，或者用于定量分析所需要的足够可信的数据无法获得，或者获取成本很高时，公司通常使用定性分析法。公司对风险进行分析，确认哪些风险应当引起重视、哪些风险予以一般关注，对于需要重视的风险，再进一步划分，分别确认为“重要风险”与“一般风险”，从而为风险对策奠定基础。风险的重要程度的判断主要根据风险发生的可能性和影响程度来确定：

（一）如果风险发生的可能性属于“极小可能发生”的，该风险就可不被关注；

（二）如果风险发生的可能性高于或等于“可能发生”，且风险的影响程度小，就将该类风险确定为一般风险；

（三）如果风险发生的可能性等于或高于“风险可能发生”，且风险的影响程度大，就将该类风险确定为重要风险。

第二十七条 风险对策。公司应该根据风险分析的结果，结合风险发生的原因以及承受度，权衡风险与收益，选择风险应对方案：规避风险、接受风险、减少风险或分担风险。

（一）规避风险：指公司对超出风险承受度的风险，通过放弃或者停止与该风险相关的业务活动以避免和减轻损失的对策。

（二）减少风险：指公司在权衡成本效益之后，准备采取适当的控制措施降低风险或者减轻损失，将风险控制在风险承受度之内的对策。

（三）分担风险：指公司准备借助他人力量，采取业务分包、购买保险等方式和适当的控制措施，将风险控制在风险承受度之内的对策。

（四）接受风险：指公司对风险承受度之内的风险，在权衡成本效益之后，不准备采取控制措施降低风险或者减轻损失的策略。

第二十八条 公司在确定具体的风险应对方案时，应考虑以下因素：

1.风险应对方案对风险可能性和风险程度的影响，风险应对方案是否与公司的风险容忍度一致；

2.对方案的成本与收益比较；

3.对方案中可能的机遇与相关的风险进行比较；

4.充分考虑多种风险应对方案的组合；

5.合理分析、准确掌握董事、公司管理层及其他高级管理人员、关键岗位员工的风险偏好，采取适当的控制措施，避免因个人风险偏好给企业经营带来重大损失；

6.结合不同发展阶段和业务拓展情况，持续收集与风险变化相关的信息，进行风险识别和风险分析，及时调整风险应对策略。

第六章　风险监控和预警

第二十九条 公司通过有效的沟通和反馈，使公司领导和有关部门及时了解公司业务和资产的风险状况，相应调整风险管理政策和管理措施。

第三十条 监事会、风险管理委员会对公司的经营计划、战略方案的实施进行实时监控，对各类信息进行记录、汇总、分析和处理，并保留风险管理记录。各部门或岗位向内审机构报送本部门业务风险情况。

第三十一条 公司各职能部门每年对业务范围内的公司风险的控制水平进行一次书面分析和评估，风险管理委员会负责汇总风险评估报告，经监事会审核后上报公司董事会。

第三十二条 公司制定合理、有效的内控措施，包括以下内容：

（一）建立内控岗位授权制度。对内控所涉及的各岗位明确规定授权的对象、条件、范围和额度等，任何组织和个人不得超越授权做出风险性决定；

（二）建立内控报告制度。明确规定报告人与接受报告人，报告的时间、内容、频率、传递路线、负责处理报告的部门和人员等；

（三）建立内控批准制度。对内控所涉及的重要事项，明确规定批准的程序、条件、范围和额度、必备文件以及有权批准的部门和人员及其相应责任；

（四）建立内控责任制度。按照权利、义务和责任相统一的原则，明确规定各有关部门和业务单位、岗位、人员应负的责任和奖惩制度；

（五）建立内控审计检查制度。结合内控的有关要求、方法、标准与流程，明确规定审计检查的对象、内容、方式和负责审计检查的部门等；

（六）建立内控考核评价制度。具备条件的公司应把各业务单位风险管理执行情况与绩效薪酬挂钩；

（七）建立重大风险预警制度和突发事件应急处理机制。明确风险预警标准，对可能发生的重大风险或突发事件，制定应急预案、明确责任人员、规范处置程序，确保突发事件得到及时妥善处理；

（八）建立重要岗位权力制衡制度，明确规定不相容职责的分离。主要包括：授权批准、业务经办、会计记录、财产保管和稽核检查等职责。对内控所涉及的重要岗位可设置一岗双人、双职、双责，相互制约；明确该岗位的上级部门或人员对其应采取的监督措施和应负的监督责任；将该岗位作为内部审计的重点等。

第三十三条 公司相关部门建立风险预警系统，以发现并应对可能出现的风险：

（一）建立财务预警系统。公司及各分支机构的财务部门，通过设置并观察一些敏感性财务指标的变化，对可能或将要面临的财务危机实现进行预测预报。

（二）建立经营管理预警系统。公司及各分支机构的经营管理人员，根据各个业务环节特有的性质来设计不同的风险控制机制，彻底掌握风险的来源和可能的影响。

（三）建立全面的风险信息报告系统。各部门、分支机构，有责任、及时、无保留地向公司内审部门报告有关风险的真实信息。

第七章　风险处理

第三十四条 公司建立灵敏高效的风险处理和应急管理机制，以降低风险损失。对新出现的、缺乏风险应急预案的重大风险，风险管理委员会应立即与监事会及公司相关部门协调，组织人员研究制定风险应对方案，并报公司董事会审批后实施。

第三十五条 当风险已经发生，风险单位负责人必须立即向公司风险管理委员会和监事会报告。

第三十六条 风险管理委员会和监事会收到风险报告后，及时对风险进行初步的评判，确定是属于一般性内部风险还是对企业声誉、经营活动和内部管理造成强大压力和负面影响的企业危机。对一般性风险，责成单位负责人或有关人员负责组织处理；对企业危机，必须按照风险危机程序处理。

第三十七条 企业危机处理程序

（一）成立危机处理机构

危机发生后，公司应在第一时间成立危机处理小组，该小组由公司董事长或总经理担任组长。小组成员至少包括：发生危机单位的第一负责人、风险管理委员会有关人员、公司相关职能部门负责人及其他相关人员。公司董事会授权危机处理小组为处理危机事件的最高权力机构和协调机构，有权调动公司可用资源，有权独立代表公司作出声明、承诺或妥协。

（二）制定危机处理计划

危机处理小组根据现有的资料和情报及企业拥有或可支配的资源来制定危机处理计划。计划必须体现出危机处理目标、程序、组织、人员及分工、后勤保障、行动时间表以及各个阶段要实现的目标，同时还包括社会资源的调动和支配、费用控制和实施责任人及其目标。计划制定完成并获通过后，立即开始进行物质资源调配和准备，展开全面的危机处理行动。

（三）危机处理

1.对于尚未造成社会影响的事件，在对危机事件进行详细调查了解和核实的基础上，根据法律和公理，果断做出处理决定，以避免事态的进一步恶化。

2.对于已造成社会影响的事件，应保持与社会各方的良好沟通，及时披露事实真相，以有助于对事件做出客观公正的报道和评价。

3.在处理过程中，应处理好与危机事件对方当事人的关系，及时安抚，避免出现纠纷。

4.在事件处理的全过程中，危机处理小组均应与当地政府、监管机构保持紧密联系，及时通报事件进展情况。

（四）教训总结与责任认定

危机事件处理完成后，危机处理小组应及时向公司董事会提交总结报告，如实反映事件的起因、发生过程、处理方法和结果、责任认定、反映的问题等，并提出整改建议或意见，以避免新的风险和危机发生。

第三十八条 对因决策失误、管理失职、行为失当等原因致使公司出现风险或危机，并造成有形或无形损失的责任人及单位负责人，公司将追究其直接责任或领导责任。

第八章　风险管理的监督与改进

第三十九条 公司建立贯穿于整个风险管理基本流程，连接各上下级、各部门和子公司的风险管理信息沟通渠道，确保信息沟通的及时、准确、完整，为风险管理监督与改进奠定基础。

第四十条 公司各有关部门、子公司定期对风险管理工作进行自查和检验，及时发现缺陷并改进，其检查报告报送公司内审部门备案。

第四十一条 公司监事会和风险管理委员会定期或不定期对各有关部门、子公司能否按照有关规定开展风险管理工作及其工作效果进行监督评价，并将监督评价报告上报董事会。

第九章　附 则

第四十二条 本制度由公司董事会授权内审部门负责解释。

第四十三条 《风险管理实施细则》由风险管理委员会另行制定。

第四十四条 本制度自董事会通过之日起执行。

第七章

顾客特定要求管理及大众Formel Q、通用BIQS简介

第一节　理解顾客要求和顾客特定要求

一、什么是顾客要求和顾客特定要求

IATF 16949 “3.1 汽车行业的术语和定义”中给出了“顾客要求”和“顾客特定要求”的定义。

顾客要求：顾客规定的一切要求（如：技术、商业、产品及制造过程相关要求；一般条款与条件；顾客特定要求等）。

顾客特定要求（CSR）：对本汽车 QMS 标准特定条款的解释或与该条款有关的补充要求。

根据上述顾客要求的定义，分解表述如下。

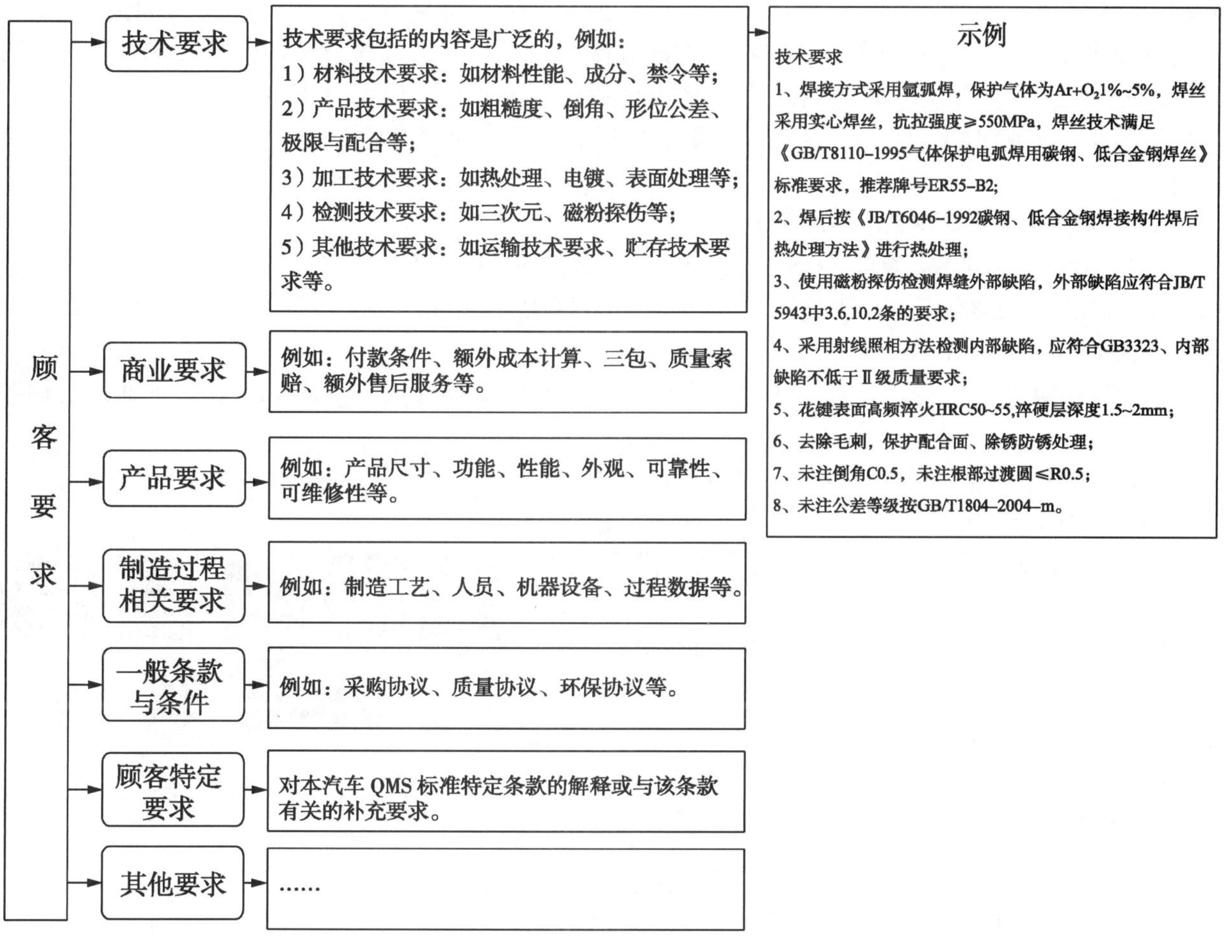

质量管理体系的核心就是为了确保满足顾客要求以及增强顾客满意，在标准第 1 章“范围”中已作出了说明：“本标准为下列组织规定了质量管理体系要求：

a）需要证实其具有稳定提供满足顾客要求及适用法律法规要求的产品和服务的能力；

b）通过体系的有效应用，包括体系改进的过程，以及保证符合顾客要求和适用的法律法规要求，旨在增强顾客满意。”

那么，对于组织与顾客双方所协议的所有的顾客要求都是必须满足的。既然如此，为何 IATF 16949 标准还要把顾客特定要求单独列出来呢？

要了解“顾客特定要求”的缘由，要追溯到早期的汽车行业质量管理体系标准。在早期美国三大汽车公司（通用、福特、克莱斯勒）的 QS-9000 质量体系要求中，标准是分为两个部分的，即“第Ⅰ部分：以 ISO 9001 为基础的汽车行业要求+第Ⅱ部分：顾客特殊要求”，第Ⅱ部分的顾客特殊要求就包括了福特公司特殊要求、通用公司特殊要求、克莱斯勒公司特殊要求，供应商除了要符合共同的汽车行业标准要求，还必须同时满足所供货汽车顾客的特殊要求，如果是同时给三大汽车公司供货，就需要同时满足他们的特殊要求。

之后的 ISO/TS 16949 标准也提出了顾客特殊要求，但没有单独的条款要求，只是在引言“0.5 本标准的目标”中强调“本标准与适用的顾客特殊要求相结合，规定了签署本文件顾客的基本质量管理体系要求”。也就是说，汽车质量管理体系包含顾客特殊要求之前一直就有的，只不过现在 IATF 16949:2016 作为一个单独条款强化了这一要求。

需要强调的是，“顾客特殊要求”与“顾客特定要求”意思是相同的，英文都是“Customer Specific Requirements”，在早期的 QS-9000 标准和历次版本的 ISO/TS 16949 标准用的是“顾客特殊要求”，现在 IATF 16949 翻译为“顾客特定要求”，今后统一称为顾客特定要求。

之所以提出顾客特定要求，这是因为除了标准条款共同的要求外，各整车厂（OEM）对某个条款的具体实施或控制方法，或使用工具有自己长期习惯的特别做法或补充要求，而标准很多条款只是提出要求，并没有规定具体的实施方法。比如，对于测量系统分析，标准要求“所采用的分析方法及接收准则，应与测量系统分析的参考手册相一致”，但没有规定是哪个参考手册，那么德系整车厂就特别要求使用“VDA 5 测量过程能力”，而美系整车厂要求使用“AIAG MSA 手册”。

二、顾客特定要求如何体现

根据定义，顾客特定要求（CSR）是对汽车 QMS 标准特定条款的解释或与该条款有关的补充要求。因此，顾客特定要求的提出，是在与 ISO 9001 和 IATF 16949 相同的条款结构中提出额外的质量管理体系要求。

IATF OEM 的九大整车厂在 IATF 网站上（www. iatf global oversight. org）发布了他们的顾客特定要求。

9 家整车厂（称为 IATF OEM）分别是：

BMW Group（宝马集团）；
FCA US LLC（美国菲亚特—克莱斯勒汽车公司）；
Daimler AG（戴姆勒公司）；
FCA Italy Spa（意大利菲亚特—克莱斯勒汽车公司）；
Ford Motor Company（福特汽车公司）；
General Motors（通用汽车公司）；
Groupe PSA–Peugeot Citroen DS（标致雪铁龙）；
Renault Group（雷诺集团）；
Volkswagen Group（大众汽车集团）。

以下是截取通用汽车公司发布的顾客特定要求的部分内容以便于读者理解。

GENERAL MOTORS

IATF 16949 - Customer Specific Requirements

SUPPLIER QUALITY PERFORMANCE · BUILT IN QUALITY SUPPLY BASED

Posted Date: May 22, 2019

Effective Date: June 1, 2019

4 Context of the organization

No additional requirements.

4.1 Understanding the organization and its context

No additional requirements.

4.2 Understanding the needs and expectations of interested parties

No additional requirements.

4.3 Determining the scope of the quality management system

4.3.1 Determining the scope of the quality management system – supplemental

No additional requirements.

4.3.2 Customer-specific requirements

No additional requirements.

4.4 Quality management system and its processes

4.4.1

No additional requirements.

4.4.1.1 Conformance of products and processes

No additional requirements.

4.4.1.2 Product safety

No additional requirements.

4.4.2

No additional requirements.

5 Leadership

5.1 Leadership and commitment

5.1.1 General

No additional requirements.

8.3.4.1 Monitoring

No additional requirements　　无附加要求

8.3.4.2 Design and development validation

No additional requirements

8.3.4.3 Prototype programme

No additional requirements

8.3.4.4 Product approval process

The organization shall comply with the AIAG Production Part Approval Process (PPAP) manual and GM 1927-03 Quality SOR to meet this requirement.

> 8.3.4.4 产品批准过程
> 组织应遵守 AIAG 生产零件批准程序（PPAP）手册和 GM1927-03 质量或满足此要求。

8.3.5 Design and development outputs

No additional requirements

8.3.5.1 Design and development outputs – supplemental

No additional requirements

8.3.5.2 Manufacturing process design output

The organization shall have a method to identify, control, and monitor the high-risk items on those critical operations.

There shall be rapid feedback and feed forward between inspection stations and manufacturing, between departments, and between shifts.

> 8.3.5.2 制造过程设计输出
> 组织应具有识别、控制和监控这些关键操作的高风险项目的方法。
> 检验站与制造、部门之间、班次之间要有快速的反应和反馈。

8.3.6 Design and development changes

No additional requirements

8.3.6.1 Design and development changes – supplemental

All design changes, including those proposed by the organization, shall have written approval by the authorized customer representative, or a waiver of such approval, prior to production implementation. See also AIAG **Production Part Approval Process (PPAP)** manual.

> 8.3.6.1 设计和开发变更—补充
> 所有设计变更，包括组织提出的设计变更，均应得到授权顾客代表的书面批准，或在生产实施前放弃此类批准。另见 AIAG 生产零件批准程序（PPAP）手册。

从上述通用汽车的顾客特定要求我们可以看到，顾客的特定要求是与 ISO 9001 和 IATF 16949 的条款结构一一对应的，是在条款标题下附加特定要求。

当然，也有些整车厂为了简便，只是列出有特定要求的条款，无特定要求的条款就没有列出了，如 BMW Group、Daimler AG、Groupe PSA–Peugeot Citroen DS、Renault Group、Volkswagen Group 都是仅列出有附加要求的条款。

在与 ISO 9001 和 IATF 16949 相同的结构中提出顾客特定要求是一种好的方法，这样任何额外的顾客特定要求都可以更容易地与组织的质量管理体系关联起来。使用这种结构作为辅助，以这种方式表达的质量管理体系要求更加清晰和明确，并有利于：

a）实施顾客特定的质量管理体系要求；

b）用于审核活动（第一方审核、第二方审核、第三方审核）当中的符合性证明。

第二节　如何识别和管理顾客特定要求

一、顾客特定要求的识别

在 IATF 16949:2016 标准的“前言”中强调：“本汽车质量管理体系标准，连同适用的汽车顾客特定要求，ISO 9001:2015 要求以及 ISO 9000:2015 一起定义了对汽车生产件及相关服务件组织的基本质量管理体系要求。”

因此，顾客特定要求必须包含在组织的汽车质量管理体系中，汽车 QMS 总体包含如下：

标准“4.3.2 顾客特定要求”特别强调“应对顾客特定要求进行评价，并将其包含在组织的质量管理体系范围内”；在对质量手册的要求中也包括“一个显示组织质量管理体系内哪些地方满足了顾客特定要求的文件”；对于内部审核员及第二方审核员的能力要求也包括“了解适用的顾客特定要求”；在质量管理体系审核中要求“组织应对顾客特定的质量管理体系要求进行抽样，检查是否得到有效实施”。这些条款都显示，汽车行业对顾客特定要求给予了特别的关注。

在以往的 IATF 16949 认证审核中，很多企业在顾客特定要求识别和管理方面被开了不符合项，如何完整地识别顾客特定要求，这是很多体系人员感到迷糊的。以下分几种情况加以说明：

（1）首先要明确的是，顾客特定要求（CSR）可以由整个汽车供应链中的任何公司创建。这些顾客特定要求补充了 ISO 9001 和 IATF 16949 中对供应商质量管理体系的要求。

因此，顾客特定要求应包括组织（供应商）的所有直接顾客，其中可能包括 IATF OEM（整车厂或主机厂）、非 IATF 主机厂和其他汽车顾客（一级、二级、三级等）。

（2）一级组织（供应商）必须考虑所有主机厂的顾客特定要求，如果主机厂是 IATF OEM 就可以直接从 IATF 网站上（www. iatf global oversight. org）下载其发布的顾客特定要求文件。如果主机厂不是 IATF OEM，那就需要联系主机厂的顾客代表，以便确认顾客的特定要求。值得注意的是，非 IATF 主机厂顾客和其他汽车顾客可以在与供应商共享的内部文件（例如供应商质量手册）中或在向公众提供的特定文件（如互联网）中包含顾客特定要求。

（3）如果主机厂不是其直接顾客，则二级组织不需要考虑汽车主机厂的顾客特定要求，除非一级组织将主机厂的顾客特定要求传递给二级组织。同理，二级之后的组织（三级、四级供应商等）也是同样的处理。

（4）有些非 IATF OEM 主机厂会在供应商质量手册中对其中的内容与 IATF 16949 条款关联起来，只要关联了就应作为顾客特定要求识别和管理。

如果非 IATF OEM 主机厂或其他汽车顾客在其顾客要求文件中没有明确联系到 IATF 16949 条款，则可能很难识别顾客特定要求。例如“各组织应熟悉和遵守 FCA US 包装、运输和标签要求，并包含在包装和装运说明书中”，这句话如果顾客没有与 IATF 16949 条款关联，既可看作是一般顾客要求，也可看作是顾客特定要求，如此，作为供应商就很难区分。当然，无论是否列为顾客特定要求，满足顾客要求都是必须的。

（5）很多企业都不止一个汽车顾客，那就必须识别所有汽车顾客的特定要求。无论组织从属于第几级供应商，最重要的一点是，与你所有汽车顾客的顾客代表保持紧密联系，以便清晰和完整地识别顾客特定要求。如果你的顾客确定没有特定要求，请顾客给予书面说明（电子文件、纸质文件或电子邮件），组织应保留这些书面信息，作为内部/外部审核的证据。

（6）现实的情况是，很多非主机厂汽车顾客都没有明确其顾客特定要求，也未作说明。建议公司内部组织跨功能小组，收集顾客要求，对其进行识别和评价，将与 IATF 16949 条款相关的要求主动关联起来，并做成顾客特定要求管理清单。但应注意，根据“顾客要求”的定义，技术、商业、产品及制造过程相关要求，一般条款与条件等，不应包括在顾客特定要求中。

二、顾客特定要求的管理

1.建立顾客特定要求管理清单

对很多企业来说，通常都有两个或多个汽车顾客，那就必须识别和评价所有的顾客特定要求，然后可以将所有的顾客特定要求汇总成《顾客特定要求管理清单》，下表中的内容仅为部分示例。

<table>
<tr><td colspan="5">顾客特定要求管理清单</td></tr>
<tr><td colspan="5">发布日期：2019.10.30　　版本：A　　页码：　　编制：　　审批：</td></tr>
<tr><td colspan="5">公司现有汽车顾客三家：通用汽车公司、福特汽车公司、ABC 汽车公司
顾客特定要求的信息来源：
1）通用汽车公司、福特汽车公司的顾客特定要求来源于发布在 IATF 网站上的文件；
2）ABC 汽车公司的顾客特定要求来源于其提供的“供应商质量手册”。</td></tr>
<tr><td>ISO 9001& IATF 16949 标准条款</td><td>通用汽车公司的特定要求（示例）</td><td>福特汽车公司的特定要求（示例）</td><td>ABC 汽车公司的特定要求（示例）</td><td>本公司 QMS 符合特定要求的说明</td></tr>
<tr><td>1.范围
1.1 范围—汽车行业对 ISO 9001:2015 的补充</td><td>● 认证范围必须包括 IATF 16949 和随附的 IATF 16949 GM 顾客特定要求；
● 认证必须按照 IATF 认可的汽车认证计划进行，认证机构目前与 IATF 签约并得到 IATF 认可。</td><td>认证范围必须包括 IATF 16949 和随附的福特顾客特定要求；目前由 IATF 监督办公室签约和认可的认证机构按照 IATF 认可的汽车认证计划进行认证。</td><td>无特定要求</td><td>公司目前 IATF 16949 的认证机构为德国莱茵 TUV，其与 IATF 监督办公室有签约和认可，并按照 IATF 认可的汽车认证计划进行认证。</td></tr>
<tr><td>2.规范性引用文件
2.1 规范性引用标准和参考性引用标准</td><td>（内容较多，此处省略）</td><td>（内容较多，此处省略）</td><td>无特定要求</td><td>质量手册中说明</td></tr>
<tr><td>3.术语和定义
3.1 汽车行业的术语和定义</td><td>（内容较多，此处省略）</td><td>（内容较多，此处省略）</td><td>无特定要求</td><td>质量手册中定义</td></tr>
</table>

ISO 9001& IATF 16949 标准条款	通用汽车公司的特定要求（示例）	福特汽车公司的特定要求（示例）	ABC 汽车公司的特定要求（示例）	本公司 QMS 符合特定要求的说明
4.组织环境				
4.1 理解组织及其环境	/	/	/	/
4.2 理解相关方的需求和期望	/	/	/	/
4.3 确定质量管理体系的范围	/	（内容较多，此处省略）	/	/
4.3.1 确定质量管理体系的范围—补充	/	/	/	/
4.3.2 顾客特定要求	/	/	顾客特定要求必须以书面确认，变更必须经双方书面接受方为有效	质量手册 顾客特定要求管理清单
4.4 质量管理体系及其过程	/	/	/	/
4.4.1.1 产品和过程的符合性	/	/	/	/
4.4.1.2 产品安全	/	/	产品安全与符合性责任人 PSCR	产品安全管理办法
5.领导作用				
5.1 领导作用和承诺 5.1.1 总则	/	/	/	/
5.1.1.1 公司责任	/	（内容较多，此处省略）	/	/
5.1.1.2 过程有效性和效率	/	/	/	/
5.1.1.3 过程拥有者	/	/	/	/
5.1.2 以顾客为关注焦点	/	组织应通过满足 Q1 的持续改进要求来证明顾客满意度的提高，如组织的 QOS（质量操作系统）。	/	持续改进管理过程
5.2 方针 5.2.1 制定质量方针 5.2.2 沟通质量方针	/	/	/	/
5.3 组织的岗位、职责和权限	/	/	/	/
5.3.1 组织的作用、职责和权限—补充	/	组织应在负责产品质量或公司所有权的高级管理人员发生任何变动后10个工作日内书面通知福特汽车公司供应商技术援助部门。	/	人力资源管理过程
5.3.2 产品要求和纠正措施的职责和权限	/	/	/	/

ISO 9001& IATF 16949 标准条款	通用汽车公司的特定要求（示例）	福特汽车公司的特定要求（示例）	ABC 汽车公司的特定要求（示例）	本公司 QMS 符合特定要求的说明
6.策划				
6.1 应对风险和机遇的措施	/	/	/	/
6.1.2.1 风险分析	/	/	/	/
6.1.2.2 预防措施	/	/	/	/
6.1.2.3 应急计划	/	组织应在组织生产中断后 24 小时内通知福特接收工厂、买方和 STA 工程师。组织应将问题的性质告知福特，并立即采取行动确保向福特公司供应产品。	/	应急计划管理办法
6.2 质量目标及其实现的策划	/	/	/	/
6.2.2.1 质量目标及其实施的策划—补充	/	/	/	/
6.3 变更的策划	/	/	/	/
7.支持				
7.1 资源 7.1.1 总则	/	/	/	/
7.1.2 人员	/	/	/	/
7.1.3 基础设施	/	/	/	/
7.1.3.1 工厂、设施及设备策划	/	（内容较多，此处省略）	/	/
7.1.4 过程运行环境	/	/	职业健康安全管理认证要求 ISO 45001	ISO 45001 认证证书
7.1.4.1 过程操作的环境—补充	/	/	使用 5S 方法 基于 VDA 卷 19.1—检测清洁度技术的要求	5S 管理办法 生产环境管理办法
7.1.5 监视和测量资源 7.1.5.1 总则	/	/	/	/
7.1.5.1.1 测量系统分析	/	（内容较多，此处省略）	使用 VDA5 测量过程能力或 AIAG MSA	测量系统分析报告
7.1.5.2 测量溯源	/	/	/	/
7.1.5.2.1 校准/验证记录	/	/	/	/
7.1.5.3 实验室要求				
7.1.5.3.1 内部实验室	/	/	/	/
7.1.5.3.2 外部实验室	/	组织应在使用前批准商业/独立实验室设施。验收标准应基于最新的 ISO/IEC 17025 或同等国家标准获得，并应记录在案。	/	实验室管理办法

ISO 9001& IATF 16949 标准条款	通用汽车公司的特定要求（示例）	福特汽车公司的特定要求（示例）	ABC 汽车公司的特定要求（示例）	本公司 QMS 符合特定要求的说明
7.1.6 组织的知识	/	/	/	/
7.2 能力	/	/	/	/
7.2.1 能力—补充	/	培训应包括适当的福特系统。	/	人力资源管理过程
7.2.2 能力—在职培训	/	/	/	/
7.2.3 内部审核员能力	/	/	/	/
7.2.4 第二方审核员能力	/	/	/	/
7.3 意识				
7.3.1 意识—补充	/	/	/	/
7.3.2 员工激励和授权	/	/	/	/
7.4 沟通	/	/	/	/
7.5 成文信息				
7.5.1 总则	/	/	/	/
7.5.1.1 质量管理体系文件	/	/	/	/
7.5.2 创建和更新	/	（内容较多，此处省略）	/	文件和记录控制过程
7.5.3 成文信息的控制	/	/	/	/
7.5.3.2.1 记录保存	组织的业务记录应按 GMW15920 的规定保存。各组织可从 IHS 网站 www.global.ihs.com 购买 GMW 文件	（内容较多，此处省略）	按 VDA 卷 1 文件化和存档要求	文件和记录控制过程
7.5.3.2.2 工程规范	/	/	/	/
8.运行				
8.1 运行的策划和控制		（内容较多，此处省略）		
8.1.1 运行的策划和控制—补充	/	/	/	/
8.1.2 保密	/	/	/	/
8.2 产品和服务的要求				
8.2.1 顾客沟通		零件批准后，组织应使用 SREA（供应商工程批准申请）流程提交组织发起的过程变更建议的批准申请。		变更管理过程
8.2.1.1 顾客沟通—补充	/	/	/	/
8.2.2 产品和服务要求的确定	/	/	/	/
8.2.2.1 产品和服务要求的确定—补充	/	/	/	/
8.2.3 产品和服务要求的评审	/	/	/	/

ISO 9001& IATF 16949 标准条款	通用汽车公司的特定要求（示例）	福特汽车公司的特定要求（示例）	ABC 汽车公司的特定要求（示例）	本公司 QMS 符合特定要求的说明
8.2.3.1.1 产品和服务要求的评审—补充	/	放弃正式审查的顾客授权可从相应的福特组织（福特工程部、采购部等）获得。	/	订单评审管理过程
8.2.3.1.2 顾客指定的特殊特性	组织应遵循通用汽车关键特性指定系统流程 GMW15049。关键特性按 IATF 16949 8.3.3.3 特殊特性应用。	（内容较多，此处省略）	/	特殊特性管理办法
8.2.3.1.3 组织制造可行性	/	更新或新的制造工艺或需要工具或设备的能力增加的制造可行性审查应按照制造可行性表的规定进行记录（初始可行性和最终可行性）。	/	订单评审管理过程
8.2.4 产品和服务要求的更改	/	/	/	/
8.3 产品和服务的设计和开发	/	/	/	/
8.3.1 总则	/	/	/	/
8.3.1.1 产品和服务的设计和开发—补充	/	组织在制定控制策略时应考虑进货检验，以防止使用不合格的进货材料。	/	进料检验规范
8.3.2 设计和开发策划	/	/	/	/
8.3.2.1 设计和开发策划—补充	/	/	/	/
8.3.2.2 产品设计技能	/	/	/	/
8.3.2.3 带有嵌入式软件的产品的开发	/	/	/	/
8.3.3 设计和开发输入	/	/	/	/
8.3.3.1 产品设计输入	/	/	/	/
8.3.3.2 制造过程设计输入	/	/	/	/
8.3.3.3 特殊特性	组织应具有识别其制造过程中关键操作的过程。	/	/	特殊特性管理办法
8.3.4 设计和开发控制	/	/	/	/
8.3.4.1 监视	/	/	/	/
8.3.4.2 设计和开发确认	/	/	/	/
8.3.4.3 原型样件方案	/	/	/	/
8.3.4.4 产品批准过程	组织应遵守 AIAG 生产零件批准程序（PPAP）手册和 GM1927-03 质量或满足此要求。	/	按 VDA 卷 2 生产过程和产品批准（PPA）	生产件批准过程

ISO 9001& IATF 16949 标准条款	通用汽车公司的特定要求（示例）	福特汽车公司的特定要求（示例）	ABC 汽车公司的特定要求（示例）	本公司 QMS 符合特定要求的说明
8.3.5 设计和开发输出	/	/	/	/
8.3.5.1 设计和开发输出—补充	/	/	/	/
8.3.5.2 制造过程设计输出	组织应具有识别、控制和监控这些关键操作的高风险项目的方法。检验站与制造、部门之间、班次之间要有快速的反应和反馈。			PFMEA 文件 控制计划 现场快反管理办法
8.3.6 设计和开发更改	/	/	/	/
8.3.6.1 设计和开发更改—补充	所有设计变更，包括组织提出的设计变更，均应得到授权顾客代表的书面批准，或在生产实施前放弃此类批准。另见 AIAG 生产零件批准程序（PPAP）手册。	/	/	变更管理过程 生产件批准过程
8.4 外部提供的过程、产品和服务的控制				
8.4.1 总则	/	/	/	/
8.4.1.1 总则—补充	/	/	/	/
8.4.1.2 供应商选择过程	/	/	/	/
8.4.1.3 顾客指定的货源（亦称“指向性购买”）	/	/	/	/
8.4.2 控制类型和程度	/	/	/	/
8.4.2.1 控制的类型和程度—补充	/	/	/	/
8.4.2.2 法律法规要求	/	/	/	/
8.4.2.3 供应商质量管理体系开发	/	/	/	/
8.4.2.3.1 汽车产品相关软件或带有嵌入式软件的汽车产品	/	/	按 Automotive SPICE	供应商软件开发评估管理办法
8.4.2.4 供应商监视	/	/	/	/
8.4.2.4.1 第二方审核	（内容较多，此处省略）	/	/	供应商管理过程
8.4.2.5 供应商开发	（内容较多，此处省略）	/	/	供应商管理过程
8.4.3 提供给外部供方的信息	/	/	/	/
8.4.3.1 外部供方的信息—补充	/	/	/	/
8.5 生产和服务提供				
8.5.1 生产和服务提供的控制	/	/	/	/
8.5.1.1 控制计划	（内容较多，此处省略）	/	/	控制计划

ISO 9001& IATF 16949 标准条款	通用汽车公司的特定要求（示例）	福特汽车公司的特定要求（示例）	ABC 汽车公司的特定要求（示例）	本公司 QMS 符合特定要求的说明
8.5.1.2 标准化作业—操作指导书和目视标准	（内容较多，此处省略）	/	/	制造管理过程
8.5.1.3 作业准备的验证	/	/	/	/
8.5.1.4 停工后的验证	/	/	/	/
8.5.1.5 全面生产维护	/	/	/	/
8.5.1.6 生产工装及制造、试验、检验工装和设备的管理	如果仓库或配送中心（分销商）是远程站点，则生产工具的管理要求可能不适用。	/	/	工装管理办法
8.5.1.7 生产排程	/	/	/	/
8.5.2 标识和可追溯性	/	/	/	/
8.5.2.1 标识和可追溯性—补充	/	/	/	/
8.5.3 顾客或外部供方的财产	/	/	/	/
8.5.4 防护	/	/	/	/
8.5.4.1 防护—补充	/	/	/	/
8.5.5 交付后活动	/	/	/	/
8.5.5.1 服务信息的反馈	/	/	/	/
8.5.5.2 与顾客的服务协议	/	/	/	/
8.5.6 更改控制	/	/	/	/
8.5.6.1 更改的控制—补充	文件化的过程应要求考虑每种产品和过程变更的生产试运行。试运行结果应记录在案。	/	/	变更管理过程
8.5.6.1.1 过程控制的临时更改	组织应有旁路和偏差的过程。旁路清单上确定的替代措施应经顾客批准，并应使用 PFMEA 的方法进行审查，以确定风险。评审应形成文件。	/	/	过程控制临时更改清单 PFMEA 文件
8.6 产品和服务的放行	/	/	/	/
8.6.1 产品和服务的放行—补充	/	/	/	/
8.6.2 全尺寸检验和功能性试验	除非 GM 采购部门另有规定，否则在收到生产零件批准（PPAP）后，没有顾客确定的全尺寸检验频率。	/	/	检验和试验管理过程
8.6.3 外观项目	/	/	VDA 卷 16（汽车内外饰零件外观标准）	外观检验规范
8.6.4 外部提供的产品和服务符合性的验证和接受	/	/	/	/

ISO 9001& IATF 16949 标准条款	通用汽车公司的 特定要求（示例）	福特汽车公司的 特定要求（示例）	ABC 汽车公司的 特定要求（示例）	本公司 QMS 符合 特定要求的说明
8.6.5 法律法规的符合性	/	/	/	/
8.6.6 接收准则	/	/	/	/
8.7 不合格输出的控制	/	/	/	/
8.7.1.1 顾客的让步授权	/	/	/	/
8.7.1.2 不合格品控制—顾客规定的过程	/	/	/	/
8.7.1.3 可疑产品的控制	/	/	/	/
8.7.1.4 返工产品的控制	/	/	/	/
8.7.1.5 返修产品的控制	/	/	/	/
8.7.1.6 顾客通知	/	/	/	/
8.7.1.7 不合格品的处置	/	/	/	/
9.绩效评价				
9.1 监视、测量、分析和评价 9.1.1 总则	/	/	/	/
9.1.1.1 制造过程的监视和测量	当设备或产品出现异常情况时，组织应有一种方法让员工呼叫或通知帮助。应在组织的所有操作区域提供呼叫或通知的方法。 应为异常情况的升级建立足够的报警限值，并应与产品控制计划中确定的反应计划相匹配。	/	/	按灯系统 制造管理过程
9.1.1.2 统计工具的确定	/	/	/	/
9.1.1.3 统计概念的应用	/	/	/	/
9.1.2 顾客满意	/	/	/	/
9.1.2.1 顾客满意—补充	（内容较多，此处省略）	/	/	顾客满意度管理过程
9.1.3 分析与评价	/	/	/	/
9.1.3.1 优先级	/	/	/	/
9.2 内部审核	/	/	/	/
9.2.2.1 内部审核方案	/	/	/	/
9.2.2.2 质量管理体系审核	/	/	/	/
9.2.2.3 制造过程审核	组织应包含内部分层过程审核过程，以评估对标准化过程的合规性，识别持续改进的机会，并提供指导机会。	组织负责确保所有层级的供应商均按照适用的福特制造工艺标准进行评估。	按 VDA6.3 过程审核	内部审核管理过程
9.2.2.4 产品审核	组织应对每班进行以质量为中心的检查。	/	按 VDA6.5 产品审核	产品审核管理办法

ISO 9001& IATF 16949 标准条款	通用汽车公司的特定要求（示例）	福特汽车公司的特定要求（示例）	ABC 汽车公司的特定要求（示例）	本公司 QMS 符合特定要求的说明
9.3 管理评审				
9.3.1 总则	/	/	/	/
9.3.1.1 管理评审—补充	/	/	/	/
9.3.2 管理评审输入	/	/	/	/
9.3.2.1 管理评审输入—补充	/	/	/	/
9.3.3 管理评审输出	/	/	/	/
9.3.3.1 管理评审输出—补充	/	/	/	/
10.改进				
10.1 总则	/	/	/	/
10.2 不合格和纠正措施	/	/	/	/
10.2.3 问题解决	（内容较多，此处省略）	/	/	纠正与预防措施管理过程
10.2.4 防错	（内容较多，此处省略）	/	/	防错管理清单 PFMEA 文件 控制计划
10.2.5 保修管理体系	/	/	/	/
10.2.6 顾客投诉和使用现场失效试验分析	/	/	/	/
10.3 持续改进	/	/	/	/
10.3.1 持续改进—补充	（内容较多，此处省略）	/	/	持续改进管理过程

2.质量手册中包含或引用顾客特定要求

在标准“4.3.2 顾客特定要求”中要求“应对顾客特定要求进行评价，并将其包含在组织的质量管理体系范围内”，在标准“7.5.1.1 质量管理体系文件”中要求“质量手册应包括“d）一个显示组织质量管理体系内哪些地方满足了顾客特定要求的文件（例如表格、列表或矩阵）”。

针对这两项条款要求，组织应在质量手册的范围描述中说明包括哪些汽车顾客的特定要求，并在质量手册中包含或引用这些顾客特定要求。上述的《顾客特定要求管理清单》可以作为质量手册附件的方式体现。

3.培训顾客特定要求

在标准条款“7.2.2 能力—在职培训”中要求“对于承担影响质量要求、内部要求、法规或法律要求符合性的新的或调整职责的人员，组织应对其进行在职培训（其中还应包括顾客要求培训）”。对顾客要求的培训，当然也应包括顾客特定要求的培训，企业应在培训计划中包含顾客特定要求的内容，并在实施培训后保留培训记录。对于内部审核员及第二方审核员的能力要求也包括“了解适用的顾客特定要求”。

4.对顾客特定要求的内部审核

在标准条款“9.2.2.2 质量管理体系审核”中要求“结合这些审核，组织应对顾客特定的质量管理体系要求进行抽样，检查是否得到有效实施”。

因此，在每次的质量管理体系审核计划中都应包括对顾客特定要求审核的内容，但并不需要每次对所有的顾客特定要求进行完整的审核，只需进行适当的抽样审核，保留有关审核的记录及发现不合格项时的纠正措施记录。

5.顾客特定要求的定期评审

顾客的特定要求会随着国际标准、技术手册、工具方法的更新而更改，或者由于顾客自身要求的增强也会更改，顾客在更改后通常都会通知供应商。但是，对于有多家汽车顾客的供应商，如果没有人负责对顾客特定要求的专项跟进，则可能导致未能及时接收顾客特定要求并将其落实到质量管理体系中。因此，每年度执行一次顾客特定要求的评审是必要的，可组织业务、研发、工程、品管、生产、物流等部门相关人员进行评审，适当时更新《顾客特定要求管理清单》，必要时增加或修订质量管理体系文件。

当有新顾客导入时，也应按上述方法执行。

6.顾客特定要求的创建和传递

前面我们提到，顾客特定要求（CSR）可以由整个汽车供应链中的任何公司创建。这些顾客特定要求补充了ISO 9001和IATF 16949中对供应商质量管理体系的要求。

那么，如果你的顾客要求将其特定要求传递到下级供应组织，和/或组织自身提出对下级供应商质量管理体系的特定要求，则组织有责任创建一份顾客特定要求文件并传递给供应商，而不是直接将顾客的特定要求文件传给下级供应商，因为有些顾客特定要求对下级供应商可能是不适用的。组织可以创建一份与ISO 9001和IATF 16949条款结构相同的，与IATF OEM发布的相一致的CSR格式。

如果组织确定没有任何顾客特定要求，应给下级供应商予以书面说明（电子文件、纸质文件或电子邮件）。

另外，必须确保供应商能够接收到对特定要求的变更。因此，可能需要制定一个主动的信息策略（B2B平台“拉动”或“推送”更改通知的时事咨询）。对规定的CSR的变更将通过供应商和组织之间的协商生效。

第三节　大众汽车集团顾客特定要求及Formel Q简介

一、大众汽车简介

大众汽车（德语：Volkswagen）是一家总部位于德国沃尔夫斯堡的汽车制造公司。2019年，位居《财富》世界500强企业排行榜第9位。

Volks在德语中的意思为“国民”，Wagen在德语中的意思为“汽车”，全名的意思即“国民的汽车”，故又常简称为“VW”。

2018年12月，世界品牌实验室编制的《2018世界品牌500强》揭晓，大众汽车公司排名第39位。

1.起源

希特勒在1936年曾提出一个设想，要生产一种廉价的“大众汽车”，他说，每个德国人，至少是每个德国职工，都应该有一辆自己的汽车，就像美国一样。美国当时每5人有一辆汽车，德国每50人才有一辆汽车，职工上下班都是骑自行车或乘公共汽车。希特勒下令要为普通人生产一种只卖990马克的经济型汽车。他亲自过问由工程师保时捷（波尔舍）主持的设计工作。私营企业生产不出这么便宜的车，就由纳粹组织的“劳工阵线”来负责。1937年3月28日，“Gesellschaft zur Vorbereitung des Deutschen Volkswagens mbH”公司宣告成立，随后于1938年9月16日更名为“Volkswagenwerk GmbH”。1938年，在今沃尔夫斯堡，大众汽车公司开始建厂，是当时世界最大的汽车厂。计划年产150万辆，用以生产由斐迪南·保时捷设计的新款车型，产量超过美国最大的福特汽车公司。

2.品牌标志

大众汽车公司（德文Volks Wagenwerk），意思为“大众使用的汽车”，汽车的标志历史上曾发生过多次变化。如今标志中的“VW”为全称中头一个字母。标志像是由三个用中指和食指作出的“V”组成，表示大众公司及其产品必胜—必胜—必胜。

3.品牌群体

集团的乘用车业务分为两大品牌。在集团之下，奥迪和大众各自独立管理其品牌群，并负责从中创造利润。各个品牌均有其自己的标识，自主经营，产品从超经济的紧凑车型（耗油率仅为3升/100公里）到豪华型小轿车，应有尽有。

奥迪品牌群包括奥迪（Audi）、西亚特（Seat）、兰博基尼（Lamborghini）、杜卡迪（DUCATI）4个品牌。

大众品牌群包括大众商用车、大众乘用车、斯柯达（SKODA）、宾利（Bentley）、布加迪（Bugatti）、保时捷（Porsche）、斯堪尼亚（SCANIA）、MAN共8个品牌。

4.大众中国

● **一汽大众**

1991年2月，一汽大众汽车有限公司正式成立。

1991年12月5日，第一辆捷达A2轿车在一汽轿车厂组装下线。

1992年1月21日，公司开始进行首次捷达轿车国产化件试验。作为一汽大众诞生元年的第一款车型，捷达迅速以皮实耐用的产品特性红遍大江南北，畅销中国19年，累计销售197余万辆，被誉为“车坛常青树”。

2001年8月，公司在轿车厂总装车间举行成立10周年庆典，暨被誉为 “驾驶者之车”宝来的下线仪式。

2003年7月15日，在一汽集团公司诞生50周年之际，历经四代改型的高尔夫轿车在全国正式上市。

2006年和2007年，随着中国市场的不断成熟，一汽大众相继投产了出自世界领先PQ35和PQ46平台的速腾和迈腾。

2007年7月11日，搭载TSI涡轮增压缸内直喷技术的迈腾撼世而出。

2008年，一汽大众经过3年努力终结硕果，自主研发的新宝来问世，这次的Sportline车型，不仅外观和内饰更具运动感，还搭载了大众引以为傲、领先全球的TSI+DSG动力总成技术。

2009年10月19日，第六代高尔夫上市。第六代高尔夫是一款定义新级别的标杆型两厢车，TSI+DSG动力总成技术在同级别车中遥遥领先于竞争对手车型。

2010年7月，全新上市的车型——CC是德国大众设计师团队历时4年潜心研制的结晶，不仅在操控和动力上表现极致，外观和内饰亦堪称完美。

2011年7月，新迈腾上市。

2012年3月，高尔夫蓝驱上市，一汽大众率先采用蓝驱科技。

● **上海大众**

1984年10月，中德双方在北京人民大会堂举行隆重的合营合同签字仪式，上海大众在改革开放的大潮中应运而生。

1984年，上海大众汽车引进SANTANA桑塔纳，保持着良好的销售势头。

1985年，上海大众汽车有限公司正式成立。

2000年，帕萨特被引进中国，并被誉为“最漂亮的中高级轿车”。

2002年4月8日，上海大众POLO上市，作为中国第一款与世界同步推出的紧凑型轿车，不仅受到用户的广泛欢迎，并迅速成为时尚精品小车的象征。

2004年，上海大众首款自主开发产品桑塔纳3000型成功上市。

2006年6月，与大众汽车集团同步开发的POLO劲情、POLO劲取上市，全面展示上海大众从造型到动力系统开发的整体实力。

2007年12月，全新跨界车型Cross Polo上市。

2008年1月，作为桑塔纳品牌的革新之作，桑塔纳Vista志俊上市。

2008年6月，Lavida朗逸上市。作为上海大众汽车旗下首款自主研发的产品，Lavida朗逸迅速成为A级车市的新一代标杆产品。

2010年3月，Tiguan途观上市。

2010年12月，New Touran新途安上市。

2010年12月，拥有炫酷外观的全新Polo上市。

2011年4月，全新帕萨特傲然上市。

2011年6月，Polo新劲取上市，为上海大众Polo家族“年轻、动感、时尚”的品牌理念注入了新的时尚元素。

2018年6月20日，大众汽车集团（中国）与富奥汽车零部件股份有限公司合资的全新零部件工厂——大众一汽平台零部件有限公司天津分公司正式落成。

（以上资料来自百度百科）

二、大众汽车 Formel Q 质量准则简介

1.什么是 Formel Q

Formel Q首先是德文的缩写，转换成英文就是Formula of Quality，中文就是质量准则。

Formel Q是大众汽车集团与其供应商建立共同合作的基本准则。也就是说，满足Formel Q的要求是与大众汽车开展业务合作的前提。

Formel Q作为大众汽车集团对供应商质量能力评价的标准，对大众集团所有品牌的供应商以及全球范围内的公司都具有约束力。

Formel Q 的组成见下图。

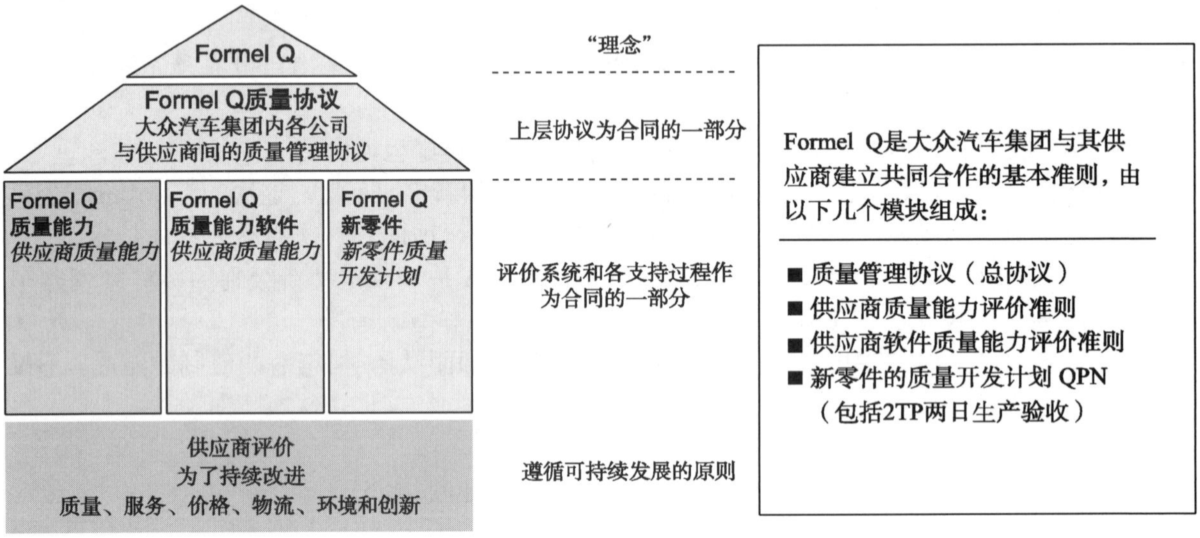

从上图我们可以看到，最顶层是 Formel Q 总的理念或者说思想，紧接着是Formel Q总的质量管理协议，中间有三个模块，就是在总协议指导下分成三个部分的评价要求。组成Formel Q的文件（手册）有4个，如下：

Formel Q-Konkret：Formel Q质量管理协议，大众汽车集团与其供应商之间的质量管理协议

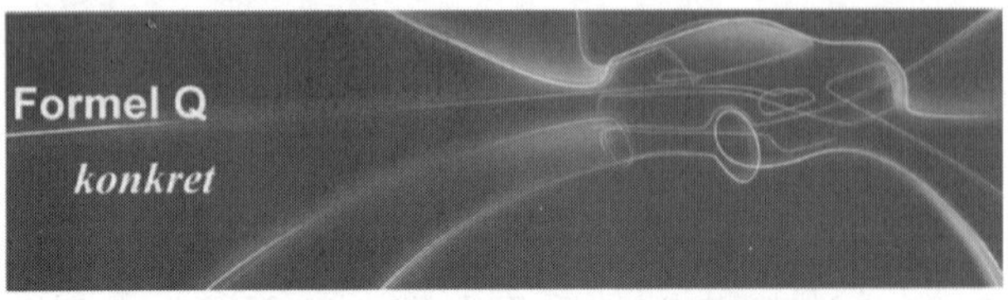

Formel Q- Capability：Formel Q质量能力

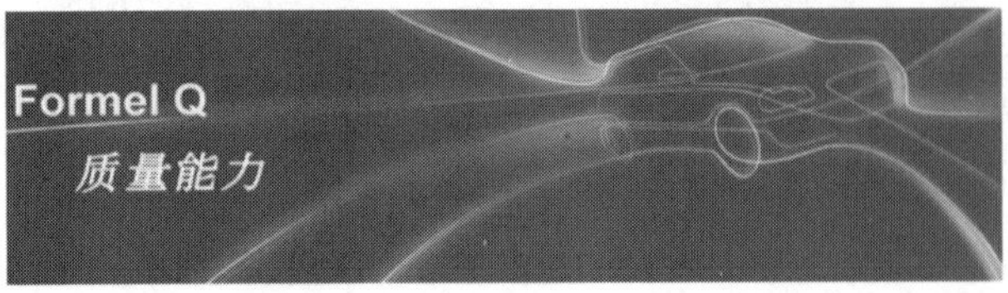

Formel Q-Capability Software： Formel Q软件质量能力

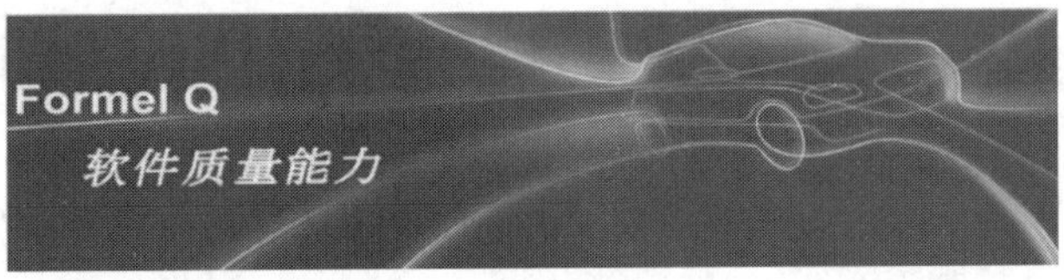

Formel Q-Neuteile： Formel Q新零件质量开发计划（QPN）

为了更好地传播上述文件，大众汽车集团商务平台 www.vwgroupsupply.com 提供多种语言的各类信息和集团文档，大众汽车的供应商可以登录下载。

2.Formel Q 的四个文件简介

这四个文件内容很多，在此仅作大纲介绍，需要了解详细内容的读者可去查看原版文件。

（1）Formel Q-Konkret质量管理协议

Formel Q-Konkret包含大众汽车集团公司的合同约定要求，确保采购和供应链中零件和工艺的质量。该文件的目前版本是2015年4月修订的第5版。

主要内容包括四个方面：招标和准备、订单发包的质量标准、在产品诞生过程中与供应商合作、批量生产的质量保证。该文件是供应商必须按大众汽车要求执行的总的质量管理协议，是合同必不可少的组成部分。

（2）Formel Q-Neuteile新零件质量开发计划（QPN）

新零件质量开发计划（**Qualification Programme New Parts**，简称QPN）是一个外购件追踪体系。其目的在于按时向各车辆项目提供协议中规定质量和数量的外购件。

新零件质量开发计划可以根据特定的项目和零件要求调整其组成，并分为产品诞生和批量生产两个阶段。QPN就如同大家熟悉的APQP，就是先期产品质量策划，但QPN对各阶段有明确的时间计划要求，并且对每个阶段的实施完成情况有详细的评价表（提问表）及成熟度评价。

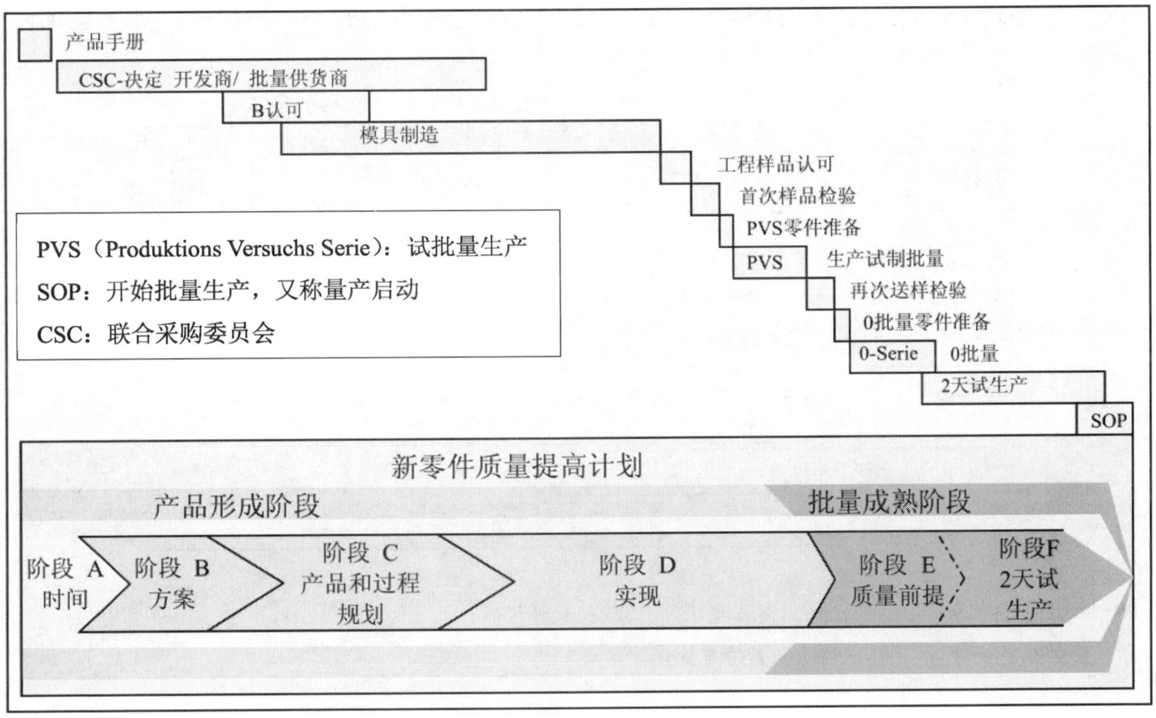

QPN质量框架日程表

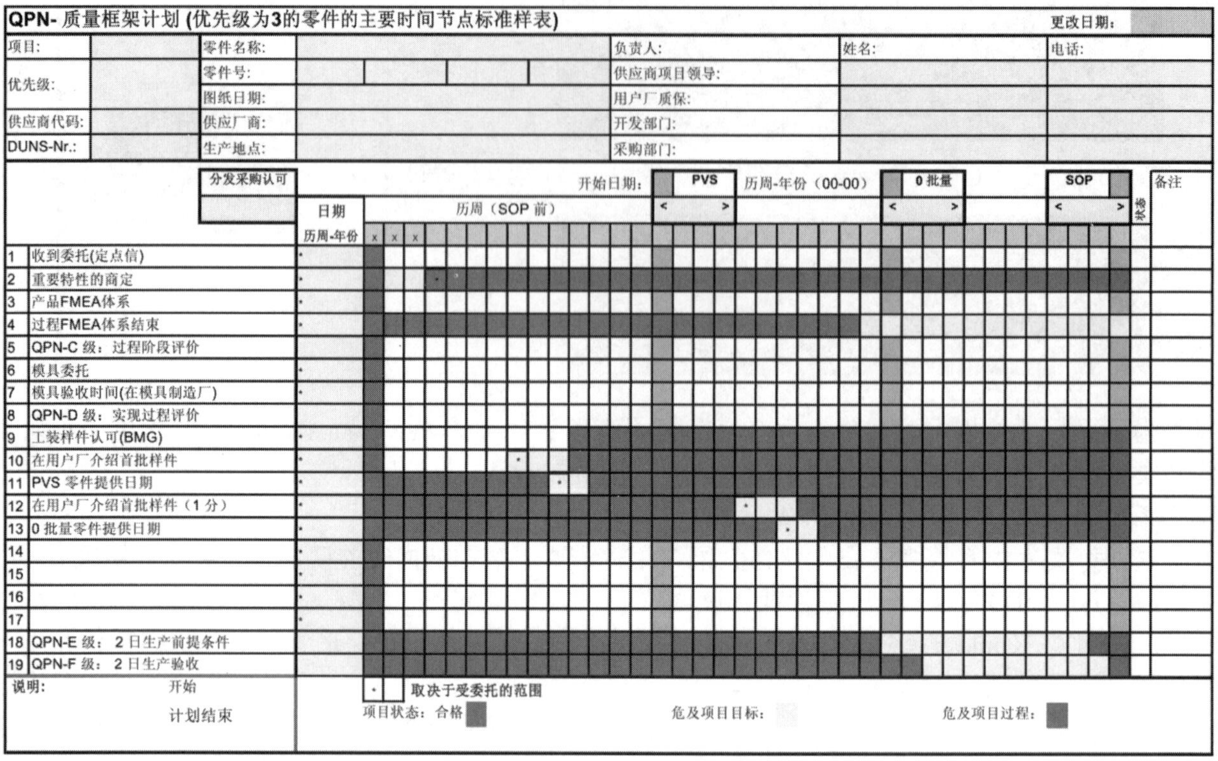

（3）Formel Q-Capability Software软件质量能力

Formel Q-Capability Software 软件质量能力规定了对于软件控制的外购件及软件组件的批量供应商和开发供应商的质量能力和质量绩效的评分。

为了评审和确保质量能力以及质量绩效，顾客会针对软件开发执行多样化的质量保证活动。这主要基于Automotive SPICE评审模型或基于本标准。

文件包括供应商自我评价、潜在供应商分析、软件评审、软件技术审计、分供方管理、伴随项目的质量保证活动、风险升级等主要内容。

文件中描述的软件质量能力评审活动被划分在产品生命周期的不同阶段中，如下图所示。

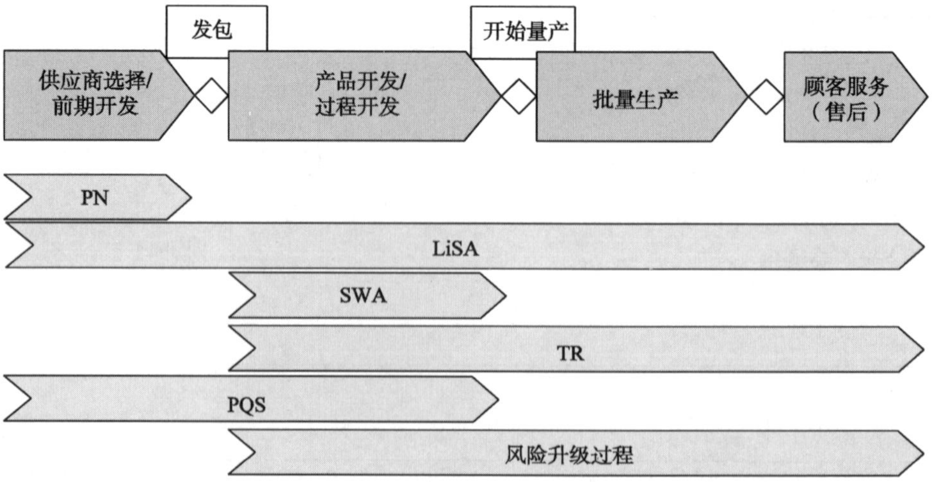

注：PN：供应商潜在分析　LiSA：供应商自我评价　SWA：软件评审
　　TR：软件技术审计　　PQS：伴随项目的质量保证活动

（4）Formel Q-Capability质量能力

Formel Q 质量能力是评价大众汽车集团供应商（1级供应商）和其供应链（n级供应商）质量能力的指南，该指南是合同的一部分。

Formel Q 质量能力用于约束直接供应商及其汽车零件和材料的分供方。作为供应商，都有义务遵守大众汽车集团的有效要求，同时确保这些要求落实在其供应链当中。

大众汽车集团打造以A级为主体的优秀供应商队伍，逐步淘汰改进愿望不强的供应商，对现有供应商分阶段实施新零件发包给质量能力A级的供应商。供应商质量能力评价直接关系到供应商能否拿到大众的项目（对于新供应商），量产的项目是否会被终止以及是否会从大众得到更多的新项目（对于已经批量的大众供应商）。

Formel Q 质量能力目前版本是第八版（2015年6月），包括以下12章的内容。

1. 引言
2. 客户期望/费用补偿
3. 供应商自审（SL）
4. 产品审核
5. 潜在供应商审核（POT）
6. 过程审核（VA）
7. 履行存档责任（D/TLD零件）质量审核
8. 供应商技术审计（TRL）
9. 分供方审核（UL）
10. 问题分析（PA）
11. 专项应用审计（AR）
12. 供应商访问的文件和记录

Formel Q质量能力

■ 以VDA专业组制定的汽车工业质量标准为依据

■ 按照IATF 16949 或 VDA6.1建立的质量管理体系的基本要求

■ 大众集团对外构件（包括产品、过程、检验技术上）的特殊要求

大众的供应商质量能力评价体系以VDA专业组制定的汽车工业质量标准为依据。

按照IATF 16949或者VDA 6.1建立的质量管理体系是对生产材料供应商的基本要求。满足大众此要求的证明是供应商提供IATF认可的认证证书（第三方认证），或按照VDA 6.1进行的认证。

对于特定产品组将依照等同于VDA 6.3和VDA 6.5的标准进行过程审核和产品审核，作为对质量管理体系认证的一种补充，以此来评价供应商的质量能力。除了对质量管理体系的一些基本要求外，这些审核还考虑大众汽车集团外购件部门对产品、过程以及在检验技术上的特殊要求。

Formel Q质量能力评价要求如下：

大众要求	供应商义务
■新零件生产合同（Forward Sourcing），或者批量零件生产合同（Global Sourcing），或者生产转移批准之前，要求供应商及其分供方提供质量能力的证据。 ■当供应商要供应一个新产品组，而大众客户从未对其进行过质量能力的评价时，该供应商须提供其质量能力的证据（比如在有新项目或者生产转移时）。 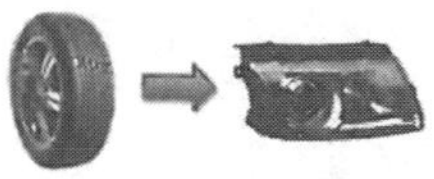 轮胎供应商生产大灯，产品组变化 ■其证据通过供应商调查表、供应商自审，以及大众客户的负责部门进行过程审核和潜在供应商审核获得。	■保持B2B平台开通，按DUNS号码填写并维护供应商数据库。 ■报价核算时，必须考虑大众集团所有准则和要求。 ■发出订单之前，生产场所和产品组的质量能力必须被大众汽车集团审核定为A级或B级，并在SOP（批量启动）之前达到A级。 ■供应商有义务根据Formel Q质量协议中的条款，呈报过程链中发生的任何变化。 ■提供认证/审核的所有结果，包括自审结果，并附上整改计划。

Formel Q 质量能力 各类审核在产品生命周期中的应用范围

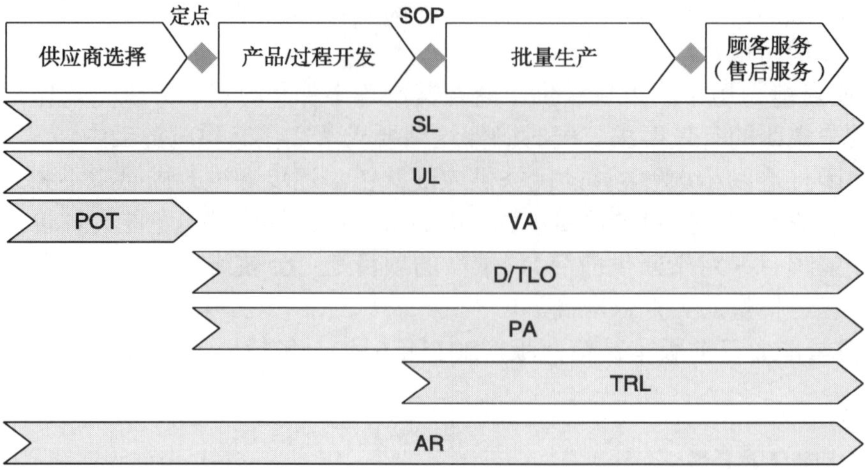

注：SL：供应商自审　　UL：分供方审核　　POT：潜在供应商审核　　VA：过程审核
D/TLD：有存档责任的/技术准则文件　　TRL：供应商技术审计　　AR：专项应用审计

从上述内容可以看出，**Formel Q质量能力是通过各阶段的各项内/外部审核和评价，以证实和确认供应商的质量能力，从而获得和保持与大众公司的业务。**

针对Formel Q质量能力要求的各类审核，简要说明如下：

a）供应商自审（SL）

——根据基于VDA 6.3的Formel Q质量能力以及Formel Q质量能力附件的要求自审，自审是作为供应商提供相应产品组的生产场所符合所有要求（法律、法规、顾客和产品特有的、自身要求和IATF 16949或VDA 6.1认证标准的规定）的证据。

——自审的目标是让供应商生产场所最迟在两次自审后达到“A”级水平。如果供应商不能在适当的时间内通过自审达到“A”级，则大众客户保留对供应商进行审核的权利。如果供应商自我提升后仍不符合“A”级要求并且经证明责任在于供应商自身，则供应商应补偿客户审核费用。

——自审必须由经认证的VDA 6.3审核员进行。持“经认证的VDA 6.3过程审核员”证明的审核员具有执行自审的资格。

——自审必须根据本文件过程审核（第6章）和产品审核（第4章）来进行。其中外协过程也要纳入自审范围。对质量能力总体评价时必须按照第6章过程审核的标准。

——大众客户要求其供应商每年（有效期至多12个月）至少对客户委托的产品组的全部生产工序实施一次自审。应大众汽车集团的要求，供应商需提交自审报告。

b）产品审核

——供应商有义务按照VDA 6.5执行产品审核。对于每一个批量生产的产品必须至少每12个月进行一次产品审核。

——为简化产品审核，可从所制造的所有产品范围内归纳各类产品组成产品组/族（参照 VDA 6.5）。

——控制计划中必须规定产品审核的要求。

——大众客户在对供应商进行过程审核时，同时也要有重点地进行产品审核，以便从客户角度对重要的产品特性加以评价和对关键过程进行识别。

——对于供应商自审和客户审核部门进行的过程审核，须对批量生产同时实施产品审核。在质量能力的评估中要考虑到产品审核的结果。

——对于在产品审核中发现的偏差，供应商有义务立即采取有效的措施并在相应期间检查其可持续性和有效性，例如实施一次后续审核。

——产品审核中的缺陷评级、立即措施和后续措施如下：

缺陷级别	缺陷描述/后果	立即措施	后续措施
A	必定会引起用户投诉的产品缺陷 ·危及人身安全，违法，违规，产品不能使用。 ·无法销售的产品/无法使用的产品。 ·非常严重的外表面缺陷。	·对已有零件进行隔离/筛选。 ·通知用货厂采取措施和风险评估。 ·在制造过程/检验过程中采取纠正措施，必要时进行全检。 ·对过程和成品采取更严格的检验措施。 ·必要时对准备出厂产品全检。必须向开发部门申请偏差许可。 ·与客户工厂协商采取进一步措施（见Formel Q质量协议）。	·对过程/检验活动进一步分析。 ·认真完善纠正措施并落实。 ·提供过程能力和零缺陷的证据。 ·措施有效性检验。 ·必要时更改技术规范。
B	严重的损伤、缺陷，明显不符合规定标准，影响使用体验，可能引起用户投诉，与技术规范有偏差，可能在运行过程中对用户产生影响。		
C	可察觉的缺陷，会引起用户的抱怨。 缺陷多发时，一定程度上可能引起用户投诉和对运行过程中的影响。	·通知用货厂以协商整改措施。	

——当出现“A”级和“B”级缺陷及系统性“C”级缺陷时，供应商须立即以自我申报的形式主动通知大众客户负责外购件的相关质量部门，并协商进一步整改措施。

c）潜在供应商审核（POT）

——潜在供应商审核（POT）由大众汽车集团审核员依据 VDA 6.3 的具体程序来实施。它是用来评价新的、未知的供应商（备选供应商）以及未知的生产场所。

——潜在供应商审核是为了基于类似生产过程和产品的定点做准备。潜在供应商审核主要针对由大众采购部门所确定的具体零件或产品组及其相应的过程。

——为了收集信息，大众汽车集团采购部门会要求备选供应商提供一份供应商调查表（LSA），以及必要时提供质量技术要求 QTR（报价后对供应商报价的技术可行性分析）。供应商调查表将成为潜在供应商审核报告的一部分（报告附件）。备选供应商须确保客户在进行潜在供应商审核的时候，能够向客户审核小组开放相关的所有生产过程及文件。

——潜在供应商审核依照 VDA6.3 的具体程序来实施，选用 P2-P7 部分共 36 个提问（总体就是 P1）。

——针对潜在供应商审核的每一个提问，采用VDA 6.3中描述的交通信号灯系统进行评价。

——潜在供应商审核总评价信号灯系统：

绿灯：放行的供应商，可以与之签订定点合同；

黄灯：带条件放行供应商，可以与之签订定点合同，但必须约定限定条件；

红灯：被禁止的供应商，不能与之签订定点合同。

——备选供应商有义务在计划的定点时间前，制订并向相关负责质保部（例如外购件质量保证部门）递交具有约束力的整改计划及其完成时间和后续措施。

——在定点后，被定点的供应商必须在约定的期限内（如定点协议）实施整改计划。

——供应商必须在批量生产启动（SOP）之前，按照约定时间通过自审来证明整改计划的有效性，并向大众客户方相关的审核部门主动提交。

d）过程审核（VA）

——过程审核依照大众客户对于产品或产品组，及相关的制造过程的要求进行。这也适用于外购件和外协过程。

——供应商的过程审核的结果如果不能达到要求，其已有的质量管理体系的认证将被质疑，并将导致大众客户将其定级为“新业务冻结”（见 Formel Q 质量协议）。

——批量生产中的过程审核将依据 VDA 6.3 实施并使用过程要素的提问：

P5：供应商管理

P6：过程分析/生产

P7：顾客关怀，顾客满意度，服务。

对个别问题，须同时参考“Formel Q 质量能力附件第 2 章中的补充要求”。

——过程审核结果评价方法在“Formel Q 质量能力附件”中有描述。同时，也要考虑与过程审核并行的产品审核的结果。“Formel Q 质量能力附件”中列举的降级原则适用于确定质量能力总结果。

e）履行存档责任（D/TLD 零件）质量审核

“D”含义：德文存档责任件（Dokumentationspflicht）的第一个字母。

“D/TLD”：有存档责任的/技术准则文件。

“D 零件”：有存档责任的零件（安全系统零件、底盘零件、拉杆、双头螺栓、内饰件等）。

“D 特性”：有存档责任的特性，如扭矩、阻燃性和透光率等。D 特性的本质是特殊特性。

——法律法规强制要求汽车制造厂商针对所有批量生产的汽车都必须满足一些最基本的要求。因此，对供应商来说，也要提供证据文件。这些文件用于保护供应商和汽车制造厂商避免由于并非自身过失责任（产品责任）而造成的损失，如禁止出售和违约罚款等（过失责任见汽车销售国家的法律）。

——为了能够针对制造商责任采取足够的措施以避免损失，大众客户从法律框架出发，将履行存档义务扩展至涉及所谓的“重要功能件”（FWT）。

——除了质量管理体系的一般要求之外，供应商还必须提供 D/TLD 零件的质量证明文件，并在最终生产批次后（见 VDA 第 1 卷）至少存档 15 年。这些文件是用“D”或“TLD”标识的技术文件，如图纸、表格、生产放行、技术供货条件、检验规程、样件报告和其他质量记录，这些文件在需要时能作为免责的证据。

——质量证据文件还包括按计划进行的行动、人员的选择和培训、检验设备的适宜性以及过程能力调查和往来信件。

——在发生缺陷时，和/或客户要求下，供应商必须能证明其在防止产品出现缺陷方面已采取了足够的措施。

——供应商有义务对要供货的每一个 D/TLD 零件进行系统化的证据文件存档工作。

——为了评审相应要求的落实情况，供应商必须根据目前的 D/TLD 提问表（见大众汽车集团商务平台上同等有效的文件）在每个生产场所至少每 12 个月（最多 12 个月的有效期）进行一次自审并形成文档。供应商有义务对自身供应链、外购件和外协过程应用此方法。

——在 BeOn（在线样件认可系统）中进行样件认可时应记录最近一次 D/TLD 自审合格（所有的问题都要以“是”回答）的日期。

——如果在审查时发现薄弱环节，供应商应立即自行实施必要的整改措施。供应商自行重新实施 D/TLD 审核，检查整改措施的落实情况及其有效性，必须做好相应文件的存档工作。

——D/TLD 自审结果必须存档至少 15 年，并保存好以备大众汽车集团随时确认。供应商必须能随时提供关于确保和遵守质量要求所实施措施的证明。在履行存档责任时应考虑 VDA 第 1 卷、VDA 6.1、IATF 16949 的全部规定以及客户的特定要求（如 Formel Q 质量协议）。

——供应商必须确保全部有存档责任的零件（D/TLD）以及所有规定有存档责任的特性均被

考虑为重要零件/特性。审核时要有代表性地选择零件，要考虑到所有供货的 D/TLD 零件中每一个有存档责任的特性。对这些零件，通过过程审核和产品审核必须证明其符合了规定的要求。样件的选择可以依据供应商不断更新的“向客户提供的存档责任件”供货清单进行。

——产品审核时抽样的多少，要根据零件以及检验特性确定，也就是说，从供货清单中的抽样必须覆盖到所有存档责任特性。

——此外要求供应商作为其产品和制造过程有经验的专家，在客户指定的特性之外列举出其认为与功能和安全有关的特性。

f）供应商技术审计（TRL）

——供应商技术审计是由大众客户实施，旨在确保零件和总成符合法律规定以及特定的要求，对现场检查产品制造和所有质保工作，检查纠正措施的有效性，验证和供应商所约定的质量管理标准。

——大众客户可以随时以飞行检查的形式在任何供应商处进行技术审计。实施技术审计前一天通过传真或其他方式书面通知供应商管理层或质量部门。

——TRL 针对一个产品组或零件号。由大众客户具有资格的外购件质保人员或大众汽车集团审核员实施。

——在供应商技术审计问题条例中（参见大众汽车集团商务平台上同等有效的文件）列出了 TRL 评价的准则。现场评价针对的是某个具体的供货范围，即某个零件号或某个产品组。按照各项准则评价是否符合要求，并在需要时指出整改潜力和必要的措施。

g）分供方审核（UL）

——在定点过程以及批量生产中，分供方审核用于供应链中潜在风险的识别和质量保证。

——供应商对其供应链包括外购件和外协工序负责。这意味着，直接供应商向其供应链上的分供方通报大众汽车集团的要求，并确保相应的要求得到知悉、理解和落实。

——供应商必须确保自行负责识别、评价并通过合适的消除措施，系统地降低供应链和过程链中的所有风险。

——在评价供应链时必须确保满足与“Formel Q 质量能力”相同的要求和评价。供应商有责任按照 IATF 16949 进行项目特定的评估、风险分析（关键路径类似于 VDA 成熟度保证）和整个供应链质量能力的评价。

——过程链（分供方）包括所有已规划和实现的、能够影响所要求的/产品质量的增值、工作和服务。

——大众客户保留查看所有文档记录和验证供应商评价的权利，例如在供应链内或外协工序中通过与直接供应商（1 级供应商）共同进行的现场评估。原则上供应链的评价可以包含在质量能力总评价中。

h）专项应用审计（AR）

——专项应用审计（AR）的对象是那些对以顾客感受为导向的塑料基材进行电镀或表面处理的供应商。这些以顾客感受为导向的表面与最终顾客有直接接触（视觉、触觉）。

——对于以顾客感受为导向的表面的制造商，将按照各品牌特有的方式进行评价，并将评价结果用于定点。在供应链的各阶段，以顾客感受为导向的表面的制造商都须通过专项应用审计才可放行。对于直接供应商，该专项应用审计是过程审核的一部分。

——对于供应商自我评价，大众汽车集团商务平台提供针对各过程的问题目录（见 www.vwgroupsupply.com）。过程、设备、技术描述也是自我评价的一部分，应按要求实施自我评价。生产过程的专项应用审计由客户方的授权专家实施。单项问题评价以及总体分级评价均依照交通灯系统进行。

此外，Formel Q质量能力还有个附件（第二版—2015年6月），这个附件包括两方面的内容。

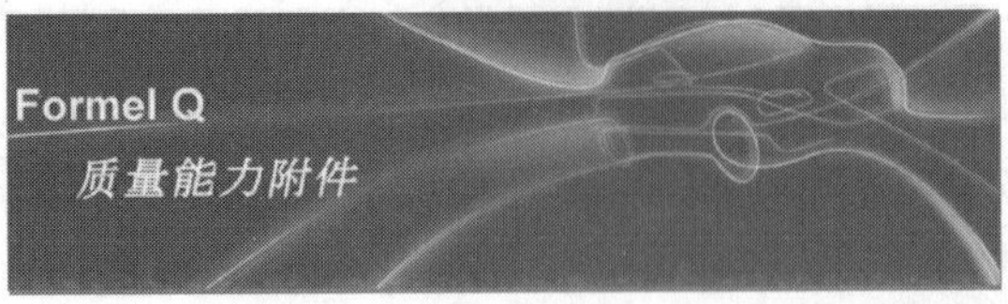

第一部分是过程审核（VA）的补充，主要是补充了过程审核结果的评价准则，以及降级和晋级准则。

过程审核的实施依据大众客户对于产品或产品组及相关制造过程的要求。这同样适用于外购件和外包过程的审核。

如果供应商的过程审核结果未达到要求，其已有的质量管理体系认证将被质疑，并将导致大众客户将其定级为“新业务冻结”（见 Formel Q质量协议）。

第二部分是要求依据VDA6.3进行的过程审核，并采用过程要素中P5至P7的提问。对个别问题，给出了“基于VDA6.3延伸出的Formel Q质量能力的补充要求”（共19项补充审核内容）。

三、大众汽车集团顾客特定要求说明

2018年，大众汽车全球销量为1083.40万辆，创下年度销量历史新高，同比增长0.9%。其中，在中国市场（包括香港），累计销量为420.71万辆，占到大众集团2018年全球总销量的近4成。

基于大众汽车的全球影响力，以及在中国的市场份额，国内有众多汽车供应商给大众集团供货。因此，对大众汽车集团的顾客特定要求做一个简要说明。

以下为大众汽车在IATF网站上（www. iatf global oversight. org）发布的特定要求文件，总共有19项补充的特定要求。

IATF 16949: Customer-Specific-Requirements (CSR's) of Volkswagen Group

大众汽车集团 IATF 16949：顾客特定要求（CSR）

January 2018

大众汽车集团的客户特定要求以及 IATF16949:2016 的要求
注：这些项目确定了认证审核期间需考虑的重要质量管理相关要求（见 IATF16949 第 4.3.2 条）

Customer specific requirements of the Volkswagen Group in addition to the requirements of IATF 16949:2016
Note: These items identify important, QM-relevant requirements to be considered during certification audits (see IATF 16949, clause 4.3.2)

4.4.1.2 Product safety

VWAG requires a management role defined as “Product Safety Representative”.
See Formel-Q-konkret, Chapter 4.2 – Product Safety Representative (PSB) and “Produktsicherheitsbeauftragte bei Lieferanten (PSB)” / “Product Safety Representative (PSB)” in www.vwgroupsupply.com

VW-specific Remark to “Note”: VWAG considers the “special approval” a responsibility of the supplier. No additional approval by VWAG is required.

4.4.1.2 产品安全
VWAG 要求一个定义为“产品安全代表”的管理角色。
见 Formel-Q-Konkret，第 4.2 节—产品安全代表（PSB）和“供应商产品安全代表/产品安全代表（PSB）”。
大众汽车对“注”的特别说明：大众汽车认为“特别批准”是供应商的责任。无需 VWAG 的额外批准。

7.2.4 / 8.4.2.4.1 Second party auditor competency / Second party audits

Formel-Q-Capability Appendix (Chapter 2; 5.7)
The process-audits in the supply chain must be conducted in accordance to Formel-Q-Capability by certified VDA 6.3 auditors (see auditor qualification in Section 3.2 of FQF 8.0).

7.2.4/8.4.2.4.1 第二方审核员能力/第二方审核
Formel-Q-能力附件（第 2 章；5.7）
供应链中的过程审核必须由经认证的 VDA 6.3 审核员按照 Formel-Q-Capability 进行（见 Formel Q 质量能力第 8 版第 3.2 节中的审核员资格）。

8.2.1.1 顾客沟通—补充
Formel-Q—能力 附件（第 2 章；7.2）
大众集团通信平台（www.vwgroupsupply.com）的访问许可。

8.2.1.1　Customer Communication - supplemental

Formel-Q-Capability Appendix (Chapter 2; 7.2)
Access approval for the VOLKSWAGEN Group Communication Platform (www.vwgroupsupply.com)

8.2.3.1.2/ 8.3.3.3　Customer-designated special characteristics

VWAG requires suppliers that supply parts with D/TLD-marking, to perform an annual self-audit according to the VW-defined D/TLD-Audit. (See: Formel-Q-Capability (Chapter 7) – Quality Verification for D/TLD-Parts; Formel-Q-Capability Appendix (Chapter 2; 6.2.3; D/TLD-requirements)

8.2.3.1.2/8.3.3.3 顾客指定的特殊特性
VWAG 要求提供带有 D/TLD 标记的零件的供应商根据大众定义的 D/TLD 审核。见：Formel-Q—能力（第 7 章）—D/TLD 零件的质量验证；Formel-Q—能力 附件第 2 章；6.2.3；D/TLD 要求。

8.3.2.1 设计和开发策划—补充
VWAG 要求所有供应商实施成熟度水平保证过程（QPN-I）
见：Formel-Q-konkret（第 3.1 节）

8.3.2.1　Design and development planning – supplemental

VWAG requires all Suppliers to implement the Maturity Level Assurance process (QPN-I)
See: Formel-Q-konkret (Chapter 3.1)

8.3.2.3　Development of products with embedded software

VWAG requirements regarding sub-supplier management are described in Formel Q-Capability Software (Chapter 8) as well as in other applicable documents indicated in Formel Q-Capability Software (Chapter 2)

8.3.2.3 嵌入式软件产品开发
VWAG 对次级供应商管理的要求在 Formel Q-Capability 软件中描述（第 8 章）以及 Formel Q-Capability 软件（第 2 章）中指出的其他适用文件。

8.3.6.1/8.5.6 设计和开发变更—补充/变更的控制
VWAG 要求其供应商在生产前获得书面批准或书面弃权，见 Formel-Q-konkret（第 4.5 章）—变更管理和大众标准 VW 01155。

8.3.6.1/8.5.6　Design and development changes – supplemental / Control of changes

VWAG requires its suppliers to obtain documented approval, or a documented waiver, prior to production, See Formel-Q-konkret, (Chapter 4.5) - Change management and Volkswagen Standard VW 01155

8.4.1.2 e)　Supplier selection process

VWAG requires in the Formel Q-Capability Software (Chapters 4-8) the employed quality assurance tools for evaluation suppliers' quality capability to develop software products. Depending on the product additional requirements may apply, which are described in other applicable documents indicated in Formel Q-Capability Software (Chapter 2)

8.4.1.2　e）供应商选择过程
VWAG 在 Formel Q-Capability 软件（第 4—8 章）中要求使用质量保证工具来评估供应商开发软件产品的质量能力。根据产品的不同，附加要求可能适用，如 Formel Q-Capability 软件（第 2 章）中所示的其他适用文件所述。

8.5.1.1　Control plan

(see: Formel-Q-capability, (Chapter 4.2) Product Audit)
The Product Audit must be defined on the Product Control plan. Product Audit shall take place at least every 12 months for each product manufactured as a Series Production part.

01/01/2018

8.5.1.1 控制计划
见：Formel-Q—能力，（第 4.2 节）产品审核。产品审核必须在产品控制计划中定义。对于作为系列生产部件制造的每个产品，应至少每 12 个月进行一次产品审核。

8.5.6/8.3.6.1 变更控制/设计和开发变更—补充
VWAG 要求其供应商在生产前获得书面批准或书面弃权，见 Formel-Q-konkret（第 4.5 节）—变更管理和大众标准 VW 01155。

8.5.6 / 8.3.6.1 **Control of Changes / 8.3.6.1/8.5.6 Design and development changes – supplemental**

VWAG requires its suppliers to obtain documented approval, or a documented waiver, prior to production, See Formel-Q-konkret, (Chapter 4.5) - Change management and Volkswagen Standard VW 01155

8.5.1.6 g) **Management of production tooling and manufacturing, test, inspection tooling and equipment**

Volkswagen Group Standard VW 34022 for Marking of Tools, Auxiliary Tools, Test Equipment, and Gages (Identification Plate) must be ensured.

8.6.1 **Release of products and services**

Formel-Q-konkret (Chapter 3.2) - Initial Sample testing and approval:
The sample testing is to be based on VDA vol.2. The latest version of Formel Q-Neuteile Integral contains additional, more detailed Customer requirements regarding the sample testing process. This section 3.2 defines rules for designated parts in assemblies and for assuring consistent component quality.
Responsibility for the initial sample testing and approval of designated parts in higher-level assemblies resides with the first-tier Supplier in coordination with the receiving plant (if there is more than one, with the receiving plant of first use, which is generally also the type leader plant).
(refer for complete requirements to Formel-Q-konkret, Chapter 3.2)

8.6.1 产品和服务的放行
Formel-Q-Konkret（第 3.2 节）—初始样品测试和批准：
样品测试应基于 VDA 第 2 卷。最新版本的 Formel Q-Neuteile 包含了关于样品测试过程的额外、更详细的客户要求。第 3.2 节定义了组件中指定零件的规则，并确保一致的组件质量。
上级总成中指定零件的初始样品测试和批准由一级供应商负责，并与接收工厂协调（如果有多个，则与第一个使用的接收工厂，通常也是类型领导工厂）。
（有关完整要求，请参阅 Formel-Q-konkret 第 3.2 节）

8.6.2 全尺寸检验和功能测试（德国：再鉴定）
Formel-Q-Konkret（质量协议）（第 4.6 节）—再鉴定
就大众汽车集团而言，“再鉴定”一词等同于 IATF 术语“全尺寸检验和功能测试”：
为确保质量，供应商必须根据 VDA 出版物“稳健的生产过程”（第 5.3.4 节）对其供货范围进行定期再鉴定。大众汽车集团要求至少每三年进行一次完整的再鉴定（相当于生产和工艺批准/初始样品放行）。再鉴定周期可由立法、政府机构和部件特定要求（如性能规范/产品建议书）定义，且必须在相关产品控制计划中实施。

8.6.2 **Layout inspection and functional testing (deutsch: Requalifikationsprüfung)**

Formel-Q-konkret (Chapter 4.6) – Requalification
In the context of Volkswagen Group the term "*Requalification*" is equivalent to the IATF-term "*layout inspection and functional testing*":
To ensure quality, the Supplier must carry out a regular requalification of its scope of supply in accordance VDA publication "Robust Production Processes" (section 5.3.4). Volkswagen Group requires a complete requalification (equivalent to Production-and-Process-approval/initial sample release) at least every three years. Requalification cycles can be defined by legislation, government agencies, and by component-specific requirements (e.g. in the performance specifications/Lastenheft) and must be implemented in the related product control plan.
Any deviation from the requalification content must be agreed between the supplier and the customer.

8.6.5 **Statutory and regulatory conformity**

It is to expect a worldwide use if certain destinations were not specifically restricted by Volkswagen Group

8.6.5 法律法规符合性
如果大众汽车集团未明确限制某些目的地，则预计在全球范围内使用。

8.7.1.7 不合格品处置
必须包括对次级供应商零件的适当检查和证据。

8.7.1.7 Nonconforming product disposition

Must include suitable inspection and evidences of sub-supplier parts

9.1.2.1 Customer satisfaction — supplemental

Customer Score Card (Volkswagen Group B2B - "SCQ")
See also: ADP Score-Card-Training-Module (IATF)

9.1.2.1 顾客满意一补充
客户评分卡（大众汽车集团 B2B— "SCQ"）
另见：ADP 记分卡培训模块（IATF）【自动数据处理（Automatic Data Processing，ADP）】

9.2 Internal Audit

VWAG requires a yearly Supplier Self Audit (VA/SL) acc. Formel-Q-capability (Chapter 3)), a Self Audit has valid time period of max. 12 months.
A specific Self-Audit-Format is supplied on Volkswagen Group B2B www.vwgroupsupply.com "Format for Supplier Self Audit"
Supplier Self Audit (VA/SL) must be conducted by certified VDA 6.3 auditors (see auditor qualification in Section 3.2 of FQF 8.0).
Formel-Q- Capability-Appendix must be considered.
In case of D/TLD-marked parts supplied to VWAG, a D/TLD-Supplier-Self-Audit according to Formel-Q-capability is required within every 12 month. (Formel-Q-Capability, Chapter 7: "Quality Verification Audit for D/TLD Parts")

9.2 内部审核
VWAG 要求根据 Formel-Q—能力（第 3 章）每年进行一次供应商自我审核（VA/SL），自我审核的有效期最长为 12 个月。
大众汽车集团 B2B 网站 www.vwgroupsupply.com "供应商自我审核表" 提供了特定的自我审核表。
供应商自我审核（VA/SL）必须由经认证的 VDA 6.3 审核员进行（见 Formel-Q—能力第 8 版第 3.2 节中的审核员资格）。
必须考虑 Formel-Q—能力附录。
如果向 VWAG 供应有 D/TLD 标记的零件，则根据 Formel-Q—能力要求，每 12 个月进行一次 D/TLD 供应商自我审核。（Formel-Q—能力，第 7 章："D/TLD 零件的质量验证审核"）

9.2.2.4 产品审核
根据 Formel-Q—能力（第 4 章）—产品审核进行的产品审核。
供应商有义务根据 VDA 6.5 进行产品审核。
对于作为系列生产部件制造的每个产品，应至少每 12 个月进行一次产品审核。
对于供应商造成的任何 A、B 类故障以及系统性 C 类故障，供应商应立即报告问题，通知客户的供应商质量部。应协调进一步必要行动的执行。

9.2.2.4 Product audit

Product Audit acc. Formel-Q-capability (Chapter 4) – Product Audit
The Supplier is obliged to conduct Product Audits according to VDA 6.5
Product Audit shall take place at least every 12 months for each product manufactured as a Series Production part.
For any A and B-faults as well as systematic C-faults caused by the supplier, the supplier shall immediately inform the Supplier Quality department of the Customer by reporting the issue. The implementation of further necessary actions is to be coordinated.

10.2.5 Warranty management systems

The process of Failure Analysis including NTF shall be implemented.
Procedure shall comply with VDA Volume "Field Failure Analysis"

10.2.5 保修管理系统
应执行包括 NTF 在内的故障分析过程。程序应符合 VDA 卷 "现场故障分析"。

从上述大众汽车的特定要求中我们看到，很多条款中都要求按Formel Q文件中的相关章节执行。因此，大众汽车供应商必须完全熟悉和掌握 Formel Q 各文件的要求。

第四节 通用汽车BIQS简介

一、通用汽车简介

通用汽车公司（General Motors Company，简称GM）成立于1908年9月16日，自威廉·杜兰特创建了美国通用汽车公司以来，通用汽车在全球生产和销售包括别克、雪佛兰、凯迪拉克、GMC、五菱、宝骏以及霍顿等一系列品牌车型并提供服务。

通用汽车旗下多个品牌全系列车型畅销于全球120多个国家和地区，包括电动车、微车、重型全尺寸卡车、紧凑型车及敞篷车。

2018年7月19日，《财富》世界500强排行榜发布，通用汽车公司位列第21位。

2018年12月18日，世界品牌实验室编制的《2018世界品牌500强》揭晓，通用汽车公司排名第59位。

二、QSB和BIQS 简介

1.BIQS是什么

BIQS的全称是Built In Quality Supply-Based，即基于供应的制造质量，就是通用汽车对供应商的制造控制体系的要求。

通用汽车在内部工厂使用的制造体系为BIQ，发展到供应商的要求称为BIQ-S。可以说，通用汽车将自己总结的切实可行的质量控制与质量管理方法分享给供应商。BIQS就是在QSB+（Quality System Basics+）基础上的升级版本，要求其供应商必须建立BIQS制造体系。

BIQS通过改善制造过程质量实现缺陷不流到后工序或顾客，其更注重实操与产品实现的现场/工序/工位要求，旨在提升制造质量，从而减少不良、减少浪费、降低成本、增强综合竞争力。

2.通用汽车QSB和BIQS的发展历程

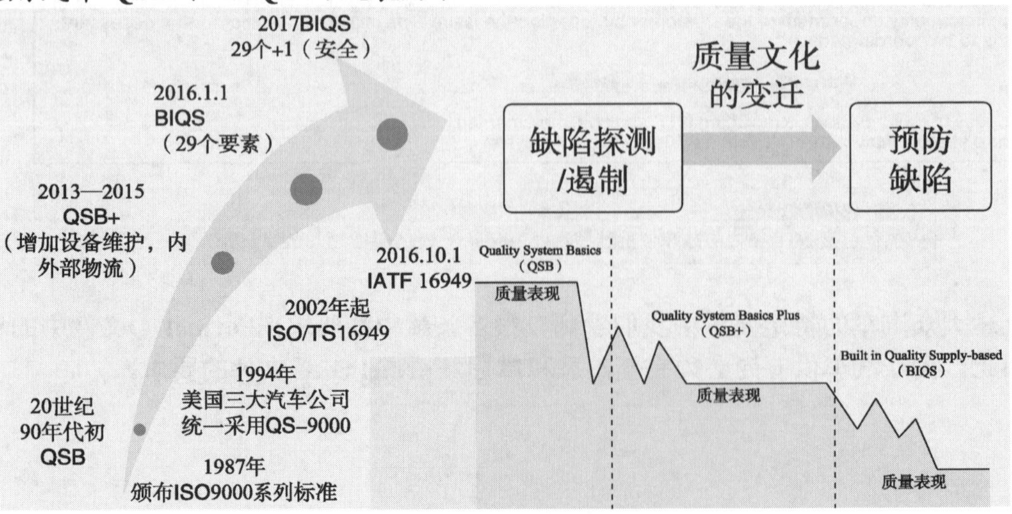

熟悉通用汽车的朋友都知道，BIQS的前身是QSB（Quality Systems Basics，质量体系基础）。

QSB是20世纪90年代由通用汽车的供应商质量管理部门在零部件供应商之间首先开展的一项质量改进活动。

QSB是11个模块，而QSB+（质量体系基础+）是在QSB的基础上增加了设备维护和物流管理，共13个模块，BIQS发展为29个管理模块+1个安全共30个模块。

QSB & QSB+ & BIQS所包含模块的内容比较如下：

QSB（11）—2009 版	QSB+（13）—2013 版	BIQS（29+1）—2017 版	
QSB-1 快速反应	QSB-1 快速反应	BIQS-1 不合格材料与材料标识	BIQS-16 报警及升级
QSB-2 不合格品控制	QSB-2 不合格品控制	BIQS-2 过程分层审核	BIQS-17 目视化控制
QSB-3 验证岗位	QSB-3 验证岗位+防错验证	BIQS-3 过程潜在失效模式及后果分析	BIQS-18 目视化标准—沟通与理解
QSB-4 标准化作业	QSB-4 标准化作业	BIQS-4 PFMEA—风险降低与年度评审	BIQS-19 过程控制
QSB-5 操作员培训	QSB-5 培训	BIQS-5 应急替代管理（旁路管理）	BIQS-20 过程控制计划实施
QSB-6 防错验证	QSB-6 过程分层审核	BIQS-6 防错验证	BIQS-21 过程能力评审
QSB-7 过程分层审核	QSB-7 风险降低	BIQS-7 量检具校准及测量系统分析	BIQS-22 返工/返修确认
QSB-8 风险降低	QSB-8 异物控制	BIQS-8 快速反应问题解决流程	BIQS-23 后馈与前馈
QSB-9 异物控制	QSB-9 供应链管理	BIQS-9 团队问题解决流程	BIQS-24 培训
QSB-10 供应链管理	QSB-10 变更管理	BIQS-10 质量关注点检查	BIQS-25 异物控制要求
QSB-11 变更管理	QSB-11 维护保养	BIQS-11 标准化作业	BIQS-26 维护
	QSB-12 生产及物料流管理	BIQS-12 过程变更控制	BIQS-27 先进先出与材料处理流程
	QSB-13 外部物流	BIQS-13 验证岗位（最终检测/关注/GP12）	BIQS-28 批准包装发运
		BIQS-14 变更控制—量产试运行/PTR	BIQS-29 供应链管理
		BIQS-15 按灯系统实现	BIQS-30 安全

通过以上模块的内容可以看出，BIQS的目的在于：

（1）提升制造过程质量，从缺陷的探测/遏制到预防缺陷的发生；

（2）通过提升制造过程质量，减少检查和纠正的投入，降低整体质量成本和风险；

（3）质量控制从以质量部门为核心转变到以制造部门为核心；

（4）通过公司各部门如产品工程、制造工程和供应商质量的大力支持来提升制造质量；

（5）BIQS是IATF 16949的强化、补充以及落地。强调供应商将BIQS的各项要求与IATF 16949相结合，融入日常管理中，并非另建一套质量管理体系。

通用汽车BIQS的管理要求与大众汽车Formel Q质量能力的要求有异曲同工之处，都强调对制造过程的控制，但各自使用的方法不同。通用汽车BIQS以模块的方式，给出了更具体的实施方法，而Formel Q质量能力更着重于通过审核的方式促进质量控制和提升，主要使用VDA 6.3过程审核和VDA6.5产品审核两个工具。

Formel Q质量能力作为大众汽车的顾客特定要求所引用，而BIQS也被通用汽车作为顾客特定要求所引用。

三、BIQS 评价方法

1.BIQS 模块应用评价方法

- 用**红、黄、绿**评价每一个评审模块的审核结果：
  - ✓ **绿色 Green**: 基本建立了完善、有效的质量系统或过程，并按要求运行，系统或过程不会使SGM面临不必要的风险；
  - ✓ **黄色Yellow**: 质量系统或过程不完善或未完全按要求运行；
  - ✓ **红色Red**: 质量系统或过程定义有缺失，或目前的系统或过程会使SGM面临重大风险。
- 最终评价结果通过计算评价结论为**绿色的**模块的**百分占比**得出：
  - ✓ **安全模块**不计入评分；
  - ✓ 其他29个模块全部纳入评审和评分；

例：

Total Elements:	Number of Green:	Number of Yellow:	Number of Red:	BIQS Score:
29	17	12	0	59%

BIQS评审结果

#	Statement	AUDIT SCORE
BIQS -1	Nonconforming Material / Material Identification	Y
BIQS-2	Layered Audit	R
BIQS-3	PFMEAs	G
BIQS-4	PFMEAs - Risk Reduction & Annual Review	G
BIQS-5	Bypass / Deviation Management	Y
BIQS-6	Error proofing/ Detection Verification	R

QSB评审结果

	关键策略 KEY STRATEGIES	POTENTIAL SCORE 可能得分	AUDIT SCORE 实际得分	%	STATUS 状态
1.0	FAST RESPONSE	28	24	86%	G
2.0	CONTROL OF NONCONFORMING PROD	28	24	86%	G
3.0	VERIF	20	17	85%	G
4.0	STANDARDIZED OPERATIONS	32	28	88%	G
5.0	OPERATOR TRAINING	24	19	79%	Y

2.BIQS 综合评价标准

2018.1.1起

	评价指标	Level Ⅰ	Level Ⅱ	Level Ⅲ	Level Ⅳ	Level Ⅴ
1	IATF 16949	No	Certified	Certified	Certified	Certified
2	质量PRR数	15-12 In 6 Months	11-6 In 6 Months	5-1 In 6 Months	1 /1Million parts shipped in 12 Months	1 /1Million parts shipped in 12 Months
3	Field Action次数	1 In 6 Months	0 In 6 Months	0 In 6 Months	0 In 6 Months	0 In **12** Months
4	Disruptions 重大停线次数	1 In 6 Months	1 In 6 Months	1 In 6 Months	0 In 6 Months	0 In **12** Months
5	Severity Score 严重事故次数	≥25 In 6 Months	24.7 to 7 In 6 Months	6.75 to 4 In 6 Months	3.75 to 0 In 6 Months	0.75 to 0 In **12** Months
6	BIQS 评审分数（合格模块数）	<75%（22/29）	<82%（24/29）	≥82%（24/29）	≥93%（27/29）	≥97%（28/29）

无定点资质（Level Ⅰ、Level Ⅱ）

Quality → Manufacturing → Enterprise

Quality Ownership

3. BIQS 综合评价指标

	No.	要求项目	目标	要求/备注
体系认证和质量表现	1	IATF16949	必须通过认证 且在证书有效期内	
	2	质量PRR数量	满足对应的等级要求	过去6/12个月
	3	Field Action次数 如PRTS、售后、JD POWER等	满足对应的等级要求	过去6/12个月
	4	Disruptions 重大停线次数	满足对应的等级要求	过去6/12个月
	5	Severity Score 严重事故次数	满足对应的等级要求	过去6/12个月
BIQS评审	6	BIQS 评审分数	满足对应的等级要求	共29个计分模块

※ 对任一评价等级，以上6项指标必须全部满足！

4. BIQS 综合评价结果

BIQS 的综合评价结果，共分为5等级，分别是：

Level 1，Level 2，Level 3，Level 4，Level5

Level 3 是合格的最低等级要求，期望的目标是供应商基本能控制缺陷 不流出工厂；

Level 4 期望的目标是供应商基本能控制缺陷 不流出制造区域；

Level 5 期望的目标是供应商基本能控制缺陷 不流出制造工序；

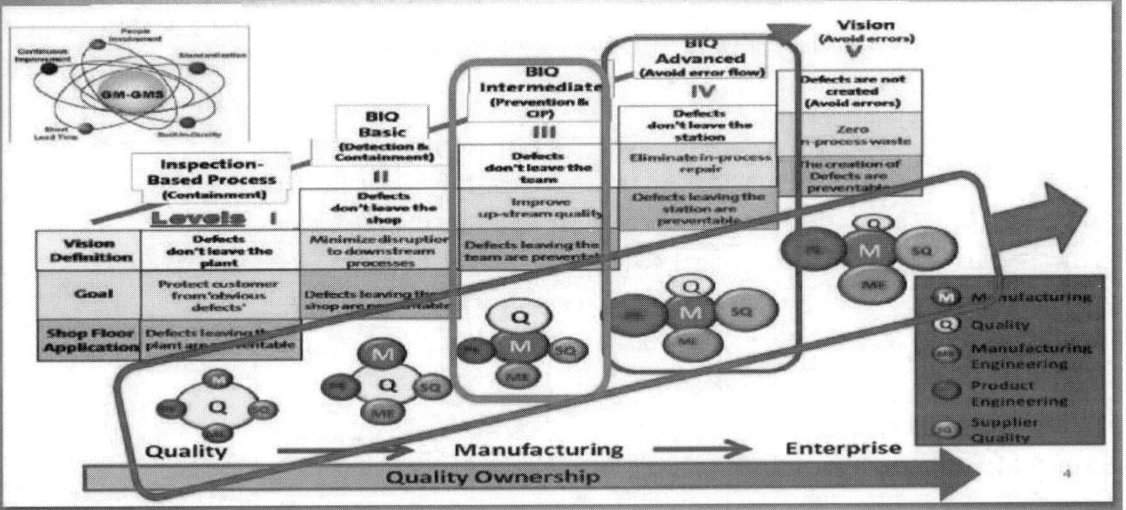

四、BIQS 各模块重点要求及与 IATF 16949 条款关联

通用汽车 GM BIQS（29+1）各模块重点说明-1			
模块号	模块名称	重点要求说明	IATF 16949 相关条款
BIQS-1	Nonconforming Material/Material Identification 不合格材料与材料标识	①所有不合格品或可疑品都应该被标识或定位； ②不合格品/可疑品应被隔离以防误用或误安装； ③在每班结束时，不合格品应该清点，记录并从制造区域移到指定的遏制区； ④隔离区域应该有脚标或其他清晰标识； ⑤一个记录隔离区不合格品库存的标准方法（日期、件号、缺陷、处理意见等）。	8.5.2 标识和可追溯性 8.5.2.1 标识和可追溯性—补充 8.7 不合格输出的控制 8.7.1.1～8.7.1.7
BIQS-2	Layered Process Audit 分层过程审核	由各个级别（包括基层、中层和高层）的管理人员定期（如基层为每天，中层为每周，高层为每月或每季度）进行的一种标准化的审核，用来确认组织内操作标准的符合情况，并持续推进组织实现高水平的过程控制。	5.1.1.2 过程有效性和效率 9.1.1.1 制造过程的监视和测量 9.2.2.3 制造过程审核
BIQS-3	PFMEAs 过程潜在失效模式及后果分析	通过梳理历史质量问题和分析潜在质量失效风险以指导风险降低策略。	4.4.1.2 产品安全 8.3.5.2 制造过程设计输出 8.7.1.4 返工产品的控制 8.7.1.5 返修产品的控制
BIQS-4	PFMEAs-Risk Reduction & Annual Review PFMEA—风险降低与年度评审	实施逆向 PFMEA，通过对所有失效模式的在线评审，验证是否所有失效模式具有了恰当的控制方法（预防、探测），并有效地运作。	9.3.2.1 管理评审输入—补充 10.2.3 问题解决 10.3.1 持续改进—补充
BIQS-5	Bypass Management 旁路管理/临时替代	识别瓶颈工序或关键工序（或设备），确定替代方法。	6.1.2.3 应急计划 8.5.6.1.1 过程控制的临时更改
BIQS-6	Error proofing Verification 防错验证	①在生产或测试过程中，通过一种失效防错的实施，阻止或/和探测出生产过程中那些严重影响顾客满意度和造成结果浪费的制造缺陷； ②定期性的检查以确定防错装置正常工作，用一种简单的测试验证防错装置功能正常。	10.2.4 防错
BIQS-7	Gage Calibration/ Measurement System Analysis 量检具校准及测量系统分析	确保量检具的准确度和精密度，减少测量系统的误差，避免由于检具失误导致不合格流出。	7.1.5 监视和测量 7.1.5.1.1 测量系统分析 7.1.5.2 测量溯源 7.1.5.2.1 校准/验证记录

通用汽车 GM BIQS（29+1）各模块重点说明-2			
模块号	模块名称	重点要求说明	IATF 16949 相关条款
BIQS-8	Fast Response Problem Solving Process 快速反应问题解决流程	用于迅速处理质量问题的，建立于系统层面的，强制性的方法或体系。	5.1 领导作用和承诺（5.1.1 总则） 10 改进
BIQS-9	Team Problem Solving Process 团队问题解决流程	通过每日快速反应会议指定每个问题的负责人。会后责任人应通过问题解决流程来纠正问题和预防发生。	7.4 沟通 10.2.3 问题解决
BIQS-10	Quality Focused Checks 质量关注点检查	①根据过程要求（如客户关键特性）和识别的风险点来确定质量关注点； ②对质量关键点设计过程控制要求并落实。	8.1 运行的策划和控制 8.2.3.1.2 顾客指定的特殊特性 8.3.3.3 特殊特性 9.1.1.1 制造过程的监视和测量
BIQS-11	Standardized Work 标准化作业	确保操作员始终执行相同的操作任务和流程，有效的生产顺序，降低过程变差。	8.5.1.2 标准化作业—操作指导书和目视标准
BIQS-12	Process Change Control 过程变更控制	产品更改和过程更改的管理，确保所有关键相关方都意识到了变化要求，并对管控标准作为相应输入。	8.5.6 更改控制 8.5.6.1 更改控制—补充
BIQS-13	Verification Station（Final Inspection/ CARE /GP12）验证岗位（最终检测/CARE/GP12）	验证岗位是一个通过预防、探测和遏制异常情况的在线制造质量系统，可以通过下面情况实现： ① 验证岗位操作员通过标准化方法检查零件并提供反馈； ② 100% 在线或线末检查作为反馈机制的一部分，通过声音/目视信号报警通报问题发生，包括缺陷代码和缺陷数量，例如连续 3 件，每小时 5 件。 ③ 使用计量型 SPC，并通报异常。	4.3.2 顾客特定要求 8.6 产品和服务的放行 8.6.1 产品和服务的放行—补充 9.1.1 总则 9.1.1.1 制造过程的监视和测量 10.2.3 问题解决
BIQS-14	Change Control-Production Trial Run（PTR）变更控制—量产试运行/PTR	①PTR 是有限的、受控的，并且包含在进行量产前用于评估变更的试生产； ②PTR 可在正常生产环境下确认一个变更的可制造性； ③PTR 不是产品确认流程的替代品或扩展； ④必须有一个书面的程序和流程图来定义 PTR 流程和要求。	8.5.6.1 更改控制—补充
BIQS-15	Andon System Implementation 按灯系统实现	建立按灯报警系统，当有任何问题时可以支持操作员，以避免他们试图自己解决问题而产生重大问题。例如：安全问题、质量判定、非授权返工/返修、 来自标准化作业的偏差、产生新失效模式等。	5.3.2 产品要求和纠正措施的职责和权限 7.4 沟通

通用汽车 GM BIQS（29+1）各模块重点说明-3			
模块号	模块名称	重点要求说明	IATF 16949 相关条款
BIQS-16	Alarm and Escalation 报警及升级	当探测到缺陷时，启动警报系统向合适的团队或个人反馈信息。警报系统能指引支持团队迅速解决问题。	7.4 沟通 9.1.1.1 制造过程的监视和测量
BIQS-17	Visual Controls 目视化控制	需要使用目视、触摸、耳听等感官方法检查的工序；建立目视化标准，如：边界样件、质量警示图、验证样品，要对岗位上的所有人员进行沟通。	8.5.1.2 标准化作业—操作指导书和目视标准 8.6.3 外观项目
BIQS-18	Visual Standards-Communicated and Understood 目视化标准—沟通与理解	①目视化标准是普遍存在于生产制造中，甚至存在于同一平台/产线之间； ②目视化标准需要在岗位上进行沟通，并在操作指导书上体现或提供参考，团队成员具备可视化标准的认识。	7.2.1 能力—补充 7.2.2 在职培训 7.3.1 意识—补充 7.4 沟通
BIQS-19	Process Controls 过程控制	控制计划是提供过程监视和控制方法，用于对特性的控制，根据各产品系列的过程流程图和 PFMEA 建立各工序的控制计划，包括进料检验、生产制造过程、包装、物流等。	4.4.1.2 产品安全 8.3.5.2 制造过程设计输出 8.5.1.1 控制计划
BIQS-20	Process Control Plan Implemented 过程控制计划实施	实际生产过程与控制计划相一致，相关记录应能证明实施了控制计划规定的检验频次、数量及方法。控制计划需评审和更新。	8.5.1.1 控制计划 9.1.1.1 制造过程的监视和测量
BIQS-21	Process Capability Review 过程能力评审	①利用 SPC 统计过程控制，把过程变异与工程或规格公差进行比对，以判定过程适用性； ②针对过程能力不足的特性，应有改善行动方案与暂时性防止失效的措施； ③周期性对关键质量特性的过程能力做评估。	9.1.1.1 制造过程的监视和测量 9.1.1.2 统计工具的确定 9.1.1.3 统计概念的应用
BIQS-22	Rework/Repair Confirmation 返工/返修确认	①应用 PFMEA 评估返工/返修的失效风险，适用时需要顾客的批准； ②返工/返修作业指导书（操作要求、记录要求）； ③返工/返修品追溯办法（标识要求、追溯记录、放行授权）； ④独立的返工/返修专用区域和相应的工装设备； ⑤明确返工返修操作授权人员且技能满足要求。	8.7.1.4 返工产品的控制 8.7.1.5 返修产品的控制 8.7.1.7 不合格品的处置
BIQS-23	Feedback /Feedforward 后馈与前馈	通过标准化的沟通途径，建立上道序与下道序、顾客和供应商之间关于质量要求和结果交流。	7.4 沟通 8.7.1.6 顾客通知

通用汽车 GM BIQS（29+1）各模块重点说明-4			
模块号	模块名称	重点要求说明	IATF 16949 相关条款
BIQS-24	Training 培训	培训与发展计划，多能工训练，能力培养，人才储备。	7.2 能力 7.2.1 能力—补充 7.2.2 在职培训 7.3.1 意识—补充
BIQS-25	Contamination Requirements 异物控制要求	脏污、外来物、杂物、多余的零件、表面污染等的控制。	7.1.4.1 过程操作的环境 8.5.1 生产和服务提供的控制
BIQS-26	Maintenance 设备/工装维护保养	设备/工装的预防性维护和预见性维护，TPM 全员生产保养。	7.1.3 基础设施 8.5.1.5 全面生产维护 8.5.1.6 生产工装及制造、试验、检验工装和设备的管理
BIQS-27	FIFO/Material Handling Process 先进先出与材料处理流程	最小化库存和原材料可追溯性； 全区域中实施 FIFO（包含再包装、配件、缓冲、在制品和任何暂存区）。	8.5.4 防护 8.5.4.1 防护—补充 8.5.3 顾客或外部供方的财产
BIQS-28	Shipping Approved Packaging 批准包装发运	顾客批准的包装方案，包装作业规范，正确的标签标识，按顾客的要求物流发运。	8.5.4 防护 8.5.4.1 防护—补充 8.5.1 生产和服务提供的控制
BIQS-29	Supply Chain Management 供应链管理	供应链中各级供应商必须使用系统和程序来控制并开发它们的分供方。 供应链管理： —强调供应商质量管理体系要求 —确定必须遵循的程序 —在各级供应商中说明 GM 对供应商的要求 —明确展示重要信息的方法 —采用统一的方法回复问题 —在整个供应链中推行 BIQS —强调供应商变更管理系统 —为关键分供方评级 —建立关键指标评级系统 —对所有零件进行 PPAP 审批 —公布整改行动要求 —供应商改进程序要文件化	8.4 外部提供的过程、产品和服务的控制 8.4.1.1 总则—补充 8.4.1.2 供应商选择过程 8.4.1.3 顾客指定的货源 8.4.2.1 控制的类型和程度—补充 8.4.2.2 法律法规要求 8.4.2.3 供应商质量体系开发 8.4.2.4 供应商监视 8.4.2.4.1 第二方审核 8.4.2.5 供应商开发 8.4.3 提供给外部供方的信息 8.4.3.1 提供给外部供方的信息—补充
BIQS-30	Safety 安全	①识别安全风险，建立安全管理规范，应用并确保被遵守； ②对所有的安全风险和事故应做好彻底的整改，并传递到相关的全体人员。	7.1.4 过程运行环境 8.5.1.2 标准化作业—操作指导书和目视标准

第八章
产品安全和特殊特性管理

第一节　特殊特性管理

一、认识特殊特性

1.特殊特性定义

标准定义：可能影响安全性或产品法规符合性、可装配性、功能、性能、要求或产品的后续处理的产品特性或制造过程参数。（见 IATF 16949 3.1 汽车行业术语和定义）

从定义可知，特殊特性包括产品特殊特性和过程特殊特性。

特殊特性的识别以及针对不同重要性等级的特殊特性进行区别化管理，目的就是把企业有限的资源用于对影响安全性或产品法规符合性，顾客所关注的功能、性能、技术特性，在有限的成本限度内最大化的使顾客满意。

2.产品特性的分类

有些整车厂或非整车厂汽车顾客将产品特性分为三类，即关键特性、重要特性、一般特性；也有些顾客将产品特性分为两类，即特殊特性和一般特性，具体要看顾客的要求。

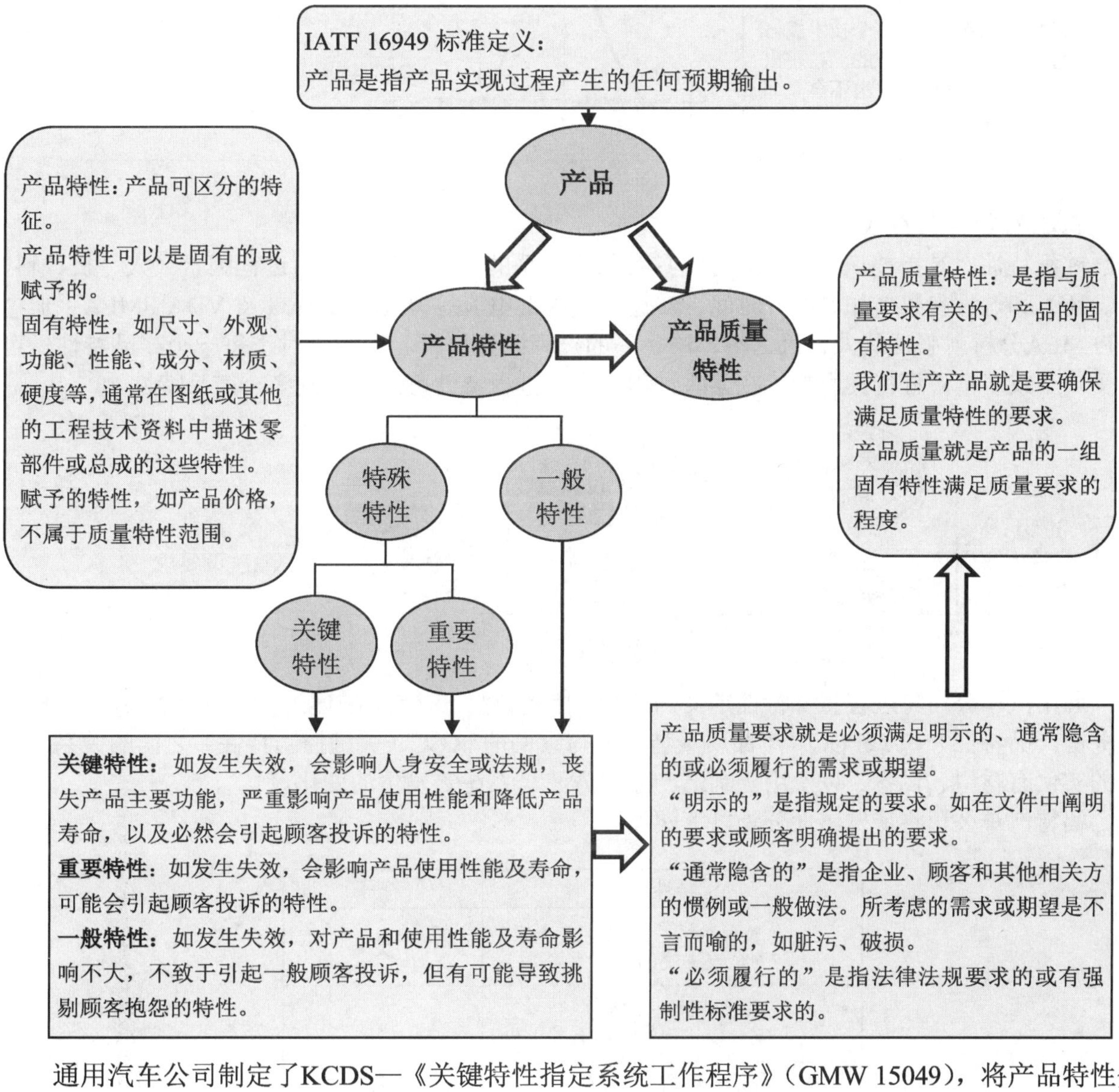

通用汽车公司制定了KCDS—《关键特性指定系统工作程序》(GMW 15049)，将产品特性分为关键产品特性（KPC)、产品质量特性（PQC)、标准产品特性，如下所示。

定义	损失函数曲线	行动计划
关键产品特性 KPC 一种特殊的变数特性，其可合理预见的处于技术规格范畴（目标值或公差）内的变化就可能严重影响客户对产品的满意度。	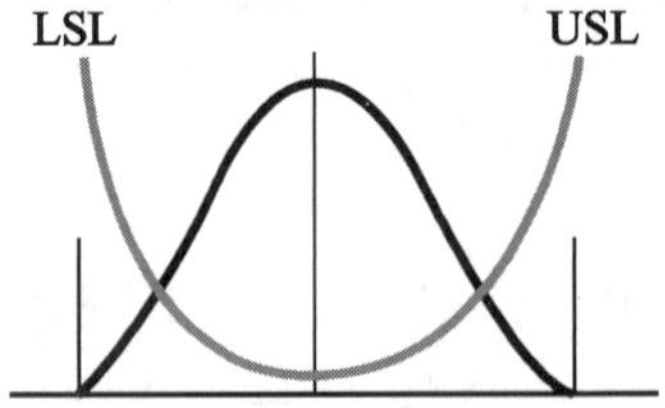	用SPC，工艺控制计划和质量管理工作程序控制目标的额定值。
产品质量特性 PQC 一种特殊的变数特性，客户对其整个技术规格范畴都会是满意的，一旦超出技术规格，客户就会立即非常不满。	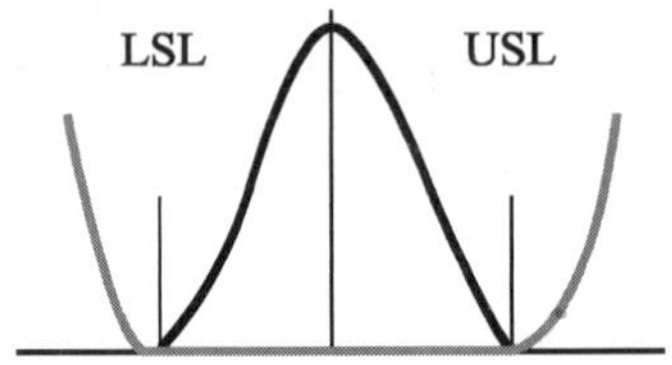	通过合适的工艺控制计划和质量管理工作程序保持符合公差要求。
标准产品特性 这种特性如处于技术规格范畴内就不会有经济上的损失或客户满满意度下降。对于整个技术规格范畴，客户都是满意的。在超出技术规格范畴时客户也不会立即严重不满。	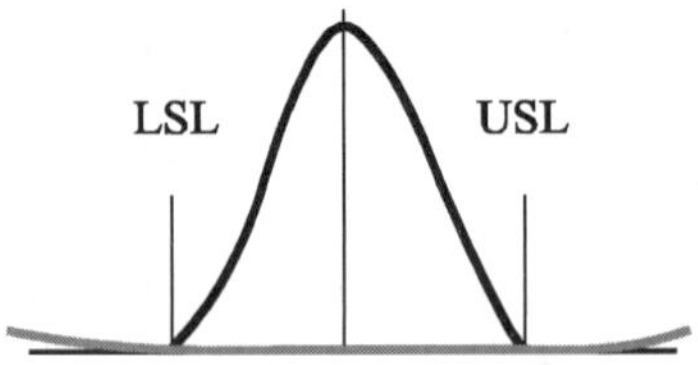	符合公差要求

3.过程特性的分类

过程特性：是指被识别与产品特性具有因果关系的过程变量，包括过程因素（人、机、料、法、环）和过程参数（如温度、时间、转速、气压、电流等）。新版AIAG & VDA FMEA手册中的PFMEA分析就强调从人、机、料、法、环的过程因素分析。注意，对于每一个产品特性，可能受一个或多个过程特性影响，在某些过程，一个过程特性可能影响到多个产品特性。

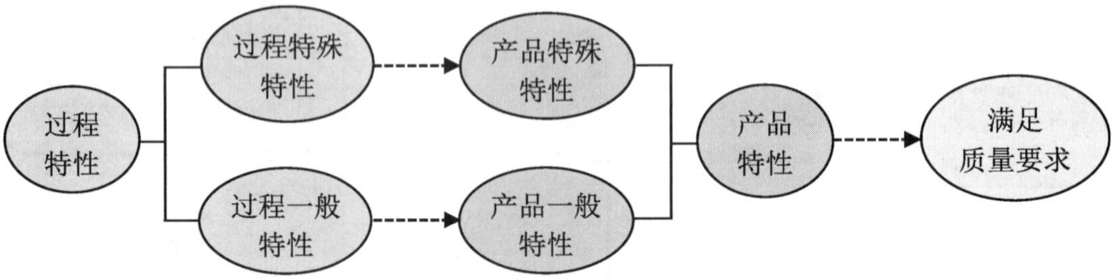

通用汽车公司将过程特殊特性定义为“关键控制特性”KCC，描述为“许多因素会影响 KPC（关键产品特性）和/或PQC（产品质量特性）与它们的 KCC（关键控制特性）之间的关系。有关的实例有材料、设备，以及用于制造产品的方法与系统等发生的变化。”

福特汽车公司将特殊特性分为以下四类：

特性	符号
重要特性—（SC） （与安全或法规的考虑无关）	无
关键特性—（CC） （与安全或法规的考虑有关）	▽
高影响度（HI）特性	无
操作安全特性（OS）	无

4.特殊特性符号

为了便于识别和关注特殊特性，通常使用特别的符号对特殊特性进行标识，产品特殊特性的符号一般顾客在图纸和工程技术资料中会指定（当顾客未指定时，组织可以自己指定），过程特殊特性符号则通常由企业自己指定。

IATF 16949标准“8.3.3.3特殊特性”要求，特殊特性用特定的标记进行标识，应记录在产品和/或制造文件中（如图纸、工艺流程图、FMEA、控制计划和标准的工作/操作说明书），显示这些特殊特性的创建或所需的控制；应遵守顾客规定的定义和符号，或用组织的等效符号或标记；若用组织的等效符号则需要建立符号转换表，如有要求，应向顾客提交符号转换表。

以下是全球各主要汽车厂特定的特殊特性符号，仅供参考。

Characteristic	Daimler-Chrysler	Ford	GM	Freightliner	Mack Trucks	International	PACCAR Kenworth/ Peterbuilt	Volvo Trucks	Western Star
Safety	◇	▽ Critical Characteristic CC	(▽) SC Safety/ Compliance	▽(K) Key Characteristics	◇(M) Key Control Characteristics (KCC)	KCC Key Control Characteristics (KCC)	Kenworth ⬭ or ◇ Peterbuilt ▽ or ◇	QA codes inside of title block Consequence Class: [1]or[2]	Refer to Western Star Part Drawings
Government Compliance (also relevant to emissions)	Shield<S> Shield<E> Shield<N> Shield<T> Shield<H>								
S/G (Safety/Governmen Relevant for both)									
K (Key Characteristic Main/important characteristics)	◇ <D> <P>	Significant Characteristics SC	◇ F/F	▽(k) Key Characteristics	◇(M) Key Control Characteristics (KCC)	KCC Key Control Characteristics (KCC)	△(C) Critical Characteristics △(S) Significant Characteristics	Consequence Class: [1]or[2] or[3]	Refer to Western Star Part Drawings
HI (High Impact)		Hi (Ford FMEA)							
OS (Operator Safely)		OS (Ford FMEA)							

Table 1. Examples of the special characteristic“designators”or“symbols”that automotive suppliers to North America must embed in all their process documentation.

Characteristic	GS Marking GS-Supplier VA-4.4.4-002	BMW BMW N 113 69.0	Fiat Fiat Norm 9.01102/10	Opel TEZ Guideline No.522	Renault 00-10-415	PSA B20 0110 B20 0112	Saab STD 5037	Volvo 1286646	VW Formula Q Capabilities
Safety	“S” Zeppelin S				(▽) S	(▽) S			
Government Compliance (also relevant to emissions)	“G” Zeppelin G	“L”	(C)	(▽)	(▽) R	(▽) R	(▽)	(RR) (relevant with respect to emissions)	“D”or “TLD”
S/G (Safety/Government Relevant for both)	“S/G” Zeppelin S/G				(▽) S R	(▽) S R			
K (Key Characteristics)	“K” Zeppelin K		(+) (−)	<3>			◇		
HI (High Impact)	“HI” (only in process FMEA)								
OS (Operator Safety)	“OS” (only in Process FMEA)								

Table 2. Examples of the special characteristic“designators”or“symbols”that automotive suppliers to Europe must embed in all their process documentation.

characteristic	Isuzu QualityManual	Mazda QS 900	Nissan Nissan Quality Standard for Suppliers	Suzuki Quality Assurance Manual	Toyota TSZ 1304G
Safety	(重) Vital&safety (保) safety		(▽A)	(A)	▽S
Government Compliance (also relevant to emissions)	△U （FMVSS）	▽ Critical Characteristics	OBD (relevant with respect to emissions)	(A)	▽R ▽E (relevant with respect to emissions)
S/G (Safety/Government) Relevant for both)			(▽B)		
K (Key Characteristics) Main/important characteristlcs		SC Significant characteristics		(F)	
HI (High impact)		Hi			
OS (Operator Safety)		OS			

Table 3. Examples of the special characteristic“designators”or“symbols”that automotive suppliers to the Pacific Rim must embed in all their process documentation.

二、特殊特性的识别和确定

1.产品特殊特性的识别和确定

特殊特性的识别通常在APQP的第一阶段策划和确定项目时（新产品导入时）就应识别初始的特殊特性，在第二阶段产品设计开发样件确认后输出正式的特殊特性清单。

IATF 16949标准“8.3.3.3特殊特性”要求，组织应采用多方论证方法来建立、形成文件并实施用于识别特殊特性的过程，包括顾客确定的以及组织风险分析所确定的特殊特性。

产品特殊特性的识别方法适当时包括以下方面：

（1）从顾客图纸和/或工程技术资料中识别，如下图顾客直接有标注（虚线圈中）。

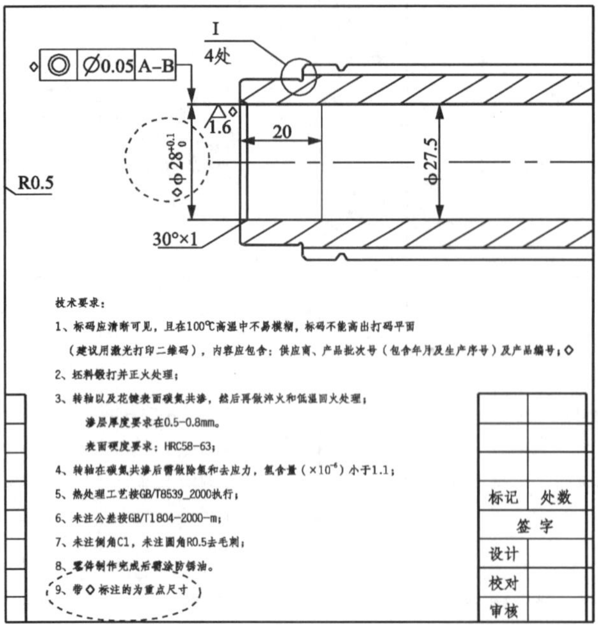

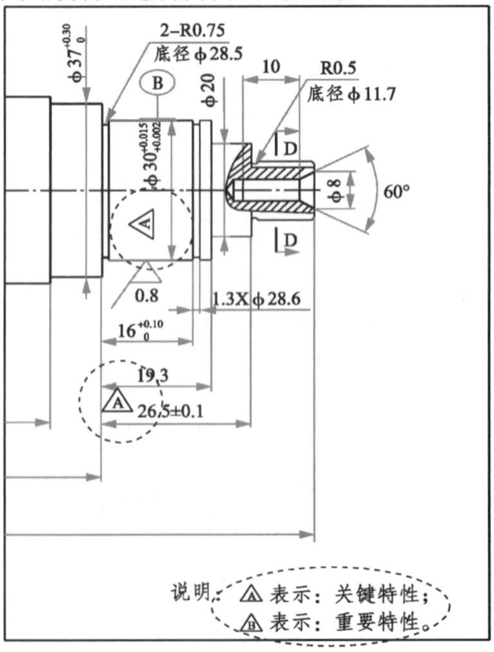

（2）组织内部跨功能小组识别。如果你的顾客是主机厂，通常他们都指定了产品特殊特性；如果你是第N级供应商，有可能你的直接顾客并没有指定特殊特性。那怎么做呢，可以由公司内部技术部门组织业务代表、品管、生产等人员，根据与顾客的产品配合和使用要求，考虑产品特性的损失函数，参考有关安全法规和行业标准进行多方论证后确定，也可联系顾客代表进行确认。

（3）组织自主开发产品的识别。对于组织自主开发的产品，顾客可能只提供装配的外形尺寸和性能要求，或者顾客是按照我们的产品外形尺寸和性能指标去设计他们的产品。这种情况除了装配尺寸外，其他特殊特性需要我们技术部门完整识别和确定。要考虑安全性或产品法规符合性、可装配性、功能、性能、要求或考虑产品特性的损失函数。可邀请行业专家和/或多方论证进行。

（4）顾客指定之外的特殊特性识别。除了顾客指定的特殊特性必须管控之外，我们企业也应基于FMEA分析和过去的最佳实践，将那些需要特别管控的特性列入特殊特性管理。

以上工作的目标是确定少数关键的关注对象，而不是非关键的多个对象。选定有助于预防问题而不是发现问题的特性，以一种清晰明确的方式就特殊特性的重要性进行沟通。

2.过程特殊特性的识别和确定

对于过程特殊特性，多数顾客都没有指定，而是需要由企业自己识别和确定。过程特殊特性的识别方法适当时可包括以下方面：

（1）应用工艺流程图确定影响所有产品特殊特性的各项操作。此时用特性矩阵图有助于识别关键工序。

特性矩阵图（示例）

产品特性			工序编号			
尺寸编号	描述	特性等级	05	10	20	30
01	内圆	关键	X	C		
02	厚度	重要		X	C	X
03	外圆	关键		L	L	
04	孔深	重要			X	

C——夹紧的操作特性

L——用于定位的操作特性

X——加工过程参数

（2）确定影响各产品特殊特性的各项操作中的所有工艺过程参数。对此，鱼骨图（即因果图）是一种有用的工具。

（3）确定与此特性的因果关系。必要时可用散布图分析。

（4）具有明显因果关系的过程特性成为需要特别控制的过程特殊特性。

（5）过程特殊特性不仅仅是机器/设备的过程参数，还包括工装、夹具、人员、环境、特定的作业方法等，有些材料配比是影响过程输出的关键变量（如注塑的材料或颜色配比），有些刀具磨损和寿命是影响过程输出的关键变量（如拉制内键槽齿），有些环境是影响过程输出的关键变量（如温度、湿度、洁净度），可利用以下鱼骨图识别。

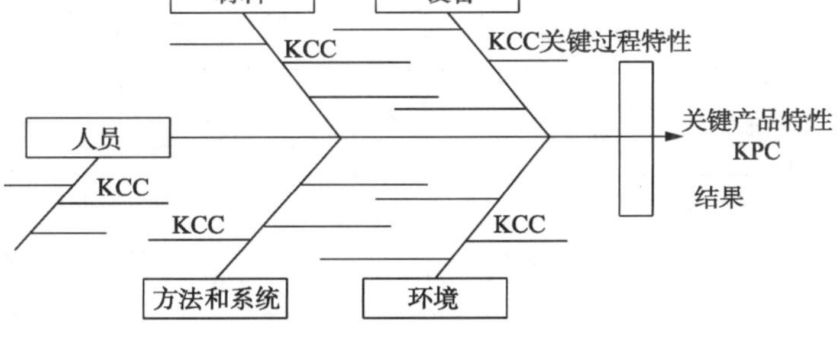

关键产品特性与关键过程特性的关系

3.建立产品和过程的特殊特性清单

根据上述所识别和确定的产品特殊特性和过程特殊特性，建立产品和过程特殊特性的初始清单，该清单是为材料的选择和样件制作提供控制的信息，并在工装样件（OTS）确认后，形成正式的产品和过程特殊特性清单，以下仅为示例。

产品/过程特殊特性清单（示例）

客户名称：　　　　产品名称：　　　　图号：

特性类别	序号	特性项目	特性符号	特性影响	测量/控制方法
产品关键特性	1	硬度 HRC23-28	△A	影响产品性能、寿命	硬度仪材质测试
	2	齿部表面硬度 HRC45-50 淬硬层深≥2mm		影响产品性能、寿命	硬度仪淬火后测试
	3	轴承位外圆 $\varphi 35^{+0.018}_{+0.002}$		影响配合及性能	制程中控制图控制
	4	轴承位外圆 $\varphi 30^{+0.015}_{+0.002}$		影响配合及性能	制程中控制图控制
	5	外圆 $\varphi 40^{0}_{-0.016}$		影响配合	外径数显千分尺，首检、自检和巡检
	6	外圆 $\varphi 12.7^{-0.009}_{-0.02}$		影响配合	外径数显千分尺，首检、自检和巡检
	7	内花键与轴承位同轴度≤0.02		影响性能	偏摆仪测量
	8	ф40 外圆全跳动 0.03		影响性能	偏摆仪测量
	9	槽深尺寸 11±0.08		影响配合	卡尺（精度 0.02），首检、自检和巡检
	10	长度 26.5±0.1		影响配合	卡尺（精度 0.02），首检、自检和巡检
产品重要特性	1	总长度 293±0.15	△B	影响配合	高度尺（精度 0.01），首检、自检和巡检
	2	齿位有效长度 $35^{+0.2}_{0}$		影响配合	卡尺（精度 0.02），首检、自检和巡检
	3	长度 $60.5^{0}_{-0.12}$		影响配合	高度尺（精度 0.01），首检、自检和巡检
过程特殊特性	1	校正插齿位外圆跳动≤0.01mm	★	影响插齿精度	百分表
	2	高频电流、电压、时间	★	影响产品性能、寿命	高频淬火参数设定表/仪表监控
	3	回火温度、时间	★	影响产品性能、寿命	回火参数设定表仪表监控

备注：上述产品"产品关键特性"用客户图纸规定的符号"△A"表示，"产品重要特性"用符号"△B"表示，"过程特殊特性"用符号"★"表示。

XXX焼合件KPC/KCC清单

KPC：关键产品特性　　KCC：关键控制特性　　示例

零件名称	序号	操作描述	特殊特性符号	KPC	规范/公差	KCC	规范/公差	控制方法
左后大梁焊合件	15	左后大梁焊合件 CO_2 补焊	◇	CO_2 保护焊接强度	BT SGMWJ0401-2008	焊接参数	规定范围	CO_2 保护焊检测卡
	20	左后大梁焊合件螺母焊接	◇	螺母焊接强度	DTSB1503B	座焊机焊接参数	规定范围	参数监控
						座焊机上下电极	合边界样本	TPM点检
	25	左后大梁焊合件2#拼焊	◇	左后大梁前后加强版与后大梁焊接强度	BT SGMWJ0401-2008	焊接参数	在设定的参数范围之内	每周焊接参数监控记录统计
						工装定位夹紧	定位夹紧有效	TPM检查
			◇	缓冲限位块安装孔×4	⌖ | ø 1.5 Ⓜ | A | BⓂ | CⓂ	工装定位（定位销）夹紧	定位{ф10.4（0，-0.5）}夹紧有效	TPM检查
	30	左后大梁焊合件3#拼焊	◇	消声器吊架与后大梁焊接强度	BT SGMWJ0401-2008	焊接参数	在设定的参数范围之内	每周焊接参数监控记录统计
						工装定位夹紧	定位夹紧有效	TPM检查
	35	左后大梁焊合件4#拼焊	◇	减振器销焊合件与后大梁焊接强度	BT SGMWJ0401-2008	焊接参数	在设定的参数范围之内	每周焊接参数监控记录统计
			◇	减振器销位置度	⌖ | ø 1.0 Ⓜ | A | BⓂ | CⓂ	左大梁上的两ф21孔位置度	⌖ | ø 1.0 Ⓜ | A | BⓂ | CⓂ	抽检

三、特殊特性的控制

1.将特殊特性记录进产品和/或制造文件

IATF 16949标准“8.3.3.3特殊特性”要求将特殊特性记录进产品和/或制造文件，如图纸、过程流程图、FMEA、控制计划和标准的工作/操作说明书中，特殊特性用特定的标记进行标识，并且贯穿这些文件中的每一个。以下为参考示例。

记录进图纸

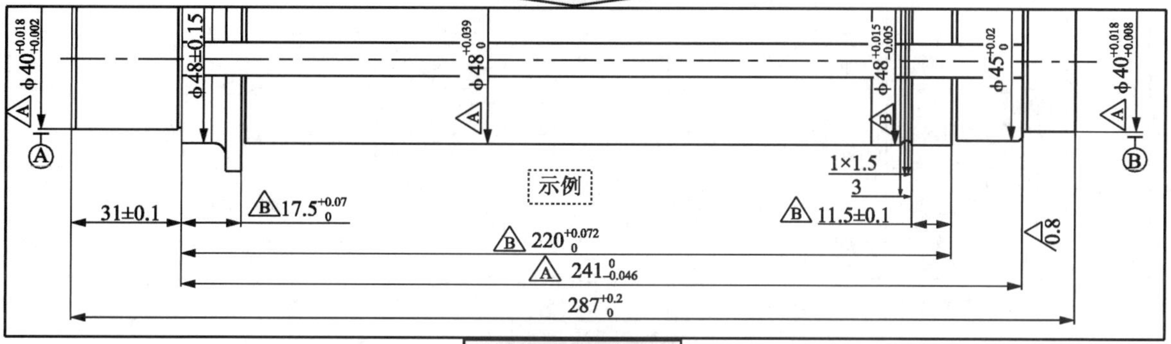

记录进清单

产品/过程特殊特性清单　示例					
零部件编号：		产品名称：		产品图号：	
特性类别	序号	特性项目	特性符号	特性影响	控制方法
产品关键特性	1	外圆尺寸φ40（+0.018，+0.002）	△A	影响装配及机械性能	均值–极差控制图
	2	外圆尺寸φ48（+0.039，0）		影响装配及机械性能	均值–极差控制图
	3	外圆尺寸φ40（+0.018，+0.008）		影响装配及机械性能	均值–极差控制图
	4	长度尺寸241（0，−0.046）		影响装配及机械性能	均值–极差控制图
产品重要特性	1	长度尺寸220（+0.072，0）	△B	影响装配	高度尺
	2	长度尺寸17.5（+0.07，0）		影响装配	高度尺
	3	槽边距长度尺寸11.5±0.1		影响装配	高度尺/投影仪
	4	外圆尺寸φ48（+0.015，−0.005）		影响装配及机械性能	外径千分尺

记录进过程流程图

过程流程图　示例							
编号	流程				过程名称	产品特性	过程特性
	◆ 检查	▲ 贮存	■ 加工	➡ 搬运			
180			■		精车长度	△A △B 长度尺寸，端面跳动	
190			■		去毛刺	外观	
200			■		精磨	△A △B 外圆尺寸，圆柱度，同轴度	
210	◆				成品检验	外观、尺寸	
	◆				探伤检测	△S 外部缺陷	

记录进 PFMEA

序号	过程/功能	要求	潜在失效模式	潜在失效后果	严重度(S)	分类	潜在失效起因	现行预防过程控制	频度(O)	现行探测过程控制	探测度(D)	风险顺序数RPN
200	精磨（示例）	外径符合要求	尺寸偏大	装配困难，返工	6	A	测量误差；砂轮磨损；进给量过大；传感器自动探测出错。	对操作工做工艺及加工要求培训；及时修研砂轮；先粗磨，测量后再精磨；每班第一件对传感器校正。	3	自检、首检、巡检	3	54
			尺寸偏小	装配间隙过大，配合松动，有可能报废	7	B			3		3	63
			漏磨	无法装配，返工	6		操作者遗漏	用标识牌区分加工和未加工过的产品。	4		3	72
		同轴度符合要求	同轴度偏大	设备运行异常，客户抱怨，退货	7	B	顶尖磨损；顶尖未顶紧；工件松动；顶孔内有铁屑杂质；未校直。	用风枪吹净顶孔后并涂上润滑油再加工；及时修复或更换顶尖；跳动过大的产品分开放作标识。	3	自检、首检、巡检	3	63
		圆柱度符合要求	圆柱度偏大		7	B			3	自检、首检、巡检	3	63
		长度尺寸符合要求	长度偏大	影响装配精度	5		对刀取数错误	以端面为基准对刀取数。	4	自检、首检、巡检	3	60
			长度偏小	影响装配精度，返工	6				4		3	72

记录进控制计划

零件/过程编号	过程名称/操作描述	机器/装置/夹具/工装	特性 编号	产品	过程	特殊特性分类	方法 产品/过程/规范/公差	评价/测量技术	样本 容量 / 频率	执行者	控制方法
200	精磨（示例）	外圆磨床	1	外径		A	ϕ40（+0.018，+0.002）	外径千分尺	自检100%、巡检：每2小时抽检5件，首检：1件；	IPQC/作业员/班长	均值–极差控制图
			2	外径			ϕ45（+0.02，0）	外径千分尺	自检：100%；首检：1件；巡检：每2小时抽检1件，班长不定时巡检。		每班第一件校正传感器并补偿偏移量。
			3	外径		B	ϕ48（+0.015，–0.005）	外径千分尺			
			4	外径		A	ϕ48（+0.039，0）	外径千分尺	自检100%、巡检：每2小时抽检5件，首检：1件；		均值–极差控制图
			5	外径		A	ϕ40（+0.018，+0.008）	外径千分尺			均值–极差控制图
			6	圆柱度		B	≤0.008，0.009，0.011	外径千分尺	自检：1/1h；首检：1件；巡检：每2小时抽检1件，班长不定时巡检。		每班第一件校正传感器并补偿偏移量：首检/巡检/自检/记录，作业指导书。
			7	同轴度		B	≤0.02	偏摆仪			
			8	长度			23 ± 0.2	卡尺/投影仪			
			9	表面粗糙度			Ra0.8	粗糙度样板/轮廓仪			
			10	外观			已加工表面无磕碰、划伤、锈蚀，加工完成后涂防锈油，V形架隔离放置	目测	自检：100%；首检：1件；巡检：每2小时抽检1件，班长不定时巡检。		
			11		安全门防错		手动推、拉安全门	手感、目测	正常工作前	作业员	设备日常保养记录表

记录进作业指导书

过程控制作业指导书	工序编号	110	零件状态	插齿	加工工时	16'	设备编号		工装编号	

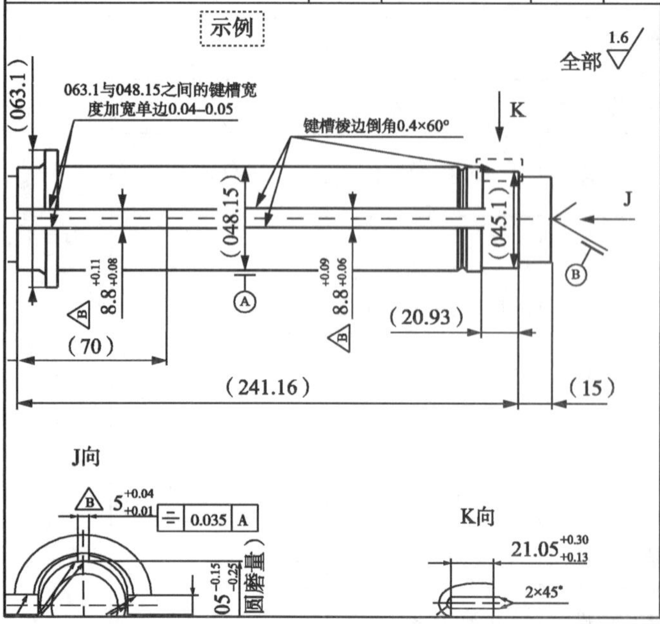

序号	工步内容	刀辅夹具	主轴转速(r/min)	进给量mm/r	切割深度(mm)
1	顶两端中心孔装夹固定，铣键槽合格，键槽棱边及5mm槽口倒角，去毛刺。				
2	将合格零件放入具备防磕碰、划伤、跌落、污染功能的专用工位器具中，将不合格品标记后放入规定的器具中。	零件周转箱 不合格品箱			

检测要求

序号	检查项目	标准要求	重要度	量检具名称	首检数	自检频次及数量	抽检频次及数量
1	槽宽	$5^{+0.04}_{+0.01}$	B	通止塞规	1	100%	1/2h
2	槽宽	$8.8^{+0.09}_{+0.06}$	B	通止塞规			
		$8.8^{+0.11}_{+0.08}$（70mm长度）	B	通止塞规			
3	槽宽	$9^{+0.11}_{+0.06}$		通止塞规			
4	对称度	≤0.035	B	对称度检具			

记录进检验规范

成品检验规范 示例

序号	检验项目	技术要求	特性等级	检验方法	抽样数量	接收水平
17	尺寸	同轴度0.02A–B	△B	偏摆仪	抽样计划	0收1退
18		ϕ48（+0.039，0）	△A	外径千分尺	全检/批	
19		粗糙度0.8		样板对比	抽样计划	
20		220（+0.072，0）	△B	高度尺		
21		241（0，–0.046）	△A	高度尺		
22		287（+0.2，0）		高度尺		
23		端面跳动0.04A–B		偏摆仪		
24		4.5（+0.1，0）		卡尺		
25		17.5（+0.07，0）	△B	高度尺		
26		R4		R规		
27		ϕ48±0.15		卡尺		
28		ϕ40（+0.018，+0.002）	△A	外径千分尺	全检/批	

2.为产品和生产过程的特殊特性开发控制和监视策略

IATF 16949标准“8.3.3.3特殊特性”要求为产品和生产过程的特殊特性开发控制和监视策略。

产品质量的实现就是要把顾客的需求和期望转化为具体的产品功能、性能，再展开到具体产品特性和过程控制特性，通过对过程特性和产品特性的有效控制从而实现产品功能，满足顾客需求和期望。

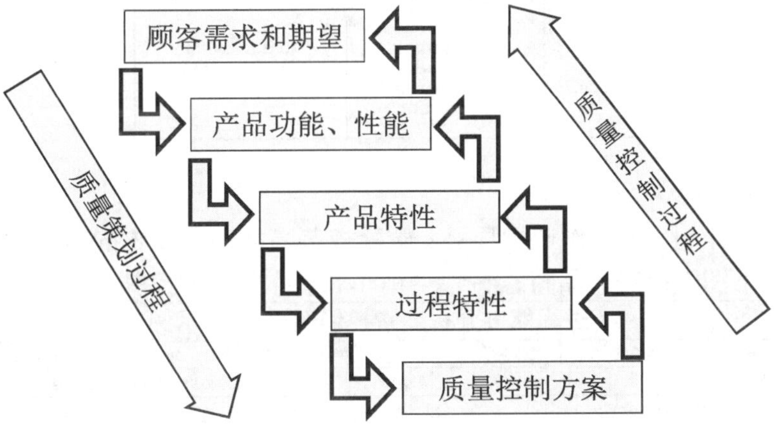

对特殊特性的控制策略是指检验、测量、试验、防错的方法和频率以及所用的检测仪器设备，监视策略是指对某个特性波动的范围和趋势的监视方法，比如控制图法、仪表监视、视频监视。

如前面所示的产品和过程特殊特性清单、控制计划、过程作业指导书、检验规范等文件中就包含了对特殊特性的控制和监视方法，这些方法适当时可包括所用的检具/试验设备、作业准备验证、首件检验、末件比较、自检、巡检、转序检验、成品检验、出货检验、SPC控制、参数监控、产品审核等。

通用汽车公司KCDS—《关键特性指定系统工作程序》（GMW 15049）中规定了KPC、PQC、KCC的控制要求，以下可供参考。

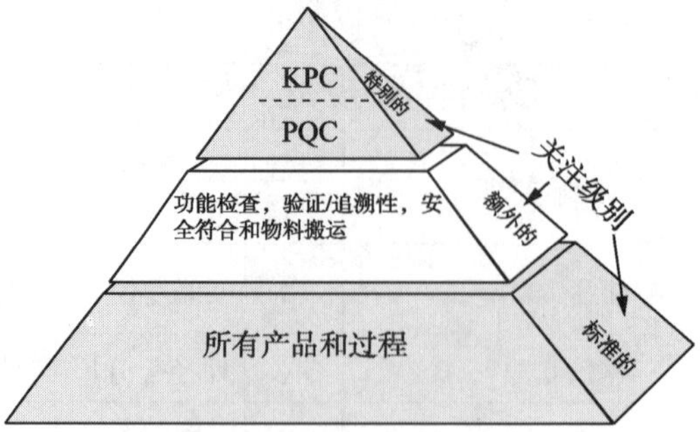

GM-KCDS“金字塔”

关键产品特性（KPC）控制：制造/组装工厂必须将每一个KPC（关键产品特性）控制在额定目标值内。控制应包括：统计过程控制（SPC）、工艺控制计划、质量控制工作程序或100%检测。

产品质量特性（PQC）控制：制造/组装工厂必须通过合适的工艺控制计划和质量控制工作程序将每一个PQC（产品质量特性）控制在公差内。

关键控制特性（KCC）控制：必须将其变化控制在某一目标值附近的一种工艺过程参数，以保证在制造和组装过程中减小 KPC/ PQC的变异或控制在目标值附近。

通用（GM）对各类产品特性的过程能力和过程控制的要求，以下可供参考。

	6σ Requirement	
CHARACTERISTIC	PPAP	On-going Production
KPC Special Characteristics/ Extra Care	Cp & Pp≥1.67 Cpk & Ppk≥1.67 Full Approval Cpk & Ppk≥1.33 Acceptable	Cp & Pp≥1.67 Cpk & Ppk≥1.67 Full Approval Cpk & Ppk≥1.33 Acceptable
PQC Special Characteristics/ Extra Care	Cp & Pp≥1.67 Full Approval Cp & Pp≥1.33 Acceptable Cpk & Ppk≥1.0	Must be within Specification
Standard Product Characteristics	One Sample checked, Must be within Specification	Must be within Specification

3.实施过程控制并存档

按照所策划的在控制计划、过程作业指导书、检验规范等文件中规定的对特殊特性的控制和监视方法实施控制。如下图中针对产品特殊特性“精车长度”的SPC控制。

过程能力分析$\bar{x}$-R控制图 示例

生产单位		工序名称	精车长度	机器编号		样本容量/频率	5pcs/2h	过程受控状态	受控
零件名称		零件图号		特　性	长度	规范要求	240.954~241.000mm	控制限计算日期	2018/4/11

$\bar{\bar{x}}$ =均值$\bar{x}$ = 240.9745　$UCL_{\bar{x}}$=240.980　$LCL_{\bar{x}}$=240.969　d_2=2.33　C_p=1.83　P_p=1.81

$\bar{R}$ =均值 R = 0.010　UCL_R=0.021　LCL_R=0.000　C_{pk}=1.63　P_{pk}=1.61

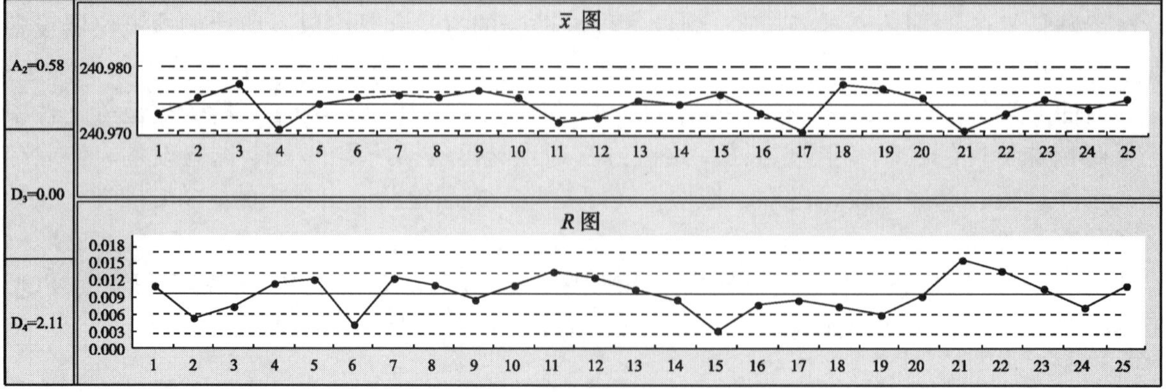

保留所有特殊特性的检验、测量、试验、监视的数据和记录，保存期限必须满足顾客和法规要求。

四、特殊特性的传递

IATF 16949标准“8.4.3.1外部供方的信息—补充”要求，组织应向其供应商传达所有适用法律法规要求以及产品和过程特殊特性，并要求供应商沿着供应链直至制造，贯彻所有适用的要求。

组织可通过图纸和工程技术文件，或特殊特性清单等向供应商传递，并要求供应商沿着供应链直至制造，贯彻所有产品和过程特殊特性。

通用（GM）规定将KPC要求转换到产品层面，并将其分解到下面各级别，将KCC要求转换到过程层面，并将其分解到下面各级别。

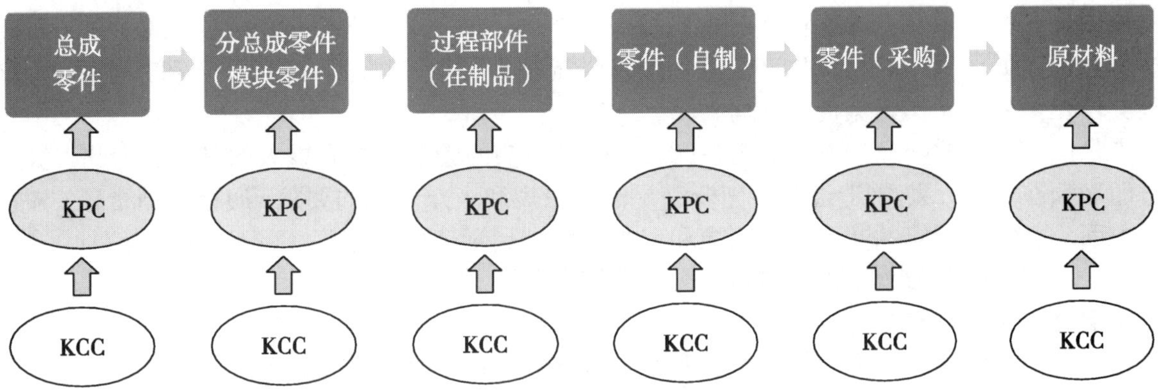

第二节　大众汽车 D/TLD 管理说明

一、D/TLD 存档责任件的定义、概念和意义

1.什么是 D/TLD

“D”含义：德文存档责任件（Dokumentationspflicht）的第一个字母。

“TLD”：技术准则文件。

“D/TLD”：有存档责任的/技术准则文件。

“D 零件”：有存档责任的零件（安全系统零件、底盘零件、拉杆、双头螺栓、内饰件等）。

“D 特性”：有存档责任的特性，如扭矩、阻燃性和透光率等。

D 特性的实质也就是特殊特性或关键特性。

D/TLD是大众汽车集团用于识别对生命安全有重大影响或涉及国家规定的安全法规要求，需要质量方面特别证明的产品/零件和特定特性。也可以简单理解为，D/TLD是大众汽车针对影响安全和法规的零件及其特性的标识和存档要求。

对汽车产品而言，含有可能对人身和生命造成直接威胁的关键特性的部件或系统，如：

——制动设备（例如：密封性）；

——转向系统或车轮悬架（例如：力矩）；

——燃料供应和混合气制备（例如：密封性）；

——倒车系统（例如：触点、转矩）；

——照明（例如：功能）。

法律、政府法规的规定都对关键特性有要求，如：

——尾气排放法（例如：CO_2）；

——电磁兼容性；

——噪声；

——碰撞强度；

——儿童座椅固定（例如：坚固性）；

——阻燃性（例如：燃烧率）。

D/TLD为什么“有存档责任”呢？那是因为和产品责任有关。

——法律法规强制要求汽车制造厂商针对所有批量生产的汽车都必须满足一些最基本的要求。因此，对供应商来说，也要提供证据文件。这些文件可以保护供应商和汽车制造厂商避免由于并非自身过失责任（产品责任）而造成的损失，如禁止出售和违约罚款等。

——为了能够针对制造商责任采取足够的措施以避免损失，大众汽车从法律框架出发，将履行存档义务扩展至涉及所谓的“重要功能件”（FWT）。

——除了质量管理体系的一般要求之外，供应商还必须提供 D/TLD 零件的质量证明文件，并在最终生产批次后（见 VDA 第 1 卷）至少存档 15 年。这些文件是用“D”或“TLD”标识的技术文件，如图纸、表格、生产放行、技术供货条件、检验规程、样件报告和其他质量记录，这些文件在需要时能作为免责的证据。

当供应商提供的产品涉及产品责任时，首先供应商的管理者具有重大的责任。为此，供应商一方面必须在产品开发/制造过程中充分满足法律法规和大众集团的要求，履行产品责任（“做”）；另一方面，必须对相应的活动进行记录和存档，以满足举证责任需要（“记”和“存”）。

二、D/TLD 存档责任件的标识、识别和范围

1. D/TLD 的标识

技术文件的标识：在大众集团中有两种同级别的标识符号“D”和“TLD”。

D标识：如果尺寸、文字说明涉及法规及企业内部的制造规范的话，为了标示出存档责任，在标题栏（图纸说明栏的“D标识”区域或者“Sicherh.Dok./SafetyDoc.”区域）中标出D。技术文件中的尺寸或者其他D特性将用两端限位的横杠“┌─┐”标识出来。

TLD标识：在标题栏（图纸说明栏）的“Sicherh.Dok./SafetyDoc.”区域中出现了TLD，而在“技术文件”区域中将出现相应的TLD—号码，这些号码所表示的技术文件中包含了必须存档的技术特性和对法规的说明。

在TLD—汇编中只列出了重要的具有概括性的技术供货条件。如果在这些技术供货条件中还要参阅其他的技术供货条件，那么其他技术供货条件也同样属于存档责任文件。

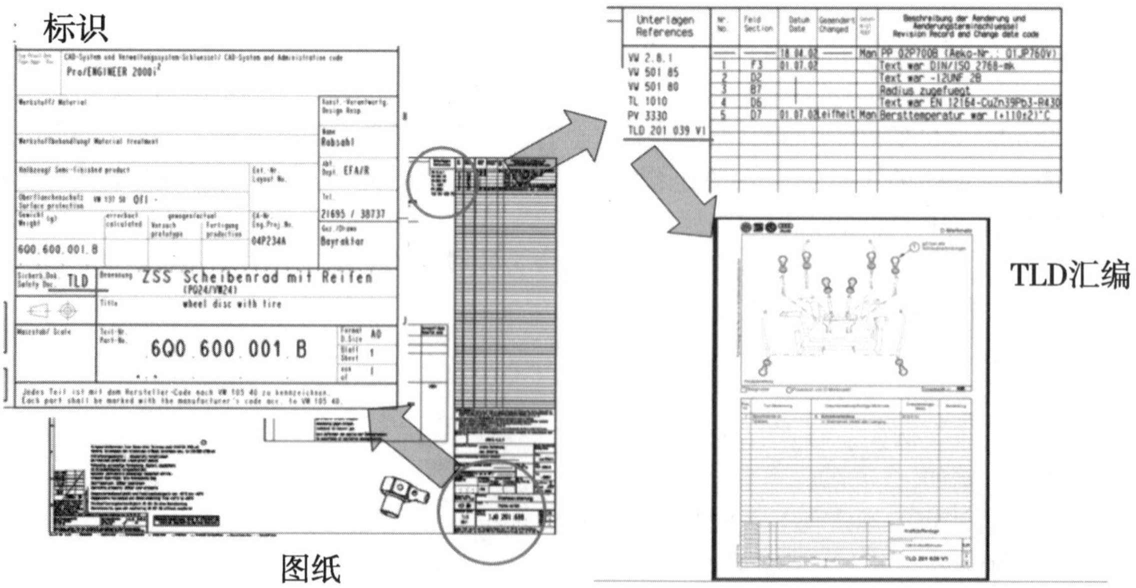

Seite 3
Ausgabe TL 1010:2008–01
D

3.4 Brennverhalten

Siehe Tabelle 1.Die Prüfungen werden an ungealtertem und an nach PV 3904 gealtertem Material durchgeführt. Die Prüfergebnisse,die an gealtertem Material ermittelt werden, unterliegen nicht der Nachweispflicht. Prüfergebnisse von Teilen mit einer Probenlänge von<100mm unterliegen ebenfalls nicht der Nachweispflicht. Bei solchen Teilen kann die Durchführung der Prüfung an Plattenmaterial vereinbart werden, wobei die Dicke der Prüfplatten der dünnsten Wandstärke oder Dicke der Fertigteile entsprechen sollte.

Tabelle1

Lfd. Nr.	Brennverhalten	Brenngeschwindigkeit BR (mm/min)	Angabe im Prüfbericht
1	über die gesamte Messstrecke brennend BR	<100	BR…mm/min
2	selbstverloschende Proben		
2.1	Brennweg > 50 mm BR	<100	SE/BR…mm/min
2.2	Brennweg ≤ 50 mm, Brennzeit < 60s	–	SE/NBR

2. D/TLD 的识别

（1）图纸上有“D”或“TLD”；

（2）技术资料（如TLD标准），有“D”及两端限位横杠“┌─┐”；

（3）顾客约定的特殊要求；

（4）D/TLD件，具有存档责任零件的缩写，特别是安全零件的举证责任；

（5）D/TLD，在产品图纸或技术供货条件（TL）上盖上该字样的章表示该零件/系统是与安全相关的；

（6）D审核，根据存档责任要求条例进行的审核。

3.其他文件标识

须对供货范围内的所有相关资料进行标识（包括供应商提供的质保书、供应商协议和公司内相关资料，如供应商质量证明、验收协议、产品责任协议、PPAP认可资料、图纸、技术规范、工艺文件及其记录、检验文件及其记录、设备操作规程及其设备点检记录、试验规程及其记录和报告、相关产品标识、培训记录等）。

4. D/TLD 范围

（1）由整车厂规定

TLD编制 — 负责编制和更改TLD文件的部门是开发汽车的技术开发部，并形成TLD汇编文件，VW每个车型都有一份TLD汇编文件。

TLD–号结构：TLD–号由字母和数字组成。

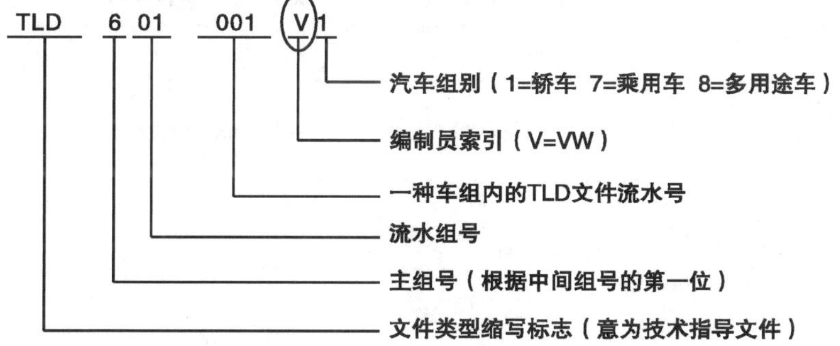

V=Volkswagen
A=Audi
M=VW de Mexico　S=VW of South Africa　R=VW Argentina
E=VW do Brasil　T=Skoda
L=Seat, Spanien　K=Karmann

（2）由供应商增加

在其零件责任范围内，供应商有义务根据自身经验，将所有与安全相关的特性纳入履行存档责任，即使这些特性有可能并没有被顾客作为存档责任规定下来。

如在车身零件范畴内，可能的零件为：

- 涉及安全要求的焊接、涂胶部位；
- 涉及碰撞试验要求的相关零件，如门防撞板、热成型零件；
- 铰链功能件；
- 与行驶安全性要求有关的螺纹板。

三、D/TLD 零件的特性清单和存档范围、要求

1.特性清单包括产品特性和过程特性

产品特性——根据TLD汇编要求及供应商的增补，确定零件的具体特性内容和要求描述。

过程特性——对于影响产品特性所需的过程控制要求。

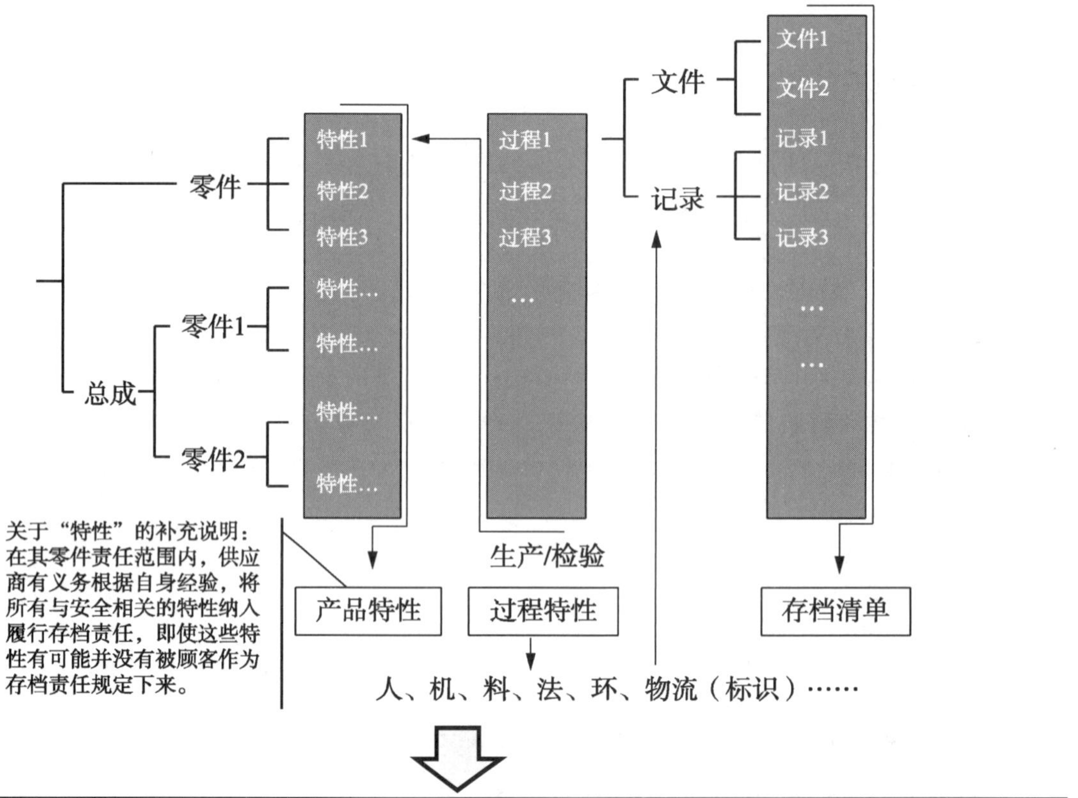

TLD零件特性清单 示例					品名：左/右腹板总成	版本：1.0	发行日期：	
					品号：	第1页 共1页	车型：	
序号	零件名称	特性分类		产品特性描述	过程特性控制内容	特性标识	特性标准	备注
		产品特性	过程特性					
1	左/右腹板总成 5J6 809 597/598	焊接连接： 1）点焊 2）焊点数量 3）焊接质量	点焊参数：	零件的焊点数为5点； 焊点直径零件破坏试验零件破坏试验 dp≥4.0； 焊点熔核直径dL零件破坏试验 dL≥3.5； 表面无焊穿/飞溅/倾斜/凹陷	焊接参数、焊点数目及位置首检； 零件破坏试验1PCS/2500PCS； 金相试验1PCS/2个月； 试片破坏1PCS/2H（除首检外）； 焊点外观（见《检验基准书》）	TLD	801 028 T1	

2.存档文件清单范围

存档文件清单范围包括SOP（量产启动）前设计开发资料及SOP后过程控制资料。

SOP前——设计开发资料
- ✓ 产品重要度分级表
- ✓ D-FMEA、P-FMEA
- ✓ 图纸、标准、Aeko（更改控制）
- ✓ 工艺文件、操作指导书
- ✓ 控制计划
- ✓ 国家法规、3C认证
- ✓ 开发过程认可、产品认可等
- ✓ 能力指数验证

SOP 后——过程控制资料
- ✓ 根据人、机、料、法、环进行识别
- ✓ 检验计划、检验记录
- ✓ 检验器具校验证明和记录
- ✓ 来料控制
- ✓ 设备检查、维护、校核
- ✓ 人员培训、职责、素质能力的证明

——质量证据文件还包括按计划进行的行动、人员的选择和培训、检验设备的适宜性以及过程能力调查和往来信件。

——在发生缺陷时，和/或顾客要求下，供应商必须能证明其在防止产品出现缺陷方面已采取了足够的措施。

——供应商有义务对要供货的每一个 D/TLD 零件进行系统化的证据文件存档工作。

存档资料 / 总成	标准	图纸	重要度分级表	DFMEA	PFMEA	入库检验指导书	入库检验记录	人员培训记录	…
A	√	√	√	√	√			√	
B	√	√	√			√	√		
C									
D									
E									
…									

存档文件清单示例（这是一份特性汇总表，包括涉及存档文件的汇总）

序号 \ 项目	D/TLD特性	涉及产品	标准与规范	文件与程序	表格与报告	电子记录	负责单位	参考图片	分类
1	螺纹连接（前座靠背和座垫骨架）	Passat	24±2.4Nm	文件程序： 1、上海Passat系列轿车座椅总成技术条件 2、座椅总成安全项清单（TLD） 3、设计失效模式分析（DFMEA） 4、过程失效模式分析（PFMEA） 5、工艺流程图 6、作业指导书 7、控制计划 8、过程检查指导书 9、紧急响应作业指导书 10、返工作业指导书 记录表格： 1、座椅首件检验记录 2、成品审核登记表 3、过程检查记录表 4、巡检检查记录表 5、工艺过程质量控制卡 6、电动扭矩枪校准记录表 7、MP座椅装配流转卡（D/TLD特性） 8、YFJCSeats Assembly Road Book 电子记录： 1、流水线中心控制计算机					扭矩
		Polo	24±2Nm						
2	螺纹连接（保险带锁扣和座垫骨架）	Passat	24±2.4Nm						
		Polo	40+8/–4Nm						
3	座垫滚轮传动轴扭矩	Passat	17+2Nm（每批3件）						
4	螺纹连接（气囊和前靠背骨架）	Passat MP	6.5+0.5Nm						
5	气囊模块	Passat MP	TL82519						气囊
6	气囊功能特性要求	Passat MP	TL82512						
7	座椅侧向安全气囊功能	Passat MP	PV3545 气囊爆破抽检						
8	气囊缝线特殊要求（前靠面套总成）	Passat MP	TL82380 按PV3545爆破抽检						
9	头枕导管安装	所有型号	100%检验机械保险						头枕
10	头枕导管弹簧片	所有型号	调质硬度 HV5 435+100						
11	燃烧性能（泡沫和面套）	所有型号	TL1010						阻燃性
12	阻燃性能（非金属零件）	所有型号	TL1010						
13	前座椅总成功能（强度、乘员保护、头枕强度、H点等）	所有型号	第三代桑塔纳轿车总成技术条件						总成

3.存档要求

供应商必须确保所有有存档责任的零件（D/TLD）以及所有规定有存档责任的特性均被考虑为重要零件/特性。

存档方式和时间：

——存档时间至少为15年，依据产品责任法权利3年后失效+投入10年后产品责任法权利解除+2年的产品流通时间。（产品责任法规定存档期限至少为10年，此外，申诉期限为出现故障的3年之内）

——存档可用书面\胶片\磁盘等多种方式，要保证信息保存可靠和查阅方便，必要时，需要安全双归档（两个建筑物之间距离100米以上）。

——信息保存要可靠和查阅方便，产品资料和检验记录要根据生产过程按照炉号/批号归类。

存档期限的计算：

是指文件和资料失效后保存15年。如下图所示：

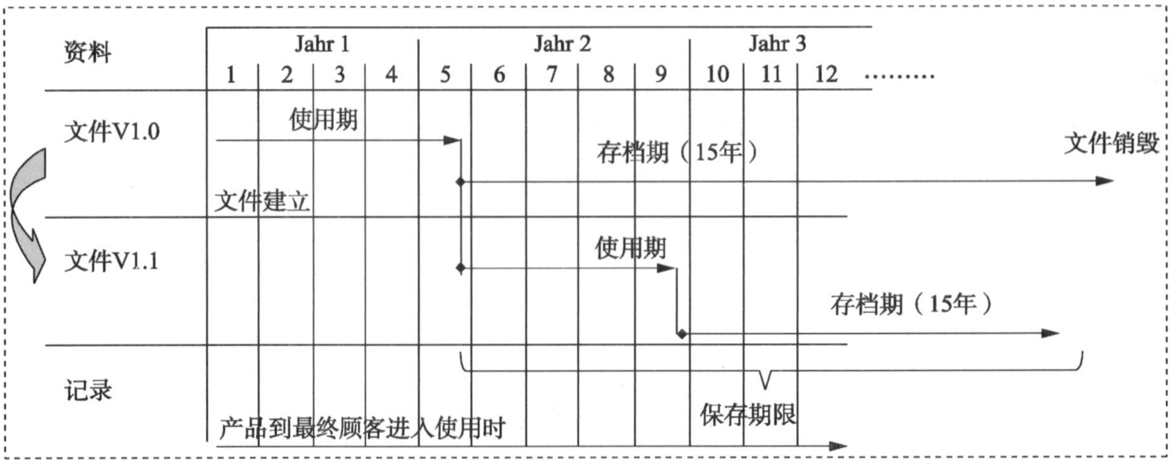

说明：

①文件存档时间从文件失效开始时计算（如：A1版文件使用时，A0版权文件开始存档，并保存15年）；

②记录存档：记录完成时开始存档并存档15年；

③如涉及分供方存档责任要求的，则以协议形式向分供方提出来D责任存档要求。

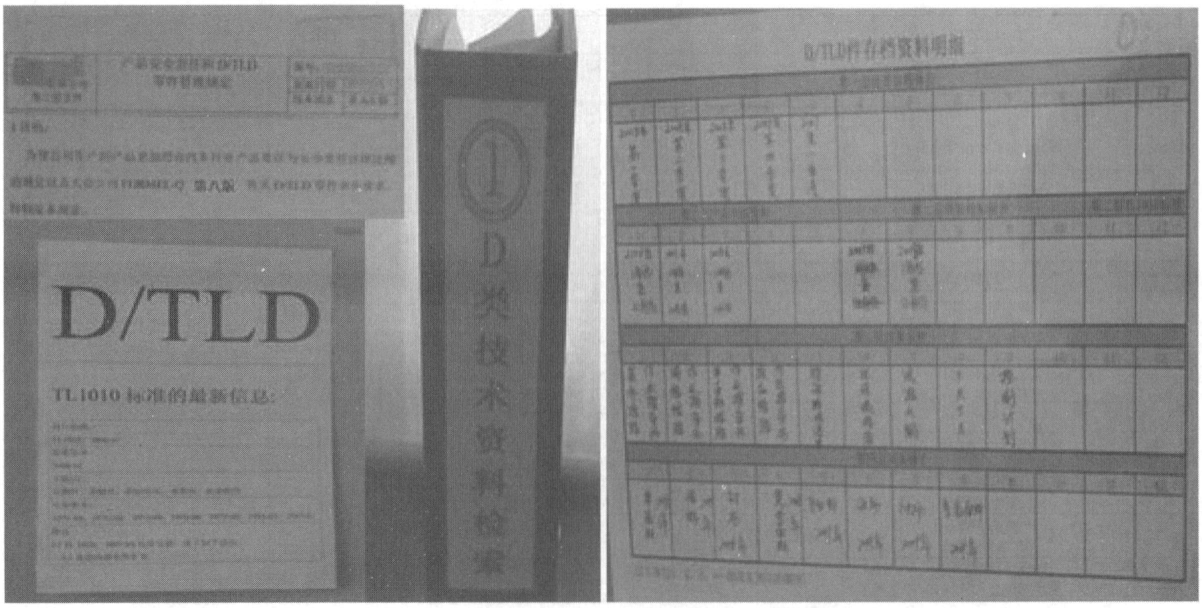

四、履行存档责任（D/TLD 零件）质量审核

为了评审相应要求的落实情况，供应商必须根据最新的 D/TLD 提问表在每个生产场所至少每 12 个月（最多 12 个月的有效期）进行一次自审，检查特定的 D/TLD 特性证明是否为最新并形成文档。供应商有义务对自身供应链、外购件和外协过程应用此方法。

对履行存档责任（D/TLD 零件）的质量审核，通过三个方面（技术资料/履行存档责任、产品和过程、人员）提问表共计 17 个问题进行审核。以下提问内容根据 Formel Q 质量能力提问表摘录，以供参考。

1. 技术资料/履行存档责任

在产品和过程产生的各个阶段以及在批量生产中，一些专门的文件和质量证明是存档责任的决定性组成部分。供应商应对技术资料/文件进行无遗漏的收集、归纳整理和存档。这些质量证明用于说明制造商遵守了顾客特定要求的、具有存档责任的特性。这种工作程序也要相应地应用于分供方。

1.1 是否存在最新的一览表（供货列表："向大众汽车集团提供的有存档责任的零部件"）？

D/TLD零件的技术文件资料的更改状态是否有效？

D/TLD零件是否带有标记？

是否特别证明了D/TLD特性？

1.2 对那些在大众汽车集团的技术资料中没有被视作D/TLD特性，但零部件制造商认为是与安全相关的特性，是否也在其产品责任范围内进行了记录？（如材料、功能、阻燃性）

1.3 是否实施了文件管理程序？（所有的D/TLD零件的资料，包括首次认可和更改认可的质量保证证据都要按照程序步骤进行处理。）

1.4 供应商是否把相关生产和检验技术的文件资料可靠地保存至少15年（按照VDA第1卷使用时间和存档时间总和）？

1.5 证明中是否包含了所有关键数据？（例如：零部件原始数据，包括更改状态；检验特性；目标值/实际值；可靠性检验；结果发生偏差时的说明，并附有消除措施。）

1.6 存档方法是否适合随时迅速地查阅到每一份资料？

1.7 对有存档责任的特性产生影响的分供方是否承担了类似的履行存档责任义务？是否能证明其保证了各项要求？

1.8 是否已为供应链中的每个阶段指定产品安全责任人及其代理人？（请见Formel Q质量协议第4.2章）

（至少1名管理层成员接受过基础的关于产品安全和产品责任法方面的外部培训。）

2.产品和过程

过程和零部件检验的资格和能力对满足产品的质量要求具有重要意义。为此，必须准备质量证明。下列资料也属于质量证明：有计划的活动、风险分析、人员的选择及其素质、具有质量能力的检验过程证明、检验设备的证明、所使用材料和处理介质的环保证明。在任何情况下，必须保证零部件能追溯到前面的过程和所使用的材料。

2.1 是否对具有存档责任的特性的所有关键生产参数作了书面规定，并且对定期检验形成文档？

（例如：转速、进给、压力、温度、工模具参数、液体中的材料比例）

2.2 是否证明了具有存档责任的特性的过程能力，并且在缺乏证明的情况下进行了全数检验？

（开始批量生产时 Cpk = 1.33，并持续改进，短期过程能力 Cmk/Ppk = 1.67）

2.3 具有存档责任的特性的检验方法是否适合发现缺陷？

（例如：检验设备/测量设备能力的证明，精确度与公差相适应，保养，校准。）

2.4 是否保证了具有存档责任的产品的可追溯性？

（必须正确标记零部件、检验文件和供货文件，从而确保制造时间和制造条件的可追溯性。）

2.5 是否充分考虑/满足了所有的具有存档责任的特性？

（例如：所有具有存档责任的特性，即使来自不同产品组。）

3.人员

企业管理层的成员必须证明其具有关于产品责任和产品安全性的适用法律的基础知识，并了解这对企业的意义。

对管理者和负责零部件生产和检验的人员，必须就其特殊的责任进行培训。必须让全体员工都清楚地意识到，当特定的重要产品和过程特性发生偏差时可能出现的风险。

对于没有掌握生产所在地语言的外籍员工，无论其处于哪个级别，都必须用其可以理解的语言为其提供培训和各种信息。

必须通过持续的培训措施保持人员素质，并且必须提供其适合所从事工作的证明。

为了在出现瓶颈状况时能换上有素质的员工，要确定必需的人员编制，要有顶岗员工。

3.1 对确定/从事/影响/批准具有存档责任的特性的人员，是否对其职责进行过培训？

（必须对下述内容进行培训：关于遵守法律的要求、出现偏差/不符合时的后果、职责、信息流、隔离、标识）

3.2 对外籍员工，无论其处于哪个级别，是否用其可以理解的语言为其提供了相关文件和培训？

（对于外籍操作人员或检验人员一般使用其母语，对于外籍管理人员一般使用其母语或英语。）

3.3 是否能证明管理者和员工的资格符合各自工作岗位的要求？

例如：

——至少1名领导成员参加过由法律专家（相关讲师、律师等）主持的产品安全和产品责任法（本国、欧盟、美国、日本）原则方面的外部培训以及内部讲座；

——质量负责人和协调人接受过外部或内部培训；

——过程培训；

——通过试用和抽样式的检查方法进行考核。

3.4 是否具有必要的人力资源？

例如：

——协调所有存档责任的活动；

——必要的操作人员和检验人员资源；

——在缺勤情况下具有可顶岗的合格的人员。

——如果在审查时发现薄弱环节，供应商应立即自行实施必要的整改措施。供应商自行重新实施 D/TLD 审核，检查整改措施的落实情况及其有效性，必须做好相应文件的存档工作。

——D/TLD 自审结果必须存档至少 15 年，并保存好以备大众汽车集团随时确认。供应商必须能随时提供关于确保和遵守质量要求所实施措施的证明。在履行存档责任时应考虑 VDA 第 1 卷、VDA 6.1、IATF 16949 的全部规定以及顾客的特定要求（如 Formel Q 质量协议）。

审核时要有代表性地选择零件，要考虑到所有供货的 D/TLD 零件中每一个有存档责任的特性。通过过程审核和产品审核，必须证明这些零件符合了规定的要求。样件的选择可以依据供应商不断更新的“向顾客提供的存档责任件”供货清单进行。

——产品审核时抽样的多少，要根据零件以及检验特性确定，也就是说，从供货清单中的抽样必须覆盖到所有存档责任特性。

想更深入全面了解D/TLD的朋友可参阅 Formel Q质量协议、Formel Q质量能力、VDA 1（文件化与存档）等相关资料。

第三节　产品安全管理

一、产品安全和产品责任

1.什么是产品安全

标准定义：与产品设计和制造有关的标准，确保产品不会对顾客造成伤害或危害。

从定义看，产品安全就是为了确保产品不会对顾客造成伤害或危害而规定的与该产品设计和制造有关的标准。是从技术上采取措施满足产品安全要求。

从设计功能方面看，汽车安全可分为主动安全性（尽量避免事故发生）和被动安全性（事故发生后减少伤害）。

那么，汽车上有哪些安全件呢，对于哪些是安全件，目前没有查到权威的定义，也没有明确的安全件目录，以下部分示例仅供参考。

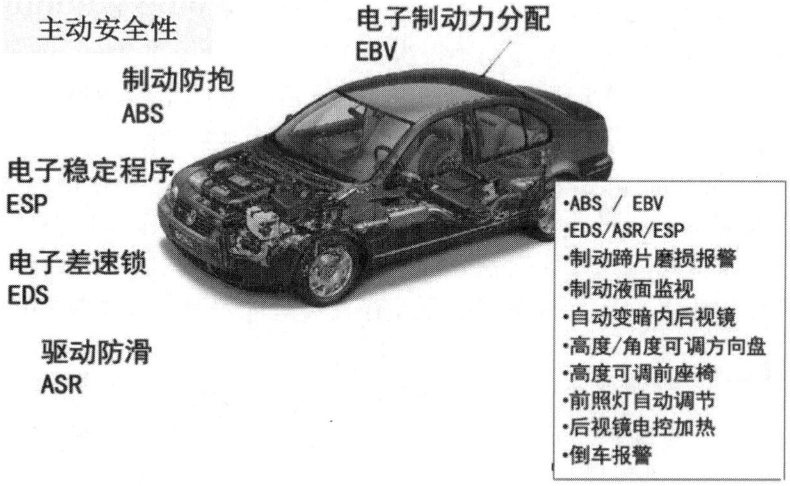

2.什么是产品责任

不要把产品安全和产品责任的概念混淆，产品责任是指生产者、销售者因生产、销售有缺陷产品致使他人遭受人身伤害、财产损失所应承担的赔偿责任。

产品安全是技术标准，本身不具法律内涵，产品责任却是作为民法的一部分以损失的补偿为目的。鉴于可能发生成本费用，它也成为企业制定经营政策时的一个关键因素。

但是，产品安全控制不当就可能导致涉及安全的缺陷产品发生，从而可能承担产品责任。

中国于 2012 年 10 月 22 日颁布了《缺陷汽车产品召回管理条例》，自 2013 年 1 月 1 日起施行（2019 年有修订）。以下摘录了其中的比较重要的几条供大家参考。

第二条 在中国境内生产、销售的汽车和汽车挂车（以下统称汽车产品）的召回及其监督管理，适用本条例。

第三条 本条例所称缺陷，是指由于设计、制造、标识等原因导致的在同一批次、型号或者类别的汽车产品中普遍存在的不符合保障人身、财产安全的国家标准、行业标准的情形或者其他危及人身、财产安全的不合理的危险。

本条例所称召回，是指汽车产品生产者对其已售出的汽车产品采取措施消除缺陷的活动。

第八条 对缺陷汽车产品，生产者应当依照本条例全部召回；生产者未实施召回的，国务院产品质量监督部门应当依照本条例责令其召回。

本条例所称生产者，是指在中国境内依法设立的生产汽车产品并以其名义颁发产品合格证的企业。

从中国境外进口汽车产品到境内销售的企业，视为前款所称的生产者。

第九条 生产者应当建立并保存汽车产品设计、制造、标识、检验等方面的信息记录以及汽车产品初次销售的车主信息记录，保存期不得少于 10 年。

第十二条 生产者获知汽车产品可能存在缺陷的，应当立即组织调查分析，并如实向国务院产品质量监督部门报告调查分析结果。

生产者确认汽车产品存在缺陷的，应当立即停止生产、销售、进口缺陷汽车产品，并实施召回。

第十三条 国务院产品质量监督部门获知汽车产品可能存在缺陷的，应当立即通知生产者开展调查分析；生产者未按照通知开展调查分析的，国务院产品质量监督部门应当开展缺陷调查。

国务院产品质量监督部门认为汽车产品可能存在会造成严重后果的缺陷的，可以直接开展缺陷调查。

第十四条 国务院产品质量监督部门开展缺陷调查，可以进入生产者、经营者的生产经营场所进行现场调查，查阅、复制相关资料和记录，向相关单位和个人了解汽车产品可能存在缺陷的情况。

生产者应当配合缺陷调查，提供调查需要的有关资料、产品和专用设备。经营者应当配合缺陷调查，提供调查需要的有关资料。

第十五条 国务院产品质量监督部门调查认为汽车产品存在缺陷的，应当通知生产者实施召回。

生产者认为其汽车产品不存在缺陷的，可以自收到通知之日起 15 个工作日内向国务院产品质量监督部门提出异议，并提供证明材料。国务院产品质量监督部门应当组织与生产者无利害关系的专家对证明材料进行论证，必要时对汽车产品进行技术检测或者鉴定。

第十九条 对实施召回的缺陷汽车产品，生产者应当及时采取修正或者补充标识、修理、更换、退货等措施消除缺陷。

生产者应当承担消除缺陷的费用和必要的运送缺陷汽车产品的费用。

从以上条款可以看出，我们前面介绍的大众汽车要求的 D/TLD 管理就是为了早期预防缺陷产品的发生，并能充分证明企业在设计和制造过程中进行了有效的控制。

在美国、加拿大、日本的法律中，对制造厂这样规定：

如果在一个车型的批量生产中有错误次品出现，而这些产品缺陷会严重危害到人们的生命安全，那么这批车辆必须重新运回特约维修站并无偿修理！

此外，国际上关于汽车方面的主要法律法规，以下可供参考（摘自 VDA1 2008 年第 3 版）：

- 交通法规
- 缺陷产品责任法
- 设备与产品安全法规 （GPSG）
- 德国联邦机动车管理局关于实施公路行驶车辆设备与产品安全法（GPSG）的指令
- 噪音排放框架标准 70/157/EWG
- 尾气排放框架标准 70/220/EWG、715/2007 规定

- 美国安全准则 FMVSS（美国联邦机动车安全标准）
- 美国环保署环境保护规定（第一章第 40 条）关于碳气的排放规划
- 美国 1966 年公布的交通运输及车辆安全法（版号 1082），1988 年 10 月 31 日修订
- 美国运输业召回改进责任法规（2000 年 10 月 1 日）

在这里顺便介绍一下，由孔春花和王秀贞主编于 2012 年出版了《汽车行业政策与法律法规》一书，需要了解中国汽车行业政策和法律法规的朋友，可以买来学习。

> 该书介绍了我国的汽车产业政策和汽车行业相关法律法规，共分九项内容。包括：我国的汽车产业政策；汽车行业与汽车产品管理；中国汽车排放与污染控制；汽车产品质量与消费者权益保护；汽车税费管理；汽车流通环节的汽车销售、旧机动车交易、汽车消费信贷及机动车运营相关法规；汽车的进出口管理；机动车登记使用与保险；汽车维修、报废与回收管理等维修业报废回收所要遵循的相关法规。

那么，一旦发生汽车召回，会怎么处理呢？

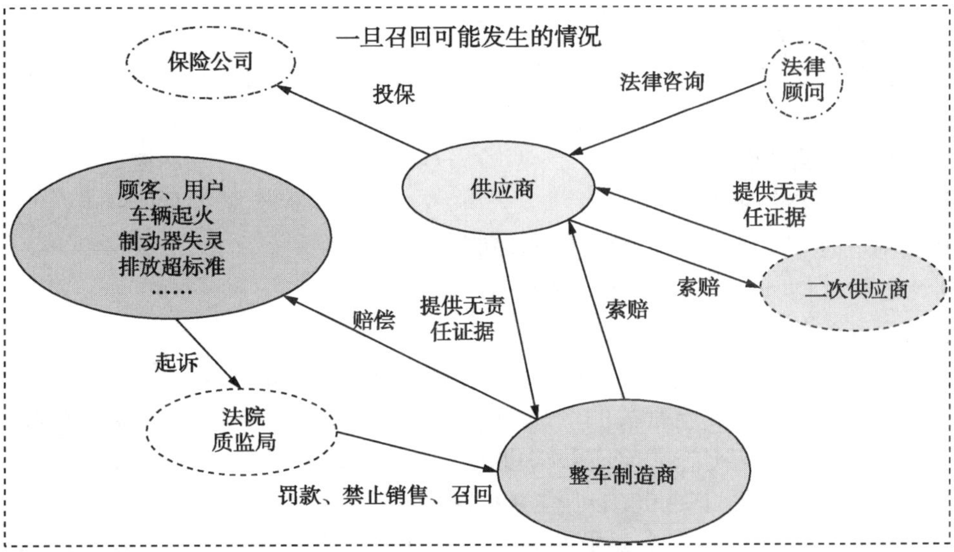

产品责任的法律责任一般分为以下三种：

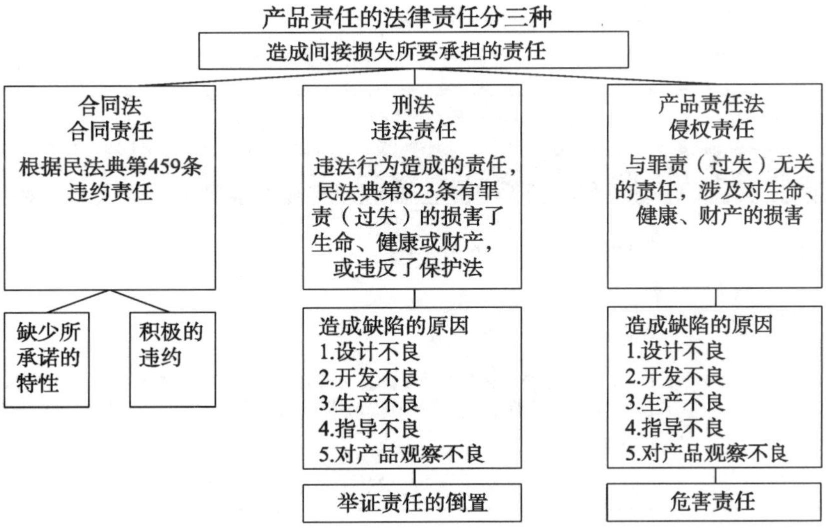

罪责责任与侵权责任的区别：

产品责任法带来了重大变化，以前产品责任主要遵照民法典的合同责任或犯罪法责任范畴内的规定，所以生产者的责任只有当他故意或过失行为时才发生，而产品责任法的根本标志在于生产者的责任是无过错责任。因此，由于生产者生产的产品缺陷引起了损失，那么不管有无过失，他首先负有责任，免责只有在特定的情况下才有可能。

产品责任法为生产者提供了免责可能，免除赔偿义务的情况有：

（1）生产者未将产品投入流通。如果供应的货物是零部件或原材料，则视供应给最终生产者或部件生产者的时间而定。

（2）投入流通时，该产品不存在引起损失的瑕疵。生产者须证明离厂时产品是没有瑕疵的。

（3）投入流通时，根据当时普遍的科技水平不能发现瑕疵的存在，这是最重要的免责的可能，也是为了保护新技术的开发和运用。

（4）产品瑕疵是由于生产者将其投入流通时必须符合强制性的法律条文。

二、产品安全管理

1.标准对产品安全的要求

我们先看看 IATF 16949 标准 4.4.1.2 的要求。

> **4.4.1.2 产品安全**
>
> 组织应有成文的过程，用于与产品安全有关的产品和制造过程管理；成文的过程应包括但不限于（在适用情况下）：
>
> a）组织对产品安全法律法规要求的识别；
> b）向顾客通知 a）项中的要求；
> c）设计 FMEA 的特殊批准；
> d）产品安全相关特性的识别；
> e）产品及制造时安全相关特性的识别和控制；
> f）控制计划和过程 FMEA 的特殊批准；
> g）反应计划（见第 9.1.1.1 条）；
> h）包括最高管理者在内的，明确的职责，升级过程和信息的定义，以及顾客通知；
> i）组织或顾客为与产品安全有关的产品和相关制造过程中涉及的人员确定的培训；
> j）产品或过程的更改在实施之前应获得批准，包括对过程和产品更改带给产品安全的潜在影响进行评价（见 ISO 9001 第 8.3.6 条）；
> k）整个供应链中关于产品安全要求的转移，包括顾客指定的货源（见第 8.4.3.1 条）；
> l）整个供应链中按制造批次（至少）的产品可追溯性（见第 8.5.2.1 条）；
> m）为新产品导入的经验教训。
>
> 注：特殊批准是指负责批准含有安全相关内容文件的职能机构（通常为顾客）作出的额外批准。

IATF 16949:2016—认可解释（SI-2）对特殊批准作了说明，原文如下：

编号	IATF 16949 参照	认可解释
2	4.4.1.2 产品安全	组织应有形成文件的过程，用于与产品安全有关的产品和制造过程管理；形成文件的过程应包括但不限于（在适用情况下）： a） - m） (...) **注：与安全有关的要求或文件的特殊批准可以由顾客或组织的内部过程要求。~~是指负责批准含有安全相关内容文件的职能机构（通常为顾客）作出的额外批准。~~** ***改变的原理:*** *澄清与安全相关要求或文件的特殊批准相关的任何混淆。*

对汽车行业来说，产品安全性管理并不是新的要求，早在 VDA 6.1 第四版（1998）的“U 部分：企业领导”中就专门有个“06 产品安全性”的条款，在美国三大汽车公司体系标准 QS-9000（1998 版）中也有“4.2.3.4 产品安全性”。这次 IATF 对产品安全性管理提出了更加明确和具体的要求。

产品缺陷的来源包括：可能来自设计、工艺、采购、制造、检验、包装、储运、安装、服务、等不同过程。在制造环节，如生产过程的缺陷，缺陷材料被安装，没有执行规定的测试和检验等工作，制造缺陷可能会涉及每个人的工作职责。

因此，标准要求应有成文的过程，用于与产品安全有关的产品和制造过程管理。

根据上述条款的要求，产品安全管理的流程如下：

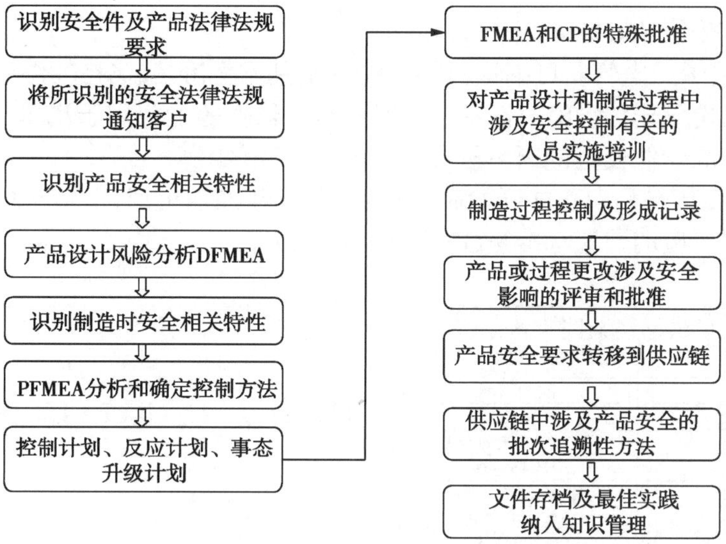

从这个管理流程我们看到，产品安全管理的思路和方法与上一节的特殊特性管理及大众汽车 D/TLD管理的要求是一致的，因为本质上控制产品安全就是要控制与安全相关的特殊特性。

另外，企业在策划产品安全管理时应考虑顾客特定要求。如BMW Group（宝马集团）和 Volkswagen AG（大众汽车公司）的顾客特定要求（CSR）都有规定供应商任命“产品安全代表/产品安全责任人”（PSB）的管理角色。VWAG认为“特殊批准”是供应商的责任，不需要VWAG的额外批准。

VWAG Formel Q-konkret 质量管理协议（第 5 版，2015 年 4 月）中 “4.2 节 产品安全、产品责任”规定了产品安全和责任的相关要求如下：

顾客对最终装配负责，并对最终产品、车辆负全部责任。这包括所有购买的零件。

安装在成品中的外购件的主要制造商责任由供应商或分供应商承担。

因此，供应商必须实施所有组织上和技术上可行的措施，以确保其零部件和子供应商的产品安全，并将产品责任风险降至最低。

供应商应确保并要求其子供应商确保：

- 在整个组织中对质量重要性的高度重视；
- 在组件开发阶段保证所需的产品安全；
- 在质量计划过程中特别注意产品安全；
- 确保并记录生产过程的质量能力；
- 实施适当的生产质量保证措施，将不良产品的风险降到最低；
- 在生产过程中，通过适当的措施（最大限度地降低成本/增值损失），确保尽可能早地及时识别出故障产品；
- 质量数据和法律要求的符合性试验的详细记录足以证明产品是按照适用法律和安全标准

制造的；

- 材料跟踪系统已到位，以限制发生的任何故障的后果；
- 所有相关人员均接受有关产品安全和产品责任问题的详细信息和培训；
- 所有次级供应商使用类似于Formel Q-Konkret等的符合顾客要求的系统；
- 为供应链的每个阶段指定了一名现场产品安全代表（PSB），一级供应商的产品安全代表必须输入供应商数据库（LDB）；供应商必须确保该条目始终是最新的；
- 保质期有限的部件满足所有特殊的标签要求，特别是《正品零件供应商手册》要求的标签要求。

以上虽然是大众汽车公司的要求，但具有普遍性意义，企业可以参照这些要求实施产品安全管理。

2.道路车辆功能安全ISO 26262标准简介

ISO 26262是从电子、电气及可编程器件功能安全基本标准IEC 61508派生出来的，主要定位在汽车行业中特定的电气器件、电子设备、可编程电子器件等专门用于汽车领域的部件，旨在提高汽车电子、电气产品功能安全的国际标准。

ISO 26262从2005年11月起正式开始制定，经历了6年左右的时间，于2011年11月正式颁布，成为国际标准。中国对应的国家标准是GB/T 34590—2017。

ISO26262适用范围	
ISO26262-BMS	电池管理系统
ISO26262-MCU	微控制单元
ISO26262-ECU	电子控制单元
ISO26262-ABS	汽车防抱死制动系统
ISO26262-BAS	制动辅助系统
ISO26262-TPMS	胎压实时监控系统
ISO26262-PEPS	无钥匙进入系统
ISO26262-ESP	车身稳定控制系统
ISO26262-EPS	电子助力转向系统
ISO26262-CCAS	汽车防撞雷达系统
ISO26262-AFS	自适应前照明系统
ISO26262-LDWS	车道偏离预警系统
ISO26262-ASR	牵引力控制系统
ISO26262-EBD	电子刹车力分配系统
ISO26262-EBA	紧急制动辅助系统
ISO26262-VSC	车身稳定控制系统
ISO26262-PAS	停车辅助系统
ISO26262-Seat-belt pre-tensioning	安全带预紧
ISO26262-Electronic brake system	电子制动系统
ISO26262-电动汽车(EV)	整车控制系统硬件及软件
ISO26262-混合动力汽车(HEV)	整车控制系统硬件及软件

ICS 43.040
T 35
GB
中华人民共和国国家标准
GB/T 34590.1—2017
道路车辆　功能安全
第1部分：术语
Road vehicles—Functional safety—
Part 1: Vocabulary
(ISO 26262-1:2011，MOD)
2017-10-14 发布　　2018-05-01 实施
中华人民共和国国家质量监督检验检疫总局
中国国家标准化管理委员会　发布

ISO 26262主要包括以下10个部分：

Part 1：定义

Part 2：功能安全管理

Part 3：概念阶段

Part 4：产品研发：系统级

Part 5：产品研发：硬件级

Part 6：产品研发：软件级

Part 7：生产和操作

Part 8：支持过程

Part 9：基于ASIL和安全的分析

Part 10：ISO 26262导则

上述10个部分分为10本手册，从ISO 26262-1到ISO 26262-10，国标则是GB/T 34590.1—GB/T 34590.10。

ISO 26262主要用于安装在最大毛重不超过3.5吨的乘用车上的一个或多个E/E系统的安全相关系统。ISO 26262唯一不适用于为残疾人设计的特殊目的车辆的E/E系统。

ISO 26262为汽车安全提供了一个生命周期（管理、开发、生产、经营、服务、报废）理念，并在这些生命周期阶段中提供必要的支持。该标准涵盖功能性安全方面的整体开发过程（包括需求规划、设计、实施、集成、验证、确认和配置）。

ISO 26262标准根据安全风险程度对系统或系统某组成部分确定划分由A到D的安全需求等级（Automotive Safety Integrity Level 汽车安全完整性等级ASIL），其中D级为最高等级，需要最苛刻的安全需求。伴随着ASIL等级的增加，针对系统硬件和软件开发流程的要求也随之增强。对系统供应商而言，除了需要满足现有的高质量要求外，还必须满足这些因为安全等级增加而提出的更高的要求。

以下是GB/T 34590—2017 10部分内容的概览。

GB/T 34590—2017概览

三、产品安全和特殊特性管理办法范例

文件范例【产品安全和特殊特性管理办法】			
文件名称	产品安全和特殊特性管理办法	文件编号：SQ-WI-005	版本：A
编制部门	技术部	编制日期：2019.12.9	页码：1/6

1.目的

为识别产品和过程的特殊特性，特别是与产品安全有关的产品安全特性及安全件，并在产品开发、过程开发、生产制造过程中进行有效的控制，以满足顾客及适用的法律法规要求，特制定本程序。

2.适用范围

适用于本公司汽车产品的特殊特性及安全特性的识别和管理。

3.术语和定义

3.1 产品安全：与产品设计和制造有关的标准，确保产品不会对顾客造成伤害或危害。

3.2 特殊特性：可能影响安全性或产品法规符合性、可装配性、功能、性能、要求或产品的后续处理的产品特性或制造过程参数。

3.3 安全件：影响产品安全或法律法规符合性的零件或组件。

3.4 产品安全代表：由公司指定和正式授权，负责产品安全责任的代表。

4.职责

4.1 技术部：负责本文件的归口管理，组织跨功能小组识别和确定安全件、安全特性及产品特殊特性，并在产品开发中确定安全特性及特殊特性的标准，验证、评审及确认其有效性。

4.2 工程部：负责主导识别制造过程安全特性和特殊特性，通过 PFMEA 分析确定控制方法。

4.3 品管部负责产品安全件及安全特性的检验、标识追溯过程控制及问题升级提出。

4.4 制造部负责产品安全件及安全特性生产过程中的控制。

4.5 人资部负责组织与产品安全有关的产品和相关制造过程中涉及的人员进行的培训。

4.6 采购部负责对整个供应链中关于产品安全要求的转移传递，包括顾客指定的货源。

4.7 产品安全代表：按附加说明 6.1 中规定的职责执行相关事项。

5.作业内容

序号	作业流程	权责部门/人	作业要求	参考文件/使用表单
5.1	识别安全件及产品安全法律法规要求 ↓		5.1.1 技术部收到顾客图纸和工程技术文件等信息时，应关注顾客是否已明确为安全件，并标注了安全有关特性，同时考虑有关产品安全的国际和国家标准及法规，并形成《产品安全标准和法律法规要求清单》。 5.1.2 技术部提交《产品安全标准和法律法规要求清单》向顾客通知所识别的关于产品安全标准和法律法规的要求。 5.1.3 技术部负责收集和识别最新版本的相关的产品安全标准和法律法规要求文件，这些文件交品管文控按外来文件管理要求进行受控、管理，具体按《文件和记录控制程序》执行。	《产品安全标准和法律法规要求清单》《文件和记录控制程序》

文件名称	产品安全和特殊特性管理办法	文件编号：SQ-WI-005	版本：A
编制部门	技术部	编制日期：2019.12.9	页码：2/6

序号	作业流程	权责部门/人	作业要求	参考文件/使用表单
5.2	识别产品安全特性及特殊特性	技术部 各相关部门	5.2.1 技术部在 APQP 初期阶段召集顾客代表、产品安全代表、品管部、制造部、采购部等相关部门根据《产品安全标准和法律法规要求清单》进行评审，必须按顾客指定的安全特性和特殊特性，同时考虑产品潜在的安全影响，识别所有产品安全相关特性和产品特殊特性并将其列入《产品/过程特殊特性清单》。 5.2.2 技术部按顾客对产品安全特性和特殊特性的特定符号进行标识，若采用公司等效符号标识，应建立一个符号转换表。如有要求，应向顾客提交符号转换表。	《产品安全标准和法律法规要求清单》 《产品/过程特殊特性清单》
5.3	产品设计风险分析 DFMEA	技术部 跨功能小组	5.3 技术部组织跨功能小组进行产品设计风险分析，应特别关注产品安全的潜在失效风险及来自现场失效分析的结果，确定产品安全特性的设计标准和特殊特性的设计要求，并采取必要的风险应对措施，具体按 AIAG & VDA FMEA 手册的要求执行。	AIAG & VDA FMEA 手册
5.4	产品安全性设计和评审、验证	技术部 跨功能小组	5.4 技术部根据《APQP 管理程序》进行产品设计时，必须满足产品安全标准的要求，并对产品安全性的设计输出进行评审和验证，并形成相关评审和验证记录。	《APQP 管理程序》
5.5	识别制造过程安全特性及特殊特性	工程部 跨功能小组	5.5 工程部负责组织跨功能小组识别制造过程安全特性及特殊特性，列入《产品/过程特殊特性清单》。	《产品/过程特殊特性清单》
5.6	PFMEA 分析和确定控制方法	工程部 跨功能小组	5.6 工程部组织跨功能小组进行制造过程风险分析，应特别关注与产品安全特性的潜在过程失效风险及来自现场失效分析的结果，确定产品安全特性和特殊特性的控制方法，并采取必要的风险应对措施，具体按 AIAG & VDA FMEA 手册的要求执行。	AIAG & VDA FMEA 手册
5.7	制定控制计划和问题升级计划	品管部 跨功能小组	5.7.1 品管部组织跨功能小组制定和评审控制计划、反应计划及问题升级计划，应特别关注产品安全特性和特殊特性的控制方法和升级计划。 5.7.2 当顾客要求时，DFMEA、PFMEA、控制计划应提交顾客特殊批准，或公司内部的特殊授权批准。	

文件名称	产品安全和特殊特性管理办法	文件编号：SQ-WI-005	版本：A
编制部门	技术部	编制日期：2019.12.9	页码：3/6

序号	作业流程	权责部门/人	作业要求	参考文件/使用表单
5.8	人员培训	人资部 相关部门	5.8 人资部负责指定内部讲师，组织与产品安全有关的产品和相关制造过程中涉及的人员进行培训，内容可适当包括：顾客要求、安全标准和法律法规、制造过程中产品安全特性和特殊特性的控制方法、检验和试验方法、产品失效对顾客及消费者的影响和风险、公司所需承担的责任等。	
5.9	制造过程控制	制造部 品管部	5.9.1 制造部按《制造过程控制程序》和控制计划进行作业准备验证和制造过程控制，并形成相关记录。 5.9.2 品管部按控制计划及相关检验、试验规范进行检验和试验，并形成相关记录。 5.9.3 根据控制计划在试生产和量产中对有关计量型安全特性和特殊特性进行过程能力评价，并利用控制图进行控制。	《制造过程控制程序》
5.10	问题升级和纠正措施	制造部 品管部	5.10.1 当产品安全特性或特殊特性不符合要求时，应启动控制计划中的反应计划和升级过程，升级计划按附加说明 6.6 的要求执行，并将不符合情况通知顾客。 5.10.2 采取紧急措施遏制不合格品的流出，并采取纠正措施防止不合格的再发生，可参照《不合格品控制程序》和《纠正与预防措施管理程序》执行。保留不合格品处理及纠正措施的记录。	《不合格品控制程序》 《纠正与预防措施管理程序》
5.11	更改控制	技术部 工程部	5.11 产品或过程的更改应对过程和产品更改带给产品安全的潜在影响进行评价，并在实施之前应获得批准，必要时获得顾客批准，具体按《变更管理程序》执行。	《变更管理程序》
5.12	产品可追溯性管理	各部门	5.12 当顾客有唯一性标识要求时，在每件产品上进行永久性打码标识。无唯一性标识的产品则按批次追溯，具体按《标识和可追溯性管理办法》。	《标识和可追溯性管理办法》
5.13	供应链的传递和转移	技术部 采购部	5.13.1 技术部将产品安全特性和特殊特性在相关零部件图纸和工程资料中进行标识和提出技术要求。 5.13.2 采购部负责向供应商传达所有适用法律法规要求、顾客特定要求、产品安全特性和特殊特性以及批次可追溯性要求，并要求供应商沿着供应链直至制造，贯彻所有适用的要求。包括顾客指定的货源。	

文件名称	产品安全和特殊特性管理办法	文件编号：SQ-WI-005	版本：A
编制部门	技术部	编制日期：2019.12.9	页码：4/6

序号	作业流程	权责部门/人	作业要求	参考文件/使用表单
5.14	↓ 文件和记录存档	品管部 相关部门	5.14 品管部负责建立《安全件存档文件和记录清单》，各部门按照清单的要求建立和保存相应的文件和记录，并按《文件和记录控制程序》保存。	《安全件存档文件和记录清单》
5.15	↓ 产品安全质量审核	品管部	5.15 在每年度的过程审核中，单独编制有关安全件及安全特性控制的检查表，并对所有安全特性及其存档文件进行完整审核。	
5.16	↓ 知识和经验应用	技术部	5.16 技术部在新产品导入时，应考虑类似产品与产品安全特性有关的安全失效或最佳实践经验，纳入新的产品开发中，并作为知识管理进行固化。	

6.附加说明

6.1 产品安全代表的要求、职责和权力

6.1.1 知识要求

（1）必须理解掌握产品的工作模式、全面详细的生产过程和顾客的使用需求；

（2）熟悉和理解产品安全法和产品责任法；

（3）能够应用适当的方法（如 FMEA）进行风险分析。

6.1.2 职责

（1）在产品研发阶段，参与制定和设置优先等级来排除和/或预防产品安全缺陷；

（2）发起、参与和验证产品安全性相关问题的设计/过程失效模式与影响分析（FMEA）；

（3）为避免产品安全相关的缺陷在生产、装配和测试过程中发生，产品安全代表要参与到新品生产启动过程中并将其纳入为“经验教训”的一部分；

（4）针对设计和工艺中与产品安全相关的问题，创建“经验教训”检查表以验证其符合性；

（5）独立实施和/或安排批量生产过程和产品的定期检查，来确保使用过程（包含可预测的不当使用）中的产品安全性，指导及监控（立即）改进措施；

（6）评估相关产品在缺陷发生后的失效概率/频次；

（7）验证在发生投诉以后，计划中应对措施的快速实施和持续有效性。应对措施的有效性必须由产品安全代表书面确认；

（8）必须保证与顾客质保部门零件负责人（外购件质保部门或质保部产品技术部门）沟通过程（包括自我申报）中的所有信息及细节的传递。产品安全代表在此过程需要确保信息的质量（明确说明缺陷情形、缺陷范围、失效概率等）。

6.1.3 权力

（1）产品安全代表直接向管理层报告，如工厂厂长和/或质保负责人；

（2）在发生与产品安全或品牌形象相关的投诉时，有权封存批量生产中的零件（出于安全的原因，即使这将影响批量生产），同时还应对实验台架、验证手段等资源具有支配权；

（3）在每一个生产场地和每一级供应链中都必须指任产品安全代表。

文件名称	产品安全和特殊特性管理办法	文件编号：SQ-WI-005	版本：A
编制部门	技术部	编制日期：2019.12.9	页码：5/6

6.2 特殊特性符号的标识

若顾客有定义产品安全特性和特殊特性符号，则使用顾客定义的符号，若顾客没有定义，则本公司按以下定义的符号使用。

分类	符号	定义
产品安全特性	△S	是指当发生失效时，其后果将对使用者造成生命伤害，或可能致使产品不符合相关法律法规的要求的特性。
产品重要特性	◇	是指当发生失效时，影响产品可装配性、功能、性能、要求或产品的后续处理的产品特性。
过程特殊特性	★	指影响产品安全特性或产品重要特性的过程参数或因素。

6.3 产品安全特性和特殊特性的标识

技术部、工程部及品管部应将识别的所有产品安全特性和特殊特性，用顾客定义的符号或公司等效符号记录进相关产品文件和制造过程文件中，如特殊特性清单、图纸、FMEA、过程流程图、控制计划、工程规范、材料规范、检验规范、工作指导书等。对于涉及安全的使用操作方法，应当在设计的产品说明中，明确描述使用期限及使用条件，规定产品在运输与储存时应进行的安全性标识。

6.4 产品安全特性在供应商中的要求

6.4.1 技术部将有关产品安全要求标注在图纸和技术文件上，采购部负责将有关产品安全特性要求通过图纸和技术文件转达到供应商/外包商（包括顾客指定的货源），要求供应商/外包商做好产品安全特性有关影响的识别和控制，并在相关采购合同/协议中注明必须将关于产品安全要求转移到下一级供应商。

6.4.2 技术部和品管部在对有要求的供应商/外包商提供的 PPAP 文件进行批准时，必须特别关注产品安全特性的识别和控制，必要时要求供应商改善后再提交。

6.4.3 品管部在来料检验或验证时，必须特别关注有关产品安全特性验证及其符合性。

6.5 安全件的文件和记录存档范围

品管部负责建立《安全件存档文件和记录清单》，各部门按照清单的要求建立和保存相应的文件和记录。须存档的文件和记录包括以下：

- 产品安全标准和法律法规要求清单
- 产品和过程特殊特性清单
- 图纸、技术标准、产品/过程更改文件
- D-FMEA、P-FMEA、过程流程图
- 控制计划、工艺文件、操作指导书、检验规范
- 开发过程的评审、验证、确认记录
- 能力指数验证资料
- 生产过程记录、检验记录
- 检验器具校验证明和记录
- 来料控制记录
- 设备检查、维护、校核记录
- 人员培训、职责、素质能力的记录或证明

文件名称	产品安全和特殊特性管理办法	文件编号：SQ-WI-005	版本：A
编制部门	技术部	编制日期：2019.12.9	页码：6/6

6.6 问题升级计划

层级/主责	问题等级和影响	升级行动	可能输出
0 级 检验员	C 级质量缺陷，仅对一般外观或舒适性有影响，非批量问题，不良率在目标控制范围内。	巡检反馈给当班生产组长，并要求工艺调机改善。	巡检日报表 参数调节记录与品质反馈记录
1 级 质量领班	C 级质量缺陷，仅对一般外观或舒适性有影响，但产生了批量问题，不良率超出了目标值。	质量领班确认后要求停机改善或下机修模，后工序追查和围堵。	异常改善记录 修模单
2 级 质量主管	B 级质量缺陷，影响功能/性能或安装，非批量事件。	质量主管确认，停止生产，后工序追查和围堵；找出原因和解决方案，必要时跨功能小组会议分析。	异常改善记录 8D 报告
3 级 质量经理	B 级质量缺陷，影响功能/性能或安装，批量事件。	质量经理确认，停止生产，后工序追查和围堵，必要时通报顾客；找出原因和解决方案，必要时跨功能小组会议分析。	异常改善记录 8D 报告
4 级 公司高层/顾客	A 级质量缺陷，影响安全或不符合法规，批量或非批量事件。	质量经理确认后汇报高层，停止生产，后工序追查和围堵，及时通报顾客；立即找出原因和解决方案，跨功能小组会议分析。	异常改善记录 8D 报告

7.参考文件

7.1 《文件和记录控制程序》
7.2 《APQP 管理程序》
7.3 《制造过程控制程序》
7.4 《不合格品控制程序》
7.5 《纠正与预防措施管理程序》
7.6 《标识和可追溯性管理办法》

8.使用表单

8.1 《产品安全标准和法律法规要求清单》
8.2 《产品/过程特殊特性清单》
8.3 《安全件存档文件和记录清单》

附表 SQ-76　　**产品安全标准和法律法规要求清单**（参考格式）

顾客代码	安全件名称/编号	涉及产品安全的项目	涉及产品安全的标准或法律法规	标准或法律法规的相关要求	标准或法律法规发布机构	备注

附表 SQ-77　　**产品/过程特殊特性清单**（参考示例）

序号	零件名称	特殊特性分类		产品/过程特殊特性描述	特性标识符号	特性来源	备注
		产品	过程				
1	左/右腹板总成 5J6	焊接： （1）点焊数量 （2）焊点直径 （3）焊接质量		（1）零件的焊点数为 5 点； （2）焊点直径零件破坏试验 dp≥4.0；焊点熔核直径 dL 零件破坏试验 dL≥3.5； （3）表面无焊穿/飞溅/倾斜/凹陷。	◇	顾客要求	
			点焊参数	（1）焊接参数按《焊接参数设定标准》、焊点数目及位置首检； （2）试片破坏 1PCS/2H（除首检外）。	★	内部确定	

附表 SQ-78　　**安全件存档文件和记录清单**（参考格式）

安全件名称/编号	安全特性描述	涉及过程	存档文件	存档记录	产生部门	收集周期	保存部门

第九章
质量成本管理

第一节　什么是质量成本

质量成本是组织质量管理活动的财务表现，是产品成本的一个组成部分，是衡量质量管理体系有效性的一个重要因素。对质量成本进行统计、核算、分析、报告和控制，不仅可以找到降低生产成本的途径，促进经济效益的提高，还可以监督和指导质量管理活动的正常进行。因此，质量成本是全面质量管理深入发展和财务成本管理必须研究的课题。

IATF 16949 标准“9.3.2.1 管理评审输入—补充”规定“管理评审的输入应包括：a）不良质量成本（内部和外部不符合成本）”。因此，质量成本管理已成为企业经营管理中的一项财务指标。

一、质量成本的定义

质量成本是指组织为达到、维持或改进产品质量进行的管理活动所支付的费用以及当质量不能满足要求（包括组织自身的要求、法律法规要求和顾客要求）时所损失的费用。

二、质量成本的构成

组织为了使产品能满足规定的要求，在产品设计开发阶段进行产品策划、设计评审、设计验证，在生产和交付过程中为防止不合格的发生采取了各项措施，于是产生了预防成本；在产品实现过程中对材料、制品、半成品、成品进行检验或试验，以确定它们是否符合要求，于是产生了鉴定成本；产品在检验或试验时可能会失效，对不合格品需要进行返工、返修以及重新检验甚至报废，如此造成的损失，称为内部失败成本；产品在交货后或在用户使用中发生故障，顾客的退货、维修、更换或索赔等造成的损失，称为外部失败成本。

这样，质量成本包括：预防成本、鉴定成本、内部失败成本和外部失败成本。特殊情况还包括外部保证质量成本，即当顾客要客观的质量证据时，所作有关示范及证明而发生的一切成本，包括特别增加的质量保证约定、程序、资料、示范试验及评鉴等（例如，由认可的独立试验单位进行特定的安全特性试验的成本、3C 认证、UL 认证，CE 认证等费用）。外部保证质量成本有些是固定的，有时是无法预测的。因此，本篇内容主要讨论运作质量成本。

质量成本构成图：

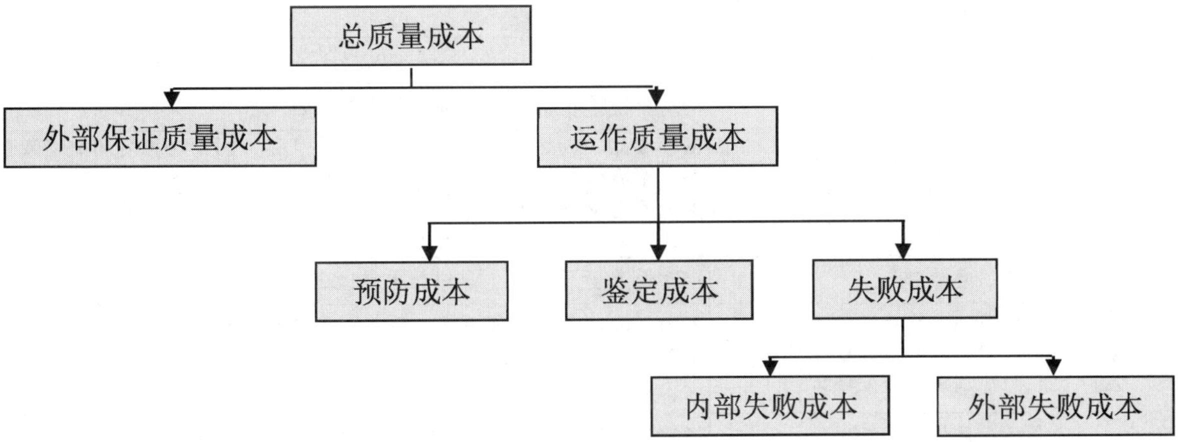

三、质量成本的项目内容

1.预防成本

是指为了减少或防止产品缺陷和不良品产生而采取的措施所发生的各项费用。

2.鉴定成本

是指用于测量、检验和/或试验，以评定产品是否符合所规定的质量要求所支付的费用。

3.内部失败成本

是指产品在交货前因不满足质量要求所损失的费用，以及为处理质量问题所发生的费用之和。

4.外部失败成本

是指交货后因产品不能满足质量要求所造成的损失，如索赔、修理、更换、撤销合同及有关质量的诉讼费用等。

主要分类	质量成本项目	项目定义及其说明
预防成本	一、质量制度工作费	指为制定质量方针、目标及质量计划而进行的一系列活动所发生的费用，也包括编写质量手册、体系文件所发生的费用。
	二、设计评审及验证费	指在设计过程的各阶段所进行的设计评审及实验/试验所支付的一切费用，也包括产品更新的设计评审活动的费用。
	三、制程能力研究费	指为使产品特性符合要求，对制程能力进行调查研究及保持制程能力而采取的措施所发生的一切费用。
	四、质量审核费	指对质量管理体系、制造过程和对供应商的质量保证能力进行质量审核所发生的一切费用。
	五、质量情报信息费	指对市场质量情报和厂内外质量信息的收集分析、归纳、处理、早期报警和促进研究所发生的费用。
	六、质量培训费	指以达到质量要求或改进产品质量为目的而对企业人员进行的正式培训或临时培训，包括制定培训计划直到实施所发生的一切费用以及外部培训的费用。
	七、质量改进措施费	指制定和落实各项质量改进措施计划，以达到提高产品质量或质量管理水平而进行活动所发生的一切费用。
	八、质量奖励	指员工的质量奖励及质量改善小组奖等用于质量奖励的费用。
	九、质量保证费	质量体系推行费、质量体系咨询费、质量体系认证费、产品认证费等。
	十、工资及员工福利费	指从事质量管理人员的工资及福利费。
	十一、其他预防成本费	如书籍、电话、租金及差旅费等不能归入上述项目的费用。
鉴定成本	一、进料检验费	指对购进的原物料、外协件的进厂验收检验费用和驻外协厂的监督检查、协作配套产品的质量检查费用。
	二、制程检验费	产品制造过程中对在制品或半成品质量所进行的检验而支付的费用。
	三、成品检验费	指对完工产品鉴定是否符合质量要求而进行的检验或试验所发生的费用，包括产品质量审核费用。
	四、试验设备维修和折旧费	指试验设备、检测工具、计量仪表的日常维护、校准所支付的费用和检测设备的折旧费。
	五、试验材料及劳务费	指破坏性试验所消耗产品成本以及耗用的材料和劳务费用。
	六、工资及员工福利费	指从事检验和试验人员的工资及福利费。
内部失败成本	一、废品损失	指半成品、成品（包括外购件、外协产品）因无法修复的缺陷或在经济上不值得修复而报废所造成的损失。
	二、返工/返修损失	指为返工/返修不良品而发生的成本费用及为解决普遍性质不良在定额工时以外增加的操作成本（如在线返工/返修）。
	三、复检费	指对返工/返修后的产品进行重复检查和试验所发生的费用。
	四、停工损失	指由于各种质量问题而引起的设备停工所造成的损失。
	五、质量事故处理费	指由于处理内部质量事故而发生的费用，它包括重复检验费用、检查不合格而进行筛选的费用。
	六、质量降级损失	指产品质量达不到规定的质量等级要求因而降低等级所造成的损失。
外部失败成本	一、返修或挑选费	即产品不合格而退回后返工修理或挑选的人工、材料、复检，或产品报废等费用。
	二、退货损失	指由于产品不满足要求，而造成顾客退货、换货而支付的一切费用。
	三、保修费用	指在保修期间或根据合同规定对用户提供修理服务的一切费用。
	四、折价损失	指由于产品质量低于标准，经与用户协商同意折价出售的损失和由此所减少的收益。
	五、索赔费用	指由于产品质量缺陷经用户提出申诉，而进行索赔处理所支付的一切费用。
	六、诉讼费用	即因产品质量问题而造成的诉讼费用。

第二节　质量成本管理的作用、原则和方法

一、质量成本管理的作用

开展质量成本管理对改进产品质量、降低成本、提高经济效益和企业素质具有重要的现实意义。

1.有利于控制和降低成本

产品结构日渐复杂，对精密度与可靠性要求不断提高，为使产品具有适用性，因而所需要的质量成本增加。分析质量成本中四类成本的比例关系，寻求质量成本的最佳值，从而进行控制就能最大限度地降低质量成本，达到降低产品成本的目的。

2.质量成本可作为规划和测量质量活动的工具

根据各分类的成本，可比较各项质量活动的效益。根据各生产线或生产流程的成本，可分析主要问题范围。在有限的资源下，质量成本可以指出投入何种改善方案，可以带来最高效益。利用质量成本规划各项质量计划的预算，以达成公司目标。通过质量成本的核算、评估，保证各项与公司目标有关活动的成效。

3.从质量成本寻求提高产品质量的途径

质量成本的计算与分析，有助于指导和推进质量改进计划的实施，通过质量改进可以提高产品的可靠性和可维修性，减少使用成本，扩大销售额，给企业和社会带来经济效益。

4.促使企业领导重视产品质量，有利于推行质量管理工作

通过质量成本计算，企业领导掌握各项费用所占的比例，能够具体看到产品质量和质量管理中存在的问题，以及对企业经济效益的影响，从经济效益上促使领导重视产品质量，支持质量管理，推进计划的贯彻实施，提高企业管理的水平。

二、质量成本管理的原则

为确保质量成本的管理能够取得实效，应遵循以下几项原则：

1.应以寻求适宜的质量成本为目的

每个企业由于其产品结构、生产批量、设备条件及人员素质等不同，其质量成本是不同的。开展质量成本管理的目的是尽快寻求到适宜的质量成本并有效地控制它，以合适的质量成本来达到最大的经济效益，而不是将质量成本降到最低。

2.应以真实可靠的质量记录、数据为依据

实施质量成本管理过程中，所用的各种记录、数据务必真实、可靠。只有这样，才可能做到核算准确、分析透彻、考核真实、控制有效。否则，势必流于形式，无法获取效益。

3.应在组织中全面开展质量成本管理

应把质量成本工作纳入各部门质量职责中去，充分发挥质量、生产、采购、销售、财务等各部门的作用。否则，仅靠质量部门进行质量成本管理，其效果是非常有限的。

4.应将质量成本管理列入部门绩效和年度考核

许多企业开展了质量成本管理，但效果不佳，其主要原因是各部门流于应付，缺乏参与的积极性，未将质量成本管理列入部门绩效和年度考核中。

三、质量成本管理的方法

1.进行质量成本管理的宣传教育

质量成本管理是一个新课题、新工作，推行时涉及很多部门和人员。因此，必须开展质量成本管理的宣传、教育和普及工作，让大家理解和支持质量成本管理工作。

对从事质量成本管理的人员要进行专门培训。培训的内容应包括：质量成本项目的构成；质量成本数据的收集；质量成本的统计、核算、分析、报告、计划和控制方法等。

2.建立质量成本核算、统计、管理组织体系

实施质量成本管理必须要有组织保证。因此，依据质量成本管理需要，应确定各有关部门的专兼职质量成本核算、统计和管理人员，并明确其职责和任务。

3.制定质量成本管理的标准或制度

制定开展质量成本管理的程序，规定质量成本原始记录表格内容与格式，建立质量成本管理的评审制度或标准。

4.编制质量成本计划

质量成本计划是指为达到适宜的质量成本而筹划的各种措施。每个推行质量成本管理的部门和单位必须编制质量成本计划付诸实施并逐渐使质量成本进入控制阶段。

质量成本计划应规定质量成本目标、采取的具体措施以及检查与考核的指标等。要求目标定量，措施有力，具有可行性。

5.质量成本的统计、计算和分析

规定质量成本核算周期，收集有关质量成本的数据资料，同时按规定时间进行质量成本各二级科目与三级科目的统计、计算，汇总填报。

根据质量成本统计汇总报表，企业财务和质量管理部门应做出质量成本的趋势分析，编写质量成本报告。

6.定期对质量成本进行考核

一般应每月对质量成本进行考评，每年度进行一次总考评。根据质量成本的考评绩效，其质量成本的控制状况应与经济责任制挂钩。

7.提出质量改进计划和措施

企业管理者及有关部门应根据质量成本报告，结合企业具体情况，确定以质量改进目标为核心的质量改进计划及相应的质量改进措施，并组织落实负责部门和进度，完善质量体系文件。

8.执行质量改进计划和措施，降低质量成本，提高经济效益

落实质量改进计划和措施，以达到降低质量成本和提高经济效益的目的，然后再制定下一年度的质量成本计划。

第三节　质量成本的核算和分析

一、质量成本数据的收集与统计

可策划和设计收集质量成本数据的相关表单，如：

《质量成本部门统计表》；

《报废明细表》；

《返工明细表》；

《预防成本统计明细表》；

《鉴定成本统计明细表》；

《内部失败成本统计明细表》；

《外部失败成本统计明细表》。

具体地说，预防成本数据由质量管理部门及产品开发、工艺等有关部门根据费用支付凭证统计；鉴别成本数据由品管部门根据检验、试验费用凭证统计；内部失败成本数据由质量部门和各生产部门统计员根据返工/返修、废品报告单和生产工作票以及有关的原始凭证统计；外部失败成本数据由业务部门根据售出产品的外部反馈信息凭证进行统计。如果缺乏原始数据，应建立短期的临时记录来统计一段时间内质量成本发生情况，作为制定质量成本计划的参考。

二、质量成本核算

在质量成本数据收集的基础上，应按质量成本项目进行逐级核算汇总。这种核算汇总分为两种：一种是按部门质量成本项目核算的统计汇总表（见表一），另一种是财务部门按公司质量成本项目核算的汇总表（见表二）。

表一：部门质量成本统计汇总表

主要分类	质量成本项目	费用发生说明	费用金额/工时
预防成本	一、质量制度工作费	如编写质量计划	6 工时
	二、设计评审及验证费		
	三、制程能力研究费	控制图绘制及分析	10 工时
	四、质量审核费		
	五、质量情报信息费		
	六、质量培训费		
	七、质量改进措施费		
	八、质量奖励		
	九、质量保证费		
	十、工资及员工福利费		
	十一、其他预防成本费		
	合计		
鉴定成本	一、进料检验费		
	二、制程检验费		
	三、成品检验费		
	四、试验设备维修和折旧费		
	五、试验材料及劳务费		
	六、工资及员工福利费		
	合计		
内部失败成本	一、废品损失		
	二、返工/返修损失		
	三、复检费		
	四、停工损失		
	五、质量事故处理费		
	六、质量降级损失		
	合计		
外部失败成本	一、返修或挑选费		
	二、退货损失		
	三、保修费用		
	四、折价损失		
	五、索赔费用		
	六、诉讼费用		
	合计		

表二：公司质量成本统计汇总表

主要分类	质量成本项目	计算单位	制一部	制二部	采购部	品管部	业务部	人资部	其他
预防成本	一、质量制度工作费	元							
	二、设计评审及验证费	元							
	三、制程能力研究费	元							
	四、质量审核费	元							
	五、质量情报信息费	元							
	六、质量培训费	元							
	七、质量改进措施费	元							
	八、质量奖励	元							
	九、质量保证费	元							
	十、工资及员工福利费	元							
	十一、其他预防成本费	元							
	合计	元							
鉴定成本	一、进料检验费	元							
	二、制程检验费	元							
	三、成品检验费	元							
	四、试验设备维修和折旧费	元							
	五、试验材料及劳务费	元							
	六、工资及员工福利费	元							
	合计	元							
内部失败成本	一、废品损失	元							
	二、返工/返修损失	元							
	三、复检费	元							
	四、停工损失	元							
	五、质量事故处理费	元							
	六、质量降级损失	元							
	合计	元							
外部失败成本	一、返修或挑选费	元							
	二、退货损失	元							
	三、保修费用	元							
	四、折价损失	元							
	五、索赔费用	元							
	六、诉讼费用	元							
	合计	元							

上述是按部门和公司质量成本的核算汇总，实际作业时可能需要进一步细分，如《报废明细表》《返工明细表》《预防成本统计明细表》《鉴定成本统计明细表》《内部失败成本统计明细表》《外部失败成本统计明细表》等。应按实际需要来设计表单，也可按产品进行质量成本核算汇总，以便对每种产品进行分析，从而找出影响质量成本的少数几个重要因素，改进产品质量，降低成本。

三、质量成本报告

质量成本报告是提供企业领导和各有关职能部门制订质量目标和质量改进的依据，质量成本管理部门应定期向企业领导报告质量成本。

1.质量成本报告的内容

（1）提出全部质量成本总额及其构成的主要项目、费用情况；提出由于质量缺陷而造成损失的项目与有关比较基数的比率；关于比较基数，各企业根据自己情况可自行确定，但通过比较找出的比率应具有强有力的说服力。一般常用的基数为：

- 销售额；
- 利润；
- 产值；
- 总成本。

（2）依据上述数据和比率，进行质量成本水平分析和质量成本对比分析，做出分析结论。

（3）提出影响质量成本中有关问题的关键因素，确定对应的改进措施。

（4）对一些典型事例写出具体分析结果。

（5）预测下一报告期的质量成本控制目标等。

2.质量成本报告的形式

质量成本报告一般采取的主要形式：报表式、图表式、陈述式和综合式。至于运用哪些形式应根据各自的实际情况具体选择。

四、质量成本分析

质量成本分析是通过分析质量成本构成比例找出影响质量成本的关键因素，主要是为质量改进提供信息，指出改进重点，经过努力达到降低成本、增加经济效益的目的。因此，质量成本的分析是质量成本管理的关键环节。一般从以下几个方面进行：

1.质量成本总额的分析

首先，求出该年度（或月份）的质量成本总额，其公式为：

质量成本＝预防成本+鉴定成本+内部失败成本+外部失败成本

必要时，再加上外部保证质量成本。然后，分析比较本期质量成本与上期质量成本的变化情况，并找出发展的趋势。

2.质量成本构成的分析

（1）分析预防成本占质量成本总额的比率，即预防成本率；

（2）分析鉴定成本占质量成本总额的比率，即鉴定成本率；

（3）分析内部失败成本占质量成本总额的比率，即内部失败成本率；

（4）分析外部失败成本占质量成本总额的比率，即外部失败成本率；

（5）分析内/外失败成本与总质量成本的比例关系。

以上各项分析的目的是能够清楚地显示企业在某一个时期内全部质量成本总额，同时分析出质量成本项目构成的情况，找到控制和降低质量成本的途径。

3.质量成本科目与其他基数的比较分析

（1）失败成本总额与销售收入总额比较，计算出销售额失败成本率，其公式为：

$$\text{销售额失败成本率} = \frac{\text{内部失败成本} + \text{外部失败成本}}{\text{销售收入总额}} \times 100\%$$

上式反映了由产品质量不良造成的经济损失对销售收入的影响，使企业领导一目了然地看出质量成本的价值表现，是考核企业质量经济性的重要指标，同时也是同行业可比性指标。

（2）外部失败成本总额与销售收入总额比较，计算出销售额外部失败成本率。其公式为：

$$销售额外部失败成本率=\frac{外部失败成本}{销售收入总额}\times 100\%$$

上式反映了由于质量不良造成的外部失败成本占销售收入的比重。既是考核企业给顾客带来的损失状况，又是考核企业为顾客服务的社会经济效益指标，也是同行业可比性指标之一。

（3）质量成本总额与销售收入总额进行比较分析，计算出销售额质量成本率。其公式为：

$$销售额质量成本率=\frac{质量成本总额}{销售收入总额}\times 100\%$$

上式反映了销售收入中支付质量成本的多少，是同行业可比性指标。

（4）失败成本与净产值进行比较，计算出净产值的失败成本率。 其公式为：

$$净产值失败成本率=\frac{内部失败成本+外部失败成本}{净产值}\times 100\%$$

上式反映了净产值因质量故障造成的损失。可看到由于故障损失影响企业产值的情况，可作为考核企业的指标，同时作为企业内部制定质量成本计划，制定对各单位分解考核的重要指标。

（5）内部失败成本与净产值进行比较分析，计算净产值内部失败成本率。其公式为：

$$净产值内部失败成本率=\frac{内部失败成本}{净产值}\times 100\%$$

上式反映了由于企业内部生产过程的质量管理不善造成的经济损失，是考核企业内部质量管理的主要指标，也是同行业的可比性指标。

（6）质量成本与利润进行比较分析，计算利润质量成本率。其公式为：

$$利润质量成本率=\frac{质量成本总额}{利润}\times 100\%$$

上式是质量成本对企业经济效益影响的具体体现，不仅考核了质量成本的增加占利润的比重，还考核了由于质量成本的增加或减少对利润的影响。

（7）内/外失败成本与利润进行分析比较，计算利润失败成本率。其公式为：

$$利润失败成本率=\frac{内部失败成本+外部失败成本}{总利润}\times 100\%$$

上式反映了由于质量损失给企业利润带来的损失，是考核质量经济性的重要指标，也是最能引起各级领导重视的指标。

第四节　质量成本控制

一、质量成本关系曲线

质量成本管理的目的是依据质量成本控制状况，寻求企业最佳的质量成本。理论和实践证明，鉴定成本和预防成本是随着合格品率的提高而趋于增加的，而内外部失败成本则随合格品率的增加而减少。因此，从经济的观点来看，适宜的质量成本应建立在这两类质量成本合理平衡的基础上，如下图所示。

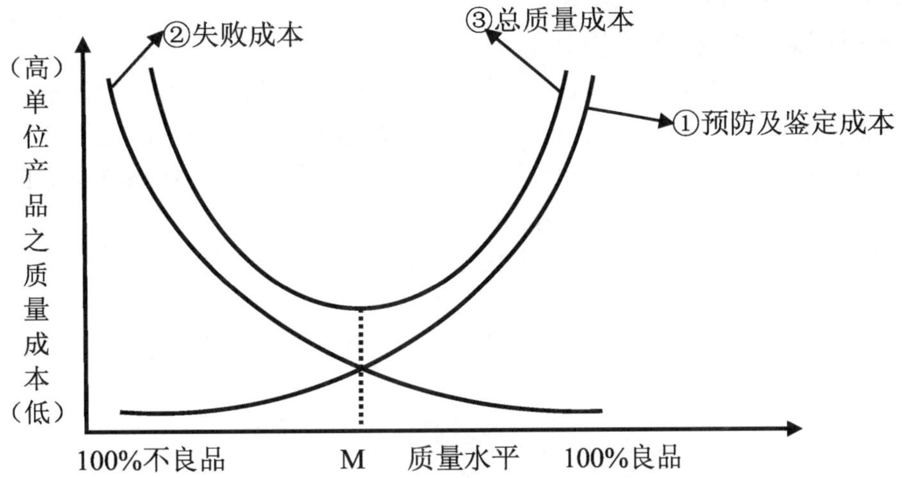

上图中横坐标表示合格品率，纵坐标表示质量成本，其中曲线①表示鉴定成本和预防成本之和，它们随合格品率的增加而增加；曲线②表示内外部失败成本之和，它随合格品率的增加而减少；曲线③是上述两项之和，其值为总质量成本。当处于极端值时，曲线③趋于无限大；当质量水平处于 M 值时，总质量成本最小，这就是两类成本的合理平衡点，也叫最佳的质量总成本，这个最佳值不仅是一个理论概念，而且具有实际意义，能在实际中应用。

二、质量成本曲线与质量区域图

按照质量成本项目构成比例，可将质量成本曲线划分为三个区域，以便在不同区域采取不同的对策。

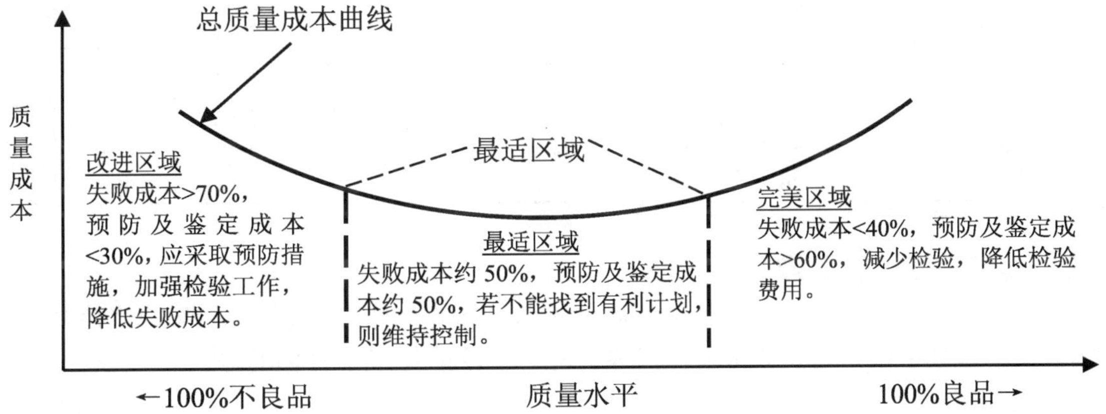

1.改进区域

如上图左边部分，失败成本占总质量成本 70%以上，预防与鉴定成本占总质量成本 30%以下，失败成本太高而预防与鉴定成本却相对偏低，所以此时应加以调整，向右边移，即提升质量水准，以及增加预防与鉴定之成本，如此才可以维护产品质量，提高商誉。

2.最适区域

最适区域为图中央部分区域，失败成本及预防与鉴定成本约各占一半，这是可以接受的最佳点，如何去维持此最佳点，就成为我们质量控制的重心。

3.完美区域

完美区域为图右边部分，预防及鉴定成本远超过失败成本，主要的原因是用了太多的检验、检验标准过严等，导致花在预防及鉴定的成本过高，须设法降低，主要的方法如下：

- 找出缺点所花的预防与鉴定成本，与因缺点所导致的失败成本比较；
- 检查质量标准，例如标准是否过严；
- 稳定过程能力和维持生产顺畅，以减少检验次数；

● 抽样计划的修正以降低检验成本。

三、质量成本与产品类型的关系

质量成本与产品类型有着密切关系，产品的复杂程度、精度、可靠性、安全性对质量成本有很大影响，质量成本各项目之间的比例关系，在不同的行业、不同产品之间或同一产品的不同时期之间是不相同的。分析和研究质量成本项目之间的比例关系，分析成本构成的变化，是选择最佳质量成本方案，探求降低质量成本途径的主要方法。

一般来说，预防成本增加，可以导致失败成本下降，以致总质量成本也下降，从而收到明显的经济效益。

根据国外 87 家公司的技术报告和质量人员的讨论记录，典型制造行业的质量成本构成情况如下表所示，仅供参考。

制造行业质量成本构成比例

行业类别	占总质量成本的百分比				占销售收入的百分比				
	预防成本	鉴定成本	内部失败成本	外部失败成本	预防成本	鉴定成本	内部失败成本	外部失败成本	总计
附件	9.9	54.1	32.2	3.8	0.63	3.43	2.04	0.24	6.34
飞机框架	13.7	54.6	28.6	3.1	0.62	2.48	1.30	0.14	4.54
化学、化工	14.1	23.0	42.1	20.8	0.68	1.11	2.03	1.00	4.82
电子	21.2	44.6	26.7	7.50	2.20	4.63	2.77	0.78	10.38
装配	10.5	34.4	39.2	15.9	0.51	1.67	1.90	0.77	4.85
家具	13.1	35.4	31.4	20.1	0.36	0.97	0.86	0.55	2.74
仪器	16.6	29.2	24.5	29.7	1.20	2.12	1.78	2.15	7.25
机械	11.0	23.6	39.7	25.7	0.49	1.05	1.76	1.14	4.44
导弹、空间	22.5	57.1	15.9	4.5	1.72	4.37	1.22	0.34	7.65
重要金属	6.5	24.0	48.6	20.9	0.40	1.47	2.98	1.28	6.13
橡胶、塑料	2.7	15.7	64.6	17.0	0.40	2.30	9.50	2.50	14.70
运输装备	8.7	45.2	33.2	12.9	0.34	1.76	1.29	0.50	3.89
平均	12.5	36.7	35.6	15.2	0.80	2.28	2.45	0.95	6.48

（资料来源于《质量管理及其技术和方法》，郎志正编著）

四、质量成本控制要点

质量成本控制就是通过各种措施达到质量成本目标的一种管理活动。质量成本控制是实现质量成本管理的重要手段，也是完成质量成本计划，实现降低成本目标的保证。

质量成本控制流程：

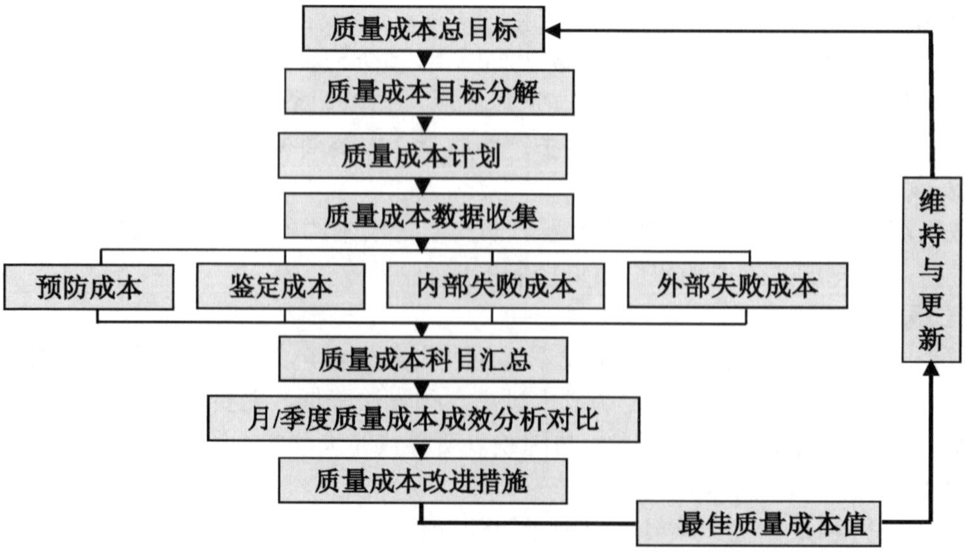

质量成本控制应贯穿于产品或服务质量形成的全过程。它一般包括事前控制（即确定控制目标）、事中控制和事后处置。

首先，依据本企业质量成本的历史资料、国内外同行业质量成本水平、产品类型、企业生产技术条件等对一定时期内可能发生的质量成本进行估算，确定初期质量成本总目标；然后，按产品或部门或质量成本项目进行分解，根据分解的目标制定质量成本控制计划；通过对设计阶段、制造阶段、销售阶段和使用阶段所发生的质量成本进行分析，找出影响质量成本的薄弱环节，确定质量改进措施。最后，寻求和评估质量成本的最佳值。通常，质量成本的因素是经常变化的，如产品更替、设备改造等，最佳质量成本值也要随之变化。因此，要及时调整，使质量成本始终处于受控状态。

五、质量成本管理应注意的几个问题

（1）质量成本管理的最大意义，就是以少量的预防与鉴定成本，来避免大量的失败成本（包含内部和外部失败成本）。例如，我们多增加一名检验人员的费用，如果可以避免每月约 3 万元的客诉及退货费用，那我们增加一名检验员是值得去做的。

（2）分析质量成本时，最常见的问题是质量成本应控制在何种程度较为恰当。此问题并没有明确答案。某些公司的质量成本占销售额的 5%，但有些公司的质量成本可能占销售额的 20%。很明显，质量成本的大小依产业类别而有所不同，高科技产业的质量成本显然不同于一般加工企业。

（3）质量成本效用来自杠杆效应。希望借由少量增加预防和鉴定成本来换取大量减少失败成本。质量成本分析的主要目的是要发掘改善的机会，并借以降低成本（主要指失败成本）。在降低成本的过程中，可能会伴随着预防和鉴定成本增加。在初期，预防和鉴定成本甚至高过失败成本，但持续质量改善后，则有可能将质量成本降低 50%。

（4）在分析质量成本和规划降低总成本计划时，我们需了解预防和鉴定的重要性。在多数组织中，鉴定预算通常大于预防预算，此为一常见的错误。一个正确的认知，是预防成本投入，所能带来的效益远大于鉴定成本。

（5）在质量成本分析过程中，最困扰的莫过于无法取得质量成本正确数值。此乃因大多数的质量成本项目并不会反应在公司的会计记录上。为解决成本资料取得问题，一个可行的方法是在研究期间，特别建立监视程序来收集成本资料。

（6）质量成本大小并无绝对标准值。一个较正确做法是：利用质量成本资料，比较不同时期成效（建立相对比较基准）。当目前绩效与过去有所不同时，此项事实将会反应在质量成本差异上，并提醒管理者该采取因应措施。

（7）并非所有的质量成本计划都能成功。失败的原因在于未将质量成本情报作为发掘改善机会的工具。如只将质量成本资料作为记录，而不去寻找改善机会，则质量成本计划将永无成功。

由于预防成本和鉴定成本在实际统计时相对比较复杂，且不同行业所需投入的预防成本和鉴定成本差异比较大。因此，IATF 16949 只要求对不良质量成本进行控制并定期评审不良质量成本绩效。

以下给出的两个文件范例，一个是包括全部质量成本的管理，一个仅包括不良质量成本的管理，仅供参考。

六、质量成本管理文件范例

文件范例 【质量成本管理办法】（对全部质量成本进行分析和报告）			
文件名称	质量成本管理办法	文件编号：SQ-WI-006	版本：A
编制部门	财务部	编制日期：2019.12.9	页码：1/4

1.目的

为有效实施质量成本管理，提高质量控制能力，并不断降低质量成本，提高企业的经济效益，特制定本管理办法。

2.适用范围

适用于本公司质量成本的管理工作。

3.术语和定义

3.1 质量成本：是指公司为达到、维持或改进产品质量进行的管理活动所支付的费用，以及当质量不能满足要求（包括组织自身的要求、法律法规要求和顾客要求）时所损失的费用。它包括预防成本、鉴定成本、内部失败成本和外部失败成本。

3.2 预防成本：是指为了保证产品质量的稳定和提高，控制工序质量，减少或防止产品缺陷和不良品产生而采取的措施所发生的各项费用。

3.3 鉴定成本：是指用于检验和试验，以评定产品是否符合所规定的质量水平所支付的费用。

3.4 内部失败成本：是指产品在交货前由于发生质量不良而造成的损失，以及为处理质量问题所发生的费用之和。

3.5 外部失败成本：是指交货后因产品不能满足质量要求所造成的损失，如保修、换货、退货、撤销合同及有关质量的赔偿、诉讼费用等。

4.职责

4.1 财务部

a）确定质量费用科目。

b）负责归集、核算、汇总各部门的质量成本数据，编制质量成本月报表。

c）每月与品管部对质量成本进行分析，定期向公司领导和质量部门提供分析报告和有关资料。

4.2 品管部

a）每月根据要求提供本部门的有关质量成本数据，定期上报财务部。

b）负责质量成本的综合分析。

c）根据质量成本综合分析结果，组织召开质量成本研讨会，制定相应的质量成本改进措施，发放有关责任部门实施。

4.3 仓库、生产部、业务部、人资部、技术部

a）每月根据要求收集、核算并提供本部门质量成本数据，定期上报财务部。

b）参与质量成本研讨会并提出改进建议。

5.作业内容

5.1 成立质量成本管理小组

5.1.1 由财务部负责成立质量成本小组，财务经理为组长，品管主管为副组长，仓库、生产部、业务部、人资部、技术部等部门主管为小组成员。

5.1.2 明确各成员职责，定期召开质量成本研讨会。

文件名称	质量成本管理办法	文件编号：SQ-WI-006	版本：A
编制部门	财务部	编制日期：2019.12.9	页码：2/4

5.2 设定质量成本科目和职责

由财务部负责设定质量成本科目，明确各项目费用的收集职责部门。如下表所示。

一级科目	二级科目	三级科目	费用说明	责任部门
质量成本	预防成本	1.质量制度工作费	编制和增修质量体系文件的费用	品管部
		2.设计评审及验证费	设计评审、验证和试验费用	技术部
		3.制程能力研究费	控制图应用、制程能力分析费用	品管部
		4.质量审核费	内部质量审核费和认证机构审核费	品管部
		5.质量培训费	顾问老师授课费、咨询费、外购培训教材费、文具费、资料费、饮料费等	人资部
		6.质量改进措施费	用于质量改进所花费的成本	品管部
		7.工资及员工福利费	从事质量管理工作的人员工资和福利	品管部
		8.质量奖励	质量奖励费用	财务部
		9.其他预防成本费	新增检测设备、工具或其他费用等	各部门
	鉴定成本	1.检验费	进料检验、制程检验、成品检验的人员工资和福利、委外检测/试验费用等	品管部
		2.试验设备维修和折旧费	试验设备、检测工具、计量仪表的日常维护、校准所支付的费用和检测设备的折旧费	品管部 财务部
		3.试验材料费	破坏性试验所消耗产品成本以及耗用的材料	品管部
		4.劳务费	品管人员的出差劳务费	品管部
	内部失败成本	1.废品损失	材料、半成品、成品报废损失	仓库 财务部
		2.返工/返修损失	返工/返修不良品而发生的成本费用	生产部
		3.复检费	返工后产品重复检查和试验的费用	品管部
		4.停工损失	由于各种质量缺陷而引起的设备停工所造成的损失	生产部
		5.质量事故处理费	处理内部质量事故而发生的费用，它包括抽样检查不合格而进行筛选的费用	品管部 财务部
		6.质量降级损失	降低质量等级所造成的损失	财务部
	外部失败成本	1.返修或挑选费	退回产品返工修理或挑选等费用	品管部
		2.退货损失	顾客退货、换货而支付的一切费用	业务部
		3.保修费用	对用户提供修理服务的一切费用	业务部
		4.降价损失	降价出售的损失和由此所减少的收益	业务部
		5.索赔费用	顾客要求索赔处理所支付的一切费用	业务部
		6.诉讼费用	因产品质量问题而造成的诉讼费用	业务部

文件名称	质量成本管理办法	文件编号：SQ-WI-006	版本：A
编制部门	财务部	编制日期：2019.12.9	页码：3/4

5.3 开展质量成本管理培训

5.3.1 由品管部和财务部对各级人员进行质量成本管理知识教育，对质量成本管理有关人员如：统计人员、财会人员、质量管理人员进行质量成本管理业务培训。

5.3.2 应将培训内容列入年度教育训练计划，并进行培训考核，具体依据《人力资源管理程序》执行。

5.4 制定质量成本目标和计划

5.4.1 品管部协同财务部根据公司历史数据，参考同业质量成本水平，结合本公司的产品和生产技术条件拟定质量成本总目标，并将总目标按质量成本项目和部门进行分解，以便具体落实和职责明确。

5.4.2 品管部制定总质量成本计划，各部门根据分解的质量成本目标和总计划制定本部门的质量成本控制计划，计划应根据实际进展情况作更新或调整。

5.5 质量成本数据收集和统计

5.5.1 各职能部门在每月 8 日前根据上述“质量成本项目及职责表”，将上月质量成本各种费用的情况归集汇总，填写《质量成本部门统计表》送交财务部。

5.5.2 仓库在每月初第二个工作日内将上月的《报废明细表》送交财务部。

5.5.3 生产部在每月初第二个工作日内将上月的《返工明细表》送交财务部。

5.6 质量成本的核算与分析

5.6.1 每月 10 日内，财务部对各部门的质量成本数据进行统计、核算，填写二级科目统计明细表即《预防成本统计明细表》《鉴定成本统计明细表》《内部失败成本统计明细表》《外部失败成本统计明细表》，汇总核算后编制《质量成本月报表》，经部门经理审核后呈报总经理。

5.6.2 质量成本管理小组组长必须在每月 15 日前组织召开一次质量成本研讨会，对本月的质量成本发生情况进行分析和研讨，针对影响质量成本的主要因素和薄弱环节提出控制和改进的意见。

5.6.3 每年底由财务部和品管部共同进行质量成本分析，编制《质量成本分析报告》。

分析内容包括：

a）质量成本二级科目饼图和趋势图；

b）内部损失造成的主要原因；

c）外部损失造成的主要原因；

d）质量成本上年度与本年度对比分析；

e）典型事例分析；

f）质量成本关键因素分析及改进措施要求。

5.6.4 《质量成本分析报告》经财务部、品管部和相关部门主管签字后呈总经理核阅。

5.7 质量成本的控制

5.7.1 品管部根据质量成本分析和研讨的情况，要求有关责任部门采取措施予以改进，按

文件名称	质量成本管理办法	文件编号：SQ-WI-006	版本：A
编制部门	财务部	编制日期：2019.12.9	页码：4/4

《纠正与预防措施管理程序》执行。

5.7.2 品管部对纠正和预防措施进行跟踪，确保其有效性。

5.7.3 每年度应将质量成本管理的绩效输入管理评审会议研讨，并确定下一年度的质量成本计划和目标。

5.8 质量成本项目比例与对策参考

X=（预防成本+鉴定成本）　　Y=（内部失败成本+外部失败成本）				
X/Y≥2	1.5≤X/Y<2	1≤X/Y<1.5	0.5≤X/Y<1	X/Y<0.5
预防和鉴定成本耗费太多，可适当减少检验和培训费用。	可适当减少鉴定成本。	较佳	可适当增加鉴定成本。	预防和鉴定成本严重不足，应加强检验和培训或其他预防措施。

6.参考文件

6.1 《人力资源管理程序》

6.2 《纠正与预防措施管理程序》

7.使用表单

7.1 《质量成本部门统计表》

7.2 《报废明细表》

7.3 《返工明细表》

7.4 《预防成本统计明细表》

7.5 《鉴定成本统计明细表》

7.6 《内部失败成本统计明细表》

7.7 《外部失败成本统计明细表》

7.8 《质量成本月报表》

7.9 《质量成本分析报告》

附表 SQ-79　　**质量成本部门统计表**（参考格式）

编制部门：　　　　编制日期：　年　月　日

序号	日期		摘要	所属科目		金额（元）	备注
	月	日		二级	三级		
1							
2							
3							
4							
5							
合计	预防成本		鉴定成本	内部失败成本		外部失败成本	

制表：　　　　审核：

附表 SQ-80　　**报废明细表**（参考格式）

编制部门：　　　　编制日期：　年　月　日

序号	日期	产品编号	产品名称、规格	计量单位	产品批号	报废内容	报废工序	报废数量	备注

制表：　　　　审核：

附表 SQ-81 **返工明细表**（参考格式）

编制部门：　　　　　　　　　　　　编制日期：　　年　　月　　日

序号	日期	产品编号	产品名称、规格	计量单位	产品批号	返工内容	返工工序	返工工时	备注

制表：　　　　　　　　　　　　审核：

附表 SQ-82 **预防成本统计明细表**（参考格式）

编制部门：　　　　　　　　编制日期：　　年　　月　　日　　　　单位：元

月	日	摘要	培训费	评审费	管理活动费	改进措施费	工资及附加费	其他	小计	备注

制表：　　　　　　　　　　　　审核：

附表SQ-83 **鉴定成本统计明细表（参考格式）**

编制部门： 编制日期： 年 月 日 单位：元

月	日	摘要	办公费	试验检验费	工资及附加费	检测设备检定及折旧费	其他	小计	备注

制表： 审核：

附表SQ-84 **内部失败成本统计明细表（参考格式）**

编制部门： 编制日期： 年 月 日 单位：元

月	日	产品名称规格	废品损失费					返工费					事故处理费	其他	合计	备注
			材料	工时	工资	制造费	小计	材料	工时	工资	制造费	小计				

制表： 审核：

附表SQ-85 **外部失败成本统计明细表（参考格式）**

编制部门： 编制日期： 年 月 日 单位：元

月	日	产品名称规格	保修费			索赔费			退货损失费	其他	合计	备注
			差旅费	料费	小计	运输费	产品	小计				

制表： 审核：

附表 SQ-86	**质量成本月报表**（参考格式）			
编制部门：		编制日期：　年　月　日		单位：元
科目		目标值	实际发生值	增减
二级	三级			
预防成本	质量培训费、管理费			
	质量改进措施费			
	工资及福利基金			
	小计			
鉴定成本	试验检测费			
	工资及福利基金			
	小计			
内部失败成本	报废损失费			
	返工费			
	小计			
外部失败成本	索赔费			
	退货损失费			
	小计			
质量成本合计				
质量成本指标	预防成本率			
	鉴定成本率			
	内部失败成本率			
	外部失败成本率			
	月销售收入质量成本率			
	利润质量成本率			
制表：		审核：		

附表 SQ-87 **质量成本分析报告**（参考格式）

编制部门： 编制日期： 年 月 日 单位：元

科目		上年度	本年度	比较	
二级	三级			差额	比率
预防成本	质量培训费、管理费				
	质量改进措施费				
	工资及福利基金				
	小计				
鉴定成本	试验检测费				
	工资及福利基金				
	小计				
内部失败成本	报废损失费				
	返工费				
	小计				
外部失败成本	索赔费				
	退货损失费				
	小计				
质量成本合计					
质量成本指标	预防成本率				
	鉴定成本率				
	内部失败成本率				
	外部失败成本率				
	年销售收入质量成本率				
	利润质量成本率				

结果分析

内部失败原因：

外部失败原因：

典型事件分析：

改进措施要求：

制表： 审核：

七、不良质量成本管理办法范例

文件范例【不良质量成本管理办法】（仅对不良质量成本进行分析和报告）			
文件名称	不良质量成本管理办法	文件编号：SQ-WI-007	版本：A
编制部门	品管部	编制日期：2019.12.9	页码：1/2

1.目的

为对不良质量成本进行管理，提高质量控制能力，并不断降低质量成本，提高企业的经济效益，特制定本管理办法。

2.适用范围

适用于公司内部和外部不良质量成本的管理。

3.术语和定义

3.1 不良质量成本：是指公司内部和外部发生质量不良导致的损失，包括内部损失成本和外部损失成本。

3.2 内部损失成本：是指产品交货前因不满足规定的质量要求所损失的各项费用。

3.3 外部损失成本：是指产品交货后因不满足规定的质量要求导致索赔、返工、退货所损失的费用。

4.权责

4.1 业务部、资材部、品管部负责对质量成本的数据收集和统计。

4.2 财务部负责对产生的不良质量成本进行统计分析。

5.作业内容

5.1 质量成本管理要求

5.1.1 公司组织对各部门有关不良质量成本管理人员如：质量管理人员、生产管理人员、业务人员、资材部人员、财务人员进行质量成本管理知识培训。各部门对员工进行质量成本管理知识教育。

5.1.2 财务部每月对不良质量成本的各项费用进行核算和分析。

5.1.3 品管部根据不良质量成本分析，结合具体情况，确定质量改进目标及相应的改进措施，并组织落实。

5.2 不良质量成本项目内容

5.2.1 内部损失成本

a）报废成本：无法达到顾客质量要求而报废的损失成本。

以当月报废品的材料和加工成本计算，由品管部负责统计。

b）返工成本：经品管检验未达质量标准要求而重新加工的费用。

以该工序重新返工工人薪资+返工材料成本计算，由生产部负责统计。

c）重新检验成本：因不合格重复检查或经返工后重新检查的费用。

以检验人员的工时工资和检测费用计算，由品管部负责统计。

d）外协不良损失：由于外协不良导致的返工、报废损失。

以外协件返工工时工资和外协件报废金额计算，由资材部负责统计。

5.2.2 外部损失成本

a）客诉处理成本：因顾客投诉处理所需的费用，包括处理工时费用和交通费、业务费等。

b）退货：货品退回返工、报废及运费等所损失的一切费用。

c）客户索赔：因质量问题导致的客户索赔，或因质量原因延期交付导致的客户索赔，依实际扣款金额计算。

以上三项均由业务部负责统计。

文件名称	不良质量成本管理办法	文件编号：SQ-WI-007	版本：A
编制部门	品管部	编制日期：2019.12.9	页码：2/2

5.3 不良质量成本数据的归集

各职能部门在每月 10 日前将上月不良质量成本各种费用的情况归集汇总，填写《不良质量成本统计表》及相关明细表交财务部。

5.4 不良质量成本的核算与分析

5.4.1 每月由财务部对各部门的《不良质量成本统计表》成本数据进行统计、核算，编制《不良质量成本月报表》，并和品管部共同进行不良质量成本分析，编制《不良质量成本分析报告》。

5.4.2 分析的内容

a）不良质量成本趋势图；

b）内部损失造成的主要原因；

c）外部损失造成的主要原因；

d）质量成本上月与本月对比分析；

e）典型事例分析；

f）质量成本关键因素分析及改进措施要求。

5.4.3 《不良质量成本分析报告》经财务部、品管部主管签字后，呈总经理核准。

5.5 不良质量成本的控制

5.5.1 品管部根据不良质量成本分析报告提供的情况，要求有关责任部门采取措施予以改进，按《纠正与预防措施管理程序》执行。

5.5.2 品管部对纠正或预防措施进行跟踪，确保其有效性。

5.5.3 不良质量成本的产生若责任为供应商，则将成本费用归咎于供应商承担。

6.参考文件

6.1 《纠正与预防措施管理程序》

7.使用表单

7.1 《不良质量成本统计表》

7.2 《不良质量成本月报表》

7.3 《不良质量成本分析报告》

附表 SQ-88　**不良质量成本统计表**（参考格式）　年　月

类别	不良质量损失项目	项目说明	计算方法	负责统计部门	实际发生额（元）	备注
内部损失成本	a.报废成本	无法达到顾客质量要求而报废的损失成本。	以当月报废品的材料和加工成本计算。	品管部		附明细表
	b.返工/返修成本	经品管检验未达质量标准要求而重新加工的费用。	以重新返工/返修工序工人薪资+返工材料成本计算。	生产部		附明细表
	c.外协不良损失	由于外协不良导致的返工、报废损失。	以外协件返工工时工资和外协件报废金额计算。	资材部		附明细表
	d.重新检验成本	经返工/返修后重新检查费用。	以检验人员的工时工资和检测费用计算。	品管部		附明细表
外部损失成本	a.客诉处理成本	因顾客投诉处理所需的费用。	包括处理工时和交通费、业务费等。	业务部		附明细表
	b.退货	货品退回处理所产生的费用。	包括退货品返工、报废及运费等所损失的一切费用。	业务部		附明细表
	c.客户索赔	因质量问题或延期交付导致的客户索赔。	依实际扣款金额计算。	业务部		附明细表

附表 SQ-89　**不良质量成本月报表**（参考格式）

年　月

类别	不良质量损失项目	比对	发生额（元）	增减额（元）	月产值（元）	不良成本比率	升降比率	备注
内部损失成本	a.报废成本	上月						
		本月						
	b.返工/返修成本	上月						
		本月						
	c.外协不良损失	上月						
		本月						
	d.重新检验成本	上月						
		本月						
外部损失成本	a.客诉处理成本	上月						
		本月						
	b.退货	上月						
		本月						
	c.客户索赔	上月						
		本月						
内部损失成本合计		上月						
		本月						
外部损失成本合计		上月						
		本月						
总损失成本合计		上月						
		本月						

制表：　日期：　审核：　日期：

附表 SQ-90	不良质量成本分析报告（参考格式）
编制部门：	编制日期：　　年　　月　　日　　单位：元
不良质量成本趋势图	

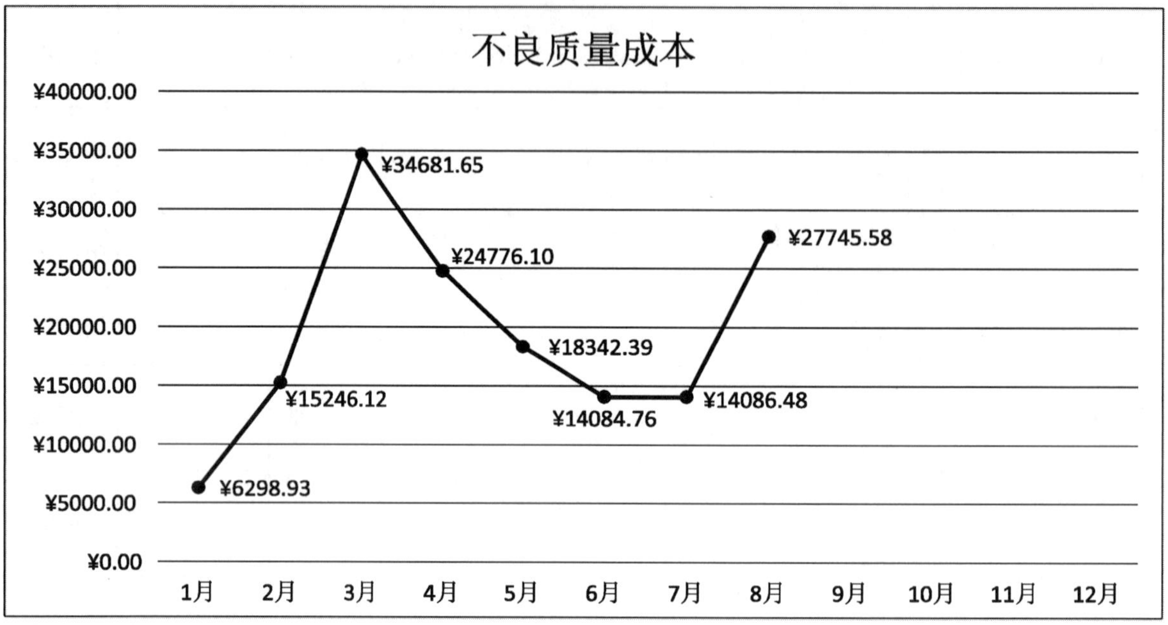

结果分析	
内部失败原因：	
外部失败原因：	
典型事件分析：	
改进措施要求：	
制表：	审核：

第十章
质量手册编写及范例

一、IATF 16949对质量手册的要求

二、质量手册编写说明

三、新版质量手册范例

一、IATF 16949 对质量手册的要求

我们先看看 IATF 16949 标准对质量手册提出了哪些要求。

> **IATF 16949:2016 的补充和特别要求**
>
> **7.5.1.1 质量管理体系文件**
>
> 组织的质量管理体系应形成文件，并包括一份质量手册，可由一系列（电子或硬拷贝形式的）文件构成。
>
> 质量手册的格式和结构由组织自行决定，将取决于组织的规模、文化和复杂性。如果采用一系列文件，则应保留一份构成组织质量手册的文件的清单。
>
> 质量手册应至少包括以下内容：
>
> a）质量管理体系的范围，包括任何删减的细节和正当的理由；
>
> b）为质量管理体系建立的形成文件的过程或对其引用；
>
> c）组织的过程及其顺序和相互作用（输入和输出），包括任何外包过程控制的类型和程度。
>
> d）一个显示组织质量管理体系内哪些地方满足了顾客特定要求的文件（例如列表、表格或矩阵）。
>
> 注：可采用一个显示组织过程如何满足本汽车 QMS 标准要求的矩阵来辅助在组织过程与本汽车 QMS 标准之间建立联系。

质量手册在 ISO 9001:2015 中已不做要求，但 IATF 保留了质量手册的要求，体现了汽车 QMS 质量手册的重要性。

质量手册必须形成文件，但其结构和格式不做规定，由组织自行决定，这将取决于组织的规模、文化和复杂性。如果是采用一系列文件形成质量手册，则应保留一份构成组织质量手册的文件的清单。

无论组织质量手册的结构和格式如何，应至少包括以下内容：

a）质量管理体系的范围，包括任何删减的细节和正当的理由。

——组织的质量管理体系范围通常包括：

- 制造现场
- 多场所或具有扩展制造现场说明
- 产品类型
- 过程范围
- 删减说明
- 组织的支持功能说明
- 外部场所说明
- 外包过程说明
- 顾客特定要求说明

b）为质量管理体系建立的形成文件的过程或对其引用。

——对于小型企业，也可以在质量手册中将识别和确定的过程形成文件，但绝大多数企业都不会这么做，因为不适合于运行。所以，通常是在质量手册中引用形成文件的过程。

c）组织的过程及其顺序和相互作用（输入和输出），包括任何外包过程控制的类型和程度。

——在质量手册中，应包含组织确定的质量管理体系所有过程及其顺序和相互关系。过程的顺序和相互关系通常是通过过程之间的输入和输出进行连接，可以用过程关联图体现。特别提到，外包过程控制的类型和程度也应在手册中说明。

d）一个显示组织质量管理体系内哪些地方满足了顾客特定要求的文件（例如表格、列表或矩阵）。

——这是要求将顾客特定要求与组织的质量管理体系关联起来，体现组织是如何满足顾客特定要求的。形式可以是表格、列表或矩阵。

二、质量手册编写说明

质量手册能够展现企业的质量方针和质量目标，反映企业对质量管理体系的总体策划，明确质量管理体系的范围，描述质量管理体系的过程及其相互关联和相互作用的关系，体现企业的组织架构和部门职责，为内部质量管理和向顾客提供质量保证提供一致信息。因此，组织的质量手册就是对质量管理体系的总体策划和要求，是质量管理体系的一级文件。

1.质量手册的定义

质量手册：组织的质量管理体系的规范（ISO 9000：2015 之 3.8.8 定义）。“规范”就是阐明要求的文件（ISO 9000：2015 之 3.8.7 定义），因此，质量手册就是阐明质量管理体系要求的文件。为了适应组织的规模和复杂程度，质量手册在其详略程度和编排格式方面可以不同。

2.质量手册的编写要求

质量手册通常包括：

（1）组织的有关信息，如名称、地址和联络方法，组织的业务范围，对组织的背景、历史和规模的简要描述等附加信息。

（2）如果组织决定在质量手册中阐述质量方针，质量手册可包括对质量方针和质量目标的陈述。

（3）反映体系覆盖的产品范围以及产品实现过程的范围，还应指出使用的范围。例如，是集团公司共享还是子公司独立使用。若有任何不适用的条款，如无产品设计开发责任，应在手册中说明不适用的细节与合理性。若组织有外部场所、外包过程、外部支持功能，则应在质量手册中说明。

（4）在手册中应策划和确定质量管理体系的三类过程，并描述过程之间的相互作用。可以建立《过程系统图》或《过程关联图》。

（5）在手册中建立标准条款与公司质量管理体系文件的对照表。

（6）体现顾客特定要求与组织的质量管理体系关联的列表或矩阵。

以上只是质量手册应满足的最基本的要求，组织可根据顾客的要求和自身的需要增加适当的内容。

过去，很多企业习惯将标准条款的全部要求照搬到质量手册中，使得手册过于冗长，也没人愿意去看。新版质量手册的编制要彻底摒弃这种做法，只要将策划的过程及其顺序和相互关系描述清楚，建立标准条款和体系文件的对照表，就能清晰明了地展现体系的整体结构和对标准的应用情况。

以下质量手册范例仅供参考。

三、新版质量手册范例

文件名称	质量手册	文件编号：SQ-QM-01	版本：B	页码	1/28

目　录

文件名称	质量手册	文件编号：SQ-QM-01	版本：B	页码	2/28

第 1 章　概述

1.1 质量手册目的与作用

为提升公司整体质量管理水平，有力推动和落实 ISO 9001 & IATF 16949 质量管理体系，为顾客提供优质的产品和服务，满足顾客和法律法规要求，超越顾客的需求和期望，进而增强公司的竞争力，提升公司整体经营绩效。为此，依据 ISO 9001:2015 & IATF 16949:2016 标准以及顾客特定要求，结合本公司的实际运作编制了本质量手册。

本质量手册规定了质量管理体系的基本结构和总体要求；规定了公司的质量方针和目标；确定了公司质量管理体系所需的过程；识别了顾客导向过程、支持过程和管理过程；确定了过程之间的顺序和相互关系；明确了文件化要求，并对应展开了标准条款在公司各项管理活动中的应用；是实施、保持和改进质量管理体系应长期遵循的文件。

本质量手册是本公司质量管理体系的第一级文件，它阐明了质量管理体系的范围及要求，是公司质量管理的纲领性和指导性文件，经总经理批准后生效。全公司各部门及人员必须严格遵照执行。

本质量手册可作为：

（1）公司内部质量管理体系的指导思想和纲要。

（2）就质量管理体系要求及其实施方法进行全公司的培训文件。

（3）为质量管理体系审核提供依据。

（4）证明本公司质量管理体系满足国际标准要求和顾客要求的依据。

（5）对外展示公司质量管理和质量保证的企图和决心。

1.2 公司简介

XXX 科技有限公司，成立于 XXXX 年 XX 月，产品主要包括 XXX、XXX、XXX 等。

XXX 科技有限公司是一家集研发、设计、生产、销售为一体的专业 XXX 的高科技企业，公司注册资本 XXX 亿元人民币，占地面积为 XX 万平方米。

公司目前拥有酒店式办公楼 3 万平方米，标准车间 8 万平方米，公司拥有标准宿舍 1000 余间。

公司拥有一个充满激情、富有活力的团队，目前公司拥有博士 XX 名，研究生 XX 名以及一支庞大的研发和技术团队，公司引进国际高精密先进的 XXX 自动化生产设备，拥有标准的现代化无尘流水生产车间，公司设计产能达到 XXX 万套。

公司以先进管理模式、品牌优势和高素质人才团队打造核心竞争优势，迅速占领市场。公司拥有一支 60 多人的高素质、经验丰富的研发技术团队。其中，来自国内外的高级专家 6 人，所有管理人员硕士以上学历占 2%，本科以上学历占 85%，大专以上（含硕士、本科）学历占全体员工的 96%。公司依托完善的 IT 平台，包括 ERP、OSM、CRM、CPD 等先进的管理手段和平台，保证公司的系统能力处于行业领先地位。

公司全体员工秉承“为顾客提供优质产品和服务”的企业宗旨，以“创新拼搏，公平公正，高效有序”的核心精神，为顾客提供全方位的 XXX 产品配套设计及解决方案。

地址：深圳市 XXX 科技园

邮编：

电话：

网址：

文件名称	质量手册	文件编号：SQ-QM-01	版本：B	页码	3/28

1.3 领导作用和公司责任

1.3.1 领导者承诺

为有力推动和长期落实 IATF 16949 质量管理体系，公司最高管理层承诺通过以下活动，确保建立、实施和保持质量管理体系并持续改进其有效性：

（1）公司总经理对质量管理体系的有效性负责；

（2）确保制定质量管理体系的质量方针和质量目标，并与公司环境相适应，与战略方向相一致；

（3）确保质量管理体系要求融入公司的业务过程；

（4）促进使用过程方法和基于风险的思维；

（5）确保质量管理体系所需的资源是可获得的；

（6）沟通有效的质量管理和符合质量管理体系要求的重要性；

（7）确保质量管理体系实现其预期结果；

（8）促使人员积极参与，指导和支持他们为质量管理体系的有效性做出贡献；

（9）推动改进；

（10）支持其他相关管理者在其职责范围内发挥领导作用；

（11）参与质量管理体系的管理评审活动，评价质量管理体系的绩效和有效性。

此外，公司总经理通过确保以下方面，证实其以顾客为关注焦点的领导作用和承诺：

（1）确定、理解并持续地满足顾客要求以及适用的法律法规要求；

（2）确定和应对风险和机遇，以保持产品和服务合格以及满足顾客要求的能力；

（3）始终致力于增强顾客满意。

1.3.2 公司责任方针

公司明确并实施公司责任方针，包括反贿赂方针、员工行为准则以及道德准则升级政策（“举报政策”）。

我们承诺：

（1）公司所有经营活动都遵循国家法律法规，承担社会责任；

（2）公司全体人员必须在工作中遵守法律法规和道德行为准则；

（3）诚信对待并尊重所有业务相关方；

（4）改进产品、服务和技术，以增强顾客信心，提升顾客的满意度；

（5）诚信经营并建立公平合约关系；

（6）优先选择推动社会和环境责任的供应商。

我们禁止：

（1）禁止所有管理者对顾客、供方或有利益关系者施加不正当影响；

（2）禁止所有员工向顾客或有利益关系者行贿或输送财物；

（3）禁止所有员工收受顾客、供方或有利益关系者的不正当利益。

任何违背上述原则的员工都可能受到国家法律法规或公司的惩罚。

公司任何员工如发现违背上述原则的行为应立刻报告给人事行政部或直接报告总经理，如实举报的员工将受保护而免遭报复，所举报的信息将保密处理。

有关员工的道德行为准则条例和奖惩制度参见公司“人事行政管理制度”。

总经理：

日期：　　　年　　月　　日

文件名称	质量手册	文件编号：SQ-QM-01	版本：B	页码	4/28

1.4 经营理念、质量方针和质量目标

1.4.1 经营理念

公司经营理念

公司秉持以诚信为原则、以务实为作风、以主动为精神、以质量为根本、以创新为动力、以发展为出路之经营理念。

诚信——对顾客、对员工、对经营者提供真实的信息，说到一定做到；

务实——实事求是、善用资源、快速高效，及时解决顾客问题；

主动——发自内心、主动积极、群策群力、快速反应；

质量——追求产品质量，更讲究做人、处事的良好品质，做最有价值的企业；

创新——社会不断发展，我们敏锐捕捉、探索求新，不断开发新产品，创造顾客价值；

发展——公司与顾客、员工与公司共同发展，创造三赢的局面。

公司将以“诚信”“务实”与“主动”对待所有我们的员工、顾客、经营者，争取各界对我们的认同与支持；以“质量”“创新”与“发展”，积极追求经营效率，提升顾客满意度，创造顾客的竞争力，使公司成为具有“生命力、创造力、竞争力”的企业，最终达到永续经营。

1.4.2 质量方针

公司高层根据经营理念、宗旨和战略方向，为满足顾客要求和其他相关方的要求以及法律法规的要求，秉持持续改进的理念，制定以下质量方针，作为公司质量策划和质量活动的准则，并为质量目标的制定提供框架。

质量方针

全员参与　持续改善　精益求精　顾客满意

全员参与——公司组织内所有部门及成员皆赋予与质量管理有关的权责，并提供合适的资源，使全体人员能够充分参与质量活动。

持续改善——持续改善企业体质，创造竞争优势，不断地进步。

精益求精——没有最好，只有更好，在产品质量、效率、成本与交期上追求更高，为顾客提供更好的产品和服务。

顾客满意——全力配合顾客，有效利用资源，以最大程度满足顾客的需求和期望。

1.4.3 质量目标

作为质量方针的展开，需在相关职能和各层次制定质量目标，并与质量方针保持一致。质量目标应包括与产品和服务符合性以及增强顾客满意相关的内容，质量目标应是可测量的。

公司根据经营计划和质量方针，制定公司质量目标和各职能部门目标以及各个过程的质量目标，将目标层层分解落实到各责任部门，使之贯彻于质量管理体系中。

各职能部门负责制定实现质量目标的计划，计划包括要做什么、需要什么资源、由谁负责、何时完成、如何评价结果等内容。

每月、每季度、每年度对质量目标的达成状况进行统计分析和沟通，并于每年度的管理评审会议上由各部门和人员提出修订公司下一年度质量目标。

具体参照公司《经营计划和目标管理程序》及《数据分析和绩效评价管理程序》执行。

文件名称	质量手册	文件编号：SQ-QM-01	版本：B	页码	5/28

1.5 管理者代表任命书

根据 IATF 16949 质量管理体系推动和落实的需要，结合本公司组织结构与职责的具体情况，现特任命

XXX 为公司质量管理体系管理者代表。行使如下职权：

（1）确保按照 IATF 16949 标准的要求建立、实施和保持质量管理体系

a.负责组织相关人员对质量体系进行策划，并协调质量手册、程序文件的编写及修订工作；

b.推进、协调及监督质量管理体系在各相关部门的有效实施，督促各部门在执行中偏离要求的纠正措施的落实，确保各过程获得其预期输出；

c.确保按计划执行内部审核和管理评审活动；

d.确保在策划和实施质量管理体系变更时保持其完整性。

（2）向公司最高管理层报告质量管理体系绩效和任何改进的需求

a.监控质量管理体系运行情况，及时评审其有效性、适宜性并提出改进措施或方案。定期和不定期地向最高管理层报告体系运行的绩效和改进机会；

b.有计划的推进质量体系改进工作，优化过程的运行。

（3）确保在整个组织内推动以顾客为关注焦点

a.有计划地展开各种宣传、交流以及研讨活动，促使全体员工提升满足顾客要求的意识。

b.通过对顾客满意度的监视、评价以改善体系；

c.负责公司质量管理体系有关事宜与外部各方的联络工作；如负责与认证机构和咨询机构联络有关认证/咨询事宜，并及时了解外部环境的变化和影响等。

1.6 顾客代表任命书

按照 IATF 16949 标准的要求，根据本公司的业务需要，经研究决定，特任命业务经理 XXX 为公司顾客代表，行使以下职权，并从顾客的角度提出意见和决策，以确保顾客的要求得到体现：

（1）参与产品设计和开发相关活动，包括立项和评审；

（2）参与特殊特性的选择和确定，包括与产品安全、法规、适用功能以及装配要求相关的那些特性；

（3）参与制定为满足顾客要求的质量目标，包括产品质量、过程能力、准时交付等；

（4）参与相关培训的设置；

（5）参与产能分析和物流规划；

（6）负责反馈顾客计分卡信息，并与顾客建立联系窗口；

（7）监督处理顾客的各项投诉或意见，并采取必要的纠正和预防措施，防止其再发生。

文件名称	质量手册	文件编号：SQ-QM-01	版本：B	页码	6/28

1.7 公司组织架构、职责和权限

1.7.1 公司组织架构图

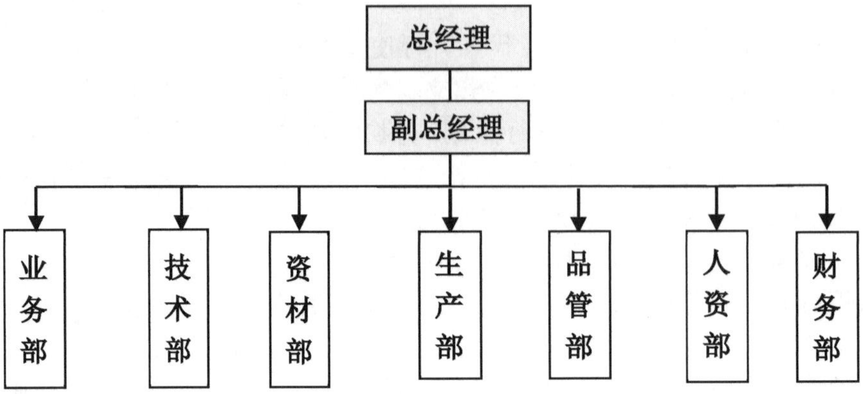

1.7.2 职责与权限

总经理：

（1）对公司整体的运营发展方向进行构思和计划；

（2）对年度经营计划及收支预算在定案时作决策，执行时作严密控制，执行后作改进检讨；

（3）颁布本公司管理体系方针，批准管理体系手册和程序文件；

（4）批准组织架构和部门职责；

（5）定期主持管理评审会议；

（6）公司管理体系运行的人力、物力的确保，即相关资源的提供；

（7）健全财务结构，支持公司业务长期发展。

副总经理（兼管理者代表）：

（1）宣导满足顾客要求的重要性，并确保理解和满足顾客现在和将来的要求与期望；

（2）根据公司的战略目标制定经营计划，并将质量方针和质量目标形成文件。确保各级人员都理解质量方针，并持久贯彻执行；

（3）负责质量管理体系的建立、实施和保持，并持续改进其有效性；

（4）负责公司内部全面管理运作，对各部门主管的选派、委任及监督和协调运作；

（5）确保在策划和实施质量管理体系变更时保持其完整性；

（6）定期对质量管理体系进行评审；

（7）对公司的产品质量负全责；

（8）向最高管理者报告质量管理体系的绩效及其改进机会。

业务部：

（1）负责业务市场分析与评估，不断开发新的顾客，扩大企业影响，建立企业信誉；

（2）负责订单评审工作，对订单的合理性和有效性负责；

（3）负责制定出货排程及出货跟催、出货安排事宜；

（4）负责顾客抱怨/退货信息的接收和处理，以及安排补货事宜；

（5）协调顾客与公司之间的关系，在满足顾客合理要求的前提下，确保公司的总体利益；

（6）定期对顾客满意度进行调查与评估；

（7）负责定期向总经理汇报年度业务绩效。

文件名称	质量手册	文件编号：SQ-QM-01	版本：B	页码	7/28

技术部：

（1）负责新产品设计和开发，执行 APQP 各阶段的工作；
（2）制定公司各项技术、工艺标准；
（3）编制工艺文件，对工艺文件进行审核；
（4）对生产技术、工艺进行管理与指导；
（5）处理生产中出现的有关技术问题；
（6）工装夹具、治具等设计；
（7）新产品的试制及样板的跟进；
（8）对技术文件资料进行管理；
（9）对顾客的反馈信息和投诉配合相关部门进行处理；
（10）参与订单合同的制造可行性评审，对合同中有关技术内容进行确认与协调。

资材部：

（1）负责供应商的开发和管理；
（2）负责公司的物料、物品、用品、用具等的采购；
（3）负责生产所需的外协加工控制；
（4）负责控制采购和外协成本；
（5）负责采购的不合格物料处理；
（6）负责仓储管理；
（7）负责仓库盘点、账目的建立；
（8）负责可回收物品的管理和处理。

生产部：

（1）根据业务部下达的生产通知单，做好生产排程和周作业计划编排；
（2）根据生产安排，做好生产前人员、物料、设备、工装夹具及技术资料准备；
（3）负责生产过程控制，保质保量完成生产任务与交期；
（4）定期召开工作例会，解决生产过程中出现的各类问题；
（5）严格工艺纪律，做好产品质量的预防、纠正、改善；
（6）建立、完善各项产品加工工序的标准工时、班产量和单价；
（7）负责生产现场异常情况处理，做好产品工序转换的搬运和防护工作；
（8）负责生产设备和工装夹具的日常维护与保养，以及工具、刀具、用料管理；
（9）负责生产现场“7S”推行，认真落实安全文明生产，严格要求工人遵守安全操作规程；
（10）负责上报各类生产数据。

品管部：

（1）负责建立健全质量部门组织结构和岗位设计工作，明确各岗位职责；
（2）建立健全质量控制文件，确保产品质量的稳定及提高；
（3）进料、制程、成品出货检验质量的控制；
（4）不合格品的评审和控制；
（5）顾客投诉及退货的处理与改善、追踪、确认；
（6）检验、量测仪器设备的校验的执行与管理，测量系统分析；
（7）对产品标识和追溯的控制；
（8）内部质量异常问题的协调处理和跟踪解决、验证；

文件名称	质量手册	文件编号：SQ-QM-01	版本：B	页码	8/28

（9）主导供应商质量能力的评价；
（10）负责实验室的工作；
（11）实施统计过程控制，对过程能力进行评价；
（12）负责编制年度、月度工作统计报表，建立和完善质量工作原始记录报表；
（13）负责管理体系文件的控制。

人资部：

（1）建立健全公司人事管理制度；
（2）负责公司员工需求的预测、招聘、录用、培训、考核、离职等事宜；
（3）负责人事调动（晋升、提职、调整）及人事纠纷的处理；
（4）负责人事档案工作的管理，人事接待，内部信息的处理；
（5）负责管理体系有关的知识宣传，厂区环境绿化工作；
（6）负责公司行政规章制度的建立、实施及改进；
（7）负责社保、居住证、消防安全等有关事宜跟有关职能部门进行沟通；
（8）负责公司保安工作、保护员工生命及公司财产安全；
（9）负责人资统计（考勤、人员流动状况）；
（10）负责基础设施的规划、提供和维护。

财务部：

（1）按年、季、月编制财务收支计划；
（2）做好资金预算的执行与控制事项，及时记录资金增减变动情况；
（3）汇总、分析、编制资金来源运用表和差异分析报告并定期上报；
（4）负责成本核算和费用控制；
（5）参与公司盘点工作；
（6）每月应收账款和应付账款的监督和控制；
（7）负责公司每月员工工资核算和发放；
（8）做好财务资料、文件、记录的整理、保管和定期归档工作；
（9）做好保密工作。

岗位职责和过程职责：

根据公司组织架构和部门职责，在质量管理体系策划时，确定各过程的责任人，并在各过程文件的“过程管理图”中予以规定。

（1）总经理负责经营计划和目标管理过程、管理评审过程，管理者代表负责风险管理过程、内部审核管理过程、数据分析和绩效评价管理过程、持续改进与员工激励管理过程，各部门经理和主管负责所属职责范围的过程管理。

（2）过程责任者应了解他们所负责过程的角色和职责，并且具备胜任其角色的能力。

（3）人资部根据公司组织架构和部门职责组织编制各部门及其岗位的《岗位职责说明书》。

文件名称	质量手册	文件编号：SQ-QM-01	版本：B	页码	9/28

第 2 章　质量管理体系范围

本质量手册依据《ISO 9001:2015 质量管理体系—要求》和《IATF 16949:2016 汽车质量管理体系标准》并结合本公司的实际编制而成，其范围包括：

（1）制造现场：位于 XX 省 XX 市 XX 区 XX 街道 XX 号的制造现场。

（2）多场所或具有扩展制造现场说明：有一个扩展制造现场—冲压车间，位于相同区相同街道 XX 号，距离主制造现场 1200 米。

（3）产品范围：本公司汽车产品为 XXX、XXX。

（4）过程范围：本公司所有汽车产品的设计和制造。

（5）删减说明：本公司根据顾客要求进行产品设计和开发，有产品设计责任，标准 8.3 中有关产品设计和开发的要求适用于本公司质量管理体系，故没有删减的条款。

（6）外部场所说明：本公司所有支持功能都在现场，没有外部支持场所。

（7）外包过程说明：本公司的电镀过程外包，量具的校准服务委外，产品送货运输委外，外包供方的管理按《供应商管理程序》执行，电镀外包按《外发加工控制程序》执行，量具校正委外和产品运输委外按《采购管理程序》中的服务供应商规定及要求执行。

（8）顾客特定要求说明：本公司没有 IATF OEM 顾客，现有汽车顾客为主机厂 JL 公司，顾客特定要求的识别、评价及其管理参见本手册第 5 章中的规定。

第 3 章　质量管理体系引用标准、参考手册和定义

3.1 公司质量管理体系引用标准

（1）ISO 9000:2015 质量管理体系—基础和术语

（2）ISO 9001:2015 质量管理体系—要求

（3）IATF 16949:2016 汽车质量管理体系标准—汽车生产件及相关服务件组织的质量管理体系要求

3.2 公司质量管理体系参考手册

（1）APQP 产品质量先期策划和控制计划最新版（AIAG）

（2）AIAG & VDA FMEA 手册

（3）SPC 统计过程控制（AIAG）

（4）MSA 测量体系分析（AIAG）

（5）PPAP 生产件批准程序（AIAG）

（6）VDA6.3 过程审核

（7）VDA6.5 产品审核

3.3 公司质量管理体系使用的术语和定义

（1）ISO 9000:2015 质量管理体系—基础和术语

（2）IATF 16949:2016 汽车质量管理体系标准中“3.1 汽车行业的术语和定义”

文件名称	质量手册	文件编号：SQ-QM-01	版本：B	页码	10/28

第 4 章 质量管理体系

4.1 质量管理体系模式

本公司质量管理体系模式遵循 ISO 9001:2015 标准强调的基于 PDCA 循环的模式，如下图。

PDCA 循环能够应用于所有过程以及整个质量管理体系。下图表明了标准第 4 章至第 10 章是如何构成 PDCA 循环的。

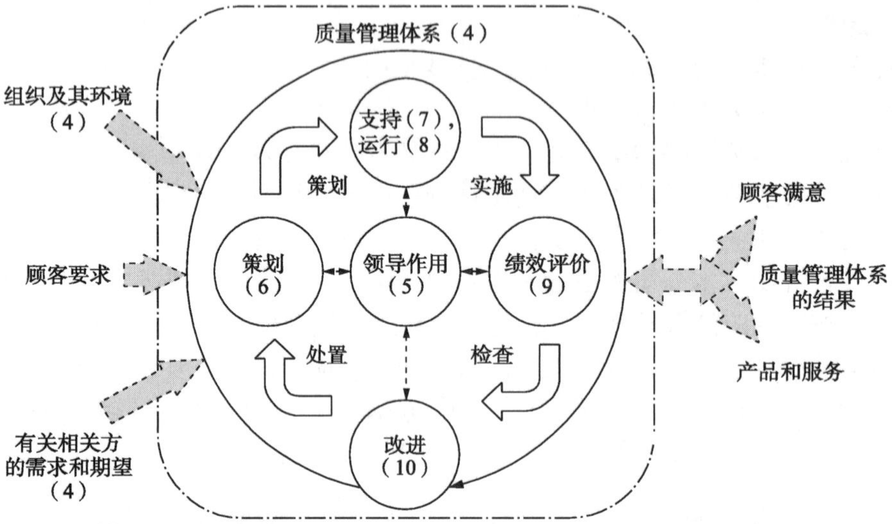

注：括号中的数字表示本标准的相应章

这一质量管理体系模式所包含的思想，简要说明如下：

（1）质量管理体系是在领导力驱动下的 PDCA 循环。这意味着管理者特别是最高管理者需要更积极地参与和支持“策划 P—支持和运行 D—绩效评价 C—改进 A”的整个质量管理体系的活动，标准也明确要求最高管理者对质量管理体系的有效性负责。

（2）质量管理体系的输入除了关注顾客要求，还需要考虑组织的内/外部环境信息以及有关相关方的需求和期望，据以策划、建立、实施、保持和持续改进组织的质量管理体系。

（3）虚线框内是组织的质量管理体系过程，这些过程包括顾客导向过程（核心业务过程）、管理过程和支持管理。

（4）质量管理体系的输出则直接关注质量管理体系的结果。这一结果包括产品和服务是否满足要求，是否导致增强顾客满意，最终是否实现组织的经营目标。

上述几个方面是相互关联、相互强化的关系，通过高效的团队合作、关注有效输出、关注顾客的需求和满意、关注整体目标的实现，从而促进实现质量管理体系的整体绩效。

4.2 公司战略和经营计划

4.2.1 公司内/外部环境分析

公司在制定经营战略时，应考虑影响实现经营目标和影响实现质量管理体系预期结果的能力的各种外部和内部因素。

外部因素，适当时可包括来自国际、国内、地区或当地的各种法律法规、技术、竞争、市场、文化、社会和经济环境的因素。

内部因素，适当时可包括价值观、文化、企业资源、知识和绩效等有关的因素。

对内/外部环境因素进行分析时，可适当考虑使用 PESTE 分析法、SWOT 分析法等。

公司通过管理评审定期对这些外部和内部因素的相关信息进行监视和评审。

文件名称	质量手册	文件编号：SQ-QM-01	版本：B	页码	11/28

4.2.2 确定有关相关方的需求和期望

公司在制定经营计划和策划质量管理体系时，应评价和确定：

a）与质量管理体系有关的相关方；

b）与质量管理体系有关的相关方的要求。

并定期监视和评审这些相关方的信息及其相关要求。

4.2.3 公司经营计划的制定和执行

根据上述4.2.1和4.2.2的要求进行分析和评价，在公司经营理念和宗旨的指导下，确定公司当前和未来的期望，据以制定公司中长期经营计划（3年或更长）和年度经营计划（1年），经营计划可涵盖以下方面的适当内容：

（1）公司经营战略和方针；

（2）公司内/外部环境分析的结果；

（3）公司优势和劣势，面临的机会和威胁，经营风险分析的结果；

（4）有关相关方要求的确定及应对措施；

（5）与市场或销售有关的计划；

（6）增长预测；

（7）产能和效率；

（8）工厂/设施计划；

（9）人力资源规划；

（10）财务规划及成本；

（11）新产品开发、新技术的开发和应用；

（12）预期销售额、利润和质量目标；

（13）关键内部质量及运行指标；

（14）有关健康、安全与环境问题；

（15）持续改进项目；

（16）其他。

公司经营计划由总经办负责编制和发布，并在整个公司内做适当的沟通。

各部门主管按经营计划所规定的目标，展开部门目标和实施方案，并落实到日常管理作业中，以确保经营计划得以实现。

以上4.2.1～4.2.3的具体实施按《风险管理程序》及《经营计划和目标管理程序》执行。

文件名称	质量手册	文件编号：SQ-QM-01	版本：B	页码	12/28

4.3 公司质量管理体系及其过程

4.3.1 质量管理体系的总体要求

公司按照 ISO 9001 & IATF 16949 标准的要求，建立、实施、保持和持续改进质量管理体系，包括所需过程及其相互作用。

确定质量管理体系所需的过程及其在公司运行中的应用，且应：

a）确定这些过程所需的输入和期望的输出；

b）确定这些过程的顺序和相互作用；

c）确定和应用所需的准则和方法（包括监视、测量和相关绩效指标），以确保这些过程的有效运行和控制；

d）确定这些过程所需的资源并确保其可获得；

e）分配这些过程的责任和权限；

f）识别和应对风险和机遇；

g）评价这些过程，实施所需的变更，以确保实现这些过程的预期结果；

h）改进过程和质量管理体系。

并且，在必要的范围和程度上：

a）保持成文信息以支持过程运行；

b）保留成文信息以确信其过程按策划进行。

在策划和运行质量管理体系过程时，应确保所有产品和过程，包括服务件及外包的产品和过程，符合一切适用的顾客和法律法规要求。

4.3.2 质量管理体系的三类过程

公司质量管理体系的过程分为三类，即顾客导向过程、支持过程和管理过程，具体如下：

（1）顾客导向过程或核心业务过程（Customer Oriented Process，COP）

顾客导向过程是指为满足顾客要求、实现顾客价值的过程，或与实现顾客满意关系重大的过程。这类过程的输入来自顾客，其输出为满足顾客的需求和期望。如顾客开发和报价过程、订单评审管理过程、APQP 管理过程、变更管理过程、生产计划管理过程、生产制造过程、产品交付过程、顾客投诉/退货管理过程等等。

（2）支持过程（Support Process，SP）

支持顾客导向过程和管理过程运行的过程，如人力资源管理过程、生产设备管理过程、生产工装管理过程、采购管理过程、仓储管理过程、检验和试验过程、文件和记录控制过程等。

（3）管理过程（Management Process，MP）

管理过程一般是对经营战略和目标的策划，对顾客导向过程和支持过程进行监视、测量、分析、评价和改进的过程，如经营计划和目标管理、风险管理、数据分析和绩效评价、纠正与预防措施管理、内部审核、管理评审等过程。

三类过程的形态如下：

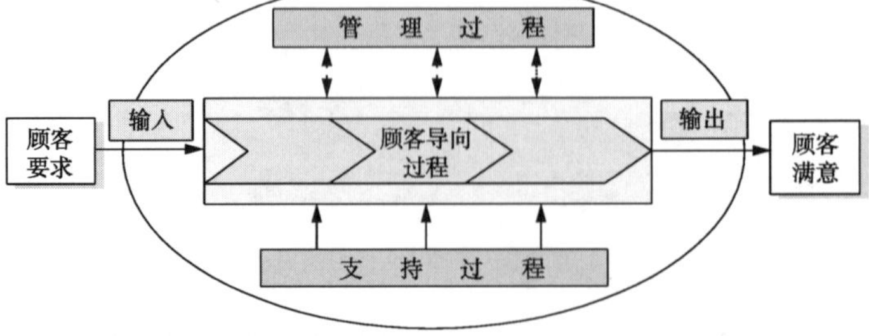

文件名称	质量手册	文件编号：SQ-QM-01	版本：B	页码	13/28

4.3.3 公司质量管理体系的过程识别和管理

根据上述“4.3.1”的要求，以顾客为导向，结合本公司的经营战略和业务过程，识别了顾客导向过程；为满足顾客要求，达成各项目标，支持顾客导向过程的运作，公司确定了相关的支持过程和管理过程；规定了这些过程之间的顺序和相互关系，识别了过程应控制的风险，并要求在程序文件中对每一过程做出“过程管理图”，以明确责任者、输入、输出、使用资源、所使用的程序/方法/技术以及过程的管理目标，并确定了过程应控制的风险，明确了过程的主导部门和过程的相关方。

具体参见下文中的“顾客导向过程与管理过程、支持过程之间的关联矩阵表”“公司质量管理体系过程系统图”“质量体系过程与职能部门关联表”。

依照 IATF 16949 标准各条款的要求，规划了适用于公司的各阶层文件，并将标准的要求体现在相应的文件中，具体见“质量体系过程与标准条款之间的联系表”和“IATF 16949 标准条款与质量管理体系文件对照表”。

（1）顾客导向过程 COP 识别

根据与顾客输入和输出的直接关联，以下为公司质量管理体系的 10 个顾客导向过程。

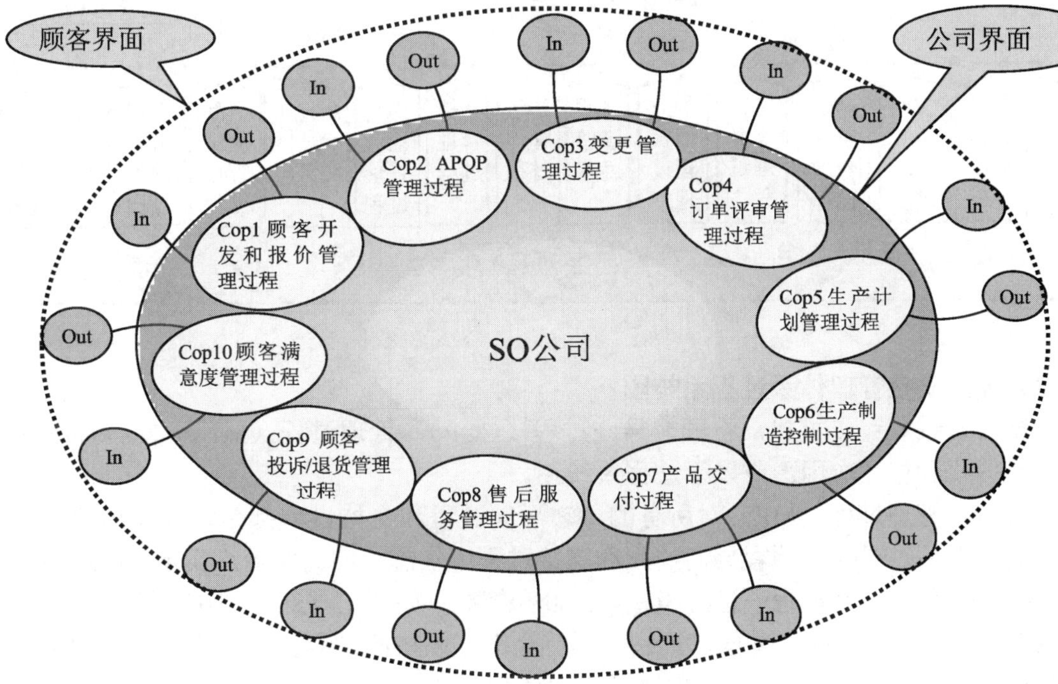

COP1 顾客开发和报价管理过程	COP6 生产制造控制过程
COP2 APQP 管理过程	COP7 产品交付过程
COP3 变更管理过程	COP8 售后服务管理过程
COP4 订单评审管理过程	COP9 顾客投诉/退货管理过程
COP5 生产计划管理过程	COP10 顾客满意度管理过程

文件名称	质量手册	文件编号：SQ-QM-01	版本：B	页码	14/28

（2）管理过程 MP 和支持过程 SP 的识别

结合公司经营和管理需要确定了管理过程，为确保顾客导向过程和管理过程获得所需的资源和支持，识别和确定了支持过程。如下图所示。

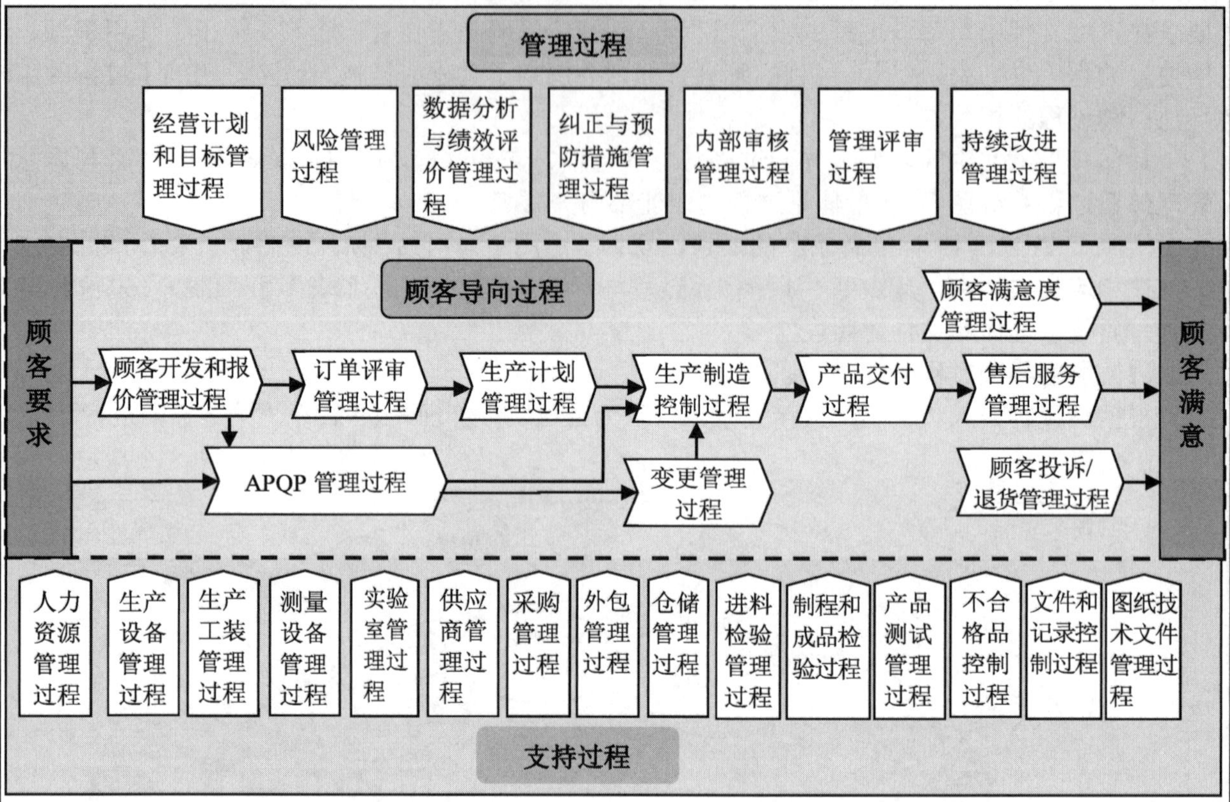

（3）建立质量管理体系过程系统图

根据公司过程运作模式，将顾客导向过程（COP）、管理过程（MP）、支持过程（SP）之间的相互关联和相互作用形成以下过程系统图。

下图中，管理过程（MP）对所有的顾客导向过程和支持过程都是相互作用的；如经营计划和目标管理通过展开到顾客导向过程和支持过程中实施、控制并最终实现；如风险管理要融入顾客导向过程和支持过程中进行识别、评价和控制；如纠正与纠正措施对所有过程都是适用的。也就是说，所有产品、过程、体系的不符合都可以按此过程执行改进；而内部审核与管理评审是对质量管理体系所有过程的审核和评价；持续改进包括产品和服务的持续改进、过程的持续改进、体系的持续改进；数据分析和绩效评价是对质量管理体系运行的输出结果进行整体评价。

支持过程有些是共同的，如人力资源管理过程、文件和记录控制过程是对所有的过程都给予支持；有些支持过程仅对一个或几个过程予以支持，在过程系统图中已将这些过程关系用箭头进行了连接。

文件名称	质量手册	文件编号：SQ-QM-01	版本：B	页码	15/28

质量管理体系过程系统图

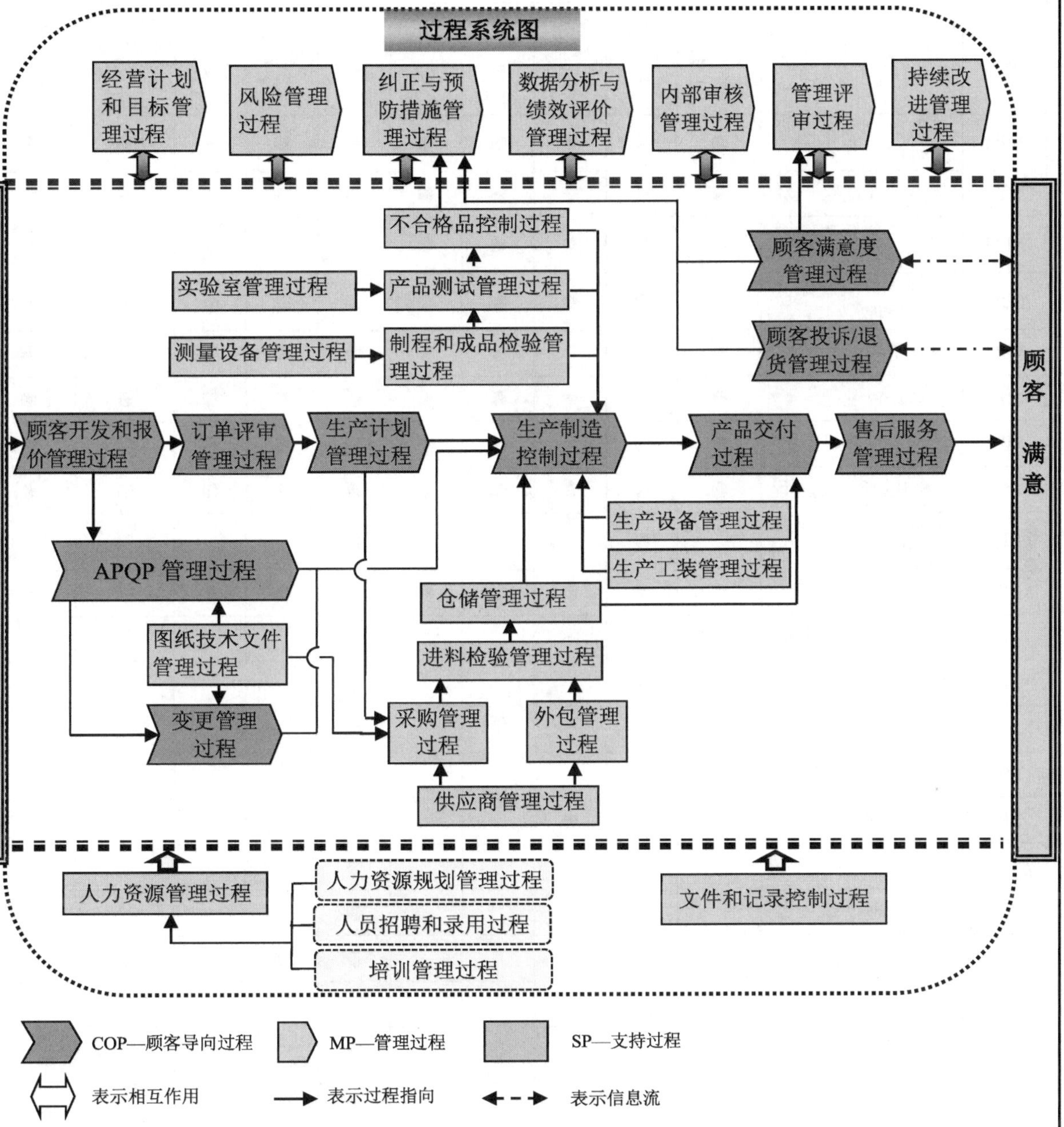

文件名称	质量手册	文件编号：SQ-QM-01	版本：B	页码	16/28

（4）顾客导向过程（COP）与管理过程（MP）、支持过程（SP）之间的关联矩阵表

过程类别	过程名称	顾客开发和报价过程	APQP管理过程	变更管理过程	订单评审管理过程	生产计划管理过程	生产制造控制过程	产品交付过程	售后服务管理过程	顾客投诉/退货管理过程	顾客满意度管理过程
MP1	经营计划和目标管理过程	●	●	●	●	●	●	●	●	●	●
MP2	风险管理过程	●	●	●	●	●	●	●	●	●	●
MP3	纠正与预防措施管理过程	●	●	●	●	●	●	●	●	●	●
MP4	数据分析绩效评价管理过程	●	●	●	●	●	●	●	●	●	●
MP5	内部审核管理过程	●	●	●	●	●	●	●	●	●	●
MP6	管理评审过程	●	●	●	●	●	●	●	●	●	●
MP7	持续改进管理过程	●	●	●	●	●	●	●	●	●	●
SP1	文件和记录控制过程	●	●	●	●	●	●	●	●	●	●
SP2	图纸技术文件管理过程		●	●			●				
SP3	人力资源管理过程	●	●	●	●	●	●	●	●	●	●
SP4	生产设备管理过程		●				●				
SP5	生产工装管理过程		●				●				
SP6	测量设备管理过程		●				●				
SP7	实验室管理过程		●				●				
SP8	供应商管理过程	●	●	●			●			●	
SP9	采购管理过程		●				●				
SP10	外包管理过程						●				
SP11	仓储管理过程						●	●			
SP12	进料检验管理过程						●				
SP13	制程和成品检验管理过程						●				
SP14	产品测试管理过程		●				●				
SP15	不合格品控制过程						●			●	

文件名称	质量手册	文件编号：SQ-QM-01	版本：B	页码	17/28

（5）质量体系过程与职能部门关联表

过程类别	过程名称	总经办	业务部	技术部	采购部	生产部	品管部	人资部
MP1	经营计划和目标管理过程	●	○	○	○	○	○	○
MP2	风险管理过程	●	○	○	○	○	○	○
MP3	纠正与预防措施管理过程	○	○	○	○	○	●	○
MP4	数据分析与绩效评价管理过程	●	○	○	○	○	○	○
MP5	内部审核管理过程	○	○	○	○	○	●	○
MP6	管理评审过程	●	○	○	○	○	○	○
MP7	持续改进管理过程	●	○	○	○	○	○	○
COP1	顾客开发和报价管理过程		●	○	○	○	○	○
COP2	APQP 管理过程		○	●	○	○	○	
COP3	变更管理过程		○	●	○	○	○	
COP4	订单评审管理过程		●	○	○	○	○	
COP5	生产计划管理过程		○		○	●		
COP6	生产制造控制过程		○	○	○	●	○	
COP7	产品交付过程		●			○	○	
COP8	售后服务管理过程		●				○	
COP9	顾客投诉/退货管理过程		●	○		○	○	
COP10	顾客满意度管理过程	○	●	○	○	○	○	
SP1	文件和记录控制过程	○	○	○	○	○	●	○
SP2	图纸技术文件管理过程		○	●	○	○	○	
SP3	人力资源管理过程	○	○	○	○	○	○	●
SP4	生产设备管理过程	○		○	○	●		○
SP5	生产工装管理过程			○	○	●		
SP6	测量设备管理过程	○		○	○	○	●	
SP7	实验室管理过程			○		○	●	
SP8	供应商管理过程			○	●	○	○	
SP9	采购管理过程			○	●	○	○	
SP10	外包管理过程			○	●	○	○	
SP11	仓储管理过程		○		●	○	○	
SP12	进料检验管理过程				○		●	
SP13	制程和成品检验管理过程					○	●	
SP14	产品测试管理过程			○		○	●	
SP15	不合格品控制过程		○	○	○	○	●	

注：●表示过程的主导部门　○表示过程的相关方

文件名称	质量手册	文件编号：SQ-QM-01	版本：B	页码	18/28

（6）质量体系过程与标准条款之间的联系表

过程类别	过程名称	对应 ISO 9001 & IATF 16949 标准条款
MP1	经营计划和目标管理过程	4.1 理解组织及其环境 4.2 理解相关方的需求和期望 6.1 应对风险和机遇的措施 6.2 质量目标及其实现的策划 ***6.2.2.1 质量目标及其实施的策划—补充***
MP2	风险管理过程	4.4 质量管理体系及其过程 6.1 应对风险和机遇的措施 6.1.2.1 风险分析
MP3	纠正与预防措施管理过程	***6.1.2.2 预防措施*** 10.1 总则 10.2 不符合和纠正措施 ***10.2.3 问题解决***
MP4	数据分析与绩效评价管理过程	9.1.1 总则 9.1.3 分析与评价 ***9.1.3.1 优先级*** 10.3 持续改进
MP5	内部审核管理过程	***7.2.3 内部审核员能力*** 9.2 内部审核 ***9.2.2.1 内部审核方案*** ***9.2.2.2 质量管理体系审核*** ***9.2.2.3 制造过程审核***
MP6	管理评审过程	9.3 管理评审 9.3.1 总则 ***9.3.1.1 管理评审—补充*** 9.3.2 管理评审输入 ***9.3.2.1 管理评审输入—补充*** 9.3.3 管理评审输出 ***9.3.3.1 管理评审输出—补充***
MP7	持续改进管理过程	***7.3.2 员工激励和授权*** 10.1 总则 ***10.3.1 持续改进—补充***
COP1	顾客开发和报价过程	8.2.1 顾客沟通 8.2.1.1 顾客沟通—补充 8.2.2 产品和服务要求的确定
COP2	APQP 管理过程	***4.4.1.2 产品安全*** ***7.1.3.1 工厂、设施及设备策划*** 7.1.6 组织的知识 ***8.1.1 运行的策划和控制—补充*** 8.2.2 产品和服务要求的确定 ***8.2.2.1 产品和服务要求的确定—补充*** 8.2.3 产品和服务要求的评审 ***8.2.3.1.2 顾客指定的特殊特性*** ***8.2.3.1.3 组织制造可行性*** 8.3 产品和服务的设计和开发（8.3.1～8.3.5） ***8.5.1.1 控制计划*** ***9.1.1.2 统计工具的确定*** ***10.2.4 防错***

文件名称	质量手册	文件编号：SQ-QM-01	版本：B	页码	19/28

（续）

过程类别	过程名称	对应 ISO 9001 & IATF 16949 标准条款
COP3	变更管理过程	8.3.6 设计和开发更改 ***8.3.6.1 设计和开发更改—补充*** 8.5.6 更改控制 ***8.5.6.1 更改的控制—补充***
COP4	订单评审管理过程	8.2.1 顾客沟通 8.2.3 产品和服务要求的评审 ***8.2.3.1.1 产品和服务要求的评审—补充*** 8.2.4 产品和服务要求的更改
COP5	生产计划管理过程	8.5.1 生产和服务提供的控制 ***8.5.1.7 生产排程***
COP6	生产制造控制过程	***5.3.2 产品要求和纠正措施的职责和权限*** 8.5.1 生产和服务提供的控制 ***8.5.1.3 作业准备的验证*** ***8.5.1.4 停工后的验证*** ***9.1.1.1 制造过程的监视和测量***
COP7	产品交付过程	8.2.1 顾客沟通 8.5.4 防护 ***8.5.4.1 防护—补充*** 8.5.3 顾客或外部供方的财产
COP8	售后服务管理过程	8.5.5 交付后活动 ***8.5.5.1 服务信息的反馈***
COP9	顾客投诉/退货管理过程	8.5.5 交付后活动 ***8.5.5.1 服务信息的反馈*** 10.2 不合格和纠正措施 ***10.2.3 问题解决*** ***10.2.6 顾客投诉和使用现场失效试验分析***
COP10	顾客满意度管理过程	9.1.2 顾客满意 ***9.1.2.1 顾客满意—补充***
SP1	文件和记录控制过程	***7.1.6 组织的知识*** 7.5.2 创建和更新 7.5.3 成文信息的控制 ***7.5.3.2.1 记录保存***
SP2	图纸技术文件管理过程	7.5.2 创建和更新 7.5.3 成文信息的控制 ***7.5.3.2.2 工程规范*** ***8.1.2 保密***
SP3	人力资源管理过程	5.2.2 沟通质量方针 7.1.2 人员 7.2 能力（包括 7.2.1～7.2.4） 7.3 意识 ***7.3.1 意识—补充*** ***8.3.2.2 产品设计技能***
SP4	生产设备管理过程	7.1.3 基础设施 8.5.1 生产和服务提供的控制 ***8.5.1.5 全面生产维护***

文件名称	质量手册	文件编号：SQ-QM-01	版本：B	页码	20/28

（续）

过程类别	过程名称	对应 ISO 9001 & IATF 16949 标准条款
SP5	生产工装管理过程	***8.5.1.6 生产工装及制造、试验、检验工装和设备的管理***
SP6	测量设备管理过程	7.1.5 监视和测量资源 7.1.5.1 总则 7.1.5.2 测量溯源 ***7.1.5.2.1 校准/ 验证记录***
SP7	实验室管理过程	***7.1.5.3 实验室要求*** ***7.1.5.3.1 内部实验室*** ***7.1.5.3.2 外部实验室***
SP8	供应商管理过程	8.4 外部提供的过程、产品和服务的控制 8.4.1 总则 ***8.4.1.1 总则—补充*** ***8.4.1.2 供应商选择过程*** ***8.4.1.3 顾客指定的货源（亦称“ 指向性购买”）*** 8.4.2 控制类型和程度 ***8.4.2.1 控制的类型和程度—补充*** ***8.4.2.2 法律法规要求*** ***8.4.2.3 供应商质量管理体系开发*** ***8.4.2.4 供应商监视*** ***8.4.2.4.1 第二方审核*** ***8.4.2.5 供应商开发*** 8.4.3 提供给外部供方的信息
SP9	采购管理过程	***8.4.1.3 顾客指定的货源（亦称“ 指向性购买”）*** 8.4.3 提供给外部供方的信息 8.4.3.1 外部供方的信息—补充
SP10	外包管理过程	8.1 运行的策划和控制 ***8.4.2.1 控制的类型和程度—补充***
SP11	仓储管理过程	8.5.4 防护 ***8.5.4.1 防护—补充*** 8.5.3 顾客或外部供方的财产
SP12	进料检验管理过程	8.4.2 控制类型和程度 ***8.6.4 外部提供的产品和服务符合性的验证和接受*** ***8.6.5 法律法规的符合性***
SP13	制程和成品检验管理过程	8.1 运行的策划和控制 8.5.1 生产和服务提供的控制 8.6 产品和服务的放行 ***8.6.2 全尺寸检验和功能性试验***
SP14	产品测试管理过程	8.6 产品和服务的放行 ***8.6.2 全尺寸检验和功能性试验***
SP15	不合格品控制过程	8.7 不合格输出的控制 ***8.7.1.1 顾客的让步授权*** ***8.7.1.2 不合格品控制—顾客规定的过程*** ***8.7.1.3 可疑产品的控制*** ***8.7.1.4 返工产品的控制*** ***8.7.1.5 返修产品的控制*** ***8.7.1.6 顾客通知*** ***8.7.1.7 不合格品的处置***

文件名称	质量手册	文件编号：SQ-QM-01	版本：B	页码	21/28

（7）对每个过程的管理要求

各权责部门应对负责的过程按下面的项目进行策划，并将策划结果填入下图所示的“过程管理图”中，然后在相应的过程文件中体现。

针对每个过程需要应对的主要风险，应考虑该风险对相关方的影响，并确定应对风险的措施。

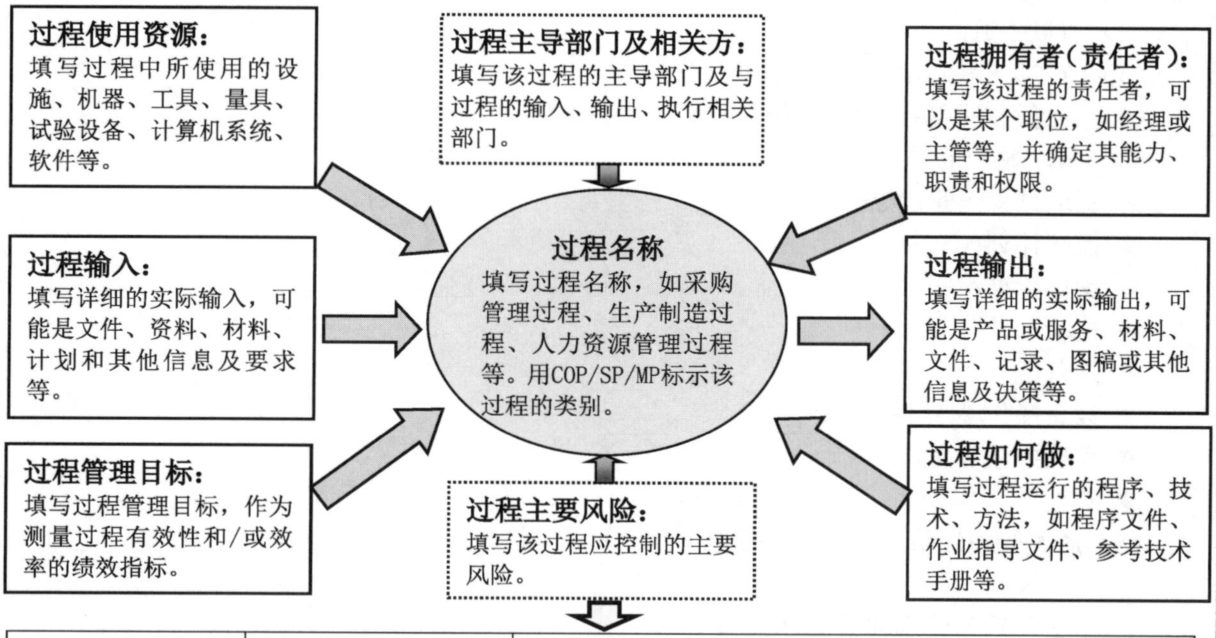

过程主要风险	对相关方的影响	应对风险的措施

4.4 质量管理体系变更的策划

当公司在实施纠正和预防措施、内部审核、管理评审、持续改进等活动中，或发生组织架构重大调整、增加新的制造场所、导入新的产品等，确定需要对质量管理体系进行变更时，变更应按照上述“4.3”的要求进行策划并系统地实施。同时应考虑到：

- 变更的目的及其潜在后果；
- 质量管理体系的完整性；
- 资源的可获得性；
- 职责和权限的分配或再分配。

文件名称	质量手册	文件编号：SQ-QM-01	版本：B	页码	22/28

4.5 质量管理体系文件

4.5.1 质量管理体系文件要求

根据 ISO 9001 & IATF 16949:2016 标准的要求和公司运作需要，确定了公司质量管理体系文件，这些文件包括：

（1）质量方针和质量目标；

（2）质量手册；

（3）COP、SP、MP 各过程的程序文件；

（4）各过程控制和部门内部作业控制所需的文件，包括：

- APQP 输出的技术文件；
- 制造过程作业指导书；
- 控制计划；
- 操作标准；
- 检验标准；
- 规范；
- 设备操作/保养指导书；
- 管理办法等文件；
- 其他。

（5）质量管理体系运行中所需保留的所有记录。

4.5.2 公司质量管理体系文件架构

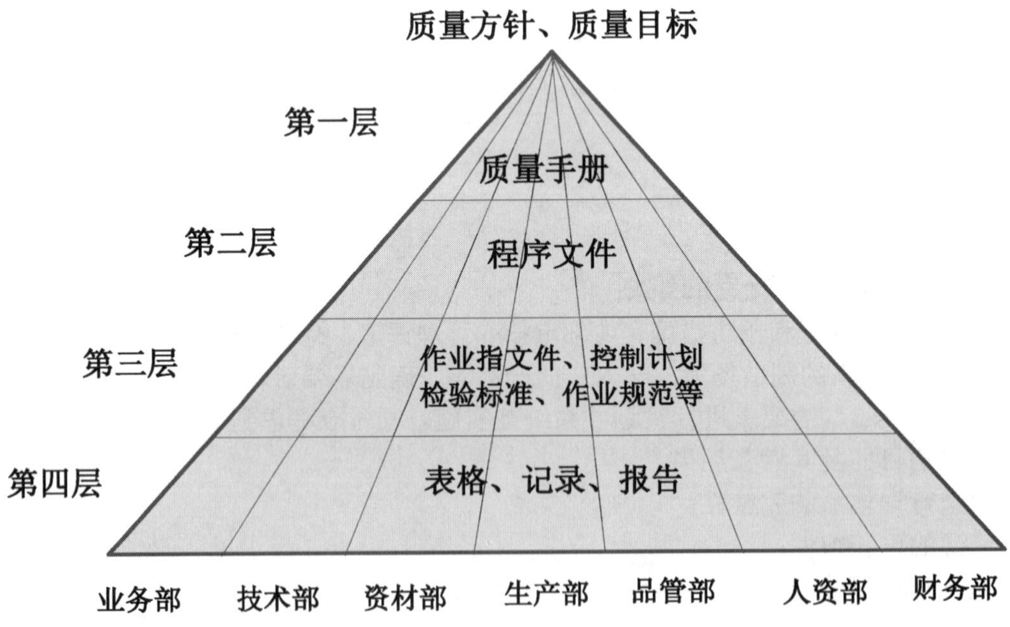

文件名称	质量手册	文件编号：SQ-QM-01	版本：B	页码	23/28

4.5.3 ISO 9001 & IATF 16949 标准条款与公司质量管理体系文件对照表（1）

ISO 9001 & IATF 16949 标准条款	对应在公司 QMS 中的体现
4 组织环境	
4.1 理解组织及其环境	质量手册，经营计划和目标管理程序
4.2 理解相关方的需求和期望	质量手册，经营计划和目标管理程序
4.3 确定质量管理体系的范围	质量手册
4.3.1 确定质量管理体系的范围—补充	
4.3.2 顾客特定要求	质量手册、顾客特定要求管理清单
4.4 质量管理体系及其过程	质量手册、COP/SP/MP 过程文件
4.4.1.1 产品和过程的符合性	
4.4.1.2 产品安全	产品安全和特殊特性管理办法、APQP 管理程序
5 领导作用	
5.1 领导作用和承诺	质量手册
5.1.1 总则	
5.1.1.1 公司责任	
5.1.1.2 过程有效性和效率	管理评审程序
5.1.1.3 过程拥有者	质量手册、过程文件、岗位职责说明书
5.1.2 以顾客为关注焦点	质量手册
5.2 方针	质量手册、人力资源管理程序
5.2.1 制定质量方针	
5.2.2 沟通质量方针	
5.3 组织的岗位、职责和权限	质量手册、组织架构和岗位职责说明书
5.3.1 组织的作用、职责和权限—补充	质量手册中的顾客代表授权书
5.3.2 产品要求和纠正措施的职责和权限	生产制造控制程序 不合格品控制程序 纠正与预防措施管理程序
6 策划	
6.1 应对风险和机遇的措施	风险管理程序
6.1.2.1 风险分析	
6.1.2.2 预防措施	纠正与预防措施管理程序
6.1.2.3 应急计划	应急计划管理办法
6.2 质量目标及其实现的策划	质量手册 经营计划和目标管理程序
6.2.2.1 质量目标及其实施的策划—补充	
6.3 变更的策划	质量手册
7 支持	
7.1 资源	过程文件中策划
7.1.1 总则	
7.1.2 人员	人力资源管理程序

文件名称	质量手册	文件编号：SQ-QM-01	版本：B	页码	24/28

4.5.3 ISO 9001 & IATF 16949 标准条款与公司质量管理体系文件对照表（2）

ISO 9001 & IATF 16949 标准条款	对应在公司 QMS 中的体现
7.1.3 基础设施	基础设施管理办法、生产设备管理程序 车辆管理制度、信息和通信设备管理办法
7.1.3.1 工厂、设施及设备策划	APQP 管理程序
7.1.4 过程运行环境 *7.1.4.1 过程操作的环境—补充*	5 S 管理办法 生产过程控制程序 仓储管理程序
7.1.5 监视和测量资源 7.1.5.1 总则 7.1.5.2 测量溯源 *7.1.5.1.1 测量系统分析* *7.1.5.2.1 校准/ 验证记录*	测量设备管理程序
7.1.5.3 实验室要求 *7.1.5.3.1 内部实验室* *7.1.5.3.2 外部实验室*	实验室管理程序
7.1.6 组织的知识	知识管理办法、文件和记录控制程序
7.2 能力 *7.2.1 能力—补充* *7.2.2 能力—在职培训* *7.2.3 内部审核员能力* *7.2.4 第二方审核员能力*	人力资源管理程序、岗位职责说明书
7.3 意识 *7.3.1 意识—补充*	人力资源管理程序
7.3.2 员工激励和授权	持续改进管理程序
7.4 沟通	未独立形成文件，在各过程文件中体现
7.5 成文信息 7.5.1 总则 *7.5.1.1 质量管理体系文件*	质量手册 质量管理体系各层级文件
7.5.2 创建和更新 7.5.3 成文信息的控制	文件和记录控制程序 图纸技术文件控制程序
7.5.3.2.1 记录保存	文件和记录控制程序
7.5.3.2.2 工程规范	图纸技术文件控制程序、变更管理程序
8 运行	
8.1 运行的策划和控制 *8.1.1 运行的策划和控制—补充*	APQP 管理程序 生产制造控制程序 制程和成品检验程序、产品试验管理程序 控制计划、检验规范、抽样计划
8.1.2 保密	图纸技术文件控制程序
8.2 产品和服务的要求 8.2.1 顾客沟通 *8.2.1.1 顾客沟通—补充*	新顾客开发和报价管理程序 订单评审管理程序 客户投诉/退货管理程序

文件名称	质量手册	文件编号：SQ-QM-01	版本：B	页码	25/28

4.5.3 ISO 9001 & IATF 16949 标准条款与公司质量管理体系文件对照表（3）

ISO 9001 & IATF 16949 标准条款	对应在公司 QMS 中的体现
8.2.2 产品和服务要求的确定	APQP 管理程序 产品安全和特殊特性管理办法
8.2.2.1 产品和服务要求的确定—补充	
8.2.3 产品和服务要求的评审	APQP 管理程序 订单评审管理程序 产品安全和特殊特性管理办法
8.2.3.1.1 产品和服务要求的评审—补充	
8.2.3.1.2 顾客指定的特殊特性	
8.2.3.1.3 组织制造可行性	
8.2.4 产品和服务要求的更改	订单评审管理程序 变更管理程序
8.3 产品和服务的设计和开发	APQP 管理程序 产品安全和特殊特性管理办法 变更管理程序
8.3.1 总则	
8.3.1.1 产品和服务的设计和开发—补充	
8.3.2 设计和开发策划	
8.3.2.1 设计和开发策划—补充	
8.3.2.2 产品设计技能	
8.3.2.3 带有嵌入式软件的产品的开发	
8.3.3 设计和开发输入	
8.3.3.1 产品设计输入	
8.3.3.2 制造过程设计输入	
8.3.3.3 特殊特性	
8.3.4 设计和开发控制	
8.3.4.1 监视	
8.3.4.2 设计和开发确认	
8.3.4.3 原型样件方案	
8.3.4.4 产品批准过程	
8.3.5 设计和开发输出	
8.3.5.1 设计和开发输出—补充	
8.3.5.2 制造过程设计输出	
8.3.6 设计和开发更改	
8.3.6.1 设计和开发更改—补充	
8.4 外部提供的过程、产品和服务的控制	供应商管理程序
8.4.1 总则	
8.4.1.1 总则—补充	
8.4.1.2 供应商选择过程	
8.4.1.3 顾客指定的货源（亦称“指向性购买”）	采购管理程序

文件名称	质量手册	文件编号：SQ-QM-01	版本：B	页码	26/28

4.5.3 ISO 9001 & IATF 16949 标准条款与公司质量管理体系文件对照表（4）

ISO 9001 & IATF 16949 标准条款	对应在公司 QMS 中的体现
8.4.2 控制类型和程度 *8.4.2.1 控制的类型和程度—补充* *8.4.2.2 法律法规要求*	供应商管理程序 采购管理程序 进料检验管理程序
8.4.2.3 供应商质量管理体系开发 *8.4.2.3.1 汽车产品相关软件或带有嵌入式软件的汽车产品* *8.4.2.4 供应商监视* *8.4.2.4.1 第二方审核* *8.4.2.5 供应商开发*	供应商管理程序
8.4.3 提供给外部供方的信息 *8.4.3.1 外部供方的信息—补充*	采购管理程序 供应商管理程序 产品安全和特殊特性管理办法
8.5 生产和服务提供 8.5.1 生产和服务提供的控制	生产计划管理程序 生产制造控制程序 制程和成品检验程序、产品试验管理程序 产品交付管理程序
8.5.1.1 控制计划	控制计划
8.5.1.2 标准化作业—操作指导书和目视标准	作业指导书
8.5.1.3 作业准备的验证 *8.5.1.4 停工后的验证*	生产制造控制程序、控制计划
8.5.1.5 全面生产维护	生产设备管理程序
8.5.1.6 生产工装及制造、试验、检验工装和设备的管理	生产工装管理程序
8.5.1.7 生产排程	生产计划管理程序
8.5.2 标识和可追溯性 *8.5.2.1 标识和可追溯性—补充*	标识和可追溯性管理办法
8.5.3 顾客或外部供方的财产	仓储管理程序、生产工装管理程序 图纸技术文件控制程序
8.5.4 防护 *8.5.4.1 防护—补充*	仓储管理程序 产品包装规范
8.5.5 交付后活动 *8.5.5.1 服务信息的反馈* *8.5.5.2 与顾客的服务协议*	售后服务管理程序 客户投诉/退货管理程序
8.5.6 更改控制 *8.5.6.1 更改的控制—补充*	变更管理程序
8.5.6.1.1 过程控制的临时更改	生产制造控制程序
8.6 产品和服务的放行	制程和成品检验程序、产品试验管理程序
8.6.1 产品和服务的放行—补充	控制计划

文件名称	质量手册	文件编号：SQ-QM-01	版本：B	页码	27/28

4.5.3 ISO 9001 & IATF 16949 标准条款与公司质量管理体系文件对照表（5）

ISO 9001 & IATF 16949 标准条款	对应在公司 QMS 中的体现
8.6.2 全尺寸检验和功能性试验	制程和成品检验程序、产品试验管理程序
8.6.3 外观项目	制程和成品检验程序
8.6.4 外部提供的产品和服务符合性的验证和接受	进料检验管理程序
8.6.5 法律法规的符合性	
8.6.6 接收准则	检验规范、抽样计划
8.7 不合格输出的控制	不合格品控制程序、返工返修作业指导书
8.7.1.1 顾客的让步授权	
8.7.1.2 不合格品控制—顾客规定的过程	
8.7.1.3 可疑产品的控制	
8.7.1.4 返工产品的控制	
8.7.1.5 返修产品的控制	
8.7.1.6 顾客通知	
8.7.1.7 不合格品的处置	
9 绩效评价	
9.1 监视、测量、分析和评价 9.1.1 总则	数据分析和绩效评价管理程序
9.1.1.1 制造过程的监视和测量	生产制造控制程序、控制计划
9.1.1.2 统计工具的确定	APQP 管理程序、控制计划
9.1.1.3 统计概念的应用	生产制造控制程序、控制计划
9.1.2 顾客满意	客户满意度管理程序
9.1.2.1 顾客满意—补充	
9.1.3 分析与评价	数据分析和绩效评价管理程序
9.1.3.1 优先级	
9.2 内部审核	内部审核管理程序 产品审核管理办法
9.2.2.1 内部审核方案	
9.2.2.2 质量管理体系审核	
9.2.2.3 制造过程审核	
9.2.2.4 产品审核	
9.3 管理评审	管理评审程序 不良质量成本管理办法
9.3.1 总则	
9.3.1.1 管理评审—补充	
9.3.2 管理评审输入	
9.3.2.1 管理评审输入—补充	
9.3.3 管理评审输出	
9.3.3.1 管理评审输出—补充	

文件名称	质量手册	文件编号：SQ-QM-01	版本：B	页码	28/28

4.5.3 ISO 9001 & IATF 16949 标准条款与公司质量管理体系文件对照表（6）

ISO 9001 & IATF 16949 标准条款	对应在公司 QMS 中的体现
10 改进	
10.1 总则	纠正与预防措施管理程序 客户投诉/退货管理程序 客户满意度管理程序 持续改进管理程序
10.2 不合格和纠正措施	纠正与预防措施管理程序 客户投诉/退货管理程序
10.2.3 问题解决	
10.2.4 防错	APQP 管理程序 控制计划
10.2.5 保修管理体系	无
10.2.6 顾客投诉和使用现场失效试验分析	客户投诉/退货管理程序
10.3 持续改进	数据分析和绩效评价管理程序 管理评审程序 持续改进管理程序
10.3.1 持续改进—补充	

第 5 章　顾客特定要求（CSR）管理

本公司没有 IATF OEM 顾客，现有汽车顾客为主机厂 JL 公司，顾客的特定要求通常在其“供应商质量手册”“供货技术协议”等文件中规定。当业务部门与顾客确定合作项目后，将顾客特定要求相关文件交品管部文控，作为外来文件控制，根据需要分发给技术、品管等部门。在 APQP 初期阶段，由技术部负责组织跨功能小组对顾客特定要求进行识别和确定，当有不明确的要求或事项时，由业务部门负责与顾客沟通确定。

品管部根据汽车顾客的特定要求建立《顾客特定要求管理清单》，并组织相关部门对顾客特定要求进行分析和评价，将顾客的各项特定要求展开到具体的过程、图纸、工艺文件、控制计划、作业指导文件、检验规范、产品包装规范等文件中，以便于实施和落实。

由品管部组织技术部、生产部、品管部等相关部门人员（包括内部审核员及第二方审核员）根据《顾客特定要求管理清单》进行培训和学习。

品管部负责根据顾客特定要求和/或公司提出对下级供应商质量管理体系的特定要求，创建一份对供应商特定要求的文件并传递给供应商。

在每次的质量管理体系内部审核计划中包括对顾客特定要求审核的内容，但并不需要每次对所有的顾客特定要求进行完整的审核，只需进行适当的抽样审核。

每年度执行一次顾客特定要求的评审，由品管部组织业务、技术、品管、生产、采购等部门相关人员进行评审，适当时更新《顾客特定要求管理清单》，必要时增加或修订质量管理体系文件。

附件：《顾客特定要求管理清单》

第十一章

汽车行业内部审核方法及管理评审实施

第一节　汽车行业内部审核概述

一、IATF 16949 标准要求的三种类型的内部审核

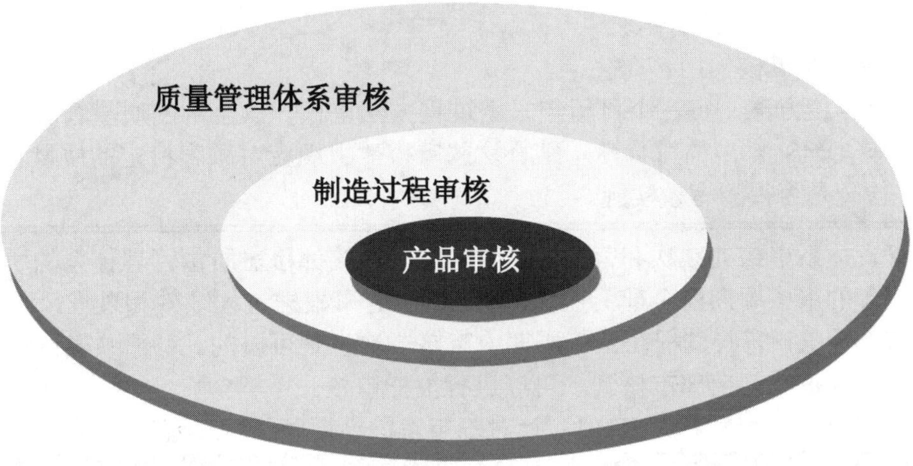

主要区别	质量管理体系审核	制造过程审核	产品审核
审核范围不同	质量管理体系的全部过程和要求	全部制造过程	已完成或部分完成的产品
审核目的不同	对质量管理体系要求的符合性及有效性进行评定	对制造过程满足要求的质量能力进行评定	对产品质量特性的符合性进行评定

这三类审核的侧重点不同：

（1）质量管理体系审核侧重于验证组织的整个质量管理体系是否符合 ISO 9001 & IATF 16949 标准的要求，是否符合组织自身的质量管理体系要求，是否符合顾客特定要求和适用的法律法规要求，并确定是否得到有效的实施和保持。

（2）制造过程审核侧重于验证组织的生产制造过程满足要求的能力及其有效性和效率。

（3）产品审核侧重于验证产品所有的质量特性，包括包装和标签是否符合规定的要求。

IATF 16949 标准对三种类型的审核分别作出了以下要求：

IATF 16949:2016 的补充和特别要求

9.2.2.1　内部审核方案

组织应有一个形成文件的内部审核过程。该过程应包括制定并实施一个涵盖整个质量管理体系的内部审核方案，其中包含质量管理体系审核、制造过程审核和产品审核。

应根据风险、内部和外部绩效趋势和过程的关键程度确定审核方案的优先级。

在负责软件开发的情况下，组织应在其内部审核方案中包含软件开发能力评估。

应对审核频率进行评审，并在适当时，根据发生的过程更改、内部和外部不符合及/或顾客投诉进行调整。应对审核方案有效性进行评审，作为管理评审的一部分。

标准要求在制定审核方案时应包括质量管理体系审核、制造过程审核和产品审核的审核方案。在负责软件开发的情况下，组织应在其内部审核方案中包含软件开发能力评估。

这三类审核通常独立实施，一般先做产品审核（通常根据生产情况在不同的月份按不同的频

次实施），制造过程审核应在质量管理体系审核之前进行。但也有顾客特定要求的情况，如大众 Formel Q 质量能力就要求供应商在过程审核的同时必须进行产品审核。

这三类审核是相互关联的，产品审核结果和制造过程审核结果可作为质量管理体系审核策划的输入。

IATF 16949:2016 的补充和特别要求

9.2.2.2 质量管理体系审核

组织应根据年度方案，每三个日历年采用过程方法审核一次全部的质量管理体系过程，以验证与本汽车 QMS 标准的符合性。结合这些审核，组织应对顾客特定的质量管理体系要求进行抽样，检查是否得到有效实施。

对于质量管理体系审核的频次和范围，不要求每次审核都覆盖质量管理体系的所有过程，只要求在每一个三年的审核周期内全部覆盖即可。这意味着可根据过程绩效和过程风险决定有些过程可能每次审核都覆盖，有些过程在三年周期内审核一次也是可以的。对于顾客特定的质量管理体系要求，也不要求每次都全部审核到，可以进行抽样审核。

IATF 16949:2016—认可解释（SI-14）针对三年审核周期做了解释说明，原文如下：

编号	IATF 16949 参考	认可解释
14	9.2.2.2 质量管理系统审核	组织应根据年度计划，在~~每一个~~三年的~~审核周期日历期~~内，对所有质量管理体系过程进行审核，使用过程方法验证是否符合本汽车质量管理体系标准。与这些审核相结合，组织应对客户特定的质量管理体系要求进行抽样，以便有效实施。 **整个审核周期仍为三年。在三年的审核周期内，质量管理体系对单个过程的审核频率，应基于内部和外部的绩效和风险。组织应对其过程的指定审核频率保持正当理由。所有过程必须在三年的审核周期内取样，并按照 IATF 16949 标准的所有适用要求进行审核，包括 ISO 9001 基本要求和任何客户特定要求。** ***改变的原理:*** *阐明审核周期仍为三年。删除 IATF 16949 常见问题 18，将之前的常见问题 18 第二段要求并入认可解释 14。阐明在三年的审核周期内对所有过程进行审核。*

需要注意的是，在每一个三年的审核周期内覆盖全部的质量管理体系过程是最低的要求。对很多企业而言，每年度的审核覆盖全部的质量管理体系过程仍然是有必要的。

IATF 16949:2016 的补充和特别要求

9.2.2.3 制造过程审核

组织应采用顾客特定要求的过程审核方法，每三个日历年审核一次全部制造过程，以确定其有效性和效率。如果顾客未指定，组织应确定要采用的审核方法。

在每个审核计划内，每个制造过程审核应涵盖所有发生的班次，包括适当的交接班抽样。

制造过程审核应包括对过程风险分析（如 PFMEA）、控制计划和相关文件有效执行的审核。

IATF 16949:2016—常见问题解答（FAQ-19）澄清了制造过程的所有班次审核问题，内容如下：

编号	IATF 16949 参照	问题和答案
19	**9.2.2.3** **制造过程审核**	**<u>问题：</u>** 对于每一个制造过程审核，必须包括所有班次吗？ **<u>解答：</u>** 每次审核不需要涵盖一次审核的所有班次（例如，就第 1 班次和第 2 班次中对冲压过程进行审核，在第 1 年进行班次抽样转换，然后在第 2 年或第 3 年对冲压过程第 3 班次进行审核）。然而，所有的制造过程都必须以三年为周期对所有班次进行审核，审核频率取决于风险、绩效、变化等。

IATF 16949:2016—常见问题解答（FAQ-28）澄清了制造过程审核频次和覆盖范围的问题，内容如下：

编号	IATF 16949 参照	问题和答案
28	**9.2.2.3** **制造过程审核**	**问题：** 制造过程审核的预期频率和覆盖范围是什么？ **解答：** 对每个制造过程的有效评估对于确保产品的持续制造满足顾客和法律法规要求至关重要。然而，与 ISO 9001 和 IATF 16949 的风险方法相一致，一些制造过程或制造过程的某些方面可能比其他过程需要更高的评估频率。 组织通过使用适当的风险管理方法（包括考虑新技术和顾客测量的绩效）来确定审核频率（如果不是由顾客定义的）。被组织证实为低风险的制造过程，其审核频率可能低于高风险过程；但是，所有制造过程都在三年的审核周期内进行审核。 风险分析的证据包括持续遵守所有相关要求（例如：法律法规、顾客、过程和内部要求）。如果任何一个相关的要求没有被满足，则对制造过程的审核频率要高于每三年一次。根据第 9.2.2.3 条规定，三年频率是针对低风险和完全符合制造过程的最低要求。

汽车行业特别关注制造过程的有效性和效率，制造过程的审核是为了验证组织的生产制造过程满足要求的能力及其有效性。

制造过程审核不要求每次审核都覆盖全部的制造过程，只要求在三年审核周期内全部覆盖即可。这意味着可根据制造过程复杂性和稳定性以及过程风险决定有些制造过程可能每次审核都覆盖，有些制造过程三年内审核一次也是可以的（前提是过程稳定且持续满足能力要求）。

在每个三年周期审核计划内，对每个制造过程审核应涵盖所有发生的班次（如早班/中班/晚班，或白班/夜班），包括对交接班的抽样审核。例如，每个制造过程可理解为冲压制造过程、注塑制造过程、喷涂制造过程、焊接制造过程、装配制造过程等。

制造过程审核应包括对过程风险分析（如 PFMEA）、控制计划和相关文件（如工艺图纸、作业指导书、检验标准等）有效执行的审核。

制造过程审核应采用顾客特定要求的过程审核方法，如德系汽车厂要求采用 VDA 6.3（过程审核）。如果顾客没有指定的审核方法，组织可以自己确定要采用的审核方法。

IATF 16949:2016 的补充和特别要求

9.2.2.4 产品审核

组织应采用顾客特定要求的方法，在生产及交付的适当阶段对产品进行审核，以验证对所规定要求的符合性。如果顾客未指定，组织应确定要采用的审核方法。

产品审核的目的是验证产品符合所有规定的要求，包括产品尺寸、功能、性能、安全性、法规的符合性、包装、标签等。产品审核可在生产和交付的适当阶段进行，通常是在产品包装后交付之前实施，但对于某些产品特性可能在生产阶段进行抽样检验和试验会更方便。

产品审核应采用顾客特定要求的方法，如德系汽车厂要求采用 VDA 6.5（产品审核）。如果顾客没有指定的方法，组织可以自己确定要采用的审核方法。

IATF 16949:2016—常见问题解答（FAQ-20）澄清了产品审核频率的问题，内容如下：

编号	IATF 16949 参照	问题和答案
20	**9.2.2.4 产品审核**	**问题：** 为什么产品审核没有确定的审核频率？ **解答：** 审核频率必须根据风险和产品的复杂性来确定（见 ISO 9001，第 9.2.2 节）。如果一个组织有很高的风险和很高的产品复杂性，则建议提高产品审核频率。

IATF 16949:2016—常见问题解答（FAQ–22）说明了产品审核与全尺寸的不同，内容如下：

编号	IATF 16949 参照	问题和答案
22	**9.2.2.4 产品审核**	**问题：** 产品审核与全尺寸检验有何不同？ **解答：** 正如 IATF 16949 第 3 节中所定义的，术语“产品”用于表示制造过程产生的任何预期的输出。 产品通常具有尺寸、性能（功能）和材料要求，因此，产品审核可能包含对尺寸、性能（功能）或材料要求的验证。全尺寸检验仅限于尺寸要求。 产品审核可根据顾客指定的方法（如 VDA 6.5 产品审核）对已完成或部分完成的产品实施，如适用。产品审核可包括包装和标签要求。 与其他审核类型一样，产品审核是对要求符合性的独立验证。因此，产品审核具有审核方案中规定的频率和范围，并基于风险。

二、内部审核方案

审核方案是对特定时间段所策划并具有特定目标的一组（一次或多次）审核安排。

ISO 9001:2015 标准“9.2.2 ”中要求“组织应：a）依据有关过程的重要性、对组织产生影响的变化和以往的审核结果，策划、制定、实施和保持审核方案，审核方案包括频次、方法、职责、策划要求和报告”。

根据 IATF 16949 对三种类型的审核要求，企业可结合顾客要求及自身产品和过程的复杂性、重要性、稳定性和实际绩效，确定年度或三年审核周期的审核方案。以下仅为参考示例。

<table>
<tr><th colspan="11">质量体系审核和制造过程审核三年审核方案</th></tr>
<tr><th rowspan="2">年度</th><th colspan="5">质量管理体系审核</th><th colspan="5">制造过程审核</th></tr>
<tr><th>审核范围</th><th>审核方法</th><th>审核频次</th><th>实施月份</th><th>主导部门</th><th>审核范围</th><th>审核方法</th><th>审核频次</th><th>实施月份</th><th>主导部门</th></tr>
<tr><td>2019</td><td rowspan="3">质量管理体系的全部过程和要求，顾客特定要求和适用的法律法规要求</td><td rowspan="3">基于过程的审核方法</td><td>2 次</td><td>3 月和 9 月</td><td>品管部</td><td>冲压加工过程
焊接加工过程
注塑生产过程
组装生产过程</td><td rowspan="3">采用 VDA6.3 P6 部分进行审核和评价</td><td>1 次</td><td>6 月</td><td>品管部</td></tr>
<tr><td>2020</td><td>1 次</td><td>8 月</td><td>品管部</td><td>冲压加工过程
焊接加工过程
组装生产过程</td><td>1 次</td><td>6 月</td><td>品管部</td></tr>
<tr><td>2021</td><td>1 次</td><td>7 月</td><td>品管部</td><td>冲压加工过程
焊接加工过程
组装生产过程</td><td>1 次</td><td>6 月</td><td>品管部</td></tr>
<tr><td colspan="11">注：①每年度的质量体系审核和制造过程审核均采用集中审核的方式，在每次审核前提前 15 个工作日编制审核的详细执行计划，并分发到各受审核部门；②制造过程审核，每次都要求覆盖到白班和夜班。</td></tr>
</table>

产品审核方案不适合做三年计划，因为产品的变化和生产订单很难预测，适合做年度的审核方案。以下仅为参考示例。

<table>
<tr><th colspan="4">年度产品审核方案（示例）</th></tr>
<tr><td colspan="2">审核目的</td><td colspan="2">验证公司的产品在发运前产品的尺寸、功能特性、外观特性、包装特性等方面均符合公司和顾客的要求而进行的产品审核，为产品质量改进提供客观依据。</td></tr>
<tr><td colspan="2">审核范围</td><td colspan="2">本年度所有批量生产的汽车产品。</td></tr>
<tr><td colspan="2">审核依据</td><td colspan="2">顾客要求和技术规范，图纸和产品规格书，控制计划，产品审核检验标准，法律法规要求。</td></tr>
<tr><td colspan="2">主导部门</td><td colspan="2">由品管部门主导组成审核小组，技术部、品管部各选派1名合格内审员参加。</td></tr>
<tr><td colspan="2">审核方法</td><td colspan="2">按VDA 6.5产品审核的方法实施。</td></tr>
<tr><td>顾客代码</td><td>审核产品</td><td>抽样数</td><td>审核周期和抽样时机</td></tr>
<tr><td rowspan="2">AG</td><td>AG01</td><td>8PCS</td><td>每周审核一次，包装后在出货前开箱抽样</td></tr>
<tr><td>AG02</td><td>5PCS</td><td>每周审核一次，包装后在出货前开箱抽样</td></tr>
<tr><td rowspan="2">BW</td><td>BW21</td><td>5PCS</td><td>每月审核一次，包装前做特性检测，出货前检查包装符合性和标签</td></tr>
<tr><td>BW22</td><td>5PCS</td><td>每月审核一次，包装前做特性检测，出货前检查包装符合性和标签</td></tr>
<tr><td rowspan="2">ED</td><td>ED31</td><td>5PCS</td><td>每月审核一次，包装前做特性检测，出货前检查包装符合性和标签</td></tr>
<tr><td>ED32</td><td>5PCS</td><td>每月审核一次，包装前做特性检测，出货前检查包装符合性和标签</td></tr>
<tr><td>DG</td><td>DG11</td><td>10PCS</td><td>每批审核，包装后在出货前开箱抽样</td></tr>
<tr><td colspan="4">核准：　　　　　　　　　　制表：　　　　　　　　　　日期：</td></tr>
</table>

三、有关审核的基本概念

1.什么是审核

审核就是为获得审核证据并对其进行客观的评价，以确定满足审核准则的程度所进行的，系统的、独立的并形成文件的过程。

内部审核，也称为第一方审核，由组织自己或以组织的名义进行，由与被审核的活动无责任关系的人员进行，以证实独立性。

外部审核包括通常所说的“第二方审核”和“第三方审核”。

第二方审核由组织的相关方（如顾客）或由其他人员以相关方的名义进行。

第三方审核由外部独立的审核组织进行，如提供合格认证/注册的组织或政府机构。

在一个受审核方，对两个或两个以上管理体系（如质量和环境管理体系）同时进行的审核，这种情况称为“结合审核”。

在一个受审核方，由两个或两个以上审核组织所进行的审核，这种情况称为“联合审核”。

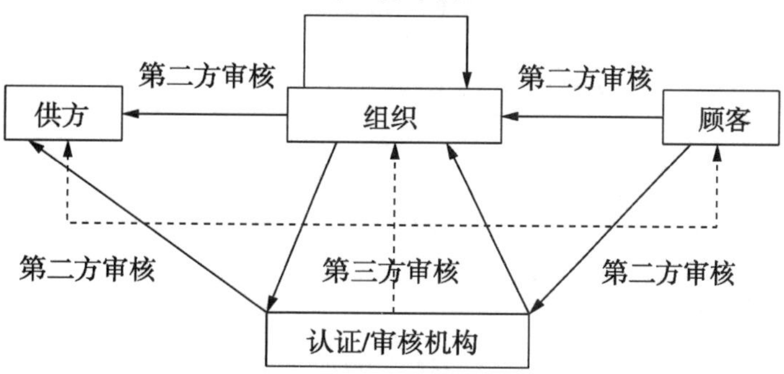

2.什么是审核准则

审核准则就是用于与客观证据进行比较的一组方针、程序或要求。审核准则是用于与审核证据比较的依据。

质量管理体系内部审核的准则包括：

- ISO 9001 & IATF 16949 标准的要求；
- 公司质量管理体系文件（包括质量方针、目标 、质量手册、程序文件、作业指导文件等）；
- 产品技术文件，如图纸、工程技术资料等；
- 适用于产品和服务的法律法规要求；
- 顾客要求和顾客特定要求等。

3.什么是审核证据

审核证据就是与审核准则有关的并且能够证实的记录、事实陈述或其他信息。审核证据可以是定性的或定量的。

审核证据可以是记录、报告、客观事实的陈述、文件、样品、图片、现场、现物等。

4.什么是审核发现

审核发现就是将收集的审核证据对照审核准则进行评价的结果。

审核发现通常表述为三种：符合、不符合、观察建议项。

不符合又可分为：一般不符合和严重不符合。

审核发现可导致识别改进的机会或记录良好实践。

5.什么是审核结论

审核结论就是审核组考虑了审核目标和所有审核发现后得出的最终审核结果。

审核结论包括以下三种：

- 符合审核准则；
- 基本符合，但有一些需纠正之处；
- 不符合，有重大缺陷。

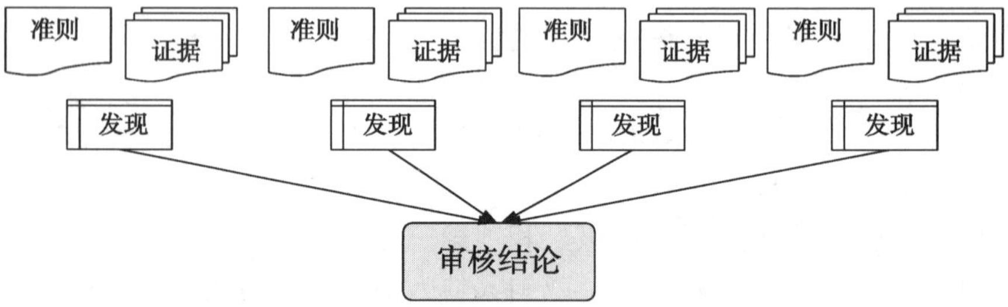

6.什么是审核范围

审核范围就是审核的内容和界限。审核范围通常包括对实际位置、组织单元、活动和过程的描述。一次完整的内部审核范围可以覆盖公司质量管理体系所涉及的所有过程、所有活动和区域，以及所有相关的职能部门。

7.审核委托方

要求审核的组织或个人。

8.受审核方

被审核的组织。

9.向导

由受审核方指定的协助审核组的人员。

10.审核组

实施审核的一名或多名人员，需要时，由技术专家提供支持。

注 1：审核组中的一名审核员被指定作为审核组长。

注 2：审核组可包括实习审核员。

11.审核员

实施审核的人员。

12.技术专家

<审核>向审核组提供特定知识或专业技术的人员。

注 1：特定知识或专业技术是指与受审核的组织、过程或活动以及语言或文化有关的知识或技术。

注 2：在审核组中，技术专家不作为审核员。

13.观察员

随同审核组但不作为审核员的人员。

注：观察员可来自受审核方、监管机构或其他见证审核的相关方。

四、基于过程的质量管理体系审核方法

在ISO 9001标准引言“0.1总则”中提出：本标准采用过程方法，该方法结合了“策划、实施、检查、处置”（PDCA）循环和基于风险的思维。过程方法使组织能够策划过程及其相互作用。

PDCA 循环使组织能够确保其过程得到充分的资源和管理，确定改进机会并采取行动。

基于风险的思维使组织能够确定可能导致其过程和质量管理体系偏离策划结果的各种因素，采取预防控制，最大限度地降低不利影响，并最大限度地利用出现的机遇。

IATF 16949标准“9.2.2.2质量管理体系审核”中要求“组织应根据年度方案，在一个三年的审核周期内，对所有质量管理体系过程进行审核，**使用过程方法**验证是否符合本汽车质量管理体系标准”。

因此，我们在进行质量管理体系审核时应考虑过程方法、PDCA及基于风险的思维。

那么，什么是基于过程的质量管理体系（QMS）内部审核呢？

——基于过程的 QMS 内部审核是指以组织（公司）的过程、过程间相互关系、过程目标和过程绩效指标作为审核的路径或审核的追踪线索所实施的 QMS 审核。

它通过对过程的检查而确定有关过程结果的活动、资源和行为是否被有效并高效地管理。

基于过程的审核方法就是按照组织所识别和确定的过程来审核组织质量管理体系的符合性和有效性。

通过利用基于过程的审核方法，更好地了解企业怎样利用过程方法把前因后果串联起来，进行系统管理，讲究每个过程的有效性，从而达到整个企业绩效的提升和持续改进的目的。

1.基于过程的现场审核方式——CAPD 审核方法

众所周知的 PDCA 循环是“策划→实施→检查→处置”，PDCA 是策划、实施、检查和改进质量管理体系及其过程的基本方法。

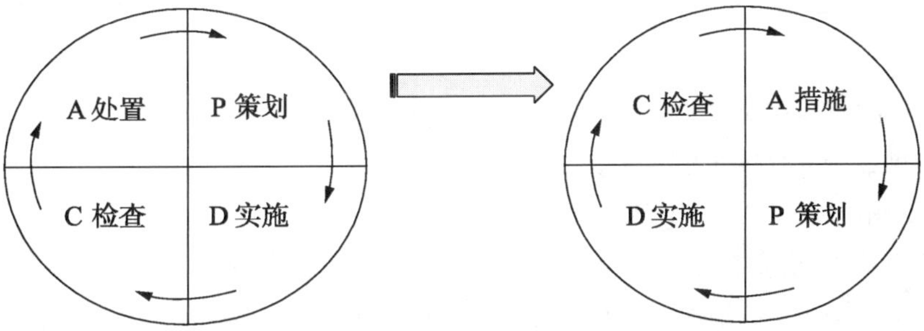

PDCA 管理循环　　CAPD 审核思路

基于过程的现场审核可以构成很多种审核方式，这里主要介绍 CAPD 审核方法。

这一方法的审核思路如下：即“检查、措施、策划和实施（CAPD）”的审核方式。

（1） C（Check，检查）：根据受审核方的测量结果，审核员将该过程的实际绩效指标的量值

与受审核方的预期绩效指标的量值进行比较（找到审核的切入点）；

（2）A（Action，措施）：根据绩效指标量值的比较结果，审核员追踪受审核方是否已经对过程进行了重要影响因素的分析，并就相应原因采取了适当的控制措施和改进措施，以及了解它们的实施结果；

（3）P（Plan，策划）：针对原有的已确定过程，审核员检查受审核方的策划情况，并评估该过程能否确保受审核方满足预期绩效目标（策划了哪些活动、措施或方法）；

（4）D（Do，实施）：按照受审核方的策划要求，审核员检查过程的实施情况和关注其有效性。

CAPD，即基于某一过程的结果来判断该过程的策划及相关支持活动的有效性，来寻找有关过程的改进机会的一种审核方式，是汽车行业要求的基于过程的审核方法。

根据过程的结果（该过程当前绩效与预期绩效的比较），审核员判断影响该过程结果的可能因素，即涉及过程的人、机、料、法、环、测等管理因素，来寻找下一步审核的关注点。它有助于审核员较快地发现受审核方过程及其活动中存在的薄弱环节，以及它们之间接口存在的问题。

CAPD 审核方法适用于每一过程的审核思路和路径，而在某一特定的审核中，还应根据具体过程的特征有不同的侧重点和审核路径。

基于过程的审核方法在汽车行业得到了广泛的实践和应用。过程管理工具——过程管理图或称“乌龟图”，是过程分析和审核非常有用的一种工具，如下图所示。

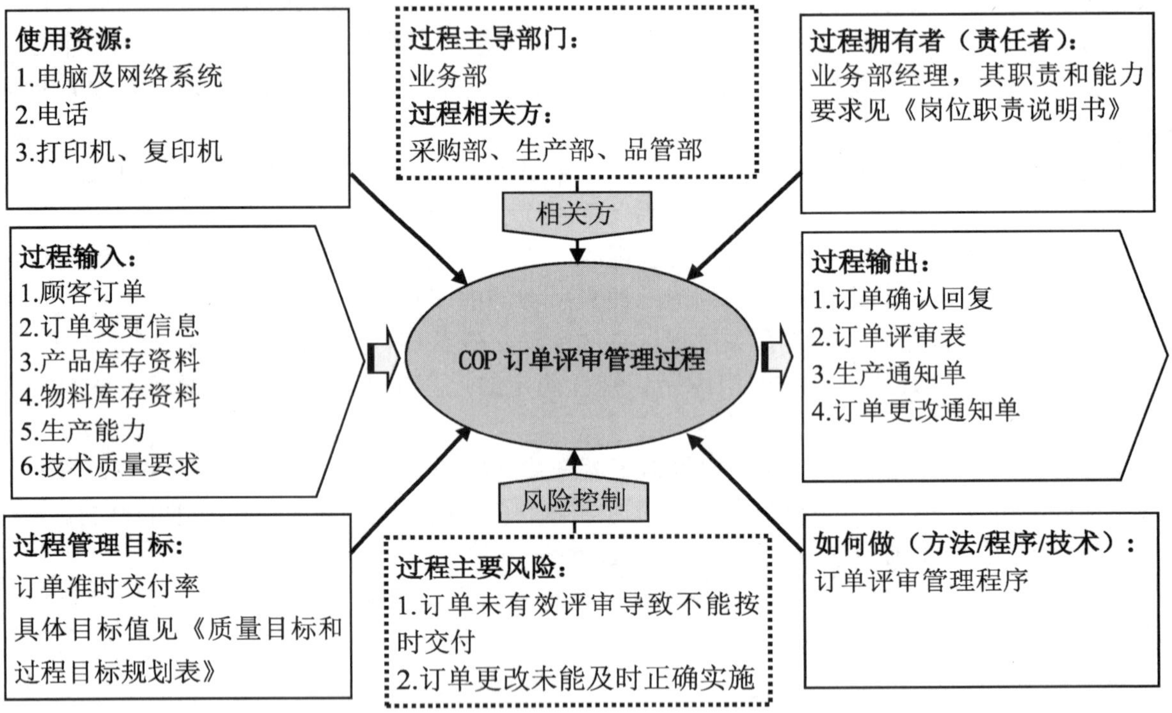

根据上图，对于分析和审核任何一个过程应关注以下方面问题：

- 过程的要求/过程的输入是什么？
- 过程的输出是什么？（过程的顾客要什么？）
- 该过程的关键衡量指标是什么？（本过程要达到的目标）
- 过程的实际绩效是多少？当未能达成绩效或不能满足顾客要求时，做些什么？
- 采取了哪些纠正预防措施，这些措施对实现目标的进展如何？
- 该过程要控制哪些风险？控制风险的措施是什么？
- 过程所需的资源/硬件（设备、工装、模具等）如何得到满足？
- 谁负责此过程？（由谁进行、人员的技能、知识、培训、资格）

● 过程如何执行？（程序/规范/作业指导书）

用过程方法审核，要求审核员在审核过程中及时找到适宜的切入点，然后进行追溯，对审核员的灵活性、敏感性、专业性都提出了较高的要求。

2.基于过程审核的主要思路

（1）按照组织所确定的过程类型及过程之间的内在连接关系，对审核的路径进行策划和实施审核；

（2）基于过程的审核始终以满足组织的顾客要求作为审核的关注点，并以顾客导向过程（COP）作为审核的主线；在审核中，审核员关注过程结果，并将审核发现与它对受审核方提供合格产品能力的影响相关联；

（3）在对顾客导向过程（COP）实施审核的同时，关注与之相关的支持过程和管理过程的作用和绩效；

（4）针对每一个过程的审核，以该过程的绩效指标为切入点，通过追踪其绩效表现以及过程之间的输出/输入的关系，从系统的角度评价该过程在质量管理体系中的作用及其有效性；

（5）从质量管理体系的整体角度，关注法规、顾客和相关方要求的实现情况、过程间的接口和过程的绩效情况等方面，并对质量管理体系的适宜性和有效性做出综合评价。

（6）无论是判断质量管理体系的整体绩效，还是审核一个具体过程，都以其绩效指标的实现与改进情况为基础；

（7）在审核中，审核员应随时对审核过程中获得的信息进行分析和判断，不断地调整审核的路径和方向，并追溯到组织管理体系上存在的问题。

（8）基于过程的审核方法对审核人员提出了更高要求，只有审核人员真正了解和掌握了基于过程的审核方法，才能够体现出审核的有效性和效率。

3.基于过程审核的主要优点

（1）审核是以组织所确定的过程及其绩效指标为切入点，并以组织的业绩表现为主要线索，同时基于审核员的实时判断而不断地调整审核的重点，从质量管理体系的整体角度判断过程活动与标准的符合性，进而提高审核的有效性；

（2）审核是基于组织的实际业务流程设计审核路径，并关注每一个过程的顾客要求及该过程的有效性，这有利于发现组织的质量管理体系与其实际运行是否存在“说一套做一套”的问题，从而确保组织的质量管理体系的建立、实施和改进与组织的质量绩效紧密结合；

（3）审核时关注质量目标的系统性及过程间的接口，打破部门/职能间的隔阂，不仅关注每个职能“分内”的执行情况，更关心过程的系统性，这有利于发现是否存在部门目标与过程目标不一致的问题；

（4）审核中比较容易发现过程接口间的缺陷和系统性问题，这有利于识别不增值的过程以及持续改进过程，从而通过审核达到持续改进质量管理体系的目的；

（5）审核员提问的对象是与过程相关的活动本身而不是标准条款，使得审核方法容易为受审核方所理解。

五、审核员的能力要求

IATF 16949:2016 的补充和特别要求

7.2.3 内部审核员能力

组织应有形成文件的过程，用于验证内部审核员的能力，要考虑到顾客特定要求。关于审核员能力的更多参考，参见 ISO 19011。组织应保持一份合格内部审核员名单。

质量管理体系审核员、制造过程审核员和产品审核员应全部能够证实最少具备以下能力：

a）了解汽车审核过程方法，包括基于风险的思维；

b）了解适用的顾客特定要求；

c）了解 ISO 9001 和 IATF 16949 中适用的与审核范围有关的要求；

d）了解与审核范围有关的适用的核心工具要求；

e）了解如何计划审核、实施审核、报告审核以及关闭审核发现。

另外，制造过程审核员还应证实对于待审核的相关制造过程，其具有技术知识，包括过程风险分析（例如 PFMEA）和控制计划。产品审核员还应证实其了解产品要求，并能够使用相关测量和试验设备验证产品符合性。

在通过培训来取得人员能力的情况下，应保留形成文件的信息，证实培训师的能力符合上述要求。

内部审核员能力的维持与改进应通过以下方法进行证实：

f）每年执行组织规定的最小数量的审核，并且

g）保持基于内部更改（如：过程技术、产品技术）和外部更改（如：ISO 9001、IATF 16949、核心工具及顾客特定要求）对相关要求的认知。

IATF 16949:2016—认可解释（SI-4）对内部审核员能力做了修订，内容如下：

编号	IATF 16949 参照	认可解释
4	7.2.3 内部审核员能力	组织应有形成文件的过程，用于验证内部审核员的能力，要考虑到组织规定的任何要求和/或顾客特定要求。关于审核员能力的更多参考，参见ISO 19011。组织应保持一份合格内部审核员名单。 质量管理体系审核员，~~制造过程审核员和产品审核员~~应能证明证实最少具备以下能力： a）了解汽车审核过程方法，包括基于风险的思维； b）了解适用的顾客特定要求； c）了解 ISO 9001 和 IATF 16949 中适用的与审核范围有关的要求； d）了解与审核范围有关的适用的核心工具要求； e）了解如何计划审核、实施审核、报告审核以及关闭审核发现。 ~~此外~~，制造过程审核员还应至少证实对于待审核的相关制造过程，其具有技术知识，包括过程风险分析（例如 PFMEA）和控制计划。 产品审核员还应至少证实其了解产品要求，并能够使用相关测量和试验设备验证产品符合性。
		~~在通过培训~~如果组织人员提供培训来取得人员能力的情况下，应保留形成文件的信息，证实培训师的能力符合上述要求。 *改变的原理：* *区分质量管理体系审核员、制造过程审核员和产品审核员的能力要求。阐明对内部培训培训师能力的期望。*

认可解释做出的更改，主要是区分质量管理体系审核员、制造过程审核员和产品审核员的能力要求。同时阐明，内部审核员的能力如果是由组织的人员（内部培训师）进行培训取得的情况下，应能够证实内部培训师的能力符合上述要求。

内部审核员属于从事特定指派任务的人员，其能力要求应被确定。在确定内部审核员能力时，要考虑到组织规定的任何要求和/或顾客对审核员能力的特定要求（比如对于制造过程审核，德系汽车厂要求供方内部审核员必须获得 VDA 6.3 过程审核员资格，有些美系汽车厂则要求必须掌握 CQI-8 分层过程审核）。

IATF 16949:2016 的补充和特别要求

7.2.4 第二方审核员能力

组织应证实从事第二方审核的审核员的能力。第二方审核员应符合顾客对审核员资质的特定要求，并证实最少具备以下核心能力，包括了解：

a）汽车审核过程方法，包括基于风险的思维；

b）适用的顾客特定和组织特定要求；

c）ISO9001 和 IATF16949 中适用的与审核范围有关的要求；

d）适用的待审核制造过程，包括 PFMEA 和控制计划；

e）与审核范围有关的适用的核心工具要求；

f）如何计划审核、实施审核、编制审核报告并关闭审核发现。

IATF 16949 对第二方审核员的能力单独提出要求，第二方审核员应符合顾客对审核员资质的特定要求（如 VDA6.3 过程审核员资格），并了解组织对供方的特定要求以及待审核的供应商制造过程，包括其 PFMEA 和控制计划。其他要求和质量管理体系审核员是一致的。

组织应建立形成文件的过程，用于验证内部审核员和第二方审核员的能力，并保持一份合格内部审核员和第二方审核员的名单。

1.质量管理体系审核员、制造过程审核员、第二方审核员的共同能力要求

（虽然上述认可解释 SI-4 中删除了制造过程审核员，但在实际审核中以下的这些要求对制造过程审核员是适用的）

a）了解汽车审核过程方法，包括基于风险的思维。

——汽车行业要求必须基于过程方法的思路，而不是根据部门和条款去审核，审核员应熟悉和掌握基于过程的审核方法，如 CAPD 审核方式；并能应用基于风险的思考把握审核的重点。

b）了解适用的顾客特定要求。

——在“9.2.2.2 质量管理体系审核”中强调，组织应对顾客特定的质量管理体系要求进行抽样，检查是否得到有效实施。因此，内部审核员必须了解所有适用的顾客特定要求。顾客特定要求可通过组织内部培训熟悉和了解。

c）了解 ISO 9001 和 IATF 16949 中适用的与审核范围有关的要求。

——对于内部审核员来说，了解标准的要求是必要的，但也不是要求对标准所有条款都要熟悉，而是根据审核计划的安排了解与审核范围有关的 ISO 9001 和 IATF 16949 中适用的要求。

例如：负责审核人力资源管理过程时，必须熟悉与人力资源有关的标准条款。

d）了解与审核范围有关的适用的核心工具要求。

——核心工具可能包括：QFD、DOE、APQP、FMEA、SPC、MSA、PPAP、8D、FTA 等，但并不要求了解全部的核心工具，只需了解与审核范围有关的适用的工具即可；例如：负责审核 APQP 管理过程时，至少需要了解 APQP、FMEA、PPAP 等相关的技术工具。如果是负责制造过程审核，那么至少应了解 PFMEA、SPC、控制计划等核心工具。

e）了解如何计划审核、实施审核、报告审核以及关闭审核发现。

——如何计划审核、实施审核、报告审核以及关闭审核发现，这是内审员需要掌握的基本能力，通过培训和学习就很容易掌握。

2.制造过程审核员的附加能力要求

除上述共同能力要求外，制造过程审核员至少还需具备以下能力：

a）对于制造过程审员，应掌握对于待审核的相关制造过程的技术知识（如机械图纸、几何尺寸和公差、工艺流程、产品和过程的特殊特性、产品和过程的控制方法等），包括熟悉 PFMEA 和控制计划。

b）掌握顾客特定要求或组织自身要求的制造过程审核方法并获得资格，如 VDA 6.3 过程审核员资格。

3.第二方审核员的附加能力要求

除上述共同能力要求外，第二方审核员至少还需具备以下能力：

a）熟悉顾客特定和组织特定要求，熟悉第二方待审核的制造过程，包括 PFMEA 和控制计划。

b）掌握顾客特定要求或组织自身要求的过程审核方法并获得资格，如 VDA 6.3 过程审核员资格。

c）掌握顾客特定要求或组织自身要求的产品审核方法，如 VDA 6.5 产品审核。

d）了解供应商应用的质量管理体系标准，如德系汽车供应商使用的 VDA 6.1 标准。

由此可以看出，第二方审核员要比质量管理体系内审员和制造过程内审员需要掌握更多的知识和技能。

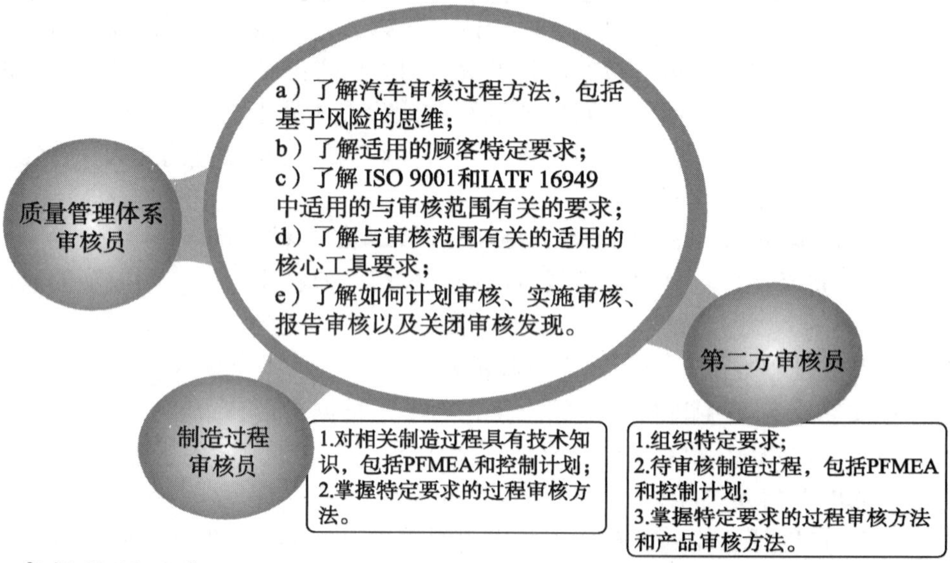

4.产品审核员的要求

产品审核员至少需具备以下能力：

a）对于产品审核员，应掌握产品要求（如产品技术规格、检验规范/标准、顾客要求、法规要求、检验和试验方法等），并能够熟练使用相关测量和试验设备。

b）掌握顾客特定要求或组织自身要求的产品审核方法，如 VDA 6.5 产品审核。

5.审核员的能力取得

审核员的能力可通过内部或外部培训取得，如果是由组织的人员（内部培训师）进行培训取得的情况下，应能够证实内部培训师的能力符合上述要求或顾客特定要求。

6.审核员能力的保持

审核员能力的维持与改进应通过以下方法进行：

a）每年执行组织规定的最小数量的审核（至少每年一次）；

b）当内部更改（如：过程技术、产品技术）和外部更改（如：ISO 9001、IATF 16949、核心工具及顾客特定要求的变化）时，通过学习和培训了解更改的相关要求。

7.审核员的能力素质

GB/T 19011—2013《管理体系审核指南》提出了审核员应具备必要的素质，包括：

——有道德，即公正、可靠、忠诚、诚信和谨慎；

——思想开明，即愿意考虑不同意见或观点；

——善于交往，即灵活地与人交往；

——善于观察，即主动地认识周围环境和活动；

——有感知力，即能了解和理解处境；

——适应力强，即容易适应不同处境；

——坚定不移，即对实现目标坚持不懈；

——明断，即能够根据逻辑推理和分析及时得出结论；

——自立，即能够在同其他人有效交往中独立工作并发挥作用；

——坚韧不拔，即能够采取负责任的及合理的行动，即使这些行动可能是非常规的和有时可能导致分歧或冲突；

——与时俱进，即愿意学习，并力争获得更好的审核结果；

——文化敏感，即善于观察和尊重受审核方的文化；

——协同力，即能与其他人有效沟通，包括审核组成员和受审核方人员。

对于质量体系审核员、制造过程审核员、产品审核员、第二方审核员能力的验证，下表可作为参考示例，根据企业需要可增加项目内容。

审核类别	审核员能力要求（知识/技能/经验）																								
	1.标准的认知和理解				2.核心质量工具掌握								3.公司要求和顾客要求（包括CSR）							4.个人能力					
	ISO 9001	IATF 16949	过程审核\VDA6.3	产品审核\VDA6.5	8D运用	APQP	FMEA	MSA	PPAP	SPC	FTA	控制计划	管理体系有关文件	顾客要求及CSR	有关法律法规	公司特定要求	产品知识	工艺知识	特殊特性	测量仪器使用	语言能力	沟通能力	汽车审核过程方法	编写报告能力	审核经验
体系审核	○	○			○	○	○	○	○	○		○	○	○	○	○	○	○	○		○	○	○	○	
过程审核	○	○	○		○	○	○	○	○	○	○	○	○	○	○	○	○	○	○		○	○	○	○	
产品审核				●								○	○	○	○		○		○	●				○	
二方审核	○	○	●	○	○	○	○	○	○	○	○	○	○	○	○	○	○	○	○		○	○	○	○	○
验证方式	外训有效证书				内/外训合格证明或证书								内训考核合格							内部认定合格					
验证职责	人资部				人资部								人资部							管理者代表					
说明：○基本掌握此项技能　　●熟练掌握此项技能																									
编制：　　日期：　　核准：　　日期：																									

第二节　质量管理体系审核

一、质量管理体系内部审核的流程

质量管理体系的内部审核流程也是一个PDCA的过程，各阶段的工作如下图所示。

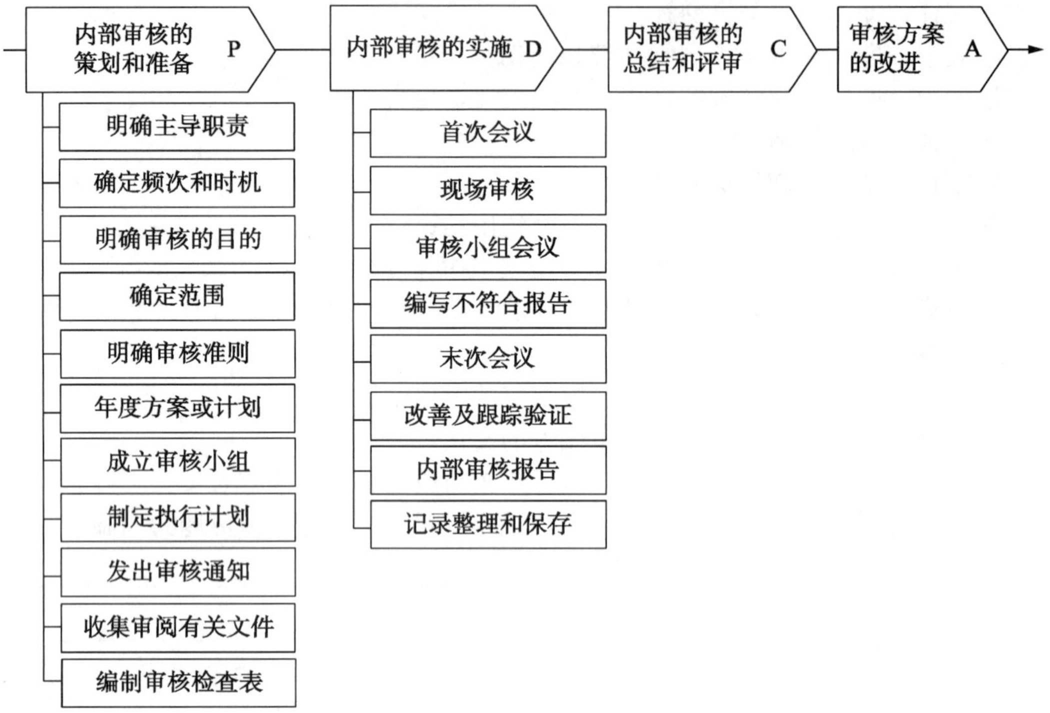

二、内部审核的策划

内部审核的策划主要包括以下几方面的内容：

1.明确内部审核的主导职责

内部审核是组织质量管理体系维持和持续改进的一项重要工作，也是一项长期的工作，需要一个部门来主导。实践证明，质量体系维护的好坏与内部审核的正常实施与否有着密切的关系。通常，内部审核工作由质量管理部门来主导，可行时，也可由其他部门来主导，规模大的企业往往成立一个专职的部门（如体系部）来主导。

主导的部门负责整个内部审核的策划、实施和结果报告，并在管理评审中提出报告和讨论，适时向组织的最高管理层提出改进的建议。

2.确定内部审核的频次和时机

内部审核的频次是由组织策划决定的，标准并未规定间隔时间。通常是每年实施一次，如果质量体系运行和落实度不够好，也可每半年执行一次，两次执行的时间间隔不应超过12个月。

内部审核的时机，在质量体系建立初期应在体系文件发布运行至少3个月后进行。质量管理体系所涉及的内容较多，有些过程需要一定的时间运行才能完整实施，才能验证其符合性和有效性。如果文件多数未实施，则不应安排内部审核。

定期的内部审核一般在认证机构审核前的一至二个月进行，以确保对内部审核发现问题的全部整改完成，为外部审核做准备。

当组织发生重大质量异常或出现顾客重大质量投诉时，可考虑进行临时的内部审核。

可结合上节中的内部审核方案策划和确定审核频次和时机。

3.明确内部审核的目的

组织内部审核的目的包括：

（1）评价质量管理体系是否符合ISO 9001 & IATF 16949标准的要求，以及符合顾客的要求和适用的法律法规要求；

（2）确定质量管理体系是否符合组织自身的质量管理体系要求；

（3）验证组织所建立的质量管理体系是否得到有效实施和保持；

（4）验证组织质量管理体系达成质量方针、质量目标和过程指标的有效性；

（5）提供被审核方改进的机会，作为组织持续改进的手段之一；

（6）作为外部审核前的准备，并向外部提供有效性的证据。

4.确定内部审核的范围

每次的内部审核的范围可以相同，也可以不同，但在每个三年的审核周期内，内部审核的范围应覆盖组织质量管理体系涉及的所有职能部门、过程、活动、场所和班次（如白班和夜班）。每年度的内部审核可以完整覆盖，也可以仅审核其中一部分过程，但对于顾客导向过程，通常每年度都要审核一次。对顾客特定要求进行抽样审核。

5.明确内部审核的准则

内部审核的准则一般包括以下几项：

（1）ISO 9001 & IATF 16949标准；

（2）组织建立的正式发布的质量管理体系文件；

包括质量方针、质量目标、质量手册、程序文件、管理办法、作业指导书、检验标准书、控制计划等，以及组织规定的表单格式。

（3）与产品有关的技术文件，如图纸、工程资料等；

（4）与产品有关的法律法规的要求；

如与产品有关的安全法规、质量法规、有毒有害物质和环境法规等。

（5）与顾客签订的合同或订单的要求，以及顾客的特定要求。

6.制定内部审核方案或计划

内部审核的方案或计划可以制定三年的审核方案也可以是每个年度的审核方案，应确定每个年度执行内部审核的次数和实施的月份，由指定的内部审核主导部门制定，内部审核方案或计划应公布或发行给组织各职能部门。

年度审核方案/计划需考虑：

- 过程的重要性和与体系标准要求的相关程度；
- 以往审核结果；
- 内部和外部绩效趋势；
- 顾客投诉/反馈情况；
- 顾客审核时间；
- 第三方认证审核时间；
- 所要覆盖的标准要素；
- 所要覆盖过程和活动；
- 顾客特定要求。

年度内部审核计划有滚动式和集中式两种。如前所述，内部审核是基于过程的审核方法来展开的，因此，应以组织质量管理体系所识别的过程来制定计划。

（1）滚动式审核计划

滚动式审核计划通常为一年或半年一个审核周期，在一个审核周期内逐月展开对全部过程、活动/产品、场所、部门完成一次完整的审核。

（2）集中式审核计划

集中式审核计划是集中在几天之内按审核方案把各过程、活动/产品、场所、部门全部审核完，通常是一年审核1～2次。

对于规模大、过程复杂的组织适合用滚动式审核计划，中小型企业适合用集中式审核计划。

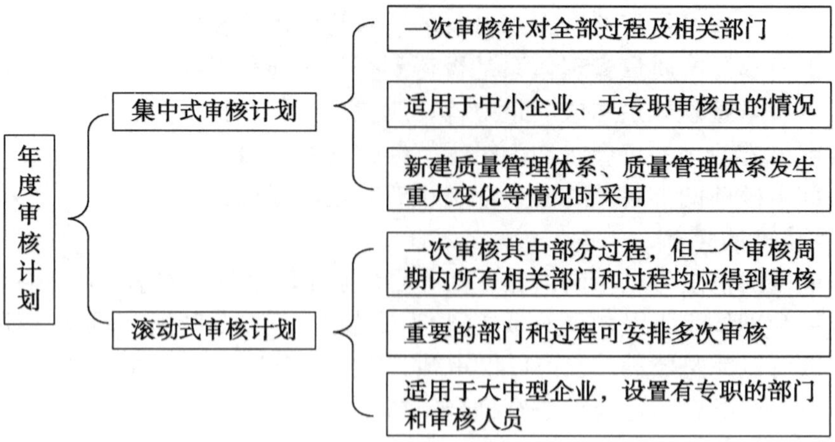

三、内部审核的准备

内部审核的准备一般包括以下工作内容：

- 成立内部审核小组
- 编制本次审核的执行计划
- 通知被审核方和审核员
- 收集并审阅有关文件
- 编制审核检查表

1.成立内部审核小组

在每次内部审核之前应先成立审核小组，审核小组由一名审核组长和若干名审核员组成，审核员的多少根据组织的规模大小和过程复杂程度来决定。管理层指派审核组长，并选择审核员。审核组长应由对质量管理体系较熟悉、对公司的生产和运作较了解、具有较强的组织和沟通能力的管理者来担任。

（1）在选择和安排审核员时应遵守以下原则

- 审核员应经过培训合格，并由组织的最高管理者或管理者代表授权；
- 审核员不能审核自己的工作，以确保审核的客观性和公正性。

（2）审核组长应具备的知识和能力的要求

- 资格——即必须是经过培训合格的内部审核员。
- 审核经验——审核组长比起审核组员来要有较多的审核经验。
- 组织能力——审核组长应有组织管理整个审核工作的能力。

2.编制内部审核的执行计划

每次审核的执行计划应包括以下内容：

- 审核目的；
- 审核准则和引用文件；
- 审核范围，包括受审核的职能部门和过程；
- 进行现场审核活动的日期和地点；
- 现场审核活动的预期时间和期限，审核组织及审核员的安排；
- 首次会议和末次会议的时间和地点。

内部审核执行计划应以组织识别的过程来设计，每一个过程包含了一个或多个标准的条款，同时，一个过程又涉及一个或多个职能部门，对过程责任部门和协助部门的活动内容均应实施审核。

内部审核执行计划应结合部门职能和过程的相关性、连贯性进行编排，使审核员能够在有限的审核时间内有效地实施审核，避免不断地重复跨部门审核。

根据过程的负责部门，在制订内部审核执行计划时，可以按部门所主导的过程来安排，参考范例如下：

内部审核执行计划（示例）

一、审核目的：确定公司质量管理体系是否符合标准的要求及自身质量管理体系的要求，验证是否得到持续实施和保持，并确定质量管理体系运行的有效性以及寻找改进的机会。
二、审核范围：公司质量管理体系涉及的所有职责部门、所有过程、活动及场所。
三、审核准则（依据）：ISO 9001:2015 & IATF 16949 标准；公司质量管理体系文件；顾客订单/合同要求、顾客特定要求；与产品有关的技术文件及适用的法律法规要求。
四、审核组成员：组长 1 位，审核员 8 位
组长：刘宏　　　审核员：王强　李风　贺晓　周力　龚伟　何丽　粟标　潘山
五、审核时间：2019 年 8 月 19 日—21 日
六、首次会议时间：8 月 19 日　8:30—8:50　　　　　地点：三楼会议室
七、末次会议时间：8 月 22 日　16:00—17:30　　　　地点：三楼会议室
八、审核计划发布日期/范围：2019 年 8 月 8 日/发放总经理、各部门主管、各审核员
九、审核日程表

日期/时间	被审核过程/活动	类别	相关的标准要素（部分示例）	被审核的主导部门和关联部门								审核员
				总经办	业务部	技术部	资材部	生产部	品管部	人资部	财务部	
8 月 19 日 9:00—12:00	领导作用、体系策划	手册	5.1～5.3 /4.3/4.4/6.3	●	○	○	○	○	○	○	○	王强 李风
	经营计划和目标管理过程	MP	4.1/4.2/6.2	●	○	○	○	○	○	○	○	
	风险管理过程	MP	6.1/4.4/9.1.3	●	○	○	○	○	○	○	○	
	管理评审过程	MP	9.3	●	○	○	○	○	○	○	○	
	数据分析和绩效评价管理过程	MP	9.1.1/9.1.2	●	○	○	○	○	○	○	○	
	持续改进管理过程	MP	10.1/10.3	●	○	○	○	○	○	○		
8 月 19 日 9:00—11:00	不良质量成本管理	管理办法	9.1	○	○	○	○	○	○	○	●	刘宏
8 月 20 日 13:30—16:30	顾客开发和报价管理过程	COP	8.2.1/8.2.2		●	○						贺晓 周力
	顾客投诉/退货管理过程	COP	8.2.1/10.2/10.2.6		●	○	○	○	○			
	订单评审管理过程	COP	8.2.2/8.2.4		●	○	○	○	○			
	产品交付过程	COP	7.5.1		●		○	○	○			
	售后服务过程	COP	8.5.5		●	○		○	○	○		
	顾客满意度管理过程	COP	9.1.2/9.1.2.1		●	○	○	○	○	○		
8 月 20 日 14:00—17:00	APQP 管理过程	COP	8.1/8.3.1～8.3.5		○	●	○	○	○			龚伟 何丽
	变更管理过程	COP	8.3.6.1/8.5.6/8.5.6.1		○	●	○	○	○	○		
	图纸技术文件管理过程	SP	7.5.2/7.5.3/7.5.3.2.2			●	○	○	○			

日期/时间	被审核过程/活动	类别	相关的标准要素（部分示例）	被审核的主导部门和关联部门								审核员
				总经办	业务部	技术部	资材部	生产部	品管部	人资部	财务部	
8 月 20 日 9:00—11:30	供应商管理过程	SP	8.4			○	●	○	○			粟标 潘山
	采购管理过程	SP	8.4.3			○	●	○	○			
	外包管理过程	SP	8.4.2/8.4.3			○	●	○	○			
	仓储管理过程	SP	8.5.4/8.5.2/8.5.3			○	●	○	○	○	○	
8 月 21 日 9:00—12:00	生产计划管理过程	COP	8.5.1/8.5.1.2/8.5.1.3		○		○	●				王强 李风
	生产制造管理过程	COP	8.5.1/8.5.2/7.1.4		○	○	○	●	○	○		
	生产设备管理过程	SP	7.1.3/8.5.1.5				○	●		○		
	生产工装管理过程	SP	8.5.1.6			○		●				
8 月 21 日 9:00—12:00 13:30—16:30	文件和记录控制过程	SP	7.5	○	○	○	○	○	●	○	○	龚伟 何丽
	测量设备管理过程	SP	7.1.5			○		○	●			
	实验室管理过程	SP	7.1.5.3			○		○	●			
	进料检验管理过程	SP	8.4.2/8.6.4			○	○		●			
	制程和成品检验过程	SP	8.6/8.5.2					○	●			
	产品测试管理过程	SP	8.6/8.5.2			○		○	●			
	不合格品控制过程	SP	8.7/10.2/8.5.2			○	○	○	●			
	纠正与预防措施管理过程	MP	10.2/10.2.3	○	○	○	○	○	●	○	○	
	内部审核管理过程	MP	9.2/9.2.1～9.2.4	○	○	●	○	○	●	○	○	
	产品标识和追溯管理	管理办法	8.5.2/8.5.2.1		○	○	○	○	●			
8 月 21 日 9:00—12:00	人力资源管理过程	SP	7.1.2/7.2/7.3/7.4	○	○	○	○	○	○	●	○	粟标 潘山
	基础设施管理	管理办法	7.1.3/8.5.1	○	○	○	○	○	○	●	○	
	办公和通信设备管理	管理办法	7.1.3	○	○	○	○	○	○	●	○	

说明：
（1）当审核的过程涉及与顾客特定要求相关时，审核员应检查顾客特定要求是否得到满足。
（2）当审核某个过程时，应包括对该过程的相关支持文件的审核，如控制计划、作业指导书、管理办法等。
（3）受审核部门和审核员接到审核计划后，应准备好相关审核资料；受审核部门应安排好本部门工作，确保在规定的审核时间内本部门人员能充分配合审核工作。
（4）●为过程的主导部门，○为相关部门。

编制：　　　　　　审核：　　　　　　批准：

3.通知被审核方和审核员

内部审核执行计划应至少在审核一周前完成，并将此计划发放给受审核方和审核员，以便于受审核方和审核员做好审核前的准备工作。

4.收集并审阅有关文件

审核员在收到审核计划后，根据自己所承担的审核任务，收集和审阅受审核方相关的文件和资料，包括质量手册、质量目标、过程文件，相关的作业规范、顾客特定要求或相关法律法规等，为编制审核检查表做准备。

5.编制审核检查表

对于审核检查表的设计，标准并未有规定的格式。应基于过程的审核方法，按过程文件中的过程管理图或“乌龟图”的策划，结合过程流程的活动顺序设计审核检查表。参考格式如下：

内部审核检查表（示例）

过程主导部门：　品管部	过程相关方：业务部、生产部			
审核员：	审核日期：			
被审核的过程类别、过程名称及相关的标准条款	审核内容	审核中的观察和证据记录	结果判定	不符合项责任部门
顾客导向过程 COP	**对过程策划和管理的审核：**			
	1.该过程的输入和输出是什么？			
	2.过程的责任者是谁？其资格是否满足要求？			
	3.该过程需要哪些资源？这些资源如何得到充分满足？			
	4.是否有确定衡量该过程有效性的目标或指标？这些目标或指标数据统计结果如何？			
	5.当过程的目标或指标未能达成时是否做了分析？在条件可能的情况下采取了哪些纠正措施？若达成，有什么新的提升计划？			
	6.该过程应控制哪些风险？为控制风险策划了哪些措施？			
	7.有哪些书面化的程序或方法来实施过程？			
	对过程执行的审核：			
	1.业务部在接收到顾客投诉时，如何确实了解顾客投诉之事项？			
	2.质量问题投诉，业务是否将投诉的详细信息填写于《顾客投诉反馈单》并提交给品管部？			
顾客投诉/退货管理过程 8.2.1/10.2/10.2.6	3.若属交期问题投诉或是服务需求时，业务是否有知会相关部门处理，必要时召开会议讨论解决？			
	4.品管收到《顾客投诉反馈单》如何对投诉内容、实物及不良标示进行确认？			
	5.有客诉品退回时，品管部如何对不良品进行分析，并将结果填写于《纠正/预防措施处理单》？			
	6.针对顾客投诉事项，采取了哪些紧急措施以满足顾客的需求？			
	7.责任单位是否进行了调查分析发生问题的真正原因，并记录于《纠正/预防措施处理单》？			
	8.制定了哪些纠正措施，以防问题再次发生？			
	9.业务部是否在3个工作日内将改善措施回复给顾客？			
	10.纠正措施是否得到实施和落实？			
	11.品管部是否有追踪确认改善措施的执行情况及其有效性、合理性，并将执行的证据填入《纠正/预防措施处理单》内？			
	12.经确认有效的改善对策和方法是否进行横向展开，以防止类似问题在其他产品或过程中出现？			
	13.是否将有效的措施和方法写入相关程序或作业指导文件中，以使措施标准化？			
	14.品管部是否将每月顾客反馈问题整理成《顾客反馈问题月统计表》，以便于跟踪和汇报？			
备注：审核结果判定：用Y表示符合，N表示不符合，A表示需改进。				
审核组长复核签名：	被审核方确认签名：			

在实施内部审核之前，审核员应对负责审核的过程文件进行详细阅读，了解过程之间的顺序和相互关系，熟悉被审核方的运作，了解公司目标和被审核方的部门目标之间的关联，了解过程的职责分配，必要时可事先到现场去观察、沟通和了解，综合这些情报信息来编制检查表。

编制审核检查表的好处，一方面是审核员可预先熟悉需审核的过程和审核内容，明确审核的方法，另一方面检查表可作为现场审核的指引，避免关键审核内容的遗漏，使审核过程规范化，并作为审核的记录。

上例检查表的审核内容分过程策划和管理及过程执行两个部分，过程策划和管理的7项内容对所有过程的审核都是适用的，过程运作需根据组织实际过程的活动和要求来审核。其他过程的检查表可参考以上检查表来编制。

（1）在编写检查表时，审核的思路应体现：

- 关注过程的有效性；
- 关注过程实施符合标准要求和组织自身要求；
- 关注过程的能力和风险；
- 遵循CAPD思路。

（2）检查表的作用和局限性：

作用：

- 明确审核要点和审核方法；
- 确保重要的事项不致遗漏；
- 减少组员之间不必要的重复；
- 保持审核的方向和节奏；
- 体现审核的正规化和专业性；
- 记录审核的发现，正面和负面。

局限性：

- 事前准备的检查表可能限制审核员的发挥。
- 由于事先编写的检查表可能覆盖面不全，审核员可能遗漏重要的事项。

审核检查表编制的质量直接影响到内部审核的质量，因此，审核员编制完成检查表后应交审核组长评审或由内部审核小组集体评审，以确保标准的所有条款不会遗漏，所有过程的重要事项不会遗漏。

四、内部审核的实施

内部审核实施阶段包括以下方面内容：

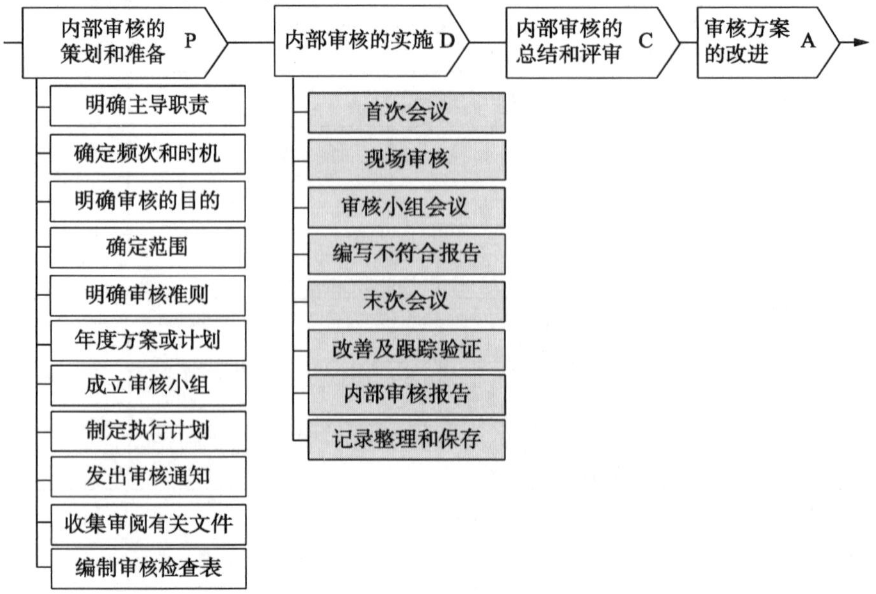

1.召开首次会议

首次会议通常在现场审核的当日由审核组长主持召开，参加会议的人员包括企业的管理者代表、最高管理者、受审核方负责人和审核组成员。首次会议内容包括但不限于以下事项：

（1）本次审核的目的和范围；

（2）审核的准则；

（3）审核组成员；

（4）说明此次审核的具体日程和人员安排；

（5）澄清审核计划中不明确或有遗漏或需调整的内容；

（6）说明审核的方法；

（7）各部门需配合及准备的事项。

审核组长说明完毕后，请管理者代表或最高管理者讲话，以表示最高管理者的重视。首次会议时间一般不超过半小时，并做好会议记录和签到。

2.执行现场审核

（1）使用基于过程的审核方法进行现场审核的思路和要点

根据审核计划和审核检查表，应采用基于过程的审核方法。基于过程的审核方法是通过企业所确定的固有过程来审核企业的系统以及各过程的运作。

针对每个过程的审核，应按照企业策划和编制的过程管理图或“乌龟图”以及过程流程进行，如下图所示。

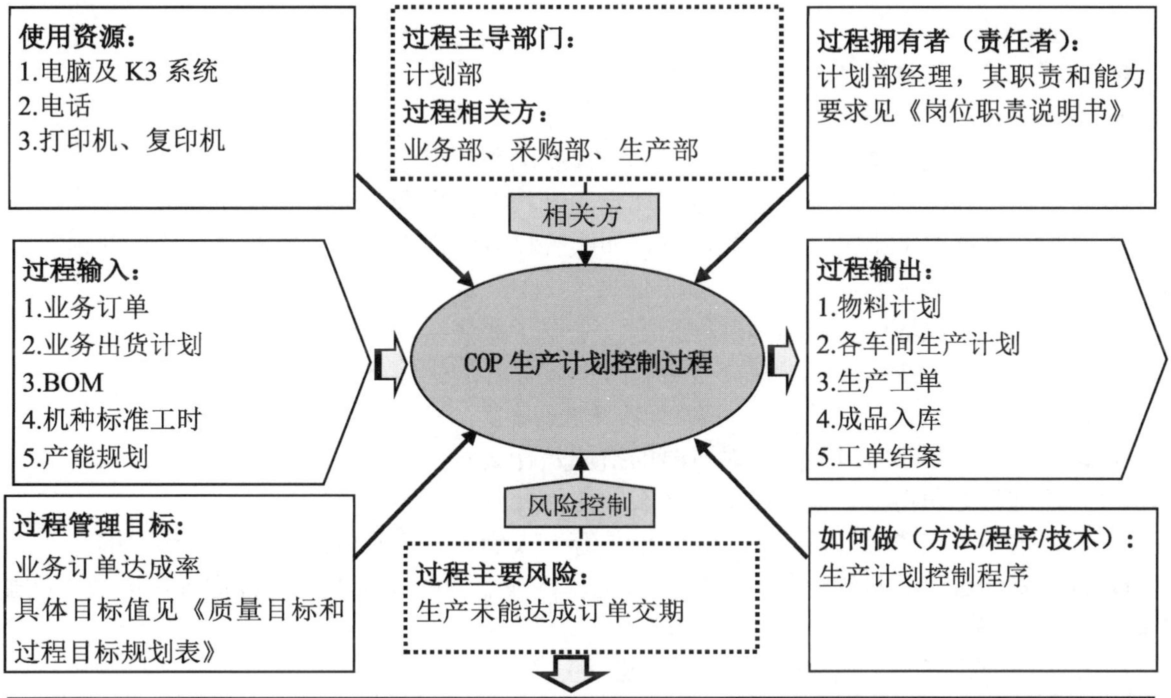

过程主要风险	对相关方的影响	应对风险的措施
生产未能达成订单交期	未能按时交付，可能导致顾客生产中断，顾客不满意或处罚。	（1）根据业务的销售订单及预估订单制定合理的物料需求计划，跟进物料及时到位； （2）每月下旬做好下月的产能规划，生产部提前做好人员、设备、治具的准备； （3）每周召开产销会议，检讨生产计划进度和物料进度，及时处理异常； （4）寻找备用外协厂商，以便紧急情况下能够及时协助。

序号	作业流程	权责部门/人	作业要求	参考文件/使用表单
6.1	接收订单信息	业务部 计划部	6.1 业务部向计划部提供销售订单及出货计划，为计划部对物料的请购计划及产能负载提供依据。	
6.2	产能规划	计划部	6.2.1 计划部根据订单需求，每月制定《产线标准人力配置》和《产能规划表》，每季度更新一次《产线标准产能》，并将上述资料提供给生产各车间。 6.2.2 计划部每周召开产销会议，检讨生产计划进度和物料进度，及时处理异常。	《产线标准人力配置》 《产能规划表》 《产线标准产能》
6.3	物料计划	计划部	6.3 计划部根据销售订单结合库存状况提前做出主材和辅料的《生产备料单》提供给采购部，并跟进物料到位。	《生产备料单》

审核应从过程的策划和管理开始，与过程的责任者进行面谈和交流，采用CAPD的审核方式：

C 检查：

- 过程的输入和输出是什么？输出给谁？
- 输出应满足怎样的要求？（过程的顾客要什么）
- 该过程的关键衡量指标是什么？（本过程要达到的目标）
- 过程的实际绩效是多少？针对组织规定的过程衡量指标来询问和查证数据。
- 是否有被顾客提出需要改进的地方？如顾客投诉或抱怨（包括内部顾客和外部顾客）。

A 措施：

- 如果没有达成部门的目标和过程指标，采取了哪些纠正措施的活动？
- 如果达成了这些目标和指标，是否有进一步提升的措施或计划？

P 策划：

- 该过程要控制哪些风险？应对风险的措施是什么？
- 为达到目标和指标，他们做了些什么？比如计划、方案、措施。
- 过程需要哪些资源（设备、工装、模具等）来满足？这些资源是如何被满足的？
- 谁负责此过程？过程的执行者如何满足资格和能力的要求？（由谁进行，人员的技能、知识、培训、资格）
- 过程如何执行？（规范/程序/作业指导书）

D 实施：

- 根据过程流程图中活动及要求，审核这些活动的执行情况及输出结果。

通过询问和查证来验证过程是否被完整地策划，是否实现了过程的预期结果，是否被相关人员理解、实施和维持。

基于过程的审核方法超越了传统的“部门局限”和“空间局限”，沿着过程的“路线”逐一审核每一个步骤的实施。一个过程可能涉及多个部门和不同的现场，对这些部门和现场均需审核到，才能确保对一个过程的完整审核，才能评价该过程的符合性和有效性。不仅是着重每个职能分内的执行，更是着重这些职能之间是否相互连接以产生预期的效果。

（2）信息收集的来源

审核就是为了获得审核证据，审核证据来源于各方面的信息，所选择的信息源可以根据审核的范围和复杂程度而不同，可包括：

①与各阶层人员的面谈；

②对活动、周围工作环境和条件的观察；

③文件，例如：方针、目标、计划、程序、标准、指导书、执照和许可证、规范、图样、合同和订单；

④记录，例如：生产记录、检验记录、会议纪要、审核报告、方案监视的记录和测量结果；

⑤数据的汇总、分析和绩效指标；

⑥受审核方抽样方案的信息，抽样和测量过程控制程序的信息；

⑦其他方面的报告，例如：顾客反馈、来自外部和供方等级的相关信息；

⑧计算机数据库和网站。

（3）现场审核的技巧

①面谈

审核过程就是与被审核方进行交流和沟通的过程，审核员为获得审核证据，就必须与受审核方面谈，面谈的技巧和方法直接影响到审核的成功与否。

面谈是收集信息的一个重要手段，应当在条件许可并以适合于被面谈人的方式进行。面谈应注意的事项：

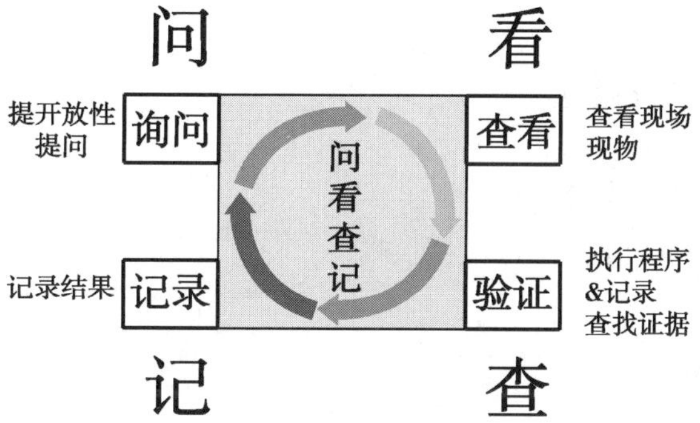

a）问对人

- 询问过程的责任者；
- 询问客观事实的当事人；
- 询问客观事实的证明人；
- 必要时向对方上级核实职责范围。

b）问对问题

- 问其职责范围内的问题；
- 基于审核准则提出问题，必要时做出解释；
- 避免容易引起歧义的问题，勿以己度人；
- 有目的地提问，始终清楚自己的目的；

☞ 提问以寻找证据

☞ 提问以寻找不符合的原因

☞ 提问以澄清不清楚之处

- 不要轻易用提问打断对方的陈述；
- 不要提出外行问题。

c）多问开放式问题

- 开放式问题能够了解更多信息，如What/Where/Who/When/Why/How。
- 尽量少用是或否就可以回答的封闭式问题。

例如对供应商管理过程的审核：

封闭式提问：

- 有无合格供方名录？
- 有无供方评价准则？
- 是否进行了供方评价？
- 有无定期评价供方的绩效？

开放式提问：

- 在什么时机需要选择供应商？
- 合格供应商必须满足哪些资格和条件？
- 如何证实正在采购的供应商满足了条件要求？
- 这些供应商的供货绩效如何？
- 这些绩效的数据来源和评估方法？
- 对表现好的供应商给予哪些奖励措施？
- 对差的供应商有哪些管控措施和进行哪些帮助，是否有提升？
- 对供应商监控哪些指标，以促进供应商制造过程的改进？

d）结合使用其他类型提问

- 以启发式问题开始；
- 以开放式问题了解总体；
- 以递进式问题了解流程；
- 以开放式问题了解实际做法；
- 以假设式问题求证风险；
- 以开放式问题查明问题的影响；
- 以开放式问题寻求问题的原因；
- 以封闭式问题确认审核发现。

e）创造良好沟通环境

- 礼貌、和气地提出问题；
- 解释提问原因，解释做记录的原因；
- 不要以问题回应对方的问题；
- 在被审核方的正常工作时间和工作地点面谈；
- 尽量使对方放松；
- 勿使用挑衅性问题和指责质疑式问题；
- 注意提问的语气和声调；
- 及时总结面谈的结果，并感谢对方。

②查看和证实

面谈和查看是审核中不可分开的审核方法。很多情况下，审核员不能仅根据被审核人员的回答就判断是否符合，而需要通过查看来进一步证实。查看对象可包括文件、记录、现场和实物等。

a）查看应根据审核的目的有的放矢地进行，如：

● 当审核生产车间的工作环境时，进门时先看通道是否畅通无阻，物料物品是否整齐有序，采光是否适合操作，地面是否清洁，生产无用之物是否滞留作业现场，温度、湿度是否会影响产品的质量等。

● 为了查看生产工艺的执行情况，应从整个工艺流程中选择重点工序，详细查阅其工艺文件后再仔细与实际操作相核对，并检查该工序的实物质量是否符合规定要求。

● 为查看生产设备的操作和维护，应观察操作员是否按操作规程进行作业，并查看设备的清洁和维护记录，可请操作员讲解维护的部位和维护的方法等。

● 为验证控制计划的符合性和实施情况，审核员可根据控制计划的工程步骤，逐项核对控制的特性、规范的要求、测量的方法、抽样的数量和频率、记录的方法等。

● 为审核统计技术的应用情况，审核员须查看特殊特性清单，计划使用的控制图、抽样的数据、所使用的测量系统、控制图的稳定性和过程能力等。

● 为了审查设计更改的控制，除了查阅设计更改单填写项目的完整性，是否经过权责部门和人员评审和批准，还应检查相关职能部门的更改实施情况，是否得到最新更改的文件，如图纸、检验标准书、控制计划等。

b）查看的方法包括横向展开和纵向展开

有些过程或标准要素涉及多部门和多个场所时，应横向展开审核，如文件控制，不仅仅是查看文控中心的文件和记录，还应查看各部门持有的文件和保持的状况；审核产品标识时，应审核进料仓储、生产制程、成品检验、包装到出货的各个环节是否按要求做了正确和完整的标识。审核工作环境时，不仅生产车间的工作环境要查看，也要查看仓储环境、实验室环境、检验场所的环境等。

纵向展开又包括顺向查看和逆向查看。

顺向查看就是沿着一条主线，按事情发生的先后顺序，从起因查到结果。如审核采购过程，应从供应商选择评估开始到物料申购、物料审核、采购订单、采购批准、订单发出、订单跟踪、供应商送货、进料检验到入库等顺序进行审核。

逆向查看是从结果往前查看，亦即反方向查看，如查看一个完整产品的生产过程，可以从成品开始，反顺序查看成品的装配过程，了解装配过程后再依次观察部件、组件、零件的加工过程，最后查看外购件和外发加工件的进货过程。再如，根据顾客反馈的意见或投诉，查看出货记录，根据订单号查看入库和生产记录，再查看到订单评审，如此即可发现过程中存在问题的环节。

逆向查看的特点，一是先看最终结果可获得总体印象，再看前面环节时容易理解；二是先从输出端发现问题，再看前面环节时可突出重点寻找问题的根源。

在面谈和查看过程中，**面对被审核人员的“无错”声明，要寻找客观的符合的证据予以证实；面对被审核人员“不符合”的声明，要相信他们的话，但不要责备他们。**

审核员必须善于通过比较，跟踪不同来源所获取的同一信息，从其中的差别来验证体系运行情况，如在文件和记录中怀疑存有问题，则通过现场观察去验证文件的适用性和记录的真实性，不能仅看某方面有问题的线索，而不通过事实去验证，以免发生错误判断。

③审核时的抽样

不论是内部审核，还是顾客审核或第三方验证机构审核，都是采用抽样审核的方法。因为在半年或一年的审核周期内，被审核方的过程运作和质量活动产生了大量的数据和记录，在有限的审核时间内无法对所有的证据进行查看和证实，也是不必要的。因此，在审核各项目时，应采用抽样审核的方法。

抽样时应注意的要点：

● 典型性：抽取最能反映问题实质的作为样本，如调查设备检测能力时应多抽取产品关键项目的检测设备的能力和证据。

● 均衡性：应反映不同时间、地点、产品、活动、人员对某一活动的实施情况，确保能反映全貌，若把样本集中在某一范围，这仅能反应活动的局部。

● 抽样数量：一般抽 3～12 个，具体数量要视对象的基数和调查项目的重要程度和复杂程度，以确保观察结果的置信程度。在样本较少的情况下，若时间许可，也可全部查看。

通过抽样查看和证实，当没有客观证据证明受审核方质量体系某环节的工作存在问题时，应当认为该项工作是符合的；而不应该在一个部门检查没有发现问题时，仍继续增加抽样数量，直到找到问题为止，这种做法不仅违背了抽样检查法则，而且影响审核工作的进度。但如果发现了不符合的线索，可适当增加抽样数量，以判断是偶然现象还是多次重复发生的现象。

④审核中的记录

审核员在审核时，应随时记录审核发现的证据，包括符合和不符合的证据。如果有两位内审员一同审核，可指定专人作为重点记录者，便于负责提问和查证的审核员集中精力考虑提问和查核证据。记录应详细、具体，具有说服力并可作为追溯的依据，一般应包括：

a）审核的地点或场所；

b）被提问人的姓名或工号及其职务；

c）合同/订单的编号，文件、记录的名称和编号，以及被检查样本的大小；

d）被检查的产品、材料或仪器设备的名称、型号、规格或编号等；

e）不符合发生的时间和地点等；

f）确保记录是事实，确保证据可以再现，可以再次验证审核发现。

对受审核方做得较好的情况也应作适当记录，并在末次会议中提出表扬或在审核报告中加入一些肯定的评语，使受审核方感到审核员并不只是找问题，他们也能看到好的方面。

3.审核组会议

各审核员现场审核完成后，审核组长应召集审核小组会议，讨论如下内容：

a）各审核员报告审核的结果，包括审核发现的不符合及做得较好的部门；

b）对有争议的不符合或审核员自己不能确定的不符合提出讨论；

c）针对审核目的，评审审核发现以及在审核过程中所收集的其他适当信息，确定需提出书面报告的全部不符合项；

d）形成审核结论。考虑审核过程中固有的不确定因素，对审核结论达成一致；审核结论可陈述诸如以下内容：

- 管理体系与审核准则的符合程度；
- 管理体系的有效实施、保持和改进；
- 可能导致有关改进、顾客审核、认证或注册或未来审核活动的建议。

4.不符合项报告

对于审核组确定的不符合项都必须写出书面不符合项报告，末次会议后提交受审核方进行原因分析和提出改善对策。如果是观察建议事项，就不需写书面报告，只作口头报告和观察项记录。

（1）不符合事项定义：

与审核准则不符，或能导致不合格的行为或偏差。

（2）不符合的形成

- **标准所要求的没有策划到，即文件不符合标准；**
- **文件要求的实际未做到，即现状不符合文件；**
- **做到的没有达到目标，即结果不符合目标。**

（3）不符合事项分类

严重不符合：（是指以下一个或多个情况）

a）体系某条款完全没有执行，从而无法满足 IATF 16949 要求；

b）同一条款有多个不符合事项，可能显示系统的整体瘫痪；

c）后果严重，如导致不合格品交货；

d）任何可能导致产品或服务失效或预期的使用性能严重降低的不合格；

e）根据判断和经验表明，很可能导致质量管理体系失效或严重降低控制过程和产品保证能力的不合格。

一般不符合：

a）组织质量管理体系的某一部分未遵守IATF 16949，且不会引起显著风险；

b）组织文件化质量体系的某一部分不符合IATF 16949；

c）在公司质量体系中发现的某个条款的一个失误，在追踪公司质量管理体系某一事项时被观察到的单个偏离；

d）个别的、偶尔的、暂时的、不会影响体系整体运行的不符合。

（4）审核中发现的观察/改进建议事项

● 审核员根据被审核方提供的审核信息，或根据经验判断有发生不符合的可能，如果不加以控制则可能会出现不符合，因此作为观察建议事项提出。

● 根据组织的运行绩效和运行能力，审核员认为在现有业绩的基础上还有能力做进一步的提升，因此提出改进建议事项。

（5）不符合项报告的内容

a）受审核部门及审核日期；

b）审核员姓名；

c）审核的过程及对应的标准条款；

d）审核发现及不符合事实的描述；

e）不符合原因分析；

f）应采取的纠正及纠正措施；

g）纠正措施的验证。

（6）不合格事实描述

● 有可追溯性，写明所涉及的时间、地点、人物（写其职务）、发生的情况；

● 事实准确、可验证，不遗漏任何有用的信息，也不要太冗长；

● 易于理解、文字简练，别人能看明白，观点、结论要从事实描述中自然显露；

● 使用受审核方的专业术语，以使受审核方准确理解事实的内容。

（7）不符合项描述方法

包括三个方面的内容：

a）不符合项应描述为系统问题，不要与客观的证据相混淆；

● 不符合项的陈述必须表述为系统问题；

● 如果不符合项表述为某个人或某个事件，它是客观证据；

● 如果不描述成系统问题，企业在实施整改时容易只解决点的问题，没有解决面的问题。

b）支持不符合项的客观证据；

● 描述审核中所发现的不符合客观事实。

c）不符合标准要求，或要求的特定引用。

（8）不符合项描述例子

在审核产品JY-10MG-0150的硫化过程中，发现某些实际控制参数与策划的要求不一致。如：

①PQC实际控制硫化尺寸为7.5±0.5mm 而控制计划（Rev：B）要求为7.5±0.3mm；

②7#硫化机压力实际设定为6～8Mpa，而硫化工艺卡（Rev：B）要求为8～10Mpa。

不符合标准条款：8.1 运行的策划和控制 d）按照准则实施过程控制；8.5.1生产和服务提供的控制c）在适当阶段实施监视和测量活动，以验证是否符合过程或输出的控制准则以及产品和服务的接收准则。

在描述不符合项时，应先指出系统性问题，再描述不符合的事实，如上述“发现某些实际控制参数与策划的要求不一致”这是系统性问题结论，其后的事实是支持这一结论的证据。

内部审核不符合项报告（示例）

<table>
<tr><td>受审核部门</td><td>加工车间</td><td>审核日期</td><td>2019.08.21</td><td>报告编号</td><td>201908-06</td></tr>
<tr><td>审核内容</td><td colspan="3">生产设备管理过程（对应标准条款 8.5.1.5 全面生产维护）</td><td>审核员</td><td>王强　李风</td></tr>
<tr><td colspan="6">此不符合事项需于 8 月 30 日前提出纠正措施并完成整改</td></tr>
<tr><td colspan="6">不符合事项描述：（审核员填写）
在审核加工车间生产设备管理时，发现未能完全实施全面生产维护的要求。如，
作业员高希在早上上班操作编号：W-OL-23 机床，依作业要求，开机台前需检查切削油、液压油是否正常，但实际工作时没有落实，并且该作业员不知如何去检查切削油、液压油是否正常。
不符合涉及的标准条款：8.5.1.5 全面生产维护
不符合项性质：■一般不符合　□严重不符合</td></tr>
<tr><td>受审核部门确认：</td><td colspan="2">陆丰</td><td>审核员：</td><td colspan="2">王强　李风</td></tr>
<tr><td colspan="6">原因分析：（受审核方填写）
该员工从其他岗位调过来，员工调整工作后干部没有按《人力资源管理程序》要求对员工进行设备维护的培训。
受审核方责任人：　陆丰　日期：2019.08.24</td></tr>
<tr><td colspan="6">纠正、纠正措施或预防措施：（受审核方填写）

纠正（针对不符合采取的行动）：
依《设备保养指导书》及《设备日常点检保养表》中的内容对该员工进行教育培训。

纠正措施：
对策方法：□变更流程　■检讨管理　□改善方法　□改善设备/工具　■教育训练　□其他____
须建立或修订文件：□工艺文件　□检验标准书　□程序文件　□作业指导书　□其他____
具体措施阐述：
今后有新员工或调岗员工时，按《人力资源管理程序》要求先培训合格再上岗。每天早会组长强调设备保养情况，组长每天对机台进行检查和核对。

措施预计完成时间：　2019.08.28　受审核方责任人：陆丰　日期：2019.08.26</td></tr>
<tr><td colspan="6">跟踪验证改善执行效果：（审核员填写）
（1）　教育记录：■有　□无　教育结果如何：　跟踪时间：2019.08.30
跟踪检查 2019.08.24 加工车间已对高希进行了培训和实作考核，考核成绩为 89 分。
（2）　资料/文件变更：□有　■无　具体描述：　跟踪时间：
（3）　依标准执行：■有　□无　具体描述：　跟踪时间：2019.08.30
（4）　改善证据描述：　跟踪时间：2019.08.30
询问该员工并检查了保养记录均符合要求，同时抽查了其他两台设备，W-OL-28 作业员和 W-OL-33 作业员对机台操作保养均熟悉作业并有保养记录。

审核员：王强　李风　审核组长：刘宏</td></tr>
<tr><td colspan="6">管理代表签核：　日期：</td></tr>
</table>

5.汇总审核结果

审核组长对不符合项进行汇总分析。

内部审核不符合项分布汇总表（示例）

审核日期：2019. 08. 19—2019.08.21							
不符合项分布汇总							
不符合标准条款	受审核部门						合计
	业务部	技术部	生产部	资材部	品管部	总经办	
8.3.5.2 制造过程设计输出		1					1
9.1.3 分析和评价		1					1
8.5.2 标识和可追溯性			1				1
8.7 不合格输出的控制			1				1
8.5.4 防护				1			1
7.1.5 监视和测量资源					1		1
8.1 运行的策划和控制					1		1
7.2 能力					1		1
9.3.2 管理评审输入						1	1
8.5.1 生产和服务提供的控制	1						1
合计	1	2	2	1	3	1	10
不符合项具体情况如下：							
（1）技术部 A9 产品的 APQP 资料中车间平面布置图缺少焊接、回火和高频工序的布局图，不满足制造过程设计输出的要求。							
（2）技术部图纸技术文件控制过程指标规定为“图纸资料发行错误 0 次”，经查看 5 月份的统计数据中有 2 次，但没有对这两次发生的情况做说明，也没有对应的纠正措施。							
（3）加工车间“待检区”工件（传动轴）无产品名称、加工状态等标识。							
（4）加工车间 7 月 16 日巡检记录，端盖（K06611）精加工内外圆同轴度超差判定为不合格，但无不合格品的处理方式；另记录填写不完整，有的记录无判定结果，而有的记录有不合格处理方式却无合格与否的判定，违反不合格品控制的要求。							
（5）仓库“刀具 08” 货架上层的所有钻头、刀具无库存卡及数量记录。仓库“客供品 03”货架上的客户供料无客户、品名、数量等库存卡上记录。							
（6）查测量仪器校正，发现部分测量仪器在 7 月份已到校正期，但没有按计划完成校正，违反测量仪器管理程序的要求。							
（7）查品管部进料检验，未能提供有关进料检验的抽样标准。							
（8）根据《不良质量成本管理办法》的要求，品管部需对质量成本管理有关人员如：质量管理人员、生产管理人员、业务人员、财务人员进行质量成本管理业务培训，审核时不能提供进行了培训的证据。							
（9）经查 7 月 20 日召开的管理评审会议及《管理评审总结报告》，没有把产品审核结果纳入管理评审，未符合管理评审输入的要求。							
（10）业务部 7 月份第四周没有按文件要求每日向生产部生管员提供第二天的《出货通知单》（此前月份有做），不符合《产品交付管理程序》的要求。							
审核组长：							

6.召开末次会议

在确认和编写完成不符合项报告后，就可以召开末次会议了。末次会议由审核组长主持，参加人员与首次会议的人员相同。会议内容一般包括：

a）感谢各受审核部门的支持和配合；

b）重申本次审核的目的、范围、审核准则；

c）报告审核的总体情况，报告正面的审核结果；

d）报告不符合项及改进建议项，并对不符合做简要说明；

e）对有争议的不符合进行澄清和说明；

f）提出纠正措施回复和完成时间；

g）安排跟踪审核；

h）做出审核结论。

审核组长根据《不符合项分布汇总表》内容说明上述事项，最后请最高管理者或管理者代表讲话，对审核结果进行评价，提出改进意见等，以便引起各部门的重视。

7.纠正措施跟踪和验证

末次会议后，责任部门应针对发生的不符合进行原因分析和采取纠正措施。

不符合项责任部门必须根据“不符合项报告”所列问题提出原因分析和改善对策，并切实执行，然后交审核组再追踪确认。

改善对策应包括：

原因分析——从系统层面进行分析，比如是策划不完整、不充分、不适当；还是执行层面的原因，比如未进行培训、不按要求实施等。

纠正——对已发生问题的行动。

纠正措施——从系统层面思考，从根源出发，考虑类似产品和过程是否存在同类问题。

纠正措施的实施期限一般为30天以内，如因客观原因不能按期完成，需由责任部门向管理者代表说明原因，可适当延期。

审核组应对纠正措施的实施情况和有效性进行跟踪和验证，确保不符合项得到及时关闭。一般情况下，纠正措施的跟踪和验证应由原审核员来执行，验证内容包括：

a）责任部门提出的纠正措施是否得到实施？

b）实施后的效果如何，是否还有类似问题的发生？

c）实施情况是否有相应证据，这些证据是否按规定保存？

d）如果涉及文件的增修，是否形成了文件，该文件是否被正式发布并得到执行？

审核员应将验证的证据详细记录于《不符合项报告》的对应栏目，最后呈交审核组长确认。如此，这项不符合项即可关闭。

如验证结果未能关闭不符合项，应注明继续跟踪和验证的日期或另发一份不符合项报告重新进行分析和改善，直到关闭为止。若因客观原因，个别不符合项在短期内无法关闭，须提报管理者代表裁决，可列入公司专案改善项目。

8.编写内部审核报告

审核报告是对本次审核的总结和给出审核结论，必须以正式的书面文件来表述，应由审核组长负责编写。审核报告应当提供完整、准确和清晰的审核结果，并经管理者代表批准后发放至有关领导和部门。

内部审核报告内容应包括：

（1）审核目的；

（2）审核范围；
（3）审核准则；
（4）审核组长和成员；
（5）审核实施情况；
（6）不符合项的统计分析；
（7）提出纠正措施要求；
（8）质量管理体系审核结论；
（9）审核报告的发放范围。

具体内容请参见后面的范例。

9.记录整理和保存

标准条款“9.2 内部审核”要求组织“保留作为实施审核方案以及审核结果的证据的成文的信息”，也就是说，内部审核必须保留记录。

内部审核的记录适当时可包括：

（1）内部审核方案（年度或三年审核周期）；
（2）内部审核执行计划；
（3）内部审核检查表及审核证据记录；
（4）不符合项报告及纠正措施记录；
（5）不符合项分布及汇总表；
（6）首次会议记录；
（7）末次会议记录；
（8）内部审核报告；
（9）合格内部审核员名单；
（10）内部审核员资格证书。

内部审核的结果作为管理评审的输入，于每次管理评审中进行报告。

内部审核相关记录的保持期限至少为三年，因为认证证书有效周期是三年。

五、内部审核的评审和改进

每年度的内部审核完成后应进行年度总结和评审，以评定年度内部审核方案是否已达到目的，并识别改进的机会。结果应当向最高管理者报告。

应当监视和评审诸如以下特性：

- 审核组实施审核计划的能力；
- 与审核方案和日程安排的符合性；
- 受审核方和审核员的反馈；
- 相关方变化的需求和期望；
- 替代的或新的审核实践。

应对审核频次进行评审，并在适当时，根据发生的过程更改、内部和外部不符合及/或顾客投诉进行调整。应对审核方案有效性进行评审，作为管理评审的一部分。

内部审核总结报告（示例）

<table>
<tr><td colspan="4">编制日期：2019-08-30　　审核类别：■质量管理体系审核　　报告编号：QMS20190830</td></tr>
<tr><td>审核目的</td><td colspan="3">确定公司质量管理体系是否符合标准的要求及自身质量管理体系的要求，验证是否得到持续实施和保持，并确定质量管理体系运行的有效性以及寻找改进的机会。</td></tr>
<tr><td>审核范围</td><td colspan="3">公司质量管理体系涉及的所有职责部门，所有过程、活动及场所。</td></tr>
<tr><td>审核准则</td><td colspan="3">■ISO 9001:2015&IATF 16949 标准 ■公司质量管理体系文件■顾客订单/合同要求、顾客特定要求■与产品有关的技术文件及适用的法律法规要求</td></tr>
<tr><td rowspan="3">审核组织</td><td colspan="3">审核组长：刘宏</td></tr>
<tr><td colspan="3">审核成员：王强　李风　贺晓　周力　龚伟　何丽　粟标　潘山</td></tr>
<tr><td colspan="3">受审核部门主要参与者：</td></tr>
<tr><td>审核日期</td><td colspan="3">2019 年 8 月 19 日—8 月 21 日</td></tr>
<tr><td>本次审核实施情况</td><td colspan="3">本次审核综述：
（1）本次内部审核是 IATF 16949 换版认证后的第二次审核，审核工作共持续了 3 天，得到了各部门负责人及陪审人员的大力配合和支持，确保本次内部审核得以顺利完成并到达了预期效果。
（2）依据审核范围和审核执行计划，审核员审核了本公司所有部门各过程及其作业活动，审核是基于抽样并通过询问、面谈、查看、验证等方法，评价了过程活动、过程的结果和相关的记录是否符合标准要求和公司质量体系相关文件所规定的要求。
（3）本次审核采用基于过程的审核方法，对每个过程所涉及的部门应执行的事项进行了横向和纵向审核，能查看到过程的连贯性和过程之间的接口，对公司 IATF 16949 运作过程的完整性检查起到较好作用。
（4）通过本次对各过程的审核，发现各部门质量目标和过程绩效指标的实现情况达到了 90%以上，体现质量管理体系的总体绩效是良好的。
（5）为了确保审核工作按计划完成，审核组组织召开了首次会议和末次会议。
（6）依据审核准则和审核证据，审核组确定了审核发现并发出了《不符合项报告》。</td></tr>
<tr><td>不合格项统计分析</td><td colspan="3">本次审核共发现了 10 个一般不符合项，没有严重不符合项，具体见《内部审核不符合项分布汇总表》，不符合项是分散的，没有集中在某个部门或某个条款，表明这些不符合是单一的，偶然的不符合。</td></tr>
<tr><td>纠正措施及跟踪验证</td><td colspan="3">本报告如实地反映了审核过程和审核结果，现场审核中发现的不合格项，受审部门负责人确认了不符合事实，并调查分析了造成不符合的原因，有针对性地提出了纠正措施，所有不符合项在 2019 年 8 月 30 日前已完成了纠正措施的实施。通过审核员的现场跟踪和验证，全部不符合项已经得到关闭。同时，各部门持续关注 IATF 16949 运行过程中不足之处，并举一反三持续改善每一过程。</td></tr>
<tr><td>质量管理体系审核总体结论</td><td colspan="3">本次审核已达到预定的目的，审核组证实公司质量管理体系在 IATF 16949 换版升级后整体运行情况良好。
（1）符合性方面：公司的质量管理体系能够符合 IATF 16949 标准要求及顾客的特定要求。
（2）有效性方面：公司的质量管理体系之运行，能按照质量管理体系文件的要求实施，基本实现了各项目标和绩效指标，整体来说是有效的。
（3）虽有发现不符合项，但不影响体系的整体运行，且提供了持续改进体系的机会。</td></tr>
<tr><td>总结报告发放范围</td><td colspan="3">总经理/管理者代表/各部门</td></tr>
<tr><td>本报告附件及记录</td><td colspan="3">■内部审核执行计划　■内部审核检查表　■不符合项报告　■不符合项分布和汇总分析表　■首次会议记录　■末次会议记录　■其他：合格内部审核员名单</td></tr>
<tr><td>审核组长</td><td></td><td>管理者代表</td><td></td></tr>
</table>

六、内部审核管理程序范例

文件范例 【内部审核管理程序】			
文件名称	内部审核管理程序	文件编号：SQ-MP-05	版本：A
编制部门	品管部	编制日期：2019.12.9	页码：1/4

1.目的

通过执行定期或不定期的内部审核，验证公司质量管理体系是否有效实施与保持，以便于及时发现问题，并采取适当的纠正与预防措施，确保管理体系持续的符合性和有效性，特制定本程序。

2.适用范围

适用于本公司质量管理体系的内部审核以及制造过程的内部审核。

3.术语和定义

无

4.职责

4.1 品管部：负责质量体系内部审核和制造过程审核的策划、组织及实施。

4.2 管理者代表：负责批准内部审核计划及监督计划的实施。

4.3 各部门：负责积极配合审核活动的实施，资料整理提交和不符合项改善。

5.过程管理图

（本过程相关联的 ISO 9001 & IATF 16949 条款：9.2/9.2.2.1/9.2.2.2/9.2.2.3）

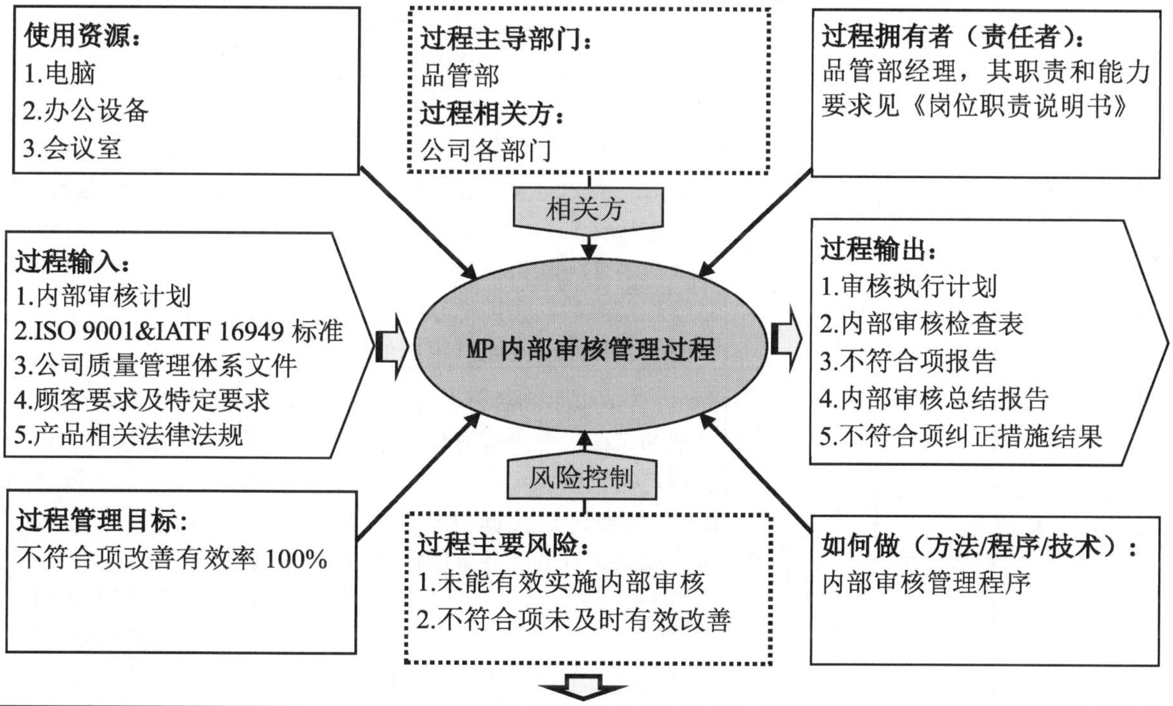

过程主要风险	对相关方的影响	应对风险的措施
1.未能有效实施内部审核	影响目标实现 影响质量管理体系的有效性	（1）对内部审核员的能力验证； （2）制定年度审核计划； （3）管理者代表监督计划实施。
2.不符合项未及时有效改善		（1）发出书面不符合项报告； （2）责任部门根据《不符合项报告》进行原因分析和实施改善，并按规定时间要求切实执行和关闭； （3）审核员追踪确认措施结果，直至关闭。

文件名称	内部审核管理程序	文件编号：SQ–MP–05	版本：A
编制部门	品管部	编制日期：2019.12.9	页码：2/4

6.作业内容

序号	作业流程	权责部门/人	作业要求	参考文件/使用表单
6.1	内部审核策划	品管部 管理者代表	6.1.1 品管部于每年初制定本年度内部审核计划，包括质量管理体系审核、制造过程审核，列入《年度内部审核计划表》；每年度实施一次定期审核，体系审核每年覆盖所有的过程、部门、场所和活动，制造过程审核每年覆盖全部的制造过程。 6.1.2 在新产品初次量产时必须执行制造过程审核，由品管部提出，管理者代表核准后实施。 6.1.3 品管部可根据具体需要提出不定期的质量体系审核或制造过程审核，经管理者代表批准后执行。	《年度内部审核计划表》
6.2	成立审核小组	品管部 管理者 代表	6.2.1 质量体系审核由管理者代表指派审核组长和审核员，制造过程审核由品管部长指派审核组长和审核员，委任者需符合资格要求，且不可审核与自己相关的工作。 6.2.2 审核员的资格和能力参见《人力资源管理程序》的要求，并通过“审核人员能力验证表”得到验证。	《人力资源管理程序》
6.3	制定审核实施计划	各部门 总经办	6.3 质量体系审核或制造过程审核的审核组长至少提前一周制定《内部审核执行计划》或《制造过程审核计划》，内容包括被审核的过程、审核员承担的任务和日程安排等，由管理代表审核，总经理批准后，提前通知各部门及相应审核员，以明确审核任务及做好审核前准备。	《内部审核执行计划》 《制造过程审核计划》
6.4	审核准备	审核员 各部门	6.4.1 各审核员和各部门接到通知后，如对审核日期和审核的安排有异议，通知审核组长，经协调后可做调整。 6.4.2 各审核员根据自己负责审核的过程和区域，编制《质量体系审核检查表》或《制造过程审核检查表》或采取顾客特定要求的审核检查表。 6.4.3 各部门应做好审核前的准备工作，配合审核活动的实施。	《质量体系审核检查表》 《制造过程审核检查表》
6.5	召开首次会议	审核 组长 审核员 各部门	6.5 审核组长在审核前召开首次会议，说明审核的目的、范围及日程安排、审核注意事项等，参会者为管理者代表、审核员及各部门代表，并保留首次会议记录。	

文件名称	内部审核管理程序	文件编号：SQ-MP-05	版本：A
编制部门	品管部	编制日期：2019.12.9	页码：3/4

序号	作业流程	权责部门/人	作业要求	参考文件/使用表单
6.6	执行审核	审核员 各部门	6.6.1 审核员参照受审核方的过程文件和相关技术支持文件、作业指导文件等，以审核检查表作为指引，利用基于过程的 CAPD 审核方式，通过与受审核方进行面谈，现场观察，作业验证和记录审查等方式获得审核证据。 6.6.2 审核员必须秉持公正及客观的态度对受审核方实行审核，并将审核证据记录于《质量体系审核检查表》或《制造过程审核检查表》。当有顾客特定要求时，按顾客要求的审核方法实施。 6.6.3 受审核方必须全力配合审核员审核。对审核中发现的不符合项有异议时，应当场说明实际情形，由审核员确认和判定，审核完成后受审核方需签名确认。	《质量体系审核检查表》 《制造过程审核检查表》
6.7	审核小组会议	审核组长 审核员	6.7 现场审核完成后，审核组长召集审核员汇报各自审核发现的问题，对不符合项进行讨论和确认，依附加说明 7.1 对审核发现进行判定。	
6.8	编写不符合项报告	审核员	6.8 不符合项由审核员开出《不符合项报告》，并交被审核部门负责人签名确认。如果是观察建议事项，只作口头报告和记录。	《不符合项报告》
6.9	召开末次会议	审核组长 审核员 各部门	6.9 由审核组长安排通知各审核员各部门负责人召开末次会议，会议由审核组长主持，内容包括： a）重申本次审核的目的、范围和依据； b）审核组长报告本次审核总体情况； c）审核员报告所发现的不符合项； d）审核员与被审核部门确认不符合与不符合改善的沟通； e）提出不符合项要求改善完成的日期； f）发生争议时管理者代表裁示。	
6.10	不符合项改善及验证	审核员 各部门	6.10.1 被发现有不符合项的部门根据《不符合项报告》提出原因分析和纠正措施，并切实执行，然后交相应审核员再追踪确认。 6.10.2 审核员根据各部门预定的完成日期，对纠正措施进行追踪确认。确认后的改善效果记录于《不符合项报告》中。如改善无效，则要求责任部门重新进行原因分析和拟定新的改善对策，直至不符合项关闭。	《不符合项报告》

文件名称	内部审核管理程序	文件编号：SQ-MP-05	版本：A
编制部门	品管部	编制日期：2019.12.9	页码：4/4

序号	作业流程	权责部门/人	作业要求	参考文件/使用表单
6.11	↓ 内部审核总结报告	审核组长	6.11.1 审核组长将结案的《不符合项报告》整理，并将本次审核过程及结论做成《内部审核总结报告》，并经管理者代表批准后发放至有关领导和部门。 6.11.2 当有顾客特定要求时，按要求的方式进行评价和总结，如 VDA6.3 审核评价表。	《不符合项报告》 《内部审核总结报告》
6.12	↓ 记录整理和保存	审核组长 文控中心	6.12 每次审核完成后，审核组长负责整理当次审核的所有记录，包括计划、检查表、不符合报告、签到表、总结报告等，交文控中心保存，具体按《文件和记录控制程序》执行。	《文件和记录控制程序》
6.13	↓ 年度评审和改进	审核员 各部门	6.13 每年度的内部审核完成后应进行年度总结和评审，以评定年度内部审核方案是否已达到目的，并识别改进的机会，作为管理评审的输入。	

7.附加说明

7.1 不符合项的判定

严重不符合：（是指以下一个或多个情况）

- 体系某条款完全没有执行，从而无法满足 IATF 16949 要求；
- 同一条款有多个不符合事项，可能显示系统的整体瘫痪；
- 后果严重，如导致不合格品交货；
- 任何可能导致产品或服务失效或预期的使用性能严重降低的不合格；
- 根据判断和经验表明，很可能导致质量管理体系失效或严重降低控制过程和产品保证能力的不合格。

一般不符合：

- 组织质量管理体系的某一部分未遵守 IATF 16949，且不会引起显著风险；
- 组织文件化质量体系的某一部分不符合 IATF 16949；
- 在公司质量体系中发现的某个条款的一个失误，在追踪公司质量管理体系某一事项时被观察到的单个偏离；个别的、偶尔的、暂时的、不会影响体系整体运行的不符合。

审核中发现的观察/改进建议事项：

- 根据经验判断有发生不符合的可能，如果不加以控制则可能会出现不符合；
- 审核员认为在现有绩效的基础上还有能力做进一步的提升，因此提出改进建议事项。

8.参考文件

8.1 《文件和记录控制程序》

8.2 《人力资源管理程序》

9.使用表单

9.1 《年度内部审核计划表》

9.2 《内部审核执行计划》

9.3 《制造过程审核计划》

9.4 《质量体系审核检查表》

9.5 《制造过程审核检查表》

9.6 《不符合项报告》

9.7 《内部审核总结报告》

第三节　制造过程审核

一、什么是制造过程审核

有些读者朋友熟悉或听说过VDA 6.3过程审核，VDA 6.3过程审核是对所规定产品的开发过程和产品实现过程及其有效性进行分析与评价的一种方法。

VDA 6.3过程审核包括两大部分、6项过程要素、58个提问。

两大部分	6 项过程要素	提问数量
A 部分 产品和过程开发	P2 项目管理	7
	P3 产品和过程开发的策划	5
	P4 产品和过程开发的实现	8
B 部分 批量生产	P5 供方管理	7
	P6 过程分析/生产	26
	P7 顾客关怀/顾客满意/服务	5
合计		58

通过VDA 6.3过程审核，可对产品开发过程直至SOP（量产启动）前的过程进行分析，用于评价成熟度风险和过程风险（相当于对APQP前四个阶段的审核和评价）；在SOP后（相当于APQP第五个阶段），可应用过程审核对量产过程进行定期监控、事件导向的失效分析和消除。

VDA 6.3过程审核的目的是：

——检查受评价过程/过程步骤与要求和规范是否一致；

——若发现有偏差，则应作为审核发现进行记录，并基于受审核组织内部或供应链内的产品风险或过程风险进行评价；

——如果审核发现表明会产生预期的不符合要求的产品，评价就必须考虑因此导致的风险。

但是，IATF 16949只要求对制造过程审核，以确定制造过程的有效性和效率。

制造过程审核的重点是调查分析制造过程控制的安排是否周密恰当；制造过程因素是否已经控制在允许的波动范围之内；已经受控的制造过程因素对产品质量的保证能力是否充分等。

通过制造过程审核，研究制造过程质量控制活动中存在的不足和问题，以及改善制造过程质量控制的方法，增强预防控制作用，提高满足质量要求的能力。

二、制造过程审核的范围和时机

显然，制造过程审核的范围比VDA 6.3过程审核的范围要求小得多，也就是VDA 6.3“P6过程分析/生产”这项要素的内容。

在条款“9.2.2.3 制造过程审核”中要求“组织应采用顾客特定要求的过程审核方法，每三个日历年审核一次全部制造过程”，在这里，“全部制造过程”是由组织产品的复杂性及其生产完成的过程来定义的，假如组织的产品包括注塑、加工、焊接、喷涂、组装，则对这些制造过程均须实施审核，这些过程通常都会体现在制造过程流程图和控制计划中。

如果一个相同的制造过程是重复在多个不同的生产线上，生产的产品相同，提出的衡量指标对这些生产线是一致的，则可以选择一个或两个生产线执行审核。

制造过程审核的时机：

- 可在试生产阶段进行制造过程审核；
- 新产品首次量产时应执行制造过程审核，以后通常每年至少执行一次；
- 产品停产12个月后再重新生产时应执行制造过程审核；
- 产品更换地点生产时；
- 其他重大客诉或重大质量异常时；
- 顾客特定要求。

三、制造过程审核年度计划

IATF 16949要求每三年审核周期内审核一次全部制造过程，并不是要求每年度要审核全部的制造过程，但有些制造过程可能每年还不止审核一次。理由是，在满足顾客要求、产品安全及法律法规要求方面，不是每个制造过程都表现出相同的风险等级，一些制造过程或制造过程的某些方面可能比其他过程需要更高的审核频率。

组织应基于风险考虑（包括考虑新技术和顾客测量的绩效）来确定审核频率（除了顾客规定外）。被组织证实为低风险的制造过程，其审核频率可能低于高风险过程；但是，所有制造过程都在三年的审核周期内至少进行一次审核。

风险分析的证据包括持续遵守所有相关要求（例如：法律法规、顾客、过程和内部要求）。如果任何一个相关的要求没有被满足，则对制造过程的审核频率要高于每三年一次。根据第9.2.2.3 条款规定，三年频率是针对低风险和完全符合制造过程的最低要求。

标准要求，在每个审核计划内，每个制造过程审核应涵盖所有发生的班次，包括适当的交接班抽样。

制造过程审核年度计划（示例）

1 审核目的

审核和评价制造过程是否严格按规定的规范和要求执行，以及过程实施的有效性，验证生产现场所制定的质量目标是否达到、过程能力是否满足要求，以掌握质量控制活动中存在的不足问题，研究改善质量控制的方法，提高满足质量要求的能力。

2 审核范围

全钢/半钢子午线轮胎产品的生产过程，即从原材料投入直到成品入库阶段所有影响产品质量的生产制造过程。

3 审核主导部门

体系部负责主导审核的策划和组织实施。

4 审核准则

4.1 IATF 16949:2016 有关的要求
4.2 GB/T 19001—2016 有关的要求
4.3 GJB 9001C—2017 有关的要求
4.4 CNCA-03C-027:2001《机动车辆轮胎强制性认证实施规则》相关要求
4.5 公司质量管理体系相关程序文件
4.6 与产品相关的法律法规
4.7 顾客对过程控制的特定要求（所有整车配套厂家）
4.8 图纸、规范、过程流程图、PFMEA、控制计划、工艺规程、作业指导书、技术通知等。

5 审核安排

审核月份	安排审核的过程
3 月	硫化工序；生产控制过程（C4）
4 月	成型工序；生产控制过程（C4）
5 月	硫化工序（根据 3 月份审核结果确定范围：得分低的机台和班次）
6 月	成型工序（根据 4 月份审核结果确定范围：得分低的机台和班次）
7 月	压出、压延和零度带束层工序；生产控制过程（C4）
8 月	胎圈工序；生产控制过程（C4）
9 月	裁断工序；生产控制过程（C4）
10 月	炼胶工序；生产控制过程（C4）

审核说明：
（1）硫化工序和成型工序是关键工序，针对审核结果对得分低的机台和班次进行第二次审核。
（2）对生产控制过程（C4）的要求，每个过程都必须审核到。

四、制造过程审核方法

标准 9.2.2.3 要求，组织应采用顾客特定要求的过程审核方法，如果顾客未指定，组织应确定要采用的审核方法。

大众汽车以及德系汽车厂要求采用 VDA 6.3 过程审核的方法；通用汽车要求组织的制造过程审核应包含内部分层过程审核（CQI-8 LPA 分层过程审核），分层过程审核由有能力进行审核的管理层领导。除分层过程审核外，通用汽车还要求对特殊的制造过程（见下表）进行评估，以确定其有效性。规定需采用 AIAG CQI（Continous Quality Improvement 持续质量改进）标准，如下表所示。

CQI Standards:

Heat Treating Processes	CQI-9 Heat Treat System Assessment	热处理系统评估
Plating Processes	CQI-11 Plating System Assessment	电镀系统评估
Coating Processes	CQI-12 Coating System Assessment	喷漆系统评估
Welding Process	CQI-15 Weld System Assessment	焊接系统评估
Plastics Molding Processes	CQI-23 Molding System Assessment	注塑成型系统评估
Solder Processes	CQI-17 Soldering System Assessment	钎焊（焊锡焊接）系统评估
Casting Process	CQI-27 Casting System Assessment	铸造系统评估

当顾客指定了，就必须用顾客指定的审核方法。如果顾客没有指定，组织自己必须确定采用怎样的审核方法。通常，很多企业还是比较习惯用 VDA 6.3“P6 过程分析/生产”的提问进行制造过程审核，这个部分的内容包括 6 个子要素、26 个提问，见下表。

过程要素/提问	
P6	**过程分析/生产**
6.1	**过程输入是什么？　过程输入**
6.1.1	是否在开发和批量生产之间进行了项目交接，以确保生产顺利启动？
6.1.2	来料是否在约定的时间按所需数量/生产批次大小被送至正确的存放位置/工位？
6.1.3	是否对来料进行了适当的存储，所使用的运输工具/包装设备是否适合来料的特殊特性？
6.1.4	来料是否具备必要的标识/记录/放行，并且得以适当地体现？
6.1.5*	是否对量产过程中的产品或过程变更开展了跟踪和记录？
6.2	**所有生产过程是否受控？　过程管理**
6.2.1	控制计划的要求是否完整并得到有效落实？
6.2.2	是否进行了生产启动的重复性放行？
6.2.3*	是否对生产中的特殊特性进行了管理？
6.2.4*	是否对未放行和/或缺陷零件进行了管理？
6.2.5	是否能确保材料/零件在流转过程中不发生混合/弄错？
6.3	**哪些岗位为过程提供支持？　人力资源**
6.3.1*	员工是否能胜任安排的工作？
6.3.2	员工是否了解监视产品和过程质量的职责与权限？
6.3.3	是否有必要的人力资源？
6.4	**使用什么手段执行过程？　物质资源**
6.4.1*	是否能够利用生产设备满足顾客对产品的具体要求？
6.4.2	生产设备和工具的维护保养是否受控？
6.4.3*	是否能利用监视和测量设备对质量要求进行有效的监控？
6.4.4	生产和检验工位是否满足需求？

过程要素/提问	
P6	**过程分析/生产**
6.4.5	是否正确地存放工具、装置和检验设备？
6.5	**过程落实的效果如何？ 效果、效率、避免浪费**
6.5.1	针对制造过程是否设定了目标？
6.5.2	是否对质量和过程数据开展了收集和分析？
6.5.3*	一旦与产品和过程要求不符，是否分析了原因，并且验证了纠正措施的有效性？
6.5.4	是否对过程和产品定期开展审核？
6.6	**过程应产生什么？ 过程结果（输出）**
6.6.1	是否根据需要确定产量/生产批量，并且有目的地运往下道工序？
6.6.2	是否根据要求对产品/零部件进行适当仓储，所使用的运输设备/包装设备是否与产品/零部件的特殊特性相适应？
6.6.3	是否保持了必要的记录和放行？
6.6.4*	最终产品交付时是否满足了顾客的要求？
*—星号提问表示涉及特别的产品和过程风险的提问	

以上制造过程审核的 6 个子要素可用以下“乌龟图”的思路体现。对于每个过程步骤（或称工序），如冲压、焊接、组装等，都必须按这 6 个子要素分别进行审核。

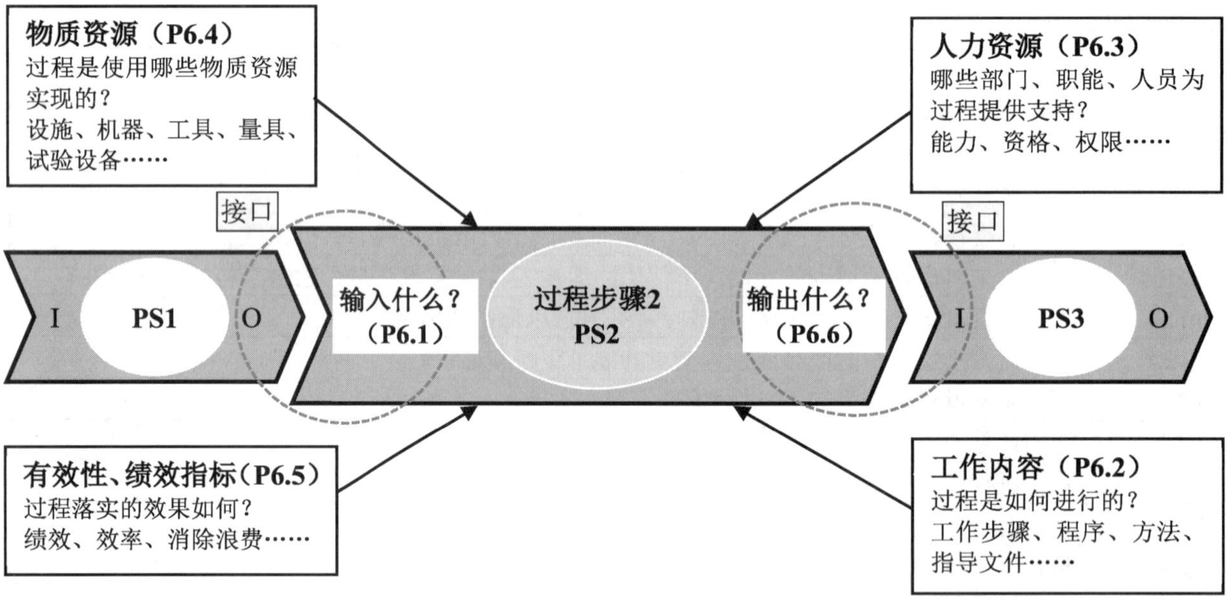

VDA 6.3 过程审核是采用每个提问评分，过程要素、子要素、过程步骤分别统计，并以总评分的方式计算总的得分百分比，然后分 A、B、C 级评价。

由于 VDA 6.3 过程审核的具体要求和内容很多，受篇幅所限，在此不展开详细介绍，有需要的朋友请参考 VDA 6.3 手册（2016 年 12 月第 3 版）。

如果组织的顾客不是整车厂，顾客也没有指定制造过程审核的方法，组织也可以自己编制制造过程审核检查表，这可以结合每个过程步骤（工序）的作业特征，从人、机、料、法、环、测等过程因素进行考虑，同时考虑每个过程步骤的输入和输出要求，并包含对过程风险分析（如 PFMEA）、控制计划和相关文件执行的审核。在此情况下，对审核提问的评价也可以不是评分的方法，而采用类似于体系审核的符合或不符合进行评价。以下仅为参考示例。

制造过程审核检查表（参考示例）

被审核的制造过程		审核日期		审核员	
审核项目	所涉及的标准条款	审核内容	审核中的观察和证据记录	结果判定	备注
过程输入	7.1.3.1 8.3.5.1 8.3.5.2 8.5.1 8.5.2 8.5.4.1	（1）是否在开发和批量生产之间进行了项目交接，以确保生产顺利启动？			
		（2）来料是否在约定的时间按所需数量/生产批次大小被送至正确的存放位置/工位？			
		（3）是否对来料进行了适当的存储，所使用的运输工具/包装设备是否适合来料的特殊特性？			
		（4）来料是否具备必要的标识/记录/放行，并且得以适当地体现？			
过程FMEA及控制计划	6.1.2.1 8.2.3.1.2 8.3.3.3 8.3.5.2 8.5.1.1 8.5.1.2	（1）是否有识别产品和过程的特殊特性？这些特殊特性的指定，形成文件和控制方面是否符合顾客的要求？			
		（2）是否有建立产品的过程流程图？流程图与实际的作业过程是否一致？			
		（3）过程FMEA分析是否包含了过程流程图中的全部作业步骤？过程FMEA是否包括从产品召回、产品审核、使用现场的退货和修理、投诉、报废及返工中吸取的经验教训？			
		（4）过程FMEA所确定采取的措施是否被列入到控制计划或作业指导书中？			
		（5）是否有试生产和生产的控制计划？控制计划是否包含了对所有特殊特性的控制方法？			
		（6）控制计划是否包含了顾客要求的信息？（如果有顾客要求的话）			
		（7）当任何影响产品、制造过程、测量、供货来源或FMEA的更改发生时，是否重新评审和更新了控制计划？			
		（8）是否为所有负责过程操作的人员提供了文件化的作业指导书？			
		（9）这些作业指导书是否在操作者的工作岗位易于得到？			
人员能力/意识/沟通	7.2 7.2.1 7.2.2 7.3 7.3.1 7.3.2 7.4 8.5.1	（1）对新上岗和调整岗位的人员是否进行了岗位培训，并具备了从事岗位工作所需的能力？			
		（2）所有操作人员是否具备了相应的资格和能力？特殊岗位人员是否进行了资格鉴定？			
		（3）员工是否了解所从事工作的相关性和重要性？是否知道不符合质量要求会给顾客带来怎样的后果？			
		（4）员工是否了解本部门的质量目标，以及如何为实现质量目标做出贡献？			
		（5）员工是否明确工作职责，是否知道如何清楚地与上下工序沟通各种情况？			
		（6）当发生质量异常时，员工是否知道如何反馈给现场管理者？			
		（7）是否有效地使用了提高员工工作积极性的方法？			

审核项目	所涉及的标准条款	审核内容	审核中的观察和证据记录	结果判定	备注
生产设备/工装/量检具管理	8.5.1.5 8.5.1.6	（1）是否建立机器/设备的预防性和预测性维护计划？并按计划执行日常保养和定期保养活动，是否有维护记录？			
		（2）设备出现异常时，现场如何处理？			
		（3）是否建立关键生产设备的零配件清单？并在需要时可以得到？			
		（4）生产设备/工装模具是否能保证满足产品特定的质量要求？			
		（5）在批量生产中使用的检测、试验设备是否能有效地监控质量要求？			
		（6）设备、工装、量具的储存和防护是否有规定的要求，并按其要求执行？			
		（7）是否建立易损工装的更换计划？			
		（8）工装的使用、存放、标识和维护是否有规定的要求，并按其要求执行？			
		（9）是否有工装的设计图纸或文件？设计图纸/文件与实际工装是否相符合？			
		（10）顾客的工装、制造设备、试验设备是否有明显的永久标识，并得到维护和保护？			
		（11）是否建立设备维护目标，维护目标的绩效结果如何？未达到目标时采取了哪些纠正措施？			
过程控制	8.5.1 8.5.1.3 8.5.1.4 8.5.2 8.6 8.6.1 9.1.1.1	（1）生产前应做哪些作业准备？这些准备是否能充分满足生产的要求？			
		（2）生产过程的安排和布置是否符合工艺流程或过程流程图的规定？			
		（3）是否执行首件确认并有相应记录？			
		（4）有关过程参数的设定是否符合控制计划或作业指导书的规定？关键参数的设定是否有做记录？			
		（5）过程中的各作业步骤是否按控制计划的要求执行相应的控制？			
		（6）控制计划中要求用控制图控制的特殊特性是否有收集数据并绘制相应的控制图？			
		（7）当控制图显示过程不稳定时，是否进行了分析和采取了什么措施来改进？			
		（8）是否做过程能力分析？当过程能力不能满足≥1.33或顾客的要求时，是如何处置的？			
		（9）是否按控制计划执行过程检验并有记录？			
		（10）当过程异常时是否启动控制计划中的反应计划？			
		（11）如何确保人员的作业安全？			
		（12）过程的物料、半成品、成品、合格品、不合格品等是否按规定的要求标识清楚？			
		（13）过程环境是否满足过程和产品控制的要求，是否按规定要求实施控制？			

审核项目	所涉及的标准条款	审核内容	审核中的观察和证据记录	结果判定	备注
不合格品控制	8.7 8.7.1—8.7.7	(1) 当过程发生不合格时是如何处理的？如何将不合格及时通知给负有纠正措施的管理者？是否有处理结果的记录？			
		(2) PFMEA和控制计划是否考虑了返工/返修的风险和控制？			
		(3) 是否有返工/返修作业指导书？这些指导书是否易于被适当的人员得到并使用？			
		(4) 当产品或制造过程与当前批准的不同，在继续生产之前，是否获得顾客的让步或偏离许可？			
		(5) 返工半成品、成品是否经过重新检验合格才转入下道工序或出货？			
		(6) 报废的产品如何处置？废弃前是否得到验证？			
过程输出	8.1 8.5.1 8.5.4.1 8.6	(1) 是否根据需要确定产量/生产批量，并且有目的地运往下道工序？			
		(2) 是否根据要求对产品/零部件进行适当仓储，所使用的运输设备/包装设备是否与产品/零部件的特殊特性相适应？			
		(3) 是否保持了必要的记录和放行？			
		(4) 最终产品交付时是否满足了顾客的要求？			
过程绩效/纠正措施	4.4.1 6.2.1 8.5.5.1 10.2 10.2.3	(1) 针对制造过程是否设定了目标？			
		(2) 是否对质量和过程数据开展了收集和分析？			
		(3) 一旦与产品和过程要求不符，是否分析了原因，并且验证了纠正措施的有效性？			
		(4) 当外部发生异常或顾客反馈，是否将相关信息通知到制造部门？制造部门是否针对异常原因进行了分析，采取了什么措施？是否验证了措施的有效性？			
审核组长复核签名			被审核方确认签名		

五、制造过程审核的重点考虑

1.确认制造过程的实施

（1）制造过程的输入是什么？

这些输入可以验证其是否符合组织的过程要求和适用的顾客特定要求，关注来自产品和过程设计和开发输出的文件和信息。

（2）过程的输出是什么？顾客是谁？他们的要求是什么？

顾客可能是下道工序或下个部门，也可能是最终顾客。

（3）在制造过程中，制造步骤是否按照固有的流程按部就班的有效实施？

（4）确定这个现场是如何确保产品的制造过程是有效的？对此过程有哪些测量？

在 IATF 16949 条款“8.3.5.2 制造过程设计输出”中所定义的过程规范可以用来确定这些审核的要求。

应通过比较 PFD（过程流程图）、PFMEA、控制计划和工作指导书，以确保这些文件的适宜性并且针对了所有内部和外部的要求。

对各制造过程的控制，通常都在控制计划中做出了规定，在制造现场可根据控制计划中的工程步骤实施审核，以观察控制计划中的这些步骤是否与实际实施相符合。

应关注控制计划所引用的作业规范和检验标准是否与员工的实际作业相符合。对各阶段检验和试验的控制，应查核实际的作业方法、抽样频次和数量，以及记录的要求。

在审查制造过程的实施后，应评价过程的绩效和指标的实现情况，以验证这一制造过程的有效性。

2.评审制造过程中的关键措施

（1）内部异常报告和外部顾客投诉中所发生的失效是否被评审？并被考虑在PFMEA中？

（2）控制计划是否确定了这些失效？并提供防错或遏制措施？

（3）当PFMEA和控制计划被更改时，这些更改和对作业指导书所做更改之间的连接是什么？

（4）顾客的投诉问题是否已告知相关员工？

（5）这些是否纳入内容并实施了培训？

3.关注制造过程中的生产能力和过程能力

（1）特殊特性的能力要求是否持续被满足？

（2）制程是否能持续满足规范公差？

（3）产能规划、生产能力是否能持续被满足？

六、制造过程审核的评审和改进

如同质量管理体系审核一样，制造过程审核应事先提前通知该现场的主管负责部门，在现场审核前，同样应召开首次会议，现场审核结束后召开末次会议，质量体系的审核技巧也同样可用于制造过程审核，但审核的关注点不同。

制造过程审核发现的不符合项，也应开出不符合项报告进行改进和跟踪关闭。

制造过程审核结束后应编制制造过程审核报告，作为本次审核的总结和改进活动的依据。

每年度应对制造过程审核进行年度总结和评审，以评定年度制造过程审核方案是否已达到目的，评价所有制造过程满足质量要求的能力及其有效性和绩效。

应当监视和评审诸如以下特性：

- 制造过程审核员实施审核计划的能力；
- 与审核方案和日程安排的符合性；
- 各制造部门的反馈；
- 顾客变化的需求和期望；
- 替代的或新的审核实践。

应对审核频次进行评审，并在适当时，根据发生的过程更改、内部和外部不符合及/或顾客投诉进行调整。制造过程审核的结果作为管理评审输入之一。

第四节　产品审核

一、什么是产品审核？

——产品审核是从顾客的角度对产品进行独立评估的管理工具，并且保障避免产品和货物缺损的情况出现。此外，产品审核还体现了持续改进的潜力。

——产品审核时会检验列明的产品特性（例如：是否同零件明细表相符、产品尺寸、材料、功能性、可靠性、包装、标识）以及在某个特定状态下的顾客期望（例如：包装后、新状态、使用后等等）。

——在所有生产阶段均可进行产品审核，包括：

- 对某个生产阶段可以发货的中间或最终产品进行审核；
- 零件，例如:曲轴、轮胎；
- 组合构件，例如：控制器、喷油泵、发动机、变速器、车身；
- 车辆（整车）。

——产品审核不是以下作用：

- 不是重复进行伴随批量生产的检验；
- 不是直接的过程控制；
- 不是质量管理体系有效性的唯一证明。

——产品审核通过对少量产品和/或零件进行检验或试验来对质量保证有效性进行评定，用产品质量来确认质量能力。

——产品审核不是依据产品的出厂验收标准逐项进行检验，而是依据顾客反馈的质量信息和企业质量管理过程中掌握的产品质量薄弱环节，按所确定的产品审核规范规定的审核项目，逐一地进行检查和评价。

——产品审核通常是对最终产品的特性进行检验或试验，包括对包装和标签进行确认，产品审核不能替代生产过程中的检验。如果在产品审核中发现了产品质量存在足以影响产品合格的缺陷，要立即采取纠正措施，不允许不合格产品出厂。

通过产品审核来反映质量趋势及重点缺陷，有时可以发现体系缺陷，以便采取进一步的审核，如制造过程审核和体系审核。

产品审核是IATF 16949质量管理体系的一个组成部分，企业最高管理者必须认同产品审核的任务和目标。

产品审核应按计划规定的时间和频次进行，须由具备相应能力和资格的人员实施审核。每次审核的结果、改进措施以及负责人必须记录存档。

二、产品审核的作用

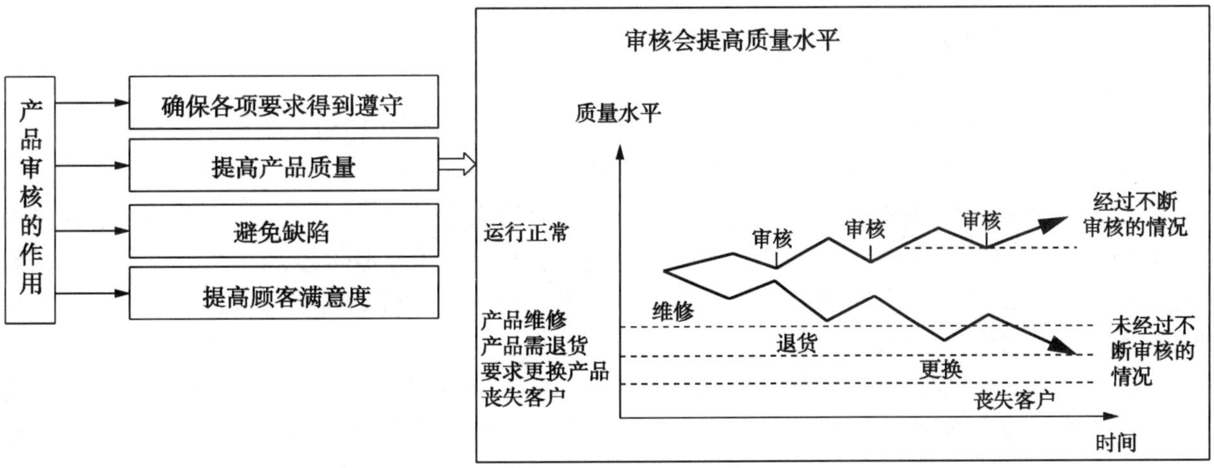

三、产品审核过程图

产品审核也是一个PDCA循环的过程，包括策划、支持、运行、分析和改进。如下图：

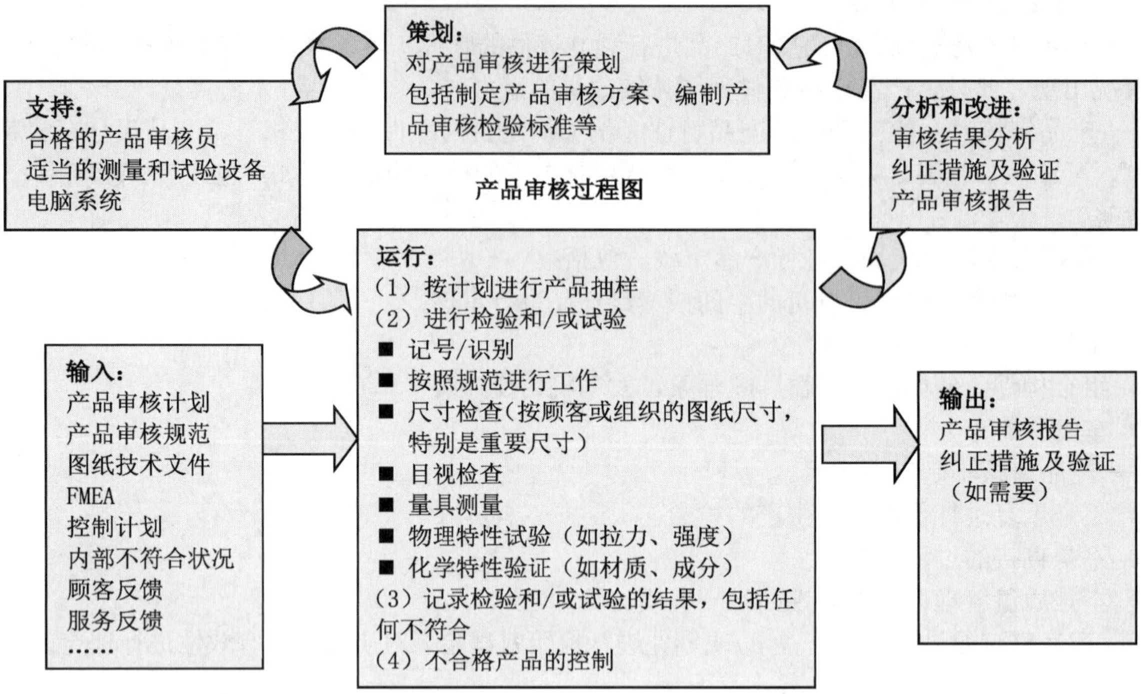

四、产品审核的策划和准备

产品审核的策划需要考虑一般性的输入条件，包括但不限于：

- 顾客规定的要求；
- 企业所认知的、作为顾客满意度组成部分的顾客期望（非顾客规定的）；
- 内部与外部的质量损失（如：早期损坏、保修数据）；
- 风险分析得到的认识（如：FMEA）；
- 顾客满意度调查与顾客记分卡；
- 前期产品审核的结论和措施；
- 法律法规要求，或法律法规规定的检测；
- 战略重要性、组织的潜在风险。

此外，在策划时还需考虑到工厂的内部条件/突发事件，例如：

- 机器、设备更换；
- 人员更替、代理；
- 搬迁、供应商更换；
- 批次规模（大批量、小批量）。

1.制定产品审核计划

为有效实施产品审核，组织应制定产品审核计划。产品审核计划应包括以下内容：

（1）产品审核的范围。包括审核哪些零件、组件、产品型号。

（2）产品审核的周期和频次。在策划周期和频次时应考虑经济性、产品的复杂程度、生产量等，应视企业的实际产品质量情况和产品特点而定，也要考虑质量成本投入与效益获得之间的经济性。对于大批量连续生产的产品，视其结构与技术复杂程度，可每周或每月进行审核；较少生产的产品，可按批进行审核。

（3）产品的抽样数。产品审核随机抽样的数量（即样本大小），影响抽样结果的代表性。样本太小，有可能实际存在的问题未被发现；样本太大，又使审核费用太高。因此，可根据产品质量的稳定程度、产品的复杂性、检验费用、生产批量和顾客的反映等情况，权衡审核的判断能力和审核费用这两者之间的利弊，适宜地加以选择。

（4）产品审核的抽样时机。产品审核的抽样，可在产品生产和交付的适当阶段进行，通常是在包装入库后出货前进行。某些产品的特性可能需要在生产过程中进行，而在完成成品后不方便检测，或者是包装复杂、成本高、拆封不易，则可在包装前完成对产品的特性检测，包装完成后再检查包装的符合性和标签。总的原则是力求充分暴露产品质量的缺陷，又要考虑审核的可行性和经济性。

年度产品审核计划（示例）			
审核目的	验证公司的产品在发运前产品的尺寸、功能特性、外观特性、包装特性等方面均符合公司和顾客的要求而进行的产品审核，为产品质量改进提供客观依据。		
审核范围	本年度所有批量生产的汽车产品。		
审核依据	顾客要求和技术规范，图纸和产品规格书，控制计划，产品审核检验标准，法律法规要求等。		
主导部门	由品管部门主导组成审核小组，技术部、品管部各选派一名合格内审员参加。		
审核方法	按产品审核管理方法实施。		
顾客代码	产品型号	抽样数	审核周期和抽样时机
AG	AG01	8PCS	每周审核一次，包装后在出货前开箱抽样。
	AG02	5PCS	每周审核一次，包装后在出货前开箱抽样。
BW	BW21	5PCS	每月审核一次，包装前做特性检测，出货前检查包装符合性和标签。
	BW22	5PCS	每月审核一次，包装前做特性检测，出货前检查包装符合性和标签。
ED	ED31	5PCS	每月审核一次，包装前做特性检测，出货前检查包装符合性和标签。
	ED32	5PCS	每月审核一次，包装前做特性检测，出货前检查包装符合性和标签。
DG	DG11	10PCS	每批审核，包装后在出货前开箱抽样。
核准：	制表：	日期：	

2.制定产品审核检验标准

为确保产品审核的完整性和充分发现产品可能存在的质量缺陷，应针对每一种或每一系列的产品制定其产品审核检验标准，以作为产品审核的标准和指导文件。

（1）在制定产品审核检验标准时，重点是要确定审核的项目内容，应着重考虑以下方面：

- 内部质量检验中发生较多的质量缺陷项目；
- 顾客反馈的质量信息中质量缺陷发生频次较多的项目；
- 服务中收集到的顾客不满意的质量缺陷项目；
- 构成产品竞争质量特性有影响的质量缺陷项目；
- 造成过安全、质量事故的质量缺陷项目。

（2）确定产品审核的检验特性，适用时包括：

- 外观项目
- 功能性（电子/机械）
- 定量特性
- 材料特性
- 可靠性和寿命特性
- 定性特性
- 包装和标识

（3）确定检验特性的缺陷分级

缺陷类别	缺陷特征/后果
A类—关键缺陷	产品及其重要的质量特性，若不能满足要求将丧失产品使用价值，或对人身造成危险和不安全的缺陷，或违反安全法规。
B类—主要缺陷	产品重要的质量特性，若不满足要求将会导致产生故障或影响可使用性，不能完全按照规定的用途使用。
C类—次要缺陷	产品一般的质量特性，若不满足要求对规定的使用不会受到多大影响，或者偏离适用的标准但对设备装置的使用或操作/运行仅有轻微影响的缺陷。

（4）确定检验方法/工具

应考虑以下因素：

- 检验、测量和试验设备的可靠性；
- 在有多种检验方法时，可选择未在批量生产中使用的方法，以使发现由于检测器具错误或不可靠所造成的缺陷；
- 在定性检验时，有必要使用限度样品；
- 为了保持评定尺度的正常和持续性，须经常校准检测设备并记录存档。

（5）编制产品审核检验标准

产品审核检验标准（参考示例1）

文件名称	AD203 产品审核检验标准	文件编号：SQ-WI-021	版本：A	页数：1/1
制定/修订部门	品管部	产品名称：AD203 压铸件	图号： PIL-203C	

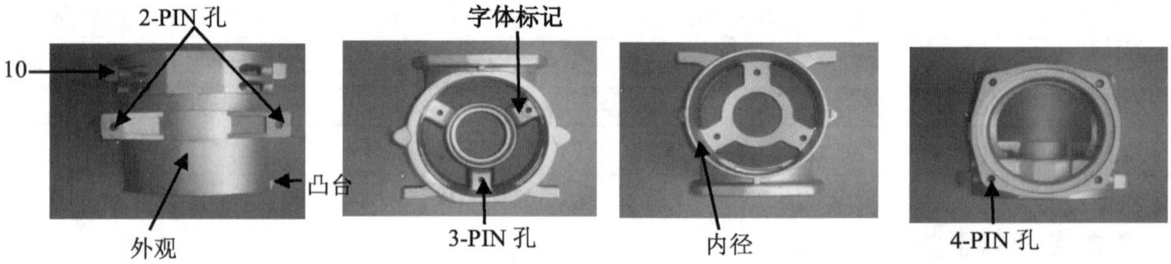

项次	检验项目/内容	检验标准	检验方式	等级			抽检数
				A	B	C	
1	外观	不许烧粘、水印、铸缩、模痕、缺料、起皮、喷砂不均匀、油污；	目视		●		每批 10 件
2	字体标记	不许缺损、多料，字体清晰、有 A 标记	目视		●		
3	浇口处	不许砂眼、开裂、缺肉，需平整	目视		●		
4	押心迹	±0.3mm	目视/卡尺			●	
5	凸台	不可有铸缩、缺料、开裂	目视		●		
6	3-PIN 孔	Φ3.72～3.94mm 不许断芯、拉模，需贯通	目视/卡尺		●		每批 5 件
7	4-PIN 孔	Φ3.72～3.94mm 不许断芯、拉模，需贯通	目视/卡尺		●		
8	2-PIN 孔	Φ3.68～3.94mm 不许断芯、拉模，需贯通	目视/卡尺		●		
9	内径	Φ81.03±0.25，真圆度 0.3mm 以内	三次元	●			
10	包装/标识	按《产品包装规范》	目视				每批 2 箱
说明：外观标准不明确时需参考限度样品；单位：mm							
编制：		审核：	批准：				

产品审核检验标准（参考示例2）

文件名称	88ZA19 产品审核检验标准	文件编号：SQ-WI-023	版本：A	页数：1/1
制定/修订部门	品管部	产品名称：88ZA19	图号：AB-009	
序号	检验项目/技术规范	测量评价技术	缺陷分类	抽样数量
200	包装	目测	B	5
300	外观：表面平整，标识正确清晰，齿形饱满，无杂质、气孔齿孔等异常	目测	C	5
400	尺寸检验			
	厚度：4.10±0.50mm	游标卡尺	B	
	宽度：19.1±0.50mm	游标卡尺	B	5
	节线长：838.20±0.65mm	测长机	B	
600	性能检测			
	背胶硬度：73±5SHA°	硬度计	B	5
	拉伸强度：≥7.2KN	拉力机	A	
	扯断伸长率：≤3%	拉力机	B	
	布剥离强度：≥125N	拉力机	B	1
	线抽出强度：≥510N	拉力机	B	
700	材料检验	质保书	B	
805	高低温试验			
	70 小时高温试验后带背硬度变化在0～7SHA°	硬度计	B	
	5 小时低温后无裂纹	试验设备	B	1
810	疲劳寿命试验	试验设备	A	
编制：	审核：	批准：		

产品审核检验标准制定后不是一劳永逸的事，应根据内部质量信息和外部顾客的反馈信息适时做修改，以反映当前最新的质量要求。

3.确定缺陷系数和质量指数计算方法

对发现的缺陷按其严重程度进行分类，A、B、C三类缺陷。三类缺陷等级有不同缺陷等级系数，用缺陷等级系数来计算缺陷分数。

A—关键缺陷　缺陷系数　f = 10

B—主要缺陷　缺陷系数　f = 5

C—次要缺陷　缺陷系数　f = 1

产品质量指数QKZ的计算：

$$QKZ=(1-\frac{\text{所有缺陷的分数之和（FP）}}{\text{所有项目加权的抽样分数总和}})\times 100\%$$

分子：所有缺陷的分数总和（FP）= A类缺陷个数×10 + B类缺陷个数×5+ C类缺陷个数×1

分母：所有项目加权的抽样分数总和=Σ（每个检验项目的缺陷等级系数×抽样数）

4.确定产品审核的质量目标值

可根据不同产品类别的历史绩效数据及顾客的要求确定产品审核的质量目标，如：

（1）无A类—关键缺陷和B类—主要缺陷；

（2）质量指数QKZ≥95%，并逐步呈上升趋势，直至达到顾客追求的期望——零缺陷。

5.产品审核员的能力素质

产品审核是否成功在很大程度上取决于审核人员的专业资格和其他能力，除了本章第一节中所要求的产品审核员能力外，还应考虑以下因素：

——了解产品审核的意义和目的

——有关产品和质量的知识

——掌握检测技术

——产品的评定

——实际生产经验

——熟悉生产流程及各种相关文件

——了解顾客的需求和期望的信息

——良好的理解能力

——良好的直觉

——撰写报告的能力

——身体因素（如：视力、色盲）

产品审核员的组成，通常由工程/技术部门、生产部门、品管部门选派对产品无直接责任的合格内审员参与审核，当然，其他部门有符合要求的审核员也可参与产品审核，这要由组织的实际情况来定。

五、产品审核的实施

1.实施原则

根据审核策划的规定，由合格的审核员实施产品审核。

——审核时临时通知各有关部门所要进行的产品抽样。

——在审核时由于当时的具体原因可能要把抽样所涉及的批次隔离，一直到审核结束。

——为审核所抽取的样品若还要重新使用则必须认真进行标识管理，防止与其他相似的产品混淆。要把样品恢复到抽样时的原始状态，即要注意防锈、使用规定的包装等等。

——如果涉及安全的性能方面发现缺陷，需要在确定缺陷后马上采取紧急措施，以保证防止有缺陷的产品流出。

2.零件取样与标识

按照相应的审核指导书对需要审核的产品进行取样。

（1）产品审核的对象是已经判定合格的产品，状态不确定的产品不能作为抽样对象；

（2）抽样时最好采取分散抽样（分层随机抽样和分段随机抽样），在本阶段生产的不同合格批内抽取并组成样本；

（3）对样本进行明确标识，满足可追溯性，从而保证过程中的排序，也能够将各个测量值分给经过审核的产品。

3.产品检验和测量

按照相应的审核指导书对取样的产品进行检验和测量。

（1）验证产品零件号与产品规范和测试标准的技术状态是否一致；

（2）检查测量仪器和目视标准样品的状态标示是否处于有效使用期；

（3）使用规范的术语和有效的数字记录检测结果。

进行产品审核时要用到所有包含质量要求的技术文件，利用这些资料来评定是否满足产品的质量要求。适当时包括：

——有版本控制的图纸

——技术规范

——控制计划

——产品审核检验标准

——限度样品

——评定方法规定

——评定尺度 / 质量尺度

——材料表

——认可的生产偏差（包括特别放行）

——法规（例如：国家法规、行业标准）

——与顾客合同协议

4.零件搬运/保护

在审核和搬运时必须保护零件不受损害（例如：防止腐蚀、机械损害）。零件的搬运不得影响需要检测的特性。

5.零件退回

——经过审核的产品除破坏性试验外，原则上可以退回，只要其性能同新零件的性能一致。

——产品应当按照原始的取样状态退回（例如：防腐蚀、规定包装）。必须保证同将要交付的产品没有任何偏差。

——对有缺陷的零件按照内部规定处理。

6.产品审核记录

由审核员用规定的审核记录表单完整记录审核的原始数据和结果。

产品审核检验记录和报告（示例）

产品名称		88ZA19		产品编号		/		生产日期				
审核日期				制造单位				取样时间				
序号	检验项目/技术规范	测量评价技术	样本容量 n=	缺陷分类	N×F	样品检测记录					不合格数	缺陷分数
						1	2	3	4	5		
200	包装	目测	5	B	25	√	√	√	√	√	0	0
300	外观：表面平整，标识正确清晰，齿形饱满，无杂质，气孔齿孔等异常	目测	5	C	5	√	×	√	√	×	2	2
400	尺寸检验										0	0
	厚度：4.10±0.50mm	游标卡尺	5	B	25	4.02	4.22	4.16	3.92	4.18	0	0
	宽度：19.1±0.50mm	游标卡尺	5	B	25	18.92	19.28	19.24	19.16	19.08	0	0
	节线长：838.20±0.65mm	测长机	5	B	25	838.44	838.28	838.12	838.33	838.19	0	0
600	性能监测										0	0
	背胶硬度：73±5SHA°	硬度计	5	B	25	74	75	74	75	74	0	0
	拉伸强度：≥7.2KN	拉力机	1	A	10	8.6					0	0
	扯断伸长率：≤3%	拉力机	1	B	5	2.8					0	0
	布剥离强度：≥125N	拉力机	1	B	5	165					0	0
	线抽出强度：≥510N	拉力机	1	B	5	629					0	0
700	材料检验	质保书	1	B	5	√					0	0
805	高低温试验										0	0
	70小时高温试验后带背硬度变化在0~7SHA°	硬度计	1	B	5	6					0	0
	5小时低温后无裂纹	试验设备	1	B	5	√					0	0
810	疲劳寿命试验	试验设备	1	A	10	√					0	0
					180	合计					2	2
缺陷分数总和=Σ（缺陷个数×缺陷等级系数）		QKZ=（1-所有特性缺陷分数之和/所有特性已加权的抽样数之和）×100%				评价结构QKZ=		98.89%		加权系数F：A=10、B=5、C=1		
备注：对未标注具体标准要求的项目参照相关的图纸/指导书等。												
评价	QKZ=98.89%>95%，只有2个C级缺陷，无A、B级缺陷，故此批产品审核合格。											
	紧急对策											
	纠正措施要求											
审核员/日期：						质技部经理/日期：						

如果有顾客特定要求的记录格式，则应按顾客的要求填写，以下为大众汽车要求的产品审核填写格式，供参考。

	产 品 审 核 Product Audit 结果一览 Overview of Results	报告号: Report: 页次: Page:	VA-
一汽一大众/质保部/外协件质量保证科 QA-PP FAW-VOLKSWAGEN			

供应商名称：Supplier :		零件名称：Part Description :	后视镜		生产批量：Batch Quantity:	
供应商编号/邓氏代码：Supplier Nr./DUNS Nr. :		零件号：Part No.:	图纸日期：Drawing Date:		生产日期：Production Date:	

序号：Pos.	特性 / 目标值 Important Characteristics / Specifications	D/TLD 特性 D/TLD Characterisitc	检验结果Test Result 数值(从 — 至) Value (min - max)	过程能力 Process Capability Cpk(Cmk)	抽样数量 Sample size n	缺陷数量/级别 Defect quantity A	B	C
1.	包装:是否完好，标识是否清晰		合格		5			0
2.	外观：是否有注塑缺陷，油漆缺陷，镜面缺陷等		2件有麻点		5			2
3.	支座3－M5螺纹止通规		合格		5		0	
4.	线束外露长度：150＋20mm		150－162	1.89	5		0	
5.	车门匹配检测		合格		5		0	
6.	镜壳折叠力：（14±4）Nm	X	14.8-15.95		5	0		
7.	镜面反射率：≥40%	X	50%-58.3%		5	0		
8.	曲率半径：左SR2000±270右SR1400±200	X	1868-1876:1317-1334		5	0		
9.	平均曲率半径误差：≤12.5%	X	1.1%-3.5%		5	0		
10.	镜面转动角度：上下左右 10°±2°		合格		5		0	
				总计Total：		0	0	2

备注 Remarks:				
5件产品中有2件表面存在麻点.过程进行改进并进行控制.	隔离 / 分选 Quaranting /Sorting actions	[x]	技术条件更改 Introduce Specification	[ ]
	缺陷排除措施已实现 Corrective actions realised/ required	[ ]	过程更改/工作场地更改 Process-Change / Relocation	[ ]
	签字 Signatures	XXX	XXX	
	日期(Date)	供应商(Supplier)	审核员(Auditor)	

六、对产品/过程的遏制行动（临时对策）

应对不满足技术规范的产品和过程提出遏制行动的具体安排：

——关键/重要特性的100%检验；

——已发运产品的顾客通知；

——次要特性的抽样复检计划和特殊放行措施；

——考虑不满足技术规范的质量特性是否发生在类似产品。

针对主要缺陷的措施：若发现主要缺陷，则要立即分析原因并消除缺陷，立即封存所有涉及的成品、半成品。若对有缺陷的产品进行返工/返修，则必须再对其进行一次检验。

针对次要缺陷的措施：根据缺陷的影响须对涉及的在制品以及待发运的产品进行返工或特殊放行，特殊放行必须进行评审，并经权责人员批准。

——遏制行动是对批量可疑产品的临时措施，应通过对不合格品原因的初步分析，结合过程控制的各项记录来确定问题的范围—涉及的时间段和区域。

——应考虑遏制措施能否有效地消除产品不合格：如返工后满足技术规范或返修后即满足使用要求，应对遏制措施有效性进行验证。

——遏制措施的实施要防止新问题的发生。

——遏制行动仅仅是纠正不合格现象本身，不能解决系统问题，要防止再发生应从产品或过程设计的根本原因上进行查找。

七、对产品/过程的根本原因调查

针对产品审核发现的关键缺陷和主要缺陷，要从根源上进行分析：

——产品的失效模式是否已被识别？

——失效原因是否已被识别？

——现行控制方法是用于发现原因还是发现失效模式？

——产品失效没有得到有效控制的原因是什么？

——是否落实了控制计划？

——是否制定了针对产品失效的反应计划？

根本原因往往是当前尚未识别的。因此，用适当的工具（如头脑风暴、因果图、特性矩阵图、试验设计等）展开调查。

产品审核结果分析的主要对象是所发现的缺陷及其产生的原因，这种分析的重点为：

（1）找出重要的、突出的质量缺陷，如关键的和主要的缺陷，多次重复出现的缺陷等。

（2）确定出现频次高的重要质量特性，如产品的特殊特性、关键尺寸等。

（3）找出缺陷产生的直接原因，如工艺设计不当、未按规范作业、质量标准不明确、检测设备精度不足等。

（4）分析造成缺陷在管理层面上的原因。

著名的质量大师戴明博士曾经说过“一个公司的质量问题，94%归咎于系统或管理原因，6%归咎于偶发性原因”。因此，应透过现象看本质，从管理和系统层面上研究造成质量缺陷的原因，方可防止问题的再发生。

八、纠正措施的制定和验证（永久对策）

产品审核的重点是从长期质量趋势中寻求改进空间：

- 解决过程不稳定的问题；
- 解决质量特性值与目标值的偏差和分布宽度的问题，此类问题涉及产品/过程设计。

纠正措施一般涉及产品/过程的更改，应按产品/过程更改控制程序进行技术、制造、成本的可行性评审，经样件/小批量试制评审和验证活动后证实。

纠正措施的实施须用书面形式确定纠正措施，应有明确的职责和完成时间表。由各责任部门针对产品审核出现缺陷的严重程度、频次以及类型，进行有效的纠正措施，由指派的权责人员进行效果跟踪验证并记录。

为了对措施的落实情况进行监控，有时需要进行一次计划外的产品审核。

经验证有效的纠正措施，适当时更新所有相关的文件，如过程流程图、PFMEA、控制计划、作业指导书、检验标准等。

以下是大众汽车Formel Q质量能力对产品审核中缺陷等级的定义及措施要求，供参考。

<table>
<tr><th>缺陷级别</th><th>缺陷描述/后果</th><th>立即措施</th><th>后续措施</th></tr>
<tr><td>A</td><td>必定会引起用户投诉的产品缺陷
·危及人身安全，违法，违规，产品不能使用。
·无法销售的产品/无法使用的产品。
·非常严重的外表面缺陷。</td><td rowspan="2">·对已有零件进行隔离/筛选。
·通知用货厂采取措施和风险评估。
·在制造过程/检验过程中采取纠正措施，必要时进行全检。
·对过程和成品采取更严格的检验措施。
·必要时对准备出厂产品全检。必须向开发部门申请偏差许可。
·与客户工厂协商采取进一步措施（见Formel Q质量协议）。</td><td rowspan="3">·对过程/检验活动进一步分析。
·认真完善纠正措施并落实。
·提供过程能力和零缺陷的证据。
·措施有效性检验。
·必要时更改技术规范。</td></tr>
<tr><td>B</td><td>严重的损伤、缺陷，明显不符合规定标准，影响使用体验，可能引起用户投诉，与技术规范有偏差，可能在运行过程中对用户产生影响。</td></tr>
<tr><td>C</td><td>可察觉的缺陷，会引起用户的抱怨。
缺陷多发时，一定程度上可能引起用户投诉和对运行过程中的影响。</td><td>·通知用货厂以协商整改措施。</td></tr>
</table>

九、产品审核总结报告

责任部门人员应对每次产品审核记录进行汇总，形成月度产品审核报告，每年度进行总结，并提报每年度的管理评审，审核结果须纳入产品质量长期评定中。产品审核总结报告不拘于规定的格式，一般应包括以下内容：

（1）产品审核记录和数据；

（2）对产品缺陷所采取的遏制或围堵措施及其结果记录；

（3）对产品质量缺陷及原因的分析；

（4）对解决质量缺陷及进行质量改进的措施和建议；

（5）审核结论。

产品审核报告（示例）

XXX 有限公司	**产品审核报告**	
质量部	检验报告号：	
零件名称：	件代号：	版本日期：　　年　月　日
顾客：　VOLVO	顾客零件号：	版本日期：　　年　月　日
抽样日期：	抽样地点：	生产日期：
产品简图	可附产品检验和试验的相关记录和报告	

检验顺序	检验项目	抽样数	A 级缺陷数量	B 级缺陷数量	C 级缺陷数量	缺陷分数
1	包装	5		1		5
2	外观（目测）	10			2	2
3	尺寸检验	5				
4	材料证明	1				
5	性能	2				
结果	缺陷总数：Σ3	所有缺陷加权分数总和：Σ = FP			质量特征值：QKZ =	

决定：	放行□	封存□
审核发现的缺陷说明及拟采取的措施		
需要进一步采取措施：　是□　否□		
封存所有库存　□是　由______在____________立即实施。　□否		
采取排除措施　□是　由____车间______在_____年___月___日立即实施消除_______不合格措施。　□否		
审核员：____________日期：________	分发：生产部、管理者代表。	

后续措施跟踪和验证：			验证结果	验证人	日期
库存检验	成品仓库检验	□是□否			
	在制品检验	□是□否			
	外库检验	□是□否			
更改	图纸更改	□是□否			
	生产工艺更改	□是□否			
已发/已用产品	顾客	□是□否			
	顾客处产品的追溯	□是□否			

纠正/预防措施	□是　详见“纠正/预防措施报告”　□否
编制：　审核：　批准：	

产品审核实施过程流程图：

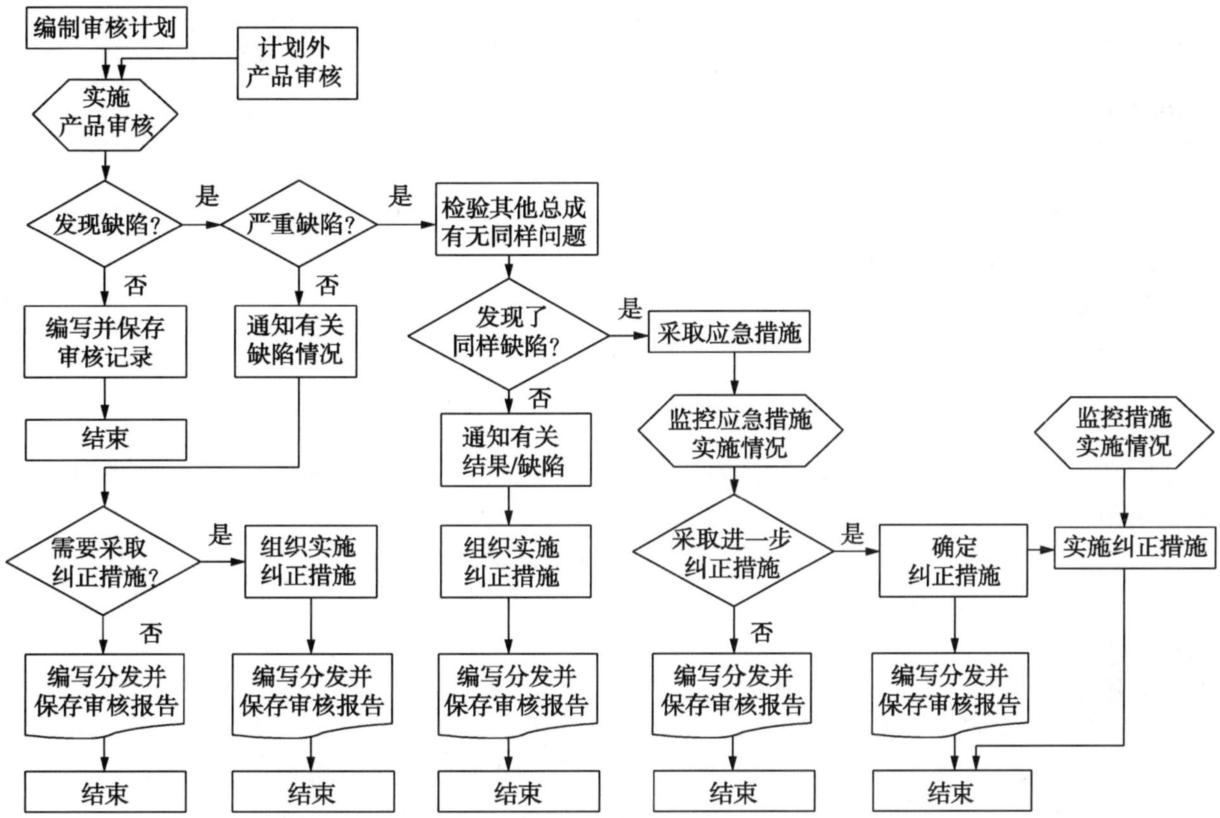

不同审核目标的审核方案示例：

产品组	产品名称	零件号	产品负责人	审核目标	资源	负责人	完成时间	参考文件
顾客最终产品（例如整车）	Y－系列	YP-14xx	Letsche	按指令 B13 进软件升级后内部空间舒适功能的检验	3 辆整车，8 个人天，设计部门和质量部门	Mayer	28.02	上年度顾客满意调查总结
组件（例如总成）	1,6TD77kw	L1234 L1280 L1281	Meier	确认要求的耐久性	5 个总成，8 个人天 实验室，800 小时试验台 AP	Karl	15.01	实验指导书 DAHBAI
	2,0TD90kw	M5678	Schule	对顾客投诉满负荷情况下噪音过高的检验和确定原因	2 个总成，2 个人天 实验室，2 天 声测量室，2 天 可移动试验台 MAP	Karl	30.05	顾客满意报告 IBT15,“专业文献”报告 M5678AA
	6 档变速箱	6G0 123A…L	Kraub	量产过程中的审核	每月 6 个变速箱，2 名审核员，最终功能试验台每月 3 小时，审核场所 2 号楼 2SG	Schulze	持续	变速箱内部审核计划 1
零件（例如轴承套）	RA 12mm	1224 12254	Schmitt	满足耐久性要求和图纸尺寸	30 件，4 个人天 实验室，100 小时 试验台 2，10 小时	Mayer 100 小时	30.04	规范 DH12,图纸
……	……							

十、产品审核管理办法文件范例

文件范例【产品审核管理办法】			
文件名称	产品审核管理办法	文件编号：SQ-WI-008	版本：A
编制部门	品管部	编制日期：2019.12.9	页码：1/4

1.目的

为有效策划产品审核，规范产品审核作业方法，确保产品审核有效实施，满足顾客要求及公司质量管理体系的要求，特制定本管理办法。

2.适用范围

适用于公司所有汽车产品的审核管理活动。

3.术语和定义

3.1 什么是产品审核？

产品审核是从顾客的角度对产品进行独立评估的管理工具，并且保障避免产品和货物缺损的情况出现。

产品审核时会检验列明的产品特性（例如：是否同零件明细表相符、产品尺寸、材料、功能性、可靠性、包装、标识）以及在某个特定状态下的顾客期望（例如：包装后、新状态、使用后等等）。

4.权责

4.1 品管部：负责产品审核的策划，编制产品审核检验标准，组织审核和跟踪审核结果。

4.2 生产部：负责配合产品审核的抽样，及审核发现缺陷时采取遏制和纠正措施。

4.3 技术部：负责提供技术支持，参与相关问题的分析和采取纠正措施。

4.4 仓储部：负责配合产品审核的抽样，批次隔离及归位。

5.作业内容

5.1 产品审核策划的总体原则

5.1.1 根据公司新产品和主要常规产品重要性、生产频次、质量情况及顾客的要求确定产品审核的时机。

5.1.2 正常情况下，不同顾客的不同产品类型或系列，应每年至少进行一次产品审核。顾客如有特殊要求，按顾客要求进行。产品审核的产品类型应考虑代表性和产品族。

5.1.3 产品审核随机抽样的数量（即样本大小），应根据产品质量的稳定程度、产品的复杂性、检验费用、生产批量和顾客的反映等情况，分不同的产品型号和检验项目确定抽样数量。

5.1.4 产品审核的抽样时机。产品审核的抽样，可在产品生产和交付的适当阶段进行，通常是在包装入库后出货前进行。某些产品的特性可能需要在生产过程中进行，而在完成成品后不方便检测，或者是包装复杂、成本高、拆封不易，则可在包装前完成对产品的特性检测，包装完成后再检查包装的符合性和标签。总的原则是力求在产品审核时充分暴露产品质量的缺陷，又要考虑审核的可行性和经济性。

5.2 制定产品审核计划

5.2.1 品管部在每年初根据公司当年实际经营生产状况，编制《年度产品审核计划表》。

5.2.2 产品审核计划的内容包括审核范围、顾客、产品型号、时间、周期/频次、抽样时机和数量等。审核计划由品管部经理审核，管理者代表批准后，分发到各有关部门。

5.2.3 产品审核计划在实施中如发现需增加或修改审核的产品或时间时，由品管部对其修改后交管理者代表批准。

5.2.4 当产品有重大不合格或发生重大顾客投诉/退货时，品管部可根据当时的实际状况考

文件名称	产品审核管理办法	文件编号：SQ-WI-008	版本：A
编制部门	品管部	编制日期：2019.12.9	页码：2/4

虑增加产品审核的频次并组织执行。

5.3 编制产品审核检验标准

品管部负责根据需要审核的产品在产品审核前，编制产品族/系列的《产品审核检验标准》，应参考以下技术文件和要求：

- 顾客产品要求和顾客特定要求；
- 图纸、技术规范；
- DFMEA、PFMEA；
- 控制计划；
- 成品检验规范；
- 包装和标识要求；
- 缺陷分级（如：关键缺陷、主要缺陷、次要缺陷）；

A 类—关键缺陷：产品及其重要的质量特性，若不能满足要求将丧失产品使用价值，或对人身造成危险和不安全的缺陷，或违反安全法规。

B 类—主要缺陷：产品重要的质量特性，若不满足要求将会导致产生故障或影响可使用性，不能完全按照规定的用途使用。

C 类—次要缺陷：产品一般的质量特性，若不满足要求对规定的使用不会受到多大影响，或者偏离适用的标准但对设备装置的使用或操作/运行仅有轻微影响的缺陷。

- 检验的手段和方法包括：检验的容量和频次及检测仪器。

《产品审核检验标准》经品管部经理审核，管理者代表批准后发布到各相关部门。

5.4 缺陷等级系数和质量指数计算方法

对发现的缺陷按其严重程度进行分类，A、B、C 三类缺陷。三个缺陷等级有不同缺陷等级系数，用缺陷等级系数来计算缺陷分数。

A—关键缺陷　缺陷系数 $f=10$

B—主要缺陷　缺陷系数 $f=5$

C—次要缺陷　缺陷系数 $f=1$

产品质量指数 QKZ 的计算：

$$\text{QKZ}=(1-\frac{\text{所有缺陷的分数之和（FP）}}{\text{所有项目加权的抽样分数总和}})\times 100\%$$

分子：所有缺陷的分数总和（FP）= A 类缺陷个数×10 + B 类缺陷个数×5+ C 类缺陷个数×1

分母：所有项目加权的抽样分数总和=Σ（每个检验项目的缺陷等级系数×抽样数）

5.5 产品审核的质量目标值

可根据不同产品类别的历史绩效数据及顾客的要求确定产品审核的质量目标，如：

（1）无 A 类—关键缺陷和 B 类—主要缺陷；

（2）质量指数 QKZ≥96%，并逐步呈上升趋势，直至达到顾客追求的期望——零缺陷。

5.6 确定产品审核人员

5.6.1 品管部根据年度产品审核计划和本次产品审核的工作需要选定具有审核资格的审核员。产品审核员资格参见《人力资源管理程序》。

5.6.2 为体现产品审核的客观性和独立性，品管部在指派审核员时，必须确定审核员与被审核产品无直接关系。

文件名称	产品审核管理办法	文件编号：SQ-WI-008	版本：A
编制部门	品管部	编制日期：2019.12.9	页码：3/4

5.7 实施产品审核

5.7.1 审核员根据产品审核计划的时间规定，审核时临时通知各有关部门所要进行的产品抽样。

5.7.2 在审核时，由于当时的具体原因可能要把抽样所涉及的批次隔离，一直到审核结束。

5.7.3 为审核所抽取的样品若还要重新使用则必须认真进行标识管理，防止与其他相似的产品混淆。要把样品恢复到抽样时的原始状态，要注意脏污、刮伤、使用规定的包装等等。

5.7.4 审核员按附件的“产品审核检验规程”进行相关项目的检验和测试；可委托实验室进行性能试验，由实验室提供产品试验报告。

5.7.5 产品审核结果和数据填写于《产品审核检验记录》和《产品审核报告》。

5.8 不合格的遏制和纠正措施

5.8.1 品管部针对不满足技术规范的产品和过程提出遏制行动：

——关键/重要特性的100%检验；

——已发运产品的顾客通知；

——次要特性的抽样复检计划和特殊放行措施；

——考虑不满足技术规范的质量特性是否发生在类似产品。

针对主要缺陷的措施：若发现主要缺陷，则要立即分析原因并消除缺陷，立即封存所有涉及的成品、半成品。若对有缺陷的产品进行返修，则必须再对其进行一次检验。

针对次要缺陷的措施：根据缺陷的影响须对涉及的在制品以及待发运的产品进行返工或特殊放行，特殊放行必须进行评审，并经权责人员批准。

5.8.2 遏制行动是对批量可疑产品的临时措施，应通过对不合格原因的初步分析，结合过程控制的各项记录来确定问题的范围——涉及的时间段和区域。

5.8.3 应考虑遏制措施能否有效地消除产品不合格：如返工后满足技术规范或返修后满足使用要求，应对遏制措施有效性进行验证。

5.8.4 品管部根据缺陷的严重程度、波及范围、对顾客的风险等，开出《纠正/预防措施处理单》，并明确职责和完成时间表。由责任部门按《纠正与预防措施管理程序》进行有效的改善，品管部指派人员进行效果跟踪验证并记录。为了对措施的落实情况进行监控，有时需要进行一次计划外的产品审核。

5.8.5 经验证有效的纠正措施，适当时更新所有相关的文件，如过程流程图、PFMEA、控制计划、作业指导书、检验标准等。

5.9 产品审核总结报告

品管部应对每次产品审核记录进行汇总，形成月度产品审核报告，审核结果须纳入产品质量长期评定中，品管部进行统计分析，每年度进行总结，并提报每年度的管理评审。

产品审核总结报告不拘于规定的格式，一般应包括以下内容：

（1）产品审核记录和数据；

（2）对产品缺陷所采取的遏制或围堵措施及其结果记录；

（3）对产品质量缺陷及原因的分析；

（4）对解决质量缺陷及进行质量改进的措施和建议；

（5）审核结论。

文件名称	产品审核管理办法	文件编号：SQ-WI-008	版本：A
编制部门	品管部	编制日期：2019.12.9	页码：4/4

6.参考文件

6.1 《纠正与预防措施管理程序》

6.2 《产品审核检验标准》

7.使用表单

7.1 《年度产品审核计划表》

7.2 《产品审核检验记录》

7.3 《产品审核报告》

8.附件：产品审核检验规程

产品审核检验规程（示例）	
检验顺序	检验工作描述
001	抽取样品 随机进行抽样，从最新生产日期的待发运批次中抽取
002	包装检验 ——与零件的包装规范相符 ——按技术规范进行标识 ——防止产品损伤 ——具有给顾客的检验证书
003	目检 ——准备：给抽取的样品进行统一编号 ——检验：外观、表面状态及标识是否与图纸要求相符
004	尺寸检验 ——按图纸和《产品审核检验标准》确定的尺寸
005	检具检验，试装
006	物理性能检验 ——强度、硬度等 ——耐热性、耐冷性 ——扭矩和其他力矩是否符合要求 有供方提供的检验证书而且合格
007	化学成分检验 ——材料检验 ——是否有配套厂家提供的检验证书而且合格
008	可靠性检验 ——按技术规范进行寿命试验 ——磨损检验 ——如需要则要检查是否有检验证书
009	填入审核检验报告并确定结果 ——计算缺陷点数（FP）：Σ发现的缺陷数×缺陷系数 ——计算质量特征值（QKZ）

第五节　管理评审的策划和实施

一、实施管理评审的目的和意义

ISO 9001 标准“9.3.1 总则”中要求“最高管理者应按照策划的时间间隔对组织的质量管理体系进行评审，以确保其持续的适宜性、充分性和有效性，并与组织的战略方向保持一致”。

管理评审是对质量管理体系评价的重要方式，是质量管理体系改进循环中最高层次的、非常重要的活动。

管理评审是由组织的最高管理者就组织的战略、方针和目标对质量体系进行定期的、系统的评价。管理评审的目的是确保质量管理体系持续的适宜性、充分性和有效性。

1.质量管理体系持续的适宜性

组织质量管理体系所处的内部、外部环境是不断变化的，这些变化体现在：

（1）组织机制与组织机构的变化；

（2）顾客的要求或期望的变化；

（3）国内、国际市场情况的变化；

（4）组织产品有关的新技术、新工艺、新设备的出现；

（5）组织遵循的相关法律、法规或标准的变化；

（6）产品更新换代、开发新产品带来的变化等。

上述这些变化必然对组织的质量管理体系带来影响，有可能导致组织战略、方针、目标的变更。为保持质量管理体系的持续适宜性，组织的最高管理者通过管理评审来重点评审经营计划、方针、目标、体系文件、组织结构、资源配置等方面的持续适宜性，及时地调整或改进原有的质量管理体系，以达到质量管理体系持续地与内部、外部环境变化相适应的目的。

2.质量管理体系持续的充分性

质量管理体系的充分性，至少包括以下三个方面：

（1）过程控制的充分性。为确保质量管理体系实现预期结果，组织所识别和确定的过程是否充分，是否能实现顾客的需求和期望，过程的输入和输出是否明确并满足要求，过程职责是否确定，过程运行的准则和方法是否充分，从而使过程能够有效和高效运行。

（2）资源的充分性。包括人员、基础设施设备、过程运行环境、监视和测量资源、信息和知识的运用等方面。

（3）人员能力的充分性。对从事的工作影响质量管理体系绩效和有效性的人员，必须确保其具备所需的能力。

如果组织的过程不能够得到充分识别和运行，或资源配置的不充分，人员能力不足，就会导致过程控制的不充分、某些过程的失控，最终会导致组织提供的产品与服务偏离顾客的要求与期望。由最高管理者亲自主持的管理评审活动将识别充分性方面的问题，并确保持续的满足质量管理体系所需的充分性。

3.质量管理体系持续的有效性

有效性是指质量管理体系所策划的过程和各项管理活动是否持续的实施和保持，是否达到了所期望的目标和指标，是否实现了经营计划中所规定的战略和目标。在持续的有效性方面，管理评审应重点评审体系的实施效果（内、外部审核结果），过程的绩效和产品的符合性，质量事故及不良成本，顾客反馈或投诉，纠正和预防措施及效果，顾客满意度，组织的绩效趋势，以往管理评审改进措施的完成情况及效果验证等。

管理评审是持续改进的方法之一，其意义在于：

（1）识别质量管理体系中存在的问题；

（2）评价组织质量管理体系改进的机会；

（3）评价质量管理体系变更的需要。

二、管理评审的策划

1.管理评审的输入要求

管理评审的输入包括 ISO 9001 所要求的输入和 IATF 16949 要求的输入。

ISO 9001:2015，质量管理体系—要求

9.3.2 管理评审输入

策划和实施管理评审时应考虑下列内容：

a）以往管理评审所采取措施的情况；

b）与质量管理体系相关的内外部因素的变化；

c）下列有关质量管理体系绩效和有效性的信息，包括其趋势：

1）顾客满意和有关相关方的反馈；

2）质量目标的实现程度；

3）过程绩效以及产品和服务的合格情况；

4）不合格及纠正措施；

5）监视和测量结果；

6）审核结果；

7）外部供方的绩效。

d）资源的充分性；

e）应对风险和机遇所采取措施的有效性（见 6.1）；

f）改进的机会。

a）以往管理评审所采取措施的情况；

——即过去的管理评审决议事项的实施情况和跟踪结果报告，特别是未能实施或实施不到位的情况。

b）与质量管理体系相关的内外部因素的变化；

——评价标准条款 4.1 所识别的内外部环境因素的变化情况及其对组织质量体系的影响，这些变化可能会影响到组织战略和目标的变化。

c）有关质量管理体系绩效和有效性的信息，包括下列趋势性信息：

（1）顾客满意和相关方的反馈；

——包括条款 9.1.2 和条款 9.1.2.1 顾客满意情况及条款 4.2 相关方的需求和期望的反馈，以及条款 8.2.1 中有关产品和服务的顾客反馈，包括顾客投诉。

（2）质量目标的实现程度；

——根据条款 6.2 质量目标及其实现的策划，评价组织质量目标的实现程度。

（3）过程绩效以及产品和服务的合格情况；

——条款 4.4 中的过程绩效指标和条款 8.6 中验证的产品和服务符合性数据。

（4）不合格以及纠正措施；

——条款 10.2 不合格和纠正措施的实施情况。

（5）监视和测量结果；

——条款 9.1.1 监视和测量的策划和实施结果。

（6）审核结果；

——评价条款 9.2 内部审核的结果（包括体系审核、制造过程审核、产品审核的结果）、顾客对组织的审核结果和外部第三方认证审核结果。

（7）外部供方的绩效。

——条款 8.4 外部供方的绩效监视结果。

d）资源的充分性；

——条款 7.1 所涉及的资源的充分性评价。

e）应对风险和机遇所采取措施的有效性（见 6.1）；

——条款 6.1 识别的风险和机遇，及应对这些风险和机遇所采取措施的有效性。

f）改进的机会。

——各部门对产品和服务、过程及质量管理体系的改进建议。

组织可选择在管理评审中评审新产品推广、财务结果、新商机等项目，以便确定组织是否实现了预期结果。

IATF 16949:2016 的补充和特别要求

9.3.2.1 管理评审输入—补充

管理评审的输入应包括：

a）不良质量成本（内部和外部不符合成本）；

b）过程有效性的衡量；

c）过程效率的衡量；

d）产品符合性；

e）对现有操作更改和新设施或新产品进行的制造可行性评估（见第 7.1.3.1 条）；

f）顾客满意（见 ISO 9001 第 9.1.2 条）；

g）对照维护目标的绩效评审；

h）保修绩效（在适用情况下）；

i）顾客计分卡评审（在适用情况下）；

j）通过风险分析（如 FMEA）识别的潜在使用现场失效标识；

k）实际使用现场失效及其对安全或环境的影响。

IATF 16949:2016-认可解释（SI-13&16）对补充输入的 c）项做了修改，增加了 1）的内容，原文如下（下划线的文字为修订或新增的内容）：

编号	IATF 16949 参考	认可解释
13&16	9.3.2.1 管理评审输入–补充	管理评审的输入应包括： a）不良质量成本（内部和外部不符合的成本）； b）过程有效性的测量； c）<u>产品实现过程的过程效率测度，如适用</u>； d）产品符合性； e）对变更现有业务和新设施或新产品的制造可行性进行评估（见第7.1.3.1节）； f）客户满意度（见ISO 9001，第9.1.2节）； g）根据维护目标审查绩效； h）保修绩效（如适用）； i）审查客户记分卡（如适用）； j）通过风险分析（如FMEA）识别潜在的现场故障； k）实际现场故障及其对安全或环境的影响。 <u>1）产品和过程的设计和开发期间特定阶段的测量汇总结果，如适用。</u> *改变的原理：* *阐明并不是每个过程都需要效率测度。组织需要确定在他们的质量管理体系中哪些过程需要效率测度。*
		在第8.3.4.1节“监视”中，产品和过程的设计和开发期间特定阶段的测量汇总结果应被确定、分析，以汇总结果的形式来报告，作为对管理评审的输入；但是，它没有显示在9.3.2.1节中。测量可考虑例如：时程安排、成本或可行性。

IATF 16949 在 ISO 9001 要求的输入的基础上增加了额外的评审项目，其中条款 9.3.2.1 中的 b)、c)、d)、f) 与 9.3.2 中的 1)、3) 所要求的意图是一致的。其他增加的输入说明如下：

a) 不良质量成本（内部和外部不符合成本）；

——IATF 16949 的目标是在供应链中开发提供持续改进、强调缺陷预防，以及减少变差和浪费的质量管理体系。对不良质量成本的控制和评审，就是为了实现减少浪费的目标。

e) 对现有操作更改和新设施或新产品进行的制造可行性评估（见第 7.1.3.1 条）；

——此项是对组织制造可行性评估实施的评价，包括条款 7.1.3.1 和条款 8.2.3.1.3。

g) 对照维护目标的绩效评审；

——根据条款 8.5.1.5 中设定的全面生产维护目标的达成情况的评审。

h) 保修绩效（在适用情况下）；

——这是在组织有保修服务/协议的情况下，根据条款 10.2.5 对保修过程的绩效进行评审。很多组织可能没有保修服务，则此项不适用。

i) 顾客计分卡评审（在适用情况下）；

——顾客计分卡就是顾客对供应商的绩效打分表，若有顾客计分卡，则应对其中的绩效数据进行评价，并针对得分低的绩效项目进行改善。

j) 通过风险分析（如 FMEA）识别的潜在使用现场失效标识；

这句话的英文版原文是"identification of potential field failures identified through risk analysis (such as FMEA)"，百度翻译是"通过风险分析（如 FMEA）识别潜在的现场故障"，这个翻译可能更容易理解一些，就是说，通过 FMEA 识别了哪些潜在的现场故障或失效，是否存在有些潜在的现场失效未被完整识别，对于已识别的潜在失效采取了哪些应对措施。

k) 实际使用现场失效及其对安全或环境的影响；

——这是指实际已经发生了哪些使用现场失效，这些发生的失效对安全或环境造成了怎样的影响。

l) 产品和过程的设计和开发期间特定阶段的测量汇总结果，如适用。

——在条款"8.3.4.1 监视"中要求，产品和过程的设计和开发期间特定阶段的测量应被确定、分析，以汇总结果的形式来报告。在适当的情况下，这些测量可包括质量风险、成本、前置期、关键路径和其他测量。

2.管理评审的输出要求

管理评审结果必须有输出，输出应包括以下要求的决定和措施。

ISO 9001:2015，质量管理体系—要求

9.3.3 管理评审输出

管理评审的输出应包括与下列事项相关的决定和措施：

a) 改进的机会；

b) 质量管理体系所需的变更；

c) 资源需求。

组织应保留成文信息，作为管理评审结果的证据。

IATF 16949:2016 的补充和特别要求

9.3.3.1 管理评审输出—补充

当未实现顾客绩效目标时，最高管理者应形成一个文件化的措施计划并实施。

a) 改进的机会；

——包括可能涉及的产品和服务的改进、过程的改进、质量管理体系的改进。

b) 质量管理体系所需的变更；

——为确保适宜性、充分性和有效性，质量管理体系是否需要做必要的更改；如组织架构变更，增加新的过程、新的制造现场，方针、目标是否需要做必要的修订等。

c）资源需求；

——根据上述资源充分性的评审，确定需要补充哪些资源。

d）当未实现顾客绩效目标时，最高管理者应形成一个文件化的措施计划并实施。

——IATF 16949特别强调满足顾客绩效目标，顾客绩效目标可能包括零公里故障、上线PPM、准时交付率、顾客投诉响应时间等。如果未能达成顾客绩效目标，就必须制定一个形成文件的纠正措施计划并落实。

3.制定管理评审计划

IATF 16949:2016“9.3.1.1 管理评审—补充”要求“管理评审应至少每年进行一次。应基于由影响质量管理体系和绩效相关问题的内部或外部更改造成的顾客要求符合性的风险，提高管理评审的频率”。

因此，管理评审每年至少进行一次，两次的间隔时间不应超过 12 个月。当市场和组织内部发生较大变化、出现重大质量事故或被顾客重大投诉时，应进行临时的管理评审。

管理评审并不要求一次涵盖所有的输入和问题，但年度管理评审计划应体现满足管理评审的所有输入要求。管理评审不一定是一次会议，可以是一系列的会议，且涵盖每个月的绩效衡量。因此，管理评审可以是每月、每季度、每半年或每年进行。

最高管理者可亲自或指定某一职能部门编制管理评审计划，下表是一份《管理评审计划》的示例。该计划规定了开展管理评审的时间、管理评审的目的、管理评审的内容，并对管理评审输入信息的有关主导部门提出要求，为管理评审的输入做好准备。管理评审计划经最高管理者签核后，提前通知参加管理评审的人员及有关部门。

<table>
<tr><td colspan="5">管理评审计划（示例）</td></tr>
<tr><td colspan="2">年度综合评审时间：每年 1 月</td><td colspan="3">参加人员：总经理、管理者代表、总监、经理、主管及相关人员</td></tr>
<tr><td colspan="2">非定期评审时间：按以下时机进行</td><td colspan="3">参加人员：相关部门总监、经理、主管等相关人员</td></tr>
<tr><td colspan="2">管理评审目的</td><td colspan="3">考虑顾客及有关相关方的需求和期望，根据公司战略、方针和目标对质量管理体系进行评审，确保质量管理体系持续的适宜性、充分性和有效性，识别改进的机会。</td></tr>
<tr><td colspan="2">评审依据</td><td colspan="3">ISO 9001 & IATF 16949 标准、公司经营计划和目标、公司质量管理体系文件、顾客要求及有关相关方需求和期望、相关的法律法规。</td></tr>
<tr><td colspan="5">管理评审内容及时机：</td></tr>
<tr><td>序号</td><td colspan="2">提报项目及内容</td><td>提报部门/人</td><td>评审时机</td></tr>
<tr><td>1</td><td>以往管理评审所采取措施的实施情况</td><td>即过去的管理评审决议事项的实施情况和跟踪结果报告，特别是未能实施或实施不到位的情况。</td><td>总经办</td><td>年度</td></tr>
<tr><td>2</td><td>与质量管理体系相关的内外部因素的变化</td><td>针对内部环境和外部环境与过去的分析比较发生了哪些变化？若有变化，会对质量管理体系运行有什么影响？需要做怎样的调整或应对？</td><td>总经办</td><td>年度</td></tr>
<tr><td rowspan="5">3</td><td rowspan="5">顾客满意和有关相关方的反馈</td><td>（1）顾客满意度分析的结果、顾客或经销商反馈意见等（有关交付、服务、质量等方面问题）。</td><td>业务部</td><td>年度</td></tr>
<tr><td>（2）顾客投诉情况及其处理结果。</td><td>品管部</td><td>每月及年度</td></tr>
<tr><td>（3）来自供应商反馈的意见。</td><td>采购部</td><td>年度</td></tr>
<tr><td>（4）企业员工反馈意见及其需求和期望。</td><td>人资部</td><td>年度</td></tr>
<tr><td>（5）企业高层或股东的意图和意见、政府机构的期望和意见，以及其他相关方反馈意见等。</td><td>总经办</td><td>年度</td></tr>
</table>

4	质量目标的实现程度	公司目标和各部门目标达成情况的数据。	各部门	每月及年度
5	过程绩效数据，包括过程有效性和产品实现过程的过程效率衡量	各个过程的管理目标或绩效指标达成情况的数据，特别是产品实现过程的有效性和效率。	各部门	每月及年度
6	产品和服务的符合性，监视和测量结果	包括产品和服务质量符合性数据，如产品合格率、不良率、报废率、产品可靠性测试结果、退货率等。检验和试验结果，过程稳定性和过程能力数据。	品管部	每月及年度
7	对现有操作更改和新设施或新产品进行的制造可行性评估	(1) 对现有操作的更改的制造可行性评估结果； (2) 对新设施、新产品的制造可行性评估结果。	技术部	在项目实施完成当月
8	对照维护目标的绩效评审	对全面生产维护所设定的目标达成情况的数据评审。	生产部	每月及年度
9	保修绩效(在适用情况下)	对于有保修要求的产品，对保修绩效的数据评审。	售后服务部	每月及年度
10	顾客计分卡评审（在适用情况下）	在顾客有记分卡的情况下，由品管部汇总顾客绩效评价数据，提交评审。	品管部	每月及年度
11	产品和过程的设计和开发期间特定阶段的测量汇总结果	按 APQP 计划确定的各阶段，对质量风险、开发成本、时间进度进行监视和分析，以汇总结果的形式来报告。	技术部	项目进展评审及年度
12	通过风险分析（如 FMEA）识别潜在的现场故障或失效	通过 FMEA 识别了哪些潜在的现场故障或失效，是否存在有些潜在的现场失效未被完整识别，对于已识别的潜在失效有哪些应对措施。	技术部	FMEA 完成后及年度
13	实际使用现场失效及其对安全或环境的影响	实际已经发生了哪些使用现场失效，这些发生的失效对安全或环境造成了怎样的影响。	品管部	每月及年度
14	不良质量成本（内部和外部不符合成本）	内部失败成本和外部失败成本的每月统计数据和趋势。	品管部	每月及年度
15	不合格以及纠正措施	公司内部和外部发生的不合格事件，以及对应的纠正措施实施结果。	品管部	每月及年度
16	审核结果	内部审核结果报告（包括体系审核、制造过程审核及产品审核） 顾客审核结果报告 认证机构审核结果报告 年度审核方案的评审，包括体系审核、过程审核和产品审核的方案。	品管部	每次及年度
17	外部供方的绩效	(1) 对外部供方定期绩效评价（质量、交期、服务等）的结果。 (2) 对外部供方进行第二方审核的结果。	采购部	每月及年度
18	应对风险和机遇所采取措施的有效性（见 6.1）	公司所策划的应对风险和机遇的措施实施结果的有效性。总经办负责公司层级的风险和机遇应对措施提报，各部门负责过程的风险控制措施的有效性提报。	总经办 各部门	每年度
19	资源的充分性	质量体系运行所需的资源是否充分，需要哪些补充？如人员、设施、设备、通信、运输、服务资源、技术/质量知识等。	各部门	每月及年度
20	改进的机会	由各部门提出针对产品和服务、过程、质量管理体系的有关事项的改进意见。	各部门	每次评审
发放部门				
编制: 日期:		核准: 日期:		

4.管理评审的资料准备

各有关部门和责任人在收到管理评审计划后，应指派人员积极准备负责提报的相关资料，这些资料应包括评审周期内的完整数据，并对数据进行层别和分析，可行时，应做成统计图表，以便直观显示过程绩效的趋势和变化。

管理评审资料应提前呈送管理者代表审核，以确保数据的准确性和完整性。

三、管理评审的实施

组织可将管理评审作为单独的活动来开展，也可与相关的活动一起开展（如战略策划、商业策划、年会、运营会议、其他管理体系评审、月度或季度的管理例会、质量例会等），协调安排，以增加价值、避免管理层重复参会。

管理评审应有前瞻性，高瞻远瞩，审时度势，坚持质量管理体系持续改进，适应未来市场的需求。

管理评审应侧重于识别质量管理体系存在的问题和潜在问题，并评价改进的机会。

当内部或外部环境发生变化或更改，可能造成影响顾客要求符合性的风险时，可适当增加管理评审的频次。

年度管理评审会议由最高管理者主持，公司领导成员以及有关部门负责人和有关人员参加。会议议程如下：

（1）与会人员签到；

（2）总经理致辞，并简要说明本次评审的目的、评审依据和评审项目等；

（3）按照《管理评审计划》安排的各项内容，进行有关专题的汇报、提出建议，进行讨论；

（4）作出解决问题和改进的决定或措施，作为管理评审会议的决议。

管理评审的决议事项应包括以下方面的内容：

a）有关质量管理体系及其过程有效性改进的决定和措施，如过程优化、体系文件修改、职责分配、目标修订等。

b）与顾客要求有关的产品改进的决定和措施，如产品的质量特性、设计更改等。

c）质量管理体系是否需要做必要的变更，如组织架构变更，增加新的过程、新的制造现场等，或发生并购/重组等情况。

d）有关资源需求的决定和措施，如人力资源需求和分配、设施设备的增添等。

管理评审的输出应能对照输入的项目做出。

四、管理评审报告

管理评审的输出应形成管理评审报告，可以用 PPT 或其他方式体现。管理评审报告是一份重要的文件，由总经办或管理者代表整理编写，最高管理者签核，可发放至中层以上管理干部。管理评审报告可包括以下内容：

（1）管理评审的目的；

（2）管理评审的依据；

（3）评审的时间、地点，主持人和参加的人员；

（4）评审项目的主要内容；

（5）评审的决议事项和改进措施；

（6）评审结论；

（7）报告分发的部门和人员；

（8）报告编制者和最高管理者批准签名。

下表是一份《管理评审报告》的格式，供参考。

<table>
<tr><td colspan="6" align="center">管理评审报告（参考格式）</td></tr>
<tr><td>评审时间</td><td></td><td>地点</td><td></td><td>主持人</td><td></td></tr>
<tr><td>参加人员</td><td colspan="5"></td></tr>
<tr><td>评审目的</td><td colspan="5"></td></tr>
<tr><td>评审依据</td><td colspan="5"></td></tr>
<tr><td colspan="6">评审项目及内容记录</td></tr>
<tr><td colspan="6">（1）以往管理评审所采取的措施实施情况
……
（2）与质量管理体系相关的内外部因素的变化
……
（3）顾客满意度和相关方的反馈
……
（4）质量目标的实现程度
……
（5）过程绩效以及产品和服务的符合性，监视和测量结果
……
（6）不合格以及纠正措施
……
（7）审核结果
……
（8）外部供方的绩效
……
（9）不良质量成本（内部和外部不符合成本）
……
（10）对照维护目标的绩效评审
……
（11）资源的充分性
……
（12）应对风险和机遇所采取措施的有效性
……
（13）改进的机会
……</td></tr>
<tr><td>评审输出的决议事项和措施</td><td colspan="5"></td></tr>
<tr><td>评审结论</td><td colspan="5"></td></tr>
<tr><td>附件资料</td><td colspan="5"></td></tr>
<tr><td>报告分发部门和人员</td><td colspan="5"></td></tr>
<tr><td colspan="6">编制：　　　　日期：　　　　审核：　　　　批准：</td></tr>
</table>

五、管理评审决议事项的落实和追踪

管理评审做出的决定和措施，应规定执行部门和责任人以及预定完成日期，并指定人员进行跟踪落实，其实施结果作为下次管理评审的输入。特别是当未实现顾客绩效目标时，应有一个文件化的措施计划并实施。下表是一份《管理评审决议事项跟踪表》的格式，供参考。

管理评审决议事项跟踪表（参考格式）						
NO.	决议事项	改善措施	责任人员	完成日期	跟踪确认结果	确认者
1						
2						
3						
4						

六、管理评审记录整理和保存

保持管理评审记录是标准的要求，也是质量管理体系有效实施的证据。管理评审记录通常包括：

（1）管理评审计划；

（2）参加管理评审人员的签到表；

（3）管理评审会议提报资料；

（4）管理评审报告；

（5）管理评审报告的发放登记；

（6）管理评审决议、措施的跟踪报告。

上述文件应归档保存，保持期限至少三年。

七、管理评审程序范例

文件范例 【管理评审程序】

文件名称	管理评审程序	文件编号：SQ-MP-06	版本：A
编制部门	总经办	编制日期：2019.12.9	页码：1/3

1.目的

为使质量管理体系符合公司的战略、方针与目标，评审及改进质量管理体系的运行绩效，确保质量管理体系持续的适宜性、充分性和有效性，特制定本程序。

2.适用范围

适用于本公司质量管理体系的管理评审活动。

3.术语和定义

无

4.职责

4.1 总经办：负责收集和汇总各部门提交的管理评审资料，会前准备和会后总结。

4.2 管理者代表：负责对各部门提交的管理评审资料进行审核，并主持月度管理评审。

4.3 各部门：负责收集和提交本部门相关评审项目的资料，参与管理评审并落实评审决议。

4.3 总经理：负责主持召开年度管理评审会议，并对评审决议事项进行裁决。

5.过程管理图

（本过程相关联的 ISO 9001 & IATF 16949 条款：9.3/9.3.1/9.3.1.1/ 9.3.2/9.3.2.1/9.3.3/9.3.3.1）

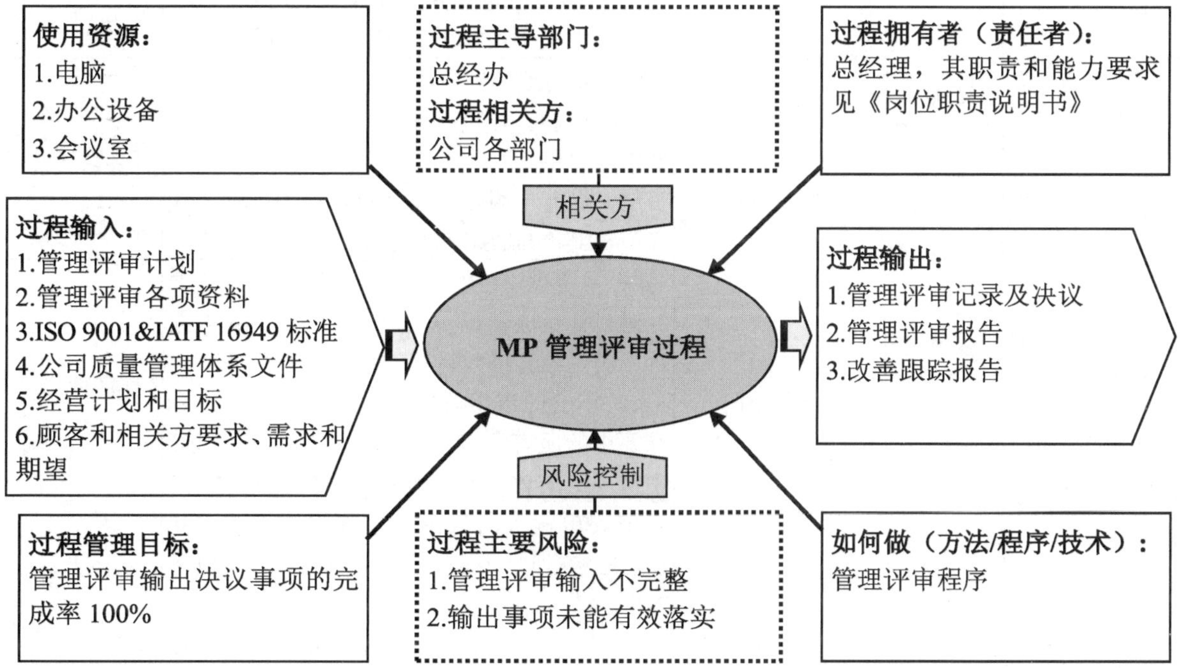

过程主要风险	对相关方的影响	应对风险的措施
1.管理评审输入不完整	1.评审不充分可能影响目标实现。 2.影响质量管理体系的有效性。	总经办提前计划和通知各部门需准备的相关评审资料，并于会前一周汇总交管理者代表审核资料的准确性和完整性。
2.输出事项未能有效落实		总经办负责将决议事项作成《管理评审决议事项跟踪表》，各责任部门根据评审会议决议事项执行，总经办及时追踪各决议事项的完成情况，必要时向总经理报告，寻求支持。

文件名称	管理评审程序	文件编号：SQ-MP-06	版本：A
编制部门	总经办	编制日期：2019.12.9	页码：2/3

6.作业内容

序号	作业流程	权责部门/人	作业要求	参考文件/使用表单
6.1	管理评审策划	总经办	6.1.1 总经办于每年初策划本年度的管理评审，制定《管理评审计划》，包括管理评审的目的、评审依据、参与人员、评审时机、输入的内容，并对管理评审输入信息的有关主导部门提出要求，以便按时实施评审工作。 6.1.2 管理评审可以每月进行阶段评审和每年底召开一次综合评审。年度管理评审由总经理主持以会议的形式进行，参加成员包括各部门经理、主管等管理层干部。月度评审由管理者代表主持，各部门经理、主管参与。	《管理评审计划》
6.2	管理评审通知	总经办	6.2.1 每月的目标绩效评审规定于每月 10 日进行，遇节假日则顺延。 6.2.2 年度管理评审根据计划，由总经办决定具体评审日期，提前发出《会议通知单》，通知各部门应准备的管理评审资料及参与成员，以便提前准备评审输入的相关资料。	《会议通知单》
6.3	管理评审准备	各部门 总经办 管理者代表	6.3 月度的绩效评审由各部门准备上月绩效数据和资料。年度评审则按《会议通知单》要求准备的事项，各部门做好相应评审输入资料，提前一周提交总经办，并由管理者代表审核其准确性和完整性。	《会议通知单》
6.4	管理评审实施	总经理 各部门	6.4.1 月度评审由管理者代表主持，评审主要针对目标达成情况、质量异常情况、顾客投诉、满足顾客绩效目标的程度等进行评审； 6.4.2 年度评审由总经理主持，评审包括标准要求的所有评审项目，按《管理评审计划》中所规定的评审输入逐项进行提报和讨论。	《管理评审计划》
6.5	管理评审输出	各部门 总经理	根据评审输入的讨论，各部门提出改进建议，总经理进行决策，决议事项可包括以下方面： a）有关质量管理体系及其过程有效性改进的决定和措施，如过程优化、体系文件修改、职责分配、目标修订等。 b）与顾客要求有关的产品改进的决定和措施，如产品的质量特性、设计更改等。 c）质量管理体系是否需要做必要的变更，如组织架构变更，增加新的过程、新的制造现场等，或发生并购/重组等情况。 d）有关资源需求的决定和措施，如人力资源需求和分配、设施设备的增添等。	

文件名称	管理评审程序	文件编号：SQ-MP-06	版本：A
编制部门	总经办	编制日期：2019.12.9	页码：3/3

序号	作业流程	权责部门/人	作业要求	参考文件/使用表单
6.6	↓ 管理评审总结报告	总经办	6.6.1 总经办负责对评审项目及讨论结果、决议事项等记录进行汇总整理，编制《管理评审报告》，并将决议跟进事项作成《管理评审决议事项跟踪表》，明确措施责任人及时间期限，作为管理体系改善之依据。 6.6.2《管理评审报告》交管理者代表审核，总经理核准，分发至各部门经理，原稿保存于文控中心。	《管理评审决议事项跟踪表》
6.7	↓ 决议事项实施和跟踪	总经办 各部门	6.7.1 当绩效数据显示未实现顾客绩效目标时，总经理应指派相关部门制定一个书面的措施计划并实施。 6.7.2 各部门根据评审会议决议事项进行改进，总经办及时追踪改善完成情况，必要时向总经理报告，寻求支持。执行结果记录于《管理评审决议事项跟踪表》中，于下次管理评审会议中提报。	《管理评审决议事项跟踪表》
6.8	↓ 记录整理和保存	审核员 各部门	6.8.1 总经办负责整理管理评审的相关记录，交文控中心保存，包括：《管理评审计划》；参加管理评审人员的签到表；管理评审会议提报资料；《管理评审报告》；《管理评审决议事项跟踪表》等； 6.8.2 文控中心按《文件和记录控制程序》保存每次管理评审的相关记录，保存期限至少三年。	《文件和记录控制程序》

7.附加说明

7.1 当发生以下情况时可以增加管理评审频次

（1）公司的产品、组织机构、资源配置发生重大变化时；

（2）发生重大产品质量事故、发生严重顾客投诉或投诉连续发生时；

（3）市场发生重大变化时；

（4）内部审核、第二方审核、第三方审核发现严重不符合时；

（5）总经理认为有必要时。

8.参考文件

8.1 《文件和记录控制程序》

9.使用表单

9.1 《管理评审计划》

9.2 《会议通知单》

9.3 《管理评审决议事项跟踪表》

第十二章

关于IATF 16949的认证指南和问题解答

为有助于读者和企业了解IATF 16949认证和保持证书的有关事项，并解答在实际工作中存在的一些疑问，本章是根据IATF发布的《IATF 16949汽车认证方案 获得并保持IATF认可的规则》第五版（2016年11月1日）整理的一部分适用内容，文中标注的出处简称“IATF认可规则”，更详细的信息请读者参考原版文件，IATF会根据IATF成员及有关认可的认证机构反馈的意见和信息，适时发布“认可解释”（SI）或规则“常见问题”（FAQ），登录www. iatf global oversight. org可找到所有关于IATF的公开信息。

一、IATF 16949 认证资格

Q1：哪些组织有IATF 16949认证资格？

——只有为汽车顾客制造并提供生产件、服务件和/或配件（应机械安装或电气连接到车辆上）的制造现场有资格进行IATF 16949认证。

也就是说，必须有制造现场的汽车供应链组织才有认证资格。如汽车零部件的贸易公司、销售公司是没有资格认证IATF 16949的。

——IATF 16949适用于每一个组织制造顾客指定生产件、服务件和/或配件的所有现场。

——IATF 16949为提供汽车相关产品的设计和开发、生产以及相关装配、安装和服务的组织规定了质量管理体系要求。

——“组织”是指申请IATF 16949认证的完整实体(包括所有相关制造现场和外部支持场所)。具有独立法人资格的单位。

——如果现场的一个顾客要求该现场获得IATF 16949第三方认证，则该现场的所有汽车顾客应纳入审核范围。

——无论在制造现场内或制造现场以外，支持功能没有资格进行单独的IATF 16949认证，但应包括在IATF 16949认证的范围内。

支持功能是指对同一组织的一个(或多个)制造现场提供支持的(在现场或外部场所进行的)非生产活动。

——以上有关“生产件、服务件、配件、设计和开发、制造、安装、现场”等术语和定义请参阅本书第二章中的说明。

Q2：IATF 16949标准中的“汽车”包括哪些，不包括哪些？

——“汽车”包括轿车、轻型商用车、重型卡车、公共汽车和摩托车，不包括工业用、农业用和非公路用（采矿、林业、建筑等等)，也不包括售后市场零件。

——不包括专用车(即：赛车、自卸车、拖挂式房车、半拖车、运钞车、救护车、休闲车等)，但如果这些专用车是由IATF OEM（9大整车厂）安装，那么作为这些专用车辆组成部分的零件的供应商，具有认证资格。

Q3：只制造售后市场零件的现场可否进行IATF 16949认证？

——只制造售后市场零件的现场没有资格进行IATF 16949认证。

——“售后市场零件”指并非由 OEM 为服务件应用所采购或放行的替换零件，可能按照或也可能未按照原始设备规范进行生产。

Q4：无生产线制造的汽车组织可否进行IATF 16949认证？

——无生产线制造是指生产零件的制造外包给专业制造商的生产零件设计与分配。无生产线公司将设计和制造分离，以专注于研究、设计、开发和测试。

——无生产线现场和只生产与汽车不相关产品的现场都不得进行IATF 16949认证。

（注：上述内容详见“IATF认可规则”第1.0条。）

二、申请 IATF 16949 认证的类型

申请IATF 16949认证的类型包括单个制造现场、具有扩展现场的单个制造现场和集团审核方案三种类型。

Q5：什么是单个制造现场？

——是指单个发生增值制造的地址。

——资格标准：单个制造现场必须满足以下所有条件：

（1）一个单一的质量管理体系（见IATF 16949第4.4.1条）。

（2）独立决策。

（3）对于运往顾客的最终产品，具有与其他制造现场无生产价值流依赖关系的独立现场（即：有一个连续产品实现过程）。

Q6：什么是具有扩展现场的单个制造现场？

——是指单个制造现场扩展至一个或多个具有不同地址的额外制造现场。

——资格标准：具有扩展现场的单个制造现场必须满足以下所有条件：

（1）用于所有制造场所的单个质量管理体系（见IATF 16949第4.4.1条）。无局部化管理。

（2）扩展制造现场没有自主决策权，依赖于主制造现场。

（3）扩展制造现场，仅接收来自或通过主制造现场的支持（视为在现场的支持）。

（4）主制造现场的最高管理者对各个扩展制造现场质量管理体系活动有权力和责任，并且有能力对扩展制造现场进行组织变更。

（5）主制造现场的最高管理者有责任定义、实施和持续改进主现场和各个扩展制造现场的质量管理体系（见ISO 9001:2015第4.4.1c）、第4.4.1g）、第5.1条、第5.2条、第6.2条和IATF 16949第6.2.2.1条）。

（6）主制造现场的最高管理者有责任进行单个管理评审，并且对在各个扩展制造现场认证范围内所有产品和/或服务进行顾客绩效评审（见IATF 16949第9.3条）。

（7）主制造现场的最高管理者对在主现场和所有扩展制造现场认证范围内所有产品和/或服务的纠正措施和预防措施负有责任（见IATF 16949第10.2条）。

——扩展制造现场位于与主制造现场合理距离内。

Q7：什么是集团审核方案？

——是指集体审核具有共同支持场所的多个制造现场。

——资格标准：集团审核方案必须满足以下所有条件：

（1）具有本地化的集团质量管理系统在各个制造现场。

（2）具有集团监督的自主决策。

（3）根据“IATF认可规则”第5.3条，“集团”审核方案只适用于基于“集团”质量管理体系的多个制造现场，该质量管理体系满足以下条件：

a）质量管理体系应集中结构化并管理，在所有现场定期进行IATF 16949内部审核；

b）质量管理体系应符合IATF 16949，并且集中管理的活动包括（视情况而定）以下：

①战略策划、政策制定；

②合同评审（允许当地接受订单的情况）；

③供应商批准；

④培训需求评估（活动可能有当地方面的因素）；

⑤质量管理体系文件化（第1级和第2级）和变化；

⑥管理评审；

⑦纠正措施评估；

⑧内部审核策划和结果评估；

⑨质量策划和持续改进活动（活动可能有当地方面的因素）；

⑩设计活动。

——为了充分评估质量管理体系，应对所有现场进行审核，不允许进行现场抽样。

三、审核类型、审核周期和证书周期

——常规审核类型包括初次审核、监督审核和再认证审核三种。一个审核周期为3年，证书周期也为3年。

Q8：什么是初次审核、监督审核和再认证审核？

——初次审核即是首次申请认证审核（包括第1阶段的文件评审和第2阶段的现场审核），认证机构审核通过后即可颁发证书；监督审核是保持证书的持续有效，是在一个审核周期内按约定的审核时间每年度进行的审核（每次监督审核并不覆盖体系的所有要求，但3年周期内必须全部覆盖）；再认证审核是在证书有效期满前进行的审核，也称换证审核，换证审核必须覆盖体系的所有要求。

——第一个审核周期包括一个两阶段（第1阶段和第2阶段）的初次审核、按照约定时间间隔在第一、第二和第三年进行的监督审核（见下表）以及在第三年进行的再认证审核。

监督审核周期	6个月	9个月	12个月
每三年周期的审核次数	5	3	2
允许的时间选择	−1个月/+1个月 （提前1个月至推后1个月）	−2个月/+1个月 （提前2个月至推后1个月）	−3个月/+1个月 （提前3个月至推后1个月）

注：监督审核周期选择6个月或9个月或12个月，由认证机构和认证企业商定，一般情况下是12个月。

——首个三（3）年审核周期从初次审核第2阶段最后一天开始。每个随后的审核周期从再认证审核的最后一天开始。

——监督审核从初次审核第2阶段最后一天或再认证审核最后一天开始安排。一旦确定，监督间隔应保持一个三（3）年审核周期。

——首次再认证审核的最后一天不得超过初次审核第2阶段最后一天后的三（3）年（−3个月，+0天）。如果超过该时间，应从初次认证审核（第1阶段和第2阶段）重新开始。

——再认证审核的时间安排应为关闭或能100%解决可能在再认证审核中出现的不符合提供足够的时间，认证机构认证决定应在现有IATF 16949证书到期前作出。

——随后再认证审核的最后一天不得超过前一次再认证审核最后一天后的三（3）年（−3个月，+0天）。如果超过该时间，应从初次认证审核（第1阶段和第2阶段）重新开始。

——认证决定日为证书发放日（认证机构决定证书生效的日期，不是审核组长宣布现场审核通过的日期）。证书到期日为认证和/或再认证决定日后最多三（3）年减一（1）天。证书一旦发放，在其到期作废、注销或撤销之前一直有效。

四、组织申请 IATF 16949 认证应提供的信息

Q9：申请 IATF 16949 认证应提供哪些信息？

——组织在申请IATF 16949认证时，应向认证机构提供以下必要信息：

a）期望的认证范围；

b）期望的认证类型，包括组织的基本信息，如组织名称、现场地址以及附属的扩展制造现场和所有相关外部支持场所的地址。如果适用，应提供主现场和附属的扩展制造现场之间路途所需时间；

c）会影响要求符合性的所有外包过程有关的信息；

d）管理体系咨询的使用有关的信息；

e）产品设计责任有关的信息；

f）汽车顾客信息，包括 IATF OEM供应商代码；

g）员工总数，包括全职、兼职、临时和合同工；

h）关于现有或以前ISO 9001/IATF 16949认证的信息，包括以前认证机构名称、前三（3）年审核周期的审核报告、所有关闭不符合的证据以及证书的状态（即：注销、撤销或颁发）。

——若组织未能披露以前IATF 16949认证信息，将被视为违反了具有法律效力的协议，并将导致组织IATF 16949证书的撤销或不能作出肯定的认证决定。

——确定产品设计责任时，组织有且仅有两个选项：

（1）组织责任，包括外包设计；

（2）顾客责任。

五、IATF 16949 认证审核人日的计算

Q10：如何确定认证审核人日？

——根据审核类型和受审核实体员工人数按下表计算最少审核人日。

初次认证第2阶段审核和再认证审核最少审核人日表			
初次认证第2阶段现场审核		再认证审核	
受审核实体员工人数	第2阶段现场审核最少审核人日	受审核实体员工人数	再认证审核最少审核人日
1～6	2.0	1～14	2.0
7～11	2.5	15～28	2.5
12～18	3.0	29～49	3.0
19～27	3.5	50～80	3.5
28～39	4.0	81～122	4.0
40～54	4.5	123～176	4.5
55～71	5.0	177～246	5.0
72～93	5.5	247～332	5.5
94～117	6.0	333～436	6.0
118～146	6.5	437～562	6.5
147～179	7.0	563～710	7.0
180～216	7.5	711～883	7.5
217～257	8.0	884～1082	8.0
258～304	8.5	1083～1310	8.5
305～348	9.0	1311～1569	9.0
349～422	9.5	1570～1860	9.5
423～507	10.0	1861～2187	10.0
508～602	10.5	2188～2551	10.5
603～711	11.0	2552～2953	11.0
712～832	11.5	2954～3398	11.5
833～968	12.0	3399～3886	12.0
969～1119	12.5	3887～4419	12.5
1120～1286	13.0	4420～5001	13.0
1287～1470	13.5	5002～5632	13.5
1471～1673	14.0	5633～6317	14.0
1674～1895	14.5	6318～7057	14.5

初次认证第2阶段现场审核		再认证审核	
受审核实体员工人数	第2阶段现场审核最少审核人日	受审核实体员工人数	再认证审核最少审核人日
1896～2138	15.0	7058+	15.0
2139～2402	15.5		
2403～2688	16.0		
2689～2999	16.5		
3000～3334	17.0		
3335～3695	17.5		
3696～4084	18.0		
4085～4502	18.5		
4503～4949	19.0		
4950～5427	19.5		
5428～5937	20.0		
5938～6482	20.5		
6483～7061	21.0		
7062～7676	21.5		
7677+	22.0		

——关于审核人日的说明：

在确定审核人日时，除了其他方面，规则要求认证机构应考虑以下各点：

a）一个标准审核人日为一个完整的八（8）小时正常工作日。半天审核人日通常为四（4）小时工作日。

b）不得通过超过每个工作日的八（8）小时来减少总审核天数，但三班工作制（即：超过现场正常工作时间以外的倒班）情况除外。每次审核，用于审核三班工作制的额外小时数最多不得超过0.5个审核人日（即：4小时）；如果实行两班工作制，不可以通过每个工作日排班时长超过八（8）小时，来达到缩短审核天数的目的。

c）每次审核（第2阶段、监督、转移和再认证）应包括对所有班次进行审核。对制造的审核应在发生的所有班次进行。制造方面的最少审核时间应至少为总审核人日的三分之一。

d）之前审核的纠正措施的现场评审应额外于规定的审核人日。

e）受审核实体包括：所有现场员工总数（包括永久、兼职、合同、之前六（6）个月日薪工人平均数和临时员工），以及（外部或现场）支持活动相关员工数。支持功能的员工应按照比例分摊至每个现场。

f）若认证机构审核员无法流利地用现场语言表达，应使用翻译。在此情况下，使用翻译的审核部分的时间应至少增加20%。

g）在总审核人日中，编制审核报告最多可占10%。

h）如果现场的一部分专门用于汽车制造，则在以下条件满足的情况下，该部分的员工总数可用于确定审核时间：

- 所有汽车制造过程都与非汽车制造实际分离（如：汽车和非汽车生产线机器等都用单独建筑、永久屏障隔开）；
- 在汽车制造过程区域的人员完全致力于汽车制造；
- 支持活动员工总数应当采用相同的比例。

注：如果汽车制造过程在制造车间与非汽车制造过程整合在一起，则本要求不适用。

i）第1阶段准备评审（在现场1～2天）应为第2阶段审核人日的额外日数。

j）预审核（若有）日数不得包含在总审核人日中。

k）在任一个三（3）年审核周期中，在第一、第二和第三年进行的总监督审核人日应等于初次审核人日，每年应至少有一（1）次监督审核。

l）如果监督或再认证审核中扩大了认证范围，则认证机构应增加总审核人日。审核策划文件中应保持针对额外范围为总审核人日所增加的时间的理由。

m）如果总审核人日的计算值超过五（5）天，认证机构应指派一个至少有两（2）位审核员的小组。

n）计算审核人日时，结果应向上四舍五入至最近半天（如2.02向上四舍五入至最近半天则为2.5），审核人日的四舍五入应对计算审核人日的最终结果进行。

o）如果现场员工总数在审核之前或期间发生变化，要重新计算最少审核人日。如果最少审核人日增加或减少，应将此改变用于当前审核，并保持记录。

Q11：哪些情况可以减免审核人日？

1.集团审核方案审核人日的减免

“集团”审核方案审核人日减少

现场数量	减少百分比，仅用于初次和再认证审核
2～9	20
10～19	30
20及以上	40

——为了充分评估质量管理体系，应对集团的所有现场进行审核，不允许进行现场抽样。

——减少百分比只适用于初次和再认证审核人日计算。随后的监督审核基于减少的初次审核人日计算值。

——认证机构有责任编制一个总日数基于最小计算值的审核计划。

——集团审核方案中的每个现场都必须有一个单独的：

a）审核计划和审核策划；

b）审核报告；

c）认证决定；

d）证书。不允许只用一个证书列出所有现场或采用集团证书。

2.非产品设计责任的减免

——非产品设计责任的组织实体（包括外部支持功能在内的现场）可减少15%的现场审核人日。

3.从现有 VDA6.1 和/或 ISO 9001 质量体系升级的减免

——从现有VDA6.1和ISO 9001证书（同时具备两个最新版本的认证证书）升级到IATF 16949，初次审核第2阶段日数可减少不超过上表中规定的审核人日的50%。

如果范围扩大，则不得减少审核人日，要100%保持初次审核要求的审核人日。

——从ISO 9001最新版升级到IATF 16949，初次审核第2阶段人日数可减少不超过上表中规定的审核人日的30%；如果范围扩大，则不得减少审核人日，要100%保持初次审核要求的审核人日。

新的IATF 16949认证的认证机构应和现有ISO 9001认证机构是同一机构。如果ISO 9001认证组织转移至新的认证机构，新的认证机构在IATF 16949升级审核之前，应进行至少一（1）次ISO 9001监督审核。

4.从现有 IATF 16949 符合性证明升级的减免

——从符合证明函升级到IATF 16949认证。新的IATF 16949认证机构应该与现有符合证明函的发布机构是同一机构。

——同一认证机构应从初次审核（第1阶段准备评审和第2阶段审核）开始认证过程，允许将第2阶段审核人日最多减少50%。

——减少50%只适用于初次审核，并且初次审核是在符合证明函到期日之前开始的。随后监督审核周期不得减少审核人日。

——第2阶段审核应在符合证明函到期日之前开始，如果超过该时限，应从初次认证审核（第1阶段准备评审和第2阶段审核）重新开始，并且不得减少审核人日。

5.先前证书撤销后的初次审核的减免

——先前证书撤销后的初次审核。初次第2阶段审核人日应等同于再认证审核，如果：

- 初次审核的认证机构与撤销先前证书的认证机构是同一机构；
- 并且，离先前证书被撤销不超过12个月。如果超过12个月，审核人日应不得减少。

在上述2-5都存在的情况下，最大综合可能减少的审核人日为50%。

六、认证审核人日计算示例

为方便读者和企业针对组织的人员规模和现场情况，了解如何计算审核人日数，以下根据“IATF认可规则”中的附件示例做了整理，以供参考。

Q12：**单场所认证如何计算审核人日？**

（见示例1～示例4）

单场所认证——审核人日计算　示例 1

基本情况：

- 先前QMS注册未升级
- 负责设计（无折扣）
- 没有外部/支持场地
- 年度监督审核（3年审核周期内审核2次）

采购人员：5	设计工程人员：25	一个“实际”场所，容纳所有员工，即没有外部支持场地
制造和办公室人员：200	合同评审人员：5	
员工总人数=235（5+25+200+5）		

正确的计算：

场所	年度	审核类型	员工人数	规则的最少审核天数	最少审核天数要求（向上四舍五入至最近 1/2 天）
1	0	第2阶段初次审核	235	8.0	8.0
1	1，2	监督审核	235	初次审核天数（8.0）/监督审核次数（2）=4.0	每次审核4.0
1	3	再认证审核	235	5.0	5.0

注：假设3年审核周期内员工总数、范围、顾客等没有变动。

单场所认证——审核人日计算　示例 2

基本情况：

- ISO 9001升级
- 不负责设计
- 没有外部/支持场地
- 年度监督审核（3年审核周期内审核2次）

采购人员：5	顾客规定的再制造人员：25	一个“实际”场所，容纳所有员工，即没有外部支持场地
制造和办公室人员：200	合同评审人员：5	
员工总人数=235（5+25+200+5）		

正确的计算：

场所	年度	审核类型	员工人数	规则的最少审核天数	不负责设计的减少量	计算得出的最少审核天数	最多升级减少量	计算得出的最少审核天数	最少审核天数要求（向上四舍五入至最近 1/2 天）
1	0	第2阶段初次审核	235	8.0	15%	8天×0.85=6.8	30%	6.8天×0.7=4.75	5.0
1	1，2	监督审核	235		15%	初次审核天数（6.8）/监督审核次数（2）=3.4			每次监督审核3.5
1	3	再认证审核	235	5.0	15%	5.0×0.85=4.25			4.5

注1：假设3年审核周期内员工总数、范围、顾客等没有变动。

注2：升级折扣只适用于初次审核，监督审核和再认证审核没有折扣。

单场所认证——审核人日计算　示例 3

基本情况：

- 先前QMS注册未升级
- 负责设计（无折扣）
- 3个外部/支持场地
- 6个月监督审核（3年审核周期内审核5次）

支持场地2 采购人员：5	支持场地3 设计工程人员：25	一个“场所”，三个外部场地，容纳所有员工
场所1 制造和办公室人员：200	支持场地4 合同评审人员：5	一个“场所”，三个外部场地，容纳所有员工
员工总人数=235（5+25+200+5）		

正确的计算：

场所	年度	审核类型	员工人数	规则的最少审核天数	最少审核天数要求（向上四舍五入至最近 1/2 天）
1	0	第2阶段初次审核	235	8.0	8.0
1	1，2	监督审核	235	初次审核天数（8.0）/监督审核次数（5）=1.6	每次审核2.0
1	3	再认证审核	235	5.0	5.0

注：假设3年审核周期内员工总数、范围、顾客等没有变动。

单场所认证——审核人日计算　示例 4

基本情况：

- 先前QMS注册未升级
- 负责设计（无折扣）
- 3个外部/支持场地
- 年度监督审核（3年审核周期内审核2次）

支持场地 3
设计工程中心—员工总人数：40
（注：对于外部支持场地，只有支持制造“场所”的人员才能用来计算最少审核天数。）

支持场地2 采购人员：5	支持制造场所的人员：25
场所1 制造和办公室人员：200	支持场地4 合同评审人员：5
员工总人数=235（5+25+200+5）	

正确的计算：

场所	年度	审核类型	员工人数	规则的最少审核天数	最少审核天数要求（向上四舍五入至最近 1/2 天）
1	0	第2阶段初次审核	235	8.0	8.0
1	1，2	监督审核	235	初次审核天数（8.0）/监督审核次数（2）=4.0	每次审核4.0
1	3	再认证审核	235	5.0	5.0

注：假设3年审核周期内员工总数、范围、顾客等没有变动。

Q13：多场所认证如何计算审核人日？

（见示例5）

多场所认证——审核人日计算　示例 5

基本情况：

- 3个场所证书，有1个支持所有3个场所的外部/支持场所
- 先前QMS注册未升级
- 负责设计（无折扣）
- 年度监督审核（3年审核周期内审核2次）

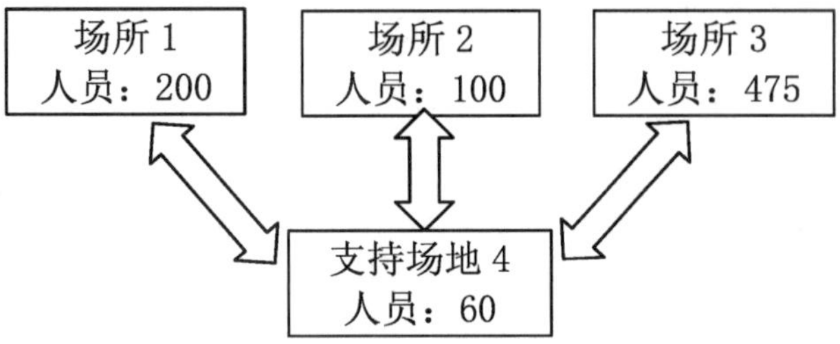

在一个外部场地全国支持多个场所的情况下，为了计算审核天数，首选的方法是将支持场地的员工分配至 3 个场所。

从支持场地分配员工的正确方法：

场所	场所的员工人数	总数百分比（场所员工/775）	从支持场地4分配的员工人数（总数百分比×60）	用于最少审核天数计算的员工总人数
1	200	26%	16	216
2	100	13%	8	108
3	475	61%	37	512
	总数：775			

场所1正确的计算：

场所	年度	审核类型	员工人数	规则的最少审核天数	最少审核天数要求（向上四舍五入至最近 1/2 天）
1	0	第2阶段初次审核	216	7.5	7.5
1	1，2	监督审核	216	初次审核天数（7.5）/监督审核次数（2）=3.75	每次审核4.0
1	3	再认证审核	216	5.0	5.0

场所2正确的计算：

场所	年度	审核类型	员工人数	规则的最少审核天数	最少审核天数要求（向上四舍五入至最近 1/2 天）
2	0	第2阶段初次审核	108	6.0	6.0
2	1，2	监督审核	108	初次审核天数（6.0）/监督审核次数（2）=3.0	每次审核3.0
2	3	再认证审核	108	4.0	4.0

场所3正确的计算：

场所	年度	审核类型	员工人数	规则的最少审核天数	最少审核天数要求（向上四舍五入至最近 1/2 天）
3	0	第2阶段初次审核	512	10.5	10.5
3	1，2	监督审核	512	初次审核天数（10.5）/监督审核次数（2）=5.25	每次审核5.5
3	3	再认证审核	512	6.5	6.5

注：以上3个场所假设3年审核周期内员工总数、范围、顾客等没有变动。

Q14：集团方案认证如何计算审核人日？

（见示例6）

集团方案认证——审核人日计算　示例 6

基本情况：

- 先前QMS注册未升级
- 3个生产场所（1、2、3）
- 1个支持所有场所的外部场地（A）
- 年度监督审核（3年审核周期内审核2次）

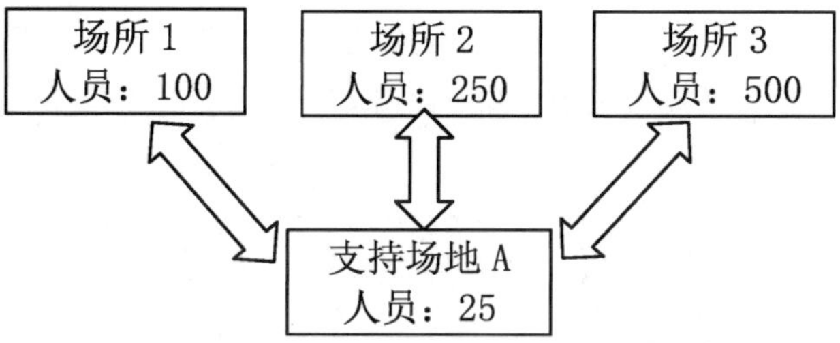

初次审核第2阶段的正确计算：

场所	场所的员工人数	总数百分比（场所员工/850）	从支持场地A分配的员工人数（总数百分比×25）	受审核实体的员工人数	规则最少审核天数	集团方案（2到9个场所）减少量	新的审核天数要求计算（最少审核天数×0.8）
1	100	12%	3	103	6.0	20%	4.8
2	250	29%	7	257	8.0	20%	6.4
3	500	59%	15	515	10.5	20%	8.4
	总数：850						19.6

总审核天数要求（向上四舍五入至最近 1/2 天）= 20.0

注：如何在场所和现场或外部支持功能之间分配总审核天数是认证机构的责任，如果显著更改每个场所的最少审核天数，需在审核计划文件中进行说明。

再认证审核的正确计算：

场所	场所的员工人数	总数百分比（场所员工/850）	从支持场地A分配的员工人数（总数百分比×25）	受审核实体的员工人数	规则最少审核天数	集团方案（2到9个场所）减少量	新的审核天数要求计算（最少审核天数×0.8）
1	100	12%	3	103	4.0	20%	3.2
2	250	29%	7	257	5.5	20%	4.4
3	500	59%	15	515	6.5	20%	5.2
	总数：850						12.8

总审核天数要求（向上四舍五入至最近1/2天）= 13.0

Q15：具有扩展制造现场认证的单场所如何计算审核人日？

（见示例7～示例8）

具有扩展制造现场认证的单场所——审核人日计算　示例 7

基本情况：

- 先前QMS注册未升级
- 不负责设计
- 没有外部/支持场地
- 年度监督审核（3年审核周期内审核2次）

主要制造现场 人员：550	扩展制造现场 A 人员：40

员工总人数=590（550 主要制造现场+40 扩展制造现场）

正确的计算（主要现场+扩展制造现场）：

场所	年度	审核类型	员工人数	最少审核天数要求	不负责设计的减少量	计算得出最多审核天数	要求的最少审核天数（向上四舍五入至最近 1/2 天）
1	0	第2阶段初次审核	590	10.5	15%	（10.5天×0.85）=8.925	9.0
1	1，2	监督审核	590		15%	初次审核天数（8.925）/监督审核次数（2）=4.462	每次审核4.5
1	3	再认证审核	590	7.0	15%	（7.0天×0.85）=5.95	6.0

注：假设3年审核周期内员工总数、范围、顾客等没有变动。

具有扩展制造现场认证的单场所——审核人日计算　示例 8

基本情况：

- 先前QMS注册未升级
- 不负责设计
- 一个外部支持场地
- 年度监督审核（3年审核周期内审核2次）

主要制造现场 人员：550	扩展制造现场 A 人员：40
	外部支持 人员：25

员工总人数=615（550 主要制造现场+40 扩展制造现场 A+25 外部支持）

正确的计算（主要制造现场+扩展制造现场+外部支持）：

场所	年度	审核类型	员工人数	最少审核天数要求	不负责设计的减少量	计算得出最多审核天数	要求的最少审核天数（向上四舍五入至最近 1/2 天）
1	0	第2阶段初次审核	615	11.0	15%	（11.0天×0.85）=9.35	9.5
1	1，2	监督审核	615		15%	初次审核天数（9.35）/监督审核次数（2）=4.675	每次审核5.0
1	3	再认证审核	615	7.0	15%	（7.0天×0.85）=5.95	6.0

注：假设3年审核周期内员工总数、范围、顾客等没有变动。

七、初次认证审核包括哪些活动

初次审核分两个阶段：第1阶段—准备评审（通常也称文件评审）和第2阶段一现场审核，包括任何外部支持功能。

认证机构应在组织现场进行一（1）天到两（2）天的第1阶段准备评审。对于集团审核方案，认证机构应在集团的每一个现场分别进行一（1）天到两（2）天的第1阶段准备评审。

Q16：**初次审核第一阶段评审前应向认证机构提供哪些文件资料？**

——组织应向认证机构提供必要的文件资料以备评审，包括以下内容：

a）对提供外部场所（如果有）和支持的描述；

b）对显示顺序和相互作用的过程的描述，包括确认外部支持功能和外包过程；

c）至少前十二（12）个月的关键指标和绩效趋势；

d）组织过程已经满足IATF 16949全部要求的证据；

e）质量手册，包括与现场或外部支持功能的相互作用；

f）已经按照IATF 16949进行了一个完整的内部审核周期及随后的管理评审的证据；

g）合格内部审核员名单以及资质确认准则；

h）汽车顾客名单及其顾客特定要求（如适用）；

i）顾客投诉总结、响应、记分卡和特殊状况（如适用）。

Q17：**第一阶段文件评审的目的是什么？**

——认证机构的第1阶段评审用来：

a）评估组织管理体系文件资料，包括与任何外部支持功能和外包过程的关系和联系；

b）评估组织场地和现场特定条件，与组织人员商讨以确定为第2阶段审核准备就绪；

c）评估组织状态和对标准要求的理解，特别是确定管理体系的关键绩效或重要因素、过程、目标和操作；

d）收集与管理体系范围、过程和组织场地以及相关法律法规因素和合规性（如：质量、环境、操作的法律因素、相关风险等）有关的必要信息；

e）评审第2阶段审核的资源分配，与组织就第2阶段审核的细节达成一致意见；

f）通过充分理解可能的重要因素背景下组织的管理体系和现场操作，为第2阶段审核策划提供重点；

g）评估是否计划并执行了内部审核和管理评审，并且组织已经准备好进行第2阶段审核；

h）验证组织和设计承包商有适当的能力满足IATF 16949第8.3条的全部要求，包括组织与承包商之间的接口。

Q18：**第2阶段审核包括哪些活动？**

——第2阶段审核是一个基于组织管理体系实施（包括有效性）评估的过程。第2阶段审核在现场进行，对组织质量管理体系及满足IATF 16949的所有要求进行审核。

——第2阶段审核从第1阶段准备评审肯定决定后九十（90）个日历日内开始。

——认证机构审核组应记录与审核准则的符合和任何发现的不符合情况，以支持认证决定过程；

——审核组应确认并向组织报告任何不符合及支持的审核证据。确认不符合时，审核组应将其分成严重或一般不符合。确认的不符合不得被报告为改进机会，不得在审核过程中关闭。

——在作出认证决定之前，认证机构应确认：

a）审核组最终报告中提供的信息对于认证要求和范围而言是足够的；

b）任何提出的不符合和/或改进机会均有对符合的文件化客观证据的支持，而非将不符合误分类为改进机会，或写入可以被视为解决不符合的咨询或建议的条款中；

c）在审核过程中发现的不符合已经评审并接受，纠正的有效性、根本原因和纠正措施已经验证，或者组织的计划纠正、根本原因和纠正措施被视为100%解决；

d）审核员作出的关闭或视为100%解决的决定满足要求。

——认证机构向组织告知认证决定并出具证书。

八、现场审核的重点内容

Q19：现场审核哪些是重点内容？

——“IATF认可规则”第5.8条规定了认证机构现场审核的要求。

——认证机构应采用汽车行业过程方法评估IATF 16949质量管理体系。每次现场审核（第2阶段、监督、再认证和转移）应评估至少以下内容：

a）符合IATF 16949要求的信息和证据。在第2阶段审核、监督审核周期和再认证审核中，要审核所有IATF 16949要求的有效实施情况；

b）管理层对其政策的责任；

c）管理评审的有效性和行动结果；

d）政策、绩效目标、责任、人员能力、操作、程序、绩效数据、内部审核发现和结论之间的联系，以及组织或管理层的变化；

e）基于过程的内部审核以及已实施的纠正措施有效性分析；

f）自上次审核以来纠正措施的有效性；

g）顾客投诉和响应，包括评审适用的在线IATF OEM顾客绩效报告（如：记分卡、特殊状况等）；

h）有哪些计划用于确保实现关键顾客绩效目标，并且在目标未达成时会有纠正措施计划。如果没有行动计划来解决没有实现的关键顾客目标指标，如果计划没有及时实施和/或发现已完成的措施没有有效实施，应开具严重不符合；

i）自上次审核以来新顾客要求的实施情况；

j）组织收集、传递并实施顾客特定要求的过程。IATF OEM成员优先。

k）顾客特定要求，包括受审核的顾客特定质量管理体系要求的信息和证据。在三（3）年审核周期中要对顾客特定要求进行抽样以检查有效实施情况，要保留受审核要求的特定记录。IATF OEM成员（宝马集团、美国菲亚特—克莱斯勒汽车公司、戴姆勒公司、意大利菲亚特—克莱斯勒汽车公司、福特汽车公司、通用汽车公司、标致雪铁龙集团、法国雷诺公司和大众汽车公司）的顾客特定要求优先；

注：此类IATF OEM顾客特定要求可以以IATF OEM特定要求、合同条款、服务级别协议、SQA程序形式发布。

l）组织过程、顺序和相互作用、绩效与确定措施，着重于直接影响顾客的过程。过程应在其发生的场所进行审核；

m）组织过程的操作控制；

n）制造情况应在发生的所有班次审核，包括对换班的适当抽样。在第2阶段、再认证和转移审核中每一班次的所有制造过程都必应审核。不允许对班次或过程抽样。在随后的监督审核周期中（取决于审核次数），每一班次的所有制造过程都应审核；

o）顾客关注点和相关过程文件（即：控制计划、FMEA等）之间的联系，包括任何变更的有效实施情况；

p）（在制造的审核期间）控制计划、FMEA以及相关文件的有效实施情况；

q）IATF 16949证书中包含信息的准确性；

——审核组应在其审核员笔记中记录符合以及不符合要求的客观证据，此证据要保留为审核记录的一部分。

——认证机构不应由于不符合的识别而终止审核。

Q20：对支持功能审核有哪些要求？

——现场或外部的支持功能（如：产品设计、合同评审、采购、仓储等）应按照要求审核以对现场提供支持，应包含在初次审核第2阶段中，在监督审核周期过程中至少再进行一次，在再认证审核中也要进行。唯一的例外是负责产品设计的组织应在每个连续的十二（12）个月中至少审核一次其现场或外部设计功能。

——在计划初次审核第2阶段时，外部支持功能要在现场之前进行审核。

九、不符合项管理和改进机会

Q21：如何定义严重不符合、一般不符合、改进机会？

——**严重不符合**，是指以下一个或多个情况：

（1）系统缺失或整体瘫痪，从而无法满足IATF 16949要求。

（2）针对某项要求的多个一般不符合可能显示系统的整体瘫痪，因此被视为一个严重不符合。

（3）任何导致不合格产品可能被发运的不符合。可能导致失效或本质上降低产品或服务预期的可用性的情况。

（4）凭借判断或经验表明可能会导致质量管理体系失效，或本质上降低其确保受控制的过程和产品的能力的不符合。

——**一般不符合**，未能遵守IATF 16949，但根据判断和经验，不太可能会导致质量管理体系失效，或影响其保证受控过程和产品的能力。指以下任一情况：

（1）组织质量管理体系的某一部分未遵守IATF 16949；

（2）在追踪公司质量管理体系某一事项时被观察到的单个偏离。

——**改进机会**，是指这样一种情况，目前的证据显示要求已被有效实施，但是基于审核员的经验和知识，采用某种改进方法可能会更加有效或稳妥。

Q22：组织对严重不符合项和一般不符合如何管理？

——**组织对严重不符合的责任**

组织在现场审核末次会议后最多二十（20）个日历日内提交以下内容的证据：

a）已实施的纠正；

b）根本原因，包括所使用的方法、分析和结果；

组织在现场审核末次会议后最多六十（60）个日历日内提交以下内容的证据：

c）已实施的用于消除不符合的纠正措施，包括对其他类似过程和产品影响的考虑；

d）已实施的纠正措施有效性验证。

——**组织对一般不符合的责任**

组织在现场审核末次会议后最多六十（60）个日历日内提交以下内容的证据：

a）已实施的纠正；

b）根本原因，包括所使用的方法、分析和结果；

c）已实施的用于消除不符合的纠正措施，包括对其他类似过程和产品影响的考虑；

d）已实施的纠正措施有效性验证。

Q23：认证机构对严重不符合项和一般不符合的关闭要求？

——**认证机构责任**

认证机构应在现场审核末次会议后最多九十（90）个日历日内评审提交的信息，并对其可接受性进行决定。

如果可接受，关闭不符合。认证机构应在下一次审核中验证已确认纠正措施的有效实施情况，除非进行了特殊审核。

如果不可接受，认证机构应在审核末次会议后最多九十（90）个日历日内与组织解决未解决的问题。若无法解决，最终审核结果应被视为失败。认证决定应为否定的，组织应从初次认证审核（第1阶段准备评审和第2阶段审核）重新开始。当前有效的证书也要立即撤销。

在纠正措施无法在现场审核末次会议后最多九十（90）个日历日内实施完成的特殊情况下，如果满足以下条件，认证机构应考虑不符合保持开放但100%解决：

a）已经对情况进行遏制以预防顾客风险，包括评审对组织过程的系统影响；

b）有证明消除不符合项的可接受措施计划、说明和记录的文件化证据，包括评审对组织过程的系统影响；

c）在下一次审核之前安排了基于已接受措施计划的现场特殊审核；

d）在100%解决已经确定的情况下，认证机构应保持说明理由的记录。

认证机构应在下一次审核中验证已确认纠正措施的有效实施情况。

——严重不符合的现场验证

如果是严重不符合，认证机构应进行现场特殊审核以验证纠正措施，并在现场审核末次会议后最多九十（90）个日历日内完成特殊审核。

如果发现针对严重不符合的已接受的纠正措施计划未能有效实施，审核结果应被视为失败。

在纠正措施验证完成之后，认证机构应向组织出具一份补充报告，其中包含每个不符合验证的详细信息。

——一般不符合的现场验证

在现场审核末次会议后最多九十（90）个日历日内对一般不符合的纠正措施的现场验证，由认证机构根据知识和经验自主决定。

如果发现针对一般不符合的已接受的纠正措施计划未能有效实施，针对纠正措施过程将会提出新的严重不符合，之前的一般不符合将重新确定为严重不符合。

在纠正措施验证完成之后，认证机构应向组织出具一份补充报告，其中包含每个不符合验证的详细信息。

十、关于监督审核和再认证审核

——监督审核

监督活动包括现场审核，评估认证组织管理体系是否满足规定的要求，但不一定是全面的体系审核。

认证机构应通过证明组织持续满足IATF 16949的要求来保持认证。可以根据认证机构决定职能部门作出的肯定结论来保持组织认证证书。

认证机构应在监督审核末次会议日后二十（20）个日历日内，向IATF数据库录入审核数据和证书状态的任何变更。

——再认证审核

在一个证书周期内应策划并执行再认证审核，以评估对IATF 16949要求的持续满足情况。再认证审核的目的在于确认管理体系整体的持续符合性、有效性以及其对于认证范围的持续相关性和适用性。

再认证审核包括现场审核，落实以下问题：

a）管理体系根据内部和外部变更的整体有效性以及其对于认证范围的持续相关性和适用性；

b）已证明的为了增强整体绩效而保持的管理体系有效性和改进的承诺；

c）认证的管理体系操作是否有助于达成组织政策和目标；

d）质量管理体系规定的所有过程与管理体系整体有效性之间的有效互动。

十一、关于预审核、转移审核和特殊审核

Q24：什么是预审核？

预审核是在组织的要求下，认证机构可在第1阶段准备评审之前进行“预审核或事前评估”。预审核属于一种审核，但是不属于初次审核（第1阶段准备评审和第2阶段审核）。

预审核应：

a）对组织的一个现场单独进行一次。如果对同一组织的任何现场进行超过一次预审核，则

视为管理体系咨询；

b）少于初次审核第2阶段审核时间的80%；

c）不减少初次审核（第1阶段准备评审和第2阶段审核）的审核时间。

派遣进行预审核的审核员不得是初次审核（第1阶段准备评审和第2阶段审核）审核组的成员。

预审核可能会产生不具约束力的发现，不提供解决方案建议。

Q25：*什么是转移审核？如何进行转移审核？*

当IATF 16949认证组织决定更换认证机构的时候，发生转移审核。

新的认证机构应建议组织通知以前的认证机构其转移意图。

只要组织和认证机构之间有有效的合同，以前的认证机构不应在转移过程完成之前使用转移通知作为理由暂停或注销组织的证书。

——转移审核开始之前的活动

新的认证机构应通过使用IATF数据库半自动转移请求过程检查组织的转移资格，以确保满足以下要求：

a）新的认证机构应得到IATF认可；

b）现有证书是有效的。证书撤销或注销的组织没有转移审核的资格；

c）申请转移的组织并非在过去三（3）年间从另一家IATF认可的认证机构转移而来；

d）两次转移审核应最少间隔三年（-3个月）或两（2）年九（9）个月；

e）审核组成员之前没有审核该组织。“之前没有审核过”指审核组成员至少在一（1）个完整的三（3）年审核周期没有加入审核组；

一旦获得批准，在转移审核开始之前，应满足以下条件：

f）新的认证机构不得转移处在任何IATF OEM特殊状况下的组织，直至现有认证机构至少进行过一次现场审核，验证了已确认纠正措施的有效实施情况；

g）组织当前IATF 16949认证不得处于暂停状态。如果在之前十二（12）个月内，证书由于暂停，新的认证机构不得受理转移审核，直至现有机构至少进行过一次现场审核，验证了已确认纠正措施的有效实施情况；

h）组织应向新的认证机构提供过去三（3）年的审核报告，包括证明现有认证机构发布的现场和任何外部支持功能的所有不符合项已经关闭的证据；

i）新的认证机构应对所提供的审核报告和所有发现进行评审；

j）新的认证机构应进行文件评审，对质量管理体系绩效的关键指标进行评审。

转移审核及其审核人日与再认证审核相同。

新的认证机构应在原先认证机构计划的下一次监督审核或再认证审核之前，完成所有的转移活动，包括上述a）～j）条。若未能完成所有要求的活动，则应导致按初次认证审核进行。

——转移审核完成之后的活动

确认不符合项之后，认证机构应按照不符合管理的相关要求进行操作。

认证决定应根据相关要求，在转移审核最后一天起最多120个日历日内、现有的有效IATF 16949证书到期日前作出。

在满足所有认证要求的条件下，新的认证机构会出具证书，开始一个三（3）年认证周期。

新的认证机构应在认证决定后七（7）个日历日内将证书信息，包括之前的IATF证书编号录入IATF数据库。在新的证书已发出通知后的七（7）个日历日内，之前的认证机构应注销之前的证书。

Q26：*什么是特殊审核？*

——认证机构在以下情况可能有必要对认证组织进行特殊审核：

a）调查由于绩效投诉（认证机构收到外部机构或顾客对组织的投诉或收到顾客对组织的特殊状况通知）；

b）组织质量管理体系的变化（如：合并、收购、地址变化、体系范围变化等）；

c）组织现场重大变化（如：增加了扩展制造现场）；

d）证书暂停；

e）验证针对严重不符合所识别的纠正措施的有效实施；

f）验证针对视为开放但100%解决的不符合识别的纠正措施的有效实施；

g）证书撤销。

如果需要进行特殊审核，认证机构应提前将情况告知组织。特殊审核进行当中，认证机构不得终止特殊审核。

十二、关于IATF 16949的符合性证明

Q27：什么情况下可以申请IATF 16949符合性证明？

——申请符合性证明的条件

符合性证明用于确认在组织由于以下原因无法实现IATF 16949认证的情况下，存在满足IATF 16949和“IATF认可规则”要求的过程：

a）内部或外部认证范围内汽车生产和/或服务零件绩效数据不足十二（12）个月的新现场；

b）能够证明其在要求认证或符合IATF 16949的顾客的有效投标人名单中的现有现场。

Q28：IATF 16949符合性证明有哪些要求？

——符合性证明决定

在以下情况之后，认证机构可出具符合性证明：

a）组织能够提供第1阶段准备评审所需的信息，包括内部和外部绩效数据，以及一个完整周期的内部审核和管理评审，但没有十二（12）个月绩效数据；

b）相关现场已经完成初次审核（第1阶段准备评审和第2阶段审核），没有开放不符合项；

c）并且通过认证机构内部授权人员的批准。

——符合性证明内容

符合性证明出具日期为批准决定日，有效期最多为十二（12）个月。符合性证明上不得出现IATF标识和IATF证书编号，因此，审核和符合性证明不得录入IATF数据库。

符合性证明不应作为证书出现。

——重新申请符合性证明

如果要求组织IATF 16949认证的顾客未在十二（12）个月之内出具业务合同（或产品订单），组织可重新申请另一份符合性证明，无须进行第1阶段准备评审，允许将第2阶段审核人日最多减少50%。

——认证资格

一旦组织拥有新现场的十二（12）个月绩效数据，或者组织在要求IATF 16949认证顾客的有效投标人名单中，同一认证机构应从初次审核（第1阶段准备评审和第2阶段审核）开始认证过程，允许将第2阶段审核人日最多减少50%。

减少50%只适用于初次审核，并且初次审核在符合性证明到期日之前开始的情况。随后监督审核周期不得减少审核人日。

应当指派对符合性证明进行初次审核的一名审核组成员参与初次审核以及三（3）年审核周期内的每次监督审核。

第2阶段审核应在符合性证明到期日之前开始。如果超过该时限，组织应从初次认证审核（第1阶段准备评审和第2阶段审核）重新开始，并且不得减少审核人日。

十三、证书管理和认证退出

Q29：IATF 16949认证证书包括哪些内容？

——认证和证书出具

认证机构在作出肯定的认证决定之后应出具证书。证书的内容应：

a）采用组织规定的语言，但应有英文版本；

b）只包括满足证书范围声明中IATF 16949适用性的汽车相关产品和服务的全部设计和制造活动；

c）包括IATF 16949的发行版本；

d）包括认证日期（认证机构作出认证决定当日）和到期日期（认证日加上最多3年减1天）；

e）包括IATF 16949第4.3.1条“范围”中规定的允许删减条款；

f）在首页列出被认证组织的名称及其完整地址。对于具有扩展制造现场的单一现场的认证类型，主现场应被列在证书的首页，随后为每个附加的扩展制造现场名称和完整地址。如果附加的扩展制造现场不适合列在证书首页，认证机构可以将其移至证书的第2页，并在证书首页对其进行交叉引用。

g）如果证书中包含附录/附件，则应包含页码（如：第1页共3页），并且每个附录都应标有IATF和认证机构的证书编号；

h）包括发布日期或使用页脚，以控制证书和附录的版本级别；

i）在证书附录中包括作为质量管理体系一部分并且受到审核的外部支持功能（如：设计、采购、合同评审等），证书应包含其完整地址和职能。如果一个外部支持功能支持的现场超过一个，则每个现场证书都应包含此外部支持功能；

j）包括认证机构签约办公室的名称和地址（城市/州/国家）；

k）在证书每一页与认证机构标识同样显著地标示IATF标识，证书上不允许出现组织标识；

l）证书上不标出认证机构成员标识；

m）为集团审核方案中的每个现场出具一个单独证书，编号为通用的认证机构证书编号加上后缀；

n）包括认证机构证书编号和IATF证书编号。

证书示例

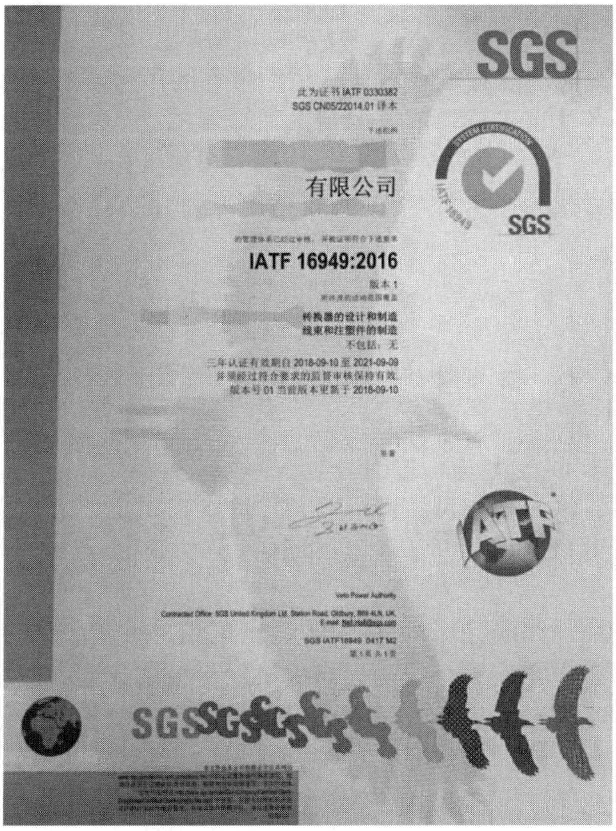

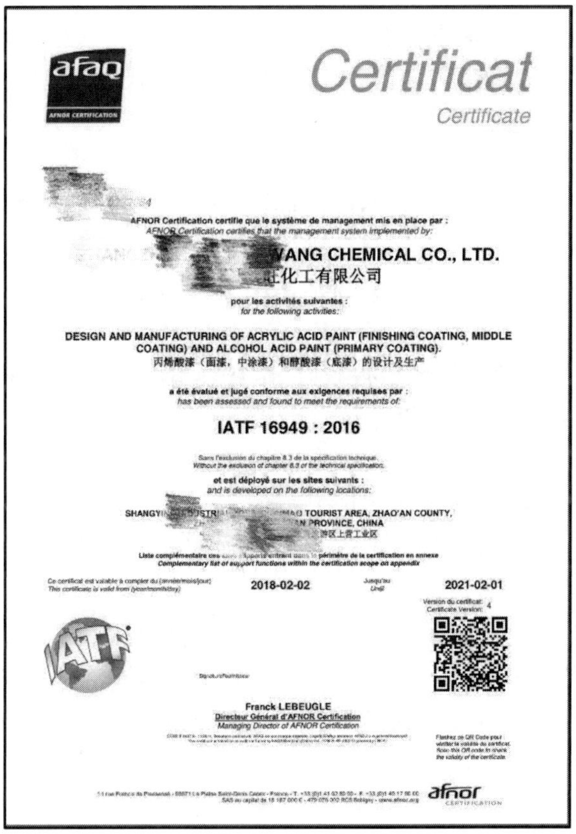

符合证明示例

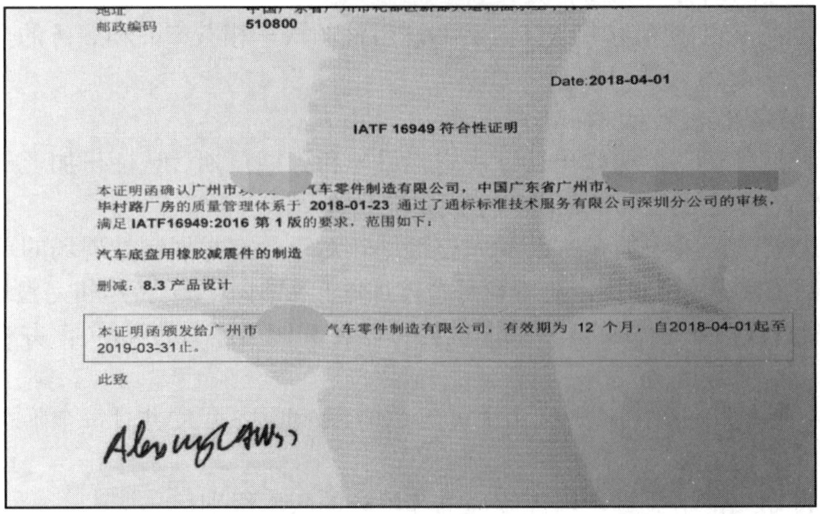

地址 [illegible]
邮政编码 510800

Date:2018-04-01

IATF 16949 符合性证明

本证明函确认广州市[illegible]汽车零件制造有限公司，中国广东省广州市[illegible]毕村路厂房的质量管理体系于 2018-01-23 通过了通标标准技术服务有限公司深圳分公司的审核，满足 IATF16949:2016 第 1 版的要求，范围如下：

汽车底盘用橡胶减震件的制造

删减：8.3 产品设计

本证明函颁发给广州市[illegible]汽车零件制造有限公司，有效期为 12 个月，自2018-04-01起至2019-03-31止。

此致

——认证退出过程的启动

Q30：哪些情况下启动认证退出？

以下情况的发生日便是认证退出过程的开始日：

a）认证机构从IATF OEM成员、相关IATF监督办公室或组织的任何汽车顾客收到了对组织的投诉；

b）组织向认证机构通知 IATF OEM的特殊状况，要在收到特殊状况后十（10）个日历日内或顾客规定的时间通知认证机构；

c）含有不符合项的监督或再认证审核末次会议日；

d）组织由于所有权变更或符合认证适用范围的产品制造中断，自愿申请暂停；

e）监督审核未能按照允许的时间间隔和安排进行；

f）未能向认证机构提供进行有效审核策划的所需信息。

——情况分析

认证机构应对情况采取及时分析，以确定情况的严重程度和对认证组织顾客的风险，在适用情况下要考虑 IATF OEM顾客特定要求。分析要在认证退出过程开始日之后最多二十（20）个日历日内完成。

若出现严重不符合项，分析还应包括评审组织提交的根本原因（包括使用过的方法）、分析、结果和已实施的纠正措施。

如果受影响现场是集团审核方案中的一部分，分析还应包括对疑虑和其对所有现场影响的评审。

Q31：哪些情况下导致证书暂停、证书恢复、证书撤销？

——证书暂停决定

根据情况分析，认证机构决定职能部门应在认证退出过程开始日之后最多二十（20）个日历日内决定是否暂停证书。对于集团审核方案中的暂停，要保持暂停或不暂停的理由记录。

若由于含有严重不符合项或未按时执行监督审核启动证书认证退出过程，认证决定应为暂停组织证书。

在决定暂停证书的情况下，要在最多十（10）个日历日内将决定传达给组织，并更新IATF数据库。认证机构应要求组织在暂停通知后最多二十（20）个日历日内提供纠正措施计划。

在监督审核未能按照允许的时间间隔和安排进行的情况下，认证机构应在证书暂停后九十（90）个日历日内重新安排并执行监督审核。

在决定不暂停证书但涉及一般不符合项的情况下，认证机构应要求组织遵守不符合管理的一般过程。

证书暂停是一个不超过110个日历日的临时状态，其结果是证书的恢复或撤销。在暂停期间，证书仍然有效，并且受到IATF认可。

——验证

认证机构应在认证退出过程开始后最多九十（90）个日历日内，验证认证组织已确认的纠正措施的有效实施情况。是否要进行现场验证由认证机构完全自行决定。认证机构应保持决定理由的记录。

在由于严重不符合而启动认证退出过程的情况下，认证机构应进行现场验证，现场审核被视为特殊审核，并录入IATF数据库。

在由于来自IATF OEM的特殊状况条件而启动认证退出过程的情况下，认证机构应进行现场验证且现场审核将被视为特殊审核，并录入IATF数据库。

在由于未按时执行监督审核而启动认证退出过程的情况下，现场审核应重新安排监督审核，并录入IATF数据库。

在纠正措施未有效实施的情况下，审核组应建议撤销证书。

——恢复/撤销决定

认证机构应在认证退出过程开始后最多110个的日历日内，作出恢复或撤销证书的认证决定。

认证机构恢复或撤销证书的认证决定应与组织的顾客特殊状况无关。

决定要在最多十（10）个日历日内传达给组织。要保持撤销或恢复证书决定的记录。

对于再认证审核，认证退出过程应在再认证决定之前完成。

——证书恢复

若认证机构决定恢复证书，则应：

a）通知认证组织；

b）更新IATF数据库。

——证书撤销

若认证机构决定撤销证书，则应：

a）通知认证组织；

b）要求认证组织交还IATF 16949证书；

c）更新IATF数据库。

对于集团审核方案中的证书撤销，撤销只适用于受影响的现场。

证书撤销是证书有效性的最终中断，属于认证机构针对组织做出的制裁行为。其中也包括由于商业原因的撤销。

——证书注销

当认证组织要求中断认证合同时，使证书失效的措施；或者是认证机构在核实认证活动最终结束之后作出的决定。例如，若一个已经认证的组织的产品或服务不再满足长达十二（12）个月的适用性的时候，认证机构应注销证书。这并不是制裁行为。

十四、关于咨询的问题

Q32：*认证机构可否向其认证的客户提供咨询和培训服务？*

——“IATF认可规则”第2.2条“公正性管理”中规定了以下要求：

认证机构、其审核员（全职或分包）以及同一法人实体的任何部分不得向其认证客户提供或在签约成为认证机构之前两年内已向其新客户提供管理体系咨询、特定现场审核员培训或内部审核。此限制还适用于由于咨询关系使审核有效性或可靠性受到质疑的同一母公司或关联公司的相关机构。

向特定客户提供培训、文件资料开发或协助实施任何管理体系以及核心工具、六西格玛和精益生产的相关培训被视为咨询。

注：向公众而非特定客户提供的、在公共论坛上进行的培训不视为咨询。

Q33：咨询顾问（老师）能否在审核过程中出现在客户现场（或“陪审”）？

“IATF认可规则”第3.1条“与客户的认证协议”中规定，认证机构与客户之间的合同必须包含“g）客户咨询顾问不得在审核过程中出现在客户现场或以任何方式参与审核。”

所以，咨询顾问老师不应该在客户处“陪审”，以免干扰审核或影响审核的客观性。

十五、组织变更通知

Q34：组织发生哪些变更情况下需要通知认证机构？

——当组织发生有关可能影响质量管理体系继续满足IATF 16949认证要求的能力的变更事宜，应立即通知认证机构。此类事宜包括以下内容的变更：

a）法律状况；

b）商业状况（如：与其他组织合资、分包）；

c）所有权状况（如：合并、收购）；

d）组织与管理（如：关键管理、决定或技术人员）；

e）联系地址或地点；

f）被认证管理体系的操作范围；

g）IATF OEM 顾客的特殊状况；

h）转移至新的IATF认可的认证机构。

针对上述所列变化，认证机构可能需要进行特殊审核。

若组织未能向认证机构通知变更，则视为违反具有法律效力的协议，并应当被开出严重不符合。

注：见“IATF 认可规则”第3.2条。

本书主要参考文献

[1]《质量管理体系　基础和术语》（GB/T 19000—2016 / ISO 9000:2015）

[2]《质量管理体系　要求》（GB/T 19001—2016 / ISO 9001:2015）

[3]《风险管理　原则与实施指南》（GB/T 24353—2009）

[4]《风险管理　风险评估技术》（GB 27921—2011）

[5]《风险管理　术语》（GB/T 23694—2013）

[6]《质量管理体系　汽车生产件及相关服务件组织应用 GB/T 19001—2008 的特别要求》（GB/T 18305—2016 / ISO/TS16949:2009）

[7]《质量成本管理导则》（GB/T13339—1991）

[8]《知识管理　框架》（GB/T 23703.1—2009）

[9]《嵌入式软件质量保证要求》（GB/T 28172—2011）

[10]《管理体系审核指南》（GB/T 19011:2013 / ISO 19011:2011）

[11]《缺陷汽车产品召回管理条例》（2013年1月1日）

[12]《质量体系要求》（QS—9000）第三版（1998 年 3 月）

[13]《过程审核》（VDA6.3）第3版（2016年12月）

[14]《产品审核》（VDA6.5）第2版（2008年8月）

[15]《ISO 9001:2015 质量管理体系 理解、实施、应用指南》（ISO/TS 9002:2016）（2017年10月1日发布）

[16]《汽车质量管理体系标准》（IATF 16949:2016）第一版（2016年10月）

[17]《IATF 16949 汽车认证方案　获得并保持 IATF 认可的规则》第五版（2016 年 11 月）

[18]《AIAG & VDA FMEA手册》第一版（2019年）

[19]《质量管理体系审核员 2015 版标准转换培训教材》第一版（中国认证认可协会编著，中国质检出版社，中国标准出版社，2015 年 9 月）

[20]《企业战略管理》第二版（徐君主编，清华大学出版社，2013 年 3 月）

本书具有让您“时间耗费少，知识掌握好”的方法

《汽车行业IATF 16949最新应用实务》延伸阅读服务内容

快速实战式阅读？略懂即止式阅读？深入研究式阅读？**由您选择！**

本书可免费定制三大个性化阅读服务方案

1. **高效阅读：**让阅读事半功倍，专攻本书的核心知识，快速读完投入实战；
2. **轻松阅读：**为您提供随手易得的辅助阅读资料，每天读一点，略懂即止；
3. **深度阅读：**为您提供更全面、更深度的拓展阅读资料，深入研究本书。

有机会获得本书自带资源

①本书精选内容下载：
更多相关精选知识内容，帮您大大提升实践效率。

②作者在线答疑：
为您全面解答阅读本书及实践过程中遇到的问题。

③配套音视频课程：
辅助您学习IATF 16949标准，更好地指导实务工作。

④定期免费读者沙龙：
同大咖面对面交流，畅享干货，不断提升阅读体验。

微信扫码
免费定制阅读方案

个性化阅读服务方案三大亮点

时间管理：
根据您阅读本书的目的，为您制定一套完整的、具体的读书计划；

阅读资料：
精准匹配与您的阅读需求一致的本书辅助资料或拓展阅读资料；

社群共读：
推荐同读本书的读者交流群，入群向资深人士请教经验，并获取与本书和本类知识技能相匹配的资源和不定期的活动信息。

建 / 议 / 配 / 合 / 二 / 维 / 码 一 / 起 / 使 / 用 / 本 / 书